Operations and Supply Chain Management

운영과
공급사슬관리

***Operations and Supply Chain Management,* 2nd Edition**

David A. Collier, James R. Evans

ISBN-13: 979-11-88425-19-8

Cengage Learning Korea Ltd.
14F YTN Newsquare 76 Sangamsan-ro
Mapo-gu Seoul 03926 Korea
Tel: (82) 2 330 7000
Fax: (82) 2 330 7001

Cengage Learning is a leading provider of customized learning solutions with office locations around the globe, including Singapore, the United Kingdom, Australia, Mexico, Brazil, and Japan. Locate your local office at: **www.cengage.com**

Cengage Learning products are represented in Canada by Nelson Education, Ltd.

To learn more about Cengage Learning Solutions, visit **www.cengageasia.com**

Printed in Korea
Print Number: 01 Print Year: 2022

Operations and Supply Chain Management

제 2 판

운영과 공급사슬관리

David A. Collier · James R. Evans 공저
민순홍 · 문성암 · 정호상 · 최동현 · 나진성 · 남현정 공역

Andover • Melbourne • Mexico City • Stamford, CT • Toronto • Hong Kong • New Delhi • Seoul • Singapore • Tokyo

운영과 공급사슬관리 제2판

Operations and Supply Chain Management

발행일 2022년 2월 28일 초판 1쇄
저 자 David A. Collier · James R. Evans
역 자 민순홍 · 문성암 · 정호상 · 최동현 · 나진성 · 남현정
발행인 송자영
발행처 초아출판사

주 소 서울시 성북구 정릉로 36길 41
전 화 070-8739-0036
팩 스 0504-178-5627
e-mail choapublish@hanmail.net

ISBN 979-1188-425-198 (93320)
정 가 38,000원

파본이나 잘못된 책은 교환하여 드립니다.

※ 마인드 탭은 별도판매입니다.

역자 소개

민순홍 교수 연세대학교, sminscm@yonsei.ac.kr

The University of Tennessee에서 경영학 박사학위(Marketing/SCM 복수전공)를 취득하고, University of Oklahoma 등에서 9년간 재직하였다. 민교수는 현재 연세대학교 경영대학 운영/공급사슬관리 전공 교수 및 ESG/기업윤리연구센터 부센터장이다. 주 연구분야는 지속가능경영, 지속가능 공급사슬전략 등이다. International Journal of Logistics Management에서 '우수논문상', 생산관리학회에서 '현우 곽수일 생산관리 학술상', 한국로지스틱스학회에서 '로지스틱스대상 학술상'을 수상하였다. 민교수는 Journal of Promotion Management (Taylor & Francis 刊) 편집위원, 한국 로지스틱스학회 회장, 생산관리학회 부회장, 산업통산자원부 주최 국가생산성대상 심사위원으로 활동하고 있다.

문성암 교수 국방대학교, mseongam@hotmail.com

1999년 연세대학교에서 경영학 박사학위를 취득하였다. 문교수는 1993년-1996년 LG경제연구원 산업연구원, 1999년-2002년 동의대학교 유통관리학과 조교수를 역임하고, 현재 국방대학교에서 군수경영 전공 교수로 재직하고 있다. 주 연구분야는 생산운영관리, 물류관리, 군수 시스템, 동적 시뮬레이션 등이다. 주요 저서로 벤토리(한경사, 2010), 시스템 스토리텔링(북큐브, 2011), 디지털 시대의 유통론(한경사, 2016) 등이 있으며, 역서로는 전략적 수요공급관리(지필, 2006), 물류 및 공급체인관리(한국맥그로힐, 2008) 등이 있다.

정호상 교수 인하대학교, hjung@inha.ac.kr

2003년 연세대학교에서 산업시스템공학 박사학위를 취득한 후, 2004년-2006년 Virginia Tech 산업공학과 박사후 연구원, 2006년-2009년 삼성경제연구소 경영전략실 수석연구원, 2009년-2013년 상명대학교 경영공학과 교수를 역임하였다. 현재 정교수는 인하대학교 경영대학 아태물류학부 교수로 재직중이다. 주 연구분야는 공급사슬관리, 물류관리, 시스템 최적화 등이다. 주요 편저로 Trends in Supply Chain Design and Management: Technologies and Methodologies(Springer UK, 2007)가 있다.

최동현 교수 한국항공대학교, home page : scmda.kau.ac.kr

2012년 University of Nebraska에서 경영학 박사 학위를 취득하고, 현재 한국항공대학교에서 물류 전공 부교수로 재직하고 있다. 최교수는 물류 및 SCM의 구조 관련 연구 주제와 사회연결망 구조 분석을 통한 연구 방법론에 관심이 크다.

나진성 교수 단국대학교, jinsungrha@dankook.ac.kr

연세대학교에서 문학사와 경영학사, University of Nebraska에서 경영학 석사/박사학위 (전공: 생산운영관리)를 취득하였다. 나교수는 현재 단국대학교 경영경제대학 경영학부 부교수로 재직중이다. 주 연구분야는 지속가능 공급사슬관리, 디지털 공급사슬, 네트워크 텍스트 분석 등이다. 역서로 경영과학(한경사, 2020)이 있다.

남현정 교수 덕성여자대학교, hyunjeongnam@duksung.ac.kr

2015년 서강대학교에서 경영학 박사학위를 취득하였다. 남교수는 연세대학교 및 서강대학교 강사, 2016년-2020년 전남대학교 경영대학 조교수를 역임하면서 생산관리, 공급사슬관리, 품질경영 등을 강의하였다. 남교수는 현재 덕성여자대학교 글로벌융합대학 국제통상학전공 조교수로 재직하고 있다. 주 연구분야는 물류관리, 국제물류, 공급사슬관리, 생산운영관리, 서비스운영관리 등이다.

서문

지난 2019년 12월부터 시작되어 본 번역서가 출판된 2022년 2월까지 지속되고 있는 COVID-19 대유행을 경험하면서, 전세계 경영자들은 그 어느 때 보다도 운영관리operations management (OM)와 공급사슬관리supply chain management (SCM)의 중요성을 인식하게 되었다. 재고 부족, 물류 대란, 인력 부족으로 인한 자재수급에서 유통에 이르는 공급사슬의 모든 프로세스에서 전세계 기업들이 겪고 있는 어려움은 왜 OM과 SCM이 기업의 핵심역량core competencies이어야 하는지를 새삼 깨닫게 되었다. 희망적으로 가까운 미래에 COVID-19 대유행이 계절병으로 바뀌는 넥스트 노멀next normal 시대에도 OM/SCM의 전략적 중요성은 약화되지 않을 것이 분명하다.

COVID-19 대유행은 또한 현대경영학의 아버지 피터 드러커Peter Drucker가 그의 기념비적인 저서 "경영학의 실제The Practice of Management"에서 설파한대로 기업이 기업 생태계와 상호 유기적인 사회적 관계를 맺고 있음을 다시 한번 일깨워 주고 있다. COVID-19의 시작이 인류의 무분별한 자연 생태계 파괴에서 시작되었다고 해도 지나치지 않을 것인데, 자연 파괴는 다시 기업과 지역사회/글로벌시장 간의 두절로 인한 공급 및 수요의 균형의 붕괴를 초래하였다. 당면한 공급사슬의 붕괴는 전세계 경영자들로 하여금 기존 기업이 경제적 가치 극대화에 집착하던 관행을 떨쳐 버리고 기업 생태계의 사회적, 환경적 가치와 기업의 경제적 가치를 균형 있게 추구함으로써 기업은 물론 기업 생태계의 지속가능성을 높이는 방안을 모색하도록 재촉하고 있다. 지속가능성 제고를 위해서는 원자재 수급부터 생산, 유통, 고객관리, 및 역물류에 이르는 프로세스의 통합, 관리, 개선을 책임지는 OM/SCM의 역할이 그 어느 때보다 더 중요하다.

COVID-19 대유행에서 기업 경영자들은 운영관리와 공급사슬관리에서 정보 부족으로 인한 극단적인 수요/공급의 변동성을 경험했다. 따라서 넥스트 노멀 시대에는 이미 진행중인 디지털전환 digital transformation과 서비스화 servitization를 가속화할 것이다. RFID 등 각종 센서와 사물인터넷 IoT 기술을 기반으로 한 빅데이터big data와 그 분석툴인 애널리틱스 analytics가 스마트팩토리smart factory와 결합하면 앞으로 COVID-19 대유행과 같은 위기상황에서도 OM/SCM에서 기업 내·외부 프로세스의 연결과 통제를 강화하고 공급사슬의 투명성을 확보하여 전세계 고객이 요구하는 상품을 적합한 품질과 수량으로, 적절한 가격에, 적절한 시간과 장소에서 맞춤형으로 제공함으로써 중단 없는 효익을 제공할 수 있을 것으로 예상한다.

본 번역서는 David A. Collier 교수와 James R. Evans 교수가 저술한 Operations & Supply Chain Management 2판의 번역서이다. Collier와 Evans 두 교수는 OM/SCM을 고객 중심적 시각, 프로세스의 시각에서 OM/SCM의 전략적 중요성과 그 역할을 설명하고 있다. 따라서, 본 번역서는 OM, SCM 전공 학생이 아니더라도 기업의 다양한 각 기능분야가 어떻게 상호 조정하고 협조하여 기업의 사업전략 및 기업전략을 지원하여야 하는지, 또한 이를 통해 고객 및 기업가치 어떻게 창출할 수 있는지를 이해하는데 도움이 되는 큰 그림big picture을 제공하는데 손색이 없다. 또한 본 번역서는 OM/SCM이 지역사회/글로벌 시장 및 자연 생태계의 지속가능성 추구에 어떻게 기여할 수 있는지에 대한 실제적 사례를 제공한다.

본 번역서의 대표 역자로서 나는 경영학 전공 학생은 의학 전공 학생과 유사한 방법으로 학습하여야 한다고 조언한다. 의학과 마찬가지로 경영학은 암기하는 학문이 아니다. 의학은 환자에 대한 이해를 바탕으로 환자의 증상(사실)을 진단(분석)하고, 과학적으로 증명된(오랜 기간 인과관계가 검증된) 처방을 내려서 환자를 치료한다. 기업 경영도 의학과 마찬가지로 기업 생태계의 구성 요소인 고객, 공급사슬 파트너, 경쟁자, 각종 규제기관, 기타 이해관계자의 필요와 욕구, 상호작용은 물론 사회 및 자연환경의 변화를 이해하는 데서 시작하여야 한다. 기업 생태계에 대한 이해는 기업이 겪고 있는(또는 해결하고 싶은) 문제에 대한 메타인지meta-awareness를 가능하게 한다. 메타인지와 데이터 분석으로 파악한 기업의 근본 문제는 축적된 성공/실패 사례를 바탕으로 한 효과적인 처방이 있어야 해결할 수 있다. 축적된 데이터 분석을 통해 밝혀낸 일반화된 문제와 해결책을 우리는 경영학 이론이라고 부른다. 물론 각 개별기업의 문제는 100% 일반화할 수 없으므로 경영자의 통찰력insight 또한 필요하다. 그러므로 Collier와 Evans 두 교수도 OM/SCM이 과학science이자 예술art이라고 하였다.

본 번역서는 경영학 이론을 바탕으로 사례를 통해 실제 운영 및 공급사슬관리에 적용해 보고 체화하여 학습하는 방식에 적합하게 구성되어 있다. 본 번역서의 장점은 학습자의 효과적인 학습을 위해 OM/SCM 핵심개념을 쉽게 설명한 후, 개념의 응용을 돕기 위해 각 장chapter 별로 적절한 다양한 기업의 사례를 다수 제공한다는 점이다. 본 번역서의 대표 역자로는 나는 학습자에게 각 장에서 제공하는 OM/SCM의 기본 개념을 이해한 후에 다양한, 그러나 간결한 사례를 빠짐없이 읽어 보기를 추천한다. 학습자가 읽은 케이스 수만큼 학습의 깊이와 넓이는 커진다고 믿는다.

본 번역서의 또 다른 장점은 학습자가 데이터 분석 능력을 키울 수 있도록 웹기반 마인드탭 테크놀러지MindTap technology를 통해 데이터 분석에 필요한 도구를 제공한다. 학습자는 마인드탭에서 데이터를 이용한 문제풀이에 필요한 데이터, 엑셀 템플릿Excel templates을 찾을 수 있다. 이에 더하여 데이터 분석에 익숙하지 않은 학습자를 돕기 위해 참고자료 A–F에서 통계 및 수리 모형의 개념을 설명하고 해제problems and solutions를 제공한다. 나는 학습자에게 각 장과 참고자료에서 제공하는 해제를 충분히 익힌 후, 학습자가 직접 풀어보는 연습문제 및 엑셀을 이용한 계산문제를 꼼꼼히 풀어 보기를 당부한다. 건전한 의사결정은 냉철한 데이터 분석력을 바탕으로 한다. 특히, 학습자는 각 장에서 배운 내용을 응용해 볼 수 있도록 복습문제에 대한 답을 스스로 찾아본 후 동료들과 비교하며 토론해 보기를 추천한다. 각 장의 마지막 부분에 있는 사례기반 문제는 실제 사례를 재구성한 것으로 그 시나리오가 매우 구체적이고 실제적이다. 따라서 미래 경영자를 꿈꾸는 학습자가 기업 및 공급사슬 활동에 대한 메타인지를 개발하고, OM/SCM관련 현실성 있는 해결책을 찾아보는데 큰 도움이 될 것으로 믿는다.

본 번역서는 오랜 기간 OM/SCM 분야를 연구하고 강의해 온 6명의 베테랑 교수들의 강의/연구 경험과 공동노력을 바탕으로 완성하였다. 역자들이 세심히 번역을 시도하였으나 원서의 내용이 워낙 방대하여 역자들이 번역과정에서 미세한 번역상 실수를 범했을 수 있다. 본 번역서에서 발견하는 모든 잘못은 최종 편집을 담당한 대표 역자에게 있음을 밝힌다. 본 번역서에 대한 질문 및 수정요구는 언제든지 환영하니 대표 역자에게 언제든지 연락해 주기를 희망한다.

2022년 2월

대표 역자 **민순홍**

차례

Part 1
운영관리와 가치사슬의 기본 개념

8 시설과 작업 디자인
Facility and Work Design **228**

Part 3
운영관리와 공급사슬 관리

9 예측 및 수요계획
Forecasting and Demand Planning **263**

차례

차례

차례

SUPPLEMENTS

운영관리와 가치사슬 1
Operations management and Value Chains

애플주식회사Apple, Inc.는 글로벌 공급사슬과 운영수월성operational excellence에 집중함으로써 높은 수익률profit margin을 얻는다.

Roman Tiraspolsky/Shutterstock.com

학습목표

1장을 학습한 후 다음 과제를 수행할 수 있어야 한다:

- **1-1** 운영관리의 개념과 중요성을 설명한다.
- **1-2** 운영관리자 operations managers가 수행하는 일을 기술한다.
- **1-3** 재화goods와 서비스services의 차이점을 설명한다.
- **1-4** 가치value의 개념을 정의하고, 재화와 서비스의 가치를 어떤 식으로 향상시킬 수 있는지를 설명한다.
- **1-5** 고객효익패키지customer benefit package (CBP)를 설명한다.
- **1-6** 가치사슬과 공급사슬의 차이점을 설명하고 어떠한 비즈니스에서도 세 가지 일반적인 형태의 프로세스를 찾아낸다.
- **1-7** 가치사슬을 기술하는 3가지의 관점framework을 비교하여 설명한다.
- **1-8** 운영관리의 역사적 발전단계를 요약하여 설명한다.
- **1-9** 운영관리가 직면한 현재 그리고 미래의 주요 도전과 제들이 무엇인지 서술한다.

고객가치를 창출하기 위해, 제품physical goods과 서비스service를 조화롭게 조합blending하는 애플사의 기술은 거의 완벽에 가까워지고 있다. iPod와 iTunes, iPhone/iPad와 애플리케이션, 애플 소매점과 지니어스바Genius Bar(애플 소매점 내에서 무료로 제공하는 고객 기술지원 프로그램)의 조합을 생각해보라. 당장 애플사의 제품-서비스 조합이 무엇을 의미하는지 떠오를 것이다. 재화와 서비스를 생산하여 소비자에게 판매하고, 애프터 서비스에 이르기까지 운영과 연관되는 것은 하나도 빠짐없이 관리하는 것이 애플사의 핵심역량core competencies 중 하나이다.

휴렛패커드의 전임 공급사슬 담당 최고책임자였던 마이크 폭스Mike Fawkes는 "애플에서는 운영 분야 고도화한 전문성operational expertise이 제품혁신이나 마케팅만큼 중요한 자산"이라고 말한다. "애플사는 운영 수월성을 예전에는 상상조차 할 수 없었던 수준까지 향상시켰다"라고 덧붙였다.

관리자나 엔지니어는 완전무결한 운영관리operations를 위해 종종 글로벌 공급업체나 제조업체 현장에서 일하기도 하고 제품 디자이너들은 공구장비tooling equipment를 디자인 할때 공급업체와 협업하기도 한다. iPad 2를 출시했을 당시, 애플사 직원들은 제품 하나 하나가 최고의 품질임을 검증하기 위해 모든 업무의 연결지점handoff point — 공급업체, 생산시설, 하역장, 공항, 트럭depot, 물류센터 — 을 모니터링했다.

운영우위operational advantage는 최종적으로 애플 소매점에서 확실하게 이루어진다. 애플사는 수요를 매장단위로, 시간단위로 실시간 파악할 수 있다. 만일 해당부품이 거의 바닥날 것이 확실해지면 팀이 만들어지며, 그 팀은 병목현상bottle neck을 해소할 여분의 장비를 생산하기 위해 필요한 수백만 달러를 사용할 수 있는 권한을 갖는다.[1]

어떻게 생각하는가? What Do you Think?

디지털 콘텐츠 digital contents가 물리적 제품 physical good과 결합한 다른 예를 들어보라. 이러한 변화가 기업이 운영관리를 수행하는 방식을 어떻게 바꾸어 놓았나?

1-1 운영관리 Operations Management

재화와 서비스를 창출하고 그것들을 소비자에게 전달하기 위해서는 연관시설과 프로세스의 효율적인 시스템이 잘 지원하여야 한다. 더불어 이를 세계 곳곳에서 능숙하게 관리하는 능력도 필요하다. 예를 들면 애플사는 말레이지아나 인도네시아 등의 국가에서 대규모 글로벌 공급업체 네트워크를 관리하고 있다. 미국과 중국 등지에 있는 제품 생산 공장도 관리해야 한다. 그런데 이 일련의 활동은 소프트웨어의 개발과 생산, 다른 디지털 콘텐츠, 소매영업, 서비스 및 고객지원 등과 잘 융합되어야 한다. 본장 서두의 일화에서 밝혔듯이, 제품을 생산하는 과정과 서비스를 생산하는 과정을 융합하는 일은 결코 쉽지 않다. **운영관리**operations management (OM)는 제품과 서비스가 만들어져서 소비자에게 성공적으로 전달되기까지의 과정을 관리하는 과학science이자 기술art이다. 운영관리는 제품과 서비스, 그리고 이를 창출하는 프로세스를 **디자인**하는 업무, 그 프로세스를 매일 **관리**하는 업무, 제품과 서비스와 프로세스를 끊임없이 **개선**하는 업무 모두를 포함한다.

제품과 서비스, 그리고 그것들을 만들고 지원하는 프로세스process를 어떻게 디자인하고 관리하였는가에 따라 고객경험customer experience이 매우 유쾌한 경험이 되기도 하고 불쾌한 경험이 되기도 한다. 이것이 바로 운영관리의 존재이유이다! 운영관리는 관리자가 모든 이해관계자들 — 고객, 직원, 투자자, 그리고 사회 — 에게 제공하는 기업의 가치에 직접적으로 영향력을 행사할 수 있는 유일한 기능이다. ("운영관리자는 어떤 일을 하는가" 상자 참조)

왜 운영관리가 중요한가? 이 질문에 답하기 위해서는 먼저 다음의 질문을 해야한다: 무엇이 기업을 성공으로 이끄는가? 1887년 프록터 앤 갬블 Proctor & Gamble (P&G) 창업자의 손자인 윌리엄 쿠퍼 프록터William Cooper Procter는 직원들에게 "우리가 우선 해야 하는 일은 소비자가 사고 싶고, 또 계속 사게 되는 고품질의 제품을 만드는 것입니다. 우리가 만일 효과적이고 경제적으로 고품질의 제품을 생산한다면, 우리는 수익을 창출할 것이고, 그 수익은 우리 모두에게 돌아옵니다."라고 하였다. 프록터의 선언 이후 100년 이상이 흘렀지만 오늘날에도 여전히 유효하다. 프록터의 선언문에는 운영관리의 세가지 핵심 이슈 — 효율성efficiency, 비용 cost, 품질quality — 가 잘 녹아있다. 효율성(산출 output을 창출하기 위해 자원resources이 얼마나 잘 활용되었나를 측정

운영관리자는 어떤 일을 하나? What Do Operations Managers Do?

운영관리자가 하는 핵심업무는 다음과 같다.

- 예측forecasting : 원자재, 완성품, 서비스의 미래 수요를 예측한다.
- 공급사슬관리supply chain management : 공급자로부터 소비자에게 이르는 원자재, 정보, 인적자원, 및 자금의 흐름을 관리한다.
- 시설 배치 및 디자인facility layout and design : 최상의 효율과 고객만족을 보장하는 기계, 보관시설, 사무실, 개별 부서의 배치를 결정한다.
- 테크놀러지의 채택technology selection : 생산성을 제고하고 고객의 요구에 더 빨리 반응할 수 있는 기술을 사용한다.
- 품질관리quality management : 제품, 서비스, 프로세스가 고객의 기대와 요구에 부응하는지 확인한다.
- 구매purchasing : 원자재, 소모품, 서비스 구매업무를 적절하게 조율한다.
- 자원 및 생산능력 관리resources and capacity management : 필요시에 가용한 적절한 양의 자원(노동, 장비, 재료 및 정보)이 있는지를 확인한다.
- 프로세스 디자인process design : 고품질의 제품과 서비스를 효율적으로 생산하기 위해 적절한 장비, 정보, 작업방식을 선택한다.
- 업무디자인job design : 업무 work tasks 와 업무책임 job responsibilities에 인력을 배치하는 최적의 방법을 결정한다.
- 서비스접점 디자인service encounter design : 서비스 제공자와 고객 간 최선의 소통방식과, 서비스 업셋service upsets 시 해결방법을 결정한다.
- 일정계획scheduling : 고용인력이나 설비같은 자원을 작업에 투입하는 시점을 결정한다.
- 지속가능성(관리)sustainability : 다음 세대를 생각하고 자원을 보존하기 위해서 제품이나 제품운용에 따르는 위험요소를 관리하는 최선의 방법을 결정한다.

하는 척도), 운영 비용, 그리고 고객만족을 창출하는 제품과 서비스의 품질이 모두 기업의 수익을, 궁극적으로는 기업의 장기적 성공을 가져다준다. 운영관리의 핵심인 효율성, 비용, 품질 개념 간 상호연관성을 이해하고 운영관리의 원칙을 의사결정 과정에 적용할 수 있는 인재가 없는 기업은 결코 성공할 수 없다.

1-2 현장에서의 운영관리 OM in the Workplace

"운영관리자" 역할을 수행하는 인원들은 최고운영책임자chief operating officer, 호텔 혹은 레스토랑 관리자 manager, 생산담당 부사장vice president of manufacturing, 고객서비스 관리자, 공장 관리자, 현장 서비스 관리자, 혹은 공급사슬 관리자 등과 같은 다양한 직함을 가지고 있다. 운영관리의 개념과 방법은 내부고객 (조직 구성원) 및 외부고객 (조직 외부인)을 위한 가치를 보다 잘 창출하기 위하여, 기업이나 산업의 기능적 영역과 상관없이 어떠한 현장에도 활용할 수 있다. 운영관리의 원리는 회계, 인사관리, 법률업무, 금융업무, 마케팅, 환경관리를 포함하는 모든 형태의 서비스 업무에 활용할 수 있다. 따라서 모든 사람들은 운영관리를 이해하고 운영관리의 도구tools 및 개념을 적용할 수 있어야 한다. 운영관리 전공도 아니었던 필자의 제자들이 어떤 식으로 각자의 직장에서 운용관리 지식을 적용하였는지 예를 들어보고자 한다.

대학졸업 후 셸리 덱커Shelly Decker는 동생과 함께 천연비누와 바디용품을 생산 및 판매 사업을 시작하였다. 셸리는 대학에서 회계학과 정보시스템을 전공하였지만, 일상생활에서 운영관리 방법을 활용하여 사업을 하였다.

- 프로세스 디자인: 신제품을 시장에 선보이려면, 그 제품을 생산하는 최선의 방법을 결정한다. 이 업무는 제품 생산에 필요한 세부화된 단계를 차트로 만들어 활용한다.
- 재고관리: 비용을 낮추고 불필요한 제품을 만들지 않기 위해 철저한 재고관리를 수행한다. 4주마다 재고를 파악하고, 이를 바탕으로 재고관리 시스템을 재조정한다.
- 일정계획: 현재 재고수준과 비누생산능력과 같은 요소를 고려하여 소매업체와 도매업체에게 충분한 물량을 공급할 수 있도록 생산일정계획을 수립한다.
- 품질관리: 생산된 모든 제품을 검수하여 최고의 품질기준을 충족시키는지를 확인한다. 제품이 품질기준을 충족하지 못하면 (예: 색깔이 조금이라도 다르거나, 포장이 잘못되었거나, 성분표시가 틀리게 표기되었거나, 무게, 크기, 모양이 적절하지 않으면), 재고에서 제외시킨 후, 어디에서 문제가 발생했는지를 파악하여 품질 문제를 해결한다.

기업이 운영관리를 제대로 이해하지 않고는 절대 성공할 수 없다!

톰 제임스Tom James는 영업제안서 자동화 소프트웨어sales proposal automation software를 개발하는 작은 소프트웨어 개발기업의 수석 소프트웨어 개발자였다. 톰은 소프트웨어 제품에 연관된 품질이나 고객서비스 이슈에 대처하기 위해 운영관리 기술을 활용하였다. 또한 톰은 당면한 업무를 파악하거나, 개발자들에게 업무를 맡기거나, 프로젝트를 마치기까지 필요한 시간과 비용을

유나이티드 퍼포먼스 메탈 : 운영관리자의 일과 United Performance Metals: The Life of an Operations Manager

오하이오주 해밀턴시Hamilton, Ohio에 소재한 유나이티드 퍼포먼스 메탈사(구 퍼거슨 메탈Ferguson Metals)는 특수금속 시장에 스테인레스 스틸과 고온에 강한 합금 제품을 공급하는 기업이다. 이 기업의 주요 생산 공정은 코일스톡 coil stock을 줄무늬 형태로 절단하고, 빠른 시간 내에 주문에서 배송까지 고객의 요구사항에 맞춰 강판sheet steel을 맞춤생산하는 것이다. 운영/품질 담당 부장director은 78명이라는 적은 인원과 함께(그 중 절반은 생산라인에서 일한다) 운영관리와 엔지니어링 업무뿐만 아니라 재무, 회계, 조직행동 및 기타 다른 분야의 지식이 필요한 다양한 업무에 관여한다. 업무시간의 절반 정도는 작업반장, 현장감독, 영업사업 등 직원들과 일상적인 생산, 품질관리, 배송 업무를 처리하고, 동시에 고객의 특별 요구에 따른 맞춤 제작이 가능한지를 논의하며 보낸다. 나머지 절반의 시간은 자본설비capital equipment(건물, 기계 등)를 새로 도입하거나, 현재의 프로세스를 바꾼다면 기술적으로 구현가능한지, 그리고 비용에 미치는 영향cost implications은 어떤지를 조사하고, 비용을 절감하며, 작업현장에서 디자인개선을 쉽게할 수 있도록 지원하고, 직원들의 사기를 북돋아 주는 일을 하면서 보낸다. 고객의 요구를 이해하고, 직원들의 사기를 진작시키고, 다른 부서와 협력하여 일하고, 프로세스와 테크놀러지를 융합하는 일은 모든 운영관리자에게 요구되는 능력이다.

AP Images/Mark Duncan

다음 공정을 위해 대기 중인 코일 형태의 강철

Maskalin/Alamy Stock Photo

코일을 줄무늬 형태로 절단하여 완성

Olaf Doering/Alamy Stock Photo

퍼거슨 사의 완제품들

계산하거나, 프로젝트 완성까지의 실제 소요시간과 예측시간 간 차이를 연구하는 등을 포함하는 개발과정에 연관된 프로젝트관리에 깊이 관여하였다. 그는 지속적인 제품 품질개선에도 관심을 가졌다. 예를 들면 개발시간을 줄이고 개발팀의 효율성을 제고하는 방법을 연구하였다. 톰은 대학에서는 정보기술과 매니지먼트를 전공하였다.

브룩 윌슨 Brooke Wilson은 제이피 모건 체이스 JPMorgan Chase의 신용카드 부서 소속 프로세스 매니저 process manager로 커리어를 시작했다. 그 부서에서 운영분석가 operations analyst로 수년간 일한 후, 브룩은 플라스틱 신용카드 생산 감독 supervisor으로 승진했다. 그가 하는 운영관리와 관련된 일들 중 몇 가지 예를 들어 보자면 다음과 같다.

- 계획/예산수립 planning and budgeting: 모든 회의에서 플라스틱 카드 생산 분야를 대표한다. 연간 예산과 인력배치 계획을 수립한다. 플라스틱 신용카드 생산에 영향을 끼칠 수 있는 테크놀러지 동향을 살핀다.
- 재고관리 inventory management: 광고 전단지, 우편봉투, 우표, 신용카드 법규정과 공시 삽입지와 플라스틱 공카드 blank cards 등의 재고관리를 감독한다.
- 일정계획/생산능력관리 scheduling and capacity management: 신규카드 발행에 필요한 모든 자원 (장비, 인력, 그리고 재고), 갱신기한이 다가오는 카드의 재발급, 도난당했거나, 낡았거나, 손상된 카드 교체를 총괄하는 일정관리를 일별, 년별로 수립한다.
- 품질관리 quality management: 고객 정보를 카드에 정확하게 양각 embossing하여 신속하게 고객에게 배송한다.

브룩은 대학에서 회계학을 전공했다.

1-3 재화와 서비스 이해 Understanding Goods and Service

기업은 소비자가 구매하는 다양한 제품과 서비스를 디자인하고, 생산하고, 소비자에게 전달한다. **재화**good*란 보고, 만지고, 소비할 수 있는 실체를 가진 물리적 제품이다.* 재화의 예를 들면 휴대전화기, 가전제품, 음식, 꽃, 비누, 비행기, 가구, 석탄, 목재, 개인용 컴퓨터, 종이 그리고 산업용 기계 등이다. **내구재**durable good*는 쉽게 닳지 않으며, 보통 적어도 3년은 사용할 수 있는 재화이다.* 자동차, 식기세척기, 가구 등이 내구재에 해당한다. **비내구재**nondurable good*란 한번 쓰면 재사용할 수 없고, 3년을 버틸 수 없는 재화이다.* 예를 들면 치약, 소프트웨어, 옷, 신발 그리고 식품 등이다. 재화를 생산하는 산업은 제조업, 농업, 임업, 광산업, 건설업, 어업 등이 있다.

서비스service*란 실체를 가진 물품을 직접 생산하지 않는 주요활동*primary activity *및 보조활동* complimentary activity*을 뜻한다.* 서비스는 소비자(고객)와 판매자(공급자)[2] 간의 거래에서 비재화 부분을 대표한다. 서비스를 제공하는 산업으로는 은행업, 숙박업, 교육, 보건의료업, 그리고 정부 등이 있다. 이들이 제공하는 서비스는 주택융자, 안락하고 안전한 잠자리, 대학졸업장, 의료처치, 치안유지, 화재방지 등을 포함한다.

재화를 생산하는 기업의 운영을 디자인하고 관리하는 일은 서비스를 제공하는 조직과는 상당히 다르다. 따라서 재화와 서비스의 본질을 이해하여야 하는데, 특히 이 둘간의 차이점을 이해하는 일은 더욱 중요하다.

재화와 서비스는 공통점이 많다. 재화와 서비스는 소비자의 필요와 욕구를 충족시키기 위해 탄생하며, 재화와 서비스를 구매하고 사용하는 소비자에게 가치와 만족을 제공한다. 둘 다 대중시장을 위한 표준화가 가능하며, 개별 고객을 위한 맞춤제공이 가능하다. 둘 다 사람과 테크놀러지를 이용하는 프로세스를 통해 생산되어 소비자에게 제공된다. 고객과 많은 상호작용을 하지 않는 서비스 (예를 들면 신용카드 거래처리 같은)는 오랜 세월을 통해 세밀히 다듬어지고 검증된 운영관리 원칙을 활용하여, 공장에서 재화를 만드는 것처럼 관리할 수 있다. 그러나 재화를 만드는 기관을 관리하는 업무과 서비스를 제공하는 기관을 관리하는 업무 사이에는 무시할 수 없는 매우 중요한 차이점이 있으며, 따라서 운영기능에 대한 요구사항도 서로 다르다.[3]

1. **재화는 손으로 만질 수 있지만, 서비스는 손으로 만질 수 없다.** 재화는 소비하는 것이고 서비스는 경험하는 것이다. 재화를 생산하는 산업은 작업을 수행하기 위해 기계와 "하드 테크놀러지hard technology"에 의존한다. 재화는 옮기거나 저장하거나 수리할 수 있으며, 일반적으로 생산과정에서 실질적인 기술이나 전문성이 요구된다. 소비자는 제품 구매 전에 종종 제품을 시험해 볼 수 있다. 반면 서비스는 정보 시스템과 "소프트 테크놀러지soft technology"를 적극 활용하고, 강력한 행동의 기술behavioral skills이 요구되며, 많은 경우 말로 묘사하거나 눈앞에서 보여주기가 어렵다. 힐튼 코퍼레이션Hilton Corporation의 한 고위 임원은, "우리가 파는 것은 시간이다. 호텔 객실을 제품처럼 판매대 위에 올려 진열할 수는 없다."라고 말했다.[4]
2. **고객은 많은 서비스 프로세스, 활동, 거래에 참여한다.** 많은 종류의 서비스는 고객이 직접 참여하거나, 전화로 혹은 온라인으로 참여해야 서비스가 시작된다. 이에 더하여, 많은 경우 고객과 서비스 제공자가 서비스를 공동생산coproduce한다. 말하자면 은행의 창구직원과 고객이 금전거래를 완수하는 것처럼 고객과 서비스 제공자가 서비스를 만들고 동시에 소비하는 일을 함께 진행한다. 고객의 관여 정도가 높을수록, 기업 입장에서는 서비스 시간, 능력capacity, 일정계획, 품질성과 및 운영비용에 대한 불확실성이 커진다.

   고객접점경험service encounter은 *고객과 서비스 제공자 간의 상호작용이다.* 고객접점경험의 예로는 호텔 예약하기, 식료품 가게에서 직원에게 피클을 찾아달라고 요청하기, 웹사이트에서 물건 구매하기 등이 있다. 고객접점경험은 단 하나 또는 여러 개의 **진실의 순간**moments of truth들로 이루어진다. **진실의 순간**이란 *고객이 직간접적으로 (서비스) 전달 시스템*delivery system*의 어떤 단면과 접촉하며 얻은 일화나 사건*episode, *거래, 경험 등으로 고객이 서비스경험에 대한 인상*impression*을 형성하는 기회를 제공한 순간을 의미한다.*[5] 진실의 순간은 호텔 체크인 카운터의 직원이 유쾌하게 환대를 할 때, 식료품점의 직원이 지체없이 도와줄 때, 혹은 고객이 헷갈리는 웹사이트를 검색할 때 올 수 있다. 고객은 고객접점경험을 통해 서비스의 가치를 매기고, 서비스에 대한 인식을 형성한

> 고객은 서비스를 경험함으로써
> 서비스의 가치를 판단하고,
> 서비스에 대한 인식을 형성한다.

다. 그러므로 고객을 직접 응대하는 직원이나 서비스 프로세스를 디자인하는 직원들은 고객접점경험의 중요성을 이해할 필요가 있다.

3. **서비스의 수요는 재화의 수요보다 예측하기가 어렵다.** 은행, 항공사, 수퍼마켓, 콜센타 또는 법원과 같은 서비스 전달 시스템service delivery system에서 고객이 몰리는 시간과 수요 유형을 예측하기란 매우 어렵다. 서비스에 대한 수요는 시시각각 다르다. 특히 시간별, 일별 등의 단기 수요는 변화의 폭이 크다. 이런 점들이 서비스 기업 관리자들로 하여금 적절하게 인력을 배치하고 수용능력capacity을 계획할 때 상당한 압박을 느끼게 한다.
4. **서비스는 물리적 재고physical inventory로 저장할 수 없다.** 재화를 생산하는 기업은 생산과정이나 생산과정의 단계와는 상관없이 재고를 활용하여 고객의 수요를 충족시킬 수 있다. 재고가 확보되어 있다면 수요가 요동치더라도 지속적으로 재화를 제공할 수 있다. 서비스 기업에는 그러한 수요의 변동을 충족시킬 수 있는 재고가 없다. 서비스 제공 시스템에서 서비스의 가용성availability은 시스템의 능력capacity에 달려있다. 예를 들면 병원은 예측하지 못한 환자의 수요를 수용하기 위해 적절한 병상 수를 확보해야 한다. 갑자기 환자가 늘어날 경우를 대비해 임시직으로 근무할 수 있는 간호사의 후보명단도 확보해 두어야 한다. 만일 비행기 좌석이나 호텔의 객실, 변호사의 근무시간은 한번 놓치면 잃어버린 수익을 다시 찾아오기가 불가능하다.
5. **성공적인 서비스접점경험을 위해서는 서비스관리기술이 가장 중요하다.** 고객 응대 직원은 서비스관리역량을 갖추어야 하는데, 이 역량은 운영관리 지식 및 기술적 전문성 (운영관리), 제품/서비스의 교차판매cross-selling 기술 (마케팅관리), 훌륭한 대인관계 기술 (인적자원관리) 등을 망라한다. **서비스 관리**service management는 *재화와 서비스, 그리고 그것들과 연관된 서비스접점경험을 계획하고, 만들고, 전달하기 위해 마케팅, 인사관리, 운영관리 기능을 통합 관리한다.*. 운영관리 원리는 서비스접점경험을 디자인하고 마케팅목표를 이루기 위해 유용하게 쓰인다.
6. **서비스시설은 일반적으로 고객 가까이에 위치하여야 한다.** 고객이 서비스 시설 — 우체국, 호텔, 은행지점 등 — 에 직접 방문한다면, 그 시설은 고객이 방문하기 편리한 곳에 위치해야 한다. 반면 공장시설은 재화가 제시간에 소비자에게 전달되기만 한다면 지구 반대편에 위치해도 전혀 상관없다. 요즘같은 인터넷 시대에서는 컴퓨터의 마우스를 한번 누르기만 해도 많은 서비스를 구매할 수 있다.
7. **서비스는 특허의 보호를 받지 못한다.** 실체가 있는 재화나 소프트웨어 코드에 있는 특허는 특허 존속기간이 끝날 때까지 경쟁자로부터 해당 제품을 보호한다. 그러나 손으로 만질수 없는 속성을 가진 서비스는 경쟁사가 비지니스 개념이나, 시설의 배열, 혹은 서비스접점경험 디자인을 모방해도 딱히 이를 방지하기가 쉽지 않다. 예를 들면 레스토랑 체인은 새로운 메뉴나 드라이브스루drive-through 아이디어를 재빠르게 모방할 수 있다.

이러한 재화와 서비스의 차이점은 한 기관의 모든 영역, 특히 운영관리에 중요한 함축적 의미를 지닌다. 표 1.1은 이러한 차이점을 요약하였다. 어떤 차이점은 명백하지만 어떤 차이점은 단번에 알아채지 못할만큼 미묘하다. 이런 차이점들을 이해하게 되면, 기업은 소비자의 필요를 충

그림/표 1.1 재화와 서비스는 어떤식으로 운영관리 활동에 영향을 미치는가

OM 활동	재화	서비스
예측forecasting	시간적으로 장기간의 예측을 한다. 재화 생산 공장은 예측오류를 완화하기 위해 물리적 재고를 버퍼buffer로 사용할 수 있다. 예측은 긴 기간에 대해 합산하여aggregate 수행할 수 있다. (예: 월단위, 주단위)	일반적으로 예측기간이 단기간이고, 변수가 많으며, 시간의존적time-dependent이다. 예측기간은 매일, 매시간, 때로는 더 짧은 단위로 설정되어야 한다.
시설의 위치facility location	재화를 생산하는 시설은 원자재, 공급자, 노동력, 혹은 소비자/시장과 가까운 곳에 위치할 수 있다.	서비스 시설은 편의성과 신속한 서비스를 위해 고객/시장 가까이에 위치하여야 한다.
시설의 배치와 디자인facility layout and design	공장과 창고는 소비자가 방문하지 않으므로 효율성을 높이기 위한 디자인을 적용할 수 있다.	고객과 상호작용이 용이하고, 시설과 프로세스 간의 움직임을 고려한 디자인이 필요하다.
테크놀러지technology	재화를 생산, 포장, 운송하기 위한 다양한 형태의 자동화를 사용한다.	서비스시설은 정보기반 하드웨어/소프트웨어에 더욱 의존적이다.
품질quality	재화 생산업체는 명확하게, 물리적으로, 측정가능한 품질기준을 정의할 수 있으며, 다양한 물리적 도구를 사용하여 측정을 할 수 있다.	고객의 인식기반 서비스 품질로 측정되어야 한다; 품질측정은 주로 설문조사와 개별 접촉을 통해 이루어진다.
재고/능력inventory/capacity	원자재와 완성품 같은 물리적 재고를 수요변동의 버퍼로 이용한다.	장비 또는 직원 등의 서비스역량이 물리적 재고를 대체한다.
프로세스설계process design	재화 생산프로세스에는 고객이 참여하거나 관여하지 않으므로, 프로세스를 좀 더 기계적이고 제어가능하게 디자인할 수 있다.	대체로 고객이 서비스창출과 전달에 폭넓게 참여(공동생산coproduction이라고도 칭함)하므로, 주어진 특수한 상황에 더 유연하게 적응하도록 설계하여야 한다.
직무/서비스접점job/service encounter design 경험 디자인	재화 생산 직원들은 뛰어난 기능과 생산기술을 갖춰야 한다.	서비스 담당 직원들이 행동(태도)관리 및 서비스관리 기술을 필요로 한다.
일정관리scheduling	일정관리는 재료, 부품, 재공품의 이동과 위치에 따라, 그리고 작업을 효과적으로 하기 위해 자원 (예: 직원, 장비)을 언제 할당해야하는지를 중심으로 이루어진다.	물리적 재고가 제공하는 효익이 없으므로 효율적 작업을 위해서 언제 직원과 장비 (즉 서비스역량)를 할당할 것인지에 집중한다.
공급사슬관리supply chain management	재화를 생산하는 기업은 고객만족과 수익을 극대화하고 배송시간, 비용, 환경적 영향을 최소화하기 위해서, 글로벌 네트워크 내에서 재화의 물리적인 흐름에 주로 집중한다.	서비스 기업은 고객만족과 이익을 극대화하고 배송시간, 비용, 환경적 영향을 최소화하기 위하여 주로 글로벌 네트워크 내 사람, 정보 그리고 서비스의 흐름에 집중한다.

고객접촉customer contact의 고/저 관점에서 OM활동을 분류한 분류체계는 R. B. Chase가 다음 논문에서 최초로 제안하였다: "서비스운영에서 고객은 어느 지점에 적합한가?"(Harvard Business Review, November–December, 1978, p. 139)

족시키기 위해 재화와 서비스를 적절하게 잘 혼합할 수 있다. 그리고 소비자를 만족시킬 재화와 서비스를 생산하고 전달하는 가장 효과적인 운영시스템operating system을 구축할 수 있게 된다.

1-4 가치의 개념 The Concept of Value

오늘날 고객은 혁신적인 제품, 고품질, 빠른 응답, 완전무결한 서비스, 그리고 저렴한 가격을 원한다; 한마디로, 고객은 모든 구매나 경험에서 가치를 요구하는 것이다. 우리가 본서에서 강조하고 싶은 핵심 내용 중 하나는 다음과 같다. 모든 기업의 근본적인 목표는 고객과 이해관계자에게 가치를 제공하는 것이다.

가치value는 *구매자가 지불할 의사가 있는 어떤 재화, 서비스 혹은 재화와 서비스의 조합*bundle*과 관련된 효익에 대한 (고객의) 지각*perception*이다.* 어떤 재화, 서비스, 혹은, 고객효익패키지customer benefit package(CBP)의 구매 결정은 고객의 가격 대비 지각된 효익 평가에 기반한다. 고객의 지각된 효익에 대한 누적된 판단cumulative judgement이 만족 satisfaction 또는 불만족dissatisfaction으로 이어진다. 가장 단순한 가치 함수 중 하나는 다음과 같다.

가치를 어떻게 높일것인가? How to Increase Value?

가치를 높이기 위해서, 조직은 다음의 조치를 행하여야 한다.

(a) 가격price과 비용cost을 유지하면서 고객이 지각하는 효익perceived benefits을 높여야 한다;

(b) 가격이나 비용을 절감하면서 고객이 지각하는 효익을 높여야 한다;

(c) 고객이 인지하는 효익을 유지하면서 가격이나 비용을 낮춰야 한다.

가격과 더불어 고객이 인지하는 효익이 비례하여 증가하거나 낮아진다면, 순 가치의 변화는 없다. 경영진은 고객이 사용하고 싶고, 지불하고 싶고, 경험하고 싶은 재화와 서비스를 창출하고, 전달하는 프로세스와 시스템을 디자인함으로써 어떻게 가치를 극대화할 것인지를 결정하여야 한다.

$$가치 = \frac{지각된\ 효익}{소비자가\ 지불한\ 가격\ (비용)}$$

가치 비율이 높으면, 기업이 제공하는 재화와 서비스는 고객에게 호의적으로 인식되고, 따라서 그 기업의 성공 가능성은 더 높아진다.

가치에 대한 집중focus on value은 전통적인 재화를 생산하는 많은 기업들로 하여금 물리적 재화를 보완하기 위하여 서비스는 물론 더 많은 디지털 콘텐츠digital contents를 (고객효익패키지에) 추가하도록 하였다. 재화를 생산하는 기업을 더 이상 물리적 상품을 기계적으로 쏟아내는 단순한 공장으로 볼 수 없다. 재화에 대한 고객의 인식은 금융, 임대, 배송 및 설치와 같은 촉진 서비스facilitating services에 크게 영향을 받기 때문이다. 오늘날 우리는 앱, 스트리밍 비디오, 소셜 네트워크와 같은 디지털 콘텐츠가 고객 가치를 창출하는데 필수적이 되어가고 있음을 목격하고 있다. 물리적 및 디지털 재화와 서비스의 통합 패키지 (고객효익패키지)를 설계하고 제공할 수 있는 운영 능력을 조화롭게 통합하는 것이 운영관리의 핵심이다.

1-5 고객효익패키지 customer benefit packages (CBP)

고객에게 가치를 제공하기 위해 재화, 서비스, 디지털 콘텐츠를 특정 방식으로 "결합bundling"하는 것은 고객이 지각하는 가치를 향상시킬 뿐 아니라, 경쟁업체 제품으로부터 차별화시켜주기도 한다. **고객 효익패키지**CBP는 *고객이 인식하고, 지불하고, 사용하거나 경험하는 유형(재화 콘텐츠) 및 무형(서비스 콘텐츠)의 사양을 명확하게 정의한 조합*set*이다.* 고객효익 패키지는 재화와 서비스를 어떤 방식으로 함께 조합하고 구성해야 하는지를 폭넓게 생각함으로써 재화와 서비스를 개념화하고 시각화하는 방법이다.

CBP는 **기본재화** 및 **서비스**primary product/service와 결합한 **주변재화** 및 **서비스**peripheral product/service의 형태로 구성되며, 때로는 이에 더하여 **특이재화** 및 **서비스**variants가 첨가된 형태로 구성

그림/표 1.2 자동차 구매의 CBP 경험

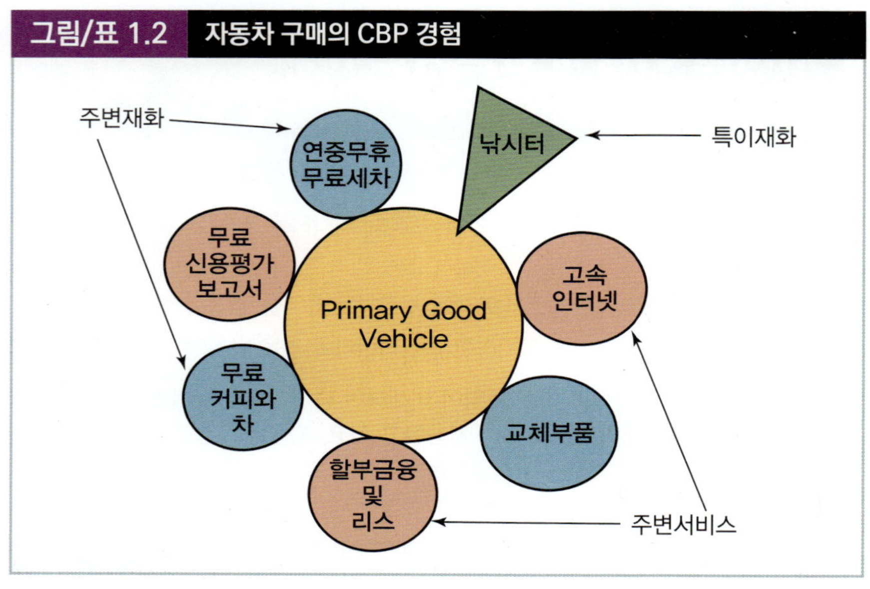

되기도 한다. **기본재화** 혹은 **서비스**는 고객을 유치하고 고객의 기본적인 요구에 대응하는 "핵심" 상품"core" offering이다. 예를 들면 개인 당좌계좌의 기본서비스는 편리한 금융거래이다. **주변재화** 혹은 **서비스**는 기본재화나 서비스에 필수적인 것은 아니지만 기본재화의 효익을 강화하는 역할을 한다. 개인 당좌계좌는 월별 계좌 종이 명세서, 일반 수표가 아닌 디자인이 가미된 수표나 수표책, 특별한 신용카드와 같은 주변 재화와, 고객 서비스 핫라인 및 온라인 청구서 결제와 같은 주변서비스의 지원을 받으면 그 효익이 강화될 수 있다.

오늘날 맞춤가공이나 금속가공업체와 같은 많은 기업 간(B2B) 제조업체들이 맞춤형 디자인 지원 및 정시배송 서비스를 핵심상품core offering이라고 생각하고, 실제 제품은 주변재화로 생각한다는 점은 흥미롭다. 마지막으로 **특이재화**는 일반적으로 표준 CBP에서 벗어나; 회사에 따라 달라지는 CBP 사양feature이다.

CBP는 그림 1.2와 같이 도표로 쉽게 표현할 수 있다. CBP의 속성 및 사양 (도표에 설명됨)은 특정 고객의 요구와 필요를 충족하기 위해 경영진이 선택한다. 예를 들면 **주변서비스**인 금융과 리스는 개인 금융 안전성에 대한 고객의 요구와 필요를 충족시켜준다. 사실 두 대의 차량이 비슷한 가격과 품질 수준이라면, 리스 프로그램은 고객의 구매 결정에 결정적 역할을 할 수 있다. **주변재화**인 차량 교체용 부품은 빠른 서비스와 안전에 대한 고객의 요구와 필요를 충족시킨다. **특이재화**는 고객이 매장에서 차량을 구매하는 동안 고객 자녀들이 낚시를 하며 무료함을 달랠 수 있는 작은 낚시터일 수 있다.

> 고객효익패키지에 포함된 각 재화나 서비스는 이를 생산하여 고객에게 전달하는 프로세스를 필요로 한다.

CBP를 결정할 때 경영진이 결정한 사양과 고객의 요구와 필요를 혼동하지 말아야한다. 예를 들면 고객이 호텔에서 귀중품을 안전하게 보관하고 싶어하면, 경영진이 선택할 수 있는 CBP사양은 객실 금고가 된다. 따라서 CBP 도표에 "객실 금고"라고 기재해야지 "귀중품의 안전"이라고 기재하지 말아야 한다. 즉, CBP 도표는 특정 고객의 요구와 필요를 충족하기 위해 경영진이 선택한 사양을 반영해야 한다.

마지막으로 여러 CBP 그룹을 하나로 묶을 수도 있다bundling. CBP 묶음의 예로 육상관광과 크루즈cruise를 결합한 알래스카Alaska행 휴가 패키지가 있다. 여행사는 이 패키지와 함께 추가적

비즈테인먼트 Biztainment[6]

고객은 왜 발로 포도를 으깨는 경험에 돈을 지불하는 것일까? 이 일을 하는 과정이 결과 자체만큼 고객에게 가치가 있기 때문인가? 엔터테인먼트entertainment 혹은 여흥은 사람들이 일상 업무와 개인 활동을 수행하는 과정에서 환대, 도피, 재미, 흥분 그리고/또는 휴식을 제공한다. 기업이 고객효익패키지에 엔터테인먼트를 추가하면 기업에 대한 고객 만족도를 높이고 수익을 증대할 수 있는 매우 특별한 기회를 얻게 된다. **비즈테인먼트**는 기업이 경쟁 우위를 확보하기 위해 재화 및 서비스 묶음에 엔터테인먼트 콘텐츠를 추가하는 방식이다. 차량을 판매하고 서비스를 제공하던 낡은 비즈니스 모델은 사라졌다. 예를 들면 플로리다 포트 마이어스Fort Meyers, Florida의 한 BMW 자동차 대리점은 매장을 방문한 고객에게 다양한 엔터테인먼트 옵션을 제공하기 위해 퍼팅 그린, 개인 업무 공간, 영화관, 무선 인터넷 접속, 안마의자, 골프 시뮬레이터golf simulator 및 카페가 갖추어진 52,000 평방 피트의 시설을 개장하였다.

비즈테인먼트는 제조 및 서비스 환경에 모두 적용할 수 있다.

- 제조manufacturing – 낡은 공장과 새로운 공장 견학, 쇼룸, 고객 훈련 및 교육 과정, 가상 관광, 제작 방법에 대한 단편 영화, 운전 학교, 물리적 재화의 설계 및 개발에 대한 역사 수업
- 소매retail – 재미있는 그래픽 (이모지emoji)과 함께 하는 온라인 쇼핑, 시뮬레이터, 제품 시연, 인공암벽, 음악, 게임, 콘테스트, 휴일 장식 및 캐릭터 분장 행사, 블로그, 인터랙티브 매장 디자인interactive store design, 수족관, 영화관, 예쁘게 꾸미기makeover
- 레스토랑 – 장난감, 테마, 전자식 메뉴판, 콘테스트, 게임, 캐릭터, 놀이터, 라이브 음악
- 농업 – 나만의 먹거리 직접 수확, 미로, 나만의 와인 만들기, (포도주 생산을 위한) 발로 포도 으깨기, 동물 쓰다듬기, 농장 견학
- 숙박 – 어린이 스파, 헬스 클럽, 카지노, 케이블 TV, 오락실, 마사지, 무료 온라인 게임, 그림/공작 수업, 수영장, 가족 게임, 야생 동물, 미니 골프
- 통신telecommunications – 재미있는 그래픽 (이모지)이 있는 문자와 비디오 메시지 보내기, 음악 및 TV 다운로드, 멋진 전화 벨소리, 디자이너 휴대폰, 휴대폰 앱

기업의 이미지를 높이고 매출을 늘리는 수단으로 엔터테인먼트를 사용하는 기업들의 예로 하드락카페Hard Rock Café, 척키치즈Chuck E. Cheese (역자주: 척키치즈라는귀여운 생쥐 캐릭터로 꾸민 어린이 레스토랑 겸 놀이방), 베니하나 일식당Benihana of Tokyo restaurants (역자주: 고객 앞에서 철판구이 조리과정을 쇼와 곁들어 보여주는 레스토랑), 버리이존 통신사Verizon 등이 있다. 통계자료는 비즈테인먼트의 가치를 보여준다. 예를 들면 빌드-어-베어 워크샵 Build-A-Bear Workshop (역자주: 고객이 직접 곰인형을 고른 후 매장에서 판매하는 옷, 신발, 가방 등으로 나만의 곰인형을 만들 수 있는 소매점)은 연간 매출이 평방 피트 당 600 달러로 미국 쇼핑몰 평균의 두 배를 자랑한다.

으로 크루즈선cruise ship이 잠시 항구에 정박할 때 당일치기 육상관광 상품을 예약한다; 육상관광 운영자는 호텔, 교통, 수하물 처리를 담당한다; 크루즈 선사cruise line는 항공여행을 예약하고, 크루즈 선상에서 식사와 엔터테인먼트를 제공한다. 묶음으로 제공되는 CBP는 가격 책정 전략 및 기업 간의 파트너십에 대한 몇 가지 흥미로운 문제를 제기한다. 예를 들면 개별적으로 구매하는 경우보다 높은 프리미엄 가격을 CBP묶음에 책정할 수도 있고, 이와는 반대로 호텔과 항공사 간의 제휴를 통해 별도로 예약하는 것보다 할인된 가격의 휴가 패키지를 제공할 수도 있다.

대부분의 경우 우리가 일반적으로 생각하는 많은 "재화"와 "서비스"에는 재화와 서비스 콘텐츠가 결합되어 있다. 그림 1.3은 재화 및 서비스 콘텐츠의 연속성을 몇 가지 예와 함께 보여준다. 예를 들면 치약은 재화 콘텐츠가 높지만, 치약을 구매하는 것은 고객 질문 및 불만을 처리하기 위한 콜센터와 같은 일종의 서비스도 함께 구매하는 것이다. 마찬가지로 자전거는 순수한 재화처럼 보일 수 있지만, 종종 안전 지침과 유지 보수와 같은 서비스를 포함한다. 그림 1.3의 또

차량을 구입하는 것 이상의 경험 Buying More Than a Car

사람들은 보통 새 차를 살 때 단지 차량을 구입하는 것이라고 생각한다. 하지만 그건 오산이다. 예를 들면 대부분의 자동차 업체는 재화인 자동차를 많은 주변서비스와 묶어 고객에게 제공한다. 이러한 주변서비스로는 판매 프로세스, 맞춤형 리스, 자동차 보험, 품질보증 프로그램, 주요 서비스 또는 수리 시 제공하는 대여차량, 대리점에서의 무료 세차, 제조업체의 운전 학교에 참석할 수있는 기회, 이메일로 발송하는 월간 뉴스레터, 웹 기반 윤활유 교환 일정 알림 및 기타 서비스 요구 사항이 포함될 수 있다. 이러한 묶음bundling은 고객효익패키지의 틀에서 설명할 수 있다.[7]

Gajus/Shutterstock.com

다른 극단에는 정신과 진료 서비스가 있는데, 정신과 진료는 서비스 콘텐츠가 많은 비중을 차지하지만 서비스를 지원하기 위한 상담비용 청구서, 관련 서적 및 의료 브로셔와 같은 재화를 포함할 수 있다. 오케스트라 공연, 연극, 영화를 관람하는 것은 본질적으로 순수한 서비스이다. 그러나 프로그램 브로셔와 입장권을 공연장 주변 레스토랑에서 제시하면 할인을 받을 수 있는데, 이 경우 프로그램 브로셔와 입장권은 주변재화에 해당한다.

오늘날 우리는 점점 더 많은 디지털 콘텐츠가 재화 및 서비스와 묶음되는 것을 보고 있다. 예를 들면 제너럴 일렉트릭General Electric은 기관차와 제트기 엔진을 제조하고 있지만, 이 기업은 지능형 기계 개발에 매진하고 있다. 현명한 운영관리 결정을 내리고, 유지 보수 및 수리를 위해 스스로를 모니터링하는 지능형 기계 개발이 제너럴 일렉트릭의 미래를 결정할 것이라 여기고 있다. 넷플릭스Netflix는 영화, TV 쇼 및 시리즈의 형태로 디지털 콘텐츠를 판매한다. 아이튠즈iTunes는 디지털 콘텐츠로 음원을 판매한다.

1-6 가치사슬 value chains

가치사슬은 공급자로부터 시작하는 원자재, 완제품, 서비스, 정보 및 금융 거래의 흐름을 설명하는 시설 및 프로세스의 네트워크이며, 이 시설과 프로세스를 통해 재화와 서비스를 생산하여 고객에게 전달한다. 가치사슬은 한 기업의 모든 주요 기능을 포함한다. 여기에는 운영관리뿐만 아니라 구매, 마케팅 및 판매, 인적자원관리, 재무 및 회계, 정보시스템 및 테크놀러지, 유통, 서비스 및 지원업무도 포함된다. **공급사슬**은 가치사슬의 한 부분으로, 주로 상품 및 자재의 물리적 이동에 초점을 맞추고 공급, 생산 및 유통 프로세스를 통한 정보 및 금융 거래의 흐름을 지원한다. 공급사슬은 6장과 12장에서 집중적으로 다룰 것이다.

그림/표 1.3 재화 콘텐츠와 서비스 콘텐츠의 예

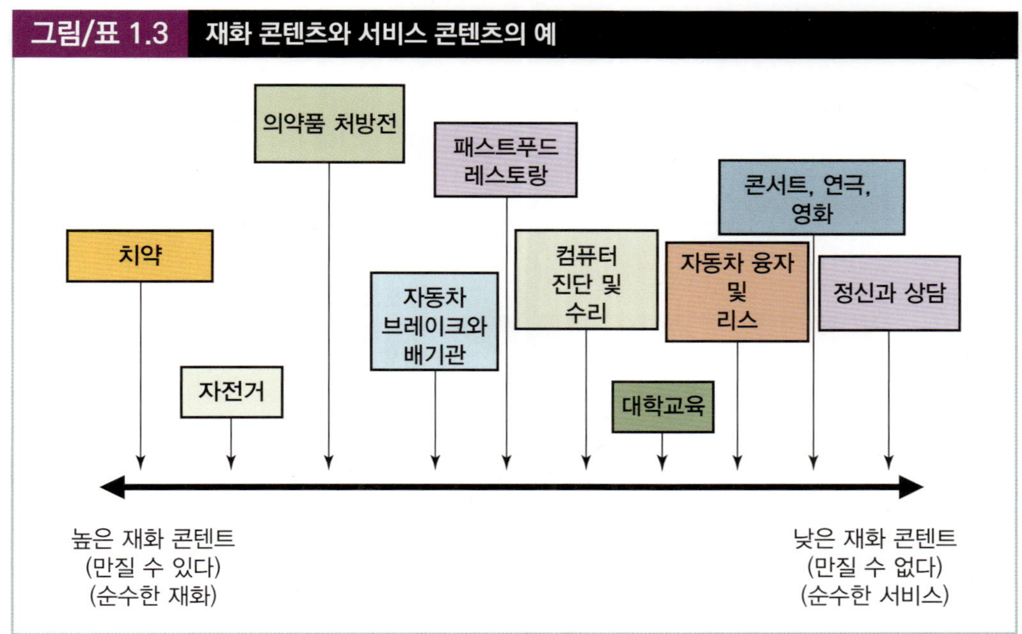

다수의 기업에서는 "가치사슬"과 "공급사슬" 용어를 같은 의미로 사용한다. 그러나 본서에서는 이 두 용어를 서로 다르게 사용한다. 가치사슬은 공급사슬보다 더 광범위한 개념이며, 본 장의 뒷부분에서 확인할 수 있듯이 재화를 생산하는 기업뿐만 아니라 서비스를 제공하는 기관에도 적용하기가 용이하다.

1-6a 프로세스 Processes

고객효익패키지에 포함되는 각 재화나 서비스에는 이를 생산하여 고객에게 전달하는 프로세스가 필요하다. **프로세스**는 물리적 재화, 서비스 혹은 정보와 같은 특정 결과를 창출하기 위한 일련의 활동이다. AT & T (역자주: 미국의 통신 및 미디어 그룹)가 내린 프로세스에 관한 실용적인 정의에 의하면, 프로세스란 고객을 위한 가치를 창출하는 과정이다.[9] 프로세스는 재화와 서비스를 생산하고 전달하는 수단이다. 예를 들면 세차 프로세스는 다음과 같은 단계로 구성될 수 있다: 차를 체크인하고, 세차를 수행하고, 결과물을 검사하고, 고객에게 세차가 끝났음을 알리고, 고객에게 신속하게 차를 인도하고, 요금을 받는다. 이러한 프로세스를 설계할 때 운영 관리자는 신속한 서비스, 깨끗한 자동차, 차량 손상 방지, 그리고 모든 서비스접점service encounters의 품질과 같은 프로세스 목표를 고려해야한다. OM 관리자는 다음과 같은 질문을 던지게 된다: 차 외관뿐만 아니라 실내도 청소해야 하는가? 고객 대기시간은 어느정도가 적절한가? 세차시 어떤 종류의 화학 약품을 사용해야 하는가? 세차담당 직원과 고객응대 담당 직원에게는 어떤 교육을 시켜야 하는가?

비즈니스의 주요 프로세스는 일반적으로 다음 3가지를 포함한다:

1. **가치 창출 (핵심) 프로세스**value-creation (core) processes는 고객 가치를 창출하기 위해 조직의 기본재화나 서비스를 생산하거나 제공하는데 촛점을 맞춘 프로세스이다. 예를 들면 고객이

그림/표 1.4 주요, 지원, 공급 및 관리 프로세스의 관련성

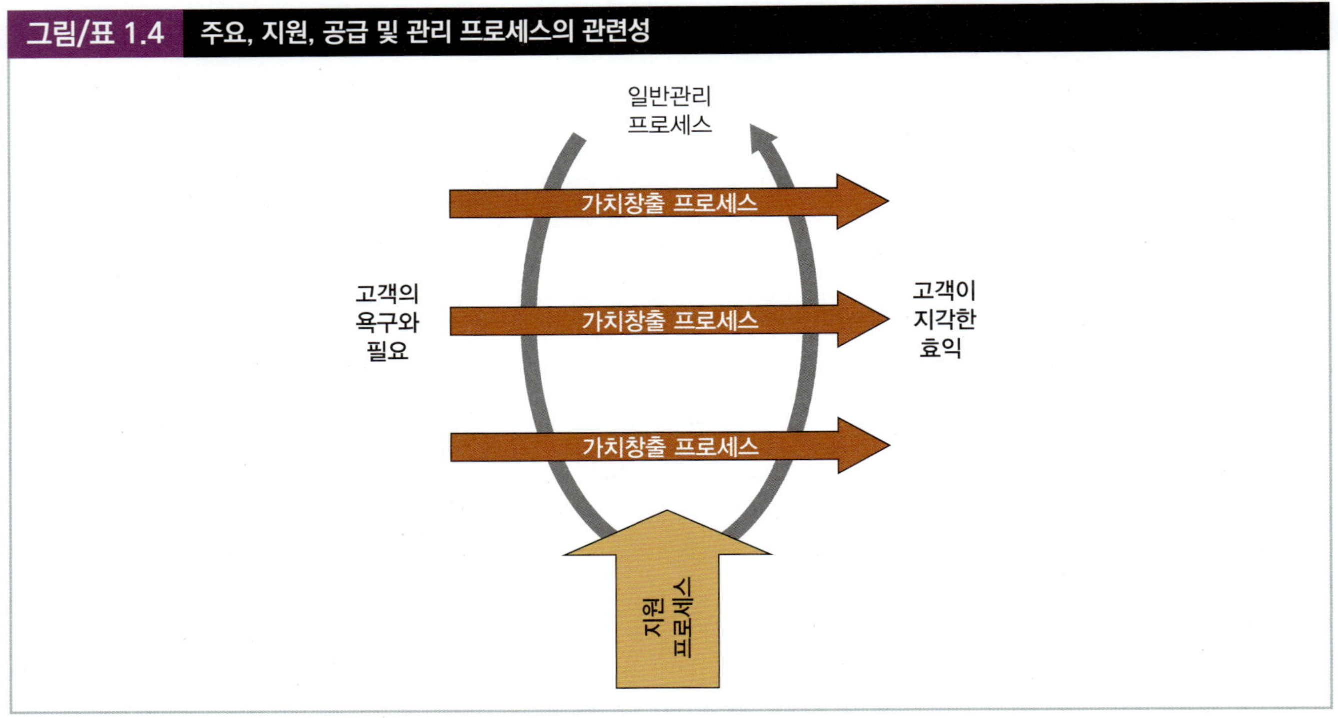

주문한 물품을 구매내역과 일치하게 정확하게 배송하거나, 서비스로 식기 세척기를 조립해 주거나, 주택담보를 제공하는 등의 활동을 포함한다.

2. **지원 프로세스**Support processes는 제품 생산에 필요한 자재 및 물품의 구매, 재고 관리, 기기 설치installation, 의료 혜택 제공, 테크놀러지 획득, 고객의 매장방문시 동반 어린이 돌봄 서비스, 연구개발 등의 활동을 포함한다.
3. **일반관리 프로세스** General management processes는 회계 및 정보 시스템, 인적자원관리 및 마케팅을 포함한다.

기업 내 거의 모든 주요 활동은 전통적인 조직의 경계를 넘나드는 프로세스를 포함한다는 점을 인식하는 것이 중요하다. 예를 들면 주문이행 프로세스order fulfillment process에는 영업 담당자가 주문을 하고, 마케팅 담당자가 기업의 컴퓨터 시스템에 입력하며, 재무부서에서 고객의 신용도를 확인하고, 유통 및 물류 담당자가 피킹picking과 패킹packing (역자주: 고객주문에 맞춰 재고에서 제품을 선별하여 꺼내고 포장하는 작업)과 배송 작업을 수행하며, 재무부서에서 청구서를 발행하고, 현장 서비스 엔지니어가 제품을 설치를 해주는 활동이 포함된다. 따라서 프로세스가 반드시 하나의 부서 또는 전통적인 관리기능 내에서만 이루어져야 하는 것은 아니다. 그림/표 1.4는 가치창출 프로세스가 어떻게 고객의 필요wants와 욕구needs를 고객이 인지하는 효익으로 변환하여 주는지를 보여준다. 일반관리 프로세스 및 지원 프로세스는 가치 창출 및 전달 활동을 조정한다.

1-7 가치사슬 관점 Value Chain Frameworks

본서는 가치사슬을 투입-산출 관점input-output framework, 생산전 및 생산후 서비스 관점, 그리고 계층적 공급사슬 관점이라는 세 가지 다른 관점에서 설명하고자 한다.

1-7a 가치사슬 Value Chain: 투입-산출 관점Value Chains: An Input-Output Framework

그림/표1.5에서 볼 수 있듯이 가치사슬통합은 운영 기능의 "요람에서 무덤까지" 투입-산출 관점으로 설명할 수 있다. 가치사슬은 재화나 서비스 제공 프로세스, 또는 프로세스 네트워크에 투입물을 제공하는 공급자로부터 시작한다.

공급자는 흔히 생각하듯 자재와 부품 제조업체일 수도 있지만, 소매점, 유통업체, 채용대행사employment agencies, 딜러dealer, 금융 및 임대대리인financing and leasing agencies, 정보 및 인터넷 기업, 현장 유지 보수 및 수리 서비스제공자, 건축 및 엔지니어링 설계업체, 하청업체contractors일 수 있다. 그들이 제공하는 투입물은 자동차 엔진이나 조립 공장에 제공되는 마이크로 프로세서와 같은 물리적 제품일 수 있다. 또한 식당에 납품되는 육류, 생선 및 채소일 수도 있고, 대학 및 기술학교에서 기업에서 배출하여 공급하는 훈련된 인력일 수도 있으며, 시장조사결과나 의료 진단과 같은 정보일 수도 있다.

투입물은 장비와 시설, 노동, 자본, 정보와 같은 자원을 활용하는 (생산)프로세스를 거치면서 부가가치를 지닌 재화 및 서비스로 변환된다. 주목해야할 점은 거의 모든 것이 부가가치를 지닌 재화 및 서비스로 변환될 수 있다는 점이다: 병원 인력, 정유공장의 물리적 재화, 전자 출판 분야의 정보, 혹은 인적자원, 물리적 재화 및 정보의 혼합 등이 모두 변환될 수 있다는 것이다. 가치사슬 프로세스는 3가지 유형을 포함한다: 가치창출 (핵심) 프로세스(상품과 서비스를 직접 생산하여 전달하는 프로세스), 지원 프로세스("막후"이지만 핵심 프로세스를 지원하는 프로세스), 일반 관리 프로세스(효율적이고 효과적인 비즈니스 수행을 위해 필요한 프로세스). 예를 들면 병원에서 수술이나 약물 투여와 같은 가치창출 프로세스는 환자를 건강하게 회복시키기 위해 사용되는 반면, 실험실 테스트와 구매와 같은 지원 프로세스는 수술과 약물요법(가치창출 프로세스)가 목표를 달성하도록 돕는다. 마지막으로 가치사슬 산출물(재화와 서비스)은 고객에게 전달되거나 표적 세분시장target market segment에 제공된다. 그림/표 1.5에 포함된 구성요소를 설명하는 가치사슬의 몇 가지 예는 그림/표 1.6에 나와 있다. 전체 가치사슬의 성공 여부는 가치사슬이 어떻게 설계되고 관리되는지에 달려 있다. 여기에는 가치사슬의 모든 면을 개선하기 위해, 앞으로 2장에서 다루게 될, 성과측정과 측정된 성과에 기반한 피드백feedback을 활용하는 것이 포함된다.

1-7b 버크산업주식회사Buhrke Industries Inc.의 가치사슬

가치사슬 통합의 투입-산출 관점을 설명하기 위해 일리노이 주 알링턴 하이츠Arlington Heights, Illinois에 위치한 버크산업을 집중적으로 살펴보자. 이 기업은 자동차, 가전제품, 컴퓨터, 전자제

그림/표 1.6 재화와 서비스를 제공하는 가치사슬

기관	공급자	투입	가치창출프로세스	산출물	고객/세분화 시장
자동차조립공장	엔진 공장 타이어 프레임 차축 페인트 좌석	노동 에너지 자동차 부품 사양	용접 가공 조립 도장	자동차 트럭	이코노미economy 럭셔리luxury 트럭운송 앰뷸런스 경찰
병원	제약기업 의료장비공급자 식품공급자 장기기증자 의료용품공급자	환자 병상 직원 약 진단 장비 지식	입원 채혈검사 의사의 진단 식사서비스 수술 일정관리 투약 재활	건강한 사람들 검사결과 정확한 병원비 지역사회보건 교육	심장전문 클리닉(의원) 소아과 응급실과 중증외상센터 응급차서비스 전문병동과 일반 병동
주정부	고속도로 및 건물 계약업체 직업소개소 식품공급자 장비 공급업자 다른 정부	노동 에너지 정보 쓰레기 범죄 분쟁 아픈 사람들 저소득층	의료 혜택 푸드스탬프 법률 서비스 교정 서비스 환경미화 서비스 공원 서비스 면허 서비스 경찰 서비스 세무 서비스	세금의 현명한 사용 사회 안정망 보안 세금 재할당 깨끗하고 안전하며 재미있는 공원	장애인 저소득층 범죄자와 교도소 법인세 보트 면허 건물 안전성 검사 주말 휴가객 자녀 양육 서비스 법률 서비스

품, 하드웨어, 가정용품, 전동공구, 의료, 통신 등 많은 산업에 도장 금속 부품을 공급한다. 버크산업의 가치사슬에 대한 간략한 그림은 그림/표 1.7과 같다.

버크산업의 목표는 정시 배송, 불량품 감소 및 고품질 스탬핑stamping공정(역자주: 판재 성형 가공법 중 하나로 금속을 프레스로 눌러 성형하거나 잘라내는 기술)을 통해 고객을 위한 최고의 총 가치 생산자가 되는 것이다. 그러나 버크산업은 재화만을 생산하는데 그치지 않고 고객 가치사슬의 일부인 최상의 서비스를 고객에게 제공한다고 자부한다. 서비스는 정해진 시간에 제품을 전달하는 것 이상의 것이다. 버크산업은 빠르고 정확한 대응을 위한 맞춤형 서비스 제공, 고객의 요구를 충족시키는 맞춤형 엔지니어링 설계, 높은 기계 가동시간을 보장하기 위한 예방적 유지보수 시스템preventive maintenance systems, 숙련되고 고도로 훈련된 장기 근속직원, 지식이 풍부한 영업직원을 통한 문제 해결 등의 방법으로 고객과 협력하고 있다.

공급자와 기타 가치사슬 투입물에는 인력, 정보, 물리적 재화가 포함된다. 예를 들면 엔지니어링 설계도 및 사양, 압연 강철, 공장 장비 및 윤활유, 팔레트pallet 및 상자, 채용대행사employment agency, 인바운드 운송inbound shipping (역자주: 특정지점으로 유입되는 운송), 외부 교육 및 산업 마케팅 (역자주: 기업고객 대상 마케팅) 등이 있다. 가치창출 프로세스에는 생산에 필요한 부품과 공구작업tooling, 검사inspection, 생산, 마감, 그리고 경우에 따라서는 하위 어셈블리sub-assembly 등이 포함된다. 산출물에는 압연 금속 부품과 버크산업 직원의 현장 컨설팅 및 문제 해결과 같은 판매 후 서비스 결과 등이 포함된다. 일반관리 프로세스는 종종 서로 다른 기능 영역에 있는 여

그림/표 1.7 버크산업의 가치사슬

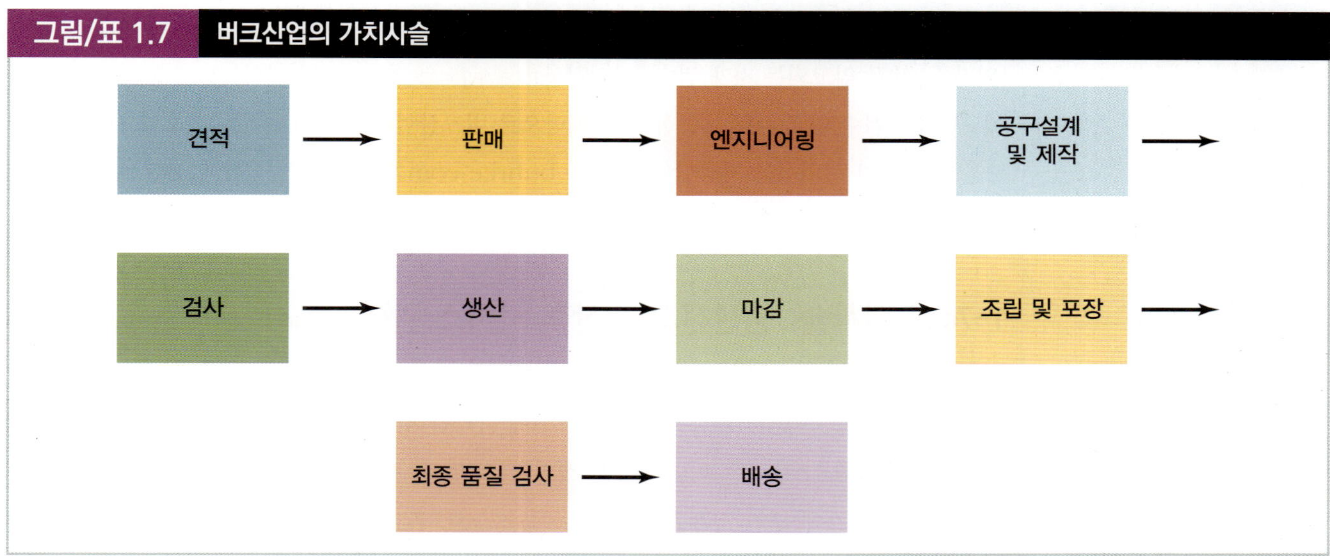

러 프로세스를 조율한다. 한편 지원 프로세스에는 고용, 의료 혜택 및 회계업무가 포함된다. 버크산업이 업무를 수행하고 고객을 위한 가치를 창출하려면 무려 100개에 달하는 프로세스가 필요하다.

그림/표 1.7에서 버크산업의 가치사슬 내 주요 단계는 고객의 견적요청request for quotation(RFQ)으로부터 시작한다. 견적부서는 견적서 준비과정에서 사양, 금속, 마감 또는 포장 서비스, 작업을 실행하는 데 사용될 프레스press, 고객이 원하는 견적 마감일과 같은 변수를 고려한다. 다음으로, 영업 엔지니어가 배정되어 각 스탬핑 작업을 처음부터 끝까지 모니터링하기 때문에 고객은 단일 연락 창구의 편리함을 누릴 수 있다. 영업 엔지니어는 고객의 요구를 잘 전달하기 위하여 앤지니어링 부서원들과 긴밀히 협력한다. 그런 다음 설계 엔지니어는 정밀한 설계와 고객이 원하는 인도기한에 맞추기 위하여 컴퓨터 지원 설계 프로세스computer-assisted design process를 활용하여 작업에 가장 적합한 공구를 설계한다. 공구를 설계하고 제작한 후에는 현장에 있는 공구 실에서 유지 관리한다. 버크산업의 공구 제작기술자들은 수십년간의 금속 스탬핑 공구 제작 경험이 있으며, 긴 내구성과 일관된 스탬핑을 보장하기 위해 엄격한 유지 관리 방식을 적용한다.

15톤(출력단위)에서 200톤에 이르는 다양한 프레스를 사용하여 분당 최대 1,500개의 금속부품을 만들 수 있다. 원자재raw materials(투입물), 재공품work in process (WIP) 및 완제품finished goods(산출물)을 단계별로 모두 검사함으로써 결함율 0을 달성하도록 노력한다. 버크산업은 고객에게 가치를 더하기 위해, 열처리에서 파우더코팅powder coating (역자주: 건조분말을 정전기 방식으로 도포하고 열 또는 자외선으로 굳히는 공정), 태핑tapping (역자주: 금속판의 구멍 내부에 나사선을 절단하여 캡 나사 또는 볼트를 구멍에 끼울 수 있도록하는 공정)에 이르기까지 다양한 2차 및 마감 작업을 실시한다. 따라서 고객은 버크가 작업한 스탬핑한 얇은 시트금속 (판금)에 대한 마감작업을 다른 서비스 업체에 의뢰할 필요가 없다.

버크산업은 고객이 요청하는 경우 다른 부품과 함께 스탬핑한 금속부품을 조립하여 완전한 하위 어셈블리sub-assembly 서비스를 제공한다. 버크산업은 당사가 제조하지 않는 플라스틱과 같은 조립용 부품도 구매대행한다. 버크산업은 완성된 스탬핑 제품뿐만 아니라 하위 어셈블리도 포장할 수 있다. 버크산업은 스탬핑 제품이 포장되어 배송되기 전(그리고 입고검사incoming inspection [역자주: 새로 입고되는 자재 검수; 인수검사receiving inspection라고도 한다] 및 공정 중 검수 이후에도) 최종 검수 및 검사도 제공한다. 마지막으로 버크산업은 고객이 원하는 장소와 시간에 완제품을 배송하여 편의성을 제공한다. www.buhrke.com을 방문하면 공장에 대한 자세한 정보와 함께 가상 시설견학을 할 수 있다.

1-7c 가치사슬: 생산전과 생산후 서비스 관점 Value Chains: Preproduction and Postproduction Service Framework

가치사슬에 대한 두 번째 관점은 그림/표 1.8에 나타난 것 같이 생산전 서비스preservice 및 생산후 서비스post production service 관점에서 설명할 수 있다. 생산전preproduction과 생산후 서비스는 제품 또는 서비스에 대한 소유권 주기ownership cycle로 구분할 수 있다. 생산전 서비스는 맞춤형 및 팀 중심의 제품 설계, 컨설팅 서비스, 계약 협상, 제품 및 서비스 보증, 제품 구매를 돕기 위한 고객 금융서비스, 제품 사용 및 유지 관리를 위한 고객 교육, 구매 및 공급 업체 서비스, 기타 프로세스의 처음단계front-end에 해당하는 서비스를 포함한다. 생산전 서비스의 초점은 "고객 확보"에 있다.

생산후 서비스는 제품 설치를 위한 출장 서비스, 출장 유지보수 및 수리, 대출 및 금융 서비스, 보증 및 청구 서비스, 기업 또는 고객을 위한 창고 및 재고관리, 교육, 전화 서비스 센터, 운송 배달 서비스, 지식이 풍부한 영업 및 기술지원 인력의 고객 방문, 재활용 및 재제조recycling and remanufacturing계획, 기타 막후(백엔드)other back-end services서비스를 포함한다. 생산후 서비스의 초점은 "고객 유지"에 있다.

그림/표 1.8 생산전 및 생산후 관점에서의 가치사슬

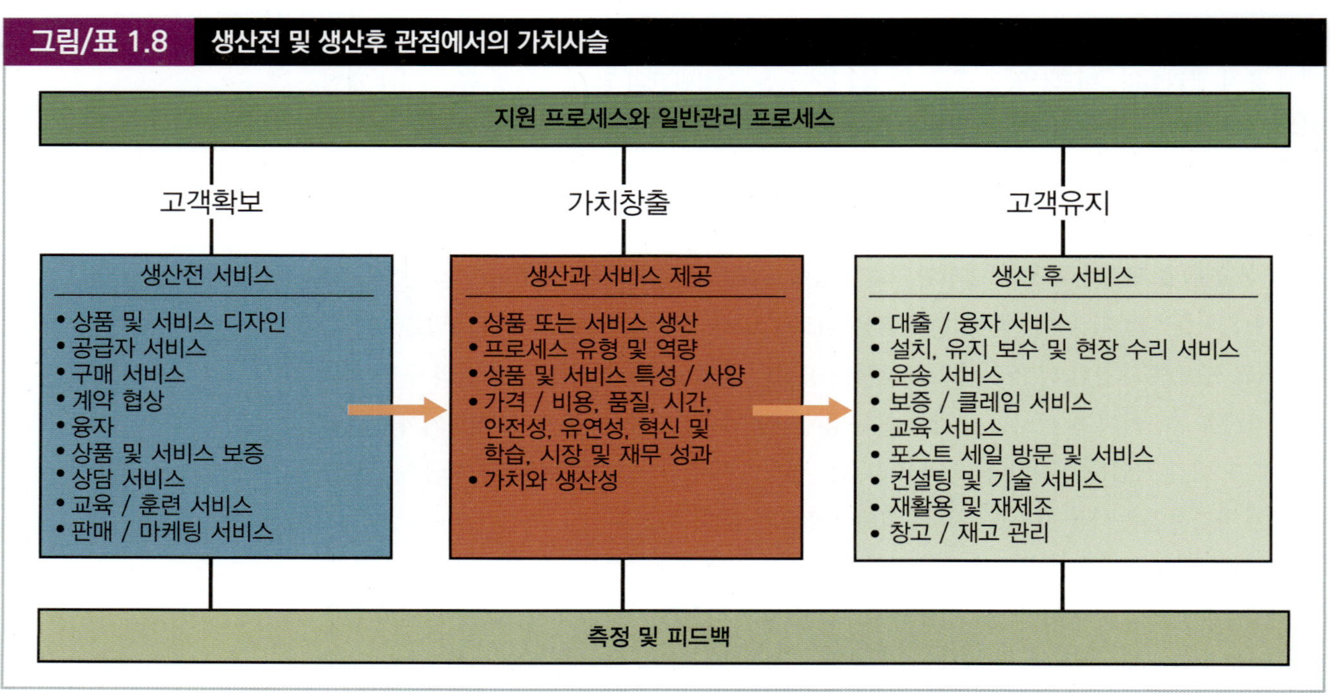

가치사슬에 대한 이러한 관점은 서비스가 전통적인 제조 프로세스에서도 매우 중요한 구성 요소라는 사실을 강조한다. 포드 자동차Ford Motor Company의 생산전 서비스에는 엔지니어링 설계, 공급업체, 판매 및 리스leasing 프로세스가 포함되며 생산후 서비스에는 융자, 유지 관리 및 수리, 보증 및 대금청구, 고객 교육 및 교육 프로그램 등이 포함된다. 서비스는 고객들 입장에서 볼 때, 제조기업들에게 매우 중요한 주요 차별화 요소이다. 포드 자동차는 서비스를 글로벌 전략의 핵심요소로 간주하는 경쟁 전략을 지속적 개발하고 있다. 버크산업의 가치사슬도 서비스 전후 관점을 활용하여 정의할 수 있다.

두 관점 모두 고객을 위한 가치 창출을 어디에서 어떻게 할 것인가에 대한 경영진의 이해를 돕는다. 포드와 같은 자동차 기업들은 서비스 프로세스와 관련 고객 서비스 접점과 경험을 강조하기 위하여 생산전 서비스와 생산후 서비스 모형을 활용할 수 있다.

1-7d 아마존의 가치사슬 The Value Chain at Amazon

위에서 서술한 가치사슬에 대한 관점을 설명하기 위해 아마존 사례를 살펴보자.

1995년에 온라인 서점으로 출발한 아마존닷컴Amazon.com은 다양한 제품을 판매하는 세계 최대 규모의 판매자로 진화해 왔다. 아마존은 완벽한 고객경험에 초점을 맞춰 고객가치를 제공한다. 아마존닷컴에서의 고객경험은 웹사이트를 방문할 때부터 시작되고 고객의 개별 주문이 처리된 이후에도 지속적인 고객관계관리customer relationship management 활동을 통해 계속된다. 그림/표 1.9는 그림/표 1.8에서 설명한 모형의 관점에서 아마존의 가치사슬을 보여준다. 고객 확보에 초점을 맞춘 생산전 서비스는 다음과 같다.

- 다양한 제품 — 아마존은 상상할 수 있는 거의 모든 것을 판매한다. 아마존은 자체상표private brand 제품 및 서비스를 생산하는데, 예를 들면 킨들 전자책 리더Kindlee-book reader 및 킨들스토어kindle Store등이 있다. 아마존의 가상 매장virtual storefront은 일반적인 매장에서 볼 수있는

그림/표 1.9 아마존의 가치사슬

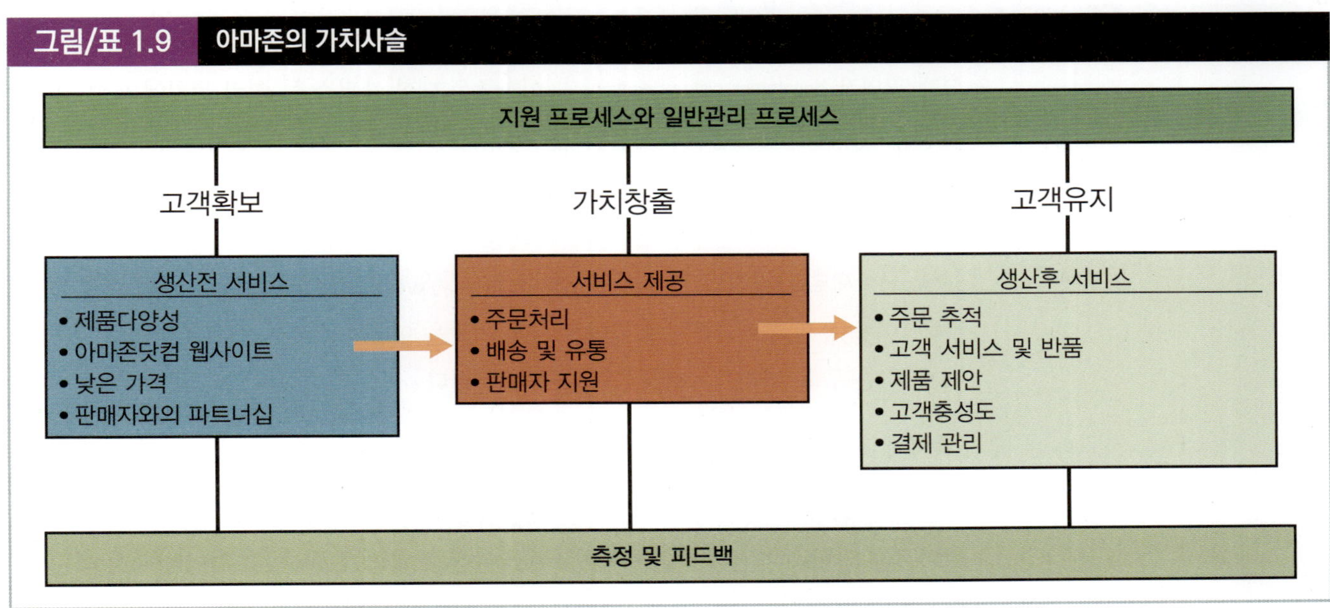

것보다 훨씬 더 많은 종류의 제품을 제공한다.

- 아마존닷컴 웹사이트 — 아마존의 웹사이트는 고객경험을 용이하게 한다. 고객은 상품 범주별로 편리하게 쇼핑하고, 제품을 검색하고, 신상품을 둘러보고, 검색내역을 열람하고, 계정정보에 접속하고, 주문내역 및 신용카드를 관리하는 등의 일을 스스로 수행할 수 있다. 효율성 관점에서 보면, 주문입력은 고객의 노동력을 활용하는 것이다.
- 저렴한 가격 — 아마존은 가능한 최저가를 제공하기 위해 노력한다. 이를 위해 운영 및 공급사슬 관리를 통해 효율성을 지속적으로 개선하고 규모의 경제economies of scale를 활용한다.
- 판매자 및 유통업체와의 파트너십partnership — 아마존은 일반적으로 경쟁업체가 될 수도 있는 제3자 판매자와 파트너십을 맺어 자사가 제공하는 상품 가짓수를 확장하고, 고객에게 경쟁력있는 가격과 서비스를 제공한다. 아마존은 또한 유피에스UPS 및 페덱스FedEx와 같은 제3자물류기업과 제휴하여 고객이 주문한 상품을 배송한다.

아마존은 일련의 핵심 가치창출 프로세스 및 입지결정location decision을 바탕으로 고객가치를 창출하고 전달한다. 이 프로세스는 다음의 활동을 포함한다.

- 주문이행order fulfillment — 아마존의 주문이행센터fulfillment center는 정보기술, 바코드 분류 및 주문매칭 프로세스order matching process를 활용하여 효율적인 주문 피킹 및 패킹picking and packing을 위해 설계되었다. 아마존의 정보 시스템은 개별 제품의 위치를 저장하고 주문피킹 작업자order pickers들의 이동 경로를 생성한다.
- 물류센터 위치distribution center location — 아마존의 주문이행센터fulfillment center는 주요 대도시 시장과 가까운 곳에 위치하고 있다. 고객과 더 가까워지면 더 빠른 서비스(예: 당일 배송)를 제공할 수 있을 뿐만 아니라 운송 비용도 절감할 수 있다.
- 배송 옵션 shipping options — 아마존은 35 달러 이상 주문시 무료 배송서비스를 제공한다. 고객은 더 빠른 서비스를 위해 주문을 쪼개어 할 수 있다. 아마존 프라임Amazon Prime은 일정액의 연회비를 지불한 고객에게 2일 무료배송 서비스를 무제한으로 제공한다. 회원 고객이 저렴한 추가 배송료를 지불하면 익일 배송서비스도 제공한다.
- 고객 픽업장소customer pickup locations — 아마존은 대학 캠퍼스 등 여러 위치에 픽업 장소를 지정하여(최초의 대학캠퍼스 픽업위치는 퍼듀대학교Purdue University 캠퍼스였다.) 고객이 안전한 장소에서 편리한 시간에 제품을 수령할 수 있도록 한다.
- 판매자 지원seller support — 판매자들도 중요한 고객 그룹이다. 아마존 서비시즈Amazon Services는 새로운 버전의 아마존 웹스토어(http://webstore.amazon.com)를 출범시켰는데, 이를 통해 판매자들에게 아마존 자체 기술을 이용하게 멀티채널 전자상거래 사업을 쉽게 설계, 구축, 관리할 수 있는 도구들을 제공한다.

고객 유지에 초점을 맞춘 생산후 서비스는 다음과 같다.

- 주문추적order tracking — 아마존은 제품 배송일정을 고객에게 알리기 위해 이메일로 업데이트된 정보를 발송한다. 고객은 웹사이트에서 현재 및 과거 주문내역을 확인할 수 있다.

- 고객서비스 및 반품customer service and returns — 개봉하지 않은 제품은 30일 이내에 반품이 가능하다. 손상되거나 결함이 있는 제품은 교체 또는 교환이 가능하고, 반품 라벨 및 승인 양식은 고객이 직접 아마존 웹사이트에서 인쇄할 수 있다.
- 제품추천product suggestions — 아마존은 웹사이트 검색내역과 이메일에서 추적한 과거 주문 및 검색을 기반으로 맞춤형 추천 서비스를 제공한다. 추천 제품은 나중에 쇼핑에 참조할 수 있도록 "위시리스트wish list"에 저장할 수 있다.
- 고객충성도 customer loyalty — 아마존 프라임 Amaon Prime 회원은 영화를 시청하거나 전자책을 대여할 수 있다. 일반적으로 프라임회원은 다른 고객 대비 아마존에서 더 많이 구매한다. 따라서 프라임 회원권은 고객충성도를 높이는데 도움이 된다.
- 결제관리payment management — 고객은 신용카드 및 기프트카드gift card를 손쉽게 관리할 수 있다. 배송 및 신용 카드 정보를 저장해 두면 컴퓨터 마우스 클릭 한 번으로 제품을 주문할 수 있다.

위에서 살펴본 것처럼, 아마존의 가치사슬은 물리적 재화 중심의 가치사슬 패러다임을 훨씬 뛰어넘는 많은 기능과 서비스를 포함하고 있다.

1-7e 가치사슬: 계층적 공급사슬 관점 Value Chains: Hierarchical Supply Chain Framework

공급사슬은 대부분 가치사슬의 기반 역할을 한다. 예를 들면 휴렛패커드HP는 매일 수천 대의 컴

그림/표 1.10 일반적인 재화생산 공급사슬망 구조

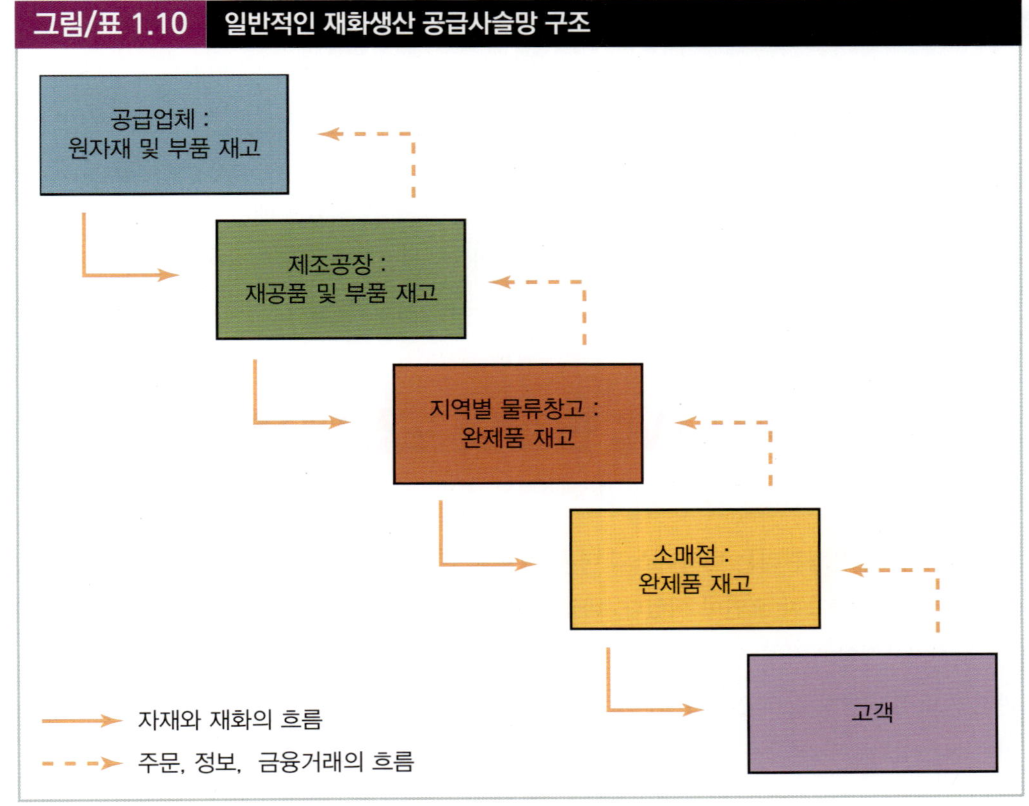

Lutsenko_Oleksandr/Shutterstock.com

HP는 매일 컴퓨터, 주변기기, 소모품을 배송하면서 매출의 60% 이상을 공급사슬 활동에 지출한다.

퓨터와 주변기기를 출하하고 수익의 약 64%인 500억 달러를 공급사슬 활동에 지출한다. HP 공급사슬 수석 부사장은 공급사슬 최적화가 "고객만족도, 주가 및 수익성에 직접적인 영향을 미친다"고 주장한다.[10]

공급사슬의 기본 목적은 공급사슬 요소들 사이의 자재, 서비스, 정보의 흐름을 조율하여 고객 가치를 극대화하는 것이다. 주요 기능은 일반적으로 자재 및 물품의 구매 및 조달, 판매 및 주문 처리, 운영, 재고 및 자재 관리, 운송 및 유통, 정보 관리, 금융 및 고객 서비스 등이다.

재화를 생산하는 공급사슬은 일반적으로 계층적 구조로 배열된 공급업체, 제조업체, 유통업체, 소매업채 및 고객들로 이루어져 있다(그림/표 1.10 참조). 원자재와 부품은 공급업체에 주문하고, 생산 및 조립을 위해 제조시설(공장)로 운송하여야 한다. 완제품을 물류센터distribution centers (DCs)를 운영하는 유통업체에게 배송한다.

물류센터는 공장과 고객 사이의 중개자 역할을 하는 물류창고로, 재고를 고객들에게 직접 배송하거나 고객이 제품을 구입하는 소매점으로 배송한다. 일반적으로는 각 공장, 물류센터, 소매점이 재고를 유지함으로써 수요에 신속하게 대응할 수 있는 능력을 향상시킨다. 재고란 생산을 지원하거나 고객 수요를 충족시키기 위해 유지되는 원자재, 재공품 또는 완제품을 지칭한다. 재고 수준이 감소함에 따라 재고 보충 과정에서 공급사슬 상류upstream인 이전 단계로 주문이 전송된다. 주문은 공급사슬을 통해 전달되어 각 단계에서 이행되고 다음 단계로 운송된다.

모든 공급사슬에 그림/표 1.10에서 설명한 모든 단계가 존재하는 것은 아니다. 단순한 공급사슬은 미국 보스턴에 있는 한 레스토랑에 신선한 생선을 공급하는 공급사슬일지도 모른다. 공급업자들(어업인)과 친분이 있는 레스토랑 주인은 매일 공급업자들로부터 직접 생선을 구입하여 레스토랑에서 직접 생선을 자르고 다듬을 수 있다. 미국 중서부의 한 레스토랑을 위한, 조금 더 복잡한 공급사슬에서는 해산물 도매업체의 가공 및 포장, 항공 운송과 배송 등의 활동이 이루어질 수 있다. 식료품점에서 생선을 구입하는 소비자가 있는 공급사슬의 경우는 그 구조가 더 복잡하여 도매업체의 운송 및 소매업체의 재고 보관 활동도 포함할 수 있다.

1-8 운영관리 OM: 변화와 도전의 역사 A History of Change and Challenge

지난 세기 동안 운영관리는 비지니스의 다른 어떤 기능적 분야보다 더 많은 변화를 겪으면서 각종 조직의 가장 중요한 요인이 되었다. 바로 이 점이 왜 경영학을 공부하는 모든 학생들이 OM에 대한 기본적인 이해를 필요로 하는지를 설명해준다. 그림/표 1.11은 지난 반세기 동안 운영관리의 범위와 방향을 바꾼 주요 테마의 연대기이다. 현대 비즈니스가 직면한 과제와 이를 충족시키는 운영관리의 역할을 더 잘 이해하기 위해 이러한 테마의 역사와 진화의 발자취를 간단히

그림/표 1.11 운영관리의 7대 주요 변천단계

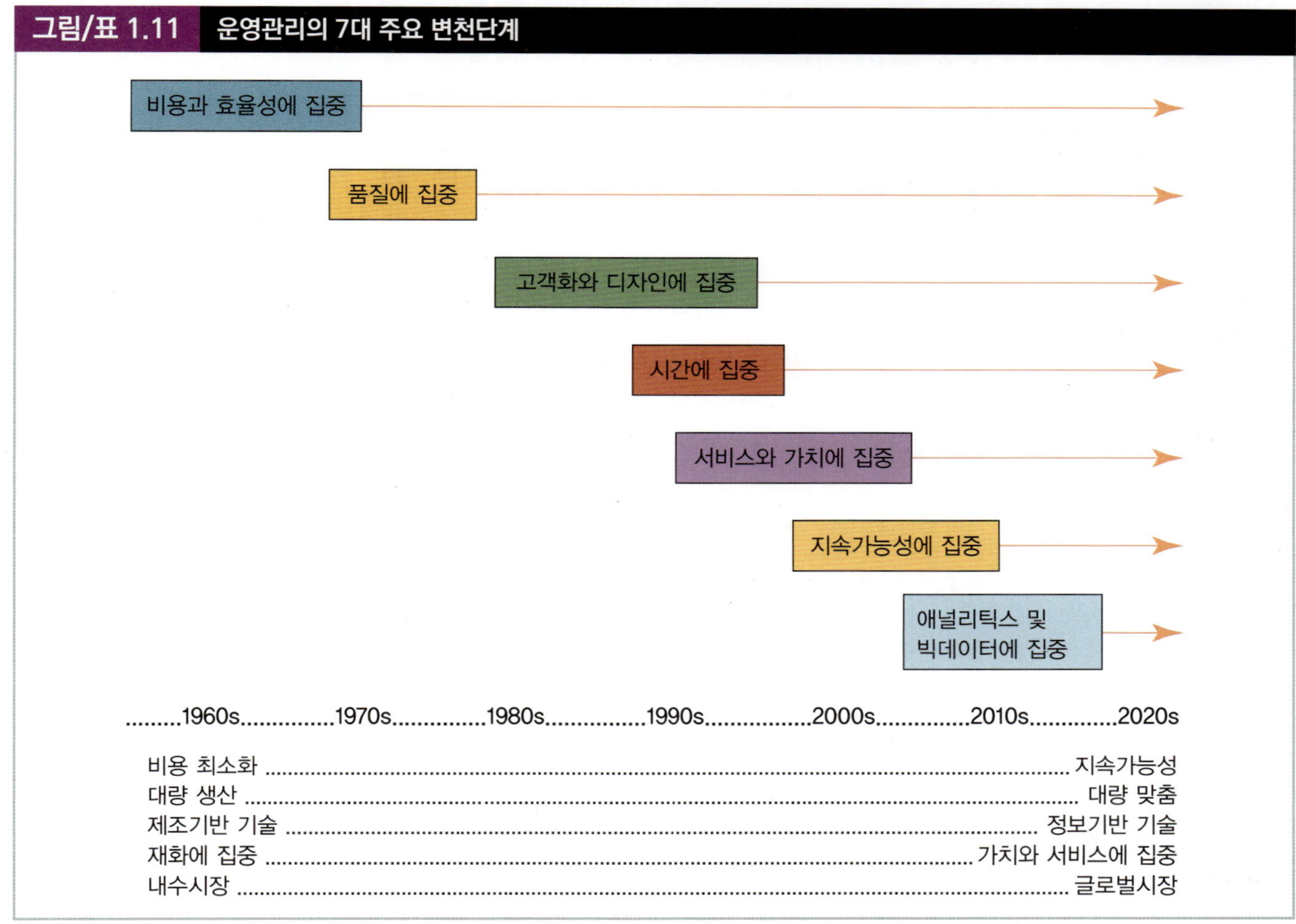

돌아보자.

1-8a 효율성에 집중 A Focus on Efficiency

산업혁명 시대에는 제품을 보다 쉽고 빠르게 생산할 수 있게 하는 많은 발명품이 생겨났고, 이는 현대적 공장의 발전으로 이어졌다. 도요타Toyota는 1940년대에 제조 효율성manufacturing efficiency을 창출하는 새로운 방법(본서 17장에서 다룰 예정)을 개발하였다. 지난 50년 동안 이루어진 컴퓨터 및 다른 형태의 기술의 발전은 운영관리를 근본적으로 바꾸어 놓았다.

1-8b 품질혁명 The Quality Revolution

제2차 세계대전이 끝난 후, 일본 기업들은 품질 문제의 원인을 파악하고 이를 해결하기 위해 웨스턴 전기Western Electric에서 개발한 통계 도구statistical tools와 기타 혁신적인 관리 도구management tools를 활용하여, 인력 교육에 막대한 노력을 기울였다. 1970년대 중반이 되었을 때는 전 세계가 미국 제품보다 일본 제품이 결함이 적고, 더 신뢰할 수 있으며, 소비자 필요를 더 잘 충족시켜 준다는 점을 알게 되었다. 그 결과 일본 기업들은 자동차와 전자제품 및 다양한 산업군에서 세계 시장에서 높은 시장점유율을 보였다. 그 후 품질은 거의 모든 주요 기업의 최고경영자들에게 강박증처럼 자리잡게 되었는데, 이러한 현상은 현재도 계속되고 있다. 1987년 미국 정부는 품질에 대한 국가적 관심을 높이기 위해 말콤 발드리지 품질상Malcolm Baldrige Award을 제정하였다.

1-8c 고객화와 디자인 Customization and Design

저렴한 비용과 높은 품질이라는 목표가 '당연한 것'으로 받아들여지면서, 기업들은 시장에서 경쟁 우위를 점하기 위해 혁신적인 디자인innovative designs과 제품 사양의 중요성을 강조하기 시작했다. 유연성이 떨어지는 대량생산방식은 미숙련 혹은 반숙련 근로자와, 값비싼 전용장비를 사용하여 표준화된 재화와 서비스를 생산한다. 매우 효율적이고 비용 대비 효과가 크다. 그러나 대량생산 방식은 상품과 서비스의 다양성 증가와 지속적인 제품 개선이라는 새로운 목표에는 적합하지 않다. 따라서 기업들이 혁신을 촉진하고 다양성을 증가시키면서 동시에 경쟁사보다 더 좋고, 더 저렴하게, 더 빠르게 상품과 서비스를 생산하는 새로운 형태의 운영체제가 등장했다.

1-8d 시간기반 경쟁 Time-Based Competition

정보기술이 성숙함에 따라, 시간은 경쟁우위competitive advantage의 중요한 원천이 되었다. 신속대응quick response은 지속적인 프로세스 개선 노력과 리엔지니어링reengineering을 필요로 한다. 즉 비용, 품질, 속도 및 서비스를 획기적으로 개선하려면 프로세스를 근본적으로 제고하고 재설계해야 한다. 이를 위해서는 경쟁사보다 더 빠른 제품 개발, 더 신속한 주문 및 프로세스 제공, 더 신속한 고객의 요구 변화에 대응함은 물론 문서작업 흐름 개선 등이 이루어져야 한다.

1-8e 서비스 혁명 The Service Revolution

1955년 당시는 미국 노동인구의 약 50퍼센트는 제조업에, 나머지 50%는 서비스업에 고용되었다. 그림/표 1.12에 요약된 바와 같이, 오늘날 미국에서는 일자리 5개 중 약 4개가 서비스업종에 있다.

또한 제조 분야 일자리 중 적어도 50%가 인사관리, 회계, 금융, 법률, 광고, 구매, 엔지니어링과 같은 서비스 및 정보관련 직종이라고 추정된다. 따라서 오늘날 미국 경제에서 약 90%의 일자리가 서비스 제공 프로세스service-providing processes에 있다. 만일 학습자가 미국에서 고용되어 일한다면, 서비스 관련 또는 정보 관련 분야에서 일할 가능성이 가장 높을 것이다.

그림/표 1.12 미국 경제 부문별 고용 현황

	2012	2022 (예상)
제조 (농산물제외) 부문	12.6%	12.1%
서비스 부문	79.9%	80.9%
농업, 임업, 어업, 수렵	1.5%	1.2%
비농업 자영업자 및 무급 가족 근로자	6.0%	5.8%

출처: 미국 노동 통계국

1-8f 지속가능성 Sustainability

오늘날 세계에서 지속가능성은 기업(영리 및 비영리 모두 포함)이 직면한 가장 중요한 이슈중 하나가 되었다. **지속가능성**이란 *차세대를 위한 자원을 보존하기 위해 현재의 비즈니스 이슈에 전략적으로 접근하여, 주어진 기회를 활용하고, 모든 제품, 시스템, 공급사슬 및 프로세스의 리스크는 관리하는 장기전략을 성공적으로 개발하는 기업의 능력*이다. 지속가능성은 환경, 사회, 경제의 세가지 관점에서 살펴볼 수 있다.

- **환경적 지속가능성**environmental sustainability은 *장기적으로 환경의 질을 유지하기 위해 기업이 최선을 다하는 것이다*. 환경에 대한 우려가 전 세계의 모든 재화와 서비스를 제공하는 조직에게 압력을 가중시키고 있기 때문에 환경적 지속가능성은 중요하다.
- **사회적 지속가능성**social sustainability은 *건강한 지역 공동체와 삶의 질을 향상시키는 사회를 유지하기 위해 기업이 최선을 다하는 것이다*. 기업은 모든 이해관계자와 그들 공동체의 건강과 안녕을 보호해야 하고, 모든 이해관계자를 공정하게 대우해야 하며, 그들에게 필수적인 서비스를 제공해야 하므로 사회적 지속가능성이 중요하다.
- **경제적 지속가능성**economic sustainability은 *현재의 비즈니스 요구 및 경제적 활력이라는 이슈에 부응하고, 미래의 비즈니스, 시장, 운영환경에 성공적으로 대비할 수 있는 민첩성과 전략적 관리를 갖추려고 하는 기업의 노력이다*. 장기적으로 사업을 유지하고, 시장을 확장하며, 일자리를 제공하는 것은 국가 경제에 필수적이기 때문에 경제적 지속가능성이 중요하다.

이러한 3가지 차원의 지속가능성을 흔히 "트리플 바텀라인triple bottom line" (역자주: 기업의 경제적 이익, 환경 보호, 사회적 책임이라는 세 가지 기준으로 기업의 실적을 측정하는 원칙)이라고 한다. 지속가능성은 광범위하고, 많은 사람들에게는 여전히 새로운 형태의 기업성과 측정 관

그림/표 1.13 지속가능성 실천의 예

환경적 지속가능성
- 폐기물 관리waste management: 폐기물 감소 및 재활용 관리
- 에너지 최적화energy optimization: 에너지 수요 피크 시간 동안 소비량 감축
- 운송 최적화transportation optimization: 연료 절감을 위한 효율적인 차량 및 운송경로 설계
- 테크놀러지 업그레이드technology upgrades: 제조 프로세스에서 에너지 절약 및 용수 정화 및 재사용이 가능하게 개선
- 대기질air quality: 온실가스 배출량 감소
- 지속가능한 제품설계sustainable product design: 부품 재활용 / 안전한 폐기가 가능하게 제품 디자인

사회적 지속가능성
- 제품 안전성product safety: 재화 및 서비스 사용 시 소비자 안전 보장
- 직원의 건강 및 안전workforce health and safety: 건강하고 안전한 작업 환경 보장
- 윤리 및 거버넌스ethics and governance: 법률과 규제 요구 사항 준수 및 경영 결정의 투명성 보장
- 지역공동체community: 산업체-지역공동체의 파트너십을 통한 삶의 질 향상

경제적 지속가능성
- 성과탁월성performance excellence: 유능한 리더십과 인재을 갖춘 고성과 조직high performance organization 구축
- 재무관리financial management: 장기적인 조직 생존을 위한 건전한 재무 계획 수립
- 자원관리resource management: 모든 자원을 효과적이고 효율적으로 획득하고 관리
- 비상사태준비emergency preparedness: 사업, 환경 및 사회 비상사태에 대한 계획 수립

점을 상징하는 것으로 여겨진다. 지속가능성을 지속적으로 실행하는 노력은 대중의 인식 향상으로 이어질 뿐만 아니라, 생산성을 제고하고, 낭비를 제거하며, 기업이 경쟁력을 높일 수 있게 해준다. OM은 기업이 이러한 목표를 달성하도록 돕는데 중요한 역할을 한다. 그림/표 1.13은 3가지 차원의 지속가능성을 지원하는 비즈니스의 지속적인 실행의 예를 보여준다. 본서는 전반에 걸쳐 지속가능성을 달성하는 데 있어서 운영관리OM의 역할에 대해 논의한다.

1-8g 애널리틱스 및 빅데이터 Analytics and Big Data

오늘날의 모든 기업은 방대한 양의 데이터와 정보에 접근할 수 있다. 운영관리에서는 데이터를 활용하여 운영 성과, 품질, 주문 정확성, 고객 만족도, 배송, 비용, 환경 규정 준수 및 기타 여러 사업 영역을 평가한다. 이렇듯 데이터를 활용하는 것은 빠른 속도로 기업의 경쟁우위를 확보하는데 필수 요소가 되고 있다. 최근 몇 년 사이에 **비즈니스 애널리틱스**business analytics라는 새로운 분야가 등장했다. 비즈니스 애널리틱스는 기업의 의사결정과 문제해결 맥락에서, 분석과 인사이트insights를 통해 데이터를 행동으로 변환하는 프로세스이다.[11] 비즈니스 애널리틱스를 사용하여 과거와 현재의 성과를 이해하고(기술 애널리틱스descriptive analytics), 데이터의 패턴과 관계를 밝혀내어 미래를 예측하고(예측 애널리틱스predictive analytics), 최상의 의사결정을 가려낸다 (처방적 애널리틱스prescriptive analytics).

본서에서는 다양한 분석 기법을 소개하고 사용할 것이다. 이 책의 마지막 부분에 있는 참고자료 A-G는 다음 주제에 대한 간단한 설명을 제공한다.

- 확률 및 통계 Probability and Statistics (참고자료 A)
- 의사결정 분석 Decision Analysis (참고자료 B)
- 손익분기점 분석 Beak-Even Analysis (참고자료 C)
- 선형 최적화 Linear Optimization (참고자료 D)
- 운송 및 할당 모형 The transportation and assignment Models (참고자료 E)
- 대기행렬 모형 Queueing Models (참고자료 F)
- 시뮬레이션 simulation (참고자료 G)

또한 본서의 웹기반 학습서비스 마인드탭MindTap에서 분석 기법의 활용을 용이하게 하기 위해 본서 전체에 걸쳐 제시할 마이크로소프트 엑셀Microsoft Excel의 스프레드시트 템플릿 세트spreadsheet templates set를 사용할 수 있다. 그림/표 1.14에는 템플릿이 사용되는 위치가 요약되어 있다.

여러분들은 "빅데이터big data"라는 용어를 들어보았을 것이다. 빅데이터는 다양한 출처에서 나온 방대한 양의 비즈니스 데이터를 지칭하며, 빅테이터의 상당부분이 실시간으로 제공된다. 맥킨지 글로벌 연구소McKinsey Global Institute의 한 보고서는 다음과 같이 주장했다: "빅데이터의 효과적인 사용은 생산성 증가와 소비자잉여consumer surplus라는 새로운 트렌드를 이끌어, 경제를 획기적으로 변화시킬 잠재력을 지니고 있다"고 하였다. 빅데이터 활용은 기존 기업들에게는 핵심적인 경쟁기반을 제공하고, 빅데이터 관련 기술을 보유한 새로운 경쟁자의 등장도 촉진할 것이다."[12]

그림/표 1.14 마인드탭에서 사용 가능한 엑셀 스프레드시트 템플릿 요약

템플릿	참고할 장	내용
통계분석	2	기본 통계량 측정과 빈도, 분포 및 히스토그램 계산
VLC	2	충성고객의 가치value of a loyal customer, VLC 계산
의사결정분석	4	확률에 기반하거나 기반하지 않은 전통적 의사결정 전략 도출
손익분기점	4, 7	손익분기점 계산 및 최적의 아웃소싱 결정
다구치Taguchi	5	손실 함수와 경제적 허용 오차를 계산
시스템 신뢰성	5	직렬 및 병렬 시스템의 신뢰성 계산
위치 분석	6	생산을 위한 최소 비용의 위치(입지)를 결정하기 위해 총비용 계산
무게 중심	6	무게중심을 찾아 플롯(그래프에 좌표로 표시)
리틀의 법칙(Little's Law)	7	리틀의 법칙을 사용하여 흐름 시간, 처리량 또는 재공품 계산
작업측정	8	작업 측정 연구를 위한 정상시간 및 표준시간 계산
학습곡선	8	학습곡선에 대한 최초 100단위 생산에 소요되는 시간 계산 및 도표 작성
이동평균법	9	이동평균 예측 계산 및 플롯
지수평활법	9	지수평활 예측 계산 및 플롯
작업지시(서) 능력 work order capacity	10	여러 작업지시(서)에 대한 (처리)능력 계산
서비스능력	10	능력 측정 방정식을 사용하여 능력, 서비스 속도 또는 응대직원 수 계산
단일서버 대기열	11	단일서버 대기열 모형에 대한 측정값 계산
다중서버 대기열	11	다중서버 대기열 모형에 대한 측정값 계산
대기열 시뮬레이션	11	개별 도착 및 서비스 시간 분포를 위한 단일서버 대기열 시뮬레이션 수행
ABC	12	ABC 재고 분석 수행
경제적 주문량(EOQ)	12	경제적 주문량 Economic Order Quantity, EOQ을 찾아서 비용 함수 구성
수량할인	12	수량할인 재고 모형에 대한 최적의 주문량 계산
FQS안전재고	12	고정량 재고시스템fixed-quantity inventory systems, FQS의 안전재고 및 재주문 시점 계산
FPS 안전재고	12	고정기간 재고시스템fixed-period inventory systems, FPS의 안전재고 및 재주문 시점 계산
단일주기 재고	12	수요가 균일하거나 정상인 단일주기 재고시스템에 대한 최적의 주문량 찾기
재고 시뮬레이션	12	고정수량 재고상황 시뮬레이션
총 공급사슬 비용	13	공급업체 선정 결정을 위한 총 공급사슬비용 평가
총괄계획-유지	14	생산량 유지 전략Agg. Planning-Level을 사용하여 총괄계획aggregate planning을 평가
총괄계획-추종	14	생산량 추종 전략Agg. Planning-Chase을 사용하여 총괄계획을 평가
총괄계획aggregate planning	14	시행착오에 기반한 최소 비용 전략을 모색하기 위한 총괄계획용 일반 템플릿
시퀀싱sequencing	15	작업 시퀀싱 문제에 대한 흐름시간, 지연 시간 및 태만 시간 계산
식스 시그마six sigma	16	DPU, DPMO 및 시그마 수준 계산
파레토Pareto	16	파레토 분포 찾기 및 구성
x-Bar 및 R-Chart	17	품질관리를 위한 x-Bar 및 R-Chart 구성
피차트p-Chart	17	품질관리를 위한 p-Chart 플롯
씨차트c-Chart	17	품질관리를 위한 c-Chart 플롯
공정능력	17	공정능력 측정과 빈도분포 및 히스토그램 계산
간트차트Gantt Chart	18	프로젝트 일정을 나타내는 시각적 차트 작성

빅데이터는 소비자가 원하는 바로 그 제품을 적시에 창고에 입고하게 보장해 주는 방식 등 소매업체가 최적의 재고 결정을 내릴 수 있도록 도와준다. 소셜미디어 동향, 구매 패턴, 시장 변화와 같은 데이터는 어떤 제품을 어느 지점에 입고해야 하는지 예측하는데 도움을 준다. 또한 날씨나 교통 데이터와 같은 빅데이터는 각 공급사슬(참여기업의 집합체)이 배송경로 설정 및 배송 결정을 개선할 수 있도록 돕는다. 빅데이터는 제조, 프로세스 흐름, 품질, 예방적 유지보수preventive maintenance and repairs를 개선하는 데도 도움을 준다.

서비스의 경우를 보면, 기업은 빅데이터를 분석하여 개인의 행동과 선호도에 초점을 맞춘 맞춤형 광고를 제작할 수 있다. 또한 빅데이터 애널리틱스는 가상뱅킹virtual banking, 인공 지능을 활용한 원격의료 진단, 자율주행차, 가상 영화배우, 미국프로농구협회 NBA 선수 및 농구팀 성과 집계 및 제공 등 서비스 기반 비즈니스도 지원한다. 이들 시스템은 기하급수적인 속도로 진화하며, 제조업 및 서비스업을 완전히 바꾸어 놓고 있다.

1-9 현재 및 미래의 해결과제 Current and Future Challenges

운영관리는 계속해서 변하고 있다. 모든 관리자들은 미래의 업무 현장을 변화시킬 어려운 과제들을 이해하고 이에 대응할 준비를 하여야만 한다. 현재 OM이 직면한 이슈는 다음과 같다.

- 고객customers. 소비자들은 탁월한 서비스와 지원은 말할 것도 없고, 그 어느 때보다 더 빠르게, 새롭고 개선된 기능을 갖춘, 점점 더 다양한, 높은 품질의 상품을 원한다. 따라서 상품을 시장에 가장 먼저 출시하는 것은 그 어느 때보다 의미가 있다. 이러한 점에서 운영관리의 역할이 절대적으로 중요하다.
- 테크놀러지technologies. 테크놀러지는 계속해서 매우 빠른 속도로 진화하고 있다. 디자인과 제조분야의 응용소프트웨어 활용과 서비스 분야의 정보기술 사용은 기업들이 혁신적인 제품과 서비스 개발 및 극도로 복잡해진 비즈니스의 효과적 운영을 가능하게 하였다. 인공지능, 3D 금속 프린팅3D metal printing, 사물인터넷the Internet of Things, 나노테크놀러지nanotechnology, 스마트시티smart cities, 유전자 설계genetic design, 양자컴퓨팅quantum computing 등과 같은 미래의 변혁 기술transformantive technology(역자주: 약어로 TransTech라고도 하는데,

운영 및 공급사슬관리 전문가 웹사이트 Operations and Supply Chain Management Professional Websites

운영, 유통 및 공급사슬관리 분야의 커리어 및 이슈 확인을 위한 전문가 협회 웹사이트

- 전미 생산 및 재고 관리 협회(APICS)—www.apics.org
- 전미 품질 협회(ASQ)—www.asq.org
- 전미 교통물류학회(AST&L)—www.astl.org
- 공급사슬관리 전문가 협의회(CSCMP)—www.cscmp.org
- 유럽물류협회(ELOGE)—www.elalog.edu
- 생산관리자협회(Production Manager Association)—www.pma.org.uk
- 프로젝트관리자 협회(Project Management Association)—www.pmi.org
- 역물류 협회(RLA)—www.rla.org

이들 단체 중 다수는 회원의 전문지식 자격증 인증 프로그램을 가지고 있다.

과학을 기반으로 해 탄생한 기술로 정신과 감정의 행복을 다루고 있는 기술)이 쏟아져 나오고 있다. 운영관리는 발전하는 기술을 최대한 활용하여야 한다.

- 인력Workforce. 오늘날의 근로자들은 기업들에게 신기술 습득, 지속적인 학습, 다양성, 그리고 보다 나은 관리감독을 요구한다. 운영관리자가 대체로 이러한 일을 책임진다. 기업은 글로벌 가치사슬 내에서 어떤 식으로, 어느 부분에 집중하여 인력을 운영할 것인가에 대해 좀 더 유연해져야 한다.
- 세계화Globalization. 세계화는 더 이상 과거와 같이 기업의 새로운 시장 진출 기회를 의미하지 않는다. 현재 우리는 "국경없는 시장"의 시대에 살고 있다. 오늘날 기업들은 점점 더 저비용 인건비를 기반으로 한 많은 경쟁자들과 싸워야 한다. 예를 들면 인건비는 미국 이외의 지역에서 훨씬 더 저렴하다. 미국은 공장노동자의 평균 임금이 시간당 대략 40달러인데 반해서 아시아, 멕시코, 남미에서의 인건비는 시간당 3달러에서 10달러 정도이다. 이에 더하여 문화가 매우 다른 나라에서의 운영관리는 문화적인 차이에 따른 문제를 야기할 수도 있다.
- 지속가능성Sustainability. 글로벌 기업과 공급사슬(참여기업의 집합체)의 성과는 비용, 품질 및 시간에 초점을 맞추어 측정하였다. 그러나 현재는 비용, 품질, 시간은 물론 지속가능성이 주요 성과측정 요소가 되었다. 예를 들면 글로벌소싱global sourcing 관리자는 적어도 이 네 가지 성과 요소를 계량화하여 공급업체의 자격요건을 평가한다. 만일 글로벌 공급업체가 비용, 품질, 배송으로는 최고이지만, 아동노동력을 활용하거나 지역사회의 식수를 오염시킨다면, 오늘날 많은 기업들이 그 공급업체와 거래를 하지 않을 것이다.
- 공급사슬 최적화Optimizing supply chains. 오늘날 가치사슬은 여러 대륙에 뻗어 있다. 요즘 기업은 공급사슬을 설계하고 최적화하는 과정에서 많은 어려움에 직면해 있다. 원자재, 부품 및 완제품을 가장 원활하게 공급해줄 곳을 선정하는 것도 그 어려움 중 하나이다. 당연히 해외 소싱은 효율적인 운송과 일정 관리가 필요하다. 게다가 지적 소유권의 문제로 얽히거나, 자연재해 및 기타 요인으로 인한 공급사슬 붕괴라는 위기가 발생하기도 한다. 총 비용 최소화를 위한 전체 프로세스의 조율도 지속적인 과제이다.

1장 학습목표 요약 Learning Objective Summaries

1.1 **운영관리 개념과 중요성을 설명하라.** 잘 연결된 시설과 프로세스로 이루어진 효율적인 시스템과, 이를 세계 곳곳에서 효과적으로 관리할 수 있는 능력에 따라, 재화와 서비스를 창출하고 고객에게 전달하는 일의 성패가 좌우된다. **운영관리(OM)**는 *재화와 서비스를 창출하고, 이를 고객에게 성공적으로 전달하는 과학이며 기술이다.* OM은 재화, 서비스 및 이를 창출하는 프로세스의 설계; 프로세스의 일상적인 관리; 재화, 서비스 및 프로세스의 지속적인 개선활동을 포함한다. 운영관리의 핵심에는 언제나 효율성, 비용, 및 품질이라는 세 가지 이슈가 있다.

1.2 **운영 관리자가 하는 일을 기술하라.** "운영관리자"들은 최고 운영책임자, 호텔 혹은 레스토랑 관리자, 제조부문 부사장, 고객서비스 관리자, 플랜트관리자, 현장서비스 관리자, 공급사슬 관리자 등의 다양한 직함을 가지고 일한다. 내부고객 (조직내부) 과 외부고객 (조직외부)을 위한 가치를 보다 잘 창출하기 위해서, OM의 개념과 방법론을 비즈니스나 산업의 기능적 영역과 상관없이 어떤 직종에서든 사용할 수 있다. OM의 원칙은 회계, 인사관리, 법무, 금융재, 마케팅, 환경관리 및 모든 유형의 서비스 활동에 사용할 수 있다. 운영관리자의 주요업무에는 (수요)예측, 공급사슬관리, 설비 배치 및 설계, 기술선택, 품질관리, 구매, 자원 및 능력 관리, 프로세스 설계, 직무 설계, 일정관리 및 지속 가능성 등이 포함된다.

1.3 **재화와 서비스의 차이점을 설명하라.** 기업은 소비자들이 구매하는 다양한 재화와 서비스를 디자인, 생산, 및 전달한다. 재화는 보고 만지거나 소비할 수 있다. 서비스는 물리적 제품을 직접 생산하지 않는, 일차적 또는 보완적 활동이다.

1.4 **가치의 개념을 정의하고 재화와 서비스의 가치를 향상시킬 수 있는 방법을 설명하라.** 모든 기업의 기본 목적은 고객과 이해 관계자에게 가치를 제공하는 것이다. 재화, 서비스 혹은 고객효익패키지 구매 결정은 고객이 인지하는 가격 대비 효익에 대한 고객의 평가에 달려있다. 지각된 효익에 대한 고객의 누적된 판단은 만족 또는 불만족으로 이어진다. 가치를 평가하는 가장 간단한 함수식은 다음과 같다.

$$\text{가치} = \frac{\text{지각된 효익}}{\text{소비자가 지불한 가격 (비용)}}$$

1.5 **고객효익패키지에 대해 설명하라.** 고객에게 가치를 제공하기 위해 특정 방식으로 재화, 서비스, 디지털 콘텐츠를 묶는 것은 고객이 얻는 재화, 서비스, 디지털 콘텐츠를 강화시킬 뿐만 아니라 경쟁사의 제품으로부터 차별화할 수 있는 수단이다. 고객효익패키지는 주변 상품 및/또는 서비스와 결합된 기본재화 또는 서비스로 구성되며, 때로는 특이재화와 함께 구성되기도 한다.

1.6 **가치사슬통합과 공급사슬의 차이를 설명하고, 비즈니스에서 세 가지 일반적인 유형의 프로세스를 설명하라.** 많은 조직들이 "가치사슬"과 "공급사슬"이라는 용어를 같은 의미로 사용한다. 그러나 가치사슬은 공급사슬보다 범위가 더 넓고, 재화 생산업체뿐만 아니라 서비스 업체에도 적용하기가 쉽다.

비즈니스의 주요 프로세스는 일반적으로 다음 3가지를 포함한다:

1. **가치창출 (핵심) 프로세스** value-creation (core) processes는 고객을 위한 가치를 창출하기 위해 조직의 기본재화나 서비스를 생산하거나 제공하는데 촛점을 맞춘 프로세스이다. 예를 들면 고객이 주문한 물품을 내역대로 정확하게 배송하거나, 서비스로 식기세척기를 조립해 주거나, 주택구매 할부금 대출 프로세스 등이다.
2. **지원 프로세스** Support processes는 제품을 생산하는데 필요한 자재 및 공급품을 구입하거나, 재고를 관리하거나, 기기를 설치하거나, 고객이 매장방문시 동반한 어린이 돌봄서비스를 제공하거나, 임직원에게 의료혜택을 제공하거나, 기업에 필요한 테크놀러지를 획득하거나, 연구개발 활동을 진행하는 등의 프로세스이다.
3. **일반관리 프로세스** General management processes는 회계 및 정보 시스템, 인적자원관리 및 마케팅을 포함한다.

1.7 **가치사슬통합을 설명하는 세 가지 다른 관점을 비교/대조하라.**

- 투입-산출 관점: 투입은 장비와 설비, 노동력, 자금, 정보 등을 지원하는 프로세스를 통해 가치가 더해진 상품과 서비스(산출)로 변환한다.
- 생산전 및 생산후 서비스 관점: 고객확보(생산전) 및 고객유지(생산후)에 집중하는 관점이다
- 계층적 공급사슬 관점: 상품을 생산하는 공급사슬은 보통 계층적 구조로 배열된 공급업체, 제조업체, 유통업체, 소매업체, 고객으로 구성된다.

1.8 **OM의 역사적 발전단계를 요약하라.** 그림/표 1.11은 지난 반세기 동안 운영관리의 범위와 방향을 바꾼 주요 테마의 연대기를 제공한다.

1.9 **OM이 직면한 현재 및 미래의 도전을 설명하라.**

- 고객
- 기술
- 노동력
- 글로벌화
- 지속가능성공급사슬
- 최적화

주요용어 KEY TERMS

- 비지테인먼트 Biztainment
- 비즈니스 애널리틱스 Business analytics
- 고객효익패키지(CBP) Customer benefit package
- 물류센터(DC) Distribution center
- 내구재 Durable good
- 경제적 지속가능성 Economic sustainability
- 환경적 지속가능성 Environmental sustainability
- 재화 Good
- 재고 Inventory
- 진실의 순간 Moment of truth
- 비내구재 Nondurable good
- 운영관리(OM) Operations management
- 주변재화 또는 서비스 Peripheral good or service
- 기본재화 또는 서비스 Primary good or service
- 프로세스 Process
- 서비스 Service
- 서비스접점 Service encounter
- 서비스관리 Service management
- 사회적 지속가능성 Social sustainability
- 공급사슬 Supply chain
- 지속가능성 Sustainability
- 가치 Value
- 가치사슬 Value chain
- 특이재화 Variant

복습 질문 Review Questions

1.1 1. 운영관리의 개념과 중요성을 설명하라.

1.1 2. 비즈니스 조직 전반에 걸친 업무에서 운영관리가 어떻게 사용되는지에 대해 기술하라.

1.2 3. 운영관리자가 수행하는 핵심 활동 중 3가지를 기술하고 간략하게 설명하라.

1.3 4. 재화와 서비스를 정의하라.

1.3 5. 재화와 서비스의 차이점을 설명하라.

1.4 6. 가치의 개념을 정의하라.

1.4 7. 기업은 어떻게 하여야 고객가치를 높일 수 있는가?

1.5 8. 고객효익패키지를 설명하라.

1.5 9. 주변재화나 서비스란 무엇인가? 몇 가지 예를 들어보라.

1.5 10. "비즈테인먼트"를 정의하고 예를 제시하라.

1.6 11. 가치사슬과 공급사슬의 차이점를 설명하라.

1.6 12. 세 가지 주요 유형의 비지니스 프로세스를 정의하고 설명하라.

1.7 13. 물류센터란 무엇인가?

1.8 14. 가치사슬을 설명하는 그 세 가지 다른 관점을 비교하여 설명하라.

1.8 15. 지속가능성을 정의하고 그세가지 차원성을 설명하라.

1.8 16. 미국 경제에서는 일자리의 몇 퍼센트가 서비스 부문에 있는가?

1.8 17. 운영 및 공급사슬관리에서 빅데이터와 비즈니스 애널리틱스의 중요성에 대해 설명하라.

1.8 18. OM의 역사적 발전단계를 요약하라.

1.9 19. 고객, 기술, 노동력, 글로벌화, 지속가능성, 공급사슬 최적화 등 OM이 직면한 다음 과제 중 하나를 선택한 후 그 장단기적 영향을 설명하라.

토론용 질문 및 체험학습 DISCUSSION QUESTIONS AND EXPEROEMTAIL ACTIVITIES

1.1 20. 재화나 서비스 또는 둘 다 만족스럽지 못한 경우(예: 제품결함, 오류, 실수, 수준 낮은 서비스, 서비스실패) 등 학습자가 직접 경험한 고객경험에 대해 설명하라. 이런 경우, 기업이 어떻게 하면 고객불만을 더 잘 처리하며, 이때 운영 관리는 어떤 방식으로 도움을 줄 수 있는지를 설명하라.

1.1 21. 학습자가 거주하는 지역의 신문이나, 포춘Fortune, 비즈니스위크Business Week, 패스트컴퍼니Fast Company 등과 같은 비즈니스 잡지에서 최근 기사를 검색하여 현재 논의되고 있는 OM 개념과 이슈를 파악하라. 파악한 OM 개념/이슈가 본 장의 "운영관리자는 어떤 일을 하는가?" 상자의 내용에 어떻게 부합하는지 설명하라.

1.2 22. 학습자의 지역사회에 근무하는 기업 관리자를 인터뷰하여 그의 업무에 대해 질문하라. (a) OM 관련 업무의 측면 (예: 본장의 "운영관리자는 어떤 일을 하는가?" 상자에서 예시한 OM관리자 업무)과, (b) 가치창출, 지원, 일반관리 프로세스의 예를 확인해보라.

1.2 23. 본서의 "운영관리자는 어떤 일을 하는가" 상자에 기술된 업무를 학생단체나 프래터너티fraternity (역자주: 미국 대학 내 학생들의 사교동아리)에 적용하여 동아리의 효과성을 높일 수 있는 방안을 생각해보라.

1.2 24. 직업을 가진 친구 혹은 가족구성원을 인터뷰하여 그가 직장에서 운영관리 원칙을 어떻게 적용하는지 질문하여 답변 내용을 짧게 (최대 2페이지) 요약하라.

1.3 25. 재화와 서비스 간 7가지 차이점이 어떻게 항공사의 주요 서비스에 적용되는지 설명하라. 각각의 차이점을 보여주는 항공사 비즈니스의 예를 생각해보라.

1.3 26. 은행 창구직원, 간호사, 비행기 승무원 등이 서비스관리 역량을 갖추어야 하는 이유를 설명하라. 이들 서비스업 종사자들에게 요구되는 기술은 제조업 종사자에게 요구되는 기술과 어떻게 다른지 설명하라. 학습자가 발견한 차이점이 채용기준과 교육에 어떻게 영향을 미칠지 생각해보라.

1.3 27. 학습자는 졸업 후 어떤 업종—제조업 혹은 서비스업—에 종사할 것으로 예상하는가? 앞으로 미국 경제에서 제조업의 역할은 무엇일 것으로 생각하는가?

1.3 28. 다음 서비스 중 하나를 선택하고 구체적인 예를 들어 서비스와 재화의 차이점을 설명하라.

a. 가정의학과 전문의 진료실
b. 소방서
c. 레스토랑
d. 자동차 수리점

1.5 29. 고객의 관점에서, 자동차, 휴대폰, 가전제품과 같은 물리적 재화에 디지털 콘텐츠를 추가함으로써 고객효익 패키지를 어떻게 강화할 수 있는지 설명하라. 어떻게 하면 고객에게 제공하는 가치를 높일 수 있는가?

1.5 30. 아래 목록에 있는 항목 중 하나를 골라 고객효익패키지를 만들어 보고, 학습자가 만든 고객효용패키지가 고객에게 어떻게 가치를 제공하는지를 설명하라. 당신이 선택한 고객효익패키지에서 "각 제품 또는 서비스"를 만들고 전달하기 위해 필요하다고 생각하는 몇 가지 프로세스의 목록을 작성하고 이러한 프로세스를 설계할 때 고려해야 할 문제를 간략히 설명하라.

- 디즈니 월드Disney World 테마파크로의 여행
- 새로운 개인용 컴퓨터
- 신용카드
- 패스트푸드점
- 휴대폰
- 호텔에서의 1박

1.5 31. 운영관리에서 프로세스 사고process thinking가 중요한 이유는? 학습자가 자신의 교육의 "운영관리자"라고 생각하고 프로세스 사고는 어떻게 자신의 학습성과를 향상시킬 수 있을지 설명하라.

1.5 32. 저자에게는 타코벨Taco Bell패스트푸드 레스토랑에서 근무하였던 제자가 있다. 그는 저자에게 자신이 근무하였던 특정 매장 관리자들이 "60초 당 10개 포장 클럽 60-second, 10 pack club"라는 품질개선 운동improvement initiative과 직원 훈련프로그램training tool을 개발했던 경험담을 들려주었다. 이 운동의 목표는 종업원이 타코 10개를 1분 이내에 각각 정확하게 만들어 포장하는데, 이때 중량 오차가 1온스 이내로 만들도록 훈련하는 것이었다. 이 목표를 달성한 직원들에게는 그 성과를 인정하여 하루 분의 무료 급식을 제공하였다. 직원들은 이 클럽의 일원이 되기 위해 노력하였는데, 더 중요한 것은 서비스 시간이 현저히 감소하였다는 것이다. 타코 제조 공정을 개선하는데 사용되는 것과 유사한 테크닉은 다른 제품을 개선하는 데에도 활용할 수 있었다. 이 일화가 어떻게 프로세스 사고process thinking와 관련이 있는지 생각해보라. 직원들이 클럽의 일원이 되

려면 어떻게 하여야 하는지도 생각해보라.

1.6 33. 운영 및 공급사슬관리에 관한 전문적 내용을 다루는 웹사이트 중 하나를 검색하여, 그 웹사이트에서 발견한 내용을 보고서로 작성해보라.

1.7 34. 학습자에게 친숙한 조직을 하나 선택하고, 본 장에서 설명한 3가지 가치사슬 사고체계 (즉, 입력–출력 모형, 생산전 및 생산후 모형, 또는 계층적 모형) 중 하나를 사용하여, 그 조직의 가치사슬을 기술하라.

1.8 35. 인터넷검색을 통해, (a) 지속가능성 전략과 정책을 정의하고 있는 기업을 찾아, 그 기업이 지속가능성을 구체적으로 어떻게 구현하고 있는지 조사하거나, (b) 윤리적 관행 혹은 지속가능성 관행에 관한 언론의 부정적 보도나 논란의 대상이 된 기업 중 한 곳을 찾아 그 구체적인 내용을 조사한 후, 최대 두 페이지 분량의 보고서를 작성해보라.

1.8 36. 학습자가 재학중인 대학이 그림/표 1.13에 제시한 지속가능성 관행을 적용할 수 있는 새로운 방법을 생각해보고, 그 결과를 짧게 요약해보라.

1.8 37. 지속가능성의 세 가지 관점이 개인 구매결정에 어떤 영향을 미치는지(혹은 미쳐야 하는지)에 대해 토론해보라. 예를 들면 학습자가 의류 구매 시 "산업안전과 윤리를 실천하는 공장에서 생산되었는지 여부"를 고려하는지 생각해보라. "기업은 지속가능성 노력을 마케팅 목적으로 이용해야 하는가"라는 질문에 동의하는지, 혹은 동의하지 않는지 구체적인 이유를 들어 설명해 보라.

1.8 38. 비즈니스 애널릭티스를 운영관리의 문제점 해결이나 의사결정에 어떻게 적용하여 왔는지를 조사하여 짧은 보고서를 작성하라. 검색과정에 도움이 필요하다면, 본 장의 "운영관리자는 어떤 업무를 하는가?" 상자의 내용을 참조하라.

1.9 39. OM의 해결해야할 과제challenge 중 하나를 선택하여 구체적으로 조사한 후, 그 내용을 5분~10분 정도 분량의 발표로 준비해보라.

1.9 40. 포춘Furtune지에서 제프 콜빈Geoff Colvin은 인력, 정보, 자본이 한 기업의 글로벌 공급사슬을 통해 값싸고 빠르게 움직이는 "마찰 없는 경제friction-free economy"의 개념을 토론했다.[13] (이 용어는 빌 게이츠가 1997년에 제안했으며 현재 현실화되고 있다) 이 개념을 조사하여 마찰 없는 경제가 운영관리에 미칠 영향과 과제를 설명하는 2페이지 분량의 조사보고서를 작성하라.

미키마우스: 고객을 말로 응대해야 할까? Mickey Mouse: Talk or Not to Talk?

월트 디즈니Walt Disney가 1950년대에 "디즈니킹덤" 테마파크를 건설했을 때, 그는 미키마우스Mickey Mouse나 프루토Pluto와 같은 디즈니킹덤의 스타 캐릭터들이 인간처럼 말하는 것을 금지했다. 월트 디즈니는 캐릭터가 말을 하면, 고객들과 디즈니 캐릭터들 사이의 서비스접점을 통제하기가 매우 어려워지고, 디즈니의 "마법"을 망칠 것이라고 생각했다. 따라서 디즈니 캐릭터들은 고객들과 소통하고 즐거움을 주는 방법으로 제스추어나 바디 랭귀지만 사용하는 훈련을 받았다.

의상디자인 담당 부사장인 루크 토마스Luke Thomas는 창작부서 선임 관리자들인 '상상화imagineering' 매니저들과의 회의에서 "월트 디즈니가 아직 생존해 계시다면 미키마우스가 말하는 것을 좋아하지 않을 것"이라고 말했다. 그러자 상상화 담당 부사장이자 루크의 상사인 신디 브리지타운Cindy Bridgetown은 "루크, 하지만 미키가 말을 하면 우리는 고객들과 교류할 수 있는 새로운 방법을 얻게 되요."라고 대꾸하였다. 이에 대해 루크는 "신디, 미키가 손님들에게 말을 걸면 우리는 대화를 통제할 수 없어요. 아이들과 부모들은 어떻게 하든 그들의 감정을 상하게 될 겁니다. 그리고 우리 직원들에게 너무 부담이 돼요."라고 응수했다.

토론을 위한 사례 질문

1. 본 장의 "운영관리자는 어떤 일을 하는가?" 상자의 내용에 비추어, 사례 상황과 가장 직접적으로 관련된 운영관리자의 주요 활동은 무엇인가?
2. 미키마우스가 고객에게 말을 걸때 발생할 "진실의 순간"의 좋은 예와 나쁜 예를 하나씩 제시해보라.
3. 서비스 관점에서 '말하는 디즈니 캐릭터'의 장점과 단점을 설명해보라.

자포스, 아마존의 자회사 Zappos, A Subsidiary of Amazon

자포스(www.zappos.com)는 라스베가스에 기반을 둔 온라인 유통업체로 포춘Fortune 지가 선정한 가장 일하기 좋은 기업 및 패스트컴퍼니지Fast Company지가 선정한 세계에서 가장 혁신적인 기업 명단에 이름을 올렸다. 사실 이 놀라운 성공 때문에 2009년 아마존이 자포스를 8억 5천만 달러에 인수합병했다. 1999년 샌프란시스코에서 설립된 자포스는 저렴한 부동산과 풍부한 콜센터 노동력을 찾아 라스베가스Las Vagas로 본사를 옮겼다. 회사는 거의 모든 주요 신발 제조업체의 다양한 신발을 판매하며 핸드백, 의류, 선글라스, 시계 및 전자 제품으로 취급상품을 확장했다. 심각한 경기 침체에도 불구하고 2008년(역자주: 세계금융위기가 발생했다) 매출은 거의 20 %나 뛰어서 목표보다 2년 앞서 10억 달러 선을 돌파했다.

자포스의 첫 번째 핵심 가치는 '서비스를 통해 (물건이 아닌) 감탄WOW을 제공하라'인데, 한번이라도 자포스에서 주문해본 적이 있다면 그 말이 무슨 뜻인지를 확실히 알수 있다. 자포스는 모든 주문에 대해 양방향으로 무료배송을 제공한다. 더 빠른 배송을 위해 종종 고객들에게 '서프라이즈 업그레이드'를 제공하기도 한다. 또한 '365일 반품 정책'이 있다. 2003년에 자포스는 고객 서비스에 대해 다음과 같은 결정을 내렸다. 고객경험을 향상시키는데 쓰이는 모든 비용은 입소문을 통해 더 많은 반복적 재구매 고객을 만들어내므로, 이를 마케팅 비용으로 간주하자는 것이다. 토니 쉬Tony Hshieh 회장은 콜센터를 한 번도 아웃소싱하지 않았는데, 이는 콜센터의 역할이 너무나 중요해서 해외로 내보낼 수 없다고 판단했기 때문이다. 고객서비스의 최전방에서 일하는 콜센터의 첫 번째 임무는 전화를 한 고객들을 즐겁게 하는 것이다. 대부분의 인바운드 텔레마케터inbound telemarketer (역자주: 현재 및 잠재고객에게 걸려오는 전화에 대응하는 영업사원)들과는 달리, 자포스 콜센터 직원들은 대본에 따라 고객에게 대응하지 않는다. 이들은 또한 양방향 무료배송이라는 점을 내세워 전화를 건 고객들에게 하나 이상의 다른 사이즈나 색상의 제품을 주문하도록 장려하고, 원하는 상품이 품절되었을 때는 고객을 경쟁사에 소개하도록 훈련받는다.

그러나 가장 중요한 점은, 자포스가 전화상담원들에게 '상상력을 발휘하도록' 요청한다는 점이다. 힘겨운 하루를 보낸 고객이 다음날 아침 현관문 앞에서 꽃을 발견할 수 있다는 뜻이다. 미네소타Minnesota에 거주하는 한 고객은 구매한지 거의 일 년이 지난 부츠에 물이 새기 시작했다고 불평했다. 자포스의 고객서비스 담당자는 착용하지 않은 신발만 반품할 수 있다는 기업 정책에도 불구하고 새 부츠를 발송했을 뿐만 아니라 고객에게 기존 부츠는 반품할 필요가 없다고 알리고, 자필 감사편지를 보냈다.[14] 자포스는 거래의 95% 이상이 웹web에서 이루어지기 때문에 실제 고객의 전화 한통 한통은 특별한 기회이다. 토니 쉬 회장은 "어떤 고객은 일생에 한 번밖에 전화를 하지 않을 수도 있지만, 우리에게는 그들을 감탄시킬 수 있는 절호의 기회입니다."라고 말한다.

360b/Shutterstock.com

자포스Zappos는 모든 구매에 대해 양방향으로 무료배송 서비스를 제공한다.

자포스는 징기스Genghis라고 명명한 정교한 정보 시스템을 사용하여 운영관리를 수행한다. 여기에는 주문입력, 구매, 창고관리, 재고, 배송 및 전자상거래 시스템이 포함된다. 징기스시스템은 클라스 사막부츠Clarks Desert boots (역자주: 2차 대전 시 아프리카 전선 사막 전투에서 영국군인들이 신었던 스타일의 부츠로서 1950년부터 제화업체인 클락스사가 지금까지 매년 생산하고 있다) 중 12 사이즈 (약 285 cm)의 재고 갯수를 온라인으로 확인할 수 있도록 한다. 이 시스템은 직원들에게 매일 자동으로 이메일을 보내 전화를 한 고객에게 답신 전화를 하도록 하고, 창고 로봇시스템을 조정하며, 특정 품목의 세일이, 이윤에 미치는 영향을 구체적으로 평가할 수 있는 보고서를 생성한다.

고객은 무료배송을 점점 더 기대하게 되었다. 한 조사에 의하면, 온라인 쇼핑 고객 중 75%가 무료 배송을 받을 수 없는 경우, 주문의 마지막 단계에서 가상 장바구니에 담은 물품의 구매를 포기한다. 다른 온라인 소매업체들도 자포스의 무료배송 정책을 모방했다. 예를 들면 L.L. Bean (역자주: 미국의 온라인 의류 판매 사이트)은 현재 최소 주문금액 없이 무료 배송과 무료 반품 서비스를 제공하고 있다.

토론을 위한 사례 질문

1. 자포스가 제공하는 고객효익패키지CBP를 기술하라. CBP에 어떤 재화, 서비스, 디지털 콘텐츠가 포함되어있는가? 누가 물리적 재화를 생산하는가? 물리적 재화의 품질과 배송에 대한 책임은 누구에게 있는가?
2. 자포스에서 고객 주문을 처리하기 위해 필요한 기본 프로세스, 지원 프로세스 및 일반관리 프로세스를 찾아내어 기술하라.
3. 본장의 "운영관리자는 어떤 일을 하는가?" 박스에서 제시한 세 가지 OM 활동에서 각각의 활동이, 자포스가 판매하는 상품과 그것이 제공하는 서비스를 모두 관리하는데 어떻게 영향을 미치는지 기술하라.
4. 이 사례가 재화를 생산하는 비지니스와 서비스를 제공하는 비즈니스 간 7가지 주요 차이점을 어떻게 보여주고 있는지를 각 차이점 별로 예를 들어 설명하라.

통합 사례 연구: 허드슨 쥬얼러스 Integrative Case: Hudson Jewelers

본서 마인드탭MindTap은 허드슨 쥬얼러스Hudson Jewelers 사례연구 관련 각 장에 있는 학습자료를 통합하여 제공한다.

토론을 위한 사례 질문

1. 본 장에서 논의한 세 가지 가치사슬 사고체계 중 하나를 활용하여 다이아몬드 가치사슬the diamond value chain의 고유한 특징을 파악하라. 이 가치사슬은 어떻게 고객을 확보하는가? 어떻게 가치를 창출하는가? 어떻게 고객을 유지하는가?
2. 사회적, 환경적, 경제적 지속가능성 관행과 관련하여 주요 다이아몬드 생산업체들이 어떤 노력을 하고 있는지 조사하라. 예를 들면 기업의 연간 보고서corporate annual reports를 검토하여 어떤 노력을 하고 있는지 조사하라.
3. "블러드 다이아몬드blood diamond" 및/또는 "윤리적 다이아몬드ethical diamond"에 대해 2페이지 분량의 보고서를 작성해보라. 이들 각각의 용어를 정의하고, 이와 관련한 사회적 지속가능성 문제에 대해 긍정적인 점과 부정적인 점을 설명하라. 지속가능성과 관련하여 다이아몬드 생산업체들은 어떤 역할을 해야 하는가? 이 업계에서 운영관리자의 역할은 무엇인가?

2 운영 및 가치사슬의 성과측정

Measuring Performance in Operations and Value Chains

학습목표

2장을 학습한 후 다음 과제를 수행할 수 있어야 한다.

2-1 의사결정에 사용하는 측정의 종류를 설명한다.

2-2 OM에서 애널리틱스의 사용과, 내부측정과 외부측정이 어떻게 관련되어 있는지 설명한다.

2-3 좋은 성과측정시스템을 어떻게 디자인할 수 있는지 설명한다.

2-4 운영성과의 4가지 모형을 설명한다.

Roman Tiraspolsky/Shutterstock.com

침례병원Baptist Hospital, Inc. (BHI)은 직원 수가 약 2,252명인, 침례교 헬스케어Baptist Health Care의 자회사이다. 다양한 외래 및 진단 서비스를 제공하는 두 곳의 병원과 한 곳의 응급진료 단지를 운영하고 있다. 지속적인 개선은 BHI 문화의 중요한 부분이다. BHI는 말콤 볼드리지 국가품질상Malcolm Baldrige National Quality Award (MBNQA)의 성과체계performance framework를 바탕으로 한 정보 수집은 물론 타병원, 직원, 의료진, 환자 대상 설문 조사 결과를 반영하여 개선할 부분을 찾고 있다.

BHI는 고객의 필요를 파악하기 위하여, 환자의 충성도 속성loyalty attributes을 파악하기 위하여 실시하는 여러 설문조사와 고객가치 분석Customer Value Analysis을 포함한 다양한 의견청취 및 학습 방법을 사용한다. BHI는 의견청취 및 학습활동을 통하여 정보를 수집하고, 수집한 정보를 고객관계관리 데이터베이스customer relationship management database를 이용하여 분석함으로써, 각 고객 그룹의 주요 요구사항을 파악한다. 또한 BHI는 정보수집과 분석결과를 전략기획, 서비스설계 및 FOCUSPDCA(성과 향상 프로세스)의 자료로 활용한다. BHI의 정보 및 지식관리시스템information and knowledge management system은 임상시스템clinical systems, 직원, 환자, 재무 시스템financial systems, 의사결정 지원시스템decision support systems, 그리고 의사들로부터 데이터를 수집하고 통합하여 전반적인 운영성과를 추적함은 물론 개선이 필요한 영역을 찾도록 지원하고 있다. BHI는 조직성과 및 학습, 재무성과, 임상결과(품질) 개선, 고객만족도customer satisfaction, 팀활동, 지속적 개선continuous improvement 결과를 지원하기 위한 보고서를 생성한다.[1]

어떻게 생각하는가? What Do you Think?

기업이 재화나 서비스를 평가하기 위해 어떤 측정방법을 사용하여야 한다고 생각하는가? 몇 가지 예를 들어 설명해 보라.

측정measurement은 조직 단위organizational units, 재화와 서비스, 프로세스, 인력 및 기타 사업활동의 성과를 계량화하는 활동이다. 측정은 의사결정을 위한 객관적 근거를 제공한다. 침례병원(BHI)은 조직성과를 측정하고 분석함으로써 모든 이해관계자(환자, 보험회사 third-party payers, 직원, 공급업체)를 더 잘 관리할 수 있어 보다 성공적인 성과를 이끌어낸다.

좋은 측정도구measures는 성과에 대한 "성적표scorecard"를 제공하고 성과격차performance gap를 식별하는데 도움을 주며, 직원, 주식시장, 그리고 기타 이해관계자stakeholders들이 해당 기업이 목표를 어느 정도 달성했는지 알 수 있게 돕는다. 예를 들면 아메리칸항공American Airlines의 지상조업groud operations 구역은 주로 공항에서 제공하는 고객서비스와 관련이 있다.[2] 지상근무 구역은 발권카운터에서의 대기시간, 탑승구 도착 후 기내 탑승시간, 수하물 배송 시간, 기내 청결도 등 고객이 중요하게 생각하는 여러가지 요소를 일상적으로 측정한다. "귀하를 측정하는 방식이 곧 귀하가 일하는 방식이다"라는 통속적인 문구처럼 일상적 측정은 개선으로 이어진다. 예를 들면 어떤 병원의 의사들은 대장내시경 검사를 서둘러 진행하는 과정에서 환자들을 다치게 하는 경향이 있었다. 관리자가 대장내시경 검사시간을 측정하고, 이에 따라 등급을 부여하기 시작한 후 의사의 행동이 바뀌고 대장내시경 검사 품질이 향상되었다. 그러나 잘못된 종류의 성과측정도구는 위험할 수 있다. 어떤 기업에서는 엔지니어가 신제품을 얼마나 빨리 설계할 수 있는지를 측정하였다. 안타깝게도 그 제품은 고객들이 원하는 것이 아니었고 매출과 이익이 급격히 감소하였다.

2-1 성과측정 유형 Types of Performacne Measures

운영 성과측정은 다음과 같은 몇 가지 중요한 범주로 분류할 수 있다.

- 재무 financial
- 고객 및 시장 customer and market
- 품질 quality
- 시간 time
- 유연성 flexibility
- 혁신과 학습 innovation and learning
- 생산성과 운용 효율성 productivity and operational efficiency
- 지속가능성 sustainability

위에서 제시한 각 범주에는 주로 고위경영진이 관심을 기울이는 조직 차원의 측정도구와, 운영관리자들이 사용하는 한층 구체적인 측정도구가 포함되어 있다. 이러한 측정도구는 공급사슬과 가치사슬은 물론 운영의 효율성을 평가하는 수단을 제공한다. 그 중 일부를 그림/표 2.1에 요약하였다.

2-1a 재무적 측정도구Financial Measures

일반적으로 영리기업들은 비용, 매출과 같은 재무적 측정도구를 가장 우선시한다. 예를 들

그림/표 2.1 사업 및 및 운영 성과 측정 범위

성과측정 범주	통상적 조직 차원 성과 측정도구	통상적 운영관리 차원 성과 측정도구
재무적	수익과 이익revenue and profit	인건비와 재료비labor and material costs
	자산수익률return on asset	품질비용cost of quality
	주당이익earnings per share	예산의 분산budget variance
고객과 시장	고객만족customer satisfaction	고객클레임 및 불만사항customer claims and complaints
	고객유지customer retention	보증실패유형types of warranty failure/upset
	시장점유율market share	매출예측정확도sales forecast accuracy
품질	재화와 서비스에 대한 고객의 평가customer ratings of goods and services	단위당 결함율/기회당 오류율defects/unit or errors/opportunities
	제품리콜product recalls	서비스담당자 배려service representative courtesy
시간	속도speed	유연한 프로세싱 또는 사이클타임flow processing or cycle time
	신뢰도reliability	기한준수비율percent of time meeting promised due date
유연성	설계유연성design flexibility	설계변경 횟수number of engineering changes
	물량유연성volume flexibility	조립라인 전환시간assembly-line changeover time
혁신 및 학습	신제품 개발률new product development rates	특허출원건수number of patent applications
	직원만족도employee satisfaction	실현된 개선제안수number of improvement suggestions implemented
	직원이직률employee turnover	통계적 프로세스 제어훈련을 받은 근로자 비율percent of workers trained on statistical process control
생산성 및 운용효율성	노동생산성labor productivity	생산수율manufacturing yield
	장비가동률equipment utilization	주문이행시간order fulfillment time
지속가능성	환경 및 규제준수environmental and regulatory compliance	유독성 폐기물 배출량toxic waste discharge rate
	제품 관련 소송product-related litigation	작업장 안전 위반workplace safety violations
	재무감사financial audits	비상 대비 교육을 받은 직원의 비율percent of employees with emergency preparedness training

면 은행업계에서는 당좌예금거래checking account transactions와 관련된 비용을 면밀히 모니터링monitoring한다. 뚜렷한 비용우위가 있는 인터넷뱅킹은 권장하는데, 이는 통상적으로 인터넷뱅킹의 예상 거래비용transaction cost이 은행 지점을 통한 거래 비용의 1% 정도이기 때문이다. 기업들이 사용하는 전통적인 재무적 측정도구로는 매출revenue, 투자수익률return on investment, 영업이익operating profit, 세전매출이익pretax profit margin, 자산이용률asset utilization, 성장growth, 신제품/서비스 매출비율revenue from new goods and services, 주당순수익earnings per share, 기타 유동성liquidity 측정도구 등이 있다. 적십자사, 교회, 정부기관과 같은 비영리단체들은 비용최소화와 함께, 표적시장, 고객, 사회에 대한 가치극대화에 중점을 둔다. 비용을 모니터링하고 예산을 준수하는 것은 운영관리의 중요한 성공요인이다.

2-1b 고객 및 시장측정도구Customer and Market Measures

여러분은 아마도 레스토랑에서 식사 후 혹은 인터넷에서 물건 구매 후에 고객만족도 조사에 응해 본 적이 있거나, 불만을 제기한 경험이 있을 것이다. 고객과 시장의 피드백을 통해 기업은 고객과 이해관계자가 자사의 재화, 서비스, 성능에 얼마나 만족하였는지를 파악한다. 그 밖의 고객중심 성과 측정도구로는 고객유지, 고객 및 고객 계정의 획득과 유실, 고객불만, 보증청구, 고객이 지각한 가치perceived value 측정, 충성도, 긍정적 추천positive referral, 고객관계 구축 등이 있다.

이베이: 움직이는 것은 측정하라. ebay: if it moves, measure it

Sky Motion/Shutterstock.com

이베이eBay 본사에는 "움직이는 것은 측정하라"는 말이 있다.[3] 이베이는 측정에 세심한 주의를 기울이는 많은 인터넷 기업 중 하나이다. 대부분의 인터넷 기업들은 사이트 방문자 수, 등록자 수, 방문자가 사이트에서 보내는 시간, 사이트의 로딩 소요 시간 등의 웹 관련 지표web metrics를 측정하고 면밀히 추적한다. 이베이는 이들 지표들을 모니터링하고, 데이터를 분석하고, 그 결과를 사업관련 의사결정에 시기적절하게 사용한다. 예를 들면 판매가 부진한 기간 동안 수요를 자극하기 위해 (판매물품) 무료리스팅free listings과 같은 인센티브를 제공한다. 이베이가 모니터링하는 한 가지 독특한 측정도구는 사이트에서 거래되는 재화의 가치 대비 매출 비율인 "채택량take rate" (역자주: 어떤 판매 제안에 대해 행동을 취하는 사이트 이용자의 비율)이다. 고객서비스와 수익성 개선을 위해 이 측정 기준을 이베이가 어떻게 사용할 것인지 생각해보자.

고객만족 측정지표는 개선이 필요한 분야를 파악하고, 기업의 변화노력이 실제 개선으로 이어지는지를 알려준다. **고객만족 측정 시스템**customer-satisfaction measurement system은 *특정 재화와 서비스 기능에 대한 고객의 평가를 기업에 제공하고, 평가결과와 고객의 향후 구매행동 사이의 관계를 보여준다.* 또한 이 시스템은 시장의 변화추세trends를 추적하여 기업이 고객의 필요와 욕구needs and wants를 예측하는 데 필요한 고객 행동 패턴을 보여준다. 고객의 불평과 기타 불만족 사항 측정결과도 추적하여 분석한다. 예를 들면 페더럴 익스프레스Federal Express는 요금 청구에서부터 배송직원들의 업무수행, 패키지 상태, 추적역량tracking and tracing capabilities (역자주: tracking은 재화와 정보를 배송 역방향으로, tracking은 배송 순방향으로 추적하는 작업을 의미한다), 불만사항 처리, 직원 조력의 유용성employee helpfulness에 이르기까지 모든 성과 평가를 고객에게 요청한다. 레스토랑에서는 음식의 모양새, 맛, 온도, 양뿐만 아니라 청결도, 직원 친화력, 세심함, 가치인식도를 측정할 수 있다.

시장 성과지표에는 시장 점유율, 사업 성장척도, 신제품 및 새로 진입한 지리적 시장geographic market의 수, 신제품 판매 비율 등이 포함될 수 있다. 예를 들면 카길 키친솔루션즈Cargill Kitchen Solutions가 경쟁하는 (계란으로 다양한 식품을 만들어 레스토랑과 학교에 공급하는) 원자재 시장commodity market (역자주: 농산품, 광산품 등1차 재화, 미가공품을 거래하는 시장)에서, 카길의 성과 지표에는 미국시장 점유율, 판매된 계란의 총무게도 포함된다. 경쟁이 치열한 반도체 산업에서 에스티전자ST Microelecronics는 매출성장뿐 아니라 차별화된 제품 매출에도 주목하고 있다.

2-1c 품질 Quality

품질quality은 *프로세스 산출물이 고객 요구사항을 충족하는 정도로 측정한다.* 품질은 재화와 서비스 모두에 적용된다. **재화의 품질**good quality은 *재화의 물리적 성능 및 특성과 관련이 있다.* 재화품질은 일반적으로 기기, 테크놀러지, 데이터 수집 프로세스를 이용하여 측정된다. 예를 들면 노트북 컴퓨터 등 재화의 무게, 저장용량, 배터리 수명, 실제속도 등은 측정하기 쉽다. **서비스 품질**service quality은 *모든 서비스 접점*service encounter*에 대해 고객의 기대(외부 초점)와 서비스 제공시스템*service delivery system, *성능(내부 초점)을 지속적으로 충족하거나 초과 달성하는 것을 목표로 한다.* 아마존 닷컴Amazon.com, 페더럴 익스프레스Federal Express, 노드스트롬Nordstrom을 포함한 많은 기업들은 고객에게 우수한 서비스 품질을 제공하기 위해 열심히 노력하였다. 이들 기업들은 서비스 품질 측정을 가장 중요하게 여긴다.

서비스품질 측정도구는 주로 고객 설문조사customer survey, 포커스 그룹focus group, 인터뷰interview 등을 통해 수집한 서비스에 대한 인간의 인식human perception을 기반으로 한다. 관련 연구에 의하면, 고객은 서비스품질을 평가하기 위해 5가지 주요 차원성을 사용한다[4]:

1. 유형성Tangibles — 물리적 시설, 유니폼, 장비, 차량 및 직원의 외모(즉, 물리적 요소)
2. 신뢰성reliability — 약속한 서비스를 믿음직스럽고 정확하게 제공할 수 있는 능력
3. 대응성responsiveness — 고객을 기꺼이 돕고, 서비스업셋service upset(역자주: 서비스가 실패하여 고객이 화가난 상황)에 대한 즉각적인 복구를 제공하려는 의지
4. 보증성assurance — 서비스 제공자의 지식과 배려, 그리고 고객의 신뢰와 확신을 전달할 수 있는 능력
5. 공감능력empathy — 고객을 배려하는 자세와 고객 각자에 대한 개별화된 관심을 보이는 능력

이러한 5가지 차원성은 서비스조직service organization이 품질측정의 기초를 다지는데도 도움이 된다. 첫번째를 제외한 모든 차원이 서비스접점 단계에서 나타나는 행동특성과 관련이 있다. 이러한 차원성이 물리적, 기술적 특성보다 측정하기 어렵다는 점을 유의하여야 한다.

모든 서비스접점에서 오류가 발생할 수 있다. *서비스 생산과 제공 과정에서 발생하는 오류를* **서비스 업셋**service upset *또는* **서비스 실패**service failure*라고 부르기도 한다.* 서비스 측정도구를 통해 서비스를 개선하기 위해서는 무엇보다 고객만족과 밀접하게 연계되어야 한다. 예를 들면 레스토랑 관리자는 잘못된 주문의 수와 유형을 충분히 인지하고 있어야 하며, 고객 주문 시간부터 주문한 음식을 식탁에 올려 놓기까지의 시간을 측정하여야 한다.

2-1d 시간Time

*시간*time은 두 가지 유형의 성과 측정도구와 관련이 있다. 즉 어떤 서비스를 수행하는 속도speed(예: 고객의 주택담보대출 신청을 처리하는 시간)와 그 프로세스의 *변동성*variability과 관련이 있다. 속도는 기업에게 중요한 경쟁우위를 제공한다. 예를 들면 프로그레시브 보험회사Progressive Insurance는 경쟁사들이 사고발생을 인지하기도 전에 자동차보험 보험금청구를 해결할 수 있다고 자랑한다![5] 속도는 일반적으로 시계로 측정하는 반면, 변동성은 일반적으로 평균 성능이나 목표값으로부터의 분산variance을 정량화하여 측정한다. 한가지 유용한 시간 측정은 어떤 작업을 수행하는데 걸리는 시간인 **처리 시간**processing time이다. 예를 들면 피자를 만들기 위해서 반죽을 밀

고, 소스를 뿌리고, 토핑을 올리는데 3분이라는 처리시간이 걸릴 수 있다. **대기시간** queue time은 기다리는데 필요한 시간, 즉 기다린 **시간** wait time의 다른 표현이다.

시간 측정에서는 시간의 분산variance이 중요하다. 왜냐하면 예상하지 못한 변동성은 종종 불만족스러운 고객 경험으로 이어지기 때문이다. 변동성은 일반적으로 표준편차standard deviation 또는 평균절대편차mean absolute deviation와 같은 통계값으로 측정된다. 예를 들면 어떤 기업에서 새로운 생명보험 가입신청 처리에 9일에서 11(10±1)일이 필요한 반면, 다른 기업에서는 5일에서 15(10±5)일이 소요된다고 가정해보자. 이들 중 어떤 회사의 프로세스가 고객에게 최고의 서비스를 제공할 것인가? 여러분은 어떤 기업과 계약을 하고 싶은가?

2-1e 유연성 Flexibility

유연성 flexibility은 *변하는 요구사항에 신속하고 효과적으로 적응할 수 있는 능력이다.* 신제품 출시가 가속화되고 고객들은 더 많은 고객화customization를 기대하게 됨에 따라, 운영관리자들은 유연성이 탁월한 가치사슬을 설계하여야 한다. 유연성은 변하는 고객 요구 또는 변하는 수요량에 적응하는 것과 관련이 있다. **재화 및 서비스 설계 유연성** goods and service design flexibility은 다양한 또는 변하는 고객 필요customer needs를 충족시키기 위해 다양한 맞춤형 재화 또는 서비스를 개발할 수 있는 능력이다. 설계 유연성의 예로는 델Dell의 맞춤형 컴퓨터 하드웨어를 제공하는 능력, 헬스클럽의 운동 고객화 능력, 심장질환 환자를 위한 심장병 재활교실을 제공하는 능력 등이 있다.

페덱스: 서비스 성과 측정 FedEx: Measuring Service Performance

실패 유형	설명	가중치
1	고객불만처리재개—고객 불만 사항(배송중 추적, 송장, 집하pickup누락 등)이 해결이 불만족스러운 경우 처리 재개.	3
2	패키지 손상—육안으로 확인 혹은 확인가능하지 않은 패키지 손상, 또는 날씨 또는 물로 인한 손상, 픽업 누락 또는 배송 지연으로 인한 부패	10
3	국제—국제 운영 성과 측정의 종합점수composite score	1
4	송장 조정—실제 또는인지된 실패에 대한 고객의 지급거절 credit back 또는 환불요청	1
5	지연 집하late pickup stops—약속시간보다 늦게 집하pickup 한 패키지	3
6	패키지 분실—패키지 분실 또는 패키지 안 내용물 누락 관련 클레임	10
7	배송증명 누락—배송 정보에 대한 서면 증명이 없는 송장	1
8	배송시간 지연—약속날짜에 배송하였으나, 약속시간보다 늦게 배송	1
9	추적—패키지 상태 및 배송 증명 요청이COSMOS IIB 컴퓨터 시스템 (페덱스 "실시간"추적 시스템)에 입력되지 않음.	3
10	배송일 지연—배송일이 아닌 날짜에 배송	5

Source: Service Quality Indicators at FedEx (internal company document).

페덱스는 기업성과에 대한 고객의 기대치를 반영한 10가지 요소의 가중치 합계인 서비스 품질 지표Service Quality Index(SQI)를 개발하였다.

가중치는 각 실패에 대한 상대적 중요성을 반영한다. 예를 들면 패키지 분실은 몇 분 늦게 배송하는 것보다 더 심각한 서비스 실패이다. 측정한 지수는 매주 보고되고 매월 요약되며, SQI에 대한 지속적 개선 목표는 매년 설정된다. SQI는 실질적인 프로세스 효율성의 척도이다. SQI 성과목표 달성은 관리자 성과 평가에서 최대 40%까지 차지할 수 있다!

이러한 유연성을 가지려면 높은 적응성의 운영역량highly adaptable operational capability이 필요하다. 설계 유연성은 종종 신제품 개발 속도나 지난 3년간 개발한 제품 믹스product mix 백분율과 같은 측정지표로 평가된다.

수량 유연성volume flexibility은 *수요의 수량/유형 변화에 신속하게 대응할 수 있는 능력이다.* 수량 유연성은 특정 재화에 대한 수요가 증가 또는 감소함에 따라 한 재화에서 다른 재화로의 급속한 전환이나, 수요의 변동에 따라 다양하게 물량을 조절하며 생산할 수 있는 능력을 의미한다. 병원은 사고로 인한 환자 수요의 급격한 증가에 대비하기 위해 중환자실 간호사를 대기 상태로 두거나, 필요시 다른 병원에서 특수 진단 장비를 빌릴 수 있는 능력을 가질 수 있는데 이를 수량 유연성이라 한다. 수량 유연성 측정에는 기계 설정을 변경하는데 필요한 시간 또는 판매 급증에 대응하여 생산량을 늘리기 위해 "급속 확장ramp up"하는데 필요한 시간이 포함될 수 있다.

2-1f 혁신과 학습Innovation and Learning

혁신innovation은 *고객을 만족시키고 경쟁우위를 창출하는 새롭고 독특한 재화와 서비스를 창출하는 능력을 의미한다.* 아이폰iPhone의 경우처럼 재화와 서비스가 처음 시장에 등장하면 혁신적이다. 그러나 경쟁업체도 빠르게 따라잡는다. (예: 구글Google의 안드로이드Android 운영시스템 및 최신 드로이드Droid 휴대전화). 따라서 많은 기업들에게 혁신은 지속적인 프로세스가 되어야 하며, 측정과 평가가 이루어져야 한다. **학습**learning은 *지식을 생성, 습득, 전달하고 내부 및 외부 변화에 대응하여 직원의 행동을 수정하는 것을 뜻한다.* 예를 들면 한 사무실이나 부서에서 발생한 문제나 실수가 반복 발생하거나 다른 사무실 혹은 부서에서 발생하지 않는다는 보장이 있는가? 혁신과 학습의 중요성은 빌 게이츠Bill Gates의 말에 잘 드러난다. 그는 늘 "마이크로소프트Microsoft는 항상 실패로부터 2년정도 떨어져 있다" (역자주: '혁신없이 현상유지만 한다면 2년이면 실패한다'로 해석할 수 있다)라고 말하곤 하였다.

혁신 및 학습 측정도구는 기업의 인력과 인프라에 중점을 둔다. 핵심 측정지표로는 지적 재산권 증가, 특허 출원, 기업 내에서 구현된 "모범 사례best practices"의 건수, 제품 포트폴리오에서 지난 몇 년간 개발한 신제품의 비율을 그 예로 들 수 있다. 특히 기업의 인적자원 역량과 관련된 측정도구가 중요하다. 직원의 훈련 및 기술 개발, 만족도, 업무 시스템 성과 및 효율성과 관련되어 있다. 구체적인 측정지표에는 결근율, 이직률, 직원만족도, 직원 1인당 훈련시간, 훈련효과성, 업무 효율성 개선 등이 있다. 예를 들면 리츠칼튼호텔The Ritz-Carlton Hotel Company은 이직률을 매우 면밀히 추적한다. 이직률은 직원만족도, 선발 및 훈련 프로세스의 효율성을 나타내는 핵심 지표이다.

> "마이크로소프트Microsoft는
> 항상 실패로부터 2년정도 떨어져 있다"
> – 빌 게이츠

2-1g 생산성 및 운영 효율성Productivity and Operational Efficiency

생산성productivity은 *프로세스의 투입input 대비 산출output 비율이다.* 일정 수준의 투입에 대해 산

헐크렌탈 주식회사: 강력한 생산성지표 Herc Rentals Inc.: a Powerful Productivity Metric

헐크렌탈Herc Rentals(hercrentals.com)은 북미 지역에 많은 사업장을 두고 있는 풀 서비스 장비 대여 기업이다. 약 5,000명의 직원을 고용하고 270 곳의 회사소유 시설을 운영하여 20억 달러의 연매출을 올린다. 공기압축기, 토공기계, 펌프, 트럭, 전기 가위 리프트 및 자재취급장비 등의 장비를 다양한 고객에게 임대한다. 임대의 장점은 매우 많은데 그중에 임차인의 장비관리 시간 및 비용 절감, 재무적 유연성 향상, 유지보수 및 수리의 불편함과 비용 방지 등이 있다.

사업을 촉진하는 몇 가지 성과 측정지표 중 하나는 연간임대수익(산출)을 장비 구매 및 유지 관리 비용(투입)으로 나누어 산출하는 자금운용율dollar utilization이다. 기업은 산출-투입 생산성지표를 높이기 위해 성과목표를 매년 설정한다.

출이 증가하거나 일정 수준의 산출에 대해 투입이 감소함에 따라 생산성이 증가한다. 따라서 생산성 측정은 기업의 자원이 산출물을 생산하는데 얼마나 잘 사용되고 있는지를 나타낸다.

$$\text{생산성} = \frac{\text{산출}}{\text{투입}} \qquad [2.1]$$

식 2.1에서 산출량과 투입량에 사용하는 측정값은 동일한 단위로 표현할 필요는 없다.

운영 효율성operational efficiency은 *최소한의 낭비와 최대한의 자원활용을 통해 고객에게 재화와 서비스를 제공하는 능력이다*. 운영효율성 측정지표의 몇 가지 예로는 주문이행 소요 시간, 기계 및 장비 설정 소요 시간, 조립 라인에서의 (한 제품에서 다른제품으로) 변환 소요시간, 생산수율 manufacturing yields, 공급사슬 성과 등이 있다.

문제풀이 2.1 : 생산성 계산

수영장의 정수용 크리스탈을 생산하는 밀러화학Miller Chemicals 사업부의 예를 살펴 보자. 생산 프로세스에 사용하는 주요 투입물은 노동력, 원자재 및 에너지이다. 1년차 인건비는 180,000달러, 원자재 비용은 30,000달러, 에너지 비용은 5,000달러이다. 2년차 인건비는 350,000달러, 원자재 비용은 40,000달러, 에너지 비용은 6,000달러이다. 밀러화학은 1년차에 100,000파운드(Lbs.)의 크리스탈을 생산했고 2년차에 150,000 파운드의 크리스탈을 생산하였다.

해답:

식 2.1을 사용하여,

1년차 생산성

$$\begin{aligned}\text{생산성} &= \frac{\text{산출}}{\text{투입}} \\ &= \frac{100{,}000}{(\$180{,}000 + \$30{,}000 + \$5{,}000)} \\ &= 0.465 \text{ 파운드/달러}\end{aligned}$$

2년차 생산성

$$\begin{aligned}\text{생산성} &= \frac{\text{산출}}{\text{투입}} \\ &= \frac{150{,}000}{(\$350{,}000+\$40{,}000+\$6{,}000)} \\ &= 0.379 \text{ 파운드/달러}\end{aligned}$$

측정결과, 생산성이 지난 1년간 감소했음을 알 수 있다.

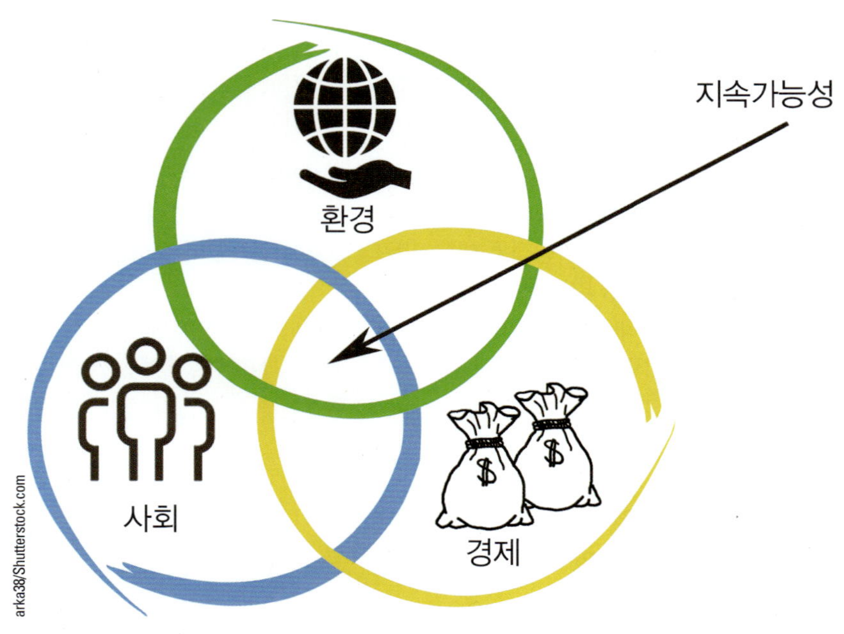

2-1h 지속가능성Sustainability

트리플 바텀라인triple bottom line(TBL 또는 3BL)은 환경적, 사회적, 경제적 지속가능성의 측정을 의미한다. 환경규제들은 일반적으로 기업에게 규정준수를 측정하고 보고하도록 요구하지만, 많은 기업들은 최소한의 법적규제를 뛰어넘는 자율규제를 실시한다. 기업은 에너지 소비, 재활용 및 기타 자원 보존 활동, 대기배출, 고형 및 유해 폐기물 비율 등과 같은 다양한 환경 측정지표를 추적한다. 사회적 지속가능성 측정지표에는 소비자 및 작업장 안전, 지역사회와의 관계, 기업윤리, 지배구조 등이 있다. 고객과 직원 복지가 주요 관심사인만큼, 소비자와 직장 안전을 측정하는 것이 모든 기업에게 필수적이다. 산업안전보건청Occupational Safety and Health Administration (OSHA)를 포함한 연방 및 주정부 기관은 기업들에게 사고와 같은 안전 지표를 추적, 보고하도록 요구한다. 안전관련 성과 측정지표로는 사고율, 공공상수도 독성화학물질 백만분율, 호텔객실 보안 등이 있다. 다른 사회적 지속가능성 측정지표로는 윤리규정위반 횟수와 지역사회 봉사시간 등이 있다. 마지막으로 경제적 지속가능성 측정지표로는 재무감사결과, 규제준수, 법적 또는 정부제재, 시민단체 기부, 환경위반 벌금, 실행계획 및 프로젝트의 정시 완수비율과 같은 전략적 실행계획 달성 측정지표 등이 있다.

2-2 운영관리 애널리틱스 Analytics in Operations Management

1장에서 언급했듯이 비즈니스 애널리틱스business analytics는 운영관리자가 데이터를 보다 효과적으로 분석하고 더 나은 결정을 내리도록 돕는다. 비즈니스 애널리틱스에는 통계분석 및 의사결정모형도구decision modeling tools가 있다. 그림/표 2.2에는 본서의 여러 장에서 사용한 도구가 요약되어 있다. 본서의 참고자료supplements는 문제풀이 이해를 돕고, 각 장 정리 질문 및 연습문제를 푸는데 도움이 되는 도구들tools, 기본 개념, 예제examples 복습내용을 포함하고 있다.

통계statistics는 *데이터 수집, 구성, 분석, 해석 및 제시를 포함한다.* 통계는 데이터 측정치를 요약한다. **기술통계**descriptive statistics는 *도표, 시각적, 정량적 테크닉을 사용하여 데이터를 설명하고 요약하는 방법을 일컫는다.* 통계는 수치적으로나 시각적으로 방대한 데이터에 대한 통찰력을 얻고, 결정을 내리는데 있어 불확실성과 위험을 이해하고, 매우 큰 모집단populations에서 얻은 표본sample 데이터에서 결론을 도출하는 수단을 제공한다. 운영관리자는 통계를 사용하여 생산 및 품질 성능을 측정하고 프로세스 및 설계 개선 사항을 결정한다. 통계적 방법을 사용하면 데이터를 간결하게 요약할 뿐만 아니라 데이터 간의 알려지지 않은 흥미로운 관계를 발견하여 데이터

그림/표 2.2 운영관리에서 쓰이는 비지니스 애널리틱스 도구

OM을 위한 비지니스 애널리틱스 도구	중점사항	적용의 예
통계분석 (참고자료 A)	데이터 수집, 구성, 분석, 요약, 해석 및 제시	성과 트렌드를 검토하기 위해 차트를 이용한 데이터 시각화; 다른 사업부, 경쟁사 또는 업계 최고와의 벤치마크 결과 비교; 측정지표 간 관계 이해
의사결정 분석 (참고자료 B)	불확실한 미래에 대한 최상의 경제적 의사결정 대안 식별	제품선택, 시설 용량 확장 및 위치, 재고 분석, 기술 및 프로세스 분석
손익분기점분석 (참고자료 C)	물량에 따라 달라지는 두 가지 옵션 중에서 가장 경제적인 대안 식별	수익성분석, 아웃소싱결정, 테크놀러지 선택
최적화 (참고자료 D, E)	제약조건과 요구사항을 충족시키면서 목표를 최대화하거나 최소화하기 위한 최선의 결정을 식별	제품믹스, 프로세스 선택, 생산 계획, 일정 수립, 운송 및 공급사슬관리
대기열 모형 (참고자료 F)	분석모형을 사용하여 고객 및 서비스 시간이 무작위로 도착하는 대기열 시스템의 행동을 이해	제조 및 서비스, 자원 활용 분석, 병목현상 분석을 위한 프로세스 설계 및 분석
시뮬레이션 (참고자료 G)	시스템의 논리적 모형을 개발하고 분석하며 시스템 동작을 기술, 설명, 예측하기 위한 컴퓨터 기반 실험을 수행	제조 및 서비스, 재고시스템, 복잡한 대기열 분석 및 자원 계획을 위한 프로세스 설계

에 대한 이해를 높일 수 있다.

의사결정모형도구decision modeling tools는 운영관리와 공급사슬관리에서 생산 및 서비스 시스템의 작동behavior을 설명하고, 성과를 예측하며, 최상의 조치 프로세스를 지시하기 위하여 사용한다. 의사결정모형도구는 의사결정 분석, 손익분기점 분석, 최적화, 대기열 모형 및 시뮬레이션을 포함한다.

이들 도구는 엑셀 스프레드시트Excel spreadsheets에서 구현될 수 있다. 스프레드시트는 모든 비즈니스 영역에 널리 적용할 수 있어서 널리 사용된다. 스프레드시트는 추상적인 수학적 표기법 대신 직관적으로 볼 수 있어, 데이터를 관리 및 변경하고, 계산을 수행하고, 동시에 여러가지 시각적 그래픽을 보여주기 위한 편리한 방법이다. 또한 의사결정모형을 개발하고, 개발시 발생하는 여러 문제를 해결하고, 결과를 소통하는데 매우 효과적인 플랫폼이다. 학습자는 파일을 열고, 저장 및 인쇄하고, 워크북 및 워크시트를 사용하고, 스프레드시트 간 이동하고, 셀 및 범위를 선택하고 행과 열 삽입 및 삭제를 수행하고, 셀에 텍스트, 숫자 데이터, 공식을 입력 및 편집하고, 데이터 형식을 지정(숫자, 통화, 소수 자릿수 등)하고, 엑셀 공식 및 기본 기능을 알고, 상대 및 절대 주소를 지정하고, 엑셀 메뉴를 사용하는 등 엑셀의 기본에 익숙해져야 한다.

본서의 마인드탭MindTap에는 각 장에서 다루는 문제를 분석하고 해결하기 위한 계산을 수행하는 다양한 엑셀양식Excel templates이 포함되어 있다. 학습자는 안내에 따라 템플릿에 데이터와 정보만 입력하면 되고 나머지는 엑셀이 자동으로 처리한다. 문제풀이2.2는 *통계분석* 템플릿을 사용하여 기본 기술통계descriptive statisstics, 빈도분포frequency distributions, 히스토그램histogram을 계산하는 예를 보여준다. 이 템플릿을 사용하면 데이터와 가정assumptions을 변경하였을 때 결과에 미치는 영향을 알아보는 시행착오법을 이용한 민감도분석trial-and-error "what-if?"을 수행할 수 있다.

본서에서 제공한 엑셀 템플릿 외에도 학습자는 여러 응용 프로그램에서 엑셀 스프레드시트를 사용하여 최적화, 대기열 및 시뮬레이션 문제에 대한 논리적 모형을 개발하여야 한다. 해 찾기

문제풀이 2.2 : 엑셀 템플릿을 이용한 통계분석

라 벤타나 창호회사La Ventana Window Compnay는 주거용 건물 및 리모델링용 주문자상표 제품original equipment과 교체용 창문을 제조한다. 시방서specifications (역자주: 제품 혹은 공사를 위한 재료의 종류, 품질, 시공방법 등의 상세설명서)는 특정 창 모형의 절단 공정에서 25.50인치inches를 요구한다. 치수가 25.52인치보다 크면 조립이 너무 빡빡하고, 25.48인치 이하이면 너무 느슨하여 고객 요구사항을 충족하지 못한다. 공장장은 이 공정에서 50개의 부품 표본을 수집하여 아래와 같이 치수를 측정하였다. 데이터는 어떤 정보를 제공하는가?

25.51	25.50	25.49	25.50	25.50	25.48	25.50	25.50	25.49	25.52
22.49	25.51	25.51	25.51	25.50	25.50	25.50	25.51	25.50	25.50
25.48	25.50	25.50	25.51	25.50	25.50	25.49	25.50	25.51	25.50
25.49	25.49	25.49	25.51	25.50	25.48	25.48	25.48	25.47	25.49
25.49	25.50	25.50	25.50	25.49	25.48	25.51	25.51	25.50	25.51

해답:

그림/표 2.3은 통계분석 스프레드시트 템플릿을 사용한 품질 측정 결과를 보여준다. 데이터 매트릭스에 데이터를 입력하고 스프레드시트의 노란색 셀에 히스토그램의 셀 수와 히스토그램의 하한 및 상한을 입력하기만 하면 된다. 스프레드시트는 빈도 분포와 히스토그램을 자동으로 조정한다. 평균과 중앙값이 목표값에 가깝다는 것을 알 수 있다. 그러나 빈도분포와 히스토그램에서 어떤 측정치도 25.52를 초과하지 않았고, 7개의 값이 25.48 이하인 것으로 나타났는데, 이는 공정을 조정할 필요가 있음을 시사한다. 템플릿은 빈도분포 및 히스토그램이 구성되는 값을 쉽게 변경할 수 있도록 설계되어 있다.

그림/표 2.3 라 벤타나 창호 회사 데이터에 대한 통계분석 스프레드시트 템플릿 결과

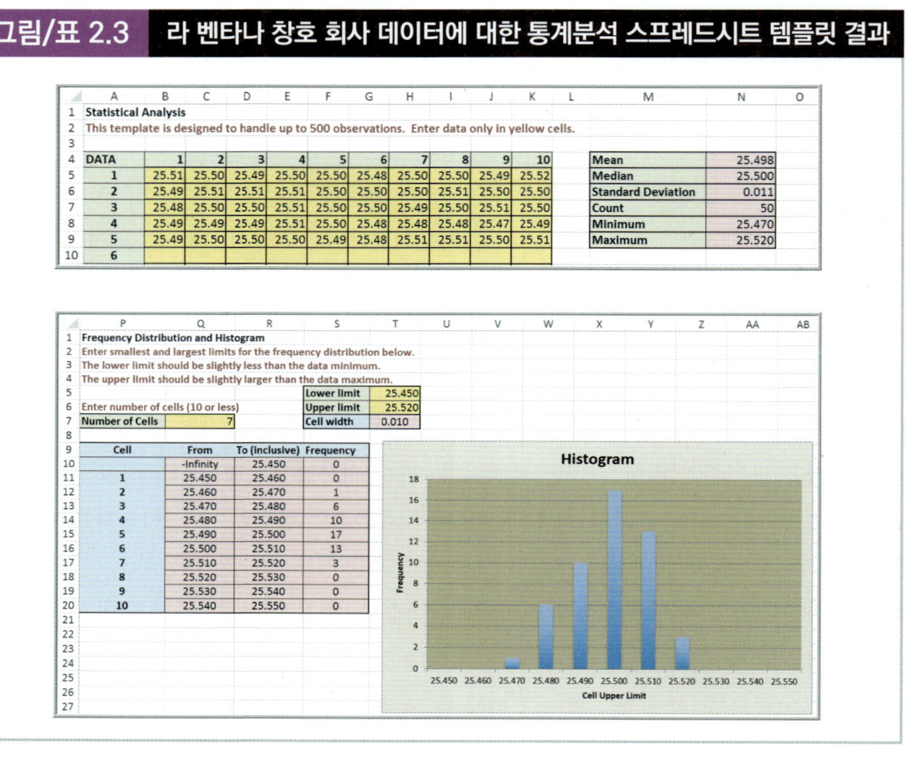

Statistical Analysis

This template is designed to handle up to 500 observations. Enter data only in yellow cells.

DATA	1	2	3	4	5	6	7	8	9	10
1	25.51	25.50	25.49	25.50	25.50	25.48	25.50	25.50	25.49	25.52
2	25.49	25.51	25.51	25.51	25.50	25.50	25.50	25.51	25.50	25.50
3	25.48	25.50	25.50	25.51	25.50	25.50	25.49	25.50	25.51	25.50
4	25.49	25.49	25.49	25.51	25.50	25.48	25.48	25.48	25.47	25.49
5	25.49	25.50	25.50	25.50	25.49	25.48	25.51	25.51	25.50	25.51
6										

Mean	25.498
Median	25.500
Standard Deviation	0.011
Count	50
Minimum	25.470
Maximum	25.520

Frequency Distribution and Histogram

Enter smallest and largest limits for the frequency distribution below.
The lower limit should be slightly less than the data minimum.
The upper limit should be slightly larger than the data maximum.

Lower limit	25.450
Upper limit	25.520
Cell width	0.010

Enter number of cells (10 or less)

Number of Cells	7

Cell	From	To (inclusive)	Frequency
	-Infinity	25.450	0
1	25.450	25.460	0
2	25.460	25.470	1
3	25.470	25.480	6
4	25.480	25.490	10
5	25.490	25.500	17
6	25.500	25.510	13
7	25.510	25.520	3
8	25.520	25.530	0
9	25.530	25.540	0
10	25.540	25.550	0

Solver, 목표값 찾기Goal Seek, 데이터표data tables와 같은 다양한 엑셀 도구는 솔루션solution 찾기와 학습자가 개발한 모형 분석에 활용할 수 있다. 액셀 템플릿과 액셀 도구는 참고자료를 참조하라. 해당 액셀 도구를 사용하는 문제풀이에서 예시가 제공된다.

2-2a 내부 측정치와 외부 측정치 연동하기 Linking Internal and External Measures

관리자는 성과에 대한 주요 측정치 간의 인과관계를 이해하여야 한다. 이 인과관계는 종종 (내부) 운영 성과가 수익성, 시장 점유율, 고객 만족도와 같은 외부 결과에 미치는 영향을 설명한다. 예를 들면 재화 및 서비스 품질 개선이 매출 성장에 어떤 영향을 미치는가? 불만사항 처리개선은 고객 유지에 어떤 영향을 미치는가? 직원만족도의 증가 또는 감소가 고객만족도에 어떤 영향을 미치는가? 고객만족도의 변화가 비용과 수익에 어떤 영향을 미치는가? 등에 대한 설명을 제공한다.

외부 및 내부성과 기준 간의 인과관계에 대한 정량적 모형을 **상호연동** Interlinking이라고 한다.[6] 상호연동은 가치사슬의 모든 부분, 즉 프로세스("방법"), 재화와 서비스 산출물("무엇"), 고객경험 및 그 결과("이유") 사이의 성과 관계를 계량화하려는 것이다. 관리자는 상호연동 모형을 사용하면 외부 결과에 영향을 미치는 내부 결정을 객관적으로 내릴 수 있다. 대기시간을 단축하기 위해 자원을 추가하거나 운영체계를 변경함으로써 고객만족도를 높이는 것(그림/표 2.4 참조) 등이 바로 그 예이다.

한 예로 존슨컨트롤즈 주식회사 Johnson Controls, Inc.의 컨트롤즈 그룹 controls group은 고객의 만족도 수준과 계약갱신률 contract renewal rate 간의 관계를 조사하였다. 재계약의 91%가 만족 또는 매우 만족한 고객과 이루어졌고 "불만족" 등급을 부여한 고객은 매우 높은 이탈률 defection rate을 보였다. 회사는 데이터 분석을 바탕으로 전체 만족도 점수의 1% 포인트 증가는 연간 서비스 계약 갱신을 통한 1,300만 달러의 가치가 있음을 발견하였다. 그 결과 존슨 컨트롤즈는 고객만족도 향상을 핵심 전략 실천계획으로 설정하였다.

2-2b 충성고객 가치 The Value of a Loyal Customer

재화 품질이나 서비스 성과가 좋지 않아 고객을 빼앗기는 기업이 많다. 이는 운영관리자가 종종 서비스 직원을 감원하거나 제품설계를 기존제품보다 낮은 등급으로 변경하는 조치가 초래한 고객이탈의 경제적 영향을 고려하지 않은 결과이다. 이와 유사하게 많은 기업들은 엄격히 경제성

그림/표 2.4 내부 성과측정과 외부 성과측정의 상호연동

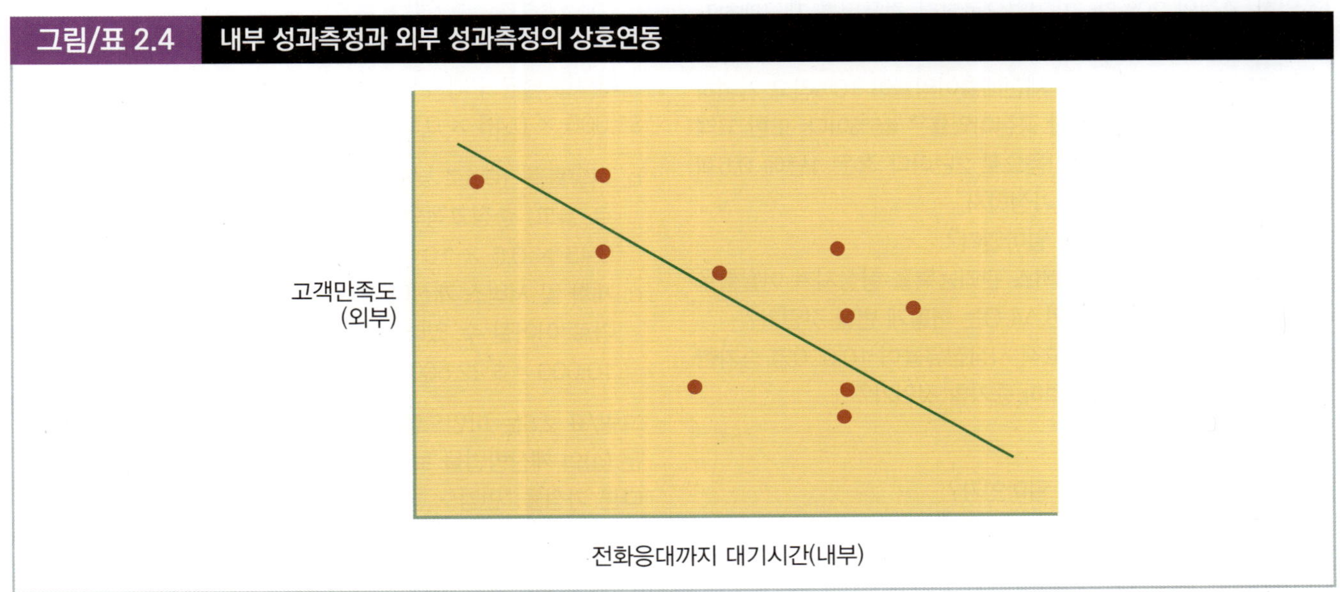

기준으로만 재화나 서비스 개선 제안서를 평가하면서 잠재적 신규고객의 경제적 가치를 이해하지 못한다. 그러므로 고객만족도와 충성도가 수익에 어떤 영향을 미치는지에 대해 이해할 필요가 있다. 한 가지 방법은 좋은 고객이 제공하는 경제적 가치를 계산하는 것이다.

충성고객 가치 value of a loyal customer(VLC)는 각 표적시장의 고객으로부터 구매자 라이프사이클buyer's life cycle동안 기업이 벌어들이는 총매출total revenue 또는 이익profit을 수량화한 것이다. 운영 결정이 매출 및 고객유지에 미치는 영향을 이해한다면 기업이 자원을 보다 적절하게 사용하는데 도움이 될 수 있다. 재화를 생산하는 기업과 서비스를 제공하는 기업 모두에게 충성고객 가치와 성과 간 관계를 이해하는 것이 유익하다. 기존고객 유지보다 신규고객 확보에 3~5배 더 많은 비용이 소요된다는 점을 고려하면, 왜 최고경영진의 개선안 실천계획과 전략에서 고객유지에 촛점을 맞추는지 알 수 있다.

*VLC*는 다음의 방정식으로 계산할 수 있다.

$$\text{VLC} = \text{P} \times \text{CM} \times \text{RF} \times \text{BLC} \quad [2.2]$$

P = (판매)단위당 수익revenue per unit

CM = 분수로 표현한 이익 및 간접비에 대한 공헌이익contribution margin to profit and overhead expressed as a fraction (예: 0.45, 0.5 등)

RF = 재구매 빈도repurchase frequency = 연간 구매 횟수number of purchases per year

BLC = 1로 설정한 구매자의 라이프사이클buyers' lifecycle computed as 1/분수로 표현한 이탈율 defection rate (1/0.2 = 5년, 1/0.1 = 10년 등)

문제풀이 2.3 : 충성고객가치 계산

어떤 컴퓨터 제조업체의 연간 고객유지율customer retention rate 추정치가 80%라고 가정하자. 거꾸로 이 기업의 컴퓨터를 구입한 고객의 20%가 그 기업으로부터 컴퓨터를 재구매하지 않을 것임을 의미한다 (고객 이탈률 = 1 – 고객 유지율).

고정비용이 35%이고 세전매출이익율이 10%라고 가정하면, 이익과 간접비에 대한 공헌이익률은 45%이다. 또한 고객이 평균 1,000달러의 비용으로 2년마다 혹은 1년에 0.5회 새 컴퓨터를 구입한다고 가정하자.

a. 충성고객가치(VLC)는 얼마인가?

b. 운영 및/또는 직원 서비스 관리능력을 향상시켜 이탈률을 10%로 낮출 수 있다면, VLC는 어떻게 변할 것인가?

c. (b)의 개선으로 인해 고객 시장점유율이 10,000명 증가한다면, 총 시장가치는 얼마 증가할 것인가?

해답:

a. 충성고객가치(VLC)는 얼마인가?

P = 1,000 달러

BLC = 1/0.2 = 5 (매년 20%의 고객이 이탈한다면, 고객의 평균 구매수명은 5년)

그러므로 평균 구매 수명 동안 충성 고객의 평균 가치 = $1,000 × 0.45 × 0.5 × 5 = $1,125.

b. 이탈률을 10%로 낮출 수 있다면 평균 구매수명이 두 배로 늘고, 충성고객의 평균가치 증가 = $ 1,000달러 × 0.45 × 0.5 × 10 = $ 2,250.

c. 재화 및 서비스 개선이 고객 10,000 명의 시장 점유율 증가로 이어질 수 있다면 총 시장가치 증가 = $ 2,250 × 10,000 = $ 22,500,000.

그림/표 2.5는 마인드탭에서 엑셀 VLC 템플릿을 사용한 질문 (a)의 계산방법을 보여준다. 이 템플릿은 (b)와 (c)의 서로 다른 가정을 "민감도 분석what-if?"에 입력하여 그 영향을 계산할 수 있게 한다.

그림/표 2.5 엑셀 충성고객가치VLC 템플릿

	A	B	C	D
1	Value of a Loyal Customer			
2	Enter data only in yellow cells.			
3				
4	Revenue per unit	$1,000.00		
5	Percent contribution margin to profit and overhead	45%		
6	Repurchase frequency (purchases/year)	0.5		
7	Defection rate	0.2		
8				
9	Buyer's life cycle	5.00		
10	VLC	$1,125.00		

*VLC*에 새로 획득한 고객 수 혹은 이탈한 고객 수를 곱하면 총 시장가치를 알 수 있다. 문제풀이 2.3은 이 공식을 사용한 *VLC* 계산법을 보여준다.

운영관리자는 운영비용 절감을 통한 공헌이익 증가, 고객서비스 개선을 통한 재구매 빈도 증가, 지속적으로 우수한 시스템 성능을 창출하고 제공함으로 고객이탈률 감소를 통해 VLC에 영향을 미칠 수 있다. 프로세스 관리자는 충성고객가치를 활용하여 작업 및 프로세스 설계, 용량 및 스케줄링, 설비 설계의 개선 이니셔티브를 정당화할 수 있다.

2.3 운영관리 측정시스템 설계 Designing Measurement Systems in Operations

무엇이 운영관리를 위한 좋은 성과 측정시스템을 만드는가? 많은 기업이 정보시스템에서 성과 측정지표를 선택하고 삭제하기 위한 특정한 기준을 정의한다. 예를 들면 아이비엠 본사IBM Rochester는 다음과 같은 질문을 던진다.

- 측정방법이 우리의 사명mission을 완수하는데 도움이 되는가?
- 변화관리에 측정을 활용할 수 있는가?
- 고객에게 중요한가?
- 성과측정에 효과적인가?
- 결과예측에 효과적인가?
- 이해하기 쉽고 간단한가?
- 데이터 수집이 간편하고 비용효율적cost effective인가?
- 측정방법이 타당성validity, 무결성integrity, 적시성timeliness을 가지고 있는가?
- 측정방법의 소유자(책임자)가 있는가?

좋은 성과지표는 실행이 가능하다. **실행가능한 측정지표**actionable measures는 *측정지표가 적용되는 모든 수준에서 의사결정의 기초를 제공한다.* 측정지표가 적용되는 수준은 가치사슬, 기업, 프로세스, 부서, 워크스테이션workstation, 작업task 및 서비스 접점service encounter 등이다. 측정지표는 사용자에게 의미가 있고maningful, 시기적절timely하며, 그 기업이 고객가치를 창출하는 방법을

스포츠 팀 경영을 위한 애널리틱스 Analytics for Managing Sports Teams

최근 들어 프로 스포츠는 물론 아마추어 스포츠에서도 성과와 투자수익률을 평가하기 위하여 현대적 분석 방법과 소프트웨어 능력이 활용되기 시작하였다. 예를 들면 농구에서는 "박스스코어box score"(각 선수 성적을 자세히 기록한 시합 결과표)에 점수, 필드골 비율, 파울, 블로킹, 어시스트, 스틸, 턴오버, 플레이 시간, 공격과 수비 리바운드와 같은 전통적인 경기력 지표를 기록한다. 샷 차트, 리바운드 차트, 플레이 별 데이터, 모션 캡쳐 비디오 및 분석 형태의 애널리틱스는 기존 데이터를 보완하는데 사용한다. 오늘날의 중요 관심사는 최소한의 비용으로 경기의 성과 및 구단주의 수익을 극대화하기 위해서 어떻게 효과적으로 시합 데이터를 분석하느냐 하는 것이다.

Cora Reed/Shutterstock.com

인기있는 책이자 후에 영화로도 제작된 머니볼Moneyball은 일반 스포츠팬에게 스포츠 경영에 애널리틱스를 어떻게 활용하는지를 보여준다. 애널리틱스가 비즈니스 세계에서 유행어가 되기 전인 2003년에 출판된 이 책은 오클랜드 애슬레틱스Oakland Atheletics 야구팀이 한정된 예산으로도 경쟁력 있는 팀을 만들기 위해 어떻게 애널리틱스를 사용했는지, 그리고 애슬레틱스 대비 거의 3배나 더 많은 자금을 선수들에게 지급한, 잘 알려지고, 자금력을 지닌 뉴욕 양키스New York Yankies같은 팀들과 어떻게 경쟁했는지를 설명하고 있다. 매사추세츠 공과대학교MIT는 스포츠 경영을 위한 애널리틱스 활용을 촉진하기 위해 매년 150개 이상 학교의 학생들과 50개 이상의 프로 스포츠 팀 대표자들이 참석하는 MIT Sloan 스포츠 애널리틱스학회를 주최하고 있다.

반영하여야 한다. 성과 측정지표는 고객 요구사항과 상충하는 것이 아니라 요구사항에 부합되는 것이어야 한다. 예를 들면 고객은 고객지원 전화번호로 전화할 때 시기적절한 응답을 기대한다. 일반적인 운영 측정지표는 전화를 받을 때까지 울리는 전화벨의 횟수이다. 기업이 이 측정지표상으로 성과를 높이기 위해 벨소리가 많이 울리기 전 전화를 받아놓고는 고객을 통화대기 상태에 방치하거나, 사전 프로그램된 메뉴 선택 안내만 끝없이 들려준다면, 이는 분명 고객과의 갈등을 초래하게 된다.

2-4 조직성과 모형 Models of Organizational Performance

조직성과의 네 가지 모형 — 볼드리지 성과수월성 체계the Baldrige Performance Excellence Framework, 균형성과표the balanced scorecard, 가치사슬모형the value chain model, 서비스이익사슬the Service-Profit Chain — 은 성과체계의 설계, 모니터링, 평가에 널리 사용되는 체계들이다. 처음 두 모형은 조직 성과에 대한 "큰 그림big picture"을 잘 보여주는 반면에, 마지막 두 모형은 운영관리자를 위한 보다 상세한 생각의 틀을 제공한다. OM이 고객에게 재화 및 서비스를 실행하고 전달하는데 중점을 두기는 하나, 운영관리자에게는 모든 기능 영역과 소통하여야 하므로 조직성과에 대한 "큰 그림"모형을 이해하는 것이 중요하다. 또한 이들 모형을 이해하면 조직성과 시스템은 각 기능이 본질적으로 서로 밀접하게 연관되어 있음을 알수 있다. 마지막으로 이들 모형은 운영기능의 역할은 물론 운영관리자가 각 기능을 아우르는 다양한 기술을 갖추어야하는 이유를 잘 설명한다.

USA.gov

볼드리지 품질상The Baldrige Performance Award

2-4a 말콤 볼드리지 성과수월성 체계Malcom Baldrige Performance Excellence Framework

볼드리지 성과수월성the Baldrige Performance Excellence프로그램은 기존에는 말콤볼드리지 국가품질상the MalcomBaldrige National Quality Award프로그램으로 알려졌다. 볼드리지 성과탁월성 프로그램은 미국기업 및 단체들이 품질, 생산성, 전반적인 경쟁력을 개선하도록 돕고, 혁신, 학습, 모범사례를 통해 높은 성과를 올리는 경영관행business practices의 개발을 장려하기 위해 만들어졌다. 제조업, 중소기업, 서비스, 교육, 의료, 비영리 부문에서, 경쟁업체나 동종업계에서 뛰어난 성과를 보인 기업 및 기관이 이 상을 받는다. 이 프로그램의 웹사이트www.nist.gov/baldrige/는 상, 성과기준, 수상자 및 기타 프로그램에 대한 풍부한 최신 정보를 제공하고 있다.

품질상 자체가 많은 관심을 끄는 것이 사실이지만, 이 프로그램의 주목적은 기업으로 하여금 강점과 약점을 이해하기 위한 자체평가를 실시하고, 그 결과에 따라 개선을 위한 우선순위를 정하여, 탁월한 성과를 이루도록 하는 생각의 틀을 제공하는 것이다. 그림/표 2.6에서 보는 것처럼 통합integration이 핵심적인 역할을 담당하는데, 통합은 시스템의 어떤 한 부분도 독립적으로 작동할 수 없음을 강조한다. 이러한 맥락에서, 이 체계의 7가지 범주는 성과의 기획, 실행, 검토를 위한 논리적 접근법을 설명한다. 또한 이 체계는 성과 수월성 기준Criteria for Performance Excellence을 정의한다. 이 기준은 뛰어난 성과를 달성하기 위한 위해서는 조직을 어떻게 관리하여야 하는가에 대한 생각의 틀을 제공하도록 설계되었다. 7가지 범주는 다음과 같다.

1. 리더십 leadership: 이 범주는 고위경영진의 행동이 어떻게 조직, 지배구조시스템, 그리고 윤리적, 법적, 사회적 책임을 다하기 위한 접근방법을 이끌고 유지하는가에 중점을 두고 있다.
2. 전략 strategy: 이 범주는 기업이 어떻게 전략적 목표와 행동 계획을 수립하고 실천하며, 상황에 따라 변경하고, 그 진척도를 측정하는가에 중점을 두고 있다.
3. 고객 customers: 이 범주는 기업이 시장에서의 장기적 성공을 위해 어떻게 고객과 깊은 관계를 맺고, 고객 중심 문화를 형성하며, 고객의 목소리에 귀를 기울이고, 이로부터 얻은 정보를 활용하여 혁신 기회를 식별하고 개선을 이루는가에 중점을 두고 있다.
4. 측정, 분석 및 지식관리 measurement, analysis, and knowledge management: 이 범주는 기업이 어

그림/표 2.6 볼드리지 조직 성과 모형

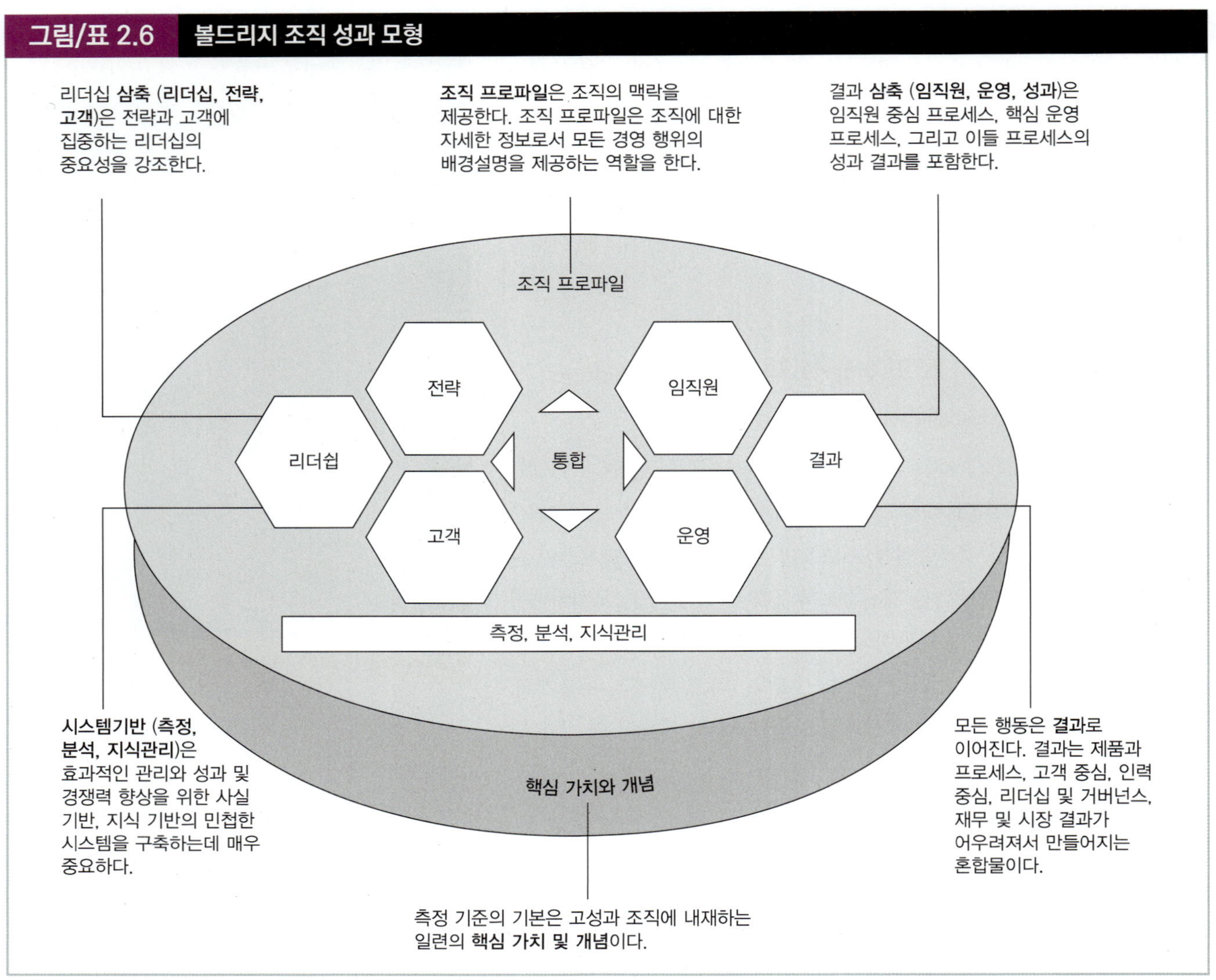

떻게 데이터, 정보 및 지식 자산을 선정, 수집, 분석, 관리, 개선하고, 정보기술을 관리하는가에 초점을 맞춤은 물론, 그 기업이 어떻게 데이터를 검토하고 그 결과를 성과 개선을 위해 사용하는가에 중점을 두고 있다.

5. 임직원 workforce: 이 범주는 기업이 어떻게 모든 임직원의 역량 및 소요 필요를 평가하고, 그들이 고성과를 내는 환경을 구축하며, 기업의 전반적인 요구에 맞춰 잠재력을 최대한 발휘할 수 있도록 임직원을 참여시키고, 관리 및 개발하는가에 중점을 두고 있다.
6. 운영 opeations: 이 범주는 기업이 고객가치를 전달하고 조직의 성공을 이루기 위해 어떻게 업무 시스템과 업무 프로세스를 설계, 관리, 개선, 혁신하는가에 중점을 두고 있다.
7. 결과 results: 이 범주는 중요 사업분야 — 제품 및 프로세스, 고객 중심, 임직원 중심, 리더십 및 지배구조, 재무 및 시장 — 의 성과와 개선을 확인한다.

본질적으로 평가기준체계는 경영관행과 사업성과 간의 관계를 파악하는 거시적 상호연동 macro-level interlinking모형을 보여준다. 예를 들면 고위경영진이 고객을 이해하고 효과적인 전략을

승객은 이 항공사를 이용하겠는가 Would You Fly on this Airline?

첨단 제트 항공기의 조정실을 견학했을 때 단 하나의 비행 계기instrument만 있음을 목격했다고 상상해보자. 그 비행기에 탑승한 승객이 아래에 서술한 조종사와의 대화를 끝낸 후, 어떤 생각이 들겠는가?

승객: 단 하나의 계기로 비행기를 조종하는 것을보고 놀랐습니다. 저 계기로 무엇을 측정하나요?

조종사: 비행속도입니다. 저는 비행 중 속도를 열심히 살핍니다.

승객: 그렇군요. 비행속도는 확실히 중요해 보입니다. 하지만 고도는 어떻습니까? 고도계가 도움이 되지 않을까요?

조종사: 지난 몇 번의 비행에서는 고도에 집중했는데 꽤 잘 했어요. 이제 저는 적절한 비행속도에 집중하여야 합니다.

승객: 하지만 연료계도 없네요. 연료계가 유용하지 않을까요?

조종사: 맞습니다. 연료가 중요하긴 하지만, 저는 한꺼번에 너무 많은 일에 집중하는 타입이 아닙니다. 그래서 이번 비행에서는 비행속도에만 집중하고 있습니다. 고도뿐만 아니라 비행속도 제어도 아주 잘하게 되면, 차후 비행에서는 연비에 집중할 계획입니다.[8]

조종사든 현대적 조직이든, 한 번에 단 하나의 측정지표에만 집중하는 것은 좋은 생각이 아니다. 글로벌 기업은 일반적으로 재화 및 서비스의 복잡성, 세분시장market segment의 수, 경쟁자로부터의 압박, 실패 확률 등을 고려하여 각 프로세스 당 3~10개의 성과 측정지표를 사용한다.

수립한 후(범주 1~3), 계획을 임직원 및 운영을 통하여 실천으로 전환한다면(범주 5와 6), 긍정적인 결과가 뒤따른다(범주 7). 범주 4는 성과와 지속적인 개선을 측정하고 평가하기 위한 기초를 제공한다. 일각에서는 "리더십이 성과를 내는 시스템을 주도한다"는 말로 볼드리지상의 이론을 간단하게 설명하기도 한다.

2-4b 균형성과표 The Balanced Scorecard

하버드 경영대학원의 로버트 카플란Rpbert Kaplan과 데이비드 노턴David Norton은 전통적인 회계 측정의 한계를 극복하는 방안으로, 아날로그 디바이스Analog Devices (역자주: 데이터 전환, 시그날 프로세싱 등에 특화한 다국적 반도체 기업)에서 처음 개발한 *균형성과표* 개념을 대중화하였다. 균형성과표의 목표는 "전략을 지표로 변환하여, 그 지표의 측정과 개선 과정을 통해 기업의 비전이 조직에 스며들도록 하는 것"이다. 그림/표 2.7과 같이 균형성과표에 대한 두 교수의 버전version은 성과에 관한 네 가지 관점perspectives으로 구성되어 있다.

- 재무적 관점Financial Perspective: 기업이 주주에게 제공하는 궁극적인 가치를 측정한다. 수익성profitability, 매출 성장revenue growth, 주가stock price, 현금흐름cash flows, 투자수익률return on investment, 경제적 부가가치economic value added(EVA) 및 주주가치shareholder value를 포함한다.
- 고객 관점Customer Perspective: 시장점유율과 성장뿐 아니라 고객의 필요customer needs와 만족도satisfaction에 초점을 맞춘다. 안전safety, 서비스수준service level, 만족도 평점satisfaction ratings, 배송 신뢰성delivery reliability, 고객-기업 간 협력적 설계 실행계획 cooperative customer-company design initiatives 건수, 충성고객가치value of a loyal customer, 고객유지customer retention,

그림/표 2.7 균형성과표 성과 범주와 범주 간 연계성

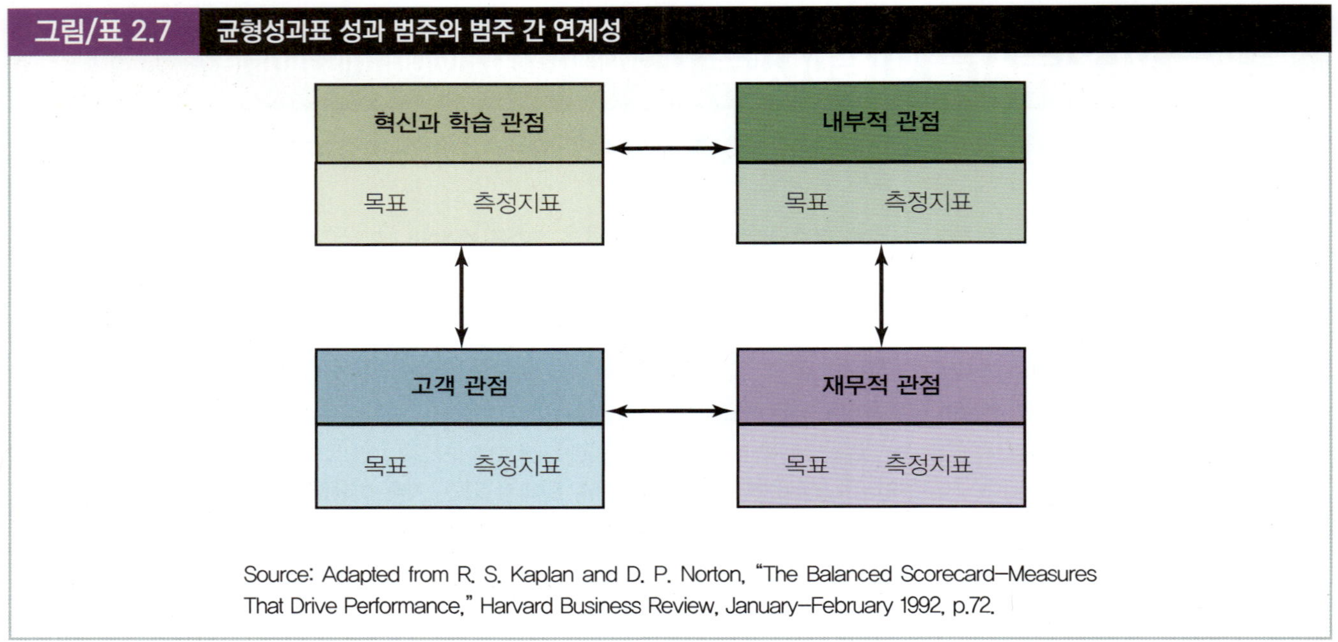

Source: Adapted from R. S. Kaplan and D. P. Norton, "The Balanced Scorecard—Measures That Drive Performance," Harvard Business Review, January–February 1992, p.72.

신제품/서비스 배출비율percent of sales from new goods and services, 반복거래 빈도frequency of repeat business를 포함한다.

- 혁신과 학습 관점Innovation and Learning Perspective: 미래의 성공 기반, 즉 기업의 임직원과 인프라로 관심을 유도한다. 주요 측정지표에는 지적 자산과 연구 자산intellectual and research assets, 새로운 재화와 서비스 개발에 소요되는 시간time to develop new goods and services, 직원당 개선 제안 수number of improvement suggestions per employee, 직원 만족도employee satisfaction, 시장 혁신market innovation, 직원당 훈련시간 training hours per employee, 고용프로세스 효과성hiring process effectiveness, 직원당 매출revenue per employees, 기술개발 skills development 등이 있다.
- 내부적 관점Internal Perspective: 사업을 주도하는 주요 내부 프로세스의 성과에 주목한다. 측정지표에는 재화 및 서비스 품질수준goods-and service-quality levels, 생산성productivity, 흐름 시간 flow time, 설계 및 수요 유연성design and demand flexibility, 자산 활용률 asset utilization, 안전 safety, 환경 품질environmental quality, 재작업rework, 비용cost 등이 있다.

운영관리자들에게 가장 의미가 있는 관점은 내부적 관점인데, 재화와 서비스의 창출과 전달을 중심으로 하는 일상적인 의사결정을 다루기 때문이다. 내부적 관점은 가치창출 프로세스value-creation process, 지원 프로세스support process, 일반관리general management 또는 비즈니스 프로세스business process 등 1장에서 소개한 모든 유형의 내부 프로세스를 포함한다.

균형성과표는 기업의 전략과 연계하도록 고안되었다. 기업전략corporate strategy과 운영전략operations strategy의 연계성 및 관련 성과 측정도구 (또는 경쟁중점목표competitive priorities)는 본 서의 3장에서 논의한다. 최고경영진의 임무는 조직을 가이드하고, 균형성과표의 네 가지 성과 범주 간 균형을 유지하고, 향후 방향성을 확립하는 것이다.

프로텍코팅회사: 성과 간 균형 유지하기 PRO-TECH Coating Company: Keeping Performance in Balance

프로텍코팅회사는 첨단 고강도 강철 코팅과 초고강도 강철 코팅 분야의 업계 선도 기업이다. 프로텍은 균형성과표(BSC) 방식을 사용하여 6대 핵심 성공요인Key success factors (KSF) — 직원 삶의 질, 고객 서비스, 기술 혁신 및 제품 개발, 시스템 신뢰성, 선량한 시민정신, 장기 생존능력—과 기업의 사명, 비전 및 가치, 품질, 안전 및 환경 정책, 기업 정책 매뉴얼, 품질 및 환경 통합시스템, 그리고 절차 및 작업지침 매뉴얼을 연계시킨다.

BSC는 단기 목표에 대한 실제 성과(양호, 경계 또는 위험)을 반영할 때 교통신호 등 색상 코드 (녹색, 황색, 적색)를 사용한다. 위험을 가르키는 적색 BSC 측정 결과는 조치가 필요함을 알리고, 매월 열리는 공장 관리 회의에서 검토한다. BSC는 일상적 운영관리에도 사용된다. 예를 들면 시설관리housekeeping 및 분기별 안전 감사 항목, 이동장비 검사, 주간 안전 규정집 확인 후 퇴근safety binder sign-off과 같은 안전, 보건에 대한 측정지표는 매주 월요일 검토한다.[9]

USA.gov

2-4c 가치사슬 모형 the Value Chain Model

성과 측정의 세 번째 방법은 가치사슬 개념 자체를 이용하는 것이다. 이 장에 제시된 네 가지 조직성과 모형 중에서 가치사슬 모형은 특히 운영관리자에게는 가장 영향력 있는 모형일 것이다. 그림/표 2.8은 가치사슬 구조를 보여주면서 관리자가 가치사슬의 각 지점에서 성과를 평가할 때 사용할 몇 가지 일반적인 측정지표를 보여주고 있다.

공급업체는 가치사슬 산출물의 생산과 전달에 사용하는 가치사슬에 재화와 서비스 투입물을 제공한다. 공급업체의 성과를 측정하는 일은 가치사슬을 관리하는데 매우 중요하다. 대표적인 공급업체 성과지표에는 공급한 투입물의 품질, 가격, 납품 신뢰성, 문제 해결률과 같은 서비스 지표가 있다. 공급업체의 우수한 성과 데이터는 공급업체와 고객 간 협력적 파트너십을 위한 기반이기도 하다.

운영관리자는 고객가치를 창출하는 프로세스와 관련 자원의 설계와 관리를 일차적으로 책임진다. 프로세스 데이터는 가치창출 및 전달 과정 중에 발생하는 운영상의 결함 및 오류율defects and error rates of intermediateoperations을 반영할 수 있으며, 비용cost, 흐름 시간flow time, 납품 변동성delivery variability, 생산성productivity, 일정수행 성과schedule performance, 장비 고장시간equipment downtime, 예방적 유지활동preventive maintenance activity, 문제 해결 비율rates of problem resolution, 에너지 및 장비 효율성energy and equipment efficiency, 원자재 사용raw material usge 등의 효율성 측정지표efficiency measures를 반영할 수 있다. 예를 들면 모토로라Motorola는 엔지니어링 설계, 주문 입력, 제조, 인적 자원, 구매, 회계, 마케팅 등 기업의 거의 모든 프로세스를 측정하여 오류율과 흐름 시간을 개선한다. 모토로라의 핵심 사업 중 하나는 전체 조직 흐름 시간, 즉 고객이 필요를 나타낸 시점부터 고객이 제공된 재화나 서비스에 대해 대금을 지불할 때까지의 시간을 줄이는 것이다.

기업은 재화와 서비스 산출물 및 결과를 측정함으로써 기업 프로세스가 고객이 기대하는 수준

그림/표 2.8 가치사슬 성과 측정의 예

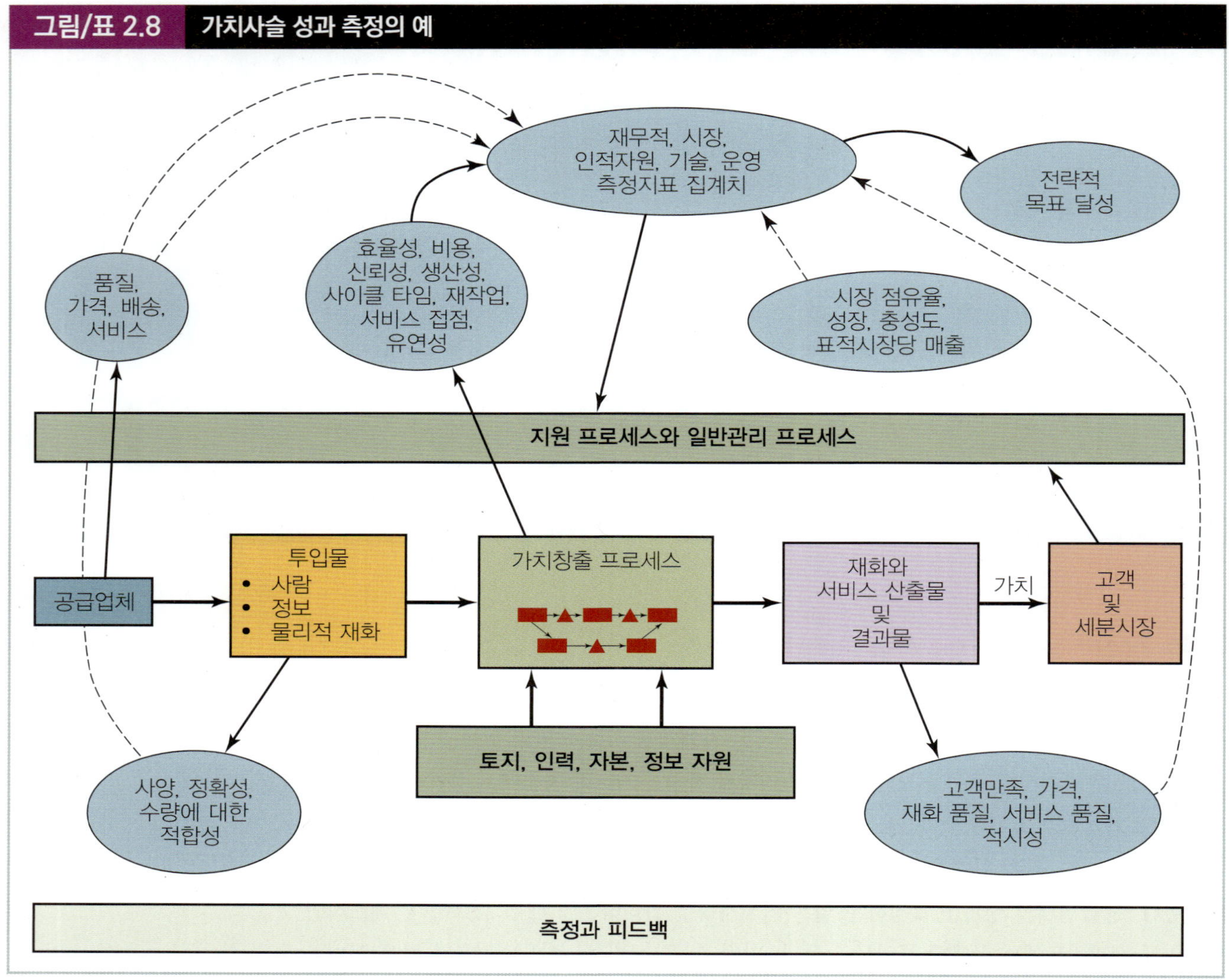

의 품질과 서비스를 제공하는지 여부를 알 수 있다. 기업은 단위 비용unit cost, 백만기회 당 결함률defect per million opportunities, 리드타임lead time과 같은 지표를 사용하여 산출물과 결과를 측정한다. 고객 및 시장 정보를 통해 기업은 고객과 이해관계자가 기업의 재화와 서비스 성과에 어느 정도 만족하고 있으며, 재화와 서비스를 구성하는 최선의 방법(즉, 고객효익패키지)은 무엇인지 파악한다. 고객만족도 및 유지율을 측정함으로써 개선이 필요한 영역을 파악하고, 변경사항이 실제로 개선으로 이어지는지 여부를 알 수 있다.

측정과 피드백은 가치사슬의 물리적 흐름 및 정보의 흐름을 조정하고, 기업이 전략적 목표를 달성하고 있는지를 평가하는 수단을 제공한다. 이는 말콤 볼드리지 체계에서 범주 4 (측정, 분석, 지식관리)의 역할과 유사하다. 적시에 정보를 공유하는 여러 목적 중 하나는 자산(직원, 재고, 트럭, 건물 등)을 줄이고, 스마트하고 적시에 제공되는 성과 정보로 대체하는 것이다. 예를 들면 제너럴일렉트릭General Electric은 월마트Walmart 매장에서 자사의 전구를 판매한다. 월마트에서의 판매정보는 GE공장에 거의 실시간으로 전송되어 생산이 실시간 판매 정보를 기반으로 이루어진다. "정보가 자산을 대체"하면, 성과목표를 달성하기 위해 더 적은 자원을 투입할 수 있다. 즉 재고가 감소하고, 유동시간이 단축되고, 품질이 좋아지고, 원가가 낮아진다.

2-4d 서비스-이익사슬 The Service-Profit Chain

서비스-이익사슬The Service-Profit Chain(SPC) 이론은 1994년 하버드 비즈니스 리뷰Harvard Business Review 기사에 처음 소개되었다. 서비스-이익사슬 모형은 서비스 환경 service environment에서 적용하는 것이 가장 적합하다.[10] 그림/표 2.9는 SPC 모형에 기반한 모형의 예시이며, 이 모형의 많은 변형이 학술지 논문 및 실무자 대상 간행물의 기사로 게재되었다. 씨티은행Citibank, 제너럴일렉트릭General Electric, 인튜이트Intuit, 사우스웨스트항공Southwest Airlines, 타코벨Taco Bell, 하라스 엔터테인먼트Harrah's Entertainment, 제록스Xerox 등 많은 기업들이 조직 성과 모형으로 서비스-이익사슬을 사용하여 왔다. 서비스-이익사슬 이론은 직원들이 서비스 제공시스템service-delivery system을 통해 고객가치를 창출하고 수익성을 견인한다는 것이다. 오래 전 메리어트 호텔Marriott Hotels의 창업자인 J. W. 메리어트가 주장했듯이 "행복한 종업원들은 행복한 고객을 만든다."

이 모형은 내부 및 외부 측정지표 사이에 존재하는 일련의 원인과 결과 연동관계cause-and-effect linkages를 기반으로 하여 서비스 기반 기업이 중점적으로 고려하여야 할 핵심 성과 측정을 정의한다. 서비스 프로세스에서 창출하는 가치의 상당 부분이 서비스접점 수준에서 일어나고 있으므로, 서비스-이익사슬의 관심 대상은 직원 혹은 서비스 제공자이다. 건강하고, 의욕이 넘치며, 교육을 잘 받은 충성스러운 직원들은 스스로 높은 수준의 만족도를 보이고 이는 다시 장기근속과 높은 서비스 생산성으로 이어진다. 이는 다시 외적 서비스가치external service value의 향상을 이끈다. 외적 서비스가치는 주로 서비스 접점에서 서비스 제공자들이 창출한다. 서비스 구매자는 결과 및 경험을 중시한다. 궁극적으로 좋은 가치는 고객 만족도와 충성도를 높이며, 이는 결국 매출 성장과 수익성 증가를 이끈다.

그림/표 2.9 서비스-이익사슬 모형

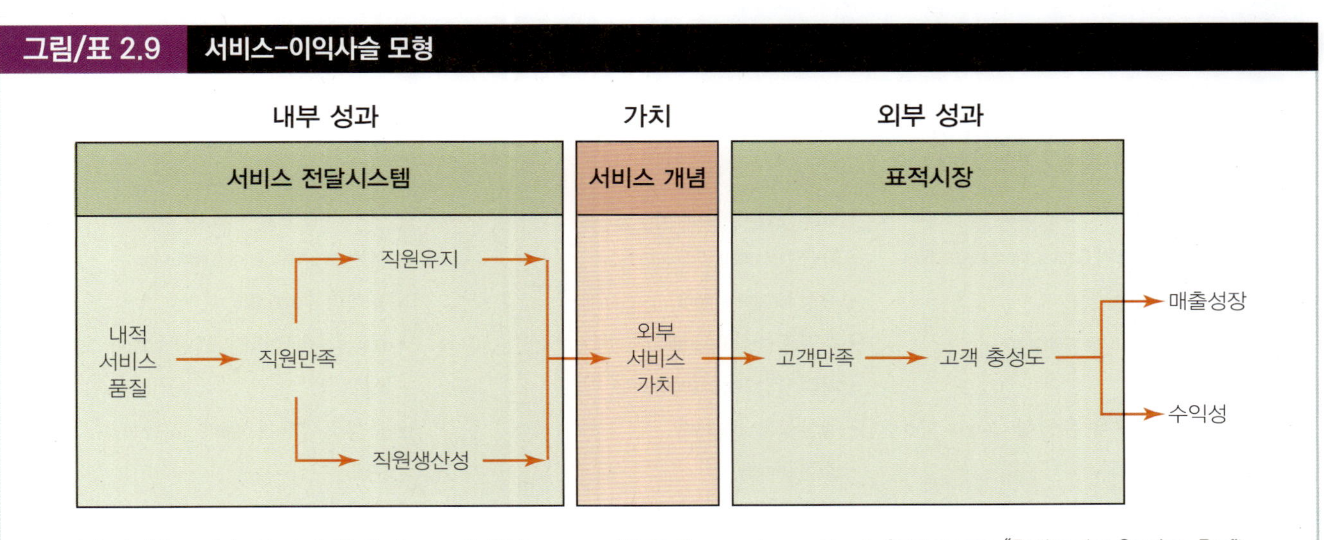

Adapted from J. L. Heskett, T. O. Jones, G. W. Loveman, W. E. Sasser, Jr., and L. A. Schlesinger, "Putting the Service–Profit Chain to Work," Harvard Business Review, March – April 1994, pp. 164 – 174.

2장 학습목표 요약 Learning Objective Summaries

2.1 **의사결정에 사용되는 측정의 유형을 설명하라. 성과 측정은 다음과 같은 몇 가지 주요 범주로 분류할 수 있다.**

- 재무적
- 고객 및 시장
- 품질
- 시간
- 유연성
- 혁신 및 학습
- 생산성 및 운영 효율성
- 지속가능성

2.2 **OM에서 애널리틱스의 사용, 그리고 내부 측정치와 내부 측정치가 어떻게 관련되어 있는지 설명하라.** 그림/표 2.2에는 OM에 사용되는 주요 비즈니스 애널리틱스 도구가 요약되어 있다. 이 도구들은 생산과 서비스 시스템이 실행되는 방식을 설명하고, 성과를 예측하며, 최선의 행동 방침을 지시하는데 도움을 준다. 외부 성과 기준과 내부 성과 기준 사이의 인과관계의 정량적 모형을 상호연동interlinking이라고 한다. 주요 성과 지표들 간의 인과관계는 종종 (내부) 운영 성과가 수익성, 시장 점유율, 또는 고객 만족도와 같은 외부 결과에 미치는 영향을 설명한다. 예를 들면 다음 질문에 답을 제공할 수 있다: 재화와 서비스 품질 개선이 매출 성장에 어떤 영향을 미치는가? 불만사항 처리 개선이 고객 유지에 어떤 영향을 미치는가? 처리 시간의 증가 또는 감소는 고객 만족도에 어떤 영향을 미치는가? 고객 만족도의 변화가 비용과 매출에 어떤 영향을 미치는가?

2.3 **우수한 성과측정 시스템을 설계하는 방법을 설명하라.** 좋은 성과지표는 실행 가능하다. 성과 지표는 사용자에게 의미있어야 하며, 시의적절하고, 기업이 고객가치를 창출하는 방법을 반영하여야 한다. 성과지표는 고객 요구사항과 상충하지 않고 이를 지원하여야 한다. 예를 들면 아이비엠 본사IBM Rochester는 성과측정 시스템 설계 시 다음 사항을 고려한다.

- 측정이 기업의 사명을 지원하는가?
- 변화관리에 측정을 활용할 수 있는가?
- 고객에게 중요한가?
- 성과 측정에 효과적인가?
- 결과 예측에 효과적인가?
- 이해하기가 쉬운가? / 단순한가?
- 데이터 수집이 쉽고, 비용효율적인가?
- 측정방법에 타당성 무결성, 적시성이 있는가?
- 측정방법에 소유자(책임자)가 있는가?

2.4 **조직 성과에 대한 네 가지 모형을 기술하라.** 말콤 볼드리지상 체계, 균형성과표, 가치사슬모형, 서비스-이익사슬 등 네 가지 조직 성과 모형은 성과를 설계, 모니터링, 평가하는데 널리 쓰이는 생각의 틀을 제공한다. 말콤 볼드리지상 체계와 균형성과표는 조직 성과에 대한 "큰 그림"을 잘 설명하는 반면에, 가치사슬모형, 서비스-이익사슬은 운영관리자들에게 보다 상세한 생각의 틀을 제공한다. 그림/표 2.6-2.9는 이들 모형을 시각적으로 설명한다.

주요용어 KEY TERMS

- 실행가능한 측정지표 Actionable measures
- 고객만족 측정시스템 Customer-satisfaction measurement system
- 기술통계학 Descriptive statistics
- 유연성 Flexibility
- 재화와 서비스 설계 유연성 Goods and service design flexibility
- 재화 품질 Goods quality
- 혁신 Innovation
- 상호연동 Interlinking
- 학습 Learning
- 측정 Measurement
- 운영효율성 Operational efficiency
- 처리시간 Processing time
- 생산성 Productivity
- 품질 Quality
- 대기시간 Queue time
- 서비스품질 Service quality
- 서비스업셋 Service upsets
- 서비스실패 Service failures
- 통계학 Statisctics
- 트리플 바텀라인 Triple bottom line(TBL or 3BL)
- 충성고객가치 Value of a loyal Customer (VLC)
- 수량유연성 Volume flexibility
- 대기시간 Wait time

복습 질문 Review Questions

2.1 1. 측정을 정의하라.

2.1 2. 8가지 조직성과 측정 범주는 무엇인가?

2.1 3. 고객만족 시스템이란 무엇인가?

2.1 4. 재화 품질 및 서비스 품질을 정의하라.

2.1 5. 서비스 품질의 5가지 차원성은 무엇인가?

2.1 6. 서비스업셋을 정의하고 개인적인 경험을 예로 들어 보라.

2.1 7. 성과측정 중 "시간"은 어떤 두 가지 성과 차원과 관련이 있는가?

2.1 8. 재화 및 서비스 설계 유연성과 수량 유연성을 정의하라.

2.1 9. 혁신과 학습을 정의하라.

2.1 10. 생산성 및 운영 효율성을 정의하라.

2.2 11. 상호연동을 정의하라. 이 측정지표는 왜 중요한가?

2.2 12. 충성고객가치를 정의하라. 이 측정지표는 왜 중요한가?

2.2 13. 고객이탈과 고객유지는 상호 어떤 관련성이 있는가?

2.3 14. IBM이 성과측정지표를 평가하기 위해 사용하는 질문들은 어떤 것들이 있는가?

2.3 15. 실행가능한 측정지표를 정의하라.

2.4 16. 볼드리지 조직성과 모형을 설명하라.

2.4 17. 성과측정을 위한 균형성과표 접근 방식에서 네 가지 성과 관점은 무엇인가?

2.4 18. 조직성과 측정을 위한 가치사슬 모형에서 공급업체, 가치창출 프로세스, 고객 관련 성과 지표의 예로는 어떤 것이 있는가?

2.4 19. 조직성과 측정을 위한 서비스–이익사슬 모형의 기본 이론은 무엇인가?

2.4 20. "행복한 직원은 행복한 고객을 만듭니다"라는 메리어트 호텔 창업자 J.W. Marriott의 말은 무슨 의미인가? 이 말은 인적자원 관리에 어떤 의미를 부여하는가?

토론용 질문 및 체험학습 DISCUSSION QUESTIONS AND EXPEROEMTAIL ACTIVITIES

2.1 21. 학생사교클럽fraternity이나 학생단체의 평가를 위해 어떤 유형의 성과측정도구를 사용할 수 있는가?

2.1 22. 학습자에게 친숙하거나 관심 있는 기업을 선택한 후, 첨부자료 2.1의 형식을 활용하여 해당 산업 및 기업의 주요 성과지표를 설명하는 2페이지 분량의 보고서를 작성하라.

2.1 23. 지역 기업의 경영자를 인터뷰하여 해당 기업의 주요 사업 성과 측정지표 (재무적, 시장, 공급업체, 직원, 프로세스, 정보, 혁신 등)를 파악하라. 그 기업이 사용하는 품질 성과지표는 무엇인가? 그 기업은 어떤 원인과 결과 (상호연동) 성과 관계에 주목하는가?

2.1 24. 한 기업을 선정하여 그 기업이 서비스 품질의 다섯 가지 차원성을 어떻게 적용하는지 조사하여 2페이지 분량의 보고서를 작성하라.

2.2 25. 학습자의 개인적 경험과 이전에 수강한 과목을 기반으로 기업이 성과 데이터를 분석하는데 사용할 수 있는 몇 가지 분석적 접근방식analytical approach이나 도식적 접근방식graphical approach에 대해 논의하라.

2.3 26. 승객 마일당 매출과 비용은 항공업계의 두 가지 주요 성과측정지표이다. 두 성과측정지표를 항공업계에서 어떻게 사용하는지, 또 왜 중요한지 조사하여 1페이지 분량의 보고서를 작성하라.

2.4 27. 다음 성과지표는 균형성과표의 네 가지 관점 중 어디로 분류할 수 있는가?

a. 고객에게 정시배송
b. 차세대 제품 개발 시기
c. 생산수율
d. 엔지니어링 효율성
e. 분기별 매출 증가
f. 매출의 70%를 차지하는 제품의 백분율
g. 현금흐름
h. 고객 파트너십 수
i. 시장 점유율 증가
j. 제품단가

2.4 28. 특정 세분 시장에서 충성고객가치VLC가 높다면, 이들 고객에게 프리미엄 가격에 프리미엄 재화와 서비스를 제공하여야 하는가? VLC가 낮다면, 서비스를 축소하여 제공하여야 하는가? 설명과 함께 답하라.

계산연습문제 Computational Problems and Exercises

본 장에서 설명한 식과 방법을 적용하여 다음 연습문제를 직접 계산해서 풀어 보라.

2.1 29. 페덱스의 경쟁업체는 매일 약 7만 개의 화물을 처리한다. 페덱스와 동일한 서비스 품질지수를 사용하여 주 5일 동안 일어난 오류 수를 확인하였다고 가정해 보자("페덱스: 서비스 성과측정" 상자 참조). 아래에 주어진 통계는 가상의 값이며, 기업의 실제 실적을 반영하는 것은 아니다.

불만사항 재개: 125
패키지 손상: 18
국제: 102
송장 조정: 282
픽업지연: 209
패키지 분실: 2
배송 증명 누락: 26
배송일자 지연: 751
추적: 115
배송시간 지연: 15

총 배송건수의 백분율로 계산한 오류의 가중치 합계the weighted sum of errors as a percentage oftotal shipments를 찾아 서비스 품질지표Service Quality Indicator를 계산하라. 호텔이나 자동차정비업체와 같이 다른 업종에서는 이 지수를 어떻게 사용할 수 있을까?

2.1 30. 어떤 공장의 6개월 치 생산성 측정치는 다음과 같다.

월	1월	2월	3월	4월	5월	6월
생산성	1.46	1.42	1.49	1.50	1.30	1.25

1월을 기준기간으로 정하고 2월~6월 생산성지수productivity index를 산출하고, 이들 생산성지수는 생산성 추이에 대해 무엇을 알려주는지 설명하라.

2.1 31. 한 주요 항공사가 뉴욕과 로스앤젤레스 간 항공편 일정을 최근에 변경하였다. 기업은 일정 변경의 효과를 평가하려고 한다. 이용 가능한 데이터는 다음과 같다.

	항공편 수	여객 수
일정 변경 전 1개월 (1월)	16	8,795
일정 변경 후 1개월 (6월)	27	15,653

1월을 기준기간으로 정하고 1월과 6월의 생산성지수를 산출하고, 이들 생산성지수는 생산성 추이에 대해 무엇을 알려주는지 설명하라.

2.1 32. 한 햄버거 공장에서 주당 60,000개의 햄버거를 생산한다. 사용한 장비 비용은 10,000달러이며 4년간 생산성을 유지할 전망이다. 연간 인건비는 13,500달러이다.

a. 4년간 평균 "투입 1달러당 생산량" 생산성 측정치를 계산하라.

b. 작동 수명이 5년이고 가격이 13,000달러인 장비 옵션이 있다. 이 장비를 사용한다면 인건비가 연간 11,000달러로 감소한다. 생산성 측면에서 이 장비의 구입을 고려하여야 하는가? (생산성 관련 논거만 사용하여 답하라.)

2.1 33. 한 컴퓨터 소프트웨어 기업은 6명의 시스템 분석가들에게 20피트×30피트(600평방피트(sq. fts.))의 사무실을 제공하고 있으며, 추가로 2명의 분석가를 더 고용할 계획이다. 분석가 한 명당 100평방피트의 작업 공간을 유지하기 위해, 그 기업의 소유 경영자는 사무실 확장을 고려하고 있다. 확장 비용은 평방 피트당 40달러, 연간 유지보수비는 평방 피트당 4달러다. 작업 공간의 기대 수명은 20년이다. 추가 지출을 정당화하기 위해 직원 생산성을 얼마나 높여야 하는가? 시스템 분석가의 현재 급여는 25,000달러다.

2.1 34. 한 공장은 매주 10,000개의 탁상용 스테이플러를 생산한다. 사용 장비의 가격은 50,000달러이고 3년간 생산성을 유지할 전망이다. 연간 인건비는 18만 달러이다.

a. 3년 간 평균 "투입 1달러당 생산량" 생산성 측정치를 계산하라.

b. 작동 수명이 6년인 80,000달러의 새 장비를 구매할 수 있는 옵션이 있는데 이를 도입하면 연간 인건비를 104,000달러로 줄일 수 있다. 생산성 측면에서 이 장비의 구입을 고려하여야 하는가? (생산성 관련 논거만 사용하여 답하라.)

2.1 35. 어떤 패스트푸드 매장에서 드라이브스루를 운영하고 있다. 한참 붐비는 점심시간에 1명의 직원이 혼자서 주문을 받고, 주문한 음식을 준비하고, 계산대까지 책임진다면 시간당 최대 50대의 자동차를 처리할 수 있다. 주문당 평균 판매액은 9달러이다. 직원 2명을 증원하여 3명이 분업하는 옵션이 있다 : 한 사람은 주문을 받고, 한사람은 조리하고, 나머지는 한사람은 수납을 담당하는 방법이다. 이 옵션을 채택하면 시간당 70대의 차량에게 서비스를 제공할 수 있다고 추정한다. 생산성 관련 논거만 사용하여 현재 시스템을 유지할지, 변경할지를 결정하라.

2.1 **36.** 아래 표에 올해 1, 2분기 데이터를 제시하였다. 투입 및 산출의 총금액 측정치을 사용하여 두 분기 동안 달성한 총이익과 생산성을 비교하라. 1분기 대비 2분기 생산성은 어떠한가? 부분요인 생산성partial-factor productivity을 사용하여 3분기 동안 생산성 및 수익성을 개선하기 위해 필요한 조치를 찾아라.

	1분기	2분기
단위당 판매가격	$20.00	$21.00
판매 총 단위	10,000	8,500
노동시간	9,000	7,750
시간당 인건비	$10	$10
재료사용량 (파운드)	5,000	4,500
파운드당 재료비	$15.00	$15.50
기타비용	$20,000	$18,000

2.1 **37.** 한 제조업체는 다음 두 가지 생산성지표를 사용한다.

a. 총매출 / 총투입

b. 총매출 / 총인원투입

아래 제시한 지난 3년간의 데이터를 고려하여 생산성 비율productivity ratios을 계산하라. 계산 결과를 어떻게 해석하여야 하는가? (모든 단위는 달러이다.)

	1년차	2년차	3년차
매출	$110	$129	$124
재료비	62	73	71
인건비	28	33	28
간접비	8	12	10

2.2 **38.** 고객 이탈률이 17.5%일 때, 고객유지율을 계산하라.

2.2 **39.** 충성도 높은 볼보Volvo 자동차 소유자의 충성고객가치(VLC)를 예측하라. (공헌이익률contribution margin은 0.32, 구매가격은 7만불, 재구매 빈도는 4년, 고객이탈률은 30%라고 가정하자.)

2.2 **40.** 평균 구매가격이 방문당 70달러, 재구매 빈도가 매월, 공헌이익률은 20%, 평균 고객이탈률이 25%인 경우, 목표 시장세그먼트target market segment에서 평균 충성고객의 가치(average VLC)는 얼마인가? 지속적 개선continuous improvement의 목표치로 내년 고객이탈률을 20%로, 2년 후 고객이탈률을 15%로 설정한다면 평균 구매수명 대비 수정된 VLC는 얼마인가?

2.2 **41.** 대도시에 위치한 한 식료품점의 고객들은 방문 당 50달러를 소비하고 연간 52주를 쇼핑을 하여, 식료품점의 총 공헌이익률이 16%이고 충성고객가치가 연간 2,000달러로 추산하는 경우, 평균 고객이탈률을 계산하라.

2.2 **42.** 드릴의 매출총이익률이 평균 50%이고 고객유지율이 60%이며, 고객이 평균 4년마다 (또는 0.25년마다) 전기 드릴을 100달러에 구입하는 소규모 도급업체 대상 표적 세분시장에서 충성고객가치(VLC)를 계산하라. 만약 고객유지율이 80%로 증가하면 충성고객가치는 얼마로 변하는가? 만약 제조업체의 시장 점유율이 1 % (고객수로는 100,000명) 변화한다면 그 가치는 얼마인가? 해답을 통해 도출한 결론은 무엇인가?

2.2 **43.** 한 커피전문점의 평균 거래가격은 4달러, 매출총이익율은 60%이다. 사업주는 일반 고객이 주 1회 (또는 연 52회) 커피를 구매한다고 가정하여 구매수명주기 동안의 충성고객가치(VLC)를 520달러로 추정한다. 이때 고객이탈률을 계산하라.

엑셀기반 연습문제 EXCEL-BASED PROBLEMS

문제 풀이를 위해 엑셀Excel이나 마인드탭MindTap에 있는 스프레드시트 템플릿을 사용할 수 있다.

2.2 **44.** 한 병원의 임상성과 측정지표는 입원기간length of stay(LOS)이다. 이 병원에서는 지난 4년 간 급성심근경색 (심장 마비) 환자의 입원기간이 지속적으로 감소하였다. 또한 이 병원은 다양한 치료 선택사항에 대한 데이터를 축적하였는데, 병원 도착 즉시 아스피린을 처방받은 환자의 비율과 좌심실 수축기 기능장애left ventricular systolic dysfunction(LVSD)에 대한 약물투여 데이터 등을 포함한다. 축적한 데이터는 다음과 같다.

연도	평균 LOS	병원도착즉시 아스피린 투여	좌심실 수축기 기능장애 약물투여
2007	4.35일	95%	89%
2008	4.33일	98%	93%
2009	4.12일	99%	96%
2010	4.15일	100%	98%

엑셀을 사용하여 LOS를 다른 변수의 함수로 표현한 산포도scatter chart를 작성한 후를 변수간 상호연동 관계interlinking relationships를 설명하라. 이모형들은 무엇을 알려주는가?

2.2 **45.** 미국 남서부 전역에 42개 모텔을 운영하는 한 모텔체인은 콜센터를 통해 고객 예약을 받는다. 체인 본사는 다음 성과지표들의 상호연동 여부와 상호연동 시 나타는 관계 형태를 파악하기 위해 비지니스 애널리틱스business analytics를 이용한다: 분기 별 시간, 고객이 고객 서비스 담당자와 전화로 연결되기 전까지의 평균 대기시간 (초), 고객의 문의가 단 1회 시도에 해결된 비율(최초통과품질first pass quality), 전반적인 콜센터 경험에 대한 고객만족도.

분기	평균대기 시간 (초)	최초통과품질 (퍼센트)	전반적 고객만족 (퍼센트)
Q1	22초	89%	96%
Q2	34초	80%	92%
Q3	44초	78%	82%
Q5	67초	85%	84%
Q6	38초	87%	90%
Q7	70초	76%	80%
Q8	86초	67%	74%

엑셀을 이용하여 각 변수 쌍 간의 관계를 보여주는 산포도scatter chart를 구성하고, 그래픽 상호연동 모형graphic interlinking models을 만들고 모형이 의미하는 것을 설명하라.

2.2 **46.** 엑셀의 VLC 템플릿을 활용하여, 방문당 평균 구매가격이 75달러, 재구매 빈도가 연간 6회, 공헌이익률이 10%, 평균 고객 이탈률이 25%인 목표시장세그먼트target market segment에서의 충성고객가치 (VLC) 평균값을 계산하라.

2.2 **47.** 46번 문제의 기본 사례 데이터를 사용하여 평균 고객 이탈률이 15~40% (5%씩 증가) 사이이고, 재구매 빈도가 연간 3~9회 (1년씩 증가) 사이에 있을 때, 충성고객가치 (VLC)가 어떻게 변화하는지 분석하라. 이러한 가정이 VLC에 미치는 영향을 설명하기 위해 그래프를 그리거나 엑셀차트를 사용하라.

2.2 **48.** 대도시의 한 식료품점의 고객들은 방문 당 45달러를 지출하고 연간 52주를 쇼핑하여 식료품점의 총 공헌이익률이 4%이고, 충성고객가치가 연간 3,500달러로 추산한다. 평균 고객이탈률을 계산하라. 엑셀의 VLC 템플릿과 함께 시행착오법trial-and-error approach도 사용하여 답을 구해보라.

2.2 **49.** 식료품점의 고객 방문 당 평균 구매가격이 86.55달러, 고객이탈률이 0.10, VLC가 1,800달러이고, 고객이 연간 52회 방문한다고 가정할 때, 공헌이익률(CM)을 구하라. 엑셀 템플릿 VLC의 활용과 함께 시행착오법을 사용하여 답을 구해보라.

2.2 **50.** 엑셀 템플릿 VLC를 활용하여 충성도 높은 크래프츠맨Craftsman (역자주: 90년의 역사를 가진 미국 공구회사) 고객의 충성고객가치(VLC)를 추정하라. 공헌이익률이 0.25, 특정 공구 세트의 구매 가격이 300달러, 재구매 빈도가 매 5년, 고객이탈률이 10%라고 가정해 보라. 이 공구 세트의 목표시장세그먼트에 100만명의 고객이 있고, 이 기업의 시장 점유율이 27%인 경우, 목표 시장 세그먼트 충성고객가치를 계산하라.

2.2 **51.** 한 소매점은 디바인Devine이라는 인기 화장품을 판매중이다. 본사는 소매점장에게 10만 달러의 실적개선 자금을 지급하면서 점장이 판단하기에 최선의 방법으로 지점의 실적을 향상시킬 수 있는 방법을 찾으라고 지시하였다. "기본사례base case" 정보에 따르면, 이 지점의 병당 수익은 30달러, 공헌이익률 0.50, 고객이탈률 17%, 재구매 빈도는 연간 3회다. 개선자금을 (a) 공헌이익률 0.58로 향상, (b) 고객이탈률을 15%로 축소, 또는 (c) 재구매 빈도 연간 4회로 높이는데 사용할 수 있다면, 다음 두 가지 객관식 질문에 답함으로써 지급받은 개선 자금을 사용하는 최선의 방법을 제시하라. (다른 모든 변수는 세 가지 개선 옵션 각각에 대하여 기본사례 수준에서 유지한다고 가정하라.)

엑셀의 VLC 템플릿을 활용하여 다음 질문들에 답하고, 아래 표를 사용하여 답을 요약하라.

가격	기여마진	재구매 빈도	고객 이탈률	충성고객가치 (달러)
$30	0.50	3	17%	
$30	0.58	3	17%	
$30	0.50	3	15%	
$30	0.50	4	17%	

a. 개선옵션 (a)에 대한 충성고객가치 (VLC)는 ____?
b. 개선자금 10만 달러를 사용하는 가장 좋은 옵션은 ____?

2.2 **52.** 라파엘즈 포스타 이탈리언 레스토랑Rafael's Four Star Italian Resuaurant의 지배인이 최초 출시하는 요리 가격을 설정하려고 한다. 그는 충성고객가치(VLC)를 1,000달러로

추정한다. 조사자료에 따르면 고객이탈률은 0.22, 재구매 빈도는 월 1회, 레스토랑의 공헌이익률은 18.5%이다. 처음 출시하는 이 요리 가격을 얼마로 정하여야 하나? 해답을 구하기 위해 엑셀의 VLC 템플릿을 활용하라.

2.2 53. 한 컴퓨터 제조업체는 현재 20%의 고객이탈률을 보이고 있다. 이 회사의 회계부서는 이익과 간접비에 대한 공헌이익률을 35%로 추정한다. 고객들은 매 4년마다 평균 1,200달러를 지불하고 컴퓨터를 구입한다. 기업은 고객이탈률을 줄이기 위해 컴퓨터 품질과 판매후 서비스를 개선하고 있다. 고객이탈률이 5%로 낮아지는 경우, 평균 충성고객가치가 얼마나 증가하는지 엑셀의 VLC 템플릿을 활용하여 계산하라.

라피도 부리또 Rapido Burrito

라피도 부리또는 소규모 퀵서비스 레스토랑 체인이다. 손님들은 카페테리아식으로 줄을 서서 기다리는 것이 아니라, 테이블 위에 놓인 주문서에 재료, 소스 등의 선택사항 중 원하는 항목에 표시한다. 고객이 표시한 항목에 따라 레스토랑이 신속히 음식을 준비하여 테이블로 가져다준다.

최근 매장관리자 중 한명이 "또르띠야가 너무 얇다", "음식도 뜨겁지 않다", "부리토를 먹을 때마다 사이즈가 다른 것 같다", "부리또에 재료를 잘못 넣었다" 등의 고객불만을 청취했다. 많은 고객불만사항은 기업 홈페이지를 통해 제출되었다.

이 회사의 지역본부장district manager은 부리또 크기의 일관성 문제에 대한 고객불만이 가장 신경이 쓰였다. 이에 따라, 직원 중 한 명이 그림/표 2.10과 같이 총 12개의 항목으로 고객설문지를 개발하였다: 첫 10개의 설문항목은 5점 리커트척도Likert scale (5 = 우수 또는 매우 동의, 1 = 나쁨 또는 매우 동의하지 않음) 문항이며, 마지막 두 항목은 1, 2, 3 또는 4로 응답하는 문항이다.

회사는 무작위로 뽑은 25명의 고객들을 대상으로 설문조사를 실시하였다. 또한 3가지 부리토의 표본 50개(총 150개) 각각의 중량도 기록하였다. 설문조사 데이터와 중량 데이터는 모두 마인드탭MindTap의 라피도 부리토 사례 데이터 엑셀 워크시트에서 확인할 수 있다.

토론을 위한 사례 질문

1. 데이터베이스에 수록된 각 설문문항별 응답에 대한 기술통계치descriptive statistics를 계산해 보라. 기술통계치로부터 어떤 결론을 도출할 수 있는가?
2. 처음 7개 문항에 대한 각 고객별 응답의 평균값을 구하여, 이 평균값과 만족도 점수와의 상관관계를 조사해 보라. (분석결과에 산포도 scatter chart를 포함하라.)
3. 평균mean 및 표준편차 standard deviation와 같은 기술통계치와, 빈도분포 및 히스토그램과 같은 도구tools를 사용하여 부리토 중량 데이터를 분석해 보라. 학습자의 분석결과는 일정한 중량의 부리또를 고객에게 제공하려고 시도하는 라피도 부리토 체인 관리자들에게 어떤 시사점을 줄 수 있는가?
4. 학습자는 의사결정과 개선안 도출을 위해 매장 관리자에게 어떤 제안을 하겠는가?

그림/표 2.10 고객 설문 조사 질문

1. 메뉴는 읽기가 쉬웠나요?
2. 주문한대로 음식이 나왔나요?
3. 음식이 맛있었나요?
4. 음식이 뜨거웠나요?
5. 직원은 상냥하고 배려심 있게 행동했나요?
6. 레스토랑이 깨끗했나요?
7. 지불한 가격에 비해 얻은 가치가 높았다고 생각하시나요?
8. 고객님의 만족도는 어느 정도 인가요?
9. 우리 레스토랑에서 다시 식사하실 가능성은 얼마나 될까요?
10. 친구/가족에게 우리 레스토랑을 추천할 가능성은 얼마나 될까요?
11. 라피도 부리또에서 얼마나 자주 식사를 하시나요? 다음 네 가지 중 하나를 선택해 주세요. 처음, 한 달에 1회 미만, 한 달에 1회~3회, 매주.
12. 고객님이 선택하신 부리토의 주재료는 닭고기, 소고기, 돼지고기, 콩 중 무엇인가요?

그레이하운드 은행: 신용카드 사업부 Greyhound Bank: Credit Card Division

그레이하운드 은행은 미국시장에서 개인 및 기업고객을 위한 다양한 금융서비스를 제공한다. 신용카드 사업부는 최근 5년간 연평균 10%의 성장률을 기록한 수익(책임)센터profit center이다. 그레이하운드는 고객에게 다음과 같은 신용카드 서비스를 제공한다: 플라스틱 신용카드의 제작 및 우편발송; 월별 명세서 작성 및 명세서의 온라인 혹은 우편발송; 지급중지, 고객불만을 포함한 모든 종류의 고객 요청사항 처리; 모든 개인 및 기업고객을 위한 요약보고서 작성 및 온라인 배포.

그레이하운드의 신용카드 사업부 사장인 후아니타 서덜랜드Juanita Sutherland는 한 회의에 참석하여 다음과 같이 발언했다: "내부적으로 볼때는 우리 사업부의 운영성과 측정치가 좋아 보이지만, 최근 마케팅부서가 실시한 고객 설문조사에 따르면 고객이 평가한 성과는 형편없습니다. 도대체 이게 무슨 뜻이죠? 이 회의에 참석한 여러분 중 누구라도 좋으니 두 가지 정보 원천 간 불일치를 나에게 설명해 보세요. 이 정보의 불일치는 심각한 문제인가요 아니면 사소한 사소한 문제인가요?"

루크 모리스Luke C. Morris 운영담당 부사장이 재빨리 다음과 같이 대답했다: "서덜랜드 사장님, 불일치가 일어난 이유 중 하나는 고객 설문조사를 설계하거나 성과 기준을 정할때, 운영관리 부서의 의견을 반영하지 않았기 때문입니다. 우리는 동일한 질문을 하지도 않았고, 동일한 성과기준을 사용하지도 않았어요!"라고 대답하였다.

본부 마케팅 총괄 부사장인 빌 바알로우Bill Barlow는 회의실 테이블 앞쪽으로 몸을 기울이면서 다음과 같이 쏘아붙였다: "잠깐! 모리스 부사장, 우리는 종종 당신을 포함한 운영관리 담당자에게 고객 설문조사 설계에 대한 의견을 요청하지만, 당신들은 우리의 요청을 실제 도움이 될만큼 우리 은행을 충분히 알지도 못하는 갓 입사한 MBA들에게 떠넘겨 버리잖아요."

"좋아요. 두 분이 이 문제를 해결하고 일주일 안에 무엇을 해야하는지 알려주세요." 서덜랜드 사장이 불쑥 끼어들었다. "나는 다른 약속이있어서 지금 떠나야 하는데 두 분이 함께 머리를 맞대서 이 문제를 해결하세요. 고객이 점점 떨어져 나가는 것이 걱정이군요!"

모리스 운영담당 부사장과 바알로우 마케팅 총괄 부사장을 비롯한 운영부서와 마케팅부서 직원들이 참석한 후속 회의에서 나온 발언들을 정리하면 다음과 같다:

- "고객 설문조사에 나타난 추세는 모두에게 도움이 되지만, 성과기준performance criteria에 대해서는 마케팅부서와 운영부서의 의견이 완전히 다릅니다."
- "마케팅 설문조사 데이터에 의하면, 플라스틱 신용카드 (서비스)완료turnaournd performance는 매우 훌륭하지만, 고객 대상 설문

그림/표 2.11 그레이하운드 신용카드 내부성과 및 외부성과 데이터 표본*

월	고객만족도 퍼센트(%)	신규가입자 처리시간(일)	실물카드 생산 소요시간 (일)
1	86.4	1.7	1.005
2	81.8	1.0	1.007
3	81.6	1.4	1.208
4	83.7	1.8	0.906
5	83.3	1.6	1.057
6	81.7	1.5	1.099
7	84.0	1.2	0.755
8	84.5	1.3	1.208
9	83.3	1.7	0.906
10	82.6	1.1	1.087
11	84.2	1.3	0.884
12	85.0	1.1	0.987
13	85.6	0.9	0.755
14	85.8	1.0	1.102
15	84.1	0.9	0.782

*이 데이터는 마인드탭에 있는 그레이하운드 사례 데이터 엑셀 워크시트에도 포함되어 있다.

지의 플라스틱 신용카드 완료시간turnaround time에 대한 질문 문구가 모호합니다."

- "운영부서 사람들은 서비스 우수성의 구성요소가 무엇인지 안다고 생각하는데, 도대체 무슨 근거로 확신하는 겁니까?"
- 화가 난 운영관리자는 "마케팅부서는 '당신들의' 고객 설문조사를 디자인할 때, 운영부서가 마케팅 부서를 돕는 것을 허용하지 않잖아요. '당신들' 마케팅부서의 설문문항은 현실을 전혀 반영하지 않는데도 말이요"라고 발언하였다.
- "우리가 프로세스성과process performance와 외부성과external performance가 얼마나 잘 일치하는지 알아보려면 일관된 수치계산기준numerical basis이 필요합니다. 아래의 데이터 표본 (그림/표 2.11 참조)이 그 출발점이 될 수 있어요."
- "만약 당신들의 지원업무backroom의 운영성과 측정이 제대로 작동하면, 누가 마케팅과 운영 성과정보를 일치시키는 것에 신경이나 쓰겠어요? 지원업무(운영)는 수익센터profit center가 아니라 비용(책임)센터cost center라구요!"
- 운영부서와 마케팅부서 간 회의는 긴 논쟁 끝에 큰 진전없이 끝났다. 운영과 마케팅 부서 모두 스스로를 보호하기에 급급했다. 학습자는 서덜랜드 사장의 질문에 어떻게 대답하겠는가?

토론을 위한 사례 질문

1. 신용카드 사업부의 주요 문제점들은 무엇인가?
2. 좋은 내외부 성과 및 정보시스템을 개발하려면 어떤 단계를 거쳐야 할까?
3. 내부성과 데이터와 외부성과 데이터는 어떻게 연동되어야 하는가? 이 두 데이터가 상호 관련이 있기는 한 것인가? 차트 및/또는 통계 데이터 분석을 통해 무엇을 알 수 있나? (자료/표 2.11의 데이터를 사용하여 질문에 답하라.)
4. 실제 서비스 수준은 내부에서 측정하는 것인가 아니면 외부에서 측정하는 것인가? 논리적으로 설명하여 보라.
5. 학습자는 이 은행 경영진에게 어떤 조치를 추천하겠는가?

통합 사례 연구: 허드슨 쥬얼러스 Integrative Case: Hudson Jewelers

본서 마인드탭MindTap은 허드슨 쥬얼러스Hudson Jewelers 사례 연구 관련 각 장에 있는 학습자료를 통합하여 제공한다.

토론을 위한 사례 질문

1. 매년 2월 내이플즈Naples(Florida, USA)를 방문하고 2 년에 한 번 대가족을 위해 보석을 구입하는 부유한 고객의 충성고객가치 (VLC)는 얼마인가? VLC 계산을 위해 다음을 가정해 보자:

   고객유지율 = 80%

   공헌이익률 = 0.55

   구매 당 가격 = $200,000
2. "AAAA"급 주요고객을 위한 맞춤형 서비스계획을 디자인해 보라.

3 운영전략
Operations Strategy

학습목표

3장을 학습한 후 다음 과제를 수행할 수 있어야 한다.

3-1 기업이 경쟁우위competitive advantage를 점하기 위하여 어떻게 하여야 하는지를 설명한다.

3-2 고객의 욕구wants와 필요needs를 이해하기 위한 접근방식을 설명한다.

3-3 고객은 어떤 식으로 재화와 서비스를 평가하는지를 기술한다.

3-4 다섯 가지 핵심 경쟁중점목표competitive priorities를 설명한다.

3-5 전략기획strategic planning에서 운영관리OM, 지속가능성sustainability, 운영operations의 역할을 설명한다.

3-6 운영전략을 위한 힐의 체계Hill's Framework을 설명한다.

기업이 전략적 방향을 조금만 바꾸어도 결과적으로 전체 가치사슬과 그 운영에 중대한 영향을 미치게 된다.

Brian A Jackson/Shutterstock.com

지난 20년간 진행된 디지털 사회로의 전환은 수많은 기업들에게 그들의 기업전략을 재정의하게 만들었다. 어떤 기업들은 완전히 새로운 기업으로 변모하기도 하였다. 예를 들면 필름 카메라 시장의 와해는 코닥Kodak이 디지털 카메라로 눈을 돌리게끔 하였다. 그러나 기존의 디지털 카메라 제조기업인 소니Sony, 삼성Samsung 등과의 치열한 경쟁에 부딪혀 코닥은 결국 파산보호 신청을 하게 되었다. 이후 코닥은 전략을 바꾸어 대용량 상업용 잉크젯 프린터, 디지털 인쇄기계, 작업흐름관리 소프트웨어, 포장재 인쇄에 집중하기 시작했다. 오랫동안 복사기 제조기업으로 유명했던 제록스Xerox도 코닥처럼 기업전략을 완전히 바꾸어 상업용 정보 기술, 다큐먼트 아웃소싱 (역자주: 서류의 디지털화 외주서비스), 재무관리, 인사관리, 운송관리, 건강관리와 같은 새롭지만 리스크가 있는 비지니스 서비스에 뛰어들었다.

기업전략을 변경하는 일은 운영과 전체 가치사슬에 많은 영향을 미친다. 예를 들면 시설을 재배열하거나 새로 건설해야 하거나, 새로운 테크놀러지를 도입하거나, 새로운 프로세스와 작업을 설계하여야 한다. 이 외에도 수많은 변화가 뒤따른다. 그림/표 1.7에서 볼 수 있듯이, 생산전 서비스, 생산중 서비스, 생산후 서비스가 모두 영향을 받게 되는 것이다.

어떻게 생각하는가? What Do you Think?

학습자 입장에서 디지털 사회digital society는 교육에 어떻게 영향을 끼치는가? 예를 들면 전자책이나 원격수업과 같이 요즘 한창 떠오르는 테크놀러지는 교육의 미래에 어떤 영향을 미칠까? 이 두가지 외에 교육에 영향을 미치는 테크놀러지가 있다면 무엇일까?

3-1 경쟁우위 획득 Gaining Competitive Advantage

경쟁우위 competitive advantage란 기업이 경쟁사에 대해 시장 및 재무적 우월성superiority을 성취하는 능력이다. 장기적 관점에서 기업이 지속경쟁우위sustainable competitive advantage를 유지하는 것은 평균 이상의 성과획득은 물론, 무엇보다도 기업의 생존에 필수적이다. 경쟁우위를 갖추기 위해 다음 두가지에 대한 근본적 이해가 필요하다: 첫째, 기업의 경영진은 고객의 필요needs와 기대expectations를 이해하여야 한다. 또한 가치사슬이 매력적인 고객효익패키지customer benefit package(CBP)를 설계하고 이를 고객에게 제공하는 프로세스를 통해 고객의 필요를 채우고 기대에 부응하는 방법을 파악하여야 한다. 둘째, 경영진은 자사가 성취하기를 원하는 경쟁중점목표competitive priorities 를 지원하는 운영역량operational capabilities을 키워서 이용할 수 있어야 한다.

모든 기업은 어느 분야에 노력을 집중해야 하는지에 대한 수많은 선택지가 있다. 예를 들면 낮은 비용, 우수한 품질, 신속한 대응, 유연성 혹은 고객맞춤 서비스 같은 선택지 중 하나에 집중할 수 있다. 본 장 서두에서 소개한 기업들의 일화들은 국내 및 글로벌 가치사슬을 디자인하고 운영하는데 선택지가 많다는 점을 보여준다. 이 때 기업은 현재 고객 및 시장에서 형성되고 있는 신규고객들의 필요와 기대를 기반으로 전략적 선택을 하여야 한다. 특히 운영분야 — 시장과 생산시설을 모두 포함하여 — 는 기업이 선택한 전략적 방향을 지원하여야 한다.

기업의 고객효익패키지customer benefit package(CBP), 표적시장targeted market, 전략방향에 대한 어떠한 변화도 전체 가치사슬과 운용에 큰 변화를 야기할수 있다.

비록 가치사슬 구조를 변경하기는 어렵지만, 운영 관리자는 테크놀러지와 프로세스를 선택할 때, 인사관리 정책을 선택할 때, 기업의 전략적 중점사업을 지원하기 위한 기타사항 선택을 할 때, 가치사슬의 구성요소 중 무엇에 집중하여야 하는지를 선택할 수 있는 상당한 자유가 있다.

3-2 고객의 욕구와 필요 이해하기 Understanding Customer Wants and Needs

기업의 근본 목표가 고객에게 재화와 서비스의 가치를 제공하는 것이므로, 무엇보다도 고객의 욕구를 이해하고 고객이 재화와 서비스를 어떻게 평가하는지 이해하는 것이 중요하다. 그러나 어떤 기업도 동일한 재화와 서비스로 모든 고객을 만족시킬 수는 없다. 일반적으로 기업은 고객을 각각의 고유한 욕구wants와 필요needs를 바탕으로 자연적으로 나뉘어지는 그룹으로 나누어 세분화하여야 한다. 즉, 구매패턴, 지역, 인구통계학적 특성, 판매량, 수익성, 고객이 기대하는 서비스 수준 등을 기초로 고객들을 각 세분시장segment으로 나눌 수 있다. 기업은 각 세분시장간의 차이점을 이해함으로써, 각 세분시장이 지닌 독특한 요구를 채워줄 재화와 서비스를 창출하는 가장 적절한 고객효익패키지, 경쟁전략 및 프로세스를 설계할 수 있다.

고객이 기대하는 것을 정확하게 파악하기 위해서는 "고객과 가까이에" 위치하는 것이 필요하다. 담당직원이 고객을 방문하여 대화하거나, 관리자가 직접 고객과 대화를 하거나, 혹은 공식적인 시장조사를 실시하는 등 고객에게 다가가는 방법은 다양하다. 한 예로 메리어트 호텔Marriott Hotel을 운영하는 메리어트사Marriot Corporation는 고위 관리자들에게 고객의 욕구와 필요를 진정으로 이해함은 물론 호텔 서비스 담당직원이 고객을 대할 때 직면하여야 하는 문제의 유형을 파악하라고 요구한다. 이를 위해 회사의 고위 관리자들이 매년 하루 이상 호텔에서 직접 벨보이, 웨이터, 바텐더, 프런트 데스크 직원 등의 역할을 수행하도록 한다. 우수한 시장조사는 포커스 그룹focus group, 영원사원 및 기타 직원으로부터의 피드백, 고객불만 분석, 고객과의 현장 인터뷰, 서비스접점을 영상으로 촬영하기, 손님으로 위장하여 매장 방문하기, 서비스 핫라인telephone hotlines, 인터넷 모니터링, 고객 설문조사를 포함한다.

기본적인 고객 기대Basic customer expectations에 부응하는 것은 해당 업계에서 살아남기 위한 최소한의 성과 수준으로서, 이를 주문자격요인order qualifiers이라고 부른다. 예를 들면 자동차를 구입할 때 모든 고객은 구매 대상 차량에 라디오와 운전석 에어백이 당연히 장착되어있을 것으로 기대한다. 경쟁이 치열한 피자업계에서 효과적인 배달서비스는 주문자격요인이라고 할 수 있다. 그러나, 고객이 상품 구매를 확정지을 때 차이를 만드는 요인은 최소한의 기대치를 뛰어넘어 고객을 놀라게 하고, 신나게 하고, 기쁘게 하는 전혀 기대하지 않았던 선택사양들이다. 이러한 요소를 시장에서는 *주문획득요인order winner*이라고 부른다. *주문획득요인은 해당 고객효익패키지를 다른 것과 차별화하는 재화와 서비스의 사양 및 성능상 특성features and performance characteristics이며, 고객은 이들 요소 때문에 구매를 결정한다.* 자동차의 충돌방지 시스템이나 음성인식 음향시스템, 파파존스 피자Papa John's Pizza의 "보다 나은 식재료, 보다 나은 피자"와 같은 기업모토 등이 해당 기업을 경쟁업체와 차별화하게 하는 주문획득요인의 예가 될 수 있다. 그러나 시간이 흐름에 따라 고객의 기대는 높아지는데 그 결과 주문획득요인은 궁극적으로 주문자격요인이 된다. 그러므로 기업이 경쟁력을 유지하려면 기업은 고객효익패키지를 지속적으로 혁신하고 개선해야 한다.

3-3 재화와 서비스 평가하기 Evaluating Goods and Services

관련 연구에 의하면 고객은 탐색search, 경험experience, 신뢰credence라는 세가지 유형의 속성을 가지고 재화와 서비스 수준을 평가한다. **탐색속성**search attributes은 *고객이 재화 및/또는 서비스 구매 전 판단할 수 있는 속성이다.* 색깔, 가격, 신선도, 스타일, 핏fit, 느낌, 단단함, 냄새 등이 이에 해당한다. **경험속성**experience attributes은 *구매 후 또는 소비하거나 사용 중에만 판단할 수 있는 속성이다.* 상냥함, 맛, 내구성, 안전성, 재미, 고객만족 등이 이에 해당한다. **신뢰속성**credence attributes은 *고객이 신뢰 하여야만 하는, 그러나 구매나 소비 후에도 개인적으로는 판단할 수 없는*

당신의 고객에게 귀를 기울여라 – 창의적으로!
Listen to Your Customers–Creatively!

Gajus/Shutterstock.com

세계 유수의 디자인 기업 중 하나인 IDEO(애플 최초의 마우스와 세우는 방식의 치약 튜브 디자인이 이 기업의 업적이다)는 디자인을 추상적인 개념이나 멋진 도면그리기로 시작하지 않는다. 인류학, 심리학, 생체역학 등 다양한 학문을 바탕으로 하여, 해당 재화나 서비스의 잠재적 사용자들에 대한 깊은 이해하기부터 시작된다. 디즈니Disney 사 임원을 역임한 바 있는 폴 프레슬러Paul Pressler가 갭Gap의 최고경영자로 취임했을 때, 그는 50명의 고위 임원들을 일대일로 만나 "갭에서 보존하고 싶은 것은 무엇이며 그 이유는 무엇인가?" "갭에서 바꾸고 싶은 것은 무엇이며 이유는 무엇인가?"와 같은 표준화된 질문을 던졌다. 이에 더해 그는 "고객이 무엇을 원하는지 알아내는 데 가장 중요한 도구가 무엇이냐?"는 등 본인이 만든 질문도 덧붙였다. 일부 기업은 고객을 이해하기 위해 파격적이고 혁신적인 접근법을 사용한다. 텍사스 인스트루먼트Texas instrument는 수학교사들이 계산기를 어떻게 활용하는지를 이해하기 위해 모의 교실을 만들었다. 의류기업인 리바이스Levi Strauss의 한 관리자는 콘서트 티켓을 사기 위해 줄을 서 있는 십대들과 대화하기도 했다. 패스트푸트 체인 칙필레이Chic-fil-A 사의 사장은 전직원과 마찬가지로 매년 최소 하루씩 매장의 카운터 뒤에서 시간을 보내고, 신설 매장 오픈 전 고객들과 함께 야영을 하기도 한다 (역자주: 칙필레이는 마케팅 프로그램의 일환 "First 100 Campout"이라는 행사를 개최하는데 신설 매장 오픈 하루 전에 매장 주차장에서 야영을 하며 기다린 100명의 고객에게 칙필레이를 1년간 이용할 수 있는 쿠폰을 증정한다). 월풀Whirlpool에서는 고객만족도 설문조사에 응한 고객이 월풀 제품 대비 경쟁사 제품을 높게 평가하는 경우가 발생하면, 엔지니어가 그 이유를 파악하기 위해 제품을 분해한다. 또한 월풀은 수백 명의 고객에게 컴퓨터 시뮬레이션으로 구현한 제품을 요모조모 만져보며 보이는 반응을 엔지니어들이 비디오테이프에 기록하기도 한다. [2]

재화나 서비스의 속성이다. 외과 의사나 정비사의 전문성, 세무 전문가의 지식, 세금보고 준비 소프트웨어의 정확성 등이 그 예이다.

위의 분류는 운영에 있어서 몇 가지 중요한 함축적 의미를 갖는다. 예를 들면 탐색속성과 경험속성은 설계 중에 지속적으로 평가하여야 하고, 생산중에도 지속적으로 측정하여야 하므로, 높은 품질이 재화에 내장되어 있음을 확인할 수 있도록 기업은 주요 운영상 제어를 매 단계 작동시켜야 한다. 신뢰속성은 서비스의 본질, 서비스 시스템 설계, 그리고 서비스 제공자의 교육과 전문성에 기인한다.

위의 세 가지 속성은 그림/표 3.1에서 볼 수 있듯이 '쉽다'에서 '어렵다'까지 하나의 연속선 상에서 평가된다. 이 연속선상에서의 평가에 따르면, 재화가 서비스보다 평가가 용이하고, 재화는 탐색속성이 높은 반면에 서비스는 경험속성과 신뢰속성이 높음을 보여준다. 물론 대부분의 경우 재화와 서비스가 결합하면 그 결합체가 고유한 방식으로 구성되기 때문에 고객의 평가과정이 훨씬 더 복잡하다. 고객은 재화와는 다른 방식으로 서비스를 평가한다. 고객의 평가방식 중 두 가지 대표적인 방식과 이들 평가방식이 운영상 영향을 미치는 주요 이슈들을 요약하면 다음과 같다.

- 고객은 구매전 서비스를 평가할 때, 비개인적 출처non-personal source (역자주: 개인적으로 아는 사람이 아닌 대중 혹은 대중매체) 보다 개인적 출처personal source에서 정보를 찾고 그 정

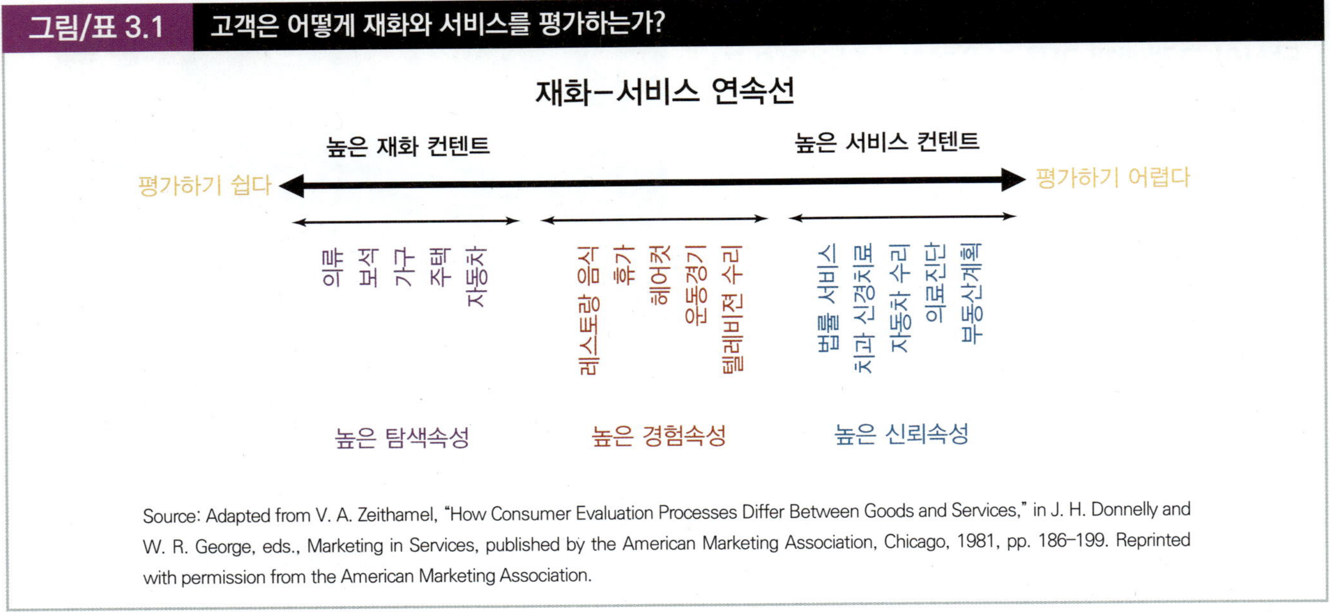

그림/표 3.1 고객은 어떻게 재화와 서비스를 평가하는가?

Source: Adapted from V. A. Zeithamel, "How Consumer Evaluation Processes Differ Between Goods and Services," in J. H. Donnelly and W. R. George, eds., Marketing in Services, published by the American Marketing Association, Chicago, 1981, pp. 186–199. Reprinted with permission from the American Marketing Association.

보를 더 신뢰한다. 운영관리자는 고객이 정확한 정보를 얻도록 하여야 하며, 서비스 구매 전 경험과 서비스 제공자와의 만남이 긍정적 경험과 고객 만족으로 이어지는지 확인하여야 한다.

- 고객은 재화 구매시 보다 서비스 구매시 더 큰 위험부담을 느낀다. 서비스는 무형이기 때문에 구매결정을 내리기 전에 보거나 만질 수 없다. 고객은 실제로 서비스를 받을 때만 서비스를 경험할 수 있다. 그러므로 많은 사람들이 온라인 뱅킹이나 온라인 페이 사용을 주저한다.

> 제너럴 일렉트릭General Electric은 설계가 생산비의 75%를 좌우한다는 점을 발견하였다.

서비스에 대한 불만은 종종 고객이 서비스 일부를 수행하지 못했거나, 적절히 공동생산coproduce하지 못하여 발생한다. 인터넷 주문오류는 명확한 주문방법을 설명하기 위한 기업의 모든 노력에도 불구하고 일어나는데, 이는 오류의 원인이 고객의 실수일 수 있음을 의미한다. 기업은 서비스 설계 시 서비스 프로세스에서의 고객에게 그 역할에 대해 어떻게 교육할 것인가를 세밀히 살펴야 한다. 여기서 얻은 통찰력은 서비스와 서비스 프로세스 설계가 재화와 생산 프로세스 설계보다 더 어렵다는 점을 이해하는데 도움을 준다.

3-4 경쟁중점목표competitive priorities

모든 기업은 시장에서 경쟁우위를 구축하고 유지하려고 한다. 고객의 요구가 강력한 경쟁우위 개발을 촉진하고, 강력한 경쟁우위는 기업으로 하여금 보유한 자원을 비즈니스 기회와 일치시키는 노력을 하도록 한다. 강력한 경쟁우위는 기업의 고유한 문화, 습관 또는 매몰비용sunk cost으로 인하여 다른 기업이 모방하기 어렵게 만든다. 경쟁우위는 가격이나 품질에서 경쟁기업을 능

사우스웨스트 항공: 저가 기반 경쟁 Southwest Airlines : Competing with Low Cost

Carlos Yudica/Shutterstock.com

사우스웨스트는 지난 수십 년간 지속적으로 수익을 올려온 유일한 미국 항공사이다. 다른 항공사들이 사우스웨스트와 같은 수준(마일 당 비용cost per mile)으로 항공기를 운항하기 위해서는 총 운항비용의 29%인 186억 달러를 절감하여야 했다. 유나이티드United Airpliens나 아메리칸American Airlines등의 고비용 항공사들은 사우스웨스트와 같은 저가 항공사들에게 엄청난 압박을 받고 있다. 한 업계 관계자는 "항공산업은 정말로 생존이 문제가 되는 시점에 와 있다"고 말했다. 최근 몇 년 동안 항공사들은 운임을 낮추고, 노선을 줄이며, 수하물이나 기내식 등의 주변서비스peripheral services 요금을 인상했다. 또한 항공업계는 시스템 전반의 비용을 절감하기 위한 델타Delta Airplines와 노스웨스트Northwest Airlines 간, 유나이티드와 컨티넨탈Continental Airlines간 기업합병을 목격한 바 있다.[3]

가하거나, 재화와 서비스를 설계할 때 고객의 변하는 요구에 신속하게 대응하거나, 신속한 설계나 배송을 제공하는 등의 다양한 방법으로 달성할 수 있다.

경쟁우위는 *한 기업이 가치사슬 내에서 전략적으로 어떤 특정 성과측정과 운영역량에 집중하는지를 보여준다.* 경쟁우위 그리고 경쟁우위와 고객효익패키지와의 관계를 이해하는 것은 재화와 서비스를 창출하고 제공하는 가치사슬과 공급사슬을 설계할 수 있는 기반을 제공한다. 일반적으로 기업은 다음과 같은 5가지 주요 경쟁중점목표를 바탕으로 경쟁할 수 있다.

1. 비용 cost
2. 품질 quality
3. 시간 time
4. 유연성 flexibility
5. 혁신 innovation

이 모든 경쟁중점목표는 기업의 성공에 필수적이다. 오늘날 어떤 기업도 단순히 비용을 줄이기 위해 품질을 희생하거나, 제품과 서비스를 감당할 수 없을 정도로 비싸게 만들면서까지 유연성에 집중할 수 없다. 기업들은 일반적으로 이러한 경쟁중점목표 간에 절충점을 찾고 한두 가지 핵심 목표 달성을 위해 노력을 집중한다. 예를 들면 아마존은 주로 시간, 비용, 유연성을 바탕으로 경쟁한다. 반면 애플은 품질과 혁신을 바탕으로 경쟁한다.

3-4a 비용Cost

월마트를 포함한 많은 기업들은 업계에서 저비용 리더로 자리매김함으로써 경쟁우위를 얻었다. 이들 기업은 낮은 가격으로 경쟁우위를 성취하는데, 이는 규모의 경제, 공급사슬의 효율적인 설계와 운영을 통해 가능하다. 일반적으로 가격은 운영관리의 영역 밖에서 책정되지만, 비용과 운영설계 및 운영관리에 철저한 주의를 기울이지 않고는 가격을 낮출 수 없다.

예를 들면 제네럴일렉트릭General Electric은 설계가 생산비의 75%를 좌우한다는 것을 발견했다. 비용는 가치사슬을 거치면서 누적되며, 원자재 및 부품 구매비, 직접 생산비, 유통, 애프터 서비스 및 모든 지원 프로세스를 포함한다. 운영관리자들은 좋은 디자인과 비용절감으로 기업의 저비용 리더cost leader전략을 돕는다. 운영관리자들은 규모의 경제를 성취하고, 가치사슬의 모든 원천에서 비용절감에 힘쓴다.

높은 생산성 및 능력활용률high-capacity utilization은 저비용으로 이어진다. 이보다 더 중요한 점은 품질 향상이 생산성 향상으로 이어지고, 결과적으로 저비용으로 이어진다는 점이다. 그러므로 저비용 경쟁우위 달성에는 지속적인 품질개선 전략이 필수적이다.

3-4b 품질 Quality

경쟁우위 달성에 있어서 품질의 역할은 여러 연구에 의해 입증되었는데[4] 연구자들은 다음과 같은 사실을 밝혀냈다.

- 프리미엄 품질의 재화를 제공하는 기업은 일반적으로 시장 점유율이 높고, 초기에 시장에 진출하였다.
- 품질은 거의 모든 종류의 시장상황에서 높은 투자수익률return on investment을 가져온다.
- 품질개선 전략은 일반적으로 시장점유율 상승으로 이어지지만 단기적으로는 수익성profit-ability을 감소시킬 수 있다.
- 고품질 재화 생산자는 일반적으로 재화에 프리미엄 가격을 책정한다.

그림/표 3.2는 품질이 수익성에 미치는 영향을 요약한 것이다. 시장에서 재화나 서비스의 가치는 그 디자인 품질에 의해 영향을 받는다. 성능, 제품사양, 신뢰성의 향상은 재화나 서비스를 경쟁사와 차별화하고, 기업의 품질 평판을 높이며, 고객효익패키지의 인식가치를 개선할 것이다. 품질향상은 해당 기업이 더 높은 가격을 책정하고, 더 높은 시장 점유율을 달성할 수 있게 해준다. 이는 결과적으로 설계개선 과정에서 발생한 추가비용을 상쇄하는 매출증가로 이어진다. 생산적합성conformance in production이 향상되면 재작업rework, 폐기scrap, 보증서비스warranty 비용을 절감하여 생산 및 서비스 비용을 낮출 수 있다. 디자인 품질 및 규격적합성conformance의 개선이 가져오는 순효과는 이익 증가이다.

> 시간 단축은 종종 품질, 비용, 생산성을 동시에 향상시킨다.

다수의 산업에서 기업전략은 종종 품질과 비용 중 하나를 선택하는 것이다; 어떤 기업은 저비용 우위를 성취하기 위해 품질을 희생하는 전략을 택한다. 특히 현대자동차를 중심으로 한 신규 자동차 스타트업이 그랬다. 그러나 현대자동차의 품질은 오랜 기간 발전해왔고 지금은 품질이 자동차산업에서는 주문자격요인order qualifier이 되었다.

운영 관리자는 매일 상품이 결함 없이 생산되도록 하거나, 서비스가 실수없이 제공되도록 하는 등 품질에 관한 여러 문제를 다룬다. 장기적으로 볼 때, 산출과 결과물outputs and outcomes의 수준을 정의하는 궁극적 요인은 재화와 서비스 프로세스 설계이다.

3-4c 시간Time

현대 사회에서는 시간이 경쟁 우위의 가장 중요한 원천일 수 있다. 고객은 빠른 응답, 짧은 대기 시간, 일관된 성과를 원한다. 씨엔엔CNN, 페덱스FedEx, 월마트Walmart 등 많은 기업들은 우수한 재화와 서비스를 생산하여 전달하기 위하여 시간을 무기로 사용하는 방법을 알고 있다.

Carlos Yudica/Shutterstock.com

공급사슬에서 프로세스의 속도를 높이면 고객의 반응이 좋아진다. 배송은 더 빨리, 더 자주, 제 시간에 맞추어 하는 것이 가능하다. 그러나 시간단축은 재작업, 대기시간 등 비부가가치 단계non-value-added steps를 제거함으로써 프로세스의 효율을 높이고 단순화하여야만 가능하다. 즉, 실수와 오류가 일어날 기회를 줄여야 품질향상이 가능하다. 비부가가치단계를 줄임으로써 시간뿐 아니라 비용도 절감할 수 있다. 그러므로 시간단축은 종종 품질, 비용, 생산성을 동시에 향상시킨다. 속도 및 시간신뢰성time reliability을 향상시키기 위해 프로세스를 설계하고 기술을 효율적으로 사용하는 것은 운영 관리자의 매우 중요한 업무 중 하나이다.

3-4d 유연성Flexibility

경쟁이 치열한 글로벌시장에서 성공하려면 디자인과 수요대응 유연성demand flexibility이 모두 필요하다. 예를 들면 자동차산업에서는 지속적으로 새로운 모델이 개발되고 있다. 한 개의 조립라인에서 동시에 여러 개의 다른 모델의 차량을 제작하는 방식으로, 수요 변화에 따라 생산량 전환

그림/표 3.2 품질과 수익성의 상호연동 모형

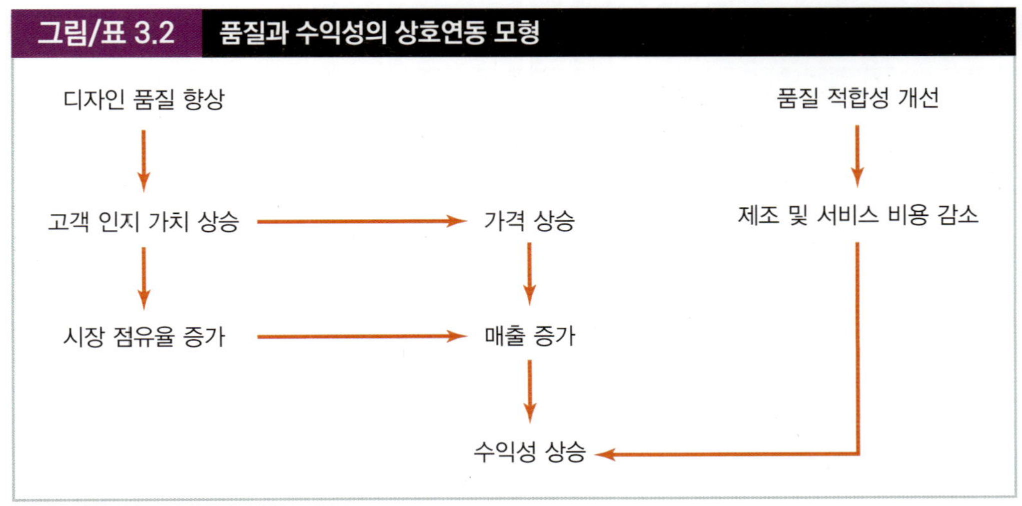

을 유연하게 할 수 있는 기업은 판매량이 적어도 수익을 올릴 수 있다.

유연성flexibility은 오늘날 점점 보편화되고 있는 대량고객화 전략mass-customization strategies (역자주: mass customization 개념은 mass production과 customization를 결합한 개념으로, 개인의 취향에 따라 주문받은 재화 및 서비스의 대량생산을 의미한다)에서 그 중요성이 뚜렷해지고 있다. **대량고객화**는 *고객이 누구이든 (설령 고객이 글로벌 기업이라도) 상관없이, 고객이 원하는 제품이나 서비스를 고객이 원하는 물량으로, 고객이 원하는 시간에 맞춰 생산할 수 있는 능력을 의미한다.*[5] 대량고객화의 예로는 표준 기본 간판 구조에서 각 고객에 맞게 독특하게 디자인된 기업 간판, 비즈니스 컨설팅, 정확한 치수에 맞춰 재단된 리바이스 청바지, 개인 웹페이지, 상속 계획, 다양한 디자인과 색상, 그리고 소재로 맞춤 제작된 아이다스Adidas 운동화, 개인 웨이트 트레이닝 프로그램, 고객의 고유한 요구와 취향에 맞게 구성할 수 있는 모듈형 조립가구 등이 있다. 이 때 고객참여는 설계단계(맞춤형 간판), 생산단계(리바이스 청바지), 조립단계(아디다스 운동화) 또는 생산후 단계(고객 조립식 모듈식 가구) 등 대량고객화 프로세스의 여러 단계에서 일어날 수 있다. 대량고객화가 가능하려면 기업이 차별화된 고객층을 중심으로 기업활동을 조정하고, 유연성을 중심축으로 하여 재화, 서비스 및 운영활동을 설계하여야 한다.

3-4e 혁신Innovation

혁신은 *기존 규범과 다른 기기, 방법 또는 아이디어의 발견, 실용화 혹은 상업화이다.* 지난 수년간 일어난 재화 (전화기, 자동차, 컴퓨터, 광섬유, 위성, 휴대폰 등)와 서비스(셀프서비스, 올 스위트 호텔all-suite hotel [역자주: 모든 객실이 별도의 거실 및/혹은 주방시설을 갖춘 호텔], HMO의 보험료, 인터넷뱅킹)의 혁신은 전반적인 삶의 질을 향상시켰다. 비즈니스 조직 내에서 생산장비(컴퓨터 지원 설계computer-aided design, 로봇 및 자동화, 스마트 태그smart tag)와 관리 관행(고객 만족도 조사, 정량적 의사결정 모형, 말콤 발드리지 방식 성과측정Malcolm Baldrige criteria)의 혁신은 조직이 보다 효율적으로 변화하여 고객의 요구를 더 잘 충족할 수 있도록 도왔다.

애플Apple 등 많은 기업들은 전략의 핵심 요소로서 혁신을 위한 연구개발에 집중한다. 이들 기업들은 제품 테크놀러지product technology의 최첨단에 위치하고 있는데, 이들이 가진 혁신과 신제품 출시능력이 바로 핵심 성공요인이다. 이들 기업에게는 가격이 아닌 제품 성능이 시장에서의

경쟁중점목표 절충하기 Trade-Offs Among Competitive Priorities

패스트푸드 체인들의 메뉴가 점점 복잡해지고 부정확한 주문이행에 대한 불평이 많아지면서, 고객들이 주문한 음식을 기다리는 시간이 길어지고 있다. 고객이 드라이브스루drive-thru 대기줄에서 대기하는 평균 시간은 2013년 180.83초에서 2014년 219.97초로 증가하여 1년 만에 40초 가까이 급증했다. 속도가 경쟁우위였기는 하지만, 더 건강한 먹거리로 향하는 트렌드에 맞춘 타코 벨Taco Bell의 칸티나 보울Cantina bowls이나 맥도날드McDonanl's의 과일 스무디와 같은 메뉴는 조리와 검수에 시간이 더 필요하다. 패스트푸드 체인들은 트렌드를 따라가는 동시에, 높은 수준의 주문 정확도를 유지하기 위해 더 열심히 노력하고 있다.[6]

주요 경쟁력이다. 경쟁기업이 시장에 진입하면서 이익율이 떨어지면 이들 기업들은 혁신적 신제품을 계속 출시하면서 기존시장에서 이탈하는 경우가 많다. 이들 기업들은 우수한 제품 연구, 디자인 및 개발, 높은 제품 품질, 새로운 제품을 빈번히 생산할 수 있는 생산 설비 개조 능력에 중점을 둔다.

3-5 운영관리 및 전략기획OM and Strategic Planning

기업이 선택하는 방향과 경쟁중점목표는 기업의 전략에 의해 결정된다. 전략의 개념은 사람마다 의미가 다르다. **전략**Strategy은 *조직의 주요 목표, 정책 및 실행순서를 하나의 융합된 형태로 만드는 패턴 또는 계획이다.*[7]

기본적으로 전략은 기업이 경쟁우위 달성에 필요한 역량을 개발하는데 활용하는 접근방식이다. 효과적인 전략은 낮은 비용이나 빠른 서비스 시간과 같은 몇 가지 주요 경쟁중점목표를 중심으로 개발하는데, 이는 조직 전체에 구심점을 제공하며, 기업의 **핵심 역량**core competencies, 즉, *해당 기업이 지닌 고유한 강점*을 활용한다. 그러한 강점은 특출나게 숙련되거나 창의적인 인적자원, 고객관계관리customer relationship management, 재화와 서비스의 기발한 묶음bundling, 강력한 공급사슬 네트워크, 뛰어난 서비스, 친환경 제품과 서비스, 마케팅 전문성 또는 새로운 제품을 신속하게 개발하거나 생산량을 변경하는 능력일 수 있다.

전략기획strategic planning은 조직의 장기적 목표, 정책, 계획을 결정하는 과정이다. 전략기획의 목적은 장차 일어날 수는 있지만, 예견할 수 없는 외부의 힘에도 불구하고 조직이 선별한 방식으로 목표를 성취할 수 있도록 강력한 입지를 구축하는 것이다. 전략은 목표, 방향, 자원에 대한 일련의 위계적 결정hierarchical decision의 결과물이다. 그러므로 대부분의 대기업들은 기업corporate,

전략이 언제나 성공하는 것은 아니다 Strategies Aren't Always Successful

1990년대 초, 월마트Walmart는 미래에는 성장의 3분의 1이 해외에서 일어날 것이라고 전제하고 전략을 수립했다. 월마트는 1991년 해외 첫매장으로 멕시코시티Mexico City에서 샘스클럽Sam's Club (역자주: 도매중심의 회원제 양판점)을 오픈했다. 월마트는 멕시코를 월마트의 가장 성공적인 글로벌 시장으로 성장해 나갈 것으로 예상하였고, 캐나다가 그 뒤를 이을 것으로 판단했다. 1994년 월마트는 캐나다에서 망해가는 체인점들을 인수하여 성공적인 월마트 체인으로 만들었다. 그러나 공격적인 목표를 달성하기 위해 더 많은 기업인수를 추진하는 과정에서 비판이 일었다. 미국 금융서비스기업 에드워드 존스Edward Jones의 브라이언 야브로Brian Yarbrough는 "그것은 성장을 위한 성장이었다"라고 말한다. 어떤 이들에게는 월마트가 추진한 인수합병들이 심사숙고 끝에 내린 결정이 아니라 오히려 기회주의적으로 보였다. 벤델Bendel 전 월마트 임원은 "월마트가 새로운 시장에서 기업을 인수했다라고 표현하는 것이 적절하지, 국제적인 전략을 바탕으로 그렇게 했다라고 말하는 것은 다소 과장된 표현이다"라고 증언했다.

1998년 월마트는 독일에 진출하면서 잔인한 교훈을 얻게 된다. 월마트는 고객들을 위해 식료품을 비닐봉지에 담아 주는 미국식 서비스를 고집했다. 이런 류의 서비스는 독일에서는 고급 쇼핑경험으로 인식되는 것이어서 결과적으로 월마트의 가치제안value proposition을 잠식했다. 종업원들은 미국에서처럼 고객들에게 미소를 짓도록 지시를 받았는데, 독일에서는 이런 행동이 사회적으로 받아들여지지 않았다. 독일인들은 월마트를 발음하는 것조차 어려움을 겪었다. 또한 월마트는 노조와 충돌했고, 결국 2006년에 독일에서 철수했다.[8]

문제풀이 3.1

학습자가 자주 방문하는 헬스클럽, 레크리에이션 센터 혹은 체육관의 고객효익패키지를 정의하라. (자주 방문하는 헬스클럽, 센터 혹은 체육관 웹사이트에서 상세한 정보를 찾아보라.) 수집한 정보를 바탕으로 그 조직의 전략적 사명, 전략, 경쟁중점목표 및 그 조직이 고객을 확보하는 방법how to win customers을 기술하라.

다음은 고객효익패키지의 예시이다.

사명Mission: 우리 헬스클럽의 사명은 건강한 라이프 스타일과 육체를 만드는 실천방법을 제공하는 것이다.

전략: 우리는 다음과 같은 최고의 상품을 고객에게 제공하기 위해 노력한다.

- 몸과 마음의 건강과 안녕을 향상시키고 유지하는 최상의 방법
- 친절하게 고객을 섬기는, 직업정신이 투철한 직원
- 깨끗한 시설, 장비, 유니폼, 주차장, 음식서비스 등
- 고객편의성 (위치, 식사, 의사소통, 일정 등)

제1 경쟁중점목표: 건강한 생활과 건강한 몸을 만드는 여러가지 실천방법을 제공 (디자인 유연성);
제2 경쟁중점목표: 친절하고 전문적인 스태프와 서비스접점 경험 (서비스 품질);
제3 경쟁중점목표: 최상의 청결함 (재화, 시설, 환경 품질);
제4 경쟁중점목표: 모든 면에서 고객편의성을 고려 (시간);
제5 경쟁중점목표: 가격 (비용).

어떻게 고객을 확보하는가? 최상의 서비스, 스태프, 시설을 갖춘 풀서비스full service 헬스클럽 서비스를 제공하는 방식으로 (예시한 답을 학습자가 웹사이트에서 찾지 못할 수도 있지만, 예시한 가상의 헬스클럽은 프리미엄 가격에 프리미엄 서비스를 제공한다.)

고객효익패키지에 포함된 각각의 기본재화 및 서비스와 주변 재화 및 서비스는 그것을 창출하여 고객에게 전달하는 프로세스가 필요하며, 그러므로 운영관리 기술이 요구된다는 사실을 기억하라.

사업business, 그리고 기능별functional이라는 세 가지 수준의 전략을 가지고 있다. 최상위에 있는 *기업전략*corporate strategy은 기업이 참여할 사업을 정의하고, 해당사업 간 자원의 취득 및 분배 계획을 개발한다. 기업이 참여하는 사업은 전략사업부strategic business units; SBUs라고 하며, 대개 재화나 서비스의 특성이나, 생산방식이 비슷한 사업을 하나의 패밀리로 묶어서 관리한다. 소규모 조직의 경우 기업 전략과 사업 전략이 같은 경우가 흔하다.

두 번째 순위의 전략은 일반적으로 *사업전략*business strategy이라고 불리며 전략사업부가 집중할 사업을 결정한다. 사업전략의 주요 의사결정은 어떤 시장을 추구하여야 하고, 해당 시장에서 어떻게 경쟁하여야 하는지, 즉, 기업이 어떤 경쟁우위를 추구하여야 하는지를 포함한다.

마지막으로 세 번째 수준의 전략은 사업전략을 수행하는 수단인 *기능별 전략*functional strategy이다. 기능별 전략은 각 기능 영역 (마케팅, 재무, 운영, 연구 개발, 엔지니어링 등)이 특정 사업 전략을 지원하기 위해 개발하는 일련의 의사결정이다.

본장에서는 특별히 *운영전략*operations strategy에 집중하기로 한다. 운영전략은 기업전략과 사업전략을 지원하는 특정 유형의 재화와 서비스를 생산하기 위해 조직의 프로세스를 설계하고 조직하는 방법이다.

3-5a 운영전략 Operations Strategy

운영전략은 *그 상위에 있는 사업전략의 구현을 지원하는, 가치사슬 전반에 걸친 의사결정의 집합이다.* 운영전략은 조직이 선택한 사업전략을 어떤 방식으로 실행할 것인지를 결정한다. 운영전략 개발에는 설계 및 운영에 관한 의사결정을 내리기 위해 다양한 선택과 절충을 함으로써, 경쟁중점목표를 운영역량화 하는 노력을 포함한다. 즉, 운영관리 결정은 성취하고 싶은 경쟁중점목표와 궤를 같이 하여야한다. 예를 들면 프로그레시브 자동차 보험Progressive automobile insurance은 우수한 고객 서비스를 중심으로 경쟁우위를 확보했다. 이를 성취하기 위한 운영관리 결정에는 사고 현장에서 클레임을 바로 처리하는 현장 클레임 서비스, 차량이 수리 불가능한 경우 고객에게 대체차량을 제공하는 "토탈 손실 컨시어지 Total Loss Concierge" 서비스, 더 쉬운 탐색, 사용자 정의 및 비디오 컨텐츠를 제공하는 업계 최초의 Web 2.0 사이트 제공 등이 있다.

운영 전략이 어떤 식으로 경쟁중점목표를 지원하는지를 설명하기 위해, 가상의 생산업체가 취할 수 있는 두 가지 사업전략을 살펴보자.

1. 저비용리더low-cost leader로서 상당히 안정적인 시장 환경에서 잘 정의된 제품군을 생산한다.
2. 고객별 요구사항을 충족시키기 위해 혁신적인 디자인이 필요한 격변하는 시장에서 높은 수준의 제품다양성과 고객화 customization를 제공한다.

첫번째 사업전략을 채택하는 경우, 기업은 대량생산 make-to-stock, MTS 전략하에서 품질향상과 비용절감에 집중함으로써 업계 저비용리더가 될 수 있다. 이러한 목표를 이루기 위해서는 강력한 공급업체 참여, 최종조립 프로세스의 효율적인 조립라인, 고도의 작업 표준화를 갖춘, 균형이 잘 잡히고 동기화된 공급사슬 관리방식이 필요할 것이다. 일부 장비와 프로세스는 전적으로 특정 제품라인 또는 제품군을 위해서만 사용된다. 이 경우 고도로 효율적인 생산시스템이 필요하다.

두번째 사업전략을 채택하는 경우, 기업은 높은 품질과 유연성을 달성하는 동시에 다양한 수준의 생산량에 맞추어 운영할 수 있어야 할 것이다. 대량고객화에 기초한 운영 전략이 적절할 것이다.

제품 설계는 끊임없는 혁신과 개발주기 단축을 요구할 것이다. 주문생산 make-to-order, MTO 환경에서 운영부서는 독특한 고객별 주문에 맞추어 생산량을 소량에서 중간 정도의 수량 사이에서 조절하며, 높은 기술수준과 다양한 능력을 가진 인력을 적재적소에 배치하는 고도의 유연성이 따라야 한다.

서비스업을 위한 운영 및 공급사슬 전략은 생산업체와 다소 유사하지만 제1장에서 설명한 바와 같이 7가지 고유한 측면에서 다르다. 섹션 3.6a에서는 맥도날드 McDonald's가 경쟁중점목표를 성취하기 위해 운영전략을 어떻게 실천하는지를 살펴보겠다.

운영을 설계하고 구현하는 방법은 사업성과와 전략달성에 상당한 영향을 미칠 수 있다. 그러므로 운영은 마케팅 및 재무와 같은 기업의 다른 기능들과의 긴밀한 조정이 필요하다.

3-5b 지속가능성과 운영전략 Sustainability and Operations Strategy

우리는 본서의 1,2장에서 지속가능성sustainability을 환경적, 사회적, 경제적 지속가능성이라는 세 가지 차원에서 정의하였다. 지역사회, 환경보호단체 및 정부와 같은 이해관계자는 환경적 지속가능성을 추진한다. 사회적 지속가능성은 윤리와 미래 세대의 복지를 위해 지구 및 지구에 거주하는 인류를 보호하여야 한다는 인류의 이상human ideals를 바탕으로 한다. 경제적 지속가능성은 연기금 및 보험회사 등 투자회사의 주주가 주도한다. 그러므로 지속가능성은 경쟁중점목표 보다는 광범위한 의미를 지닌 기업전략이기도 하다. 지속가능성은 조직문화의 큰 변화를 요구한다(제너럴 일렉스릭General Electric의 상자 참조).

> 지속가능성은 경쟁중점목표 보다 더 광범위한 의미를 지닌 기업전략이다.

애플Apple, 카이저 퍼머난트Kaiser Permanante, 나이키Nike 등의 기업들은 지속가능성을 기업전략으로 본다. 대다수의 글로벌 고객들은 더 나은 환경을 만드는데 기여하는 것이 그들의 책임이라고 믿으며, 이 목표를 지원하는 브랜드 제품에 더 많은 비용을 지불하려고 한다. 이와 유사하게, 소매업체들과 제조업체들은 보다 친환경적인 제품과 공급사슬을 요구하고 있다. 2007년 월마트는 물을 훨씬 적게 사용함으로써 운송과 보관에 필요한 포장재와 공간을 절약할 수 있는 농축세제만 판매하기로 사업방향을 전환할 것이라고 발표했다. 이 흐름에는 세제산업의 모든 주요 공급업체가 참여했다. 정부의 조치도 이러한 산업계의 움직임을 촉진하고 있다. 2009년 미국은 경기부양책을 통해 재생가능하고 효율적인 에너지 기술과 생산에 700억 달러를 배정했다. 유럽연합EU은 2020년까지 달성할 배출가스 감축목표를 1990년 수준의 20%로 설정했다.

환경적 지속가능성을 위한 새로운 전략 New strategies for Environmental Sustainability

휴대전화, 텔레비전, 냉장고 등 내구성이 강한 제품들은 유해 물질을 함유하고 있어 쉽게 재사용하거나 재활용할 수 없다. 결과적으로, 기업들은 오래된 내구재에서 발생하는 환경 문제를 전략적으로 재고할 필요가 있다. 예를 들면 휴대전화는 제조사들이 디자인을 빠르게 개선하고, 이동통신사들이 새로운 인센티브를 제공함으로써 빠르게 진부화된다. 이러한 이슈를 해결하기 위해 다음과 같은 새로운 전략들이 제안되어 왔다:

Bakalusha/Shutterstock.com

- 분해가 쉽고 리퍼refurbishing (역자주: 반품한 제품이나 공급사슬 프로세스에서 작은 하자가 발생한 제품을 재조립/재정비하고 검수하여 재판매가 가능하도록 하는 작업)와 리사이클recycling 비용을 낮출 수 있도록 하는 개선된 디자인을 개발한다. 예를 들면 모듈식 디자인은 부품을 리사이클보다는 재사용reuse하기 쉽게하고, 고가 재료의 회수도 더욱 용이하게 한다.
- 리퍼와 리사이클링을 생산업체의 가치사슬 안으로 통합한다. 매년 용도폐기되는 1억 3천만 대의 휴대폰은 환경에 영향을 미치는 심각한 폐기물이다.
- 리퍼 전화기refurbished phones를 판매하는 부차적시장 (신제품 시장은 주시장)을 창출한다. 음성통화기능만 있는 전화기를 가진 고객이 가격이 비교적 저렴한 리퍼 전화기를 쉽게 구입함으로써 데이터사용 요금제에 가입하게 되면 관련 기업들의 수익이 증가할 수 있다.
- 오래된 전화기를 수집하고 리퍼하기 위한 새로운 프로세스를 개발한다. 예를 들면 리셀룰러사ReCellular Inc.는 버라이즌Verizon, 모토로라Motorola, 월마트Walmart 등과 제휴관계를 맺었으나 용도폐기된 휴대전화의 5%만을 리사이클하고 있어, 휴대전화 가치사슬이 아직 성숙하지 않은 것으로 보인다.[9]

지속가능성을 경영에 수용한 기업은 운영 전반에 걸쳐 이 전략을 추구한다. 예를 들면 컴퓨터 제조업체인 델Dell Inc.은 "지구상에서 가장 친환경적인 테크 기업"이 되기 위해 최선을 다하겠다고 발표하였다. 이러한 전략은 종종 가치사슬, 운영설계, 일반관리 부문에서 상당한 혁신을 필요로 한다. 예를 들면 델은 친환경 정책과 고객의 제품사용 및 폐기를 연계하는 동시에, 원자재 구매, 생산프로세스, 유통 프로그램을 제어해 환경에 미치는 악영향을 최소화하고자 하는 환경을 위한 디자인Design for the Environment이라는 프로그램을 시작했다. 이 프로그램은 델의 제품 디자이너들에게 제품 수명주기를 고려하도록 권장하며, 공급업체, 공급사슬 전문가, 외부 재활용 전문가 및 기타 하류downstream 파트너들과 협력하여 이들 참여 인원/기업들이 디자인 결정이 환경에 미치는 영향을 완전히 이해할 수 있도록 지원하는 플랫폼을 제공한다.[10]

기업들은 또한 아웃소싱의 윤리적 문제, 특히 해외 협력업체의 불합리한 근무시간이나 안전하지 않은 근무조건 등 인사관리 관행 human resources practices에 더욱 주의를 기울이고 있다. 이러한 문제들에 대한 통제권을 해외 생산업체에게 양도하면 모니터하기가 더욱 어려워진다.

3-5c 글로벌 공급사슬과 운영전략 Global Supply Chains and Operations Strategy

모든 기업이 글로벌 비즈니스 환경에서 사업을 운영하는 것은 아니지만, 현재의 테크놀러지와 유통방식은 대기업과 중소기업 모두에게 국경을 넘나드는 공급사슬을 개발하는 것이 실현 가능할 뿐만 아니라 매력적이도록 만들었다. **다국적기업** multinational enterprise은 *비용을 최소화하고 수익, 고객 만족도, 사회복지 등을 극대화할 목적으로 여러 국가에서 재화와 서비스의 공급, 마케팅, 생산을 실행하는 기업이다.* 다국적기업으로는 브리티시 페트롤리엄British Petroleum, 제너럴 일렉트릭General Electric, 유피에스UPS, 지멘스Siemens, 프록터 앤 갬블Procter & Gamble, 도요타Toyota, 국제 적십자사International Red Cross 등을 들 수 있다. 다국적기업의 가치사슬은 기업의 재화와 서비스를 전 세계 고객들에게 조달, 마케팅, 창조, 전달할 수 있는 능력을 제공한다. 다국적기업은 운영관리자에 도전의식을 불러일으킬 정도로 복잡한 공급사슬을 운영한다. 오늘날의 글로벌 비즈니스 환경에서 우수한 공급사슬 설계는 총 공급사슬 비용을 크게 절감하고 고객대응시간을 개선하여 준다(6장과 13장에서는 글로벌 공급사슬 결정, 구매, 조달, 글로벌 물류에 대한 자세한 내용을 다룬다.).

다국적 기업들은 "둔화된 성장세를 보이는 산업화 국가들과 급성장하는 신흥 국가 고객들의 수요를 충족시키기 위해 필요한 우리의 공급사슬 전략이 무엇인가?" 라는 운영전략 관련 질문에 답할 수 있어야 한다. 예를 들면 할리데이비슨Harley-Davidson(HD)은 사업부와 기능부서의 변화와 프로세스 설계 변화를 촉진하기 위해 기업전략과 운영전략을 다시 작성하였다. HD는 글로벌 사업을 성장시켜, 2027년 후반까지 해외시장에서 연간 총 매출액의 50%를 창출하려는 장기 전략을 가지고 있다. HD의 매출은 2006년 정점을 찍은 뒤 점차 감소하고 있다. HD는 이미 인도 등의 국가에 기존의 오토바이 조립공장을 갖고 있기는 하지만 최근 경영실적 악화로 미주리Missouri주 캔자스시티 Kansas City공장을 폐쇄하고, 뉴욕 New Work주 요크York공장과 태국 소재 신축 공장으로 이전할 것이라고 발표했다. 아시아는 급성장하는 시장이지만 높은 관세로 인해 매출이 줄어들고 있다. HD경영진은 공장폐쇄 결정에 대해 논란의 여지가 있기는 하지만 다른 실행 가능한 옵션이 없다고 본다. HD 사례를 통해 보면, 공급사슬은 점점 더 글로벌화되고 있으며 이에 따라 운영전략도 바뀌어야 한다.

HD의 전략변화에 맞추어 변해야 할 분야 중 하나는 공급업체 행동강령Supplier Code of Conduct이다. HD는 이제 아시아, 중국, 유럽, 인도 및 중남미와 같은 지역에서 운영하여야 한다. 해외 판매량을 늘리기 위해 소형 오토바이를 생산하고 더 많은 수량의 전기오토바이를 생산하는 것이 HD의 전략이다. HD의 제품디자인 변화는 새로운 시장에 적합하다. 이러한 변화를 실행하기 위해서는 운영전략 및 공급업체관계supplier relationships가 바뀌어야 한다. 새 부품과 소형 부품이 높은 품질, 빠른 배송, 낮은 비용과 같은 성과지표를 만족시킨다면, 지역에 관계없이 세계 어디에서라도 조달할 수 있다. 성능이 뛰어나고, 우수한 품질의 부품이 없으면 HD는 성장 목표를 달성하지 못함은 물론 장기 전략도 이행할 수 없다. 공급업체는 주재국의 법률을 준수하고, 재료와 서비스의 조달에 책임을 지며, 특허와 상표권을 존중하고, 사회적, 경제적, 환경적 지속가능성을 실천하여야 한다.

HD의 운영전략 중 다른 영역, 즉, 지속가능성 계획과 실천관행도 변화하였다. HD의 지속가능성위원회는 기업의 공급사슬과 프로세스에 영향을 미칠 수 있는 전세계의 사회적, 입법적, 정치적 동향을 모니터링한다. 위원회는 고위경영진이 기업전략 및 운영전략의 목표를 설정하도록 돕고, 그 목표들이 지속가능성 전략과 합치하는지 확인하는 역할을 수행한다. 앞으로 13장에서 다룰 제품 회수와 리사이클링manufactured goods recovery and recycling도 동일한 위원회에서 다룬다(섹션 13-6b참조).

HD의 물류기능logistic function과 글로벌 딜러네트워크도 큰 변화를 겪고 있다. 할리데이비슨은 UPS 공급사슬솔루션UPS Supply Chain Solutions과 제휴하여 글로벌 딜러 및 공장 네트워크에 부품과 완제품을 운송한다. HD가 조사한 바에 따르면 UPS와의 제휴 이전에는 공급업체가 트럭 적재량을 다 채우지 못하고 운송하는 탓에, 운송비가 판매량 증가보다 훨씬 빠르게 증가했다.

다음 섹션은 할리데이비슨이 지금 실행하고 있는 것처럼 기업, 마케팅, 운영 전략을 변경하고 조정하는 체계를 다룬다.

3-6 운영전략 사고체계 A Framework of Operations Strategy

기업전략 및 마케팅전략을 운영전략과 연계하는 전략개발작업에 유용한 사고의 사고체계를 옥스퍼드 대학교 템플턴 칼리지Templeton College of Oxford University의 테리 힐Terrhy Hill 교수가 제안하였는데 그림/표 3.3[11]와 같다. 이 사고체계는 원래 재화 생산기업을 위해 설계되었지만 서비스 제공기업에도 적용할 수 있다. 이 사고체계 템플릿은 *운영 설계 선택과 올바른 인프라 구축이라는 마지막* 두 열에 있는 효과적인 운영전략의 필수 요소를 정의한다.

운영디자인선택Operations design choices은 *경영진이 어떤 유형의 프로세스구조가 재화를 생산하거나 서비스를 창출하는데 가장 적합한지를 결정하는 것이다.* 일반적으로 프로세스의 유형, 가치사슬 및 아웃소싱, 기술, 설비 및 용량, 재고 및 서비스 용량, 그리고 이러한 결정 간의 절충 등

그림/표 3.3 힐의 전략개발 사고체계 템플릿

기업목표	마케팅전략	재화와 서비스 품질이 시장에서 주문을 획득하는 요인은?	운영전략: 운영디자인선택	운영전략: 인프라
• 성장 • 경제적 지속가능성 (생존) • 수익 • 투자자본수익률 • 기타시장 및 금융조치 • 사회적 (복지) 지속가능성 • 환경적 지속가능성	• 재화 및 서비스 시장과 세분시장 • 범위 • 믹스 • 볼륨 • 표준화 대 고객화 • 혁신의 수준 • 선도자 대 추종자 선택	• 안전 • 가격 (비용) • 범우 • 유연성 • 수요 • 재화 및 서비스 설계 • 품질 • 서비스 • 재화 • 환경 • (사회적) 커뮤니티 • 브랜드 이미지 • 배송 • 속도 • 다양성 • 기술지원 • 사전 서비스 및 사후 서비스 지원	• 프로세스유형 및 대체설계 • 공급사슬 통합 및 아웃소싱 • 기술 • 수용능력과 시설 (규모, 타이밍, 위치) • 재고 • 트레이드오프 분석	• 인력 • 운영계획 및 제어시스템 • 품질관리 • 조직구조 • 보상시스템 • 학습 및 혁신 시스템 • 지원시스템

Sources: Adapted from T. Hill, Manufacturing Strategy: Text and Cases, 3rd ed., Burr Ridge, IL: McGraw-Hill, 2000, p. 32; T. Hill, Operations Management: Strategic Context and Managerial Analysis, 2nd ed., Prigrame MacMillan, 2005, p. 50.
주: 힐교수의 전략개발 사고체계 템플릿에 지속가능성을 첨가 하였음

6가지 핵심 영역을 다룬다.

인프라Infrastructure는 *조직의 비프로세스 특성 및 역량에 중점을 두는데, 인력, 운영 계획 및 제*

제너럴 일렉트릭: 친환경 경영은 최고경영자로부터 General Electric : Green Starts at the Top

2004년 제프리 이멜트Jeffrey Immelt 제너럴 일렉트릭 최고경영자가 35명의 임원진에게 친환경 사업 전략과 계획을 제안했을 때, 그들은 CEO의 제안을 투표로 거부했다 . 이멜트 회장은 임원진의 투표 결과를 기각하고 제안한 사업을 추진했다. 그의 노력의 결과는 GE의 매우 성공적인 에코매지내이션 실천계획Ecomagination initiative에 잘 정리되어 있다. 에코매지내이션(http://ge.ecomagination.com) (역자주: 에코매지네이션'이란 생태를 뜻하는 에콜로지ecology 혹은, 경제를 뜻하는 이코노미economy와 GE의 슬로건인 '상상을 현실로 만드는 힘Imagination at Work'에서 따온 상상을 뜻하는 이매지네이션imagination의 합성어)은 이해관계자를 참여시키면서, 혁신적이고 수익성 있는 친환경 솔루션 사업을 촉진하기 위해 고안된 사업 전략이다. GE는 연구개발 노력과 외부 벤처캐피털 투자를 통해 혁신에 투자한다. 이러한 친환경 혁신의 결과로서 GE와 GE 고객들은 대기가스 배출량을 줄이면서도 판매수익을 창출할 수 있다. 수익창출과 에너지 절약을 결합하면서 GE는 환경문제 해결에 지속적으로 투자한다. 이런 투자는 그린사이클green cycle을 지속시킨다. GE는 친환경적이고 측정가능한 구체적인 목표들을 연도별로 수립한다. 예를 들면 2008년 GE는 온실가스green house gas (GHG), GHG 배출 감축 목표를 세웠는데, 혁신을 통해 전년도 대비 30%를 감축하였다.

Carlos Yudica/Shutterstock.com

어 시스템, 품질 관리, 조직 구조, 보상 시스템, 학습 및 혁신 시스템, 지원 서비스를 포함한다. 인프라는 프로세스 선택을 지원하고, 관리자가 좋은 결정을 내릴 수 있도록 정확하고 시의적절한 정보를 제공하여야 한다. 이러한 결정은 조직의 효율성을 달성하기 위해 매우 중요하며, 운영관리의 통합적 속성이 기업의 성공에 가장 중요한 요인 중 하나임을 시사한다. 힐 교수의 전략 사고체계 템플릿에서 운영디자인, 인프라의 기준 및 결정은 환경적, 사회적, 경제적 지속가능성을 지원하는 가치사슬을 정의한다.

이 사고체계의 주요 특징은 운영전략과 기업전략 및 마케팅 전략 간의 연계성이다. 고객효익 패키지와 그 패키지를 만들고 제공하는 운영 시스템을 디자인한 후, 그 계획이 기업 및 마케팅 목표를 달성하지 못할 것이라는 것을 알게되는 상황은 분명 비생산적이다. 전략 간 연계성은 그림/표3.4의 네 가지 주요 의사결정 루프loops로 설명할 수 있다. 의사결정 루프 # 1 (빨간색으로 표시)은 조직의 방향과 경계를 설정하는 기업전략과, 고객의 필요와 요구 사항을 평가하고 세분시장을 목표로 하는 마케팅 전략과 연결한다.

빨간색 루프 #1의 산출은 녹색 루프 #2의 투입이다. 의사결정 루프 #2(녹색)는 경쟁중점목표 추구가 프로세스 선택과 인프라라는 두 가지 측면에서 운영전략 의사결정에 미치는 영향을 보여준다. 주요 의사결정은 "표적 세분시장별 기업 및 마케팅 목표를 달성할 수 있는 프로세스 능력을 보유하고 있는가? 우리 기업의 프로세스는 각 세분시장에서 주문획득요인order winner의 성과를 지속적으로 달성할 수 있는가?"에 관한 것이다.

의사결정 루프 # 3 (파란색)은 기업의 운영 기능 내부에 있으며 프로세스 선택 결정 및 프로세스 역량이 인프라 결정 및 인프라 역량과 일치하는지 여부를 결정하는 과정을 포함한다. 네 번째 의사결정 루프 (노란색 루프 # 4)는 기업 및 마케팅 전략에 대한 운영 기능의 투입을 나타낸다. 기업의 의사결정권자는 궁극적으로 기업 목표를 달성하기 위해 어떻게 자원을 배분할 지를 결정한다.

그림/표 3.4 테리 힐의 범용 전략 사고체계의 4가지 주요 의사 결정 루프

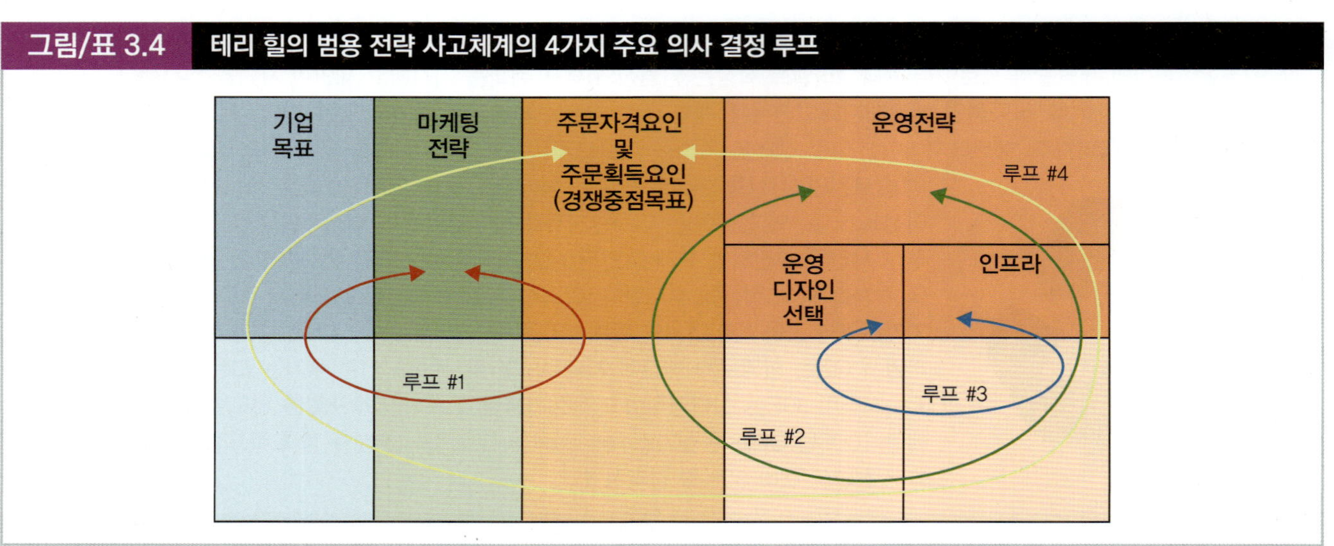

3-6a 맥도날드의 운영전략 Operations Strategy at MacDonald's

맥도날드는 세계 117개국 32,000여 개의 레스토랑에서 약 230억 달러의 연매출을 올리며, 160만명을 고용하고 있는 세계 유수의 식품서비스 소매기업이다.[12] 맥도날드의 비전은 기업 전략의 기반을 제공한다.

맥도날드의 비전은 세계 최고의 퀵-서비스quick-service 레스토랑 경험이다. 최고가 된다는 것은 뛰어난 품질, 서비스, 청결함, 가치를 제공함으로써, 전세계 모든 매장에서 모든 고객들을 미소 짓게 하는 것을 의미한다. 비전을 달성하기 위해 전세계 공통의 세 가지 전략에 초점을 맞추고 있다:

1. **최고의 고용주가 되자**
   전 세계 각 커뮤니티의 직원을 위한 최고의 고용주가 되십시오.
2. **운영 수월성을 제공하자**
   각 레스토랑의 고객에게 운영 수월성을 제공하십시오.
3. **수익성 있는 성장을 지속적으로 달성하자**
   혁신과 테크놀러지를 바탕으로 브랜드를 확장하고 맥도날드 시스템의 강점을 활용하여 지속적으로 수익성 있는 성장을 달성하십시오.

맥도날드는 또한 "행동하는 가치Values in Action" 정책, 프로그램, 그리고 경영관행을 정의하고 있는데, 이는 기본적으로 "올바른 일을 하는 것"이다. 기업책임보고서Corporate Responsibility Report에서 다음의 4가지 지속가능성 실천계획sustainability initiatives을 정의한다:

- *우리 사업의 모든 영역에서 지속가능한 맥도날드를 만들자.* 예를 들면 맥도날드는 공급사슬이 미치는 환경적 영향을 줄이겠다는 궁극적인 목표를 세우고 자원 활용(에너지, 물, 배출가스, 폐기물)에 대한 인식을 높이는 환경성적표environmental scorecard를 개발하고 있다.
- *절감, 재사용 및 재활용이라는 세 가지 접근 방식을 실천하자.* 예를 들면 맥도날드 포장재의 82%는 재생가능한 원료로 만들어진다. 일부 글로벌 시장에서 맥도날드의 배송 트럭은 재처리된 식용유를 연료로 사용한다.
- *친환경 직장 및 레스토랑이 되도록 힘쓰자.* 예를 들면 더 나은 재활용 노력으로 평소같으면 매립장으로 향하였을 폐기물의 58% 이상을 다른 재활용 용도로 전환하였다. 브라질, 독일, 프랑스 등의 국가에는 친환경 시설을 건설하였다.
- *공급업체 및 외부 전문가와 협력하여 구매결정과 동물복지관련 공급업체 성과측정을 지속적으로 개선하자.* 예를 들면 가축취급시설animal-handling facilities을 위한 더 나은 디자인을 개발함은 물론 동물복지 성적표 및 이와 관련한 공급업체 감사 실시가 있다.

맥도날드는 또한 소셜미디어 플랫폼에 적극적으로 참여하여 지속가능성 정책 및 실천계획 관련 정보를 공유한다.

맥도날드가 제공하는 고객효익패키지CBP는 무엇인가? 그림/표 3.5는 맥도날드의 고객효익패키지를 구성하는 재화와 서비스 콘텐츠(음식과 신속서비스)가 기본구성품으로서 동등하게 중요

그림/표 3.5 재화 콘텐츠와 서비스 콘텐츠의 예

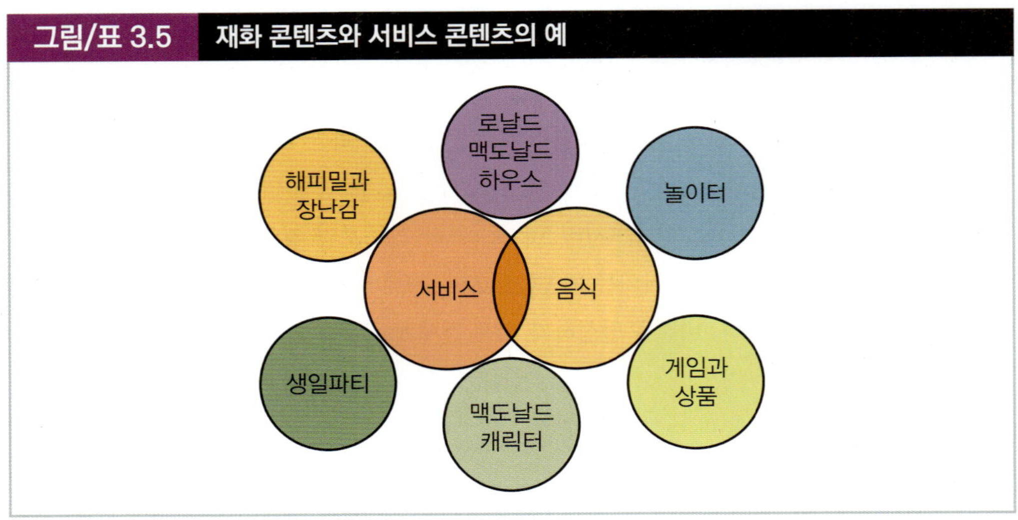

하게 고려되며, 이를 주변재화와 서비스가 지원함을 보여준다.

그림/표 3.6은 힐의 전략 사고체계가 맥도날드에 어떻게 적용될 수 있는지를 보여준다. 맥도날드의 첫째 목표는 수익성 있는 성장이다. 수익성 있는 성장을 지원하기 위한 마케팅 전략은 본사 직영매장과 프랜차이즈 가맹점, 파트너 브랜드 레스토랑 매장 수를 더해가는 것이다. 맥도날드는 성장과 가치사슬 역량을 활용하기 위한 핵심 전략으로 프랜차이징franchising에 전념하고 있다. 전 세계 맥도날드 매장의 75% 이상을 독립 가맹사업자, 즉 가맹사업자 franchisee가 소유하고 운영한다.

수익성 있는 성장의 핵심 역량은 저비용과 신속한 서비스를 유지하는 것이다. 이 전략을 지원하기 위해 맥도날드는 많은 운영 결정을 내려야 한다. 운영결정에는 "프로세스 디자인에 조립 라인 접근 방식을 채택하고 있는가? 매장 디자인을 표준화하여 매장 간 프로세스 흐름, 교육, 성과측정을 일관성 있게 하고 있는가? 장비와 직무설계 업무활동job design work activities을 표준화하였는가?" 등이 있다. 프렌치프라이 튀김장비와 절차는 장비설계를 표준화한 좋은 예다. 전 세계 3만2000여 개 매장에는 '프렌치프라이를 조리하는 단 하나의 방식'만 사용한다. 표준화는 일관된 음식 품질과 빠른 서비스, 표준화된 교육 프로그램에 기여하고 있다.

마찬가지로 드라이브스루에서 고객이 메뉴번호를 사용하여 주문하고, 고객주문서를 디지털로 출력하면 주문 정확도와 서비스 속도가 향상된다. 물론 전체 인적자원관리 기능은 맥도날드의 가치사슬과 운영체제의 요구를 바탕으로 구축된다. 맥도날드는 포춘Fortune지와 미국 경제 리뷰The American Economic Review지에 의해 가장 일하기 좋은 직장 중 하나로 선정되었다. 지원 인프라의 예로는 좋은 채용기준, 표창 및 보상 프로그램, 교육 및 승진 기준을 들 수 있다.

> **운영 수월성은 가치 사슬, 프로세스, 장비 및 업무 효율성뿐만 아니라 우수한 인력관련 성과를 의미하는데, 모두 서비스접점 수준을 지원하는데 초점을 맞춘다.**

두 번째 기업 목표는 운영 수월성operational excellence이다. 운영 수월성의 궁극적

그림/표 3.6 힐의 전략개발 사고체계를 맥도날드에 적용한 예

기업목표의 예	마케팅전략의 예	어떻게 재화와 서비스 품질이 시장에서 고객의 고려대상이 되고, 주문을 획득할 것인가?	운영전략: 운영디자인 선택의 예	운영전략: 인프라의 예
수익성 있는 성장	전세계에 1,000개의 본사직영 및 가맹점 오픈	경쟁증점목표들은 기업 전략과 마케팅전략을 운영전략과 연결한다. ⟷	• 매장프로세스 디자인 흐름 • 매장설계 표준화 • 장비설계 • 업무설계 • 주문접수 프로세스 • 처리능력, 시설크기, 위치, 및 클러스터clusters	• 채용절차 및 기준 • 첫 직무교육 • 기여인정 및 보상 • 예상치 못한 상황대처 교육 • 단순성 유지 • 관리자 연수프로그램 코칭 및 상담 • 팀워크 • 이메일 역량
운영수월성	이상적인 매장 입지, 최상의 훈련 및 직원 복지프로그램	• #1 낮은 가격 • #2 신속 서비스 (서비스 속도) • #3 높은 서비스 수준	• 글로벌 가치사슬 조정 • 공급업체 • 자원 스케줄링 • 재고 배치 및 관리 • 물류센터 • 표준화된 운영 및 작업 절차	• 운영계획 및 통제시스템 • 교대관리 • 공급업체 관계 및 협상 • 장비유지관리 • 온라인 네트워크 역량 • 물류센터
혁신과 테크놀러지를 통한 장점 강화	새로운 메뉴 아이템, 매장, 음식 조합 개발 수요분석과 프로모션을 연결	⟷ • #4 높은 제품 품질	• 매장 장비 테크놀로지 • 매장, 물류센터 및 공급업체를 하나로 연결하는 가치사슬 정보시스템 • 새로운 메뉴	• 품질관리 • 실험실 테스트 • 조직구조 • 보상 시스템 • 온라인 네트워크역량
다양화	다양한 인력구성에 대한 장기적 지원	• #5 수요유연성	• 훈련 및 가맹계약 franchising • 프로세스 성과 • 경력개발	• 학습 및 혁신 시스템 • 햄버거 대학교
지속가능성	행동하는 가치Values in Action 정책과 실천계획	• #6 브랜드 이미지 ⟷	• 보다 친환경적인 공급사슬 • 재활용 프로세스 • 에너지 사용량 감축 • 동물복지	• 친환경 건물 • 로날드 맥도날드 하우스 • 모바일 건강센터 • 청소년 캠프

Sources: Adapted from T. Hill, Manufacturing Strategy: Text and Cases, 3rd ed., Burr Ridge, IL: McGraw-Hill, 2000, p. 32; T. Hill, Operations Management: Strategic Context and Managerial Analysis, 2nd ed., Prigrame MacMillan, 2005, p. 50.
주: 힐 교수의 사고체계 템플릿에 지속가능성을 첨가 했음.

인 목표는 고객 만족이다. 운영 수월성은 가치사슬, 프로세스, 장비 및 업무 효율성뿐만 아니라 탁월한 인력 관련 성과를 의미하는데, 모두 서비스접점 수준을 지원하는데 촛점을 맞춘다. 맥도날드 전략은 맛있는 음식, 뛰어난 서비스, 일하기 좋은 직장, 수익성 있는 성장 및 일관된 가치가 어우러져 탁월한 고객경험을 제공하는 것이다. 또한 맥도날드의 서비스 목표는 고객이 맥도날드를 자신의 가장 편리한 식품서비스로 선택하도록 영업시간을 연장하거나 24시간 서비스를 제공하는 것을 포함한다. 맥도날드의 서비스를 더욱 탁월하게 만들기 위한 실천계획은 예상치 못한 상황에 대한 대처 교육과 단순성 유지를 포함한다.

세 번째 기업 목표는 혁신과 테크놀러지 역량을 활용하는 것이다. 미국에서 맥도날드는 12,000개 이상의 레스토랑 및 약 350개의 공급업체를 지원하는 40개의 물류센터distribution centers를 운영하고 있다. 맥도날드의 식자재는 공급사슬 (농장에서 매장까지)을 통해 이동할 때

Susan Montgomery/Shutterstock.com

미국 미시간주 앤아버Ann Arbor, Michigan에 위치한 로널드 맥도날드 하우스

2,000회 이상의 안전 및 품질 검사를 거쳐야 한다. 맥도날드는 가치사슬 활동을 조정업무에 정보기술을 활용한다.

맥도날드의 또 다른 기업 목표는 다양한 인력을 개발하고 유지하는 것이다. 맥도날드에서 다양성이란 개개인을 독특하게 만드는 차이를 이해하고, 인식하고, 가치를 부여하는 것을 의미한다. 일리노이주 오크브룩Oakbrook, Illinois에 위치한 햄버거 대학교Hamburger University는 22개 언어로 275,000명 이상의 관리자들을 훈련시켰으며 호주, 영국, 일본, 독일 등지에 소재한 10개소의 국제훈련센터International training centers를 운영하고 있다.

맥도날드는 200개 이상의 로날드 맥도날드 하우스 자선재단 소유 시설을 통해 사회적 책임목표를 지원한다. 사회적 책임활동에는 1백만 명의 아프리카 어린이들을 위한 예방접종 프로그램, 올림픽 청소년캠프, 재난구호, 그리고 소외지역을 위한 모바일 보건소 후원도 포함된다. 그림/표 3.6에 명기하지 않은 기업목표에는 높은 투자수익률, 비전형적 매장입지 실험 및 환경보존을 위한 노력 등이 있다.

경쟁중점목표는 맥도날드의 비전 선언문과 전략으로부터 도출된다. 그림/표 3.6는 경쟁중점목표의 우선순위를 보여준다. 경쟁중점목표는 기업전략 및 마케팅전략을 운영전략과 연결시킨다. 경쟁중점목표는 그림/표 3.6의 마지막 두 열에 나열된 주요 운영전략 문제에 대한 해결방향을 제시한다.

3장 학습목표 요약 Learning Objective Summaries

3.1 **기업이 경쟁우위를 확보하는 방법을 설명하라.** 경쟁우위를 확보하려면 다음 두 가지를 철저하게 이해하여야 한다. 첫째, 경영진은 고객의 욕구와 필요를 이해하여야 한다. 이를 바탕으로 가치사슬이 어떤 방식으로 고객에게 매력적인 고객효익패키지를 설계하고 제공하여야 고객 필요를 가장 잘 충족시킬 수 있는지를 이해하여야 한다. 둘째, 경영진은 쟁취하고자 하는 경쟁중점목표를 지원하기 위해 필요한 운영역량을 구축하고 활용하여야 한다.

3.2 **고객욕구와 필요를 이해하기 위한 접근 방식을 설명하라.** 고객이 기대하는 것을 정확하게 파악하려면 "고객과 가까이" 있어야 한다. 이를 수행하는 방법에는 직원이 고객을 방문하여 의견을 청취하거나, 관리자가 고객과 대화하거나, 공식 마케팅조사를 실시하는 등 여러 방법이 있다. 카노Kano 모형은 고객의 기본적인 필요사항, 표현된 필요사항, 종종 주문획득요인이 될 수 있는 "와우wow" 사양features 간의 구분을 도와준다.

3.3 **고객이 재화와 서비스를 평가하는 방법을 설명하라.** 연구에 따르면 고객은 재화와 서비스 품질을 평가할 때 탐색속성, 경험속성, 신뢰속성이라는 세 가지 유형의 속성을 사용한다. 이 분류는 운영관리에서 몇 가지 중요한 의미를 갖는다. 예를 들면 탐색 및 경험 속성 중 가장 중요한 요소를 설계 중에 평가하고 제조 중에 측정하여야 하며, 이들 요소들이 고품질 제품에 내장될 수 있도록 주요 운영통제key operational controls를 실시하여야 한다. 신뢰속성은 서비스의 특성, 서비스 시스템의 설계, 서비스 담당자의 교육 및 전문 지식에서 비롯한다.

3.4 **다섯 가지 주요 경쟁중점목표를 설명하라.** 다섯 가지 주요 경쟁중점목표는 다음과 같다.

1. 비용—많은 기업은 업계의 저비용 리더로 자리매김함으로써 경쟁우위를 확보한다.
2. 품질—품질은 거의 모든 종류의 시장 상황에서 더 높은 투자 수익률 획득과 밀접한 관련이 있다.
3. 시간—고객은 빠른 응답, 짧은 대기시간, 성과의 일관성을 요구한다.
4. 유연성—글로벌 경쟁이 치열한 시장에서 성공을 거두려면 설계 및 수요변화에 유연하게 대처하는 역량이 필요하다.
5. 혁신—많은 기업들은 전략의 핵심 요소인 혁신을 위한 연구개발에 집중한다.

3.5 **전략기획에서 OM, 지속가능성 및 운영기능의 역할을 설명하라.** 운영전략을 개발하기 위해서는 설계 및 운영 결정에서 다양한 선택 간 절충을 통해 경쟁중점목표를 운영역량으로 전환하여야 한다. 즉, 기업의 운영결정은 달성하려는 경쟁중점목표를 성취하는 것과 일치하여야 한다. 예를 들면 기업목표가 재화의 저비용 및 대량시장 생산자가 되는 것이라면, 조립라인 형태의 프로세스를 채택하는 것이 그 목표를 달성하는데 도움을 준다. 운영을 설계하고 구현하는 방식은 비즈니스 성과와 전략 달성에 큰 영향을 미칠 수 있다. 그러므로 운영기능은 마케팅 및 재무와 같은 다른 기능의 전략과 긴밀히 협력하여야 한다. 운영전략은 특히 숙련되거나 창의적인 인력, 고객관계관리, 기발한 재화-서비스 번들링, 강력한 공급사슬 네트워크, 탁월한 서비스, 마케팅 전문지식 또는 신제품을 신속하게 개발하거나 생산량을 조정하는 능력과 같은, 조직의 핵심역량을 활용하여야 한다. 많은 기업들이 지속가능성을 기업전략으로 여기고 있다. 대다수의 글로벌 고객들은 더 나은 환경을 만드는 일에 기여하는 것이 자신들의 책임이라고 생각하며, 이러한 목표를 지원하는 브랜드에 더 많은 비용을 지불하려는 의지가 있다. 마찬가지로 소매업체와 제조업체는 공급업체들에게 더 친환경적인 제품과 공급사슬을 요구하고 있다. 지속가능성을 수용한 기업은 운영 전반에 걸쳐 이 전략을 추구한다.

3.6 **운영 전략에 대한 힐의 전략개발 사고체계를 설명하라.** 힐의 전략개발 사고체계는 그림/표 3.3에서 설명한 것과 같이 마지막 두 열에서 효과적인 운영전략의 필수요소 즉, 운영설계 선택과 올바른 인프라 구축을 정의한다. 이 두 가지 필수요소는 환경적, 사회적, 경제적 지속가능성을 지원하는 가치사슬을 정의한다. 이 체계의 주요 특징은 운영전략과 기업전략 및 마케팅전략 간의 연계성이다. 연계성은 힐 체계의 요소를 연결하는 네 가지 주요 의사결정 루프에 의해 설명할 수 있다 (그림/표 3.3 참조). 운영관리의 통합적 특성은 기업의 성공을 위한 매우 중요한 측면 중 하나이다.

주요용어 KEY TERMS

- 경쟁우위 competitive advantage
- 경쟁중점목표 competitive priorities
- 핵심역량 core competencies
- 신뢰속성 credence attributes
- 경험속성 experience attributes
- 인프라 infrastructure
- 혁신 innovation
- 대량고객화 mass customization
- 다국적기업 multinational enterprise
- 운영설계선택 operations design choises
- 운영전략 operations strategy
- 주문자격요인 order qualifier
- 주문획득요인 order winner
- 탐색속성 search attributes
- 전략 strategy

복습 질문 Review Questions

3.1 1. 조직이 어떻게 경쟁우위를 확보하려고 하는지 설명하라.

3.1 2. 주문자격요인order qualifier과 주문획득요인order winner을 정의하라.

3.2 3. 고객의 욕구와 필요를 이해하기 위해 취하는 접근방식을 설명하라.

3.2 4. 탐색속성, 경험속성, 신뢰속성을 정의하고 각각의 예를 제시하라.

3.3 5. 고객이 어떻게 재화와 서비스를 평가하는지 기술하라.

3.4 6. 다섯 가지 경쟁중점목표는 무엇인가? 경쟁중점목표를 잘 보여주는 기업을 찾아 예를 들어 설명하라.

3.4 7. 대량고객화를 정의하고 두 가지 예를 제시하라.

3.4 8. 혁신이란 무엇인가? 잘 알려진 기업들에서 혁신의 예를 두 가지 찾아보라.

3.5 9. 전략을 정의하라. 기업전략, 사업전략, 기능전략이 기업 전체의 전략을 어떤 방식으로 지원하는지를 설명하라.

3.5 10. 핵심역량의 예를 몇 가지 들어보라. 또한, 경영진이 기업의 핵심역량을 이해하는 것이 왜 중요한지 설명하라.

3.5 11. 운영전략이란 무엇인가? 운영전략은 어떤 식으로 경쟁중점목료를 지원할 수 있는가?

3.5 12. 전략기획에 있어서 운영관리OM, 지속가능성, 운영기능의 역할을 설명하라.

3.6 13. 운영전략에 관한 힐의 전략 사고체계를 설명하라.

3.6 14. 힐의 전략 사고체계는 기업전략을 마케팅전략 및 운영전략과 어떻게 연결하는가?

3.6 15. 그림/표 3.6에서 설명한 맥도날드의 경쟁중점목표를 평가하라.

3.6 16. 맥도날드 경영진이 지속가능성 관련 의사결정의 세 가지 예를 들어보라. (1장의 그림/표 1.13 참조)

토론용 질문 및 체험학습 DISCUSSION QUESTIONS AND EXPEROEMTAIL ACTIVITIES

3.1 17. 아래 기업 각각의 경쟁우위는 무엇인가?

a. 이베이 eBay
b. 사우스웨스트 항공 Southwest Airlines
c. 스타벅스 Starbucks
d. 애플 Apple
e. 페이스북 Facebook
f. 우버 Uber
g. 쓰리엠 3M
h. 아마존 Amazon
i. 벤틀리자동차 Bentley antomoviles
j. 노드스트롬 Nordstrom

3.2 18. 학습자에게 친숙한 기업을 선택한 후, 인터넷이나 도서관 자료를 활용하여 그 기업의 주문자격요인과 주문획득요인의 예를 찾아보라.

3.3 19. 학습자에게 친숙한 기업을 선택한 후, 인터넷이나 도서관 자료를 활용하여 그 기업의 고객이 재화 또는 서비스 평가에 활용하는 탐색, 경험, 신뢰속성의 예를 찾아보라.

3.3 20. 우버Uber나 리프트Lyft 같은 차량공유서비스의 탐색속

성, 경험속성 및 신뢰속성의 여러가지 예를 찾아보라.

3.4 21. 다음 범주 중 학습자에게 친숙한 업소/기업을 한 곳 선택하라.

- 스포츠용품점
- 미용실
- 대학가 술집 또는 레스토랑
- 피자업소
- 스포츠 팀
- 무선전화 서비스

해당 업소/기업의 전략적 사명, 전략, 경쟁중점목표를 정의하라. 주문자격요인과 주문획득요인은 무엇인가? 해당 업소/기업의 성공을 위해 운영기능은 어떤 요소를 잘 수행하여야 하는가?

3.4 22. 유피에스UPS, 페덱스FedEx 등의 소화물 배송서비스 기업은 경쟁우위 확보를 위해 경쟁중점목표인 "시간"을 어떻게 활용하는가? 이에 관하여 조사하고 예를 포함한 최대 2장 분량의 보고서를 작성하라.

3.4 23. 월마트는 경쟁우위 확보를 위해 경쟁중점목표인 "비용"을 어떻게 활용하는가? 이에 관하여 조사하고 예를 포함한 최대 2장 분량의 보고서를 작성하라.

3.4 24. 프록터앤갬블Procter & Gamble사는 경쟁우위 확보를 위해 경쟁중점목표인 "품질"을 어떻게 활용하는가? 이에 관하여 조사하고 예를 포함한 최대 2장 분량의 보고서를 작성하라.

3.4 25. 학습자가 가입한 이동통신사는 경쟁우위 확보를 위해 경쟁중점목표인 "유연성"을 어떻게 활용하는가? 이에 관하여 조사하고 예를 포함한 최대 2장 분량의 보고서를 작성하라.

3.4 26. 리프트(www.lyft.com)와 우버(www.uber.com)의 전략을 비교하라. 두 기업의 사명, 전략 및 경쟁중점목표의 유사점과 차이점을 설명하고, 두 기업의 운영전략이 어떻게 다른지를 설명하라. 인터넷이나 업계 간행물을 활용하여 조사하고 그 결과를 요약하여 최대 2장 분량의 보고서를 작성하라.

3.4 27. 품질과 이익률 간 상호연동모형 (그림/표 3.2)을 설명하라. 이 모형은 사업 및 운영전략과 어떤 연관성이 있는가? 상호연동모형의 효익을 뒷받침할 수 있는 재화와 서비스의 예를 들어보라.

3.4 28. 세계적 수준의 기업 중 한 곳을 골라 5대 주요 경쟁중점목표인 가격(비용), 품질, 시간, 유연성, 혁신 모든 요소에서 우위를 점할 수 있을지 논리적으로 설명하라.

3.5 29. 지속가능성이 경쟁중점목표가 아닌 전략인 이유를 논리적으로 설명하라.

3.5 30. 기업전략의 일부로 지속가능성을 지원하는 기업 두 곳을 찾아 지속가능성이 어떻게 전략에 통합되는지 논의하라.

3.5 31. 사회적, 윤리적 지속가능성에 기반한 명확한 전략을 가지고 있는 기업을 조사하여 보고서를 작성하라.

3.6 32. 학습자에게 친숙한 제조 또는 서비스 기업을 선택한 후, 힐의 전략체계를 그 기업에 적용해보라. 3장에서 제시한 맥도날드의 예를 참고하여 해당 기업의 기업목표, 경쟁중점목표, 운영관리 개념, 역량, 실행을 파악하여야 한다. 조사/분석 결과를 최대 2장 분량의 보고서로 작성하라.

3.6 33. 학습자에게 친숙한 두 개의 경쟁 기업(예: 이동통신사인 AT&T와 버라이즌Verizon, 골프용품 제조업체인 테일러메이드Taylor Made와 캘러웨이Callaway, 스타벅스Starbucks와 파네라Panera)을 선정하고, 인터넷이나 업계 간행물을 활용하여, 두 기업 간 사명, 전략, 경쟁중점목표, 운영전략의 차이점을 설명하라. 조사/분석 결과를 최대 2장 분량의 보고서로 작성하라.

3.6 34. 인터넷과 도서관 자료를 활용하여 애플Apple사의 전략적 사명, 비전, 기업전략, 경쟁중점목표, 운영전략을 설명하라. 또한, 애플의 지속가능성 전략과 실천관행에 대해 설명하고 평가하라. 분석/평가 결과를 최대 2장 분량의 보고서로 작성하라.

3.6 35. "베자컴퍼니Veja Company: "양심 있는 운동화Sneakers with a Conscience"의 운영기능과 공급사슬 관련 결정 및 실천관행이 어떻게 기업 사명와 전략을 지원하고 있는지 조사하여 그 결과를 최대 2장 분량의 보고서로 작성하라.

신시내티 광역 상공회의소 The Greater Cicinnati Chamber of Commerce

상거래 번영과 용이성을 촉진하기 위해 1839년에 설립된 신시내티 광역 상공회의소Greater Cincinnati Chamber of Commerce (www.cincinnatichamber.com)는 오하이오 주 신시내티Cincinnati, Ohio와 그 근교에 있는 약 7,000개 이상의 기업 및 단체가 가입한 회원제 조직이다. 상공회의소는 회원과 지역사회의 경제적 번영을 돕는 것을 그 목적으로 명시하고 있는데, 그 비전은 간단하다:

- 우리의 목적: 우리 지역의 활성화와 경제적 번영을 추구한다.
- 우리의 비전: 우리 지역은 미국에서 가장 선호도가 높은 도시이다.
- 우리의 핵심가치: 우리는 선각자이자, 협력자이며, 변화를 만드는 사람들이다. 우리는 열정, 성실, 그리고 즐거움으로 무장하고 포용적 리더십으로 이끈다.

신시내티 상공회의소는 다음과 같은 다양한 제품과 서비스를 제공한다.

- 새로운 사업체 유치
- 기존 사업체 유지
- 선거 및 투표
- 정부정책 지원
- 교육, 훈련 서비스
- 네트워킹 행사
- 수상 및 공로표창
- 네트워킹 기회 제공
- 축제 및 행사
- 회원명부인 "비즈니스커넥션즈Business Connections" 작성 및 발행
- 상공회의소 뉴스레터 발간

엄밀히 따지면 비영리기관이지만, 회원들은 상공회의소가 다양한 비영리프로그램을 지원하기 위해서 많은 서비스를 통해 비용 대비 초과수익을 창출할 것을 기대한다. 운영진은 상공회의소의 비전을 다음과 같이 정의했다: 우리 지역 사업체들이 성장이라는 경쟁적 도전에 대한 해결책을 구할 때 제일 먼저 찾는 곳이 되자. 성장 선언문growth statement은 다음과 같다:

> 신시내티 상공회의소는 비즈니스 자원과 엑셀러레이터(역자주: 신생사업체의 단기간 성장 지원기관), 몰입형 참여 기회, 기업 비용절감 프로그램을 제공하여 성장을 주도한다. 우리는 회원사가 인재풀을 확장하고, 지역 인력생태계를 탐색하며, 문화적 사고를 확장할 수 있는 능력을 갖추고 있다.

상공회의소는 일련의 상품 중심 라인부서(역자주: 운영진으로부터 명령을 받는 조직구조)로 구성되어 있다. 이들 부서들은 고객 세분시장과 직접 교류하여 상공회의소의 재화와 서비스를 개발 및 제공한다.

지원그룹은 정보 서비스, 관리, 인적 자원, 마케팅/통신 및 금융을 포함하며, 재화 및 서비스 전달 기능에서 라인 부서를 지원한다. 또한 상공회의소 멤버십/멤버관리the Chamber's Membership/Member Relations부서는 상공회의소 직원과 회원들에게 상공회의소 멤버십을 포함한 상공회의소 재화 및 서비스에 대한 정보와 정보사용권한을 제공한다.

상공회의소는 신시내티 도심에 있는 상공회의소 건물에 입주해 있는 제휴 단체들과 지속적인 관계를 유지한다. 제휴단체로는 신시내티 소수민족 공급업체 개발위원회Cincinnati Minority Supplier Development Counsil, 신시내티 소수민족 소유기업 사업멘토링 프로그램the Cincinnati Minority Enterprise Business Mentoring Program, 일본-미국협회the Japan-America Society 등 다수가 있다.

상공회의소는 효율성을 높이기 위한 도구로서, 성과측정을 강조하는 "측정성적표Measurement Report Card"를 개발하였다. 이 측정성적표는 전략기획Strategic Plan, 작업프로그램Program of Work, 그리고 부서 및 작업그룹 측정을 하나의 통합시스템으로 연결한다. 이 성적표Report Card는 분기별 운영보고서를 통하여 재정적 목표를 시장점유율 및 고객만족 데이터penetration and satisfaction data와 연계하는 방식으로 확장된 측정항목들을 포함한다.

토론을 위한 사례 질문

1. 신시내티 상공회의소에서 제공하는 고객효익패키지CBP의 특징을 설명하라. 상공회의소가 기본서비스를 보완하기 위해 제공할 수 있는 다른 주변재화는 무엇인가? 이것이 상공회의소의 전략에 어떤 영향을 미칠지 논의해보라.
2. 상공회의소의 경쟁우위의 원천은 무엇인가? 상공회의소는 어떤 조직과 경쟁하는가?
3. 상공회의소의 사명과 전략을 평가하라. 사명과 비전을 달성하기 위해서 탁월하게 수행해야할 특정 운영프로세스는 무엇인지를 논의해보라.
4. 경쟁중점목표의 순위를 정해보라.
5. 많은 지역의 상공회의소는 주로 여행 및 관광 사업에 관여하고 있다. 신시내티 상공회의소는 이러한 유형의 단체들과 비교하여 어떤 차별점이 있는가?

지속가능한 잔디관리 Sustainable Lawn Care

"크리스, 우리는 세계에서 가장 좋은 품질의 잔디 종자와 비료를 만듭니다. 우리 브랜드는 널리 알려져 있습니다!"라고 론케어사The Lawn Care Company의 제조 담당 부사장인 캐롤라인 에벨라Caroline Ebelhar가 말했다. 이에 대해 마케팅 부사장인 크리스 킬본Chris Kilbourne이 캐롤라인의 사무실을 나오며 다음과 같이 응수했다: "그렇기는 하지요! 하지만 고객은 우리 회사의 종자와 비료를 경쟁사의 그것과 비교하여 그 차이를 이해할 수 있는 유기화학 박사가 아닙니다! 우리는 잔디관리 도포서비스application service (역자주: 도포application는 종자나 비료를 페인트를 칠하듯이 토양에 얇게 뿌리는 서비스)사업에도 진출할 필요가 있습니다. 단지 완벽한 제품 제조라는 목표만 고집하지 말아야 합니다." 론케어사의 최고경영자인 스티븐 마리온Steven Marion은 고위경영진 간에 계속되고 있는 논쟁을 경청했다. 회사의 경영진은 곧 중요한 전략적 결정을 내릴 예정이다.

10억 달러에 육박하는 매출을 올리고 있는 비료와 잔디 종자 제조업체인 론케어사는 일부 제품을 공원과 골프장에 직접 판매했다. 이 제조업체는 전통적으로 고객서비스를 "적절한 시기에 적절한 제품을 적절한 고객에게 제공하는 것"이라고 매우 좁게 정의하였다. 일단 이 상품들이 고객의 울타리 안으로 배달되어 고객이 선적서류에 서명을 하면, 론케어사의 임무는 종료되었다. 따라서 많은 공원이나 골프장 고객의 경우, 지역 하청업체나 고객이 직접 구매한 비료와 종자를 도포했다. 종자와 비료 도포를 맡은 인력이 종종 부적절한 장비와 방법을 사용함으로써 작업을 망쳤다. 그러므로 잔디관리 도포서비스 인력, 론케어사, 고객 간의 관계가 항상 이상적일 수 없었다.

잔디밭이 손상되거나 호수나 개울이 오염되어 론케어사를 상대로 소송이 제기될 때마다, 손상이나 오염이 제품 품질 때문인지, 잘못된 도포작업 때문인지에 대한 공방이 벌어졌다. 누구의 책임이든지 결과적으로 고객의 잔디밭이나 수로의 상태가 악화되었고, 때로는 골프코스의 그린이나 홀이 심하게 손상되어 경기를 할 수 없게 되어 골프장은 상당한 수익감소를 겪었다. 환경보호단체가 제기한 어떤 소송은 골프장 인근 개울에서 물고기 한마리가 죽은 사건에 대한 것이었다.

론케어사의 경쟁 업체 중 한 곳은 주요 고객을 위해 비료와 잔디종자를 공원 및 골프장에 주기적으로 도포하는 서비스를 시작했다. 이 경쟁업체는 기본재화primary goods인 비료 및 잔디종자에 도포서비스를 묶어서 번들bundle로 제공하고, 묶음서비스에 대해 더 높은 가격을 청구했다. 경쟁업체는 골프장이나 공원부지 밖에 독성 비료를 저장하여 발생할 수 있는 위험에 대한 책임을 회피하기 위해 고객이 제품을 구매한 날 비료를 배달하고 도포하였다. 경쟁업체는 공원 및 골프장 표적시장에서 도포서비스를 익힌 후, 주거용 잔디관리 도포서비스 표적시장으로 사업확장을 모색하기 시작했다. 론케어사는 업계에서 "최고 품질의 제품"을 판매하지만 현재 전문 공원 및 골프장이나 주거용 잔디관리용 "도포서비스" 세분시장에 진출하지 않은 상황이었다. 론케어사는 일단 제품을 작업현장 또는 도포서비스업체에 배달하면 가치사슬이 종료된 것으로 간주하였다. 이와 대조적으로 경쟁업체는 고객에게 "번거롭지 않은 아름다운 잔디"를 판매하였다. 즉, 경쟁업체는 잔디 종자 및 비료에 도포서비스를 묶어서 판매하였다.

토론을 위한 사례 질문

1. 론케어사의 현재 전략적 사명, 전략, 경쟁중점목표, 가치사슬 및 고객확보 방법을 정의하라. 주문자격요인과 주문획득요인은 각각 무엇인가? 도포서비스를 제외한 가치사슬의 주요단계를 그림으로 그려보라.
2. 론케어사의 현재 전략, 비전, 고객효익패키지, 가치사슬 설계, 사전 및 사후서비스 각각에 어떤 문제가 있는지 생각해 보라.
3. 질문 (1) 및 (2)에 다시 답해보고, 현재 시장환경에 보다 적합한 새로운 또는 수정된 전략 및 고객효익패키지와 가치사슬을 제시하라.
4. 학습자가 제시한 수정전략을 성공적으로 실행하기 위해서는 운영상 어떤 부분을 더 잘 수행하여야 할까?
5. 론케어사 경영진에게 어떤 권고를 하겠는가?

통합 사례 연구: 허드슨 쥬얼러스 Integrative Case: Hudson Jewelers

본서 마인드탭MindTap은 허드슨 쥬얼러스Hudson Jewelers 사례 연구 관련 각 장에 있는 학습자료를 통합하여 제공한다.

토론을 위한 사례 질문

1. 허드슨쥬얼러스의 고객효익패키지를 정의하고 동 기업의 전략을 설명해보라: 경쟁중점목표, 주문자격요인 및 주문획득요인의 순위를 매겨보라: 허드슨쥬얼러스가 경쟁우위를 확보하는 방식을 설명하라.
2. 탐색, 경험, 신뢰속성 측면에서 고객의 매장 경험을 평가하라. 탐색, 경험, 및 신뢰속성의 구체적인 예를 몇 가지 들어 보고, 그들을 분류한 근거를 제시하라.
3. 가격이 5만 달러인 결혼반지를 구입하고 공동디자인codesign 하는 것에 대한 "가치"의 속성들을 자세하게 정의하라. 고객을 기쁘게 하는 구매경험을 만드는 요인은 무엇인가?

테크놀러지와 운영관리 4

Technology and Operations Management

Denys Prykhodov/Shutterstock.com

학습목표

4장을 학습한 후 다음 과제를 수행할 수 있어야 한다:

4-1 생산 및 서비스 운영manufacturing and service operations에 필요한 테크놀러지technology의 종류와 역할에 대해 설명한다.

4-2 생산 및 서비스 테크놀러지와 분석기법이 어떻게 가치사슬 value chain을 강화하는지 설명한다.

4-3 테크놀러지 사용의 이점과 도전과제에 대해 설명한다.

4-4 주요 테크놀러지를 이해하고 분석기법을 통해 테크놀러지 도입 결정을 돕는 방법에 대해 설명한다.

사물인터넷Internet of Things (IoT)은 최근 들어 주목받고 있는 테크놀러지(기술)이다. 예를 들면, IoT는 스마트워치smart watch, 피트니스 장치fitness device, 온도계, 조명, 냉장고와 같은 물리적인 사물이 센서를 통해 인터넷과 연동된다. 가전제품에 내장된 사물인터넷 센서는 고객 편의성을 크게 향상시킨다. 만약 냉장고에 센서가 부착된다면, 호스에 물이 새는 경우 집이 물바다가 되기 전에 확인하라는 휴대폰 문자를 전송하고, 냉장고 속 식품 수량을 확인해 식품이 동이 나기 전에 다시 장을 보라는 문자를 전송할 수도 있다.

사물인터넷은 기존의 운영관리 방식을 크게 바꾸고 있다. 바코드 스캐너bar code scanner와 무선 주파수 식별 태그Radio-Frequency Identification (RFID) tag는 공급사슬에서 상품을 추적하여 고객만족을 높여주는데 사용할 수 있다. 센서가 내장된 전기 드라이버는 사용자가 나사를 알맞은 힘으로 조이도록 돕는다. 무게 감지센서를 가지고 있는 부품 보관상자는 작업자가 실수로 규격에 맞지 않은 부품을 집으면 경고 신호를 보낸다. 화학 공정에서 생산설비에 내장된 센서는 자동적으로 재료, 온도, 그리고 압력을 조절해 제품의 품질을 높인다. 또한 생산설비의 센서는 조립라인을 따라 이동하는 자재/부품의 위치/자세를 조정하여 정확하게 가공할 수 있도록 한다. 서비스 운영관리 역시 사물인터넷의 영향을 받을 수밖에 없다. 기술자들은 사물인터넷으로 연결된 기기의 설치 및 유지·보수를 위해 매년 400만 건 이상의 서비스 호출을 받는다. 사물인터넷 제품의 판매 및 지원에 필요한 전문 역량을 갖춘 아마존Amazon, 월마트Walmart 등의 기업이 경쟁우위를 가질 것이다. 사물인터넷은 기업들로 하여금 정보기술 IT, 공급사슬 supply chain, 물류 시스템을 재정비하도록 만들 것이다.

어떻게 생각하는가? What Do you Think?

테크놀러지는 인간의 삶에 어떤 효익을 제공하는가?

물리적 기술과 정보기술을 모두 포함하는 테크놀러지(기술)technology는 모든 산업에서 일하는 방식을 획기적으로 바꾸어 놓았다. 기술은 서비스와 생산 시스템이 더욱 생산적이고 고객의 높아진 요구를 수행할 수 있도록 도움을 준다. 휴대폰, 컴퓨터, 인터넷, 그리고 무선통신 기술이 없는 세상을 상상할 수 없다. 그러나 전기 자동차와 같은 새로운 기술은 기업들에게 고객효익패키지customer benefit package, 공급사슬, 그리고 운영에 대해 재고하도록 한다. 한정된 주행거리를 가진 전기 자동차의 실용성은 더 빠르게 배터리를 충전할 수 있는 능력에 의해 결정된다. 테슬라Tesla는 30분 충전소의 전국 네트워크를 구축하여 개인 고객들이 미국 전역에서 전기 자동차를 운행할 수 있도록 돕고 있다. 또한 보통의 가솔린 주유 속도보다 배터리를 더 빨리 교체할 수 있는 배터리 교환 스테이션battery swapping stations도 개발하고 있다. 테슬라는 전통적인 자동차 판매 대리점dealers들이 유통과정에서 가격을 부풀리는 관행을 막고, 고객과 관계를 쌓고 유지하기 위해 독립적인 대리점을 통한 전기 자동차 판매를 하지 않는다. 따라서 테슬라는 모든 판매 전시장과 서비스 센터를 직접 운영하고 있다. 테슬라의 생산 공장은 높은 수준의 자동화를 이루고 있다. 산업용 로봇을 통해 모든 조립 라인에서 근로자를 도우며 효율성을 증대한다. (유튜브의 "How the Tesla Model S Is made" 참조)

상품, 서비스, 제조, 서비스 제공 과정의 기술 혁신은 기업들이 경쟁에서 이기기 위한 필수조건이다. 예를 들면, 제너럴 일렉트릭General Electric (GE)의 전 CEO인 잭 웰치Jack Welch는 인터넷 초창기에 그의 아내가 웹에서 쇼핑하는 것을 보고, GE를 전통적인 굴뚝 산업에서 인터넷을 활용하는 선도 기업을 만들기 위해 밀어붙였다. "내가 아내의 모습을 보지 않았다면, 나는 네안데르탈인으로 은퇴했을 겁니다. 그 후 나는 내가 읽을 수 있는 모든 기술관련 자료를 읽기 시작했습니다." 그는 인터넷에 능통한 멘토 1,000명을 고위 임직원들과 짝을 이루게 해서 임직원들이 빠르게 인터넷 시대에 적응할 수 있도록 도왔다.

4-1 운영관리에서 활용하는 기술의 이해

Understanding Technology in Operations

기술은 두 개의 기본 그룹으로 분류할 수 있다. **하드웨어 기술**hard technology은 *상품과 서비스의 생산과 전달에서 다양한 업무를 수행하는 장비equipment와 장치device를 의미한다*. 하드웨어기술의 예로는 컴퓨터, 마이크로프로세서, 광학 스위치, 위성, 센서, 로봇, 자동화 기계, 바코드 스캐너, RFID 태그 등이 있다.

RFID 태그는 바코드 기술이 현대적으로 진화한 것이다. RFID 태그는 배송용기shipping container, 개별 제품, 신용카드, 처방약, 여권, 가축, 그리고 심지어 사람의 신체에까지 삽입할 수 있는 작은 컴퓨터 칩이다. RFID는 무선 신호를 전송하여 재고의 위치를 식별하고 공급사슬 안에서 그 움직임을 추적한다. RFID는 제조업은 물론 서비스업에서 다양한 응용이 가능하다. 대표적으로 유통, 국방, 교통, 그리고 의료 분야에서 이 기술을 도입하기 위해 노력하고 있다. RFID는 자재, 수하물 및 기타 화물의 취급과 운송에 가시성과 강화된 보안을 제공할 수 있다. RFID는 위조품과 정품을 식별하는데 도움을 줄 수 있으며, 따라서 전반적인 제품 및 운영 비용을 낮추는데 도움이 된다. 또한 RFID는 생활지원시설 (역자주: 양로원, 요양원)에서 거주자들의 움직임을 관찰하고, 병원 응급실에서는 의사, 간호사, 그리고 의료장비의 움직임을 추적하는데 사용되고 있다.

소프트웨어 기술soft technology은 *데이터, 정보, 분석을 제공하고, 상품과 서비스의 생산과 전달을 용이하게 하는 인터넷, 컴퓨터 소프트웨어, 정보 시스템 응용프로그램을 의미한다*. 소프트웨어 기술의 예로는 데이터베이스 시스템, 인공지능 프로그램, 그리고 음성인식 소프트웨어 등이 있다. 두 가지 유형은 모두 현대 조직에 필수적이다(Amazon.com에 관한 상자 참조). 본 장의 서론에서 기술한 바와 같이, 하이브리드 자동차와 전기 자동차가 하드웨어와 소프트웨어 기술을 통합한 좋은 예다.

Bayanova Svetlana/Shutterstock.com

제품에 부착된 RFID 태그는 재고inventory와 자산asset을 추적하고 관리하는 용도로 사용한다.

정보기술Information Technology(IT)은 데이터와 정보의 보다 나은 관리를 통해 가치 사슬의 모든 부분을 통합할 수 있는 능력을 제공한다. 효과적인 전략적, 운영적 의사결정을 통해 고객의 필요와 욕구needs and wants를 충족시키고, 경쟁중점목표competitive priorities를 달성하며, 가치사슬에서 모든 프로세스process의 설계와 운영을 개선하고, 더 나은 고객효익패키지customer benefit package를 설계할 수 있다. 점점 더 많은 하드웨어 기술과 소프트웨어 기술이 전사적으로 통합됨으로써, 경영자가 가치사슬 전반에서 더 나은 의사결정을 내리고 정보를 공유할 수 있게 되었다. 흔히 통합 운영체제Integrated Operating Systems (IOSs)라고 불리는 시스템에는 컴퓨터통합생산computer-integrated manufacturing(CIM) 시스템, 전사적 자원관리enterprise resource planning(ERP) 시스템, 고객관계관리customer relationship management 시스템을 포함하는데, 이 모든 시스템은 기업들이 기술을 활용하여 더 좋고, 더 많은 맞춤형 상품과 서비스를 더 낮은 가격에, 더 빨리 제공할 수 있게 돕는다. 다음 절에서 이들 시스템에 대해 자세히 논의한다.

누가 강선을 만드는가? Who's Making Steel Wire

프에스탈피네Voestalpine AG (www.voestalpine.com)는 오스트리아Austria 도나위츠Donawitz에 압연공장을 신규 개설하여 14명의 직원이 500,000톤의 강철을 생산한다. 프에스탈피네의 사업전략은 주요 대형 철강업체들과의 경쟁을 피하여 강선과 같은 고부가가치 틈새 제품에 집중하는 것이었다. 도나위츠 공장은 BMW, 메르세데스-벤츠Mercedes-Benz 등 완성차 업체들을 위해 충격흡수장치와 피스톤 케이스에 사용할 강선를 생산한다. 회사가 현재의 기술력이 아닌 1960년대의 기술력을 가지고 있다면 1,000명 이상의 직원을 고용해야 할 것이다.

빨갛게 달아오른 금속은 700미터 길이의 생산라인을 따라 움직인다. 세 명의 기술자가 생산라인의 성과를 모니터링할 수 있는 스크린이 설치된 '설교대pulpit'라는 애칭이 붙은 컴퓨터 제어실에 앉아서 공장을 완벽히 제어한다. 나머지 300명의 직원들은 구매, 물류, 기계 유지보수, 회계 등의 지원업무를 담당한다. 최고경영책임자CEO인 볼프강 에더Wolfgang Eder는 "장기적으로 대부분의 전통적 블루칼라 노동자들은 더이상 필요가 없어질 것입니다. 모든 업무는 자동화될 것입니다."라고 말한다. 지난 20년간 전세계 철강업계는 1톤의 철강 생산에 필요한 노동시간을 700시간에서 250시간으로 감축하였다.

Bayanova Svetlana/Shutterstock.com

드레셔 페이퍼 박스 회사: 조각 퍼즐 만들기
Drescher Paper Box: Making Jigsaw Puzzles

1867년 뉴욕주 버팔로Buffalo, New York에서 설립된 드레셔는 고품질 비닐 코팅 판지 조각 퍼즐과 보드게임을 제조 및 조립한다. 드레셔는 내부를 솜으로 채운 보석함, 사탕 상자, 명함 상자, 그리고 주문 제작 산업용 상자도 생산한다. 조각 퍼즐 생산 프로세스는 퍼즐 조각 제작, 퍼즐을 담을 종이상자 제작, 최종 조립이라는 세 가지 단계로 구성된다. 인쇄한 사진을 크기에 맞게 잘라서 두꺼운 퍼즐 판지 뒷면에 비닐로 코팅 처리한다. 프레스 기계를 사용하여 사진을 퍼즐 조각으로 자른 후, 퍼즐을 봉투에 포장한다. 종이상자 제작 프로세스는 빈 마분지를 준비하여, 마분지에 상자 모양으로 자국을 낸 후, 그에 맞춰 잘라서 표면에 그래픽 인쇄하고 비닐로 코팅 처리한다. 최종 조립 프로세스에서는 퍼즐을 상자에 넣고 상자를 비닐로 포장하여 선적한다.

Bayanova Svetlana/Shutterstock.com

4-1a 생산기술 Manufacturing Technology

비록 첨단기술high-tech의 자동화된 생산 프로세스가 언론의 많은 관심을 받고 있지만, 전세계 중소 제조기업에서 사용하는 많은 기술은 여전히 초보적인 수준에 머물고 있다. 조각 퍼즐jigsaw puzzles용 포장상자 제조에는 단순한, 고도화되지 않은 생산 기술이면 충분하다. 반면에 자동차, 제트 엔진 등의 정밀 제품을 생산하기 위해서는 보다 발전된 생산방식이 필요하다. 그러나, 운영관리 관점에서 보면 모든 기업들은 기술과 관련해서 아래와 같은 공통적인 문제에 직면한다:

- 제품 특성에 적합한 생산 기술을 선택해야 한다.
- 생산 효율성을 높일 수 있도록 기계, 직원 등의 생산 자원을 합리적으로 구비 및 구성해야 한다.
- 작업자에게 장비운용 교육을 실시해야 한다.
- 프로세스 성과를 지속적으로 개선해야 한다.
- 선적/배송일을 준수할 수 있도록 작업일정을 수립해야 한다.
- 품질을 관리해야 한다.

4-1b 컴퓨터통합생산시스템 Computer-Integrated Manufacturing Systems (CIMSs)

오늘날 제품 생산에 사용하는 많은 기술은 자동화되어 있으며 정보기술과 연계되어 있다. **컴퓨터통합생산시스템**Computer-Integrated Manufacturing Systems (CIMSs)은 *하드웨어, 소프트웨어, 데이터베이스 관리 및 통신을 결합시킨 시스템을 의미하며, 계획 및 설계부터 제조 및 유통에 이르는 생산 활동을 자동화하고 제어한다.* CIMS는 다양한 약어들acronyms, 공급업체들, 응용프로그램들을 포함하는 수많은 하드웨어 및 소프트웨어 기술로 구성되어 있다. CIMs는 오늘날 제조업에서 생산성과 효율성을 위해 필수적이다.

CIMS가 주는 혜택 CIMS Facts

전미연구평의회National Research Council에서 밝힌 컴퓨터통합생산시스템 사용의 이점은 다음과 같다.

- 엔지니어링 설계 비용 30퍼센트 감소
- 생산성 40–70퍼센트 향상
- 장비 가동률 2– 3배 증가
- 리드타임 30–60퍼센트 감소
- 품질 3–4배 향상

CIMS은 *복잡한 형상을 만들기 위해 사용하는 공작기계*machine tools*들의 움직임을 제어하기 위한* **수치제어**numerical control(NC) *기기*에 그 뿌리를 두고 있다. **컴퓨터 수치제어**computer numerical control (CNC) *기계는 컴퓨터에 의해 구동되는 수치제어 기기*를 지칭한다.

산업용 로봇은 생산 자동화 중 CIMS의 다음 단계로 볼 수 있다. **로봇**robot은 *다양한 작업에서 자재나 도구를 다룰 수 있도록 설계된 프로그래머블 기계*programmable machine*이다*. 로봇은 다양한 동작을 '습득'할 수 있으며, 논리적 결정을 할 능력도 있다. 이러한 용도 이외에도 로봇은 스프레이 도장spray painting, 가공machining, 제품 검사inspection 및 자재관리material handling에 활용할 수 있다. 예를 들면 로봇을 원자력 발전소 내 방사선량이 높은 구역에서의 작업에도 사용한다. 의류산업에서는 봉제 프로세스sewing process를 자동화하는 로봇을 개발하고 있다. 의료 서비스 산업에서는 뇌 수술 시 두개골에 정확히 구멍을 뚫는 용도로도 활용하고 있다.

처음 CIMS가 등장했을 때는 컴퓨터이용설계/컴퓨터이용엔지니어링computer-aided design(CAD)/computer-aided engineering(CAE)과 컴퓨터이용생산computer-aided manufacturing(CAM) 시스템으로 구성되었다. **CAD/CAE**는 *실물 제품을 생산하기 전이라도 엔지니어가 제품의 설계, 분석, 테스트, 시뮬레이션, "(가상으로) 생산"하여 생산가능성을 타진하고 실제 생산단계에서 양질의 제품을 만들도록 돕는다*. 예를 들면 닛산Nissan은 CAD 소프트웨어를 사용하여 자동차 신제품의 설계부터 판매까지 소요되는 기간을 절반으로 줄였다. 닛산은 노트Note 소형차를 설계 확정 후 불과 10.5개월 만에 일본 시장에 출시하였는데, 과거 신차 출시에 20.75개월이 소요된 것에 비하면 혁신적인 성과다. **CAM**은 공구 움직임과 절삭 속도 등을 컴퓨터로 제어한다.

유연생산시스템flexible manufacturing systems(FMS)*은 2개 이상의 컴퓨터제어 기계*computer-controlled machines *또는 로봇으로 구성되어 있는데, 이들은 자동처리장치*automated handling device *— 트랜스퍼머신*transfer machine *(역자주: 부분품 가공이나 조립, 검사 따위를 연속하여 자동적으로 처리하는 장치), 컨베이어*conveyor, *운반 시스템*transport system *등 — 로 연결되어 있다. 컴퓨터는 시스템 전체의 작동순서를 지시한다. 또한 작업을 적절한 기계에 할당하고 적절한 공구를 선택하여 적재하며, 기계에 의해 수행되는 작업을 제어한다*. FMS는 둘 이상의 제품을 동시에 가공하거나 조립할 수 있으며, 여러 가지 제품을 임의의 순서로 가공할 수 있다. 혼다Honda는 FMS와 로봇 기술 분야의 선도기업으로서 설계와 수요변화에 대처하는 유연성flexibility을 회사의 경쟁중점목표로 설정하였다. 따라서 회사는 경쟁중점목표 달성을 위해 운영체제와 기술을 변경했다. 혼다의 조립 공장은 유연생산 셀flexible manufacturing cells을 활용하고 있는데, 셀에는 다양한 자동차 모

Tinxi/Shutterstock.com

3-D 프린터를 사용하면 프로토타입은 물론 완성품도 제작할 수 있다.

델을 제작할 수 있도록 프로그래머블 로봇programmable robots을 설치하였다. 최신 CIMS는 CAD/CAE, CAM, 그리고 FMS가 통합된 형태이다.

4-1c 생산 기술의 진보Advances in Manufacturing Technology

기술 혁신은 많은 산업에서 생산방식을 변화시켰다. 적층제조additive manufacturing 기술을 응용한 3-D 프린팅은 디지털 모형 파일로부터 3차원의 고형 물체를 생산하는 프로세스를 일컫는다. '적층'은 자재를 제거하는 밀링milling이나 드릴링drilling과 같은 전통적인 가공 프로세스로 만들어지는 것이 아니라 플라스틱, 세라믹, 유리와 같은 재료를 연속적으로 쌓아 만드는 것을 의미한다.

3-D 프린팅 기술은 많은 분야에 적용할 수 있다. 예를 들면, 산업 디자이너industrial designer는 CAD의 디지털 설계 도면을 바탕으로 물리적 모형을 신속하게 제작할 수 있다. 이를 급속 프로토타이핑rapid prototyping이라고 하는데, 건축, 산업 설계, 자동차, 항공우주 및 기타 제조 산업에서 광범위하게 사용된다. 의료산업에서는 치과 임플란트나 보철물 생산에 적용하고 있으며, 패션 산업에서는 패션 액세서리 생산에 사용하고 있다. 예를 들면, 최근 방영된 패션 관련 TV쇼 '프로젝트 런웨이Project Runway' 참가자들이 착용한 액세서리도 3-D 프린팅 기술을 이용하여 제작하였다. 또한 이 기술은 소비자가 맞춤형 제품을 직접 만들 수 있도록 허용하여 회사의 고객효익패키지를 풍성하게 할 수도 있다. 예를 들면 노키아Nokia는 다양한 휴대전화용 케이스의 엔지니어링 설계도 파일을 고객에게 제공하여 고객이 원하는 디자인을 3-D 프린터로 직접 제작할 수 있도록 하였다.

새로운 형태의 산업용 로봇이 개발되고 있다. 백스터Baxter는 인간처럼 자율 학습이 가능한 로봇을 개발하였는데, 그 가격이 현재 시중에 유통중인 가장 저렴한 산업용 로봇 가격의 절반에 지나지 않는다. 로봇은 별도의 소프트웨어 코딩 (사전 프로그래밍)없이도 학습이 가능하며 인간과 같은 상식common sense을 발전시켜 물건이 바닥에 떨어졌을 때 줍는 등의상식에 기초한 행동이 가능하다. 중소기업에서 백스터가 개발한 로봇을 분류 작업에 투입하면 작업자들이 사소한 분류 작업 대신 더 중요한 일에 집중할 수 있도록 하여 효율성을 높일 수 있다.

나노기술nanotechnology을 사용하면 원자, 분자 및 초분자 크기supramolecular scales의 물질을 조작할 수 있고 초정밀 생산도 가능하다. 현재 나노기술은 우주항공이나 생명공학 분야에서 주로 활용하고 있으나 향후 모든 제조업에서 핵심기술이 이 될 전망이다. 여러모로 나노기술은 이미 세상을 바꾸었다. 나노기술 적용 예는 다음과 같다.

- 초고속 컴퓨터 개발
- 자기부상 자동차/기차에 사용하는 탄소 나노튜브nanotube 기반 초전도 물질superconductive materials 개발
- 초소형 대용량 메모리 카드 개발
- 장시간 냉감을 유지하는 여름용 의류 개발
- 상처를 급속하게 아물게 하는 의료용 밴드 개발

알코아: 제트엔진 부품 생산에 3-D 프린팅 활용
Alcoa: 3-D Printing for Jet Engine Parts

알코아Alcoa는 비행중 최대 화씨 2,000도에 달하는 온도와 기압을 견뎌야 하는 상용 제트기에 사용하는 가스 터빈 엔진 부품을 생산한다. 엔진용 니켈 합금 부품은 공구 세공, 개발, 주조 공정을 거쳐 생산하는데 1년이 소요되기도 한다. 알코아는 적층제조 방식으로 프로세스 개발과 부품 제조에 필요한 시간을 절반으로 줄이고 프로세스 비용을 약 25% 절감할 수 있었다. 알코아는 CAD를 3-D 프린팅과 결합하여 컴퓨터 파일로부터 금형을 층층이 쌓는 방식으로 해당 부품을 제조하였다. 그 결과, 한때 6개월이 소요되던 생산 프로세스가 2~8주만에 완료되어 생산량을 획기적으로 증가시켰다.

위에서 언급한 모든 기술의 진보는 운영관리를 더 도전적이고 흥미로운 분야로 만들고 있다.

4-1d 서비스 기술 Service Technology

서비스 기술은 일상에서 흔히 볼 수 있는데, 음악 다운로드, 뱅킹, 자동세차, 휴대전화 음성인식, 의료처치, 호텔과 공항 키오스크, 그리고 디즈니 월드Disney World의 홀 오브 프레지던트Hall of Presidents, 컨트리 베어 잼보리Country Bear Jamboree 공연 로봇 등이 모두 서비스 기술에 속한다. 호텔, 항공사, 병원, 소매점 등에서 활용하고 있는 서비스 기술은 고객의 서비스 경험service experiences을 돕는다. 예를 들면, 피자 프랜차이즈 레스토랑에서 사용하는 주문입력 시스템은 터치스크린을 사용하여 고객 주문을 빠르게 처리한다. 또한 주문입력 시스템이 고객 데이터베이스와 연동되어 있어서 단골 고객이 전화하면 직원은 고객의 전화번호만으로 고객의 이름, 주소, 배송지 정보를 불러올 수 있다 (신규 고객의 경우 정보를 한 번만 입력하면 추후 계속 사용할 수 있다). 직원이 검색된 고객 정보를 활용하여 고객의 이름 부르며 고객에게 친근하게 서비스를 제공하면 고객만족도를 높일 수 있다. 또한 터치스크린을 활용한 주문 입력은 손글씨로 작성한 주문서의 오독으로 인해 발생하는 주문 오류를 방지할 수 있다.

일반적으로 서비스 기술은 인터넷을 활용한다. *기업들은 인터넷 기반의 다양한 기술을 이용하여 고객에게 시간, 장소, 정보, 여흥 및 교환 가치를 창출 및 전달하거나 회사의 상품 판매를 지원하는데, 이를* **이-서비스**e-service*라고 부르기도 한다.* 많은 소비자들이 휴가를 준비하면서 항공사, 호텔, 렌터카 회사의 웹사이트를 이용하거나 익스피디아Expedia 와 같은 여행 관련 '원스톱 one-stop' 서비스를 이용한다. 사물인터넷, 디지털 개인비서digital personal assistant, 가상현실virtual reality (VR) 기술은 고객에게 새로운 경험을 제공한다.

4-2 가치사슬에서 기술의 역할Technology in Value Chain

인터넷과 전자통신 기술은 가치사슬의 운영, 속도, 효율성을 변화시키고 있으며 운영 관리자들에게 많은 새로운 과제를 던져주고 있다. 전자거래electronic transaction 역량은 가치사슬의 모든 참여자들이 수요와 공급의 변화를 즉시 인식하고 대응할 수 있게 해준다. 이를 위해서는 가치사슬의 구성 부문간 긴밀한 통합이 필요하다. 기술역량은 전통적인 가치사슬 구조의 일부를 제거하거나 운영 간소화를 가능하게 한다.

비즈니스 애널리틱스business analytics는 가치사슬 관리에 중요한 역할을 하는데 특히 정보시스템 프레임워크information systems framework 하에서 가치사슬 전체의 데이터 통합 및 분석을 담당한다. 예를 들면, 넷플릭스Netflix는 마케팅, 운영, 고객서비스 등 모든 업무에 애널리틱스를 활용한다. 넷플릭스는 설문조사, 웹사이트 사용자 실험, 브랜드 인지도 연구brand awareness studies (역자주: 다양한 조건에서 고객이 특정 브랜드를 기억 · 인식할 수 있는지를 연구), 시장세분화 연구segmentation research를 통해 광범위한 데이터를 수집한다. 애널리틱스를 활용하여 새 저작물title에 대한 적정 저작권료를 결정하기도 한다. 넷플릭스는 고객 선호도, 영화 등급, 유사한 시청 기록 및 선호 이력을 가진 사용자 간 비교데이터 등을 활용하여 고객이 좋아할 확률이 높은 영화 제목을 예측해 개인 맞춤형 추천 영화 리스트를 만든다. 또한 넷플릭스는 애널리틱스를 활용하여 인터넷상의 트래픽, 네트워크 장애 등을 파악하여 가장 효율적인 경로를 통해 고객에게 영상을 전송한다.

고객관계관리Customer Relationship Management (CRM)는 *고객과의 장기적 관계를 구축하고 고객 충성도loyalty를 높여 수익을 증대할 목적으로 고객의 필요와 욕구, 소비자행동을 파악하기 위해 고안된 일종의 사업 전략이다.* CRM은 소비자들로부터 수집할 수 있는 방대한 양의 데이터를 이용한다. 회사가 고객과 음성통화를 하였다면, 그 고객이 언제, 어디서, 얼마동안 통화했으며, 누구와 통화했는지에 관한 기록은 물론, 전화 연결의 성공 여부에 관한 데이터를 수집할 수 있다. 또한 소비자가 회사의 특정 프로모션에 반응하였는지 여부와 구매 이력 등의 데이터도 얻을 수 있다. 마찬가지로, 슈퍼마켓, 드러그스토어drug store 등의 유통업체들은 포인트 적립카드loyalty card를 활용하여 수집한 고객의 구매 패턴에 대한 데이터를 분석하

크로거: 2초 절감 효과 활용하기 Kroger: Leveraging Two Seconds of Savings

지난 수십년간 식료품점에서 사용하여 온 바코드 스캐너bar code scanner 기술은 계산원이 계산대에서 고객의 쇼핑 물품들을 수동으로 스캔하는 방식이었다. 미국 슈퍼마켓 체인인 크로거Kroger는 고객의 시간을 절약하고 회사의 운영비와 인력을 절감할 목적으로 어드밴티지 체크아웃Advantage Checkout이 불리는 새로운 방식의 기술을 시험하고 있다. 고객이 쇼핑한 상품을 빠르게 이동하는 컨베이어 벨트에 올려놓으면, 상품이 고출력 카메라가 줄지어 설치된 터널을 통과하면서 바코드가 스캔된 후, 다른 컨베이어로 갈아타고 봉투에 담기는 지점으로 이동한다. 스캐너는 몇 개의 계산원이 작동하는 전통적 체크아웃 또는 셀프서비스 체크아웃 기능을 수행할 수 있고, 공간을 덜 차지하며, 적은 수의 작업자만 있으면 된다. 회사의 CFO는 매일 수천번 이루어지는 체크아웃 프로세스에 이 기술을 적용할 경우 각 품목별로 2초의 절감효과가 있을 것이고, 이를 2,400개 매장에 확대하면 그 효과는 매우 클 것으로 전망하였다.

여, 구매패턴과 데이터에 숨겨진 변수간 관계를 잘 이해하고, 이를 바탕으로, 맞춤식 광고, 프로모션, 쿠폰 등을 개별 고객에게 제공할 수 있다.

전형적인 CRM 시스템 활용 분야는 시장세분화market segmentation 및 분석, 고객 서비스, 고객과의 관계 구축, 고객불만 해결, 교차판매cross-selling, 주문 처리order processing 등의 생산전프로세스preproduction, (보증 서비스, 정비 및 수리를 위한) 현장서비스field service 등의 생산후프로세스postproduction 분야이다. 물론 가치사슬은 고객이 원하는 것을 제공할 수 있어야 하는데, 이를 위한 정확한 운영 분석이 필요하다.

> 인터넷과 전자통신 기술은 가치사슬의 운영, 속도, 효율성을 변화시키고 있으며 운영 관리자들에게 많은 새로운 과제를 던져주고 있다.

기업들이 아래 나열한 분야에 CRM을 적용하면 경쟁우위 획득 및 유지에 도움이 될 것이다.

- 고객의 인구통계적 특성, 행동 특성에 기반한 시장 세분화
- 고객별, 세분시장별 판매동향 및 광고효과 추적
- 표적마케팅 계획 수립 시 높은 고객 응답률이 기대되는 고객의 식별
- 고객 유지율(이탈율) retention(defection) rate 예측 및 고객이탈 사유에 관한 분석정보제공
- 거래 사기transaction fraud 사전 감지
- 상품–서비스 번들bundle 성과 분석 및 개발 (고객효익패키지)
- 고객이 선호하는 웹 특성 파악 및 웹사이트 개선 방안 개발
- 경쟁중점목표competitive priorities 대비 세분시장 별, 프로세스 별, 가치사슬별 성과 분석

최근 기업들은 IT와 CRM에 클라우드 컴퓨팅cloud computing을 활용하여 효율성, 생산성, 비용관리 분야에서 성과를 높이고 있다. 많은 기업들은 CRM 및 기타 IT 서비스를 아웃소싱하고 있는데, 한 예로 넷플릭스Netflix는 회사의 데이터를 아마존 웹서비스Amazon Web Services (AWS)에 이전하였다.

4-3 기술 도입의 이점과 도전과제Benefits and Challenges of Technology

기술은 기업들에게 많은 이점을 제공하지만 몇 가지 중요한 도전과제도 던져 주고 있다 (그림/표 4.1 참조).

기술은 지속가능성에 긍정적 영향을 미친다. 예를 들면, 해변에 인접한 플로리다Florida 키라르고Key Largo 소재 카드 사운드 골프 클럽Card Sound Golf Club에서는 지하 센서시스템underground sensor system을 활용하여 골프장 잔디의 염분 세척을 위한 담수 사용량의 절반을 줄일 수 있었다. 다른 많은 골프장들도 물 소비량을 줄이고 골프장을 녹색으로 유지하기 위해 이 첨단 센서 기술을 사용하고 있다.

인텔Intel은 마이크로프로세서 기반 정보통신기술ICT이 지속가능한 경제적, 환경적, 사회적 편

그림/표 4.1 기술 채택의 이점과 도전과제 예시

이점	도전과제
• 새로운 산업과 일자리 창출 • 생산성 저하를 겪는 전통산업 구조조정 • 공급사슬과 가치사슬 참여자(기업)간 통합 • 시장 경쟁력을 높여 기업 생존력 제고 • 대량고객화를 통해 소규모 표적시장 집중 역량 제고 • 생산성, 품질, 고객 만족도, 속도, 안전 및 유연성/성능 향상 • 적은 비용으로 더 많은 작업 수행 • 비용 절감 • 전세계 인구의 건강상태 관찰 및 생활수준 향상에 기여 • 지구 환경 관측	• 직원들의 정보기술 및 서비스관리 분야 역량 필요 • 기존 기술/시스템과 새로운 기술/시스템의 통합 • 직무변경 및 재배치 • 직원의 창의성과 역량강화 기회 감소 • 직원 및 고객의 개인정보 보호 및 보안 • 서비스 직원 감소로 고객 담당자 불명확; 비대면 고객서비스 증가; 고객의 구매 변경 및 반품에 어려움 증가 • 정보 과부하 • 글로벌 아웃소싱 증가로 국내 취업시장 위축 • 지속가능성 제고를 위한 규제 및 법률의 집행

익을 제공하는 "지속가능성을 달성하기 위한 궁극적인 발명품"이라고 주장한다. 마이크로프로세서는 종종 생산성 향상을 통해 실질적인 경제적 이익에도 기여한다. 마이크로프로세서 기반 ICT를 사용하면 탄소배출량을 줄여 환경에 미치는 부정적 영향을 줄이고, 출장 필요성을 줄여 사회적 비용을 감소시키고, 생산성 향상과 운영 및 자재 효율성을 높여 기업의 경제적 이익에도 기여한다. 정보통신기술은 *탈물질화*dematerialization (디지털화 digitalization)를 촉진하는데, 기업들은 탈물질화 실현으로 더 적은 양의 천연자원을 사용하여 과거 대비 같거나 증가한 품질과 양의 상품 및 서비스를 제공한다. 정보통신기술을 활용하면 유연근무 (예: 재택근무telecommuting)도 가능하여 환경적 혜택은 물론 사회적 혜택을 제공할 수 있다.

4-4 기술 도입 및 사용 Technology Decisions and Implementation

경영자들은 새로운 기술 도입 및 사용에 신중한 결정을 하여야 한다. 경영자들은 기술 간 사용상 장단점 및 그것이 작업자에 미치는 영향을 반드시 이해해야 한다. 기술 사용은 단조롭고 위험한 작업을 대체하기도 하고, 작업자의 새로운 스킬skills 습득과 적성talent 발견에도 유용하게 활용할 수 있지만, 작업자의 재량권empowerment을 줄이고 창의적 사고를 억제할 수 있다. 운영관리자의 목표는 최적의 방법으로 기술, 인력, 프로세스를 통합하는 것이다. 최적의 기술, 인력, 프로세스 간 상호작용을 *사회기술 시스템*sociotechnical system이라고 부른다. 사회기술 시스템 설계는 직무 전문화job specialization 혹은 직무확대job enlargement, 직원 재량권, 교육, 의사결정 지원 시스템, 팀 및 작업 그룹, 직무 설계, 성과인정 및 보상recognition and reward, 경력개발career advancement, 시설 및 장비 배치 결정facility and equipment layout 등을 포함한다.

기술 도입 및 사용 결정 과정의 중요하게 고려해야할 요인으로 확장성scalability을 들 수 있다. *사업이 성장하고 거래규모가 커짐에 따라* **확장성**은 *공헌이익*contribution margin *(매출*revenue*에서 변동비*variable cost*을 뺀 금액)을 결정하는 요인이다. 따라서 확장성이 공헌이익의 간접척도라고 할 수 있다.* 확장성은 전자상거래e-commerce의 핵심 성공요인이다. **높은 확장성**high scalability은 신

레스토랑 프로세스 혁신 Process Innovations in Restaurants

Peter Bernik/Shutterstock.com

칠리스Chili's, 애플비스Applebee's, 올리브가든 Olive Garden, 파네라Panera, 피제리아 우노Pizzeria Uno 등 대형 체인 레스토랑에서는 고객들이 태블릿tablet PC로 식사를 주문하고, 청구서를 지불하며, 피드백도 제공하고 있다. 정보통신기술ICT의 활용은 레스토랑의 운영 효율성과 고객 만족도를 향상시키고, 효과적인 고객의 목소리 청취도 도 가능하게 한다. 실제로 레스토랑 체인들은 태블릿 사용으로 효율적 운영이 가능했음은 물론 객단가(고객 당 지출액)가 높아졌다고 보고했다. 또한 고객이 테이블 점유 시간을 평균 10분 이상 단축하도록 하였다. 이에 더하여 테이블에서 직접 영수증을 인쇄하거나 이메일을 통해 전송하는 방법으로 점원이 테이블 사이를 돌아다니는데 소요하는 시간을 크게 줄여준다. 레스토랑에서는 테이블 회전율이 높을수록 수익성은 높아진다. 시간 요인 외에도 파네라는 태블릿을 사용함으로써 주문 접수 과정의 오류를 줄였고, 평균 객단가를 5달러 높일 수 있었다. 레스토랑 체인들은 태블릿을 사용하여 고객 피드백, 주문 패턴 및 기타 데이터를 수집함으로써 서비스 운영을 간소화할 수 있다.

*규 고객에게 서비스를 제공하는데 드는 추가비용*incremental cost*을 0에 가깝게 유지하는 역량을 의미한다.* 높은 확장성을 가진 업체로는 몬스터닷컴Monster.com을 들 수 있는데, 온라인 구인 · 구직 서비스 사업으로 정보집약적인 사업이다. 고객들은 자신의 사무실이나 집에서 자신의 컴퓨터로 몬스터닷컴 웹사이트에 접속하여 스스로 이력서 게시, 구인광고 등 정보를 출력한다. 고객의 셀프서비스로 몬스터닷컴의 고정 비용은 총 비용의 약 80–85%에 이르지만 변동비는 매우 낮아 회사는 높은 확장성을 가지고 있다 (공헌이익 = 매출액 – 변동비라는 공식을 기억하라).

신규 고객에 대한 서비스 제공에 드는 한계비용은 매우 적지만, 이 고객으로부터 얻는 매출은 높다. 기업이 추가된 고객에게 서비스를 제공하는데 소요되는 한계비용이나 변동비가 0인 사업을 설립할 수 있다면 그 기업은 *무한 확장성*infinite scalability을 가진 기업이라고 할 수 있다. 온라인 신문, 잡지, 백과사전, 온라인 은행서비스, 그리고 기타 정보집약적 사업들은 무한 확장 가능한 잠재력을 가지고 있다.

> 기술의 활용은 단조롭고 위험한 작업을 대체하기도 하고, 작업자의 새로운 스킬skills 습득과 적성talent 발견에도 유용하게 활용할 수 있지만, 작업자의 재량권empowerment을 줄이고 창의적 사고를 억제할 수 있다.

낮은 확장성low scalability은 *신규 고객에게 서비스를 제공하기 위해서 높은 추가비용, 즉 변동비를 지출하여야 함을 의미한다.* 2000년경 많은 닷컴dot.com 기업들은 높은 광고비용과 인위적인 저가 정책으로 고객 수요를 창출하는데 성공했으나, 낮은 확정성으로 인해 거래규모를 유지할 수 없어서 실패하였다.

많은 기업들이 기술을 효과적으로 구현하는 방법을 제대로 이해하지 못하고 있다. 기술 채택 실패의 위험성이 높다. 예를 들면, 한 제과 대기업은 소매상들이 할로윈 사탕을 주문하듯이 (역자주: 미국 할로윈데이 전통은 가가호호를 방문하는 이웃 어린이들을 위해 많은 양의 사탕을 준비해 두는 것이다.) 신중하지 않게 세 개의 소프트웨어 패키지를 설치했다. 소프트웨어는 다른 시스템과 호환되지 않았고, 배달이 누락되거나 지연되어 창고에 사탕이 쌓였다. 이러한 경험은 1970년대 자동차와 다른 산업들이 직면했던 자동화된 생산기술의 비교 가능한 실패를 연상시킨다. 실패의 원인은 잘못된 기술로 서두르고, 불필요하게 구매한 후 이를 제대로 구현하지 못했으며, 작동시키는 데 필요한 시간을 과소평가했기 때문이다.

4-4a 기술 도입 결정을 위한 분석 방법 Analytical Methods for Technology Decisions

기술 도입 결정은 쉬운 일이 아니다. 특히 경제성 중심 의사결정에는 데이터 기반 분석기법을 활용하는 것이 바람직하다. 본 절에서는 두 가지 간단한 분석기법 즉 의사결정 분석과 손익분기점 분석을 활용하는 방법을 알아보자.

의사결정 분석Decision Analysis for Technology Decisions

의사결정 분석은 *불확실한 정보를 기반으로 의사결정을 할 때 활용하는 일반화된 기법들을 통칭한다.* 참고자료 B는 의사결정 분석에 대한 간략한 지침서로서 의사결정 문제를 분석을 위해 구조화하고 최선의 결정을 도출하는 방법을 설명하고 있다. 문제풀이 해설 4.1과 4.2는 의사결정

문제풀이 4.1 : 기술 채택 결정

맬링사Maling Manufacturing는 새로운 공작기계를 구입을 고려 중인데 대안으로 재래식 (노동 집약적) 기계와 자동화 (컴퓨터 제어) 기계를 검토 중이다. 수익성profitability은 완성품에 대한 고객 수요에 의해 결정된다. 다음 표는 향후 3년간 순현재가치net present value (NPV)의 추정치를 보여준다.

기술 대안	수요량 낮음	수요량 높음
재래식 기계	$15,000	$21,000
자동화 기계	$9,000	$35,000

수요 불확실성 이외의 다른 요소는 고려하지 않을 때, 최대이익–최대화maximax, 최소이익–최대화maximin, 최대기회손실–최소화minimax-regret 기준을 사용하는 경우 회사는 각각의 기준에 대해 어떤 결정을 내릴 것인가?

해답:

최대이익–최대화maximax 기준을 사용할 경우:

기술대안	최대이익
재래식(d_1)	$21,000
자동화(d_2)	$35,000

최대이익 – 최대화 의사결정 = d_2

최소이익-최대화maximin 기준을 사용할 경우:

기술대안	최대이익
재래식(d_1)	\$15,000
자동화(d_2)	\$9,000

최대이익 - 최대화 의사결정 = d_1

최대기회손실-최소화minimax-regret 기준을 사용할 경우에는 기회손실 행렬opportunity loss matrix를 구성하고 최대기회손실을 최소화하는 방안을 찾는다.

기회손실 행렬

기술대안	낮음	높음	최대
재래식(d_1)	0	\$14,000	\$14,000
자동화(d_2)	\$6,000	0	\$6,000

최대기회손실 - 최소화 의사결정 = d_2

그림/표 4.2는 이 문제에 적용된 마인드탭MindTap의 의사결정분석 엑셀 템플릿을 보여준다.

그림/표 4.2 문제 4.1을 위한 엑셀 의사결정 분석 템플릿

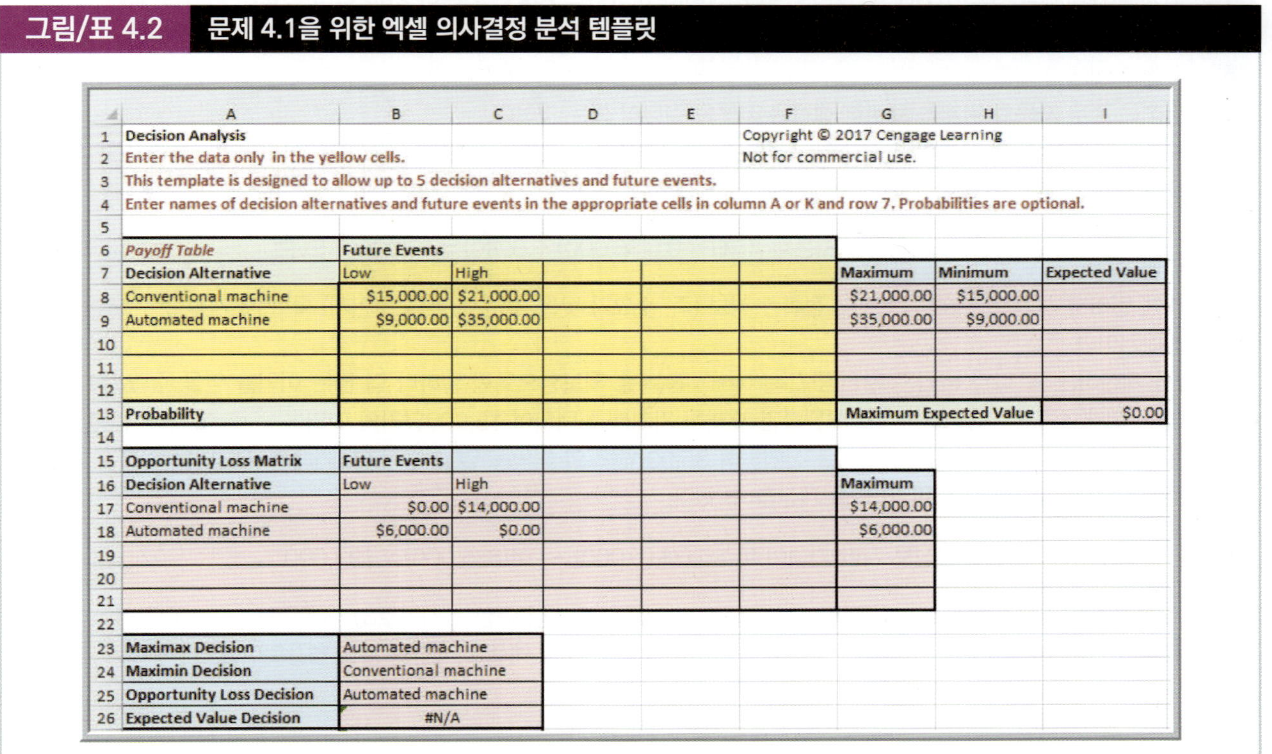

	A	B	C	D	E	F	G	H	I
1	Decision Analysis					Copyright © 2017 Cengage Learning			
2	Enter the data only in the yellow cells.					Not for commercial use.			
3	This template is designed to allow up to 5 decision alternatives and future events.								
4	Enter names of decision alternatives and future events in the appropriate cells in column A or K and row 7. Probabilities are optional.								
5									
6	Payoff Table	Future Events							
7	Decision Alternative	Low	High				Maximum	Minimum	Expected Value
8	Conventional machine	\$15,000.00	\$21,000.00				\$21,000.00	\$15,000.00	
9	Automated machine	\$9,000.00	\$35,000.00				\$35,000.00	\$9,000.00	
10									
11									
12									
13	Probability						Maximum Expected Value		\$0.00
14									
15	Opportunity Loss Matrix	Future Events							
16	Decision Alternative	Low	High				Maximum		
17	Conventional machine	\$0.00	\$14,000.00				\$14,000.00		
18	Automated machine	\$6,000.00	\$0.00				\$6,000.00		
19									
20									
21									
22									
23	Maximax Decision	Automated machine							
24	Maximin Decision	Conventional machine							
25	Opportunity Loss Decision	Automated machine							
26	Expected Value Decision	#N/A							

위험감수형risk-taking 경영자는 최대이익을 극대화하는 대안을 선택할 것이다. 따라서 자동화 기계를 선택할 것이다. 위험회피형risk-averse 경영자는 최소이익을 극대화하는 결정을 내릴 것이다 (이 경우, 재래식 기계). 최대기회손실-최소화 기준을 사용하면 자동화 기계를 선택할 것이다. 모든 기준에 맞는 최적의 의사결정은 쉽지 않다. 따라서 경영자가 감수하고자 하는 위험의 정도에 따라 의사결정이 달라진다.

문제풀이 4.2 : 확률 기반기술 채택

문제 4.1 맬링사Maling Manufacturing의 사례에서 회사가 미래의 수요가 높거나 낮을 확률을 합리적으로 추정할 수 있다고 가정하자. 시장조사를 바탕으로 회사는 수요량이 적을 확률은 0.6, 수요량이 많을 확률은 0.4로 추정한다. 기대가치expected value와 완전정보의 기대가치가치expected value of perfect information (EVPI)를 구하라.

해답:

의사결정	수요량	
	낮음	높음
재래식 기계	$15,000	$21,000
자동화 기계	$9,000	$35,000
확률	0.6	0.4

각 대안의 이익 (기대가치)는 다음과 같다.

재래식 기계의 기대가치 = 0.6($15,000) + 0.4($21,000) = $17,400
자동화 기계의 기대가치 = 0.6($9,000) + 0.4($35,000) = $19,400

자동화 기계를 채택하는 경우의 기대가치가 더 크다. 그러나 참고자료 B에서 언급한 것과 같이 일회성 의사결정에서 기대가치를 기준으로 대안을 선택하더라도 실제 이익은 기대가치와 다를 수밖에 없음을 인지하고 있어야 한다. 즉 자동화된 기계를 선택한 경우에도 실제 이익은 9,000달러 또는 35,000달러가 되며, 확률적 기대가치인 19,400달러가 될 수는 없다. 따라서 실제 수요량이 적은 경우 자동화 기계를 채택한 결정은 잘못된 결정이 되는 것이다.

EVPI는 최선의 결정, 즉 자동화 기계 선택 시 예상되는 기회손실expected opportunity loss (EOL)을 의미하며 다음과 같은 수식으로 표현할 수 있다(문제풀이 해설 4.1의 기회손실 매트릭스 참조).

예상 기회손실(자동화 기계) = 0.6($6,000) + 0.4(0) = $3,600 = EVPI

이는 미래에 일어날 사건future event 관련 더 정확한 정보 (즉, 수요가 낮을 것인지, 높을 것인지) 확보 시 개선할 수 있는 이익 증가분의 최대치이다.

EVPI를 계산하는 또 다른 방법은 완전정보perfecct information를 확보함으로써 얼마나 더 많은 이익을 얻을 수 있는지를 결정하는 것이다. 미래 수요가 적을 것이 확실시된다면 재래식 기계를 선택하여 15,000달러의 이익을 얻을 수 있다. 반면, 미래 수요가 많을 것이 확실시된다면 자동화 기계를 선택하여 35,000달러의 이익을 얻을 수 있다. 기대가치를 얻을 확률을 가중치로 사용함으로써 완전정보 확보 시 기대이익을 계산할 수 있다.

완전정보 기반 기대이익 = 0.6($15,000) + 0.4($35,000) = $23,000.

따라서, 완전정보는 기대가치를 19,400달러에서 23,000달러로 높이거나 예상 가치가 23,000달러 − 19,400달러 = 3,600달러 증가시킬 것인데, 이 증분이 EVPI이다. 그림/표 4.3은 이 문제에 대한 엑셀 의사결정 분석 템플릿이다.

그림/표 4.3 문제4.2를 위한 엑셀 의사결정 분석 템플릿

	A	B	C	D	E	F	G	H	I
1	Decision Analysis					Copyright © 2017 Cengage Learning			
2	Enter the data only in the yellow cells.					Not for commercial use.			
3	This template is designed to allow up to 5 decision alternatives and future events.								
4	Enter names of decision alternatives and future events in the appropriate cells in column A or K and row 7. Probabilities are optional.								
5									
6	*Payoff Table*	Future Events							
7	Decision Alternative	Low	High				Maximum	Minimum	Expected Value
8	Conventional machine	$15,000.00	$21,000.00				$21,000.00	$15,000.00	$17,400.00
9	Automated machine	$9,000.00	$35,000.00				$35,000.00	$9,000.00	$19,400.00
10									
11									
12									
13	Probability	0.60	0.40				Maximum Expected Value		$19,400.00
14									
15	Opportunity Loss Matrix	Future Events							
16	Decision Alternative	Low	High				Maximum		
17	Conventional machine	$0.00	$14,000.00				$14,000.00		
18	Automated machine	$6,000.00	$0.00				$6,000.00		
19									
20									
21									
22									
23	Maximax Decision	Automated machine							
24	Maximin Decision	Conventional machine							
25	Opportunity Loss Decision	Automated machine							
26	Expected Value Decision	Automated machine							
27	EVPI	$3,600.00							

기술 도입 결정을 위한 손익분기점 분석 Break-Even Analysis for Technology Decision

손익분기점 분석은 손익을 분석하거나 양에 따라 다른 두 옵션 사이에서 경제적인 선택을 하는 간단한 접근법이다. 문제를 풀기 전에 참고자료 C에 수록된 손익분기점 분석에 대한 짧은 자습서를 공부하기를 제안한다.

문제풀이 4.3 : 손익분기점 분석 기반 기술 도입 결정의 평가

맬링사Maling Manufacturing는 자사의 초기 의사결정 분석에 기초하여 자동화 기계를 구입하기로 결정했다. 공급업체 A와 공급업체 B 두 곳 중 한 곳으로부터 기계를 구입할 수 있는데, 두 업체가 제시한 판매가격은 서로 다르다. A사로부터 기계를 구입하는 경우 초기 구입가는 85,000달러이나 A사 기계로부터 생산한 부품 단가는 3.50달러에 불과할 것으로 예상한다. B사로부터 기계를 구입하는 경우, 기계 구입가는 60,000 달러이나 높은 유지보수비로 인해 생산된 부품 단가는 5달러로 예상한다. 기계 수명주기 동안 20,000개의 부품을 생산할 것으로 예상하는데, 실제 생산가능 물량은 불확실하다. 맬링사는 어떤 공급업체로부터 기계를 구입해야 할까? 필요 부품 수에 대한 불확실성이 구입 결정에 어떤 영향을 미치는가?

해답:

a. 공식 (C.1) 과 (C.7)을 사용하면 다음의 계산결과를 얻을 수 있다.

$$\text{총비용 (TC)} = \text{고정비(FC)} + \text{단위비용(C)} \quad \text{수량 (Q)} \qquad (C.1)$$

$$\text{공급업체 A 총비용 (TCA)} = FCA + CA \quad Q = \$85{,}000 + \$3.5(20{,}000) = \$155{,}000$$

$$\text{공급업체 B 총비용 (TCB)} = FCB + CB \quad Q = \$60{,}000 + \$5.00(20{,}000) = \$160{,}000$$

$$\text{비용 차이 (D)} = \text{공급업체 A 총비용 (TCA)} - \text{공급업체 B 총비용 (TCB)} \quad (C.7)$$

$$D = TCA - TCB = \$155{,}000 - \$160{,}000 = -\$5{,}000$$

계산결과에 의하면, 공급업체 A로부터 기계를 구입하는 것이 유리하다. 그림/표 4.4는 문제풀이를 위한 마인드탭의 엑셀 손익분기점 분석 템플릿을 보여준다.

그림/표 4.4 엑셀 손익분기점 템플릿을 활용한 문제풀이 4.3의 공급업체 간 총구매비용 비교

	G	H
4	Technology Choice Decision	
5	Quantity	20,000
6		
7	Option A	
8	Fixed cost	$85,000.00
9	Unit cost	$3.50
10		
11	Option B	
12	Fixed cost	$60,000.00
13	Unit cost	$5.00
14		
15	Total Cost Option A	$155,000.00
16	Total Cost Option B	$160,000.00
17	Cost difference (Option A - Option B)	-$5,000.00
18	Economical Decision	Option A

맬링사가 생산해야 할 부품 수의 불확실성을 줄이기 위해서는 손익분기점 계산을 통한 합리적인 결정을 할 필요가 있다. 참고자료 C에서 설명한 것과 같이 총비용을 동일하다고 설정하고 손익분기점을 계산한다.

$$\$85{,}000 + \$3.50Q^* = \$60{,}000 + \$5.00Q^*$$
$$\$25{,}000 = \$1.50Q$$
$$Q^* = 16{,}667\text{개}$$

필요 생산량이 손익분기점 보다 적을 위험이 크지 않다면, 맬링사는 여전히 공급업체 A를 선택해야 한다. 참고자료 C에서 설명한 엑셀 템플릿의 엑셀 목표값 찾기 도구Goal Seek tool를 활용하여 손익분기점을 계산할 수 있다 (그림/표 4.5 참조).

그림/표 4.5 엑셀 손익분기점 템플릿을 활용한 문제풀이 4.3의 손익분기점 찾기

	G	H
4	Technology Choice Decision	
5	Quantity	16,667
6		
7	Option A	
8	Fixed cost	$85,000.00
9	Unit cost	$3.50
10		
11	Option B	
12	Fixed cost	$60,000.00
13	Unit cost	$5.00
14		
15	Total Cost Option A	$143,333.33
16	Total Cost Option B	$143,333.33
17	Cost difference (Option A - Option B)	$0.00
18	Economical Decision	Break-even

문제풀이 4.4 : 임차 또는 구입 결정

피직스 래보러토리the Physics Laboratory는 복사기를 임차할 것인지 구입할 것인지를 결정하려고 한다. 복사기를 임차할 경우 회사는 연간 모든 서비스 비용 200달러에 페이지당 0.04달러(4센트)를 지불하면 된다. 복사기를 구입하는 경우 구입가격은 600달러이고 기계 고장에 대비한 서비스 계약을 체결하면 연간 50달러를 지출하여야 한다. 기계 구입과 관련된 변동비는 발생하지 않는다. 회사는 복사기 임차나 구입 여부와 상관없이 복사용지를 구입해야 한다. 손익분기점을 계산하라.

해답:

이 문제는 참고자료 C의 아웃소싱 사례와 유사한데, 구입은 사내생산으로 대여는 아웃소싱으로 생각할 수 있다. 구입 보다 임차가 유리한지를 판단하려면 손익분기점을 찾아야 한다. 복사 수량 = Q일 때, 구입비는 \$600 + \$50 = \$650 (고정비)이다. 임차료는 \$200 + \$0.04Q이다.

손익분기점을 찾으려면 아래 수식을 풀면 된다.

$$\$650 = \$200 + \$0.04Q^*$$
$$Q^* = \$450/\$0.04 = 11{,}250\text{페이지}$$

복사 부수가 손익분기 수량인 11,250 페이지보다 적으면 대여하는 것이 유리하다. 그림/표 4.6은 엑셀의 목표값 찾기 도구를 설정하여 손익분기점에 도달하는 복사 부수를 찾는 엑셀 손익분기점 템플릿의 사용방법을 보여준다.

그림/표 4.6 문제4.4를 위한 엑셀 템플릿

	D	E
4	Outsourcing Decision	
5	Quantity	11,250
6		
7	Produce In-House	
8	Fixed cost	$650.00
9	Unit cost	
10		
11	Outsource	
12	Fixed cost	$200.00
13	Unit cost	$0.04
14		
15	Total In-House Production Cost	$650.00
16	Total Outsourced Cost	$650.00
17	Cost difference (In-House - Outsourced)	$0.00
18	Economical Decision	Break-even

4장 학습목표 요약 Learning Objective Summaries

4.1 **생산 및 서비스 운영에서 사용하는 다양한 유형의 기술과 그 역할에 대해 설명하라.** 하드웨어기술의 예로는 컴퓨터, 마이크로 프로세서, 광학 스위치, 위성, 센서, 로봇, 자동화 기계, 바코드 스캐너, RFID 태그 등을 들 수 있다. 소프트웨어기술의 예로는 데이터베이스 시스템, 인공지능 프로그램, 그리고 음성인식 소프트웨어 등을 들 수 있다. 컴퓨터통합생산시스템(CIMSs)은 제조업에서 중요한 역할을 수행한다. 모든 기업은 기술과 관련된 공통적인 문제에 직면한다:

- 생산하는 제품에 적합한 기술을 선택해야 한다.
- 생산 효율성을 높일 수 있도록 기계, 직원 등의 생산 자원을 합리적으로 준비 및 구성한다.
- 작업자에게 장비운용 교육을 실시한다.
- 프로세스 성과를 지속적으로 개선해야 한다.
- 선적/배송일을 준수할 수 있도록 작업일정을 수립한다.
- 품질을 관리한다.

4.2 **생산 · 서비스 기술과 애널리틱스가 가치사슬을 어떻게 강화해 주는지 설명하라.** 신기술들과 함께 가치사슬을 보는 새로운 관점이 등장하게 되는데, 전자상거래 관점도 그 중 하나이다. 전자상거래 관점에서 보면 가치사슬에 기업대 기업(B2B), 기업대 소비자(B2C), 소비자대 소비자(C2C), 정부대 소비자(G2C) 가치사슬이 포함된다. B2B 전자상거래 가치사슬의 예로는 GE 플라스틱, B2C 가치사슬의 예로는 페더럴 익스프레스, C2C 가치사슬의 예로는 이베이 등이 있다. 비즈니스 애널리틱스는 가치사슬 관리에 중요한 역할을 하는데 특히 정보시스템 프레임워크 하에서 가치사슬 전체의 데이터의 통합 및 분석을 담당한다. 가치사슬관리를 견인하는 두 가지 핵심 정보시스템은 전사적 자원관리 시스템(ERP)과 고객관계관리 시스템(CRM)이다. ERP는 각 부서의 정보를 단일 통합 시스템single, integrated system과 공통 데이터베이스common database로 통합하여 모든 부서가 쉽게 정보를 공유하고 상호 소통할 수 있게 돕는다. 전형적인 CRM 활용 분야는 시장세분화 및 분석, 고객 서비스, 고객과의 관계 구축, 고객불만 해결, 교차판매, 주문 처리 등의 생산전프로세스와 (보증 서비스, 정비 및 수리를 위한) 현장서비스 등의 생산후프로세스 분야이다.

4.3 **기술 채택의 이점과 도전과제를 설명하라.** 기술채택의 이점과 도전과제는 그림/표 4.1에 요약되어 있다. 이점으로는 새로운 일자리, 생산성과 품질 향상, 경쟁력 향상, 대량고객화, 비용 절감, 지속 가능성 향상 등이 있다. 도전과제로는 기술역량 필요성, 기존 시스템과의 통합, 직원과 고객 간 상호작용 기회 감소, 일자리 감소 등이 있다.

4.4 **주요 의사결정분석이 기술 채택 의사결정에 어떻게 도움을 주는지 설명하라.** 관리자는 기술 활용의 상대적 장단점과 그것이 직무 전문화나 확대, 직원 권한 부여, 교육, 팀 및 작업 그룹, 직무 설계, 인정 및 보상, 그리고 경력 개발과 같이 작업자에 미치는 영향을 이해해야 한다. 확장성은 기술 도입 결정에 영향을 미치는 핵심 요인이다. 의사결정 분석 및 손익분기점 분석과 같은 분석 방법은 대안 기술의 경제성을 이해하는 데 도움이 될 수 있으며, 관리자가 좋은 결정을 내리는 데 도움을 줄 수 있다.

주요용어 KEY TERMS

- 컴퓨터이용설계/컴퓨터이용엔지니어링Computer-aided design/computer-aided engineering(CAD/CAE)
- 컴퓨터이용생산Computer-aided manufacturing(CAM)
- 컴퓨터통합생산시스템Computer-integrated manufacturing systems(CIMSs)
- 컴퓨터 수치제어Computer numerical control(CNC)
- 고객관계관리 시스템Customer relationship management(CRM)
- 의사결정 분석Decision analysis
- 이-서비스E-service
- 유연생산시스템 Flexible manufacturing systems(FMSs)
- 하드웨어기술Hard technology
- 높은 확장성High scalability
- 낮은 확장성Low scalability
- 수치제어Numerical control(NC)
- 로봇Robot
- 확장성Scalability
- 소프트웨어 테크놀러지(기술) Soft technology

복습 질문 Review Questions

4.1 1. 생산 및 서비스 운영에서 다양한 유형의 기술과 그 역할에 대해 설명하라.

4.1 2. 하드웨어기술과 소프트웨어기술을 정의하고 그 예를 제시하라.

4.1 3. CAD/CAE란 무엇인가? 교과서에 없는 한가지 예를 제시하라.

4.1 4. 3-D 프린팅이란? 교과서에 없는 두가지 예를 제시하라.

4.2 5. 생산과 서비스 기술이 가치사슬을 어떻게 강화하는지 설명하라.

4.2 6. CRM이란 무엇인가? CRM이 운영관리 업무 수행에 어떻게 도움을 줄 수 있는지 설명하라.

4.2 7. 대형 호텔체인이 고객경험 향상을 위해 어떤 유형의 기술을 사용할 수 있을지 제안하라.

4.3 8. 기술 사용의 이점과 도전과제에 대해 설명하라.

4.4 9. 확장성 개념을 설명하라. 낮은 확장성과 높은 확장성을 보이는 기업의 예를 각각 하나씩 들어보고, 각각을 그렇게 분류한 이유를 설명하라.

4.4 10. 기술 도입 결정에 의사결정 분석을 어떻게 활용할 수 있는지 설명하라.

4.4 11. 손익분기점 분석이 경영자의 의사결정에 어떤 도움을 줄 수 있는지 설명하라.

토론용 질문 및 체험학습 DISCUSSION QUESTIONS AND EXPEROEMTAIL ACTIVITIES

4.1 12. 블룸버그 비즈니스위크Bloomberg Businessweek는 2017년 6월 21일자 기사에 "지난 수십 년간 아시아를 일으켜 세우는데 기여한 경제모델이 더 이상 작동하지 않는다This Economic Model Organized Asia for Decades. Now It's Broken."라는 제목을 달았다. "아시아의 일자리 사다리Asian Jobs Ladder" 개념과 자동화의 파괴적 역할the disruptive role of automation 개념을 조사하여 정리하고, 이에 대한 본인의 생각을 제시하라.

4.1 13. 아래 제시한 서비스 산업에서 기술 채택 사례를 최소한 한 가지를 찾아 기술의 채택이 어떻게 그 산업을 발전시켰는지 설명하라.

a. 금융 서비스
b. 공공 및 정부 서비스
c. 교통 서비스
d. 교육 서비스
e. 호텔 및 모텔 서비스

4.1 14. 서비스 접점경험service encounter 중 기술이 서비스 전체 또는 일부를 구성하고 제공하는데 기여한 사례를 찾아 짧게(최대 1페이지) 설명하라. 이 사례에서 사용된 하드웨어기술 · 소프트웨어기술도 특정해 보라.

4.1 15. RFID가 운영 생산성 향상에 기여한 예를 찾아 설명하라.

4.1 16. 노트북 컴퓨터, 휴대폰 또는 태블릿에 적용할 수 있는 최신 기술을 조사하라. 이들 IT 기기 중 두 가지 제품을 선택하여 각각의 제품특징, 작동상 특성은 물론 제조사가 고객에게 제공하는 지원 및 서비스를 비교하여 설명하라.

(a) 미술 전공 대학생과 (b) 첨단 전동공구 영업사원에게 각자의 필요에 가장 적합한 IT 기기를 선택할 수 있도록 간결하게 조언해 보라 (최대 2페이지).

4.1 17. ERP를 활용하여 가치사슬관리를 수행하는 기업의 사례를 찾아 (a) 구매, 생산, 배송, 판매, 대금청구 등 가치사슬 핵심 요소를 그림/표로 정리한 후, (b) ERP 활용 현황을 설명하라(최대 2페이지). ERP가 선택한 사례 속 기업에게 제공하는 이점과 도전과제를 설명해 보라.

4.2 18. 생산 및 서비스 기술과 비즈니스 애널리틱스가 가치사슬 관리를 어떻게 강화해 주는지 설명하라.

4.2 19. 다음 각각의 내용을 살펴보고 의견을 제시하고 각 내용 중 잘못된 부분을 파악해 보라.

a. "우리 회사는 컴퓨터통합생산 방식의 모든 제조 기능 통합에 대해 고려해 보았지만, 검토 결과 통합으로 인한 인건비 절감이 통합 비용을 정당화하지 못함을 깨닫았습니다."

b. "우리 회사는 컴퓨터제어 로봇들을 몇 달 동안 사용해 왔는데, 정말 훌륭합니다! 우리는 더이상 생산 품목 전환 시 전체 라인을 재구성할 필요가 없습니다. 로봇에게 새로운 지시를 내리면, 로봇이 알아서 작업을 변경합니다. 이번 생산실행이 완료된 후 시연

해 보이겠습니다"

c. "우리회사 각 생산 부서는 업무를 보다 효과적으로 수행하는데 필요한 기술에 투자할 수 있는 권한을 갖고 있습니다. 그 결과, 우리는 공장 곳곳에 CAD/CAM은 물론 자재관리 자동화 시스템automated materials handling, 로봇 등 최첨단 장비를 갖추고 있습니다. CIMS로 전환하기만 하면 모든 장비를 함께 묶어 통합할 수 있습니다."

d. 디자이너가 컴퓨터 생성 설계도를 손에 들고 다음과 같이 말했다: "우리가 드디어 CAD 시스템을 갖게 되어 기쁩니다. 수작업 대비 훨씬 짧은 시간에 컴퓨터 화면에서 바로 도면을 작성하고 수정할 수 있었습니다." 이에 대해 생산 엔지니어는 다음과 같이 화답했다: "새로 도입한 CAM 시스템이 제 업무에도 똑같이 도움을 줄 것이라고 들었습니다. 제가 시스템에서 디자이너께서 작성하신 제품사양을 검색하면 그 도면을 찾을 수 있을 것입니다"

4.2 20. 셀프서비스 · 기술이 고객효익패키지를 디자인하고, 제공하는데 도움을 주는 상황을 서술하라. 이러한 시스템이 결함, 실수 또는 서비스 실패를 야기할 수 있는 상황의 예도 생각해 보라.

4.2 21. 소셜미디어가 어떻게 물리적 제품의 판매를 촉진할 수 있는가? 소셜미디어가 서비스 판매도 촉진할 수 있는가? 예를 들어 본인의 의견을 제시하라.

4.3 22. 전기차가 지속가능성의 3가지 차원성에 미치는 영향에 대해 조사하여 그 결과를 정리해 보라(최대 2페이지).

4.3 23. 휴대전화 또는 전자 판독기electronic reader용 앱 두 가지를 찾아서, 이 앱들이 생산성과 삶의 질 향상에 어떻게 기여하는지 조사하고 정리해 보라 (최대 2페이지).

4.3 24. 기술과 자동화로 대체될 가능성이 가장 큰/가장 적은 직업을 조사하여 설명하라.

4.3 25. 기업이 해외기업과 제휴하는 상황에서 이루어지는 '기술 이전'의 장단점을 조사하여 그 결과를 정리해 보라 (최대 2페이지).

4.4 26. 비즈니스 애널리틱스 또는 정보시스템의 발전이 운영관리 분야에서의 기술 사용 및 의사결정에 미치는 영향을 조사하여 간결하게 설명하라.

계산연습문제 Computational Problems and Exercises

본 장에서 설명한 공식과 방법을 적용하여 다음 연습문제를 직접 계산해서 풀어 보라.

4.4 27. 사우스랜드 코퍼레이션Southland Corporation이 새로이 레크리에이션 관련 제품군을 생산하기로 결정함에 따라 A, B 두 공급업체의 제안을 바탕으로 두 가지 생산 자동화시스템automated manufacturing system 중 하나를 도입하려고 한다. 신제품에 대한 시장의 반응에 따라 생산 시스템 도입 의사결정의 경제성이 결정된다. 따라서 의사결정을 위해 장기 수요를 낮음, 보통, 또는 높음으로 상정하는 시나리오를 준비하였다. 다음 표는 예상이익projected profit (단위 백만달러)을 보여주는데, 장기 수요 시나리오별로 생산 수량과 판매의 함수로 결정되는 시스템 비용에 대한 상세한 재무분석financial analysis을 기초로 작성하였다.

의사결정	장기 수요		
	낮음	보통	높음
공급업체 A	$150	$200	$200
공급업체 B	$50	$200	$500

a. 최대이익–최대화maximax, 최소이익–최대화maximin 그리고 최대기회손실–최소화minimax-regret 기준을 사용하여 최선의 의사결정을 도출하라.

b. 낮은 장기수요가 일어날 확률은 0.2, 보통의 장기수요 확률은 0.15, 높은 장기수요확률은 0.65라고 가정한다. 기대가치 기준expected value criterion으로 최선의 의사결정은 도출하라.

4.4 28. 고만 제조회사Gorman Manufacturing Company는 부품을 공급업체로부터 구입할지, 자사 공장에서 자체 생산할지를 결정해야 한다. 수요가 많으면 부품을 자체 생산하는 쪽이 회사에 유리하지만, 수요가 낮으면 생산장비 활용도가 낮아져서 단위당 생산원가가 높아질 수밖에 없다. 고만의 자체생산 또는 구입 관련 결정에 따른 예상 이익(단위 1,000달러)은 다음 표와 같다.

의사결정	수요		
	낮음	보통	높음
부품 자체생산	$220	$40	$100
부품 구입	$210	$45	$70

a. 최대이익–최대화, 최소이익–최대화 그리고 최대기회손실–최소화 기준을 사용하여 최선의 의사결정을 도출하라.

b. 낮은 수요가 일어날 확률은 0.35, 보통 수요는 0.35 이며, 높은 수요는 0.3이라고 가정하자. 기대가치 기준을 이용한 최선의 결정은 무엇이며 완전정보의 기대값(EPVI)은 무엇인가?

4.4 **29.** 패들 보드 라켓paddle board racket (역자주: 패들 테니스에 사용하는 라켓)을 생산하는 중소기업인 패들 주식회사 Paddle Inc.가 사업을 확장하려고 한다. 새로 도입하는 첨단기술 장비의 고정비fixed cost는 15,000달러이다. 생산 변동비는 제품 당 10달러, 제품 판매가격은 25달러다. 손익분기점을 맞추기 위한 생산 및 판매 수량을 구하라.

4.4 **30.** 베라 몰딩 회사Vera Molding Company는 특수 몰딩 제품에 대한 9,000개의 요구 수요량을 충족하기 위한 두 가지 대안을 분석 중이다: (a) 자체 생산하는 경우, 고정비는 350,000달러, 변동비는 제품당 30달러이다; (b) 생산을 아웃소싱하는 경우, 제품당 변동비가 80달러이다.

a. 손익분기점의 생산량은 얼마인가?

b. 회사는 9,000대를 자체 생산할지, 아웃소싱할지 결정하고 그 근거를 제시하라.

4.4 **31.** 루크 레스토랑Luke's Ristorante은 바다농어Sea Bass 요리를 메뉴에 추가하려고 한다. 9,000달러의 고정비로 주방에 작은 그릴과 오븐이 추가할 계획이다. 생선 요리의 변동비는 요리당 9.60달러로 추정한다. 연간 600인분 판매로 손익분기점에 이르려면 이 신상품 가격을 얼마로 책정하여야 하는가?

4.4 **32.** 메이어스 윈도우 회사Meyers Window Company가 새로운 창문 디자인을 선보였지만 판매량이 기대에 미치지 못했다. 지난해 판매량은 800개였다. 단위당 변동비는 평균 105.72달러, 고정비는 42,000달러, 판매가격은 149.99 달러였다.

a. 신제품의 손익분기점 수량은 몇 개인가?

b. 내년에도 매출이 동일하다면, 변동비를 얼마나 줄여야 손익분기점에 도달할 수 있는가?

4.4 **33.** 비디오 스트리밍 회사인 무비픽스MovieFix는 30만 명의 잠재 고객에게 서비스를 제공하고 있다. 서비스 판매가격은 월 20달러, 변동비는 월 14.62달러이다. 30만 명의 고객에게 서비스를 제공할 경우 회사가 장비를 구입하고 유지하기 위해 지출할 수 있는 연간 고정비의 최대 한도를 구하라.

4.4 **34.** 페스토 레스토랑Pesto Restaurant은 두 가지 오븐 프로세스 중 하나를 채택하려고 한다. 대안 A는 인덕션 오븐 프로세스 기술로서 고정비가 2만 달러, 추정 변동비가 6.51달러이다. 대안 B는 가스연소 프로세스 기술로서 고정비가 12,000달러, 추정 변동비가 7.86달러이다. 식사 당 평균 판매가격은 18.60달러이다.

a. 손익분기점 수량을 구하라.

b. 만약 레스토랑 매니저가 1,500개의 식사 판매를 예상한다면, A와 B 중 최선의 대안과 그 근거를 제시하라

4.4 **35.** 신시아즈 쿠키Cynthia's Cookies의 박스 당 쿠키 판매가격은 19.95달러이며, 고정비는 65,000달러, 박스 당 변동비는 9.88달러이다.

a. 손익분기점 수량을 구하라.

b. 작년 판매량은 8,200 박스였다. 작년 순이익을 구하라.

4.4 **36.** 문제 35에서 신시아 쿠키는 두 가지 대안 중 하나를 채택하려고 한다. 대안 1은 지난해 기준 매출액을 20%까지 높여줄 수 있을 것으로 기대하는 새로운 온라인 마케팅 캠페인에 10,000 달러를 지출하는 안이다. 대안 2는 장비와 프로세스 개선에 10,000달러를 투자하여 변동비를 10% 절감하는 안이다. 대안 2의 경우 판매량이 8,200 박스로 유지될 것으로 가정한다. 단, 각 대안의 실행에 동일한 비용이 든다고 가정한다. 더 높은 이익을 얻을 수 있는 대안을 채택하고 그 근거를 제시하라.

엑셀기반 연습문제 EXCEL-BASED PROBLEMS

문제 풀이를 위해 엑셀Excel이나 마인드탭MindTap에 있는 스프레드 시트 템플릿을 사용할 수 있다.

4.4 **37.** 에드워즈 공구회사Edwards Machine Tools가 새로운 생산 기계를 구입하려고 한다. 기본형은 속도가 느리지만 비용 소요가 적은 반면, 고급형은 빠르지만 가격은 더 비싸다. 수익성profitability은 미래 수요에 따라 달라진다. 다음 표는 향후 3년 간의 예상이익을 보여준다.

의사결정	수요량		
	낮음	보통	높음
기본 모델	$80,000	$100,000	$150,000
상위 모델	$40,000	$110,000	$220,000

수요량의 불확실성 외에 고려해야 할 다른 정보가 없다면 어떤 결정을 내려야 하는지 엑셀의 의사결정분석 템플릿을 활용하여 답을 구하고 그 결과를 설명하라.

4.4 **38.** 문제 37에서 수요예측을 실시한 결과 예상 수요량이 일어날 확률이 낮음 = 0.2, 보통 = 0.2, 높음 = 0.6이라고 가정하자. 엑셀의 의사결정분석 템플릿을 사용하여 기대값을 구하고 이 기준의 사용이 적절한지 설명하라. 완벽한 정보의 완전정보의 기대값(EPVI)을 계산하라.

4.4 **39.** A 회사는 CRM 시스템의 공급업체로 다음 세 업체를 고려하고 있다: 델파이 주식회사Delphi Inc., CRM 인터네셔널CRM International, 머래이 애널리틱스Murray Analytics. 시스템 도입 총비용은 시스템 구현에 필요한 기간에 따라 변경될 것으로 예상하는데, 그 기간은 시스템 고객화를 위한 요구사항의 규모, 기존 시스템legacy system과의 통합, 조직 내 변화에 대한 저항 등의 요인에 따라 결정된다. 각 공급업체는 위에서 언급한 비용 결정요인을 다루는 전문지식이 저마다 다르다. 시스템 구현기간이 단기, 중기, 장기인 시나리오 따른 예상 총비용(단위: 1백만 달러)를 다음 표에 제시하였다. 엑셀의 의사결정분석 템플릿을 사용하여 적합한 공급업체를 선택한 후, 그 이유를 명확하게 설명하라.

의사결정 대안	단기	중기	장기
Delphi, Inc.	$4.00	$5.50	$8.00
CRM international	$6.00	$4.25	$6.50
Murray Analytics	$4.50	$5.00	$7.20

4.4 **40.** 한 병원이 대규모 물량의 혈액 및 소변 검체 분석을 자체 실험실에서 실시할 것인지 아웃소싱할 것인지를 결정하기 위한 평가를 실시하고 있다. 자체적으로 검체 분석을 실시하는 경우, 병원내 실험실 장비의 고정비는 800,000달러, 검사 당 가중평균weighted average 변동비는 28.75달러다. 병원에서 3마일 떨어진 곳에 위치한 임상병리 연구소는 첨단 고속 장비로 동일한 검체 분석을 대행할 수 있다. 이 연구소는 분석 1건당 31달러를 청구하고, 분석 결과를 병원에 디지털 파일로 전송한다. 지난해 연간 검사 물량이 250,000 건이었다면 병원이 모든 검체 분석을 자체적으로 실시할지, 혹은 아웃소싱할지를 결정하고 그 근거를 제시하라. 엑셀의 손익분기 템플릿을 활용하여 분석해보라.

4.4 **41.** 대도시에 위치한 수지스 인력파견 서비스Suzy's Temporary Employee (STE)는 29,000달러의 고정비와 검색당 1.29달러의 변동비를 들여서 자체적으로 온라인 범죄경력조회를 실시하여 왔다. 최근 한 온라인 보안서비스 회사가 STE와 연간 서비스 계약을 맺으면 1인당 8달러에 유사한 서비스를 제공하겠다고 제안했다. 내년 STE의 예상 검색량이 3,000건이라면 STE는 자체 범죄경력조회를 계속하는 것이 유리한지, 아니면 아웃소싱이 유리한지를 알아보려고 한다. 엑셀의 손익분기 템플릿을 사용하여 의견을 제시하라. 이 결정을 내리는데 다른 중요한 기준이 있다면 무엇인지 설명하라.

4.4 **42.** 컴퓨터 하드드라이브 생산업체인 파리스 제조회사Paris Manufacturing의 한 품질 담당 매니저는 새로운 자동식 검사 시스템을 임차하려고 한다. 그는 자동화 시스템이 현재의 수동식 검사 프로세스와 비교하여 정확도가 높다고 생각한다. 과거에 하드드라이브 결함 문제가 발생한 적이 있었는데, 품질담당 매니저는 자동식 검사 시스템이 회사가 최종 컴퓨터 조립업체로 하드드라이브가 배송되기 이전에 불량품을 찾아내는데 도움을 줄 것으로 기대한다. 새로운 시스템을 도입할지 결정하는데 필요한 정보는 다음과 같다.

대안 A: 현재의 수동식 검사 시스템
  연간 고정비 = 45,000달러
  변동비 = 제품 당 15달러

대안 B: 새로운 자동식 검사 시스템
  연간 고정비 = 100,000달러
  변동비 = 제품 당 0.55달러

a. 연간 수요가 8,000대라고 가정하였을 때, 엑셀의 손익분기 템플릿을 사용하여 회사가 새 자동화 시스템

을 임차할지 여부를 결정하라.

b. 엑셀의 목표값 찾기 도구를 사용하여 손익분기점의 수량을 계산하라.

4.4 **43** 문제 42에 제시된 비용 요인이 변하지 않았다고 가정하자. 수동식 검사 전문 서비스 업체인 뉴스펙NEW-SPEC의 마케팅 담당자가 파리스 제조회사를 방문하여 고정비 없이 제품당 19달러에 제품검사를 대행하겠다고 제안하면서, 동사의 수동식 검사의 정확도와 품질이 자동식 검사 시스템과 동일하다고 장담했다. 내년 품질검사 수요가 8,000대라고 가정하면, 파리스 제조회사는 뉴스펙의 제안을 받아들여야 하는가? 의사결정을 위해 엑셀의 손익분기 템플릿을 사용하라.

로보젯 세차 Robojet Car Wash

드루 에벨Drew Ebel은 가족 사업으로서 자동세차 프랜차이즈 구입을 고려하고 있다. 드루와 그의 아내 캐롤라인Caroline, 두 자녀 자스민Jasmine, 루크Luke, 그리고 개 릴리Lilly는 우애가 좋은 가족으로 직장 관료주의에 지쳐 있는 상태이다. 가족에게는 200,000달러의 저축이 있다. 올해 62세인 드루는 퇴직금 중 일부를 현금으로 받아 추가로 200,000달러를 조달할 수 있는데, 저축과 퇴직금 일부를 계약금으로 사용할 계획이다.

드루와 캐롤라인은 사업의 전략과 사명을 명시한 사업계획을 수립하고, 손익분기점 분석을 이용하여 사업경제성을 평가하며, 부지를 선정한 후 부동산을 매입하고, 프리미엄 자동 세차 서비스를 통해 뛰어난 고객서비스를 제공한다는 각오로 사업을 시작할 예정이다. 드루는 기계공학으로 학사 학위를 취득했고 캐롤라인은 회계학 학사 학위가 있다. 드루와 캐롤라인은 세차 프랜차이즈 사업 비용에 대한 정보를 수집하여 그림/표 4.7에 정리했다.

세차 산업 Car Wash Industry

1914년 미시간 주 디트로이트에서 최초의 세차 라인car washing assembly line이 건설되었는데, 포드 모델-T 자동차를 인력으로 끌어서 원형으로 배치한 세차 라인을 통과시키는 방식으로 세차 작업를 하였다. 1928년까지는 인력으로 작동하는 체인 컨베이어chain conveyer가 직렬식 조립 라인을 통해 자동차를 끌어서 움직였다. 특히 그 시대에는 도로사정이 나빠서 차량들이 쉽게 더러워졌다. 1932년까지 미국에는 32개의 세차장이 영업하였다. 1930년대부터 세차장 사업자들이 기계 제조업체들에게 자동화된 브러시와 기타 전기-기계식 세차 장치electro-mechanical car washing system를 제작할 수 있는지 문의하기 시작했다. 1947년에는 오버헤드 스프링클러 시스템overhead sprinkler system, 수동식 브러쉬 3세트, 직선을 따라 자동차를 끌어 이동시키는 전동식 컨베이어로 구성된 최초의 반자동 세차 시스템semiautomatic car washing system이 개발되었다. 1950년대까지 여러 제조업체들이 자동식 세차 시스템automated car washing system을 개발하였다. 오늘날의 로봇 세차 시스템robotic car washing system을 사용하면 1950년대 기술을 사용한 시스템에서 20명 이상의 사람들이 수행하던 작업을 5명만으로도 수행할 수 있다. 로봇이 표준화되지 않은 다양한 크기와 형태의 차량 내부를 진공청소기로 청소하고, 표면 손상없이 차량 외부를 닦아낼 수 있게 된다면 한 사람이 컴퓨터 조작만으로 세차 작업 전과정을 담당할 수 있게 될 것이다.

NeONBRAND/unsplash.com

SOURCE: Ryko [https://www.ryko.com/systems/softgloss-maxx/]

현재까지 수집한 정보 Available Information Collected to Date

그림/표 4.7에 투자관련 비용이 정리되어 있다. 변동비는 차량 1대당 연간 15.16달러로 추정된다. 추정 변동비에는 상근 직원 4명과 관리자 인건비, 환경 관련 수수료 및 환경 처리비용, 사무용 비용, 보험 및 일부 회계처리 관련 비용, 변호사비, 정기 보수비, 광고비를 포함되어 있다. 투자 결정을 위해 세차장 운영일수를 연간 300일 정도라고 가정한다. 평균 세차 가격은 자동차 한 대당 22달러이다. 드루와 캐롤라인은 세차 가격과 변동비 추정치에 대해서는 확신할 수 있으나, 고정비에 대해서는 확신이 서

그림/표 4.7 로보젯 세차 – 투자비용

투자 유형	비용과 관련 정보
위치(교통량이 많은 교차로가 프리미엄 입지premium location)	$300,000 – $600,000
장비 비용	
자동 세차 시스템	$300,000
초기 부품 재고	$5,000
디테일링, 외형 복원, 앞 유리 수리 장비	$7,000
기타 장비 (금전등록기, TV, 전화 등)	$6,000
건설 비용	
세차 라인 (터널) 빌딩	$250,000
디테일링 작업장	$50,000
로비와 사무실	$45,000
기둥형 간판과 광고판	$8,000
면허, 검사, 건축 허가, 법인설립 수수료, 변호사, 건축사, 엔지니어, 환경영향평가 보고서 및 각종 공과금	$50,000
초기 보유 현금	$50,000 – $100,000
재산 및 건물 클로징closing (역자주: 매매대금을 지급하고 소유권 이전이 일어나는 매매의 최종 단계로 변호사, 공증인, 공인중계사 수수료, 등기 수수료도 지급함), 소유권 보험, 측량land survey, 신고 수수료, 감정, 식품영업 면허 및 점용 수수료vending license and occupation fee, 환경 감사	$5,000
총 투자비용	$1,251,000
*융자 상환액 (총 투자 비용 $1,251,000 중 다운페이먼트down payment $ 400,000을 제외한 $851,000을 융자받았다고 가정)	매월 $6,000

지 않는다. 디테일링detailing (역자주: 자동차 내 · 외장 세척, 광택, 왁싱 공정을 포함하는 종합 차량관리 서비스), 외형 복원 수리, 앞 유리windshield 수리 등은 별도의 현장 부서에서 제공하게 된다. 이런 서비스들을 통해 연간 130,000달러의 순이익을 얻을 수 있다.

세차 사업의 핵심 성공요인은 입지인데, 입지는 시설 위치, 교통량traffic density 및 패턴, 인근의 인구통계 등을 포함한 개념이다. 우편번호ZIP code 분석에 의하면 유망한 입지 중 한 곳은 높은 자산 가치를 보였다. 이 지역의 경우 연간 10,000~14,000대의 세차 수요가 있을 것으로 추산한다. 이 후보지에서 가장 가까운 풀 서비스full service 세차장은 5.2마일 떨어져 있는 곳에 있다.

드루와 캐롤라인은 성공적인 세차 서비스 업체에 또 다른 특징이 있는지 궁금했다. 일부 세차용 컨베이어는 시간당 최대 100대의 차량을 처리할 수 있는 용량으로 설계됐지만 대부분의 세차용 컨베이어는 시간당 30대 이하의 속도로 작동했다. 대부분의 세차 시스템에서 컨베이어 속도는 세차 차량의 수요, 날씨 및 차량에 쌓인 먼지 정도에 따라 유동적이다. 로봇을 중단없이 작동시키는 것이 쉽지 않고, 모든 세차장 사업자들이 기계고장과 부품부족으로 인해 세차 수요가 많은 날을 영업을 못한 경험들이 있다.

토론을 위한 사례 질문

사업 계획에서 드루와 캐롤라인이 해결해야할 문제들이 많다. 문제 해결을 위해 두사람은 자동식 컨베이어 세차장을 방문하여 사업자들과 대화를 나눌 계획이다. 두 사람이 사업자들에게 질문하고 싶은 것들 중 일부는 다음과 같다.

1. 비즈니스 전략business strategy, 사명mission, 경쟁중점목표competitive priorities, 고객효익패키지customer benefit package가 기술도입 결정에 어떤 영향을 미칠 수 있는지 설명하라.
2. 기술도입 및 운영 측면에서, 세차 사업 운영 중에 일어날 수 있는 문제점들은 무엇인가? 이 문제점들을 효과적으로 해결하는 과정에서 운영관리의 역할은 무엇인지 생각해보라.
3. 이 사업에 대한 손익분기점 분석 결과를 해석해보라. 드루와 캐롤라인이 변동비를 줄이거나 평균 세차 가격을 인상할 여지가 있다면 손익분기점 분석 결과가 어떻게 달라질지 분석해보라.
4. 드루나 캐롤라인에게 이 사업 투자에 대해 조언을 제공해 보라.

브래킷 인터내셔널의 RFID 도입 결정 Bracket International: the RFID decision

브래킷 인터내셔널(BI)의 최고경영자인 잭 브래킷은 회사를 지난해 매출규모 78,000,000달러, 매출원가(COGS) 61,000,000달러의 회사로 키웠다. 평균 재고수준은 약 14,000,000달러이다. BI는 철제 선반과 받침대를 생산하는 중소기업으로 오하이오Ohio, 켄터키Kentucky, 사우스캐롤라이나South Carolina에 총 3개의 소규모 공장을 운영하고 있다. BI의 제1 경쟁중점목표는 '서비스 우선주의'이고, 제2, 제3의 경쟁중점목표는 각각 '제품 품질'과 '저비용'이다. BI에서 서비스란 생산전 서비스preproduction service인 맞춤형 엔지니어링 설계, 생산 서비스production service인 고객과 약속한 납품일 준수, 고객의 변경 요구에 대응하는 유연성, 생산후 서비스postproduction service에 해당하는 배송, 유통, 출장 서비스 등을 포함한다.

오하이오와 켄터키 공장은 자동화된 플로우샵 automated flow shops인 반면 사우스캐롤라이나 공장은 소규모 주문 제작을 전문으로 하는 특성상 일괄처리 잡샵batch-processing job shops에 가깝다. 세 공장 모두 바코드 라벨과 스캐닝 장비를 사용해 자재 흐름을 감시하고 제어한다. BI는 세 공장 모두에서 하루에 약 9,850개의 품목을 수동으로 스캔한다. 이때 단위 품목은 개별 부품, 강판 롤, 1,000개들이 리벳rivet 상자, 팔레트 단위로 적재된 브래킷bracket, 쿼트quart 들이 윤활유 캔 묶음 상자(역자주: 미국 1 quart = 약 0.95 리터), 선적 준비가 완료된 선반shelf 또는 브래킷bracket 세트 등이 될 수 있다. 즉, 바코드 라벨을 부착할 수 있는 것은 무엇이든 바코드를 부착한다. 공장은 일년에 260일 운영된다. 한 명의 정규직 직원은 연간 2,000시간을 일하고 상여금을 포함하여 평균 급여 69,000달러를 받는다.

브래킷 사장은 최근 두 번의 RFID 공급업체와의 영업상담을 통해 구형 바코드 시스템을 RFID 시스템으로 전환하는 문제를 고려하게 되었다. RFID 공급업체들은 계속해서 "주문형 on-demand" 운영 계획과 제어의 필요성에 대해서 설명하면서 RFID와 소프트웨어 시스템이 BI의 작업 흐름의 속도를 가속화할 수 있다고 주장했다. 한 RFID 공급업체는 다음과 같은 정보를 제공했다.

360b/Shutterstock.com

- (BI와 유사한) 판금sheet metal 생산업체의 바코드 스캔 시간은 품목당 평균 10초인데, 작업자가 바코드를 찾고, 스캔할 품목을 집거나/그 품목을 돌리거나/휴대용 바코드 단말기를 그 품목에 가져가거나/물리적으로 그 품목의 위치를 옮기거나 하여 해당 품목에 부착된 바코드를 스캔하는 시간을 포함한다. 스캔할 품목이 놓인 방향때문에 수동으로 바코드를 스캔하는 작업이 어려울 수 있다.
- 위에서 언급한 평균 10초의 바코드 스캔 시간에는 작업자가 바코딩 구역이나 설비를 향해 걸어가는 시간은 포함되지 않는다. 작업자가 스캔할 품목을 스캔할 수 있는 위치에 있다고 가정해도 10초의 스캔 시간에는 긁히거나 결함이 있는 바코드 라벨을 교체하는 시간은 포함되지 않는다. 컴퓨터 시스템 변경을 포함하여 손상된 바코드 태그를 교체하는데 최대 5분이 걸릴 수도 있다.
- BI 공장 3곳에 RFID 시스템을(리더기, 아이템 태그, 하드웨어 관련 소프트웨어)을 설치하는데 총 620,000달러가 든다. 또한 고속으로 전송되는 RFID 정보를 활용하는 새로운 공급사슬 운영체제 소프트웨어를 3개 공장 모두에 설치하는 비용은 충분한 교육과 시스템 오류 수정debugging 컨설팅을 포함하여 480,000달러이다.
- RFID 스캔에 소요되는 시간은 0.02초로 순식간이라고 할 수 있다.
- 판금 생산업체의 경우 바코드 스캔 오류율이 연간 평균 2% (0.02) 였는데, RFID 기술을 사용하면 오류율이 0.2% (0.002)로 감소할 것으로 추정한다. 오류율 0.2%는 RFID 태그의 손상, 가끔 발생하는 무선 주파수 간섭이나 전송 문제가 그 원인이다. 손실된 품목이 BI의 컴퓨터 시스템에 기록되지 않으면 오독이 발생할 수도 있다. RFID 공급업체는 한 번의 오독으로 평균 4달러의 비용이 발생할 수 있다고 추측했지만 이 추정치는 상황에 따라 변동이 클 수 있다.
- 위의 정보를 제공한 공급업체는 BI가 RFID 시스템을 도입하면 재고의 존재 여부 및 위치를 쉽게 파악할 수 있고, 잦은 재고 조사가 불필요하며, 재고를 엉뚱한 위치에 보관하거나 재고 도난 횟수가 줄어드는 이점이 있다고 설명했지만, 이를 증명할 계량화된 정보를 제시하지는 않았다.

최근 브래킷 인터내셔널은 변화하는 고객의 요구사항에 신속하게 대응하는데 어려움을 겪고 있다. 예를 들면, BI는 울프 가구Wolf Furniture의 주문 생산 요청을 거절하였는데, 이는 BI가 고객의 작업명세서와 주문량을 신속하게 맞춰줄 수 없었기 때문이다. 결국 BI는 연간 평균 약 2,000,000달러 규모에 달하는 울프 가구와의 거래 기회를 잃고 말았다. 또 다른 고객인 홈디포Home Depot는 홈디포의 주문형 POS시스템point-of-sale system 특성 상 BI에게 발주하는 주문을 자주 변경해야 했다. 따라서 홈디포는 BI에게 서비스 유연성을 높일 것을 지속적으로 요구하였다. 홈디포는 BI의 매우 중요한 고객이기 때문에 홈디포를 만족시키기 위한 전사적 노력이 필요한 상황이다.

브래킷 사장은 현재 잘 활용하고 있는 바코드 시스템을 포기하는 것이 최선의 방법이라고 생각하지는 않는다. BI 직원들은 바코드 기술 사용에 익숙하지만 RFID 기술은 생소하고 어려워 보이는 것이 사실이기 때문이다. 그는 또한 RFID 시스템에 대한 투자수익률return on investment (ROI)을 믿을 수가 없다. 그럼에도 불구하고, 브래킷 사장은 RFID 공급업체 영업대표들이 상담을 마치고 자신의 사무실을 떠날 때 왠지 모를 죄책감까지 느꼈다. 자신의 판단에 확신이 서지 않았기 때문이다. 브래킷 사장은 그를 믿고 일하는 직원들을 위해 올바른 판단을 할 의무가 있다고 믿는다. 브래킷 사장은 RFID 기술 도입 결정 과정에서 전략적 그리고/또는 경제적 효익을 따져야 하는지 혼란스럽다. 브래킷 사장은 RFID 기술 도입 결정을 위해 더 조사해야 할 몇 가지 질문을 다음과 같이 적어 보았다.

토론을 위한 사례질문

1. RFID와 바코드의 차이점을 설명해보라.
2. RFID 도입 후 수년 간의 경제적 혜택을 생각해 보라. (힌트: 정량화 할 수 있는 두 가지 이점이 있다: 짧아진 스캔 소요시간, 오류 감소로 인한 노동력 절감)
3. 신기술의 조기 도입과 관련된 위험은 무엇이며, 늑장 도입과 관련된 위험은 무엇인지 적어 보라.
4. 단기와 장기로 구분하여 브래킷사를 위한 권고안을 준비하고 그 논리를 밝히라.

통합 사례 연구: 허드슨 쥬얼러스 Integrative Case: Hudson Jewelers

본서 마인드탭MindTap은 허드슨 쥬얼러스Hudson Jewelers 사례 연구 관련 각 장에 있는 학습자료를 통합하여 제공한다.

토론을 위한 사례질문

1. 회사의 입장에서 "당신의 반지를 직접 디자인하세요design your own ring"이라고 명명한 3-D/CAD 기술을 이용하는 장점과 단점은 무엇인가? 고객의 입장에서 생각할 수 있는 리스크는 무엇인가?
2. 귀금속 소매점이 활용할 수 있는 소프트웨어 프로그램을 찾아보고, 그 프로그램을 고객관계관리CRM, 판매관리point of sale, 재고관리inventory management, 결제 시스템payment system, 고객 충성도 프로그램customer loyalty program (역자주: 단골 고객 보상 프로그램) 영역에서 그 활용도를 평가해보라.

제품과 서비스 디자인 5

Goods and Service Design

도로에 자동차가 늘어남에 따라 개발도상국가에서는 연료 효율성fuel efficiency과 환경문제environmental concerns에 대한 관심이 중요해지고 있다.

Frank Bienewald/LightRocket/Getty Images

학습목표

5장을 학습한 후 다음 과제를 수행할 수 있어야 한다:

5-1 제품goods과 서비스services 디자인 프로세스의 각 단계를 기술한다.

5-2 품질기능전개quality function deployment의 기능과 적용에 대해 설명한다.

5-3 다구치 손실함수Taguchi loss function, 신뢰성reliability, 제조용이성 디자인design for manufacturability, 지속가능성 디자인design for sustainability이 제품을 디자인할 때 어떻게 사용되는지 기술한다.

5-4 서비스 전달 시스템 디자인service-delivery system design의 5가지 요소를 정의한다.

5-5 서비스 접점 디자인service-encounter design의 4가지 요소를 기술한다.

5-6 렌즈크래프터즈사Lens-Crafters는 제품과 서비스 디자인을 어떻게 통합하였는지 설명한다.

중국, 인도와 같은 개발도상국 시장developing market에서는 소비자들이 고가의 대형 자동차를 살 여유가 상대적으로 부족하며, 인구 밀집 지역에서 대형 자동차를 운전하는 것이 쉽지 않다. 또한 개발도상국에서는 등록 차량이 점차 증가함에 따라 탄소배출carbon emissions 규제를 강화하면서 환경에 대한 고려와 연료 효율성도 중요한 문제로 부각되고 있다. 그러나 이러한 국가의 소비자들이 단지 가격 때문에 품질이 다소 떨어지는 자동차를 선호하는 것은 아니다. 오히려 대다수의 소비자들과 마찬가지로 그들은 자신의 요구를 충족시키면서 여전히 고품질의 신뢰성 있고, 외관이 멋진, 즉 가치value있는 저가의 자동차를 원한다. 예를 들면, 인도의 대부분의 소비자들은 자동차를 마을 안에서 가족들을 태우고 다니는 용도로 사용하기 때문에 승객을 최대한 많이 태울 수 있는 자동차를 선호한다. 이와 대조적으로 서양에서는 잘 정비된 도로에서 장거리 운행을 주로 하기 때문에 화물칸의 크기가 더 중요하다. 인도의 운전자들은 승차감과 안전, 효율성을 위해 더 높은 가격을 지불할 의사가 있지만, 자동 창문, 자동 잠금장치, 최신의 차량 음향시스템 등에 대해 가격을 지불할 의사가 없을 것이다. 인도나 중국의 혼잡한 교통상황에서는 잦은 기어 변속이 필요한데, 운전자들은 클러치와 기어를 매번 조작하는 대신 자동변속기 사용을 선호할 것이다. 혼잡한 교통상황에서는 빨리 달릴 수 있는 고출력 엔진은 선호하지 않을 것이다. 따라서 신흥 시장에서 성공하기 위해서는 신형 자동차 디자인과와 제작 과정에서 모든 것을 처음부터 다시 생각해보는 것rethinking이 중요하다. 이러한 사고 과정은 소비자의 독특한 요구에 대한 깊은 이해와 차체, 엔진, 각종 옵션들을 합리적인 가격에서 조합해내는 능력을 필요로 한다.

어떻게 생각하는가? What Do you Think?

소비자의 구매 결정에서 디자인과 가치는 얼마나 중요한가? 제품과 서비스에 대한 몇 가지 예를 생각해 보라

회사가 내리는 결정들 중 가장 중요한 결정으로 새로운 제품과 서비스, 가치사슬, 그리고 이를 전달하는 프로세스에 대한 디자인과 개발을 들 수 있다. 사실, 어떤 제품과 서비스를 어떻게 시장에 제공할 것인지에 대한 결정은 기업의 수익성profitability, 장기적 성장, 그리고 성공까지 결정하기도 한다. 새로운 자동차와 핸드폰, 새로운 온라인 또는 금융서비스, 심지어 신메뉴 피자까지 모든 디자인 프로젝트는 상호 대립되는 요소 간의 상충관계trade-off 들로 구성된다. 이 상충관계는 기술과 기능성, 야망과 현실성, 창작욕구와 실용성 사이에 존재한다.

오늘날 고객효익패키지customer benefit packages(CBP)의 복잡성은 기업들에게 가치사슬value chain 전반에 걸쳐 높은 수준의 조율을 요구한다. 앞서 자동차 디자인 사례에서도 언급했듯이, 가치지향 디자인design for value은 "어떤 엔진을 사용할지, 어떤 기능을 기본 사양에 포함할지, 어떤 추가 안전장치를 장착할지, 자재와 부품들 어떻게 디자인할지, 어떤 디자인이 표적고객층target customer base에게 가장 매력적으로 보일지 등에 대한 일련의 복잡하고 광범위하며 신중한 결정을 포함한다." 가치사슬의 반대편에 위치한 판매 및 유지보수, 심지어 재정도 새로운 관점으로 검사되어야 한다. 제한된 딜러 네트워크를 감안할 때, 정기적인 유지보수를 위해 출장 엔지니어들이 파견될 수 있는가? 모든 대가족들이 새로운 차량을 구매하는 것에 대한 자본을 조달할 수 있는가? 이와 비슷한 질문들은 모든 제품과 서비스 디자인에 적용된다.

5-1 제품과 서비스 디자인 Designing Goods and Services

제품과 서비스의 디자인과 개발을 위해 대부분의 기업들은 몇 가지 구조화된 프로세스를 사용하고 있다. 제품과 서비스의 전형적인 개발 프로세스는 그림/표 5.1에 제시되어 있다. 일반적으로 제품과 서비스의 디자인은 모두 유사한 방식을 따른다. 결정적인 차이는 제품과 디자인의 세부적인 디자인 단계이다.

1단계와 2단계 – 전략적 사명, 분석 및 경쟁중점목표

전략적 방향과 경쟁중점목표들은 기업의 사명mission/비전vision과의 일관성을 유지하면서 사명과 비전 실현을 지원해야 한다. 이 단계에는 마케팅, 엔지니어링, 운영, 영업 기능과 관련한 상당한 정도의 연구와 혁신을 필요로 한다. 그러므로 가치사슬 전반에 걸쳐 소비자, 공급업체, 그리고 직원이 모두 참여해야 한다. 이러한 노력에서 얻어지는 자료data와 정보information은 최종고객final customers에게 제공하는 고객효익패키지 디자인을 위한 지식knowledge 축적의 기반이 된다.

3단계 – 고객효익패키지 디자인과 구성

기업은 다양하게 CBP를 구성할 수 있다. 예를 들면, 새 자동차를 구매할 때, 자동차 판매상은 장기임대, 무료 오일교체나 유지관리, 카레이싱을 위한 주행학원 이용권, 무료 자동세차, 자동차 구입용 대출 등을 옵션으로 제안할 수 있다.

본질적으로 기업의 CBP 디자인과 구성 방법은 고객의 요구와 표적시장, 고객이 다음과 같은 속성attributes에 부여하는 가치value를 기반으로 결정하여야 한다.

그림/표 5.1 제품·서비스 디자인을 위한 통합 사고체계 An Integrated Framework for Goods and Service Design

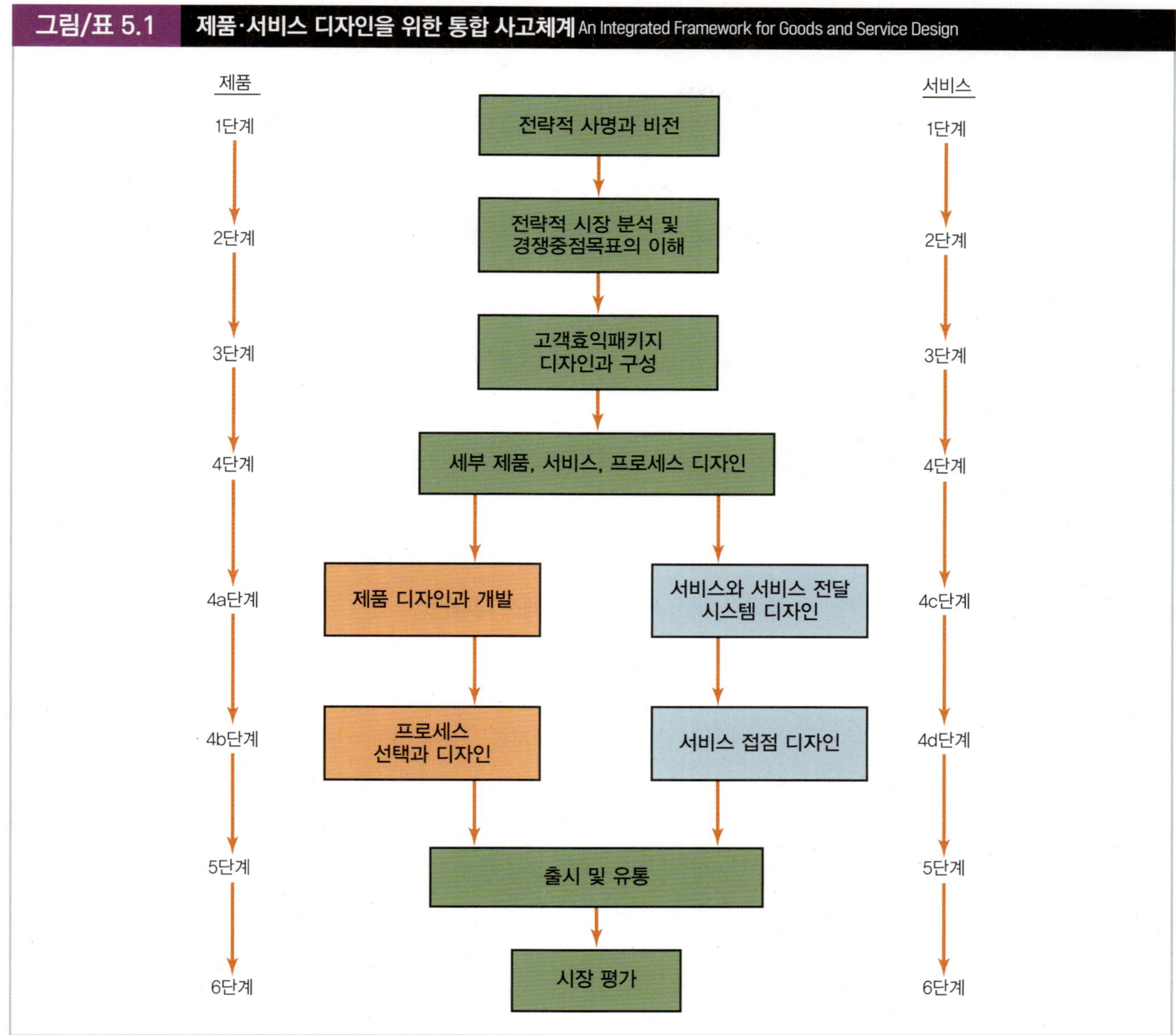

- **시간**time: 최근 많은 식료품점들은 고객의 대기시간을 줄이기 위해 셀프 계산 서비스를 제공하고 있다. 델Dell과 같은 제조업체들은 수요 변화에 맞게 제품을 디자인하기 위해 인터넷을 통해 고객 정보를 수집한다.
- **장소**place: UPS는 포장 서비스도 제공하며, 소비자의 편의를 위해 전략적으로 위치한 UPS 스토어를 운영한다. 다른 예를 들면, 많은 회사들이 직원들에게 편의를 제공하기 위해 사내 탁아소를 운영한다.
- **정보**information: 뱅크오브아메리카Bank of America는 고객에게 가장 적합한 주택담보대출home equity loan 정보를 제공하기 위해 고객용 인터넷 검색 역량을 강화했다. 기타guitar 악보와 영상을 제공하는 한 기업(www.ChordMelody.com)은 고객의 연습용 또는 연주용 악기 선택을 돕기 위해 프로 기타리스트와 상담할 수 있는 핫라인hotline 서비스를 제공하고 있다.

- **오락** entertainment: 스포츠 제품점 체인 딕스Dick's의 몇몇 매장은 부모가 쇼핑하는 동안 아이들이 암벽등반을 즐길 수 있는 실내 암벽장을 갖추고 있다. 노드스트롬Nordstrom 백화점에서는 쇼핑객들을 위해 피아니스트의 공연을 제공한다. 일부 미니밴minivan에는 DVD플레이어가 장착되어 있다.
- **교환** exchange: 전자제품 양판점인 베스트바이Best Buy와 같은 소매점에서는 고객들이 매장을 방문해서 제품을 구매할 수도 있고 인터넷을 통해 구매 후 집 배송도 가능하며, 인터넷에서 구매하고 매장에서 수령할 수도 있는 옴니채널omni-channel 서비스를 제공하고 있다.
- **형태** form: 공산품의 경우, 외양은 제품의 물리적 특성과 관련이 있는데, 동시에 고객의 심미적 욕구customer need of aesthetics를 충족시키는 기능을 한다. 인테리어 디자이너interior designer는 스케치, 사진, 디자인 모형, 또는컴퓨터로 구현한 3D 형상을 이용하여 주방의 모습이 어떻게 바뀔지를 고객에게 보여준다.

구직 사이트인 몬스터닷컴Monster.com은 단순히 정보 가치만 제공하는 반면, 자동차 구매나 휴가 여행은 6가지 유형의 가치를 모두 제공하도록 디자인한다.

4단계 – 세부적인 제품, 서비스, 프로세스 디자인

만약 제안한 신제품/서비스가 개념 개발 단계concept development stage를 통과했다면 CBP의 각 제품 또는 서비스, 그리고 이들을 만드는 프로세스를 더욱 상세하게 디자인하여야 한다. 이 지점이 그림/표 5.1에서 볼 수 있는 분기점처럼 제품과 서비스 디자인이 갈라지는 지점이다. 그림/표 5.1에서 앞의 세 단계는 본질적으로 지극히 개념적이고 전략적이다. 그러나 4단계는 세부 디자인과 실현을 목적으로 한다.

공산품 디자인은 치수, 재료, 색상 등의 물리적 특성physical characteristics에 중점을 둔다. 디자인 작업의 대부분은 아티스트들과 엔지니어들이 담당하는데, 이들은 고객의 요구사항을 물리적인 사양physical specifications으로 구현하도록 제품을 디자인한다. 그림/표 5.1의 4a 단계가 바로 이러한 디자인 작업이다. 그림/표 4b 단계는 제품 생산프로세스 (즉, 기계와 작업자의 구성) 디자인인데, 4a 단계와는 별도로 수행할 수 있다. 생산프로세스 디자인은 제품 디자인을 담당한 디자이너와의 의사소통과 의견 조율을 통해 이루어진다.

하지만 그림/표 5.1에서 4c 단계와 4d 단계의 서비스 디자인은 서비스를 제공하는 "프로세스"와 독립적으로 수행할 수 없다. 서비스를 만들고 제공하는 (즉, 생산하는) 작업은 본질적으로 서비스 그 자체이다. 예를 들면, 호텔에서 데스크 직원이 투숙객에게 체크인 서비스를 제공하기 위해 수행하는 절차는 투숙객이 서비스 제공받고 만족감을 경험하는 프로세스와 동일하다. 따라서 서비스 디자인은 4c 단계와 4d 단계에서 언급된 것처럼 서비스 전달 시스템과 서비스 접점의 두가지 측면을 포함한다.

> 신형 자동차, 휴대전화, 온라인, 금융서비스 등 모든 디자인 프로젝트는 일련의 상충관계trade-offs를 포함한다. 이 상충관계는 기술과 기능성, 야망과 현실성, 창작욕구와 실용성 사이에서 발생한다.

제품과 서비스 모두에 대해 이 단계에는 일반적으로 프로토타입 테스트를 포함한다. **프로토타입 테스트** prototype testing은 *실제 작동 조건에서 제품의 성능을 테스트하고 소비자들의 반응을 확인하기 위해 모형(실제 또는 시뮬레이션 모형)을 제작하는 프로세스이다.* 예를 들면, 제너럴 모터스General Motors(GM)는 특별한 소프트웨어를 이용해 부품을 디자인한 후 디지털 환경에서 분석한다. 예를 들면, GM은 자동차 디자인의 유체역학aerodynamics 테스트는 실물의 3분의 1 크기로 제작한 모형을 풍동wind tunnel에서 실시한다. 오늘날에는 기업들이 급속 프로토타입 제작rapid prototyping을 위해 최신 기술을 사용한다 (예: 컴퓨터이용 디자인, 3D 프린팅 등). 프로토타입을 빠르게 제작하면 완제품을 출시하는 시간과 비용을 절감할 수 있다. GM은 15명의 전문가를 보유한 제작소를 운영하면서 전세계의 GM 디자인센터로부터 주문을 받아 프로토타입을 몇시간 내에 제작하고 이를 선적하여 디자이너들과 엔지니어들이 빠르게 프로토타입을 테스트할 수 있도록 한다.

06photo/Shutterstock.com

이와 같은 엔진은 프로토타입 검증 프로세스의 일부로 디자인되고 디지털 방식으로 분석된다.

5단계 – 출시와 시장확대

5 단계에서는 최종 제품 · 서비스 패키지, 즉 CBP를 광고하고, 판촉하며, 소비자들에게 제공한다. 제품의 경우, 이 과정은 제품을 공장에서 생산하여 창고나 도매업체 그리고 소매업체까지 전달하는 과정을 포함한다. 서비스의 경우, 이 과정은 직원을 고용하고 교육하거나 마감시간 이후 추가적인 업무를 수행하는 것 등을 포함한다. 많은 서비스 업종에서는 은행, 호텔, 소매점 등 지점을 개점하는 작업을 의미하기도 한다.

6단계 – 시장 평가

부적합한 디자인과 비효율적 운영관리로 생산된 제품과 서비스들은 시장에서 사장될 수밖에 없다. CBP를 디자인하고 고객에게 제공하는 최종단계는 지속적으로 제품과 서비스가 얼마나 잘 팔리고 소비자들이 어떻게 반응하는지를 평가하는 것이다.

> 서비스 창출/제공 (즉, 생산) 프로세스는 본질적으로 서비스 그 자체이다!

5-2 고객 지향 디자인 Customer-Focused Design

제품과 서비스 디자인은 고객 요구사항이라 불리는 소비자들의 필요needs와 욕구wants를 반영해야 한다. *고객 스스로의 말로 표현하는 고객 요구사항을* **고객의 소리** voice of the customer라고 한다. 디자인 프로세스는 고객의 소리를 디자인을 특징을 결정짓는 기술적 특성으로 변환한 후 제조 또는 서비스 전달을 위한 "청사진blueprint"을 제공해야 한다. 기술적 특성technical features은 일반적으로 디자이너와 엔지니어들의 전문용어로 표현된다. 예를 들면, 자재의 종류와 총량, 부품

라로사즈 피자 레스토랑: 고객의 소리 경청하기 LaRosa's Pizzeria: Understanding the Voice of the Customer

Rawpixel.com/Shutterstock.com

미국 신시내티Cincinnati, USA에 위치한 이탈리아 레스토랑 프랜차이즈 체인인 라로사즈 피자 레스토랑은 고객들이 스스로 무엇을 원하는지 알고 있음을 파악했다. 회사는 새로 개점할 레스토랑 디자인을 위해 정보를 수집하기로 결정했다. 회사는 현재 고객은 물론 잠재 고객들, 그리고 영업지역 밖에 거주하는 비고객noncustomers들을 찾아가 고객의 소리voice of customers(VOC)를 청취했다. 다음에 열거한 상황은 시장조사에 참여한 고객/잠재고객/비고객이들은 다른 레스토랑에서의 겪은 경험을 바탕으로 회사가 피하고 싶은 상황을 정리한 내용이다.

- "나는 문이 열릴 때마다 찬바람이 발목을 강타하는 차가운 콘크리트 바닥에 서서 내 이름이 불릴 때까지 줄에 묶인 소처럼 기다리고 또 기다렸어요."
- "그리고 나는 더러운 걸레로 더러운 테이블을 닦는 것을 보았어요."
- "맹세코 그 샐러드는 종업원이 강변으로 뛰어가서 아무 잡초나 뽑아 만든 것처럼 보였어요! 다신 그 레스토랑에는 가지 않을 겁니다."
- "오래되어 무너져가는 화장실은 곰팡이로 덮혀 있었어요. 우리는 더러운 화장실 안에서 어디에도 몸이 닿지 않게 하려고 노력할 수밖에 없었어요."

마지막 예시에서 고객이 실제로 말하려고 한 내용은 "그 화장실은 우리에게 주방이 어떤 상태인지 보여주는 것과 같아요. 내가 정말 거기서 음식을 먹고 싶겠어요?"라는 것이었다. 회사는 고객의 소리를 듣고서 비로서 청결한 화장실이 가장 중요한 요구사항이라는 것을 배울 수 있었다.

그 외 다른 고객의 의견은 무엇을 의미하는가? 흥미롭게도, 고객들의 의견 중 어느 것도 전적으로 물리적 제품(음식)에만 관련된 것은 없었다. 서비스 시설service-facility과 서비스-접점의 품질이 고객의 주요 요구사항이었다!

의 크기와 모양, 강도, 준수해야 할 서비스 절차, 그리고 서비스 상호작용service interactions 동안의 직원의 행동 등이 있다. 이와 같이 기술적 특성을 효과적으로 전달하는데 사용하는 접근방법 중 하나가 **품질기능전개**Quality Function Deployment(QFD)이다. 품질기능전개는 *모든 결정에 고객의 소리를 반영하기 위해 제품과 서비스 디자인, 생산, 마케팅 프로세스 순으로 고객의 소리를 반영해 나가는 (즉, 전개하는) 기법이다.* QFD는 구체적인 제품과 서비스의 생산 혹은 CBP에도 적용할 수 있다. 이 프로세스는 매트릭스matrix를 구축하는 것으로 시작하는데, 사용하는 매트릭스 모양 때문에 종종 품질의 집House of Quality(HOQ)이라고도 불린다.

HOQ를 건축하는 작업은 고객의 소리와 디자인의 기술적 특성을 확인하고 그것들을 다이어그램의 적당한 곳에 위치시키는 것으로 시작한다. 그림/표 5.2와 같이 고객의 소리와 기술적 특성은 다이어그램의 중심에 매트릭스 구조를 만들어낸다. 각 기술적 특성이 각 고객의 요구사항과 어느 정도 관계("매우 강한", "강한", "약한" 또는 "관계가 없음" 과 같은 크기 표현을 사용한다)가 있는지에 따라 디자이너들이 디자인에 실제 고객의

> 부적합한 디자인과 비효율적 운영관리로 생산된 제품과 서비스들은 시장에서 사장될 수 밖에 없다.

그림/표 5.2 재화 콘텐츠와 서비스 콘텐츠의 예

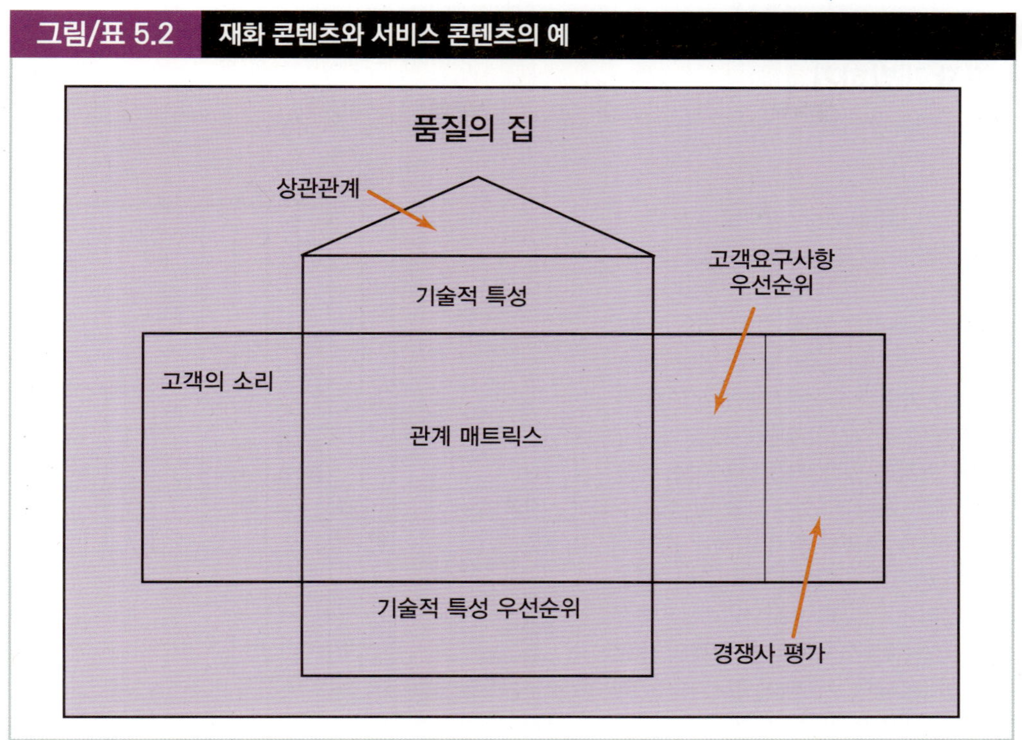

요구사항을 얼마나 잘 반영하고 있는지를 결정할 수 있다. 이 과정들은 전문가의 경험, 고객 설문조사, 또는 실험 등에 기반할 수 있다. VOC가 어떠한 기술적 특성과도 연관이 없다면 최종적으로 만들어진 제품과 서비스가 소비자의 요구를 만족시키기 어렵다는 것을 의미한다. 동일한 논리로 특정 기술적 특성이 어떠한 VOC와도 관계가 없다면 그 특징은 디자인에 포함할 필요가 없다. HOQ의 지붕은 기술적 특성 간 내부관계를 표현하는데, 이 관계는 "제품의 기술적 특성 중 한 특성의 변화가 다른 특성들에게 미치는 영향"에 기반하고 있다. 이는 디자인을 다듬고 디자인 결정의 상충관계를 평가하는 데 도움을 줄 수 있다.

관계 매트릭스의 오른쪽에는 고객들이 각 항목에 대해 생각하는 중요도와 함께 그 항목에 대한 경쟁기업 제품 · 서비스의 평가결과를 표시한다. 이를 통해 경쟁 업체의 제품과 제품 또는 서비스를 차별화하기 위한 "특장점selling point"과 특성features을 결정할 수 있다.

최종 단계는 (HOQ 하단) 어떤 기술적 특성이 고객의 요구사항과 강한 관계 혹은 약한 관계가 있는지, 그리고 어떤 특성을 시장에서의 매력도를 높이는 특장점으로 활용할 것인지를 결정하는 것이다. 이러한 방식으로 후속 디자인 및 생산 또는 서비스 제공 활동 중에 "반영deployed"해야 하거나 특별히 주의를 기울여야 하는 기술적 특성의 우선순위를 결정하는 데 도움이 된다. HOQ를 통해 후속 세부 디자인, 생산, 품질관리 등 기업의 모든 프로세스에 고객의 소리를 반영할 수 있다.

QFD는 미쓰비시Mitsubishi, 도요타Toyota, 모토로라Motorola, 제록스Xerox, IBM, P&G, AT&T 등 많은 기업들이 성공적으로 활용하여 왔다. 예를 들면, 도요타는 QFD를 사용하여 초기투입 비용을 60퍼센트까지 줄였고 제품개발시간을 1/3까지 줄일 수 있었다.

품질의 집 사용: 더 좋은 피자 개발하기
Using the House of Quality: Building a Better Pizza

한 레스토랑은 회사를 대표하는 "시그니쳐signature" 피자를 만들고 싶어한다. 회사에서 청취한 고객의 소리는 4가지 요소로 구성되어 있다: 피자는 맛있고, 건강하고, 시각적으로 맛있게 보여야 하며, 높은 가치를 제공해야 한다. 이 경우 기술적 특성은 가격, 크기, 치즈의 양, 추가 토핑topping의 종류, 그리고 추가 토핑의 양이 될 수 있다. 매트릭스 안 도형들은 고객의 요구사항과 기술적 특성 간 관계 정도를 표현하고 있다. 예를 들면, 맛은 치즈의 양과 약간의 상관관계를 가지고 있지만 토핑의 종류와 강한 관계를 기자고 있다. HOQ의 지붕roof을 살펴 보면 가격과 크기가 강한 관계를 가지고 있는 것을 확인할 수 있다(크기가 커질수록 가격도 증가한다). 경쟁사 평가 결과는 경쟁사들이 현재 영양과 가치 면에서 낮은 평가를 받았음을 보여준다. 따라서 이 특성들을 회사에서 잘 활용한다면 시장에서 회사의 핵심 특장점이 될 수도 있다. 마지막으로 HOQ의 하단 (지하실)은 고객의 중요도 평가, 경쟁사 평가/분석에 기반한 (회사가 구현해야 할) 기술적 특성의 목표치를 기록하였다. 별표로 표시된 특징들은 차후의 디자인과 생산 활동에서 "사용deployed"되거나 강조될 것들이다.

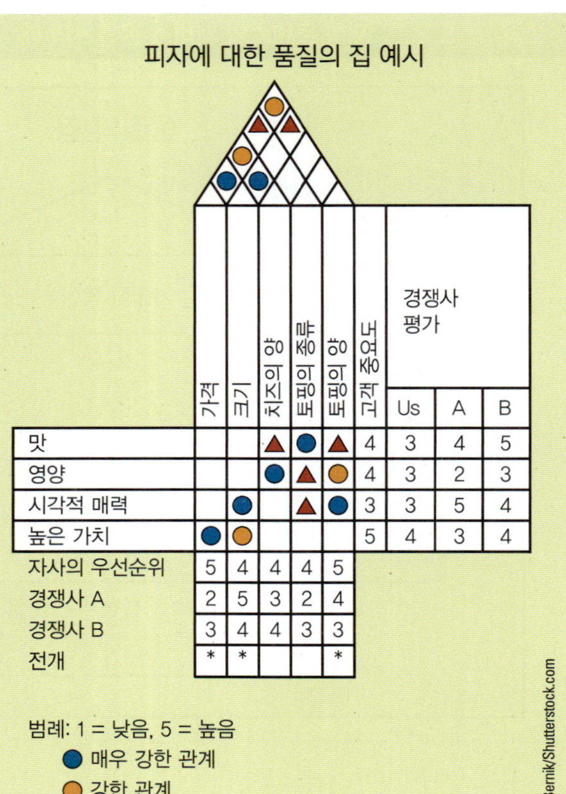

5-3 제품 디자인 Designing Manufactured Goods

자동차, 컴퓨터, 책과 같은 제품의 경우, 디자인은 치수dimensions, 허용오차tolerances, 자재materials, 구매할 부품 등 기술적 특성을 결정하는 업무를 포함해야 한다. 제조 프로세스를 제품 생산에 적합하도록 디자인하기 위해서는 이 단계에서도 운영 관리자와의 조율이 필요하다 (그림/표 5.1의 4b 단계). 제품 디자인 활동을 지원하기 위해 다양한 도구tools와 기법techniques이 사용되는데 본 절에서는 중요한 도구/기법들을 살펴본다.

5-3a 허용오차 디자인과 다구치 손실함수 Tolerance Design and the Taguchi Loss Function

대부분의 제품의 경우 디자인 청사진은 허용가능한 오차(허용오차 또는 공차tolerance) 내에서 목표값target dimension(또는 기준값nominal dimension)을 설정한다. 예를 들면, 0.500 ± 0.020cm를 보면 기준값은 0.500cm이지만 0.480cm에서 0.520cm 사이 어떤 값도 허용된다. 이러한 디자인 방식을 종종 골대모형goal-post model이라고 부른다(그림/표 5.3). 허용오차 디자인 (현장에서는 공차 디자인이라고도 부른다)은 오차를 어느 정도의 범위까지 허용해야 하는지를 결정한다. 허용오차의 범위가 좁으면 제품의 기능과 성능을 향상시키나, 고정밀기술high-precision

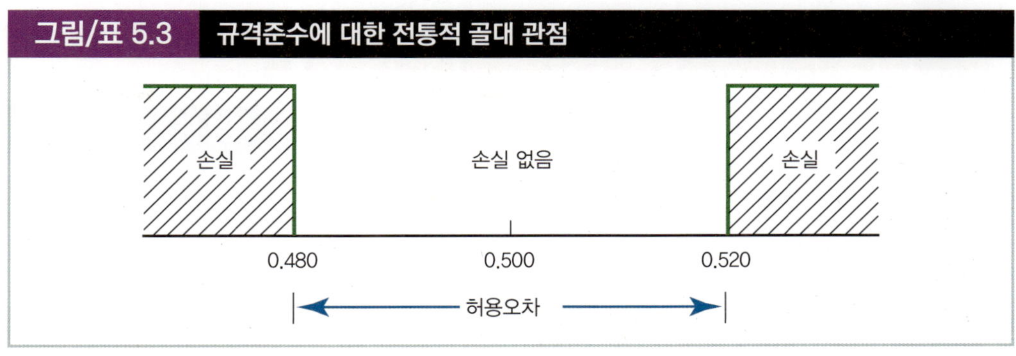

그림/표 5.3 규격준수에 대한 전통적 골대 관점

technology을 요구하기 때문에 생산비가 증가하는 경향이 있다. 반대로, 허용오차 범위가 넓으면 비용은 절감할 수는 있지만, 제품 성능에 부정적인 영향을 미칠 수 있다. 따라서 디자이너들은 이 상충관계를 고려하고, 단순히 임의적인 판단에 기반하지 않고, 과학적이고 기술적인 방식으로 허용오차를 최적화해야 한다.

겐이치 다구치Genichi Taguchi는 전통적인 디자인 규격design specifications 결정관행에 본질적인 결함이 있다고 주장했다. 골대모형에서는 허용범위 내 모든 오차는 허용하고, 범위 밖 오차는 허용하지 않는다. 앞의 예시에서 0.479 (허용 범위 내)와 0.481 (허용 범위 밖)는 실제로는 유사한 값이며, 결과적으로 제품 성능이나 가치에 미치는 영향도 동일하다고 보는 것이 타당하다. 두 값 모두 기준값인 0.500cm와는 차이가 있음에도 불구하고 품질검사에서 0.479는 허용되지만 0.481은 허용되지 않는 모순이 발생한다. 다구치는 기준값 대비 오차가 적을수록 품질은 더 높고, 제품은 더 튼튼하고, 고장은 덜 발생하게 되어, 장기적으로 비용이 덜 발생한다고 주장한다.

다구치는 품질을 디자인 명세서 상의 기준값과의 분산variation으로 측정한 후, 분산을 다시 금전적 가치로 환산하는 방식으로 경제적 "손실함수"로 표현하였다. 다구치 손실함수는 제품과 서비스에 모두 적용할 수 있다.

다구치는 편차가 클수록 점점 더 큰 손실이 발생하도록 설정된 목표값과의 편차deviation로 인한 손실을 2차함수로 측정할 것을 제안했다. 손실함수는 다음과 같다.

$$L(x) = k(x - T)^2 \qquad [5.1]$$

여기서

$L(x)$는 목표값 T와의 편차로 인해 발생한 손실의 금전적 가치,
x는 실측값,
k는 편차를 화폐단위로 변환하는 상수이다.

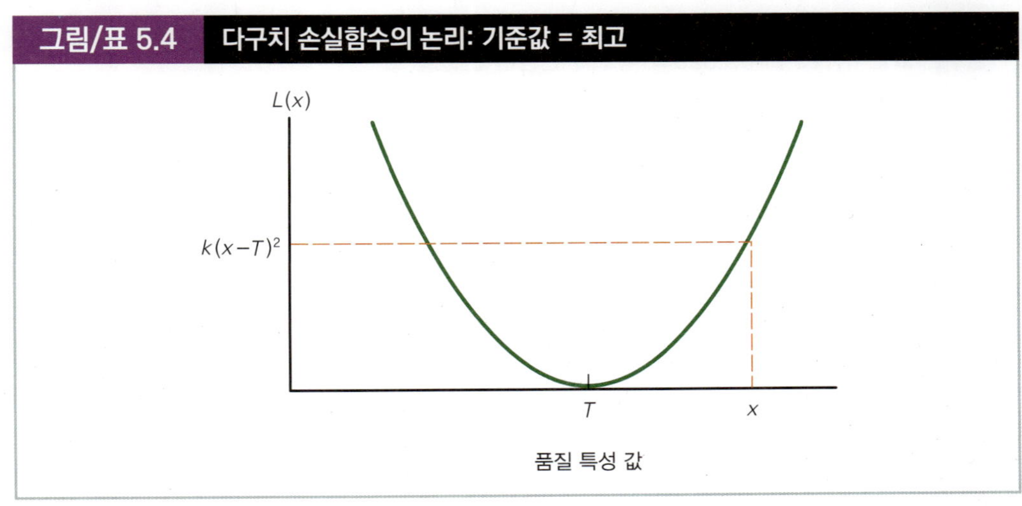

그림/표 5.4 다구치 손실함수의 논리: 기준값 = 최고

그림/표 5.4는 다구치 손실함수를 표현한 것이다. 상수 k는 목표값과의 편차가 특정값을 가질 때 수리 또는 교환을 위해 발

문제풀이 5.1 : 다구치 손실함수 찾기

카세트 테이프는 여전히 휴대용 녹음장비나 저렴한 휴대용 악기 연주 녹음용 장비로 일부 사용되고 있다. 이상적인 카세트 테이프 속도는 초당 1.875인치인데, 여기서 조그만 차이라도 발생한다면 속도나 음높이에서 변화가 발생하여 음질이 저하된다. 고객이 사용중인 테이프에 문제가 생겨 보증수리 후 고객에게 배송하는 총비용이 20달러 소요된다고 가정하자. 과거 정보에 따르면, 목표값에서 평균 초당 0.15인치씩 차이가 발생하면 고객들이 환불을 요구한다. 이를 바탕으로 속도가 2.025이거나 1.725일 경우, 다구치 손실함수를 구해라.

그림/표 5.5 엑셀 다구치 템플릿의 일부

	A	B	C	D
1	**Taguchi Loss Function**			
2	Enter data only in yellow cells.			
3				
4	**Calculation of *k* for the Loss Function**			
5	Deviation from target	0.15		
6	Loss associated with deviation	$20.00		
7	k	$888.89		
8				
9	**Loss Calculation for a Specific *x***			
10	Target specification, T	1.875		
11	Dimensional value, x	1.925		
12	k	$888.89		
13	Loss	$2.22		

해답:

손실은 목표값 $L(x) = \$20$에 대한 편차$(x - T) = 0.15$와 관련이 있다. 측정값 x에 대한 손실함수를 찾기 위해서는, 주어진 값들을 식 5.1에 대입해야 한다.

$$20 = k(0.15)^2$$
$$k = 888.9$$

따라서 손실함수는 다음과 같다.

$$L(x) = 888.9(x - 1.875)^2$$

다구치 손실함수를 사용하면, 실제 속도가 초당 1.925 인치일 때 경제적 손실 $L(1.925) = 888.89(1.925 - 1.875)^2 = \$2.22$로 추정할 수 있다. 모든 고객들은 아니지만 일부 고객들은 그 작은 편차에도 음질 저하를 인식하고 보증수리를 요구할 것이다. 결과적으로 평균 손실은 위의 계산결과보다는 적다. 그림/표 5.5는 이 계산에 사용할 수 있는 마인드탭MindTap에서 제공하는 엑셀 파일 일부를 보여준다.

문제풀이 5.2 : 경제적 규격 설정에 다구치 손실함수 사용

문제풀이 5.1의 상황에서 엔지니어가 포장하기 전에 테이프 속도를 테스트하고 $5의 비용으로 목표값인 1.875로 조정할 수 있다고 가정하자. 경제적 규격spec 한계는 무엇인가?

해답:

첨부된 표는 1.725부터 2.025의 속도와 관련된 손실을 보여준다. 표를 보면 속도가 1.800 이하이거나 1.950 이상인 경우, 속도를 판매 전에 조정하는데 실패했을 때 발생하는 비용이 $5 보다 크다. 따라서 측정값이 규격상한과 규격하한 밖에 위치한 경우 검사 및 조정 후에 포장하는 것이 더 경제적이다. 만약 속도가 1.800과 1.950사이에 존재한다면, 검사와 포장 후에 포장하는 것이 단순히 포장하는 것보다 비용이 많이 든다. 따라서 1.800과 1.950은 회사가 달성해야 하는 경제적 디자인의 규격을 의미한다. 엑셀의 다구치 템플릿은 이 경제적 규격들을 손익분기점 분석break-even analysis을 이용해 그림/표 5.6의 15–19열과 같이 구할 수 있게 해준다.

테이프 속도, x	$L(x)$
1.725	$20.00
1.740	$16.20
1.755	$12.80
1.770	$9.80
1.785	$7.20
1.800	$5.00
1.815	$3.20
1.830	$1.80
1.845	$0.80
1.860	$0.20
1.875	$0
1.890	$0.20
1.905	$0.80

테이프 속도, x	$L(x)$
1.920	$1.80
1.935	$3.20
1.950	$5.00
1.965	$7.20
1.980	$9.80
1.995	$12.80
2.010	$16.20
2.025	$20.00

그림/표 5.6 엑셀 다구치 템플릿을 이용한 경제적 디자인의 규격

	A	B	C	D
1	Taguchi Loss Function			
2	Enter data only in yellow cells.			
3				
4	Calculation of *k* for the Loss Function			
5	Deviation from target	0.15		
6	Loss associated with deviation	$20.00		
7	k	$888.89		
8				
9	Loss Calculation for a Specific *x*			
10	Target specification, T	1.875		
11	Dimensional value, x	1.925		
12	k	$888.89		
13	Loss	$2.22		
14				
15	Economic Design Specifications			
16	Target specification, T	1.875		
17	k	$888.89		
18	Cost of inspection and adjustment	$5.00		
19	Break-Even Tolerance	0.075		
20	Lower specification limit	1.800		
21	Upper specification limit	1.950		

생하는 비용 계산을 바탕으로 결정된다. 문제풀이 5.1과 5.2는 다구치 손실함수에 대한 설명과 함수가 어떻게 허용오차 결정에 사용되는지를 보여준다.

5-3b 신뢰성 디자인 Design for Reliability

모든 사람들은 자신의 차가 아침에 문제없이 시동이 걸리기를 원하고 자신의 컴퓨터가 오작동없이 잘 작동하기를 원한다. **신뢰성**reliability은 *제품, 장비의 일부, 또는 시스템이 지정된 작동 조건에서 의도된 기능을 일정한 기간 동안 수행할 확률이다.* 신뢰성은 제품 뿐만 아니라 서비스에도 적용된다. 각 단계에 존재하는 서비스 프로세스들은 제품 속의 부품들과 유사하다고 볼 수 있다.

신뢰성은 값이 0과 1사이에 존재하는 확률probability이다. 예를 들면, 0.97의 신뢰성은 평균적으로 100번중 97번은 제품이 특정한 기간동안 의도된 기능을 정상적으로 수행한다는 것을 의미한다. 종종 신뢰성은 이해도를 높이기 위해 백분율로 표현하기도 한다(97%의 신뢰성). 신뢰성은 품질이 더 좋은 부품을 사용함으로써 향상시킬 수 있다. 만약, 시스템 실패

자동차에 사는 도깨비 Automotive Gremlins

운전 중에 엔진이나 변속기의 알 수 없는 소음이나 덜컹거림을 경험한 적이 있는가? 어떤 사람들은 그것을 도깨비의 장난이라고 말하기도 하지만, 보통 공학적 설명이 존재한다. 예를 들면, 변속기는 많은 기어와 기타 부품들을 "계속 연결해가면서" 조립하는데, 허용오차가 크면 변속 시 기어 충돌과 조기 고장 등의 성능 문제가 발생할 수 있다. 부품들이 조립규격의 규격상한에 근접하게 조립되면 너무 빡빡하게 조립되고, 규격하한에 근접하면, 너무 느슨하게 조립될 수 있다. 두 경우 모두, 운전자는 품질 문제를 인지하게 된다. 다구치가 부품 생산 시 기준값과의 편차를 최소화하라고 조언하는 이유가 바로 여기에 있다.

그림/표 5.7 직렬 시스템의 구조

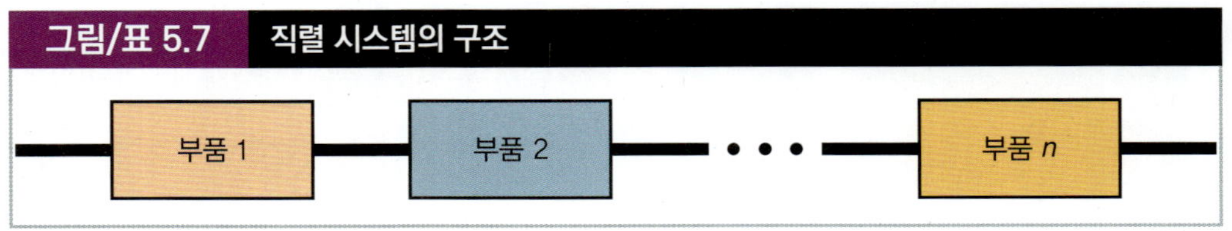

가 일어나면 안되는 경우라면 중복 (여유 또는 백업backup) 구성품redundant components을 시스템에 설치하는 방식을 취한다. 예를 들면, 컴퓨터 네트워크 서버network servers의 경우, 서버에 전원공급장치를 2대 설치하기도 하여 한 장치의 실패 시 다른 장치가 계속 전원을 공급하도록 한다. 신뢰성을 높이기 위한 조치는 비용의 증가를 가져와 신뢰성과 비용 간 상충관계trade-offs가 존재한다.

그림/표 5.7과 같이 많은 제품들은 직렬series 배열 형태의 여러 구성품으로 구성되어 있으며 구성품의 기능은 상호 독립적이라고 가정한다. 프로세스에서 한 구성품이 작동에 실패하면, 전체 시스템 작동이 실패한다. 만약 각각의 구성품 j에 대한 개별 신뢰성 p_j를 알고 있다면, n개의 부품으로 이루어진 직렬 시스템 전체의 신뢰성 R_s을 계산할 수 있다. 개별 구성품 신뢰성이 각각 p_1, p_2, ⋯ p_n이고 시스템 신뢰성이 R_s라면, 다음 식을 이용하면 된다.

$$R_s=(p_1)(p_2)(p_3)\cdots(p_n) \qquad [5.2]$$

다른 디자인들은 그림/표 5.8과 같이 서로 독립적으로 기능하는 여러 개의 병렬 구성품 parallel components으로 구성된다. 이 경우 모든 구성품이 실패하는 경우에만 전체 시스템이 실패한다. 이러한 형태의 디자인은 공학적 여유 (또는 중복) redundancy 개념을 활용한 예시이다. n개의 구성품으로 구성된 병렬 시스템parallel system의 시스템 신뢰성은 다음 식을 이용하여 구할 수 있다.

$$R_p = 1 - (1-p_1)(1-p_2)(1-p_3)\cdots(1-p_n) \qquad [5.3]$$

그림/표 5.7 병렬 시스템의 구조

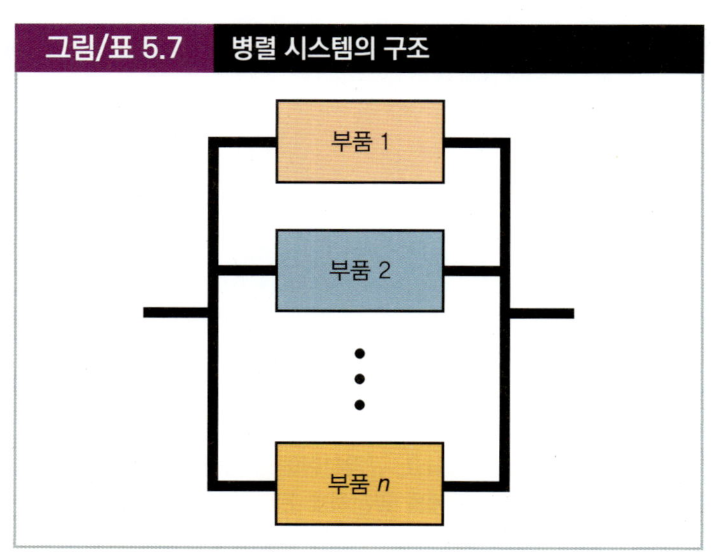

현실에서 많은 시스템들은 직렬 구성품과 병렬 구성품의 조합으로 이루어져 있다. 이러한 시스템의 신뢰성을 계산하기 위해서는, 시스템 구조를 분석하고 식 5.2와 5.3을 통해 직렬 또는 병렬 하부시스템subsystems으로 나누어 전체 시스템을 표현할 수 있어야 한다. 이 식들은 디자이너와 엔지니어들이 제안된 디자인에 대한 신뢰성을 평가하고 성능을 최적화할 수 있도록 도와준다. 문제풀이 5.3부터 5.6은 공식 사용법과 신뢰성 분석reliability analysis 엑셀 템플릿을 보여준다.

문제풀이 5.3 : 직렬 시스템의 신뢰성 계산

A, B, C라는 3개의 주요 하위시스템으로 구성된 새로운 혈액 분석기가 있다고 가정하자. 제조업체는 이 장비의 예비 디자인preliminary design을 평가하고 있다. 각 부품들의 신뢰성이 그림/표 5.9와 같을 때 시스템(분석기)의 신뢰성을 구하라.

해답:

직렬 시스템이므로, 식 5.2을 사용한다.

$$R_s = (0.98)\,(0.91)\,(0.99) = 0.883 \text{ 또는 } 88.3\%$$

그림/표 5.9 하위시스템 신뢰성

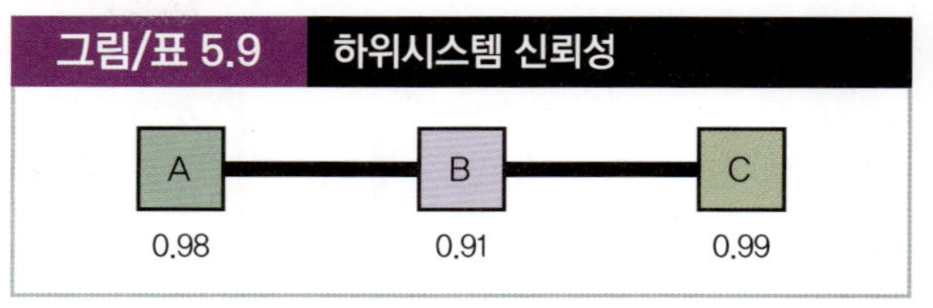

문제풀이 5.4 : 병렬 시스템의 신뢰성 계산

자동화 공작기계에서 전자부품의 신뢰성은 0.91이다. 디자인 엔지니어는 기계를 그림/표 5.10과 같은 병렬(백업backup) 시스템으로 디자인하는 방안을 고려하는 중이다 (장비 소프트웨어는 한 부품이 고장 나면 다른 작동 부품으로 전환한다고 가정한다). 신뢰성이 얼마나 향상되겠는가?

해답:

식 6.3을 사용하면 병렬 시스템의 신뢰성은 다음과 같다.

$$R_p = 1 - (1 - 0.91)\,(1 - 0.91) = 1 - 0.0081 = 0.9919$$

예비 부품을 추가하는 것으로 인해 기기의 신뢰성은 91 퍼센트에서 99퍼센트로 증가하였다.

그림/표 5.10 병렬 시스템

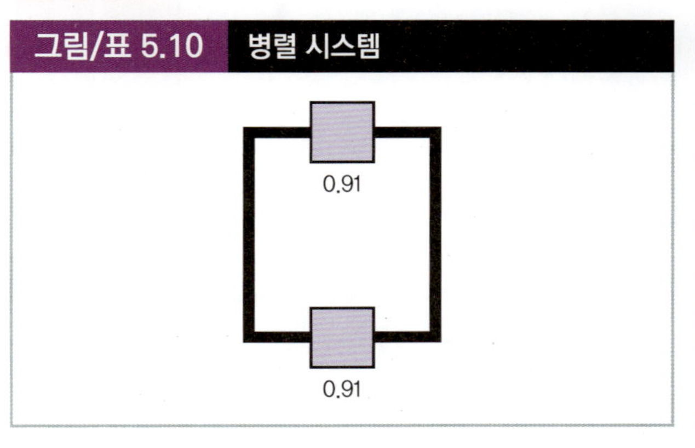

문제풀이 5.5 : 병렬 시스템이 내재된 시리즈 시스템의 신뢰성 계산

그림/표 5.11은 구성품B에 대해 병렬 여유시스템을 갖춘 직렬 시스템을 보여준다. 이 시스템의 신뢰성을 구하라.

해답:

먼저 식 5.3을 이용해 부품B에 대한 병렬 하위시스템의 신뢰성을 구한다. $R_B = 1 - (1 - 0.9)^3 = 0.999$. 그림/표 5.12에 나와 있는 것과 같이 마인드탭에 있는 시스템 신뢰성System Reliability 엑셀 템플릿을 이용할 수 있다. 이 병렬 하위시스템을 이 정도의 신뢰성을 가진 하나의 구성품으로 대체하여, 그림/표 5.13과 같은 직렬 시스템을 구성한다. 그리고 식 5.2를 이용하거나 그림/표 5.14에 나와있는 엑셀 템플릿을 이용하여 직렬 시스템의 신뢰성을 계산하라. $R_s = (0.99)(0.999)(0.96)(0.98) = 0.93$. 따라서 원래 시스템의 신뢰성은 0.93이다.

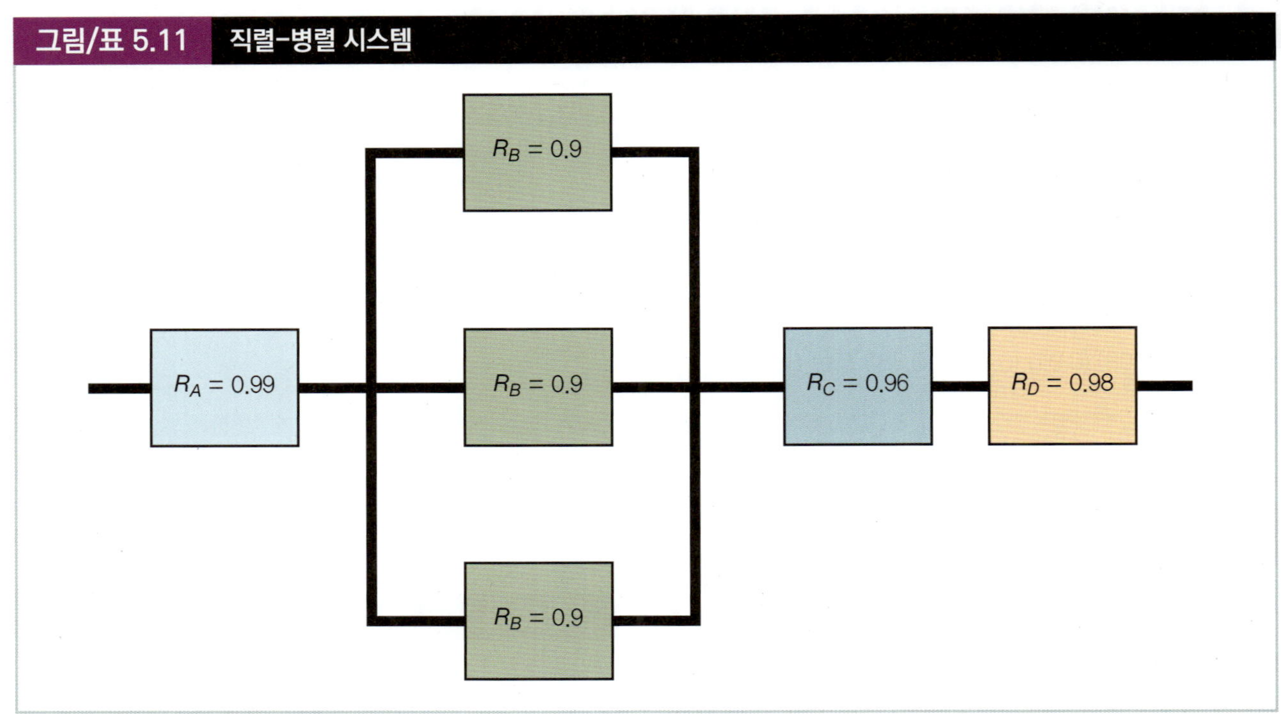

그림/표 5.11 직렬-병렬 시스템

그림/표 5.12 부품 B에 대한 시스템 신뢰성 엑셀 템플릿 사용

	A	B	C	D	E
1	System Reliability			Copyright © 2019 Cengage Learning	
2	Enter data only in yellow cells			Not for commercial use.	
3					
4	Series Systems			Parallel Systems	
5					
6	Component	Reliability		Component	Reliability
7	Component 1			Component 1	0.9
8	Component 2			Component 2	0.9
9	Component 3			Component 3	0.9
10	Component 4			Component 4	
11	Component 5			Component 5	
12	Component 6			Component 6	
13	Component 7			Component 7	
14	Component 8			Component 8	
15	Component 9			Component 9	
16	Component 10			Component 10	
17	System Reliablity	0.000000000		System Reliablity	0.9990000000

그림/표 5.13 등가 직렬 시스템

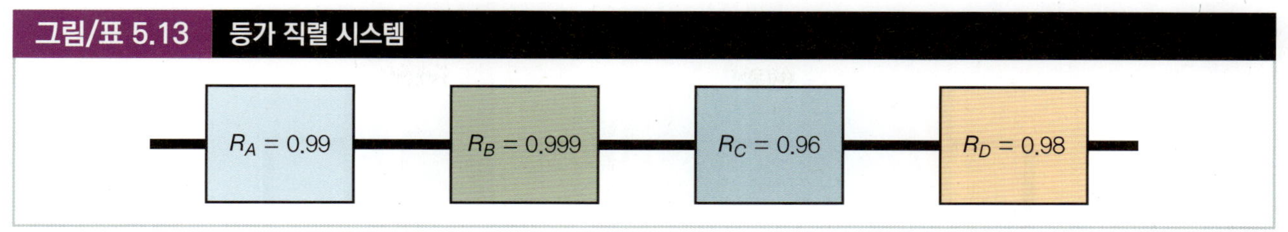

그림/표 5.14 등가 직렬 시스템에 시스템 신뢰성 템플릿 사용

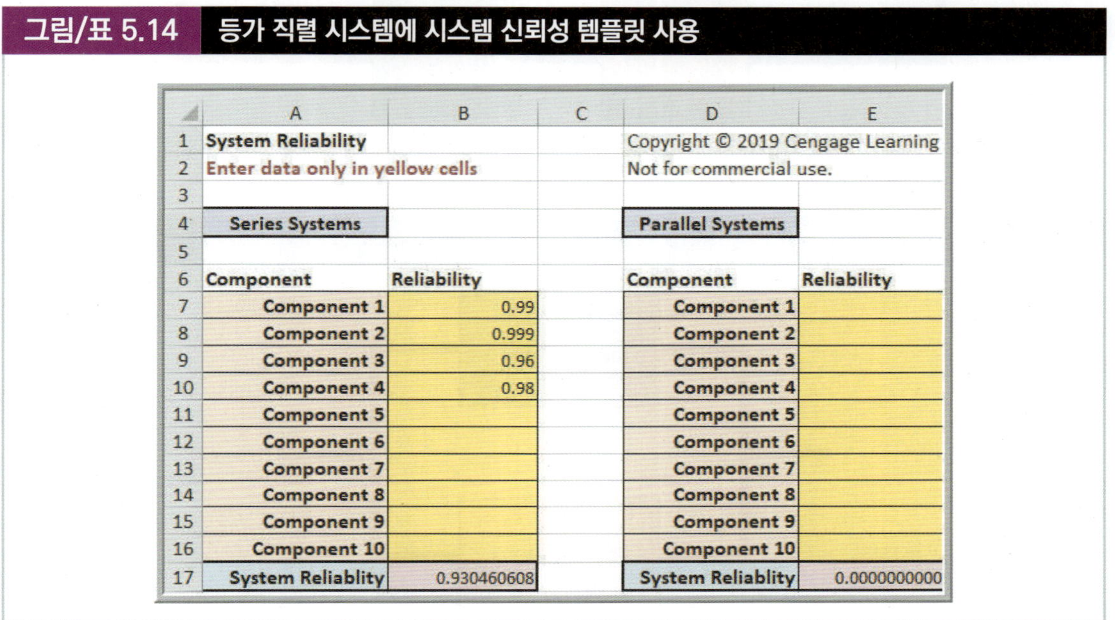

	A	B	C	D	E
1	System Reliability			Copyright © 2019 Cengage Learning	
2	Enter data only in yellow cells			Not for commercial use.	
3					
4	Series Systems			Parallel Systems	
5					
6	Component	Reliability		Component	Reliability
7	Component 1	0.99		Component 1	
8	Component 2	0.999		Component 2	
9	Component 3	0.96		Component 3	
10	Component 4	0.98		Component 4	
11	Component 5			Component 5	
12	Component 6			Component 6	
13	Component 7			Component 7	
14	Component 8			Component 8	
15	Component 9			Component 9	
16	Component 10			Component 10	
17	System Reliablity	0.930460608		System Reliablity	0.0000000000

문제풀이 5.6 : 직렬 시스템이 내재된 병렬 시스템의 신뢰성

그림/표 5.15는 두개의 직렬 하위시스템으로 구성된 병렬 시스템을 보여준다. 이 시스템의 신뢰성은 얼마인가?

해답:

각 직렬 하위시스템을 개별 구성요소로 바꾼다. 시스템 신뢰성 템플릿을 이용하거나 식 5.2를 이용하면 각 직렬 하위시스템의 신뢰성을 알 수 있다. R_{ABC} = (0.95)(0.98)(0.99) = 0.92169 . 그리고 R_{DE} = (0.99)(0.97) = 0.9603. 이 결과는 그림/표 5.16에 나와있는 병렬 시스템에 적용된다. 따라서 이 병렬 시스템의 신뢰성은 R = (1 − 0.92169) (1 − 0.9603) = 0.9969이다.

그림/표 5.15 직렬 하위 시스템이 있는 병렬 시스템

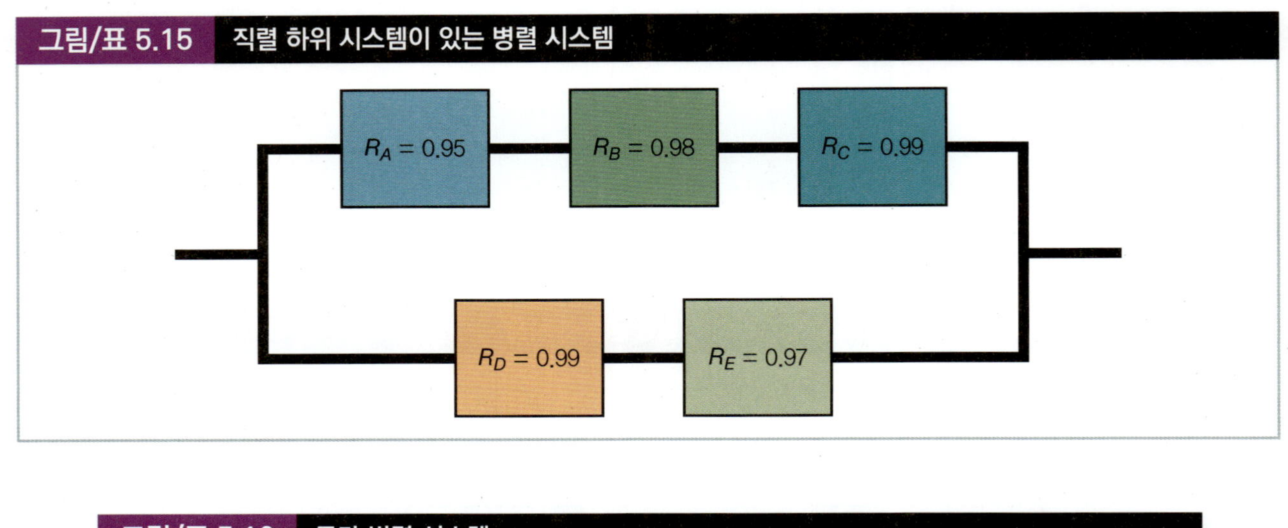

그림/표 5.16 등가 병렬 시스템

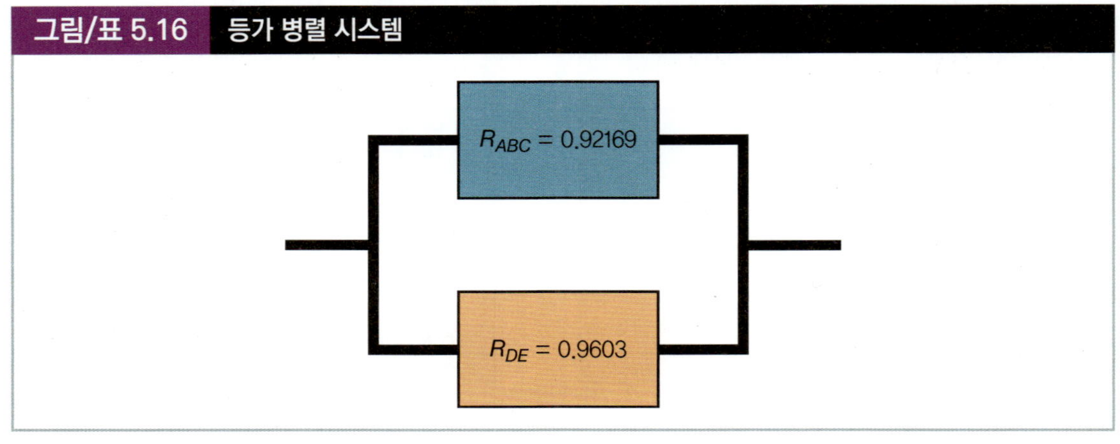

5-3c 제조용이성 디자인 Design for Manufacturability

제품 디자인의 많은 측면들은 생산 가능성과 품질에 부정적인 영향을 줄 수 있다. 일부부품은 반복적으로 제작하기 어려운 특징이나 불필요하게 엄격한 허용 오차를 가진 채로 디자인될 수 있다. 일부 부품은 그 형상이 조립 시 정해진 위치에 쉽게 삽입할 수 있도록 디자인되지 않았거나 섬세한 자가정렬 기능self-alignment function이 없을 수도 있다. 다른 경우에는 너무 부서지기 쉽거나 부식 또는 오염에 취약한 부품은 배송 또는 내부 취급 시 손상될 수 있다. 때때로 디자인에서 원하는 기능을 수행하는 데 필요한 것보다 더 많은 부품을 포함하여 조립 오류의 가능성을 증가시킨다. 따라서 디자인 불량 문제는 제조, 조립, 테스트, 운송 및 최종 사용시 오류, 불량 수율poor yield, 손상 또는 기능적 오류로 나타날 수 있다.

제조용이성 디자인 Design for manufacturability(DFM)은 *효율적으로 고품질 제품을 생산하기 위한 제품 디자인 프로세스이다.* DFM을 위한 한가지 방법은 제품단순화이다. **제품단순화**Product simplification는 *디자인을 단순화해서 복잡성과 비용을 줄이고 나아가 생산성, 품질, 유연성, 그리고 고객만족을 향상시키는 프로세스이다.* 디자인을 단순화시킬수록 오류가 발생할 가능성이 줄

도요타: 단순 디자인이 제조를 단순화시키다 Toyota: Simple Design Simplifies Operations

제조의 복잡성은 선택과 옵션의 문제에서 비롯된다. 도요타 벤자Toyota Venza에게 단순화는 해답이었다. 사실상 4기통 엔진의 전륜구동과 4륜구동, 6기통 엔진의 전륜구동과 4륜구동의 4가지 버전이 가능한 한가지의 모형이 존재한다. 이 디자인 전략은 소비자들에게 잘 갖춰진 차량을 처음부터 제공받을 수 있게 해준 것뿐만이 아니라 도요타 조지타운Toyota Georgetown의 조립공장이 훨씬 더 다양한 여러가지 다른 모형과 옵션을 조립하는 것으로부터 벗어나게 해주어 조립의 복잡성을 줄여주었다.

어들고, 처리시간flow time이 빨라지며, 프로세스 효율성이 향상될 가능성이 높아지며, 제품이나 서비스 프로세스 신뢰성 또한 높아진다. 예를 들면, 케딜락 세비야Cadillac Seville 뒷 범퍼 조립품의 재디자인은 사용하는 부품 수를 반으로 줄이고 조립시간을 57 퍼센트 (8분 미만으로) 단축했다. 이는 $450,000 이상의 연간 인건비 절감효과를 가져왔다. 제거한 부품들이 주로 잡음을 유발하는 잠금장치, 너트, 볼트 그리고 나사였으므로 차량의 품질 향상 효과 얻었다.

5-3d 지속가능성 디자인 Design for Sustainability

환경에 대한 관심으로 인해 디자이너들이 가중하는 압박을 느끼고 있다. "사회적 책임social responsible"을 외치는 환경단체들, 매립지가 고갈되어가는 주 및 지방자치단체, 돈을 더 절약하고 싶어하는 소비자로부터의 압박은 디자이너와 관리자가 **환경친화적 디자인**Design for Environment (DfE) 개념을 심각하게 고려하는 계기를 마련했다. *환경친화적 디자인은 제품, 서비스, 프로세스 디자인에서 명시적으로 환경을 고려하는 실천관행을 의미하며 구체적으로 재활용*recycling*과 분해*disassembly*를 고려한 디자인 등을 포함한다.* 예를 들면, 에너지 스타Energy Star (에너지 효율 국제표준) 인증을 받은 식기세척기는 접시 세척에 진보된 기술을 사용하면서도 물과 에너지도 절약한다. 1994년에 만들어진 식기세척기는 에너지스타 인증 식기세척기 대비 더 많은 물을 사용하고 매년 $40 정도의 전기요금을 더 지불하게 된다. 이에 더하여 에너지스타 인증 식기세척기는 전력발전소와 수질 정화 시설의 수요를 줄였고 결과적으로 대기로 배출되는 이산화탄소 1,140 파운드를 줄일 수 있다. 지속가능성을 고려한 디자인의 한 측면은 재사용을 위해 제품 수리repair와 재조립refurbish이 용이하며, 필요할 경우 조각으로 완전 분해하여 자원을 재사용reuse 할 수 있도록 디자인하는 것이다.

5-4 서비스 전달 시스템 디자인 Service-Delivery System Design

그림/표 5.1에서 확인할 수 있는 것처럼, 서비스 디자인은 서비스 전달 디자인과 서비스 접점 디자인의 연속이다. **서비스 전달 시스템 디자인**service-delivery system design*은 시설의 위치와 배치, 서비스케이프, 서비스 프로세스와 업무 디자인, 그리고 관련 기술과 정보 지원 시스템을 포함한다.*

펩시: 플라스틱 용기를 식물기반 용기로 변경 Pepsi: From Plastic- to Plant-Based Bottles

펩시는 석유기반 플라스틱 대신에 풀, 소나무 껍질, 옥수수 껍질과 같은 완전히 식물성 원료로 생산한 새로운 용기를 소개했다. 새로운 용기의 모양, 질감, 그리고 내용물을 보호할 수 있는 견고함은 정확히 지금 펩시의 용기와 다를 바가 없다. 펩시는 현재 개발한 용기를 테스트하는 중이며, 미래에 이를 성공적으로 대량생산할 수 있을 것으로 기대한다. 펩시는 연간 수십억 개를 생산하는 제품들을 새로운 디자인으로 바꿀 것이다. 펩시가 새로운 용기 연구와 디자인에 수백만달러를 투자했다.

Huzaime/Shutterstock.com

이 요소들을 모두 통합하는 것은 고객에게 가치를 제공하고 경쟁적 우위를 만드는 데에 있어서 필수적이다. 기술 또는 작업 디자인과 같은 이러한 구성 요소 중 하나라도 잘못 선택하면 서비스 시스템의 효율성efficiency과 효과성effectiveness이 저하될 수 있다.

5-4a 시설 위치와 배치 Facility Location and Layout

위치는 고객 이동 시간에 영향을 주며 서비스 산업에서 매우 중요한 경쟁 우위 요소이다. 헬스센터, 렌트카 회사, 우체국, 은행, 병원, 호텔, 응급 지원 서비스, 소매점, 그리고 많은 종류의 서비스 시설들은 좋은 위치 선택에 의존한다. 예를 들면, 스타벅스Starbucks는 모든 도시, 공항, 그리고 쇼핑몰 어디에서나 찾을 수 있다. 시설의 배치는 프로세스 흐름, 비용, 그리고 소비자의 인식과 만족에 영향을 준다.

5-4b 서비스케이프 Servicescape

서비스케이프servicescape는 *소비자가 느끼는 인상을 만들어내는 모든 물리적 장치들이다. 또한 서비스케이프는 서비스 접점에서의 (고객과 서비스제공자의) 행동을 유도한다.* 예를 들면, 맥도날드McDonald's의 서비스케이프를 떠올려보자. 건물 디자인(황금 아치), 화려한 색상, 놀이터, 메뉴판, 포장, 직원 유니폼, 드라이브 스루 등 모든 것들이 맥도날드의 속도, 일관성, 청결, 고객 서비스와 같은 경쟁중점목표를 지원한다. 서비스케이프와 프로세스의 표준화와 통합은 효율성을 향상시킨다. 맥도날드의 서비스케이프는 브랜드 이미지 확립에 도움을 준다.

> 맥도날드의 서비스케이프는 브랜드 이미지 확립에 도움을 주었다.

서비스케이프는 크게 3가지 차원이 있다.

1. **주변 환경**ambient conditions – 시각, 청각, 후각, 촉각 그리고 온도를 통해 노출되게 만들었다. 이들 환경적 조건들은 고객이 오감으로 느낄 수 있도록 서비스케이프로 디자인된다. 예를 들면, 스타벅스는 모든 매장에서 따뜻한 아침식사의 조리를 그만두기로 결정했다. 계란과

치즈가 들어있는 아침식사 샌드위치를 조리하는 냄새가 매장 내 커피 향기를 방해했기 때문이다.

2. **공간 배치와 기능성**spatial layout and functionality – 가구, 장비 및 사무실 공간을 배치하는 방법을 말한다. 이것은 건물 공간, 정면, 길가, 그리고 주차장을 포함한다. 법률 회사는 조용하고 사적인 장소에서 대화를 할 수 있도록 회의실을 디자인할 것이다. 소아과는 안전하고 아이들이 놀 수 있는 공간을 포함할 것이다.
3. **신호, 상징, 그리고 상징물**signs, symbols, and artifacts – 회사의 이미지와 관련된 명시적인 신호를 더 많게 만드는 것을 의미한다. 벽에 붙어있는 슬로건, 자동차의 명확하게 보이는 기업로고, 트로피 상장, 편지지에 인쇄된 회사명, 그리고 회사 유니폼 등이 예시이다. 명품 자동차 딜러들은 자판기 대신 무료 음식과 청량음료를 제공한다.

린 서비스케이프 환경lean servicescape environments으로 *불리는 일부 서비스케이프는 매우 단순하다.* 온라인 티켓 판매처와 페덱스Federal Express의 무인 단말기는 간단한 서비스 제공에 적합하다. 두 경우 모두 하나의 단순한 디자인으로 서비스를 제공하기 때문이다. 반대로 *디자인과 서비스가 더 복잡할수록* **정교한 서비스케이프 환경**elaborate servicescape environments이라고 한다. 병원, 공항, 대학교 등이 여기에 포함된다.

s_bukley/Shutterstock.com

훌륭한 고객서비스 – 디즈니 방식 Great Customer Service the Disney Way

디즈니 방식Disney way은 디즈니가 뛰어난 고객 서비스를 제공하기 위해 추구하는 것이기 때문에 "디즈니 와우!Disney Wow!"라고 불러야 할 것이다. 그들은 고객이 경험할 모든 사소한 부분들까지 크게 신경 쓴다. 전체적인 서비스케이프부터 직원들과 함께하는 모든 서비스 접점까지, 모든 것은 고객들로 하여금 "와우"라는 감탄사가 절로 나오게끔 디자인한다. 예를 들면, 주차장 어디에 주차를 했는지는 기억하지 못하지만 들어온 시간을 기억하는 고객이 있다면, 직원은 그 시간대의 주차 기록을 검토하여 고객이 주차한 위치를 알아낼 수 있다. 디즈니는 이러한 지식들을 다른 기업들과 공유한다. 예를 들면, 미식 축구 연맹National Foodball League(NFL)과 협업하여 슈퍼볼Super Bowl 경기에서 관람객들에게 최고의 경험을 제공했다.

5-4c 서비스 프로세스와 직무 디자인 Service Process and Job Design

서비스 프로세스 디자인service process design은 *고객의 요구*customer requirement*를 내부적 그리고 외부적으로 충족시켜주는 활동 프로세스를 효율적으로 개발하는 활동이다.* 서비스 프로세스 디자이너들은 한 번에 정확하게 할 수 있도록, 고객과 서비스 제공자들 사이에 빠르고 단순하게 상호작용이 일어날 수 있도록, 그리고 인적 오류를 피하도록 하는 절차 개발에 심혈을 기울여야 한다. 예를 들면, 패스트푸드점은 높은 정확도와 빠른 반응 시간을 위해 프로세스를 조심스럽게 디자인한다. 불필요한 주방 소음을 줄이기 위해 고성능 마이크를 사용하는 새로운 핸즈프리 인터콤hands-free intercom 시스템과 고객들의 주문을 보여주는 스크린은 모두 이러한 요구 사항에 중점을 둔다.

많은 서비스에서 고객과 서비스 제공자들은 서비스를 공동 생산하므로 서비스 프로세스와 직무 디자인이 더욱 불확실하고 까다로워진다. 예를 들면, 고객들은 언제든지 서비스 제공자나 다른 고객들의 시간을 지연시키거나 당황하게 할 수 있다. 따라서 관리자들은 발생할 수 있는 서비스 업셋service upset(고객이 초래한 문제를 포함하여)을 예방하고 추가적인 능력의 제공, 적절한 행동을 위한 서비스 제공자들의 훈련, 그리고 서비스 제공자들에게 문제발생시 처리할 수 있는 권한과 같은 적절한 대응을 개발해야 한다. 우수한 서비스 관리 교육은 우수한 서비스 프로세스 및 작업 디자인에 매우 중요하다.

일등석 서비스케이프 A First-Class Servicescape

에미리트 항공Emirates Airlines은 모든 A380과 A340-500, 보잉 777s 기종에 대해서 일등석 개인실을 제공한다. 개인실은 상위계층의 여행객에게는 여타 다른 객석과는 견줄 수 없는 서비스케이프를 제공한다. 개인실은 개별 출입문, 미니 바, 침대로 사용하도록 펼쳐지는 좌석, 화장대와 거울, 최신 영화와 TV프로그램을 볼 수 있는 2,000여개의 채널을 제공한다. A380에는 샤워실도 갖춰져 있다.

s_bukley/Shutterstock.com

5-4d 기술과 정보 지원 시스템Technology and Information Support System

하드웨어와 소프트웨어 기술은 서비스를 디자인할 때 속도, 정확성, 고객화, 유연성을 보장하는 매우 중요한 요소이다. 간호사, 항공 승무원, 은행원, 경찰, 보험 상담원, 치과의사, 자동차 정비사와 서비스 카운터 직원, 엔지니어, 호텔 객실 청소부, 재무 포트폴리오 관리자, 구매팀, 그리고 종업원들은 정확성과 적시 정보에 크게 의존하는 직무 디자인이 필요한 예이다.

5-5 서비스 접점 디자인 Service-Encounter Design

서비스 접점 디자인service encounter design은 *직접적이던 직접적이지 않던 서비스 제공자와 고객 사이에서 발생하는 상호작용에 초점을 맞춘다.* 고객이 기업, 제품, 서비스에 대해 가지는 이미지는 이 상호작용 속에서 만들어지게 된다. 서비스 접점 디자인과 업무 디자인은 반복적인 개선 사이클에서 자주 수행된다.

서비스 접점 디자인의 주요 요소는 다음과 같다.

- 고객 접촉 행동과 기술
- 서비스 직원의 선발, 개발, 권한이행
- (직원 성과/업적) 인정과 보상
- 서비스 회복과 보증

이러한 요소들은 탁월한 서비스 수행을 지원하고 고객 가치와 만족을 창출하는 데 필요하다.

5-5a 고객접촉 행동과 기술Customer-Contact Behavior and Skills

고객접촉customer contact은 *서비스를 제공하는 동안 서비스 제공 시스템 내에 고객이 물리적, 실질적으로 참여함*presence*을 의미한다.* 고객접촉은 서비스를 제공하는 데에 걸리는 총 시간 대비 고객이 시스템 내에 머무르는 시간의 백분율로 측정된다. *고객접촉률이 높은 시스템을* **고접촉 시스템**high-contact system*이라고 부르고 접촉률이 낮은 시스템을* **저접촉 시스템**low-contact system이라고 부른다. 고접촉 시스템의 예로는 호텔 체크인과 자산관리 서비스 등이 있다. 저접촉 시스템의 예로는 건축 서비스나 포장, 분류, 배송 서비스를 생각할 수 있다.

> 기업은 고객접촉 서비스 담당 직원을 신중하게 고용한 후 잘 교육하여, 직원들이 고객의 기대를 충족시킴은 물론 그 기대를 뛰어넘을 수 있도록 권한이행을 해야 한다.

후방backroom에서의 보험 정책 프로세스와 같은 저접촉 시스템은 조립 프로세스와 동일하게 운영할 수 있다. 반면에 고접촉 시스템은 디자인과 통제가 어렵다. 그 이유 중의 하나는 고접촉 서비스 프로세스에는 고객 도착의 불확실성과 변동성이 있기 때문이다. 예를 들면, 호텔에서 체크인 서비스 시에 고객이 특별한 요청(ex. 킹사이즈 침대, 장애인을 위한 객실)을 하거나 데스크 직원에게 여러가지 질문을 하면서 시간이 걸릴 수도 있다. 저접촉 서비스 시스템은 본질적으로 이러한 고객에서 비롯된 불확실성에 대해 자유롭고, 따라서 높은 수준의 운영 효율성으로 작동될 수 있다. 고접촉 서비스 공간은 종종 "프론트 룸 또는 프론트 오피스front room or front office"로 저접촉 공간은 "백룸 또는 백 오피스back room or back office"이라고 불리기도 한다.

고객접촉 요구사항 Customer-contact requirements은 *고객접촉의 품질을 정의하는 측정 가능한 성과 수준 또는 기대이다.* 이것은 응답시간(전화벨이 2번 울리기 전에 응답하는 것), 다른 서비스를 교차 판매하는 것과 같은 서비스 관리기술, 행동적인 요구사항(가능하면 고객의 이름을 활용하는 것)을 포함한다. 고객 서비스에 대해 높은 평가를 받는 월트 디즈니Walt Disney Company의 고객접촉 서비스 가이드라인에서는 웃으면서 눈을 맞추기, 모든 고객에게 인사하며 환영하기, 도움이 필요한 고객을 인식하기, 즉각적인 서비스 회복을 제공하기, 몸짓을 이용해 친근하게 접근하기, 규칙과 통제를 준수하기 보다는 긍정적 태도로 일하기, 그리고 모든 고객들에게 항상 감사의 인사하기 등 예상할 수 있는 모든 동작을 명확히 설명하고 있다.

5-5b 서비스 담당 직원의 선발, 개발, 권한부여 Service-Provider Selection, Development, and Empowerment

기업은 고객접촉 서비스 담당 직원을 신중하게 선발한 후 잘 교육하여, 직원들이 고객의 기대를 충족시킴은 물론 그 기대를 뛰어넘을 수 있도록 권한이행을 실시해야 한다. 많은 기업들은 고객과의 관계를 좋게 발전시킬 수 있는 능력을 가진 인재들을 선발하는 것으로 채용 프로세스를 시작한다. P&G와 같은 주요 기업들은 뛰어난 대인관계와 소통능력, 적극적 태도, 강한 문제해결능력, 상황분석 기술, 뛰어난 공감능력, 컴퓨터 활용능력, 스트레스를 잘 이겨낼 수 있는 성격, 정확성, 그리고 규격에 주의를 기울이는 태도를 갖춘 인재를 고용하기 위해 힘쓴다.

권한부여Empowerment는 *자신이 옳다고 느끼는 것에 근거하여 결정을 내리고, 업무를 통제하며, 위험을 감수하고 실수로부터 배우며, 변화를 촉진할 권한을 부여하는 것을 의미한다.* 리츠칼튼 호텔Ritz-Carlton Hotel Company의 직원들은 그들의 정상적인 업무가 무엇이든 관계없이 지원이 요청될 경우 고객의 불만이나 요구사항에 응답하는 동료 서비스 담당 직원을 도와주어야 한다. 리츠칼튼의 직원들은 조건 없이 고객의 불만을 해소하기 위해 최대 $2,000까지 사용할 수 있다. 그러나 권한부여를 받은 직원들의 행동은 상식의 테두리 안에 이루어져야 한다. 그러기 위해서는 직원들이 고객 서비스를 위해 어떤 조치를 취해야 하는지 또는 취할 수 있는지에 대해 일관되고 명확하게 이해하고 있어야 한다.

5-5c 인정과 보상 Recognition and Reward

직원을 선발하고 교육하고 권한부여를 한 후의 문제는 어떻게 직원들에게 동기를 부여하고 이를 유지시키는가에 관한 것이다. 관련 연구에 의하면 (직원 상과/업적) 인정, 승진, 성취, 작업의 특성 등이 핵심 동기 요인들이라고 한다. 좋은 보상제도는 직원들을 유인하고, 유지시키고 동기부여 할 수 있다. 주차장 주차공간 제공, 무료 여행이나 포상 휴가, 할인권이나 선물 제공, 그리고 단순히 "고맙다"는 말까지도 직원의 높은 성취를 이끌어 내는 작업환경을 조성하는데 필수적이다.

5-5d 서비스 보증과 회복 Service Guarantees and Recovery

기업들은 고객만족을 위한 모든 노력에도 불구하고 고객불만족을 경험하게 된다. **서비스 업셋**service upset은 *고객이 서비스 제공 시스템에 대해 실제 겪었거나 인식한 모든 문제이며, 서비스 실패*service failure, *오류*error, *결함*defect, *실수*mistake, *위기*crisis *등을 모두 포함하는 용어이다.* 서비스 업셋을 효과적으로 처리되지 않으면 비즈니스에 악영향을 미칠 수 있다.

서비스 보증service guarantee이란 *서비스를 받는 중에 서비스 업셋이 발생하였을 때 고객에게 보상이나 배상을 해주겠다는 약속이다.* 예를 들면, 페덱스나 디즈니 등 많은 기업들은 경쟁우위를 얻기 위해 서비스 보증을 널리 공표하고 있다. *명시적 서비스 보증*explicit service guarantee은 문서로 존재하며, 서비스 제공자 지침, 광고에도 포함되어 있다. 타코벨Taco Bell과 햄턴 호텔Hampton Inn은 자사를 경쟁기업과 차별화하기 위한 수단 중 하나로 명시적 서비스 보증을 활용한

L.L.Bean: 서비스 보증 L.L. Bean: Service Guarantee

1916년 L.L.Bean은 그의 상점 벽면에 다음과 같은 공지를 게시했다. "나는 판매한 제품이 헤지고 낡았어도 여전히 고객이 만족할 때까지는 판매가 완료되었다고 생각하지 않습니다." 오늘날 L.L.Bean의 명시적 서비스 보증은 다음과 같다. "우리의 제품은 어디든지 100퍼센트 만족을 드릴 것을 보장합니다. 그렇지 않다면 언제든 제품을 환불 받으세요. 우리는 고객이 완벽하게 만족하지 못하는 L.L.Bean을 가지기를 원하지 않습니다." 창업자 L.L.Bean사 또한 고객을 대상으로 다음과 같이 선언한다: "카약에서 슬리퍼, 낚시대부터 스웨터에 이르기까지 L.L.Bean에서 판매하는 모든 제품은 절대 만족을 보장합니다. 이러한 전통은 우리의 창립자가 1912년 빈부츠Bean boots를 판매할 때부터 유지하고 지켜지고 있습니다. 고객님이 우리 제품을 llbean.com에서 구입하셨든, 우편 또는 전화로 구입하셨든, 매장에서 구매하셨든 상관없이 L.L.Bean을 방문하여 빠르고 친절한 서비스를 받으세요." L.L.Bean의 웹사이트나 콜센터는 환불과 교환, 그리고 경우에 따라서는 무료 배송에 대해서도 자세히 안내하고 있다. L.L.Bean은 고객이 자사의 서비스 보증을 쉽게 이용할 수 조치하였다.

Michael G McKinne/Shutterstock.com

다. *묵시적 서비스 보증*implicit service guarantee은 문서로 존재하지는 않지만 서비스 제공자가 행하는 모든 활동에 암시되어 있다. 리츠칼튼 호텔이나 많은 엔지니어링, 컨설팅, 의료 서비스 기업과 같은 프리미엄 서비스 제공자premium service providers들은 명시적 서비스 보증을 활용한다. 서비스 보증의 목표는 다음과 같이 다양하다: 고객이 서비스 경험 전에 기대치를 정하도록 돕는다; 직원들의 성과 기대수준을 설정한다; 고객 위험을 줄인다; 높은 가격 책정이 가능하게 한다; 운영상 개선을 촉진한다; 고객 충성도와 브랜드 이미지를 높인다; 매출과 이익을 증대한다.

서비스 보증은 고객이 서비스를 경험하기 전에 여러 사항을 고려하여 신중하게 디자인한다. 적절한 서비스 보증은 제공하는 보증 서비스 종류, 고객과 서비스 제공자에게 보증 관련 정보를 제공하는 절차, 적절한 경제 보상 등으로 이루어진다. 명심해야 할 점은 기업에게 가장 이상적인 상황은 서비스 보증을 적용할 상황이 발생하지 않는 것이다. 따라서, 기업은 서비스 업셋을 최소화할 수 있도록 프로세스와 운영 능력을 디자인해야 한다.

그럼에도 불구하고 서비스 업셋을 이따금 발생할 수 밖에 없다. 일단 문제가 발생하면 기업은 고객의 신뢰와 믿음을 회복하기 위해 노력해야 한다. **서비스 회복**Service recovery은 *서비스 업셋을 해결하고 고객을 만족시키는 프로세스이다.* 서비스 회복은 서비스 문제가 발생한 즉시, 그리고 고객의 분노를 육안으로 확인할 수 있을 때 지체없이 이루어져야 한다. 고객을 더 오래 기다리게 할수록 고객이 느끼는 분노는 더 커질 수밖에 없다. 서비스 회복 프로세스는 명확하게 문서화하여 서비스 담당 직원들이 필요할 때마다 참고할 수 있도록 함은 물론 직원 교육과 권한부여를 위해서도 활용해야 한다. 서비스 담당 직원들은 고객의 감정을 파악하기 위해 조심스럽게 고객의 소리를 경청하고, 문제를 잘 파악하고 있는지 확인하기 위해서는 고객과 교감하며 대응해야 한다. 또한 서비스 담당 직원들은 서비스 문제를 신속히 해결하기 위해 모든 노력을 기울이는 과정에서 고객에게 사과하기도 하고 무료 식사권이나 할인 쿠폰과 같은 보상책을 제공하기도 하여야 한다.

5-6 렌즈크래프터즈 통합사례 An Integrative Case Study of LensCrafters

종합적인 관점에서 제품과 서비스가 어떻게 디자인되는지를 살펴보기 위해 "약1 시간 내in about an hour" 안경을 제작하여 판매하는 것으로 유명한 렌즈크레프터즈에 대해 알아보자. 이 때, 그림/표 5.17에서 제시한 제품과 서비스 디자인 사고체계를 활용하자.

1과 2단계 – 전략적 임무, 시장 분석, 그리고 경쟁 중점 목표

렌즈크래프터즈(www.lenscrafters.com)는 미국, 캐나다, 푸에르토리코에서 매장 내 안경 제작 능력을 갖춘 860개의 특별한 서비스 매장을 운영하는 안경 체인 브랜드이다. "원 스톱 쇼핑"과 "약 1시간 내" 안경을 제작하여 고객에게 전달하는 데 필요한 모든 자원을 각 매장이 갖추고 있다.

렌즈크래프터즈의 슬로건은 다음과 같은 항목에 대해 최고가 되는 것이다.

- 전설적인 고객 서비스를 제공하는 것으로 평생고객을 만드는 것
- 직원과 리더에게 세계 최고의 직장이 되는 것
- 최고 품질의 안경을 한 시간 내에 만들어 내주는 것
- 각 고객의 개인 요구에 적합한 전반적으로 우수한 가치를 제공하는 것

3단계 – 고객효익패키지 디자인과 구성

렌즈크래프터즈 CBP에 대한 관점은 그림/표 5.17에서 묘사한 것과 같이 제품과 서비스의 통합 제공이다. 주요제품(안경)과 주요서비스(정확한 초점과 한시간 서비스)는 동등하게 중요하다. 주변의 제품들과 서비스들은 "전반적인 렌즈크래프터즈의 경험"을 만들기 위해 핵심 제품과 서비스를 둘러싸고 있다.

그림/표 5.17 렌즈크래프터즈 고객효익패키지 예시

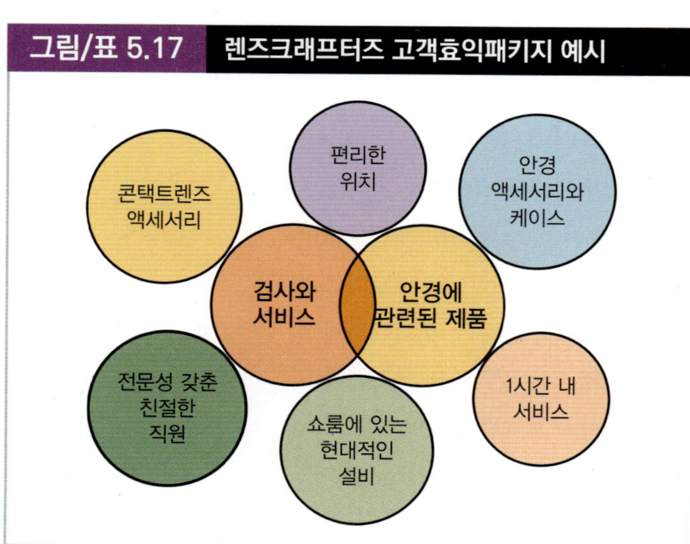

4a와 b단계 – 제품 디자인과 프로세스 선택

서비스 시설은 품질을 희생시키지 않으면서 빠른 주문에 대응하기 위해 제조 프로세스를 통합한다. 이 산업에서 고객이 안경을 만드는 과정을 보는 것은 평범하지 않은 경험이고, 이러한 "서비스 경험service experience"은 추가적인 가치를 창출한다. 장비들은 기술적으로 고도화된 장비들이다. 안경은 깨끗하고 현대적이며 전문적으로 관리되는 시설에서 주문 명세서에 맞게 제작한다.

추가로 렌즈크래프터즈가 제작 프로세스에서 고려해야할 사항은 다음과 같다.

- 안경 렌즈와 안경테는 어떻게 주문하는가? 이 자재들을 각 매장이 단독으로 주문하는가, 지역/구역별로 통합하여 단체로 주문하는가? 어떻게 고품질의 안경을 보장할 수 있는가? 어떤 새로운 자재가 이용가능한가?
- 지역/구역의 창고 및 매장에서는 어떤 품목을 보관해야 하는가? 어떤 유형의 구매 및 창고 관리 시스템을 사용하여야 하는가? 공급업체의 성과는 어떻게 평가해야 하는가?
- 안경 제작에는 어떤 장비를 사용해야 하는가? 이를 위한 최신 기술은 무엇인가? 어떤 장비가 가장 유연한가? 장비는 구매해야 하는가 아니면 임대해야 하는가? 장비 유지 방법은 무엇이며 장비의 관리 주체는 누구인가?
- 제품을 제작하고 일정을 맞추기 위한 가장 효율적인 생산 프로세스는 무엇인가? 품질검사는 제작 프로세스의 어떤 지점에서 실시해야 하는가?

4c단계 – 서비스 전달 시스템 디자인

매장 위치와 매장 배치, 서비스케이프, 서비스 프로세스, 직무 디자인, 기술, 기업구조를 통해 나타난 서비스 전달 시스템은 하나의 서비스 전달 시스템으로 통합된다. 렌즈크래프터즈의 매점들은 쇼핑 센터나 상점가와 같은 교통량이 많은 지역에 위치함으로써 표적시장으로부터 5~10 마일 반경에 있다.

전형적인 매장 배치는 그림/표 5.18과 같다. 서비스케이프는 품질과 전문성을 잘 보여줄 수 있도록 디자인되어 있다. 넓고 개방적인 구조의 매장에는 밝은 조명 아래 깨끗하한 카펫이 깔려 있다. 또한 매장은 전문 제품 진열 영역, 구매상담실의 현대적인 가구, 렌즈 제작실의 현대적이면서 청결한 장비, 흰 가운을 입은 엔지니어로 구성되어 있다. 매장 진열장, 검안실 그리고 고객이 안경을 착용해 보는 공간은 고객과 서비스 담당 직원이 빈번하게 상호작용하는 고접촉 구역이다. 벽에 걸려 있는 검안사, 안경사 등 직원들의 학위, 자격증, 면허증은 직원들의 전문적 역량에 대한 물리적 증거를 제공한다.

안내 직원은 고객이 매장에 들어서면 고객을 적절한 서비스 구역으로 안내한다. 렌즈 제작실과 같은 저접촉 구역들은 큰 유리벽로 소매 구역과 분리시켜 놓았다.

매장은 서비스 공장이다. 전형적인 서비스 프로세스는 고객이 전화로 안경사와 예약을 하면서 시작되어서 완성된 안경을 고객에게 전달한 후 고객이 비용을 지불할 때까지 지속된다. 이 프로세스는 고객이 매장을 둘러 보기도 하고 멈춰 서서 쇼룸을 구경하기도 하며, 매장 직원의 인사를 받으며 시력검사도 받고, 적절한 크기의 안경테를 선택하고, 렌즈 제작실에서 안경이 만들어지는 광경도 구경하고, 최종으로 완성된 안경을 전달 받는 단계 등 모든 활동을 포함한다. 안경 처방전, 청구서, 지불 영수증 등의 정보의 흐름은 사람 (고객과 직원)과 안경의 물리적 흐름을 보완한다.

4d단계 – 서비스 접점 디자인

렌즈크래프터즈의 영업 직원, 렌즈 제작실 엔지니어, 검안의가 수행하는 업무들은 기술력과 서비스 관리 역량 모두를 요구한다. 잘 교육받은 직원은 친절하고 자신의 업무에 대해 잘 안다. 렌즈 제작실의 엔지니어들은 모든 작업과 프로세스 조작에 대한 자격증을 보유하고 있다. 많은 직

그림/표 5.18 일반적인 렌즈크래프터즈의 매장 배치에 대한 개략도

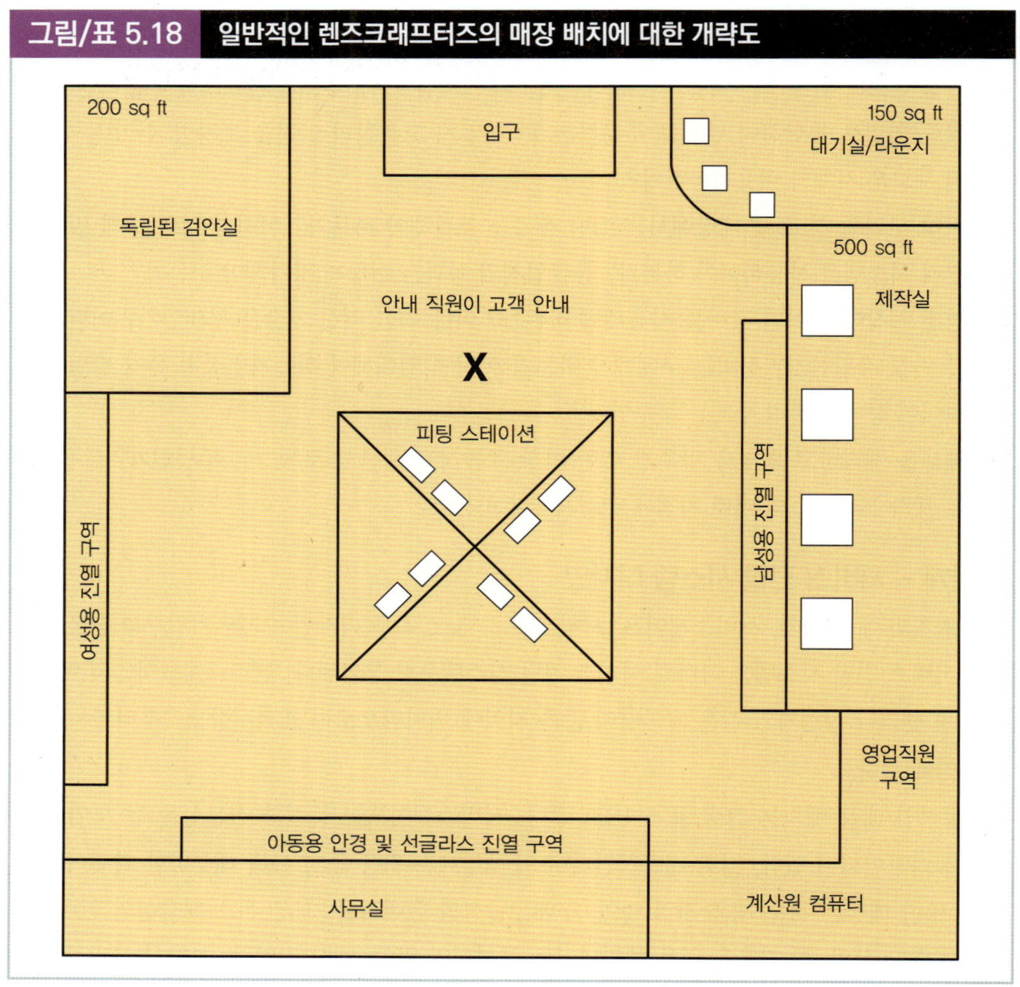

원들은 교차훈련cross-training을 받아 복수의 업무를 수행할 수 있다.

서비스 접점 단계에서 관리자가 고려해야 할 핵심 요소들은 다음과 같다.

- 어떤 인적 자원관리 프로세스와 시스템을 도입해야 적합한 인재를 채용하고, 적절한 교육을 실시하고, 뛰어난 서비스를 제공할 수 있도록 하는 동기부여를 가능하게 할 것인가? 어떤 인정과 보상을 제공하여야 할 것인가?
- 직원들이 서비스 실패와 서비스 회복을 다룰 수 있게 하려면 어떻게 교육하여야 할까?
- 직원들의 옷차림과 모습을 어떤 기준을 세워 관리해야 할까?
- 직원들의 목소리 톤, 물리적인 태도, 고객과 상호작용시 사용하는 언어 등과 같은 행동적 표준을 어떻게 준비할 것인가?
- 직원 성과는 어떻게 측정하고 평가할 것인가?
- 고객이 매장에서 1시간을 머무는 동안 긍정적인 고객경험을 제공하기 위해 무엇을 하여야 하는가?

렌즈크래프터즈는 고객효익패키지를 강화하기 위한 포괄적인 90일 간의 조건없는 서비스 보증을 다음과 같이 디자인했다:

우리 회사의 안경보증 프로그램은 고객님의 구매 후 단순 변심도 보호해 드립니다. 빨간 안경테를 구매하셨더라도, 사용하시면서 색상이 어울리지 않는다고 생각하실 수도 있고, 반사반지 코팅이 필요하다고 느끼실 수도 있습니다. 고객님은 또한 구매 후 며칠간 안경을 착용해 보신 후 불편함을 느낄 수도 있습니다. 우리 회사는 고객님이 구입하신 안경을 어떤 상황에서도 사랑하시길 바랍니다. 따라서 우리 회사는 고객님에게 판매한 모든 안경에 마음의 평화를 함께 드리려고 합니다.

어떻게 서비스를 보증을 할까요? 구매 후 90일 이내에 재판매 가능한 상태의 안경을 가져오시면 반품해 드리겠습니다. 이런 경우 조건 없이 새로운 안경으로 교환해 드리거나 환불해 드리겠습니다. 이 조건은 우리 회사가 판매하는 모든 안경에 적용해 드립니다.

'조건없이'는 어떤 의미인가요? 구매 후 90일의 기간은 안경 구입일로부터 계산하시면 됩니다. 만약 구매하신 가격보다 낮은 가격의 안경으로 교환하기를 원하시면 가격의 차액을 환불해 드리겠습니다. 만약 구매하신 가격보다 높은 가격의 안경으로 교환하기를 원하시는 경우 그 차액을 지불하시면 됩니다. 우리 회사는 **구매 후 1년간 안경보호**를 약속합니다.

우리회사의 1년 파손보장 플랜을 구매하시면 수리나 교체가 필요한지 여부와 관계없이 구매한 안경을 보호해 드립니다.

5와 6단계 – 출시, 시장 확장, 평가

비록 회사는 성공적으로 꾸준히 운영해 왔지만 시장의 새로운 요구에 맞추어 디자인을 수정해야 하는 어려움은 늘 존재한다. 기술과 제작절차는 지속적으로 진화한다. 그러므로, 렌즈크래프터즈도 운영의 일관성을 유지하고 전략적 목표를 달성하기 위해서는 기존의 모든 매장에 변경사항들을 적용하기 위한 프로세스를 개발해야 한다. 예를 들면, 월마트Walmart 등 잠재적 경쟁업체가 안경업에 진출한다면 적절한 대응책을 마련해야 한다.

렌즈크래프터즈의 제작과 서비스 디자인은 다양한 운영관리 개념에 바탕을 두고 있는데, 이 모든 개념들이 통합되어 다소 복잡한 고객효익패키지 구성을 돕는다.

5장 학습목표 요약 Learning Objective Summaries

5.1 **제품과 서비스 디자인에 포함된 단계들을 묘사하라.** 그림/표 5.1은 제품과 서비스 디자인 프로세스의 차이점을 강조하여 보여준다. 이를 요약하면 아래와 같다.

1, 2 단계 - 전략적 사명, 분석, 경쟁중점목표
3 단계 - 고객효익패키지 디자인과 구성
4 단계 - 세부 제품, 서비스, 프로세스 디자인
5 단계 - 출시와 시장 확장
6 단계 - 시장 평가

5.2 **품질기능전개의 개념과 적용을 기술하라.** QFD는 고객의 소리를 디자인을 특징을 결정짓는 기술적 특성으로 변환한 후 제조 또는 서비스 전달을 위한 "청사진blueprint"을 제공하는데 주안점을 둔다. 이 프로세스는 그 모양이 집과 유사하여 품질의 집이라 불리는 매트릭스를 구축하는 것부터 시작한다 (그림/표 5.2 참조).

5.3 **다구치 손실함수, 신뢰성, 제조용이성 디자인, 지속가능성을 고려한 디자인이 제품 디자인에 어떻게 사용되는지 설명하라.** 다구치 손실함수는 디자인 규격을 결정하는 전통적 골대모형에 대한 대응책이다. 다구치의 디자인 접근법은 기준값과의 편차가 작을수록 품질 향상된다고 가정하는데, 제품의 품질의 일관성이 향상되고 총비용은 감소된다. 손실함수는 다음과 같이 표현한다.

$$L(x) = k(x - T)^2 \qquad [5.1]$$

신뢰성은 제품, 장비의 일부, 또는 시스템이 지정된 작동 조건에서 의도된 기능을 일정한 기간 동안 수행할 확률이다. 많은 제품들은 직렬로 배열된 구성품, 병렬로 배열된 구성품 또는 두가지 유형 구성품이 조합된 형태로 구성된다. 개별 구성품의 신뢰성은 각각 $(p_1),(p_2),(p_3),\cdots,(p_n)$으로 표현할 수 있는데, 시스템 신뢰성이 R_s인 직렬 시스템을 가정하면 시스템 전체의 신뢰성은 다음 식을 이용하여 구할 수 있다.

$$R_s=(p_1)(p_2)(p_3)\cdots(p_n) \qquad [5.2]$$

만약 시스템이 n개의 구성품으로 구성된 병렬 시스템이라고 가정하면 시스템 신뢰성은 다음 식을 이용하여 구할 수 있다.

$$R_p = 1 - (1 - p_1)(1 - p_2)(1 - p_3)\cdots(1 - p_n) \qquad [5.3]$$

직렬 시스템과 병렬 시스템의 조합으로 구성된 시스템 신뢰성을 구하기 위해서는 먼저 병렬 하부시스템적 요소들의 신뢰성을 계산한 후, 결과적으로 하나의 직렬 시스템에 대한 신뢰성을 계산하는 방식을 취하면 된다. 즉 직렬 시스템의 신뢰성을 구하는 식을 이용하여 시스템 전체의 신뢰성을 계산할 수 있다.

디자인 프로세스에서 신뢰성을 향상시키는 한가지 방법은 발생할 수 있는 제품 실패를 예측한 후 그러한 실패를 방지할 수 있도록 제품을 디자인하는 것이다. 다른 유용한 디자인 방법으로는 제조용이성 디자인(DFM)을 들 수 있는데 DFM은 조립작업은 단순하지만 더 복잡한 고가의 부품을 사용하는 제품 디자인, 구성품 조립은 단순하지만 최종 조립 프로세스가 복잡한 제품 디자인, 단순하고 저렴하지만 서비스나 지원이 어렵거나 비용이 많이 드는 제품 디자인을 사전에 방지하는 기법이다. 지속가능성에 대한 관심은 재활용과 재사용이 가능한 제품의 디자인과 같은 환경친화적 디자인을 유도한다.

5.4 **서비스 전달 시스템 디자인의 다섯가지 요소들을 정의하라.** 서비스 전달 시스템은 시설의 위치와 배치, 서비스케이프, 서비스 프로세스와 직무 디자인, 기술, 정보 지원 시스템을 포함한다.

5.5 **서비스 접점 디자인의 4가지 요소들을 정의하라.** 서비스 접점 디자인의 원칙 요소들은 고객접촉 행동과 기술, 서비스 직원의 선발, 개발권한부여, (직원 성과/업적) 인정과 보상, 서비스 보증과 회복으로 구성되어 있다. 서비스 보증은 고객의 제품구매 혹은 서비스 경험 이전에 제공하며 고객 위험을 최소화한다. 서비스 회복은 보통 서비스 업셋이 발생 이후에 실시하며 무료 식사권, 할인 쿠폰, 또는 단순한 사과 등의 방법을 활용할 수 있다.

5.6 **렌트크래프터즈에서 제품과 서비스 디자인 개념이 어떻게 통합되었는지 설명하라.** 렌트크래프터즈의 관리자들은 회사의 성공을 제품과 서비스 두 측면에서 이해하여야 한다. 복잡한 고객효익패키지(그림/표 5.17에서는 렌즈크래프터즈의 제품과 서비스가 조화롭게 통합되어 있음을 보여준다)는 복잡한 운영 시스템을 요구한다. 렌즈크래프터즈의 운영 프로세스를 디자인하고 관리하기 위해서는 OM의 개념과 관리기법을 필수적으로 이해하여야 한다.

주요용어 KEY TERMS

- 고객접촉 요구사항customer-contact requirements
- 고객접촉customer contact
- 환경친화적 디자인 (DFE) Design for Environment
- 제조용이성 디자인 (DFM) Design for Manufacturability
- 정교한 서비스케이프elaborate services-cape
- 권한부여empowerment
- 고접촉 시스템high-contact system
- 린 서비스케이프lean servicescape
- 저접촉 시스템low-contact systems
- 제품단순화product simplification
- 프로토타입 테스트prototype testing
- 품질기능전개Quality function deployment (QFD)
- 신뢰성reliability
- 서비스 전달 시스템 디자인service-delivery system design
- 서비스 접점 디자인service-encounter design
- 서비스 보증service guarantee
- 서비스 프로세스 디자인service process design
- 서비스 회복service recovery
- 서비스케이프servicescape
- 서비스 업셋service upset
- 고객의 소리voice of customer

복습 질문 Review Questions

5.1 1. 신제품 디자인과 개발의 중요성을 설명하라.

5.1 2. 제품과 서비스 디자인의 6단계를 설명하라.

5.1 3. 프로토타입 테스트는 무엇이고 언제 사용하는지 설명하라.

5.2 4. 품질기능전개 개념과 적용방법을 설명하라.

5.3 5. 규격준수에 대한 골대 관점을 기술하라.

5.3 6. 제품을 디자인할 때 다구치 모형의 활용방법을 기술하라.

5.3 7. 제품을 디자인할 때 신뢰성의 활용방법을 기술하라.

5.3 8. 제품을 디자인할 때 제조용이성 디자인과 지속가능성 디자인이 어떻게 사용되는지 기술하라.

5.3 9. 제품과 프로세스 단순화의 근거는 무엇인가?

5.4 10. 서비스 전달 시스템 디자인의 다섯가지 요소들을 설명하라.

5.5 11. 고객접촉을 정의하라.

5.5 12. 고접촉 시스템과 저접촉 시스템을 각각 예를 들어 설명하라.

5.5 13. 서비스 접점 디자인의 4가지 요소를 설명하라.

5.5 14. 서비스 보증을 정의하고 그 예를 한가지 제시하라.

5.5 15. 서비스 실패를 정의하고 학습자의 경험을 기반으로 한 가지 예를 제시하라.

5.6 16. 렌즈크래프터즈에서는 제품과 서비스의 디자인 개념을 어떻게 통합하였는지 설명하라.

토론용 질문 및 체험학습 DISCUSSION QUESTIONS AND EXPEROEMTAIL ACTIVITIES

5.2 17. 인터넷과 같은 현대기술이 고객의 소리를 이해하는데 어떻게 사용될 수 있는가?

5.2 16. 라로사즈 피자 레스토랑 사례로부터 무엇을 배웠는가?

5.2 19. 품질의 집(HOQ) 실행 프로세스의 각 단계에서 어떤 부서 또는 기능들이 관여하는가?

5.3 20. 규격준수에 대한 골대 관점과 다구치 손실함수 개념의 차이점을 설명하라. 골대모형을 적용한 오토바이를 구매하겠는가, 아니면 다구치 모형을 적용한 오토바이를 구매하겠는? 선택한 답에 대한 이유를 설명하라.

5.3 21. 환경친화적 디자인(DfE)을 적용하는 회사를 찾아서 회사의 DfE 활용 사례에 대해 보고서를 작성하라 (최대 2페이지).

5.4 22. 학습자에게 익숙한 서비스케이프를 선택한 후, 그 서비스케이프의 핵심적인 물리적 속성들을 적어보라. 또한 그 서비스케이프는 서비스 행동을 어떻게 유도하는지 설명하라.

5.4 23. 린lean하고 정교한 서비스케이프를 정의하고 교과서 범위 밖의 사례를 조사하여 보고서를 작성하라.

5.4 24. 학습자가 재학중인 대학교에서 제공하는 학자금지원financial aid, 서점, 학사지도curriculum advising 등 서비스 중 하나를 선택한 후 선택한 서비스 자체와 서비스 전달 시스템의 디자인 개선안을 작성하라. 이때, 현재의 서비스와 시스템을 설명한 후 디자인 개선안을 제안하라. 본 장에서 배운 개념과 아이디어를 최대한 활용하라.

5.5 25. 학습자에게 익숙한 조직을 선택하라. 다음으로 그 조직의 직무 중 하나를 선택하여 그 직무와 관련하여 서비스 접점 디자인의 4가지 요소가 어떻게 디자인되고 관리되는지 기술하라 (의사나 세무사와 같이 전문직의 직무를 선택할 수도 있고, 호텔 카운터 직원이나 항공승무원 등 직종의 일상적인 직무를 선택할 수도 있다).

5.5 26. 학습자에게 익숙한 혹은 가상의 패스트푸드 레스토랑 체인을 선택하여 명시적 서비스 보증을 제안하고 제안한 서비스 보증을 정당화하는 보고서를 작성하라 (최대 2페이지). 선택한 레스토랑 체인이 제안한 서비스 보증을 왜 채택해야 설명하라.

5.5 27. 서비스 담당 직무 그리고 그 직무와 관련된 서비스 접점을 선택하여 직무명세서를 작성하라 이때, 직무명세서에 바람직한 고객접촉 기술과 행동, 교육과 훈련, 권한부여 능력 등을 포함할 수 있다.

5.5 28. 고객 고접촉 서비스와 저접촉 서비스 중 어느 것이 관리하기 쉬운가? 설명하라.

5.5 29. 다음 제품과 서비스가 고접촉 서비스인지 저접촉 서비스인지 구분하고 이유를 간단히 설명하라.

a. 사례연구 수업 토론에 참여
b. 강의를 듣고 필기
c. 공장의 알루미늄 부품 가공
d. 차 수리를 위해 정비소를 방문하여 대기
e. 4명의 친구들과 골프 라운딩
f. 선적을 위해 항만으로 트럭을 운전
g. 배송 중 분실한 택배에 대한 고객 불만을 전화로 처리
h. 보험회사의 의료비 청구서 승인

5.5 30. 서비스 보증의 예를 찾아 장점과 단점을 설명하라.

5.5 31. 다음의 서비스 접점 관련 경험을 평가하라.

뉴욕으로의 여행을 상상해 보라. 뉴욕행 오전 8시 항공편은 조종사와 부조종사가 도착하지 않아 아직도 게이트에서 계류 중이다. 승객들은 기내에 앉아 지루하게 대기하고 있다. 한 시간 뒤, 항공사는 항공편이 취소되었다며 모든 승객은 수하물을 들고 비행기에서 나가 달라고 요청하였다. 승무원이나 항공사 직원 어느 누구도 항공편 취소에 대해 사과하지 않았다. 대체 항공편을 예약해야 하는 상황에서 항공사는 재예약 비용을 전액 감면해 주었다. 결국 승객들은 같은 날 아침 대체 항공편으로 뉴욕에 오후 2시35분에 도착했다. 대체 항공편은 정시에 출발하여 예정된 시간에 뉴욕에 도착했지만 원래 일정보다 3시간 45분이나 늦게 뉴욕에 도착하게 되었다.

이 시나리오를 바탕으로 서비스 경험에 대한 부정적인 반응과 긍정적 반응을 적고 그 이유를 설명하라.

계산연습문제 Computational Problems and Exercises

본 장에서 설명한 공식과 방법을 적용하여 다음 연습문제를 직접 계산해서 풀어 보라.

5.2 33. 다음과 같이 자동차에 대한 고객 요구사항과 기술적 요구사항이 주어졌을 때, 품질의 집을 작성해 보라. 요구사항간 관계 강도는 학습자 본인의 생각을 바탕으로 작성하라.

고객 요구사항	기술 요구사항
적당한 사용량(총 마일 수)	가속도
운전시 빠른 반응	연료 효율성
좋은 핸들링	빠른 반응 속도

5.2 34. 과거에 경험했거나 익숙한 제품이나 서비스에 대해 품질의 집(HOQ)를 작성하라. 급속 오일교환 서비스, 패스트푸드 레스토랑, 새 차 구매, 또는 피트니스 센터fitness center 사용 등의 경험을 활용할 수 있을 것이다.

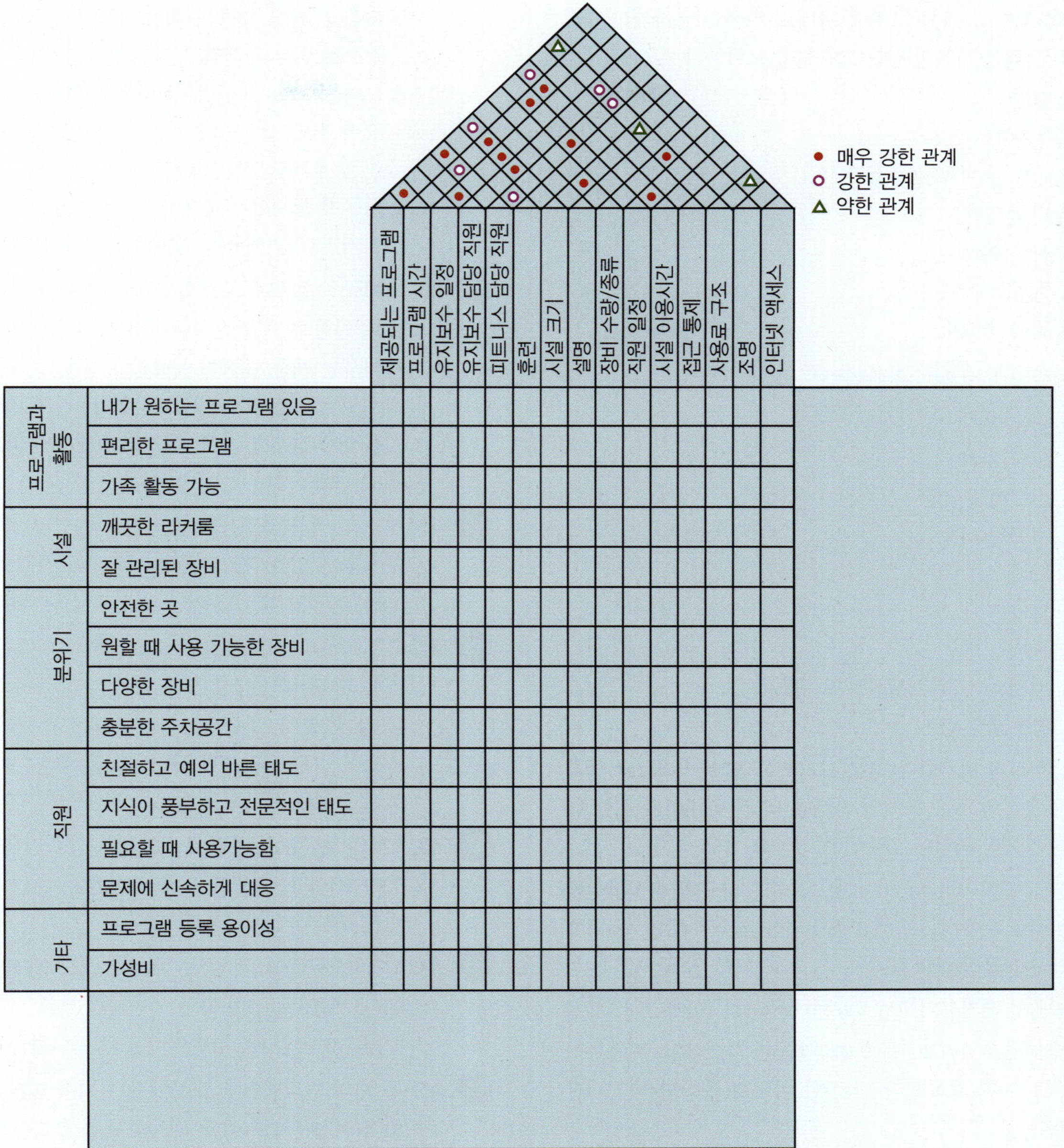

5.2 **35.** 다음 그림/표는 부분적으로만 작성된 피트니스 센터 서비스의 품질의 집(HOQ)이다.

a. 품질의 집 지붕에 표시된 관계들을 보고 왜 그러한 관계가 설정되었는지 설명하라 (만약 관계가 없다고 생각한다면 그 이유를 설명하라). 이러한 평가가 디자인 활동을 어떻게 도울 수 있는지 설명하라.

b. 품질의 집 매트릭스를 완성하라. 즉, 고객의 요구사항과 기술적 요구사항 사이의 관계가 매우 강함, 강함, 약함, 관계가 없음 중 어디에 해당하는지 판단하고 표의 빈칸을 채워라.

c. 설문조사를 통해 고객의 요구사항들 중 가장 중요하다고 선정된 항목들을 살펴 보면 "내가 원하는 프로그램이 있었으면 좋겠다", "가족 활동이 가능했으면 좋겠다", "필요할 때 장비를 사용할 수 있었으면 좋겠다", "프로그램 가입이 쉬웠으면 좋겠다"가 있었고, "지불한 만큼의 가치가 있었으면 좋겠다", "필요할 때 직원이 함께 있었으면 좋겠다." 등의 항목들은 낮은 응답률을 보였다. 이 설문 결과를 바탕으로 향후 디자인 활동에 있어서 가장 중요한 기술 요구사항이 무엇인지 설명하라.

5.3 **36.** 초코칩 쿠키를 디자인하고 생산하기 위한 품질의 집(HOQ)을 작성하라 (그림/표 5.2에 등장하는 고객의 소

리, 기술적 특성 그리고 관계표 만을 사용하라). 고객의 소리는 다음과 같은 요소들을 포함한다.

a. 부드러움
b. 신선함
c. 설탕을 거의 넣지 않은 맛
d. 타지 않은
e. 큰 사이즈
f. 적당한 가격
g. 많은 초콜릿

기술적 특성은 다음과 같다.

a. 굽는 온도
b. 굽는 시간
c. 초콜릿의 종류
d. 초콜릿 비율
e. 크기
f. 모양
g. 두께
h. 배치batch 크기 (생산로트 규모)
i. 방부제의 양

상호관계 평가와 관계표를 작성한 후 논리적으로 명확하게 설명하라. 고객의 소리를 더 잘 반영하기 위한 다른 기술적 특성이 있다면 설명하라.

5.3 **37.** 부품 규격이 6.00±0.02(인치)이고 다구치 손실함수가 $L(x) = 6,800(x-T)^2$로 표현된다. $x = 6.05$일 때 경제적 손실을 구하라.

5.3 **38.** 제품의 품질규격이 0.200±0.020이다. 만약 품질 특성이 허용오차 0.200를 0.020만큼 초과했다면, 제품수리에 $150가 소요된다. 적절한 다구치 손실함수를 개발하라.

5.3 **39.** 부품번호가 TAC45123인 자동차 변속기 부품이 고장난다면 수리비가 많이 드는데, 고도로 숙련된 엔지니어들이 변속기를 분해해야 하기 때문이다. 만일 보증기간 내에 부품 고장이 발생하면 제조사가 보증수리를 수행한 정비소에게 수리비 전액을 지불해야한다. 제조사는 부품 생산에서 k = 40,000인 생산규격을 기준으로 다구치 손실함수를 적용하고 있다. 부품 규격은 6.00±0.02(cm)이다.

a. 부품 하나의 고장으로 인한 경제적 손실을 구하라.
b. 만약 제조사가 보증 수리비 전액을 부담한 고장 건수가 작년 한 해 1,862회 발생했다면 고장으로 인한 총비용은 얼마인가?
c. 재조사가 제조 프로세스와 장비를 개선하여 부품 규격을 1.00±0.05(cm)로 조정했다면, 부품 하나의 고장으로 인한 경제적 손실은 얼마인가?
d. 보다 정교한 제품 규격 덕분에 보증기간 발생한 고장이 절반으로 줄어 931회가 되었다면 고장으로 인한 경제적 손실은 얼마인가?
e. 다구치 모형에서 ±0.10에서 ±0.05로 규격을 향상시키면 보증 비용은 얼마나 발생하겠는가?

5.3 **40.** 카메라즈 갤로어 주식회사Cameras Galore Inc.는 부품 고장으로 인한 경제적 손실을 $300까지 줄이려고 한다. 갤로어사는 제품 규격의 목표값 T = 4.5, 다구치 함수의 상수 k = 12,000으로 설정하였다. 다구치 손실함수를 이용하여 경제적 손실 목표 $300을 달성할 수 있는 실제값 x를 구하라.

5.3 **41.** 디스크 제조 프로세스는 직렬로 배열된 4가지 단계로 구성되어 있다. 각 단계의 신뢰성이 각각 0.96, 0.97, 0.92, 0.89일 때, 프로세스의 신뢰성을 계산하라.

5.3 **42.** 증권회사의 서비스센터는 고객에게 다음 3가지 서비스를 제공한다: 계좌 상태 확인, 주문 확인, 주가 정보(응찰가, 호가, 주문량). 한달 간 각 서비스의 신뢰성을 측정한 결과는 다음과 같다: 90%, 80% , 96%. 서비스센터 전체의 서비스 신뢰성을 계산하라.

5.3 **43.** 2개의 부품이 병렬로 배열된 시스템의 신뢰성은 0.99968이다. 첫번째 부품의 신뢰성이 0.992일 때, 두번째 부품의 신뢰성을 구하라.

5.3 **44.** 3개의 부품이 직렬로 배열된 시스템의 신뢰성은 0.893952이다. 첫번째와 세번째의 부품 신뢰성이 각각 0.96과 0.97일 때, 두번째 부품의 신뢰성을 구하라.

5.3 **45.** 두 개의 냉각팬이 노트북에 설치되어 있다. 각 냉각팬의 신뢰성은 0.98이다. 2번째 팬을 추가함으로써 신뢰성이 몇 퍼센트 향상되었나?

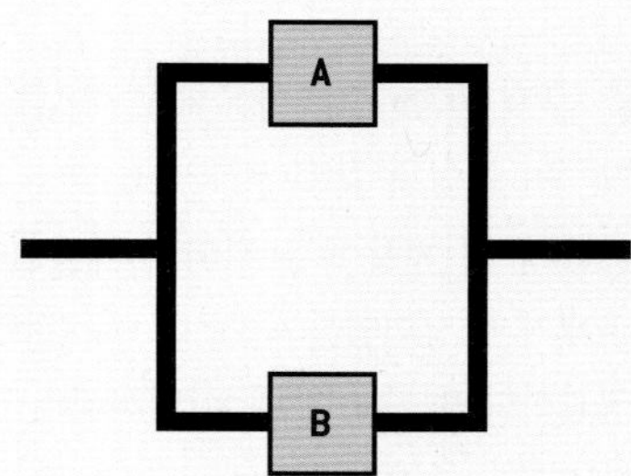

5.3 **46.** 아래 그림과 같은 구조의 시스템이 있을 때, 시스템 전체의 신뢰성을 구하라. 각 부품의 신뢰성은 각각 A = 0.94, B = 0.92, C = 0.87이다 (힌트: 식 5.2와 5.3을 사용하여 병렬적 구조 내 부품의 신뢰성이 다른 경우에

대한 전체 신뢰성을 알 수 있다).

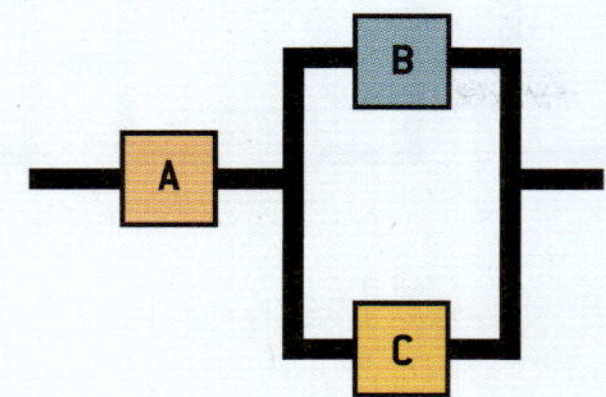

5.3 **47.** 한 은행의 주택담보대출 제안 프로세스는 직렬로 배열된 3개의 하위시스템으로 구성되어 있다. 각 하위 프로세스를 담당하는 직원은 각각 A, B, C이다. 실수가 자주 일어나는데, 은행은 조사를 통해 직원 A와 B가 서류 작업의 오류, 정보 분실 등의 실수를 하여 평균 0.85의 신뢰성을 기록했음을 발견하였다. 마지막 하부 시스템을 담당하는 직원 C는 거의 모든 실수를 잡아내서 평균 0.99의 신뢰성을 기록했지만 그 반작용으로 상당한 업무지연이 발생했다. 대출부서 책임자는 직원 A와 B보다 경험이 많은 신뢰성 0.95를 기록한 직원 D를 추가로 투입하려고 한다.

a. 직원 D의 추가 투입은 프로세스 신뢰성을 얼마나 향상시키는가?
b. 직원 D의 투입에 더하여 직원 A와 B가 추가 교육을 거쳐 신뢰성이 0.95로 향상되었다면 시스템 전체 신뢰성은 얼마나 개선되는가?

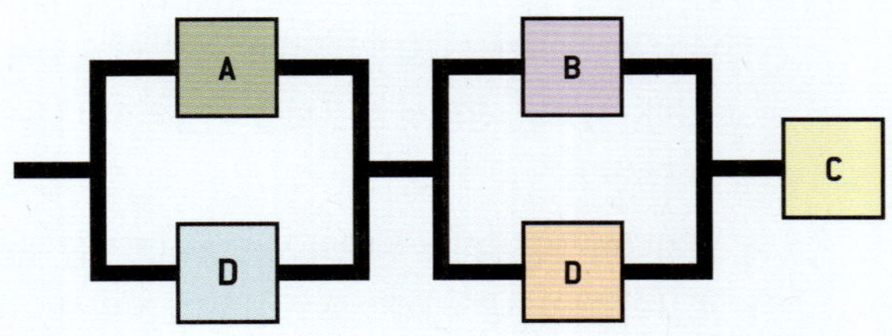

5.3 **48.** 단순 전자제품은 직렬로 배열된 2개의 구성품으로 구성되어 있으며 각 구성품의 신뢰성은 아래 그림과 같다. 엔지니어들은 아래 그림과 같은 디자인 제안 중 한 가지 제안에 추가 구성품을 장착함으로써 제품의 신뢰성을 향상시키고자 한다.

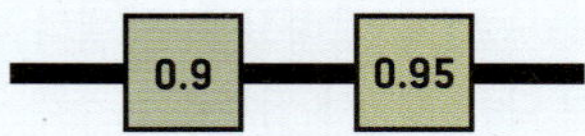

a. 현재 디자인의 신뢰성을 구하라.
b. 제안된 두 가지 디자인이 서로 어떻게 다른 것인지 설명하라.
c. 제안된 두 가지 디자인 중 어떤 디자인의 신뢰성이 더 좋겠는가?

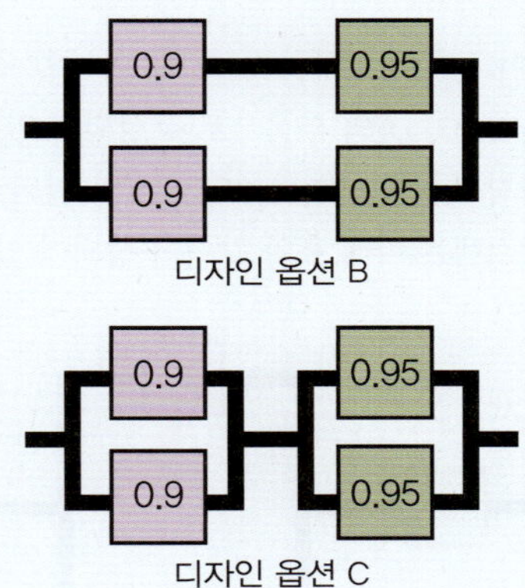

디자인 옵션 B

디자인 옵션 C

엑셀기반 연습문제 EXCEL-BASED PROBLEMS

문제 풀이를 위해 엑셀Excel이나 마인드탭MindTap에 있는 스프레드시트 템플릿을 사용할 수 있다.

5.3 **49.** 부품 규격이 5.00 ± 0.37이고, 다구치 손실함수는 $L(x) = 9{,}300(x-T)^2$이라고 가정하자. 엑셀의 다구치 템플릿을 활용하여 품질 특성이 5.50 인치일 때의 손실을 구하라.

5.3 **50.** 텔레비전 리모컨의 부품 규격이 5.00 ± 0.10이고 다구치 손실함수가 $L(x) = 5{,}500(x-T)^2$이다. 엑셀의 다구치 템플릿을 활용하여, 품질 특성이 4.91이 되었을 때, 각 부품 고장에 대한 손실을 구하라. 만일 50,000개의 리모컨의 품질특성이 규격하한인 4.9에 근접하여 제품이 회수되었다면, 경제적 손실은 얼마인가?

5.3 **51.** 품질 특성의 규격이 0.200 ± 0.02(cm)로 디자인되어 있다. 만약 실제 프로세스에서 품질 특성이 허용오차 양 끝에 위치하여, 제품 수리에 $30의 수리비를 지출해야 한다. 엑셀 다구치 템플릿을 사용하여 다구치 손실함수의 k 값을 찾아라. 실측값 $x = 0.205$일 때의 손실을

구하라.

5.3 52. 51번의 문제에서 사전 검사와 조정에 $7.50가 소요된다고 가정할 때 경제적 디자인 규격을 구하라.

5.3 53. 액체 실린더의 디자인 규격이 10.00 ± 0.10(cm)이라고 가정하자. 이 때 다구치 손실함수는 $L(x) = 1,400(x-T)^2$로 알려졌다. 엑셀의 다구치 템플릿을 사용하여 다음 문제에 답하라.

a. 품질 특성이 10.04인 100개의 부품이 생산되었다면 손실은 얼마인가?

b. 생산 프로세스가 매주 재조정되어 새로운 실린더들의 실측값 $x = 9.789$로 향상되었다. 이 상황에서 취할 조치는 무엇이며 왜 그런 조치가 필요한지 설명하라.

5.3 54. 엠가이드 주식회사Mguide Inc.의 미사일 전자유도시스템은 A, B, C, D 의 부품으로 구성되어 있고 각각의 부품은 각각 0.98, 0.97, 0.91, 0.95의 신뢰성을 각각 가진다(시스템은 아래 표와 같이 구성되어 있다).

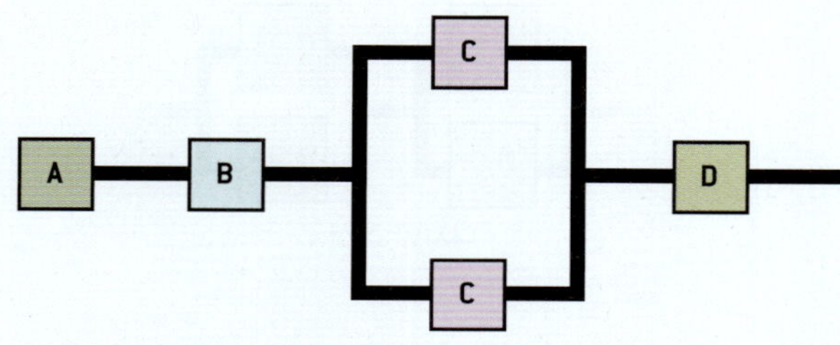

a. 시스템 신뢰성 템플릿을 사용하여 시스템 전체의 신뢰성을 구하라.

b. 소비자가 최소 0.98의 신뢰성을 원한다고 가정하자. 이 요구조건을 충족시킬 수 있는 시스템을 최소한의 부품을 사용하여 조합할 수 있도록 만들어라. 시스템 신뢰성 템플릿을 사용하면 분석에 도움이 된다.

5.3 55. 마그나플랙스 주식회사Magnaplex Inc.는 3가지 작업으로 구성된 복잡한 직렬 시스템을 가지고 있다. 프로세스의 특성 때문에 기계들은 자주 조정과 수리가 필요하게 된다. 시스템을 중단 없이 계속 가동하기 위해, 2개의 동일한 기계들을 각각의 단계에 설치하려고 하는데, 기계 한 대가 고장나도 다른 한 대는 고장난 기계의 수리가 완료될 때까지 계속 사용하려고 한다.

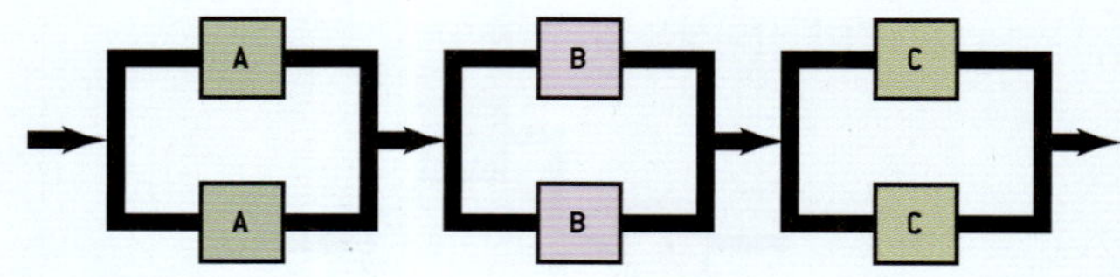

기계의 신뢰성은 다음과 같다.

기계	신뢰성
A	0.85
B	0.92
C	0.90

엑셀의 시스템 신뢰성 템플릿을 사용하여 다음 질문들에 답하라.

a. 각 단계 당 한 대의 기계가 존재하는 경우, 시스템의 신뢰성을 구하라(모든 백업 기계들은 가동하지 않는다).

b. 단계 당 2대의 기계를 설치하면 시스템 신뢰성이 얼마나 향상되는가?

5.3 56. 대형 백화점인 메가마트MegaMart에는 매우 성공적이어서 이윤이 발생하는 패키지 포장 부서를 가지고 있다. 포장 부서는 2개의 복잡한 끈 포장 기계를 운영하고 있다. 포장 기계 1은 0.97의 신뢰성을 가지고 있다. 기계 2는 노후하여 신뢰성이 0.85이다. 기계를 능숙하게 다루는 유능한 엔지니어가 한 명 근무하고 있는데, 최근 그녀는 잦은 건강문제로 작업시간 손실 10%를 경험하고 있다. 시스템 신뢰성 템플릿을 이용하여 다음의 질문에 답하라.

a. 엔지니어가 근무하는 현재의 시스템 신뢰성을 구하라.

b. 회사의 경영진은 기계 2를 처분하고 신뢰성 = 0.98인 새로운 기계를 $5,000에 구매하거나 $5,100의 비용을 들여서 신입 엔지니어를 양성하여 기존 엔지니어가 부재중일 때 대체 근무하도록 하는 방안 두 가지를 비교하고 있다. 경영진은 포장기계가 100% 가동할 수 있다면 부서의 연간 수익이 $7,000 정도 될 수 있을 것으로 예측한다. 회사 경영진이 일시불로 투자를 단행한다고 가정하고, 각 대안에 대한 순이익을 구한 후 이익을 극대화할 수 있는 대안을 추천하라.

걸프 코스트 은행의 서비스 보증 Gulf Coast Bank: Service Guarantees

"나는 우리가 다음에 무엇을 해야 할지를 알고 있습니다. 지금까지는 모든 것이 성공적이었습니다." 마케팅 서비스 사업본부장인 케이 에벨라Kay Ebelhar가 말했다. "무상 보증 서비스를 디자인하고 제공하는 것은 어떨까요? 우리 은행을 방문하는 고객에게 친절하게 인사하며 반기고, 헌신적으로 서비스를 제공하며, 고객이 떠날 때 감사인사를 꼭 하도록 할 것을 약속하는 겁니다. 우리가 제공하는 다른 서비스 보증처럼 우리가 우수한 서비스 경험을 제공하지 못하면 고객에게 $5.00을 지불하는 겁니다! 당신은 어떻게 생각해요?" 애벨라 본부장의 제안에 대한 후속 논의가 이번주 화요일 아침 마케팅 평가 테스크포스Marketing Control Task Force (MCTF) 월간 회의에서 시작되었다. GCB의 서비스 보증 매니저인 사라 콜만Sarah Coleman은 고객 서비스 산업에서 GCB가 선도기업이 되기 위한 여정에서 다음 단계로 무엇을 해야 할지 곰곰이 생각해 보았다.

GCB는 4년전 표적고객target customer의 요구를 파악함은 물론 경쟁 은행들의 활동을 분석하기 위해 광범위한 시장조사를 실시했다. 이 조사를 통해 GCB 경영진은 편리한 입지, 예금 이자율, 지점 영업시간 연장 등의 서비스 속성은 이제 거의 모든 경쟁은행들도 신경 쓰는 기본 서비스가 되었다는 것을 깨달았다. GCB 경영진은 시장에서 경쟁우위를 획득하기 위해서는 앞에서 언급한 기본 서비스 속성에 더하여 더 나은 서비스를 제공해야만 하기로 결정하고 MCTF가 조직했다.

은행의 서비스 보증 프로그램은 시행 후 10개월이 경과했다. 미디어 캠페인을 통해 1월부터 대중에게 서비스 보증을 공표하고 이에 대해 직원 교육을 실시했다. 이 짧은 기간동안 서비스 보증 프로그램의 결과를 평가하기는 어렵다. 서비스 보증 책임자인 사라는 GCB가 지난 10개월 간 300개 지점에서 매달 $860을 사용하고 있다는 것과 매달 그 금액에 변동이 없음을 발견했다. 사라는 MCTF 미팅에서 "서비스 실패가 줄어들었나요?", "직원들이 추가적인 서비스를 제공하도록 동기부여 되었나요?", "은행의 프로세스와 운영 능력이 더 좋아져서 GCB가 이 서비스 보증 활동 수준을 달성할 수 있게 되었나요?", "서비스 실패에 대한 $5의 지불이 적절한가요?", "은행의 현재 서비스 보증 프로그램이 실패인가요?"와 같은 거친 질문들을 던지는 유일한 직원이었다.

GCB는 금융 서비스시장에서 선도적 기업으로 자리매김 하기 위해 골드 서비스 보증 프로그램Gold Service Guarantee Program을 개발했다. 이 프로그램은 경쟁우위의 원천이자 새로운 기업 문화 핵심 요소이다.

골드 서비스 프로그램의 첫 단계는 고객과 직원들을 대상으로 한 광고 캠페인과 함께 일련의 전단지, 라디오, TV 광고 등으로 구성되었다. 이 "인지 단계awareness phase"동안 목표는 일반적인 시장이 볼본 은행Bourbon Bank의 우수한 서비스에 대해 알게 하는 것이었다. 다음은 "행동 단계action phase"이다. 이 단계는 은행이 훌륭한 고객 서비스가 무엇인지 구체적으로 보여주는 것을 시작한다. 고객에 대한 외부적인 프로그램을 적용하는 것과 직원에 대한 내부적인 프로그램을 적용하는 것을 통해, 이전 단계에서 수립된 이상을 따르겠다는 은행의 약속을 보여줄 수 있다. 미디어 캠페인은 이 단계에서 역시 상당히 중요한 역할을 한다. 그리고 광고 비디오는 내부적으로 서비스 보증에 대한 인식과 행동을 만들도록 사용된다.

외부적으로, 골드 서비스 전화 연결Gold Service Telephone Line은 모든 고객의 질문에 대답하고 문제를 해결하기 위해 만들어졌다(평균적인 은행 전화 창구의 응답시간이 지난 10개월 동안 감소하지 않고 증가했음에도 불구하고). 또한 모든 지점 은행의 단일 거래 특급 창구에는 간단한 거래와 빠른 응답이 필요한 고객의 만족을 목표로 하는 친근한 표지판이 추가되었다.

내부적으로, 모든 6,200명의 직원에 대한 2일간의 교육 훈련은 그들이 어떻게 "고객 서비스 서약customer service pledge"과 맞추어 살아가야하는 지에 대해 가르쳤다. 교육과 서약에 서명한 이후 각 직원들은 "골드 서비스"를 더 의미 있고 고객과 직원들 모두에게 더 관련 있도록 만드는 방법으로 서약이 인쇄되어 있는 종이뭉치들을 받게 되었다.

처음에 은행은 3가지의 구체적인 사항을 보장하였다. 먼저, 당좌 계좌와 예금 계좌의 잔액이 정확함을 보장하였다. 만약 실수가 있다면 이유와 관계없이 고객은 $5.00을 받게 된다. 둘째로, 고객들은 고객이 지정한 시간대에 그들의 신청서를 집이나 전화 대출을 통해 응답 받을 수 있을 것을 약속했다. 이 보장은 응답을 고객이 원하는 시간대에 전달해주겠다는 직원 개별적인 약속이다. 만약 직원이 그렇게 하지 못했다면 GCB는 고객에게 $5.00를 지불한다. 마지막으로, 은행은 골드 서비스 전화 연결을 하는 고객에게 전화가 끊어지거나, 2번씩 물어보거나, 스스로 해결책을 강구하는 일이 발생하지 않을 것을 보장하였다. 만일 그런 일이 발생한다면 직원은 즉시 $5.00를 지급할 것이다. 모든 지불은 고객의 계좌로 입금될 것이다.

$5.00의 지불은 각 보장 항목에 관여되어 있고 고객에게 보장한 것이 지켜지지 않으면 즉시 지불된다. 더욱이 서비스 실패 보고서는 문제를 잘 담아낼 수 있도록 했다. 직원과 고객 둘 중 한

명이 보고서를 작성할 수는 있으나, 보장을 받기 위해서는 양 자의 서명이 모두 필요하다. 서비스 실패 보고서는 중앙 은행으로 보내져 관리된다. 관리자들은 매달 그들의 관할 지역 내의 보장 실패에 대한 요약 보고서를 받는다. 그러나 보고서는 구체적으로 누구의 잘못에 의해 실패가 발생했는지는 명시되어 있지 않다. MCTF의 경우도 은행 지점들로부터 요약보고서를 받게 된다.

사라 콜만은 MCTF에서 서비스 보장 프로그램에 대해 의심을 하는 유일한 사람이었다. 그러나 그녀는 그녀의 프로그램의 성공을 위해 너무 강하게 밀어 부치지는 않았다. MCTF의 다른 사람들은 마케팅 시류bandwagon에 휩쓸려 확고한 성공이라고 과장된 광고를 했으며, 심지어 대표이자 CEO인 델 카Del Car도 마찬가지였다. 개인적으로 사라는 이 서비스 보장과 관련해서 많은 의문사항들이 있었으나 모든 은행들은 이미 서비스 보증을 시행하고 있었다.

토론을 위한 사례 질문

1. 서비스 보증프로그램의 목적이 무엇인가?
2. 10달간 300개의 지점에서 지불한 $860에 대한 평가는 어떠한가?
3. 은행의 서비스와 프로세스들이 실제로 서비스 보증을 충족시킬 수 있도록 다시 디자인되었는가?
4. GCB의 서비스 보증 프로그램이 잘 디자인되었고 적절하게 시행되었는가?
5. 조언하고 싶은 것이 있다면 무엇인가?

톰즈 자동차 서비스 Tom's Auto Service

톰즈 자동차 서비스(TAS)는 자동차 오일과 윤활유를 빠르게 교환해주는 지역 서비스이다. 이 서비스는 지피 루브Jiffy Lube와 터피타이어 & 오토서비스Tuffy Tire & Auto Service가 제공하는 서비스와 비슷하다. TAS는 32개의 매장들에 대해 제품과 서비스에서 다른 경쟁사들과 차별화하고 싶어한다. 주요한 CBP는 고객과 주기적으로 상호작용하는 친근하고 전문적 직원과 오일, 오일 필터, 공기 필터, 타이어, 앞 유리 와이퍼날, 윤활유의 제공으로 구성되어 있다. 자동차 협회에서도 TAS의 기계 및 기술 인력들에 대해 자격을 부여하였고, 그 자격증들은 고객 대기실에 전시되어 있다. 모든 기술적 작업은 90일 이내에 완료될 것은 보증한다. 직원들은 신중하게 고용되고, 그들의 기술적인 능력과 범죄 이력에 대한 배경조사도 진행된다. 모든 직원들은 매장의 금전 등록기와 결제 소프트웨어를 다룰 수 있도록 교육받는다. 각 관리자들은 매장 운영과 고객 대기 라운지에 대한 전반적인 책임을 지고 있다.

많은 제품과 서비스들은 TAS의 CBP를 정의한다. 예를 들면, 고객 대기실은 몇 가지 커피와 차, 음료, 최신 잡지, WIFI, 고화질 TV 등을 포함하고 있다. 고객들은 다음 방문에 사용할 수 있는 자동차 유지 안내책자와 할인 쿠폰 등을 받을 수도 있다. 또한, TAS는 또한 자동차 창문을 안팎으로 닦아주고, 시트를 청소해주고, 고객에게 서비스 이력을 설명해주고, 그리고 만일 고객이 물어보거나 추후에 발생가능한 기술적이거나 장비적인 문제가 발견되면 서비스에 대한 기술적인 측면에 대해 설명해주는 등 다양한 서비스들을 제공하고 있다.

시설 배치는 4개의 서비스 구역으로 구성되어 있는데, 3개의 구역에서는 오일과 윤활유를 빼내고 교체하는 데에 사용된다. 모든 필수적인 도구와 장비들은 모든 구역에게 제공된다. 고객 대기실은 카펫이 깔려 있고 소파와 의자들이 있으며, 경쟁사들의 대기실보다 크다. 대기실의 큰 창문은 고객들이 그들의 차량이 서비스되는 과정을 볼 수 있게 한다. 직원들은 전문적으로 파란색 정비복을 입고, 그들의 이름이 적힌 명찰을 착용한다. 전문

StockLite/Shutterstock.com

TAS의 고객 대기 장소는 다른 경쟁사보다 더 크고 편안하다.

가 이미지를 유지하기 위해, 직원들은 정비를 마친 후 그들의 팔과 손을 깨끗하게 씻도록 하고 있다.

차량 체크리스트는 작업의 완성도와 품질 관리를 위해 사용된다. 보통의 작업을 끝내는 데에 필요하 표준 작업시간은 한 서비스 구역 당 18분에 고객의 접수까지 9분이 추가된다. 타이어 교체와 같은 다른 작업들은 시간이 더 걸린다. 가게 관리자들과 보조 관리자들은 고객들이 어떤 이유로든지 불만족을 느낀다면 무료로 서비스를 제공할 수 있도록 권한부여를 받았다.

TAS는 고객 만족에 대해 이해하기 위한 방법으로 정기적인 설문조사를 실시한다. 206명에 대한 설문조사 결과는 그림/표 5.19에 나와 있다. 좋고 나쁨에 대한 고객들의 코멘트는 그림/표 5.20에 나와있다. 이 결과들은 지난 3달동안 무작위로 추첨 된 9곳의 가게에서 나온 것이다. 회사 마케팅, 인사, 운영담당 부사장들은 이 데이터를 분석하여 성과를 향상시키거나 보상을 하기 위해 어떤 활동이 필요한지 결정해야 한다.

운영담당 부사장, 데이비드 마게이트David Margate는 이 정보를 분석하기로 했다. CEO에게 제출해야 하는 최종 보고서 기한은 2주가 남았다. 마게이트를 도와 다음의 질문에 답하라.

토론을 위한 사례 질문

1. CBP를 정의하고 그려라. 그리고 TAS의 임무, 전략, 경쟁우위에 대한 수준 평가를 정의하라.

   (a)서비스 제공시스템과 (b)서비스 접점 시스템의 8가지 디자인 요소에 대해 본 장의 5.4와 5.5에서 묘사한 것과 같이 정의하고 짧게 묘사하라.

그림/표 5.19 TAS 고객 분기 별 설문 조사 결과 예 (n = 206)

	설문 내용	점수는 1(최악)부터 5(최고)로 구성
가게 관리자		
1	매장 관리자가 내 차량의 보수와 수리를 잘 검토했다.	4.36
2	매장 관리자가 내 개인적 요구와 필요를 잘 이해했다.	3.87
3	매장 관리자가 계산을 진행하기 전에 차량 점검지에 대해 설명해주었다.	4.4
업무 표준		
4	차량 창문 세척과 청소와 같은 추가 서비스에 대해 만족했다.	4.66
5	차량 이력에 대해 아는 것은 내가 차량 유지와 수리에 대해 적절한 선택을 하는 것 같다고 안심할 수 있게 만들었다.	4.43
6	내 차량은 잘 고쳐졌다.	4.13
7	TAS의 업무 표준은 직원 자격증과 좋은 장비와 같이 명확하게 가게 내부에서 확인할 수 있었다.	4.54
8	TAS의 업무 표준은 미디어를 통해 명확하게 광고되었고 차량 서비스가 어떤 일을 하는 지에 대해 명확하게 이해할 수 있었다.	4.2
직원		
9	TAS 직원들은 그들이 하는 일을 잘한다.	3.8
10	서비스는 친절하고, 친근하고, 내가 물어보면 명확하게 기술적 규격들을 설명해준다.	4.01
11	문제가 발생하면, 문제를 해결하는 장비들은 항상 도움이 된다.	3.88
시설		
12	시설은 깨끗하고 잘 유지되었다.	4.84
13	고객 대기실은 정말 좋고, 내가 방문하는 이유가 된다.	4.79
전반적인 경험		
14	TAS에 총 소비한 시간은 내가 기대한 정도이다.	4.59
15	매번 방문할 때 마다 높은 품질과 기대에 대한 충족이 이루어진다.	3.94
16	TAS는 확실히 다른 경쟁사들 보다 좋다.	4.45

그림/표 5.20	고객들이 작성한 TAS의 5가지 좋은 코멘트와 나쁜 코멘트
1	나는 직원들의 수준 높은 지식과 훌륭한 차량 정비 기술 때문에 TAS에 재방문 하였다.
2	나는 믿거나 말거나, 대기실에서 잡지를 보면서 마시는 커피를 가장 좋아한다.
3	장비들은 내 차를 정비할 때 매우 섬세하고 정밀하게 작동된다.
4	내 차 창문에 묻은 것이 있다고 항의를 했을 때, 그들은 다시 내 창문을 닦아 주었고 다음 방문을 위한 할인 쿠폰을 주었다–좋은 사람들이다.
5	매우 빠르고 편리한 서비스이다 – 다시 방문할 것이다.
6	매장 관리자들은 최고이나, 기계적으로 서서 고객들과 말하려고 하지 않는다.
7	나는 다시는 오지 않을 것이다. 엔지니어들이 계속 나를 쳐다본다.
8	나는 공기와 연료 필터를 새로 구매하도록 강한 권유를 받았지만, 내가 보기엔 그것들이 충분히 깨끗했다.
9	내가 매장에 머무는 동안, 모든 엔지니어들이 서두르는 것 같다고 느꼈다.
10	엔지니어는 자동차 흙받이에 기름을 묻혔고 내가 닦아달라고 요청하자, 화를 내며 닦아냈다.

2. TAS가 사용하고 있는 5가지 프로세스를 정의하고 짧게 묘사하라. 그리고 그것들의 상대적 중요도를 표기하라.
3. 설문 데이터에 대한 당신의 분석을 기반으로, 어떤 성장 기회가 있는가? 만약 있다면 추천할 만한 것이 있는가?
4. CEO에게 제출할 최종 개선안을 요약하라.

통합 사례 연구: 허드슨 쥬얼러스 Integrative Case: Hudson Jewelers

본서 마인드탭MindTap은 허드슨 쥬얼러스Hudson Jewelers 사례연구 관련 각 장에 있는 학습자료를 통합하여 제공한다.

토론을 위한 사례 질문

1. 허드슨 쥬얼러스의 현재 매장 배치는 CAD 시스템의 보석디자인이 상점 앞 스크린을 통해 보여진다. 동시에 고객들은 상점에서 보석을 디자인할 때 보안이 거의 보장되지 않는다. 다음의 대안들에 대해 경제적인 또는 비경제적인 이득과 손실은 무엇인가? (a) 현재의 배치를 유지한다. (b) CAD시스템을 새로운 사적인 공간으로 옮긴다. (c) 옵션을 사용한다. (d) 두번째 CAD시스템을 구매하고 또다른 사적인 공간을 만든다. 데이터는 사례연구에서 제공된다.
2. (a) 허드슨 쥬얼러스의 서비스케이프를 본 장에서 설명한 3가지 차원을 활용하여 정의하라. (b) 허드슨 쥬얼러스의 서비스 접점 특성을 정의하라.
3. 허드슨 쥬얼러스에게 서비스 보증 방안을 제안하라. 정확하게 무엇을 보증할 것인가? 보증은 명시적이어야 하는가, 그렇지 않아도 되는가? 또는 아예 보증을 하지 않는 것이 더 좋을 수 있는가? 논리를 설명하고 정당화하라.

공급사슬 설계 | 6

Supply Chain Design

갭Gap을 포함한 의류 제조업체들의 공급사슬은 기업의 사회적 책임과 지속가능성 실천에 중요한 영향을 미친다.

Sandratsky Dmitriy/Shutterstock.com

학습목표

6장을 학습한 후 다음 과제를 수행할 수 있어야 한다.

6-1 글로벌 공급사슬 global supply chain의 개념을 설명하고, 공급사슬 설계에 대한 주요 의사결정을 기술하며, 블록체인 기술block-chain technology이 글로벌 공급사슬에 미치는 영향을 설명한다.

6-2 경영자가 공급사슬을 설계할 때 고려해야하는 주요 상충관계trade-offs와 아웃소싱outsourcing 및 오프쇼어링offshoring 의사결정을 평가하는 방법을 기술한다.

6-3 인디텍스/자라Inditex/Zara가 공급사슬을 어떻게 설계하고 운영하는지 기술한다.

6-4 공급사슬에서 시설의 입지 선정에 필요한 의사결정 유형과 기준을 설명하고, 무게중심법center of gravity method 적용 방법을 이해한다.

6-5 운송모형transportation model을 사용하여 공급사슬 비용 최적화 방법을 설명한다.

많은 소비자들이 갭Gap, 올드 네이비Old Navy, 혹은 바나나 리퍼블릭Banana Republic 의류 매장에서 쇼핑한 경험이 있을 것이다. 의류 공급사슬 supply chains은 일반적으로 면화와 같은 원료를 재배하는 농장에서 시작된다. 다음 단계는 방직공장이 원료를 티셔츠, 청바지 등 의류 생산에 쓰이는 옷감으로 변환하는 작업이다. 그 다음 단계는 봉제공장에서 옷감을 재단하여 옷을 완성한다. 완성된 의류제품은 소매점으로 운송되어 소비자에게 판매된다. 육체노동에 크게 의존하는 의류 제조업체의 경우 공급사슬이 기업의 사회적 책임과 지속가능성 실천에 중요한 영향을 미친다.

갭은 공급사슬의 역할을 중요하게 생각하는 기업 중 하나이다. 갭 임직원들은 다음과 같이 주장한다: "갭은 공급사슬 내 다양한 단계의 다양한 업무에 종사하는 모든 사람들이 공정성과 존엄성을 보장받고, 존중하도록 노력합니다. 이러한 우리의 열망은 갭 브랜드 제품을 생산하는 공장의 재봉틀 작업을 하든지, 우리 매장 중 한 곳에서 일하든지, 우리 회사 청바지 제품을 입든지 상관없이 모든 생명이 동등한 가치를 지니고 있다는 믿음에서 비롯한 것입니다. 우리는 회사를 대표하여 일하는 사람들의 삶을 개선하려는 노력이 더 성공적으로 비즈니스를 운영하는데 도움이 된다는 것을 알고 있습니다. 안전하고 건강한 환경에서 합리적인 시간을 일하는 사람들의 삶의 질이 더 좋을 뿐만 아니라 열악한 환경에서 일하는 사람들보다 더 생산적이고 고품질의 제품을 제공하는 경향이 있습니다."

어떻게 생각하는가? What Do you Think?

옷장의 옷 중 몇 퍼센트가 다른 나라에서 생산된 제품이라고 생각하는가? 의류업체의 공급사슬 구조가 어떻게 생겼다고 생각하는가? 의류업체는 어디에서 사업을 하든 작업조건과 지속가능성 관행을 개선할 책임이 있다고 생각하는가?

1장에서 공급사슬의 개념을 소개하면서 공급사슬은 가치사슬의 주요 하위시스템subsystem으로서 주로 상품 및 자재의 물리적 이동에 초점을 맞추고 공급, 생산 및 유통 프로세스를 통한 정보 및 금융 거래의 흐름을 지원한다고 설명하였다. 기업은 공급사슬 설계과정에서 많은 결정을 내려야한다. 기업은 제조공장, 물류센터distribution center, 소매점, 고객서비스(기술지원)센터 등의 수, 유형, 위치, 공급자 선택은 물론, 공급사슬 내 정보흐름 관리방법, 공급사슬 내 각종 활동을 효과적이고 효율적인 시스템으로 통합하는 방식을 결정해야 한다. 공급사슬의 인프라infrastructure를 구성하는 공장, 물류센터, 서비스 시설의 위치는 수익성에 큰 영향을 미친다.

> 공장, 물류센터, 서비스 시설의 위치는 공급사슬을 위한 인프라를 구축하고 수익성에 큰 영향을 미친다.

부실한 공급사슬 설계는 기업의 전략을 약화시키며 매출, 시장점유율 및 이익 저하를 야기할 수 있다. 기업의 제품군product line과 시장을 변경하거나 확장하면 공급사슬 설계 또는 재설계의 중요성이 더욱 높아진다. 또한 기업의 합병 및 통합 mergers and consolidations에 따른 문제를 해결하기 위해서는 공급사슬과 시설의 위치를 재평가할 필요가 있다.

본 장에서는 일상적인 운영 결정을 위한 인프라를 설정하는 공급사슬 설계에 중점을 둔다. 12장에서는 조달과 구매 sourcing and purchasing, 공급업체 관계 supplier relationships, 물류 및 운송 logistics and transportation, 재고관리 managing inventory, 위험관리 dealing with risk, 공급사슬 비용분석 cost analysis in supply chains에 초점을 맞춘다.

6-1 글로벌 공급사슬 Global Supply Chains

모든 기업이 글로벌 비즈니스 환경에서 사업을 펼치는 것은 아니지만, 기술과 유통망의 발전 추세는 대기업과 중소기업 모두 국가간 경계를 초월하는 공급사슬 개발을 가능하게 할 뿐만 아니라 매력적인 대안이 되었다. **다국적 기업**multinational enterprise은 *비용을 최소화하고, 수익, 고객만족, 사회복지를 극대화하기 위해 여러 국가에서 제품과 서비스를 조달*sources, *생산*produces*하고 마케팅 활동을 전개한다.* 다국적 기업의 예로는 브리티시 페트롤리엄British Petroleum, 제너럴 일렉트릭General Electric, 유나이티드 파슬 서비스United Parcel Service, 지멘스Siemens, 프록터 앤 갬블Procter & Gamble, 도요타Toyota, 국제적십자사International Red Cross가 있다. 이들 기업의 가치사슬은 전세계 고객을 위하여 제품 · 서비스를 조달, 생산, 판매, 배송 등의 역량capability을 제공한다.

다국적 기업은 운영 관리자들이 관리하는데 어려움을 겪는 복잡한 공급사슬을 운영한다. 오늘날의 글로벌 비즈니스 환경에 적합한 공급사슬 설계는 다국적 기업이 총 공급사슬 비용을 줄이고 고객에 대한 응답시간을 개선하는데 도움이 된다.

6-1a 공급사슬 설계 의사결정 Decisions in Supply Chain Design

운영관리자는 글로벌 공급사슬을 설계할 때 수많은 의사결정을 내린다. 주요 글로벌 공급사슬

관련 문제와 결정해야 할 사안을 그림/표 6.1에 요약하여 정리하였다. 이들 결정은 대부분은 기업의 전략strategy, 사명mission, 경쟁중점목표competitive priorities를 지원할 수 있도록 전략적으로 이루어져야 한다. 반면에, 운송수단 선택, 성과측정 등에 관한 의사결정은 전술적으로 이루어져야 하는데, 이들 결정이 일상적인 공급사슬 관리에 영향을 미치기 때문이다. 전술적 의사결정에 관해서는 13장에서 다룬다. 본 장에서는 각각의 의사결정에 대해 간략하게 설명하고자 한다.

- **전략** Strategy – 공급사슬은 기업의 전략, 사명, 경쟁중점목표를 지원해야 한다. 3장에서는 기업전략, 마케팅전략, 운영전략의 개발과 이에 따른 공급망 설계 관련 의사결정 종합체계 overall framework를 제시했다. 예를 들면 경영진은 특정 산업 및 시장에 대해 유연한 공급사슬 flexible supply chain 보다는 효율적 공급사슬 efficient supply chain으로 설계할 수 있다. 다양한 유형의 공급사슬은 경제성장이 느린 선진국 상황에 적합한 유형이 있는가 하면 급속한 경제성장이 진행중인 신흥국의 상황에 적합한 유형도 있어서 시장 상화에 맞는 공급사슬 유형으로 설계해야 한다. 한 기업의 공급업체와 고객이 제품 품질과 배송 데이터와 관련하여 그 기업의 공급사슬을 신뢰할 수 있는지가 공급사슬 설계의 의사결정 요인이다.
- **통제** Control – 두 번째 공급사슬 설계 의사결정은 중앙집중식centralization 또는 분산식 decentralization 설계를 선택하는 것이다. 공급사슬의 **운영구조** operational structure는 *공급업체, 공장, 창고, 유통업체, 기술지원센터, 엔지니어링 설계 및 영업사무소, 통신 링크와 같은 자원의 배치를 의미한다*. 운영구조가 달라지면 관리기술도 달라져야 한다. 예를 들면 월마트 Walmart의 글로벌 공급사슬은 규모가 매우 크지만 구매 및 유통에 중점을 두고 있으며 아칸소 Arkansas주 벤톤빌Bentonville에 위치한 본사에서 통제한다. 이와는 대조적으로 의료영상, 제트엔진, 발전기 등 같은 다양한 사업 포트폴리오를 가진 제너럴 일렉트릭의 공급사슬은 사업부별로 매우 다르다. 각 사업부는 고유시장과 운영조건을 갖춘 이익센터profit center라고 할 수 있다. 따라서 제너럴 일렉트릭의 운영구조는 전 세계적에 분산되어 있는 분산식 구조이다.
- **위치** Location – 공급사슬에서 시설의 위치는 비용, 고객 서비스, 데이터 신뢰성data reliability에 상당한 영향을 미친다. 본 장의 뒷부분에서는 위치결정을 평가하는 방법에 대해 논의하고

존슨 앤 존슨(J&J)의 공급사슬과 가치사슬 재설계
Johnson & Johnson Redesigns its Supply and Value Chain

J&J는 2014년 회사의 가치사슬과 공급사슬을 재설계해야 함을 인지한 후, 3년에 걸쳐 변경사항을 설계 및 구현했다. 변경사항에는 효율성을 높이기 위한 제품 성분배합과 포장의 글로벌화와 이를 위한 의사결정의 중앙집중화가 포함되었다. 또한 회사는 원료 공급업체의 수를 1/3로 줄이고 재료의 원활한 확보를 위해 표준화된 원료 배합방법을 채용했다. 이에 더하여 회사는 제조공정을 개선하여 배치크기batch size 변경에 유연하게 대처하는 능력을 갖추고, 포장재 공급업체의 수도 줄였다. 공급사슬 재설계를 통해 제조공장 수는 27개에서 13개로, 포장재 공급업체는 50개에서 6개로, 화학약품 공급업체는 74개에서 13개로 감축했다. 또한 청소용 물 사용도 20% 줄였다. 공급사슬 재설계로 J&J의 공급사슬이 재설계 이전과 비교하여 월등한 민첩성agility을 갖추고 저비용구조를 갖추어, 회사는 중국 및 전 세계 국가에 신제품을 보다 쉽게 출시할 수 있게 되었다.

그림/표 6.1 공급사슬 설계 관련 11가지 주요 의사결정 항목

1. **전략**Strategy. 회사는 어떤 경쟁중점목표를 강조해야 하는가? 공급업체와 고객이 신뢰할 수 있는 지속가능한 공급 변화를 어떻게 구축할 것인가? 문화적 차이를 고려하면서 선진국의 느린 성장과 개발도상국의 급속한 성장을 충족하기 위한 회사의 공급사슬 전략은 무엇인가?
2. **통제**Control. 회사의 공급사슬 통제를 중앙집중화 또는 분산화할 것인가? 공급사슬 내에서 공급업체 및 고객과의 금융거래를 어떻게 보호할 것인가? 공급사슬을 흐르는 거래 데이터에 대한 접근권한을 누구(개인 · 기업)에게 부여할 것인가?
3. **위치**Location. 회사가 효율성과 고객가치를 높이기 위해서는 연구개발시설, 콜센터, 창고 및 물류센터 등의 시설을 공급사슬 내 어디에 배치하여야 하는가?
4. **지속가능성**Sustainability. 회사는 글로벌 공급사슬에서 경제적, 환경적, 사회적 지속가능성 목표와 관행을 어떻게 지원할 것인가?
5. **테크놀러지**Technology. 회사가 다른 나라 공급업체 및 파트너와 기술 · 지적재산을 공유할 것인가? 공유 시에는 지적재산권, 특허권은 어떻게 보호할 것인가?
6. **디지털 콘텐츠**Digital contents. 회사가 디지털 콘텐츠 및 전자상거래 역량을 어떻게 구축하고 상품, 서비스, 공급사슬에 통합할 것인가? 글로벌 고객 및 공급업체와의 협업 도구와 협력은 안전한가?
7. **조달**Sourcing. 회사는 누구에게서 원자재, 부품, 부분조립품subassembly을 구입할 것인가? 반품 및 리콜은 어떻게 추적할 것인가?
8. **물류 및 운송**Logistics and transportation. 회사는 서비스 극대화와 비용 최소화를 위해 어떤 운송 모드 (예: 선박, 항공, 철도 또는 트럭)를 사용할 것인가? 화물이 정확한 목적지에 도착했는지 어떻게 확인할 것인가? 통관을 지연시키는 대표적인 미비 서류는 무엇인가?
9. **아웃소싱**Outsourcing. 회사는 어떤 공급사슬 활동을 인소싱(자체생산)insourcing하고, 어떤 활동을 공급업체(국내 또는 해외)에 아웃소싱할 것인가? 회사는 위탁생산업체contract manufacturer나 제3자물류업체logistics party logistics provider (3PL)에게 아웃소싱할 것인가? 회사는 한 업체에 아웃소싱할 것인가?
10. **위험 관리**Managing risk. 회사는 공급사슬 위험과 공급두절supply disruption 문제를 어떻게 해결할 것인가? 거래대금을 잘못 지불한 경우 어떻게 해결할 것인가? 회사 거래대금은 어떻게 추적할 것인가? 배송중인 화물이 손상된 경우 어떻게 처리할 것인가? 화물의 도착 여부는 어떻게 확인할 것인가? 화물의 위치를 어떻게 추적할 것인가? 위험완화계획risk mitigation을 어떻게 수립할 것인가?
11. **성과측정**Measuring performance. 회사는 공급사슬관리에 어떤 성과지표를 사용할 것인가? 공급사슬의 디지털 기록 및 정보 흐름의 안전은 어떻게 보장할 것인가? 공급업체의 디지털 기록을 신뢰할 수 있는가? 공급업체의 손익계산서 및 대차대조표의 적합성을 어떻게 확인할 것인가?

위치 결정에 도움이 되는 몇 가지 간단한 접근방식과 정량적 모형을 제시한다.

- **지속가능성**Sustainability – 미디어에서 종종(부정적으로) 다루는 지속가능성 관련 이슈는 공급사슬의 핵심 문제이다. 이 책은 지속가능성 관련 문제, 개념, 방법을 비중 있게 다루고 있는데, 1장에서 이미 지속가능성 기본 개념을 소개했다. 기업 탄소발자국carbon footprint (탄소배출량)의 60~70%는 공급사슬에서 발생한다.
- **테크놀러지**Technology – 다국적 기업에게 지적재산 관리는 매우 중요하다. 기술은 종종 기업에게 경쟁우위를 제공하며 외국 기업에게 라이선스를 허용하는 경우 그로 인해 위험에 처할 수도 있다. 외국 특허의 보호와 존중은 글로벌 무역 협상의 단골 주제이다. 1장에서 언급했듯이 서비스는 특허로 보호할 수 없다.
- **디지털 콘텐츠**Digital contents –상품 및 서비스의 디지털 콘텐츠가 점점 더 중요해지고 있다. 자동차, 가전 제품, 제트엔진, 휴대폰 등의 제품은 '사물인터넷IoT'을 통해 다른 서비스와 결합하여 향상된 고객가치를 제공하는 물리적 제품 및 서비스 묶음bundle이 된다.
- **조달**Sourcing – 공급업체를 선택하는 것은 위치 결정과 밀접한 관련이 있는 주요 공급사슬 설

계의 결정 항목이다. 조달에서 중요한 결정은 단일공급업체single source를 사용할 것인지 복수공급업체multiple sources를 사용할 것인지를 선택하는 것이다. 단일공급업체를 사용하면 종종 규모의 경제를 이루고 긴밀한 파트너십을 형성할 수 있다. 그러나 복수공급업체를 사용하면 공급두절 위험을 낮출 수 있다.

- **물류와 운송** Logistics and transportation – 운송 관련 의사결정은 글로벌 공급사슬에서 더욱 복잡하다. 글로벌 운송을 위해서는 종종 해상운송, 항공, 철도, 트럭과 같은 여러 운송수단이 필요하다. 외국의 운송인프라는 지역에 따라 매우 다를 수 있다. 예를 들면 중국 해안지역은 중국 내륙지역 보다 월등한 운송, 유통 및 소매 인프라를 갖추고 있다.
- **위험관리** Managing risk – 13장에서는 공급사슬의 위험관리에 대해 설명한다. 공급사슬 위험은 전략적이면서 동시에 전술적인데, 모든 기업은 위험 완화전략과 계획risk mitigation strategy and plan을 개발해야 한다.
- **성과측정** Measuring performance – 본서의 많은 부분에서 기업내 각 계층에서 성과를 측정하기 위한 개념과 방법을 다루고 있다. 이 책의 2장과 13장에서 공급사슬 성과측정을 중점적으로 설명한다.

단일공급업체를 사용하면 종종 규모의 경제를 이루고 긴밀한 파트너십을 형성할 수 있다. 그러나 복수공급업체를 사용하면 공급두절의 위험을 낮출 수 있다.

6-1b 블록체인 기술과 공급사슬 Blockchain Technology and Supply Chains

이 책의 독자는 디지털 암호화폐digital cryptocurrency인 비트코인bitcoin에 대해 들어 보았을 것이다. 비트코인의 기반이 되는 기술은 **블록체인** blockchain으로 *디지털 데이터 및 이벤트event 기록을 변조방지 방식으로 보관하는 분산형 데이터베이스 네트워크distributed database network이다*. 블록체인은 모든 거래 기록을 여러 컴퓨터에 분산하여 기록함으로써 거래를 투명하고 안전하게 이루어지도록 한다. 이러한 분산시스템의 장점 중 하나는 개인이나 기업이 전체 시스템을 제어할 수 없다는 점이다. 최근에 IBM은 1,000명 이상의 활성 사용자가 있는 블록체인 오픈소스 코드open source codes를 개발했다. 마이크로소프트Microsoft는 회사의 서버에 5,000개 이상의 블록체인을 보유하고 있다.

블록체인 기술은 아직 초기 단계에 있지만 기업의 공급사슬 효율성과 경쟁중점목표를 변화시키고 있다. 블록체인으로 강화된 공급사슬은 최소비용으로 고객 서비스를 극대화하면서도 지능적이고 협력적이며, 투명하고 안정적인 공급사슬을 구성하는 것을 목표로 한다. 나스닥Nasdaq, IBM, 나이키Nike, 영국항공British Airways, UPS, 시티Citi 및 애플Apple 등의 기업들은 공급사슬을 활성화하는 잠재력을 가진 블록체인기술을 실험하고 있다. 블록체인 기술을 사용하면 제품 또는 서비스가 공급사슬 내에서 이동하면서 이루어진 거래 정보를 원천까지 완벽하게 추적할 수 있다. 예를 들면 드비어스De Beers는 블록체인 기술을 사용하여 다이아몬드가 채굴된 시점부터 소비자에게 판매될 때까지 다이아몬드이 거래내역을 추적한다. 이를 통해 회사는 소비자가 "분쟁지역conflict" 또는 "블러드 다이아몬드blood diamonds"라고 불리는 불법 채취된 다이아몬드가 아닌 정품을 구입하였음을 확인하여 준다. 블러드 다이아몬드(혹은 피의 다이아몬드)는 분쟁지역에서 전쟁을 지원하기 위해 비윤리적 노동관행으로 채취한 다이아몬드이다.

공급사슬 관리에 블록체인 기술을 채택하면 그림/표 6.1에 나열한 공급사슬 관련 의사결정 요인 대부분이 영향을 받는다. 공급사슬 통제관련 의사결정을 예로 들어 보면, 공급사슬 내 완전한 거래정보의 공개와 회계책임이 더이상 특정 기업, 공급업체, 또는 고객에게 있지 않다. 블록체인 기술을 이용하면 모든 참여자(참여기업)가 거래기록을 공유함으로써 거래원장transaction ledger이 실시간으로 업데이트되어 참여기업 모두 실시간으로 확인할 수 있다. 원장ledger은 자산의 생성, 이동, 도착을 문서화한다.

기업의 자산은 제조된 부품 또는 100만 달러의 전자결제액도 포함한다. 구매주문서, 제품 · 서비스 대금지급, 세관검사, 선적통지서shipping notice 등이 모두 거래transaction라는 개념에 해당한다. 분산시스템의 투명성은 거래 당사자 간 신뢰 구축을 도와준다. 목표는 블록체인 기반 기록record을 공급사슬 내 참여자들이 100% 확신할 정도의 진실one dominant version of truth이라고 동의하도록 만드는 것이다.

블록체인 기술은 지속가능성과 위험 관련 의사결정을 지원할 수도 있다. 블록체인 기술을 활용하면 공급사슬의 어떤 참여자라도 '선적된 상추가 실제로 유기농으로 재배되었는지,' '상추를 실은 컨테이너가 하역장에 얼마나 오래 방치되어 있었는지,' '대장균으로 오염된 상추가 어느 농장에서 생산되었는지'에 대한 질문에 답할 수 있다(월마트에 관한 글상자 참조).

그림/표 6.1에서 설명한 바와 같이 디지털 콘텐츠는 공급사슬 성과의 중요 결정요인이다. 블록체인 기술은 사물인터넷을 지원할 수 있다. 전력회사는 열 펌프, 전기 계량기, 전력량 변압기의 상호 연결에 블록체인 기술 활용을 검토하고 있다. 전력회사는 블록체인 시스템의 일부인 고급 애널리틱스 기법advanced analytics methods을 기반으로 공급사슬 데이터를 분석해서 지역 에너지 사용량 및 패턴을 찾아내고 이를 에너지 관리 및 거래 시스템energy management and trading system과 결합하여 전력망electrical grid 효율성을 극대화하고 비용을 낮출 수 있다.

공급사슬의 물류 기능은 블록체인 기술에 의해 활성화된다. 예를 들면, 핀란드에 본사를 둔 쿠

블록체인 기반 월마트 공급사슬의 식품 안전
Food Safety in Walmart's Supply Chain Using Blockchain

월마트는 매주 2억 6천만명의 고객에게 서비스를 제공한다. IBM과 공동 개발한 블록체인 실험 프로젝트test project의 한 부분은 식품 리콜recall 처리이다. 한 명 이상의 월마트 고객이 오염된 식품으로 인해 질병에 걸렸을 때, 원인규명을 위해 제품, 공급업체, 배송업체, 식품이 월마트의 여러 공급사슬 중 어디에 있는지 추적하는데 며칠, 때로는 몇 주가 걸린다.

회사는 두 가지 제품으로 실험 프로젝트를 진행하고 있는데, 미국산 가공식품 제품과 중국산 돼지고기이다. 블록체인 기반 관리 대상 식품에 오염 문제가 발생했을 때 월마트가 관련 공급업체, 배송업체, 창고, 소매점을 추적하는데 몇 분 혹은 몇 시간이면 된다. 아칸소Arkansas주 벤톤빌Bentonville에 본사를 둔 월마트의 프랭크 이안나스Frank Yiannas 식품안전 담당 부사장은 다음과 같이 말했다. "블록체인을 사용하면 추적 능력이 향상된다고 믿습니다. 테스트가 성공하면 월마트는 이를 두 나라에서 판매하는 다른 여러 식품으로 확장하여 적용할 계획입니다."

*볼라 이노베이션*Kouvola Innovation은 화주shipper가 컨테이너의 위치, 컨테이너 내부 온도, 컨테이너 운송 시 진동 정도에 대한 데이터를 전송하는 전자장치를 선적 컨테이너에 부착하는 작업을 지원한다. 이 실시간 데이터는 모든 공급사슬 참여자들이 접근권을 가진 클라우드cloud와 블록체인에 전송되어 공급사슬 참여자는 언제든지 컨테이너에 적재된 화물의 상황을 알 수 있다. 블록체인 기술로 개선된 정보 교환 방식은 운송중인 화물 상태를 알리기 위해 발송하는 수천 건의 중복 이메일과 전화 통화를 줄인다. 블록체인의 장점은 어떤 특정 기업과 내부 데이터베이스가 공급사슬 정보를 통제할 수 없다는 점이다.

블록체인 기술은 공급사슬에서의 활용 잠재력이 크지만 데이터 사용자(기업)와 소프트웨어가 신뢰할 만한지는 알려주지 못한다. 블록체인은 데이터가 부정확하거나 가짜라도 공급사슬의 모든 참여자가 그 데이터를 볼 수 있게 허용하기 때문이다. 따라서 기업은 블록체인 사용의 장점과 단점을 고려하여 사용 여부를 신중하게 결정해야 한다.

6-2 공급사슬 설계의 상충관계 Supply Chain Design Trade-Offs

경영진은 공급사슬을 설계할 때 다양한 상충관계trade-offs를 고려해야 한다. 다양한 산업에는 상이한 공급사슬 설계 구조가 존재한다. 예를 들면 유나이티드 에어라인즈United Airlines 및 UPS와 같은 대부분의 주요 항공사와 운송회사는 "허브 앤 스포크hub-and-spoke" 시스템을 운영한다. 애플과 나이키 등 일부 회사는 100%에 가까운 제품 생산을 위탁제조업체contract manufacturer에 아웃소싱한다. 이와 대조적으로 할리 데이비슨Harley Davidson, 알렌 에드몬즈 제화회사Allen-Edmonds Shoe Corporation는 거의 100%의 제품을 자사 소유 공장에서 생산한다. 본 장에서는 공급사슬 설계와 관련한 몇 가지 상충관계에 대해 설명한다.

6-2a 효율적 또는 반응적 공급사슬 Efficient and Responsive Supply Chains

공급사슬은 높은 효율과 저렴한 비용 또는 민첩한 대응을 제공하는 두 가지 전략적 관점에서 설계될 수 있다. **효율적 공급사슬**efficient supply chains은 *프로세스 흐름에서 재고를 최소화하고 프로세스 흐름의 효율성을 최대화하는 방식으로 효율성과 저비용을 추구하기 위한 설계이다.* 효율성을 중시하는 설계는 수요 예측가능성이 쉽고, 자주 변경되지 않는 긴 수명주기를 가지고 있는 안정된 제품군product line, 공헌이익률이 낮은 제품 및 서비스에 가장 적합하다. 예를 들면 효율적 공급사슬 관점에서 공급사슬을 바라보는 기업은 수요와 (공급)능력capacity 간 균형을 맞춰 재고수준inventory level이 낮아진다. 규모의 경제를 창출하기 위해 소형 물류센터가 아닌 제한된 수의 대형 물류센터를 활용한다. 공장에서 물류센터를 거쳐 소매점과 고객에게 제품을 운송하는 비용을 최소화하는 최적화 모델을 사용한다. 효율적인 공급사슬을 운영하는 회사의 예로는 프록터 앤 갬블과 월마트가 있다.

반응적 공급사슬responsive supply chains 관점에서 설계한 공급사슬은 높은 *유연성과 반응성에 기반한 서비스 제공을 중시함으로써 변화하는 시장 수요와 고객 요구에 신속하게 대응할 수 있다.*

반응적 공급사슬 설계는 수요를 예측하기 힘들거나, 제품 혁신으로 인해 제품 수명주기가 짧고 자주 변하는 경우에 적합하다. 또한 빠른 대응quick response이 기업의 주요 경쟁중점목표인 경우, 고객이 고객화customization을 요구하는 경우, 이익이 높은 경우에도 유연성과 반응성을 추구하는 반응적 공급사슬의 관점에서 공급사슬을 설계하는 것이 적합하다. 반응적 공급사슬은 전통적 공급사슬보다 빠르게 시장 변화 및 상황에 신속하게 대응할 수 있는데, 이는 정보기술의 지원을 받아 정확한 실시간 정보를 공급사슬 참여기업 경영자들에게 제공하고, 공유한 정보를 바탕으로 시장변화를 인식하고 변화에 대처하기 위해 자원을 다른 방식과 다른 용도로 재배치하기 때문이다. 애플, 노드스트롬Nordstrom 등의 기업들이 반응적 공급사슬을 운영한다.

6-2b 푸시 시스템과 풀 시스템 Push and Pull Systems

공급사슬을 구성하고 운영하는 두 가지 방법은 푸시 시스템과 풀 시스템이다. 공급사슬의 흐름을 "왼쪽에서 오른쪽으로 또는 상류upstream에서 하류downstream로의 흐름"으로 설명할 수 있는데, 자재, 정보, 제품이 공급업체로부터 고객 방향으로 하류로 이동하거나 푸시되는 경우를 푸시 시스템push system이라고 부른다. 즉 **푸시 시스템**은 *판매 예측*sales forecasting*을 바탕으로 실제 고객 수요의 발생에 앞서 제품을 생산하고 공급사슬을 통해 판매시점*points of sale*으로 완제품 재고를 운송하여 저장한다.* 푸시 시스템은 베스트 바이Best Buy 등의 "빅-박스 유통업체big-box retailer"라고 불리는 대형 유통업체와 메이시스Macy's 등의 백화점이 채택하고 있다. 푸시 시스템을 운영하면 고객에게 제품을 즉시 제공하고, 제품을 물류센터로 운송 시 만차full-truckload 단위로 운송함으로써 운송비용을 절감할 수 있는 등의 몇 가지 이점이 있다. 그러나 몇 가지 단점도 존재하는데, 고객수요가 빠르게 변하면 수요 예측이 어려울 수 있고, 이로 인해 과잉 재고 또는 재고부족으로 인한 비용 증가를 초래할 수 있다. 푸시 시스템은 판매 패턴pattern이 일정하고 물류센터 및 제품의 가지수가 극소수인 경우에 가장 적합하다.

공급사슬의 흐름이 "오른쪽에서 왼쪽으로" 일어난다고 보고 수요를 상류 프로세스로 이전하는 방식으로 공급사슬을 운영하는 경우를 수요사슬demand chain 또는 풀 시스템pull system이라고 부른다. **풀 시스템**은 *공급사슬 하류단계로부터 발생하는 고객수요 신호*customer demand signal*에 대응하는데 필요한 제품만 공급사슬의 상류단계에서 생산한다.* 즉 물리적 제품이 고객의 요구에 따라 공급사슬의 각 단계를 거쳐 고객의 수요가 있는 하류로 "끌려 내려온다". 이상적인 풀 시스템은 제품 한 단위를 판매하면, 한 단위를 생산하고, 10 단위를 판매하면 10 단위를 생산한다. 일반적으로 풀 시스템은 과잉재고의 가능성을 낮추어 재고와 생산 비용을 최소화한다. 그러나 고객 수요가 급증하거나 고객수요 발생 대비 공급일정이 늦어지면 재고부족을 초래할 수 있다. 풀 시스템은 생산과 유통 거점이 많고 제품의 종류가 많을 때 가장 효과적이다.

컴퓨터 업계에서 주문생산make-to-order 공급사슬 설계 아이디어를 최초로 도입한 델Dell은 오랜 기간 풀 시스템 활용의 우수사례로 인정받아왔다. 델은 정보기술을 바탕으로 공급사슬을 운영하는데, 실제 고객 주문에 따라 필요 부품을 조립공장으로 배송받고 완제품 재고는 보관하지 않는다. 이를 위해서는 공급업체의 부품 배송일정이 델 공장의 완제품 조립일정과 일치해야 하며, 이들 일정은 다시 완제품의 고객 배송일정과 연동된다. 전 세계에 위치한 델 공장의 생산 일

그림/표 6.2 공급사슬 푸시-풀 시스템의 경계

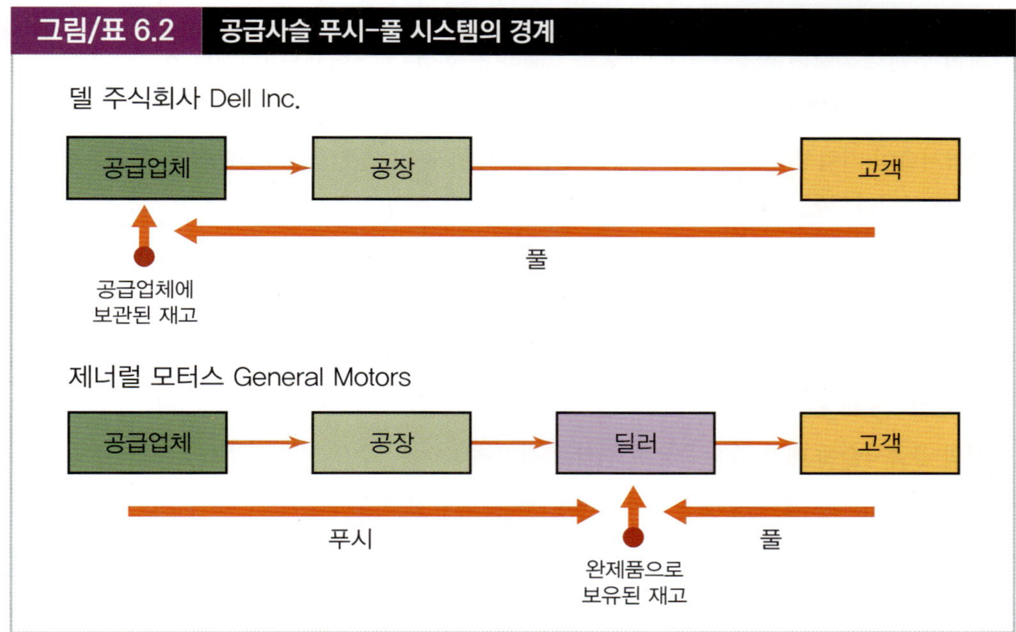

정은 2시간 단위로 재조정되고, 이와 동시에 모든 공급업체 및 제3자물류업체에 일정 업데이트를 공유한다. 델의 주문생산을 위한 풀 시스템의 장점은 고객에게 몇 달 간 창고에 보관중인 이미 생산된 컴퓨터가 아닌 최신기술을 탑재한 컴퓨터를 제공할 수 있다는 점이다.

보잉Boeing 등 항공기 제작업체와 맞춤형 공작기계 생산업체도 풀 시스템을 운영한다. 풀 시스템은 클라우드 컴퓨팅cloud computing 등의 진화하는 정보기술의 도움으로 인해 운영이 쉬워지는 추세이다. 판매, 제조, 운송중인 화물 등에 대한 최신 데이터 확보는 불필요한 재고를 줄임으로써 효과적인 풀 시스템 구성을 촉진한다.

다수의 공급사슬은 푸시와 풀 시스템의 조합인데, 다양한 공급사슬의 형태를 단순화한 그림/표 6.2에서 확인할 수 있다. *공급사슬에서 푸시 시스템과 풀 시스템을 분리하는 지점을* **푸시-풀 경계** push-pull boundary*라고 부른다.* 델의 경우, 푸시-풀 경계는 공급업체가 델 공장에 빈번하게 배송하기 위한 재고를 보관하는 지점으로 공급사슬의 초기 단계에 위치해 있다. 델은 도·소매업체를 건너뛰어 고객에게 직접 완제품을 배송한다. 제너럴 모터스General Motors는 완제품을 고객과 가까운 곳에 위치한 판매대리점dealer에게 보관한다. 제너럴 모터스는 완제품을 공장에서 딜러에게 푸시push한다. 딜러는 차량을 고객화하기 위해 다양한 옵션을 설치하기도 하는데, 이 경우에는 고객이 딜러로부터 완제품을 풀pull하는 것이다. 따라서 제너럴 모터스의 푸시-풀 경계는 판매대리점에 위치한다.

푸시-풀 경계의 위치는 공급사슬의 반응성에 영향을 미칠 수 있다. 많은 기업들은 대응 속도를 높이고 재공품work-in-process 요구량을 줄이기 위해 가능한 많은 완제품을 고객에게 가깝게 푸시하려고 한다. **지연** postponement*은 공급사슬의 끝에 위치한 최종고객에게 더 가까워질 때까지 제품 고객화를 연기하는 프로세스이다.* 문 스타일과 색상이 다른 냉장고를 생산하는 업체를 예로 들어보자. 지연전략을 사용하면, 공장에서는 문 없이 냉장고를 생산하여 물류센터로 배송하고, 물류센터는 냉장고 문의 재고를 보관한다. 고객 주문이 들어오면 고객 요구에 따라 냉장고 왼쪽이나 오른쪽에 문을 신속하게 부착하여 완성된 냉장고를 배송할 수 있다. 지연방식을 사용하면 고객은 정확히 필요로 하는 제품을 구매할 수 있고, 제조업체는 (고객의 요구에 적합하지 않은 완제품) 재고 및 설치 비용을 줄일 수 있다.

공급사슬이 기업성과에 매우 긍정적인 영향을 미칠 수 있지만 공급사슬이 계획한대로 작동하는 것은 아니다. 예를 들면 나이키는 지난 20여년간 글로벌 공급사슬 개발에 약 5억 달러를 지출했으나, 최근에 들어서야 장시간 큰 비용이 투입된 공급사슬 설계 및 개선 계획의 혜택을 누리기 시작했다.

6-2c 수직통합 또는 아웃소싱 Vertical Integration and Outsourcing

기업의 공급사슬에 대한 가장 중요한 전략적 결정 중 하나는 주요 사업 프로세스 및 기능business processes and functions을 수직으로 통합vertical integration할지 아웃소싱outsourcing할지 여부이다. **수직통합**Vertical integration은 *기업이 높은 수준의 통제권을 행사하기 위해 가치사슬의 요소를 획득하고 통합하는 프로세스를 의미한다.* 일부 기업은 단일 시설에서 특정 제품 또는 제품군에 대한 모든 프로세스를 통합할 수 있다. 예를 들면 헨리 포드Henry Ford가 설립한 초기 자동차 공장에서는 제강에서 자동차 최종조립까지 모든 작업이 이루어졌다. 수직통합 전략은 기업에게 높은 수준의 통제권을 제공하지만, 공급사슬 관리는 더욱 복잡하게 만든다. 이와 대조적으로, 오늘날의 자동차 산업은 복잡한 공급업체 네트워크가 특징적이다. 공급사슬 활동의 분산화는 기업의 비용, 품질, 기타 중요 사업지표business metrics에 대한 통제권은 줄이고 종종 위험 수준을 높인다. 6.3절의 인디텍스/자라Inditex/Zara의 예를 살펴보면, 회사가 공급사슬의 여러 주요 단계를 통제하기 위해 고도의 수직통합을 전략을 사용하는 것을 알 수 있다.

수직통합을 고려하는 기업은 후방을 통합할 것인지(공급업체 인수), 전방을 통합할 것인지(유통업체 인수), 또는 둘 다 통합할 것인지를 결정해야 한다. **후방통합**backward integration은 *공급업체 관련 역량 획득을 의미하고,* **전방통합**forward integration은 *유통 또는 고객 관련 역량 획득을 의미한다.* 모토롤라Motorola, 지멘스Simens, 소니Sony와 같은 대기업은 해외에 시설을 건설하고 높은 수준의 수직통합을 달성할 수 있는 자원을 보유하고 있다. 이들 대기업의 목표는 공급사슬의 전부는 아니더라도 대부분을 소유하거나 통제하는 것이다. 예를 들면 듀폰DuPont, 브리티시 페트롤리엄, 하이먼 장빈Haimen Jiangbin, GFS 케미컬스GFS Chemicals 등의 대형 화학제조업체들이 원자재 공급업체를 인수하여 후방통합을 이루었다. 동시에 공업국가의 화학(원료)제조업체들은 전방통합의 일환으로 소규모의 수익성 높은 화학제품 및 첨단 화공약품 전문 제조업체를 인수하고 있다. 최근 델타 에어라인Delta Airlines은 항공사의 최대 비용항목이면서도 가장 예측 및 관리가 힘든 제트 연료구입비를 절감하기 위해 1억 5천만 달러를 들여 정유업체를 인수했다.

아웃소싱Outsourcing은 *이전에 기업 내부에서 생산하던 제품과 서비스를 외부 공급업체로부터 조달하는 프로세스이다.* 아웃소싱은 한 기업이 기업의 일부를 없앤다는 점에서 (취득하지 않고) 수직통합의 반대 개념이다. 아웃소싱하는 기업은 아웃소싱 된 프로세스 또는 기능에 대한 소유권이 없다. 예를 들면 미국의 대형 은행과 항공사들은 콜센터call center를 미국 국내 · 외에 위치한 외부 공급업체에 아웃소싱했다.

그레이트와이드 물류서비스 - A 3PL Provider
Greatwide Logistics Services - A 3PL Provider

미국 9개 지역단위 3PL을 통합하여 출범한 그레이트와이드 물류서비스는 미국의 상위 10대 식료품 소매업체 및 도매업체 중 6곳 이외에도 월마트, 타이슨Tyson 및 노드스트롬과 같은 고객과 협업한다. 그레이트와이드 물류서비스는 비즈니스 애널리틱스을 활용하여 수요를 예측하고, 전국 단위 중앙집중식 시스템 능력을 적극 활용하는 모델을 구축하였다. 그레이트와이드의 중앙집중식 시스템은 위성을 사용하여 5,000대의 트럭 트랙터truck tractor와 10,000대가 넘는 트레일러trailer의 위치를 추적한다. 또한 서로 다른 고객의 요구사항과 일정을 결합하면 한 고객의 화물을 다른 고객 화물 배송에 편승(便乘)시켜 배송하는 피기백piggyback 방식이나 정기운행regular run의 반송구간return leg에서 빈 트레일러 공간을 활용하는 방법으로도 물류서비스를 제공한다. 이러한 방식으로 물류서비스를 제공하면 모든 고객에게 향상된 효율성과 높은 비용절감의 혜택을 제공할 수 있다. 예를 들면 효율적인 운송경로 설계와 공급업체로부터의 배송날짜 조정을 통해 주문자상표부착방식private label 향신료 제조업체의 운송비용을 21% 감소시켰다.

Biz Idea Production/Shutterstock.com

미국에는 세 가지 아웃소싱의 큰 물결이 있었다.

- 수십년 전에 있었던 첫 번째 물결은 미국의 많은 산업에서 제조업 일자리가 해외로 빠져나간 것을 말한다. 기업들은 해외 공장에 컴퓨터 부품, 전자제품, 기타 많은 제품의 생산을 의존했다. 예를 들면 깁슨 기타즈Gibson Guitars는 한국에서 에피폰Epiphone 제품군을 생산하고 있다.
- 두 번째 물결은 표준 신용카드 처리 및 청구업무, 컴퓨터 정보 입력과 소프트웨어 프로그램 작성 등의 간단한 서비스 업무를 아웃소싱하는 것이다. 예를 들면 엑센츄어Accenture는 코스타리카Costa Rica에서 정보기술 및 부기bookkeeping 업무를 수행하고 있다.
- 현재 일어나고 있는 아웃소싱의 세 번째 물결은 엔지니어링 디자이너, 그래픽 아티스트, 건축 계획, 콜센터 고객 서비스 담당자, 컴퓨터 칩 디자이너 같은 숙련된 노동력이 담당하는 지식기반 업무를 아웃소싱하는 것이다. 예를 들면 캘리포니아주 알리소 비에호Aliso, California의 플루오르 회사Fluor Corporation는 산업용 시설 건설 및 개선 프로젝트를 위한 세부 청사진 및 사양 개발 업무에 필리핀, 폴란드, 인도의 엔지니어 및 설계사를 활용한다.

많은 공급사슬이 아웃소싱 전략을 위해 위탁생산을 방식을 활용한다. **위탁생산업체**contract manufacturer는 *맞춤형 설계, 제조, 조립, 포장과 같은 특정 유형의 제품 생산활동을 전문으로 하는 기업이며 최종 사용자를 위한 계약에 따라 작업한다.* 위탁생산업체에 아웃소싱하는 기업은 고급 제조기술에 대한 접근성, 제품 출시기간 단축, 지역별 시장에서의 제품 고객화, 규모의 경제로 인한 총 비용절감 등의 중요한 경쟁우위를 획득할 수 있다. 위탁생산업체 활용의 가장 큰 단점은 고객사client firm가 위탁생산업체에 대한 통제권과 생산을 필요한 기술을 넘긴다는 점이다. 우리는 다음 절에서 아웃소싱 결정을 위한 손익분기점 분석break-even analysis에 대해 논의할 것이다. 마지막으로 회사 경영진에게 공급사슬에서의 전방통합 또는 후방통합수준의 결정은 매우 중요하다.

많은 기업들이 *포장, 창고, 재고관리, 운송 등의 업무를 포함하여 통합 물류 서비스를 제공하는* **제3자물류업체** third-party logistics provider(3PL)를 활용하고 있다. 3PL은 비즈니스 인텔리전스 business intelligence (시장 및 업계 관련 첩보)와 애널리틱스analytics를 활용하여 공급사슬에서 효율성과 규모의 경제를 창출할 수 있다(그레이트와이드Greatwide 물류서비스 상자 참조). 자포스 Zappos는 고객배송, 반품 및 아시아 공장으로부터의 일부 인바운드 물류inbound logistics (역자주: 한 기업으로 유입되는 물류)에 3PL을 사용하는 좋은 예이다. 도시바Toshiba는 전국적으로 수리센터를 운영하면서 부품은 UPS 시설에 보관하였다. UPS는 도시바가 수리기술자를 UPS 시설에 배치할 것을 제안했는데, 도시바가 이 제안을 받아들여 24시간 동안 컴퓨터 수리 업무를 제공할 수 있게 되었다. 또한 운송비 및 재고 절감, 탄소발자국 감축도 이루었다. 3PL은 공급사슬의 여러 부분을 통합하고 조정하는데 도움이 되는 다양한 서비스를 제공한다.

6-2d 아웃소싱 의사결정의 경제학 The Economics of Outsourcing Decisions

아웃소싱 의사결정은 종종 경제성을 기반으로 한다. 사내에서 제품을 생산하거나 서비스를 수행하는 방법과 외부 공급업체에 아웃소싱하는 방법 중 비용이 적게 드는 대안은 무엇인가? 기업이 사내에서 작업을 하면, 일반적으로 장비, 생산라인 준비, 교육 관련 고정비는 단위당 변동비가 발생한다. 고정비는 생산량에 따라 변하지 않으며 종종 건설비, 장비 구매비용 또는 임대료, 관리 비도 포함된다. 변동비는 생산량의 함수이며, 노무비, 운송비, 자재비를 포함할 수 있다. 그러나 생산을 공급업체에 아웃소싱하면 일반적으로 단위당 변동비가 더 높아진다. 따라서 주어진 생산량에 대한 비용을 비교하거나 손익분기점 분석(참고자료 C 손익분기점 분석 참조)을 이용하여 계산한 손익분기점을 바탕으로 아웃소싱 의사결정을 할 수 있다. '문제풀이 6.1'은 손익분기점 분석을 사용하여 이를 해결하는 방법을 보여준다.

6-2e 오프쇼어링과 리쇼어링 Offshoring and Reshoring

오프쇼어링 Offshoring은 *소유권과 통제권을 유지하면서 프로세스 역량의 구축, 획득, 또는 이전을 국내로부터 해외로 이전에 하는 경영행위이다.* 오프쇼어링은 기업이 해외에 위치한 시설의 소유권을 유지한다는 점에서 아웃소싱과 다르다.

오프쇼어링에 관한 의사결정은 가치창출, 지원 및/또는 일반관리 프로세스가 다른 국가로 이동할지를 결정하는 것도 포함한다. 예를 들면, 탄산음료 제조기업은 병입bottling 공장을 미국에서 인도로 이전할 수 있다. 이 회사는 낮은 인건비, 국가 간 무역관세 회피, 현지시장진입과 현지고객과의 직접접촉 등의 혜택을 누릴 수 있다. 최근에는 외국 기업이 오프쇼어링의 일환으로 미국에 공장을 건설하는 경우도 흔하다. 예를 들면, 영국 기업인 롤스로이스Rolls-Royce는 미국의 저렴한 에너지 비용과 안정된 경제 환경을 활용하기 위해 미국에서 제트엔진 부품을 생산한 후, 유럽

문제풀이 6.1 : 아웃소싱 의사결정을 위한 손익분기점 분석

한 기업이 현재 공급업체로부터 아웃소싱 중인 부품을 자체 생산하는 방안을 평가하고 있다. 사내에서 자체생산의 경우, 연간 고정비는 $45,000이고 부품 단가는 $130이다. 현재 공급업체로부터 부품을 구매하는 단가는 $160이다. 수요예측은 1,200 단위이다.

a. 자체생산 및 아웃소싱 비용을 계산한다. 회사는 어떤 결정을 해야 하는가?
b. 회사가 부품을 자체 생산하는 대안과 아웃소싱하는 대안 사이에 차이가 없는 손익분기 수량을 결정하라. 손익분기 수량을 바탕으로 의사결정에 사용한 규칙을 설명하라.
c. 수요 예측이 800 단위인 경우 제조업체가 공급업체에 지불할 수 있는 부품 당 최대 가격은 얼마인가?

해답:

a. FCI를 자체 생산의 고정비로, CI를 자체 생산의 단위당 비용으로, FCO를 아웃소싱의 고정비로, CO를 아웃소싱의 단위당 비용이라고 정의한다. FCI = $ 45,000, CI = $ 130, CO = $ 160이고, 아웃소싱과 관련된 고정비는 없다. 참고자료 C의 공식 (C.5)-(C.7)을 사용하면 다음과 같다.

자체생산 총비용(TCI)
= 사내 고정비(FCI) + 사내 단위당 비용(CI) × 수량(Q)
= $45,000 + $130 × 1200
= $201,000

아웃소싱 총비용(TCO)
= 아웃소싱 고정비(FCO) + 아웃소싱 단위당 비용(CO) 수량(Q)
= $0 + $160 × 1200
= $168,000

비용 차이(D)
= 자체생산 총비용 (TCI) − 아웃소싱 총비용 (TCO)
= $201,000 − $168,000
= $33,000

자체생산 총비용은 아웃소싱 총비용보다 $33,000 더 비싸다. 따라서 회사는 부품을 아웃소싱 해야 한다.

마인드MindTap에서 손익분기점 엑셀 템플릿Excel template을 사용할 수도 있다. 그림/표 6.3에서 볼 수 있듯이 아웃소싱 하는 것이 더 경제적이다.

b. 참고자료 C의 공식(C.8)에 의하면 손익분기점 수량(Q*)은 다음과 같다.

$$Q^* = \frac{FCO - FCI}{CI - CO}$$
$$= \frac{0 - \$45{,}000}{\$130 - \$160} = 1{,}500\text{개}$$

필요 예상수량이 1,500단위 이상인 경우, 회사는 부품을 자체생산해야 하고, 그렇지 않을 경우 아웃소싱 해야 한다. 수요가 1,200단위이므로 아웃소싱이 최선의 결정이다.

c. 수요예측이 800 단위인 경우 제조업체가 공급업체에 지불해야 하는 부품당 최대가격을 찾기 위해 손익분기점 공식(C.8)을 사용할 수 있다.

$$Q^* = [FCO - FCI] / [CI - CO]$$
$$Q^* \times (CI - CO) = FCO - FCI$$
$$800 \times (\$130 - CO) = \$0 - \$45{,}000$$
$$\$104{,}000 - 800 \times CO = -\$45{,}000$$
$$-800 \times CO = -\$149{,}000$$
$$CO = \$186.25$$

참고자료 C에서 설명한 것과 같이 엑셀 손익분기점 템플릿의 목표값찾기 도구Excel Goal Seek tool을 사용할 수도 있다. 결과는 그림/표 6.4에 나와 있다.

그림/표 6.3 손익분기점 템플릿 결과

	D	E
4	Outsourcing Decision	
5	Quantity	1,200
6		
7	Produce In-House	
8	Fixed cost	$45,000.00
9	Unit cost	$130.00
10		
11	Outsource	
12	Fixed cost	
13	Unit cost	$140.00
14		
15	Total In-House Production Cost	$201,000.00
16	Total Outsourced Cost	$168,000.00
17	Cost difference (In-House - Outsourced)	$33,000.00
18	Economical Decision	Outsource

그림/표 6.4 목표값 찾기 도구 계산결과

	D	E
4	Outsourcing Decision	
5	Quantity	800
6		
7	Produce In-House	
8	Fixed cost	$45,000.00
9	Unit cost	$130.00
10		
11	Outsource	
12	Fixed cost	
13	Unit cost	$186.25
14		
15	Total In-House Production Cost	$149,000.00
16	Total Outsourced Cost	$149,000.00
17	Cost difference (In-House - Outsourced)	$0.00
18	Economical Decision	Break-even

과 아시아에서 조립한다. 또한, 메르세데스Mercedes, BMW, 렉서스Lexus 등은 미국, 멕시코 및 캐나다에서 자동차를 생산함으로써 최종 고객과의 물리적 거리를 좁힌다.

일부 글로벌 무역 전문가는 기업의 핵심역량core competencies을 보호하기 위해 일부 주요 프로세스 또는 생산 프로세스의 핵심 부분은 오프쇼어링하지 말라고 조언한다. 오프쇼어링에 대해 다음 네 가지 시나리오가 가능하다. 첫 번째 시나리오는 회사가 제품을 해외에 판매하더라도 모든 주요 프로세스는 본국에 남기는 것이다. 할리 데이비슨이 이 경우에 해당한다. 두 번째 시나리오는 중요하지 않은 일부 지원프로세스를 해외로 이전하는 낮은 수준의 오프쇼어링이다. 마이크로소프트 Microsoft와 아메리칸 익스프레스American Express가 이 시나리오에 해당한다.

세 번째 시나리오는 회사 본사에서 관리 프로세스를 통합하는 동안 주요 프로세스와 지원 프로세스의 대부분을 오프쇼어링 하는 것이다. 코카콜라Coca-Cola와 페덱스FedEx가 이 시나리오에 해당한다. 네 번째 시나리오는 보다 효과적인 조정 및 지역 관리를 위해 모든 핵심 프로세스를 전 세계에 위치시키는 것이다. 프록터 앤 갬블, 제너럴 일렉트릭, 혼다Honda 등 진정한 의미의 글로벌 다국적 기업이 채택한 시나리오다. 프로세스의 글로벌 정렬global alignments은 시간이 지남에 따라 변경될 수 있다. 세 번째 및 네 번째 시나리오에서는 기업이 영업 비밀 보호나 자사 제품의 제조법 대한 직접적 지식을 상실하는 등 기업을 취약하게 만들 수 있다.

오프쇼어링 의사결정을 위해서는 다양한 경제적, 비경제적 요인을 고려해야한다. 그림/표 6.5에서 오프쇼어링 결정의 주요 요인을 요약하였다. 많은 제조업체가 1990년대 초에 아시아로 오프쇼어링을 시작했을 때 철저히 낮은 인건비에 초점을 맞추었다. 그러나 인건비 차이는 점차 줄어들고 있다. 또한 오프쇼어링은 대기업이 보유한 만큼의 자원이 없는 중소기업에게서 특히 많은 문제를 일으킬 수 있다. 예를 들면, 아시아로부터의 인바운드 물류가 복잡할 수 있다. 운영을

알렌 에드몬즈 제화회사: 모든 기업이 오프쇼어링하는 것은 아니다.
Allen-Edmonds Shoe Corporation: Not Everyone Offshores

Joe Belanger/Shutterstock.com

미국에서 판매되는 신발의 98% 이상이 해외에서 만들어지는 상황에서 알렌 에드몬즈 제화회사는 오프쇼어링에 저항하는 최후의 보루와 같은 존재이다. 공장을 중국으로 이전하면 회사는 비용을 60%까지 절감할 수도 있었다. 그러나 알렌 에드몬즈사의 CEO인 존 스톨른월크John Stollenwerk에게는 품질을 타협하지 않겠다는 확고한 의지와, 미국 내 생산이 더 좋은 제품과 신속한 고객 서비스를 제공할 수 있다는 믿음이 있었다. 포르투갈에서 한 개의 제품을 시험생산한 결과 안감이 맞지 않고 바느질이 좋지 않았던 경험이 있기 때문이다. 스톨른월크는 다음과 같이 말했다. “우리가 몇 땀을 생략해도 고객들은 눈치채지 못할 것입니다. 그러면 다음에는 몇 땀을 더 생략할 수 있겠지요. 얼마 지나지 않아 제품 가격은 더 낮출 수 있겠지만, 우리는 더 이상 회사의 사명을 실현하기 위해 일하지 않게 되겠지요.” 알렌 에드몬즈는 오프쇼어링 대신에 100만 달러 이상을 투자하여 신발 한 켤레 당 5%의 원가 절감을 목표로 제조공정을 낭비 없고 효율적인 시스템으로 완전히 개편했다. 새로운 생산 프로세스를 구현한지 1년 경과 후 생산성은 30% 증가했으며 제품손상률은 14% 감소하고, 주문이행률order fulfillment이 100%에 가까워져 그 어느때보다 고객에게 더 나은 서비스를 제공할 수 있게 되었다.

지도하고 모니터링하기 위한 임직원의 출장 비용이 증가할 수도 있다. 지적재산권 보호, 품질관리, 생산일정 통제도 매우 힘들어진다. 예를 들면, 일부 해외 생산업체는 계약상 합의에도 불구하고 열등한 품질의 재료나 부품을 사용하기 시작했다. 이러한 결정 요인을 고려할 때 일부 전문가들은 미국에서의 총생산비가 실제로는 더 저렴하다고 주장한다. 그 결과 많은 기업들이 생산

그림/표 6.5 오프쇼어링 의사결정 시 고려사항

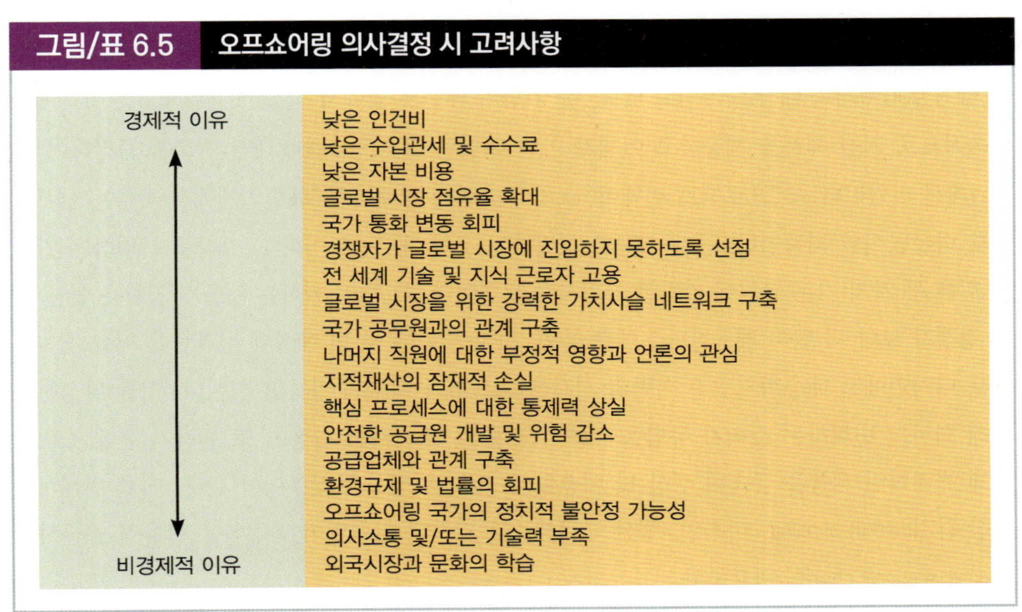

거점을 다시 미국으로 이전하고 있다.

리쇼어링 Reshoring은 *기업이 생산을 국내로 다시 이전하는 프로세스이다.* 예를 들면 인기있는 스웨트셔츠sweatshirts를 생산하는 아메리칸 자이언트American Giant는 공급원을 인도에서 미국으로 다시 이전한 후 이렇게 공급사슬을 관리하는 것이 더 쉽다는 것을 발견했다. 예를 들면, 로스앤젤레스Los Angeles에 위치한 공장에서 직물 염료의 용제로 인해 티셔츠 제품에 얼룩이 생기는 문제를 단 몇 시간 만에 해결하고 문제가 된 약 10 야드의 직물만 폐기하면 되었다. 회사가 인도에서 직물을 조달했다면 문제 해결에 몇 주가 걸렸을 수 있고 문제를 해결하는 동안 발생한 얼룩으로 인해 수 천 야드의 직물을 폐기해야만 했을 것이다. 비영리 단체인 리쇼어링 이니셔티브Reshoring Initiative (www.reshorenow.org)는 오프쇼어링으로 인해 발생하는 총비용을 기업들이 더 잘 이해하여 정보에 기반한 의사결정을 내릴 수 있도록 지원하여 미국 제조업을 활성화하고자 한다. 제너럴 일렉트릭의 한 임원은 리쇼어링이 간단치 않음을 다음과 같이 지적하고 있다. "무턱대고 생산을 미국으로 다시 이전하는 것은 좋은 결정이 아닙니다. 먼저 어떻게 하면 생산과 설계를 더욱 효율적으로 할 수 있을지 방법을 찾아야 합니다. 그렇지 않으면 해외에서 생산할 때 발생한 동일한 문제가 국내에서도 발생하기 때문입니다." (이러한 문제에는 운영 및 품질관리가 포함될 수 있다.) 또한 기업들은 리쇼어링을 했을 때 종종 공급업체 기반을 재건하고 적합한 직원을 고용하는데 어려움을 겪는다.

6-3 글로벌 공급사슬 예: 인디텍스/자라

A Global Supply Chain Example: Inditex/Zara

글로벌 공급사슬과 공급사슬 설계에 관한 의사결정을 더 잘 이해하기 위해 인디텍스와 그 대표 브랜드인 자라의 사례를 살펴보자. 그림/표 6.6에서는 인디텍스/자라의 공급사슬 구조를 단순화하여 보여준다.

인디텍스www.inditex.com는 스페인 라 코루냐La Coruna, Spain에 본사를 둔 글로벌 패션 소매업체이다. 가장 잘 알려진 브랜드는 자라로 45개의 서로 다른 언어를 사용 하는 85개 이상의 국가에 약 6,900여개의 매장을 가지고 있다. 한 기업이 패션 산업에서 성공하기 위해서는 고객에게 지속적으로 최신 제품을 제공하고 어제가 아닌 내일의 트렌드trend에 대한 기회를 포착해야 한다 (패션 리얼리티 쇼 "프로젝트 런웨이Project Runway"의 명대사인 "패션업계에서 하루는 살아남아도 다음날이면 퇴출입니다."가 실제로 성립하는 곳이 패션산업이다.). 자라를 특별하게 만드는 힘은 두 가지 기본 규칙에 기반한 가치사슬 모델이다. "고객이 원하는 것을 제공함은 물론 어떤 경쟁자 보다 더 빨리 제공한다". 예를 들면, 자라는 매주 두 번 매장에 신제품을 배송하는데, 제품 디자인에서 배송까지 2주 미만의 시간을 소요하기 때문에 가능한 일이다. 이를 달성하기 위해 회사는 변화하는 소비자 동향을 이해함은 물론, 소비자의 취향이 또 변하기 전에 소비자에게 매력적인 제품을 급속히 생산 및 배송할 수 있는 민첩성을 갖추어야 한다. 이를 위해서는 시장 감지market sensing, 디자인, 생산 프로세스를 고객과 막힘없이 연결하는 반응적 공급사슬responsive supply chain이 필요하다.

그림/표 6.6 인디텍스의 글로벌 가치사슬

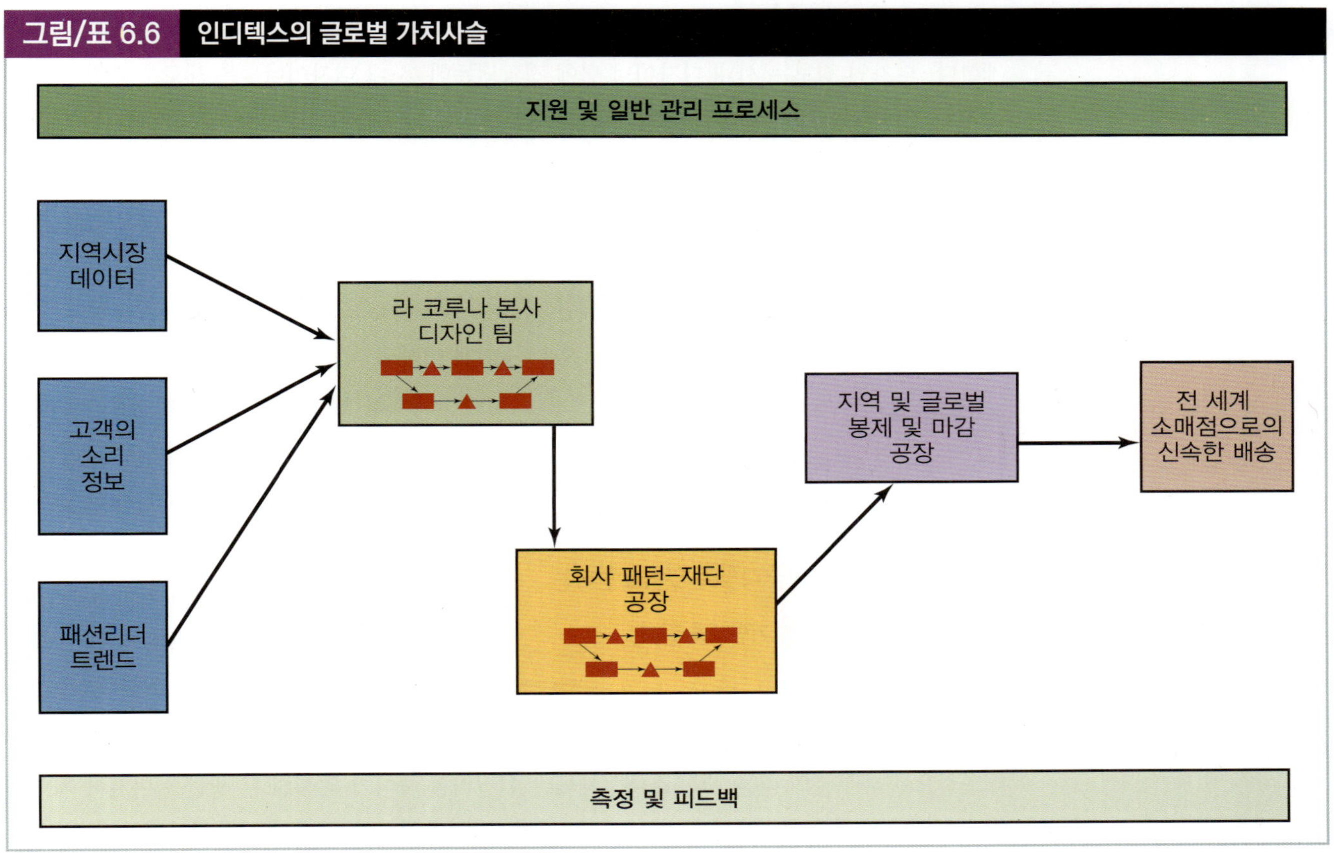

그림/표 6.6은 50개국 이상에 위치한 5,300개 이상의 공장을 활용하는 인디텍스 글로벌 공급사슬의 핵심요소를 보여준다. 인디텍스는 가능한 본사 인근에서 공급사슬 활동을 조달한다. 예를 들면, 스페인에서는 공급업체의 60% 이상이 직물 및 의류공장 근처에 위치해 있다. 그러나 전 세계 1,600개 이상의 공급업체에 아웃소싱하기도 한다.

인디텍스는 판매시점 데이터 즉 POS 데이터를 바탕으로 다수의 유연생산프로세스를 가동하기 때문에 공급사슬을 풀 시스템으로 봐야 한다. 자라는 높은 수준의 수직통합을 활용하여 공급사슬의 여러 주요 단계를 통제한다. 회사는 제품 설계, 원자재 채택 및 품질관리, 수명이 다한 제품의 재활용 계획에 대해 철저히 통제한다. 인디텍스는 고객의 안전과 편안함, 환경 웰빙 well-being을 보장하기 위해 전 세계 28개의 외부 실험기관을 활용하여 원료와 염료, 제품 및 프로세스를 테스트한다.

비즈니스 애널리틱스business analytics는 고객 구매행동과 공급사슬 성과를 모니터링하고 예측하는데 활용한다. 회사는 판매되지 않은 품목의 과잉 재고를 방지하기 위해 새로운 스타일의 신제품은 제한된 수량만을 매장에 배송하지만 인기 품목으로 확인되면 더 신속하게 더 많은 수량을 배송할 수 있다. 매장 관리자는 매일 POS 정보를 통해 제품 선호도를 본사에 보고한다. 본사에서는 마케팅 분석가가 POS 데이터, 고객의 목소리voice of the customer(영업직원이 확보), 파리와 밀라노 패션 리더의 동향을 모니터링하고 블로그를 추적하여 제품이 각 지역별로 다양한 고객 요구를 충족하는지 확인한다. 인디텍스 제품은 복수의 소셜미디어 채널과 광고, 그리고 디자인, 사회적 책임, 고객 서비스, 물류, 패션 등을 주제로 제작한 20개가 넘는 기업 비디오에 소개한다. 디자인 정보는 사내 디자이너 팀에 전달되는데, 사내 디자이너들은 새로운 디자인을 신속하게 개발한 후 이를 생산할 공장에 전송한다 인디텍스는 판매 시즌이 시작되기 6개월 전부터 재고를 생산하는 업계의 일반적인 관행을 따르지 않고 판매 중인 상품의 판매 추이를 관찰하여 더 많이 만들고, 판매가 저조한 상품의 재고는 계절이 지났음에도 할인판매를 위해 매장에 두기보다는 매장에서 제거한다.

자라는 고도로 자동화된 자체 패턴 재단 공장을 활용하고 스페인, 포르투갈, 모로코(근거리 아웃소싱을 "근접조달"이라고도 한다)에 있는 300개 이상의 지역 소규모 업체에 노동 집약적인 재봉 및 마감 작업을 하청을 준다. 또한 일부 생산량을 아시아에 위치한 공장에 아웃소싱한다. 전체 생산량의 절반 이상을 회사의 설계 및 물류센터 인근에 위치한 약 12개의 회사 소유 공장에서 이루어진다. 이러한 생산 방식은 "린 제조lean manufacturing"와 유사한데, 이 책의 제17장에서 설명할 도요타 생산시스템Toyota production system의 원칙을 활용한다. 이와 대조적으로 대부분의 다른 패션 소매업체들은 인건비를 줄이기 위해 모든 생산을 아시아 지역에 아웃소싱하여 공급사슬의 흐름이 느리다. 따라서, 디자이너가 판매시즌이 시작되기 훨씬 전에 초기 스타일을 만들고 대량 생산volume commitment을 할 수 밖에 없다. 근접조달은 비용이 상대적으로 많이 드는 방식이지만 신속하게 제품 스타일을 변경하고, 생산량을 늘리고, 상품을 매장에 배송할 수 있는 인디텍스 공급사슬의 역량 덕분에 가장 인기있는 트렌드를 포착하고 활용함으로써 증대된 매출로 인건비를 상쇄할 수 있다.

인디텍스의 비즈니스 모형은 모든 프로세스가 지속가능하고 (사회적) 책임을 다할 수 있어야 한다는 전제를 기반으로 한다.

거점 창고warehouse hubs로 입고되는 인바운드 운송inbound transportation은 일반적으로 항공, 선박, 트럭편으로 이루어진다. 매주 2회 이루어지는 모든 소매점으로 향하는 아웃바운드 운송outbound shipments은 트럭 및 항공편으로 이루어진다. 실제로 인디텍스의 공급사슬은 유럽과 미국에서는 24시간 이내, 아시아와 라틴 아메리카에서는 48시간 이내에 대부분의 제품을 배송할 수 있다. 대부분 최신 패션 · 인기 상품 운송은 항공편으로 이루어진다. 자동화 창고는 제품의 신속한 소매점 배송을 가능하게 한다. 공급사슬관리 원칙 중 하나는 공급업체로부터 공장, 창고, 각 소매점으로 이동하는 모든 원자재 및 완제품의 "추적성traceability"을 확보하는 것이다.

지속가능성과 위험 관리는 인디텍스 공급사슬의 중요한 구성요소이다. 이에 대해 회사의 2012년 연례 보고서에는 다음과 같이 언급하고 있다.

> 인디텍스의 비즈니스 모형은 모든 프로세스가 지속가능하고 (사회적) 책임을 다 할수 있어야 한다는 전제를 기반으로 한다. 인디텍스의 지속가능성 개념은 전체 가치사슬을 포괄할 뿐만 아니라 모든 전략적 결정의 구심점 역할을 한다. 따라서 (지속가능성은) 모든 인디텍스 임직원이 공유하는 책임으로 이해한다…. 모든 [공급업체]와 생산활동을 수행하는 각 공장은 회사의 사회적책임 부서Department of Corporate Social Responsibility, 환경부서Department of

Environment, 영업 및 구매 팀을 통해 공개적으로 인디텍스를 정의하는 사회적 · 환경적 책임의 가치에 규제되어야 한다…. 인디텍스는 고객에게 가장 엄격한 보건 및 안전 기준을 충족하는 제품을 제공할 것을 약속한다.

예를 들면, 동물 가죽, 모피, 양모 및 동물 취급 방법을 규정하고 있는 회사의 동물 복지animal welfare 정책 및 생산 표준은 세계적인 수준이다. 인디텍스 지배구조의 일환으로 위험 위원회 Committee for Risks를 두고 있는데, 동 위원회는 배송두절, 화학물질 및 염료유출 및 사고, 데이터 보안 규정위반 등과 같은 공급사슬 위험을 지속적으로 평가하는 위험 위원회를 두고 있다.

자라의 글로벌 공급사슬은 그림/표 6.1에서 설명한 주요 공급사슬 의사결정을 다룬다. 예를 들면:

- 자라는 ***전략***을 명확히 정의하고 그 전략에 따라 ***조달 및 시설 입지***에 대한 결정을 내린다. 자라는 공급업체 및 창고와 같은 주요 운영 활동을 자체 공장 가까이 두는 것을 선호한다.
- 자라는 반드시 필요한 경우 ***아웃소싱***하기도 하지만 고도의 공급사슬 ***통제역량***을 유지한다. 회사는 패스트 패션fast fashion 생산을 개발도상국으로 이전하는 업계 추세를 받아들이지 않는다.
- 자라는 ***기술*** 및 비즈니스 애널리틱스를 활용하여 경쟁사보다 대비 신속하게 공장을 운영하고 의류를 디자인하며, 회사의 제품과 철학을 마케팅하고 홍보하기위해 ***디지털 콘텐츠***를 사용한다.
- 항공***운송***은 고객이 원하는 제품을 신속하게 만들고 전달하는데 필여불가결한 부분이다.
- 자라는 공급과잉 또는 공급부족과 관련된 ***공급사슬 위험***을 신중하게 관리한다. 예를 들면 새로운 디자인 아이템이 매장에 입고된 후 1–2주 이내에 잘 판매되지 않으면 모든 주문을 취소하고 새로운 디자인을 찾는다.
- 자라는 어디서든 ***지속가능성***을 지원하기 위해 노력한다.
- 마지막으로 자라는 원자재 및 완제품의 추적성을 통해 공급사슬 ***성과***를 측정한다.

6-4 입지 결정 Location Decisions

공급사슬의 주요 목표는 고객주문에 가능한 가장 낮은 비용으로 정확하고 빠르게 대응하는 것이다. 이를 위해서는 공급사슬 내에 전략적으로 위치한 시설들의 네트워크가 필요하다. 시설 네트워킹 및 입지 결정은 서비스 및 수익을 극대화하고 비용을 최소화하는데 중점을 둔다. 입지 결정은 글로벌 공급사슬의 경우 특히 복잡해질 수 있다. 네트워크의 모든 수요와 공급 지점 간의 운송비, 각 유통/소매시설의 고정 운영비, 각 고객 위치 별 창출할 수 있는 수익, 각 시설의 인건비 및 운영비, 건설비를 고려해야 한다.

대기업의 경우 더 복잡한 입지 결정을 해야 한다. 대기업은 많은 수의 공장과 물류센터를 공급업체, 소매업체, 그리고 공장, 물류센터 상호간에 가장 유리한 위치에 배치해야 할 경우도 있다. 입지 결정을 동시에 내리는 경우는 거의 없다. 일반적으로 공장을 공급업체와 사전에 지정한 일련의 물류센터의 위치를 고려하여 배치하거나 물류센터를 사전에 지정한 일련의 공장과 시장위치를 고려하여 배치한다. 기업은 새로운 지역에 시설을 배치할 때 비용 효율성 또는 서비스 효율성을 가져올 뿐만 아니라 그 기업과 지역사회 간 문화적 유대를 쌓을 목적으로 입지를 선정하기도 한다.

서비스에서도 입지가 중요하다. 입지 결정이 잘못되면 훌륭한 서비스 환경servicescape과 설비배치facility layout로도 만회할 수 없는데, 고객이 서비스 시설의 가장 중요한 요구사항 중 하나인 접근의 편의성을 제공받지 못할 수 있기 때문이다. 우체국, 은행 지점, 치과, 소방서 등의 서비스 시설은 일반적으로 고객 가까이에 위치하여야 한다. 많은 경우 고객이 서비스 시설을 방문하지만 모바일 엑스레이/이미징 센터mobile X-Ray and Imaging Center (이동 방사선, 초음파, 심전도 등의 진단검사 서비스), 응급컴퓨터 수리 서비스와 같은 경우에는 서비스 제공자가 고객을 방문한다.

많은 서비스 기업이 다수의 유사한 시설을 운영한다. **다중사업장관리**multisite management는 *지리적으로 분산된 서비스제공시설 (서비스 사업장)을 관리하는 프로세스이다*. 예를 들면 맥도날드는 전 세계적으로 30,000개 이상의 레스토랑과 수백 개의 식품 가공공장 및 물류센터를 관리한다. 페더럴 익스프레스Federal Express는 전 세계적으로 100만개 이상의 픽업 및 배송 지점pick and delivery sites과 수백 개의 분류/물류시설sorting and distribution facilities을 관리한다. 일부 주요 은행은 5,000개 이상의 은행지점과 수천 개의 ATM시설을 가지고 있다. 공급사슬은 다중사업장관리에 필수적인데, 각 경우에 적합한 공급사슬 설계가 쉽지 않다.

이러한 시설을 위치하는 기준은 서비스의 성격에 따라 다르다. 예를 들면 공공 도서관 및 긴급치료 시설과 같이 고객이 이동하는 서비스 시설은 고객 모집단에서 필요한 평균 또는 최대 거리 또는 이동시간을 최소화하려고 한다. 소방서와 같이 고객위치로 이동하는 경우, 위치결정은 고객 반응시간을 최소화하려고 한다.

6-4a 입지결정 중요 결정요인 Critical Factors in Location Decisions

공급 및 가치사슬의 입지 결정은 경제적 요인과 비경제적 요인 모두를 기반으로 한다. 예를 들면, 갭, 바나나 리퍼블릭, 올드 네이비는 모두 동일회사의 다른 사업부이지만 각 사업부는 공장입지를 다른 방식으로 결정한다. 갭은 북미시장에 제품을 공급할 때 민첩성agility을 높이기 위해 멕시코에서 제품을 생산한다. 올드 네이비는 비용을 낮추기 위해 중국에서 제품을 조달하고, 바나나 리퍼블릭은 패션 혁신fashion innovation을 따라가기 위해 이탈리아에 시설을 갖추고 있다. 그림/표 6.7은 몇 가지 중요한 입지 결정요인 목록이다. 경제적 요인으로는 건설비, 유틸리티(상하수도, 전기, 가스 등) 요금, 보험료, 세금, 감가상각비, 유지보수비와 같은 시설비, 연료비, 직접 인건비, 관리인력 인건비를 포함한 운영비, 제품 및 서비스를

06photo/Shutterstock.com

입지가 아마존의 엑설런스 운영센터 의사결정을 이끌다
Location Drives Amazon's Operations Center of Excellence Decision

아마존은 테네시 주 내슈빌Nashville, Tennessee 시내에 5,000개의 정규직 일자리를 제공할 엑설런스 운영센터Operations Center of Excellence를 설립할 것이라고 발표했다. 아마존이 내슈빌을 선택한 이유는 다음과 같다.

- 내슈빌은 미국 인구 밀집주거지역들의 중심부at the heart of population centers에 위치하고 있어서 내슈빌에서 도로망을 통해 하루만에 미국 인구의 절반이 거주하는 면적에 도달할 수 있다.
- 미국 1,2위 물류업체인 멤피스Memphis에 위치한 페덱스와 켄터키주 루이빌Louisville, Kentucky에 위치한 루이빌 공항 내 UPS 월드포트UPS Worldport 공항 간의 중간 지점에 위치해 있다.
- 중부 시간대central time zone에 위치하여 (시차 문제 없이) 동부 및 서부 고객 모두에게 쉽게 서비스를 제공할 수 있다.
- 내슈빌은 공급사슬관리 전공을 교육을 제공하는 밴더빌트 대학교Vanderbilt University와 미들 테네시 주립대학Middle Tennessee State University이 자리하고 있어서 공급사슬 인재를 고용하기가 용이하다.
- 비교적 생활비가 저렴하여 다른 지역으로부터 직원을 유치하기가 쉽다.

*내슈빌의 아마존 엑설런스 운영센터에는 아마존 소매운영사업부Retail Operations Division 본부로 기술/경영부서가 입주하여 동부지역본부 역할을 수행할 예정이다.

원산지에서 최종 목적지로 이동하는데 필요한 운송비, 시설을 방문하는 고객의 기회비용을 고려할 수 있다. 예를 들면 아우디Audi는 미국시장으로 관세 없이 자동차를 배송하고 환율 변동 관리가 용이한 자유무역협정의 이점을 활용하기 위해 북미주(멕시코)에 공장을 건설하여 운영하고 있다.

입지 결정에서 항상 경제적 기준이 가장 중요한 요소는 아니다. 가끔 입지 결정은 경쟁업체의 특정 지리적 시장에 진입하지 못하도록 사전에 예방하는 것과 같은 전략적 목표를 기반으로 이루어진다. 새로운 시설은 많은 자본투자를 필요로 하고, 일단 건설되면 쉽게 이전할 수 없다. 더욱이 입지 결정은 기업 보고체계의 하위 수준에서 이루어지는 운영관리에도 영향을 미친다. 예를 들면 생산시설이 원자재 공급원과 멀리 떨어져 있는 경우 주문 배송에 상당한 시간이 소요될 수 있으며, 실제 배송 소요시간에 대한 불확실성이 커진다. 입지결정의 비경제적 요인으로는 가

그림/표 6.7 부지선정을 위한 입지 결정 요인 예시

위치 요인	운송 요인	인프라 요인	기후, 지역사회 환경 및 삶의 질 요소	주 및 지역의 법적 및 정치적 요인
고객 접근	이동거리 최소화(편의성)	연료 가용성	주택과 도로	급여세
수요와 시장	시장 근접성	폐기물 처리	K–12 학교	지방 및 주 세금 구조
조달	공급원천 근접성	상수도	기후와 생활조건	과세 환경 및 정책
노동력 보유 능력	운송수단의 적절성(항공, 트럭, 기차, 물)	전원 공급	대학과 연구시설	고소도로 광고 기회
적절한 노동 기술의 이용가능성	운송수단 비용	지역 에너지 비용	지역사회 태도	세금 인센티브 및 경감
노동률	고속도로에서 본 시설물의 가시성	통신 능력	의료 시설	구역 법
경쟁자의 위치	주차 가용성	가격/비용	재산 비용	건강 및 안전 법률
위치 주변 교통량(교통 혼잡)	직원과 고객의 유입 및 유출 운전 시간	인프라 규제 법률 및 관행	생활비	규제 기관 및 정책

용한 노동력, 운송서비스, 유틸리티 서비스, 기후, 지역사회의 환경 및 삶의 질, 주state 및 지역region의 법적, 정치적 요인이 있다. 이들 비경제적 요인은 고객과 운영상의 욕구는 물론 재무적 욕구를 충족하기 위한 입지 결정 과정에서 경제적 요인과 함께 균형 있게 고려해야 한다.

6-4b 입지 결정 프로세스 Location Decision Process

시설의 입지 의사결정은 일반적으로 계층적으로 수행되는데, 적정성을 따져서 다음 네 가지 기본 의사결정을 수행한다.

글로벌 입지결정 Global Location Decision 많은 기업이 표준시간대, 언어, 국가간 자금이체, 세관,

문제풀이 6.2 : 경제적인 입지 결정

다음 데이터는 파운틴스 제조회사Fountains Manufacturing의 세 가지 가능한 입지의 운영 비용을 보여준다.

	입지 1	입지 2	입지 3
고정비용	$165,000	$125,000	$180,000
단위당 직접 재료비	$8.50	$8.40	$8.60
단위당 직접 노무비	$4.20	$3.90	$3.70
단위당 간접비	$1.20	$1.10	$1.00
단위당 운송비	$0.80	$1.10	$0.95

연간 생산량 50,000개를 고려할 때 총비용을 최소화할 수 있는 입지는 어디인가?

해답 :

입지 후보지 별 연간 총생산비를 계산하라. 예를 들면 위치 1의 직접 재료비는 ($ 8.50) (50,000개) = $ 425,000이며 다음과 같이 요약된다.

총생산비	입지 1	입지 2	입지 3
고정비			
직접 재료비			
직접 노무비			
간접비			
운송비			
합계			

총생산비/물류비를 기준으로 하면 위치 2가 가장 적합하다. 그림/표 6.8은 이 문제의계산에 사용할 수 있는 마인드탭MindTap의 엑셀 입지분석Excel Location Analysis 템플릿을 보여준다.

그림/표 6.8 엑셀 *입지분석* 템플릿

	A	B	C	D	E	F	G	H
1	Location Analysis							
2	Enter data only in yellow cells. The template is designed for up to 5 locations.							
3								
4	Data	Location 1	Location 2	Location 3	Location 4	Location 5		
5	Fixed Costs	$165,000.00	$125,000.00	$180,000.00				
6	Direct material cost/unit	$8.50	$8.40	$8.60				
7	Direct labor cost/unit	$4.20	$3.90	$3.70				
8	Overhead/unit	$1.20	$1.10	$1.00				
9	Transportation cost/unit	$0.80	$1.10	$0.95				
10								
11	Annual Production	50000						
12								
13	Total Costs	Location 1	Location 2	Location 3	Location 4	Location 5		
14	Fixed Costs	$165,000.00	$125,000.00	$180,000.00				
15	Direct material cost	$425,000.00	$420,000.00	$430,000.00				
16	Direct labor cost	$210,000.00	$195,000.00	$185,000.00				
17	Overhead	$60,000.00	$55,000.00	$50,000.00				
18	Transportation cost	$40,000.00	$55,000.00	$47,500.00				
19	Total	$900,000.00	$850,000.00	$892,500.00				
20								
21	Least-cost location	Location 2						

관세 및 기타 무역제한, 포장, 국제 통화정책, 문화적 관행과 같은 글로벌 운영 관련 문제에 대처해야 한다. 글로벌 입지 결정에는 제품 포트폴리오, 새로운 시장기회, 규제 법률 및 절차의 변경, 생산 및 운송 경제성, 지속가능성, 다른 국가의 입지 비용에 대한 평가를 고려해야 한다. 각 기업은 이들 요소를 평가하여 국내 또는 국외 입지 선정여부를 결정한 후, 시설 설치에 가장 적합한 국가(그리고 피해야 할 국가)를 파악해야 한다. 그리고 국외 다른 지역에 현지 시설을 설치하여 존재감을 과시하는 것이 얼마나 중요한지 파악해야 한다. 메르세데스-벤츠가 미국 남부 알라바마Alabama에 공장을 건설하기로 결정한 것은 독일의 인건비가 미국 남부의 인건비보다 약 50% 더 높다는 사실에 근거하였다. 또한 이 공장은 회사의 미국 시장 확대에 도움을 주고 미래 글로벌 제조 벤처를 위한 일종의 실험실 역할을 한다.

지방 입지결정 Regional Location Decision 지방 입지결정은 북동쪽, 남쪽과 같은 특정 국가의 광범위한 지역(지방)의 선택을 의미한다. 시설을 배치할 지방을 결정할 때 영향을 미치는 요인으로는 표적시장의 규모, 주요 고객의 위치, 자재공급원 및 공급업체, 구인 가능성 및 인건비, 노조가입 비율, 토지 가격 · 건설비 · 유틸리티 요금, 삶의 질, 기후 등을 포함한다.

지역사회 입지결정 Community Location Decision 지역사회 입지결정은 시설을 위치시키려는 특정 도시 또는 지역사회 선택을 말한다. 지역사회 입지 선정에는 앞서 언급한 입지 결정요인 이외에도 기업은 관리자 선호도, 지역사회 서비스 및 세금 (세금 인센티브 포함), 교통 시스템 가용성, 은행 서비스, 환경영향을 고려해야 한다. 메르세데스-벤츠는 미국 30개 주에 위치한 후보지를 검토한 후 알라바마주 밴스Vance를 선정했다. 알라바마는 회사에게 세금감면과 기타 인센티브로 2억5천만 달러를 약속했고, 지역 경제계도 1,100만 달러를 인센티브로 준비했다. 또한 지역사회는 독일 근로자 가족의 지역사회 적응을 돕겠다는 계획서도 회사에 제출했다.

특정부지 입지결정 Local Site Location Decision 특정부지 입지결정에는 기업이 선정한 지역사회 내 특정 부지의 선택이다. 특정부지 결정에는 부지 가격, 교통 시스템과의 근접성, 유틸리티, 급여 및 지방세, 지속가능성 문제, 토지이용계획zoning으로 인한 제한 조건 등을 고려해야 한다.

테네시대학교the University of Tennessee의 연구자들이 기업이 공급사슬 입지결정을 평가하고 전 세계 여러 지역의 강점, 약점, 기회 및 위협을 식별하는데 도움이 되는 EPIC 체계EPIC Framework를 개발했다. EPIC 체계는 경제economic (E), 정치political (P), 인프라infrastructural (I), 역량competence (C)이라는 4가지 차원에서 전 세계의 다양한 지역의 공급사슬 준비상태를 구조적으로 평가하기 위한 도구를 제공한다. EPIC 체계는 공급사슬 활동을 지원하는 역량이라는 측면에서 특정 지역region의 "성숙도maturity"를 측정 · 평가한다. 다음 단계에서는 EPIC 체계의 각 차원별로 특정 변수들로 이루어진 측정척도를 사용하여 입지를 평가한다. 그림/표 6.9는 EPIC 체계의 주요변수와 공급사슬 네트워크 설계관련 문제를 요약하여 보여준다.

6-4c 무게중심법 The Center-of-Gravity Method

공급사슬 설계 및 입지를 분석하여 의사결정을 내리는 것은 매우 어렵다. 단순한 형태부터 복잡한 형태까지 다양한 형태의 정량적 모형과 접근방식을 사용하면 의사결정을 용이하게 할 수 있다. 본 장에서는 간단한 정량적 접근법을 소개하지만 실제로는 훨씬 복잡한 모형이 사용된다.

무게중심법 center-of-gravity method은 *단일시설의 x 및 y 좌표 (위치)를 결정한다.* 무게중심법은 고객 서비스 목표를 명시적으로 다루지는 않지만 비용과 서비스 목표의 균형을 맞출 수 있게 관리자의 의사결정을 돕는다. 무게중심법은 시설과 시장의 위치, 수요, 단일 시설에 대한 최적의 위치에 도착할 때까지의 운송비를 고려한다. 제품 생산시설 혹은 서비스 제공시설과 고객 사이 "중심central" 위치 중 어딘가 새로운 시설을 배치하는 것이 타당해 보인다. 그러나 한 장소에서 다른 지역으로의 수요(양, 거래량 등)도 총비용에 영향을 미치기 때문에 거리만을 가장 중요한 기준으로 활용하면 안된다. 거리와 수요를 의사결정 과정에서 모두 고려하기 위해서 무게중심center of gravity을 기업의 시설과 수요점 및 공급점 간의 가중 거리weighted distance를 최소화하는 위치로 정의한다.

그림/표 6.9 EPIC 체계

차원	주요 변수	공급사슬 네트워크 설계 문제 Supply Chain Network Design Issues (SCND)
경제 Economy	GDP/GDP 성장률	소매점 위치 공급 네트워크-노드 위치
	인구 규모	소매점 위치 판매 채널-직접 판매점 대 유통업체 전자상거래 VS. 소매점
	해외직접투자	생산업체 위치
	환율 안정성 및 CPI	생산업체 위치
	무역수지	조달과 생산 위치
정치 Politics	사업 용이성	소매점 위치 공급 네트워크-노드 위치 조달과 생산 위치
	법률 및 규제 체계	소매점 위치 공급 네트워크-노드 위치 조달과 생산 위치
	정치적 안정성 관련 위험	소매점 위치 공급 네트워크-노드 위치 조달과 생산 위치
	지적 재산권	R&D 센터 전자상거래 vs. 소매점 제품 디자인에 대한 결정
인프라 Infrastructure	운송 인프라	물류 네트워크 디자인
	유틸리티 인프라(전기)	조달, 제조 및 물류 위치
	통신 및 연결성	조달, 제조 및 물류 위치 소매점 위치
역량 Competence	노사관계	조달, 제조 및 물류 위치
	교육수준	R&D 센터 온라인 대 오프라인 소매 디자인 학교 및 지원 조달, 제조, 물류 위치 소매점 위치
	물류역량	조달, 생산, 물류 위치 온라인 대 오프라인 소매 (예: 택비서비스 courier services)
	통관 및 보안	조달, 생산, 물류 위치

절차의 첫 번째 단계는 기존 공급 및 수요 지점의 위치를 도표에 배치하는 것이다. 상대적 거리가 올바르게 표시되는 한 사용된 좌표 및 축적의 원점은 임의적이다. 일반 지도 위에 격자무늬를 배치하는 것도 한 가지 방법이다. 무게중심은 식 6.4 및 6.5에 의해 결정되며 스프레드시트에서 쉽게 구현할 수 있다.

$$C_x = \Sigma X_i W_i / \Sigma W_i \qquad [6.4]$$

$$C_y = \Sigma Y_i W_i / \Sigma W_i \qquad [6.5]$$

문제풀이 6.3 : 무게중심 찾기

테일러 제지회사Taylor Paper Products는 신문과 잡지 인쇄에 사용하는 제지원료 생산 업체이다. 테일러 제품의 수요는 비교적 일정하여 상당히 정확하게 예측할 수 있다. 회사는 오하이오Ohio 주 해밀턴Hamilton과 테네시Tennessee 주 킹스포트Kingsport에 공장을 두고 있다. 회사는 주요시장인 시카고Chicago, 피츠버그Pittsburgh, 뉴욕New York, 아틀란타Atlanta에 제지원료를 배송한다. 회사의 이사회는 4곳의 주요시장에 원활한 서비스를 제공하기 위한 중간 단계의 창고 설치를 승인했다. 공장과 시장의 좌표는 그림/표 6.10의 엑셀 템플릿에 나와 있다. 예를 들면 입지 1인 해밀턴이 좌표 (58, 96)에 있음을 알 수 있다. 따라서 $X_1 = 58$ 및 $Y_1 = 96$이다. 해밀턴과 킹스포트는 매달 400톤과 300톤을 생산한다. 시카고, 피츠버그, 뉴욕 및 애틀랜타의 수요는 각각 월 200, 100, 300 및 100톤이다. 이 정보를 사용하여 식 [6.4] 및 [6.5]를 사용하여 무게중심 좌표는 다음과 같이 계산된다.

$$C_x = \frac{58(400)+80(300)+30(200)+90(100)+127(300)+65(100)}{400+300+200+100+300+100}$$

$$= 76.3$$

$$C_y = \frac{96(400)+70(300)+120(200)+110(100)+130(300)+40(100)}{400+300+200+100+300+100}$$

$$= 98.1$$

그림/표 6.10 엑셀 *무게중심* 템플릿

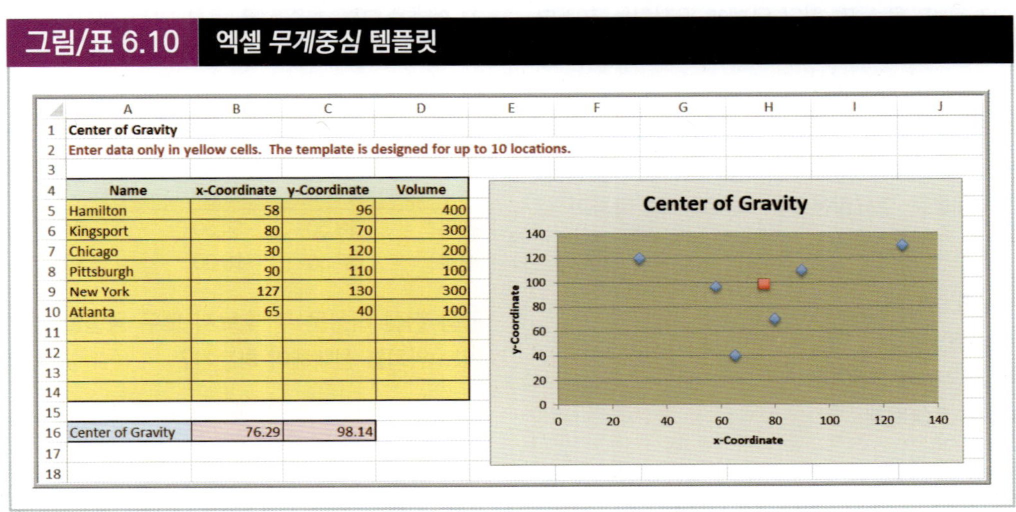

Center of Gravity

Enter data only in yellow cells. The template is designed for up to 10 locations.

Name	x-Coordinate	y-Coordinate	Volume
Hamilton	58	96	400
Kingsport	80	70	300
Chicago	30	120	200
Pittsburgh	90	110	100
New York	127	130	300
Atlanta	65	40	100
Center of Gravity	76.29	98.14	

마인드탭의 엑셀 *무게중심* 템플릿은 위의 공식을 활용해서 최적의 입지를 찾게 해준다. 차트에 투명용지 지도를 덧씌워서 살펴보면 위치가 오하이오 남부와 웨스트 버지니아West Virginia의 경계에 있음을 알 수 있다. 이제 관리자는 해당 영역에서 적절한 부지를 검색할 수 있다.

C_x = 무게중심의 x 좌표
C_y = 무게중심의 y 좌표
X_i = 위치 i의 x 좌표
Y_i = 위치 i의 y 좌표
W_i = 위치 i로 이동 또는 이동되는 상품 또는 서비스의 양

무게중심법을 종종 서비스 시설의 입지 선정에도 활용한다. 예를 들면, 폐기물 처리시설 입지선정에서 위치 좌표는 주거지역과 산업현장에서 발생하는 폐기물의 양에 근거해서 가중치를 부여할 수 있다. 마찬가지로 도서관, 소방서, 병원, 우체국 입지 설정에도 인구밀도를 기준으로 적절한 가중치를 부여할 수 있다.

6-5 공급사슬 최적화 Supply Chain Optimization

공급사슬 최적화 supply chain optimization는 *공급사슬이 최고의 효율성과 효과성으로 운영하는 프로세스이다.* 최적화에는 생산/운송 총비용 최소화를 포함하며, 공급사슬 전체에 걸친 재고의 조달, 운송, 배치를 고려하여야 한다. 다양한 최적화 접근 방식을 사용하여 복잡한 운송 시스템 구성을 모형화하고 민감도분석What-if analyses으로 공급사슬 전략 대안들을 평가한다. 이러한 시스템의 일반적인 용도는 수요와 그 수량의 변화, 운송수단과 그 비용의 변화, 운송 근로자 파업, 자연재해 및 에너지 부족, 공장 능력확장 제안, 신제품군, 제품군 삭제, 가격변경 및 할인, 신흥 글

문제풀이 6.4 : 공급사슬 최적화를 위한 운송모형

*이 예제는 참고자료 E: 운송 및 할당 문제에 등장하는 포스터 제조회사 운송모형*Foster Manufacturing transportation model*을 기반으로 한다. 먼저 자료를 검토하라.*

포스터 제조회사에서 생산한 상용 발전기에 대한 장기 수요예측은 현재 공급 능력을 초과하는 수요 증가를 보여준다. 4개 물류센터의 새로운 수요량은 총 20,000개로 다음과 같이 나누어져 있다.

보스턴Boston: 8,000개
시카고Chicago: 6,500개
세인트 루이스St.Louis: 3,500개
렉싱턴Lexington: 2,000개

클리블랜드Cleveland, 베드포드Bedford, 요크York에 있는 기존 공장의 현재 공급량은 총 13,500개이므로 새 공장을 건설하지 않으면 공급이 6,500개의 공급부족이 일어날 것이다. 회사는 테네시주 멤피스Memphis와 노스캐롤라이나North Carolina주 샬럿Charlotte 두 곳을 새 공장 건립지로 고려 중이다. 두 후보지 예측수요를 충족함은 물론 안전 생산능력을 추가로 갖추기 위해 각각 8,000 단위의 용량을 갖추게 된다.

각 후보지에서 물류센터로의 단위당 배송비는 다음과 같다.

	보스턴	시카고	세인트 루이스	렉싱턴
멤피스	$8.50	$4.50	$4.00	$4.00
샬럿	$7.50	$6.00	$5.00	$4.50

공장 건설 비용은 두 후보지 모두 동일할 것으로 예상된다. 어느 위치를 선택해야 하는가?

해답:

공장 건립 후보지가 두 곳만 있으므로 각각의 위치에 대하여 운송 문제에 대해 식을 세워서 해결하고 총 비용을 비교할 수 있다. 그림/표 6.11은 각각의 새로운 위치에 대한 엑셀 *해찾기*Excel Solver 해답을 보여준다. 비용 최소화를 위해서는 멤피스에 공장을 건설하는 것이다.

그림/표 6.11 포스터 제조업체를 위한 엑셀 해찾기 해답

	A	B	C	D	E	F	G	H	I	J	K
1	Foster Manufacturing										
2											
3	Data	Boston	Chicago	St. Louis	Lexington	Supply					
4	Cleveland	$3.00	$2.00	$7.00	$6.00	5000					
5	Bedford	$7.00	$5.00	$2.00	$3.00	6000					
6	York	$2.00	$5.00	$4.00	$5.00	2500					
7	Memphis	$8.50	$4.50	$4.00	$4.00	8000					
8	Demand	8000	6500	3500	2000						
9											
10											
11	Model										
12											
13	Decision variables	Boston	Chicago	St. Louis	Lexington		Supply Constraints	Cleveland	Bedford	York	Memphis
14	Cleveland	5000	0	0	0		Amount Shipped From	5000	6000	2500	6500
15	Bedford	500	0	3500	2000						
16	York	2500	0	0	0		Demand Constraints	Boston	Chicago	St. Louis	Lexington
17	Memphis	0	6500	0	0		Amount Shipped To	8000	6500	3500	2000
18											
19							Total cost	$65,750.00			

a. 멤피스 선택

	A	B	C	D	E	F	G	H	I	J	K
1	Foster Manufacturing										
2											
3	Data	Boston	Chicago	St. Louis	Lexington	Supply					
4	Cleveland	$3.00	$2.00	$7.00	$6.00	5000					
5	Bedford	$7.00	$5.00	$2.00	$3.00	6000					
6	York	$2.00	$5.00	$4.00	$5.00	2500					
7	Charlotte	$7.50	$6.00	$5.00	$4.50	8000					
8	Demand	8000	6500	3500	2000						
9											
10											
11	Model										
12											
13	Decision variables	Boston	Chicago	St. Louis	Lexington		Supply Constraints	Cleveland	Bedford	York	Charlotte
14	Cleveland	5000	0	0	0		Amount Shipped From	5000	6000	2500	6500
15	Bedford	0	500	3500	2000						
16	York	2500	0	0	0		Demand Constraints	Boston	Chicago	St. Louis	Lexington
17	Charlotte	500	6000	0	0		Amount Shipped To	8000	6500	3500	2000
18											
19							Total cost	$75,250.00			

b. 샬럿 선택

로벌시장과 지역시장, 임대운송업체public carriers 대 자체운송장비private carriers 사용, 시설의 규모, 유형, 믹스, 위치에 대한 민감도 효과를 조사하는 것이다. 공급사슬 최적화 모형은 매우 복잡해질 수 있으며 규모가 크고 실제적인 문제를 해결하려면 정교한 소프트웨어가 필요하다.

참고자료 E는 **운송모형** transportation model — *공급원 (창고)로부터 목적지 (창고, 고객 등)으로의 운송비를 최소화하려는 선형 최적화 모형* — 을 소개하고 있다. 이 모형은 고급 공급사슬 최적화 모형의 기본이 된다. 문제풀이 6.4는 최적화 모형사용법을 보여준다.

6장 학습목표 요약 Learning Objective Summaries

6.1 **글로벌 공급사슬의 개념과 주요 설계 결정을 설명하고, 블록체인 기술이 글로벌 공급사슬에 미치는 영향을 설명하라.** 글로벌 공급사슬은 다국적 기업이 운영하는 복잡한 공급사슬이다. 이들 기업의 가치사슬은 전세계 고객에게 상품과 서비스를 조달, 마케팅, 생성 및 제공할 수 있다. 주요 설계 결정 사항은 다음을 포함한다.

- 전략 (어떤 경쟁우선순위를 강조할 것인가?)
- 통제 (공급사슬의 통제를 중앙집중화 또는 분산화할 것인가?)
- 위치 (시설은 어디에 위치시키는가?)
- 지속가능성 (글로벌 공급사슬에서 경제적, 환경적, 사회적 지속가능성 목표와 실행을 어떻게 수행할 것인가?)
- 기술 (기술 및 지적재산을 다른 국가의 공급업체 및 파트너와 공유할 것인가?)
- 디지털 콘텐츠 (디지털 콘텐츠 및 전자상거래 역량을 상품, 서비스, 공급사슬에 어떻게 구축하고 통합할 것인가?)
- 조달 (원자재, 부품 및 조립품을 누구에게서 구입할 것인가?)
- 물류 및 운송 (서비스 극대화와 비용 최소화를 위해 어떤 운송수단을 사용할 것인가?)
- 아웃소싱(어떤 공급사슬 활동을 인소싱하고, 어떤 활동을 공급업체에 아웃소싱할 것인가?)
- 위험관리(공급사슬 위험 및 공급두절을 어떻게 해결하는가?)
- 성과측정(공급사슬관리에 어떤 성과지표를 사용할 것인가?)

블록체인기술은 대부분의 공급사슬 의사결정에 영향을 미친다. 블록체인으로 강화된 공급사슬의 목표는 최소 비용으로 고객 서비스를 극대화하면서도 지능적이고, 협력적이며, 투명하고, 안정적이다.

6.2 **경영진이 공급사슬 설계 시 고려해야 할 주요 상충관계와 아웃소싱 및 오프쇼어링 결정을 평가하는 방법을 설명하라.**

- 효율적 공급사슬은 재고를 최소화하고 프로세스 흐름의 효율성을 최대화하여 효율성과 저비용을 추구하기 한 설계이다. 효율적인 공급사슬을 운영하는 회사의 예로는 P&G와 월마트가 있다.
- 반응적 공급사슬은 높은 유연성과 반응성에 기반한 서비스 제공을 중시함으로써 변화하는 시장 수요와 고객 요구에 신속하게 대응할 수 있다. 애플, 노드스트롬 등의 기업들이 반응적 공급사슬을 운영한다.
- 푸시 시스템은 판매 예측을 바탕으로 실제 고객 수요의 발생에 앞서 제품을 생산하고 공급사슬을 통해 판매시점으로 완제품 재고를 운송하여 저장한다. 베스트바이와 메이시스가 푸시 시스템을 채택하였다.
- 풀 시스템은 공급사슬 하류단계로부터 발생하는 고객수요에 대응하는데 필요한 제품만 공급사슬의 상류단계에서 생산한다. 델이 풀 시스템을 사용한다.

아웃소싱: 아웃소싱하는 기업은 아웃소싱한 프로세스 또는 기능에 대한 소유권이 없다. 가장 간단한 아웃소싱 의사결정 방법은 손익분기점 분석을 사용하여 경제성을 기반으로 한 "자체생산 대 구매 make versus buy"이다.

오프쇼어링: 소유권과 통제권을 유지하면서 프로세스 역량의 구축, 획득, 또는 이전을 국내로부터 해외로 이전에 하는 경영행위이다. 오프쇼어링에 관한 의사결정은 가치창출, 지원 및/또는 일반관리 프로세스가 다른 국가로 이동할지 이동할지를 결정하는 것도 포함한다.

6.3 **인디텍스/자라가 공급사슬을 어떻게 설계하고 운영하는지 설명하라.** 특히 섹션 6-3을 참고하라. 그림/표 6.6에서는 인디텍스/자라의 공급사슬 핵심요소를 보여준다.

6.4 **공급사슬에서 시설의 입지를 선정하는데 필요한 의사결정 유형과 기준을 설명하고 무게중심법의 적용방법을 익혀라.** 그림/표 6.7은 입지 선정을 위한 결정요인을 요약해서 보여준다. 네 가지 주요 의사결정은 글로벌 입지, 지방 입지, 지역사회 입지, 지역부지 입지를 선정하는 것이다. 무게중심법은 식 6.4 및 6.5를 적용하여 기존 시설 간의 거리 및 수요를 바탕으로 단일 시설의 중심위치를 찾는다.

6.5 **운송모형을 사용하여 공급사슬 비용을 최적화하는 방법을 설명하라.** 운송모형은 여러 공급 지점에서 여러 수요 지점으로의 제품서비스 배송을 계획하는 과정에서 필요한 선형 최적화 모형이다. 다양한 운송경로는 경로 별 상이한 운송비를 의미한다. 따라서 운송모형의 목표는 모든 최종수요를 최소 총운송비로 충족시키는 각 출발지와 각 목적지 간 최적의 재고 단위수를 결정하는 것이다.

주요용어 KEY TERMS

- 후방통합 Backward integration
- 블록체인 Blockchain
- 전방통합 Forward integration
- 다국적 기업 Multinational enterprise
- 다중사업장 관리 Multisite management
- 오프쇼어링 Offshoring
- 무게중심법 Center-of-gravity method
- 운영구조 Operational structure
- 아웃소싱 Outsourcing
- 지연 Postponement
- 풀 시스템 Pull system
- 푸시 시스템 Push system
- 위탁생산업체 Contract manufacturer
- 푸시–풀 경계 Push-pull boundary
- 리쇼어링 Reshoring
- 반응적 공급사슬 Responsive supply chains
- 공급사슬 최적화 Supply chain optimization
- 효율적 공급사슬 Efficient supply chains
- 제3자물류업체 Third-party logistics (3PL) providers
- 운송모형 Transportation model
- 수직통합 Vertical integration

복습 질문 Review Questions

6.1 1. 글로벌 공급사슬 개념을 설명하고 주요 설계 의사결정 항목을 기술하라.

6.1 2. 운영구조를 정의하고 중앙집중식 통제와 분산식 통제의 예를 제시하라.

6.2 3. 효율적 공급사슬과 반응적 공급사슬을 정의하고 두 개념 간 차이점을 설명하라.

6.2 4. 공급사슬 운영 방식으로서의 푸시 시스템과 풀 시스템을 정의하고 두 시스템 간 차이점을 설명하라.

6.2 5. 수직통합, 전방통합, 후방통합을 설명하라.

6.2 6. 위탁생산업체란 무엇인가? 애플이 활용하는 위탁생산업체의 몇 가지 예를 제시하라.

6.2 7. 3자물류업체 (3PL)는 무엇인가? 아마존은 3PL을 어떻게 활용하는지 기술하라.

6.2 8. 경영자가 아웃소싱 결정을 내릴 때 손익분기점 분석을 사용하면 어떤 이점이 있는지 설명하라.

6.3 9. 아웃소싱, 오프쇼어링 및 리쇼어링을 정의하고 세 개념 간 차이점을 설명하라.

6.4 10. 인디텍스/자라가 공급사슬을 설계하고 운영하는 방법을 기술하라.

6.4 11. 다중사업장관리 개념을 정의하고 이러한 다중사업장 관리의 어려움을 해결해야 하는 회사의 예를 제시한 후 그 이유를 설명하라.

6.4 12. 공급사슬 내 시설의 입지결정 유형과 그 기준을 설명하라.

6.4 13. 무게중심법의 작동 방법을 설명하라.

6.4 14. 전세계에서 시설의 선정하는데 도움을 EPIC의 4가지 EPIC 차원을 각각 설명하라.

6.5 15. 공급사슬 최적화를 설명하고 공급사슬 총비용 최적화에 어떻게 운송모형을 활용할 수 있는지 기술하라.

토론용 질문 및 체험학습 DISCUSSION QUESTIONS AND EXPEROEMTAIL ACTIVITIES

6.1 16. 중국과의 무역이 미국 섬유산업에 미치는 영향을 중점적으로 다룬 한 연구에 의하면 2000년대 초 미국 섬유공장 19곳이 문을 닫고 26,000개의 일자리가 사라졌다고 한다. 이 공장들이 문을 닫지 않았다면 미국 소비자들은 높은 직물가격으로 인해 60억 달러를 이상을 더 지출하였을 것으로 추산한다. 연구 결과가 사실이라면 가정하고 미국 일자리를 오프쇼어링하는 전략에 대한 찬성 혹은 반대 의견을 개진하라.

6.1 17. 글로벌화가 공급사슬 설계 프로세스에 어떤 영향을 미쳤는지 설명하라.

6.1 18. 연매출이 3억 달러인 미국의 한 소기업이 글로벌 시장

으로 사업을 확장하기를 원한다. 이 기업이 공급사슬 설계 시 결정해야 할 20개 결정 항목을 체크시트로 작성해 보고 이를 강의에서 발표하라.

6.1 19. 기업이 사업을 수행하는 국가의 현지 문화와 관행을 이해하는 것이 운영 관리자에게 왜 중요한지 설명하라.

6.1 20. 최근에 본사, 공장, 또는 연구개발 센터를 미국에서 다른 국가로 이전한 회사를 찾아 이 회사의 오프쇼어링 결정으로 인한 장점과 단점은 무엇이었는지 조사하라. 기업들의 오프쇼어링을 방지할 수 있는 정부 기반 인센티브 시스템을 개발하여 강의시간에 발표해 보라.

6.2 21. 미국 내 "리쇼어링"을 주제로 연구를 수행하여 리쇼어링의 영향을 평가하라. 미국 기업의 리쇼어링을 촉진할 수 있는 인센티브 시스템을 구상하여 강의시간에 발표해 보라.

6.4 22. 다음 시설의 입지를 선정하는데 사용할 수 있는 주요 평가기준을 정의하라.

- 병원
- 화학 공장
- 소방서
- 커피 숍
- 지역 자동차 부품

6.4 23. 타코벨Taco Bell (www.tacobell.com), 뱅크 오브 아메리카Bank of America (www.bankofamerica.com), 월마트(www.walmart.com) 또는 다른 관심 가는 서비스 기업을 선정하여 그리고 회사가 직면한 다중사업장관리 결정에 대한 간략한 분석을 실시하고 그 결과를 표로 작성하라.

6.4 24. 위성 기반 글로벌 포지셔닝 시스템 (GPS)이 다음 산업에서 어떻게 공급사슬 성과를 향상시킬 수 있는지 설명하라. (a) 트럭 운송, (b) 농업 및 식품 유통, (c) 제조, (d) 구급차 서비스

6.5 25. 공급사슬 설계에서 최적화 모형의 적용을 설명하는 기사를 찾아 그 모형이 어떻게 사용되었으며 그로 인한 이점은 무엇이었는지 간단히 요약하라. 참고하기 좋은 출판물은 대학교 도서관에서 온라인으로 검색 가능한 *인터페이시즈*Interfaces와 개방형 매체인 *애널리틱스 매거진*Analytics Magazine (analytics-magazine.org)이다.

계산연습문제 Computational Problems and Exercises

본 장에서 설명한 식과 방법을 적용하여 다음 연습문제를 직접 계산해서 풀어 보라.

6.2 26. 회사는 사무용 프린터 부품 880,000 단위에 대한 고객 요구사항을 충족하기 위한 두 가지 대안을 가지고 있다. 대안 1은 사내 생산으로 고정비 $1,400,000가 필요하고 변동비는 단위당 $1.90가 소요된다. 대안 2는 아웃소싱으로 단위당 총비용 $3.50가 소요된다. 손익분기점을 결정하고 부품을 사내에서 생산할지, 아웃소싱할지를 결정하라.

6.2 27. 한 병원에서 다량의 혈액 · 소변 검사를 아웃소싱할지, 자체적으로 수행할지 결정하려고 한다. 병원 내 자체 실험실 활용 시 고정비는 $800,000이며 검사 건당 가중평균 변동비weighted average variable cost는 $28.75이다. 병원에서 한 블록 거리에 위치한 외부 검사기관 실험실은 동일한 검사를 검사 건당 $32.00 달러에 대행하며 결과를 병원에 전송해준다. 작년의 연간 검사 건수가 250,000건이라고 할 때, 병원은 검사를 아웃소싱해야 하는가, 자체적으로 수행해야 하는가?

6.2 28. 인더스트리얼 프로덕츠 주식회사Industrial Products, Inc.는 연간 12,000개의 산업용 100마력 전기 모터를 제조하기 위해서 두 가지 대안을 검토 중이다. 대안 1은 자체 생산하는 것인데, 고정비가 $2,100,000, 변동비로 단위당 $6,800가 소요된다. 대안 2는 아웃소싱하는 것으로 단위당 총 $7,300의 비용이 소요된다.

a. 손익분기점 수량은 얼마인가?
b. 자체생산해야 할 것인가 아웃소싱 해야 할 것인가?

6.4 29. 제안중인 새 스포츠 경기장 (아직 건설되지 않음)을 오가는 고객차량 교통정보를 바탕으로 무게중심법을 사용하여 총 이동거리를 최소화하는 서비스센터의 입지를 선정하라.

입지 선택에 따른 우편번호	입지 좌표 x	y	경기장 이벤트당 차량
1	4	6	2,500
2	12	11	1,200

입지 선택에 따른 우편번호	입지 좌표 x	y	경기장 이벤트당 차량
3	10	10	4,200
4	7	9	2,900

무게중심법을 사용하여 서비스 센터의 이상적인 위치를 결정하라.

6.4 30. 마이크로서브Microserve는 한 도시의 5개 구역에서 고객과 계약을 맺고 컴퓨터 수리 서비스를 제공한다. 5개 구역, 구역 별 서비스 계약 건수, 각 구역의 x 및 y 좌표는 다음과 같다.

구역	계약 건수	좌표 x	y
파크뷰Parkview	90	8.0	10.5
마운트 에어리Mt. Airy	220	6.7	5.9
밸리Valley	50	12.0	5.2
놀우드Norwood	300	15.0	6.3
사우스게이트Southgate	170	11.7	8.3

무게중심법을 사용하여 서비스센터의 이상적인 위치를 선정하라.

6.4 31. 공장에서 네 곳의 소매점으로 배송하는 자재 수량 정보를 바탕으로 무게중심법을 사용하여 공장 입지로 가장 적합한 곳을 찾아라.

소매점	입지 좌표 x, y	자재 이동량
1	18, 6	1,000
2	12, 15	2,100
3	7, 10	1,900
4	7, 20	3,200

무게중심법을 사용하여 서비스 센터의 이상적인 위치를 결정하라.

6.4 32. 가능한 네 곳의 입지 중에서 선택해야 하는 상황에 있는 공급사슬 관리자는 다음 평가기준에 따라 각 입지를 평가했으며, 각 평가기준의 가중치는 그 중요성을 반영한다. 입지선정을 위해 이 정보를 어떻게 사용할 것인가? 입지선정을 위해 정량적 접근방식을 개발할 수 있는가?

평가기준	가중치	입지 1	2	3	4
원재료 가용성	0.15	G	P	OK	VG
인프라	0.1	OK	OK	OK	OK
운송비	0.35	VG	OK	P	OK
노사관계	0.2	G	VG	P	OK
삶의 질	0.2	G	VG	P	OK

VG = 매우 좋음 5포인트; G = 좋음 4포인트;

OK = 보통 3포인트; P = 나쁨 1포인트

6.5 33. 수프림 오토 파츠Supreme Auto Parts는 오토바이 엔진용 부품을 생산한다. 회사는 텍사스주 애머릴로Amarillo, Texas와 노스캐롤라이나주 샬럿Charlotte, North Carolina에 공장을 두고 있고 디트로이트Detroit와 애틀랜타Atlanta에 공급업체 공장이 위치해 있다. 최상의 배송계획 수립을 위한 운송모형을 개발에 다음 주요 구성품의 생산 및 비용 데이터를 사용하라.

공장	운임 디트로이트	애틀란타	수량	단가
애머릴로	$12	$8	1,200	$125
샬럿	$9	$3	3,000	$140
수요	2,000	900		

엑셀기반 연습문제 EXCEL-BASED PROBLEMS

문제 풀이를 위해 엑셀Excel이나 마인드탭MindTap에 있는 스프레드시트 템플릿을 사용할 수 있다.

6.2 34. 한 대학은 종이 폐기물 재활용 프로그램을 운영하고 있다. 이 프로그램에 소요되는 고정비는 연간 $15,000이다. 재활용 가능한 종이를 수거하고 처리하는데 소요되는 변동비는 1톤당 $40이다. 이 프로그램을 재활용 회사에 아웃소싱하는 경우 톤당 $65의 비용이 소요된다.

a. 대학의 재활용 예상 수요가 750톤이라면 자체 처리할지 아웃소싱 해야 할지 결정하라. *손익분기점* 엑셀 템플릿을 사용하여 답을 찾아라.

b. 엑셀 목표값 찾기 도구를 사용하여 손익분기점을 계산하라.

6.2 **35.** 마린 인터내셔널Marine International은 수족관용 펌프를 생산한다. 이 회사는 필터 시스템을 사내에서 생산할지, 베이프론트 제조회사Bayfront Manufacturing와 아웃소싱 계약을 체결하여 필터 시스템을 외부에서 생산할지 결정하려고 한다. 마린의 전문성은 펌프 자체 생산에 있지만, 필터 시스템 생산도 고려하고 있다. 마린 인터내셔널 공장 내에에 필터 시스템 생산구역을 설치하기 위한 고정비는 연간 $300,000이고 자체 생산 시 변동비는 필터 시스템 당 $12.25로 추정한다. 필터 시스템 생산을 베이프론트에 아웃소싱하는 경우 베이프론트는 필터 시스템 당 30달러를 청구할 예정이다. 펌프 수요가 연간 25,000개인 경우 *손익분기점* 엑셀 템플릿을 사용하여 마린 인터내셔널이 필터 시스템 생산을 베이프론트에 아웃소싱 할지 여부를 결정하라.

6.2 **36.** 한 기업이 현재 공급업체로부터 아웃소싱 중인 부품을 자체 생산하는 대안을 평가하고 있다. 관련 정보는 다음과 같다.

자체 생산:

연간 고정비 = $80,000

부품 당 변동비 = $140

공급업체로부터 구입:

부품 당 구입가격 = $160

a. *손익분기점* 엑셀 템플릿을 사용하여 수요가 5,000개인 경우 최적의 결정을 하라.

b. 회사가 부품을 자체 생산하는 경우와 아웃소싱하는 경우에도 동일한 손익분기점 수량을 구하라. 엑셀 목표값 찾기 도구를 사용하라.

6.2 **37.** *손익분기점* 엑셀 템플릿을 사용하여 다음 질문에 답하려면 문제 36에 나타난 정보를 참조하라.

a. 부품 수요가 3,500 단위로 예상하는 경우 회사는 부품을 자체 생산하여야 하는가, 공급업체로부터 구입해야 하는가?

b. 마케팅 부서는 내년 부품 수요가 3,500 단위일 것으로 예측한다. 새로운 공급업체가 부품을 단위당 $156에 납품하겠다고 제안하였다. 회사는 제안을 수락해야 하는가?

c. 부품 수요 예측치가 3,500 단위인 경우 회사가 공급업체에게 기꺼이 지불할 수 있는 부품 당 최대 구입가격은 얼마인가?

6.4 **38.** 버번 하드웨어Bourbon Hardware의 공급 지점(창고)에서 여러 소매점으로 배송하는 자재의 입지 정보와 수량이 다음과 같다. *무게중심* 엑셀 템플릿을 사용하여 공급 지점의 최적의 입지를 찾아라.

소매점	입지 좌표		자재 배송량
	x	*y*	
1	20	5	1,200
2	18	15	2,500
3	3	16	1,600
4	3	4	1,100
5	10	20	2,000

6.4 **39.** 더 데이비스The Davis 드러그스토어drug store 체인은 네 개의 주요 세분 시장market segment이 있는 도시에서 하나의 매장만을 운영하려고 한다. 각 세분시장의 입지 좌표와 잠재 고객 수는 다음과 같다.

세분시장	입지 좌표		고객 수
	x	*y*	
1	2	18	2,000
2	15	17	600
3	2	2	1,500
4	14	2	3,400

무게중심 엑셀 템플릿을 사용하여 최적의 입지를 찾아라.

6.4 **40.** 문제 39의 더 데이비스 드러그스토어 체인 사례에서 회사가 5년 후에는 표적시장 1의 고객 절반이 표적시장 2로 이사할 것으로 예상한다고 가정하자. 동일한 기준을 적용한다고 가정할 때 회사의 매장은 어디로 이전해야 하는가? *무게중심* 엑셀 템플릿을 사용하여 이 질문에 답하여라.

6.4 **41.** 커닝햄 프로덕츠Cunningham Products는 물류센터 건립을 위한 후보지 다섯 곳을 평가하고 있다. 회계 부서에서 추정한 데이터는 다음과 같다. 연간 생산량은 30,000개로 추정한다.

a. *입지 분석* 엑셀 템플릿을 사용하여 최소 비용을 달성할 수 있는 입지를 결정하라.

b. 생산량이 증가하면 입지 선정 결정이 달라져야 하는지를 설명하라.

문제 41에 대한 데이터	입지1	입지2	입지3	입지4	입지5
고정비	$75,000.00	$110,000.00	$95,000.00	$125,000.00	$110,000.00
단위당 직접 재료비	$4.14	$4.65	$5.05	$4.50	$4.50
단위당 직접 인건비	$12.45	$13.80	$11.80	$15.60	$13.75
단위당 간접비	$2.25	$2.60	$1.95	$2.75	$2.10
단위당 운송비/단위	$0.50	$0.65	$0.30	$0.83	$0.67

6.5 42. 밀포드 목재회사Millford Lumber Company는 3곳의 목재 가공공장에서 3 곳의 소매점으로 건축자재를 배송한다. 배송비, 월간 생산 능력 및 목재 골조에 대한 월별 수요가 데이터는 아래와 같다 (데이터를 마인드탭의 엑셀 워크시트Excel worksheet *밀포드 목재*Milford Lumber에서 찾을 수 있다). 이 문제에 대한 선형 최적화 모형 공식을 세우고, 스프레드 시트에 모형을 구현한 후, 엑셀 해찾기Excel Solver 기능을 사용하여 총배송비를 최소화할 수 있는 해답을 찾아라. 운송 문제 모델링과 해결에 대한 설명은 참고자료 E를 참조하라.

공장	매장A	매장B	매장C	용량
1	$4.50	$3.10	$2.00	280
2	$5.10	$2.60	$3.80	460
3	$4.10	$2.90	$4.00	300
수요	250	600	150	

6.5 43. 다음 베이커 인더스트리즈Baker Industries의 운송문제 데이터를 살펴보라 (이 데이터는 마인드탭의 엑셀 워크시트 *베이커 인더스트리*Baker Industries 에서 사용할 수 있음).

공장	물류창고 로스엔젤레스 Los Angeles	 샌프란시스코 San Francisco	 샌디에고 San Diego	공급
산호세 San Jose	$4	$10	$6	100
라스베가스 Las Vegas	$8	$16	$6	300
투손 Tucson	$14	$18	$10	300
수요	200	300	200	

참고자료 E: 운송문제에서 설명한 기법을 사용하여 다음 문제를 해결하라.

a. 총비용 최소화를 위한 선형 최적화 모형 공식을 세워라.

b. 스프레드 시트에 모형을 구현하고 엑셀 해찾기 기능을 사용하여 최적의 해답을 구하라.

c. 투손에서 샌디에고로 가는 경로를 통해 재고 150개를 배송해야 한다고 가정하면 최적의 해답은 어떻게 달라지는가? 이 새로운 정보를 포함하면 어떻게 모형을 수정해야 하는지 설명하라.

6.5 44. 아르노프 엔터프라이지즈Arnoff Enterprises는 개인용 컴퓨터 제품군에 탑재하는 중앙처리장치central processing unit (CPU)를 생산한다. CPU는 시애틀Seattle, 콜럼부스Columbus, 뉴욕New York에서 생산하며 추가 배송를 위해 피츠버그Pittsburgh, 모빌Mobile, 덴버Denver, 로스앤젤레스, 워싱턴 특별행정구역Washington, DC의 창고로 배송한다. 아래 데이터는 각 공장에서 생산할 수 있는 CPU 수량과 각 창고가 필요로 하는 CPU 수량과 단위당 배송비(달러)이다 (이 데이터는 마인드탭의 엑셀 워크시트 아르노프 *엔터프라이즈*Arnoff Enterprises에서 찾을 수 있다).

공장	창고 피츠버그	 모빌	 덴버	 로스앤젤레스	 워싱턴DC	공급
시애틀 Seattle	$10	$20	$5	$9	$10	9,000
콜럼버스 Columbus	$2	$10	$8	$30	$6	4,000
뉴욕 New York	$1	$20	$7	$10	$4	8,000
수요	3000	5000	4000	6000	3000	

a. 이 문제에 대한 선형 최적화 모형 공식을 세우고, 스프레드 시트에 모형을 구현한 후, 엑셀 해찾기 기능을 사용하여 총운송비를 최소화하기 위해 각 공장에서 각 창고로 배송해야 하는 CPU 수량을 결정할 해답을 구하라.

b. 피츠버그 창고는 주문을 1,000개 늘렸고 아르노프는 콜럼버스 공장의 생산량을 1,000개 늘릴 수 있도록 승인했다. 이러한 변화로 인해 총운송비가 증가하거나 감소할 것으로 예상하는가? 새로운 최적의 해답을 찾아라.

6.5 **45.** 포벨트 기업Forbelt Corporation은 아이스 에이지 기업Ice Age Corporation에서 생산하는 모든 냉장고 제품에 모터를 공급하는 1년짜리 계약을 맺었다. 아이스 에이지는 보스턴, 달라스Dallas, 로스앤젤레스, 세인트폴St. Paul 등 전국 4개 지역에서 냉장고를 생산한다. 회사의 계획에 따르면 다음 수량(천 단위)의 냉장고를 4개 지역에서 생산할 예정이다.

보스턴 50
달라스 70
로스앤젤레스 60
세인트폴 80

포벨트는 모터를 생산할 수 있는 공장 3곳을 보유하고 있다. 각 공장의 위치와 생산능력은 (천 단위) 다음과 같다.

덴버 100
애틀란타 100
시카고 150

생산비 및 운송비 변동 때문에 포벨트가 1,000개 단위 각 생산 로트lot에서 벌어들이는 이익은 제품을 생산한 공장과 배송된 목적지에 따라 다르다. 회계부서의 단위당 이익 추정치는 다음과 같다 (배송은 1,000개 단위로 이루어짐).

	배송지			
생산공장	보스턴	달라스	로스앤젤레스	세인트폴
덴버	$7	$11	$8	$13
애틀란타	$20	$17	$12	$10
시카고	$8	$18	$13	$16

포벨트는 이익 극대화를 목표로 총운송비를 최소화하기 위해 각 공장에서 생산해야 하는 모터 수량과, 각 공장에서 각 목적지로 배송해야 하는 모터 수량을 결정하려고 한다. 선형 최적화 모형 공식을 세우고, 스프레드시트에 구현한 후, 엑셀 해찾기 기능을 사용하여 최적의 해답을 구하라.

북마스터의 가치사슬 설계 Bookmaster: Value Chain Design

"책 사러 북마스터에 간다." 루크 크리스Luke Chris는 집에서 걸어 나가며 소리 쳤다. "1시간 반 후에 돌아올게." 그는 지난 밤 파티 하느라 힘들어 소파에 누워있는 동안 룸메이트에게 말하고 아파트를 나섰다. 서점으로 차를 몰다가 첫번째 고속도로 교차로에서 빨간 신호등을 발견했다. 루크는 항상 이 교차로를 싫어했는데 신호등이 신호가 한 번 바뀌는데 4분이나 걸리기 때문이다. 7개의 신호등을 지난 후 도착한 서점 주차장에서 진입로 입구를 막고 있는 시내 버스를 발견한 루크는 거리에 주차하고 서점 입구까지 약 1,000 피트 거리를 걸었다. 휠체어를 탄 여성과 그 일행이 서점 출입문을 나서는 것을 보고 루크는 그들을 위해 참을성 있게 출입문을 잡고 기다렸다. 서점에 들어오기까지 30분의 시련을 견뎌낸 루크는 마침내 안내데스크로 가서 앞선 고객의 용무가 끝날 때까지 기다린 끝에 고객관계 담당자customer relationship associate (CRA)인 밀리Millie에게 자신이 찾는 책이

Kzenon/Shutterstock.com

있는지 물었다. 재고 검색시스템으로 빠르게 검색한 후 밀리는 "네, 재고가 있어요. 책 값은 $ 89.95입니다."라고 루크에게 알

려줬다.

"책 있는 곳으로 모셔다 드릴께요." 밀리가 미소를 지으며 말했다. 밀리는 얼마간 책 전시대를 헤맨 후 마침내 찾는 책이 있어야 할 선반에 도착했다. 그러나 열심히 찾아보았지만 있어야 할 책이 없었다. 밀리는 재고 시스템에는 두 권이 매장에 남아 있다고 했지만 찾을 수 없다고 말했다. 밀리는 시스템을 다시 검색해 본 후 도시 건너편에 위치한 다른 북마스터 매장에 그 책의 재고를 가지고 있다고 알려줬다.

"직접 가서 구매 하실래요, 아니면 제가 주문해 드릴까요?" 밀리가 미소를 지으며 물었다. "우리 지점으로 책을 가져오는데 며칠 밖에 걸리지 않아요." 밀리가 덧붙였다. 루크는 한숨을 쉬며 "다른 매장까지 직접 운전해서 가고 싶지 않아요. 여기서 15 마일이나 떨어져 있잖아요."라고 말했다.

루크가 서점을 나서려고 하는데 밀리가 "전자책이 있는지 확인해 드릴까요?"라고 묻고는 재고시스템을 검색하고는, "이 책은 디지털 형식으로도 판매하네요. e-북e-book 가격은 9.95 달러입니다."라고 알려 주었다. 그러자 루크가 아파트로 돌아가는 힘든 여정을 시작할 채비를 하면서 말했다. "밀리, 고마워요. 하지만 집으로 돌아가서 제 컴퓨터에 다운로드할 수 있는지 확인해 볼게요. 제는 아직 e-리더e-reader가 없어요. 너무 비싸요. 저는 돈 없는 예비 의대생입니다. 휴대전화로도 읽을 수 있지만 화면은 작아요." 밀리는 미소를 지으며 "네, 많은 학생들이 휴대전화로 교과서를 읽지만 시력이 나빠지지요"라고 응답했다. 루크도 미소와 함께 "맞아요. 내 개인용 컴퓨터로 읽어야해요."라고 대답했다. (잠시 대화가 끊겼다)

"음, 음, 밀리, 여기서 학교를 다니나요?" 루크가 물었다. "네, 저는 경영대학 2학년생입니다."라고 밀리가 대답했다. "언젠가 점심 함께 먹을까요?" 루크가 긴장하며 물었다. "물론이지요. 여기 제 휴대폰 번호예요." 그녀는 루크에게 전화번호가 적힌 종이 조각을 건네 주었다. 루크는 아파트에서 책을 다운로드했다면 밀리를 만나지 못했을 것이라고 생각하면서 서점을 나섰다.

토론을 위한 사례 질문

1. 소매점에서 하드 카피(제본된) 서적이 저작, 생산, 유통, 판매되는 가치사슬의 "전형적인 오프라인 소매점bricks-and-mortar" 프로세스 단계를 그려보라. 가치사슬의 각 참여자는 어떻게 돈을 버는가? (힌트: 가치사슬의 주요 단계를 파악하기 위해 그림/표 1.4와 같은 그림/표를 사용할 수 있다. 가치 사슬은 공급업체에서 시작된다.)
2. 전자책을 만들고 다운로드하기 위한 프로세스 단계를 그려보라. 새로운 전자/디지털 가치사슬의 각 참여자는 어떻게 수익을 창출하는가?
3. 이전 두 질문에서 고객과 경영진의 관점에서 각각 가치사슬 설계 및 구조를 비교하고 대조하라. 각 가치사슬 설계의 장점과 단점은 무엇인가?
4. 위의 두 가지 가치사슬 각각의 설계 및 구조에서 운영의 역할은 무엇인가?

보스턴 레드삭스 스프링 캠프 훈련장 의사결정 Boston Red Sox Spring Training Decision

"휴, 타운홀 미팅 (역자주: 관심있는 사람들의 참가를 허락하는 형태의 토론회)이 끝나서 다행입니다. 청중이 적대적이었어요!" 톰 버번Tom Bourbon은 한 고등학교 주차장에서 경찰관의 호위를 받으며 자신의 차로 걸어가면서 말했다. 경찰관이 "체육관에는 1,000명이 넘는 사람들이 있었는데 그들이 소란을 피웠군요. 안전하게 이곳을 떠나시게 해 드리겠습니다."

톰과 다른 시의회 의원들은 플로리다주 리 카운티Lee County에 8천만 달러를 투자하여 새로 건설할 야구장 후보지 4곳에 대해 논의하기 위해 개최했던 일반 청중의 참가를 허용한 타운홀 미팅을 막 마쳤다. 시의회는 당초 16곳의 부지를 평가해 이중 최종 4곳을 건설 후보지로 선정했다. 새로 건설할 10,000석 규모의 야구장은 복수의 연습구장, 배팅 케이지betting cage 및 웨이트룸weight rooms도 갖출 예정이다. 야구장 시설의 설계 및 배치는 매사추세츠 주 보스턴에 위치한 메이저리그 정규시즌 경기가 열리는 펜웨이 파크Fenway Park를 모방했다. 그러나 새로 건설할 야구장은 에너지 소비를 줄이고, 야구장 근처에 카풀 주차장을 조성해서 고객의 교통 혼잡, 교통비, 연료비를 줄면서 일부 작업 관행을 변경함으로써 "친환경화going green"를 달성하려는 계획을 가지고 있다.

5명의 시의회 이사회 구성원들이 이전 합의한 계약조건을 준수하려면 3주 내에 입지 결정을 내려야 한다. 일단 새 야구장이 완공되면 레드삭스는 이 야구장을 스프링 캠프 훈련장으로 사용하기 위해 30년 임차계약에 서명할 예정이다. 2개의 경제적 영향 평가economic impact study에 따르면 이 야구장은 지역경제를 위해 연간 2천 5백만 달러에서 4천만 달러를 창출하고 수천 개의 공항, 호텔, 레스토랑, 소매점 일자리를 지원할 것이다.

4곳의 후보지는 다음과 같다.

- A 부지는 총 241에이커 넓이로 스포츠 마을을 건설할 만큼 충분히 넓다. 쇼핑몰 (그림/표 6.12에서 1로 표시) 옆에 있는 이 부지는 플로리다 걸프코스트 대학교 Florida Gulf Coast University (FGCU)와 하키 · 농구 경기와 같은 이벤트가 열리는 8,000석의 실내 경기장을 갖춘 다른 쇼핑몰(그림/표 6.12에서 2로 표시)로부터 4마일 이내에 위치하고 있다. 시 의회가 지불해야 하는 토지 가격은 1,800만 달러이다.
- B 부지는 209에이커 규모로 쇼핑몰 1과 쇼핑몰 2 사이에 위치해 있다. 이 부지는 FGCU에

Kzenon/Shutterstock.com

그림/표 6.12 보스턴 레드삭스 스프링 캠프 부지 최종선정을 위한 위치 그리드

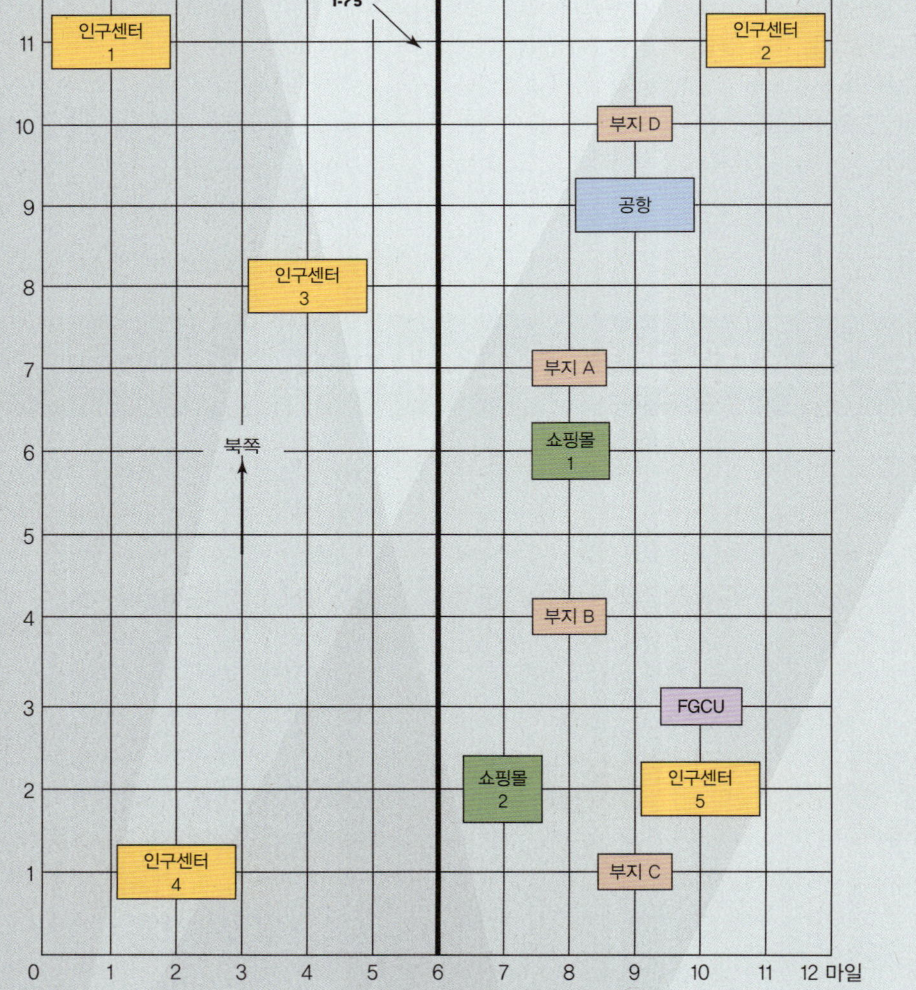

그림/표 6.13 보스턴 레드삭스 스프링 캠프 결선진출 부지 최종 선정을 위한 토지 가격 견적 및 순위

비용/기준	부지 A	부지 B	부지 C	부지 D
야구장 토지구입비	$18 million	$22 million	$0 million	$22 million
추가 유틸리티 비용	$1 million	$0.5 million	$3 million	$0.5 million
새로운 도로 비용	$2 million	$0.5 million	$15 million	$2 million
환경단체 지지	거의	없음	없음	있음
교통 접근성/혼잡도	좋음	열악	열악	보통
유틸리티, 도로, 환경, 건설 허가 (최단 허가 시간)	준비됨	거의 준비됨	준비 안됨	준비됨
부지 주변의 장기적인 경제 성장/개발 가능성 (최저 1 ~ 최고/최상 5)	4	3	4	5
카운티의 넓은 면적 보존 가능성	보통	낮음	높음	낮음

서 약 2마일 떨어져 있다. 토지 가격은 2,200만 달러이다.

- C 부지는 습지와 동물 서식지를 포함한 2,000 에이커 규모이다. 이 지역은 쇼핑몰 2와 FGCU로부터 4.8 km 이내의 거리에 위치해 있다. C부지 개발을 담당한 부동산 개발회사가 100에이커를 시에 기부할 계획이다. 따라서 부지 구입비용은 없다. 개발회사는 개발하는 상업용지 1에이커 당 자연보호 구역 20에이커를 조성하겠다고 제안했다.
- D 부지는 공항에 인접한 160에이커 규모로 쇼핑몰 2와 FGCU에서 약 8 마일 거리에 위치해 있다. 공항 부지에는 첨단산업과 일자리를 유치하기 위해 조성한 연구 단지도 있다. 시 의회가 지급해야 할 토지 가격은 2,200만 달러이다.

그림/표 6.12는 밀집주거지역들population centers과 4곳의 후보지 좌표를 보여준다. 밀집주거지역 5곳의 인구는 다음과 같다: 1 (290,000), 2 (95,000), 3 (145,000), 4 (80,000), 5 (120,000)이다. 그림/표 6.13은 각 후보지의 비용, 그리고 각각에 대한 5명 시의원의 판단을 요약해서 보여준다. 레드삭스 야구장을 기존 쇼핑몰, 레스토랑, 호텔, 플로리다 걸프코스트 대학교, 8,000석 규모의 실내 경기장과 가까운 곳에 건설하면 모든 시설이 혜택을 볼 수 있는 소매/레저 서비스 클러스터가 형성될 것이라는 의견이 있다. 예를 들면, 10개월 간의 비수기에는 레드삭스 야구장을 포함한 클러스트에서 지역local, 지방regional, 전국national 야구 클리닉baseball clinic과 토너먼트 경기tournaments를 유치할 수 있다는 의견이 있다. 다른 의견은 야구장을 공항 옆에 건설하면 공항 내 연구단지를 포함한 이 지역의 상권 개발을 촉진할 수 있다는 것이다.

토론을 위한 사례 질문

플로리다 걸프코스트 대학교에서 정보시스템 및 운영 관리 Information Systems & Operations Management (ISOM)를 전공하고 있는 포카 혼타스Poca Hontas는 봄학기를 막 마치고 지금 포트 마이어스Fort Myers 시의회에서 여름 인턴으로 일하고 있다. 포카혼타스는 인턴 근무 평점을 잘 받아서 상사로부터 향후 강력한 추천서를 받고 싶어한다. 상사는 포카혼타스에게 야구장 후보지 최종 평가를 위해 정량적/정성적 기준 각각에 점수와 가중치를 배정한 후, 기준에 따라 각 후보지별 점수를 산정하고 최종 요약점수를 계산할 수 있는 전자 스프레드 시트 모형을 작성하도록 지시하면서 포카혼타스에게 구체적인 과제를 부여했다.

1. 무게중심 모형과 그림/표 6.12를 사용하여 카운티 인구의 무게중심을 계산하라. 모든 계산과정을 보이고, 설명하고, 정당화하라. 이 기준에 따르면 최적의 입지는 어디인지 밝혀라.
2. 자신이 설계한 가중점수모형weighted scoring model을 사용하여 그림/표 6.13의 정성적 기준에 대한 각 야구장 부지의 요약점수를 계산하라(각 기준에 점수와 가중치를 부여하는 방법과 추정비용을 포함할지 여부를 결정해야 한다). 모든 계산과정을 보이고 계산 방식을 설명하라. 엑셀을 사용하여 계산을 수행할 수 있다. 그림/표 6.12의 데이터는 마인드탭의 엑셀 워크시트 *레드삭스 케이스 데이터*Red Sox Case Data에 기록되어 있다.
3. 위의 계산 결과 (무게중심 계산 결과, 비용 및 정성적 기준 분석)를 어떻게 통합하여 입지 결정에 활용하겠는가? 세 가지 기준을 모두 활용하였을 때, 각 후보지에 대한 요약 점수를 어떻게 계산할 수 있는지 설명하고 그 논리를 정당화하라.
4. 스포츠 경기장 직원의 작업 관행 하나 이상을 포함하여 경기장이 "친환경"으로 전환할 수 있는 방법을 세 가지 이상 조사하고 설명하라. 작업과 프로세스도 변경하여야 하는가? OM의 역할을 설명하라.
5. 최종 추천하는 후보지는 어디인가? 선정 이유를 설명하고 논리를 정당화하라.

통합 사례 연구: 허드슨 쥬얼러스 Integrative Case: Hudson Jewelers

본서 마인드탭MindTap은 허드슨 쥬얼러스Hudson Jewelers 사례 연구 관련 각 장에 있는 학습자료를 통합하여 제공한다.

토론을 위한 사례 질문

1. 글로벌 다이아몬드 공급사슬이 푸시 시스템인지 풀 시스템인지 설명하라. 또, 글로벌 다이아몬드 공급사슬 운영 방식이 주문생산 make-to-order과 재고생산 make-to-stock 보석에 대해 효율적 시스템인지 반응적 시스템인지 설명하라.
2. 글로벌 (7단계) 다이아몬드 공급사슬에서 수직통합의 범위를 조사하라. 전방통합 및 후방통합의 예를 들고 이들 통합 전략이 현재의 다이아몬드 가치사슬에서 어느정도 실행되고 있는지 설명하라. 이 산업에서 수직통합의 영향은 무엇인가?

프로세스 선택, 디자인, 개선 7

Process Selection, Design, and Improvement

미시간주 웨인Wayne, Michigan에 있는 이 포드Ford 공장은 동일 생산라인에서 가스, 전기, 하이브리드, 플러그인 하이브리드 자동차를 생산한 최초의 공장이다.

Jeff Kowalsky/Bloomberg/Getty Images

학습목표

7장을 학습한 후 다음 과제를 수행할 수 있어야 한다:

7-1 제품goods과 서비스service 생산을 위한 4가지 프로세스process를 기술한다.

7-2 제품-프로세스 매트릭스product-process matrix의 논리와 사용법을 설명한다.

7-3 서비스-포지셔닝 매트릭스service-positioning matrix의 논리와 사용법을 설명한다.

7-4 프로세스 디자인을 위한 프로세스와 가치흐름도 작성value stream mapping을 기술한다.

7-5 제품 및 서비스에 대한 프로세스 및 제품 디자인의 오류 방지 개념을 설명한다.

7-6 프로세스와 가치흐름도value stream map를 이용하여 프로세스 디자인을 개선시키는 방법을 설명한다.

도요타Toyota, 혼다Honda 등의 일본의 자동차 회사는 수십 년 동안 유연한 제조방식을 사용해 왔다. 몇몇 생산라인은 6개의 다른 모델들을 생산할 수 있다. 최근까지 미국의 공장들은 오직 하나의 제품만을 생산하도록 디자인 되어있었다. 포드가 미시간주 웨인의 단일차종만을 생산하던 경직된 구조의 스포츠유틸리티 차량 (SUV) 생산 공장을 개조해 유연한 제조 능력flexible manufacturing capability을 갖춘 친환경 사업장으로 거듭나게 하면서 변화가 일어나고 있다. 이 공장은 세계 최초로 동일 생산라인에서 가스, 전기, 하이브리드, 플러그인 하이브리드 등 다양한 차량을 제조할 수 있는 시설이 될 것이다. 이러한 설비는 소비자가 원하고 필요로 하는 변화에 따라 서로 다른 모델로의 신속한 생산전환을 가능하게 한다.

이를 위해 포드 제조팀은 용접공정에서 용접로봇이 다양한 부품을 다양한 방향으로 움직이는 것은 물론, 다양한 차량의 차체 패널을 인식하여 패널의 적절한 위치를 결박한 후 적합하게 용접할 수 있도록 696대의 로봇 대부분을 재디자인하고 프로그래밍해야 했다. 생산라인 위의 차량은 각 스테이션에서 작업을 위해 이상적인 높이로 자동 상승 및 하강하는 "스킬렛skillet"에 올려진 채 이동한다. 공장의 통합 스탬핑stamping 시설은 모든 대형 판금 부품을 현장에서 스탬핑 및 용접할 수 있다. 또한 부품과 기타 구성요소들이 키트kit 형태로 작업자들에게 이동하여 그들이 필요한 도구를 필요한 순서대로 제공하는 효율적이고 동기화된 자재 흐름을 채택한다.

이 공장은 유연할 뿐만 아니라 친환경적이다. 이 공장은 재생 가능한 전기와 기존 전기를 혼합한 동력원으로 작동한다. 예를 들면 인접한 시설들 간 부품을 운송하는 전기 트럭을 충전하는 10개소의 전기자동차 충전소가 있으며, 공장은 포장재부터 물병까지 모두 재활용한다.

적절한 프로세스들을 선택하고 이 프로세스가 상호 효과적으로 작동하도록 디자인하는 것은 효과적이고 효율적인 가치사슬value chain

어떻게 생각하는가? What Do you Think?

프로세스가 잘 디자인되어 고객 경험을 향상시켰거나, 잘못 디자인되어 불만을 초래했던 경험에 대해 설명해 보아라.

을 위해 필수적일 뿐만 아니라 중요하다. 본 장 도입부에 소개한 사례에서 알 수 있듯이, 프로세스 디자인은 운영비용, 고객 서비스 및 지속가능성sustainability에 영향을 미치는 중요한 운영 결정이다. 기업들은 이제 막 자신들의 프로세스와 그들의 고객이 환경에 미치는 영향을 고려하고 있다. 글로벌 물류와 지속가능성에 관한 상자와 문제풀이 7.1를 참조하라.

프로세스 디자인은
운영비용, 고객 서비스 및 지속가능성에
영향을 미치는 중요한 운영상의 결정이다.

7-1 프로세스 선택 결정 Process Choice Decisions

기업들은 일반적으로 고객의 주문과 수요에 대응response하거나 예측anticipate하여 생산한다. 이것은 맞춤형custom, 옵션지향형option-oriented, 표준형standard의 세 가지 주요 상품과 서비스 유형으로 이어진다. **맞춤형 또는 주문생산형 제품과 서비스**custom, or make-to-order, goods and service는 *일반적으로 단품 또는 소량으로 생산 및 배송되며 특정 고객의 사양을 충족하도록 디자인된다.* 이들 상품의 예로는 선박, 인터넷 사이트, 결혼식, 세무 서비스, 부동산 계획, 건물, 수술 등이 있다. 주문생산 제품·서비스는 주문에 따라 디자인, 제작, 배송하여야 하기 때문에 많은 경우 고객은 상품이나 서비스의 수령을 오랫동안 기다려야 한다.

옵션 또는 주문조립형 제품과 서비스option, or assemble-to-order, goods and services는 *고객이 제한된 옵션 중에서 선택하는 표준 부품*standard parts, *하위 조립품*subassemblies *또는 서비스 등으로 구성된다.* 델Dell 컴퓨터, 서브웨이Subway 샌드위치, 공작 기계, 여행사 서비스 등이 일반적인 예이다. 이들 제품·서비스에서는 고객이 상품과 서비스의 구성을 제한적으로 선택할 수는 있지만 특수한 기술사양technical specification이나 요구사항을 선택하는 것은 불가능하다.

표준형 또는 대량생산형 제품과 서비스standard, or make-to-stock, goods and services는 *이미 결정된 디자인사양에 따라 생산되며 고객이 선택할 수 있는 옵션은 없다.* 가전제품, 신발, 스포츠 용품, 신용카드, 온라인 웹 기반 강좌, 버스 서비스 등이 그 예다. 표준 상품은 고객 수요와 재고 예측에 의해 생산하며, 따라서 기업들은 표준형 제품의 재고를 보유하여야 하는데, 특정 색상이나 크기는 품절될 수도 있다.

미래에는 프로세스 관리자가
비용, 품질, 시간 및 기타 우선순위들 간의
상충관계trade-offs 뿐만 아니라
프로세스의 탄소 발자국도
정량화 할 필요가 있을 것이다.

우리는 제조 시스템이 종종 제품 제조에 사용되는 시스템의 유형을 설

프로세스 선택과 지속가능성

Process Choice and Sustainability

지속가능한 프로세스에 초점을 맞추고 운영하는 기업의 한 예로서 스웨덴 회사인 알파 라발Alfa Laval을 들 수 있는데, 이 회사는 100개 이상 국가에서 에너지, 식품, 냉동 및 냉각, 물, 화학 산업에 제품과 서비스를 제공하고 있다. 라발 제품을 운송하는 과정에서 배출되는 이산화탄소(CO_2)는 이 회사 전체 배출량의 약 2%를 차지했다. 회사의 국제물류 부서는 10만건의 거래를 분석하여 운송수단을 항공화물airfreight에서 해상 운송surface transportation으로 전환할 때 감축할 수 있는 CO_2 배출량을 연구하였다. 항공화물 운송의 장점은 재고 수준을 최소화할 수 있고 변화하는 고객의 요구에 신속하게 대응할 수 있다는 것이다. 반면 철저한 비용 편익 분석 결과, 해상 운송을 이용한 재고 비용 증가보다 CO_2감소와 화물 비용 절감 효과가 큰 것으로 확인되었다. 항공운송에서 해상운송으로의 전환은 연간 32,000개의 주문 라인order lines에 대한 주문프로세스의 재디자인 및 전환을 의미했다. 또한 운송수단을 성공적으로 해상운송으로 전환하려면 최종 고객에 대한 배송성과가 저하되지 않도록 물류 센터에 재고를 쌓아야 함은 물론 알파 라발의 프로세스도 크게 변경하여야 했다. 프로세스 변경은 회사에게 약 12%의 재고 감소, CO_2 배출량 저감, 유사한 화물 운송 관련 비용 절약을 가져다 주었다.

문제풀이 7.1 : 환경 절약 계산하기

클리어워터 풀서비스Clear Water Pool Service, CWPS는 남서 플로리다 지방에 있는 7,000개 이상의 수영장에 대한 유지관리 서비스를 제공한다. 2010년에 CWPS는 차량 라우팅 및 스케줄링vehicle routing and scheduling 소프트웨어와 GPS 트럭 위치탐지 시스템을 구입했다. "스마트 시스템"을 사용하기 전 CWPS의 밴과 트럭은 126만 마일을 주행하여 월별 및 주별 예약 일정에 따라 현장방문 서비스를 제공했다. CWPS는 "스마트 시스템"을 활용한지 1년 만에 개선된 차량 라우팅을 바탕으로, 사용하는 차량 대수를 줄임으로써 총 주행 마일을 103만 마일로 줄였다. CWPS의 차량은 평균 갤런 당 20마일을 주행한다. 무연 휘발유는 갤런 당 8.91kg(19.643lb)의 이산화탄소 (CO_2)를 함유하고 있으며, 1 매트릭톤metric ton은 1,000kg에 해당한다.

a. 연간 절약할 수 있는 휘발유 절감분(갤런)을 구하라.

b. CWPS는 스마트 차량 스케줄링과 위치탐지 기술을 이용하여 지구 대기권에 배출하는 CO_2를 몇 톤 줄일 수 있는가?

해답:

a. 절약한 마일 수를 갤런 당 마일 수로 나누면 연간 가솔린 절약액을 구할 수 있다:

(1,260,000 − 1,030,000 마일/년)/(20 마일/갤런)
= 11,500 갤런/년

b. 연간 절감분 (갤런)에 8.91를 곱하고 1,000으로 나누면 대기중으로 배출되는 CO_2의 무게를 구할 수 있다:
(11,500 갤런/년)(8.91 kg CO_2 /갤런)/1,000kg = 차량 라우팅 및 스케줄링 개선을 통해 102.5매트릭톤의 CO_2는 대기중 방출을 막을 수 있다.

명하기 위해 주문생산, 주문조립 및 대량생산이라는 용어를 사용한다는 점에 주목한다. 이 용어가 서비스 산업에서 표준화된 것은 아니지만 개념은 유사하다. 제품과 서비스를 생산하기 위해 네 가지 주요 유형의 프로세스가 사용된다.

1. 프로젝트 Projects
2. 잡샵 프로세스 Job shop processes
3. 플로우샵 프로세스 Flow shop processes
4. 연속흐름 프로세스 Continuous flow process

프로젝트는 *예산 범위 내에서 정시에 완료하기 위해 조정되고 완료되어야 하는 많은 소규모 업무와 활동으로 구성된 대규모 맞춤형 프로세스이다.* 프로젝트의 예로는 법률서비스 중 변호 준비, 건설, 소프트웨어 개발 등이 있다. 프로젝트는 흔히 주문생산 제품과 서비스에 사용되며, 표준 디자인으로 지어진 "시장 주택market homes"과 같이 표준화된 제품에 사용하기도 한다.

잡샵 프로세스는 *유연하고 개별 고객에 맞는 맞춤형 작업이 가능한 특정 유형의 범용 장비*general-purpose equipment*를 중심으로 구성한다.* 잡샵을 통해 다양한 제품과 서비스를 생산할 수 있는데, 대부분 소량으로 생산한다. 따라서 주문생산형 또는 주문조립형 제품 생산에 사용하는 경우가 많다. 잡샵에서 고객 주문은 일반적으로 배치batch로 처리하며, 주문마다 처리 단계와 작업 경계 이동 순서가 다를 수 있다.

플로우샵 프로세스는 *조립 라인*assembly lines*과 같이 고정된 활동과 프로세스 단계를 중심으로 구성하는데, 한정된 종류의 유사한 제품이나 서비스를 생산한다.* 조립 라인assembly line은 플로우샵 프로세스의 일반적인 예다. 플로우샵 프로세스에서는 주로 대량의 옵션 지향적 제품/표준제품 · 서비스를 생산한다. 플로우샵에서 생산하는 상품의 예로는 자동차, 가전제품, 보험 증권, 당좌 예금 내역서, 병원 실험실 작업 등이 있다. 플로우샵은 생산성이 높고 전문화된 장치와 컴퓨터 소프트웨어를 활용하는 경우가 많다.

연속흐름 프로세스는 *일반적으로 고도로 표준화된 제품이나 서비스를 24시간 연속으로 생산하는데 활용한다.* 연속흐름 프로세스의 예로는 자동세차장, 제지 공장, 제철 공장, 페인트 공장 등과, 신용카드 승인 및 보안 시스템과 같이 주로 전자적이고 정보 집약적인 서비스를 들 수 있다. 연속흐름 프로세스에서는 작업 순서가 매우 경직되어 있고, 인간의 감시를 최소화하면서 종종 컴퓨터로 제어하는 고도로 전문화되고 자동화된 장비를 사용한다.

> **제품 · 서비스가 변화하고 성숙함에 따라, 이를 생산하고 전달하는 프로세스와 가치사슬도 반드시 변화하고 성숙하여야 하므로, 제품수명주기product life cycle (PLC)를 이해하는 것이 중요하다.**

그림/표 7.1에는 이러한 다양한 프로세스 유형과 특성이 요약되어 있다.

제품수명주기는 *세월이 흐름에 따라 제품이 성장, 성숙, 쇠퇴하는 의 특성을 의미한다.* 제품 · 서비스가 변화하고 성숙함에 따라, 이를 생산하고 전달하는 프로세스와 가치사슬도 반드시 변화

항공기 제작 프로세스의 재검토 Rethinking Airplane Manufacturing Processes

항공기 제작은 일반적으로 수량이 적고 항공사가 고객화customization를 많이 요구하여 프로젝트를 기반으로 이루어진다. 그러나 수요가 급증하면서 보잉Boeing은 이 패러다임을 재검토하고 있다. 보잉은 신형 777X 여객기에 보다 새롭고 표준화된 제작 기법을 사용할 계획인데 이들 기법은 항공우주산업 밖으로부터 학습한 내용을 다수 포함하고 있다. 변경된 방식을 점진적으로 기존 조립라인에도 적용하면 상당한 비용 절감을 기대할 수 있다. 최근 보잉이 영입한 전직 도요타 임원은 다음과 같이 주장했다: "회사가 부품 · 부속품의 조립 라인 직배송함으로써 작업자가 이들 부품 · 부속품의 취급업무에서 벗어나 조립에만 전념할 수 있는 새로운 시스템을 개발한다면 회사에게는 재도약의 기회가 될 것입니다." 부품 · 부속품 조립 순서를 개선하면 재고가 줄어들고 현금 흐름의 압박을 완화하며 필요한 재고 비축 공간이 줄어서 간접비overhead가 감소한다. 보잉의 한 임원은 다음과 같이 말했다: "우리는 단일 라인을 지향합니다. 비록 라인이 30분에 1인치씩만 이동하더라도 도요타의 조립 라인과 같은 개념으로 볼 수 있습니다. 우리는 필요한 모든 것을 키트에 넣은 후 가시성을 높여서 조립 라인 옆에 가져다 놓습니다. 이런 방식으로 과거 정비사가 필요한 부품을 찾아 공장을 헤매던 관행을 방지합니다."

Jordan Tan/Shutterstock.com

그림/표 7.1 프로세스 유형별 특성

프로세스 유형	특성	제품 및 서비스 예시	제품 유형
프로젝트	독특한 대규모, 복잡한 작업장으로 가져온 자원 사양 또는 작업의 광범위한 변형	우주왕복선, 크루즈선, 소상공인 세무서비스, 컨설팅 댐, 교량, 초고층 빌딩 고층빌딩, 결혼식, 컨설팅 맞춤 보석, 수술, 웹 페이지	맞춤형 또는 주문생산형
잡샵	상당한 설정 및/또는 전환 시간 소량에서 중간 정도의 수량 배치 생산small to large jobs 몇 가지 단계를 반복하는 많은 프로세스 경로 고객 요구에 맞춘 맞춤형 디자인 다양한 제품 높은 인력 기술	자동차 엔진, 자동차 차체 수리, 주요 소송 사건 공작 기계, 미용실 소규모 고객, 저당권, 단체 관광객 신발, 병원 치료, 상업 대출 상업적인 웹 기반 인쇄 중장비, 금융 서비스 법률 서비스, 컨설팅	옵션 또는 주문조립형
플로우샵	설정, 전환 시간이 거의 또는 전혀 없음 유사성이 높은 소품종의 제품 또는 서비스 전용 유사한 프로세스 단계 순서 중간수량–대량 생산	보험 정책 구내식당, 항공사 상용 고객 우대 프로그램 냉장고, 주식거래 장난감, 가구, 잔디 깎는 기계	표준 또는 대량생산형
연속생산	고정된 프로세스 순서로 대량생산 불연속discrete 부품으로 제작하지 않음 높은 장비, 설비 투자 소품종 상품, 서비스 프로세스 단계간 제품 또는 정보의 자동 이동 24시간/7일 연속 운영	가솔린, 페인트, 메모리칩, check posting 곡물, 화학 철강, 제지, 발전 설비 자동 세차 카드 승인, 전기 설비 철강, 전자 자금 송금, 방송	

하고 성숙하여야 하므로, 제품수명주기product life cycle (PLC)를 이해하는 것이 중요하다.

전통적인 제품수명주기는 일반적으로 도입introduction, 성장growth, 성숙maturity, 쇠퇴 및 전환decline and turnaround의 4단계로 구성된다. 제품의 주기는 프로세스 디자인과 선택 측면에서 중요한 의미를 갖는다. 예를 들면, 판매량이 적은 신제품은 잡샵 프로세스에서 생산하는 것이 적합하지만, 판매량이 증가하여 생산량이 증가하면 플로우샵 프로세스가 더 효율적일 수 있다. 또 다른 예를 들면, 표준제품을 생산하는 기업은 플로우샵 프로세스를 채택하는 것이 일반적이지만, 시장이 성숙함에 따라 고객이 제품의 고객 맞춤화를 요구할 수 있다. 이 경우 잡샵 프로세스가 더 유리할 수 있다.

안타깝게도 많은 기업들이 종종 관리자가 제품 전략product strategies은 변경하되, 신제품의 특성을 반영하기 위해 필요한 프로세스를 변경하지 않는다.

제품 · 서비스 속성과 프로세스 선택 결정 간의 관계를 이해하는 데 도움이 되는 두 가지 접근방식에는 다음에서 소개할 제품–프로세스 매트릭스product-process matrix와 서비스 포지셔닝 매트릭스service-positioning matrix가 있다.

7-2 제품–프로세스 매트릭스 product-process matrix (PPM)

제품–프로세스 매트릭스는 헤이즈Hayes와 윌라이트Wheelwright가 처음 제안한 것으로 그림/표 7.2와 같다. **제품–프로세스 매트릭스**는 *제품의 특성과 프로세스 선택의 정렬을 설명하는 모형이다*. 제품–프로세스 매트릭스의 대각선을 따라 제품 유형과 프로세스 유형 간 가장 적절한 조합이 이루어진다. 대각선 아래로 이동함에 따라 제품 및 프로세스 구조에 대한 주안점이 작은 수량volume 및 높은 유연성flexibility에서 더 많은 수량volume과 더 높은 표준화standardization으로 전환된다. 제품과 프로세스 특성이 상호 조화를 이루지 않으면 회사의 경쟁중점목표를 효과적으로 달성할 수 없다.

예를 들면, 연속 프로세스 구조를 사용하여 대량 생산과 낮은 고객화로 소품종의 제품만 생산하는 회사를 생각해보자. 이 프로세스 선택은 제품 특성과 가장 잘 일치한다. 그러나 시간이 지나면서 고객의 요구가 진화함에 따라 마케팅 및 엔지니어링 부서가 더 많은 제품 옵션을 개발하고 새로운 제품을 추가한다고 가정해보자. 그 결과 더 많은 수의 다양한 제품을 만들 수 있고, 생산량을 낮추고, 고객화를 증가시킬 수 있다. 이제 회사는 "대각선에서 벗어난off the diagonal (비대각선)" 매트릭스의 왼쪽 하단 모서리에 존재한다. (그림/표 7.2에서 위치 A로 표시됨). 제품 특성과 프로세스 선택 간에 불일치가 있다. 회사가 플로우샵 프로세스를 계속 사용하면 낮은 효율성으로 인해 배송 약속을 지키기 위해 고군분투하게 되고 불필요한 비용이 발생할 수 있다.

반면에 기업은 선택적이고 의식적으로 비즈니스를 제품–프로세스 매트릭스의 대각선에서 벗어나게 함으로써("포지셔닝 전략positioning strategy"이라고도 함) 경쟁 업체과의 차별화를 꾀할 수도 있다. 그러나 대각선에서 너무 멀어지지 않도록 주의하거나, 높은 가격이 운영상의 비효율성을 흡수하는 시장이 있어야한다. 예를 들면, 롤스로이스Rolls-Royce는 다른 자동차 제조업체의 전

그림/표 7.2 제품-프로세스 매트릭스

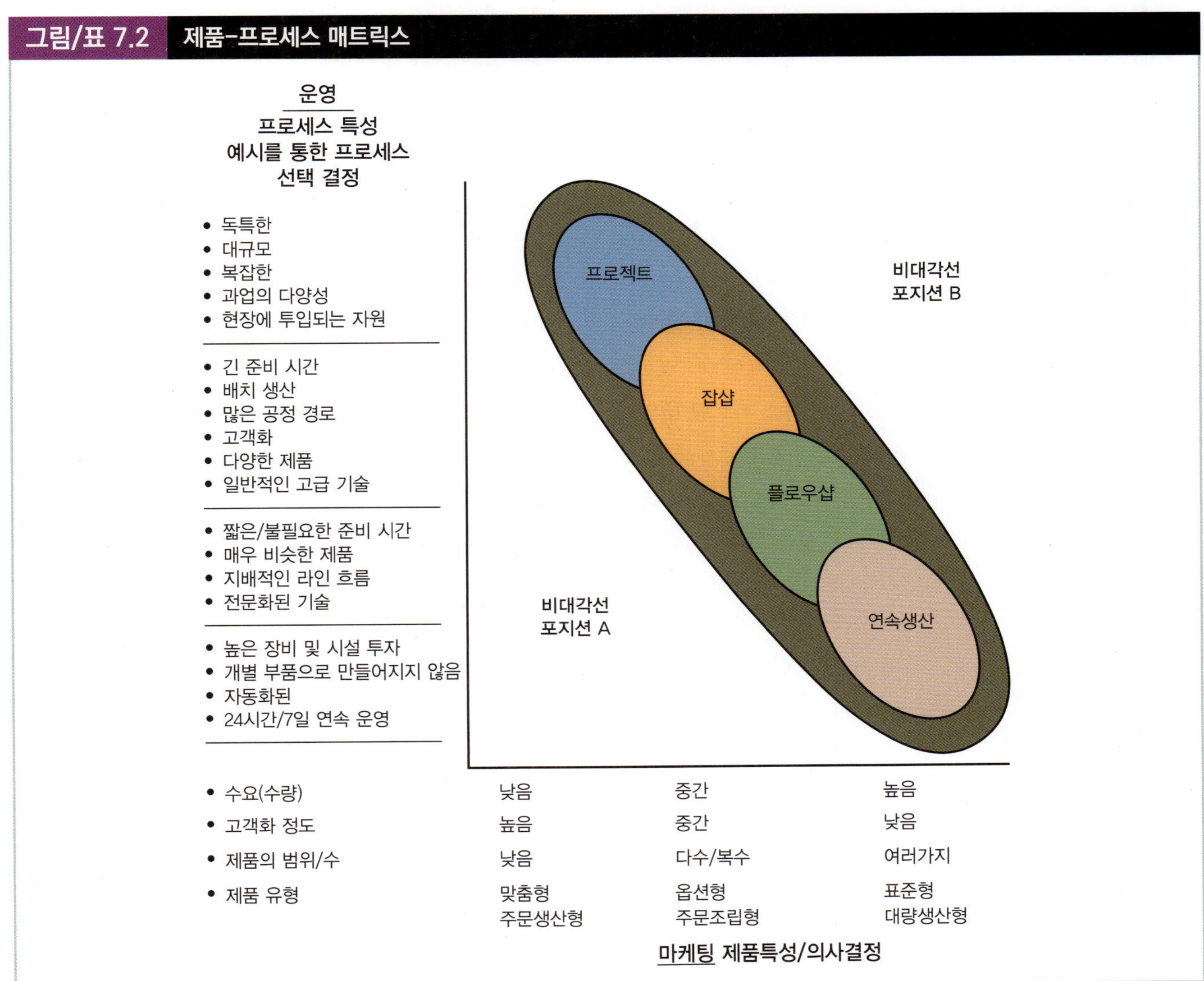

통적인 플로우샵이 아닌 잡샵과 유사한 프로세스를 사용하여 작은 라인에서 자동차를 생산한다. 자동차 한 단위를 완성하려면 약 900시간의 노동력이 필요하다. 이와 같은 전략이 롤스로이스에게는 효과가 있는데, 그 이유는 롤스로이스의 표적 고객들이 프리미엄 품질과 기능에 대해 프리미엄 가격을 지불할 용의가 있기 때문이다.

제품-프로세스 매트릭스의 이론은 고급 제조 기술이 기업이 대각선에서 벗어나더라도 성공할 수 있다고 주장하는 이들의 비판을 받아왔다. 최근 개발되고 있는 새로운 기술은 제조업체에게 매우 유연하고 더 적은 양의 제품을 더 낮은 비용으로 더 많은 종류로 생산할 수 있는 능력을 제공한다. 따라서 점점 더 많은 기업들이 비대각선 포지셔닝 전략off-diagonal positioning의 채택할 수 있게 되었고, "대량 고객화mass-customization" 전략 및 역량을 갖출 수 있게 되었다.

7-3 서비스-포지셔닝 매트릭스 The Service-Positioning Matrix (SPM)

제품-프로세스 매트릭스는 서비스 프로세스 설계에 적합하지 않은데, 그 주된 이유는 많은 서비스업에서 수량과 프로세스 간의 관계를 찾을 수 없기 때문이다. 예를 들면, 소매점, 은행 및 호텔과 같은 업종에서는 과거 늘어나는 수요를 충족하는 방법으로 새로운 점포 또는 지범 등의 형태로 서비스 제공 능력을 추가했지만, 프로세스 자체는 변경하지 않았다. 이러한 한계는 서비스-포지셔닝 매트릭스를 도입하여 해결할 수 있다. 이를 더 잘 이해하기 위해 먼저 서비스전달 시스템의 경로 개념the concept of a pathway in a service delivery system을 이해하여야 한다.

경로는 *서비스 시스템 내의 고유한 길*route*이다.* 경로는 서비스 제공자가 가지려는 통제 수준에 따라 고객 주도customer driven 또는 제공자 주도provider driven가 될 수 있다. 경로는 디즈니 월드Disney World나 골프 코스 를 돌아다니는 것과 같이 본질적으로 물리적일 수 있으며, 중개 회사와 전화를 통해 거래를 시작하는 경우와 같이 프로세스적일 수 있다. 또한 인터넷 검색을 수행하는 경우처럼 순수하게 정신적이고 가상적일 수 있다. **고객주도 서비스**customer-routed services는 *고객이 서비스전달 시스템을 통해 가능한 여러 경로 중에서 고객의 즉각적인 요구와 필요에 가장 적합한 경로를 선택할 수 있도록 광범위한 자유를 제공하는 방식의 서비스이다.* 고객은 서비스 제공자의 최소한의 지침만으로 서비스전달 시스템을 통해 선택할 경로를 결정한다. 물건을 구입하기 위해 인터넷 검색을 하거나 공원을 방문하는 것이 그 예이다.

제공자주도 서비스provider-routed services는 *고객에게 서비스 시스템에서 사전에 디자인된 매우 적은 수의 가능한 경로를 따르도록 고객의 자유를 제한한다.* 현금자동입출금기(ATM)가 그 예인데, 고객은 ATM을 사용하면서 현금 인출, 입금, 계좌 잔액 확인, 계좌 이체 등 제한된 수의 경로만을 선택할 수 있다. 미국 우편국U.S. Postal Service, 페더럴 익스프레스Federal Express 또는 UPS를 사용하여 소화물을 발송하고 처리하는 서비스도 제공자주도 서비스의 또 다른 예이다.

고객주도 서비스를 위한 디자인은 고객을 만족시킬 수 있는 기능features 뿐만 아니라 존재할 수 있는 다양한 경로와 경로를 선택하고 탐색하는 방법에 관한 고객 교육 방법에 대한 확실한 이해가 필요하다.

벡톤 디킨슨의 비대각선 전략 Becton Dickinson (BD) off-diagonal positioning

벡톤 디킨슨은 의료용 주사 장비 생산분야의 선도기업이다. 스프링 장착형 IV 카테터에는 12개의 부품이 있는데, 믿을 수 없을 정도로 빠른 속도로 움직이는 48개의 단계의 자동화 프로세스를 통해 조립된다. BD의 유타Utah 공장에서는 하나의 긴 조립 라인을 사용하는 대신 하위 조립 스테이션subassembly stations을 변경하거나 추가하는 방식으로 생산품목을 비교적 쉽게 변경할 수 있는 생산 시스템을 사용한다. BD의 제조 프로세스 선택은 제품 프로세스 매트릭스의 대각선과는 다소 동떨어져 있으며, 더 혹은 덜 연속적인 흐름 패턴으로 다품종의 제품을 대량 생산한다. 단순한 제품 디자인과 높은 수준의 자동화는 BD가 제품 프로세스 대각선 전략에서 벗어나는 데 도움이 되었다. 이 전략은 회사가 경쟁이 치열한 산업에서 시장 점유율을 계속 유지하고 성장시키는 데 도움을 준다.

그림/표 7.3 서비스-포지셔닝 매트릭스

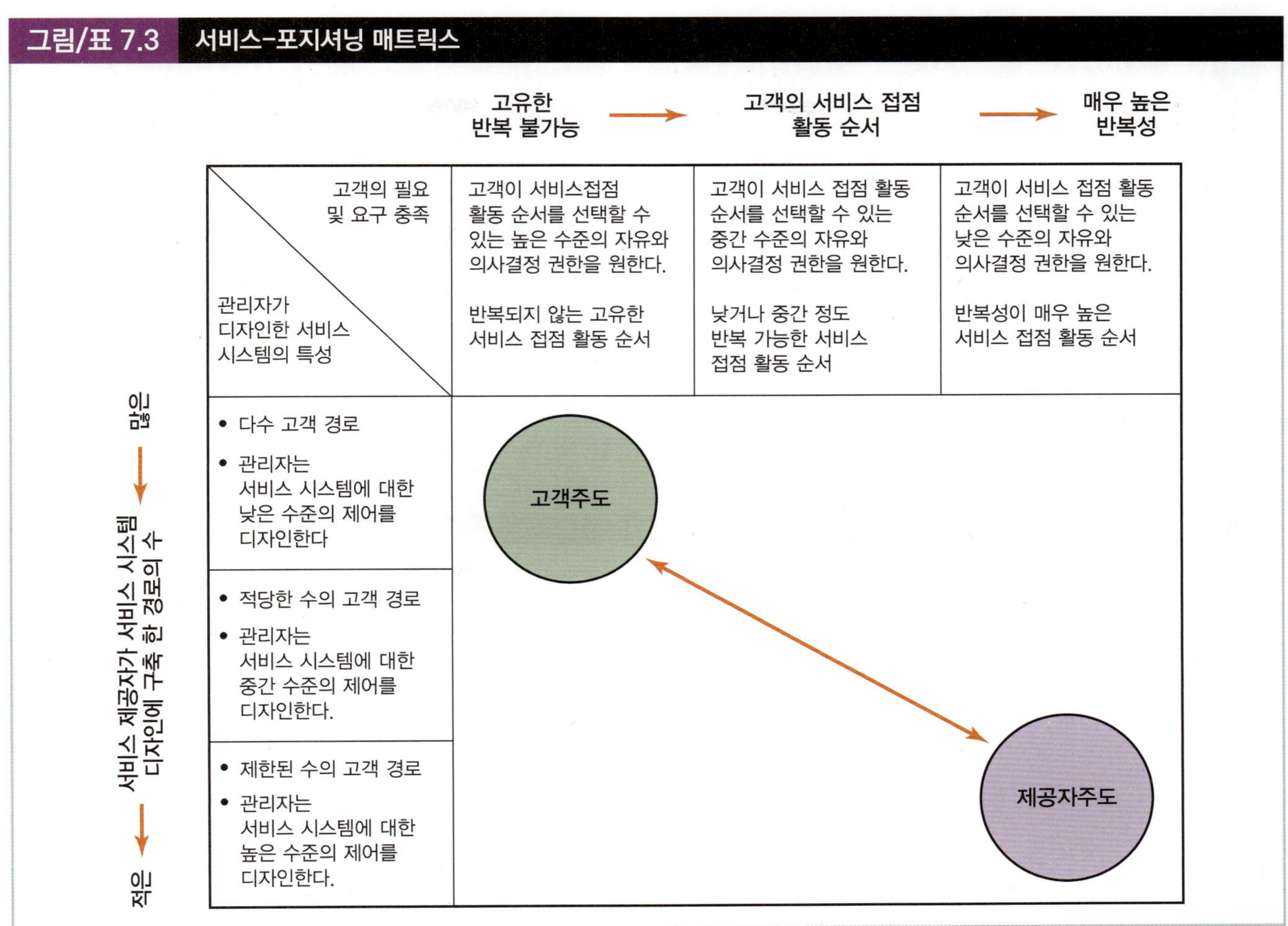

그림/표 7.3의 서비스-포지셔닝 매트릭스service-positioning matrix(SPM)는 제품 생산을 위한 제품-프로세스 매트릭스와 매우 유사하다. SPM은 서비스 접점service-encounter 수준에 초점을 맞추고 있으며, 서비스 기업의 경영진이 고객의 기술적 및 행동적 요구 사항을 가장 잘 충족하는 서비스 시스템을 설계할 수 있도록 지원한다. 수평축에 배열된 위치position는 서비스 접점의 진행 순서에 따라 설명할 수 있다. **서비스 접점 활동 순서**service-encounter activity sequence는 *서비스 거래를 완료하고 고객의 필요와 요구를 충족시키는 데 필요한 프로세스의 모든 단계와 및 관련 서비스 접점으로 구성된다.* 서비스 접점 활동 순서는 다음 두 가지 요소에 따라 달라진다.

1. *서비스 접점에서의 활동 순서를 선택할 때 고객의 재량, 자유 및 의사결정 권한의 정도.* 고객은 자신이 선택한 순서에 따라 고유한 서비스 접점에서의 활동 순서를 디자인할 수 있는 기회를 원할 수 있다.
2. *서비스 접점 내 활동 순서의 반복성 정도*degree of repeatability. 서비스 접점의 반복성은 고객이 특정 서비스 접점 내 활동 순서를 사용하는 빈도를 나타낸다. 서비스 접점의 반복성은 제품생산 회사의 제품 수량과 유사한 측정값을 제공한다.

애플: 새로운 디자인은 새로운 프로세스를 필요로 한다.
Apple: New Design Requires New Processes

mama_mia/Shutterstock.com

애플은 견고성과 내구성 향상은 물론 두께를 얇게 디자인한 신형 맥북MacBook 제품군을 생산하기 위해 알루미늄 압출 블록을 가공하여 정밀가공한 일체형 본체를 생산하는 프로세스를 새롭게 구축하여야 했다. 이 프로세스는 항공 우주 산업에서 사용하는 프로세스와 유사한 컴퓨터 수치 제어CNC 공작기계가 알루미늄 압출 블록을 깎아내는 작업으로부터 시작한다. 알루미늄 판은 13번의 독립된 밀링 작업을 거쳐 블록으로 절단된다. 애플은 CNC를 이용해 판 표면의 키보드 구멍을 정밀하게 자르고, 디스플레이 덮개를 엄지손가락으로 손쉽게 열 수 있도록 오목한 부분을 만들고, 내부에서 복잡한 패턴을 가공하며, 레이저로 스피커 그릴 구멍을 뚫는다. 일단 내부를 정밀하게 절단한 후 가장자리는 둥글게 연마한다. 알루미늄 블록으로부터 절단한 자재는 수집하여 재활용한다.

서비스 접점이 독특한 형태를 띨수록 반복성은 떨어진다. 높은 수준의 반복성은 표준화된 프로세스 및 장비 설계와 전용 서비스 유통경로service channel의 구축 및 사용을 가능하게 하고, 이는 다시 비용을 절감과 효율성 향상으로 이어진다. 낮은 수준의 반복성은 높은 수준의 고객화와 높은 수준의 유연성을 지닌 장비 및 프로세스 설계를 촉진하는데, 이에 따라 거래 당 상대적 비용이 증가하고 효율성은 감소하는 것이 일반적이다. SPM의 수직축에 배열된 위치position는 서비스 제공자가 서비스 시스템 설계에 구축한 경로 수를 반영한다. 즉, 서비스를 제공하는 기업의 설계자나 경영진은 고객이 선택할 수 있는 경로의 수를 1개에서 무한대까지 사전에 확정한다.

SPM은 고객이 원하는 서비스 접점 활동 순서의 성격이 가장 적절한 서비스 시스템 설계로 이어져야 하며 일반적으로 매트릭스의 대각선을 유지함으로써 높은 성과를 얻을 수 있다는 점에서 제품–프로세스 매트릭스와 유사하다. 제품–프로세스 매트릭스와 마찬가지로, 대각선으로부터 멀리 떨어지게 프로세스를 설계하면 서비스 시스템의 특성과 원하는 활동 순서 특성 간에 불일치를 겪게 된다. SPM의 대각선 아래로 이동하면, 서비스 접점 활동 순서는 더 적은 경로로 덜 독특하고 더 반복 가능해진다. 제품–프로세스 매트릭스와 마찬가지로, 매트릭스의 중간 범위 부분에는 다양한 중간 수준의 디자인 선택 사항이 포함되어 있다.

7-4 프로세스 디자인 Process Design

프로세스 디자인의 목표는 장비, 노동력, 소프트웨어, 작업 방법 및 환경을 적절하게 조합하여 내부 및 외부 고객의 요구사항을 모두 충족하는 제품과 서비스를 생산하고 제공하는 것이다. 프로세스 디자인은 비용(이에 따른 수익성), 유연성(고객 수요 또는 선호도의 변화에 따라 적절한 유형과 수량의 제품을 생산할 수 있는 능력) 및 산출물output의 품질에 상당한 영향을 미칠 수 있다.

작업work을 다음 네 가지 계층적 수준hierarchical level에서 생각할 수 있다.

1. 과업 Task
2. 활동 Activity
3. 프로세스 Process
4. 가치사슬 Value Chain

과업 task은 *산출물을 창출하는 데 필요한 특정 작업 단위이다*. 아이패드iPad 조립라인에서 회로 기판을 삽입하거나 송장에 주소를 입력하는 것이 그 예다. **활동**activity은 *중간 또는 최종 산출물을 창출 및 제공하는 데 필요한 과업 그룹이다*. 아이패드를 생산하기 위해 베터리를 연결하고 덮개를 조립하는 예시나 송장에 주문 품목, 가격, 할인 등 정보를 올바르게 입력하는 예시와 같이 활동은 모든 필수적인 과업을 포함한다. 프로세스의 예로는 아이패드를 조립하거나 고객 주문을 처리하는 것이 있다. 아이패드의 가치 사슬은 원자재 및 구성품 구매, 제조 및 조립, 유통, 소매 판매, 대면 및 웹 기반 고객 지원이 포함한다.

그림/표 7.4는 제산제antacid 생산의 예를 보여준다. 가치사슬은 *제품–생산 프로세스*goods-producing processes에 초점을 맞춘 통합적 관점을 보여준다(엔지니어링, 배송, 미지급금, 광고 및 소매업과 같은 지원 서비스는 표시되지 않음). 작업 계층의 다음 단계는 제산제 알약이 만들어지는 *생산 프로세스*production process 단계이다. 세 번째 단계는 재료가 혼합기에 투입되는 *혼합 작업장(또는 작업 활동)* mixing workstation (or work activities)에 초점을 맞춘다. 페퍼민트, 딸기–바나나, 체리, 만다린 오렌지 등 다양한 맛이 동일한 혼합기를 사용하여 생산되기 때문에 각 배치batch별로 향을 준비하고 다음 배치를 위해 세척해야 한다. 작업 계층의 네 번째이자 마지막 단계는 *향 첨가 과업*flavoring tasks으로, 구체적인 프로세스, 과업당 표준 시간, 노동 요구 사항의 세 가지 과업으로 정의된다. 이 세 가지 과업은 필요한 경우 더 자세히 나눌 수 있다.

7-4a 프로세스 및 가치 흐름도 작성 Process and Value Stream Mapping

프로세스 디자인 목표를 이해하려면 다음 질문에 답하는 데 초점을 맞춰야 한다: 이 프로세스는 어떤 목적을 달성하기 위한 것인가? 프로세스 목표로는 “48시간 내에 산출물을 창출하여 고객에게 전달하는 것” 등이 있을 수 있다. 고려해야 할 또 다른 핵심 질문은 다음과 같다: 달성해야 하는 고객 및 조직 내부의 중요한 요구사항은 무엇인가?

제품생산 또는 서비스전달 프로세스 디자인은 다음 6가지 주요 활동을 거쳐야 한다.

1. 프로세스의 목적과 목표를 정의한다.
2. 프로세스가 현재 수행되는 방식을 설명하는 상세한 프로세스맵 또는 가치흐름도(현재상태도current state map 또는 기준도baseline map라고도 함)를 작성한다. 완전히 새로운 프로세스를 디자인하는 경우에는 이 단계를 건너뛴다.
3. 프로세스 디자인의 대안을 평가한다. 즉, 프로세스가 어떻게 고객과 조직의 목표를 가장 잘 달성할 수 있는지를 설명하는 프로세스 또는 가치흐름도(미래 상태도future state map라고도 함)를 작성한다.

그림/표 7.4 제산제의 작업 계층 및 계단식 흐름도

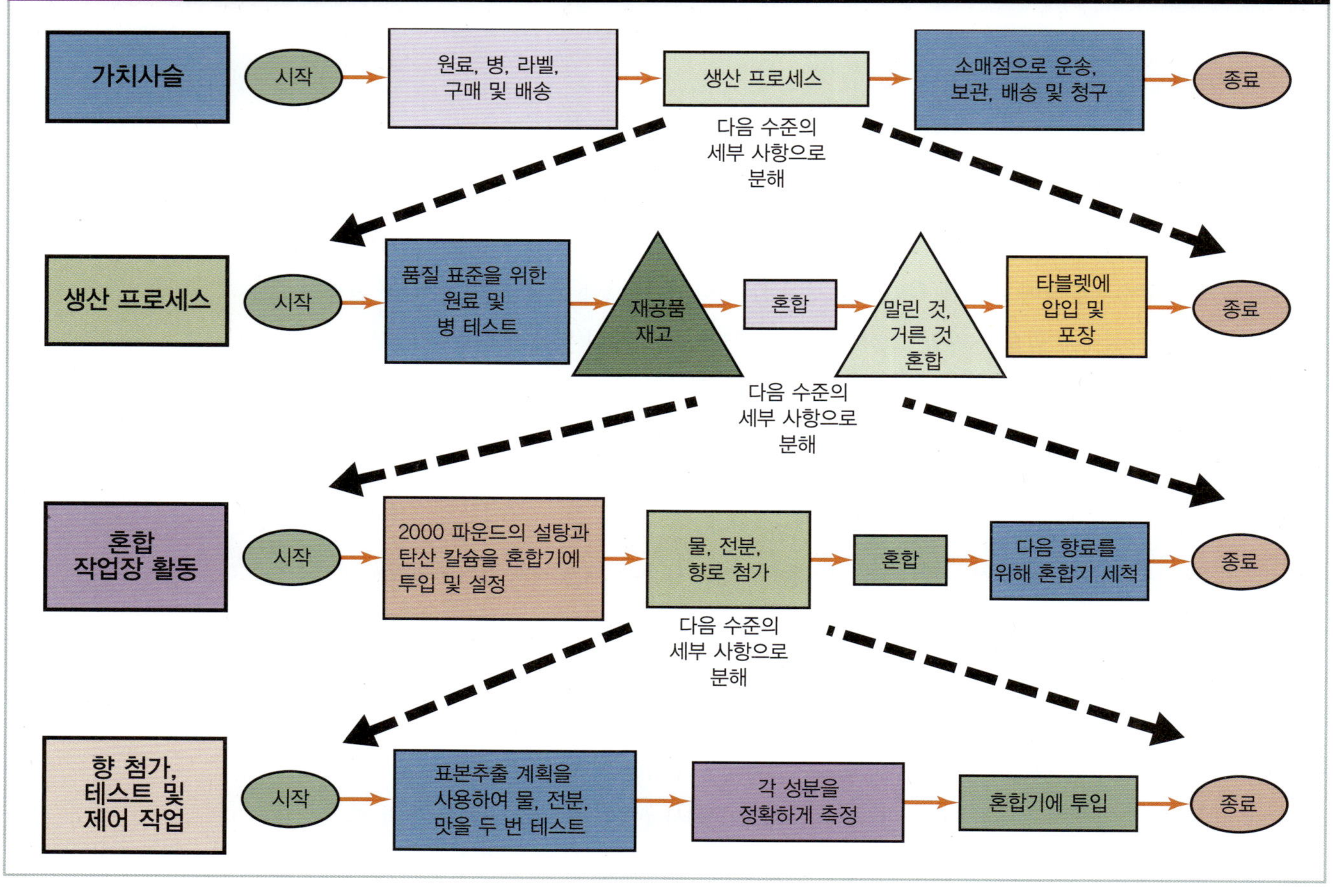

가치사슬: 시작 → 원료, 병, 라벨, 구매 및 배송 → 생산 프로세스 → 소매점으로 운송, 보관, 배송 및 청구 → 종료

다음 수준의 세부 사항으로 분해

생산 프로세스: 시작 → 품질 표준을 위한 원료 및 병 테스트 → 재공품 재고 → 혼합 → 말린 것, 거른 것 혼합 → 타블렛에 압입 및 포장 → 종료

다음 수준의 세부 사항으로 분해

혼합 작업장 활동: 시작 → 2000 파운드의 설탕과 탄산 칼슘을 혼합기에 투입 및 설정 → 물, 전분, 향료 첨가 → 혼합 → 다음 향료를 위해 혼합기 세척 → 종료

다음 수준의 세부 사항으로 분해

향 첨가, 테스트 및 제어 작업: 시작 → 표본추출 계획을 사용하여 물, 전분, 맛을 두 번 테스트 → 각 성분을 정확하게 측정 → 혼합기에 투입 → 종료

아직도 수하물을 기다리고 있는가? Still Waiting for Your Luggage?

항공사들은 고객효익패키지customer benefit package를 재정의하기 위해 노력해 왔다. 2010년부터 알래스카 항공Alaska Airlines은 20분 수하물 보장제를 실시하고 있다.

> 항공기가 게이트에 도착한 후 20분 이내에 수하물 찾는 곳에 수하물이 도착하지 않았다면, 알래스카 항공권 구입에 사용할 수 있는 25달러 가치의 할인 코드 또는 알래스카 항공 마일리지에 2,500의 보너스 마일리지를 제공하겠습니다. 저희가 20분 보장 약속을 지키지 못한 경우, 항공편 도착 후 2시간 이내에 할인 코드나 마일리지를 받으세요. Twitter@alaskaair를 통해 연락하시거나, 고객 서비스 센터에 전화하실 수 있으며, 또는 공항에 상주하는 고객 서비스 에이전트에게 말씀하세요.

monticello/Shutterstock.com

당신이 선호하는 항공사는 운영과 수하물 처리 과정을 개선하지 않고서도 서비스 보장을 수행할 수 있을까?

4. 프로세스에 적합한 성과 측정 방법을 식별하고 정의한다.
5. 적절한 장비와 기술을 선택한다.
6. 신규 또는 수정된 프로세스 디자인을 도입하기 위한 실행 계획을 수립한다. 이 단계는 프로세스를 모니터링하고 제어하기 위한 프로세스 성과 기준 및 표준 개발이 포함한다.

프로세스 맵(플로차트) process map (flowchart)은 *원하는 산출물이나 결과를 창출하고 전달하는 데 필요한 프로세스의 모든 활동과 과업의 순서를 기술한다.* 구체적으로 프로세스맵은 작업이 수행되거나 수행 되어야하는 방식, 변환 프로세스transformation process가 가치를 창출하는 방식을 문서화한 것이다. 일반적으로 현재 프로세스를 이해하고 리엔지니어링을 위한 개선 사항을 식별하기 위해서는 현재 프로세스가 작동하는 방식에 대한 "기준도" baseline map를 우선 개발하여야 한다.

프로세스맵은 프로세스의 경계를 기술한다. **프로세스 경계** process boundary*란 프로세스의 시작 또는 끝이다.* 명확하게 정의된 프로세스 경계의 장점은 최고경영진의 지원을 쉽게 얻어내고, 프로세스 소유권(과 이에 따른 책임감)을 개인이나 팀에 할당하며, 내부 또는 외부 고객과의 주요 접점들을 식별하고, 성과 측정을 수행할 지점의 식별도 쉽다는 것이다. 따라서 그림/표 7.4의 각 단계는 서로 다른 프로세스 경계를 정의하는 프로세스맵을 나타낸다. 그림/표 7.5는 프로세스맵에 사용하는 일반적인 기호를 활용하여 자동차 정비 프로세스에 대한 프로세스맵을 보여준다. 프로세스맵은 프로세스 경계를 명확하게 설명한다.

프로세스맵을 서비스에 적용하면, 프로세스맵은 고객과의 접촉 지점points of contact을 강조한다. 서비스 프로세스맵은 종종 *서비스 청사진*service blueprint *또는 서비스흐름도 (또는 서비스 맵)*service map*라고도 한다.* 서비스 흐름도는 종종 그림/표 7.5에서 보는 것처럼 "고객 가시선line of customer visibility"을 이용해서 백 오피스back office와 프론트 오피스front office를 구분한다.

프로세스 디자인에서 부가가치가 없는 활동을 제거하는 것은 운영 관리자의 가장 중요한 책임 중 하나이다.

인접하지 않은 두 작업장 간 자료를 전송하거나, 서비스를 기다리거나, 저비용 전자 거래를 위한 다중 승인을 요구하는 것과 같은 비부가가치 활동은 단순히 처리 시간을 늘리고 비용을 증가시킴은 물론 고객 불만을 높인다. 프로세스 디자인에서 부가가치가 없는 활동을 제거하는 것은 운영 관리자의 가장 중요한 책임 중 하나이다. 이것은 보다 일반적인 프로세스맵의 변형된 형태인 가치흐름도 작성을 통해 이루어진다.

가치 흐름 value stream*이란 상품과 서비스를 고객에게 설계, 생산, 제공하는 데 수반되는 모든 부가가치 활동*value-added activities*을 의미한다.* 가치흐름도value stream map(VSM)는 프로세스 흐름을 일반적인 프로세스맵과 유사한 방식으로 보여준

Evgeny Litvinov/Shutterstock.com

그림/표 7.5 자동차 정비 프로세스맵

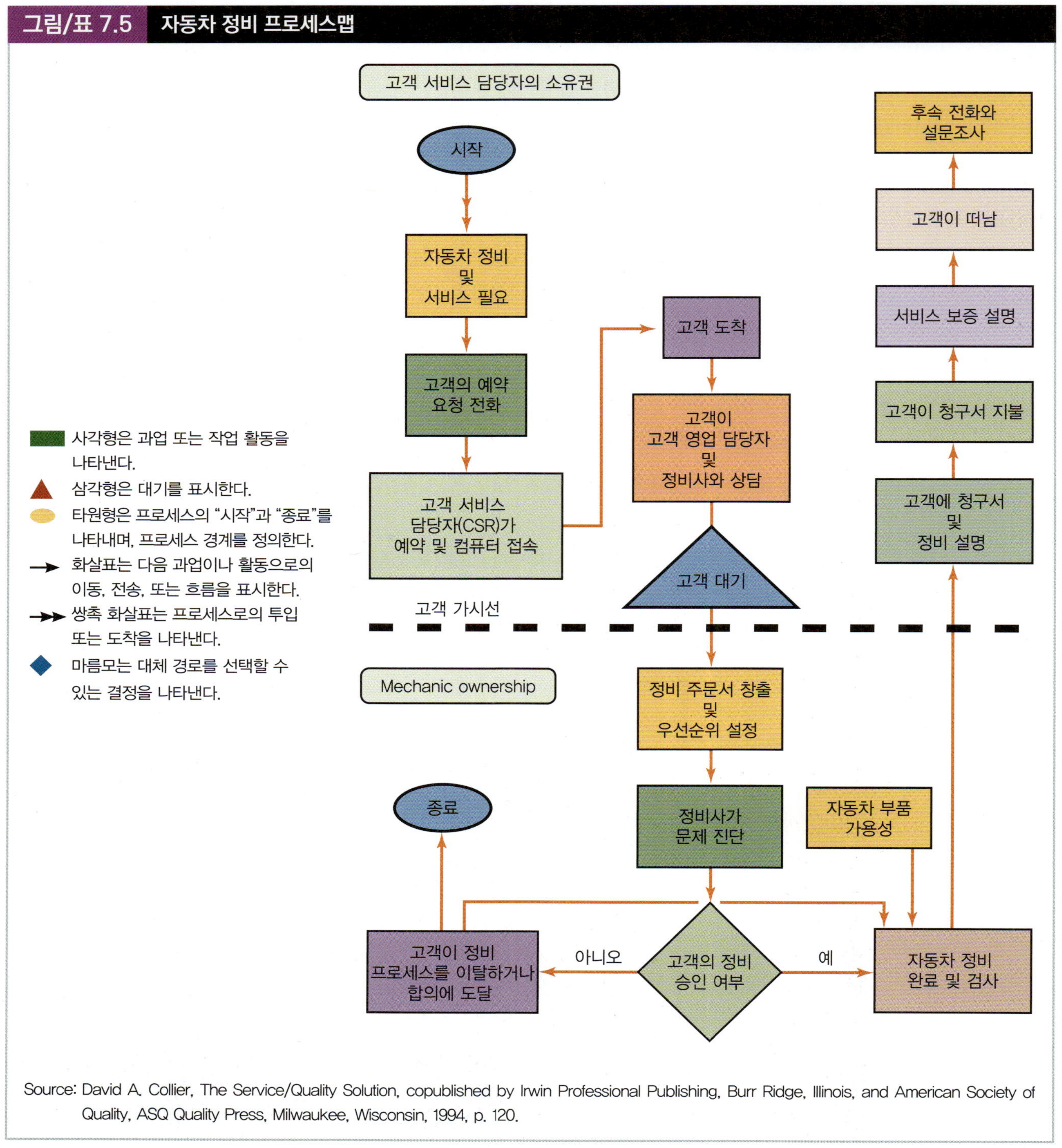

Source: David A. Collier, The Service/Quality Solution, copublished by Irwin Professional Publishing, Burr Ridge, Illinois, and American Society of Quality, ASQ Quality Press, Milwaukee, Wisconsin, 1994, p. 120.

다. 그러나 가치흐름도는 부가가치 활동 대비 비부가가치 활동non-value-added activities을 강조해서 보여주고, 가치 및 비부가가치 활동에 대한 작업 활동과 관련된 비용을 포함하여 보여준다는 점에서 차이가 있다.

가치흐름도를 잘 이해하기 위해, 그림/표 7.6에 나타난 레스토랑의 주문 처리 프로세스에 대

그림/표 7.6 레스토랑 주문게시 및 주문이행 프로세스

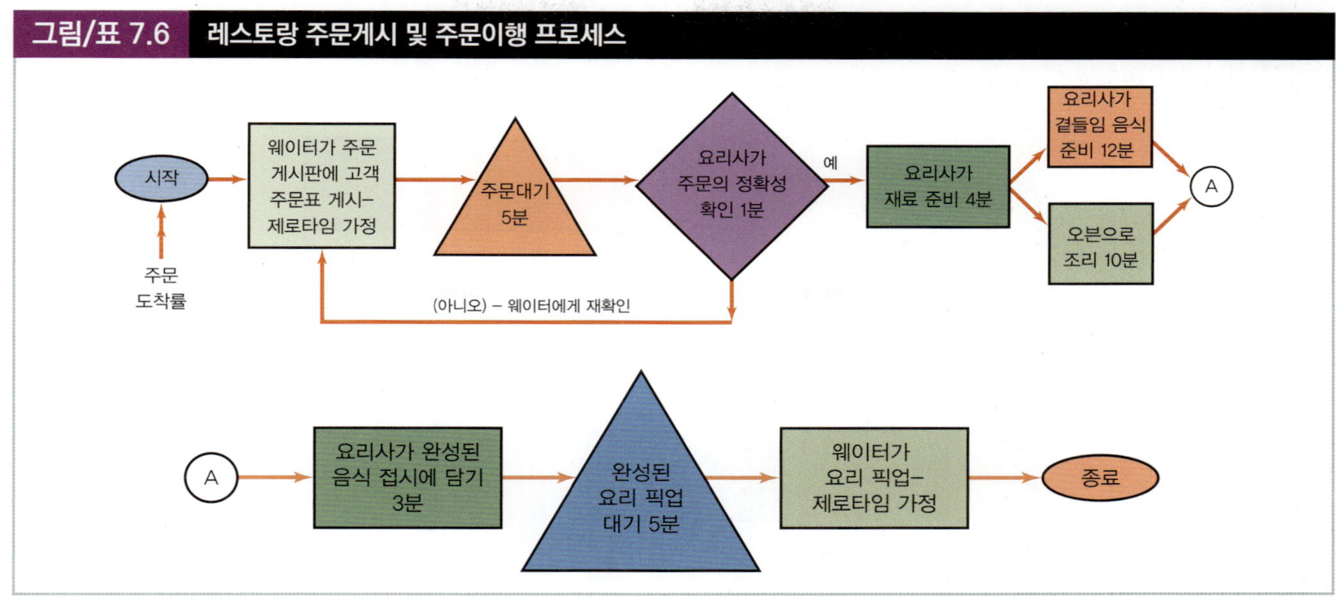

한 프로세스 맵을 살펴보자. 프로세스맵의 시간에서 "서비스 표준 service standard" 주문 알림 및 이행 시간은 주문 당 평균 30분(5 + 1 + 4 + 12 + 3 + 5)이다. 레스토랑의 서비스 보증에 따르면 이 주문 알림 및 이행 시간이 40분 이상이면 고객의 주문은 무료로 제공된다고 규정하고 있다.

요리사 인건비는 시간당 30달러, 오븐 가동은 시간당 10달러, 주문 대기 시간은 시간당 5달러, 주문 대기 시간은 시간당 60달러로 평가된다. 추정치 60달러는 고객에게 늦게 제공하여 신선도가 떨어진 저녁 식사에 대한 낮은 품질의 비용을 반영한다.

그림/표 7.7은 그림/표 7.6의 주문 게시 및 이행 프로세스에 대한 가치흐름도를 보여준다. 그림/표 7.7은 가치흐름도 작성을 위한 여러 형식 중 하나이다. 여기서 부가가치 없는 시간은 총 주문 게시 및 이행시간의 33.3%(10/30분), 부가가치 없는 비용은 총비용의 31.7%($5.417/$17.087)이다. 프로세스 개선을 통해 무선통신기술을 활용하여 음식 주문을 주방으로 전송하고 주문한 음식이 준비되면 웨이터에게 통지하여 프로세스의 앞, 뒷부분에서 대기 시간을 10분에서 4분으로 줄일 수 있다고 가정하자. 이에 따라 총 처리 시간은 30분에서 24분으로 단축된다(20% 개선). 프로세스 앞뒤에서 3분 대기 시간이 단축됨에 따라 비용은 3.25달러 절감된다. 따라서 주문 당 비용은 17.087달러에서 13.837달러(19% 개선)로 낮아진다. 레스토랑의 전체 서비스 전달 프로세스service delivery process에서 이 부분의 속도를 증가시키면 최대 수요 기간 동안 좌석 회전율이 높아져 총 수익을 증가시키고 수익과 간접비에 기여할 수 있다.

손익분기점 분석은 손익을 분석하거나 수량에 따라 달라지는 두 옵션 중에서 경제적인 선택을 하기 위한 단순한 접근법이다. 참고자료 C는 손익분기점 분석에 대한 짧은 자습서를 제공하며, 문제풀이 7.2를 공부하기 전에 이 내용을 검토할 것을 추천한다.

그림/표 7.7 레스토랑 주문게시 및 주문이행 프로세스의 가치흐름도

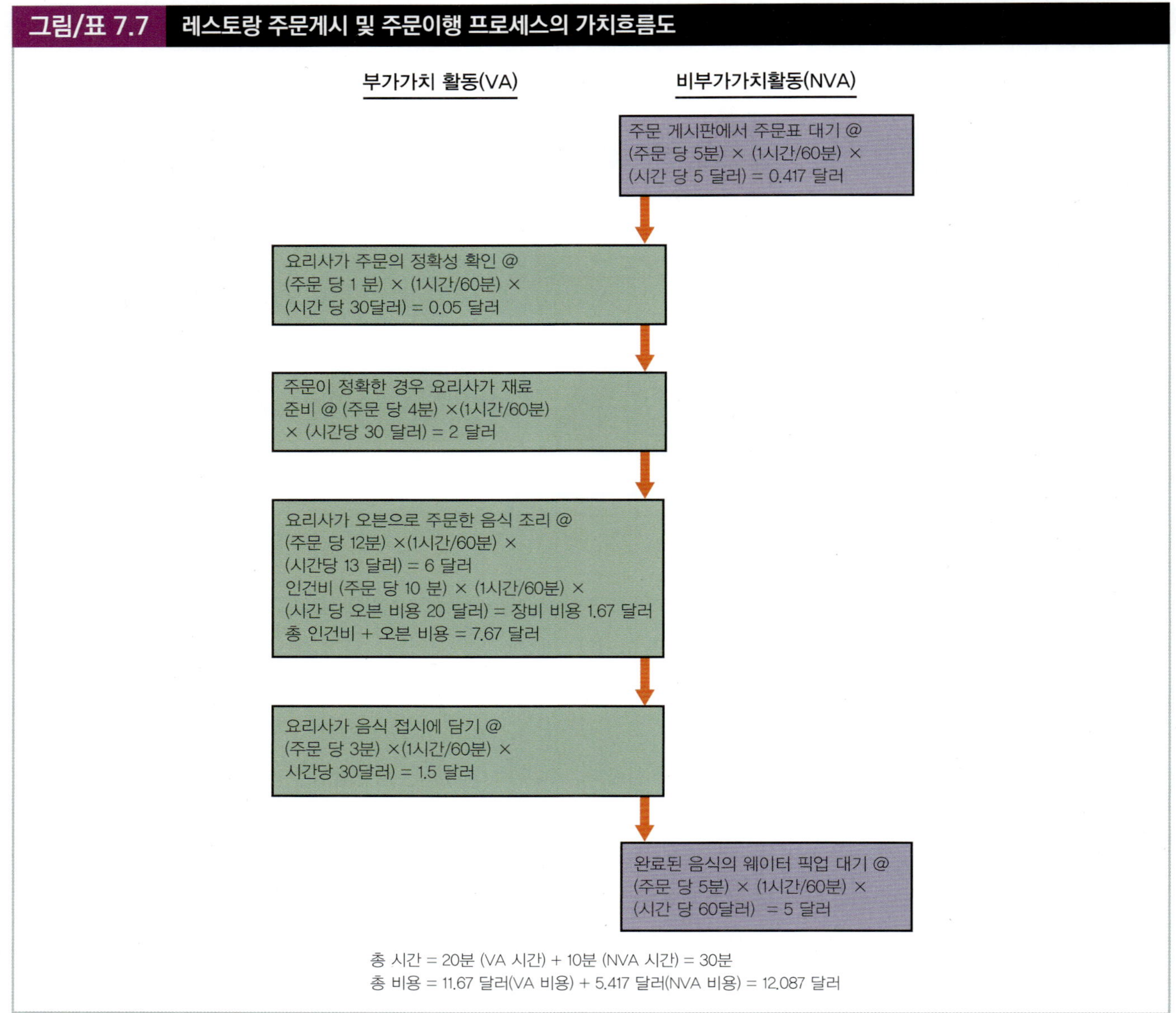

문제풀이 7.2 : 손익분기점 분석을 이용한 프로세스 개선 평가

한 지역 은행의 신용카드 프로세스 관리자는 두 가지 프로세스 개선 계획 중 하나를 결정해야 한다. 현재의 신용카드 프로세스에는 플라스틱 신용카드를 제작하여 고객에게 우편으로 발송하는 과정이 포함되어 있다. 현재 프로세스는 카드당 7.34달러의 변동비, 연간 48만 달러의 고정비가 발생한다. 연간 생산량은 1,205만장이다.

프로세스 개선 계획 A는 프로세스를 42개에서 30개 작업으로 간소화하도록 하고 있다. 소프트웨어 업데이트와 추가 장비 구입으로 인해 계획 A의 고정비가 61만달러로 증가한다. 플랜A의 변동비는 카드당 6.90달러가 될 것으로 예상된다.

프로세스 개선 계획 B는 한 명의 작업자만 필요하며 컴퓨터로 제어하는 기계를 구입함으로써 플라스틱 카드 생산의 대부분을 자동화한다. 고정비가 113만달러로 증가하고, 변동비가 카드당 6.50달러로 줄어든다. 이 기계의 유지보수와 정비는 매우 중요하다. 몇 시간이라도 작동하지 않으면 전체 신용카드 프로세스가 중지된다.

a. 현재 프로세스와 두 개선 계획 A와 B의 총 비용을 구하라.
b. 은행에 어떤 옵션을 추천하겠는가?
c. 은행에 추천하는 옵션의 카드당 변동비보다 내부대체가격internal transfer price이 2% 더 높을 경우 이 은행 프로세스의 내부수익성internal profitability을 구하라.

해답:

a. 참고자료 C의 식 C.1 및 C.7을 사용하여,

$$\text{총비용(TC)} = \text{고정비용(FC)} + \text{단위비용(C)} \times \text{수량(Q)} \quad (C.1)$$

$$TC_{Current} = FC_C + C_C \times Q = \$480{,}000 + \$7.34(12{,}050{,}000) = \$88{,}927{,}000$$
$$TC_A = FC_A + C_A \times Q = \$610{,}00 + \$6.90(12{,}050{,}000) = \$83{,}755{,}000$$
$$TC_B = FC_B + C_B \times Q = \$1{,}130{,}000 + \$6.50(12{,}050{,}000) = \$79{,}455{,}000$$

$$\text{비용차이(D)} = \text{프로세스 A 총비용}(TC_A) - \text{프로세스 B 총비용}(TC_B) \quad (C.7)$$
$$D = \$83{,}755{,}000 - \$79{,}455{,}000$$

그림/표 7.8은 이러한 계산을 위한 마인드탭의 손익분기점 엑셀 템플릿을 보여준다.

그림/표 7.8 엑셀 손익분기점 분석 템플릿을 이용한 프로세스 개선 계획 A와 B의 비용 비교

	G	H
4	Technology Choice Decision	
5	Quantity	12,050,000
6		
7	Option A	
8	Fixed cost	$610,000.00
9	Unit cost	$6.90
10		
11	Option B	
12	Fixed cost	$1,130,000.00
13	Unit cost	$6.50
14		
15	Total Cost Option A	$83,755,000.00
16	Total Cost Option B	$79,455,000.00
17	Cost difference (Option A - Option B)	$4,300,000.00
18	Economical Decision	Option B

b. 은행 프로세스 담당자에게 A, B 중 어떤 개선 계획을 추천하겠는가?
79,455,000달러로 가장 비용이 적게 드는 프로세스 개선 계획 B를 선택해야 한다. 가장 경제적인 결정은 엑셀 템플릿에서도 제공한다. 또한 계획 A나 B는 현재 프로세스의 총비용 88,927,000달러보다 총비용이 낮다. 관리자는 기계 유지보수 및 정비 서비스를 즉시 이용할 수 있고 자체적으로 할 수 있는지 확인해야 한다. 자체적으로 가능하다면, 고정 및/또는 변동비가 증가할 수 있으며 계산을 다시 수행해야 할 수 있다.

c. 프로세스 담당자에게 추천한 계획의 카드당 변동비보다 내부 이체 가격이 2% 더 높을 경우 은행의 내부수익성internal profitability을 계산하라.

$$\text{계획 B의 내부 이체 가격} = \$6.50 \times 1.02 = \text{카드 당 } \$6.63$$

그림/표 7.9에 표시된 엑셀 템플릿을 사용하여 계산한 프로세스 개선 계획 B 채택의 내부 수익성 = $ 436,500

그림/표 7.9 엑셀 손익분기점 분석 템플릿을 이용한 프로세스 개선 계획 B의 수익성

	A	B
4	Profitability Analysis	
5	Quantity	12,050,000
6		
7	Cost	
8	Fixed cost	$1,130,000.00
9	Unit cost	$6.50
10		
11		
12	Revenue	
13	Unit revenue	$6.63
14		
15	Total Cost	$79,455,000.00
16	Total Revenue	$79,891,500.00
17	Net Profit	$436,500.00
18	Profit or Loss	Profit

7-5 실수방지 프로세스 Mistake-Proofing Process

인간은 무심코 실수를 하는 경향이 있다. 전형적인 생산상의 실수에는 프로세스의 단계 생략omitted steps in a process, 준비 오류setup errors, 누락된 부품missing parts, 잘못된 부품wrong parts 또는 잘못된 조정incorrect adjustments이 있다. 이러한 실수는 다음과 같은 요인에서 발생할 수 있다.

- 강제나 지침 부족으로 인한 태만
- 프로세스 또는 절차에 익숙하지 않아 생기는 착오 또는 잘못된 식별
- 경험 부족
- 특히 프로세스가 자동화된 경우, 방심과 주의력 부족

작업자들을 탓하는 것은 그들을 낙담하게 만들고 사기를 떨어뜨릴 뿐만 아니라 대부분 시스템에 있는 문제의 근원을 다루지 못한다.

오류를 방지하는 방법은 다음 세 가지가 있다.

1. *디자인 단계에서부터 프로세스가 잠재적 결함·오류를 포함하지 않도록 디자인한다.* 이 접근방식은 오류나 결함이 발생할 가능성을 제거하고 재작업rework, 폐기scrap 또는 시간 낭비를 초래하지 않는 최선의 방법이다.
2. *잠재적 결함과 오류를 확인하여 오류가 발생 전에 프로세스를 중지한다.* 이 접근방식은 결함과 오류를 방지하지만, 일부 부가가치가 없는 시간을 초래한다.
3. *결함과 오류가 발생한 직후에 식별한 후 신속하게 프로세스를 수정한다.* 이를 통해 미래에 발생할 수 있는 큰 비용의 결함과 오류를 피할 수 있지만, 일부 폐기, 재작업, 자원 낭비를 초래한다.

좋은 설계는 많은 결함과 오류를 제거할 수 있지만, 여전히 인적 요인에 의해 발생하는 결함 · 오류까지는 고려하지는 못한다.

포카요케poka-yoke (포카요카이로도 읽는다)는 *자동 장치 또는 간단한 방법으로 인적 요인으로 발생하는 오류를 방지하는 실수방지 프로세스 디자인 방법론이다.* 포카요케는 (1) 예측prediction 또는 결함이 발생하려고 한다는 것을 인식하여 경고를 제공하며 (2) 감지detection 또는 결함이 발생했음을 인식하여 프로세스를 중지하는 두 가지 측면에 초점을 맞추고 있다.

포카요케의 응용은 매우 간단하고, 구현 비용이 저렴하며, 종종 꽤 창의적이다. 다음은 이에 대한 몇 가지 예시이다.

- 다수의 기계는 센서로 가공할 부품이 올바로 위치했는지 확인한 후에만 작동한다.
- 드릴에는 작업물에 뚫린 구멍 수를 세는 장치가 부착되어 있어서 정확한 개수의 구멍을 뚫기 전에 작업물을 제거하면 경고음이 울린다.
- 컴퓨터 프로그램은 저장되지 않은 파일을 닫을 경우 경고 메시지를 표시한다.
- 웹 계정 설정 시 비밀번호를 두 번 입력하고 상호 일치하는지 확인하여야 계정 설정이 가능하다.
- 중요한 항공기 부품 주문은 올바른 부품을 선적할 수 있도록 하기 위해 상자안에 특정부품만 들어갈 수 있는 프리핏폼pre-fit foam을 사용한다.
- 아마존Amazon 관계자들은 제품을 무게를 측정하는 상자에 분류해 넣고, 그 무게를 주문한 제품의 무게와 비교한다. 두 무게가 불일치가 있는 경우, 관계자에게 품목들을 확인하도록 유도한다.

리처드 B. 체이스Richard B. Chase와 더글러스 M. 스튜어트Douglas M. Stewart는 동일한 개념을 서비스에 적용할 수 있다고 제안한다. 그러나, 서비스 실수방지를 위해서는 생산자의 활동 뿐만 아니라 고객의 활동과 고객과 제공자 간의 상호작용도 고려해야 한다는 점이 다르다. 체이스와 스

고객 안전을 위한 포카요케 Poka-Yoke for Consumer Safety

다수의 포카요케 기반 디자인은 소비자 안전을 위해 고안되었다. 예를 들면, 잔디 깎는 기계는 조작용 손잡이를 쥐고 있어야만 작동한다. 일부 자동차에서는 운행 중에는 GPS 방향 정보를 입력할 수 없다. 충돌 방지 시스템은 레이더를 사용하여 차량이 다른 차량에 너무 빨리 접근하고 있는지 확인한다. 충돌이 발생할 수 있음을 감지하면 경고음과 경고등이 작동한다. 운전자가 속도를 줄이지 않으면 안전 벨트가 수축되고 브레이크가 가볍게 작동된다. 충돌이 발생할 것으로 판단되면 안전 벨트가 조여오고 브레이크가 강하게 작동한다.

ambrozinio/Shutterstock.com

튜어트는 방지하려는 오류가 서비스 제공자(서버server)에 의한 것인지, 고객에 의한 것인지에 따라 서비스 포카요케를 분류한다. 서버 오류는 서비스의 과업, 처리 또는 서비스 관련 유형자산에 의해 발생한다. 고객 오류는 준비, 서비스 접점 또는 해결 중에 발생한다. 다음 목록은 서비스 오류의 대표적인 유형과 관련된 포카요케를 요약한 것이다.

- **과업 오류**task errors에는 잘못된 작업 수행, 요청되지 않은 작업, 잘못된 순서에 의한 작업 또는 너무 느리게 진행되는 작업이 포함된다. 과업 오류에 대한 포카요케 장치의 예로는 컴퓨터 프롬프트, 색상으로 구분된 금전 등록기 버튼, 프렌치프라이 용 주걱scoop (편집자주: 프렌치프라이를 포장상자에 떠 넣을 때 떨어뜨리지 않고 정량을 넣을 수 있도록 고안)와 같은 계량도구, 신호장치signaling devices 등이 있다. 간단한 체크리스트도 자주 사용된다. 예를 들면, 항공산업에서 비행시험을 통해 검증된 안전교육을 의료분야에 적용하는 회사인 라이프윙스LifeWings는 의료팀과 협력하여 각 의료시술procedure에 대해 표준화된 활동 목록을 만든다.
- **처리 오류**treatment errors는 서버와 고객이 접촉했을 때 발생한다. 예를 들면 서버가 고객을 정중하게 대하지 않거나, 고객을 알아보지 못하거나, 요구사항을 경청하지 않거나, 대응하지 않는 경우 등이 처리 오류이다. 한 은행은 창구직원에게 거래를 시작할 때 고객의 눈 색깔을 체크리스트에 기록하도록 요구함으로써 고객과의 눈맞춤을 장려한다. 패스트푸드점에서는 직원들이 고객에게 대한 친근감을 높이기 위해 트레이너들이 고객에게 미소를 지어야 하는 4가지 구체적인 상황 — 고객에게 인사할 때, 주문을 받을 때, 디저트 스페셜에 대해 말할 때, 그리고 고객에게 거스름돈을 내어 줄 때 — 을 직원들을 훈련시킨다. 또한 고객이 서버들에게 미소로 화답한다면 서버들의 미소에 대한 자연적 강화기제로 작용할 것이므로 직원들에게 고객이 미소를 지었는지 관찰하도록 훈련시킨다.
- **유형의 오류**tangible errors는 깨끗하지 않은 시설과 유니폼, 부적절한 실내온도, 문서상의 오류와 같은 서비스의 물리적 요소에 있는 오류를 말한다. 호텔은 청소담당 직원이 깨끗한 리넨linen (침구류, 타월 등)과 교체해야 할 리넨을 구분할 수 있도록 리넨에 종이 띠를 두르도록 한다. 워드 프로세서 소프트웨어의 맞춤법 검사기를 사용하면 오타를 줄이는 데 도움이 된다.
- **서비스 전 고객 오류** customer errors in preparation는 고객이 서비스를 받기 위해 필요한 재료를 챙겨오지 못한 경우, 서비스 과정에서의 자신의 역할을 이해하지 못한 경우, 적절한 서비스에 참여하지 못한 경우 등이다. 이런 류의 오류를 방지하기 위해서 컴퓨터 제조업체는 고객에게 서비스 업무흐름도를 제공하고, 고객이 전화를 걸기 전에 이 흐름도에 따라 '예-아니오' 형식의 세 가지 질문에 답하도록 함으로써 서비스요청에 필요한 정보를 미리 준비하도록 유도한다.
- **서비스 중 고객 오류**customer errors during an encounter는 부주의, 오해 또는 단순한 착오로 인해 발생할 수 있으며, 프로세스의 단계를 기억하지 못하거나 지침을 준수하지 못한 경우를 포함한다. 이런 류의 오류를 방지하는 포카요케의 예로는 놀이기구 안전을 위해 탑승자의 신체조건을 제한하려고 놀이기구 입구에 설치해 놓은 키 제한 막대, ATM 사용 후 신용(또는

현금인출)카드를 꺼내도록 알려주는 경고음, 문을 닫고 잠궈야만 조명이 켜지는 비행기 화장실 등이 있다. 일부 레스토랑 계산원들은 고객이 고객용 영수증과 레스토랑 보관용 영수증을 비교할 수 있도록 신용카드 영수증 상단 가장자리를 접어서 고객에게 보여준다.

- **서비스 종료 시 고객 오류**customer errors at the resolution stage에는 고객이 서비스의 부적절함을 서버에게 알리지 않거나, 경험을 통해 배우지 못하거나, 기대수준을 조정하지 못하거나, 적절한 사후조치를 행하지 않는 경우를 포함한다. 이런 류의 고객오류를 방지하기 위한 포카요케 예로는 호텔이 투숙객 피드백을 유도하기 위해 피드백을 제공한 고객에게 상품권을 제공하고, 패스트푸드 레스토랑이 식사를 마친 고객이 트레이 반환과 쓰레기 처리를 하도록 유도하기 위해 눈에 띄는 위치에 트레이 반환대와 쓰레기통을 설치하는 등의 조치가 있다.

7-6 프로세스 개선 Process Improvement

처음부터 완벽하게 디자인되는 프로세스는 거의 없다. 많은 프로세스 디자인 활동에는 성과를 개선하기 위해 기존 프로세스를 재디자인redesigning하는 작업을 포함된다. 프로세스 디자인을 개선하기 위한 경영 전략은 일반적으로 다음 중 하나 이상의 조치에 초점을 맞춘다.

- 제품과 서비스를 창출하고 고객효익패키지를 제공함에 있어 프로세스 효율성을 개선하여 *수익 증대* increasing revenue
- 수요 및 고객 기대치의 변화에 대한 유연성과 대응력을 개선하여 *민첩성 향상* increasing agility
- 결함, 실수, 고장 또는 서비스 혼란을 줄임으로써 *제품 및 서비스 품질 향상* increasing product and/or service quality
- 더 나은 기술의 채택이나 비부가가치 활동 제거를 통한 *비용 절감* decreasing costs
- 대기 시간을 줄이거나 프로세스 및 가치사슬을 통한 이동 속도를 높여 *프로세스 흐름 시간 단축* decreasing process flow time
- *작업, 활동, 프로세스 및/또는 가치사슬에서의 탄소 배출량 절감*

프로세스 맵 및 가치흐름도는 개선 활동의 기반이다. 프로세스 분석 중 평가해야 하는 사항은 다음과 같다:

1. 각 프로세스의 단계가 논리적인 순서로 배열되어 있는가?
2. 프로세스의 모든 단계가 부가가치를 제공하는가? 일부 단계를 제거할 수 있는가?품질 또는 운영 성과 개선을 위해서는 프로세스에 단계를 추가해야 하는가? 일부 단계들을 통합할 수 있는가? 일부 단계를 재정렬 되어야 하는가?
3. 프로세스 각 단계의 능력이 균형을 이루고 있는가? 즉, 고객의 과도한 대기 시간을 발생시키는 병목현상이 존재하는가?
4. 프로세스의 각 단계에서 필요한 기술, 장비 및 도구는 무엇인가? 몇 가지 단계를 자동화해야 하는가?
5. 시스템의 어떤 지점(프로세스 실패 지점process fail points이라고도 함)에서 고객 불만을 초래

메트로 건강 병원: 프로세스 맵 작성으로 약국 서비스 향상

Metro Health Hospital: Process Mapping Improves Pharmacy Service

미시간주 그랜드 래피즈Grand Rapids, Michigan의 메트로 건강병원 Metro Health Hospital은 프로세스 맵을 작성하여 약국 서비스 운영에서 환자에게 첫 번째 약물을 투여하는 리드타임lead time을 단축했다. 리드타임은 주문이 약국에 도착한 시점부터 해당 환자가 머무는 병동에 운반할 때까지의 시간으로 측정했다. 프로세스 개선팀은 관련된 모든 프로세스 단계를 신중하게 배치하여 약국에서 불필요한 단계가 포함된 14단계 프로세스가 있으며 총 리드타임이 166분이라는 것을 발견했다. 평가 과정에서 약국은 테크니션pharmacy technician들이 약품 보관 위치를 찾는 데 77.4%를 소비하고 있음을 발견했다. 약사가 테크니션의 도움을 필요로 할 때* 테크니션은 약품을 찾는 데 대부분의 시간을 허비하고 있었다. 팀은 이 과정에서 몇 가지 부가가치가 없는 단계를 간략히 설명했으며 그 중 한 단계만 약국이 통제할 수 없었다(약을 조제한 후 입원 환자가 있는 병동까지 운반하는 데 걸린 시간). 전체적으로 메트로의 약국은 환자에게 조제약을 제공하는데 걸리는 시간을 33% 단축하고, 비부가가치 단계를 제거함으로써 프로세스 단계 수를 14단계에서 9단계로 줄였다. 환자들은 약국 관련 투약 오류가 40% 감소했고, 오류의 심각도 또한 낮췄다.

* 편집자 주: 미국 약국 시스템에서 약사는 모든 업무를 할 수 있지만, 일반적으로는 약사는 환자상담, 조제약 상호간 상호작용 확인 후 조치, 병원과의 처방전 내용 확인, 조제를 마친 약을 처방전과 대조 및 확인, 약국 관리 등의 업무를, 테크니션은 약사의 감독 아래 환자 및 전화 응대, 처방전에 따른 간단한 조제 및 포장 등을 담당한다.

하는 오류가 발생할 수 있는 경우, 이 오류를 어떻게 수정할 수 있는가?

6. 어떤 지점에서 성과를 측정해야 하는가? 적절한 성과척도는 무엇인가?
7. 고객과의 상호 작용이 발생하는 곳에서, 긍정적인 이미지 제고를 위해 직원이 따라야하는 절차, 행동 및 지침은 무엇인가?
8. 프로세스가 지속가능성에 미치는 영향은 무엇인가? 현재 프로세스의 탄소 발자국을 정량화 할 수 있는가?

때때로 프로세스가 너무 복잡해져서 점진적으로 개선하는 것 보다 처음부터 다시 디자인하는 것이 더 쉬울 때가 있다. **리엔지니어링**reengineering은 *"비용, 품질, 서비스 및 속도 등 매우 중요하고 당면한 성과 측정 항목을 극적으로 개선하기 위한 비즈니스 프로세스의 근본적인 재검토 및 급진적인 재설계"로 정의한다.*

리엔지니어링은 정보기술의 혁명과 함께 시작되었는데, 비즈니스 프로세스에 대한 근본적인 문제 제기가 그 출발점이다. "왜 (그 프로세스에서) 이 활동을 수행하는 것일까?", "왜 이렇게 디자인했을까?"와 같은 질문들은 종종 낡고, 오류가 있고, 또는 부적절한 프로세스 디자인을 위한 가정assumptions을 드러낸다. 급진적인 리엔지니어링에는 단순히 점진적으로 개선을 목표로 하는 것이 아니라, 기존 절차를 버리고 프로세스를 재창조reinventing를 목표로 한다. 이를 통해 성과의 비약적인 개선을 달성하려고 한다. 모든 프로세스 및 기능 경계는 각각 운영 관리에 대한 지식과 기술을 필요로 하는 리엔지니어링 노력에 참여한다.

리엔지니어링의 좋은 예는 다음과 같다:

- 인텔Intel Corporation은 과거 볼펜 구입에 지게차 구입과 동일하게 수천 달러가 소요되는 91단계의 프로세스를 거쳤다. 리엔지니어링을 통해 현재는 8단계의 프로세스를 거친다.
- 멕시코풍 패스트푸드 프랜차이즈 레스토랑인 타코벨Taco Bell은 기업의 성격을 '제조 기업'에서 '고객 주도형 소매 서비스 기업'으로 재설정함으로써, 체인 레스토랑에서 주방 규모를 줄이고 조리기능을 없앴다. 음식 주재료인 고기와 콩은 대규모 공장에서 조리해서 각 레스토랑에 공급하고, 각 레스토랑에서는 단순히 조리한 재료를 데우기만 한다. 다진 토마토, 양파, 올리브 등의 식재료도 외부에서 조달한다. 이러한 혁신을 통해 전체 프랜차이즈 체인에서 연간 약 1,100만 시간의 작업 시간과 700만 달러의 비용을 절감할 수 있었다.

7장 학습목표 요약 Learning Objective Summaries

7.1 **제품과 서비스를 생산하는 데 사용되는 네 가지 유형의 프로세스를 설명하라.** 제품과 서비스를 생산하는 데 네 가지 주요 프로세스가 사용된다(그림/표 7.1 참조).

1. 프로젝트
2. 잡샵 프로세스
3. 플로우샵 프로세스
4. 연속흐름 프로세스

7.2 **제품-프로세스 매트릭스(PPM)의 논리 및 활용방법을 설명하라.** 제품-프로세스 매트릭스의 대각선을 따라 *제품의 특성과 프로세스 선택의 정렬을 설명하는 모형이다.* 제품-프로세스 매트릭스의 대각선을 따라 제품 유형과 프로세스 유형 간 가장 적절한 조합이 이루어진다 (그림/표 7.2 참조). 대각선 아래로 이동함에 따라 제품 및 프로세스 구조에 대한 주안점이 작은 수량volume 및 높은 유연성flexibility에서 더 많은 수량 volume과 더 높은 표준화standardization으로 전환한다.

7.3 **서비스-포지셔닝 매트릭스(SPM)의 논리 및 활용 방법을 설명하라.** SPM은 서비스 접점 수준에 초점을 맞추고 있으며, 경영진이 고객의 기술적 및 행동적 요구 사항을 가장 잘 충족하는 서비스 시스템을 디자인할 수 있도록 지원한다 (그림/표 7.3 참조). 수평축에 배열된 위치position는 서비스 접점의 진행 순서에 따라 설명할 수 있다. SPM은 고객이 원하는 서비스 접점 활동 순서의 성격이 가장 적절한 서비스 시스템 디자인으로 이어져야 하며 일반적으로 매트릭스의 대각선을 유지함으로써 우수한 성능 결과를 얻을 수 있다는 점에서 제품-프로세스 매트릭스와 유사하다. 제품-프로세스 매트릭스와 마찬가지로, 대각선으로부터 멀리 떨어지게 프로세스를 디자인하면 서비스 시스템의 특성과 원하는 활동 순서 특성 간에 불일치를 겪게 된다. SPM의 대각선 아래로 이동하면, 서비스 접점 활동 순서는 적은 경로를 통해 독특함이 없는 반복 가능한 패턴을 보인다. 제품-프로세스 매트릭스와 마찬가지로, 매트릭스의 중간 범위 부분에는 다양한 중간 수준의 디자인 선택 사항이 포함되어 있다.

7.4 **프로세스 디자인에 프로세스 및 가치흐름도 작성하는 방법에 대해 설명하라.** 제품 생산 또는 서비스전달 프로세스를 디자인하려면 다음 6가지 주요 활동을 거쳐야 한다.

1. 프로세스의 목적과 목표를 정의한다.
2. 프로세스가 현재 수행되는 방식을 설명하는 상세한 프로세스맵 또는 가치흐름도를 작성한다.
3. 프로세스 디자인의 대안을 평가한다.
4. 프로세스에 적합한 성과 측정 방법을 식별하고 정의한다.
5. 적절한 장비와 기술을 선택한다.
6. 신규 또는 수정된 프로세스 디자인을 도입하기 위한 실행 계획을 수립한다.

프로세스맵은 작업이 수행되거나 수행 되어야하는 방식, 변환 프로세스transformation profess가 가치를 창출하는 방식을 문서화한 것이다. 일반적으로 현재 프로세스를 이해하고 리엔지니어링을 위한 개선 사항을 식별하기 위해서는 현재 프로세스가 작동하는 방식에 대한 "기준도"baseline map를 우선 개발하여야 한다. 프로세스맵을 서비스에 적용하면, 프로세스맵은 고객과의 접촉 지점points of contact을 강조한다. 서비스 프로세스맵은 종종 서비스 청사진 또는 서비스흐름도 라고도 한다. 서비스 흐름도는 종종 그림/표 7.5에서 보는 것처럼 "고객 가시선을 이용해서 백 오피스와 프론트 오피스를 구분한다. 가치흐름도(VSM)는 프로세스 흐름을 일반적인 프로세스 지도와 유사한 방식으로 보여준다. 그러나 가치흐름도는 부가가치 활동 대비 비부가가치 활동을 강조해서 보여주고, 가치 및 비부가가치 활동에 대한 작업 활동과 관련된 비용을 포함하여 보여준다는 점에서 차이가 있다. (그림/표 7.4 ~ 7.7 참조)

7.5 **제품과 서비스 모두에 대한 제품 및 프로세스 디자인의 실수방지 개념을 설명하라.** 오류를 방지하는 방법은 다음 세 가지가 있다.

1. 디자인 단계에서부터 프로세스가 잠재적 결함·오류를 포함하지 않도록 디자인한다.
2. 잠재적 결함과 오류를 확인하여 발생 전에 프로세스를 중지한다.
3. 결함과 오류가 발생한 직후에 식별한 후 신속하게 프로세스를 수정한다.

오류나 결함이 발생할 가능성을 제거하고 재작업, 폐기 또는 시간 낭비를 초래하지 않는 최선의 접근방식이다. 포카요케는 자동 장치 또는 간단한 방법으로 인적 요인으로 발생하는 오류를 방지하는 실수방지 프로세스 디자인 방법론이다. 서비스의 경우, 실수방지는 생산자의 활동 뿐만 아니라 고객 활동과 고객과 제공자 간의 상호작용도 고려해야 한다.

7.6 **프로세스 디자인을 개선하고 프로세스맵을 분석하는 방법을 설명하라.** 프로세스 디자인을 개선하기 위한 경영전략은 *제품과 서비스를 창출하고 고객효익패키지를 제공함에 있어 프로세스 효율성을 개선하여 수익 증대, 수요 및 고객 기대치의 변화에 대한 유연성과 대응력을 개선하여 민첩성 향상, 결함, 실수, 고장 또는 서비스 혼란을 줄임으로써 제품 및 서비스 품질 향상, 더 나은 기술 또는 비부가가치 활동의 제거를 통해 비용 절감, 대기 시간을 줄이거나 프로세스 및 가치사슬*

을 통한 이동 속도를 높여 프로세스 흐름 시간 단축을 포함한다.

리엔지니어링은 처음부터 다시 프로세스를 검토는 방식으로 추진하는데, 다음과 같은 근본적인 문제 제기가 그 출발점이다: "왜 이 활동을 수행하는 것일까?", "왜 이렇게 디자인했을까?" 리엔지니어링의 목표는 성과의 비약적인 개선을 달성하는 것이다.

프로세스맵의 경우, 개선을 위한 중요한 질문은 다음과 같다.

- 각 프로세스의 단계가 논리적인 순서로 배열되어 있는가?
- 프로세스의 모든 단계가 부가가치를 제공하는가? 일부 단계를 제거할 수 있는가?품질 또는 운영 성과 개선을 위해서는 프로세스에 단계를 추가해야 하는가? 일부 단계들을 통합할 수 있는가? 일부 단계를 재정렬 되어야 하는가?
- 프로세스 각 단계의 능력이 균형을 이루고 있는가? 즉, 고객의 과도한 대기 시간을 발생시키는 병목현상이 존재하는가?
- 프로세스의 각 단계에서 필요한 기술, 장비 및 도구는 무엇인가? 몇 가지 단계를 자동화해야 하는가?
- 시스템의 어떤 지점 (프로세스 실패 지점process fail points이라고도 함)에서 고객 불만을 초래하는 오류가 발생할 수 있는 경우, 이들 오류를 어떻게 수정할 수 있는가?
- 어떤 지점에서 성과를 측정해야 하는가? 적절한 성과척도는 무엇인가?
- 고객과의 상호 작용이 발생하는 곳에서, 긍정적인 이미지 제고를 위해 직원이 따라야하는 프로세스, 행동 및 지침은 무엇인가?

주요용어 KEY TERMS

- 활동 activity
- 연속흐름 프로세스continuous flow process
- 맞춤, 주문생산 제품 및 서비스custom, or make-to-order goods and services
- 고객주도 서비스customer-routed services
- 플로우샵 프로세스flow shop process
- 잡샵 프로세스 job shop process
- 옵션, 주문조립 상품 및 서비스 option, or assemble-to-order, goods and service
- 경로 path
- 프로세스 경계 process boundary
- 프로세스 지도(흐름도) process map (flowchart)
- 제품–프로세스 매트릭스 product-process matrix
- 제품수명주기 product life cycle
- 프로젝트 project
- 제공자주도 서비스 provider-routed services
- 리엔지니어링 reengineering
- 서비스 접점 내 활동 순서 service-encounter activity sequence
- 표준, 대량생산 제품과 서비스 standard, or make-to-stock, goods and services
- 과업 task
- 가치흐름 value stream

복습 질문 Review Questions

7.1 1. 주문 생산, 주문 조립, 대량생산 제품과 서비스를 정의하고 각각에 대한 교과서 밖의 예를 제시하라. 제품과 서비스의 종류가 프로세스 선택에 어떤 영향을 미치는가?

7.1 2. 제품과 서비스 생산을 위해 사용하는 네 가지 유형의 프로세스를 설명하라.

7.1 3. (전통적인) 제품수명주기는 무엇인가? 제품수명주기가 프로세스 디자인 및 선택에 어떤 영향을 미치는가? 기업의 제품이나 서비스가 전통적인 제품수명주기를 보인다면 어떻게 수익을 창출하는지 설명하라.

7.2 4. 제품–프로세스 매트릭스의 논리 및 활용방법에 대해 설명하라.

7.3 5. 서비스 접점 활동 순서를 정의하고 세 가지 예를 제시하라.

7.3 6. 서비스 경로를 정의하고 그 예를 제시하라.

7.3 7. 고객주도 서비스와 제공자주도 서비스의 차이를 설명하고 각각의 예를 제시하라.

7.3 8. 서비스-포지셔닝 매트릭스의 논리와 활용방법을 설명하라.

7.4 9. 프로세스맵이란 무엇이며 프로세스 디자인에서 어떻게 활용할 수 있는가?

7.4 10. 프로세스 경계를 명확히 규정할 경우 얻을 수 있는 이점은 무엇인가?

7.4 11. 작업의 계층적 수준을 정의하고 이 개념이 프로세스 디자인 활동에서 왜 유용한지 설명하라.

7.4 12. 가치흐름이란 무엇인가? 가치흐름도는 일반 프로세스맵과 어떻게 다른가?

7.4 13. 프로세스 디자인에 프로세스맵 작성 및 가치흐름도 작성을 적용하는 방법에 대해 설명하라.

7.5 14. 왜 인간은 부주의한 실수를 하는가? 포카요케는 어떻게 인적 요소에 의한 실수를 방지하는데 도움을 주는가?

7.5 15. 서비스 포카요케가 방지하려고 하는 오류의 유형을 설명하라.

7.6 16. 프로세스 개선의 가능한 목표는 무엇인가?

7.6 17. 프로세스맵은 프로세스 개선을 위해 어떻게 활용할 수 있는가?

7.6 18. 리엔지니어링이란 무엇인가? 프로세스 개선을 위한 다른 접근방식과 어떻게 다른가?

토론용 질문 및 체험학습 DISCUSSION QUESTIONS AND EXPEROEMTAIL ACTIVITIES

7.1 19. 어떤 유형의 프로세스(프로젝트, 잡샵, 플로우샵, 연속흐름)가 다음 제품/서비스 생산에 가장 널리 사용될지 답하고 그 이유를 설명하라.

a. 개인용 컴퓨터
b. 웨딩
c. 종이
d. 종이 책
e. 세금 준비

7.1 20. 어떤 유형의 프로세스(프로젝트, 잡샵, 플로우샵, 연속흐름)가 다음 사항을 생산하는데 가장 널리 사용될까?

a. 가솔린
b. 에어컨
c. 전문 공작기계
d. 선박
e. 다양한 맛의 아이스크림 생산

7.1 21. 학생으로서 수행하게 되는 몇 가지 일반적인 프로세스를 나열하라. 이들 프로세스에 대해 병목 지점 식별 방법 등 본 장에서 배운 지식을 바탕으로 프로세스 개선 방법을 제시하라.

7.2 22. 제품-프로세스 매트릭스를 사용하여 "비행기 제작 프로세스의 재검토" 글상자에서 설명한 '프로젝트 중심 프로세스'에서 '플로우샵 중심 프로세스'로의 프로세스 변경이 보잉에 미친 영향을 1페이지 이내로 간략히 설명하라.

7.3 23. 본 장에서 살펴본 예를 제외하고 학습자가 경험한 고객 및 제공자주도 서비스의 예를 제시하라. 이들 프로세스에 대한 개선의 예를 찾을 수 있는가?

7.3 24. 다음 활동 중 하나를 골라 프로세스를 디자인하라.

a. 시험 준비
b. 학기말 리포트 작성
c. 휴가 계획

7.4 25. 지속가능성 개념을 프로세스 또는 가치사슬 개선 계획에 어떻게 통합할 수 있는지 설명하라. 이러한 통합의 예를 찾아서, 본 장에서 소개한 '알파 라발' 사례와 유사한 방식으로 요약하라.

7.4 26. 레스토랑 주문 처리 프로세스 예시(그림/표 7.6과 7.7)에 존재하는 지속가능성sustainability 문제는 무엇인가? 지속가능성 기준을 디자인 및 일상적 관리에 포함시키기 위해 필요한 레스토랑의 다른 프로세스는 무엇이 있을까?

7.4 27. 빠른 오일 교환 서비스, 공장 프로세스, 피자 주문, 자동차 또는 트럭 대여, 인터넷을 통한 제품 구입 또는 자동차 대출 신청과 같이 학습자가 경험하거나 관심을 가진 프로세스를 선택하여 업무흐름도를 그려보라. 무엇인가(사람, 정보) 서비스를 제공받기 위해 기다리는 지점 또는 재공품을 보관하는 지점, 프로세스의 각 활동을 달성하는 데 소요하는 예상 시간, 총 흐름 시간 등을 파악하라. 프로세스가 얼마나 잘 작동하는지 평가하고 프로세

스 개선을 위해 어떤 조치를 취해야 하는지 설명하라.

7.4 28. 질문 27에 대한 답변을 위해 선택한 프로세스의 가치 흐름도를 개발하여 부가가치 활동과 비부가가치 활동을 식별하라. 프로세스 단계의 비용 및/또는 수익을 어떻게 추정할 수 있는가?

7.5 29. 학습과정 또는 개인생활 중에 일어나는 몇 가지 오류의 원인을 파악하고 이를 방지할 수 있는 포카요케를 개발하라.

계산연습문제 Computational Problems and Exercises

본 장에서 설명한 공식과 방법을 적용하여 다음 연습문제를 직접 계산해서 풀어 보라.

7.1 30. 호텔 객실에서의 하룻밤 숙박과 관련한 이산화탄소(CO_2) 배출량은 평균적인 호텔의 객실당 하루 29.53kg으로 추산된다. 대학 미식축구 경기를 전후한 이틀간 인근 호텔의 200개의 객실은 모두 사용된다.

a. 투숙객과 호텔이 대기 중으로 배출한 CO_2 양을 계산하라.

b. 호텔 내에서 어떤 업무, 레저 활동, 프로세스가 CO_2 배출량에 기여하는가? 적어도 세 가지 배출원을 찾고, 이산화탄소가 어떻게 배출되는지 설명하라.

7.1 31. 제트에어 JetAir 304편 항공기는 비행 중 시간당 22kg의 CO_2를 배출한다. 오늘 이 비행기는 총 6회의 비행에서 8.2시간 동안을 운항했다. 배출량 계산에는 지상 작업 중 엔진 작동으로 인한 배출량, 기타 공항 게이트 및 공항 배출량은 포함하지 않는다.

a. 제트에어 304편 항공기가 오늘 대기 중으로 배출한 CO_2 배출량을 계산하라.

b. 항공사와 공항에서의 어떤 작업, 레저 활동, 그리고 프로세스가 이산화탄소를 발생시켰는가? 적어도 세 가지 배출원을 제시하고 이산화탄소가 어떻게 배출되는지 설명하라.

7.1 32. 문제풀이 7.1의 클리어워터 풀 서비스Clear Water Pool Service (CWPS) 사례에서 CWPS는 수영장 서비스 밴을 하이브리드 구동차량, 전기 및 가솔린 구동차량으로 교체했다. 이로써 휘발유 사용량은 연간 6,000갤런으로 줄었다. CWPS가 하이브리드 동력 차량으로 바꾸면서 지구 대기권에 배출하는 CO_2 배출량(메트릭톤 기준)이 얼마나 줄었는가?

7.1 33. 학습자가 북미에 5,500개의 점포를 가지고 있는 패스트푸드 체인점의 최고운영책임자CEO라고 가정하라. 각 매장은 1년에 360일 영업하며 남녀 화장실에는 온열 손 건조기가 1대씩 설치돼 있다. 각각의 건조기는 화장실 당 하루에 200회 작동한다. 매장 화장실에서 건조기를 사용하지 않고 손을 말리면 CO_2 배출이 전혀 없다. 표준 크기의 종이 타월을 한 장 사용한다고 가정하면 종이 타월 한 장 생산 과정에서 10그램의 CO_2가 배출된다. 표준 온열 전기 건조기를 사용하면 에너지를 발생시키는 과정에서 CO_2 20g을 배출하게 된다.

a. 패스트푸드 체인점의 온열 전기 손건조기가 대기 중에 배출하는 이산화탄소는 몇 파운드인가? 1파운드는 453.6g이다.

b. (a)의 답변을 감안할 때, 고객이 패스트푸드 매장에서 어떻게 손을 말리도록 하는 것이 좋은가? 어떤 다른 기준이 중요할 수 있는가?

7.1 34. 월링턴 머시닝Worington Machining은 작업을 위해 두 명의 직원이 작업하는 특수 금속 접기장비metal folding equipment를 활용하는 프로세스 A를 채택할지, 다섯 명의 직원이 작업하는 범용 접기장비를 활용하는 프로세스 B를 채택할지 결정해야 한다. 프로세스 A에는 고정비용 143만 달러, 금속판당 변동비 14.32달러가 필요하다. 프로세스 B에는 고정비용 82만 달러, 변동비 20.05달러가 필요하다. 프로세스 A는 프로세스 B보다 자동화되어 있다.

a. 이 두 프로세스 사이의 손익분기점을 구하라.

b. 내년 금속 접기 예상 수요가 12만 개 패널이라면 어떤 프로세스를 채택하는 것이 좋은가? 비용 절감 효과는 얼마인가?

7.1 35. 문제 34에서 얻은 정보를 감안할 때, 월링턴 머시닝이 패널당 27.25달러의 가격에 동일한 크기의 접은 금속 패널을 구입할 수 있다면 어떤 대안을 채택하는 것이 좋은가?

7.1 36. 대학 교과서를 출판하는 한 출판사는 특정 전자책을 40달러에 판매한다. 현재 프로세스의 경우, 고정비가 35만5000달러, 책 한 권당 변동비가 30달러이다.

a. 이 책의 손익분기점을 구하라.

b. 운영실적 부진으로 변동비가 10% 증가했다면, 새로운 손익분기점을 구하라.

c. 프로세스 효율을 개선하여 고정비가 10% 감소하고 가변 비용이 27.90달러로 감소한다면 수정된 손익분기점을 구하라.

7.1 **37.** 한 주요 도시의 경찰청은 현재 범죄 신원 조회를 위해 더 빠른 프로세스가 필요하다. 새 프로세스 도입을 위한 심사과정에서 경찰청은 지나친 재교육과 검색 프로세스 단계에게 큰 변경이 필요한 프로세스를 제안한 여러 공급업체와 제품을 제외했다. 경찰서 심의위원회는 이러한 검색결과의 상당수가 프로세스와 검증 변경을 이유로 법정에서 증거로 받아들여지지 못할 수도 있다고 판단했다. 결선에 오른 두 업체가 제안한 프로세스는 온라인 이외의 프로세스에서 변경을 필요로 하지 않았다. 프로세스 A는 고정비 110만 달러, 검색 당 변동비 1.34달러가 소요된다. 프로세스 B는 고정비 92만 5000달러와 검색 당 변동비 1.45달러가 소요된다.

a. 각 프로세스의 손익분기점을 구하라.

b. 내년 예상 검색 수요가 100만건이라면 어떤 프로세스를 채택하는 것이 좋은가? 비용 절감 효과를 계산하라.

7.1 **38.** 도츠 레스토랑Dot 's Restaurant은 주방의 두 가지 기술 프로세스 중에서 하나를 결정해야 한다. 이 레스토랑은 사니벨Sanibel이라는 작은 섬에서 오후 4시 이후에만 저녁 식사를 판매하는데 매년 250일 영업한다. 도트와 그녀의 남편 햄은 은퇴 후 일주일에 5번씩 골프를 치며 지내는 생활이 지겨워져서 이 고급 레스토랑을 개업하기로 결정했다. 프로세스 A는 인덕션 오븐과 전자레인지 프로세스를 사용하며, 고정비용은 44,000달러, 변동비는 한 끼당 4.19달러다. 프로세스 B는 가열 램프가 있는 가스 연소식 오븐을 이용하며 고정비는 28,000달러, 식사 한 끼당 변동비는 5.86달러이다. 프로세스 A는 조리 및 배달delivery 시간을 단축해 준다. 식사 1인분 평균 판매가격은 31.38달러다.

a. 손익분기점을 구하라.

b. 만약 레스토랑 매니저가 10,000 인분 식사를 판매할 것으로 예측하고 있다면, 대안 A, B 중 어떤 대안을 채택하는 것이 좋을지 설명하라.

c. (b)에서 채택한 프로세스를 실행했을 때 수익성이 있는가?

7.4 **39.** 그림/표 7.7에 제시한 레스토랑 가치흐름도를 참조하고 다음과 같은 새로운 정보를 바탕으로 총 부가가치 및 비부가가치 시간 및 비용을 다시 계산하라. 고객에게 iPad를 이용해 주문하도록 하고, 고객이 주문을 완료하면 웨이터에게 알리는 방식을 통해 고객 주문을 주문 게시판(현재의 전자 주문 보드)에 게시하는 시간이 5분에서 1분으로 줄어들고, 준비한 주문 대기 시간은 5분에서 3분으로 줄어들게 된다. 주문 및 배송 프로세스의 속도가 빨라지면 고객 만족도에 어떤 영향을 미치는지 설명하라.

엑셀기반 연습문제 EXCEL-BASED PROBLEMS

문제 풀이를 위해 엑셀Excel이나 마인드탭MindTap에 있는 스프레드시트 템플릿을 사용할 수 있다.

7.1 **40.** 사모셋 팬즈Samoset Fans, Inc. 는 자체적으로 팬의 날개 fan blades를 제조한다. 회사의 소유주인 베티 다이스 Betty Dice는 팬 모터를 제외한 어떤 팬 부품도 아웃소싱하지 않는다. 그러므로 다른 모든 팬 부품은 자체 제작한다. 회사가 보유한 프로세스와 장비가 노후화하고 있다. 유지 보수 및 수리 비용은 매년 8% 씩 증가하고 있다. 다이스 사장과 회사 팀은 두 가지 새로운 프로세스를 평가하고 있다. 첫 번째 프로세스의 고정비는 연간 72만 달러, 변동비는 팬 날개 당 17달러이다. 두 번째 프로세스는 보다 자동화되었으며 연간 고정비 813만 달러와 팬 날개 당 13달러의 변동비가 소요된다. 팬 날개의 내부이전가격internal transfer cost은 $20이며 회사가 완성된 팬의 총 제조 비용을 산정하는 데 도움이 된다. 다음 질문에 답하려면 엑셀 템플릿 마인드탭의 손익분기점 엑셀 템플릿을 사용하라.

a. 이 두 프로세스 사이의 손익분기점 수량을 계산하라.

b. 내년 팬 날개 예상 수요가 15만개라면 어떤 프로세스를 추천하는가? 비용 절감 효과를 계산하라.

c. 사모셋 팬즈가 (b)에서 추천하는 프로세스를 설치했다고 가정할 때 10만 달러의 팬 날개에 대한 내부 이익을 얻기 위해 필요한 수요의 양은 무엇인가?

7.1 **41.** 마인드탭의 손익분기점 엑셀 템플릿을 사용하여 계산문제 34(월싱턴 머신닝)를 재계산하고 다음 질문에 답하라.

a. 이 두 프로세스 사이의 손익분기점을 구하라.

b. 접은 패널의 내년 예상 수요가 12만 개라면 어떤 프로세스를 권장하는가? 비용 절감 효과는 무엇인가?

7.1 **42.** 마인드탭의 손익분기점 템플릿을 사용하여 계산 문제 36(대학 교과서 출판사)을 재계산하고 다음 질문에 답하라.

a. 이 책의 손익분기점을 구하라.

b. 운영실적 부진으로 변동비가 10% 증가했다면, 새로운 손익분기점을 구하라.

c. 프로세스 효율을 개선하여 고정비가 10% 감소하고 변동비가 27.90달러로 감소한다면 수정된 손익분기점을 구하라.

7.1 **43.** 텍사스Texas 대도시 외곽의 순환도로에 위치한 제트 익스프레스 Jet Express 자동화 세차장은 하나의 차량 전용 세차 라인과 두 개의 병렬 세차 라인 중 어느 라인을 구축·설치하여야 하는지 결정하려고 한다. 이 교차로에는 다른 현금 세차장이 없고 모든 토지가 개발되었기 때문에 앞으로도 없을 것이다. 두 번째 라인은 총비용에서 규모의 경제를 일부 허용한다. 1개 세차 라인의 고정비는 월 1만5000달러, 연간 18만 달러다. 여기에는 주택담보대출금, 건물세금, 세차장비 등이 포함된다. 이 단일 라인의 변동비는 차량 1대당 16달러다. 2개의 세차 라인의 고정비는 월 2만6000달러 또는 연간 31만2000달러이고, 일부 세차 직원은 두 라인을 모두 작업할 수 있기 때문에 2개 라인 운영에 드는 변동비는 차량당 13달러다. 평균 내부 및 외부 세차 가격은 25달러이다. 마인드탭의 손익분기점 엑셀 템플릿을 사용하여 다음 질문에 답하라.

a. 자동 세차 라인이 하나일 때와 두 개일 때 각각의 손익분기점을 구하라.

b. 이 곳의 연간 수요 예측치는 2만~4만건이다. 어떤 결정을 추천하겠는가?

7.1 **44.** 메트로 슈퍼마켓Metro Supermarket 내 델리deli는 지속적이고 일정한 수요 패턴을 보인다. 매장 관리자들에게는 인력 충원이 문제지만 직원들 중 몇몇은 델리 커팅 기계cutting machine와 저울을 추가로 구입하여 나란히 설치하자고 제안했다. 현재 계산대 뒤로는 슬라이싱 기계 slicing machine 3대와 저울 2대가 여기 저기 흩어져 있다. 델리는 고객이 원하는 제품의 무게, 치즈와 고기를 얇게 자르는 정도, 고객이 원하는 포장wrap and package하는 방식 등 까다로운 요건이 있는 잡샵 프로세스이다. 어느 고객이 먼저 서비스 받을지는 고객이 뽑은 번호표에 따라 결정된다. 직원들은 쉴 새없이 뒷걸음치며 냉장실이며 진열장으로 돌아다니고, 슬라이싱 및 저울 사이를 누빈다. 또한 선반과 냉장 보관함 재고정리, 장비와 바닥 청소 등 백룸backroom 작업도 수행해고 있다. 고객들이 델리 음식을 직접 살펴볼 수 있게 진열되어 있어서 델리를 청결하게 유지해야 한다. 이런 까다로운 잡샵 근무 환경 때문에 직원 이직률이 높다.

고정비 항목에는 다음 세 가지가 있다. 첫째, 슬라이싱 기계slicing machine 3대와 저울 4대를 더 구입하는 데 소요되는 고정비는 11,000달러다. 둘째, 기존 장비의 고정비는 7,000달러다. 세째, 슈퍼마켓 회계부서는 델리 구역과 냉장 보관함의 고정비를 36,000 달러로 책정했다. 생산품의 인건비를 포함한 슬라이싱 기계 6대와 저울 6대의 운영비를 더한 변동비는 고객 주문 당 18.15달러다. 평균 델리 주문 가격은 19.65달러다. 다음 질문에 답하려면 마인드탭의 손익분기점 엑셀 템플릿을 사용하라.

a. 연간 고객 주문의 손익분기점을 구하라.

b. 슈퍼마켓이 1년에 360일 영업하는 경우 델리는 손익분기 수량에서 하루에 몇 건의 주문을 처리하는가?

c. 슈퍼마켓 내 델리 가게는 어떤 유형의 프로세스를 사용하는지 설명하고, 왜 그런 유형이 적합한지 정당화해 보라.

d. 작년에 델리에서 처리된 주문이 52,000개라면, 델리가 슈퍼마켓의 이익에 기여한 금액을 구하라.

e. 만약 당신이 매니저라면, 여분의 기계를 추가할 것인가? 델리 가격을 인상할 것인가?

커스텀 드레이프스 주식회사 Custom Drapes, Inc (CDI)

릴리 힐크레스트Lilly Hillcrest는 2014년 플로리다의 내이플즈Naples, Florida에서 맞춤형 커튼 사업을 시작했다. 그녀가 초점을 맞춘 시장은 100만 달러 이상의 주택 소유자들이다. 가격은 비싸지만, 고객은 탁월한 개인 서비스와 모든 작업에 대한 서비스 보증을 받는다. 고객 서비스와 작업 품질은 커스텀 드레이프스(CD)의 최우선 순위이다.

맞춤형 커튼을 위해 릴리와 그녀의 직원들은 고객의 집을 방문하여 집의 레이아웃, 조명, 색상 팔레트를 평가하여 어떤 종류의 커튼이 가장 잘 어울리는지 결정해야한다. 릴리의 직원들 중 두 명은 커튼 창 처리를 전문으로 하는 인테리어 디자이너들이다. 다음으로 고객과 직원이 원단을 선택한다. 원단책에는 수백만 개의 원단 색, 직조, 디자인이 들어 있다. 고객과 디자이너는 커튼 주름, 평면 패널, 클래식 탭과 커튼 봉, 잔 주름, 안감과 밸런스 디자인과 같은 다양한 커튼 디자인 특성을 결정해야 한다. 현재 고객이 선택할 수 있는 조합의 수는 수십억 개에 달하며 오류가 발생할 가능성이 많다. 고급 고객의 경우 한 벽의 커튼이 10만 달러가 넘을 수 있다.

다음 단계는 직원이 커튼을 설치할 장소를 측정하는 것이다. 이러한 사양specifications은 6개에서 수십 개까지 다양할 수 있다. 구매 주문이 승인되면 CD의 사내 공장에 작업 주문이 전달된다. 원단 및 실에 대한 구매 주문서는 공급업체에 전송된다. 각 작업 순서는 공업용 재봉틀 및 스팀 다리미를 사용한 수작업 재단, 재봉, 다림질이다. CD는 공장의 한 구역에 있는 재봉틀을 스테인리스 작업대와 나란히 묶는다. 각 주문에는 실을 설치하고, 기계를 설정 및 보정하고, 직물을 배치하기 위한 새로운 설정이 필요하다. 재봉틀은 비단이나 면과 같은 다양한 실의 무게와 직물 유형을 다룰 수 있다. 직원들은 교차 교육을 받아 다양한 직물을 바느질하고 주름을 잡는 데 숙련되어 있다. 이러한 숙련된 작업실 직원들은 자신의 작업을 검사하고, 세 명의 직원이 완료한 주문을 승인해야 한다. 공장 작업의 18%는 생산 중 재작업이 필요하다.

평균 고객 주문은 천장 높이가 11 피트인 창문 또는 슬라이딩 유리문 양쪽에 주름이 잡힌 패널 2개를 위한 36평방 야드의 원단이 필요하다. 각 창에 대한 패널은 주문 명세서에 따라 별도의 주문(즉, 로트 사이즈 = 1)이 될 수 있다. 원단이 동일한 경우 전체 집에 대한 고객 주문은 일괄(배치) 처리된다.

대형 커튼 제조업체들은 대부분의 소매점에서 판매되는 표준 커튼을 생산하기 위해 자동 절단 및 재봉 시스템을 사용한다. 그들은 패널을 생산하기 위해 매년 수천만 평방 야드의 원단을 사용한다. 대부분의 대형 직물 및 커튼 제조업체들은 아시아에 위치해 있다.

자동화 시스템에는 컴퓨터-지원 디자인 소프트웨어, 대형 원단 및 컨베이어 테이블, 다양한 유형과 색상의 실과 원단의 거대한 꾸러미, 자동화된 봉제 장비 등이 포함된다. 소규모 시스템조차 수천 평방 피트의 생산 공간이 필요하다. 더 큰 제조업체는 직접적인 고객 소통 없이 전 세계 가구점을 통해 커튼을 판매한다. 그들의 주문 완료 시간은 CD 리드 타임의 두배이다.

지난 몇 년 동안 더 많은 지역 가구점들이 CD에 커튼 제조를 요청했다. 이러한 표준화된 커튼은 특정 크기와 길이로 매장에서 판매될 것이다. 가구점들이 스타일과 원단을 선택하고 CDI는 그것들을 제조할 것이다. 릴리는 제안된 표준 주문서를 자신의 컴퓨터 스프레드시트에 주문수량이 1,000개에서 10,000개인 32개의 다른 커튼 패널을 생산하는 것으로 요약했다. 이 표준 주문은 총 11만2,568 패널이다.

릴리는 490,000달러의 작은 중고 컴퓨터 커튼 패널 시스템을 구입하고, 장비를 보관할 새 건물을 짓는 것을 고려하고 있었다. 이 건물은 주방, 경비, 기타 공장 설비를 포함하여 250만 달러의 비용이 들 것이다. 새 공장은 현재의 커스텀 공장 뒤, 릴리가 소유한 땅에 지어질 것이다. 이 시스템을 사용하여 일반적인 표준 커튼 패널을 제조하는 데 드는 변동비는 $78.90이며, 패널은 $100에 판매될 것이다.

1. CD의 맞춤형 작업에 대한 경쟁중점목표를 순서대로 매겨라. 표준 커튼 사업의 경쟁중점목표를 순서대로 매겨라.
2. 릴리가 시설을 건설하고 표준 패널을 생산하기 위해 장비를 구입할 경우 (패널의) 손익분기점을 구하라.
3. CD는 최대 주문 크기가 10,000개인 32개의 커튼 패널 제조 제안을 받아들여야 하는가? 결과는 무엇인가? 대답이 '예'라면 이러한 성장 계획을 지원하기 위해 필요한 다른 운영 및 물류 결정은 무엇인가? 당신의 대답이 '아니오'인 경우 정당화하고 설명하라.
4. CD의 전략적 성장 옵션은 무엇인가?
5. 최종적을 어떤 방안을 권고하겠는가?

히코리 의원 Hickory Medical Clinic

히코리 의원은 최근 환자 만족도 조사를 실시했다. 1은 '매우 불만족'이고 5는 '매우 만족'인 1–5 척도를 사용하여, 병원은 성과 속성에 대한 불만족을 나타내는 1 또는 2점 응답에 대한 체크 시트를 작성하였다. 그림/표 7.10에는 조사 대상 환자 100명 중 1(매우 불만족) 또는 2(불만족)로 프로세스 속성을 평가한 환자의 수를 보여준다.

그림/표 7.10 프로세스에 불만족한 환자 수

예약	접수/수납	관리 및 치료
전화 연결의 용이성 – 10	접수 담당자의 예의와 도움 제공 – 7	간호사/조무사가 보인 존중 – 0
전화 접수 담당자의 친절함 – 5	접수 시간 – 1	케어와 관련된 전화에 대한 응답 – 5
근무 시간의 편리함 – 7	의사를 보기 위한 대기 시간 – 13	의사가 얼마나 잘 들어주었는지 – 3
편리한 예약의 용의성 – 12	접수 대기실의 편안함 – 4	의사의 능력에 대한 신뢰 – 1
		의학적인 상태 및 치료 설명 – 2

의사들은 매우 바쁜 스케줄을 소화하고 있는데, 수술도 집도해야 하고, 대다수 의사들의 경우 지역 의과대학에서 강의를 담당하고 있다. 또한 많은 수술들이 응급 상황이거나 예상보다 오래 소요되어서 다시 진료실로 돌아가는 시간이 지연되기도 한다. 히코리 의원에서는 한 두 명의 전화 접수 담당자가 20명 이상의 의사가 근무하는 세 개의 진료과로 걸려오는 전화를 응대한다. 접수 담당자의 업무는 진료 예약을 받고, 안내 업무를 하고, 걸려오는 전화를 적합한 의사 또는 각 진료과의 일정 담당자에게 연결해 준다. 따라서 환자는 대기할 수밖에 없다. 전화가 항상 통화중인 경우가 많기 때문에 접수 담당자는 손으로 쓴 메모를 직접 부서 일정 담당자에게 전달해야 하는 경우가 많다. 그러나 접수 담당자는 걸려오는 전화를 대신 받아줄 다른 직원이 없으면 자리를 비울 수 없다. 한 학생 인턴이 전화 응대와 환자 등록 프로세스를 연구했다. 인턴이 작성한 업무흐름도는 그림/표 7.11과 7.12에 나와 있다(의무기록지encounter form는 환자의 접수정보check-in information을 담고 있다).

그림/표 7.11 현재 전화 응답을 위한 히코리 의원 프로세스

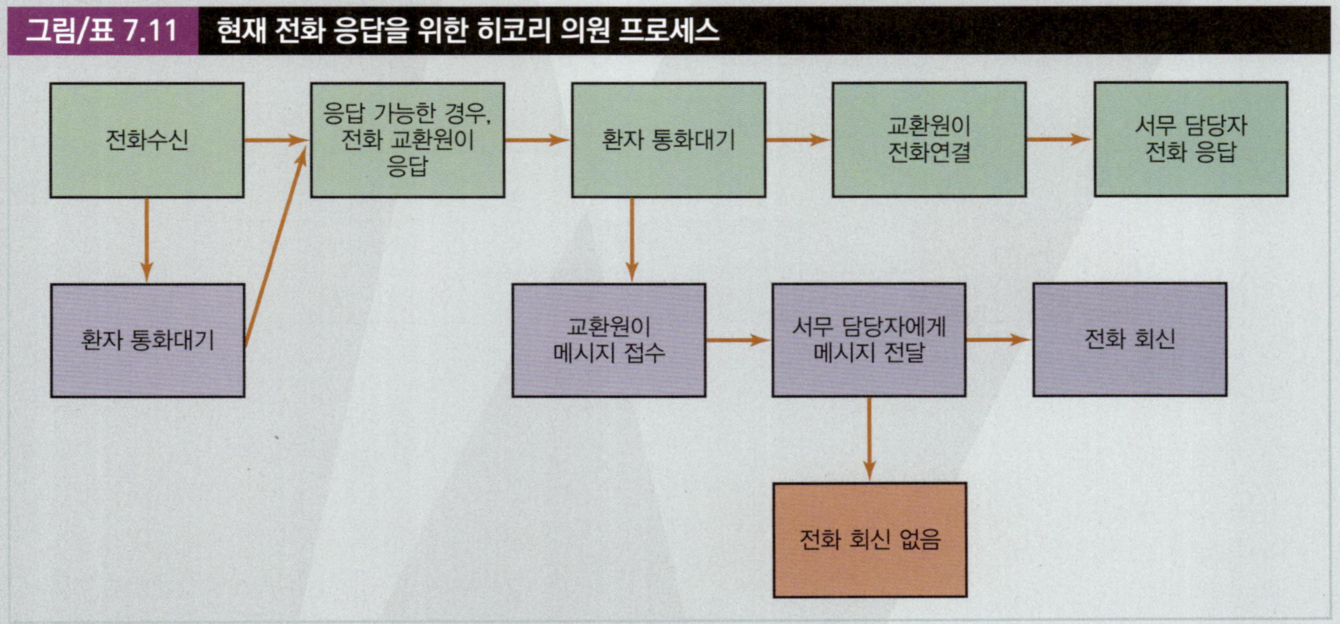

그림/표 7.12 현재 히코리 의원 환자 등록 프로세스

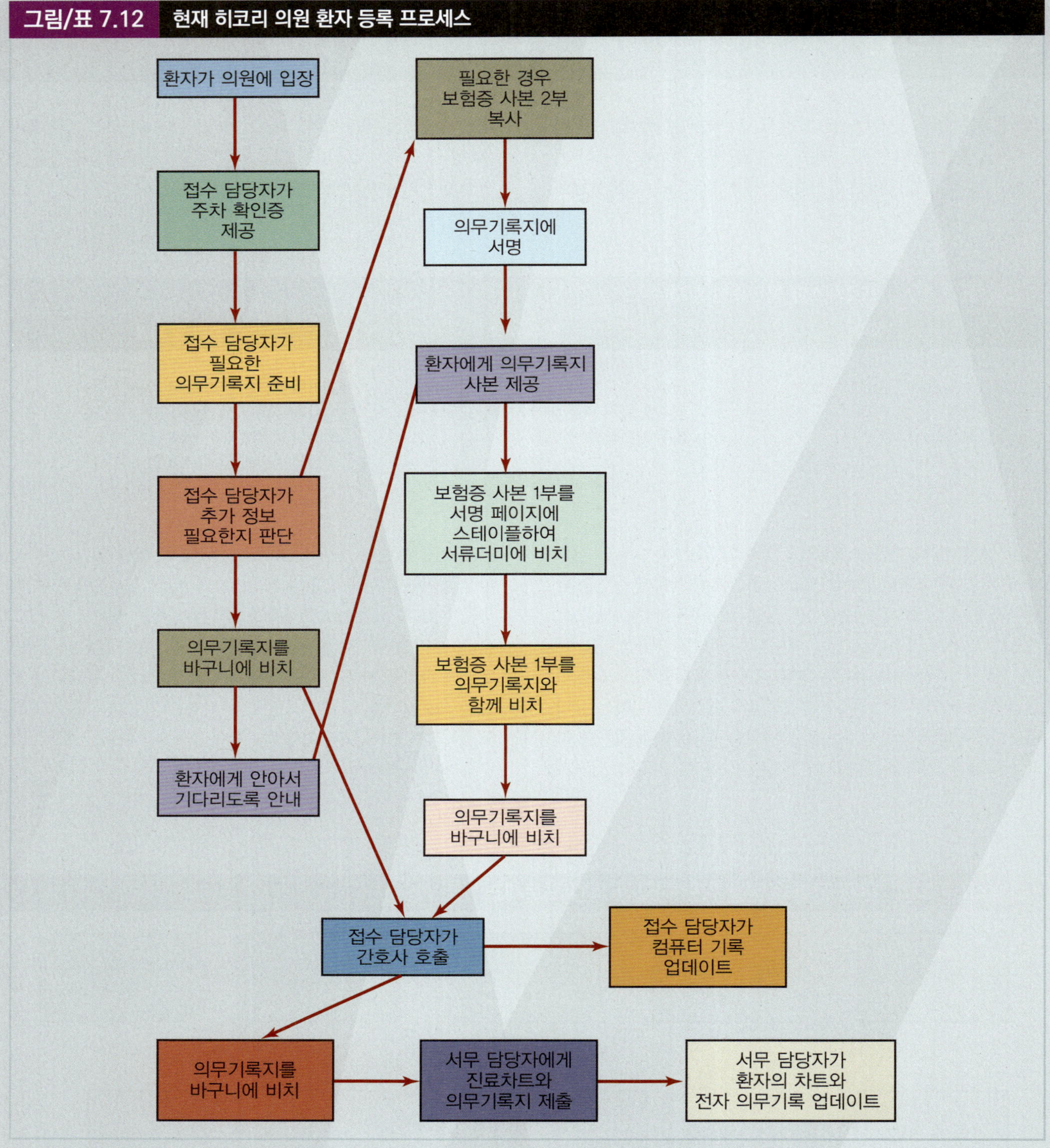

토론을 위한 사례 질문

1. 만족도 조사 결과에서 어떤 결론을 도출할 수 있나? 이 때 얻은 결론은 프로세스 개선을 위한 리디자인에 어떤 영향을 미칠 것인가?
2. 프로세스 흐름도에 대한 몇 가지 프로세스 개선사항을 제안하고 리디자인한 프로세스 흐름도를 개발하라. 새로 만든 흐름도의 주요 장단점을 설명하라.
3. 히코리 의원은 새 프로세스 계획을 어떻게 실행해야 하는가?

통합 사례 연구: 허드슨 쥬얼러스 Integrative case : Hudson Jewelers

본서 마인드탭MindTap은 허드슨 쥬얼러스Hudson Jewelers 사례 연구 관련 각 장에 있는 학습자료를 통합하여 제공한다.

토론을 위한 사례 질문

1. 다이아몬드 가치사슬의 일부를 조사한 후 다음 질문에 답하라. 가치사슬에 위치한 다음 각각의 단계에서 채용한 프로세스를 기술하라: (a) 탐사, (b) 다이아몬드 채굴, (c) 분류 및 등급 지정, (d) 절단 및 연마 센터, (e) 거래소, (f) 보석 장신구 제작 (g) 소매점. 이때, 제품–프로세스 매트릭스 및 서비스–포지셔닝 매트릭스 개념을 활용할 수 있다.
2. 마인드탭의 허드슨 쥬얼러 작업 및 프로세스 흐름Hudson Jeweler Work and Process Flow 워크시트에 표시된 단순화된 프로세스 작업 활동을 고려하여 프로세스 흐름도를 작성한 후 다음 질문에 답하라. 워크시트의 작업 내용을 제작, CAD, 서비스, 프론트룸front room, 백룸backroom에 각각 할당하는 방법으로 작업이 수행되는 위치와 방법을 이해할 수 있어야 한다.
   a. 이 프로세스에서 한 여성고객의 결혼 반지를 완성하기 위한 총 시간은 몇 분(또는 하루 중 차지하는 비율)인가?
   b. 이 프로세스에서 한 여성고객의 결혼 반지를 만들기 위한 총 제작 시간은 몇 분(또는 하루 중 차지하는 비율)인가?
   c. 이 프로세스에서 한 여성의 결혼 반지를 만들기 위한 총 CAD 시간은 몇 분(또는 하루 중 차지하는 비율)인가?
   d. 이 프로세스에서 한 여성의 결혼 반지를 만들기 위한 총 서비스(CAD 제외) 시간은 몇 분(또는 하루 중 차지하는 비율)인가?
   e. 이 프로세스에서 한 여성의 결혼 반지를 만들기 위한 총 프런트룸 및 백룸 시간은 몇 분(또는 하루 중 차지하는 비율)인가?
   f. 이 프로세스의 작업 내용을 평가하고 (a) ~ (e)의 질문에 답함으로써 무엇을 배울 수 있나?
3. 보석매장의 신입사원을 위한 직무기술서job description를 작성하라.
4. 릴리Lilly와 레스터Lester가 보석매장을 마지막으로 방문했을 때 최종 청구서가 준비되지 않았고 빌 허드슨 씨Mr. Bill Hudson가 반지와 다이아몬드 가격을 견적서의 일부를 분실한 것을 제외하고는 모든 것이 이 사례에 설명된 대로 하였다고 가정해 보자. 45분간의 기다림 끝에 릴리와 레스터는 최종 계산서(청구서)를 받았다. 이 '청구서 발행 실패billing service upset'가 고객의 구매 경험의 최종단계에 미치는 영향은 무엇인가? 청구서 발행은 기본 프로세스primary service로 보아야 하는가 아니면 주변 프로세스peripheral service 보아야 하는가?
5. 시작부터 종료까지 이상적인 다이아몬드 반지 고객 경험을 디자인하라(즉, 업무 및 프로세스 디자인에서 10~20단계의 목록을 작성하라). 고객경험에서 일어나야 하는 것과 일어나서는 안 되는 활동을 설명하라.

8 시설과 작업 디자인

Facility and Work Design

학습목표

8장을 학습한 후 다음 과제를 수행할 수 있어야 한다.

8-1 시설 디자인 facility design의 목표를 알아보고, 시설의 네 가지 배치layout 유형과 각 유형 별로 적합한 적용 사례를 기술한다.

8-2 조립라인 밸런싱assembly-line balancing을 활용하여 제품별 배치 product layout를 디자인하는 방법을 설명한다.

8-3 프로세스 배치process layout의 개념을 설명한다.

8-4 작업측정work measurement에 사용되는 개념과 접근 방식을 설명한다.

8-5 작업장 workplaces 디자인 및 직무jobs 디자인과 관련한 문제들을 기술한다.

시설 및 작업장 디자인은 만족스러운 고객경험customer experience을 제공하는 데 중요한 역할을 할 수 있다.

895Studio/Shutterstock.com

바이텍Vytec (www.vytec.com)은 가정 및 기업용 건물 비닐 외장재의 선두 제조업체이다. 바이텍은 외장재, 밑면, 부속품 등 50개의 제품라인을 만든다. 각 제품라인(또는 프로파일)은 15가지 색상으로 생산되어 총 750개의 재고저장단위stock keeping unit (SKU)를 생성한다. 건물 외장재 완제품은 12피트feet 길이의 골판지 상자에 20개 단위로 포장된다. 각 상자는 강철선반(베드bed라고도 함)에 쌓아 창고warehouse에 보관한다. 선반의 위치에 따라 다르지만 각 선반에는 30~60개의 상자가 놓인다. 바이텍의 중앙 창고 면적은 200,000 평방 피트가 넘는다.

건물 외장재의 경우에도 시간이 지남에 따라 제품라인에 대한 수요가 변한다. 이에 따라 일부 품목은 단종되기도 하고 새로운 품목이 추가되기도 한다. 바이텍 창고에서도 수요 변화에 대응하여 재고를 보관하는 선반의 위치와 용량을 주기적으로 변경해야 한다. 기본 (시설)배치 원칙basic layout principles을 적용하여 수요가 많은 건물 외장재 제품라인product lines은 운송 및 주문피킹 시간 최소화를 위해 출하장shipping dock에 가장 가깝게 적치한다. 경영진은 창고 내 재고 배치에 대한 영구적인 해결책을 찾기를 희망하지만, 수요변화와 이에 따른 제품믹스product mix의 변경으로 인해 몇 년 단위로 창고 디자인이 바뀌어야 한다.

어떻게 생각하는가? What Do you Think?

레스토랑, 은행 또는 자동차 대리점 등 서비스 업종의 시설을 떠올려 보고, 이들 시설의 물리적 환경과 시설 배치가 어떻게 고객경험customer experience을 향상시키거나 악화시킬 수 있을지 생각해 보라.

기업들은 프로세스를 선택한 후, 프로세스를 구현하기 위한 기반구조(인프라)infrastructures를 디자인해야 하는데 필수적으로 수행해야 할 물리적 시설physical facilities과 작업work tasks 디자인을 포함한다. 공장의 물리적 디자인은 바이텍 사례에서 확인할 수 있듯이, 가능한 효율적으로 생산 및 운영활동을 지원할 수 있도록 이루어져야 한다. 시설과 작업 디자인은 기업 인프라의 중요한 요소이면서, 비용, 생산성, 대응력responsiveness 및 민첩성agility에 영향을 미치는 주요한 전략적 의사결정 중 하나이다.

제품을 생산하거나 서비스를 제공하는 대부분의 조직에서 시설 배치 및 작업 디자인은 고객의 필요와 욕구needs and wants를 충족시키고, 지속가능성sustainability을 높이는 동시에 가치창출 역량을 제고한다. 잘못 디자인한 시설은 관리 부분의 경쟁력을 약화시킴은 물론, 이를 고치고 개선하는 데 많은 비용을 초래한다. 그러므로 다수의 서비스를 제공하는 기업이나 조직에서 물리적 시설과 작업장workplace은 서비스 디자인에서 중요할 수밖에 없다 ("피트니스 센터의 시설배치" 글상자 참조). 특히 시설 디자인은 고객과의 접촉 정도가 높을수록 고객경험을 만족시키는데 중요한 역할을 한다. 시설 디자인facility design은 직무job 및 프로세스process 디자인과 통합되어야 한다.

> 적절한 배치layout를 통해 조직의 임무 완수를 위한 운영 능력을 지원할 수 있어야 한다.

8-1 시설배치 facility layout

시설배치는 *물리적 시설의 구체적인 배열*arrangement*을 의미한다.* 시설배치는 늘 고민하고 연구해야 하지만 다음과 같은 상황에서 특히 필요하다: (1) 새로운 시설을 건축할 때, (2) 수요demand 또는 처리량throughput에 상당한 변화가 있을 때, (3) 새로운 상품 또는 서비스가 고객효익패키지customer benefit package (CBP)에 도입되었을 때, (4) 과거와는 다른 프로세스, 장비 및 기술이 설치되었을 때. 배치 연구의 목표는 다음을 포함한다: (1) 자재취급materials handling (편집자 주: 재료, 부품, 완제품 등을 생산라인 내, 생산라인 간, 생산라인과 창고 등에서 운반, 보관, 보호, 통제하는 작업 등을 의미한다) 및 고객 이동customer movement에서 발생하는 지연의 최소화, (2) 유연성flexibility 유지, (3) 인적자원과 공간의 효과적 사용, (4) 직원 사기와 고객 만족도 향상, (5) 에너지 사용과 환경에 미치는 영향 최소화, (6) 쾌적한 시설관리 및 유지보수 제공, (7) 적절한 제조 및 서비스 시설을 통한 매출 향상. 기본적으로 적절한 배치를 통해 조직의 사명을 실현하기 위해 필요한 운영 능력을 지원할 수 있어야 한다.

배치에는 일반적으로 제품별 배치product layout, 프로세스별 배치process layout, 셀룰러 배치cellular layout 및 위치고정형 배치fixed-position layout 네 가지가 있다.

8-1a 제품별 배치 product layout

제품별 배치product layout는 *제품을 생산하거나 서비스를 제공하는 동안 수행하는 일련의 작업에*

피트니스 센터의 시설배치
Facility Layouts in Fitness Centers

fiphoto/Shutterstock.com

피트니스 센터를 직접 이용하였거나 구경한 적이 있을 것이다. 피트니스 센터는 제조과정에서 볼 수 있는 것과 같이 다양한 배치를 사용한다. 일반적으로 공용 공간에는 프리웨이트, 스트레칭 공간, 유산소 운동 장비 및 근력 운동기구들이 하나의 그룹을 이루는 프로세스별 배치process layout를 볼 수 있다. 만약 근력 운동기구들을 "순환식 훈련법circuit training(편집자 주: 일반적으로 큰 근육을 먼저 단련)"에 근거하여 배치한 경우 제품별 배치product layout의 요소들을 발견할 수 있다. 예를 들면, 다리 운동기구, 가슴 및 어깨 운동기구 등을 프로세스배치 내에서 함께 그룹화하는 셀룰러 배치cellular layout 형태를 볼 수 있다. 피트니스 운동기구 제조업체인 싸이벡스Cybex는 디지털 환경에서 장비, 가구 및 액세서리를 원하는 지점에 배치해 보며 개인 트레이닝 스튜디오 또는 피트니스 센터를 디자인할 수 있는 애플리케이션("gym fiphoto/Shutterstock.complanner")을 제공한다(http://www.cybexintl).com/solutions/ gymplanner.aspx).

기반한 배치이다. 그림/표 8.1은 와인 양조에 사용하는 전형적인 제품별 배치를 보여준다. 제품별 배치는 동일한 과업 및 활동 순서를 사용하여 모든 제품 또는 서비스가 한 프로세스 단계에서 다음 단계로 연속적인 경로로 이동하는 매끄럽고 논리적인 흐름을 지원한다. 서브웨이Subway나 치폴레Chipotle 체인 레스토랑에서 식사를 한 경험이 있다면 제품별 배치를 목격한 적이 있을 것이다. 샌드위치나 부리토burrito 준비에 필요한 재료가 특정한 순서로 배열되어 있다. 신용카드 결제 처리, 종이 제조, 보험증권 처리, 자동차 조립 등을 위해서도 제품별 배치가 이루어진다.

> 시설 디자인은 직무 및 프로세스 디자인과 통합되어야 한다.

제품별 배치의 장점은 높은 산출률output rates, 낮은 재공품 재고work-in-process inventory와 낮은 자재취급 비용, 높은 인적자원 및 장비 활용도, 단순한 계획 및 제어 시스템 등을 들 수 있다. 제품별 배치는 몇 가지 단점도 있는데, 장비 한 대가 고장 나면 전체 프로세스가 중단될 수 있다. 또한 배치가 제품이나 서비스에 의해 결정되기 때문에 제품의 디자인 변경이나 신제품의 출시는 배치의 대대적인 변경을 필요로 할 수 있어서 결과적으로 유연성이 떨어질 수 있다. 그러므로 제품별 배치는 유연성

그림/표 8.1 와인 양조를 위한 제품별 배치

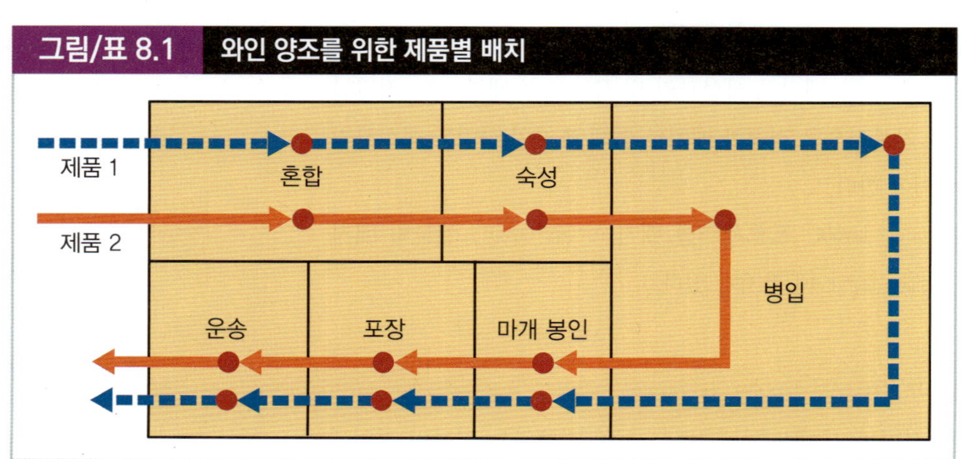

이 떨어지고 변경에 많은 비용이 소요된다. 또한 일반적으로 고가의 전문 장비가 필요하다. 마지막으로 대량생산을 위한 조립라인과 같은 제품별 배치 시설에서의 직무jobs는 낮은 직무 만족도job satisfaction를 초래하는 경우가 많다. 제품별 배치는 높은 수준의 노동 분업이 필요하기 때문에 일반적으로 업무가 단조로울 수밖에 없다. 이러한 문제점은 교차교육cross-training과 직무순환job rotation를 통해 피할 수 있다 (본 장 후반부의 카길키친의 해결책Cargill Kitchen Solutions 상자 참조).

그림/표 8.2 기계공장의 프로세스별 배치

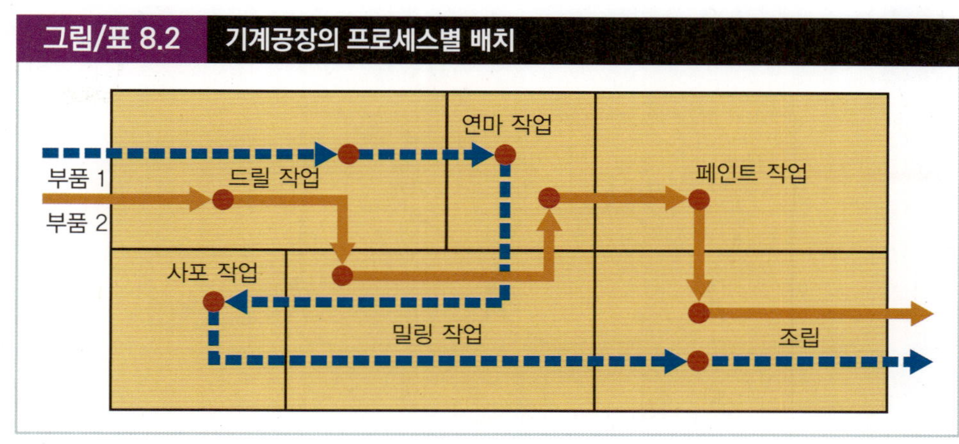

8-1b 프로세스별 배치 Process layout

프로세스별 배치process layout는 *유사한 작업을 수행하는 장비 또는 활동의 기능적 그룹으로 구성된다.* 예를 들면, 드릴 프레스drill presses만을 한 그룹으로 묶거나, 밀링 기계milling machines만을 한 그룹으로 묶어 한 작업반에 배치할 수 있다. 또는 드릴 프레스와 밀링 기계를 함께 그룹으로 묶어 배치할 수도 있다. 공장 내에서 제품별로 생산에 필요한 프로세스가 다르므로 과업이 작업반 간에 다른 순서로 이동할 수 있다(그림/표 8.2 참조). 잡샵job shop에서는 일반적으로 다양한 맞춤형 주문customized orders을 처리하기 때문에 전형적인 프로세스별 배치 형태를 보인다. 법률사무소 업무, 신발 제조, 제트엔진 터빈 날개 제작, 병원 업무에서도 프로세스별 배치를 사용한다.

제품별 배치에 비해 프로세스별 배치는 유연성이 높으며, 일반적으로는 장비에 대한 투자가 적다. 장비의 일부가 고장 나더라도 전체 시스템에 큰 영향을 미치지는 않는다. 프로세스별 배치를 활용하면 작업자가 다양한 직무를 수행할 수 있기에 직무 만족도가 높다. 그러나 프로세스별 배치는 낮은 장비 활용도utilization, 높은 자재취급 비용, 복잡한 계획 및 제어 시스템, 높은 작업자 기술 숙련도를 요구하는 등의 단점도 있다.

8-1c 셀룰러 배치 cellular layout

셀룰러 배치cellular layout*에서 디자인은 장비의 기능적 특성을 따르지 않고, 특정 상품 또는 서비스 세트를 생산하는 데 필요한 독립적인 장비그룹(셀cell이라고 함)을 기반으로 한다.* 셀룰러 배치 개념은 도요타 자동차주식회사Toyota Motor Company에서 개발하였다.

제조셀manufacturing cell의 예는 그림/표 8.3에 묘사되어 있는 데, 셀룰러 제조cellular manufacturing의 전형적인 U자형 배열을 볼 수 있다. 셀은 제품별 배치와 비슷해 보이지만 다르게 작동한다. 셀 내에서 재료가 한 단계operation에서 다음 단계로 이동할 때 시계 방향 또는 시계 반대 방

그림/표 8.3 셀룰라 제조 배치

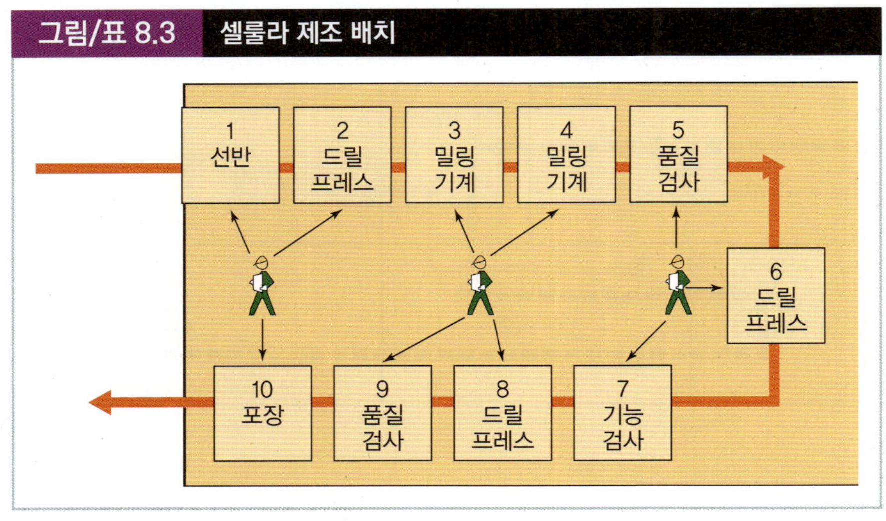

향으로 이동한다. 셀은 하루 목표 생산량에 따라 1명, 2명 또는 3명의 작업자이 작업하도록 디자인한다 (그림/표 8.3은 3명의 작업자를 기계에 지정하는 방법을 보여준다). 각 작업자는 가공을 위해 재료를 기계에 적재하고, 가공한 후, 완성된 부품을 기계에서 제거한 후, 다음 단계로 보낸다. 병렬로 작업하면 셀의 생산량은 증가한다.

셀룰러 배치는 유사한 프로세스 요구사항을 가진 부품군families of parts을 처리할 때 유리하다. 부품을 부품군으로 분류하는 절차를 그룹 테크놀로지group technology라고 한다. 서비스업에서도 작업을 셀룰러 배치와 유사하게 업무를 수행하는데, 그룹별 서비스를 제공하는 법률 서비스(노동법, 파산, 이혼 등), 의료 서비스(출산, 종양치료, 수술 등)가 그 예이다.

작업자의 입장에서는 작업흐름workflow이 표준화되어 있고, 셀의 중앙에 위치하므로 자재취급이 용이하기 때문에 작업자가 생산 프로세스에 더 집중할 수 있다. 또한, 셀 내에서 제조 중 불량이 발견되면 셀 내에서 빨리 불량을 바로잡을 수 있어서 품질을 향상시키는 것이 용이하다. 셀 내에서는 제조 장비들이 상호 밀착하여 설치되어 있어서 작업 공간을 추가로 확보할 수 있으며, 필요한 경우 이렇게 확보한 작업공간을 다른 용도로 활용할 수도 있다. 셀룰러 제조 방식에서는 작업자들이 한 가지 단순작업만 수행하지 않고 다수의 작업을 수행할 수 있고 또 수행하므로 결과적으로 책임이 커진다. 그러므로 작업자들은 제품 완성에 대한 본인의 기여도를 더 잘 인식하게 된다. 이러한 셀룰러 제조의 특성은 작업자들의 사기와 만족도를 높이고, 궁극적으로 품질과 생산성을 증가시킨다.

8-1d 위치고정형 배치 fixed-position layout

위치고정형 배치fixed-position layout는 *사람, 자재 및 장비와 같이 제품을 제조하거나 서비스를 제공하는 데 필요한 자원들을 하나의 물리적 위치로 통합한다.* 이때 재공품을 한 작업반work center에서 다른 작업반으로 이동하지 않고 고정 상태로 유지한다. 중장비, 비행기, 건물, 기관차, 선박과 같은 대형 품목의 생산에는 일반적으로 위치고정형 배치를 사용한다. 위치고정형 배치는 프로세스에서의 "프로젝트"와 동일한 의미이다. 서비스를 제공하는 회사도 고정형 배치를 사용한다. 예를 들면, 대규모의 하드웨어 및 소프트웨어 설치, 스포츠 이벤트 및 콘서트 운영이 이에 해당한다. 고정형 배치는 일반적으로 다른 유형의 배치에 비해 높은 수준의 계획 및 통제가 필요하다.

그림/표 8.4는 제품별, 프로세스별, 셀룰러 및 위치고정형 배치의 상대적인 특징을 요약하여 보여준다. 이러한 배치 유형들 중에서 하나를 선택할 때는 유연성과 생산성간 균형을 고려해야 한다.

그림/표 8.4 배치 유형별 특성 비교

특성	제품별 배치	프로세스별 배치	셀룰러 배치	위치고정형 배치
수요량	높음	낮음	중간	매우 낮음
장비 활용도	높음	낮음	높음	중간
자동화 가능성	높음	중간	높음	중간
준비/전환 요구사항	높음	중간	낮음	높음
유연성	낮음	높음	중간	중간
장비 유형	높은 전용화	범용화	중간 수준 전용화	중간 수준 전용화

8-1e 서비스 조직의 시설배치 Facility Layout in Service Organizations

서비스 조직은 다양한 형태의 작업들을 수행하기 위해서 제품별, 프로세스별, 셀룰러 및 위치고정형 배치를 사용한다. 예를 들면, 미국 안경점 체인인 렌즈크래프터즈 LensCrafters의 전형화되어 있는 시설배치에서 고객과의 접촉이 이루어지는 영역은 프로세스별 배치임을 알 수 있다(그림/표 5.12). 그러나 렌즈 제작실lab area은 셀룰러 배치 방식이다 ("피트니스 센터의 시설배치Facility Layouts in Fitness Centers" 글상자 참조).

서비스 조직에서 제품별 배치 대 프로세스별 배치 간 의사결정은 전문성 대 유연성 정도에 달려 있다. 서비스는 수요량, 제공하는 서비스의 범위, 서비스의 개인화 정도, 직원의 기술, 그리고 비용을 고려해야 한다. 다양한 고객들에게 맞춤 서비스를 제공해야하는 경우, 즉 작업자들의 고난이도의 능력을 필요로 하는 경우에는 프로세스별 배치가 적합하다. 예를 들면, 도서관은 참고자료, 연재물, 마이크로 필름을 각각 별도 공간에 배치한다. 병원은 출산, 종양 치료, 수술, X-레이 촬영 등의 서비스를 기능별로 그룹화한다. 보험회사는 청구, 인수, 기록 업무를 부서별로 배치한다.

고도로 표준화된 서비스를 제공하는 서비스 기업은 주로 제품별 배치를 활용한다. 예를 들면, 그림/표 8.5는 매장내 식사와 배달이 모두 가능한 작은 피자 레스토랑의 주방

루이비통의 셀룰러 생산 Cellular Manufacturing at Louis Vuitton

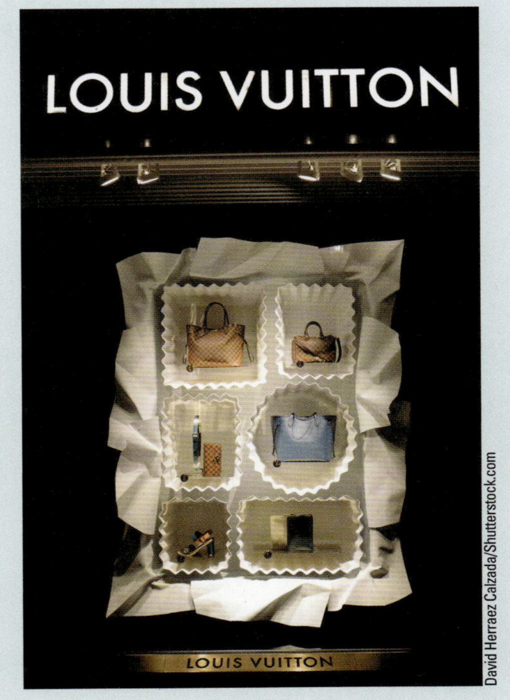

루이비통 Louis Vuitton은 세계적인 명품 브랜드 중 하나이며, 최근 큰 성장세를 보이고 있다. 루이비통은 프랑스 마르사즈Marsaz에 신규 공장을 세워서 생산량을 늘릴 방법을 모색하고 있다. 명품 가방은 소량으로 생산하지만, 여러 품목들의 공통적인 특성들을 파악하고, 프로세스에서의 연관성에 대해서 이해할 수 있으면 생산 프로세스에 도움이 된다. U자형 클러스터에서 약 10명의 직원으로 구성된 팀을 재구성함으로써 루이비통은 공장 생산현장 공간을 10% 확보할 수 있었다. 이로 인해 시설 규모를 늘리지 않고도 300명의 신규 인력을 고용할 수 있었다. 이탈리아의 루이비통 신발 공장에서는 로봇이 신발 생산에 필요한 금형들을 운반한다. 과거 작업자들이 담당하던 무겁고 위험한 금형 운반 작업을 로봇에게 맡김으로써 작업 시간을 단축하고 안전사고 위험을 줄였다.

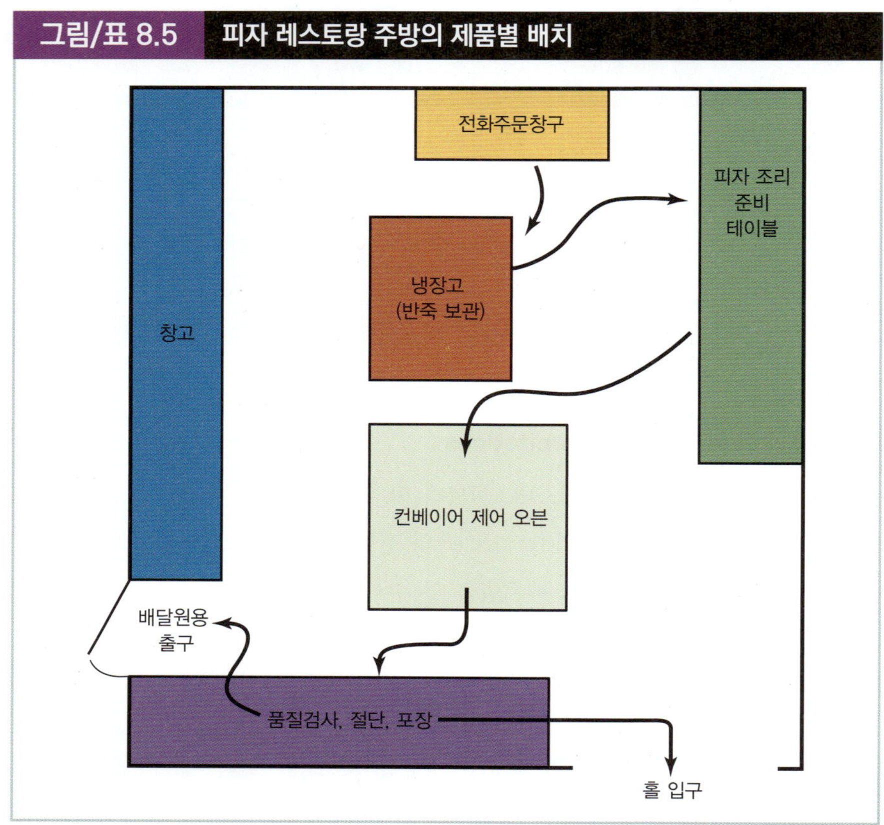

그림/표 8.5 피자 레스토랑 주방의 제품별 배치

배치이다.

서비스 시설의 디자인은 서비스 접점service encounter를 지원하기 위해 배치와 서비스케이프servicescape, 프로세스 디자인 간의 통합을 중요하게 생각해야 한다. 빅토리아즈 시크릿Victoria's Secret 매장에서는 여성용 잠옷과 실내복, 퍼스널 케어 제품 등 특정 유형의 의류별로 시설을 배치한다. 매장의 진열대 배치는 신중하게 계획한다. 향수, 색조 화장품, 스킨 케어 및 개인 액세서리를 전문으로 하는 자매매장인 빅토리아즈 시크릿 퍼퓸Victoria's Secret Perfume은 종종 빅토리아 시크릿 매장 옆에 나란히 배치한 후 두 매장을 물리적으로 연결함으로써 두 매장의 거래량과 매출 증대를 꾀한다.

8-2 제품별 배치 디자인 designing Product Layouts

플로우샵flow shop의 제품별 배치는 일반적으로 고정된 작업 순서대로 작업장들을 배치한다. 각 작업장은 처리를 위해 대기 중인 작업물(재공품)을 저장하기 위해 버퍼(재공품 대기열)로 상호 분리되며, 각 작업장 간 이동이 쉽도록 컨베이어벨트conveyer belts로 연결된다. 그림/표 8.6은 플로우샵의 예시를 보여준다. 이러한 형태의 제품별 배치는 흐름차단 지연flow-blocking delay과 작업부족(으로 인한) 지연lack of work delay이라는 두 가지 지연의 주요 원인으로 인해 어려움을 겪을 수 있다. **흐름차단 지연** *(또는 차단지연)은 특정 작업장에서 작업을 완료했지만 다음 단계가 가공중인 작업들로 인해 저장공간이 가*

Sorbis/Shutterstock.com

득 차 있어서 작업물을 전달할 할 수 없을 때 발생한다.* 작업자는 저장공간을 사용할 수 있을 때까지 유휴상태를 유지해야 한다. **작업부족 지연**은 *한 단계stage의 작업을 완료하였으나 이전 단계에서 완료되어 넘어오는 작업이 없을 때 발생한다.* 작업부족 지연은 그 다음 작업장을 "굶주리게staving" 한다고 이해하면 된다. 이러한 지연은 7장에서 정의한 전체 프로세스의 처리량을 제한하는 병목현상bottleneck을 유발한다. 그러므로 프로세스를 개선할 때 병목현상을 식별하는 것이 중요하다.

이러한 지연 원인은 각 작업장에서 적절한 수준의 용량capacity을 디자인하여 프로세스를 "밸런싱balance"하여 최소화할 수 있다. 때로는 작업장을 병렬로 추가하여 수행할 수도 있다. 제품별 배치에서는 작업장을 직렬, 병렬 또는 이 두 방식을 조합하여 구성하는 것이 가능하다. 작업장과 버퍼의 다양한 구성이 가능하기 때문에 적절한 배치형태의 디자인이 쉽지 않다.

제품별 배치에서 중요한 유형은 **조립라인**assembly line이다. *조립라인은 이전에 생산한 제품 또는 서비스 부품들의 결합에 초점이 맞춰진 제품별 배치이다.* 조립라인은 헨리 포드Henry Ford에 의해 제시되었으며, 비용을 줄이고 대중시장에서 제품과 서비스를 저렴하게 생산하는 것을 가능하게 한다. 조립라인의 등장으로 경제적 번영이 가능하게 되었다고 해도 과언이 아니다. 조립라인은 자동차 및 가전 등 여러 산업군에서 중추적인 역할을 하고 있다. 또한 세탁, 보험 증권, 우편 및 금융 거래와 같은 여러 서비스 운영에 있어서도 중요하게 활용되고 있다.

8-2a 조립라인 밸런싱 assembly-Line balancing

제품을 조립하는 데 필요한 과업순서는 일반적으로 물리적 디자인physical design에 의해 결정된다. 예를 들면, 잉크를 주입하기 전까지 볼펜에 뚜껑을 씌울 수 없다. 여러 개의 과업으로 구성된 경우 적절한 작업 순서를 유지하면서 과업을 개별 작업장으로 그룹화하는 다양한 방법을 선택할 수 있다. **조립라인 밸런싱**assembly-line balancing은 *각 작업장이 동일한 작업량amount of work을 갖도록 그룹화하는 기술이다. 조립라인 밸런싱은 작업을 효율적으로 구성하는 데 중점을 둔다.*

> 조립라인 밸런싱은 플로우샵에서 작업을 효율적으로 구성하는데 중점을 둔다.

예를 들면, 알람 시계를 조립하는데 한 단위당 90초가 소요되고, 작업이 3개의 작업장에 균등하게 분할된 경우, 각 작업장에는 30초를 할당한다. 이 경우 작업장별로 유휴시간은 없으며, 첫번째 작업장의 산출물은 즉시 다음 작업장으로 넘어간다. 기술적으로 병목 작업장은 없으며, 조립라인에서 알람 시계의 이동흐름은 연속적이다. 그런데 현실적으로 이것은 거의 불가능하므로 목표는 원하는 산출률output rate을 달성하면서, 작업장 간의 불균형을 최

그림/표 8.6 일반적인 제조 작업대 배치

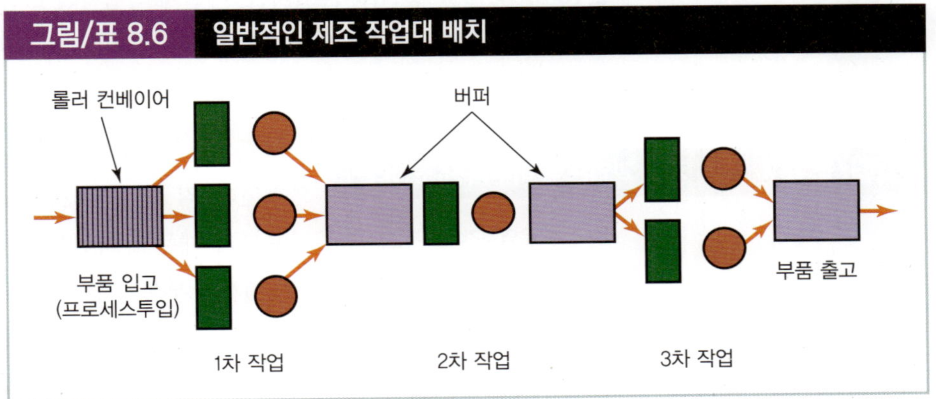

소화해야 한다. 균형을 잘 유지하면 판매 요구량을 충족시키며 운영비용을 최소화하는데 필요한 처리량throughput을 달성한다. 일반적으로 주어진 생산율production rate에 대해 작업대(또는 작업기계) workstations의 수를 최소화하거나 주어진 작업대 수에 대한 생산량을 최대화한다.

조립라인 밸런싱을 위해서는 다음 세 가지 유형의 정보가 필요하다.

1. 수행할 과업 세트task sets 및 각 과업 세트를 수행하는 데 필요한 시간
2. 과업 간의 선후관계precedence relationships, 즉 과업을 수행해야하는 순서
3. 조립라인의 목표 산출률output rate 또는 수요예측치demand forecast

처음 두 가지 정보는 제품 또는 서비스의 디자인 명세서 분석analysis of design specifications으로부터 얻을 수 있다. 세 번째 정보는 주로 경영상의 의사결정 사항이다. 경영진은 정확하게 예측에 맞게 정확하게 생산할지, 과잉 생산하여 재고를 보유할지 또는 필요시 하청을 줄지 등을 결정해야 한다.

조립라인 밸런싱을 자세히 알아보기 위해 세 가지 과업tasks으로 이루어진 하나의 활동activity을 살펴보자(그림/표 8.7). 과업 A는 첫 번째 과업이며 0.5분이 소요된다. 과업 B를 수행하기 전에 A는 완료되어야 한다. 0.3분이 소요되는 과업 B가 완료되면 과업 C를 수행할 수 있으며, 과업 C는 0.2분이 소요된다. 한 부품을 완료하려면 세 가지 과업을 모두 완수해야 하므로 한 부품을 완성하는 데 필요한 총 시간은 0.5 + 0.3 + 0.2 = 1.0분이다.

한 명의 작업자가 세 가지 과업을 모두 순서대로 수행한다고 가정한다. 하루 8시간 동안 (1부품/1.0분) (60분/시간) (8시간/일) = 480부품/일 생산할 수 있다. 그러므로 프로세스 능력process capacity은 하루 480개 부품이다.

이번에는 세 명의 작업자가 라인에 지정되어 각각 세 가지 과업 중 하나를 수행한다고 가정하자. 첫번째 작업자는 과업 시간이 0.5분이므로 시간당 120개의 부품을 만든다. 그러므로 총 (1부품/0.5분) (60분/시간) (8시간/일) = 960부품/일을 작업자 2에게 전달할 수 있다. 작업자 2가 과업 완수하기까지 필요한 시간은 0.3분이며 (1부품/0.3분) (60분/시간) (8시간/일) = 1,600부품/일을 생산할 수 있다. 그러나 두번째 작업자는 첫번째 작업자의 생산율production rate이 낮기 때문에 1,600개를 생산할 수 없다. 두번째 작업자는 첫번째 작업자가 만들어준 부품이 도착하기를 기다리는 동안 유휴상태가 된다. 세번째 작업자는 (1부품/0.2분) (60분/시간) (8시간/일) = 2,400부품/일을 생산할 수 있지만, 세번째 작업자의 조립 라인의 최대 생산율은 하루에 960부품이다. 즉 과업 A를 수행하는 작업대 1이 프로세스의 병목구간이다.

세번째 대안은 두 개의 작업대를 사용하는 방법이다. 첫번째 작업자는 과업 A를 수행하고, 두번째 작업자는 과업 B와 C를 수행한다. 각 작업자에게 할당된 과업들을 수행하는 데 0.5분이 소요되기 때문에 라인은 완벽한 밸런스(균형)를 이룬다. 하루에 960개의 부품을 생산할 수 있다. 두 명의 작업자가 세 명의 작업자와 동일한 생산율을 달성할 수 있으므로 인건비를 절약할 수 있다. 과업 및 활동을 작업대로 그룹화하는 방법은 프로세스 용

그림/표 8.7 세 개의 과업으로 이루어진 조립라인

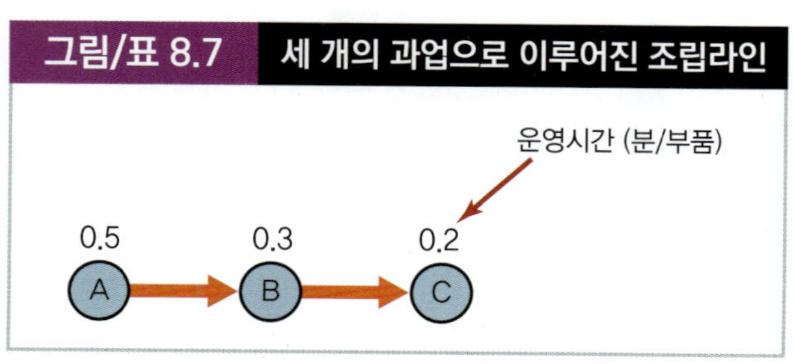

량 (처리량), 비용 및 작업 시간 측면에서 매우 중요하다.

조립라인 밸런싱을 위해서는 사이클타임을 잘 고려해야 한다. **사이클타임**cycle time (CT)은 *조립라인에서 만들어지는 산출물의 시간간격이다*. 이는 제품 생산이나 서비스 결과물에 모두 적용에 적용할 수 있는 개념이다. 그림/표 8.7에 표시된 세 가지 과업에 대해 하나의 작업대만 사용하는 경우 사이클타임은 1분/단위이다. 즉 1분마다 하나의 완성된 조립품이 만들어진다. 설명한대로 두 개의 작업대를 사용하는 경우 사이클타임은 0.5분/단위이다. 마지막으로 세개의 작업대를 사용하는 경우 과업 A가 병목 구간이며, 시간이 가장 오래 걸리기 때문에 사이클타임은 여전히 단위당 0.5분이다. 이 경우 0.5분마다 하나의 조립품을 생산할 수 있다.

사이클타임은 최대운영시간maximum operation time보다 작을 수 없으며, 모든 작업시간의 합(Σt)을 초과할 수는 없다.

그러므로 최대운영시간 ≤ 사이클타임 ≤ 총 운영시간sum of operation times [8.1]

위 식은 가능한 사이클타임의 범위를 알려준다. 앞의 예시에서 사이클타임은 0.5에서 1.0 사이이다.

다음 식에 따르면 사이클타임은 일정기간 동안에 생산되어야 하는 산출량과 관련이 있다.

$$CT = A/R \qquad [8.2]$$

이때, A = 산출물 생산 가용 시간available time to produce the output, R = 수요 예측치demand forecast 이다. 그러므로 필요한 산출량(수요 예측치)을 목표로 정하면, 이를 달성하는데 필요한 최대 사이클타임을 계산할 수 있다. 요구되는 사이클타임이 최대과업시간the largest task time보다 작으면 일부 과업들을 분할하여 할당해야 한다.

사이클타임이 주어지면 이론적으로 최소로 필요한 작업대 수를 계산할 수 있다.

최소 필요 작업대 수 = 과업시간의 합sum of task times/사이클타임 = Σt / CT [8.3]

도출한 값이 분수이면 이론적으로 최소 작업대 수를 올림하여 가장 가까운 정수로 계산한다. 예를 들면, 사이클타임이 0.5인 경우 적어도 1.0/0.5 = 2개의 작업대가 필요하다.

다음 식은 조립라인의 성과에 대한 추가적인 정보를 제공한다.

총 가용시간total time availbale = (작업대 수) (사이클타임) = $(N)(CT)$ [8.4]

총 유휴시간 = $(N)(CT) - \Sigma t$ [8.5]

조립라인 효율성assembly-line efficiency = $\Sigma t / (N \times CT)$ [8.6]

밸런스 지연 balance delay = 1 − 조립라인 효율성 [8.7]

식 8.4으로 계산된 총 가용시간은 경영진이 투자한 총 생산능력total productive capacity을 의미한다. 유휴시간은 총 가용시간과 실제로 과업수행에 사용된 시간의 합의 차이를 의미한다 (식 8.5). 식 8.6에 의해 계산된 조립라인 효율성은 가용한 생산능력 중에서 사용된 비율을 의미한

문제풀이 8.1 조립라인 성과측정

배스피싱 주식회사Bass Fishing Inc.는 6개의 작업대workstations을 사용하여 조립라인에서 낚시 릴reels을 조립한다. 경영진은 하루에 300릴을 생산하려고 한다(일 7.5 시간 근무). 과업시간의 합sum of task times은 릴 당 8분이다. 사이클타임, 총 가용시간, 총 유휴시간, 조립라인 효율성 및 밸런스 지연 값을 계산하라.

해답:

식 8.2 ~ 8.7을 활용한다.

사이클타임 = $CT = A/R$ = [(7.5시간 / 일) (60분/시간)] / (300릴 / 일) = 450/300 = 1.5 분/릴
총 가용시간 = (작업대 수) (사이클타임) = $(N)(CT)$ = (6)(1.5) = 9.0 분
조립라인 효율성 = Σt / ($N \times CT$) = 8/(6 × 1.5) = 0.889, or 88.9%
밸런스 지연 = 1 − 조립라인 효율성 = 1 − 0.889 = 0.111, or 11.1%

경영진은 릴 하나당 8분의 작업시간과 1분의 유휴시간을 고려해야함을 알 수 있다.

다. 1에서 조립라인 효율성을 차감한 값은 작업대 간 불균형imbalance으로 인해 발생하는 유휴시간의 비율을 나타내며, 식 8.7에 나와있는 것처럼 *밸런스 지연*balance delay이라고 한다.

문제 8.1에서 7개의 작업대를 사용한다고 가정하자. 총 가용시간은 7(1.5) = 10.5분이다. 총 유휴시간은 10.5 − 8 = 2.5분이다. 조립라인은 효율은 8/10.5 = 0.76으로 감소한다. 6개의 작업대만 사용하는 경우 총 가용시간은 5(1.5) = 7.5분이다. 이는 과업시간의 합보다 작기 때문에 하루에 300개의 릴을 생산하는 것은 불가능하다.

8-2b 라인 밸런싱 방법 Line-Balancing Approaches

앞 절에서 3개 과업 간에 밸런싱을 이루는 문제는 식을 활용하여 매우 쉽게 계산할 수 있었다. 과업의 수가 많으면 작업대 구성을 위한 경우의 수도 또한 늘어나서 밸런싱 문제가 복잡해질 수 있다. 작업장에 작업을 할당하는 데는 의사결정 규칙decision rules 또는 휴리스틱heuristics을 활용한다. 휴리스틱스는 최적해best solution를 보장할 수 없기 때문에 여러 대안 중에서 가장 좋은 해결책을 찾기 위해 다양한 규칙을 적용할 수 있다. 대규모 라인 밸런싱 문제의 경우 이러한 의사결정 규칙이 내재된 컴퓨터 알고리즘 및 시뮬레이션 모델을 사용한다.

조립라인의 균형을 맞추는 간단하면서도 효과적인 방식을 설명하기 위해 그림/표 8.8와 같이 인라인 스케이트in-line skate를 생산한다고 가정하자. 목표 산출량output rate은 주당 360개이다. 유효 하루 작업시간effective workday (1교대 가정)은 휴식과 점심 시간을 고려할 때 7.2시간이다. 시설은 주5일 운영된다.

개별 부품을 조립하려면 8개의 과업이 필요하다. 각 과업과 과업시간은 다음과 같다.

1. 휠wheels, 베어링bearings 및 축axle hardware 조립 (2.0분)
2. 브레이크 덮개brake housing 및 패드pad 조립 (0.2분)
3. 휠 조립wheel assembly 완료 (1.5분)

4. 휠 조립 검사 (0.5분)
5. 조립 부트assembly boot (3.5분)
6. 부트boot 및 휠 하위부분wheel subassembly 결합 (1.0분)
7. 라인line 및 최종 조립final assembly 추가 (0.2분)
8. 최종 검사final inspection 수행 (0.5분)

그림/표 8.8 인라인 스케이트

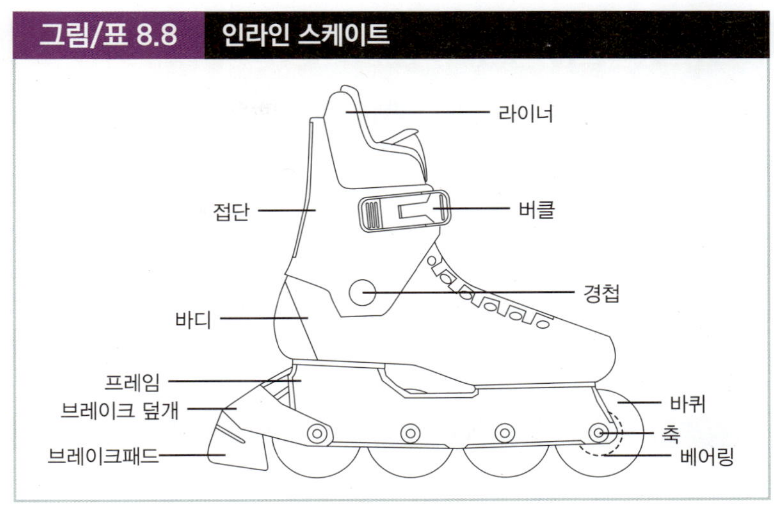

과업시간task times을 사용하여 사이클타임의 범위를 계산할 수 있다. 이는 (1) 전체 조립과정에 하나의 작업대만 사용하며 (2) 각 과업을 하나의 독자적인 작업대에 할당한다고 가정하여 계산한다. 예를 들면, 전체 조립과정에 하나의 작업대만 사용하고, 여기에 모든 과업을 할당하면 사이클타임은 9.4 분이다. 또는 모든 과업이 하나의 작업대에 할당된 경우 사이클타임은 가장 긴 과업시간인 3.5분이다. 그러므로 사이클타임은 3.5분에서 9.4분 사이의 값이다.

그러나 사이클타임은 목표 생산량과 가용시간available time에 따라 다르다. 목표 생산량에 따라 식 8.2와 8.3을 활용하여 조립라인의 균형을 맞추는 데 필요한 이론상 최소 작업대 수를 찾을 수 있다. 문제풀이 8.2는 이러한 방법을 보여준다.

8개의 과업을 순서대로 수행할 필요는 없다. 그러나 과업 수행 순서에 있어 제약이 있는지 확인해야 한다. 예를 들면, 과업 1과 과업 2 모두 완료될 때까지 휠 조립을 위한 과업 3을 수행할 수 없지만, 과업 1과 과업 2 중 어느 것을 먼저 수행해야 하는지 여부는 중요하지 않다. 이러한 관계의 유형은 일반적으로 제품 엔지니어링 분석engineering analysis을 통해 이루어진다. 이러한 과업 간 관계는 그림/표 8.9에 표시된 화살표 다이어그램으로 표현할 수 있다. 화살표는 다른 과업에 선행되어야 하는 과업을 나타낸다. 그러므로 과업 1과 2에서 과업 3을 가리키는 화살표는 과업 3이 수행되기 전에 과업 1과 2가 완료되어야 함을 나타낸다. 마찬가지로 과업 3은 과업 4보

문제풀이 8.2 필요 최소 작업대 수 계산

일주일에 5일, 하루에 1교대를 운영하여, 주당 360개를 생산해야 한다고 가정한다. 유효 근무시간은(1교대 가정)은 휴식과 점심 시간을 고려할 때 7.2 시간이다. 필요한 최소 작업대workstations 수를 구하라.

해답:

먼저 식 8.2를 사용하여 적절한 사이클타임을 찾는다.

$$CT = A/R = [(7.2\text{시간} / \text{교대})(60\text{분}/\text{시간}] / [(360\text{단위} / \text{주}) / (5\text{교대}/\text{주})] = 6.0\text{분} / \text{단위}$$

이론상 최소 작업대 수는 식 8.3을 사용하여 구할 수 있다.

$$\Sigma t \,/\, CT = 9.4/6.0 = 1.57,\ \text{올림하여 2곳의 작업대}$$

사이클타임과 경제 사이클 Cycle Times and Economic Cycles

몇 년 전 세계 경제위기가 닥쳤을 때 자동차 수요는 급격히 감소했다. 그 결과 자동차 제조업체는 생산량을 줄여야 했다. 감산을 위해 제너럴 모터스General Motors (GM)가 선택한 방법은 자동화 조립공장의 사이클타임 변경이었다. GM은 쉐보레 실버라도Chevrolet Silverado와 지엠씨 시에라GMC Sierra 픽업 트럭을 생산하는 공장에서 1교대조만 운영하고 라인 속도를 시간당 트럭 55대 생산에서 24대 생산으로 변경하였다. GM 대변인 크리스 리Chris Lee는 "우리회사는 현재 초과 재고가 필요하지 않습니다. 시장 수요에 등락에 맞게 조정한 것입니다"라고 말했다.

그림/표 8.9 선후관계 네트워크 및 작업장 할당

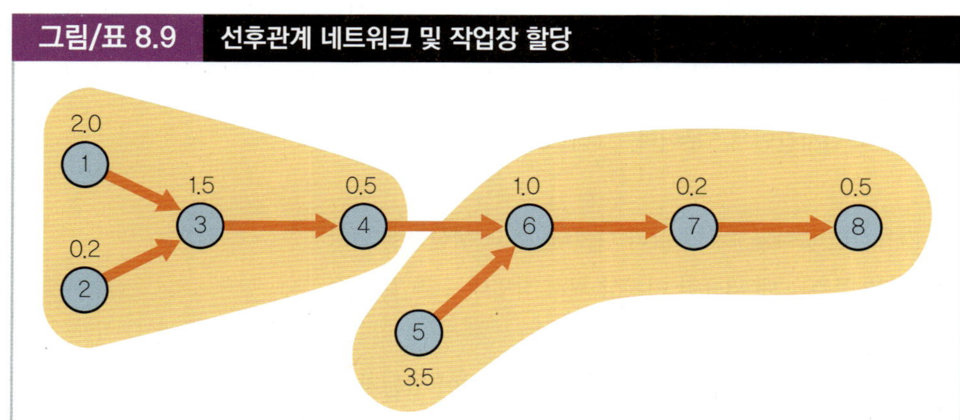

다 선행되어야 한다. 각 과업 옆의 숫자는 과업시간을 의미한다.

이 선후관계 네트워크precedence network는 작업대 할당이 *가능한지*, 즉 선후관계로 인한 제약조건을 충족하는지 시각적으로 확인하는 데 도움이 된다. 예를 들면, 그림/표 8.9에서는 음영으로 표시한 것처럼 과업 1, 2, 3, 4를 첫 번째 작업대에 할당하고, 과업 5, 6, 7, 8을 두 번째 작업대에 할당할 수 있다. 이것은 작업대 1에 할당한 모든 과업이 작업대 2에 할당하기 전에 완료되기 때문에 가능하다. 그러나 과업 1, 2, 3, 4 및 6을 작업대 1에 할당하고 과업 5, 7, 8을 작업대 2에 할당할 수는 없는데, 그 이유는 과업 5가 과업 6보다 선행되어야 하기 때문이다.

문제는 선후관계 제약조건을 위반하거나 6.0의 사이클타임을 초과하지 않고 8개의 과업 활동을 작업대에 할당하는 것이다. 작업대에 과업을 할당하는 데 다른 규칙을 사용할 수 있다. 예를 들면, 사이클타임이 초과되지 않을 경우, 최장 과업시간이 소요되는 과업을 작업대에 먼저 할당하는 것이다. 최장 과업시간 우선 결정규칙the longest task time first은 시간이 긴 과업을 먼저 할당한다. 그 이유는 과업시간이 짧을수록 작업 절차의 후반부에 라인 밸런싱을 쉽게 이룰 수 있기 때문이다. 또 다른 규칙은 소요시간이 짧은 작업을 먼저 할당하는 방식이다. 이 규칙은 작업장에서 유휴시간을 최소화하려는 목적이지만, 일종의 휴리스틱스이며 최적해를 보장하지는 않는다.

최장과업시간–규칙longest-task-time rule은 다음과 같은 절차를 따른다.

1. 직전의 모든 선행 과업들이 이미 할당된 상태에 있는 "할당 가능한 과업들assignable tasks"을 선택한다.
2. 할당가능한 과업들 중에서 과업완료에 *최장시간*을 요구하는 과업을 먼저 할당한다. 작업시간이 동일한 과업들이 존재하는 경우, 최소 과업 수lowest task number로 이루어진 과업을 우선 선택한다.
3. 할당가능 과업들로 새로운 과업세트task set를 구성한다. 더 이상 과업을 할당할 수 없는 경우, 다음 작업대의 과업을 고려한다. 모든 과업이 할당될 때까지 이 방법을 계속한다.

문제풀이 8.3 인라인 스케이트 조립라인 밸런싱

긴 과업시간 우선의 라인 밸런싱 규칙the longest task time first line-balancing decision rule을 사용하여 그림/표 8.9의 인라인 스케이트 조립라인을 밸런싱 한다.

해답:

첫번째 작업대를 "A"라고 하고 할당할 수 있는 과업을 결정한다. 이 경우 과업 1, 2 및 5는 선행 과업이 없으므로 후보가 될 수 있다. 긴 과업시간 규칙을 사용하여 과업 5를 작업대 A에 할당한다.

다음 할당가능한 과업군에는 과업 1과 과업 2가 있다. 이 때 과업 1과 2를 선택한다(과업 5가 할당되었지만 과업 4가 아직 작업대에 할당되지 않았기 때문에 과업 6은 후보가 될 수 없다). 사이클타임 제약조건을 위반하지 않고 과업 1과 2를 작업대 A에 할당할 수 있다.

이 시점에서 과업 3은 후보가 될 수 있다. 하지만 과업 5, 1, 2의 총 시간이 5.7분이므로 사이클타임 제한 6.0분을 위반하지 않지만, 과업 3을 작업대 A에 할당하게 되면 6분을 넘긴다. 이 때는 작업대 B로 이동한다.

작업대 B에서 다음에 할당할 수 있는 유일한 후보는 과업 3이다. 계속해서 과업 4, 6, 7, 8을 순서대로 할당할 수 있으며 여전히 사이클타임 제한 내에 있다. 모든 과업이 작업대에 할당되었으므로 종료한다. 이 조립라인 밸런싱은 다음과 같이 요약할 수 있다.

작업대	작업	총시간	유휴시간
A	1,2,5	5.7	0.3
B	3,4,6,7,8	3.7	2.3
합계		9.4	2.6

식 8.4 ~ 8.6을 사용하여 다음을 계산할 수 있다.

$$\text{총 가용시간} = (\text{작업장 수})(\text{사이클타임}) = (N)\,(CT) = (2)\,(6) = 12\ \text{분}$$
$$\text{총유휴 시간} = (N)\,(CT) - \Sigma t = (2)\,(6) - 9.4 = 2.6\ \text{분}$$
$$\text{조립라인 효율성} = \Sigma t\,/\,(N \times CT) = 9.4\,/\,(2 \times 6) = 0.783,\ \text{또는 } 78.3\ \%$$

문제풀이 8.3의 조립라인 구성에서는 우선순위 조건이 라인 밸런싱 방법을 제한하였기 때문에 효율성이 그리 높지 않았다. 대부분 조립라인의 목표 효율성은 80~90%이지만 이는 자동화 정도, 검사 스테이션, 인력 기술, 조립의 복잡성 등에 따라 달라진다. 가능하면 과업을 더 쪼개어 과업시간을 줄이고, 라인을 재조정하면 더 높은 효율성을 달성할 수 있다. 즉 조립작업의 작업내용을 세분화하여 재정의하는 것이 옵션이 될 수 있다.

실험실이 아닌 현장에서의 조립라인 밸런싱은 과업의 기계화 또는 공구 작업이 이루어지는 장소 등 현실적인 제약사항과 문제가 크기 때문에 매우 복잡하다. 또한 오늘날의 생산공장에는 단일 모델 조립라인은 거의 없다. 자동차 산업에서는 다수의 모델이 하나의 라인에서 만들어진다. 이러한 혼합 모델 조립라인 밸런싱 문제는 해결하기가 훨씬 더 어렵다. 시뮬레이션 모델링은 조립라인 밸런싱의 "최적의 조합"을 얻는데 자주 사용된다. 엔지니어, 운영 관리자 및 공급 업체는 최상의 디자인을 찾기 위해 이러한 시뮬레이션을 활용해야 한다.

8-3 프로세스별 배치 디자인 Designing Process Layouts

프로세스별 배치를 디자인할 때 부서department 또는 작업반work center 간의 관련성에 주의할 필요가 있다. 디자인에는 일반적으로 두 가지 주요 접근방법을 사용한다. 첫째, 자재 이동과 관련된 비용 또는 고객이 한 지점에서 다른 지점에서 물리적으로 이동할 때 겪을 수 있는 불편함에 초점을 맞추는 방법이다. 이 방법은 제조업에서 널리 사용한다. 일반적으로 이동이 많은 작업반은 서로 가깝게 위치해야 한다. 이 디자인 방법은 초기 배치와 부서 간의 과거 또는 예측 거래량과 자재 취급 비용에 대한 데이터를 기반으로 한다. 각 부서의 중심centroid of each department은 형태의 기하학적 중심geometric center of the shape인데, 특정 배치에 대한 거리 및 자재취급 비용을 계산하는 데 사용한다. 어떤 상태를 개선하기 위해 한 번에 두세 개 부서의 위치를 바꿔보고 새로운 총비용을 계산하는 절차를 거친다. 총비용이 감소한 경우에 한하여 채택되고, 다른 위치 탐색으로 이어진다.

두번째 방법은 부서간 이동비용 또는 거래량에 대한 데이터를 얻기 어려울 때 사용한다. 자재취급 비용materials handling costs을 주 평가요소로 하지 않고 두 부서 간 (과업) 밀접성 측정치closeness rating를 바탕으로 평가한다. 이 방식은 사무실, 실험실, 소매점 등과 같은 서비스 분야에서 많이 활용된다. 이러한 밀접성 측정치 평가는 다음과 같다.

A 절대적으로 필요함
B 상당히 중요함
C 중요함
D 보통
E 중요하지 않음
F 전혀 중요하지 않음

이러한 평가등급을 활용하여 배치의 전반적인 근접성을 최적화할 수 있다.

컴퓨터 그래픽이나 디자인 관련 소프트웨어는 배치계획에 많은 도움을 준다. 컴퓨터를 사용하면 보다 현실에 가깝게 배치를 디자인할 수 있도록 대화형으로 디자인 작업을 진행할 수 있다. 모눈종이 위에 그리는 형식의 수동적인 디자인은 부서 간에 불규칙적으로 발생하는 문제를 구현하기 어렵다는 단점이 있다. 하지만 컴퓨터 성능이 많이 향상되었음에도 불구하고 어떠한 배치 전용 프로그램도 규모가 방대하고 현실적인 문제에 대한 최적의 솔루션을 제공하기는 어렵다. 경영과학 분야의 여러 실용적인 최적화 솔루션과 마찬가지로, 배치 과정에서도 휴리스틱이 적용된다. 즉 사용자가 최적의 솔루션은 아니지만 훌륭한 대안들을 찾도록 도울 뿐이다.

8-4 작업측정 Work Measurement

시설facilities, 작업장workplaces 및 직무jobs를 효과적으로 디자인하기 위해 경영자는 다양한 과업tasks 및 활동work activities시간을 결정해야 한다. 과업을 수행하는데 걸리는 시간은 작업자의 속도pace, 운영조건operating conditions 및 작업 방법work method에 따라 달라진다. **작업측정**work measurement은 *작업 분석과 프로세스의 핵심 과업들에 대한 표준시간*standard time*을 결정하는 체계적인 절차이다.* **표준시간**standard time은 *숙련된 엔지니어 또는 운영 전문가의 작업분석을 기반으로 이루어지며, 과업을 수행하는데 필요한 시간에 대한 합리적인 추정치이다.* 작업측정의 용도는 다음과 같다.

- 인력 및 장비 용량capacity 추정
- 조립라인 밸런싱을 위한 과업시간 파악
- 예산수립
- 새로운 작업과정work procedures 비용 결정
- 프로세스 디자인 대안process design alternatives 간의 시간 및 비용에 대한 상쇄관계tradeoff 평가
- 임금 인센티브 시스템 수립
- 직원 성과 및 생산성 모니터링 및 평가
- 일정계획scheduling 및 순서계획sequencing을 위한 정확한 정보 제공

정확한 시간 기준 없이는 이러한 일들을 할 수 없다.

작업측정은 시간연구에 기반한다. **시간연구**time study는 *스톱워치를 사용하여 과업을 관찰하고 데이터를 분석하여 표준시간을 개발하는 것이다.* 시간연구는 다음 단계로 이루어진다.

1. *직무*job *또는 활동*work activities*을 구성하는 각 과업*task*을 정의한다.* 시간이 적게 걸리는 과업들tasks을 묶을 필요도 있다.
2. *복수의 표본들*samples*을 대상으로 각 과업을 수행하는 데 필요한 시간을 측정하고 기록한다.* 일반적으로 숙련된 관찰자가 스톱워치를 가지고 이 작업을 수행한다. 측정과 기록 결과의 변동성을 줄이기 위해서 여러 차례 관찰한다. 표본의 크기는 통계적인 방법으로 결정할 수 있다(부록 A: 확률 및 통계 참조).
3. *개별 과업에 대한 직원의 성과를 평가한다.* 즉, 작업자가 정상적인 속도로 작업을 수행하고 있는지(일반적인 직원이 과도한 피로감 없이 일관되게 수행할 수 있는 과업 속도) 또는 평소보다 빠르거나 느리게 수행하고 있는지 확인하는 것을 의미한다. 이는 성과측정계수 performance rating Factor (PRF)로 측정한다. PRF가 100% (또는 1.0)이면 정상적인 속도이다.
4. *각 과업의 정상시간*normal time*을 계산한다.* 정상시간은 정상적인 조건에서 규정된 방법을 사용하여 정상속도로 복수의 활동activities을 수행하는 데 필요한 예상 시간이다.
5. *피로*fatigue, *개인시간*personal time, *불가피한 지연*unavoidable delays *등에 대한 허용치*allowance*를 결정한다.*
6. *허용치를 조정하여 표준시간을 결정한다.*

정상시간normal time은 다음 식을 사용하여 계산한다.

$$\text{정상시간 normal time} = \text{관찰 시간 (OT)} \times \text{성과측정계수 (PRF)} = OT \times PRF \qquad [8.8]$$

허용치allowances는 *근로피로*labor fatigue*와 개인적 요구*personal needs, *장비 고장*equipment breakdown, *휴식시간*rest periods, *정보지연*information delays *등을 포함한다.* 대부분의 허용계수allowance factor는 10~20%이다. 허용치에 따라 정상시간을 조정하여 표준시간을 결정한다. 다음 식을 사용하여 계산한다.

$$\text{표준 시간} = \text{정상 시간} \times (1 + \text{허용계수}) \qquad [8.9]$$

문제풀이 8.4는 표준시간을 계산하는 방법을 설명한다. 문제 8.5에서는 작업측정 연구를 수행하기 위한 엑셀 템플릿Excel Template 사용법을 보여준다.

문제풀이 8.4 표준시간 계산

작업연구work study 분석가 A가 특정 직원을 성과측정계수(PRF) = 1.2로, 관찰시간을 단위당 2.5분으로, 분석가 B가 같은 직원을 PRF = 1.0으로, 관찰시간을 단위당 2.2분으로, 분석가 C가 PRF = 0.9로 관찰시간을 단위당 2.1분으로 평가하였다고 가정한다. 허용계수를 20%로 가정할 때 표준시간은 얼마인가?

해답:

개별 분석가의 정상시간은 식 8.8을 활용하여 계산한다.

정상시간 = 관찰 시간 (OT) × 성과측정계수 (PRF) = OT × PRF

분석가	OT	PRF	정상시간
A	2.5	1.2	3.00
B	2.2	1.0	2.20
C	2.1	0.9	1.89

이 값의 평균을 구하면 단위당 7.09 / 3 = 2.363분의 정상시간을 얻을 수 있다. 허용치계수가 20%이면 식 8.9를 사용하여 표준시간을 구한다.

표준 시간 = 정상시간 × (1 + 허용치계수) = 2.363 × 1.2 = 2.826 분 / 단위

문제풀이 8.5 수도꼭지 조립 작업측정 연구

덮개housing, 손잡이stem, 나사받이washer 및 나사screw 4개의 부품으로 수도꼭지 손잡이faucet stem을 조립하는 간단한 수동 조립 프로세스를 살펴보자. 조립 프로세스에 대한 관찰* 연구에서 조립 프로세스에는 6가지 작업 요소work elements와 성과요소performance rating factors가 있음을 확인하였다.

1. 덮개와 손잡이를 준비한다. (PRF = 1.0)
2. 손잡이를 조인다. (PRF = 1.1)
3. 나사받이를 준비하여 삽입한다. (PRF = 1.0)
4. 나사를 준비하여 삽입한다. (PRF = 1.0)
5. 나사를 조인다. (PRF = 0.97)
6. 완성한 조립품을 트레이에 놓는다. (PRF = 1.0)

수도꼭지 조립 작업의 표준 시간은 수도꼭지 조립 당 0.660분이다. 그러므로 수도꼭지-손잡이 조립 업체는 1분당 1/0.660 부품 또는 시간당 약 91 부품의 표준 속도로 생산할 수 있다. 8시간 근무하면서 점심과 휴식으로 1시간의 유휴시간을 갖는 조립자는 하루에 637개의 수도꼭지 손잡이를 조립할 수 있다.

(시간당 91개 부품) (7시간) = 637 수도꼭지 손잡이 / 일

이 조립과업에 대해서 관찰을 10번 하였으며 그 기간을 그림/표 8.10에 표시하였다. 시간 측정은 **연속적 시간기록**continuous timing으로 이루어진다. *각 관찰 시작 시 시계를 작동시키고 각 과업 완료 시 누적시간*cumulative time*을 기록하는 것을 말한다.* 모든 과업 요소에 대해 스톱워치를 재시작하는 것보다 쉽다. 각 과업의 실제 소요 시간은 연속 누적 시간에서 차감하여 얻을 수 있다. 첫번째 관찰치를 살펴보자. 첫번째 작업요소work element인 "덮개와 손잡이를 준비"는 0.03분 만에 완료하였다. 이것은 과업을 수행한 실제 시간이다. 두번째 작업요소인 "손잡이를 조임"은 누적시간 0.13분에 완료되었다. 그러므로 이 과업의 실제 시간은 0.13 − 0.03 = 0.10분이다. 또한 개인 허용치 5%, 피로 허용치 5%, 자재지연 허용치 10%를 가정한다. 그러므로 총 허용계수는 20%이다.

이 조립 과업의 표준시간은 얼마인가? 점심과 휴식 시간에 1시간 쉬고 하루 근무시간을 8시간으로 가정할 때, 하루에 몇 번의 조립을 완료할 수 있는가?

해답:

작업측정을 위한 엑셀 탬플릿은 마인드탭MindTap에서 확인 가능하며, 연속형 시간기록을 사용하는 경우의 작업측정에 활용할 수 있다. 그림/표 8.11은 이를 수도꼭지 손잡이 조립 연구에 적용한 것이다. 모든 관측 작업요소 시간을 더하고 평균을 계산하여, 각 과업의 평균 시간을 구한다. 성과계수는 C열에 나와 있다. 성과계수에 평균 관찰 시간을 곱하여 각 과업에 대한 정상시간을 구하고 추가한다. 다음으로 허용치는 표준시간을 계산하기 위해 결정한다.

그림/표 8.10 조립시간 관찰 (분)

덮개와 손잡이를 준비한다.									
0.03	0.03	0.02	0.03	0.04	0.03	0.04	0.04	0.03	0.03
손잡이를 조인다.									
0.13	0.15	0.14	0.16	0.13	0.12	0.14	0.16	0.15	0.13
나사받이를 준비하여 삽입한다.									
0.24	0.25	0.26	0.29	0.23	0.21	0.24	0.26	0.27	0.22
나사를 준비하여 삽입한다.									
0.32	0.33	0.36	0.38	0.33	0.30	0.32	0.33	0.37	0.31
나사를 조인다.									
0.48	0.50	0.54	0.53	0.50	0.45	0.51	0.52	0.58	0.49
완성한 조립품을 트레이에 놓는다.									
0.51	0.53	0.58	0.56	0.54	0.49	0.54	0.55	0.62	0.52

그림/표 8.11 작업측정 엑셀 템플릿

	A	B	C	D	E	F	G	H	I	J	K	L	M	N	O	P	Q	R	S	T
1	**Work Measurement**											Copyright © 2017 Cengage Learning								
2	Enter data only in yellow-shaded cells. This template is designed for up to 10 work elements.											Not for commercial use.								
3																				
4																	Normal		Allowances	20%
5		Work element	Rating	Observation	1	2	3	4	5	6	7	8	9	10	Sum	Average	Time			
6	1	Get housing and stem	1.00	Cumulative time	0.03	0.03	0.02	0.03	0.04	0.03	0.04	0.04	0.03	0.03					Standard Time	0.66
7				Element time	0.03	0.03	0.02	0.03	0.04	0.03	0.04	0.04	0.03	0.03	0.32	0.03	0.032			
8	2	Screw in stem	1.10	Cumulative time	0.13	0.15	0.14	0.16	0.13	0.12	0.14	0.16	0.15	0.13						
9				Element time	0.10	0.12	0.12	0.13	0.09	0.09	0.10	0.12	0.12	0.10	1.09	0.11	0.120			
10	3	Get and insert washer	1.00	Cumulative time	0.24	0.25	0.26	0.29	0.23	0.21	0.24	0.26	0.27	0.22						
11				Element time	0.11	0.10	0.12	0.13	0.10	0.09	0.10	0.10	0.12	0.09	1.06	0.11	0.106			
12	4	Get and insert screw	1.00	Cumulative time	0.32	0.33	0.36	0.38	0.33	0.30	0.32	0.33	0.37	0.31						
13				Element time	0.08	0.08	0.10	0.09	0.10	0.09	0.08	0.07	0.10	0.09	0.88	0.09	0.088			
14	5	Tighten screw	0.97	Cumulative time	0.48	0.50	0.54	0.53	0.50	0.45	0.51	0.52	0.58	0.49						
15				Element time	0.16	0.17	0.18	0.15	0.17	0.15	0.19	0.19	0.21	0.18	1.75	0.18	0.170			
16	6	Place assembly in tray	1.00	Cumulative time	0.51	0.53	0.58	0.56	0.54	0.49	0.54	0.55	0.62	0.52						
17				Element time	0.03	0.03	0.04	0.03	0.04	0.04	0.03	0.03	0.04	0.03	0.34	0.03	0.034			
18	7			Cumulative time																
19				Element time																
20	8			Cumulative time																
21				Element time																
22	9			Cumulative time																
23				Element time																
24	10			Cumulative time																
25				Element time																
26																Sum	0.550			

8-5 작업장 디자인과 직무디자인 Workplace and Job Design

전체 시설 배치를 효과적으로 디자인하는 것뿐만 아니라 개별 작업장 디자인 및 인력이 수행하는 작업에 집중하는 것도 중요하다. 작업장에 대해 디자인을 잘하면 효율성과 효과성을 동시에 거둘 수 있다. 특히 고객과 접촉이 많은 서비스 접점에서 서비스관리 기법을 적극적으로 활용할 필요가 있다.

8-5a 작업장 디자인 Workplace Design

작업장을 디자인할 때 해결해야 할 주요 사항들은 다음과 같다.

1. *누가 작업장을 사용할 것인가?* 작업장은 공유 공간인가? 얼마나 넓은 공간이 필요한가? 작업장 디자인은 크기, 팔 길이, 힘, 손재주 등 개인의 신체적 특성을 고려해야한다. 사무실의 경우, 배치는 공동 작업 및 관계 구축을 장려하는 개방형 형식부터 벽과 창문이 거의 없는 독립된 칸막이 공간 형식까지 다양하다. 5장에서 설명한 것처럼 사무실의 서비스케이프 servicescape와 서비스 접점service encounter 디자인을 정의하는 것도 중요하다.
2. *작업은 어떻게 수행하는가?* 어떤 과업이 필요한가? 각 과업에 얼마나 긴 시간이 소요되는가? 근무일 또는 특정 직무를 준비하는 데 얼마나 긴 시간이 필요한가? 작업의 구성요소인 작업활동work activities들을 가장 효과적으로 그룹화하는 방법은 무엇인가? 여기에는 각 과

그림/표 8.12 피자 준비 작업장 디자인

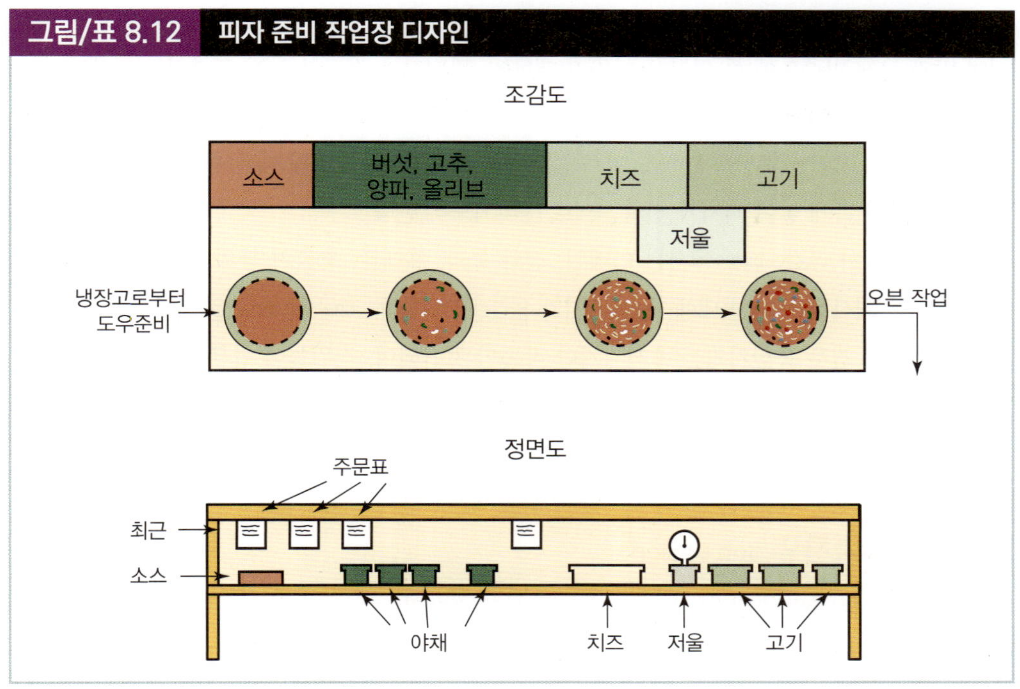

업, 작업활동 및 직무에 필요한 정보, 장비, 항목 및 절차를 알아야 한다.

3. *작업 수행에 어떤 기술이 필요한가?* 직원은 컴퓨터를 사용하거나 고객 기록 및 파일, 특수 장비, 인터콤, 태블릿 및 기타 다른 형태의 기술에 접근할 필요가 있다.
4. *직원들은 무엇을 볼 수 있어야 하나?* 직원들은 청사진blueprints, 테스트 절차test procedures, 분류 용지sorting paper, 눈부심 방지 컴퓨터 화면antiglare computer screens 등을 위한 특정 도구들을 필요로 할 수 있다.
5. *직원들은 무엇을 들을 수 있어야 하는가?* 직원들은 다른 사람과 의사 소통하고, 하루 종일 전화 헤드셋을 착용하고, 제품 및 실험실 테스트 중에 특정 소리를 듣거나 경고음을 들을 수 있어야 한다.
6. *어떤 환경 및 안전 문제를 고려해야 하는가?* 직원들이 어떤 보호복 · 보호장비를 착용해야 하는가? 허용되는 소음 수준은 얼마인가? 모든 직원들이 비상 대피 절차 및 계획에 대해 교육을 받았는가?

위의 사항들을 살펴보기 위해 피자 레스토랑의 피자 준비 테이블 디자인을 알아보자. 디자인의 목적은 처리량throughput(즉, 단위 시간 당 만들 수 있는 피자 수)을 최대화하고, 고객 주문을 이행할 때 발생하는 오류를 최소화하고, 총 흐름시간flow time과 고객대기 및 배송 시간을 최소화하는 것이다. 수요가 적은 기간에는 한두 명의 직원이 모든 피자를 만들 수 있다. 주말 및 공휴일과 같이 수요가 많은 기간에는 더 많은 직원이 필요하다. 작업장 디자인은 이를 수용해야 한다.

> 개별 작업자를 위한 직무를 디자인하는 운영관리자는 물리적 환경이 작업자들에게 어떤 영향을 미칠 수 있는지 이해해야 한다.

피자 준비 작업장의 예가 그림/표 8.12에 나와 있다. 재료는 소스,

채소(버섯, 후추, 양파 등), 치즈, 고기 순으로 피자에 놀려야 한다. 치즈와 고기는 값비싼 재료이며 맛과 고객 만족도에 큰 영향을 미치기 때문에, 관리자는 적절한 양이 포함되도록 해당 재료의 무게를 측정해야 한다. 모든 재료들은 직원의 손이 쉽게 닿을 수 있는 범위 내에서 조립 순서대로 정렬되어 있고, 정면도에서 볼 때 주문표order tickets는 눈높이에 매달려 있으며, 가장 최근의 주문표은 왼쪽에 놓여 피자가 선착순으로 준비되도록 한다.

사무실 칸막이 공간cubicles에서는 이메일, 전화 통화, 휴대폰, 호출기 등의 소음으로 방해받기 때문에 일부 회사는 사무실 내에 "통신기기가 없는 구역information-free zone"을 만들었다. 이 구역에서 작업하는 경우 통신기기들이 꺼지거나 작동이 차단되어, 직원들이 업무에 집중할 수 있다. 기업은 통신기기가 없는 구역이 직원의 집중 지속시간attention span과 생산성productivity을 향상시킨다고 판단한다.

8-5b 직무디자인 Job Design

시설과 작업장의 물리적 디자인은 근로자가 업무를 수행하는 방식과 심리적 안녕에 상당한 영향을 미칠 수 있다. 그러므로 개별 작업자를 위해 직무를 디자인하는 운영관리자는 물리적 환경이 사람에게 미치는 영향을 이해해야 한다. **직무**job는 *수행하는 일련의 과업들이다.* **직무디자인**job design는 *운영 목표를 위해서 특정 과업과 책임을 정하고, 작업환경 및 수행방법 결정까지 포함한다.*

직무디자인은 두 가지 광범위한 목표를 달성해야 한다. 첫째, 비용, 효율성, 유연성, 품질 등과 같이 회사의 경쟁중점목표competitive priorities 달성이다. 둘째, 작업자를 만족시키고 동기부여하면서 작업을 안전하게 만드는 것이다. 기술 및 경제 효율성과 직원 만족도의 필요성 사이의 갈등을 해결하는 것은 직무디자인에서 운영관리자가 직면한 과제이다. 확고한 경쟁력을 유지하려면 효율성 향상이 필요하다. 그러나 업무 불만족도가 높은 직원이 많은 조직은 경쟁력이 없다는 것도 분명하다.

직무디자인에서는 높은 수준의 성과달성과 함께 직무 만족도 및 작업 환경을 제공하는 것을 추구해야 한다. 이는 조립라인에서 일하는 경우 뿐만 아니라 변호사 사무실이나 진료소에서 행하는 서비스 직무에도 해당된다.

카길 키친 솔루션 : 혁신적인 직무디자인 Cargill Kitchen Solutions: Innovative Job Design

카길 키친 솔루션Cargill Kitchen Solutions은 달걀을 주재료로 하는 160개 이상의 식품을 제조하여, 퀵서비스 레스토랑, 학교, 병원, 편의점 및 식품 가공 업체 등 1,200곳 이상의 미국 식품 서비스 매장에 공급한다. 생산 효율성을 위해서는 각 생산 부서가 특정 작업 또는 과업 영역으로 구성하는 제품별 배치 디자인이 필요하지만, 카길 키친 솔루션은 직원에게 매우 만족스러운 작업 환경을 제공하기 위해서 작업 시스템을 디자인하는 몇 가지 혁신적인 전략을 가지고 있다. 이 회사는 근무자가 20분마다 다른 작업대로 이동하는 순환시스템rotation system을 운영한다. 순환시스템은 스트레스를 최소화하고, 근무의 무료함을 극복하며, "내부 고객internal customer" 개념을 강화하고, 학습을 향상시키고 강화하는 방법이다. 카길은 1990년부터 이러한 작업장 디자인 방식으로 업계를 선도해 왔으며, 이 순환시스템을 반영하여 산업안전보건법Occupational safety and health Acts (OSHA) 표준이 개발되었다.

운영기술과 업무의 사회적/심리학적 측면 간의 관계에 대해서 1950년대부터 연구해왔다. 이는 직무디자인에 대한 사회 기술적 접근 방식으로 알려져 있으며, 운영 관리자에게 유용한 아이디어를 제공하고 있다. 직무디자인에 대한 사회 기술적 접근 방식은 모든 직원에게 지속적인 학습과 개인 성장의 기회를 제공한다. **직무확장**job enlargement은 *작업자에게 더 많은 다양성을 제공하기 위해 직무를 수평적으로 확장하는 것이다.* 예를 들면, 생산라인 작업자에게 하위 조립품이 아닌 전체 제품을 생산하는 직무를 제공하거나, 다른 병동으로 간호사를 순환근무 하도록 하거나, 다른 항공노선에 승무원이 순환근무 하도록 하는 직무순환job rotation을 통해 직무확장을 달성할 수 있다.

직무충실화job enrichment는 *작업자에게 더 많은 책임을 부여하기 위한 직무의 수직 확장이다.* 예를 들면, 조립 작업자는 완성된 조립품을 테스트하는 추가 책임을 부여받아, 품질 검사관 역할도 할 수 있다. 직무충실화에 대한 매우 효과적인 접근 방식은 팀을 활용하는 것이다. 일반적인 직무충실화 형태는 다음과 같다.

- (자연 발생적인) 작업팀work team: 전문화된 특정 조립라인 보다는 전체 직무를 상시적으로 수행하는 팀
- 가상팀virtual team: 구성원이 컴퓨터 기술로 의사소통하고, 번갈아 가며 리더 역할을 수행하고, 필요에 따라 팀에 합류 또는 탈퇴가 가능한 팀
- 자율경영팀self-managed team(SMT): 기존의 관리 책임들을 포함하여 권한을 이양받은 작업팀

특히 가상팀은 오늘날의 비즈니스 세계에서 점점 더 중요해지고 있다. 정보기술의 발달로 서로 다른 지리적 위치에 있는 사람들로 구성된 가상팀을 구성할 수 있게 되었다. 예를 들면, 미국의 제품 디자이너와 엔지니어는 일본에 있는 파트너와 협력하여 지속적인 제품개발 노력을 위해서 각 작업의 종료시마다 관련된 파일을 전송하고 있다.

팀은 일자리를 직무를 충실화할 뿐만 아니라 품질과 생산성 측면에서 수많은 이점을 제공한다. 예를 들면, 의사와 기타 의료 전문가가 팀으로 함께 작업하면, 의료 오류가 줄어든다는 사실이 밝혀졌다. 혼다Honda는 제품개발 조직을 재구성하여 영업, 제조, 연구 개발 및 구매 담당자가 하나의 팀이 되어 상호 협력하여, 의사결정 과정을 개선하고 보다 신속한 결정을 내릴 수 있었다.

8-5c 안전, 인체 공학 및 작업 환경 Safety, Ergonomics and the Work Environment

> 안전은 특히 현대 사회의 작업장 디자인에 있어서 가장 중요한 요소 중 하나이다.

현대 사회에서, 일하는 공간에 대한 디자인을 할 때 고려하는 가장 중요한 요소 중 하나가 안전이다. 안전하고 건강한 작업조건을 제공하고, 작업 환경의 위험을 줄이기 위해 산업안전보건법Occupational Safety and Health Act (OSHA)을 1970년에 제정하였다. 이 법에 따르면 고용주는 각 직원에게 사망 또는 심각한 신체적 상해를 입힐 위험요소가 없는 고용장소를 제공해야 한다. 기업이나 산업계는 OSHA지침을 준수해야 하며, 위반시 벌금이 부과된다.

안전은 직무 그리고 직무를 수행하는 사람 및 주변 환경과 관련이 있다. 직무는 작업자가 다칠 가능성이 거의 없도록 디자인하여야 한다. 동시에 작업자는 작업수행을 위해 잘 디자인된 장비 및 적절한 사용법에 대해 교육을 받아야 한다. 마지막으로 주변 환경은 안전을 보장해야 하는데, 안전보장 도구로는 미끄럼 방지 (바닥)표면nonslip surfaces, 경고 표시warning signs, 알림음buzzers, 거울mirrors, 명확하게 표시된 출구 표시exit signs 등이 있다.

인체공학ergonomics은 *사람의 신체적 능력을 고려한 작업장, 장비, 기기, 컴퓨터, 작업장 등을 디자인하여 생산성과 안전을 개선하는데 중점을 둔다.* 인체공학의 목표는 정확성, 속도, 신뢰성 및 유연성을 높이면서, 피로, 교육 비용, 인적 오류, 작업 비용 및 에너지 사용량을 줄이는 것이다.

마지막으로 공장 뿐만 아니라 사무실, 식당, 병원, 소매점 등 작업이 수행되는 모든 시설에서 작업 환경에 심도 깊은 주의를 기울이는 것이 중요하다. 갤럽Gallup 연구에 따르면 작업자가 온도, 소음 또는 시각적 환경과 같은 작업 환경의 물리적 측면에 대한 만족도가 떨어질수록, 업무 불만족도가 높을 가능성이 크다. 또한 이 연구는 자신의 작업 공간을 개인화 할 수 있는 근로자가 더 생산적이고 업무에 몰입하는 것으로 나타났다. 연구 결과에 따르면 야외환경을 작업장 내에 구현하면 스트레스가 감소하고, 햇빛은 창의력을 향상시킨다는 것도 발견했다. 유명한 건축가인 프랭크 게리Frank Gehry는 이러한 발견점들을 페이스북Facebook 본사 디자인에 활용하였는데, 채광창과 옥상 정원을 포함한 디자인이 바로 그것이다.

8-5d 근로윤리 및 글로벌 공급사슬 Workforce Ethics and Global Supply Chain

글로벌 공급사슬은 작업 디자인design of work와 관련된 많은 문제를 새롭게 대두시켰다. 많은 국가의 근로자들은 생활이 어려울 정도로 낮은 임금을 벌기 위해 직장 내 괴롭힘을 당하고 과도한 근로시간을 견뎌야만 한다. 일부 공급업체는 기록을 위조하거나 낮은 품질의 대체 자재들로 사용하는 것으로 알려져 있다. 특히 공급사슬 내의 열악하고 불합리한 근무 조건에 대한 폭로가 이어지면서 기업들이 이전보다 보다 더 윤리적 업무 방식ethical work practices에 대해서 관심을 가지게 되었다.

윤리적 무역ethical trade이란 소매업체, 브랜드 및 공급업체가 근로자의 근무 조건을 개선할 책임이 있음을 의미한다. 이들 근로자의 대부분은 글로벌 공급업체에 고용되어 있으며, 근로자의 권리 보호를 위해 제정한 법률이 부적절하거나 시행되지 않는 가난한 국가에 거주하고 있다.

윤리적 무역은 간단히 말하면 좋은 경영이다. 소프트웨어 어드바이스software advice의 조사에 의하면, 소비자들은 윤리적인 작업환경에서 생산된 제품이라면 평균 100달러에 판매되는 제품에 대해 평균 27% 더 프리미엄 가격을 지불할 의사가 있다. '세 가지 윤리적 무역 실천 항목 중 어떤 항목을 실천하는 제품에 대한 구매 가능성이 높은가'라는 질문에 대해 소비자들은 작업환경 개선(34%), 환경영향 감소(32%), 지역사회 참여 증가(31%)를 거의 같은 비율로 꼽았다.

윤리적 무역 이니셔티브Ethical Trading Initiative(ETI)는 전 세계의 근로자 권리 존중을 장려하는 기업, 노동 조합 및 비정부 조직의 선도적인 연합체이다. 이 조직의 비전은 모든 근로자가 착취와 차별에서 자유롭고 자유, 안보 및 형평의 조건을 누리는 세상이다. ETI는 다음을 보장하기 위해 노력한다.

1. 고용employment은 자유롭게 선택한다.
2. 결사의 자유freedom of association와 단체 교섭권collective bargaining을 존중한다.
3. 작업 조건working condition은 안전하고 위생적hygienic이다.
4. 아동 노동child labor을 사용하지 않는다.
5. 생활가능한 임금living wages을 지급한다.
6. 근무 시간working hours이 과다하지 않다.
7. 차별discrimination을 하지 않는다.
8. 정규직 고용regular employment을 제공한다.
9. 가혹하거나 비인도적인 대우inhumane treatment를 하지 않는다.

이러한 작업환경은 그림/표 1.12에 설명한대로 기업의 사회적 지속가능성social sustainability을 지원한다. 기업은 제품을 제조하는 위치와 제품을 생산하는 사람들의 근무 조건을 파악해야 하는데, 보통은 글로벌 구매 관리자global sourcing managers가 감사audits를 통해 파악한다. 애플Apple 및 나이키Nike와 같은 다수의 회사는 공급업체가 근로자에게 적절한 급여와 조건을 제공할 수 있는 능력을 약화시키기보다는 이를 강화하는 새로운 구매 방식을 모색하고 있다.

8장 학습목표 요약 Learning Objective Summaries

8.1 **시설 디자인**facility design**의 목표를 알아보고, 네 가지 배치 유형**layout patterns**을 각각 어떤 상황에 사용해야 하는지 기술하라.** 제품별 배치, 프로세스별 배치, 셀룰러 배치 및 위치고정형 배치의 네 가지 주요 배치 유형을 디자인 및 구축 프로세스에 사용한다. 제품별 배치는 동일한 과업 및 활동 순서를 사용하여 모든 제품 또는 서비스가 한 프로세스 단계에서 다음 단계로 연속적인 경로로 이동하는 매끄럽고 논리적인 흐름을 지원한다. 잡샵job shop은 생산할 수 있는 제품의 유연성을 높이고, 장비 및 노동력의 활용률을 높이기 위한 프로세스별 배치의 예이다. 셀룰러 배치는 유사한 프로세스 요구사항을 가진 부품군을 처리하는 데 용이하다. 중장비, 비행기, 건물, 기관차, 선박과 같은 대형 품목의 생산은 일반적으로 위치고정형 배치를 활용한다. 위치고정형 배치는 "프로젝트"와 동일한 의미이다. 서비스를 제공하는 회사도 다양한 형태의 작업들을 수행하기 위해서 제품별, 프로세스별, 셀룰러 및 고정형 배치를 활용한다. 요구사항이 다른 고객들에게 다양한 서비스 능력을 제공해야하는 경우 일반적으로 프로세스별 배치를 사용한다. 고도로 표준화된 서비스를 제공하는 서비스 조직은 제품별 배치를 사용하는 경향이 있다.

8.2 **조립라인 밸런싱**assembly-line balancing**을 활용하여 제품별 배치**product layout**를 디자인하는 방법을 설명하라.** 조립라인 밸런싱은 매출을 달성하기 위해 필요한 처리량throughout을 생산하면서도 그에 따른 운영비용을 최소화하기 위한 조치이다. 일반적으로 주어진 생산량 또는 생산률production rate에 대해 작업장 수를 최소화하거나 주어진 작업장 수에 대한 생산량을 최대화한다.

조립라인 밸런싱을 위해서는 다음 세 가지 유형의 정보가 필요하다.

1. 수행할 과업 세트task sets 및 각 과업 세트를 수행하는 데 필요한 시간
2. 과업 간의 선후관계precedence relationships, 즉 과업을 수행해야하는 순서
3. 조립라인에 대한 요구되는 산출률output rate 또는 수요 예측demand forecast

최대운영시간maximum operation time ≤ 사이클타임cycle time ≤ 총 운영시간sum of operation times [8.1]

다음 식에 따르면 사이클타임은 일정기간 동안에 생산되어야 하는 산출량과 관련이 있다.

$$CT = A/R \quad [8.2]$$

이때, A = 산출물 생산 가용 시간, R = 수요 예측이다.

최소 필요 작업대 수minimum number of workstation required = 총 운영시간/사이클타임 = $\Sigma t\ /\ CT$ [8.3]

다음의 식은 조립라인의 성과에 대한 추가적인 정보를 제공한다.

총 가용시간total time available = (작업대 수) (사이클타임) = $(N)(CT)$ [8.4]

총 유휴시간total idle time = $(N)(CT) - \Sigma t$ [8.5]

조립라인 효율성assembly-line efficiency = $\Sigma t\ /\ (N \times CT))$ [8.6]

밸런스 지연balance delay = 1 - 조립라인 효율성 [8.7]

밸런싱 결정규칙 중 하나는 사이클타임이 초과되지 않을 경우, 최장 작업시간이 소요되는 과업을 작업대에 먼저 할당하는 것이다. 그 이유는 과업시간이 짧을수록 작업 절차의 후반부에 라인 밸런싱을 쉽게 이룰 수 있기 때문이다. 실험실이 아닌 현장에서의 조립라인 밸런싱은 과업의 기계화 또는 공구 작업이 이루어지는 장소 등 현실적인 제약사항과 문제가 크기 때문에 매우 복잡하다.

8.3 **프로세스별 배치**process layout**의 개념을 설명하라.** 프로세스별 배치를 디자인할 때, 부서department 또는 작업반work center 간의 관련성에 주의할 필요가 있다. 자재 이동과 관련된 비용 또는 고객이 한 지점에서 다른 지점에서 물리적으로 이동할 때 겪을 수 있는 불편함에 초점을 맞추어야 한다. 왕래가 잦은 작업반들은 서로 가깝게 위치해야 한다.

8.4 **작업측정**work measurement**에 사용되는 개념과 접근방식을 설명하라.** 작업측정은 작업 분석과 프로세스의 핵심 과업들에 대한 표준시간standard time을 결정하는 체계적인 절차이다. 표준시간은 숙련된 엔지니어 또는 운영 전문가의 작업분석을 기반으로 이루어지며, 과업을 수행하는 데 필요한 시간에 대한 합리적인 추정치이다. 작업측정은 시간연구에 기반한다. 시간연구는 스톱워치를 사용하여 과업을 관찰하고 데이터를 분석하여 표준시간을 개발하는 작업이다.

표준시간standard time = 정상시간normal time × (1 + 허용계수allowance factor) [8.9]

정상시간 = 관찰 시간OT × 성과측정계수performance rating factor: PRF = OT × PRF [8.8]

8.5 **작업장 디자인 및 직무디자인과 관련한 이슈들을 기술하라.** 작업장을 디자인할 때 해결해야 할 주요 사항들은 다음과 같다.

1. 누가 작업장을 사용할 것인가? 작업장은 공유 공간인가? 얼마나 넓은 공간이 필요한가?
2. 작업은 어떻게 수행하는가? 어떤 과업이 필요한가? 각 과업에 얼마나 오랜 시간이 걸리는가? 근무일 또는 특정 과업을 준비하는 데 얼마나 많은 시간이 필요한가? 과업을 작업활동으로 가장 효과적으로 그룹화하는 방법은 무엇인가?
3. 작업 수행에 어떤 기술이 필요한가?
4. 직원은 무엇을 볼 수 있어야 하나?
5. 직원은 무엇을 들을 수 있어야 하는가?
6. 어떤 환경 및 안전 문제를 고려해야 하는가? 직원은 어떤 보호복 · 장비를 착용해야 하는가? 허용되는 소음 수준은 얼마인가? 모든 직원이 비상 대피 절차 및 계획에 대해 교육을 받았는가?

직무디자인은 두 가지 광범위한 목표를 달성해야 한다. 첫째, 비용, 효율성, 유연성, 품질 등과 같이 회사의 경쟁중점목표 달성이다. 둘째, 작업자를 만족시키고 동기부여하면서 작업을 안전하게 만드는 것이다. 기술 및 경제 효율성에 대한 필요성과 직원 만족에 대한 필요성 사이의 갈등을 해결하는 것은 직무디자인에서 운영관리자가 직면한 과제이다.

일반적인 직무충실화 job enrichment 형태는 다음과 같다.

- (자연 발생적인) 작업팀 work team: 전문화된 특정 조립라인 보다는 전체 직무를 상시적으로 수행하는 팀
- 가상팀 virtual team: 구성원이 컴퓨터 기술로 의사소통하고, 번갈아 가며 리더 역할을 수행하고, 필요에 따라 팀에 합류 또는 탈퇴가 가능한 팀
- 자율경영팀 self managed team(SMT) : 기존의 관리 책임들을 포함하여 권한을 이양받은 작업팀

최근의 경영환경에서는 가상팀의 중요성이 부각되고 있다.

주요용어 KEY TERMS

- 사이클타임 Cycle time
- 셀룰러 배치 Cellular layout
- 시간연구 Time study
- 시설배치 Facility layout
- 연속적 시간기록 Continuous timing
- 위치고정형 배치 Fixedposition layout
- 인체공학 Ergonomics
- 작업부족(으로 인한) 지연 Lackofwork delay
- 작업측정 Work measurement
- 정상시간 Normal time
- 제품별 배치 Product layout
- 조립라인 Assembly line
- 조립라인 밸런싱 Assemblyline balancing
- 직무 Job
- 직무디자인 Job design
- 직무충실화Job enrichment
- 직무확장 Job enlargement
- 표준시간 Standard time
- 프로세스별 배치 Process layout
- 허용(치) Allowances
- 흐름차단 지연 Flowblocking delay

복습 질문 Review Questions

8.1 1. 시설 및 직무디자인의 목적은 무엇인가? 전략적 방향을 정하는데 어떻게 도움이 될 수 있는가?

8.1 2. 시설 배치 연구는 어떤 조건에서 수행하는가?

8.2 3. "흐름차단 지연flow blocking delay"과 "작업부족 지연lack of work delay"이란 무엇인가? 이 두 가지 지연 원인을 줄이는 데 도움이 되는 디자인 유형은 무엇인가?

8.2 4. 조립라인이란 무엇인가? "조립라인 밸런싱 문제"를 정의하고 이를 해결하는 데 필요한 조건을 설명하라.

8.2 5. 조립라인 밸런싱을 언제 다시 조정해야 하는가?

8.3 6. 프로세스별 배치 디자인의 개념을 설명하라.

8.3 7. "밀접성 측정치closeness rating"란 무엇이며 컴퓨터 분석이 배치 결정을 어떻게 도울 수 있는가?

8.3 8. 조립라인 밸런싱assembly-line balancing를 사용하여 제품별 배치를 디자인하는 방법을 설명하라.

8.4 9. 작업측정work measurement이란 무엇인가? 조직 성과를 개선하는데 어떻게 사용할 수 있는가?

8.4 10. 정상시간normal time의 개념을 설명하라. 운영관리자는 과업 수행시간이 실제로 "정상"인지 어떻게 확인할 수 있는가?

8.4 11. 표준시간standard time은 정상시간과 어떻게 다른가? 운영관리에서 표준시간을 어떻게 사용하는가?

8.4 12. 시간연구란 무엇인가? 시간 연구를 수행하기 위한 기본 절차를 설명하라.

8.5 13. 직무디자인, 직무확장, 직무충실화의 개념을 기술하고 교과서에서 다루지 않은 사례들을 찾아보시오.

8.5 14. 안전이 중요한 이유는 무엇인가?

8.5 15. 인체공학을 정의하고 긍정적, 부정적 경험의 예를 설명하라.

8.5 16. 윤리적 무역 이니셔티브(ETI)란 무엇이며, ETI는 지속가능성과 어떻게 관련되는지 설명하라.

8.5 17. 작업장을 디자인할 때 어떤 핵심적인 질문을 해야 하는가?

8.5 18. 작업장 디자인과 관련한 인적요소와 관련한 이슈들을 설명하라.

토론용 질문 및 체험학습 DISCUSSION QUESTIONS AND EXPEROEMTAIL ACTIVITIES

8.1 19. 주요 배치 유형의 장단점은 무엇인가? 제조업 및 서비스업에 대한 각각의 배치 유형의 한 가지 예를 설명하라.

8.1 20. 다음에 가장 적합한 시설배치 유형에 대해 논의하라.

a. 책 인쇄,
b. 병원 실험실 검사 수행
c. 가정용 가구 제조
d. 병원
e. 사진 스튜디오
f. 도서관

8.1 21. 맥도날드McDonald's와 같은 전형적인 패스트푸드 프랜차이즈의 배치를 설명하라. 어떤 유형의 배치를 사용하나? 배치가 생산성을 어떻게 향상시키는가? 프랜차이즈(예: 버거킹Burger King 또는 웬디스Wendy's)마다 배치 유형이 다른가? 다르다면 그 이유는 무엇인가?

8.1 22. 기업이 다음 유형의 시설배치 중 하나를 사용하는 방법을 보여주는 간단한 자료를 찾아서 내용을 정리하라.

- 제품별 배치
- 프로세스별 배치
- 셀룰러 배치
- 위치고정형 배치

8.1 23. 제조업체 또는 서비스업체를 방문하여 시설 디자인을 분석하라. 그 기업 시설 디자인의 장점과 단점은 무엇인가? 배치가 프로세스 흐름, 고객 서비스, 효율성 및 비용에 어떤 영향을 미치는가? 제조업체들이 일반적으로 사용하는 자재취급 시스템의 기본 유형을 설명하라.

8.1 24. 많은 기업의 카페테리아는 시설 배치 유형을 전통적인 카페테리아(프로세스) 배치에서 제품별 배치로 변경하고 있는데, 제품별 배치는 음식을 종류별로 나누어 별도의 구역station (샐러드, 이탈리안, 콜드 샌드위치, 로스트 비프 및 햄 등)에 배치한다. 이것은 어떤 유형의 배치인가? 각 배치 유형의 장단점에 대해 논의하라.

8.1 25. 가정의 주방에서 일반적으로 사용되는 배치 유형은 무엇인가? 배치의 대체 방안을 제안할 수 있는가?

8.3 26. 조립라인 효율성은 단가unit cost와 어떤 관련이 있는가?

8.4 27. 다음 작업에 표준시간이 필요하다고 생각하는가? 당신의 생각을 설명하라.

- 카펫 설치 기사
- 소프트웨어 프로그래머
- 케이블 TV 설치 기사
- 호텔 메이드
- 은행원
- 항공사 승무원
- 치과 의사
- 의사
- 식당 예약
- 전화 콜센터 담당자

8.5 28. 카길 키친 솔루션Cargill Kitchen Solutions가 실시하고 있는 매 20분 간격 직무순환job rotation 방식에 대해 어떻게 생각

하는가? 그러한 작업환경에서 일하고 싶은가, 아니면 하루 종일 동일한 작업을 수행하는 작업환경에서 일하고 싶은가? 그 이유를 설명하라.

8.5 **29.** 오늘날의 디지털 환경에서 가상팀의 장단점을 조사하고 간단히 기술하라.

8.5 **30.** 작업 디자인에서 인체공학의 역할은 무엇인가? 가장 중요한 요소는 무엇이라고 생각하는가?

8.5 **31.** 자동차 내부의 인체공학적 특징을 나열하고 학습자가 확인할 수 있는 개선 사항에 대해 설명해 보라.

8.5 **32.** 지속가능성 문제를 시설 및 작업장 디자인에 어떻게 포함할 수 있는가? 그 예를 들고 이유를 설명하라.

8.5 **33.** 이 장의 주요 주제를 고려하면서 녹색 시설디자인green facility design에 대한 짧은 보고서 (최대 2페이지)를 작성하라.

계산연습문제 Computational Problems and Exercises

본 장에서 설명한 공식과 방법을 적용하여 다음 연습문제를 직접 계산해서 풀어 보라.

8.1 **34.** 피터즈 페이퍼 클립스Peter's Paper Clips는 강선을 정해진 길이로 절단, 내부굽힘, 외부굽힘의 3단계로 생산 프로세스를 구성하였다. 절단 프로세스는 분당 200단위를 생산할 수 있다. 내부굽힘은 분당 160단위, 외부굽힘은 분당 150단위를 생산할 수 있다. 각 프로세스 단계의 시간당 능력과 시간당 20,000개 단위의 산출속도output rate를 충족하는 데 필요한 기계 대수를 구하라. 시설배치가 수치 분석 및 프로세스 효율성에 어떤 영향을 미치는가?

8.1 **35.** 배스 피싱 Bass Fishing, Inc.은 4개의 작업대를 사용하여 조립라인에서 알루미늄 손잡이가 달린 그물을 조립한다. 경영진은 하루 7.5시간의 작업을 사용하여 하루에 200단위의 그물을 생산하기 원한다. 작업 시간의 합계는 7.00분/net(개)이다.

a. 사이클타임을 구하라.

b. 조립라인 효율성을 구하라.

c. 총 유휴시간을 구하라

8.1 **36.** 그림 8.13의 활동 및 선후관계를 사용하여 다음 문제를 해결하라.

a. 이 조립라인에 대한 선후관계 다이어그램을 그려라.

b. 3개를 8시간 교대로 생산하도록 조립라인 밸런싱을 시행하라.

c. 최대 및 최소 사이클타임을 구하라.

그림/표 8.13 문제36 데이터

활동	선행활동	작업시간 (분)
A	None	7
B	None	2
C	A	6
D	A	10
E	B	3
F	B	2
G	D, E	12
H	C	2
I	F	3
J	H, G, I	9

8.2 **37.** 30개의 활동이 있는 하나의 조립라인에 대한 밸런싱을 시행하고자 한다. 30개의 활동을 모두 완료하는 데 걸리는 총 시간은 60분이다. 가장 긴 활동은 2.4분, 가장 짧은 활동은 0.3분이 걸린다. 이 조립라인은 하루 480분동안 운영된다.

a. 최대 및 최소 사이클타임은 얼마인가?

b. 각 사이클타임에 의해 일일 생산량이 얼마나 되는가?

8.2 **38.** 37번 문제에서 14개의 작업대를 사용하여 라인이 균형을 이루고 완제품이 4.5분마다 생산할 수 있다고 가정한다.

a. 하루 생산량은 얼마인가?

b. 조립라인 효율성은 얼마인가?

8.2 **39.** 파워 스티어링 펌프 조립을 위한 작은 조립라인을 밸런싱 하고자 한다. 그림/표 8.14는 선후관계 다이어그램이다. 사이클타임은 1.5분으로 결정되었다. 최장 과업시간이 소요되는 과업을 먼저 선택하여 라인의 밸런싱을 시행하라.

그림/표 8.14 문제 39 우선순위 다이어그램

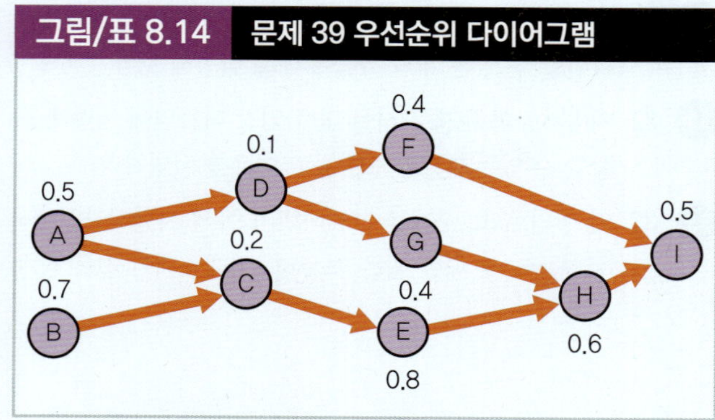

8.2 **40.** 문제 39에서 설명한 조립라인을 최단과업시간을 소요하는 과업을 우선 할당하여 라인의 밸런싱을 시행하라.

8.2 **41.** 조립라인에서 휴대전화의 특정 모델을 제작하기 위한 작업 내용은 아래 10가지 작업으로 정의한다.

과업	소요시간 (초)	선행과업
1	3.0	None
2	2.0	None
3	1.5	1,2
4	5.0	3
5	3.5	4
6	3.0	4
7	2.5	5,6
8	4.0	7
9	2.0	8
10	5.5	9
총	32.0초	

a. 이 조립라인에 대한 선후관계 다이어그램을 그려라.

b. 하루에 7.5시간을 가정 할 때 근무 일당 4,500개의 휴대전화를 제작하려는 경우 사이클타임을 구하라.

c. 이 라인의 밸런싱을 위한 이론적인 최소 작업장 수를 구하라.

d. 최장과업시간 규칙과 최단 과업시간 규칙을 사용하여 조립라인 밸런싱을 수행하라 (선행 관계를 위반하지 않았음을 확인하고 작업대 당 총 작업시간이 6초 이하여야 한다.)

e. 프로세스 효율성을 계산하고 d에서의 밸런싱 결과를 평가하라.

f. 위의 계산 결과에 대해 논의하라.

8.2 **42.** 본 장에서 살펴본 인라인 스케이트 조립 프로셋의 예에서 개별 작업시간이 다음과 같다고 가정하자.

과업	시간(초)
1	20
2	10
3	30
4	10
5	30
6	20
7	10
8	20

생산 담당자가 검사를 수행할 수 없고 품질관리 담당자만 검사를 수행한다고 가정한다. 그러므로 조립 작업은 검사를 위해 세 그룹으로 구분된다. 시간당 120 켤레, 시간당 90켤레 산출률을 달성하도록 생산 라인을 디자인하라.

8.2 **43.** 문제 42에 설명된 인라인 스케이트 예에서 시간당 90 켤레의 산출률을 달성하도록 생산라인을 디자인하라.

8.2 **44.** 컴퓨터 마우스 조립라인을 디자인하라는 요청을 받았다. 선후관계 네트워크는 그림 8.15에 나와 있다. 과업 시간은 각 과업 옆에 표시되었다. 교대 조당 조립 시간은 480분이며 회사는 매일 1교대를 운영한다. 필요한 생산량은 교대조 당 60단위로 예상된다.

그림/표 8.15 문제 우선순위 다이어그램

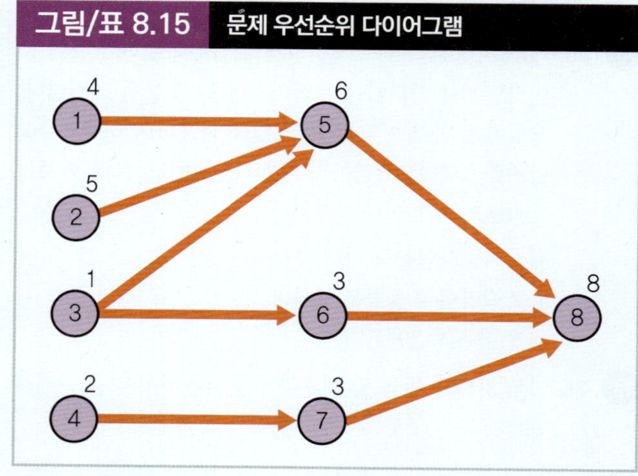

a. 최장 과업시간 규칙을 사용하여 조립라인의 밸런싱을 시행하라. 각 작업장별 과업들, 총시간, 유휴시간을 설명하여라.

b. 조립라인 효율성은 얼마인가?

c. 조립라인 밸런싱 솔루션이 바람직한가? 이 평가를 위해 어떤 기준을 사용하는가?

8.2 **45.** 그림 8.16에서 (a) 1교대 40 단위 산출량과 (b) 1교대 20 단위의 산출량을 달성하도록 조립라인 밸런싱을 시

행하라. 8시간 근무를 가정하고 최장 과업시간 규칙을 사용하라. 각 사례에 대한 라인 효율성을 계산하라.

그림/표 8.16 문제 45 우선순위 다이어그램

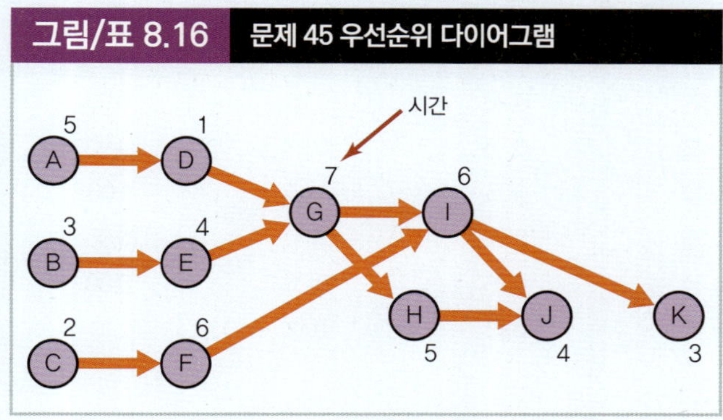

8.4 46 플로리다 어플라이언스 컴퍼니 Florida Appliance Company는 진공 청소기를 생산하기 위해 조립라인을 설치하고 있는데, 운영 관리자가 라인 밸런싱을 조정하여야 한다. 각 수행할 과업에 대한 과업시간(초), 선행 과업은 다음 표와 같다.

과업	시간(초)	선행과업
A	60	
B	40	A
C	30	B
D	20	B
E	40	B
F	60	C
G	70	D
H	50	F,G
I	20	E
J	60	H,I

a. 이 조립라인에 대한 선후관계 다이어그램을 그려라.

b. 이 회사는 하루에 두 번의 교대근무를 시행하며, 교대조당 8시간씩 근무할 계획이다. 원하는 라인 생산량이 하루에 480개 단위인 경우 사이클타임을 구하라.

c. 긴 과업시간 규칙을 사용하여 조립라인의 밸런싱을 수행하라.

d. 효율성을 계산하라.

8.4 47. 평가계수(PRF) 1.00을 사용하여 관찰 시간(분)이 주어졌을 때, 강판에 구멍을 뚫는 데 소요되는 정상시간을 계산하라.

0.240	0.250	0.290	0.240	0.270
0.250	0.245	0.190	0.200	0.230

8.4 48. 작업 샘플링 work-sampling 연구를 위해 피자 레스토랑에서 공 모양 반죽dough ball을 손으로 굴리는 한 시간제 직원을 40시간 동안 관찰하였다. 관찰기간 동안 그녀는 피자 반죽 550개를 준비했다. 분석가가 50회 관찰하는 그 직원이 유휴상태인 경우는 4번 발견했다. 전반적인 성과측정계수는 1.10 이었다. 해당 직무에 대한 허용계수는 15%이다. 이 데이터를 바탕으로 피자 반죽을 준비하는 표준시간(분)을 구하라.

엑셀기반 연습문제 EXCEL-BASED PROBLEMS

문제 풀이를 위해 엑셀Excel이나 마인드탭MindTap에 있는 스프레드시트 템플릿을 사용할 수 있다.

8.4 49. 연속적 실시를 바탕으로 작업측정 연구의 9개의 관찰결과가 아래와 같이 같다. 허용계수는 개인 5 %, 피로 5 %, 지연 5 %로 결정된다. 작업 측정 엑셀 템플릿을 사용하여 이 작업의 표준시간을 결정하라.

작업	관찰									
	1	2	3	4	5	6	7	8	9	성과평가
A	0.09	0.12	0.08	0.11	0.10	0.09	0.13	0.12	0.13	105%
B	0.23	0.18	0.21	0.20	0.24	0.22	0.26	0.25	0.25	100%
C	0.46	0.49	0.46	0.44	0.47	0.47	0.49	0.46	0.48	90%
D	0.61	0.66	0.62	0.59	0.69	0.67	0.67	0.66	0.70	85%
E	0.70	0.74	0.72	0.68	0.79	0.80	0.76	0.78	0.81	100%
F	1.00	1.02	0.98	0.99	1.08	1.09	1.02	1.06	1.09	110%

8.4 50. 작업측정 연구에서 얻은 다섯 개의 관찰결과는 다음과 같다. 연속적 실시는 사용하지 않았지만, 각 과업의 시간(분)은 개별적으로 기록하였다. 총 허용계수는 20%라고 가정한다. 작업측정 엑셀 템플릿을 사용하여 이 과정operation의 표준 시간을 결정하라.

작업요소	관찰					
	1	2	3	4	5	성과평가
주물준비	0.21	0.21	0.21	0.20	0.25	0.95
고정물에 주입	0.27	0.28	0.25	0.25	0.27	0.90
드릴	1.04	1.06	1.00	1.05	1.04	1.00
빼내기	0.21	0.18	0.25	0.22	0.20	0.95
검사	0.25	0.26	0.24	0.25	0.20	0.80
보관함에 넣기	0.12	0.11	0.10	0.13	0.12	1.10

842번 직원 대 주정부 Employee 842 versus The State

"루크씨Luke, 그 사람이 우리를 상대로 소송을 제기했습니다." 주 인적자원위원회State Human Resources Commission (SHRC)의 운영 담당 부위원장인 마이크 버사Mike Verssa가 말했다. "루크씨, 귀하는 그의 매니저입니다. 어떻게 된 건가요? 그는 루크씨가 송장invoice 처리 일일 할당량을 200에서 300으로 올렸다고 주장합니다."

"버사씨, 나는 다른 직원들과 동등하게 그의 할당량을 늘렸습니다. 그 직원은 항상 업무에 늦고, 컴퓨터 게임을 하고, 복장 규정을 위반할 뿐만 아니라 대부분의 동료 직원들이 이 직원을 싫어합니다. 그는 우리의 일반적인 업무 처리속도를 따르지 못했습니다. 최고의 사람들이 그를 재교육시켰지만 도움이 되지 않았습니다. 그를 해고해야 합니다." 라고 직원의 직속상사인 루크 데이비스Luke Davis가 대답했다.

"할당량을 늘릴 수 있는 논리나 수치적 근거가 있습니까?" 마이크가 루크에게 물었다. "예, 이 직원에 대한 작업측정 연구를 수행하기 위해 외부 컨설턴트를 고용했습니다. 동일한 업무를 수행하는 무작위로 선택한 다른 4명의 직원과 비교하여 그 직원의 성과를 분석하였습니다. 그 결과를 보여드리려 합니다." 루크가 대답했다.

루크는 직원 842번에 대한 작업측정 연구를 검토하여 마이크 벌사에게 주었다. 그림/표 8.17 및 8.18은 4명의 직원 각각의 정상시간을 계산하는 과정을 보여준다. 데이터는 연속적 시간기록

그림/표 8.17 SHRC 두 직원(A, B)의 작업측정 예시

누적시간 (Cumulative Time, CT) 선택시간 (Select Time, T)	모든 시간은 분단위로 표시(초는 소수점 둘째자리까지 표기)							
과업		Sample #A	평가	정상시간		Sample #B	평가	정상시간
분류/매칭	T	13.09	1.00	13.09	T	22.60	1.10	24.86
	CT	13.09			CT	22.60		
입력keying	T	28.45	1.00	28.45	T	23.40	1.10	25.74
	CT	41.54			CT	46.00		
일일 활동 마무리	T	24.23	1.00	24.23	T	13.94	1.10	15.53
	CT	65.77		24.23	CT	59.94		65.93
총시간		65.77		65.77		59.94		65.93
처리 건수		52.00		52.00		54.00		54.00
정상시간/송장				1.265				1.221

방법을 사용하여 수집하였다. SHRC에서 근무하는 모든 주 직원에 대해 20%의 허용계수를 가정한다. 근무일은 7시간 +1 시간(점심 시간)이었다. 표본크기는 0.01 미만의 통계적 유의수준 기준에 부합하였다. 직원 842는 동일한 3자 컨설턴트의 작업 측정 연구에도 포함되었다. 그의 정상시간은 송장당 1.722분이었다.

토론을 위한 사례 질문

1. 작업연구를 검토한 후 주 인적자원회 또는 직원 중 어느 쪽이 정당하다고 생각하는가? 그렇게 생각한 이유를 설명하라.
2. 고려해야 할 다른 문제는 무엇인가?
3. 이러한 데이터를 법정에 제출하겠는가? 그 이유는?
4. 이 사안에 대한 최종 의견을 밝혀라.

그림/표 8.18 SHRC 두 직원(C, D)의 작업측정 예시

누적시간 (Cumulative Time, CT) 선택시간 (Select Time, T)		모든 시간은 분단위로 표시(초는 소수점 둘째자리까지 표기)						
작업		Sample #C	평가	정상시간		Sample #D	평가	정상시간
분류/매칭	T	8.44	1.10	9.28	T	7.43	1.20	8.92
	CT	8.44			CT	7.43		
입력keying	T	14.26	1.10	15.69	T	5.55	1.20	6.66
	CT	22.70			CT	12.98		
일일 활동 마무리	T	6.47	1.10	7.12	T	15.52	1.20	18.62
	CT	29.17		32.09	CT	28.50		34.20
총 시간		29.17		32.09		28.50		34.20
처리 건수		32.00		32.00		39.00		39.00
정상시간/송장				1.003				0.877

뱅크유에스에이 : 송 · 수금업무 BankUSA: Case Movement

"델Del, 모든 전신 송금 요청은 선착순으로 처리합니다. 이 중 일부는 수백만 달러이고 일부는 100달러 미만입니다." 라고 송금Cash Movement (CM) 담당 부장 베티 켈리Betty Kelly (28세)가 설명했다. 그녀는 "또한 금액에 관계없이 모든 전신 송 · 수금 요청이 동일한 기준으로 정확하게 처리되었는지 파악하고자 노력하고 있습니다."라고 덧붙였다.

베티는 이와 관련한 여러 문제들을 상사인 델 카알Del Carr에게 전달하고 상사의 사무실을 나왔다. 베티가 그녀의 사무실 의자에 앉자 타행이체outgoing wires 과장인 스티브 브레슬린Steve Breslin은 다음과 같이 말했다. "베티, 지난주에 $80,000에 대한 송금을 휴스톤 오크 뱅크Houston Oaks Bank에 잘못 이체 처리했는데, 현재로서는 그들이 그 금액을 돌려주지는 않을 것입니다. 어떻게 해야 할까요?" "스티브, 관련 정보를 알려주세요. 지금 휴스톤 은행에 전화할께요." 베티가 말했다. 베티는 남은 하루를 이 금액을 회수하고 몇 가지 인사 문제들을 논의하는 데 사용했다.

송 · 수금부는 뱅크유에스에이 및 고객의 자금 이체를 담당한다. 모든 거래 요청의 80% 이상이 개인 고객을 위한 것이고 나머지 요청은 비즈니스 고객을 위한 것이다. 예를 들면, 고객은 주식을 판매하고 현금 자금을 뮤추얼 펀드, 신용 조합 또는 다른 은행과 같은 다른 기관으로 송금하도록 요청한다. 고객은 자신이 거래하는 지점의 고객 투자 관리사(CIM)에게 돈을 이체 (송금 또는 수취)하도록 요청한다. 고객 투자 관리사는 이메일이나 팩스로 송 · 수금부가 거래를 처리하도록 요청한다. 모든 송금은 같은 날에 정산되어야 한다.

$$CT = A/R = [(7.5\ \text{시간/일})(60\ \text{분/시간})] \ / \ (306\ \text{송금/일})$$
$$= (450\ \text{분/일})/(306\ \text{송금/일}) = 1.47\ \text{분/송금}$$

타행이체 평균 수요는 하루 7.5시간 기준으로 306회이다. 그러므로 식 8.2를 사용하여 이 수요의 사이클타임은 다음과 같이 계산한다.

송 · 수금부는 21명의 직원을 고용하고 있으며, 3명의 관리자, 11명의 직원은 타행이체 업무를, 2명의 직원은 수표처리를, 3명의 직원은 기타 업무를 담당하고 있다. 직원 당 평균 연봉은 $30,000이며 복리 후생 및 간접비로 $30의 비용이 추가된다. 간접비는 건물 임대/임대 비용, 카페테리아 및 회의실과 같은 공용 공간 운영, 유틸리티, 보험 및 복사 서비스를 포함한다.

프로세스 흐름은 그림/표 8.19에 설명되어 있으며, 47개의 세부 단계 작업들이 16개의 작업(활동)군workgroups/activities으로 통합되어 있다. 표 마지막 열의 처리시간은 스톱워치 시간연구에 기반한 수치이다. 타행이체 당 평균 시간은 7.05분이다. 총 11명이 이 과정에서 일한다. 조립라인은 작업당 시간이 주어지면 원래의 47개의 작업활동을 밸런싱 할 수 있지만, 베티는 우선 16개의 작업군으로 밸런싱을 할 생각했다. 16개의 작업군은 연속적 또는 순차적으로 수행된다. 어떻게 작업들을 묶을 것인지는 방법에 따라 다를 수 있다.

첫번째 단계는 외부에서 내부로의 현금이동(자금 수취) 프로세스이며, 고객(클라이언트)과 투자 관리사 간의 상호작용을 포함한다. 여기에서 전자송금electronic transfer 요청은 고객이 무엇을 해야 할지 결정하는 데 도움을 주기 위해 몇 분에서 몇 시간까지 걸릴 수 있으며, 고객의 집이나 사무실 방문을 포함할 수 있다. 이 외부 작업 활동은 내부 프로세스 조립 라인 밸런싱의 일부가 아니다. 프로세스는 작업그룹 1에서 시작하여 작업그룹 16에서 종료한다.

이체 요청은 여러 가지 방법으로 "실패"할 수 있으며, 그 결과 은행에 비용이 발생한다. 예를 들면, 송금이 잘못 처리되거나 제시간에 완료되지 않으면 고객의 거래가 실패할 수 있다. 송금 실패로 고객이 화를 내고, 고객이 은행을 영구히 떠나거나, 지인들에게 다른 은행을 추천하거나, 다음 영업일에 새로운 보안정책이 추가된 수수료processing fees로 거래를 처리할 때 발생할 수 있는 재정적 손실 등이 이에 해당한다. 뱅크유에스에이는 일일 수수료 변동에 따른 이자 수익 손실과 처리 수수료로 인한 고객손실을 보상해야 할 수도 있다. 평균 처리 수수료는 송금 당 $50이다. 또한 실패한 송금은 조사하고 재처리해야 하며 이는 "내부 실패비용internal failure costs"을 발생시킨다. 송금 조사 및 재처리 비용은 $200로 추정된다. 송 · 수금부는 주당 약 1,500개의 외부 송금을 처리하고 2주마다 약1개의 오류를 처리한다. 송 · 수금부 실수로 인해 오류가 발생하기도 하지만 뱅크유에스에이의 타부서, 기타 금융 기관 및 고객에 의해 송금 오류가 발생하기도 한다. 이 전자송금 시스템electronic funds transfer system의 정보 흐름은 매우 복잡하며 뱅크유에스에이는 이와 관련한 가치사슬을 부분적으로만 통제할 수 있다.

Susan Montgomery/Shutterstock.com

오류에는 동일한 송금이 두 번 처리되는 경우를 포함한다. 송금이 전혀 이루어 지지 않는 경우, 부정확한 금액정보, 잘못된 계좌로 송금되는 경우 등이 있으며, 각 실패에 따른 비용은 알 수 없다. 현금 이동의 가장 큰 위험은 자금을 두 번 보내거나 잘못된 기관으로 보내는 것이다. 송 · 수금부가 송금 당일 오류를 발견하면 해당 날짜에 잘못 송금된 금액에 대해서는 반환을 요청한다. 이체가 중복된 경우 수신 기관은 고객으로부터 뱅크유에스에이로 자금을 송금할 수 있는지 허가를 받아야한다. 이로 인해 이자 수익의 기회를 잃고, 자금을 반환하는데 지연이 발생하거나 또는 뱅크유에스에이가 자금을 돌려받기 위해 법적 조치를 취해야하는 경우도 있다. 오류가 발생한 국제 거래 요청의 경우 환불 비용이 높다. 이러한 비용은 잠재적으로 최대 수십만 달러에 이를 정도로 높기 때문에 그림/표 8.14에서 볼 수 있듯이 5가지 품질관리 단계를 현금 관리 프로세스에 적용한다. 모든 송금, 심지어 적은 금액까지도 완전성과 정확성을 보장하기 위해 확인 및 재확인 작업을 거치게 된다.

송 · 수금부 책임자인 베티는 퇴근 후, 이러한 문제를 언제 어떻게 분석할 수 있을지 고민했다. 그녀는 학부에서 운영관리 과목을 수강하고 조립라인 밸런싱에 대한 주제를 공부했던 것을 기억했지만 이 방법이 서비스에 효과가 있는지 궁금했다. 그녀는 다음 질문에 답하여 분석을 시작하기로 결정했다.

그림/표 8.19 외부 송금 프로세스 및 표준 시간

프로세스 단계	작업군	해당단계 내 작업비율(%)	고객요청 1건 당 처리시간 (분)
고객 요청 1 ~ 3 단계 (고객 및 투자 관리자 상호작용, 프로세스 입력 정보의 정확한 수집, 이체 실행을 위해 백룸backroom 타행이체 프로세스에 전달)		100%	16분 (2 ~ 120분) 이 프론트룸frontroom 단계는 타행이체 백룸 프로세스의 일부가 아니므로 무시함.
기록시작 (외부 이체 프로세스 시작)			
4 단계 및 5 단계 (요청 수신 및 확인)	1	100%	0.8분
6 단계, 11 단계, 4 단계 및 5 단계로 **돌아 가기** (잘못된 정보 또는 누락된 정보 재작업)	2	3%	10분
7 단계 ($ 50,000 이상인 경우 확인)	3	100%	0.8분
8 단계에서 10 단계 (다른 일괄처리 요청으로 분리하여 전달)	4	100%	0.1분
팩스 수신 확인 (이체 요청) (위의 4 ~ 7 단계)			**1차 품질통제 지점**
이체 입력			
12 단계 및 13 단계 (일괄수신 및 시스템에 입력-가변적이지만 일반적으로 이체 일괄처리요청은 약 30건이며, 컴퓨터에 입력하는 데 약 30분이 소요)	5	100%	1분
14 단계에서 16 단계 (원격보고서를 시스템에서 호출하여 전체금액과 일치하는지 확인)	6	100%	0.1분
17 ~ 19 단계 (기록과 원격 보고서가 일치하지 않음 — 다른 직원이 생성한 시스템 상 기록과 대조 및 확인하고 수동으로 재작업)	7	3%	10분
이체요청 검증 (위의 12 ~ 19 단계, 이체 정보 입력에 집중)			**2차 품질통제 지점**
20 단계 및 23 단계 (이체기록을 수신 및 정확성 2차 검증 — 다른 직원이 생성한 시스템 상 기록과 대조)	8	100%	0.5분
입력된 이체 정확성 검증			**3차 품질통제 지점**
(위의 20 단계 및 23 단계, 컴퓨터상 이체 내역 집중 검증)	9	100%	1분
24 단계 및 28 단계 (이체 실행)			
25–27 단계 (이체내역에 오류가 발견되면 해당 건을 취소하고 다시 입력 —12 단계로 회귀)	10 11	5% 70%	3분 0.1분
29단계CM은 고객의 계좌에서 인출하고 30~ 32 단계를 수행하고 기록을 일괄 처리)	12	30%	0.1분
29 단계 (CM이 고객의 계좌에서 인출할 필요가 없는 경우 33 단계를 수행 – 이체 완료 및 관련 서류 보관)			
이체 실행 및 검증 (29 ~ 33 단계)			**4차 품질통제 지점**
34 ~ 36 단계 (고객의 신탁 계좌에서 자금을 인출하여 송 · 수금부 내부 계좌에 입금)	13	100%	0.75분
고객 계좌에서 적절한 자금이 인출되었는지 확인 (34 ~ 36 단계 — 다른 직원이 수행)			**최종 품질통제 지점**
37 단계 (기록상 총액이 일괄처리 건 총액과 일치하는 경우 38 ~ 44 단계로 이동)	14	97%	0.1분
37 단계 (총액이 일치하지 않는 경우 이체 일괄처리 건을 검사하여 오류를 찾은 후 39 ~ 43 단계로 이동)	15	3%	10분
45 ~ 47 단계 (이체정보 확인 및 보관)	16	100%	0.75분

토론을 위한 사례질문

1. 하루 평균 306 건의 타행이체 수요에 대해 16개의 작업군으로 그룹화하는 가장 좋은 방법은 무엇인가? 최대 수요가 하루에 450 건인 경우 라인 밸런싱은 방안을 설명하라. 각 라인 밸런싱 솔루션의 조립라인 효율성을 구하라.
2. 현재의 11 명의 정규직 직원 구성과 비교하여 조립라인 밸런싱 방법을 사용하는 송금 프로세스에 추가로 몇명의 인원이 필요한가?
3. 모든 재작업 활동을 할 필요가 없어진다면, 타행이체 프로세스에 몇 명의 직원이 필요한가?
4. 이 은행을 위한 최종 개선안을 제시하라.

통합 사례 연구: 허드슨 쥬얼러스 Integrative Case: Hudson Jewelers

본서 마인드탭MindTap은 허드슨 쥬얼러스Hudson Jewelers 사례 연구 관련 각 장에 있는 학습자료를 통합하여 제공한다.

토론을 위한 사례질문

1. 고급 보석매장의 시설 배치를 디자인하고 배치도를 그린 후 그 장점과 단점을 논하라 (4, 5, 7, 8 장에서 학습한 개념을 활용하라.).

예측 및 수요계획 9

Forecasting and Demand Planning

디즈니 테마파크Disney theme parks가 방문객들의 재미있는 경험을 돕기 위해서는 예상 방문객 수, 각종 놀이기구들의 이용률을 예측해야 한다.

학습목표

9장을 학습한 후 다음 과제를 수행할 수 있어야 한다.

9-1 가치사슬value chain에서 예측forecasting의 중요성을 기술한다.

9-2 예측 forecasting과 시계열time series에 대한 기본적인 개념을 설명한다.

9-3 단순이동평균법simple moving average과 지수평활법exponential smoothing의 적용 방법을 설명한다.

9-4 예측에서 회귀분석regression의 적용 방법을 설명한다.

9-5 예측 과정에서의 판단judgment의 중요성에 대해 설명한다.

9-6 통계적 예측기법statistical forecasting technique과 판단예측기법judgmental forecasting technique이 실제로 어떻게 적용되는지 설명한다.

디즈니 월드 리조트Walt Disney World Resort에서 예측forecasting은 운영계획에서 핵심적인 역할을 한다. 분석가들은 각 테마파크에 입장하는 방문객들을 예측해야 한다. 운영시간이나 기타 전략적인 계획에 큰 영향을 미치기 때문이다. 보다 구체적인 사항들도 예측하여야 한다. 예를 들면 디즈니 리조트 내 호텔에 도착하는 고객 수, 테마파크에 입장하기 위해 회전문에 도착하는 고객 수, 레스토랑이나 기념품 가게를 방문하는 고객 수 등도 예측할 필요가 있다. 이러한 예측을 바탕으로 서비스에 필요한 근무자 수를 확보하거나 기계장치 수리기사들을 배치하는 등의 계획을 수립할 수 있다. 수요예측은 각 놀이기구를 이용하기까지 고객의 대기시간을 예상할 수 있음은 물론 패스트패스FastPass 시스템 (편집자 주: 디즈니테마파크 시설 이용 사전 예약시스템)을 활용하는 고객 수를 예측할 수도 있다. 이러한 예측과 분석을 활용하여 내방객들이 보다 풍부한 경험을 누리게 되는 궁극적인 목적을 달성할 수 있다.

어떻게 생각하는가? What Do you Think?

대학가에 위치한 한 피자 프랜차이즈franchise를 떠올려보세요. 피자 수요를 예측할 때 어떠한 요소들이 수요에 영향을 미치는 지에 대해 생각해 보라.

예측은 어떤 한 가지 이상의 변수에 대해 미래에 어떤 값을 가질지 알아보는 과정이다. 모든 조직에서 예측을 잘 수행하고, 분석하고, 이를 바탕으로 운영과 관련된 의사결정을 하여야 한다. 예측은 통합된 운영시스템에서의 핵심 구성요소이다. 통합운영시스템은 공급사슬관리supply chain management, 고객관계관리customer relationship management, 수익관리시스템revenue management system 등을 포함한다.

예측에 실패하면 경영자의 올바른 의사결정을 어렵게 하여 잉여재고excessive inventory 혹은 재고부족inventory shortage의 문제가 발생하고, 고객서비스의 질 저하와 이에 따른 고객불만을 유발하여 고객을 잃을 수도 있다. 통신업계에서는 경쟁이 치열하고 제품/서비스의 수명주기가 매우 짧다. 기술변화, 잦은 가격전쟁, 통신사 변경을 유도하는 각종 인센티브들로 인해 정확한 수요예측이 어렵다.

많은 기업들이 가치사슬과 능력관리시스템을 통합하여 예측함으로써 우수한 운영 의사결정을 내릴 수 있다. 예를 들면 내셔널 카 렌탈National Car Rental사는 회사의 가치사슬에서 데이터 분석과 예측방법을 적절하게 활용하여 서비스를 개선하고 관련 비용을 절감하고 있다. 회사는 고객 수요를 단순하게 예측하지 않고 고수요 기간 (피크시즌)peak demand season과 저수요 기간valley demand season으로 구분한 후 각각의 시기에 적합한 자원계획을 수립한다. 회사는 이러한 방식으로 저수요 기간 동안 설비를 잘 활용하는 방법을 찾을 수 있다. 피크 시즌인 봄에는 공격적으로 렌탈 사무실, 콜센터, 자동차 정비 직원 수를 늘리거나 일정을 조정한다. 다양한 상업용 소프트웨어software들이 예측 모듈과 연동되어 공급사슬 혹은 운영계획시스템에 포함되는 추세이다.

> 많은 기업들이 가치사슬value chain과 능력관리시스템capacity management system을 통합하여 예측함으로써 우수한 운영 관련 의사결정operations decision making을 내릴 수 있다.

9-1 예측과 수요계획 Forecasting and Demand Planning

기업에 따라 다른 형태의 예측을 하고 있다. 프록터앤갬블Procter & Gamble과 같은 소비재 기업의 경우 다양한 크기의 제품들을 생산한다. 회사의 최고경영진top mangers이 신규 지점의 규모나 위치를 결정하기 위해서는 재무계획을 수립해야 하는데 따라서 장기적인 관점에서 총매출을 금액으로 예측할 필요가 있다. 그러나 중간 관리자들의 경우, 자신이 속한 제품군의 총매출액이 아닌 총판매량 예측을 바탕으로 생산 계획을 수립해야 한다. 예를 들면 특정 비누 판매량을 예측해야 원자재 공급계획을 세울 수 있다. 마지막으로 개별 공장의 관리자들은 브랜드별, 크기별 판매량 예측이 필요하다. 예를 들면 64온스의 타이드 브랜드Tide 세제 생산에 필요한 박스 양과 원재료 양을 결정하기 위해서는 해당 크기 제품 판매량 예측이 필요하다. 판매량 예측치가 있어야 생산일정을 맞출 수 있기 때문이다. 항공사들도 장기적인 관점에서의 예측과 함께 단기 예측이 필요하다. 장기적인 여행수요를 예측할 수 있어야 필요한 항공기를 구매할 수 있고, 대학별 등록 학생 예측을 통해 시즌season별, 지역별 운항일정 계획을 수립할 수 있다. 도시계획 전문가들은 고속도로 이용 추이를 예측할 필요가 있으며, 레스토랑은 수요예측을 바탕으로 식자재 구매량을

디렉티비 : 신기술 채택에 관한 예측 DIRECTV : Forecasting New Technology Adoption

디렉티비 (디지털 위성 TV 방송 서비스)사가 1990년대 초에 사업을 시작할 때, 향후 5년간의 위성방송 수요를 예측할 필요가 있었다. "가장 중요한 예측은 제품 출시 전 실시하는 예측이다." 디렉티비는 "미국 내 얼마나 많은 가정이 위성 TV 서비스에 가입할 것이며 또 언제 가입할 것인가?"에 대해 답하기 위해 예측이 필요했다. 디렉티비는 신제품/신기술의 채택 정도를 알려 줄 수 있는 계량모형을 사용하여 예측을 하였다.

디렉티비는 다음 몇 가지 중요한 방법을 활용하여 예측을 실시하였다.

- 첫해 고객가입률customer acceptance이 매우 가파르게 증가할 것이라는 예측결과는 디렉티비에게 당초 계획보다 빨리 두번째 위성을 발사하도록 하는 결정을 도왔다. 회사는 두번째 위성을 활용하여 좀 더 다양한 프로그램을 제공할 수 있었다.
- 디렉티비 경영진은 보다 확고한 자금조달funding과 파트너십partnership 개발에 예측결과를 활용하였다. 파트너십 대상 기업은 소니Sony 등의 장비 생산업체, 디즈니Disney와 같은 프로그램 제공업체, 라디오섹Radio Shack과 같은 전국 단위유통업체를 포함했다.

5년 동안의 실제 가입률과 예측치를 비교해보면 매우 오차가 작았음을 알 수 있다.

결정할 수 있다.

가치사슬에서도 정확한 예측이 필요하다. 그림/표 9.1에서 나타난 바와 같이 회계, 재무, 마케팅, 운영, 물류 등 기업 내 모든 기능부서들이 예측을 필요로 한다. 수요예측 모듈은 포괄적 가치사슬과 수요계획 소프트웨어에 포함되어 있다. 이들 시스템에는 마케팅, 재고, 매출, 운영계획, 재무 데이터가 통합되어 있다. 예를 들면 SAP의 수요계획 모듈은 상이한 부서나 조직의 정보들을 통합하여, 기업의 단일 수요계획 수립을 돕는다. 일부 소프트웨어 공급업체들은 공급사

그림/표 9.1 기계공장의 프로세스별 배치

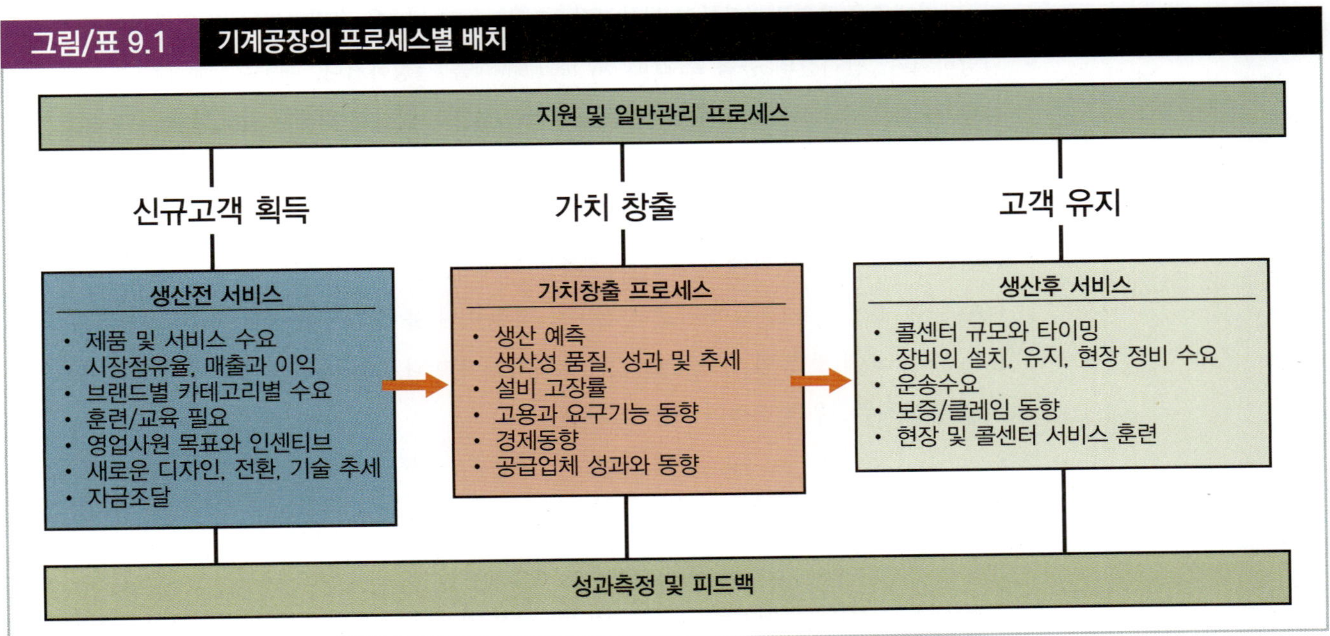

슬supply chain이라는 용어 대신 수요계획demand planning이나 수요사슬demand chain이라는 용어를 사용하기 시작했다. 공급supply 대신 수요demand라는 용어로의 변환은 고객의 필요needs와 욕구demand가 고객효익패키지customer benefit package를 개발을 결정한다는 것과 고객의 요구가 공급사슬 내 제품/서비스의 흐름을 이끈다는 것이다.

9-2 예측의 기본 개념Basic Concepts in Forecasting

예측모형 개발을 시작하기 전에 개발 과정에서 사용할 기본 개념들을 이해할 필요가 있다. 이들 기본 개념들은 모형의 유형과는 관련 없이 사용자들이 운영 의사결정을 보다 잘 활용할 수 있는 기초지식을 제공할 것이다.

9-2a 예측에서의 계획기간Forecast Planning Horizon

미래 수요 예측은 기업의 모든 의사결정 단계에서 필요하다. 수요 예측에서 계획기간planning horizon이란 예측이 이루어지는 기간을 말한다. 장기예측long-range forecasts은 일반적으로 계획기간이 1년에서 10년 정도이다. 장기예측은 설비facility 확장과 부지, 노동력, 장비 등의 필요 여부 판단을 위해 꼭 필요하다. 중기예측intermediate-range forecasts은 일반적으로 계획기간이 3개월에서 12개월까지이다. 중기예측은 어느 정도의 인원을 유지할 것인지, 예산을 부서 간에 어떻게 할당할 것인지, 업무나 자원을 어떻게 할당할 것인지, 구매계획을 어떻게 수립할 것인지 등을 결정하기 위한 예측이다. 단기예측short-range forecasts은 최장 3개월까지의 예측이다. 단기예측은 운영관리자들이 생산일정production schedules을 수립하거나, 작업자들에게 업무를 할당하거나, 단기간의 능력 소요capacity requirement를 결정하거나, 배송부서shipping department의 운송계획transportation plan과 배송일정delivery schedule을 수립하기 위해서 필요하다.

> 미래 수요 예측은 기업의 모든 의사결정 단계에서 필요하다.

시간단위time bucket는 예측 시에 시간을 측정하는 단위를 말한다. 시간단위는 년year, 분기quarter, 월month, 주week, 일day, 시hour, 심지어 분minute이 될 수 있다. 장기계획을 위해서는 년 단위의 예측이 이루어져야 하고, 단기예측을 위해서는 시간단위가 시hour 이하여야 할 것이다. 예를 들면 콜센터call center에서 고객 전화가 몇 통이나 올 것인지에 대해 예측하려면 5분, 6분, 또는 10분 후에 몇 통의 전화가 올 것인지 예측해야 한다. 예측에서는 상황에 적합한 계획기간의 길이와 시간단위의 결정이 매우 중요하다.

9-2b 시계열에서의 자료 패턴Data Patterns in Time Series

예측을 위한 통계적 방법statistical method은 과거자료 분석에 기반한다. 과거자료는 일종의 **시계열**time series **자료(혹은 데이터)**다. 시계열이란 일정 기간 동안의 연속적인 시간 동안 측정된 관찰치들의 집합set이다. 시계열 자료는 우리가 예측하고자 하는 변수가 어떻게 변해 왔는지를 보여준다. 예를 들면, 다우존스Dow Jones 주식지수의 일별 종가는 시계열 자료이다. 어떤 제품의 월별 판매량 자료도 시계열 자료이다. 시계열 자료에서 어떤 패턴을 알아내기 위해서는 다음의 다섯 가지 특성들을 생각하면 도움이 될 것이다. 추세trend, 계절성seasonal, 순환성cyclical, 무작위 변동random variation, 불규칙 변동irregular variation이다. 시계열 자료에 따라 다섯 가지 특성 중 하나 이상을 보여준다. 이러한 다섯 가지 특성을 이해하는 것이 올바른 예측 모형을 선택하거나 접근하는데 중요하다.

추세trend는 시계열 자료에서 증가나 감소의 패턴을 의미한다. 데이터는 일반적으로 무작위로 변동되는 듯해도, 크고 작음에 대한 차이가 있더라도 증가하거나 감소하는 움직임을 보여준다. 시간에 따라 점진적으로 증가하거나 감소하는 것은 비교적 장기적인 요소들에 의해 발생한다. 성과, 기술, 생산성, 인구, 지역적 특성, 고객의 선호도 등이 그러한 요소일 수 있다.

추세는 증가 혹은 감소 경향을 보일 수 있으며, 선형linear이거나 비선형nonlinear일 수도 있다. 그림/표 9.2는 다양한 형태의 추세 패턴을 보여주고 있다. 선형증가와 선형감소 추세는 그림/표 9.2의 (a)와 (b) 그래프이고, 비선형증가와 비선형감소는 (c)와 (d) 그래프이다.

계절성 패턴은 단기적으로 증가하였다가 다시 감소하는 등의 특성이 주기적으로 일어나는 특성을 의미한다. 계절성 패턴은 일년을 주기로 일어날 수도 있다. 냉장 음료의 경우 봄에 수요가 증가하기 시작하고, 여름에는 피크를 이루며, 가을에는 감소하기 시작하고, 겨울에는 바닥을 친다. 그림/표 9.3은 가정에서의 천연가스 사용량에 대한 계절성 패턴을 보여주고 있는데, 2년 간

그림/표 9.2 선형 추세와 비선형 추세 예시

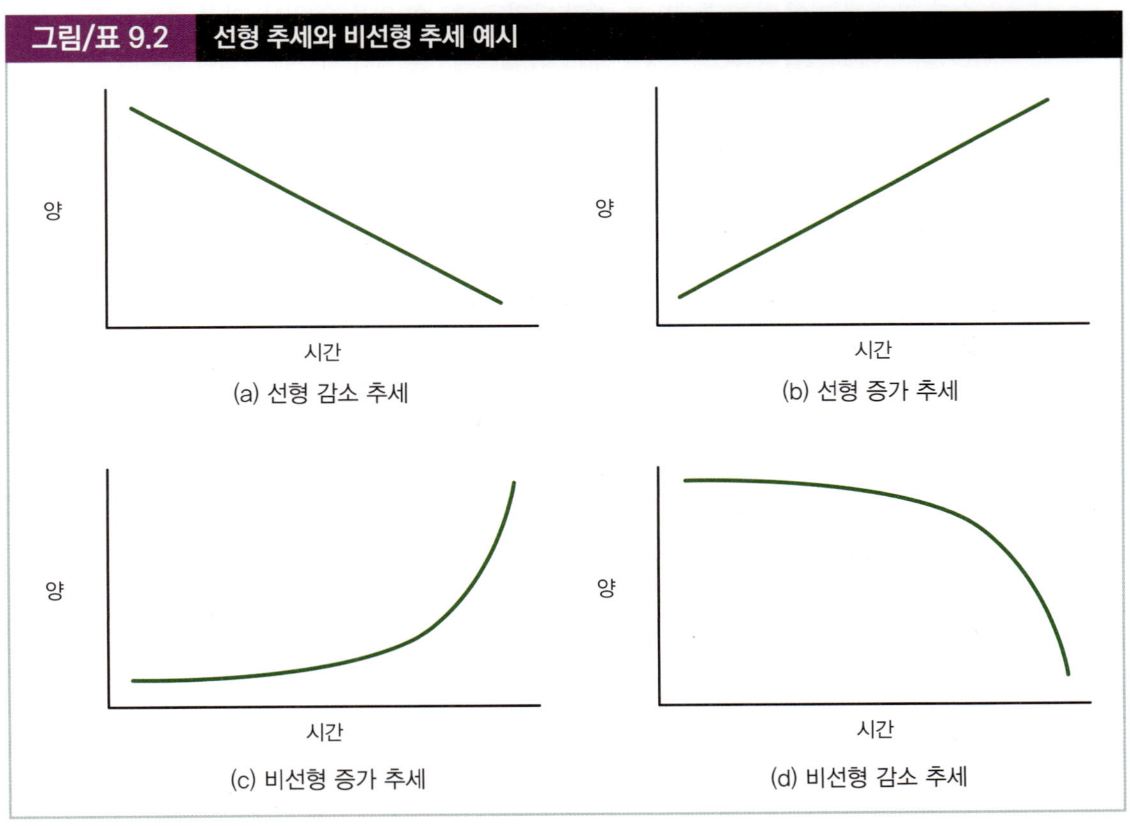

그림/표 9.3 가정용 천연가스 사용량의 계절성 패턴

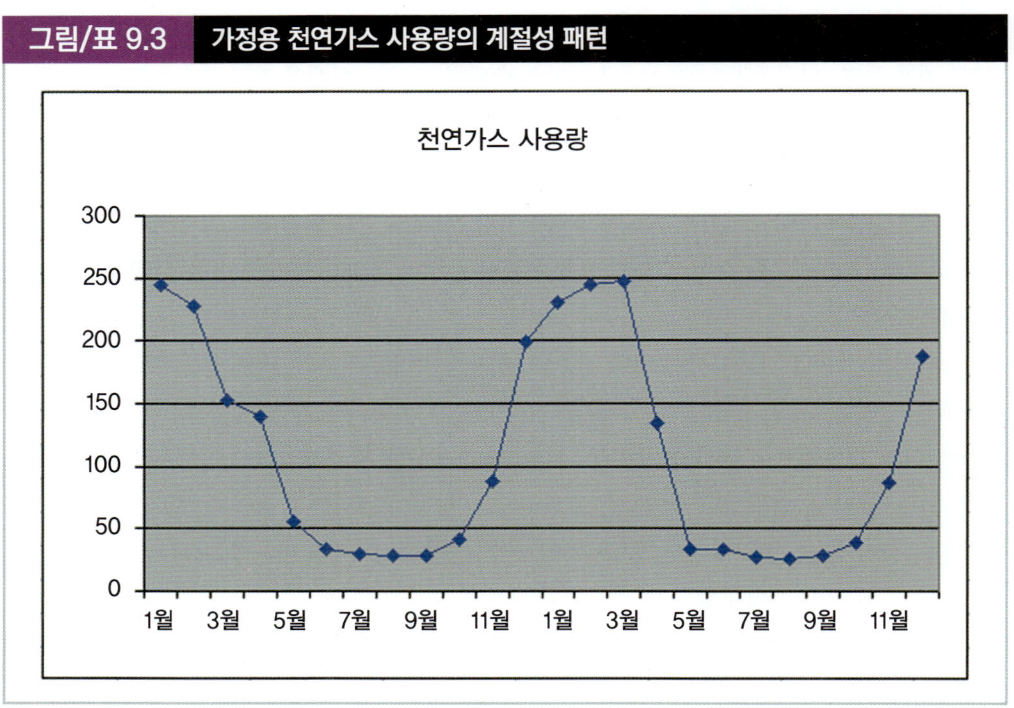

의 증가와 감소를 보여주고 있다.

계절성 패턴은 반드시 일 년 주기로만 일어나는 것이 아니며 보다 짧은 시간단위에서도 일어날 수 있다. 한 달의 기간동안 주별로 부침이 있을 수도 있고, 한 주의 기간동안 일자별로 증감이 있을 수도 있다. 심지어 하루 중에도 한 시간 단위로 증감이 있을 수 있다. 예를 들면 피자의 경우 수요가 주말에 피크를 이루고, 식료품점grocery store에서는 저녁 시간에 고객이 몰린다. 콜센터에 걸려오는 전화는 아침에 피크peak를 이루고 점차 줄어든다. 일주일 안에 있는 요일별로도 다른 계절성 패턴을 보일 수 있다.

> 예측에서는 상황에 적합한 계획기간의 길이와 시간단위의 결정이 매우 중요하다.

순환적 패턴cyclical patterns은 장기간에 걸쳐서 나타나는 규칙적인 패턴을 말한다. 일반적으로 주식 시장에서는 주가가 상승하는 강세 시장(bull market이라고 함)과 주가가 하락하는 약세 시장(bear market이라고 함)이 순환하는 패턴을 보인다.

무작위 변동random variation은 잡음noise이라고 불리기도 한다. 무작위 변동은 예측 가능한 추세, 계절성 패턴, 순환적 패턴을 통해 설명할 수 없는 변동을 말한다.

무작위 변동은 주로 단기간, 예상하지 못한, 다시는 나타나지 않는 요인들에 의해 발생한다. 그러므로 무작위 변동은 예측 불가능하다. 무작위 변동으로 인해 예측은 절대로 100% 정확할 수 없다.

불규칙 변동irregular variation은 설명은 가능하지만 일회성으로 발생하는 사건이다. 예를 들면 허리케인hurricane (중남미에서 발생하는 태풍)이 발생하면 피해지역의 건축자재, 식음료 등에 대한 수요가 갑작스럽게 증가할 수 있다. 9/11테러가 일어난 직후, 많은 예측 전문가들이 항공편 예약이 급격히 떨어질 것이라고 예측했다. 이 사건들은 일회성이지만 예측은 가능하다.

그림/표 9.4의 스프레드시트에 시계열 자료의 예시가 있다. 이 데이터는 한 금융기관에서 운영하는 콜센터에 대한 관한 데이터이며 24분기 기간 동안 콜센터에 걸려온 전화량을 보여주고 있다. 그림/표 9.5는 이 데이터를 점을 찍어 선을 연결하였다. 이 시계열 자료를 통해 6년 동안에 증가하는 패턴을 읽을 수 있고, 강한 계절성 패턴을 볼 수 있다. 예를 들면 각 연도의 첫 3분기 동안에는 전화량이 증가하나 마지막 분기에는 급격히 감소함을 볼 수 있다. 아마도 고객들의 관심이 연말 휴가로 옮겨갔기 때문일 것이다. 미래에 대해 믿을 만한 예측치를 얻기 위해서는 장기적인 추세와 매년 발생하는 계절성 패턴을 예측모형에 반영해야 한다.

그림/표 9.4 콜센터 전화량 (이 워크시트는 마인드탭 MindTap의 엑셀워크시트 그림/표 9.4에서 얻을 수 있음)

	A	B	C	D
1	Call Center Volume			
2	Period	Year	Quarter	Call Volume
3	1	1	1	362
4	2	1	2	385
5	3	1	3	432
6	4	1	4	341
7	5	2	1	382
8	6	2	2	409
9	7	2	3	498
10	8	2	4	387
11	9	3	1	473
12	10	3	2	513
13	11	3	3	582
14	12	3	4	474
15	13	4	1	544
16	14	4	2	582
17	15	4	3	681
18	16	4	4	557
19	17	5	1	628
20	18	5	2	707
21	19	5	3	773
22	20	5	4	592
23	21	6	1	627
24	22	6	2	725
25	23	6	3	854
26	24	6	4	661

9-2c 예측오차와 정확도 Forecast Errors and Accuracy

모든 예측치는 오차를 포함한다. 예측 오차의 성질과 크기를 이해하면 의사결정에 도움이 된다. 시계열 자료는 A_1, A_2, A_3와 같이 표기한다. 이를 일반화하면 A_t로 표현하는데 기간 t에서의 값 A를 나타낸다. 시간 t에서의 실제값을 알 수 없으므로 예측을 하는 것이다. 시간 t에서의 A를 알 수 있으면 그 다음 기간에 대한 예측이 가능하다.

예측오차는 시계열 자료에서의 관찰된 값과 예측된 값 사이의 차이를 말하며, 수식으로 표현하면 $A_t - F_t$이다. 모든 예측 기법들이 모든 것을 예측할 수는 없으므로 예측모형들의 예측 정확도를 측정해야 하며, 작은 예측오차를 가진 예측모형을 사용하게 된다. 일반적으로 세가지 방법으로 예측오차를 측정한다.

그림/표 9.5 전화량 차트

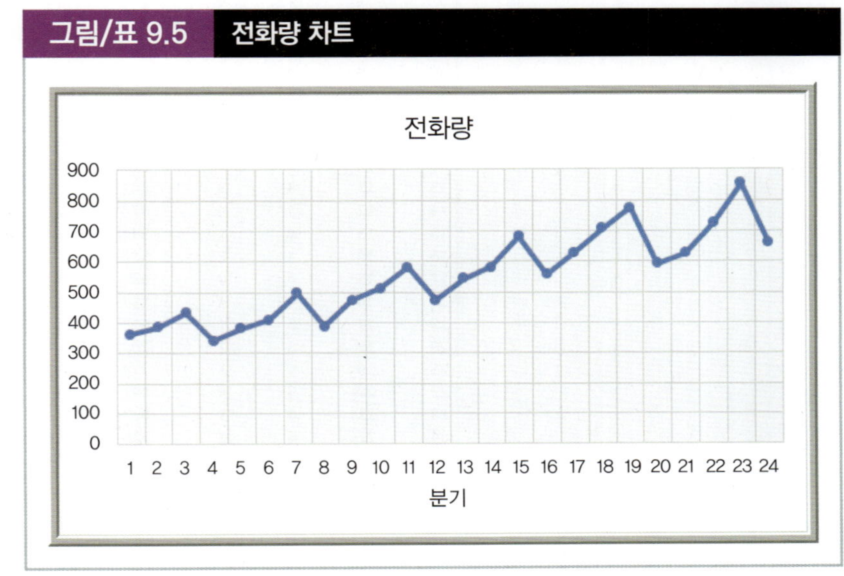

평균제곱오차mean square error (MSE)는 가장 많이 사용하는 예측 정확도 지표이다. 평균제곱오차는 예측오차를 제곱하고 모든 기간에 대한 예측오차 제곱치들에 대한 평균을 구하는 방법이다. 다음의 식으로 표현할 수 있다.

$$\text{MSE} = \frac{\Sigma(A_t - F_t)^2}{T} \qquad [9.1]$$

평균제곱오차의 제곱근을 예측오차의 정확도 지표로 사용하는 경우가 있는데 이를 평균제곱근오차root mean square error (RMSE)라고 한다.

널리 사용하는 또다른 예측 정확도 지표인 평균절대편차mean absolute deviation (MAD)는 모든 예측오차의 절대 편차의 합의 평균값이며, 다음 식으로 표현한다.

$$\text{MAD} = \frac{\Sigma|A_t - F_t|}{T} \qquad [9.2]$$

세번째 예측오차 측정방법은 평균절대비율오차mean absolute percentage error (MAPE)이다. MAPE는 각 기간의 예측오차 비율을 단순 평균한 값이다.

$$\text{MAPE} = \frac{\Sigma|(A_t - F_t)/A_t| \times 100}{T} \qquad [9.3]$$

MSE는 제곱을 취하기 때문에 특정값에 크게 영향을 받는다는 점에서 MAD와 다르다. 예를 들면 수백만 달러 단위로 측정되는 이익금 예측 과정에서 예측치 오차를 제곱하면 매우 큰 값이 나온다. 다른 날짜들은 관찰치와 예측치가 큰 차이를 보이지 않다가 특정 날짜에 큰 오차가 발생하면, 그 오차의 제곱이 MSE로 계산되기 때문에 특정 날짜의 오차가 상대적으로 큰 영향을 미친

그림/표 9.6 시계열자료의 예측오차 (이 스프레드시트는 MindTap에 있는 엑셀 시트 그림/표 9.6에서 얻을 수 있음)

	A	B	C	D	E	F	G	H	I	J	K	L
1	**Forecast Error of Example Time-Series Data**											
2	**Period**	**Year**	**Quarter**	**Call Volume**	**Forecast Ft**	**Error (At - Ft)**		**Squared Error**		**Absolute Deviation**		**Percentage Error**
3	1	1	1	362	343.8	18.20		331.24		18.2		5.03%
4	2	1	2	385	361.6	23.40		547.56		23.4		6.08%
5	3	1	3	432	379.4	52.60		2766.76		52.6		12.18%
6	4	1	4	341	397.2	-56.20		3158.44		56.2		16.48%
7	5	2	1	382	415	-33.00		1089.00		33		8.64%
8	6	2	2	409	432.8	-23.80		566.44		23.8		5.82%
9	7	2	3	498	450.6	47.40		2246.76		47.4		9.52%
10	8	2	4	387	468.4	-81.40		6625.96		81.4		21.03%
11	9	3	1	473	486.2	-13.20		174.24		13.2		2.79%
12	10	3	2	513	504	9.00		81.00		9		1.75%
13	11	3	3	582	521.8	60.20		3624.04		60.2		10.34%
14	12	3	4	474	539.6	-65.60		4303.36		65.6		13.84%
15	13	4	1	544	557.4	-13.40		179.56		13.4		2.46%
16	14	4	2	582	575.2	6.80		46.24		6.8		1.17%
17	15	4	3	681	593	88.00		7744.00		88		12.92%
18	16	4	4	557	610.8	-53.80		2894.44		53.8		9.66%
19	17	5	1	628	628.6	-0.60		0.36		0.6		0.10%
20	18	5	2	707	646.4	60.60		3672.36		60.6		8.57%
21	19	5	3	773	664.2	108.80		11837.44		108.8		14.08%
22	20	5	4	592	682	-90.00		8100.00		90		15.20%
23	21	6	1	627	699.8	-72.80		5299.84		72.8		11.61%
24	22	6	2	725	717.6	7.40		54.76		7.4		1.02%
25	23	6	3	854	735.4	118.60		14065.96		118.6		13.89%
26	24	6	4	661	753.2	-92.20		8500.84		92.2		13.95%
27						**Sum**		**87910.60**	**Sum**	**1197**	**Sum**	**218.13%**
28						**MSE**		**3662.94**	**MAD**	**49.88**	**MAPE**	**9.09%**

문제풀이 9.1 예측오차 계산

그림/표 9.4에 제시한 콜센터 전화량 시계열 자료에 대해 예측오차를 계산하라. 그림/표 9.6의 스프레드시트의 E열은 예측치를 보여준다. F열에서 L열까지는 차례대로 MSE, MAD, MAPE이다.

MSE를 계산하려면 먼저 관찰치와 예측치 간의 오차를 계산하라. 기간 1에서 관찰치 A_1은 362이고 예측치 F_1은 343.8이다. 이때 예측오차는 $A_1 - F_1 = 362 - 343.8 = 18.2$이다. 예측오차 계산결과는 셀 F2에 나타나 있다.

H열에서는 각 기간 t에 대해 $(A_t - F_t)^2$을 우선 구하라. 셀 H26까지 해당 열에 있는값들을 더한 다음에 기간수(24)로 나누어 MSE를 구한다. MSE는 87,910.6/24 = 3,662.94이다. 이는 셀 H28에 나타나 있다.

MAD를 구하려면 각 기간에서의 관찰치와 예측치 간 절대편차, $|A_t - F_t|$를 구하라. 이는 J열에 나타나 있다. 더한 값을 셀 j28에 구하고 수식 [9.2]를 통해 MAD = 1.197/24 = 49.88을 구한다.

마지막으로 MAPE를 계산하려면 F열에 있는 각 기간에서의 오차를 D열에 있는 관찰치로 나누고, 다시 절대값을 취한다. 즉 $|(A_t - F_t)/A_t|$이다. 그리고 난 다음 관찰 기간 수로 나눈다. 그 값은 셀 L28에 나타나 있다. MAPE는 218.13%/24 = 9.09%이다. MAPE를 사용하면 예측치가 실제 전화량에 비해 플러스 마이너스 9.09퍼센트의 차이가 있음을 알 수 있다.

다. 반면 시장점유율과 같이 퍼센트로 측정하는 변수를 예측하는 경우에는 특정 기간에서의 큰 예측오차가 MSE로 측정할 때는 제곱을 취하기 때문에 그 영향이 오히려 작아질 수도 있다. 따라서 동일한 데이터를 두고 각기 다른 예측모형을 활용하여 예측하는 것은 무의미할 수 있다. 반면에 MAPE는 측정단위에 대한 문제를 표준화하였기 때문에 특정 예측오차에 대한 영향력이 커지는 문제를 해결한다. 그리고 MAPE는 몇 퍼센트 정도의 오차가 발생하는 지를 보여주기 때문에 설명하기가 쉽다. 예측 정확도를 측정하는 최선의 방법을 선택하기는 어렵다. 실제로 예측전문가들은 특정 예측 정확도 지표를 반드시 사용되어야 한다고 주장하지는 않는다. 그럼에도 불구하고 MSE가 가장 널리 사용되고 있다.

9-3 통계적 예측모형 Statistical Forecasting Models

예측방법은 크게 통계적 예측방법statistical forecasting technique과 **판단 예측방법** judgmental forecasting technique으로 구분할 수 있다. 통계적 예측은 미래가 과거의 연장선상에 있다는 가정에 기초한다. 통계적 모형에는 다양한 기법들이 있다. 어떤 방법이 사용되어야 하는지는 예측 변수와 시간 계획기간에 따라 달라진다. 통계적 예측모형은 시계열 방법과 회귀분석 방법으로 구분할 수 있다. 시계열 방법은 과거 데이터를 미래로 투영하여 예측하는 방법이다. 회귀분석 방법에서는 예측에 잠재적으로 영향을 미칠 수 있는 변수들을 활용한다.

매우 다양한 통계적 예측모형들이 개발되어 왔기 때문에 이들을 모두 다룰 수는 없다. 본서에서는 운영관리 측면에서 아주 기본적으로 널리 사용되는 일부 방법들에 대해 소개하려고 한다.

9-3a 단순이동평균법 Simple Moving Average

단순이동평균법을 활용하면 계속 변동하는 시계열 자료들의 무작위한 변동을 평균값을 이용하여 내재된 변화의 방향을 알아낸다. 이동평균moving average (MA)을 이용한 예측은 최근의 k개 관찰치들의 평균으로 이루어진다. 따라서 다음 기간 $(t+1)$에 대한 예측치 (F_{t+1})은 다음 식으로 표현할 수 있다.

$$F_{t+1} = \frac{\Sigma(\text{최근 } k\text{개의 관찰치})}{k} \qquad [9.4]$$

$$= (A_t + A_{t-1} + A_{t-2} + \cdots + A_{t-k+1})/k$$

이동평균법은 큰 추세가 없고, 계절적 패턴이나 경기순환 패턴business cycle patterns이 없는, 비교적 단기간의 계획기간을 가지는 경우에 적합하다. 이런 경우에는 일반적으로 수요가 상대적으로 안정적이다. 관찰치(k)가 많아질수록 시계열에서 최신의 변화를 느리게 반영하는데, 이는 시계열이 상대적으로 오래된 자료를 포함하기 때문이다. 관찰치가 적어지면 당연히 보다 빠르게 최신 변화를 반영한다. 시계열 데이터에 중요한 추세가 존재한다면 이동평균을 이용한 예측은 실제 수요의 변화를 느리게 반영하는데, 이는 예측에서 일종의 편기bias를 초래하기 때문이다. 문제풀이 9.2는 이동평균 예측을 계산하는 과정을 설명하고 있다.

이동평균에 포함되는 데이터 값의 수는 경영자의 직관이나 판단에 따라 이루어지기도 한다. 관찰치의 수에 따라 예측정확도가 달라지는 것은 당연하다.

문제풀이 9.2 이동평균법 계산하기

그림/표 9.7은 지역 편의점인 가스마트Gas Mart의 월별 우유 판매량을 보여준다. 2, 3, 4개월 이동평균법을 사용하여 기간 4와 기간 5의 예측치를 구하라. 그리고 각각에 대해 평균제곱오차(MSE)를 구하라.

해답:

3이동평균법을 사용한 계산이다. 식 [9.4]에서 k는 3이다. 1월에서 3월까지 3개월 간의 우유 판매량의 평균을 구하면, 그것이 4월의 예측치가 된다.

$$F_4 = \frac{172 + 217 + 190}{3} = 193.00$$

4월의 실제 판매량은 233 갤론gallon이었다. 4월의 예측오차는 233 − 193 = 40이다.

5월의 예측치를 3이동평균법으로 구하면 다음과 같다.

$$F_5 = \frac{217 + 190 + 233}{3} = 213.33$$

5월의 실제 판매량은 179갤론이었다. 5월의 예측오차는 179 − 213.33 = −34.33이다. 각각에 대해 계산된 결과는 그림/표 9.7에 나타나 있다. MSE는 1,457.23이다.

위와 같은 방식으로 2이동평균법, 4이동평균법을 적용해볼 수 있다. 그림/표 9.8은 엑셀에서의 이동평균 함수를 사용한 결과를 나타내고 있다. 이 파일은 마인드탭MindTap에서 얻을 수 있다.

그림/표 9.7 우유 판매량에 대한 이동평균 예측법 (해당 스프레드시트는 마인드탭의 그림/표 9.8에서 얻을 수 있다.)

Gas-Mart Monthly Milk Sales

Month	Sales	2-Month MA	Error	3-Month MA	Error	4-Month MA	Error		Squared Errors 2-Month MA	3-Month MA	4-Month MA
1	172										
2	217										
3	190	194.5	-4.50						20.25		
4	233	203.5	29.50	193.00	40.00				870.25	1600.00	
5	179	211.5	-32.50	213.33	-34.33	203.00	-24.00		1056.25	1178.78	576.00
6	162	206	-44.00	200.67	-38.67	204.75	-42.75		1936.00	1495.11	1827.56
7	204	170.5	33.50	191.33	12.67	191.00	13.00		1122.25	160.44	169.00
8	180	183	-3.00	181.67	-1.67	194.50	-14.50		9.00	2.78	210.25
9	225	192	33.00	182.00	43.00	181.25	43.75		1089.00	1849.00	1914.06
10	250	202.5	47.50	203.00	47.00	192.75	57.25		2256.25	2209.00	3277.56
11	151	237.5	-86.50	218.33	-67.33	214.75	-63.75		7482.25	4533.78	4064.06
12	218	200.5	17.50	208.67	9.33	201.50	16.50		306.25	87.11	272.25
								Sum	16147.75	13116.00	12310.75
								MSE	1614.78	1457.33	1538.84

그림/표 9.8 3이동평균법에 대한 엑셀 템플릿(이 템플릿 역시 마인드탭에서 얻을 수 있다.)

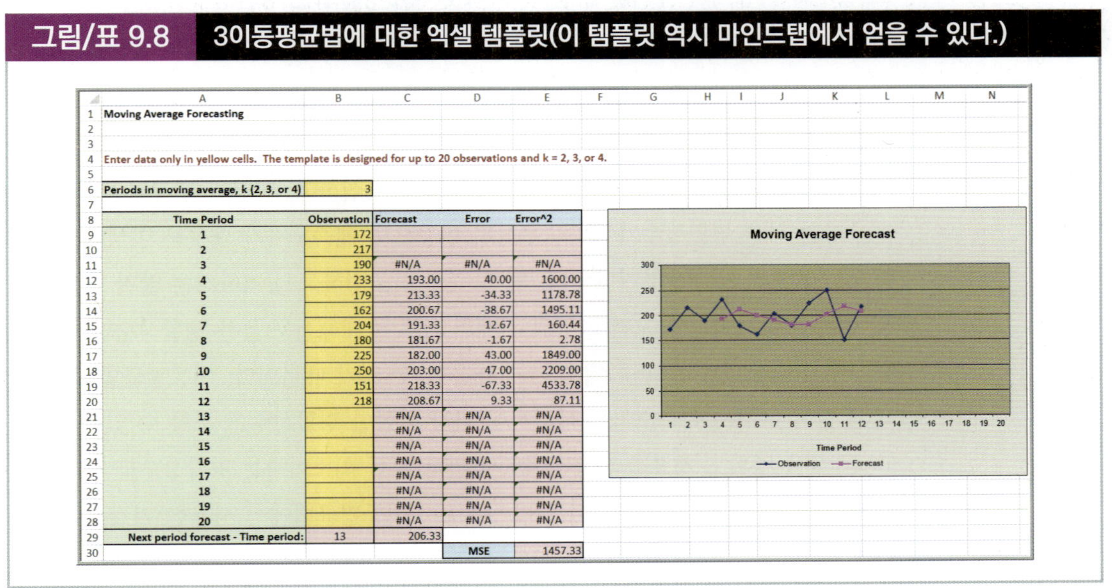

Moving Average Forecasting

Enter data only in yellow cells. The template is designed for up to 20 observations and k = 2, 3, or 4.

Periods in moving average, k (2, 3, or 4)	3

Time Period	Observation	Forecast	Error	Error^2
1	172			
2	217			
3	190	#N/A	#N/A	#N/A
4	233	193.00	40.00	1600.00
5	179	213.33	-34.33	1178.78
6	162	200.67	-38.67	1495.11
7	204	191.33	12.67	160.44
8	180	181.67	-1.67	2.78
9	225	182.00	43.00	1849.00
10	250	203.00	47.00	2209.00
11	151	218.33	-67.33	4533.78
12	218	208.67	9.33	87.11
13		#N/A	#N/A	#N/A
14		#N/A	#N/A	#N/A
15		#N/A	#N/A	#N/A
16		#N/A	#N/A	#N/A
17		#N/A	#N/A	#N/A
18		#N/A	#N/A	#N/A
19		#N/A	#N/A	#N/A
20		#N/A	#N/A	#N/A
Next period forecast - Time period:	13	206.33		
			MSE	1457.33

9-3b 단일 지수평활법 Single Exponential Smoothing

단일 지수평활법single exponential smoothing (SES)은 시계열의 과거 자료에 가중치를 주어 평균을 구하는 방식이다. 가중치는 가장 최근의 수요와 그 외의 수요에 부여된다.

단일 지수평활법은 추세나 계절적 패턴을 포함하지 않는다. 기본적인 지수평활 모형은 다음과 같다.

$$\begin{aligned} F_{t+1} &= \alpha A_t + (1-\alpha)F_t \\ &= F_t + \alpha(A_t - F_t) \end{aligned} \quad [9.5]$$

위의 식에서 알파(α)는 평활상수smoothing constant라고 하며 0보다 같거나 크고 1보다 작거나 같다. 단일 지수평활법을 사용하기 위해 먼저 기간 1에 대한 예측치 F_1을 설정해야 한다. 일반적으로 실제 기간 1에서의 관찰치(실제 수요)와 동일한 값을 적용한다. 이에 따라 F_2는 A_1과 F_1과 같은 값이다.

[9.5]의 두가지 식은 동일하다. 두 가지 식으로 표현하였는데 두 가지 측면에서 설명이 가능하다. 첫번째 식은 실제 관찰치와 예측치에 가중치를 두어 가중 평균을 구한 것임을 보여준다. 기간 t+1기의 예측치는 기간 t의 실제치와 기간 t의 예측치를 가지고 구한다. 두번째 식은 첫번째 식을 단순히 재배열한 것이다. 그런데 두번째 식은 기간 t의 예측치에 예측오차에 가중치를 곱한 것을 더한 값으로 해석된다. 지수평활법을 사용할 때 필요한 데이터가 전기의 예측치와 전기의 실제치, 두가지만 있으면 예측을 할 수 있다. 물론 평활상수는 미리 정해져야 한다. 문제풀이 9.3은 단일 지수평활법 적용의 예를 보여준다.

식 [9.5]를 이용하면 F_t를 이용하여 쉽게 F_{t+1}을 구할 수 있다. 모든 시계열 자료에 대해 과거로 갈수록 가중치가 줄어들게 된다. 따라서 지수평활법은 평활상수가 0에서 1사이의 값을 가지는 한 과거를 절대 망각하지 않는 모형이라고 할 수 있다. 이에 반해 이동평균법(MA)은 k기간의 데이터를 제외한 모든 과거의 데이터를 무시하는 모형이다.

일반적으로 평활상수는 0.1에서 0.5 사이의 값을 가진다. 평활상수가 클수록 최신의 데이터에 가중치가 높아진다. 만약 시계열 데이터의 변동이 심하고, 상당한 무작위 변동성을 가지고 있는 경우라면 작은 평활상수가 좋다. 무작위 변동으로 예측오차가 대부분 발생하기 때문이다. 일반적으로 과도하게 대응하거나 너무 빨리 수요를 조정하고 싶어하지는 않기 때문이다. 작은 무작위 변동성을 가지는 비교적 안정된 시계열 자료에 대해서는 높은 평활상수가 좋다. 왜냐하면 평활상수가 높으면 수요 변화에 빠르게 대응할 수 있기 때문이다. 이동평균법 모형에서도 살펴본 바와 같이 우리는 예측오차를 이용하여 가장 적합한 평활상수를 구할 수 있다. 즉 평균제곱오차(다른 예측 정확도 지표를 사용하여도 무관하다)를 최소화하는 평활상수를 구할 수 있다.

평활상수는 대략 k와 관련이 있다. 이 k는 이동평균법에서 사용한 기간상수이다. 그 관계는 다음과 같다.

$$\alpha = 2/(k + 1) \qquad [9.6]$$

따라서 지수평활법에서의 평활상수가 0.5라면 k = 3인 이동평균법과 대략적으로 같은 값을 가진다.

지수평활법의 단점은 지연 현상Delay action or Delay phenomenon이다. 만약에 시계열 자료가 계속 증가하는 추세를 보인다면, 지수평활법으로 얻은 예측치는 그 실제 추세보다 뒤쳐져 따라가는 모습을 보인다. 이는 예측치가 과소 측정되는 결과를 만든다. 반대로 지속적으로 감소하는 추세를 보이는 시계열 자료에 지수평활법을 적용하면, 과대계산하는 우를 범하게 된다. 새로운 데이터를 사용하여 평활상수를 변화시키면서 보다 나은 예측치를 구해보는 연습해 보기를 권장한다. 평활상수가 0.5를 넘어서는 경우에 오히려 예측 정확도가 높을 경우에는 다른 유형의 예측방법을 사용하는 것이 좋다.

문제풀이 9.3 단일 지수평활법 활용

그림/표 9.7에 있는 우유 판매량 시계열 자료를 이용한다. 평활상수(α)가 0.2인 경우의 지수평활법을 활용하여 예측한다.

해답:

2월에 대한 지수평활법 예측을 하기위해서는 1월의 예측치를 설정해야 한다. 1월의 실제 판매량이 172갤론이었기 때문에 예측치 또한 172로 설정한다. 2월의 예측치는 [9.5]를 통해 다음과 같이 구할 수 있다.

$$F_2 = 0.2A_1 + 0.8F_1 = 0.2(172) + 0.8(172) = 172.00$$

3월의 예측치는 다음과 같다.

$$F_3 = 0.2A_2 + 0.8F_2 = 0.2(217) + 0.8(172) = 181.00$$

이 작업을 반복함으로써 월별 예측치를 구할 수 있다. 예측오차는 그림/표 9.9에 있는 엑셀 템플릿을 사용하여 구할 수 있다. 평균제곱오차(MSE)는 1,285.28이다. 여기서 1월에 대한 예측오차는 구하지 않았다는 점에 유의해야 한다. 1월의 예측오차는 0이다. 이러한 절차를 통해 13개월차 예측을 할 수 있다. 엑셀 템플릿에 있는 29행을 사용하면 된다.

$$F_{13} = 0.2A_{12} + 0.8F_{12} = 0.2(218) + 0.8(194.59) = 199.27$$

그림/표 9.9는 실제 판매량과 예측치들을 시계열로 보여주고 있다. 지수평활법이 어떻게 무작위적 변동을 평활화하는지 살펴볼 수 있을 것이다.

그림/표 9.9 지수평활법에 대한 엑셀 템플릿

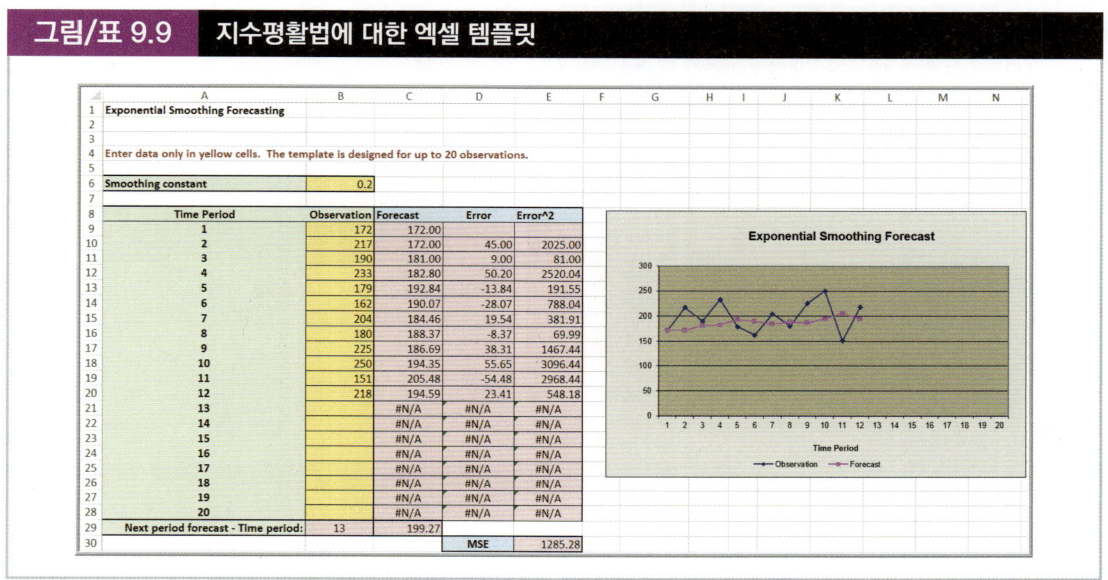

Exponential Smoothing Forecasting

Enter data only in yellow cells. The template is designed for up to 20 observations.

Smoothing constant	0.2

Time Period	Observation	Forecast	Error	Error^2
1	172	172.00		
2	217	172.00	45.00	2025.00
3	190	181.00	9.00	81.00
4	233	182.80	50.20	2520.04
5	179	192.84	-13.84	191.55
6	162	190.07	-28.07	788.04
7	204	184.46	19.54	381.91
8	180	188.37	-8.37	69.99
9	225	186.69	38.31	1467.44
10	250	194.35	55.65	3096.44
11	151	205.48	-54.48	2968.44
12	218	194.59	23.41	548.18
13		#N/A	#N/A	#N/A
14		#N/A	#N/A	#N/A
15		#N/A	#N/A	#N/A
16		#N/A	#N/A	#N/A
17		#N/A	#N/A	#N/A
18		#N/A	#N/A	#N/A
19		#N/A	#N/A	#N/A
20		#N/A	#N/A	#N/A
Next period forecast - Time period:	13	199.27		
			MSE	1285.28

9-3c 최적의 예측모형 탐색 Finding the Best Forecasting Model

이동평균법이 좋을지 지수평활법이 좋을지 우리는 알 수 없다. 정교한 통계 소프트웨어는 가장 최적의 상수와 모형을 자동으로 추천해준다. 그러나 엑셀을 사용하면 오차를 측정하여 모형을 비교해볼 수밖에 없다. 엑셀 예측 템플릿은 이동평균법의 k와 지수평활법의 알파를 쉽게 바꿀 수 있게 해준다. 또한 MSE를 비교하기도 편리하다. 문제풀이 9.4는 계산 과정을 보여준다.

문제풀이 9.4 예측모형 비교

한 소매점이 각 기간별로 고객 수요를 기록하였다. 다음의 데이터를 이용하여 3이동평균, 4이동평균 예측을 실시하라. 또한 평활상수가 0.5인 단일 지수평활법을 활용하여 예측을 실시하라. 평균제곱오차 (MSE)를 사용하여 정확도를 측정했을 때 어떤 예측 방법이 가장 우수한가?

기간	수요	기간	수요
1	86	7	91
2	93	8	93
3	88	9	96
4	89	10	97
5	92	11	93
6	94	12	95

엑셀에 내재되어 있는 이동평균법 Moving Average 템플릿을 사용하여 계산해 보면, 3이동평균의 MSE는 5.98이고, 4이동평균의 MSE는 6.21이며, 지수평활법의 MSE는 9.65이다. 따라서 위의 세가지 방법 중에서 3이동평균법이 가장 우수하다고 할 수 있다. 그림/표 9.10은 엑셀 템플릿을 사용한 결과를 보여준다. 지수평활 템플릿을 사용하여 다양한 평활상수를 입력하여 예측 정확도가 향상되는지 시험해 보라.

그림/표 9.10 엑셀의 이동평균 템플릿

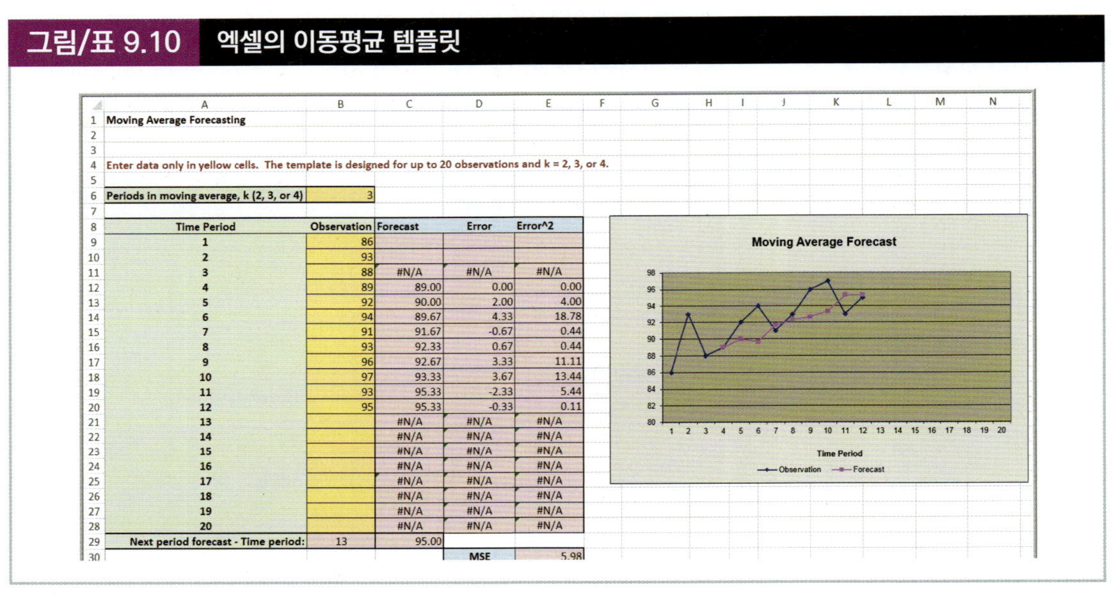

Moving Average Forecasting

Enter data only in yellow cells. The template is designed for up to 20 observations and k = 2, 3, or 4.

Periods in moving average, k (2, 3, or 4): 3

Time Period	Observation	Forecast	Error	Error^2
1	86			
2	93			
3	88	#N/A	#N/A	#N/A
4	89	89.00	0.00	0.00
5	92	90.00	2.00	4.00
6	94	89.67	4.33	18.78
7	91	91.67	-0.67	0.44
8	93	92.33	0.67	0.44
9	96	92.67	3.33	11.11
10	97	93.33	3.67	13.44
11	93	95.33	-2.33	5.44
12	95	95.33	-0.33	0.11
13		#N/A	#N/A	#N/A
14		#N/A	#N/A	#N/A
15		#N/A	#N/A	#N/A
16		#N/A	#N/A	#N/A
17		#N/A	#N/A	#N/A
18		#N/A	#N/A	#N/A
19		#N/A	#N/A	#N/A
20		#N/A	#N/A	#N/A
Next period forecast - Time period:	13	95.00		
			MSE	5.98

9-4 회귀분석을 이용한 예측 Regression as a Forecasting Approach

회귀분석은 여러 개의 독립변수independent variable와 한 개의 종속변수dependent variable간 관계를 규명하는 통계적 모형이다. 모든 변수는 숫자로 기록되어 있어야 한다. 회귀분석은 경영 분야에서 폭넓게 활용된다. 본 장에서는 회귀분석을 예측에 활용하는 방법만 살펴본다. 확률과 통계라는 제목의 참고자료Supplements A는 회귀분석을 설명하고 엑셀 자료를 활용하는 예를 보여준다. 먼저 단순 회귀모형simple regression model을 살펴보자. 이 예에서는 하나의 시계열 자료를 사용하는데, 시간이 독립변수이고 시계열 자료가 종속변수이다.

예측에 사용하는 단순 회귀모형은 선형함수linear function이다.

$$Y_t = a + bt \qquad [9.7]$$

Y_t는 종속변수의 값을 표현하는데, t는 시간을 의미한다. 최적의 a와 b를 알아낸다면, a는 y의 절편intercept을, b는 직선의 기울기slope를 뜻한다. 직선은 시계열에 적합화된 것이며, 이를 통해 $t+1$에 대해 Y_{t+1}을 구할 수 있다.

단순 선형 회귀식에서는 최소제곱방식method of least squares을 사용하여 a와 b값을 찾을 수 있다. 최소제곱방식은 시계열 자료의 실제값(A_t)와 추정된 종속변수의 값(Y_t)의 차이를 제곱하여 더한 값을 최소가 되게 하는 a와 b를 찾는다.

그림/표 9.11 추세선 대화 상자

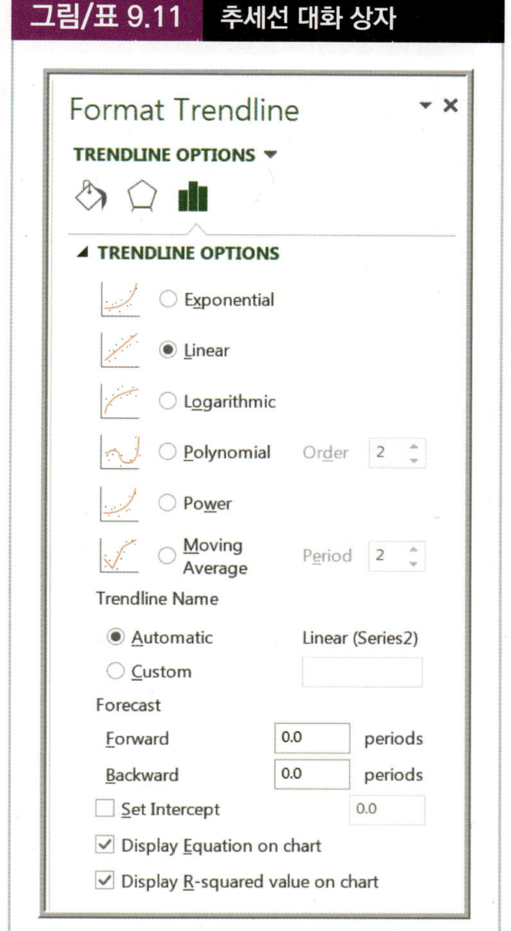

9-4a 엑셀에서의 추세선 추가하기Excel's Add Trendline Option

엑셀에서는 시계열 자료에 최적인 아주 간단한 도구를 이용할 수 있다. 엑셀에서 표현하고자 하는 곳에 커서를 위치시키고 차트를 클릭하면 차트 메뉴Chart Tools 팝업창이 나타난다. 디자인 탭Design에서 차트 구성요소 추가하기Add Chart Element를 클릭하고 추세선Trendline을 선택한다. 데이터에 맞는 선형 혹은 다양한 비선형 함수를 선택할 수 있다. 적절한 비선형 형태를 선택하려면 수학과 함수에 대한 추가적인 지식이 필요하다. 본 장에서는 선형함수에만 국한하여 논의를 진행한다. 선형Linear을 선택하면 추세선의 형태에 대한 옵션들을 볼 수 있다(그림/표 9.11을 참조). 관계식Display Equation 상자를 선택하고, 설명력Display R-squared value을 차트에서 선택하라. 알스퀘어R^2 값은 독립변수independent variable(여기서는 시간)가 종속변수(우리가 예측하려는 값)를 얼마나 설명하는지 알려주는 값이다. R^2의 최대값은 1이다. 이 값이 클수록 해당 모델의 예측능력은 높아진다. 엑셀에서는 사용자가 선택한 것을 차트로 보여준다. 관계식과 R^2를 화면 위 원하는 지점으로 드래그drag를 통해 옮길 수 있다. 이와 같은 방법으로 쉽게 예측을 수행할 수도 있다. 데이터 열이나 행을 선택한 다음에 마우스의 오른쪽 버턴을 클릭하여 추세선 추가하기를 선택하면 된다.

9-4b 다중회귀를 이용한 인과관계 예측모형Causal Forecasting Models with Multiple Regression

앞 절에서 제시한 방법 보다 발전된 형태의 예측도 가능하다. 예를 들면 독립변수에 경제 지표나 인구통계학적 요인을 포함시킬 수도 있다. 이들 변수들이 예측하고자 하는 값들에 영향을 미친다면 하나의 회귀식에 함께 넣을 수 있다. 하나의 회귀식이 복수의 독립변수를 가지는 경우를 다중선형 회귀모형multiple linear regression model이라고 한다. 문제풀이 9.6은 여러 원인변수들을 가지는 다중회귀 선형모형을 사용하는 예를 보여준다.

문제풀이 9.5 예측에 추세선 사용하기

그림/표 9.12는 어느 공장에서의 지난 15년 간 총 에너지 비용을 보여준다. 해당 공장장은 다음 연도의 비용을 예측하여 재무 부사장에게 제안할 예산안을 준비하려고 한다. 그림을 통해 볼 때 에너지* 비용은 예측이 가능한 선형 형태를 띠는 것으로 보인다. 또한 에너지 비용은 시간과 선형함수 관계에 있는 것으로 보인다. 추세선을 찾고 다음 연도의 에너지 비용을 예측하라.

해답:

그림/표 9.13은 차트에 추가된 추세선을 보여주고 있다. 관계식은 다음과 같다.

에너지 비용 = \$15,112 + 280.66(Time)

여기서 다음 연도는 16년이기 때문에 Time에 16을 대입한다.

에너지 비용 = \$15,112+280.66(16) = \$19,602.56

더 먼 미래에 대해서도 예측이 가능하지만, 예측 기간이 길수록 예측 정확도는 떨어질 수 있다. 이 예에서는 R^2가 0.97로 계산되었는데, 이는 이 모형이 에너지 비용을 예측하는데 아주 우수하다는 의미이다.

그림/표 9.12 공장 에너지 비용(마인드탭 그림/표 9.12에서 얻을 수 있다.)

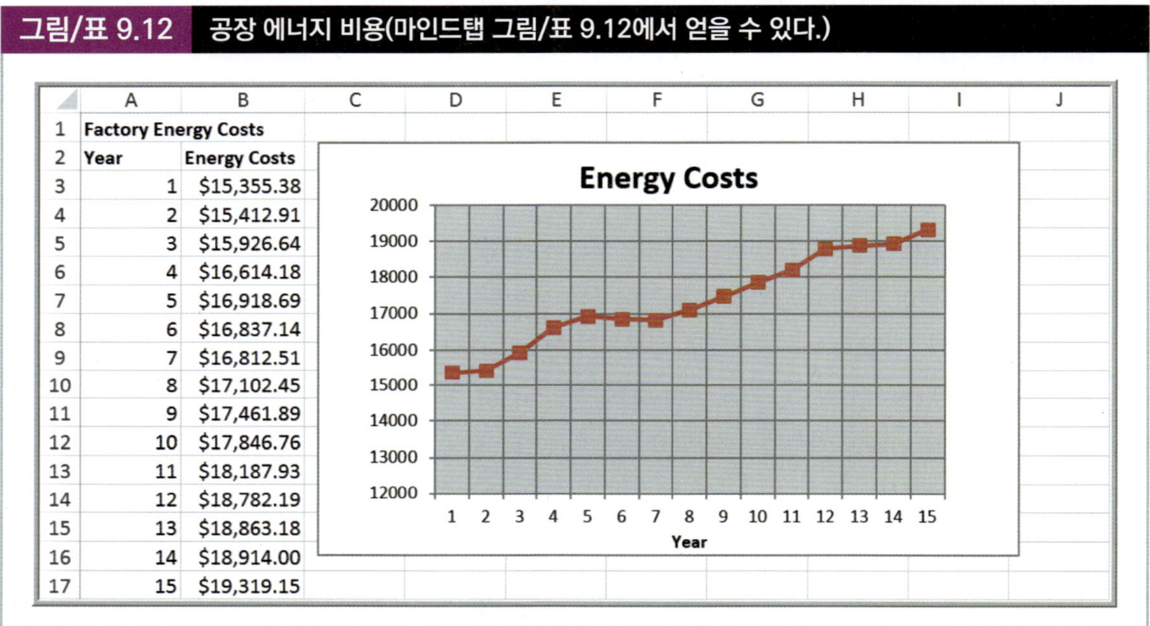

Factory Energy Costs	
Year	Energy Costs
1	$15,355.38
2	$15,412.91
3	$15,926.64
4	$16,614.18
5	$16,918.69
6	$16,837.14
7	$16,812.51
8	$17,102.45
9	$17,461.89
10	$17,846.76
11	$18,187.93
12	$18,782.19
13	$18,863.18
14	$18,914.00
15	$19,319.15

그림/표 9.13 에너지 비용 예측을 위한 최소자승 회귀모형

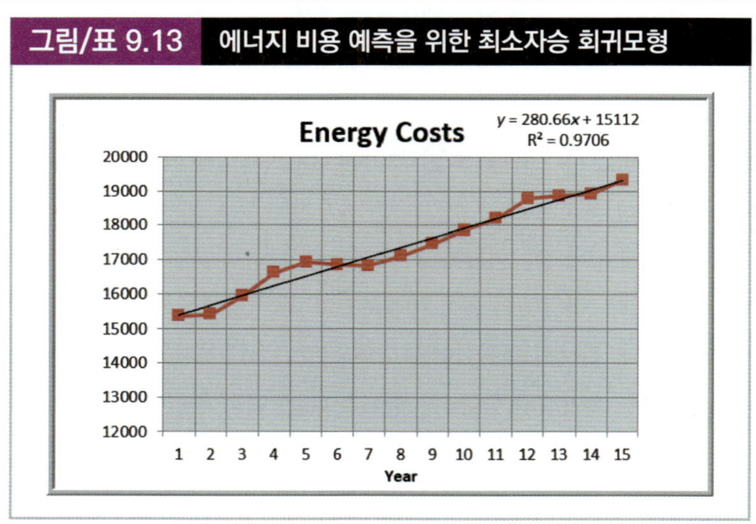

문제풀이 9.6 가솔린 매출을 예측하기 위한 다중회귀 사용하기

그림/표 9.14는 지난 7월부터 8월까지 10주 간의 가솔린 매출 추세를 가솔린 가격과 함께 보여준다. 다중선형 회귀모형을 만들고 11주 차 매출을 예측한 후 그 결과를 추세선을 이용한 단순선형 회귀모형과 비교하라.

해답:

그림/표 9.15는 가솔린 매출 시계열 차트에 적합한 추세선을 보여주고 있다. 여름 동안 많은 사람들이 휴가를 가기 때문에 매출 증가세가 이상한 현상이 아니다. 차트에서 매출은 시간에 따라 상승하고 있다. 직선의 형태를 띠고 있으며 선형회귀식은 적절한 예측 기법이 될 수 있음을 차트를 통해 알 수 있다.

데이터에 부합한 회귀선은

$$\text{매출} = 6{,}382 + (1{,}084.7)(\text{주})$$

R^2는 0.6842이다. 이 값은 시간(주)이 증가할수록 위의 선형식과 같이 매출이 증가한다는 관계식의 설명력이 68퍼센트라는 의미이다. 이 모형을 사용하여 11주차 매출을 예측할 수 있다.

$$\text{매출} = 6{,}382 + (1{,}084.7)(11) = 18{,}313.7$$

운영관리자는 갤런당 가솔린 가격이 매주 변동하며, 가격 변동이 매출에 영향을 미칠 수도 있음을 알고 있다. 따라서 매출은 시간이 지남에 따라 증가할 뿐만 아니라 가격에 의해 영향을 받을 수도 있다. 따라서 가솔린의 매출을 예측할 때 두가지 독립변수(주와 가격)을 이용하여 하나의 다중회귀 모형을 만들 수 있다.

$$\text{매출} = \beta_0 + (\beta_1)(\text{주}) + (\beta_2)(\text{가격})'$$

엑셀의 자료분석 도구Data Analysis Tool를 이용하여 그림/표 9.16에서 나타난 결과를 얻을 수 있다. 해당 회귀식은 다음과 같다.

$$\text{매출} = 47{,}747 + (640.71)(\text{주}) - (19{,}550.6)(\text{가격})$$

가격이 오를수록 매출이 감소하는 현상은 상식에 부합한다. 두 독립변수가 사용되었을 때 R^2가 거의 86퍼센트까지 상승하였다는 점은 주목할 만 하다. 두 변수에 대한 p값p-value이 작은 것으로 볼 때, 이 두 변수는 매출 예측에 영향을 미침을 알 수 있다.

원유 가격의 추세를 이용하여 해당 기업은 그 다음 주의 예상 가격을 추정할 수 있는데, 가격이 하락하여 1.80달러였다. 이 모형을 사용하면 11주차의 매출을 다음과 같이 예측할 수 있다.

$$\text{매출} = 47{,}747 + (640.71)(11) - (19{,}550.6)(1.80) = \$19{,}604.54$$

이 값은 단순 시계열 예측치보다 높을 수 있는데, 가격이 11주차에 떨어질 것으로 추정되었기 때문이다. 결과적으로 이 모형은 매출을 다소 높게 예측하였다. 다중회귀모형은 단지 역사적 시계열 자료를 확장한 예측보다 정확할 수 있다. 그림/표 9.15와 9.16은 마인드탭에 있는 그림/표 9.14에서 9.16까지를 통해 얻을 수 있다.

다중회귀분석은 시간과 함께 다른 잠재적인 원인변수들을 함께 반영한 예측 모형을 만드는 기법이다.

그림/표 9.14 가솔린 매출 데이터(마인드탭의 그림/표 9.14에서 얻을 수 있다.)

	A	B	C
1	Gasoline Sales		
2			
3	Gallons Sold	Week	Price/Gallon
4	10420	1	$1.95
5	7388	2	$2.20
6	7529	3	$2.12
7	11932	4	$1.98
8	10125	5	$2.01
9	15240	6	$1.92
10	12246	7	$2.03
11	11852	8	$1.98
12	16967	9	$1.82
13	19782	10	$1.90
14		11	$1.80

그림/표 9.15 시간별 매출액 차트

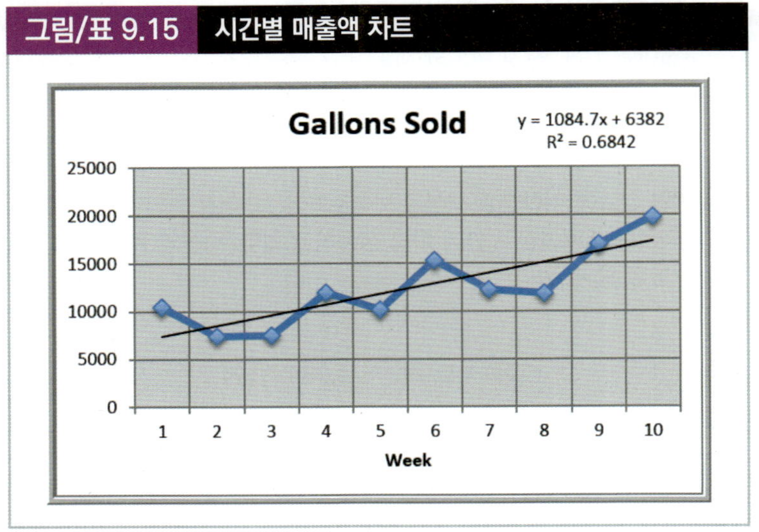

그림/표 9.16 다중회귀 결과

	A	B	C	D	E	F	G
1	SUMMARY OUTPUT						
2							
3	*Regression Statistics*						
4	Multiple R	0.925735067					
5	R Square	0.856985415					
6	Adjusted R Square	0.816124105					
7	Standard Error	1702.532878					
8	Observations	10					
9							
10	ANOVA						
11		*df*	*SS*	*MS*	*F*	*Significance F*	
12	Regression	2	121585603.5	60792801.75	20.97302837	0.001106194	
13	Residual	7	20290327.4	2898618.2			
14	Total	9	141875930.9				
15							
16		*Coefficients*	*Standard Error*	*t Stat*	*P-value*	*Lower 95%*	*Upper 95%*
17	Intercept	47766.65379	14279.32308	3.345162338	0.012332162	14001.42013	81531.88745
18	Week	640.2462516	241.8696978	2.647070954	0.033082057	68.31529851	1212.177205
19	Price/Gallon	-19557.96493	6725.840727	-2.907884043	0.022728987	-35462.05102	-3653.878833

9-5 판단예측 Judgmental Forecasting

판단예측은 예측 담당자의 견해opinion나 전문지식expertise의 영향을 받는다. 과거 자료가 없을 때는 오직 판단예측만이 가능하다. 비록 과거 자료가 있고, 그 자료가 적절할지라도 꼭 과거 데이터만으로 예측하지 않을 수도 있다. 제품이나 서비스의 수요는 다양한 요인에 의해 영향을 받는다. 예를 들면 글로벌 시장, 문화, 이자율interest rates, 가처분 소득disposable income, 인플레이션inflation, 기술technology 등이다. 경쟁자의 경영행위actions나 정부의 규제regulations도 영향을 미친다. 따라서 판단예측을 일부 활용할 필요가 있다. 국가적인 침체기 때 판단예측이 중요한 역할을 한 흥미로운 사례도 있다. 공작기계machine tools 산업에서 모든 경제지표들은 제품 수요 감소를 예측하는 상황이었다. 그러나 한 공직기계 제조업체의 예측 담당자는 정부의 자동차 배기가스 규제로 인해서 자동차 생산업체들이 새로운 공작기계를 구매하는 방식으로 생산 테크놀러지를 업데이트할 필요가 있음을 인지했다. 결과적으로 그 기업은 판단예측을 바탕으로 새로운 사업을 준비할 수 있었다.

판단예측에는 몇 가지 접근 방법이 사용되고 있다. **풀뿌리예측**grassroots forecasting은 최종 사용자의 수요를 잘 아는 위치에 있는 인사들(예: 영업사원)에게 고객들의 구매계획에 대해 질문하는 방식의 예측을 의미한다. 보다 복잡한 접근 방법으로는 **델파이법**Delphi method이 있다. 델파이법은 시장 상황에 대한 지식/경험을 지닌 핵심 전문가들에게 미래에 대한 의견을 구하는 방식을 취한다. 예를 들면 전문가들에게 다음 해의 산업 매출에 대해 물어보는 방식으로 진행한다. 전문가 선정에는 조직 내 인사에게만 국한하지 않고 조직 외의 인사들도 포함한다. 이들 전문가들은 공동으로 예측하거나 예측치의 정당화 작업을 하는 방식이 아니라 독립적으로 의견을 제시한다. 공동으로 예측을 진행할 경우 주도적인 사람이 다른 사람의 판단에 영향을 미칠 수 있기 때문이다. 개별적인 응답이나 응답의 근거는 전문가 그룹에 속하지 않은 사람에 의해 취합된다. 취합된 의견과 근거는 추가질문과 함께 다시 참여 전문가들에게 공유된다. 예측한 값이 중간 값 언저리에 있는 전문가나 극단적으로 높거나 낮은 값에 위치한 전문가 모두 그 이유를 설명해야 한다. 전문가들이 의견이 일치할 때까지 이 과정은 반복되는데, 보통은 수회의 반복만으로 의견일치에 도달한다. 판단예측을 위한 또 다른 접근방법으로는 설문지questionnaires, 전화 접촉telephone contact, 개별 인터뷰personal interview를 통한 설문조사survey가 있다.

9-6 예측 실행 Forecasting in Practice

실제로 경영자들은 다양한 형태의 판단예측 기법이나 계량예측 기법quantitative forecasting을 사용하고 있다. 통계적 방법만으로 판촉sales promotion, 경쟁전략competitive strategy, 흔치 않은 사건unusual events, 경제/환경 혼란요인economic or environmental disturbances, 신제품 출시new product introduction, 1회성 대량 주문large one-time orders, 노동조합 파업labor union strikes 등 요인에 의해 정확한 예측이 불가능하다. 많은 경영자들은 일단 통계적 예측을 실시한 후에 앞에서 제시한 다양한 요소들을 고려하여 통계적 예측치를 조정한다. 어떤 경우에는 경영자가 판단예측과 통계적 예측을 독립적으로 실시한 후 이 두 방법을 통해 얻은 예측결과를 결합할 수도 있다. 또한 객관적으로 평균값을 구할 수도 있고 주관적으로 두 기법을 통해 얻은 예측치를 결합할 수도 있다. 두 접근방법 중 한 쪽이 우수하다는 보편적인 가이드라인universal guideline을 제시할 수는 없다. 어떤 경우에는 추세가 있을 수도 있고, 어떤 경우에는 계절성이 없을 수도 있으며, 활용 가능한 데이터 양도 다르며, 예측하고자 하는 계획기간의 길이도 다르고, 예측 담당자의 경험이나 지식도 다르기 때문이다. 위에서 제시한 각각의 경우에 맞추어 다른 접근방식의 활용을 고려하여야 한다.

경영에 유용한 예측을 해 나가는 첫번째 과정은 예측의 목적을 이해하는 것이다. 예를 들면 재무담당자financial personnel는 투자capital investment을 결정하기 위해 매출을 예측할 필요가 있다. 이

예측의 10가지 원칙

Ten Practical Principles of Forecasting

한 국제 전문가 그룹이 예측을 잘 실행하는데 필요한 원칙을 제시하였다. 이들 원칙을 바르게 적용하여야 예측 정확도를 높일 수 있다.

1. 질적인 방법보다 양적인 방법을 사용하라Use quantitative rather qualitative methods.
2. 양적인 예측치에 대한 주관적인 조정을 제한하라Limit subjective adjustments of quantitative forecasts.
3. 미래에 예상되는 이벤트에 대해 조정하라 Adjust for events expected in the future.
4. 전문가들에게 그들의 예측치들에 대해 문서로 질문하여 정당성을 확보하라Ask experts to justify their forecasts in writing.
5. 구조화된 프로세스를 통해 판단예측과 계량적인 예측을 통합하라Use structured procedures to integrate judgmental and quantitative methods.
6. 다른 접근방법을 통해 도출한 예측치들을 결합하라 Combine forecasts from approaches that differ.
7. 예측치들을 결합할 때는 동일한 가중치를 부여하는 방식으로 시작하라If combining forecasts, begin with equal weights.
8. 다양한 예측방법의 과거 정확도를 비교하라Compare past performance of various forecasting methods.
9. 예측에 대한 피드백을 구하라Seek feedback about forecasts.
10. 예측 정확도에 대한 복수의 지표를 사용하라 Use multiple measures of forecast accuracy.

때 장기간long time horizon에 대한 예측이 필요하다. 이런 경우에는 개별 아이템(품목)item에 대한 예측을 실시한 후 결합하는 방식보다는 유사한 아이템들의 총 매출에 대한 총괄예측aggregate forecasting이 예측의 정확성을 높일 수 있다. 매출에 대한 예측은 주로 금액을 단위로 사용한다. 반면에 생산담당자production personnel는 자재를 구매하거나 작업일정을 수립하기 위해 개별 아이템에 대한 단기 예측이 필요하다. 이 때 아이템들을 어느 수준에서 합산할 것인가는 매우 중요하다. 예를 들면 비누 제품군product line 전체의 다음 계획기간 예측치(즉 총괄예측치)와 개별제품individual item에 대한 예측치 사이에는 분명 차이가 발생한다. 일반적으로 총괄예측이 개별예측 보다 개발하기 쉬워서 시간과 자원도 적게 든다.

예측방법을 선택하기 위해서는 다양한 요소를 고려해야 하는데, 예측기간, 예측방법의 업데이트update 빈도, 필요한 데이터 양, 희망하는 정확도 수준, 필요한 계량적 기법 숙련도quantitative skills 등이다. 예측기간time span은 특히 중요한 예측방법 선택 기준인데, 장기예측, 중기예측, 단기예측 각각에 적합한 기법들이 다르게 때문이다. 예측 업데이트 빈도frequency of updating도 매우 중요하다. 예를 들면 델파이법은 매우 오랜 시간이 요구되기 때문에 잦은 업데이트를 필요로 하는 예측에는 적합하지 않은 방법이다.

예측 담당자들은 언제 예측모형을 업데이트하는 것이 유리한지 예측을 지속적으로 모니터링monitoring하여야 한다. 추적지표tracking signal는 **편기**bias를 계량화한 방법으로 모니터링에 좋은 방법이다. 추적지표는 누적된 예측오차를 MAD로 나눈 값이다. 매기간 추적지표를 구하고 모니터링해야 한다.

$$(\text{추적지표}) = \frac{\Sigma(A_t - F_t)}{\text{MAD}} \qquad [9.8]$$

일반적으로 추적지표가 4 이내에 위치하면 예측이 적절히 이루어졌다고 평가할 수 있다. 이 범위를 벗어나는 경우 예측모형을 갱신할 필요가 있다.

9장 학습목표 요약 Learning Objective Summaries

9.1 **가치사슬에서 예측의 중요성을 설명하라.** 가치사슬을 통틀어 정확한 예측이 필요하고 조직의 모든 기능부서에서 예측은 활용되고 있다. 회계accounting, 재무finance, 마케팅marketing, 운영operation과 물류distribution 전 부서가 이에 해당된다. 예측을 잘못하면 재고가 남거나 부족할 수 있고, 담당자가 잘못된 의사결정을 내릴 수 있으며, 부적절한 고객서비스와 판매상실을 유발한다. 경쟁이 치열한 통신업계telecommunication industry는 제품이나 서비스의 라이프사이클life cycles이 짧다. 예측시스템은 가치사슬관리 및 수요관리 소프트웨어에 포함되어 있는데, 마케팅, 재고, 판매, 운영계획, 재무 데이터를 통합한다.

9.2 **예측과 시계열에 대한 기본적인 개념을 설명하라.** 장기예측은 예측기간이 1년에서 10년 정도이고 설비 확장계획이나 미래에 필요한 자원계획에 활용한다. 중기예측은 3개월에서 12개월 정도에 대한 예측이고 인력 수급, 부서간 예산 배분, 업무와 자원의 일정계획, 구매계획 수립 등에 활용한다. 단기예측은 3개월 이내 기간에 대한 예측이며, 운영관리자가 생산일정계획과 작업 할당, 단기 능력소요 결정 등에 활용한다. 배송부서가 수송계획이나 배송일정을 수립하는데도 활용한다. 시계열자료는 다음의 특성 중 하나 이상을 가지고 있다: 추세, 계절성, 순환성, 무작위 변동, 불규칙 변동. 모든 예측은 오차를 가지기 마련이다. 오차의 크기와 성질을 이해하는 것이 좋은 의사결정에 도움이 된다. 일반적으로 세가지 유형의 예측오차 측정도구를 사용한다. 평균제곱오차MSE, 평균절대편차MAD, 평균절대비율편차MAPE이다. 식 [9.1]에서 [9.3]을 참조하다.

9.3 **단순이동평균법과 지수평활법의 적용방법을 설명하라.** 단순이동평균법은 무작위 변동을 평균하여 시계열 데이터에 내재된 방향성을 알려주는 개념에 기반한다.

$$F_{t+1} = \frac{\Sigma(\text{최근 } k\text{개의 관찰치})}{k} = (A_t + A_{t-1} + A_{t-2} + \cdots + A_{t-k+1})/k \qquad [9.4]$$

이동평균법은 장기간의 추세, 계절성, 사업적인 순환적 패턴이 없는 단기예측에 적합하다. 또한 수요가 비교적 안정적일 경우에 사용한다. 이동평균의 개수(k)가 높아지면 예측이 최근 변화에 느리게 반응하는데, 이는 오래된 데이터가 계산 과정에 포함되기 때문이다. 개수(k)가 낮아지면 예측치는 변화에 보다 빨리 대응한다. 만약 상당한 규모의 추세가 시계열자료에 포함되어 있다면, 예측치는 실제 수요에 비해 느리게 반응한다. 결과적으로 예측에서 편기bias가 발생한다.

단일지수평활법(SES)은 최근 실제 수요에 높은 가중치를 주어 평균을 내는 방식이다. 오래된 데이터일수록 낮은 가중치를 가진다. 이동평균법은 추세나 계절성 효과를 반영하지 못한다. 기본적인 지수평활법은 다음과 같다.

$$F_{t+1} = \alpha A_t + (1 - \alpha)F_t = F_t + \alpha(A_t - F_t) \qquad [9.5]$$

일반적으로 평활상수smoothing constant (α)는 0.1에서 0.5 사이의 값을 가진다. 평활상수가 크면 최신의 데이터에 높은 가중치를 부여한다. 만약 분석하는 시계열 자료가 쉽게 변하고 중대한 무작위 변동random variation을 가지고 있다면, 평활상수를 작게 설정하는 것이 좋다. 예측오차의 대부분이 무작위변동 때문에 발생하기 때문이다. 과잉대응overreact하거나 예측을 신속히 조정할 필요는 없다. 비교적 안정적인 시계열이면서 상대적으로 무작위변동이 작다면 평활상수를 크게 설정하는 것이 좋다. 높은 평활상수는 예측오차가 발생하였을 때 빠르게 예측치를 조정하는 이점이 있다. 따라서 변화에 빨리 대응한다.

9.4 **예측에서 회귀분석을 적용하는 방법을 설명하라.** 단순회귀모형simple regression model은 시간을 단일 독립변수로 하여 종속변수와 시계열 값을 예측한다.

$$Y_t = a + bt \qquad [9.7]$$

단순회귀모형에 시간 외에 다른 독립변수를 추가한 다중회귀모형multiple regression model도 고려할 수 있다. 예를 들면 경제지표, 인구통계학적 요소 등이 시계열에 영향을 미치는 경우 시간 이들 요소를 시간과 함께 독립변수로서 회귀식에 포함한다. 다중회귀모형은 보다 현실적인 대안이며 단순회귀모형에 비해 정확도가 높다. 예를 들면 가격을 추가 독립변수로 포함한 회귀모형은 다음과 같다.

$$\text{매출} = \beta_0 + (\beta_1)(\text{주}) + (\beta_2)(\text{가격})$$

9.5 **예측 과정에서 판단judgement의 중요성에 대해 설명하라.** 과거 데이터를 확보할 수 없을 때, 판단예측judgmental forecasting만이 가능했다. 제품이나 서비스 수요는 다양한 요소에 의해 영향을 받는데 글로벌 시장 동향, 국가별 문화, 이자율, 가처분소득, 인플레이션, 기술 등이 대표적인 예이다. 따라서 판단예측이 항상 필요하다. 계량적 예측보다 판단예측을 활용하는 경우 그 주요 이유는 (1) 정확도가 높고, (2) 비정상적 혹은 일회성 이벤트를 반영할 수 있고, (3) 데이터에 적합한 계량적인 기법을 찾기 힘들기 때문이다. 또한 판단예측은 예측에 참여하는 사람에게 일종의 책임감 feeling of "ownership"을 심어주고, 상식commonsense이라는 근거를 제공하기도 한다.

9.6 **통계적 예측기법과 판단 예측기법의 실제 적용 방법을 설명하라.** 경영자들은 실무에서 다양한 유형의 판단 예측기법과 계량적 예측 기법을 사용하고 있다. 통계적 기법만으로는 판촉, 경쟁전략, 비정상적 경제 상황, 환경재해, 일회성 대량 주문, 노동조합의 파업 등과 같은 요인들을 예측에 반영할 수 없다. 많은 경영자들은 먼저 통계적 예측기법을 사용하고 앞에서 나왔던 요소들을 반영하여 예측치를 조정한다. 어떤 경영자들은 판단예측과 통계적 예측을 독립적으로 수행한 후 다음 단계에서 객관적/주관적인 방법으로 두 기법의 결과치를 결합시키는 방법을 취한다.

예측방법을 어떻게 선택할 것인지를 결정할 때 다음과 같은 요소들도 고려하여야 한다: 예측 대상 기간, 예측방법 업데이트 주기, 희망 예측 정확도 수준, 특정 예측기법에 필요한 계량적 기법 전문성 보유 유무.

예측담당자는 예측모형을 언제 변경하는 것이 가장 유리할 것인지 모니터링monitoring 해야 한다. 모니터링을 위해서 추적지표tracking signal가 가장 많이 활용된다. 이 지표는 누적된 예측오차를 MAD로 나눈 것이다.

$$(\text{추적지표}) = \frac{\Sigma(A_t - F_t)}{\text{MAD}} \qquad [9.8]$$

일반적으로 추적지표가 플러스/마이너스plus or minus 4 이내에 있으면 예측이 잘 수행되고 있다고 할 수 있다. 추적지표가 이 범위를 벗어나면 예측모형을 재검토해야 한다.

주요용어 KEY TERMS

- 편기 Bias
- 순환패턴 Cyclical patterns
- 델파이법 Delphi method
- 예측오차 Forecast error
- 풀뿌리 예측 Grassroots forecasting
- 불규칙변동 Irregular variation
- 판단예측 Judgmental forecasting
- 이동평균법 Moving average forecast
- 다중선형 회귀모형 Multiple linear regression model
- 계획기간 Planning horizon
- 무작위 변동 Random variation
- 계절적 패턴 Seasonal patterns
- 단일지수평활법 Single exponential smoothing
- 통계적 예측 Statistical forecasting
- 시계열 Time series
- 추세 Trend

복습 질문 Review Questions

9.1 1. 예측을 정의하고 예측의 중요성을 기술하라.

9.1 2. 가치사슬을 통틀어 예측이 어떻게 사용되는지 설명하라.

9.2 3. 예측기간을 정의하고 각 예측기간을 예를 들어 설명하라.

9.2 4. 시계열 분석을 정의하고 시계열이 가지는 4가지 성질을 예를 들어 설명하라.

9.2 5. 예측에서 적절한 계획기간 선택의 중요성을 설명하라.

9.2 6. 예측오차를 설명하고, 예측정확도 측정에 주로 사용하는 세가지 예측오차의 계산방법을 설명하라.

9.3 7. 단순이동평균법을 활용한 예측치 계산방법을 설명하라.

9.3 8. 이동평균법에서 사용할 데이터 값의 개수(k)를 결정하는 방법을 설명하라.

9.3 9. 단순이동평균법과 지수평활법 모형의 적용방법을 설명하라.

9.4 10. 회귀분석법을 이용한 예측 방법을 설명하라.

9.5 11. 판단예측의 역할을 설명하라.

9.6 12. 통계적 예측과 판단예측의 실제 적용 방법을 설명하라.

9.6 13. 예측에서의 편기를 정의하라. 예측 모니터링에서 추적지표를 사용하는 이유를 설명하라.

토론용 질문 및 체험학습 DISCUSSION QUESTIONS AND EXPEROEMTAIL ACTIVITIES

9.1 14. 평소 생활에서 겪는 예측관련 이슈를 생각해 보고, 어떤 방식으로 예측할 것인지 토의하라.

9.1 15. 레스토랑을 신규 개장한다고 가정하고, 수요와 매출을 어떻게 예측할 것인지 토의하라.

9.1 16. 경영자가 시계열 예측모형과 회귀 예측모형 중 어떤 방식을 사용할 것인지 묻는다면 어떻게 답변할 것인지 생각해 보라.

9.2 17. 본 장에서 학습한 내용을 생각하면서, 정확한 예측이 어떻게 운영 의사결정을 개선시킬 수 있는지 토의하라.

9.5 18. 과거 혹은 현재 예측 업무 경험이 있는 관리자를 인터뷰하여 어떤 예측 방법을 사용했는지 질문하고 응답을 통해 알아 낸 내용을 1페이지 이내의 보고서로 작성해 보라. 본 장에서 학습한 내용을 관리자들이 현업에서도 적용했는지 여부를 보고서에 포함하라.

9.5 19. 예측 업무에 활용할 수 있는 상업용 소프트웨어commercial software를 찾아보고, 그것을 통해 어떠한 업무가 가능한지를 알아낸 후 2페이지 이내로 보고서를 작성하라. 예측 업무용 상업용 소프트웨어와 엑셀을 이용한 예측 방법을 비교해 보라.

9.5 20. 환경 배출량environmental emission과 같은 지속가능성 관련 시계열 자료를 인터넷에서 검색하라. 이런 데이터는 어떤 유형의 패턴을 가지고 있는지 설명하라. 본 장에서 다루었던 예측기법들을 적용하여 미래 10년 동안을 예측해보라.

계산연습문제 Computational Problems and Exercises

본 장에서 설명한 공식과 방법을 적용하여 다음 연습문제를 직접 계산해서 풀어 보라.

9.2 21. 다음 고객만족 데이터에 대해 MSE, MAD, MAPE를 계산하라. 식은 [9.1], [9.2], [9.3]을 사용하면 된다.

월	고객만족도	예측값
1	88.4	84.0
2	87.2	86.6
3	90.1	89.1
4	92.7	88.7
5	91.5	89.9

9.2 22. 프로스크립트사ProScript는 글쓰기 소프트웨어를 판매하고 있다. 이 소프트웨어는 원고를 수정하고 검증하는 기능을 갖추고 있다. 지난 6개월 동안의 수요 데이터는 다음과 같다.

월	수요	예측값
16	230	200
17	197	185
18	222	210
19	240	228
20	252	239

MSE, MAD, MAPE를 계산하라. 공식은 [9.1], [9.2], [9.3]을 사용하면 된다.

9.3 23. 신시아 디자인 스튜디오Synthia Design Studios는 지난 4개월 동안 $13,700, $15,400, $17,100 그리고 $18,800의 매출을 올렸다. 매출은 프로젝트에 의무적으로 투입된 디자이너의 수에 영향을 받는다. 매출 예측은 신디아가 적절한 인력 규모를 결정하는데 도움이 된다.

a. 2이동평균법을 사용하여 5번째 달의 매출을 예측치를 구하라.

b. 평활상수smoothing constant가 0.9인 지수평활법을 사용하여 5번째 달의 예측치를 구하라. 4번째 달의 예측치는 $16,913였다. 4번째 달의 값을 이용하여 5번째 월의 예측치를 구하면 된다.

9.2 24. 버크 모델 901 프린트Burke Model 901 printer의 잉크 카트리지ink cartridges의 지난 4주 간 판매량은 다음과 같다.

주	1	2	3	4
판매량	112	95	125	118

a. 3이동평균을 사용할 경우 5주차의 예측치를 구하라.

b. 4이동평균을 사용할 경우 5주차의 예측치를 구하라.

c. 5주차의 실제 판매량은 126 개였다. 이 정보를 바탕으로 하고 4이동평균법을 사용하여 6주차의 예측치를 구하라.

d. 수요 패턴에 대해 어떤 결론을 내릴 수 있는가?

9.3 **25.** 한 생산업체는 이동평균법을 사용하여 부품의 수요예측을 한 후, 이를 바탕으로 한달에 한번 부품을 생산한다. 부품번호 #8119인 부품의 과거 수요자료는 다음과 같다.

월month	수요demand
1	302
2	288
3	325
4	401
5	430
6	456

2이동평균법, 4이동평균법, 6이동평균법을 사용하여 7번째 달의 수요를 예측하라. 수요 예측을 통해 알 수 있는 내용은 무엇인가?

9.3 **26.** 이그조틱 와인Exotic Wines사는 평활상수 0.25인 지수평활법을 사용하여 와인 수요를 예측하고자 한다. 지난 4개월 간의 수요는 각각 2,321, 3,097, 2,845, 3,812병이었다. 두번째 달의 예측치는 2,321병이었다. 5개월째 예측치는 얼마인가?

9.3 **27.** 소규모 항공사인 저스트인타임 Just In Time사는 플로리다Florida 주 내의 도시들 간을 운행하고 있다. 회사 경영진은 내년에 항공기 한 대를 추가로 투입할 것인지를 결정하려고 한다. 지난 4분기 동안의 승객수요는 다음과 같다: 1분기 = 4,403명, 2분기 = 4,008명, 3분기 = 3,750명, 4분기 = 4,508명이었다. 2분기 승객 예측치는 4,403명이었다.

a. 평활상수 0.1인 지수평활법을 이용하여 5번째 분기 승객 수요를 예측하라.

b. 질문 (a)로부터 얻은 결과만을 가지고 볼 때, 회사는 비행기를 추가로 투입해야 하는가?

9.4 **28.** 회귀식이 다음과 같다: Y=3,014−0.639*주week. 38주에 대한 예측치는 얼마인가?

9.4 **29.** 함즈 중고차 판매Ham's Used Cars사 경영진은 회사의 차량 판매 대수가 시간에 지남에 따라 상승하였고, 날씨에 영향을 받았음을 발견했다. 예측담당자는 날씨를 1점(매우 궂은 날씨)에서 5점 (매우 맑은 날씨)까지 점수를 메겨 기록하였다. 예측에는 다음과 같은 다중회귀식을 사용한다: 판매 = 0.92 + 0.44*주 + 1.04*날씨. 예측모형을 바탕으로 9주차에 대한 예측치를 구하라. 9주차 날씨는 궂을 것으로 예상된다.

9.5 **30.** 39기간 말에서의 추적지표를 계산하라. 39기간 말에 실제 수요는 800개이고, 예측치는 700개다. 38기간 말에서의 예측오차는 −111개이다. 39기간 말에서의 MAD는 2.11이라고 가정한다. 여기서 추적지표는 무엇을 의미하는가?

엑셀기반 연습문제 EXCEL-BASED PROBLEMS

문제 풀이를 위해 엑셀Excel이나 마인드탭MindTap에 있는 스프레드시트 템플릿을 사용할 수 있다.

9.3 **31.** 캔톤 서플라이즈사Canton Supplies, Inc.는 서비스기업으로서 종업원 100명이 근무하고 있다. 이 회사의 재무관리자는 매월 현금채무cash obligations에 대응하기 위해 월별 현금소요cash requirements에 대한 예측을 실시한다. 회사에서는 최근 설비를 교체하고 운영정책도 변경하였다. 따라서 지난 7개월 간의 데이터만을 분석에 활용할 수 있다. 운영 상의 변화는 현금 흐름에 큰 영향을 미쳤다. 외부 컨설턴트로서 어떤 예측모형을 추천하겠는가? 이동평균법과 지수평활법에 등에 대한 엑셀 템플릿을 활용하여 이 질문에 답하라.

월	현금 소요 ($1,000)	월	현금 소요 ($1,000)
1	190	5	230
2	212	6	240
3	218	7	200
4	260		

9.3 **32.** 코스텔로 뮤직Costello Music Company사는 전자 오르간을 판매를 해 왔다. 지난 5년간 전자 오르간의 매출은 1년에 12대에서 76대로 증가하였다. 프레드 코스텔로Fred Costello 사장은 다음 해의 오르간 매출을 예측하고 싶어한다. 가용한 과거 데이터는 다음과 같다.

월	1	2	3	4	5
매출	12	28	34	50	76

a. 이 회사의 시계열 자료에 대한 차트를 스프레드시트로 작성하라.

b. 최적의 예측 방법을 추천하고 그 이유를 설명하라. 적절한 엑셀 템플릿을 활용하여 추천하는 예측 방법을 정당화하라.

c. 추천하는 예측 방법을 사용하여 6년차와 7년차에 대한 매출 예측을 실시하라.

9.3 **33.** 어떤 커피 생산업체의 과거 매출은 다음과 같다: 1월 = 26, 2월 = 21, 3월 = 20, 4월 = 23, 5월 = 17, 6월 = 20. 2이동평균법을 사용하여 7월에 대한 예측치를 구하라. 계산과정에서 엑셀의 이동평균 템플릿을 사용하라. 7월의 실제 수요가 15개일 때, 8월의 예측치를 구하라.

9.3 **34.** 실외용 가스그릴 생산업체의 지난 3년간의 매출 데이터는 다음과 같다.

	분기(단위: 1,000개)			
연도	1	2	3	4
1	20	40	50	20
2	30	60	60	50
3	40	50	70	50

엑셀의 지수평활법 템플릿을 사용하여 평활상수가 0.2, 0.4, 0.6인 지수평활 모형을 만든 후, MSE를 활용하여 세 모형을 비교하여라. 비교 결과를 바탕으로 어떤 모형이 가장 적합한지 설명하라.

9.3 **35.** 33번 문제의 커피 생산업체 매출 데이터를 바탕으로 지수평활 엑셀 템플릿을 사용하여 평활상수 0.2인 지수평활모형을 만들고, 2월에서 7월까지의 매출을 예측하여라.

9.3 **36.** 져스트세이뮤직 Just Say Music의 디지털 플레이어의 판매 예측치와 실제 판매량은 다음과 같다.

월	예측	실제 판매량
3	150	170
4	220	229
5	205	192
6	256	241
7	250	238
8	260	210
9	270	225
10	280	179

a. 2이동평균법을 사용하여 11월에 대한 예측치를 구하라.

b. 3이동평균법을 사용하여 11월에 대한 예측치를 구하라.

c. 이동평균 엑셀 템플릿을 사용하여 2이동평균법과 3이동평균법에 대한 MSE를 계산한 후, 두 모형의 결과를 비교하라.

9.3 **37.** 36번 문제의 져스트세이뮤직 Just Say Music의 실제 판매량 데이터를 이용하여 평활상수를 0.1에서 0.9까지 0.1씩 증가시키면서 예측치를 구하고, MSE를 평가하여 가장 적합한 지수평활법을 찾아라. 36번 문제에서 가장 우수한 이동평균법 모델과 가장 적합한 지수평활법 모델을 비교하라.

9.3 **38.** 루크스 서프보드Luke's Surfboards사는 공장 근로자 인력수급 계획을 위해서 다음 2분기 동안의 매출액 예측이 필요하다. 과거 5년 간 서프보드surfboard의 매출은 다음의 표와 같다. 매출 단위는 백만 달러million dollar이다. 이 문제의 데이터는 M마인드탭의 엑셀 P38 워크시트 C9에 저장되어 있다.

연-분기	시간(X)	매출 $(Y)
1–1	1	2
1–2	2	4
1–3	3	5
1–4	4	4
2–1	5	3
2–2	6	5
2–3	7	7
2–4	8	5
3–1	9	4
3–2	10	8
3–3	11	9
3–4	12	6
4–1	13	5
4–2	14	8
4–3	15	10
4–4	16	6
5–1	17	6
5–2	18	7
5–3	19	9
5–4	20	7

a. 이동평균 엑셀 템플릿을 사용하여 k = 2,3,4,5의 이동평균 모형을 만들고 가장 적합한 모형을 추천하라.

b. (a)에서 찾은 가장 적합한 이동평균모형을 사용하여 6년의 분기별 매출을 예측하여라. 이 때 실제 매출과 예측치는 같다고 가정한다.

c. 6년의 1, 2, 3분기의 실제 매출은 8.4, 7.6, 9.2였다. 4분기의 매출을 예측하여라.

9.3 **39.** 한 레스토랑은 주별 매출액을 예측하고 싶어한다. 달러로 표기된 과거 15주 동안의 자료는 아래 표와 같다(마인트탭 엑셀 P39 워크시트 C9에도 저장되어 있다). 엑셀과 이동평균 템플릿을 이용하여 다음의 질문에 답하라. (주의: 워크시트에 있는 데이터를 템플릿으로 복사하여 사용할 수 있다.)

주	매출(달러)
1	1623
2	1533
3	1455
4	1386
5	1209
6	1348
7	1591
8	1332
9	1245
10	1521
11	1421
12	1502
13	1656
14	1614
15	1332

a. 스프레드시트에 산점도plot 그래프를 작성하고 분석한 후 시계열 자료에서 알 수 있는 정보가 무엇인지 설명하라.

b. 2이동평균법을 활용하여 16주에 대한 매출을 예측하라.

c. 3이동평균법을 활용하여 16주에 대한 매출을 예측하라.

d. 2이동평균법과 3이동평균법에 대한 MSE를 계산한 후, 두 모형의 결과를 비교하라.

9.3 **40.** 39번 문제의 레스토랑 매출 데이터를 바탕으로 마인드탭에 있는 지수평활 엑셀 템플릿을 사용하여 최적의 지수평활 모형을 찾아라. 최적의 모형을 찾는 과정에서 평활상수를 0.1에서 0.9까지 0.1씩 증가시키며 MSE를 이용하여 각 모형을 비교하라. 39번 문제에서 도출한 우수한 이동평균 모형과 40번에서 구한 최적의 지수평활법을 비교하라.

9.3 **41.** 킬본 헬스클럽Kilbourne Health Club의 분기별 매출 데이터는 다음과 같다 (마인드탭의 엑셀 P41 워크시트 C9에도 저장되어 있다).

연도	분기 1	2	3	4	총 매출
1	4	2	1	5	12
2	6	4	4	14	28
3	10	3	5	16	34
4	12	9	7	22	50
5	18	10	13	35	76

a. 이동평균 엑셀 템플릿을 사용하여 4이동평균 모형을 만들라. 이 모형의 MAD, MAPE, MSE를 계산하라.

b. 지수평활 엑셀 템플릿을 이용하여 단일 지수평활 모형에 우수한 평활상수를 찾아라. MSE만을 바탕으로 질문 a의 결과와 비교하라.

9.3 **42.** 지난 10주 동안 생산공정에서 사용한 부품량은 다음과 같다.

주	부품량	주	부품량
1	200	6	210
2	350	7	280
3	250	8	350
4	360	9	290
5	250	10	320

a. 이동평균 엑셀 템플릿을 이용하여 2, 3, 4이동평균 모형을 만들어라. MSE를 바탕으로 어떤 모형이 가장 우수한지 결정하라.

b. 공식 [9.6]을 사용하여 가장 적합한 평활상수를 찾아라. 질문 a의 결과를 바탕으로 모형간 비교를 실시하라.

9.3 **43.** 어느 지역 할인점에서의 한 비즈니스 소프트웨어 패키지는 월별로 다음과 같은 매출을 기록하였다.

주	1	2	3	4	5	6	7	8	9	10
매출	460	415	432	450	488	512	475	502	449	486

a. 산점도를 스프레드시트에 그리고 분석하라. 이 시계열 데이터에서 얻을 수 있는 정보는 무엇인가?

b. 이동평균 엑셀 템플릿을 이용하여 가장 적합한 이동평균 모형의 기간(k)을 구하여라. 최적의 모형 찾기에 MSE를 활용하라.

c. 지수평활 엑셀 템플릿을 이용하여 가장 적합한 단일 지수평활 모형을 찾아라.

9.3 **44.** 그림/표 9.11에 있는 어느 공장의 에너지 비용 데이터를 사용하여 가장 적합한 이동평균 모형과 지수평활 모형을 찾아라. 이를 위해 이동평균 엑셀 템플릿과 지수평활 엑셀 템플릿을 활용하여라. 본문에서 나온 회귀

모형과 함께 예측 능력을 비교하여라. 회사가 어떤 예측 모형을 선택해야 할지를 그 이유와 함께 밝혀라.

9.3.4 **45.** 파나소닉Panasonic 모델 304 연필깎이의 과거 판매 데이터는 1월 = 80, 2월 = 100, 3월 = 60, 4월 = 80, 5월 = 90개다.

a. 이동평균 엑셀 템플릿을 이용하여 4이동평균법으로 6월의 예측치를 구하라.

b. 엑셀을 활용하여 선형회귀 모형을 만든 후 6월, 7월, 8월에 대한 예측치를 구하라.

c. 위 두 가지 방법의 결과들을 비교한 후, 회귀모형의 결과가 무엇을 의미하는지 설명하라.

9.4 **46.** 어느 소규모 생산업체의 사장은 지난 몇 년간의 생산비용의 증가에 대해 염려하고 있다. 지난 8년간 기업의 핵심 제품의 단위당 비용은 다음과 같다.

연도	단위당 비용	연도	단위당 비용
1	20.00	5	26.60
2	24.50	6	30.00
3	28.20	7	31.00
4	27.50	8	36.00

a. 데이터의 산점도를 스프레드시트에 그려보라. 선형 추세가 나타나는가?

b. 엑셀을 사용하여 단순 선형회귀 모형을 만들어라. 이 업체의 연간 평균 비용 증가액을 계산하라.

9.4.6 **47.** 한 식료품점은 어떤 세탁비누에 대한 주별 수요를 기록하였다.

주	1	2	3	4	5	6	7	8	9	10
수요	31	22	33	26	21	29	25	22	20	26

a. 이동평균 엑셀 템플릿을 이용하여 3이동평균법과 4이동평균법의 예측치를 구하여라. 각 예측법에 대한 MSE를 계산하여라. 어떤 방법이 보다 적합한가? 11주에 대한 예측치는 얼마인가?

b. 지수평활 엑셀 템플릿을 사용하여 지수평활 모형을 만들어라. 평활상수는 식 [9.6]에 따라 정해진다.

c. 스프레드시트에 3이동평균법과 4이동평균법의 추적 지표를 계산하여라. 편기bias가 있다고 볼 수 있는가?

9.6 **48.** 노련한 두 경영자가 컴퓨터 기반 지수평활 예측 시스템의 도입을 반대하고 있다. 이들은 판단예측이 컴퓨터화 기반의 어떠한 예측 방법보다 정확하다고 주장한다. 과거 예측 자료는 다음과 같다 (이 데이터는 마인드탭 엑셀 P48 워크시트 C9에 저장되어 있다).

주	실제 수요	경영진의 예측치
1	4000	4500
2	4200	5000
3	4200	4000
4	3000	3800
5	3800	3600
6	5000	4000
7	5600	5000
8	4400	4800
9	5000	4000
10	4800	5000

경영자들의 판단예측과 시계열 모형을 이용한 예측을 비교하라. 경영자의 판단예측의 만족할 만한 성과를 보였는지를 평가하기 위해 적절한 엑셀 템플릿을 이용하여 경영자의 예측치들에 대한 오차를 스프레드시트에서 계산하라.

유나이티드 유업 주식회사 United Dairies, inc.

유나이티드 유업은 플로리다주 콜리어 카운티Collier County, Florida에 위치한 독립 식료품점independent grocers에 우유를 공급하고 있다. 우유는 상하기 쉽기 때문에 매월 팔리는 양을 예측하는 것이 매우 중요하다. 지난 12개월 동안의 매출 데이터는 그림/표 9.17에 나타나 있다 (단위: 갤론; 마인드탭의 United Dairies Case Data에 지정되어 있음). 이 수요 데이터에는 계절적 패턴seasonal pattern이 잘 나타나 있다. 많은 여행객들이 미국의 북부 지역, 캐나다, 유럽의 매서운 날씨를 피해 플로리다에서 겨울을 보내기 위해 방문하기 때문이다. 따라서 1월에서 3월까지, 그리고 12월의 우유 매출액이 높다.

그림/표 9.17 유나이티드 유업의 우유 수요(갤론)

월	우유(갤론)
1	3,750
2	3,480
3	3,450
4	3,000
5	2,900
6	3,050
7	2,750
8	2,520
9	2,800
10	3,000
11	3,200
12	3,240

토론을 위한 사례 질문

1. 유나이티드 유업의 수요 예측을 위해 이동평균법과 지수평활법 중 어떤 방법을 추천하는지 그 근거와 함께 제시하라. 예측치로부터 도출할 수 있는 결론은 무엇인가?
2. 우유와 같이 유통기한이 짧은 제품에 대한 예측치가 많거나 적거나 하여 발생하는 경제적인 영향은 무엇인가?

뱅크유에스에이: 헬프데스크의 일간 수요예측 BankUSA: Forecasting Help Desk Demand by Day

"여보세요. 투자관리 헬프데스크인가요?" 전화선 너머로 지친 목소리가 들려온다. 아침 7시 42분이다. "네. 무엇을 도와드릴까요?" 고객서비스 부서의 담당직원customer service representative인 토마스 버본Thomas Bourbon이 응대했다. 전화는 중간관리자인 크리스 마이애미Chris Miami로부터 온 전화였다. 마이애미는 다음과 같이 말했다. "제가 문제가 생겼어요. 우리 은행에 1,000 달러 이상의 자산을 예치하고 있는 저의 최대 고객이 계십니다. 그 분이 월간 계좌명세서를 받았는데, 우리회사가 한 주식의 시장 가격을 잘못 예측했다고 해요. 그 분 말씀으

Production Perig/Shutterstock.com

로는 잘못된 공유가격share price 때문이래요. 그래서 계좌 잔액이 42,000 달러 이상 낮게 매겨졌다고 해요. 그래서 제가 그 문제를 알아보고 오늘 안에 알려 드리겠다고 했어요. 그리고, 제가 지금 전화 연결까지 4분 이상 기다려야 했어요. 그건 알고 계셔야 할 것 같아요." 버본은 마이애미를 안심시키려고 밝게 응답했다: "마이애미씨, 저에게 계좌번호와 문제가 되는 주식을 알려주세요. 몇 시간 안에 답을 드리겠습니다. 먼저 그 고객의 문제를 풀어보겠습니다. 그리고 오래 기다리게 해서 죄송합니다."

뱅크유에스에이의 헬프데스크는 전세계 지점들의 자산 수탁 운영을 지원하고 있다. 헬프데스크의 지원대상은 포트폴리오 관리자portfolio managers, 주식 브로커stock brokers, 기업의 프로세스 관리자들process managers, 지점장들branch bank managers, 회계사들accountants, 수탁 자산 관리자들trust account administrators이다. 내부 고객의 상담 요청은 전체 상담 전화 중 98퍼센트 이상을 차지한다. 50개가 넘는 내부 조직에서 전화를 걸어온다. 또한 외부 대규모 부동산업체나 수탁 관리자들도 인터넷이나 전화로 도움을 요청한다.

헬프데스크는 수탁 운영 업무에서 중요한 고객 대응 조직인데, 고객서비스대표customer service representative, CSR로 불리는 14명의 풀타임 담당직원, 3명의 지원담당자support employees, 3명의 관리자로 구성된 총 20명의 인원이 있다. CSR을 지원하는 3명의 지원담당자는 CSR이 고객의 상담에 잘 대응할 수 있도록 관련내용을 조사하고 연구하는 역할을 수행한다.

헬프데스크는 일주일에 약 2,000통의 상담 요청call을 처리한다. 헬프데스크는 최근 관련 비용 절감에 대한 압박을 지속적으로 받고 있다. 비용을 절감하고 서비스 수준을 올리기 위해서는 예측 정확도를 높여야 한다. 아래에 있는 표는 하루에 걸려오는 전화량(콜 수)을 나타낸다. 이 데이터는 마인드탭의 BankUSA Case Data에 저장되어 있다.

헬프데스크의 관리자인 도트 기포드Dot Gifford는 단기 예측을 위해 팀을 꾸렸다. 이 팀에는 기포드Gifford, 버본Bourbon, 마이애미Miami, 그리고 신입사원인 데이비드 햄릿David Hamlet으로 구성되었다. 데이비드David는 유명 경영대학원에서 운영관리를 전공하고 운영 분석가로 입사하였다. 4명으로 구성된 팀은 장기 예측 프로세스의 수립을 책임지게 된다. 기포드는 지난 10일 간에 대한 팀의 내부분석을 비공식적으로 발표해줄 것을 요구했다. 주된 작업은 햄릿Hamlet에게 할당되었는데, 햄릿Hamlet은 그의 상사와 동료에게 좋은 첫인상을 제공할 수 있는 기회를 잡았다.

일자	전화량
1	204
2	336
3	295
4	251
5	280
6	300
7	398
8	418
9	309
10	471
11	522
12	502
13	449
14	452
15	420
16	500

토론을 위한 사례 질문

1. CSR 업무의 서비스 관리상 특성을 설명하라.
2. 헬프데스크의 미션과 전략을 명확히 제시하라. 이때, 헬프데스크가 필요한 이유와 그 역할의 중요성, 고객 등을 고려하여 답을 제시하라.
3. 은행의 신탁시스템trust account system에서 제공한 부정확한 주식 가격에 영향을 받는 고객에게 어떻게 서비스를 제공할지 생각해 보라. 긍정적이고 낙관적인 접근방식을 취할지 여부를 결정하고 그 이유를 설명하라.
4. 표에서 제시한 전화량 데이터를 사용하여 단기수요를 어떻게 예측할지 설명하라.

통합 사례 연구: 허드슨 쥬얼러스 Integrative Case: Hudson Jewelers

본서 마인드탭MindTap은 허드슨 쥬얼러스Hudson Jewelers 사례 연구 관련 각 장에 있는 학습자료를 통합하여 제공한다.

토론을 위한 사례 질문

1. 마인드탭에 있는 허드슨 쥬얼러스 수요 사례 데이터 워크시트는 1월부터 12월까지 총 52주 간의 방문객 수를 보여주고 있다. 엑셀에 있는 데이터를 차트로 만든 후 시계열 특성을 설명하라.

a. 미래 방문 고객 수를 예측하는 방법을 기술하라.

b. 정확한 예측방법을 선정하기 위한 기준으로 무엇을 사용할지 기술하라.

c. 어떤 예측 방법을 사용하여 예측을 실시하였는지, 그 이유와 함께 설명하라.

d. 가장 적합한 예측 방법을 추천하라.

능력관리 Capacity Management 10

능력 의사결정은 비즈니스 성과에 매우 중요한 영향을 미친다.

Sheila Fitzgerald/Shutterstock.com

학습목표

10장을 학습한 후 다음 과제를 수행할 수 있어야 한다.

10-1 능력 개념에 대해 설명한다.

10-2 능력을 어떻게 측정하고 어떤 능력 지표capacity measure를 사용할 것인지 기술한다.

10-3 장기long-term 능력확장capacity expansion 전략을 기술한다.

10-4 단기short-term 능력조정capacity adjustment 전략을 기술한다.

10-5 학습곡선learning curves의 개념과 적용application에 대해 설명한다.

2016년 4월 테슬라Tesla는 저가의 전기차 모델3를 시장에 공개한 후, 325,000여명이 사전 구매를 신청했다. 테슬라는 2015년에 고가의 전기차인 모델S의 생산능력을 35,000대에서 10만대 수준으로 올렸다. 모델3은 생산능력에 상당한 문제를 초래할 것이다. 미시간주 앤아버Ann Arbor, Michigan에 위치한 자동차 연구센터Center for Automotive Research의 최고경영자인 제이 배론Jay Baron은 모델3 출시와 관련하여 테슬라에 대해 다음과 같이 조언했다: "테슬라가 생산 속도를 지금보다 4-5배 정도는 올려야 합니다. 우선 보다 많은 인력이 필요하고, 조립라인 작업장assembly line station도 더 많이 필요합니다."

어떻게 생각하는가? What Do you Think?

부적절한 인적능력labor capacity이나 설비능력facility capacity으로 인해 서비스 제공에 지장을 받은 경험이 있는가?

능력capacity는 생산자가 생산할 수 있는 양이나, 서비스 시스템이 제공할 수 있는 양을 의미한다. 즉, 하나의 설비facility, 프로세스process, 작업장workstation, 장비equipment가 단위 주기시간a period of time에 만들어 내는 산출량output을 능력이라고 한다. 능력의 예로는 평일 점심시간대에 고객 수요에 맞추어 햄버거를 몇개나 만들 수 있는지, 병원 응급실의 경우 20분 이내의 대기만 시킨 후 처치를 제공할 수 있는 응급환자의 수 등이 있다. 충분한 능력을 갖춘 기업은 고객 수요에 대응하여 높은 수준의 고객 서비스를 제공함으로써 성공적으로 사업business을 영위하고, 경제적 지속성economic sustainability을 유지할 수 있다.

능력은 사업 성과에 매우 중요한 영향을 미치기 때문에 가벼이 봐서는 안한다. 테슬라는 모델S에 최적화된 공장을 가지고 있었지만, 모델3의 도입으로 회사는 조립라인을 신설하는 등 생산능력을 제고해야 한다. 예들 들면, 테슬라는 현장 작업자, 엔지니어, 지원부서 직원들을 추가 고용해야 한다. 회사는 가치사슬value chain 프로세스를 지원할 뿐만 아니라 일정계획 수립, 품질관리, 훈련, 공급자 개발supplier development과 같은 영역도 지원해야 한다. 미국 전역에 판매망을 확대하여야 하며 서비스센터도 증설expand해야 한다.

10-1 능력에 대한 이해Understanding Capacity

능력은 두 가지로 정의할 수 있다.

1. 단위 시간당 생산 산출량
2. 이용가능available한 자원resource의 양

능력을 산출량으로 정의하면, 자동차 공장의 능력은 일주일 동안 생산하는 차량 대수가 될 것이고, 제지 공장paper mill의 능력은 일년 동안 생산하는 종이의 톤수가 될 것이다. 능력을 이용가능한 자원의 양으로 정의하면, 병원의 능력은 병상수number of beds로 측정할 수 있고, 클라우드 서비스cloud service의 능력은 저장 용량인 기가바이트gigabytes로 측정될 수 있다.

운영 관리자는 장단기 수요에 대응할 수 있는 적절한 능력 수준을 결정해야만 한다. 그림/표 10.1은 능력 의사결정에 대한 예시example들을 제공하고 있다. 단기 능력 의사결정은 일반적으로 일정schedule 조정이나 작업자 수를 조정하여 이루어진다. 장기 능력 의사결정은 일반적으로 자본투자capital investment에 관한 것이다. 고객만족customer satisfaction을 위해서는 기업의 능력이 적어도 평균 수요average demand 이상이어야 한다. 하지만 제품이나 서비스의 수요는 시간에 따라 변동한다. 하나의 프로세스가 피크 수요peak demand에 대응할 수 있는 능력을 항상 가지고 있을 수는 없다고 한다면, 고객을 기다리게 하거나 판매 상실lost sales을 겪을 수밖에 없다. 반대로 능력이 수요를 초과exceed할 때는 프로세스나 설비, 재고 등이 유휴idle 상태에 놓이게 한다. 이는 그림/표 10.2에 잘 나타나 있다.

그림/표 10.1 단기, 장기 능력 의사결정에 대한 예시들

단기 능력 의사결정Short-term capacity decisions	장기 능력 의사결정Long-term capacity decisions
• 다음 주에 계획된 잔업량amount of overtime • 주말 축제기간 중 대기중인 응급실 간호사의 수 • 휴가 기간 중 콜센터call center 작업자의 수	• 신규 생산공장의 건설 • 병원 병상beds의 크기size와 숫자number 확장expanding • 새로운 시장에서의 은행 지점수

10-1a 능력 의사결정과 규모의 경제Capacity Decisions and Economies of Scale

능력 의사결정은 일반적으로 **규모의 경제**economy of scale나 **규모의 비경제**diseconomies of scale의 영향을 받는다. 규모의 경제는 능력이나 산출량throughput이 증가하면서 제품이나 서비스의 단위당 평균비용average unit cost이 감소할 때 달성한다. 예를 들면 호텔에서 객실을 지을 때 객실 당 디자

인과 건축비용은 객실 수가 많아질수록 감소하는데 이유는 객실 당 할당되는allocated 고정비용이 감소하기 때문이다. 고정비용이 감소하면 객실 당 소요비용도 감소한다. 이러한 특성 때문에 보다 큰 능력을 가진 대규모 시설들facilities을 만들게 한다.

> **능력 의사결정은 일반적으로 규모의 경제나 규모의 비경제의 영향을 받는다.**

규모의 비경제는 능력이나 산출량이 증가하면서 제품이나 서비스의 단위당 평균비용이 증가하는 현상이다. 예를 들면, 건설하는 객실 수가 증가하면서 객실 당 건축비가 증가한다면 규모의 비경제가 발생한 것이다. 객실 수를 늘려 대규모 호텔을 건설하기 위해서는 멋있는 레스토랑도 설치하고, 주차시설이나 위락시설의 수준도 높여야 하는데, 이에 따른 간접비overhead나 운영비operating expenses도 증가한다. 최저 비용을 발생시키는 최적의 능력 수준이 있다. 글로벌 자동차 생산업체인 벤츠Daimler와 닛산Nissan은 규모의 경제로부터 얻을 수 있는 효과를 더욱 높이기 위해 엔진을 포함한 소형차 기술에 대한 개발비용을 공유하는 계획을 발표했다. 두 기업은 3.1% 정도의 주식교환을 통해 향후 5년 동안 53억 달러를 절감할 수 있을 것으로 전망했다.

단일 설비single facility 내에서 생산하는 제품/서비스 포트폴리오portfolio에 제품/서비스를 추가함에 따라 해당 설비가 지나치게 비대화하거나 전문성을 잃을 수 있는데, 이는 다시 규모의 비경제를 초래할 수 있다. 구체적으로 각 제품/서비스 생산에 필요한 생산라인, 프로세스, 작업자의 숙련도, 필요로 하는 기술 간의 유사성이 떨어지면 단위 비용이 증가할 수 있다. 지나치게 많은 목표나 역할을 수행하는 대형 설비facility를 관리하는 과정에서, 배송delivery, 품질quality, 고객화customization, 비용절감cost performance 등과 같은 경쟁중점목표competitive priorities들이 사라지기 시작한다. 비대화한 설비에서도 집중력을 잃지 않고 경쟁중점목표를 달성을 위해서는 집중화 공장이 필요하다.

집중화 공장focused factory은 규모의 경제를 달성하는 방법이기도 하다. 집중화 공장은 광범위extensive한 설비, 능력에 대한 투자 대신 좁은 범위의 제품라인이나 서비스에 집중하거나, 세분화된segmented 시장을 목표로 전용 프로세스dedicated processes를 구축하여 효율성efficiency이나 효

그림/표 10.2 수요와 능력 간에 발생하는 문제의 구조

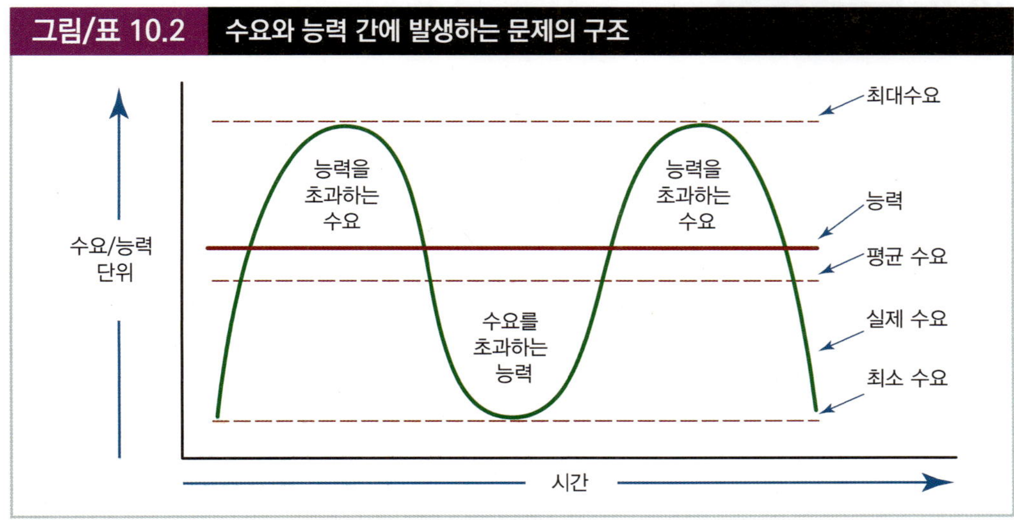

포화상태인 법원 Clogged Courts

BCFC/Shutterstock.com

대다수 주요 도시들의 법원 시스템에서는 오래된 소송들을 처리하느라 재판이 답답하게 진행되는 경우가 흔하다. 이에 따라 어떤 형사 피고인은 보석으로 풀려나 재판을 기다리다가 또 다른 범죄를 저지르기도 하고, 어떤 피고인은 기소 후 오랜 시간이 지나서야 무죄 판결이 나기도 한다. 민사소송의 경우, 사건이 몇 년째 법원 시스템에서 방치되기도 한다. 일부 법원 시스템들은 운영관리 측면에서 능력capacity이나 테크놀러지 관련 이슈들에 관심을 가지기 시작하였다. 컴퓨터 소프트웨어를 개발하여 법정에서 판결문이나 형량 등에 대해 바로 조회할 수 있도록 하여 재판 관련 기록을 조회하는 시간을 대폭 줄일 수 있었다. 경찰서에서도 각종 사건 보고서에 대한 접근 속도를 높여서 기소검사prosecutor가 신속하게 정보를 조회할 수 있도록 하였다. 결과적으로 재판 기한을 넘기는 건수를 줄일 수 있었다. 그리고 은퇴한 판사들을 파트타임part time 판사로 임시 고용하는 경우 일정조율도 보다 원활하게 할 수 있게 되었다. 운영관리의 원칙들이 사법 시스템 등 다른 분야에도 적용 가능한지 생각해 보라.

과성effectiveness을 높이는 방식이다. 집중화 공장은 "분열시켜 정복하라Divide and conquer"라는 슬로건처럼 (큰 문제를 여러 개의 작은 문제로 쪼갠 후 각 문제를 해결하는 방식) 보다 작은 단위의 제품/서비스 생산에 집중하려는 노력이다. 점점 더 많은 집중화 공장들이 (1) 일부 핵심제품, (2) 특정 기술, (3) 특정 프로세스 디자인과 능력, (4) 익일배송과 같은 특정 경쟁중점목표, (5) 세분화된 목표 고객이나 수량에 집중하기 위해 생겨나고 있다.

10-2 능력측정 Capacity Measurement

능력측정은 장기계획과 단기 경영활동 등에 대해 다양하게 활용된다. 예를 들면 경영자들은 예상하지 못한 수요에 대비한 능력 계획을 수립하거나, 지속적으로 장비 혹은 인력소요계획을 수립할 필요가 있다.

능력은 다양한 방법으로 측정할 수 있다. **이론적 능력**theoretical capacity은 이상적인 운영환경ideal operating condition에서 주어진 시간 내에 완성되는 산출output의 최대량maximum rate이다. 능력은 일반적으로 단위시간에 완성하는 재화의 양으로 결정한다. 단위 시간이란 일반적으로 1분minute, 1시간hour, 1교대shift를 의미한다. 능력측정은 짧은 단위시간 동안의 생산량을 비례적으로 늘려서 장시간에 생산할 수 있는 최대량으로 계산하는 방식의 단순한 방식을 적용한다. 이때 단위시간이 길어짐에 따라 발생하는 복잡성은 고려하지 않는다. 문제풀이 10.1은 능력측정의 간단한 예를 보여준다.

이론적 능력은 달성하기 어렵다. 예방정비preventive maintenance의 필요성, 자재 지연material delay, 장비 고장equipment breakdown, 작업자 결근employee absences, 작업자 피로worker fatigue 등과 같은 예상치 못한 사건이 발생하면 이론적 능력은 줄어들기 때문이다. **유효능력**effective capacity은 정상적인 운영환경normal operating condition에서 장시간 운영될 때 합리적으로 예상할 수 있는 실제 능력actual capacity이다. 짧은 가동준비시간setup time은 능력과 유연성flexibility을 증가시키므로, 가동준비시간은 유효능력 계산에서 매우 중요한 요인인데, 이는 짧은 가동준비시간이 능력과 유연성flexibility을 높임은 물론, 조립라인에서 상이한different 제품으로의 생산전환changeover을 원활하게 돕기 때문이다.

능력은 수요충족 능력ability to satisfy demand을 결정한다. 따라서, 실무적인 관점에서 보면 이론적 능력보다는 유효능력을 기반으로 능력계획capacity-planning을 수립해야 한다. 이는 이론적 능력을 가능하게 하는 이상적인 작업 환경은 지속 가능하지 않기 때문이다. 따라서 고객만족을 위해서는 유효능력이 적어도 평균수요 정도는 되어야 한다. 그러나 제품/서비스의 수요는 시간이 지남에 따라 변동성을 보이는 상황에서 기업이 피크수요peak demand에 맞춘 능력을 계속 유지할 수는 없다. 따라서 판매기회를 상실lost sale하거나 고객의 대기시간이 증가하는 상황이 발생할 수밖에 없다. 다른 한편으로는 능력이 수요를 초과할 수도 있는데 이는 설비의 유휴시간이나 재고 증가를 초래한다.

고객수요와 유효능력의 변동성에 대비하여 기업들은 일정 수준의 **안전능력**safety capacity(혹은 능력쿠션capacity cushion)을 확보하기도 한다. 안전능력은 갑작스러운 대량주문, 자재 부족, 장비 고장과 같은 예상치 못한 사건에 대비하여 보유하는 능력인데, 식 [10.1]과 같이 표현한다.

$$\text{이론적 능력} = \text{안전능력} + \text{유효능력} \qquad [10.1]$$

문제풀이 10.1을 예로 들면, 유효능력이 15,000개/월이라고 가정할 때 (계획하지 않은 정비작업이 있었음), 식 [10.1]을 이용하여 보유해야 할 안전능력을 계산하면 다음과 같다.

$$\begin{aligned}\text{안전능력} &= \text{이론적 능력} - \text{유효능력}\\ &= 16{,}000\text{개/월} - 15{,}000\text{개/월}\\ &= 1{,}000\text{개/월}\end{aligned}$$

문제풀이 10.1 : 이론적 능력 측정

한 자동차 변속기transmission 조립 공장은 하루에 2교대로 운영되며, 주당 5일간 근무한다. 각 작업시간 동안에 이상적인 운영환경에서의 변속기 산출량은 400 단위이다. 이 공장의 월별 이론적 능력을 구하라.

해답:

1개월 동안의 작업 교대 횟수는 2/일×5일×4주이므로 총 40교대이다. 따라서 이론적 능력 계산은 다음과 같다:

$$\text{능력} = (400\text{개/작업반}) \times (40\text{작업반/월}) = 16{,}000\text{개/월}$$

안전능력은 잔업overtime을 통해 확보할 수도 있다. 밤에 작업을 하거나 토요일에 작업반shift을 운영하는 경우가 잔업이다. 일반적으로 공장 전체에 대한 안전능력은 1년 간 유지하지만, 개별 작업장에서의 안전능력은 매월 업데이트update 한다. 작업반과 조립라인의 안전능력은 보통 1%에서 10% 범위에서 정한다.

많은 기업들이 서로 상이한different 특성 (양 volume, 준비시간 setup time, 처리시간 processing time 등)을 가진 복수의 작업을 관리해야 하는 경우가 많다. 고객화 제품/서비스customized product/service (시장조사 서비스, 법률 서비스, 의료 서비스, 실험실)를 제공하는 잡샵 jobshop 방식의 프로세스에서는 이런 경우가 일반적이다. 이런 경우, 어떤 작업을 수행하는데 필요능력을 계산하는 것이 매우 중요하다.

작업주문work order은 고객을 위해 수행해야 하는 작업을 구체화시켜 놓은 일종의 작업명세서 specification로서 필요 생산량, 필요한 프로세스/자원이 기록되어 있다. 생산 준비시간setup time은 총 시스템의 능력에서 큰 비중을 차지하므로 능력측정에 반드시 포함하여야 한다. 병원에서의 수술surgeries과 같은 일부 서비스들은 하나의 주문에 대해 매번 새로운 준비과정이 필요할 수도 있다. 예를 들면, 한 번의 수술을 하기 위해서는 장비들을 소독해야 하고, 깨끗한 새 수술복을 착용해야 하며, 관련 장비를 준비해야 하는 등 준비시간이 필요하다. 식 [10.2]는 주어진 생산량을 달성하기 위한 필요능력 측정에 사용한다.

$$\text{필요능력}(C_i) = [\text{준비시간}(S_i) + \text{처리시간}(P_i)] \times \text{주문량}(Q_i) \qquad [10.2]$$

C_i = 작업주문 i에 필요한 능력의 시간단위 (예를 들면, 분, 시간, 일)

S_i = 작업주문 i로 전환하거나 준비하는데 소요하는 시간으로 양에 따라 변동하지 않는 고정값

P_i = 작업주문 i의 한 단위를 위해 필요한 처리 시간(예를 들면, 시간/부분, 분/업무 등)

Q_i = 주문 i의 크기

모든 작업주문의 총능력소요total capacity required는 능력소요capacity requirements의 합계이다. 문제풀이 10.2는 하나의 예를 보여준다.

생산에서의 작업주문들은 일반적으로 각 작업주문에 한번의 준비시간이 필요하다고 가정하고 있다. 즉 준비시간은 작업주문 크기와는 독립적independent이다. 이런 경우에는 다음의 식을 사용한다.

$$C_i = S_i + [P_i \times Q_i] \qquad [10.3]$$

식 10.3에서 준비시간 S_i은 주문크기 Q_i와 곱하지 않는다. 반면에 식 [10.2]에서는 주문크기화 곱한다. 서비스 분야에서는 매번 준비시간이 필요하고, 생산에서는 한 번 준비하여 여러 제품을 생산한다는 의미다.

서비스제공자(서버server; 장비나 사람) 수를 결정해야 하는 경우가 많은데, 서비스 양 (단위 시간당 생산량)을 알고 있을 때 필요 능력을 맞추어야 하기 때문이다. 능력, 서비스 양, 서버의 수 사이에는 다음의 관계가 성립한다.

$$\text{능력} = \text{서비스 양} \times \text{서버 수} \qquad [10.4]$$

문제풀이 10.2 : 작업주문에 대한 능력소요 계산

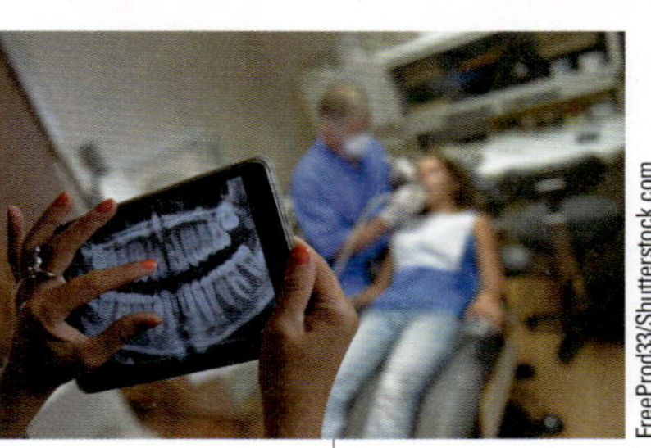
FreeProd33/Shutterstock.com

일반적으로 치과dentist's office에서는 복잡한 과정을 거쳐 치료가 이루어지기 때문에 준비시간이 중요하다. 따라서 치과 진료 프로세스는 잡샵 job shop 형태를 보인다. 본 사례의 치과의사dentist 1명은 하루 총 9시간 진료를 하는데, 여기에는 점심시간과 휴식시간이 1시간 포함되어 있다고 가정하자. 개업 후 처음 6개월 동안 시험운영 기간이어서 치과의사가 모든 작업을 수행한다. 모든 작업은 청소와 치료를 위한 준비작업도 포함하고 있다. 준비와 세 가지 치료과정은 그림/표 10.3에 나타나 있다. 여기에는 각 치료 타입에 대한 수요와 예약건수number of appointments도 잘 나타나 있다.

어느 날, 크라운crown 치료를 위해 첫 진료시간에 방문하는 예약 환자는 2명이었고, 두번째 시간에 방문하는 환자는 1명이었다. 미백 치료를 위해 처음 방문하는 환자는 4명이었다. 보철치료를 위해 처음 방문하는 환자는 3명이었고, 세번째 방문하는 환자가 2명이 있다. 이 치과의원은 모든 치료를 제공할 충분한 능력이 있는가?

식 [10.2]를 사용하여 능력 소요량을 계산할 수 있다. 그림/표 10.4는 엑셀 작업주문 능력 템플릿Excel Work Capacity template을 사용한 결과를 보여주고 있다. 이 템플릿은 마인드탭MindTap에서 찾을 수 있다. 이 탬플릿은 식 10.2를 사용하는 경우에만 적용할 수 있다는 점에 유의하라. 본 사례의 치과의사는 하루에 480분 근무해야 하는 상황에서 총 610분을 근무하는 것으로 예정되어 있다. 따라서 능력 부족량은 130분이다. 해당 치과의사는 두 시간을 더 일하거나 일부 환자에 대해 다시 일정을 잡아야 한다.

이러한 분석을 통해서 총 능력에서 21.3%가 치료 준비/교체에 쓰이는 것을 알 수 있다. 만약 이 작업을 치과위생사dental assistant나 치과기공사dental technician를 고용하여 치료 준비/교체 관련 업무를 맡긴다면(치과의사가 환자를 위한 치료하는 동안 다른 환자 치료를 위한 준비/교체 작업을 할 수 있다고 가정한다), 매출은 약 20% 올라갈 것이다. 준비시간을 약 50% 줄일 수 있다면, 총 준비시간은 130분이 아닌 65분으로 단축되어 능력 부족은 65분에 불과할 것이다. 결과적으로 잔업 시간을 한 시간으로 줄일 수 있다.

그림/표 10.3 치과의원에서의 진료시간에 진행하는 치료내용과 소요시간

치료내용	예약번호	준비시간 또는 교체시간(분)	처리시간(분)	수요(예약 환자 수)
크라운Single tooth crown	첫번째	15	90	2
	두번째	10	30	1
미백 Tooth whitening	첫번째	5	30	4
보철 Partial denture	첫번째	20	30	3
	두번째	10	20	0
	세번째	5	30	2

그림/표 10.4 엑셀의 작업주문 능력 템플릿을 사용한 치과의 수요-능력 분석

	A	B	C	D	E	F	G	H
1	Capacity Measurement							
2	Enter data only in yellow cells. The template is designed for up to 10 work orders.							
3								
4						Total	Total	
5	Work Order	Setup Time	Processing Time	Order Size		Setup Time	Processing Time	Total Time
6	Single tooth crown 1st appt.	15	90	2		30.00	180.00	210.00
7	Single tooth crown 2nd appt	10	30	1		10.00	30.00	40.00
8	Tooth whitening	5	30	4		20.00	120.00	140.00
9	Partial dewnture 1st appt.	20	30	3		60.00	90.00	150.00
10	Partial denture 2nd appt.	10	20	0		0.00	0.00	0.00
11	Partial denture 3rd appt.	5	30	2		10.00	60.00	70.00
12								
13								
14								
15								
16								
17					Total	130.00	480.00	610.00
18					Percentage	21.31%	78.69%	100.00%

문제풀이 10.3 : 서비스 양을 알고 있을 때의 능력 측정

한 경영대학college of business은 컴퓨터 랩computer lab에 IT 담당 보조직원을 1명을 두고 있다. 컴퓨터 랩의 컨설턴트consultant들은 수많은 질문이나 도움 요청을 처리해야 하는데, 각 도움 요청을 처리하는데 평균 5분이 걸린다. 이들은 하루 평균 25건 정도의 도움 요청을 받는다.

a. 3명의 컨설턴트가 있다고 가정할 때, 보조직원이 한 시간에 상대해야 할 학생은 몇 명인가?
b. 이 대학의 컴퓨터 랩이 확장되어, 시간 당 120건의 도움 요청이 있다면, 몇 명의 컨설턴트들이 필요한가?

해답:

a. 식 10.4를 사용하면 1명의 컨설턴트가 시간 당 12건의 도움 요청을 처리할 수 있음을 알 수 있다.

$$\text{능력} = \text{서비스 양} \times \text{서버 수}$$
$$\text{능력(요청/시간)} = (12 \text{ 요청/시간/컨설턴트}) \times 3\text{컨설턴트}$$
$$= 36 \text{ 요청/시간}$$

b. 다시 식 10.4를 사용하면

$$120 \text{ 요청/시간} = (12\text{요청/시간/컨설턴트}) \times \text{컨설턴트 수}$$
$$\text{필요한 컨설턴트 수} = (120 \text{ 요청/시간}) / (12\text{요청/시간/컨설턴트})$$
$$= 10 \text{ 컨설턴트}$$

서비스 능력 엑셀 템플릿은 마인드탭에서 찾을 수 있다. 그림/표 10.5는 이 템플릿을 사용한 예이다.

그림/표 10.5 엑셀의 작업주문 능력 템플릿을 사용한 치과의 수요-능력 분석

	A	B	C	D	E
1	Service Capacity		Copyright © 2019 Cengage Learning		
2			Not for commercial use.		
3	Enter any two of the three values only in the yellow cells				
4	and the spreadsheet will calculate the third.				
5					
6	Capacity	120			
7	Service Rate	12			
8	Number of Servers				
9					
10	Capacity				
11	Service Rate				
12	Number of Servers	10.00			

이 공식은 유효능력effective capacity의 결정과 특정 능력수준을 달성하기 위해 필요한 서버 수를 산출하는데 사용할 수 있다. 문제풀이 10.3은 이러한 예를 보여주고 있다.

10-2a 운영계획을 위한 능력 측정Using Capacity Measures for Operations Planning

필요능력은 반드시 장비와 노동의 요구량으로 특정되어야 한다. 예를 들면, 패스트버거

Fast Burger는 대학 풋볼football 경기장 근처에 새로운 레스토랑을 짓고 있다. 이 레스토랑은 하루 16시간, 1년에 360일 영업할 계획이다. 회사의 경영진은 건설중인 레스토랑에 피크 수요 발생에 대비해 시간 당 100명의 고객대응 능력을 갖춰야 한다고 결론지었다. 이 피크 수요가 발생하는 시간은 풋볼 경기 시작 전 2시간이다. 고객의 평균 주문명세는 다음과 같다.

- 버거burger (4온스ounces 햄버거 또는 치즈버거) 1개
- 프렌치프라이French fries 한 봉지
- 청량음료soft drink 1컵 (12온스)

수요예측을 바탕으로 경영진은 몇 대의 그릴grills, 튀김기deep fryers, 청량음료 배출기drink spouts가 필요할지 결정하려고 한다. 이 사례를 통해 어떻게 공식 10.4가 사용되는지 살펴보자.

36×36인치의 그릴 한 대는 10분에 버거 48개를 만들어낸다. 바스켓 1개가 장착된 튀김기는 6분에 2파운드의 프렌치프라이를 튀긴다. 청량음료 배출기는 1분에 20 온스, 시간 당 1,200온스의 음료를 제공할 수 있다. 이들 장비의 유효능력은 각 장비 제조사가 정상적인 운영 상황에서 실제 운영하며 얻은 결과를 바탕으로 산출하였다.

패스트버거가 시간당 피크 수요에 부합하는 필요 장비 수를 결정하기 위해서는 시간당 고객에 의한 예상 수요를 그릴, 튀김기, 청량음료 배출기의 요구량으로 전환해야 한다. 먼저 버거, 프렌치프라이, 청량음료에 대한 시간당 피크 수요를 알아보자.

제품	시간당 피크 수요(온스)
버거	400
프랜치 프라이	400
소프트 음료	1200

그릴 한 대의 능력은 시간당 288온스([48온스/10분][60분/시간] = 288온스/시간)이므로 버거 400온스에 해당하는 피크 수요에 대응하기 위해서 필요한 그릴의 대수는 다음과 같다:

$$\text{그릴의 대수} = 400/288 = 1.39\text{대}$$

시간당 피크 수요 (400온스의 프렌치프라이)를 충족시킬 수 있는 튀김기 대수를 결정하기 위해서는 튀김기 1대의 시간당 능력을 계산하여야 한다.

$$\text{튀김기 능력} = (20\ \text{파운즈/시간})\,(16\text{온스/파운즈}) = 320\ \text{온스/시간}$$

따라서 필요한 튀김기 대수는 400/320 = 1.25대다.

마지막으로 청량음료 배출기의 수를 결정하면 되는데, 청량음료의 시간당 피크 수요는 1,200온스이다.

필요 청량음료 배출기 수 = 1,200/1,200 = 1대

위에서 살펴본 분석 결과를 바탕으로, 경영진은 두 대의 그릴을 구매하기로 결정했다. 그릴의 안전능력은 0.61그릴 (2.0 − 1.39)이다. 이는 175.7온스 (0.61 × [48온스/10분] × [60분/시간]) 또는 44햄버거/시간에 해당한다. 경영진은 안전능력을 많이 확보하면 갑작스러운 대규모 주문이나 그릴의 고장에 대응할 수 있을 것으로 판단했다. 경영진은 두 대의 그릴로 고객 수요에 맞추지 못하는 위험을 줄일 수 있을 것으로 예상한다. 만약 두대의 튀김기를 설치하면, 튀김기 능력이 수요의 75%를 초과 보유하게 된다. 경영진은 초과능력이 낭비라고 생각했지만 튀김기 1대만을 구입했을 때 유일한 튀김기가 고장나면 프렌치프라이를 전혀 제공할 수 없음을 깨닫고, 두 대를 구매하기로 결정했다.

경영진은 청량음료 배출기도 2대를 구매하기로 결정했다. 분석결과는 필요한 장비 대수가 1대로 산출되었지만 안전능력의 필요성을 고려하여 2대를 구매하기로 하였다. 경영진은 셀프서비스 레스토랑에서는 리필refill을 원하는 고객이 있을 것으로 추정하고 실제 피크 수요가 예측치보다 많을 수 있다고 보았다.

패스트버거 경영진은 인력의 규모에 대해서도 결정해야 한다. 피크수요는 시간당 100명의 고객으로 예상한다. 매장계산대front counter에서 근무하는 서버가 시간당 고객 15명의 주문을 처리한다고 가정하면 피크수요에 대응하기 위해서는 6.67명이 필요하다 (고객 100명/시간)/(고객 15/시간/서버). 경영진은 안전능력을 고려하여 8명을 채용하기로 결정했다.

다음으로 경영진은 장비능력facility capacity과 인력labor capacity 계획을 수립하여야 한다. 장비능력은 단기적으로 높이기 어려우며, 인력은 쉽게 변경할 수 있음을 알아야 한다. 장비와 노동에 대한 능력 전략은 정확한 수요 예측에 기반하여야 한다. 이 주제에 대해서는 본서의 다음 장에서 다룰 것이다.

10-3 장기 능력전략 Long-Term Capacity Strategies

기업은 장기 능력계획long-range capacity plan 수립 과정에서 반드시 능력을 수요 대비 더 갖추었을 때 발생하는 비용과 덜 갖추었을 때 발생하는 기회비용opportunity cost간의 상쇄관계trade-off를 고려해야 한다. 능력비용은 능력을 수요대비 더 갖추었을 때의 비용으로서 설비나 장비에 대한 초기 투자비용과 이를 운영하고 유지하는데 필요한 연간 비용 (대부분이 고정비용fixed cost)을 포함한다. 충분한 능력을 보유하지 않았을 때 발생하는 비용은 판매상실에 따른 기회비용과 시장점유율 하락에 따른 비용을 포함한다. 수요가 하락했을 때 기업이 과도한 능력을 보유하면 운영에 큰 타격을 받을 수 있다.

예를 들면 인터내셔널페이퍼International Paper사는 최근에 버지니아Virginia주의 프랭클린Franklin 소재 제지공장paper mill을 폐쇄했다. 그 공장은 폐쇄할 당시 연간 60만톤 생산 능력을 보유하고 있었는데, 수요가 30% 넘게 하락하였으며 그 감소세는 지속될 것으로 예측되었다. 이메일, 전자책Kindles, 태블릿iPads 등 신기술의 발달과 온라인 거래의 비중이 높아졌기 때문이다. 반면에 만

그림/표 10.6 계절 수요와 보완재(또는 보완서비스)

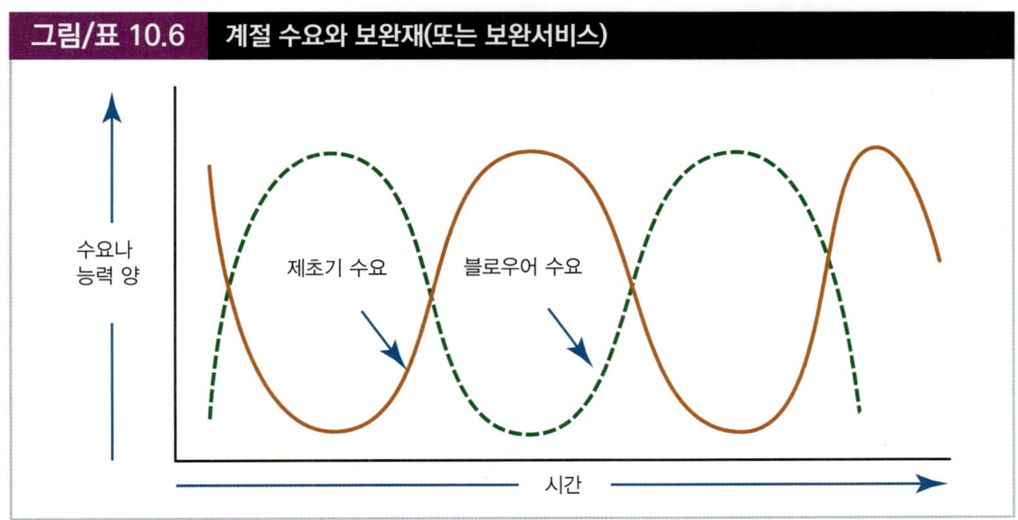

약 회사가 너무 적은 능력을 갖추게 되면 마진margin이 줄고, 고객 주문을 충족시키지 못하게 되어 결과적으로 경쟁력을 잃을 수 있다.

장기 능력계획은 반드시 조직의 전략적 방향과 밀접하게 연계하여야 한다. 특히 어떤 제품이나 서비스를 제공할 것인지에 대한 전략은 장기 능력계획 수립에 반드시 반영하여야 한다. 많은 제품 혹은 서비스가 계절적 수요패턴seasonal demand pattern을 보인다. 이에 따라 비수기off-season에는 사용하지 않는 능력이 발생한다. 이 때 많은 기업들은 잉여 능력을 활용하여 **제품 혹은 서비스 보완재** complementary goods or service를 생산한다. 보완재들은 동일한 자원을 이용하여 생산하지만 상호 계절적 패턴이 다른 특성을 지닌다. 보완재는 계절적 수요 사이클cycle을 누그러뜨리고, 결과적으로 기업이 잉여자원excess capacity을 활용할 수 있도록 한다. 이는 그림/표 10.6에 잘 나타나 있다. 예를 들면, 제초기lawnmowers의 피크 수요peak demands는 봄과 여름에 일어난다. 생산능력을 균형화balance시키기 위해 블로우어blower(낙엽이나 눈을 빨아들인 후 내부 압축기를 이용해 10미터 이상 강하게 날리는 방식으로 청소하는 기계)를 생산한다. 낙엽용 블로우어leaf blowers는 가을에, 눈용 블로우어snow blowers는 겨울에 수요가 발생한다.

10-3a 능력확장 Capacity Expansion

능력 요구량이 고정적static인 경우는 드문데, 시장상황, 제품구색, 경쟁상황에 따라 변동한다. 변동하는 능력 요구량 때문에 기업은 장기 능력을 확장하거나 감축하는 계획을 수립한다. 전략에 따라 능력을 얼마나, 언제, 어떤 형태로 변경할 것인지 결정해야 한다. 사례를 바탕으로 능력확장 의사결정을 설명하기 위해 다음 두가지를 가정한다: (1) 능력은 단속적chunk으로 증가하며, (2) 수요는 연속적steadily으로 증가한다.

능력확장에는 4가지 본원적인 전략이 있는데 이들 전략을 능력감축에도 동일하게 적용할 수 있다 (그림/표 10.7).

1. 일시에 대규모 확장one large capacity increase (그림/표 10.7a)

그림/표 10.7 능력확장 옵션

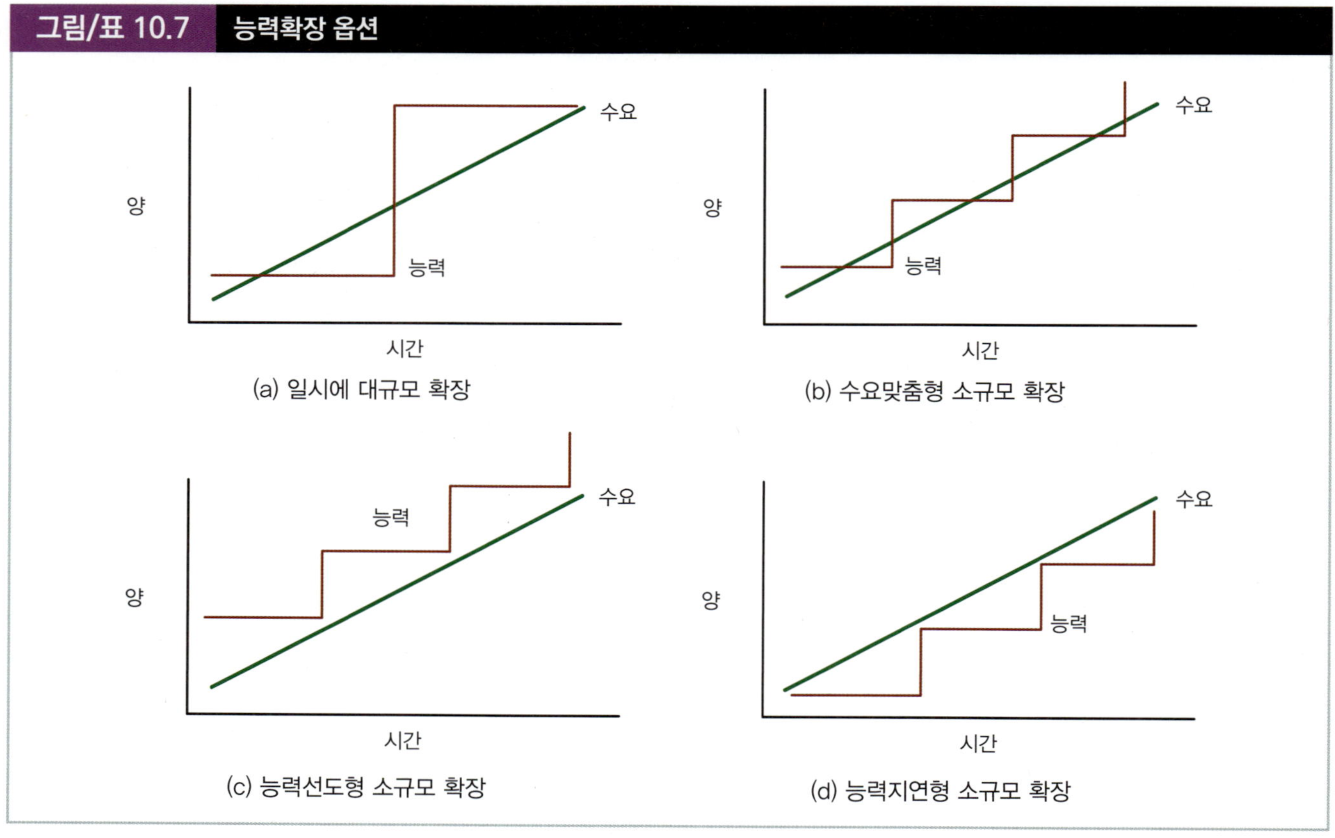

2. 수요맞춤형 소규모 확장small capacity increases that match demand (그림/표 10.7b)
3. 능력선도형 소규모 확장small capacity increases that lead demand (그림/표 10.7c)
4. 능력지연형 소규모 확장small capacity increases that lag demand (그림/표 10.7d)

그림/표 10.7a의 전략은 특정 시점에 대규모 능력확장이 일어나는 경우다. 이렇게 일시에 대규모 확장을 하면 필요한 고정비용fixed cost이 1회만 투입되고, 운영시스템의 설치도 1회만 하면 되는 장점이 있다. 따라서 해당 기업은 비용을 1회만 할당하면 된다. 하지만 총수요가 꾸준히 증가할 경우라면, 가동율이 설비 능력 이하일 가능성이 크다. 이에 반해 그림/표 10.7(b), (c), (d)는 점진적으로 확장이 이루어진다는 점에서 (a)의 대안이 될 수 있다.

그림/표 10.7(b)는 능력을 되도록이면 수요에 가깝게 맞추기 위한 확장전략이다. 이는 종종 능력 양다리 벌리기 전략capacity straddle strategy으로 불린다. 능력이 수요 곡선보다 위에 위치하면 해당 기업은 과잉 능력을 가지는 것이고, 아래에 위치하면 능력 부족 상황에 처한다. 이런 상황에서는 자원을 과대하게 혹은 적게 활용하는 기간이 짧아진다.

그림/표 10.7(c)의 전략은 충분한 능력을 유지하는 것을 목표로 함으로써 수요를 충족하지 못하는 경우를 최소화한다. 능력 선도전략capacity lead strategy이라고도 불리는 이 전략을 채택하면 수요 증가에 앞서 능력확장을 진행한다. 이 전략을 채택하면 항상 잉여능력excess capacity이 존재하기 때문에 대규모 주문large order과 같은 예상 밖 수요를 충족할 수 있는 일종의 안전능력을 확보하게 된다.

브릭스 앤 스트래톤 능력관리 Briggs & Stratton: Managing Capacity

Jaggat Rashidi/Shutterstock.com

브릭스 앤 스트래톤은 실외 동력장비에 쓰이는 공랭식 가솔린 엔진air-cooled gasoline engines을 생산업체 중 가장 큰 회사이다. 회사는 제품의 디자인, 마케팅, 서비스를 담당하고, 생산은 전세계에 위치한 OEM 생산업체들에게 위탁하고 있다. 엔진들은 주로 알루미늄합금aluminum alloy으로 제조하는데 출력이 3마력horse-power에서 25마력 정도이다. 회사는 휴대용 발전기portable generator, 제초기lawnmowers, 제설장비snow throwers (눈을 빨아들인 후 회전장치를 이용해 4-6미터 날려서 제설하는 기계), 고압 세척기pressure washers 분야에서 디자인, 생산, 마케팅의 선두기업이다. 스노우모빌snowmobiles, 고-카트go-karts (레저용 소형자동차), 제트스키jet skis와 같이 소형 엔진을 사용하는 장비를 생산하는 업체들에게 엔진을 공급하고 있다.

이처럼 엔진이 들어가는 제품들이 다양하고, 때로는 보완적complementary인 성격을 띠고 있기 때문에, 브릭스 앤 스트래톤의 엔진 생산공장 관리자들은 보다 안정적인 운영환경에서 장비나 인력의 능력관리를 행할 수 있다. 회사의 경영진은 결과적으로 생산비용 절감, 안정적인 인력 수준 유지, 생산량 안정화 등을 통해 조립라인을 보다 효율적으로 운영할 수 있다.

마지막으로 그림/표 10.7(d)는 능력지연(소규모 확장) 전략a capacity lag strategy이다. 이 전략을 채택하면 능력이 수요보다 항상 부족하게 된다. 이 전략이 수요에 대해 추가공급이 필요한 일정 지점에 이를 때까지 능력확장을 늦추기 때문이다. 이 전략을 실행할 경우 투자를 줄이고 설비가동률을 높여서 투자자본수익률return on investment이 높다. 하지만 능력대비 높은 고객 수요를 충족시키기 위해 잔업, 하청subcontracting, 생산성 향상 노력 등을 수행함으로써 장기이익률long-term profitability이 오히려 하락할 가능성이 있고, 결국에는 시장에서 회사의 위상market position을 잃을 수도 있다.

10-4 단기 능력관리 Short-Term Capacity Management

단기 수요가 안정적이고 충분한 능력을 유지할 수 있다면 운영관리가 쉬워진다. 그림/표 10.2에 나타난 것처럼 단기 수요가 안정적이고 충분한 능력을 유지할 수 있다면 운영관리가 쉬워진다. 그러나 수요가 능력의 평균치보다 많거나 적은 경우가 계속 발생하면, 기업은 두 가지 중 하나를 선택하여 능력을 조정해야 한다. 첫번째 접근방식은 기업 내부 자원이나 능력을 변경하여 수요 변화에 맞추는 것이다. 두번째 접근방식은 고객 수요의 일부를 다른 시간대로 이동시키거나 자극하는 것이다.

10-4a 단기능력 수준을 조정하는 능력관리 Managing Capacity by Adjusting Short-Term Capacity Levels

단기수요가 능력을 초과할 때 기업이 일시적으로 능력을 확대해야 하지 않으면 모든 수요를 충족시킬 수 없다. 유사하게 수요가 능력 아래로 감소하면 유휴 자원이 이익을 감소시킨다. 단기능력 조정은 다음과 같이 다양한 방법으로 할 수 있다.

- **장비 추가 혹은 장비 공유**: 기계나 장비의 가용성availability에 의해 제한되는 능력수준은 비용이 발생하므로 단기적으로 변화시키기 어렵다. 그러나 장비를 리스lease하게 되면 비용 효과적으로cost effectively 문제를 해결할 수 있다. 혁신적 파트너십innovative partnership이나 능력공유capacity sharing도 대안이 될 수 있다. 예를 들면 몇몇 병원들이 컨소시엄consortium을 형성하여 각 병원 별로 전공 분야particular specialty에 집중하면서 다른 병원의 전문분야 자원을 빌리는 방식으로 서비스를 공유할 수 있다.
- **미사용 능력 판매**sell unused capacity: 일부 기업들은 유휴 능력을 판매하기도 한다. 컴퓨터 저장 공간이나 연산 능력을 외부 구매기업, 심지어 경쟁자에게도 판매한다. 호텔산업의 경우, 호텔 간 파트너십을 맺고 초과예약overbooking으로 예약이 능력을 초과하는 경우 고객들을 파트너 호텔로 보낸다.
- **인적능력과 일정 변경**change labor capacity schedules: 인적능력의 경우 노동력 수준이나 일정을 단기적으로 변경하는 것이 비교적 쉽다. 단기적 능력 확대를 위해 잔업 실시, 추가 교대조 투입, 임시직의 한시적 채용, 아웃소싱outsourcing 등을 활용할 수 있다. 노동력 일정schedule을 조정하여 능력을 수요 패턴에 적절히 대응할 수 있다. 패스트푸드fast foods 레스토랑은 파트타임part-time 직원을 고용하여 다양한 작업 일정에 대비한다.
- **기능조합 변경**change labor skill mix: 신속히 학습하고, 변경된 업무에 따라 적응이 가능한 직원을 고용하여 다른 과업들을 수행할 수 있도록 훈련을 시키면 변동하는 수요에 맞출 수 있는 유연성flexibility을 높일 수 있다. 슈퍼마켓 업계에서는 직원들에게 손님이 붐비는 시간대에는 계산업무를 담당하게 하고, 한산한 시간대에는 진열대에 상품을 진열하도록 하고 있다.
- **여유 시간대로 업무량 옮기기**shift work to slack period: 직원들에게 특정 업무는 여유 시간에 하도록 하는 것이다. 호텔 업계의 경우, 서비스 직원들이 체크인check-in이나 체크아웃check-out 손님이 거의 없는 밤 시간에 청구서를 준비하거나 서류작업을 수행한다. 따라서 서비스 직원들이 낮시간에는 고객 서비스에 보다 많은 시간을 투여할 수 있다. 생산업체의 경우, 종종 비수기에 제품을 미리 생산해서 재고로 보관하였다가 성수기 피크 수요에 대응한다.

> 기업들은 능력을 조정하여 수요 변화에 대응한다. 기업 내부 자원이나 능력을 변경하거나, 고객 수요 일부를 다른 시간대로 이동시키거나 자극하는 방식으로 능력관리를 수행한다.

10-4b 수요이동과 수요자극에 의한 능력관리 Managing Capacity by Shifting and Stimulating Demand

고객 수요에 영향을 미치는 전형적인 접근방법으로 수요이동demand shift을 들 수 있다. 이는 고객 수요를 정정 능력이 없는 시간대에서 여유 능력이 있는 시간대(또는 기간)로 이동하도록 유도하는 방법이다. 수요 자체를 이동하도록 하거나, 주문은 받지만, 주문이행order fulfillment 시기를 다른 시기로 조절할 수 있다. 다음은 수요이동의 예시들이다.

예약을 하였다면 약속을 지키시라. 아니면 벌금을 내시라. If You Make a Reservation, Show up or Pay!

월트 디즈니월드Walt Disney World는 19개의 디즈니파크Disney Park 레스토랑에서 저녁 예약을 한 고객은 약속시간 24시간 전까지만 예약 취소를 허용하는 노쇼no-show 정책을 실행하고 있다. 예약을 취소하는 경우, 레스토랑은 1인당 10달러의 벌금을 예약에 사용한 신용카드로 청구한다. 어떤 레스토랑은 벌금을 1인당 25달러로 인상하였다. 레스토랑의 능력은 사용하지 않으면 소멸한다. 디즈니는 서비스 능력에 대해 오버부킹overbooking을 하고, 갑작스러운 예약 취소나 노쇼에 대해 벌금을 부과하는 방법으로 능력이 유휴 상태에 빠질 위험을 줄이고 있다.

Africa Studio/Shutterstock.com

- **제품/서비스 가격 다양화**vary the price of goods or services: 수요에 가장 큰 영향을 미치는 요소는 가격이다. 다양한 산업에서 비수기에 수요를 자극하기 위한 가격을 제공한다. 예를 들면, 호텔은 주중요금 보다 싼 주말요금을 제공한다. 항공사들은 주말에 주중 항공편midweek flights 보다 싼 항공권을 제공한다. 레스토랑에서는 오후 9시 이후 식사에 50% 할인된 가격을 제공한다. 유사한 방법으로 생산업체가 유통업체에게 과다재고overstocks를 판매할 목적으로 가격 할인이나 리베이트rebates 제공하기도 한다. 이런 방식으로 고객 수요를 촉진할 수도 있고, 생산 일정과 필요한 직원 인원을 유연하게 운영할 수 있으며, 생산자의 재고를 줄일 수도 있다.
- **고객에게 정보 제공**provide customers with information: 콜센터들은 고객에게 보내는 청구서나 음성 메시지를 통해 콜센터 이용에 편리한 시간대를 알려준다. 디즈니 월드Disney World와 같은 테마파크에서는 각 놀이기구의 혼잡도를 게시판 등을 통해 고객들에게 알려준다.
- **광고와 판촉** advertising and promotion: 일반적으로 크리스마스와 같은 공휴일 직후에는 수요가 매우 적다. 따라서 많은 기업들이 수요이동을 위해 공휴일 직후 많은 광고를 실행한다. 수요가 적거나 과도한 능력이 있는 경우, 기업들은 수요를 늘리기 위해 전략적으로 쿠폰을 배포한다.
- **주변재화 그리고/또는 서비스**peripheral goods and/or services 제공: 일부 영화관은 비수기에 상영관을 비즈니스 회의장이나 특별 행사장special events으로 대여한다. 일부 패스트푸드점들은 피크 시간대를 피하여 고객들이 생일파티를 할 수 있도록 허용한다. 영업시간을 연장하는 것도 일종의 주변서비스이다. 많은 수퍼마켓들이 밤 12시에서 아침 7시 사이에도 영업을 하는데, 이는 고객에게 심야에 쇼핑을 하도록 유도하여 낮시간대 피크 수요를 줄이려는 시도이다.

호텔 수익관리 미스터리

The Mysteries of Hotel Revenue Management

똑같은 시설의 호텔 객실이지만 이용날짜에 따라 가격차이가 발생하는 이유는 무엇일까? 호텔업계에서는 자사의 예약 객실 수와 경쟁사의 객실 수를 지속적으로 관찰하여 왔다. 오늘날에도 호텔들은 시장상황 등을 분석하여 객실 가격을 결정하고 있다. 호텔들은 요일 별 고객의 이용 정도, 시간대별 고객 구성비guest mix, 심지어 날씨까지 반영하여 가격을 결정한다. 유명한 호텔 프랜차이즈인 베스트 웨스턴Best Western은 수익관리 프로그램을 사용한다. 이 프로그램은 수요를 예측할 뿐 아니라, 그들에게 고객을 연결해주는 익스피디아Expedia.com의 사이트를 면밀히 살피고, 회사의 과거 예약 추세를 감안하여 객실 가격을 결정한다. 예를 들면 평일에 혼자서 킹사이즈king-size 침대를 갖춘 스탠다드standard형 객실을 찾는 비즈니스 목적 방문객에게는 높은 가격을 책정한다. 가족들의 여행이 많은 주말에는 두개의 퀸사이즈queen-size 침대가 있는 객실에 높은 가격을 책정한다.

ambrozinio/Shutterstock.com

- **예약 서비스**provide reservation: **예약**은 기업이 미래 특정 시간에 특정 장소에서 제품/서비스를 제공하겠다는 약속이다. 전형적인 예약서비스의 예로는 호텔 객실, 비행기 좌석, 수술 등에서 이루어진다. 예약 서비스는 불확실성uncertainty을 줄여주는데 고객이 예약 시간에 제품/서비스를 구매하면 운영관리자는 예측에 대한 의존도를 낮출 수 있을 뿐만 아니라 장비나 근무일정을 보다 더 원활하게 수립할 수 있다.

> 내셔널카렌탈National Car Rental사는 RMS를 실행한 첫 해에 5천 6백만 달러의 매출 증가를 경험하였다.

10-4c 수익관리 시스템RMS: Revenue Management System

다양한 유형의 기업들이 호텔 객실, 비행기 좌석, 렌트카rental car, 이벤트/콘서트 입장권, 크루즈 선박의 객실, 레스토랑 서비스 능력, 전력, 방송에서의 광고 시간 등의 소멸성 자산perishable asset을 관리한다. 소멸성 자산에 대해 서비스 능력을 나타내는 높은 이용률utilization rate이 재무적 성공 요인이기 때문이다.

수익관리 시스템RMS은 수요예측의 동적 방법들dynamic methods, 소멸성 자산의 각 세분시장market segments에 대한 할당allocation, 초과예약overbooking을 받을 시기와 규모의 결정, 고객 유형별 가격 결정 등을 수행한다. 소멸성 자산을 활용한 수익극대화 목표를 달성하기 위해서는 이들 4가지 구성요소 — 예측, 할당, 초과예약, 가격 설정 — 가 상호 조화를 이루어야 한다. 그러므로 RMS기반 운영관리를 종종 수율관리yield management라고 부른다. RMS는 주로 서비스 관련 사업을 위한 의사결정 지원시스템으로서 다양한 형태의 의사결정과 데이터를 통합하는 역할을 수행하여야 한다.

초기 형태의 RMS는 초과예약에 관한 의사결정을 주로 지원하였는데, 매출 극대화를 위한 초과예약 규모를 결정하는 용도였다. 고객이 예약 시간을 지킬 것이라는 믿음을 바탕으로 서비스 제공을 위한 소멸성 자산을 확보해 두었으나 고객이 예약을 어김으로써 발생하는 비용과, 초과예약으로 인해 수요(예약을 지킨 고객 수)가 서비스 능력을 초과하여 서비스 제공에 실패함으로써 발생하는 비용 간에는 상쇄관계trade-off가 있다. 기업은 이들 상쇄관계 속에서 최적의 매출 달성 조건을 찾게 된다. 최신 RMS 소프트웨어는 예측, 할당, 초과예약, 가격설정을 실시간으로 동시에 수행한다. 할당이란 자산을 목표 시장의 카테고리categories 별로 할당하는 작업이다. 예를 들면 일반적으로 항공사들은 여객기 좌석을 일등석first class, 비즈니스석business class, 이코노미석coach class으로 세분화하여 판매하는데, 좌석등급 별로 좌석 수(소멸성 자산의 크기)와 예약정책을 함께 결정한다. 이 때 실시간으로 좌석 할당을 실시하면서 계속 수익 극대화 방법을 탐색한다. 더 이상 수익 극대화 방법을 찾을 수 없을 때 탐색을 멈춘다. 이 과정에서 시간의 변화에 따른 예약현황과 예측치의 변화추이를 보면서 각 세분시장(등급별 좌석수) 규모를 재조정하는 방식으로 수익을 극대화할 수 있는 가격 변경을 시도한다.

많은 기업들이 RMS를 활용하고 있다. 메리어트Marriott는 RMS를 활용하여 매출을 2천 5백만 달러에서 3천 5백만 달러로 향상시켰다. 로얄캐리비언크루즈Royal Caribbean Cruise는 RMS 사용 첫해에 2천만 달러 이상 매출을 향상시켰다. 내셔널카렌탈National Car Rental도 5천 6백만 달러의 매출 증가를 경험했다.

> **입장권, 승차권 등 티켓을 판매하거나 사용할 수 없다면, 이익을 획득할 수 있는 기회를 영원히 놓칠 수 있다.**

극장의 좌석 또한 소멸성 자산의 대표적인 형태이다. 기업들은 RMS를 극장theater, 운동장stadium, 콘서트홀concert seats 등의 관리에 자주 사용한다. 티켓을 팔거나 사용하지 못하면, 그 좌석에 대한 수익 창출 기회를 영원히 놓칠 수 있다.

10-5 학습곡선과 능력요구량 Learning Curves and Capacity Requirements

학습곡선learning curve 이론에 의하면, 생산량이 증가하면서 단위당 직접 인건비direct labor unit cost가 예측 가능한 형태로 감소한다. 예를 들면 대부분의 사람들은 악기연주나 비디오 게임에 좀 더 많은 시간을 투자함으로써 이를 더 잘하거나 더 빠르게 할 수 있다. 이러한 현상은 공장 운영에도 나타난다. 학습곡선은 1920년대 라이트 패터슨Wright Patterson 공군기지에 위치한 항공기 제작공장에서 처음 발견됐다. 보고서에 따르면, 4번째 항공기 제작에 투입한 작업시간labor hours은 2번째 항공기 제작에 투입한 시간의 약 80%에 지나지 않았다. 16번째 항공기 제작에 투입한 작업시간도 8번째 항공기의 80%였다. 그림/표 10.8에서 볼 수 있듯이 제작 일련번호가 높아지면

그림/표 10.8 80% 학습곡선 예

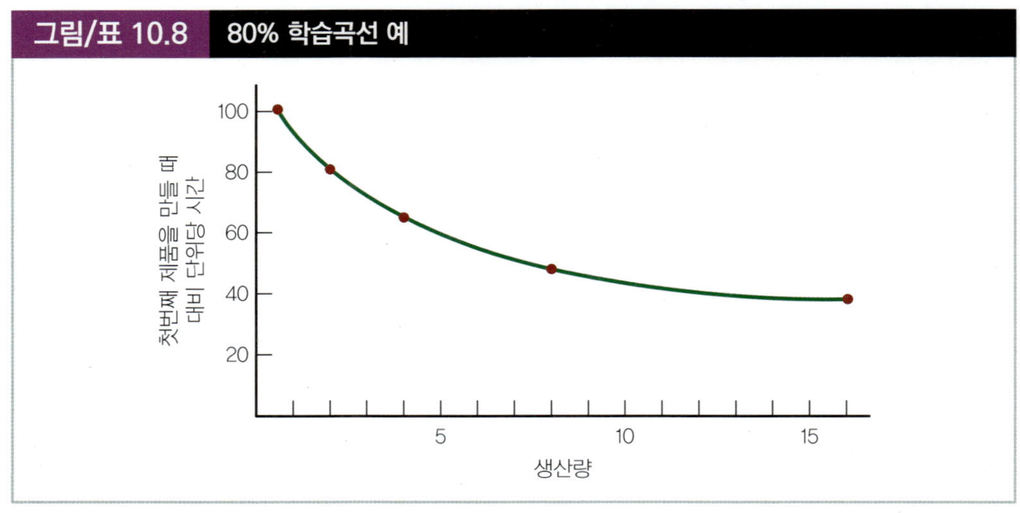

서 제작시간이 감소한다. 2x번째 제품의 생산시간은 x번째 제품 생산시간의 80%라고 한다면, 이를 80%의 학습곡선이라고 부른다. 일반적으로 p% 학습곡선은 생산량이 두배가 될 때 생산시간이 p% 감소함을 의미한다. 학습곡선은 초기에 반응시간이 급격히 감소하다가 후기에는 점차 반응시간의 감소가 더디어지는데level-off 이는 작업자의 숙련도가 더 이상 나아지기 어렵기 때문이다.

학습곡선은 반복작업에 대해 작업시간을 측정할 때 사용한다. 따라서 단기나 장기에 있어서의 능력 요구량을 계산하는데 유용하다. 이런 추정치는 투입할 종업원 수나 제품가격의 결정, 제품비용 추정과 예산 수립, 공급사슬 내 고객 혹은 공급업체와의 협상negotiation에 활용할 수 있다.

학습곡선을 아래와 같이 수학적으로 표현할 수 있다.

$$y = ax^{-b} \qquad [10.5]$$

여기서

x = 생산량

a = 제품의 첫 단위를 생산할 때 필요한 시간

y = x번째 제품 생산에 필요한 시간

b = 100p % 학습곡선의 상수 (만약 p = 0.8이면, 80% 학습곡선을 얻는다.)

학습곡선 엑셀 템플릿은 마인드탭MindTap에서 찾을 수 있다. 엑셀 템플릿에 첫 제품 생산에 소요된 시간과 학습곡선의 %를 입력하면 학습곡선을 계산할 수 있다. 식 [10.5]를 사용하여 학습곡선 템플릿에서 제품 100 단위를 생산할 때 필요한 시간, 각 단위의 누적시간과 누적 평균시간을 계산할 수 있다. 엑셀 템플릿은 차트도 제공한다.

기관차locomotives, 비행기airplanes, 발전기electric power generating turbines, 배ship 등의 제품 생산에도 학습곡선이 나타날 수 있으며, 컨설팅 서비스, 세무사의 서비스, 반복적인 성격의 수술 등의 서비스에도 학습곡선을 적용할 수 있다. 방위산업, 전력산업 등에서는 복잡한 신제품을 도입

문제풀이 10.4 : 학습곡선 계산

제품 첫 단위를 생산하는데 소요된 시간이 3,500분이고, 90%의 학습곡선이라고 가정하고 10번째 제품을 생산하는데 소요한 시간을 구하라. 총 50개 제품을 생산하는데 소요된 단위당 평균누적생산시간cumulative average time for each unit도 구하라.

해답:

학습곡선 엑셀 템플릿을 사용하면 그림/표 10.9의 계산결과와 그림/표 10.10의 단위 시간 및 누적 평균 시간 차트를 얻을 수 있다. 10번째 제품을 생산하는데 2,466분이 소요되었고, 50번째 제품까지 생산하는데 소요된 누적 시간이 112,497분이었다. 따라서 총 50단위 생산까지의 누적 평균 시간은 2,249.9분인데, 이는 1번에서 50번까지의 제품 평균 생산시간이 2,249.9분임을 의미한다. 학습이 이루어지면, 경영자는 학습 결과를 바탕으로 한 능력 요구량을 조정할 수 있다.

그림/표 10.9 학습곡선 엑셀 템플릿

	A	B	C	D	E	F	G	H	I
1	학습곡선								
2	Enter the data only in the yellow cells. This template is designed to compute the production time for the first 100 units.								
3	A chart of the unit time and cumulative average time is given to the right of the tables.								
4	Enter the % learning curve as a whole number, e.g., 80 or 90.								
5									
6	First unit	3500							
7	% learning curve	90%							
8									
9	b	0.1520							
10									
11	단위 수	시간	누적 시간	누적 평균시간		단위 수	시간	누적 시간	누적 평균시간
12	1	3500	3500	3500.0		26	2133.0	64129.3	2466.5
13	2	3150.0	6650.0	3325.0		27	2120.8	66250.1	2453.7
14	3	2961.7	9611.7	3203.9		28	2109.1	68359.2	2441.4
15	4	2835.0	12446.7	3111.7		29	2097.9	70457.0	2429.6
16	5	2740.5	15187.2	3037.4		30	2087.1	72544.1	2418.1
17	6	2665.5	17852.7	2975.5		31	2076.7	74620.8	2407.1
18	7	2603.8	20456.5	2922.4		32	2066.7	76687.6	2396.5
19	8	2551.5	23008.0	2876.0		33	2057.1	78744.6	2386.2
20	9	2506.2	25514.3	2834.9		34	2047.8	80792.4	2376.2
21	10	2466.4	27980.7	2798.1		35	2038.8	82831.1	2366.6
22	11	2430.9	30411.6	2764.7		36	2030.0	84861.2	2357.3
23	12	2399.0	32810.6	2734.2		37	2021.6	86882.8	2348.2
24	13	2370.0	35180.6	2706.2		38	2013.4	88896.2	2339.4
25	14	2343.4	37524.0	2680.3		39	2005.5	90901.7	2330.8
26	15	2319.0	39843.0	2656.2		40	1997.8	92899.5	2322.5
27	16	2296.4	42139.4	2633.7		41	1990.3	94889.8	2314.4
28	17	2275.3	44414.6	2612.6		42	1983.0	96872.8	2306.5
29	18	2255.6	46670.2	2592.8		43	1975.9	98848.8	2298.8
30	19	2237.1	48907.4	2574.1		44	1969.1	100817.8	2291.3
31	20	2219.8	51127.2	2556.4		45	1962.3	102780.2	2284.0
32	21	2203.4	53330.5	2539.5		46	1955.8	104736.0	2276.9
33	22	2187.8	55518.4	2523.6		47	1949.4	106685.4	2269.9
34	23	2173.1	57691.5	2508.3		48	1943.2	108628.6	2263.1
35	24	2159.1	59850.6	2493.8		49	1937.1	110565.7	2256.4
36	25	2145.7	61996.3	2479.9		50	1931.2	112496.8	2249.9

할 때 학습곡선을 활용한다. 구체적으로 인력 등의 능력 측정, 비용 추정, 예산 배정, 생산 일정 수립 등에 학습곡선을 활용한다. 학습곡선이 상황에 따라 달라질 수 있음에도 불구하고 산업계에서는 일반적으로 80% 학습곡선을 표준으로 간주한다. 모든 공정이 기계화되어 있다면 학습은 일어나지 않는다. 따라서 80% 학습곡선은 프로세스가 인력으로 수행하는 작업 대 기계화 작업의 비율이 3:1일 때 발생한다. 반대로 인력 대 기계화 작업 비율이 1:3인 경우에는 대부분 90% 학습곡선을 보인다. 인력 대 기계화 작업의 구성이 각각 1:1이라면 85%의 학습곡선을 보인다.

학습 요인learning factors은 과거 비슷한 제품을 생산할 때의 자료를 통해 추정할 수도 있다.

학습곡선이 확장된 형태가 경험곡선experience curve이다. 경험곡선은 어떤 작업을 하는 경우 경험이 누적됨에 따라 반복된 과업repetitive task, 작업활동work activity, 또는 프로젝트project 수행에 필요한 비용이 감소하는 현상이다. 개선곡선improvement curve, 경험곡선experience curve, 생산개선함수manufacturing progress function 등이 학습 현상을 묘사하는데 사용되고 있다. 시장조사, 소프트웨어 디자인, 수생식물water plant의 엔지니어링 명세서engineering specification 개발developing, 동일 고객에 대한 회계accounting와 재무 감사financial audit, 소프트웨어 통합software integration 등의 분야에서 경험곡선을 활용한다. 기본 가정은 경험곡선은 경험의 양이 두배로 증가하면 비용이 10-30% 감소한다는 것이다. 비용은 인플레효과inflation effect를 제거하기 위해 고정화폐값constant dollars로 변환하여야 한다.

10장 학습목표 요약 Learning Objective Summaries

10.1 **능력 개념을 설명하라.** 능력은 두가지 중 하나로 정의할 수 있다.

1. 단위 시간당 생산 산출량
2. 이용가능한 자원의 양

운영 관리자는 장단기 수요에 대응할 수 있는 적절한 능력 수준을 결정해야만 한다.

단일 설비single facility 내에서 생산하는 제품/서비스 포트폴리오에 제품/서비스를 추가함에 따라 해당 설비가 지나치게 비대화하거나 전문성을 잃을 수 있다. 어떤 경우에는 규모의 비경제성이 나타나고, 단위당 비용이 증가하는데, 이는 각 제품/서비스 생산에 필요한 생산라인, 프로세스, 작업자의 기능과 기술이 상이하기 때문이다. 집중화 공장은 좁은 범위의 제품라인이나 서비스에 집중하고 집중화(전용화)된 설비를 갖추어 (1) 일부 핵심제품, (2) 특정 기술, (3) 특정 프로세스 디자인과 능력, (4) 익일배송과 같은 특정 경쟁중점목표, (5) 세분화된 목표 고객이나 수량에 보다 전념함으로써 "분열시켜 정복하라"는 슬로건을 실천해 왔다.

10.2 **능력을 어떻게 측정하고 어떤 능력 지표를 사용할 것인지 기술한다.** 이론적 능력은 이상적인 운영 조건 하에서 주어진 시간 동안에 만들어 낼 수 있는 산출량의 최대값이다. 능력은 일반적으로 짧은 단위시간 (1분, 1시간, 1교대 등) 동안의 생산량을 비례적으로 늘려서 장시간 생산할 수 있는 최대량으로 계산한다. 유효능력은 정상적인 운영환경에서 장시간 운영될 때 합리적으로 예상할 수 있는 실제능력이다. 안전능력은 갑작스러운 대량주문, 자재 부족, 장비 고장과 같은 예상치 못한 사건에 대비하여 보유하는 능력인데, 공식 [10.1]과 같이 표현한다.

$$\text{이론적 능력} = \text{안전능력} + \text{유효능력} \quad [10.1]$$

많은 기업들이 서로 상이한 특성 (양, 준비시간, 처리시간 등)을 가진 복수의 작업을 관리해야 한다. 작업주문은 고객을 위해 수행해야 하는 작업을 구체화시켜 놓은 일종의 작업명세서로서 필요 생산량, 필요한 프로세스/자원이 기록되어 있다. 주어진 생산량 달성을 위한 필요능력은 다음과 같이 표현한다.

$$\text{필요능력}(C_i) = [\text{준비시간}(S_i) + \text{처리시간}(P_i)] \times \text{주문량}(Q_i) \quad [10.2]$$

C_i = 작업주문 i에 필요한 능력의 시간단위(예를 들면, 분, 시간, 일)

S_i = 작업주문 i로 전환하거나 준비하는데 소요하는 시간. 생산량에 따라 변하지 않는 고정값

P_i = 작업주문 i의 한 단위를 위해 필요한 처리 시간(예를 들면, 시간/부분, 분/업무 등)

Q_i = 주문 i의 크기

모든 작업주문에 대해 요구되는 능력을 합하면 총 능력 요구량을 구할 수 있다. 모든 작업주문의 총능력소요는 능력소요capacity requirements의 합계이다.

$$\Sigma C_i = \Sigma[S_i + (P_i \times Q_i)] \quad [10.3]$$

10.3 **장기 능력확장 전략을 기술하라.** 기업은 장기 능력 계획 수립과정에서 반드시 상쇄관계를 고려해야 한다. 적절한 능력을 보유하지 않을 때의 기회비용과 이를 보유할 때의 비용 간에는 상쇄관계가 발생한다. 능력 비용은 설비나 장비에 대한 초기 투자비용과 이들을 운영 및 유지하는데 필요한 연간 비용을 포함한다. 충분한 능력을 보유하지 않았을 때 발생하는 비용은 판매상실에 따른 기회비용과 시장 점유율 하락에 따른 비용을 포함한다. 특정 기간 동안의 능력 확장에는 4가지 전략이 있는데, 일시에 대규모 확장, 수요맞춤형 소규모 확장, 능력선도형 소규모 확장, 능력지연형 소규모 확장이 바로 그것이다 (그림/표 10.6 참조).

10.4 **단기 능력조정 전략을 기술하라.** 수요가 능력의 평균치보다 많거나 적은 경우가 계속 발생하면, 기업은 수요 변화에 대응하여 능력을 조정해야 한다. 능력조정에는 기업 내부 자원이나 능력을 변경하거나 고객 수요의 일부를 다른 시간대(기간)로 이동시키거나 자극하는 전략을 사용할 수 있다.

단기 능력조정은 여러가지 방법으로 수행할 수 있다. 예를 들면 장비를 추가하거나 공유, 사용하지 않는 능력을 판매, 인적 능력 또는 일정 변경, 기능조합 변경, 여유시간대로 업무량 이동 등의 방법을 활용할 수 있다. 고객 수요에 영향을 미쳐서 수요이동을 유도하는 몇 가지 전형적인 방법이 있다. 예를 들면, 제품/서비스 가격 다양화, 고객에게 정보 제공, 광고와 판촉, 주변재화 그리고/또는 서비스 제공, 예약 서비스 등의 방법을 활용할 수 있다. 수익관리시스템은 가격을 조정을 통해 수요에 영향을 미치고, 결과적으로 기업의 수익극대화에 도움을 준다.

10.5 **학습곡선의 개념과 적용에 대해 설명하라.** 학습곡선 개념은 생산량이 증가하면서 단위당 직접 인건비direct labor unit cost가 예측 가능한 형태로 감소하는 현상을 설명한다. 일반적으로 p% 학습곡선은 2x번째 제품 생산에 소요하는 시간이 x번째 제품 생산에 소요하는 시간보다 p% 감소하는 현상이다. 학습 초기에는 학습곡선의 기울기가 가파르게 감소하지만, 작업자가

점차 해당 과업에 익숙해지면서 기울기가 더디게 감소하는 특성이 있다. 학습곡선은 반복되는 작업의 예상작업 시간을 측정하는데 사용한다. 따라서, 단기 및 장기 능력 요구량을 계산하는데 사용한다. 이런 추정치는 투입할 종업원 수나 제품가격의 결정, 제품 비용 추정과 예산 수립, 공급사슬 내 고객 그리고/혹은 공급업체와의 협상에 활용할 수 있다.

산업계에서는 일반적으로 80% 학습곡선을 표준으로 간주한다. 그러나 인력에 의한 작업과 기계화 작업 비율에 따라 학습곡선 %가 영향을 받는다. 만약 조립라인이 기100% 기계화되어 있다면 학습곡선의 %는 0이다. 만약 조립라인이 인력으로 수행하는 작업 대 기계화 작업 비율이 3:1이라면 80% 학습곡선, 인력 대 기계화 비율이 1:3이라면 90% 학습곡선, 인력 대 기계화 비율이 1:1이라면 85% 학습곡선을 보인다. 학습곡선은 유사한 제품 생산에 관한 자료를 바탕으로 추정 가능한다.

주요용어 KEY TERMS

- 능력Capacity
- 보완재와 보완서비스Complementary goods and services
- 규모의 비경제Diseconomies of scale
- 규모의 경제Economies of scale
- 유효능력Effective capacity
- 경험곡선Experience curve
- 학습곡선Learning curve
- p% 학습곡선p-percent learning
- 예약 Reservation
- 수익관리시스템Revenue management system (RMS)
- 안전능력 (능력쿠션) Safety capacity (capacity cushion)
- 이론적 능력Theoretical capacity
- 작업주문Work order

복습 질문 Review Questions

10.1 1. 능력의 개념을 설명하라.

10.1 2. 규모의 경제와 규모의 비경제에 의해 능력 의사결정은 어떻게 영향을 받는가?

10.1 3. 집중화 공장이란 무엇인가? 집중화 공장은 능력을 어떻게 보다 효율적으로 사용할 수 있도록 만드는가?

10.2 4. 능력이 측정될 수 있는 상이한 방법들에 대해 요약하라.

10.2 5. 왜 안전능력이 중요한가? 생산에서의 안전능력과 서비스 조직에서의 안전능력의 예를 제시하라.

10.2 6. 안전능력과 예상된 능력이 어떻게 관련되어 있는지 설명하라.

10.2 7. 작업주문에 대해 정의하고 제품 생산 산업과 서비스 제공 산업에서의 예를 들어 설명하라.

10.2 8. 준비시간은 무엇인가? 능력 결정에 준비시간이 중요한 이유를 설명하라.

10.2 9. 총시간, 준비시간, 처리시간 간의 관련성을 설명하라

10.3 10. 능력확장에 사용되는 4가지 전략에 대해 토론하라. 각 전략의 위험성과 장점은 각각 무엇인가?

10.3 11. 왜 기업들은 보완재와 보완 서비스를 그들의 생산 라인에 포함시키는가?

10.4 12. 단기능력을 관리하는 다양한 방법에 대해 토론하라.

10.4 13. 예약이 가지는 장점은 무엇인가?

10.4 14. 왜 서비스 조직들은 수익관리 시스템(RMS)을 사용하는가? 장점과 단점은 무엇인가?

10.5 15. 학습곡선의 개념에 대해 설명하라. 학습곡선은 운영관리에서 왜 중요한가?

10.5 16. 경험곡선을 설명하라. 전통적인 학습곡선과의 차이점은 무엇인가?

토론용 질문 및 체험학습 DISCUSSION QUESTIONS AND EXPEROEMTAIL ACTIVITIES

10.1 17. 대학에서 볼 수 있는 규모의 경제와 규모의 비경제의 예들을 제시하고 이에 대해 토론하라.

10.1 18. 집중화공장 개념을 성공적으로 수행하고 있는 조직에 대해 알아보고 간단하 보고서(최대 2페이지)를 작성하라.

10.1 19. 서비스시설에서 집중화 공장개념을 응용한 예를 들고 이를 설명하라.

10.1 20. 그림/표 10.1에 나와 있는 예시 이외의 단기 및 장기 능력 의사결정의 예들을 제시해 보라.

10.2 21. 다음에 적합한 유용한 능력 측정을 정의하라.

a. 맥주 공장
b. 항공사
c. 극장
d. 피자 레스토랑
e. 테마 파크

10.3 22. 등록학생이 늘고 있는 대학에서 그림/표 10.6 중 어떤 전력을 능력확장에 사용해야 할까? 각 전략에 대한 장단점을 토론하라.

10.4 23. 친숙한 사업을 떠올려 보고, 이에 대해 간단히 기술하고, 단기 능력 수준을 조정하는 5가지 방법들이 그 사업에 어떻게 쓰이는지 설명하라.

10.4 24. 본서에는 없는 수익관리revenue management 개념을 응용한 두 가지의 예를 찾아서 각각을 기술하고, 특히 수익관리가 회사에 어떻게 도움을 주었는지 설명하라.

10.5 25. 학습곡선을 적용하기에 적합한 작업 유형은 무엇인지 그 이유와 함께 설명하라.

계산연습문제 Computational Problems and Exercises

본 장에서 설명한 식과 방법을 적용하여 다음 연습문제를 직접 계산해서 풀어 보라.

10.2 26. 어떤 주문이행 프로세스는 하루에 2교대, 일주일에 6일 동안 이루어진다. 이상적인 상황에서 각 교대조는 380개의 주문을 처리할 수 있다. 주별 효과적인 이론적 능력을 계산하라.

10.2 27. 베이커baker 제조회사의 한 제품에 대한 향후 5년 간의 수요 예측치는 다음 표와 같다 (단위: 1,000개).

연도	1	2	3	4	5
수요 예측치	114	129	131	134	133

두 교대조shift에서 8대의 기계를 사용하고 있는데, 각 교대조는 기본 8시간 동안 작업한다. 제품 한 단위 생산에는 26분이 소요된다. 이 회사는 1년에 250일 운영하는데, 1년에 20일은 장비에 대해 정비를 실시한다. 공장의 유효능력을 계산하라.

a. 향후 5개년의 수요 예측치를 바탕으로, 매일 추가 능력이 얼마나 더 필요한가?
b. 이 회사는 기계를 더 구입해야 하는가? 만약 추가로 기계를 구입한다면 몇 대를, 언제 구입해야 하는가?

10.2 28. 히코리Hickory 제조회사의 한 제품에 대한 향후 5년 간의 수요 예측치는 다음 표와 같다 (단위: 1,000개).

연도	1	2	3	4	5
수요 예측치	60	79	81	84	84

현재까지 이 회사는 7대의 기계를 사용하여 2교대로 작업하고 있다. 각 교대조는 각각 8시간 작업한다. 제품 1단위 생산에는 25분을 소요한다. 이 회사는 1년에 250일 근무하고, 1년에 20일을 장비의 정비에 사용한다. 이 회사의 유효능력을 계산하라.

a. 향후 5개년의 예측값을 바탕으로, 매일 추가 능력이 얼마나 필요한가?
b. 이 회사는 기계를 더 구입해야 하는가? 만약 추가로 기계를 구입한다면 몇 대를, 언제 구입해야 하는가?

10.2 29. 한 은행의 고객대출 부서는 필요 직원수를 결정하려고 한다. 이 부서는 매일200건의 대출 심사를 처리해야 하는데, 대출 직원이 한 사람이 1건의 심사 처리에 약 20분을 사용한다. 직원들은 하루 7시간 근무한다. 심사업무 처리를 위해서 몇 명의 대출 심사직원이 필요한가?

10.2 30. 트레저아일랜드Treasure Island 테마파크의 롤러코스터는

16량으로 구성되어 있다. 각 차량은 3명의 승객이 탑승한다. 시간연구에 의하면 롤러코스터 1회 운행에 2.5분이 소요되고, 승객의 승·하차에 3.5분이 소요된다. 시간당 승객 수 기준으로 이 시스템의 이론적 능력을 계산하라.

10.2 **31.** 화이트페이스 산Whiteface Mountain에 위치한 스키 리조트에서는 리프트가 매 4분마다 한번에 4사람을 태우고 중간 슬로프의 정상까지 운행한다. 이 데이터는 다수의 스키 승객들을 조사하여 얻은 결과이다. 스키 승객을 태우는 데는 15초가 소요된다.

a. 시간당 스키 승객 수로 볼 때 이 시스템의 유효능력을 계산하라.

b. 리프트 의자에 한 사람이 자리를 잡고 앉는데 해당 시간의 10%가 소요된다. 시스템의 능력에 영향을 미치는지 설명하라.

c. 스키 초보자들을 내리고 태우기 위해 종종 리프트를 멈출 필요가 있다. 리조트의 운영관리자는 리프트의 능력을 측정하는 데 있어 이러한 운영 행태를 어떻게 측정해야 할까?

10.2 **32.** 피자를 생산하는 기본적인 프로세스는 (1) 피자를 준비하고, (2) 피자를 굽고, (3) 자르고 포장 (레스토랑 내 서비스를 위해서는 큰 접시에 옮긴다)하는 단계로 이루어진다. 피자 준비에는 5분이 걸리고, 굽는 데는 8분, 잘라서 포장하거나 옮기는 데에는 1분이 걸린다. 이 레스토랑은 현재 한 사람이 모든 일을 하고 있다. 시간당 피자 수로 표현한 이론적 능력을 계산하라. 만약 두 사람이 함께 일을 한다고 가정하고 이론적 능력을 계산하라.

10.2 **33.** 한 임상병리실험실에서는 A와 B, 두 가지 유형의 혈액검사를 하고 있다. 준비시간(분), 처리시간(초), 주문크기(테스트 수)는 아래 표와 같다. 각 검사는 항상 새로 준비를 해야 한다. 이 실험실의 총 능력요구량을 분 단위로 계산하라.

혈액 검사	준비시간 (분)	처리시간 (초)	주문크기 (검사수)
A	7.5	84	700
B	6.0	54	500

10.2 **34.** 메디컬솔루션Medical Solutions, Inc.사는 다음 주에 처리해야 하는 클레임이 있는데, 아래 표와 같다. 다음 주는 40시간 근무한다고 가정하자. 동일 유형의 모든 클레임은 한꺼번에 처리한다. 40시간은 충분한 능력인지 설명하라 (힌트: 식 [10.3]을 사용). 만약 능력이 충분하지 않다면, 단기 해결책을 제안하라.

클레임 유형	클레임 수 (작업주문 양)	준비(전환) 시간(시간)	처리시간 (시간)
암 처치	18	3	0.9
척추 부상	12	1	1.6
엉덩이 대체	9	2	0.7

10.2 **35.** 애보트Abbott Manufacturing사는 태양광전지의 플라스틱 케이스를 생산하고 있다. 이 회사는 고객주문들을 결합하여 한꺼번에 생산한다. 이 케이스들을 생산하기 위해 플라스틱 사출기들을 사용한다. 즉 케이스 모델별로 묶음생산batch production을 하고 있다. 사출기들을 청소하고 다시 준비하는 데 많은 시간이 필요하다. 각 사출기와 이를 운영하는 작업자들은 하루에 9시간 교대작업shift을 하는데, 9시간 중 한 시간은 점심과 휴식시간이다. 그리고 30분은 사출기를 청소하고 리셋re-setup하는 데 사용한다. 작업주문을 위한 시간당 총부하량(수요)total workload(demand) 계산하라. 첫째날, 둘째날, 셋째날 얼마나 많은 기계들이 필요한가? 어떻게 이 프로세스를 개선할 수 있을까?

결합된 작업주문	작업주문량 (판넬)	작업주문 당 준비시간 (분)	판넬 당 처리시간 (초)
모델 XVT-5 케이스	9,500	90	2.05
모델 UYT-3 케이스	7,500	75	1.78
모델 KLY-6 케이스	10,800	150	4.31

10.2 **36.** 베닝턴 프로덕츠Bennington Products사는 3개의 기계에서 4개의 제품을 생산하고 있다. 다음 표는 6개월 동안의 생산 일정이다.

	생산일정					
제품	1월	2월	3월	4월	5월	6월
1	200	0	200	0	200	0
2	100	100	100	100	100	100
3	50	50	50	50	50	50
4	100	0	100	0	100	0

각 기계에 요구되는 제품별 시간(시간/제품/기계)은 다음과 같다.

	제품			
기계	1	2	3	4
1	0.25	0.15	0.15	0.25
2	0.33	0.20	0.30	0.50
3	0.20	0.30	0.25	0.10

준비시간은 대략 운영시간의 20 %이다. 6개월 동안 기계 가용시간은 다음과 같다.

기계	1월	2월	3월	4월	5월	6월
1	120	60	60	60	60	60
2	180	60	180	60	180	60
3	120	60	120	60	120	60

이 회사의 능력이 제품 수요를 맞출 만큼 충분한지 판단하고, 이때 사용한 가정을 제시하라.

10.2 **37.** 레스토랑의 보조 관리자로서, 토요일 저녁 메뉴를 위해 몇 명의 서버가 필요한지 주어진 정보를 바탕으로 결정하라.

- 수요(서비스 되어야 하는 식사) = 100 식사/시간
- 서버당 서비스량 = 16 식사/시간

이 문제를 풀기 위해 필요한 가정들은 무엇인가?

10.2 **38.** 앨버트Albert사의 직물 생산 관련 데이터는 다음과 같다.

기계 수 = 5

1년의 작업일 수 = 340

단위당 처리시간 = 60분

a. 8시간을 일하는 단일 작업반(교대 없이)의 연간 능력을 계산하라.

b. 두 개의 작업반(2 교대조)인 경우 연간 능력을 계산하라.

10.2 **39.** 다음은 앨리스Alice사의 조립공장에 대한 데이터이다.

기계 댓수 = 6

1년간 작업일 수 = 340

단위당 처리시간 = 40분

a. 8시간 근무하는 단일 작업반(교대 없이)의 연간 능력을 계산하라.

b. 2개 작업반(2 교대조)이 근무하는 경우 연간 능력을 계산하라.

10.2 **40.** 월씽턴힐Worthington Hills 식료품점은 일반 계산대 5곳과 급행 계산대 1곳이 있다. 급행 계산대는 12품목 이하인 고객들을 서비스한다. 표본조사에 따르면 일반 계산대를 통과하는 데 소요하는 시간은 평균 11분이고 급행 계산대 통과에 소요하는 시간은 4분이다. 이 식료품점은 오전 9시에 개점하고 저녁 9시에 폐점한다.

a. 이 식료품점의 최대 능력(하루에 처리되는 고객 수)는 얼마인가?

b. 아래의 일정에 따라 5곳의 일반 계산대를 운영한다면 요일 별 능력은 얼마인가? 급행 계산대는 항상 열려 있다.

시간/일	월	화	수	목	금	토	일
9–12 오전	1	1	1	1	3	5	2
12–4 오후	2	2	2	2	3	5	4
4–6 오후	3*	3	3	3	5	3	2
6–9 오후	4	4	4	4	5	3	1

*표는 3곳의 일반 계산대가 월요일 오후 4시부터 오후 6시까지 운영한다는 의미이다.

10.2 **41.** '토니즈 세무사 사무실Tony's Income Tax Service'은 소득세 정산기간에 필요한 지원업무 직원의 수를 결정하려고 한다. 이 사무실은 1월 15일에서 4월 15일까지의 기간동안 1주일에 50시간을 일한다. 이때, 한 달은 4주로 구성된다고 가정한다. 업무는 크게 두가지인데, 간편신고서 작성과 상세신고서 작성이다. 이 사무실의 지원업무 직원은 두 가지 문서작성 업무를 담당한다(역자주; 간편신고서short form는 특별한 공제 아이템/기타소득이 없는 경우 쓰는 Form 1040 EZ를, 상세신고서long form은 공제/소득이 복잡한 경우 사용하는 Form 1040 A를 의미한다. 간편신고서는 소득세 신고서 기본양식을, 긴 문서를 소득세 신고서 상세양식으로 이해하면 된다) 간편신고서 작성에는 보통 15분이, 상세신고서 작성에는 50분이 소요된다. 상세신고서 작성이 필요한 고객 중 15%는 소득세 신고가 다소 복잡해서 대략 30분이 추가로 소요된다. 일반적으로 상세신고서를 사용하는 고객과 간편신고서를 사용하는 고객의 구성비는 40대 60이다. 서류를 작성하는 작업들은 85%의 효율성을 보이는데, 이는 직원 근무시간의 85%만이 생산적이라는 의미다. 세무사 토니는 3개월 동안 각각 1,000명, 3,500명, 5,000명의 고객이 서비스를 자신의 이용할 것으로 예상한다. 이 수요를 맞추기 위해서는 월별로 몇 명의 직원이 필요할까?

10.2 **42.** 어떤 주정부의 교통부는 고속도로 300마일 구간을 책임을 지고 있다. 겨울 동안 제설트럭salt trucks은 시간당 25마일의 평균속도로 1마일 당 평균 400파운드pound의 염화 칼슘을 살포해야 한다. 비생산적 운행시간nonproductive travel time 때문에 트럭의 평균 효율성은 60%이다. 생산적 시간productive time은 소금을 뿌리는 시간을 말한다. 2시간 이내에 300마일의 고속도로에 소금을 전부 살포하려면 7톤 트럭 몇 대가 필요한가?

엑셀기반 연습문제 EXCEL-BASED PROBLEMS

문제 풀이를 위해 엑셀Excel이나 마인드탭MindTap에 있는 스프레드시트 템플릿을 사용할 수 있다.

10.2 **43.** 어떤 호텔 연회장에서 컨퍼런스conference 만찬을 준비하고 있다. 연회장에는 8개의 테이블이 있다. 서버server들은 주방에서 조리한 음식을 연회장 테이블로 옮긴다. 한 손님의 음식을 테이블까지 가져가는데 4분이 걸리고, 접시를 테이블에 놓는데 15초가 걸린다. 서비스 능력 엑셀 템플릿을 사용하여 다음의 문제들에 답하라.

a. 만약 20명의 서버가 있다면, 20분에 몇 개 테이블에 서비스를 제공할 수 있는가?

b. 호텔은 20분 내에 140개의 테이블에 서비스를 제공하기를 원한다. 몇 명의 서버가 필요한가?

10.2 **44.** 한 공장은 A, B, C 세 개의 제품을 생산한다. 동일한 드릴이 각 제품 생산에 한 번은 쓰인다. 이 공장은 8시간을 일하는 1개의 작업반을 운영하고, 1달에 20일을 근무한다. 각 제품 1단위 생산에 소요되는 시간은 다음과 같다.

제품	A	B	C
생산 소요시간 (분/단위)	5.0	1.85	7.0

한 달에 10,000개씩 생산하기 위해 필요한 장비 수를 결정하라. 서비스 능력 엑셀 템플릿을 사용하라. (힌트: 정확한 서비스 양을 계산해야 한다.)

10.5 **45.** 어떤 공장은 80%의 학습률learning rate으로 운영한다. 첫번째 단위를 생산하는데 72시간이 걸린다. 학습곡선 엑셀 템플릿을 사용하여 32번째 것을 생산하는데 소요하는 시간을 결정하라. 100번째 단위를 생산하는데 있어 누적 평균시간은 얼마인가?

10.5 **46.** 한 복사기 생산업체에서는 복사기 설치업무를 처음 해보는 기술자가 제품 설치 소요하는 시간에 75% 학습곡선을 적용할 수 있다고 결론지었다. 학습곡선 엑셀 템플릿을 사용하여 다음의 질문들에 답하라.

a. 초보 기술자가 첫 복사기 설치에 소요하는 시간이 4시간일 때, 이 기술자가 두번째와 세번째 복사기 설치 소요 시간을 구하라.

b. 학습률이 60%에서 95%로 변한다고 가정하고, 초보 기술자가 두번째, 세번째 복사기 설치 소요 시간을 구하라.

10.5 **47.** 요트 수피리어Yacht Superior사는 한 요트 렌탈회사rental firm와 보트 납품 계약을 진행중인데, 두 회사는 모델 C314 요트 50척의 총 납품가격을 협상 중이다. 과거 경험을 바탕으로 요트 수피리어사는 직원들과 시스템의 학습률을 75%로, 첫번째 보트 생산에 소요되는 작업시간을 2,750시간으로 추정한다. 학습곡선 엑셀 템플릿을 사용하여 50번째 보트를 제작하는 데 소요되는 시간을 결정하라. 이때, 50번째 보트 제작에 소요되는 누적 평균시간도 구하라. 이 문제에서 제공한 학습곡선 정보는 요트 수피리어사가 인력, 장비 능력을 계획하는 데 어떤 도움을 주는지, 그리고 총 계약금액 결정에 어떤 영향을 줄지 설명하라.

10.5 **48.** 한 생산업체가 앞으로 4개월 동안 (16주로 가정) 특정 제품 16 단위를 공급하려고 한다. 제품 단위 가격은 3만 달러이다. 첫번째 제품 생산에 1,000시간, 두번째 제품 생산에는 750시간이 소요된다. 단위당 자재비용은 22,000달러이고, 시간당 임금은 10달러이며, 간접비용은 1주일에 2,000달러이다. 이 업체 경영진은 다음 질문들에 대한 답을 알고 싶어한다. 학습곡선 엑셀 템플릿을 이용하여 질문에 답하라.

a. 16주 안에 배송하기로 한 고객과의 약속은 지킬 수 있는가?

b. 작업시간은 충분한가? 현재는 1주일에 500시간 작업이 가능하다.

c. 이 모험은 수익성이 있는가?

10.5 **49.** 린다 브라이언트Linda Bryant는 소규모 주택 사업을 시작했다. 고품질 주택을 제공하기 위해 하청subcontracting을 주지 않고 직접 작업팀을 만들어 전체 작업을 수행하기로 했다. 그녀의 회사에는 총 4개의 작업팀이 있다. 린다는 한 개발자와 계약하여 비슷한 유형/크기의 주택 20채를 짓기로 했다. 첫 번째 집을 완성하는데 평균 145일이 걸렸다. 학습곡선 엑셀 템플릿을 이용하여 총 20채 건설 계약 이행에 얼마의 기간이 필요한지 계산하라. 이때 85%의 학습곡선을 사용하라.

애플톤 펄프/제지 공장 Appleton Pulp and Paper Mill

애플톤사는 세계에서 가장 큰 목제forecast products 업체 중 하나이다. 애플톤사가 생산하는 제품군은 다음과 같다: (1) 건축자재building materials (통나무, 합판 등); (2) 백색 용지white papers (프린터용 종이 등); (3) 갈색 용지brown papers (골판지 상자 및 그 재료 등). 경쟁이 치열한 목제 산업에서 생존하기 위해 애플톤사는 저비용 고품질 제품 생산업체로 포지셔닝positioning 해오고 있다. 이를 위해서는 목재 생산 기반인 삼림을 개선하고, 현대화되고 비용 효과적인 목재재단timer conversion 설비 건설에 대규모 투자가 필요하다.

펄프 (걸쭉한 형태의 제지 원료)와 종이를 함께 생산하는 공장에서는 종이를 생산하거나 건조펄프를 만들기 위해 작은 나무조각wood chip을 만들고 화학 처리하는 설비들을 갖추고 있다. 첫째, 펄프공장pulp mill은 나무조각을 화학약품과 함께 압력솥 원리를 이용한 설비로 쪄서 걸쭉한 섬유질 형태의 펄프로 만들고 이를 표백한 후 저장 탱크에 넣는다 (그림/표 10.11).

저장탱크에 보관한 펄프는 필요한 양만큼 제지공장paper mill으로 보내거나 건조기로 보낸다. 제지공장은 펄프를 종이 제품으로 변환시킨다. 건조기에서 펄프는 자체 펄프 생산설비가 없는 제지공장에 판매한다. 건조 펄프 판매는 마진margin이 비교적 높아서 건조기의 능력capacity을 충분히 활용해야 한다. 회사의 통합 생산시스템은 그 규모가 커서 건설에 수억 달러가 소요된다.

펄프공장은 1일 800톤을 생산하는 능력 (800 TPD)을 가지고 있다. 제지공장은 600 TPD의 능력을 보유하고 있다. 건조기의 능력은 200 TPD이다. 공장내 모든 설비들은 정비나 고장으로 정지시간downtime이 발생하는데, 펄프공장에서는 1일 평균 10%의 정지시간이 발생한다. 실제 정지시간은 0%에서 20% 사이에 있다. 예를 들면 어떤 날에는 펄프공장에서 총 작업시간 중 2% 정지시간이 발생한다. 제지공장에서는 1일 평균 5% 정지시간이 발생하고, 보통 1일 0%에서 10% 사이로 정지시간이 발생한다. 건조기는 은 1일 평균 15% 정지시간이 발생하며, 0%에서 30% 사이에서 정지시간이 발생한다 (이러한 상황은 일양분포uniform probability distributions로 모형화할 수 있다 [참고자료 A-확률과 통계, G-시뮬레이션 참조]). 정지시간 때문에 제지공장이나 건조기로 할당되었으나 생산에 사용되지 못한 펄프는 폐기된다.

저장탱크의 능력은 800 TBD로 제한적이다. 만약 저장탱크가 차면, 펄프공장은 그날 생산을 멈춘다. 어느 날이든지 모든 펄프가 생산되거나 저장탱크가 가득 차게 되면, 펄프를 제지공장이나 건조기로 보낸다. 펄프공장의 생산은 다음 날 재개한다.

토론을 위한 사례질문

질문에 답하기 위해 스프레드시트 시뮬레이션 모형을 만들어 사용하라. 참고자료 A와 참고자료 G에 있는 접근법을 사용하여 확률분포를 만들고 시뮬레이션 모형을 실행하라.

1. 1일차 업무 시작 시점에 75톤이 저장탱크에 있었다. 현재

그림/표 10.11 펄프/페이퍼 생산프로세스

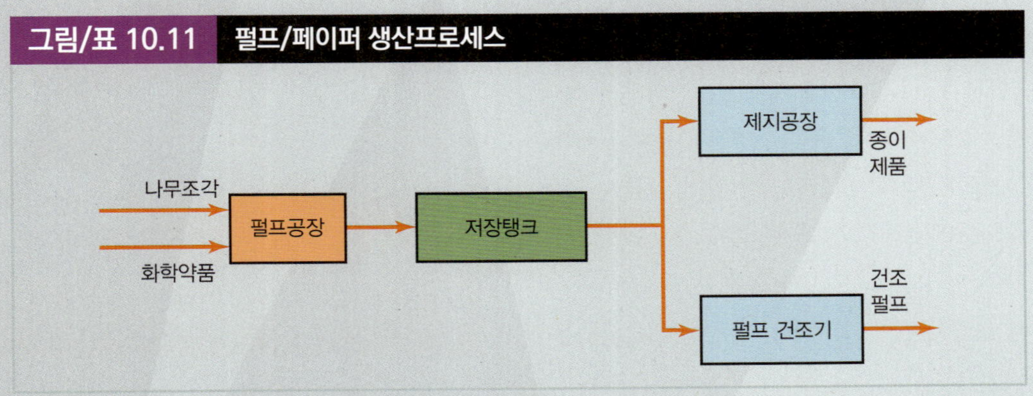

능력capacities (기본값)를 기준하여 볼 때, 건조기와 제지공장에서 한 달 30일을 기준으로 평균펄프 상실량average amount of pulp lost을 구하라.

2. 다음 각 시나리오를 바탕으로 월별 펄프 상실량 추정치를 구하라.
   a. 펄프공장 능력이 기본값 (800 TBD)에서 700 TBD로 감소하는 경우
   b. 펄프공장 능력이 800 TBD에서 900 TBD로 증가하는 경우
   c. 펄프공장 능력이 800 TBD에서 1,000 TBD 이상으로 증가하는 경우
   d. 제지공장 능력이 기본값 (600 TBD)에서 700 TBD로 증가하는 경우
   e. 저장탱크 능력이 기본값 (800 TBD)에서 1,000 TBD로 증가하는 경우
   f. 건조기 능력이 기본값 (200 TBD)에서 300 TBD로 증가하는 경우, 제지공장 생산에 미치는 영향을 설명하라.
3. 신뢰성을 개선하여 모든 공장의 정지시간이 0이 된다면, 어떤 영향이 있는가?
4. 질문 2에 대한 답변을 바탕으로 펄프공장, 제지공장, 건조기, 저장탱크 각각의 능력을 사례연구에서 제시한 기본값보다 높일 때 공장에 미치는 영향을 요약하여 설명하라.

정형외과 전문의 데이비드 크리스토퍼 David Christopher, Orthopedic Surgeon

데이비드 크리스토퍼David Christopher는 켄터키 대학교University of Kentucky와 버지니아 대학교University of Virginia에서 의학학위medical degrees를 취득하고 듀크 대학교의료원Duke University Medical Center에서 외과전문의 수련을 마쳤다. 그는 8년 전 조지아Georgia주 애틀란타Atlanta에서 정형외과 클리닉(clinic, 개인의원)을 개업했다. 현재 크리스토퍼 박사 클리닉에는 그를 포함한 외과의사 2명과, 엑스레이, 간호, 회계, 사무지원을 담당하는 12명의 직원이 있다. 그의 클리닉에서는 정형외과 수술 전문이지만 척추 수술은 하지 않는다. 현재 2명의 외과의사가 연장근무를 해야 할 정도로 클리닉이 성장했다. 크리스토퍼 박사는 외과의사를 추가로 고용할지 고민하고 있다.

수술전문 정형외과 전문의는 의학적, 수술적, 물리적 치료법을 이용한 수족부extremities, 척추와 주변부에 대한 형태/기능의 보전, 관찰, 복원술에 대해 훈련 받는다. 정형외과 전문의는 선천적 기형, 외상trauma, 감염, 종양, 근골격 시스템의 대사장애disturbances, 부상 환자를 치료한다. 또한 척추, 손, 발, 무릎, 엉덩이, 어깨, 팔꿈치의 퇴행성 질환을 앓는 환자도 돌본다. 그리고 근골격계 시스템의 중추 및 말초신경계 병변lesion도 다룬다. 따라서 엉덩이, 손목, 척추 골절을 유발하는 골다공증에 대해서도 잘 알아야 한다. 전통적으로 골절치료는 예후가 좋은 분야이다.

크리스토퍼 박사는 그림/표 10.9와 같은 매주 발생하는 전형적인 클리닉 운영에 관한 데이터를 축적해 왔다. 그 내용을 살펴보면, 두 전문의는 하루에 11시간을 진료하는데, 그 중 한 시간은 점심시간으로 실제 근무시간effective hours은 10시간이다. 모든 수술은 매주 4일간, 오전 7시부터 오후 12시까지 진행한다. 두 전문의는 점심식사 후 오후 1시부터 6시까지는 병원이나 클리닉에서 환자를 진찰한다(역자 주:일반적으로, 미국 전문의는 지역의 종합병원과 제휴하여 수술은 종합병원 수술실에서, 진료는 자신의 클리닉에서 실시한다). 주말과 금요일에는 의사들이 휴진하거나, 학회conference나 직무관련 회의에 참석하거나, 인근 의과대학에서 강의를 한다. 의사들은 안전능력을 매주 10% 정도 유지하기를 원한다. 예정된 수술에서 예상하지 못한 문제가 발생하거나 응급환자가 도착할 수 있기 때문이다.

Rocketclips, Inc./Shutterstock.com

현재 2명의 외과의사가 긴시간 연장 근무를 하고 있다. 크리스토퍼 박사는 외과의사를 추가로 고용할지 고민하고 있다.

준비/교체시간 (이하 교체시간)은 수술과 수술 사이에 필요한 시간으로 의사들이 씻고, 휴식하고, 다음 환자 의료 기록을 살펴보고, 최종적으로 문제가 될 만한 사항을 기록하고, 준비하는데 소요하는 시간이다 (그림/표 10.12). 크리스토퍼 박사는 이런 교체시간이 수술의 질을 높인다고 믿는다. 예를 들면, 수술실의 콘크리트 바닥에 서서 몸을 환자 위로 굽힌 채로 집중하면 다리와 등에 강한 압박을 준다. 크리스토퍼 박사는 교체시간에 잠시 앉아서 휴식을 취하고 싶다. 일부 외과의사들은 다른 환자로 빨리 이동하기도 하지만 크리스토퍼 박사는 휴식 없이 다음 수술을 곧바로 시작하면 의료 사고가 날 수도 있다고 우려한다. 크리스토퍼 박사는 다음 사항을 알고 싶어한다.

토론을 위한 사례 질문

1. 이 클리닉의 현재 주별 업무량 (작업부하)는 얼마인가?
2. 외과의사를 더 고용해야 하는가? 만약 그렇다면 몇 명이 더 필요한가?
3. 환자 수나 수술횟수를 늘려 수익을 극대화하기 위해서는 어떤 변화가 필요한가? 이때, 외과의사 충원은 방법에서 제외한다. 진료의 질은 논외로 한다.
4. 크리스토퍼 박사에게 권고할 내용은 무엇인가? 그 이유를 설명하라.

그림/표 10.12 정형외과 수술의 일주일 간 작업부하 (마인드탭MindTap의 워크시트 정형외과 수술 사례 데이터 활용)

정형외과 수술 과정	수술 교체시간(분)	수술시간(분)	수술 규명	수요(주별 예정된 환자 수)
회전건판 재건술	20	45	B	2
무릎연골 재건술	20	30	B	1
경골/비골 골절	20	60	B	1
아킬레스건 재건술	20	30	B	3
전방십자인대 재건술	20	60	B	3
고관절 골절	20	80	A	0
손목부위 골절	20	60	A	2
발목부위 골절	20	70	A	1
고관절 치환술	30	150	A	2
슬관절 치환술	30	120	A	3
어깨 치환술	40	180	B	1
엄지발가락 치환술	20	90	B	0

통합 사례 연구: 허드슨 쥬얼러스 Integrative Case: Hudson Jewelers

본서 마인드탭MindTap은 허드슨 쥬얼러스Hudson Jewelers 사례 연구 관련 각 장에 있는 학습자료를 통합하여 제공한다.

토론을 위한 사례 질문

1. 다음의 다이아몬드 가치사슬diamond value chain의 각 단계에서 능력을 측정하는 방법을 설명하라. 복수의 측정단위가 사용될 경우 확실히 정의할 필요가 있다: (a) 채굴mining, (b) 절삭과 연마cutting and polishing, (c) 고객별 보석 제작과 표준 보석 제작, (d) 소매상.

11 프로세스 분석 및 자원활용

Process Analysis and Resource Utilization

학습목표

11장을 학습한 후 다음 과제를 수행할 수 있어야 한다:

11-1 자원활용률resource utilization의 계산 및 활용방법을 설명한다.

11-2 프로세스 병목bottlenecks을 식별하고 처리량throughput을 계산한다.

11-3 프로세스 분석을 위해 리틀의 법칙Little's Law을 적용하는 방법을 설명한다.

11-4 대기열waiting line 관리 및 대기행렬 모형의 주요 개념과 계산방법을 이해한다.

11-5 시뮬레이션을 사용하여 대기행렬queueing을 모형화하는 방법을 설명하고 그 성과를 계산한다.

11-6 제약자원이론Theory of Constraints(TOC)의 원리와 개념을 설명한다.

aldomurillo/E+/Getty Images

신시내티Cincinnaiti의 전 행정시장city manager (임명직 시장)인 발레리 레미Valerie Lemmie는 부임하면서 건축물 감독관들에게 건축 허가 프로세스 진행을 위한 "원스톱 샵one stop shop(한 번에 모든 행정처리가 가능한 부서)"이 있는지 물었다. 그들은 "일을 진행하면서 과정에 따라 여러 부서를 거쳐야 합니다."라고 대답했다. 레미 시장은 건축허가 신청 후 최종 승인을 받기까지 절차가 473 단계를 거친다는 것을 발견하였다. 건축/감독과Department of Buildings and inspections의 업무를 분석하기 위해 고용된 컨설턴트는 진단업무 개시 후 일주일 동안 프로세스의 모든 단계에 대한 노트를 작성한 후 건축허가 프로세스를 설명하는 약 30피트 길이의 업무순서도flowcharts를 작성하기에 이르렀다. 레미 시장은 개선이 쉽지 않을 것이라고 인정할 수밖에 없었지만, 한 보좌관은 그에게 다수의 직원들이 자신의 업무를 더 잘 수행할 수 있는 방법을 알고 싶어한다고 언급했다. "그들은 아마도 다른 누구보다도 프로세스 상의 여러 문제점들을 잘 알고 있을 것입니다. 그리고 누구보다 솔루션을 찾는 과정의 일부가 되어야합니다."

어떻게 생각하는가? What Do you Think?

현재 재학중인 대학에서 매우 복잡하거나 과도하게 기다리게 만드는 프로세스를 찾을 수 있는가?

7장에서는 프로세스 선택, 설계 및 개선에 대해 논의했다. 그러나 우수한 고객 서비스를 달성하기 위해 프로세스를 설계하고 개선하려면 8-10장에서 배운 직무와 작업설계job and work design, 예측 작업량forecasting workloads 및 능력capacity 문제에 대한 이해도 필요하다.

신시내티 시청 사례에서는 건축허가 프로세스가 불필요하고 부가 가치가 없는 작업, 비효율적인 자원활용, 과도한 지연으로 인해 프로세스 시간이 길어졌다. 제조 및 서비스 프로세스 분석, 자원사용 방법 이해, 병목현상bottlenecks 식별 및 관리, 고객 대기시간 customer wait times 관리는 운영 관리자에게 중요한 업무이다. 본 장에서는 이들 주제에 초점을 맞춘다. 우수한 고객 서비스는 일상적인 운영 및 프로세스 선택, 설계, 개선 및 분석의 기능이다.

> 뛰어난 고객 서비스는 매일 운영 및 프로세스 선택, 설계, 개선 및 분석을 얼마나 잘 하는지에 따라 결정된다.

11-1 자원활용률 Resource Utilization

유휴 기계, 트럭, 사람, 컴퓨터, 창고 공간 및 프로세스에 사용하는 기타 자원들은 잠재적으로 수익을 저해하는 요소이다. **활용률** utilization은 *작업장 또는 개인이 장기간 평균적으로 실제 자원을 사용중인 시간의 비율이다.* 100% 활용하기는 어렵다. 예를 들면, 공정별 배치로 이루어진 잡샵job shop의 활용률은 65~90%이다. 제품별 배치 중에서도 자동차 생산 프로세스 등의 플로우샵flow shop은 80~95% 사이이고, 정유나 밀가루 생산을 위한 연속흐름 프로세스continuous flow processes의 활용률은 95% 이상일 수 있다. 플로우샵과 연속흐름 프로세스에서는 장비 활용률이 높지만, 잡샵job shop에서는 빈번한 기계 교체 및 대기가 이루어지기 때문이다. 서비스 시설은 자원활용률은 다양하다. 예를 들면, 영화관은 한 달 동안의 좌석 활용률을 계산할 때, 평균 5~20% 활용률을 보이지만, 대부분의 항공사와 호텔은 좌석 및 객실 활용률이 50% 이상이다.

11-1a 자원활용률 계산 Computing Resource Utilization

자원활용률 계산에는 두가지 방법이 많이 쓰인다.

$$\text{활용률utilization} = \frac{\text{사용된 자원resources used}}{\text{가용한 자원resources available}} \quad [11.1]$$

$$\text{활용률utilization} = \frac{\text{수요율demand rate}}{\text{서비스율service rate} \times \text{서버의 수number of servers}} \quad [11.2]$$

방정식 11.1은 사용가능한 자원 중 사용한 자원의 비율로 활용률을 계산한다. 방정식 11.2는 서비스율과 서버의 수를 기반으로 유효 서비스 능력에 대한 수요율로 활용률을 계산한다. 관

문제풀이 11.1 : 방정식 11.1을 활용한 자원활용률 계산

어느 호텔에는 80개의 객실이 있다. 하루에 65개의 객실이 대실이 된 경우 호텔 객실의 활용률을 계산하라.

해답:

$$\text{활용률}_{utilization} = \frac{\text{사용된 자원}_{resources\ used}}{\text{가용한 자원}_{resources\ available}} \quad [11.1]$$

호텔 객실 활용률은

U = 65 객실 / 80 객실 = 65 / 85 = 0.8125 또는 81.25%

리자가 방정식 11.1의 세 변수 중 두 개 또는 방정식 11.2의 네 변수 중 세 개를 알고 있으면 나머지 변수를 구할 수 있다. 두 식 모두 분모와 분자가 같은 단위(시간, 양 등)이므로 무차원dimensionless의 수이다.

방정식 11.2의 수요율과 서비스율은 일정 기간의 평균값이다. 예를 들면, 서비스율은 시간당 고객 5명, 그리고 수요량은 시간당 고객 28명이라고 하자. 실행 가능한 프로세스를 설계하려면 장기간 활용률이 100%를 초과할 수 없다. 문제풀이 11.1 및 11.2는 이러한 식을 사용하여 자원활용률 계산법을 보여준다. 10장의 능력capacity에 대한 논의에서 수식의 분모는 능력을 나타낸

문제풀이 11.2 : 방정식 11.2를 활용한 자원활용률 계산

a. 프린터 완제품 검사 작업장에 시간당 40대의 프린터가 유입되고, 각각 시간당 30대의 프린터를 검사할 수 있는 두 명의 검사원이 있다고 가정하자. 검사 작업장의 활용률을 계산하라.
b. 수요가 시간당 100대의 프린터로 추정된다고 가정한다. 3명, 4명 또는 5명의 검사원이 있는 경우 활용률을 계산하라.
c. 프린터 검사 수요가 시간당 150대인 경우, 최소 80%의 활용률을 달성을 위해 필요한 검사원 수를 구하라.

해답:

a. 방정식 11.2를 활용하고 서버를 검사원으로 가정하면,

$$\text{활용률}_{utilization} = \frac{\text{수요량}_{demand\ rate}}{\text{서비스량}_{service\ rate} \times \text{서버의 수}_{number\ of\ servers}} \quad [11.2]$$

$$U = \frac{40(\text{프린터/시간})}{30(\text{프린터/시간/검사원}) \times 2}$$

$$= \frac{40}{60} = 40/60 = 0.667 \quad \text{또는 } 66.7\%$$

두 검사원이 함께 작업하는 경우 서비스량은 시간당 프린터 60대이다. 수요량이 더 작기 때문에 검사원은 평균적으로 1/3의 시간 동안 유휴 상태에 있다.

b. 3명, 4명, 또는 5명의 검사원이 있는 경우

$$\text{3명의 검사원: } U = \frac{100}{30 \times 3} = \frac{100}{90} = 1.11 \text{ 또는 } 111\%$$

$$\text{4명의 검사원: } U = \frac{100}{30 \times 4} = \frac{100}{120} = 0.833 \text{ 또는 } 83.3\%$$

$$\text{5명의 검사원: } U = \frac{100}{30 \times 5} = \frac{100}{150} = 0.666 \text{ 또는 } 66.7\%$$

3명의 검사원이 있는 경우 활용률이 100%를 초과한다. 따라서 유효 능력이 수요를 처리할 수 없기 때문에 결국 작업이 쌓일 것이다. 검사원이 4명인 경우 활용률은 83.3%이고 검사원이 5명인 경우 66.7%이다. 4명의 검사원을 고용하는 것이 바람직한 해결책이다.

c. 프린터 검사에 대한 수요가 시간당 150대인 경우 최소 80%의 활용률을 달성하려고 할 때, 검사원의 수를 계산하려면 방정식 11.2를 활용한다.

$$0.8 \le 150\ (\text{프린터/시간}) / (30(\text{프린터/시간/검사원}) \times \text{검사원의 수})$$

$$0.8 \times 30 \times \text{검사원의 수} \le 150$$

$$\text{검사원의 수} \le 150/24 = 6.25$$

활용률이 0.8이상을 달성하려면 우변은 서버 수를 기반으로 한 실제 활용률이며, 0.8이상이어야 한다는 점에 유의하여 부등식을 사용했다. 검사원의 수는 정수이어야 하므로 6으로 내림한다. 실제 활용률은

$$U = 150/30 \times 6 = 0.83$$

다. 따라서 활용률은 단순히 능력에 대한 수요량이나 사용한 자원의 비율이다. 즉 사용중인 능력의 비율이다.

이 식을 사용하여 목표 활용률을 달성하기 위한 프로세스 설계 옵션을 파악할 수 있다. 예를 들면, 목표 활용률을 달성하기 위해서 방정식 11.1에서는 사용 가능한 자원양을, 방정식 11.2에서 수요율과 서비스율을 알고 있는 경우, 필요한 서버 수를 알 수 있다. 간단한 대수학algebra을 사용하여 미지의 변수값을 구할 수 있다.

11-2 프로세스 처리량 및 병목현상 Process Throughput and Bottlenecks

7장에서 과업task, 활동activity, 프로세스process, 가치사슬value chain이라는 4가지 계층적 작업수준work level을 확인했다. 대부분의 작업은 하나의 프로세스에서 일련의 작업활동work activities을 통해 수행한다. 예를 들면, 제조 프로세스에서, 하나의 작업job은 한 머신센터machine center (자동화된 공작 기계 중심의 작업장)에서 다음 머신센터로 이동한다. 마찬가지로 보험청구 처리 등의 다수의 서비스 영역에서는 여러 전문가가 수행하는 여러 작업활동work activities이 서비스를 완성한다. *프로세스에서 단위시간당 완료하는 과업의 수나 부품의 개수를* **처리량**throughput이라고 한다. 예를 들면, 일당 부품 수, 분당 거래 건수, 시간당 고객 수 등을 생각하면 된다.

> 전체 프로세스 출력량은 병목지점의 처리량과 동일하다.

전체 프로세스를 통해 달성할 수 있는 처리량을 우선 확인하는 것이 논리적이다. 사슬chain은 가장 약한 연결 고리만큼만 강하다는 옛 속담처럼, 프로세스 산출량은 프로세스를 구성하는 작업활동들 중에서 최소 출력량smallest output rate만큼으로 제한된다. **병목**bottleneck은 *전체 프로세스의 처리량을 실질적으로 제한하는 작업활동이다.* 문제 11.3은 병목을 규명하는 예시이다.

환자 동선 추적 Tracking Hospital Patient Flow

한니발 지역병원Hannibal Regional Hospital은 RFIDradio frequency identification technology를 사용하여 외래 진료실 전체 환자를 추적한다. 환자의 배지badge에는 병원 전체에 설치되어 있는 안테나를 통해 위치를 추적할 수 있는 RFID칩이 내장되어 있다. 병원에는 수술실, 채혈실, 주사실, 방사선실 등의 시설이 있다. RFID 기술 활용의 목표는 환자의 이동흐름과 각 프로세스 단계에서 환자가 대기하는 위치 및 시간을 충분히 이해하는 것이다. 91 병상을 보유한 이 병원의 수술준비 서비스 부장director of preoperative services인 쥬디 패터슨Judy Patterson은 "측정할 수 없는 것은 관리할 수 없습니다."라고 말한다.

환자추적 결과 보고서에 따르면, 외래진료의 20%가 공식 진료시간 이후에 이루어졌다. 이 문제의 해결책은 프로세스 상의 병목을 규명하여 분산하고 환자의 도착시간을 추적하여 시간 단위별blocks of time 환자 진료 일정을 수립하는 것이었다. 그러기 위해서는 의사는 시간을 보다 효율적으로 사용하고, 환자가 언제 도착하는지 더 잘 파악하여야 했다. 일정 수립 및 의사들의 행동 변화로 인한 변화는 크게 두 가지인데, 환자 처치시간이 감소하였고 의사 활용률 증가이다.

RFID 기술은 향후 휴대용 X-ray 기계, 내시경, 수술 도구 및 첨단 카메라와 같은 장비를 추적하는 용도로 사용될 것이다. 이 기술은 분만시 경막외 마취제 펌프 (편집자 주: 산통을 줄이기 위해 분만시까지 마취제를 일정하게 자동 주입하는 펌프)의 위치를 파악하는 시험에도 사용하였다. "우리는 종종 야간 분만 시에 펌프를 찾는 데 어려움을 겪었습니다."라고 패터슨은 말한다.

문제풀이 11.3 : 병목 찾아내기

아처 카운티 법원Archer County Courthouse에서 운전면허증을 갱신하는 절차는 다음과 같다. 먼저 사무원이 신청서를 작성한다. 다음 단계로 사무원이 면허증용 사진을 촬영한다. 마지막 단계로 타이피스트가 정보를 컴퓨터 시스템에 입력하고, 새 면허증을 발급한다. 신청서 작성에 평균 5분, 사진 촬영에 1분, 새 면허증 발급에 7분이 소요된다. 두 명의 사무원과 세 명의 타이피스트가 근무한다. 사무원과 타이피스트 모두 목표 활용률이 80%인 경우 한 시간에 몇 건의 면허증을 처리할 수 있는가?

해답:

사무원들의 서비스율은 면허증 당 5 + 1 = 6분이다. 이것을 시간당 서비스율로 변환하면 시간당 10개의 면허증을 처리한다. 사무원은 독립적으로 일한다. 따라서 두 사무원의 유효 서비스율은 시간당 20개의 면허증이다.

방정식 11.2를 사용하여 사무원이 처리할 수 있는 시간당 면허증 수(수요율)를 구한다.

$$\text{활용률}_{\text{utilization}} = \frac{\text{수요율 demand rate}}{\text{서비스율}_{\text{service rate}} \times \text{서버의 수}_{\text{number of servers}}} \quad [11.2]$$

$$0.8 = \frac{\text{시간당 면허증 수}}{10\ ((\text{면허증/시간/사무원}) \times 2\ (\text{사무원}))}$$

$$\text{시간당 면허증 수} = 0.8 \times (10 \times 2) = 16$$

타이피스트는 면허증 한 건당 7분을 소요하며 타이피스트는 한 시간당 60/7 = 8.57 면허증을 처리한다. 방정식 11.2와 활용률 0.80을 사용하여 타이피스트가 처리할 수 있는 시간당 면허증 발급 건수를 구하면 다음과 같다.

$$0.8 = \frac{\text{시간당 면허증 수}}{8.57\ ((\text{면허증/시간/타이피스트}) \times 3\ (\text{타이피스트}))}$$

$$\text{시간당 면허증 수} = 0.8 \times 25.71 = 20.57$$

시스템 처리율은 직원의 작업 활동에 의해 제한되므로 총 프로세스 출력은 시간당 16개의 면허증이다. 따라서 사무원이 병목자원이다.

프로세스 병목을 식별하고 해결하는 것은 프로세스 설계 및 개선 작업에서 매우 중요하다. 병목을 제거하면 프로세스 속도를 높이고, 대기 및 재공품 재고work-in-process를 줄이며, 고객 서비스를 향상시키고, 자원을 보다 효율적으로 사용할 수 있다. 병목에 대한 분석은 대체가능한 프로세스 설계를 평가하고 선택하는데 필요한 통찰력을 제공한다.

7장에서 식당 주문 게시 및 주문처리 프로세스의 예를 살펴봤다(그림/표 7.6 참조). 프로세스는 5가지 작업 활동으로 구성한다.

- 작업활동 1: 요리사가 주문이 정확한지 확인한다.
- 작업활동 2: 요리사가 재료를 준비한다.
- 작업활동 3: 요리사가 곁들임 음식을 준비한다.
- 작업활동 4: 오븐으로 주문한 음식을 조리한다.
- 작업활동 5: 요리사가 주문한 음식을 접시에 예쁘게 담는다.

그림/표 11.1은 그림/표 7.6의 작업활동에 대한 프로세스 일부를 보여준다. 활동 3과 4는 주문한 요리가 오븐에서 조리되는 동안 요리사가 곁들임 음식을 준비하면서 동시에 수행한다.

그림/표 11.2는 한 명의 요리사와 두 대의 오븐을 사용한 각 작업활동에 대한 산출률output rates과 활용률을 분석한다. 작업 활동3을 고려해야한다. 이 활동에 대한 기간별 산출량output per

그림/표 11.1 레스토랑 주문 처리 프로세스

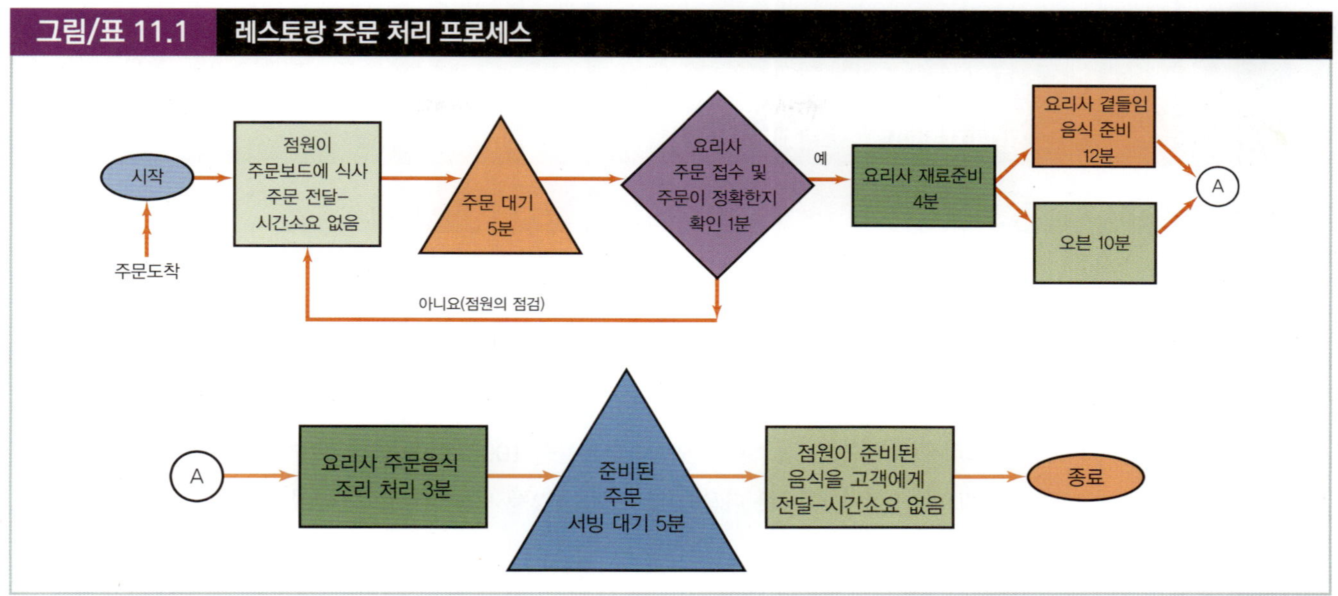

time period은 다음과 같다.

(1명의 요리사 × 60분/시간) / (12분/주문) = 5주문/시간

이것은 식 11.2의 분자가 된다.

그림/표 11.2의 5번째 줄에 있는 값들은 식 11.2를 사용하여 다음과 같이 계산할 수 있다.

활용률 utilization = 수요율 demand rate / (서비스율service rate × 서버의 수number of servers) [11.2]

U = 20 (시간당 주문수요) / (5(시간당 주문처리) × 1(요리사수)) = 4.0 즉 400%

다른 작업 활동에 대한 산출률output rates 및 활용률은 동일한 방식으로 계산한다.

앞에서 언급했듯이 활용률이 100%를 초과할 때마다 작업(주문)이 해당 자원 앞에 계속해서 쌓이게 된다. 작업활동 3의 요리사 활용률은 400 %이고 해당 산출률output rate은 시간당 5개 주문으로 모든 작업활동 중 가장 높은 활용률과 가장 낮은 산출률을 기록했다. 분명히 이 작업은 프로세스에서 가장 제약이 되는 활동이며 병목 지점이다. 이 프로세스는 노동자원 가용성에 의해 제약되며 더 많은 자원을 필요로 한다.

그림/표 11.2 레스토랑 주문처리 프로세스의 활용률 분석(요리사 1명, 오븐 2대)

	작업활동 1 (요리사 주문이 정확한지 확인)	작업활동2 (요리사 재료 준비)	작업활동 3 (요리사 곁들임 음식 준비)	작업활동 4 (오븐)	작업활동 5 (요리사 주문음식 조리)
주문도착률	20 주문/시간	20 주문/시간	20 주문/시간	20 주문/시간	20 주문/시간
주문당 소요시간	1분	4분	12분	10분	3분
자원	요리사 1명	요리사 1명	요리사 1명	오븐 2대	요리사 1명
시간당 주문처리	60 주문/시간	15 주문/시간	5 주문/시간	12 주문/시간	20 주문/시간
자원활용률 (요리사 1명, 오븐 2대)	33%	133%	400%	167%	100%

그림/표 11.3 수정된 레스토랑 주문처리 프로세스의 활용률 분석 (요리사 1명, 오븐 2대)

	작업활동 1 (요리사 주문이 정확한지 확인)	작업활동2 (요리사 재료 준비)	작업활동 3 (요리사 곁들임 음식 준비)	작업활동 4 (오븐)	작업활동 5 (요리사 주문음식 조리)
자원활용률 (요리사 1명, 오븐 2대)	8.33%	33%	100%	167%	25%

프로세스의 산출률을 향상시키는 유일한 방법은 병목 지점의 산출률을 높이는 것이다. 프로세스 병목을 식별하고 해결하는 작업은 프로세스 분석 및 개선의 중요한 부분이다. 병목현상을 제거하면 처리율을 높이고 재공품 재고를 줄이며 자원을 보다 효율적으로 사용할 수 있다.

고려해야 할 점은 작업활동 3에서 활용률을 100% 미만으로 낮추기 위해 얼마나 많은 요리사가 필요한가이다. 이것은 다음과 같이 식 11.2를 사용하여 찾을 수 있다.

$$U = 1.0 \geq 20(\text{주문/시간}) / (5(\text{주문/시간}) \times \text{요리사의 수})$$

$$5 (\text{주문/시간}) \times \text{요리사의 수} \times 1.00 \geq 20 (\text{주문/시간})$$

$$\text{요리사의 수} \geq 20/5 = 4$$

그림 11.3과 같이 4명의 요리사가 근무하는 경우의 자원활용률을 다시 계산하였다. 예를 들면, 작업활동 1에 대한 요리사의 활용률은 다음과 같이 계산한다.

$$U = 20(\text{주문/시간}) / (60(\text{주문/시간}) \times 4(\text{요리사 수})) = 0.0833 \text{ 즉 } 8.33\%$$

노동 집약적인 작업활동의 활용률은 감소했지만, 작업활동 4의 오븐은 167%의 활용률로 병목이 되었다. 이 프로세스에서 이전에는 노동력(요리사)이 전체 프로세스를 제약하는 상황에서 지금은 장비(오븐)가 제약하는 상황으로 바뀌었다. 필요한 오븐의 수를 결정하기 위해 식 11.2를 활용한다.

$$U = 1.0 \geq 20(\text{주문/시간}) / (6(\text{주문/시간}) \times \text{오븐의 수})$$

$$6 (\text{주문/시간}) \times \text{오븐 수} \times 1.00 \geq 20 (\text{주문/시간})$$

$$\text{요리사 수} \geq 20/6 = 3.33$$

그림/표 11.4 수정된 레스토랑 주문처리 프로세스의 활용률 분석 (요리사 4명, 오븐 4대)

	작업활동 1 (요리사 주문이 정확한지 확인)	작업활동2 (요리사 재료 준비)	작업활동 3 (요리사 곁들임 음식 준비)	작업활동 4 (오븐)	작업활동 5 (요리사 주문음식 조리)
주문도착률	20 주문/시간	20 주문/시간	20 주문/시간	20 주문/시간	20 주문/시간
주문당 소요시간	1분	4분	12분	10분	3분
자원	요리사 4명	요리사 4명	요리사 4명	오븐 4대	요리사 4명
시간당 주문처리	240 주문/시간	60 주문/시간	20 주문/시간	24 주문/시간	80 주문/시간
자원활용률 (요리사 1명, 오븐 2대)	8.33%	33%	100%	83%	25%

그림/표 11.5 **4명의 요리사와 4대의 오븐을 사용한 레스토랑 주문 처리 프로세스 산출률**

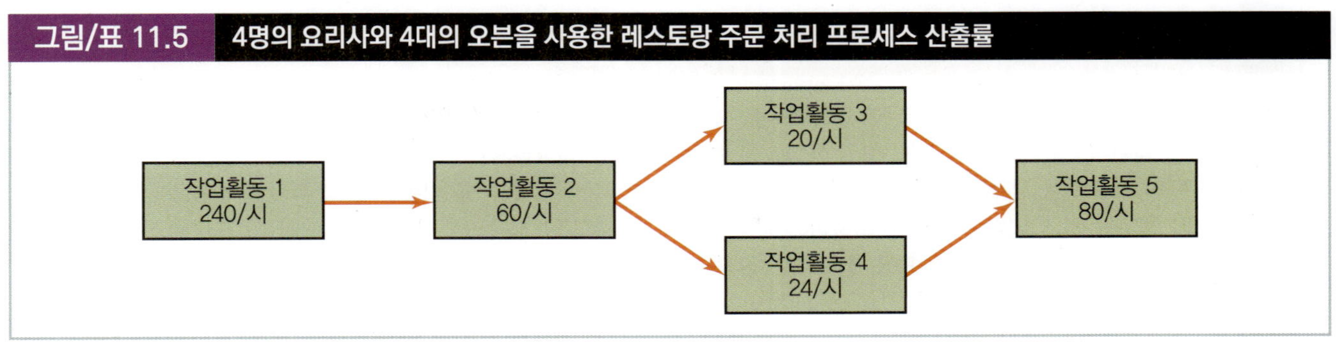

그림/표 11.6 **4명의 요리사와 4대의 오븐을 사용한 레스토랑 주문 처리 프로세스 산출률**

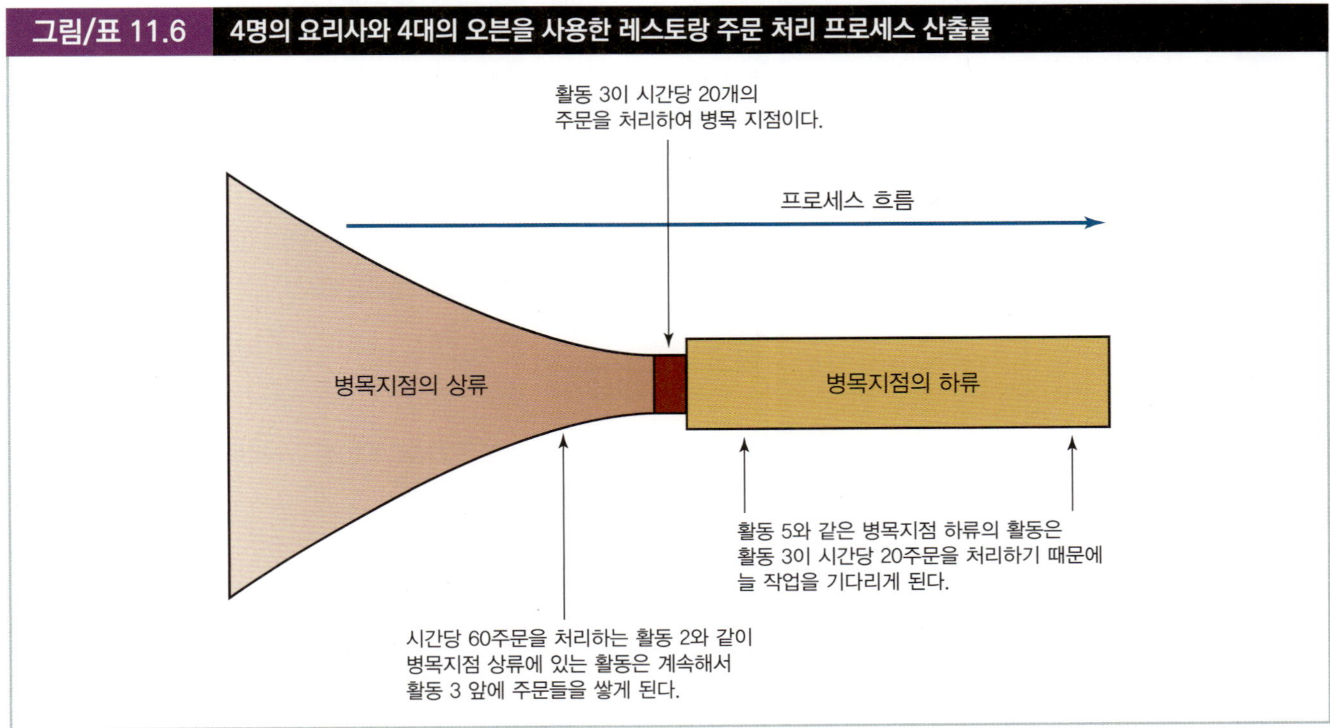

오븐 4대의 활용률은 다음과 같다.

$$U = 20(\text{주문/시간}) \,/\, (6(\text{주문/시간}) \times 4(\text{오븐 수})) = 0.83 \text{ 즉 } 83\%$$

그림/표 11.4는 4명의 요리사와 4대의 오븐을 사용하는 경우의 프로세스 분석을 요약하여 보여준다. 다시 말하면 작업활동 3은 산출률이 가장 낮고 (시간당 주문 20개) 활용률이 가장 높으며, 병목활동으로 남아 있다. 처리율을 개선하는 유일한 방법은 요리사를 추가로 고용하거나 작업속도를 높이는 것이다 (예: 주문 당 요리사의 시간을 줄여 생산 속도를 높임).

그림/표 11.5는 그림/표 11.4의 출력속도를 보이는 프로세스 흐름도를 보여준다. 산출률이 가장 낮은 작업활동 (시간당 20 개의 주문이 있는 활동 3)이 병목활동이다. 그림/표 11.6은 이 프로세스의 병목현상을 깔때기funnel에 비유하여 보여준다. 작업활동 5는 주문을 완료하기 전에 작업활동 3으로부터 전달되는 작업을 기다려야 한다. 따라서 작업활동 5는 늘 작업 대기중이다.

문제 11.4는 병목을 식별하고 처리율을 늘리기 위한 대안을 탐색하는 문제이다.

문제풀이 11.4 : 병목현상 평가 및 개선

자동차 보험청구 처리에는 그림/표 11.7에 표시된 네 가지 작업활동을 포함한다. 괄호 안의 숫자는 청구 1건을 완료하고 처리하는 데 소요되는 시간(분)이다. 수요는 시간당 평균 20개이며 각 청구는 각 작업활동 별로 처리하여야 한다. 사무직원이 작업활동 A를, 코딩 담당은 B를, 청구 분석담당은 C를, 청구 심사담당 D를 수행한다.

a. 목표 활용률이 80% 이상이라고 가정할 때, 몇 명의 사무직원을 고용해야 하는가?

b. 각 작업활동에 2명의 직원이 있는 경우, 전체 직원 활용률은 얼마인가?

c. 각 작업활동 (활동당 두 명의 직원을 가정한 경우)에 대한 시간당 청구의 산출률output rate과 이 프로세스 전체의 처리율throughput rate은 얼마인가? 병목구간은 어디인가?

d. (c)에 기술된 인력수준을 고려할 때, 총 프로세스 처리율을 어떻게 늘릴 수 있는가? 몇 가지 실용적인 옵션을 제안하고 수리적으로 분석하라.

그림/표 11.7 문제 11.4의 작업 흐름도

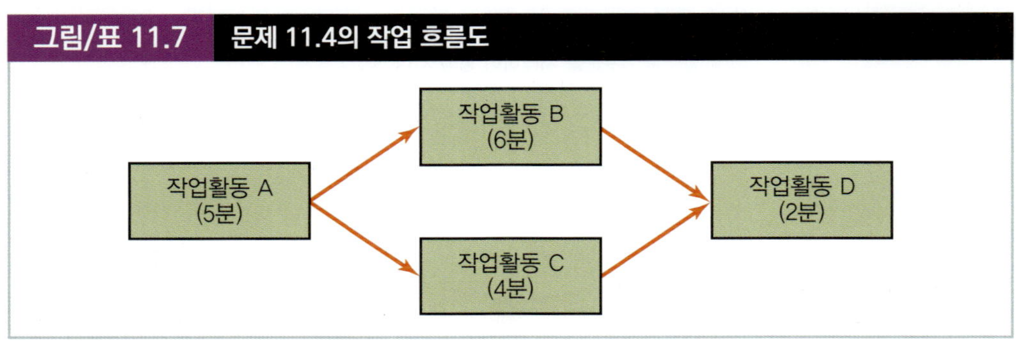

해답:

먼저 서비스율을 청구/시간으로 계산한다.

사무직원: 서비스율 = 5(분/청구) 또는 12 (청구/시간)
코딩 담당: 서비스율 = 6(분/청구) 또는 10 (청구/시간)
청구 분석담당: 서비스율 = 4(분/청구) 또는 15 (청구/시간)
청구 심사담당: 서비스율 = 2(분/청구) 또는 30 (청구/시간)

방정식 11.2를 사용하면 다음과 같다.

$$\text{활용률}_{\text{utilization}} = \frac{\text{수요율}_{\text{demand rate}}}{\text{서비스율}_{\text{service rate}} \times \text{서버의 수}_{\text{number of servers}}} \qquad [11.2]$$

a. N을 직원의 수로 하자. 목표 활용률은 80%이다.

$$0.80 \le 20/(12 \times N)$$
$$9.6N \le 20$$
$$N \le 2.08 \text{ 또는 } 2\text{명}$$

b. 사무직원:

U = 20(청구/시간) / (12(청구/시간) × 2(직원수))
= 0.833 또는 83.3%

코딩 담당:

U = 20(청구/시간) / (10청구/시간) × 2(직원수))
= 1.00 즉 100%

청구 분석담당:

U = 20(청구/시간) / (15(청구/시간) × 2(직원수))
= 0.667 또는 66.7%

청구 심사담당:

U = 20(청구/시간) / (30(청구/시간) × 2(직원수))
= 0.333 또는 33.3%

c. 각 작업활동의 산출율은 식 11.2의 분모이다.

활동 A: 12 (청구/시간/직원) × 2 (직원수)
= 24 청구/시간
활동 B: 10 (청구/시간/직원) × 2 (직원수)
= 20 청구/시간
활동 C: 15 (청구/시간/직원) × 2 (직원수)
= 30 청구/시간
활동 D: 30(청구/시간/직원) × 2 (직원수)
= 60 청구/시간

프로세스 처리율이 병목(활동 B, 20 청구/시간)에 의해 제약된다.

d. 한 가지 개선 옵션은 인건비가 증가하기는 하지만, 세번째 코딩 담당을 채용하는 것이다. 이 조치는 다른 모든 자원의 수준과 산출률이 동일할 때 활동 B의 산출률을 10개의 청구/시간/직원 × 3 (직원수) = 30 청구/시간으로 높인다. 그 결과로 병목은 이제 작업활동 A가 된다. 전체 산출률은 시간당 24개 청구로 20% 높아졌다.

프로세스 처리율을 높이기 위한 다른 옵션으로는 서비스 속도 향상, 자원의 추가 또는 작업활동 간의 인력 이동이 있다. 예를 들면, 만약에 사무직원의 서비스 속도를 시간당 12개청구에서 시간당 15개 청구로 높이고, 청구 심사담당 중 한 명을 코딩 담당으로로 전환시키는 경우 산출률은 다음과 같다.

11-3 리틀의 법칙 Little's Law

프로세스를 통해 움직이는 사람, 주문, 작업, 문서, 돈 및 기타 개체들은 언제든지 여러 작업활동에서 완료단계에 있거나 대기열에서 기다릴 수 있다. **흐름시간(또는 사이클시간)** flow time or cycle time은 *프로세스 한 사이클을 완료하는 데 소요되는 평균시간이다.* 흐름시간은 필요한 과업을 수행하는 데 걸리는 실제 시간 뿐만 아니라 얼마나 많이 재공품WIP 단계에 있는지에 따라 달라진다. **리틀의 법칙**Little's Law은 *흐름시간(T), 처리량(R), 재공품(WIP) 간의 관계를 설명하는 간단한 방정식이다.*

재공품WIP = 처리량throughput × 흐름시간flow time

또는

$$\text{WIP} = R \times T \qquad [11.3]$$

리틀의 법칙은 프로세스 능력을 평가하는 간단한 방법이다. 세 변수 중 두 개를 알고 있으면 리틀의 법칙을 사용하여 나머지 변수를 계산할 수 있다. 리틀의 법칙은 다양한 유형의 제조 및 서비스 운영에 적용할 수 있다. 문제풀이 11.5 ~ 11.8을 참고하길 바란다. 문제풀이 11.8은 리틀의 법칙이 재무에서 실무적으로 적용됨을 보여준다.

문제풀이 11.5 : : 리틀의 법칙을 활용하여 WIP 계산하기

투표소가 시간당 평균 50명(처리량)을 처리하고, 각 유권자가 투표 프로세스를 완료하는 데 평균 10분(흐름시간)이 걸린다고 가정하자. 평균적으로 몇 명의 유권자가 투표를 하고 있는가?

해답:

식 11.3을 활용하면 WIP를 계산할 수 있다.

WIP = $R \times T$
= 50유권자/1시간 × 10분/60분/1시간
= 8.33 유권자

따라서 평균적으로 시설 내에 약 8~9명의 유권자를 머무를 것으로 예상한다. 그림/표 11.8은 이 문제를 해결하기 위해 MindTap에서 엑셀 템플릿을 활용하여 리틀의 법칙을 적용하는 방법을 보여준다. 시간단위를 통일하기 위해 흐름시간 단위를 분에서 시간으로 변환하였다.

그림/표 11.8 WIP계산 위한 리틀의 법칙 엑셀 템플릿 활용

	A	B	C	D	E
1	Little's Law		Copyright © 2017 Cengage Learning		
2			Not for commercial use.		
3	Enter any two of the three values only in the yellow cells				
4	and the spreadsheet will calculate the third.				
5					
6	Throughput (R)	50			
7	Flow time (T)	0.16666667			
8	Work-in-process (WIP)				
9					
10	Throughput (R)				
11	Flow time (T)				
12	Work-in-process (WIP)	8.33			

리틀의 법칙은 장기간의 평균을 사용하여 전체적으로 재공품, 처리량 및 흐름시간 간의 관계를 설명한다. 이는 프로세스를 설계하고 관리하는데 유용한 통찰력을 제공하지만, 도착 및 서비스 속도의 무작위성과 제조 및 서비스 시스템에 자주 발생하는 동적인 상황들을 반영하지 못한다. 다음에 논의할 대기행렬 모형은 이러한 문제를 해결한다.

문제풀이 11.6 : 리틀의 법칙을 활용한 처리량 계산

은행의 대출 부서에서 신청을 처리하는 데 평균6일(0.2개월)이 걸리고(흐름시간), 내부 심사에서 약 100개의 신청이 여러 단계에서 머무르고 있을 때(WIP), 처리량은 얼마인가?

해답:

리틀의 법칙에서 $T = 0.2$ 이고, WIP = 100 신청이다. 식 11.3을 사용하여 부서의 처리량을 다음과 같이 계산한다.

$$R = \text{WIP} / T$$
$$= 100 \text{ (신청)} / 0.2 \text{ (월)}$$
$$= 500 \text{ 신청/월}$$

그림/표 11.9는 스프레드시트 템플릿의 사용법을 보여준다.

그림/표 11.9 리틀의 법칙 엑셀 템플릿을 활용한 처리량 계산

	A	B	C	D	E
1	Little's Law		Copyright © 2017 Cengage Learning		
2			Not for commercial use.		
3	Enter any two of the three values only in the yellow cells				
4	and the spreadsheet will calculate the third.				
5					
6	Throughput (R)				
7	Flow time (T)	0.2			
8	Work-in-process (WIP)	100			
9					
10	Throughput (R)	500.00			
11	Flow time (T)				
12	Work-in-process (WIP)				

문제풀이 11.7 : 리틀의 법칙을 활용한 흐름시간 계산

한 레스토랑에서 주당 400개의 피자를 만들고, 각 피자는 1/2 파운드의 반죽dough을 사용하며 일반적으로 70 파운드의 반죽 재고를 유지한다고 가정한다. 반죽이 사용되기 전 재고로 대기하는 평균시간을 계산하라.

해답:

R = 200 파운드/주 이고 WIP = 70파운드일 때 흐름시간을 계산하려고 한다.

리틀의 법칙을 사용하면 흐름시간을 계산할 수 있다.

$$T = \text{WIP} / R = 70/200$$
$$= 0.35 \text{ 주 또는 } 2.5 \text{ 일}$$

이 정보는 반죽 신선도를 확인하는데 사용할 수 있다. 그림/표 11.10은 스프레드시트 템플릿의 사용법을 보여준다.

그림/표 11.10 리틀의 법칙 엑셀 템플릿을 활용한 흐름시간 계산

	A	B	C	D	E
1	Little's Law		Copyright © 2017 Cengage Learning		
2			Not for commercial use.		
3	Enter any two of the three values only in the yellow cells				
4	and the spreadsheet will calculate the third.				
5					
6	Throughput (R)	200			
7	Flow time (T)				
8	Work-in-process (WIP)	70			
9					
10	Throughput (R)				
11	Flow time (T)	0.35			
12	Work-in-process (WIP)				

문제풀이 11.8 : 가치사슬에 리틀의 법칙 적용하기

에어컨용 공기압축기 제조업체는 가치사슬에 너무 많은 자금이 묶여 있지 않을까 우려한다. 평균 원자재 및 재공품 재고는 5천만 달러이다. 매출sales은 주당 2천만 달러이고, 완제품 재고는 평균 3천만 달러이다. 평균 미수금accounts receivable은 6천만 달러이다. 공기압축기를 생산하는데 평균 1주가 걸리며 일반적인 판매 흐름시간은 2주이다. 1년은 50주로 가정한다. 가치사슬은 다음과 같다.

원자재 및 재공품 재고 ⟶ 생산 ⟶ 완제품 ⟶ 판매 ⟶ 채권처리 (미수금 처리)

가치사슬의 각 단계에 대한 처리량, 흐름 시간 및 WIP를 식별하고 다음 질문에 답하라.

a. 이 시스템의 흐름단위flow unit는 무엇인가?
b. 처리율 금액(달러)의 총 흐름시간total flow time은 얼마인가?
c. 가치사슬에서 평균재고의 달러 가치는 얼마인가?
d. 생산, 판매 또는 매출채권처리의 세 가지 프로세스 중 이 업체가 묶여 있는 자금을 푸는데 가장 적합한 프로세스는 무엇인가?
e. 경영진이 미수금 프로세스를 개선하여 미수금이 미수금 재고(처리 및 수금)에 묶여 있는 시간을 절반으로 줄일 수 있다면 평균 미수금 재고의 목표 수준은 얼마인가?
f. 이 분석에서 추가적으로 무엇을 확인할 수 있는가?

해답:

그림/표 11.11은 가치 사슬의 각 단계에 대한 처리량, 흐름 시간 및 작업 진행 과정을 나타낸다. 정사각형의 숫자는 문제에서 주어진 것이고 타원의 숫자는 계산하여야 한다.

그림/표 11.11 에어컨 압축기 제조업체의 흐름시간 분석

WIP = $R \times T$	원자재 및 재공품 재고	생산	완재품 재고	판매 프로세스	채권처리
WIP	$50m	$20m	$30m	$40m	$60m
R	$1,000m/yr	$1,000m/yr	$1,000m/yr	$1,000m/yr	$1,000m/yr
T	0.05년	0.02년	0.03년	0.04년	0.06년

a. 흐름단위는 1 처리율 달러throughput dollar ($)이다.
b. 먼저 그림/표 11.11의 계산을 검토하여야 한다. 가치사슬의 각 프로세스에 대한 흐름시간을 더하면 0.05 + 0.02 + 0.03 + 0.04 + 0.06 = 0.20 년 또는 10 주된다.
c. 그림/표 11.11을 사용한 답은 $ 50m + $ 20m + $ 30m + $ 40m + $ 60m = $ 200m 이다.
d. 미수금은 6천만 달러이고, 미수금을 처리하고 수금하는데 평균 0.06년 또는 3주가 걸린다. 사실 미수금(달러)은 생산이나 재고 비용만큼 가치가 있다.
e 소요되는 시간을 절반으로 줄이면, 기존 $ 60m대신 미수금 재고는 WIP = $R \times T$ = $ 1,000m/년 × 0.03년 = $ 3천만이 되고, 이 개선 방안은 다른 목적을 위한 자금을 확보하도록 하거나 현금흐름과 대출의 필요성를 낮춘다.
f 미수금은 총 유동시간의 30% (3/10)와 사업 운영에 필요한 총현금의 30%를 ($ 60m/$ 2억)을 차지한다. 그림/표 11.11을 참조하라.

11-4 대기행렬 관리 Managing Waiting Lines

대기행렬queue은 *대기하고 있는 행렬, 즉 대기줄*waiting line*이다*. 대기행렬은 수요량과 서비스량에 불확실성이 존재하는 경우, 제조 및 서비스 프로세스 모두에서 일상적으로 발생한다. 직무job는 기계와 작업장에서의 처리를 기다리고, 고객은 은행, 식료품 점 및 기타 시설에서 서비스를 받기 위해 대기줄에서 대기한다. 대기행렬을 이해하면 현재 및 대체 프로세스 설계를 분석하여 해당 동작을 이해하고, 프로세스 성능을 예측하고, 자원을 더 잘 할당할 수 있다. 대기행렬 모형queueing models을 활용하면 관리자가 대기시간, 대기줄 길이, 시스템 또는 서버 유휴시간과 같은 주요 성능을 측정하고 이해하는데 도움이 되므로 자원을 보다 효과적으로 관리하고 고객 만족도를 높일 수 있다.

11-4a 대기행렬 시스템의 특성 Queueing System Characteristics

대기행렬 시스템queueing system*은 서비스를 받기 위해 도착하는 고객, 서비스를 제공하는 한 단위 이상의 서버*server*, 서버가 사용 중일 때 서비스를 기다리는 개체*entities*의 대기행렬로 구성된다.* 고객은 반드시 사람일 필요는 없으며, 수리 대기중인 기계, 이륙 대기중인 비행기, 기계 조립에 쓰이기 위해 대기중인 하위 부품, 처리 대기중인 컴퓨터 프로그램 또는 고객 서비스 담당자를 기다리는 전화 통화가 될 수도 있다. 서버는 점원, 고객 서비스 담당자, 수리 담당자와 같은 사람이 될 수도 있으며, 공항 활주로, 공작 기계, 수리 구역repair bay, ATM 또는 컴퓨터일 수도 있다. 대부분의 경우 대기행렬은 은행이나 식료품 점에서 경험하는 것처럼 물리적인 대기줄waiting line이다. 처리를 기다리는 컴퓨터 작업이나 온라인 처리를 기다리는 신용카드 거래와 같은 경우에는 대기

그림/표 11.12 (a) 단일 대기-병렬 서버와 (b) 복수 대기-병렬 서버

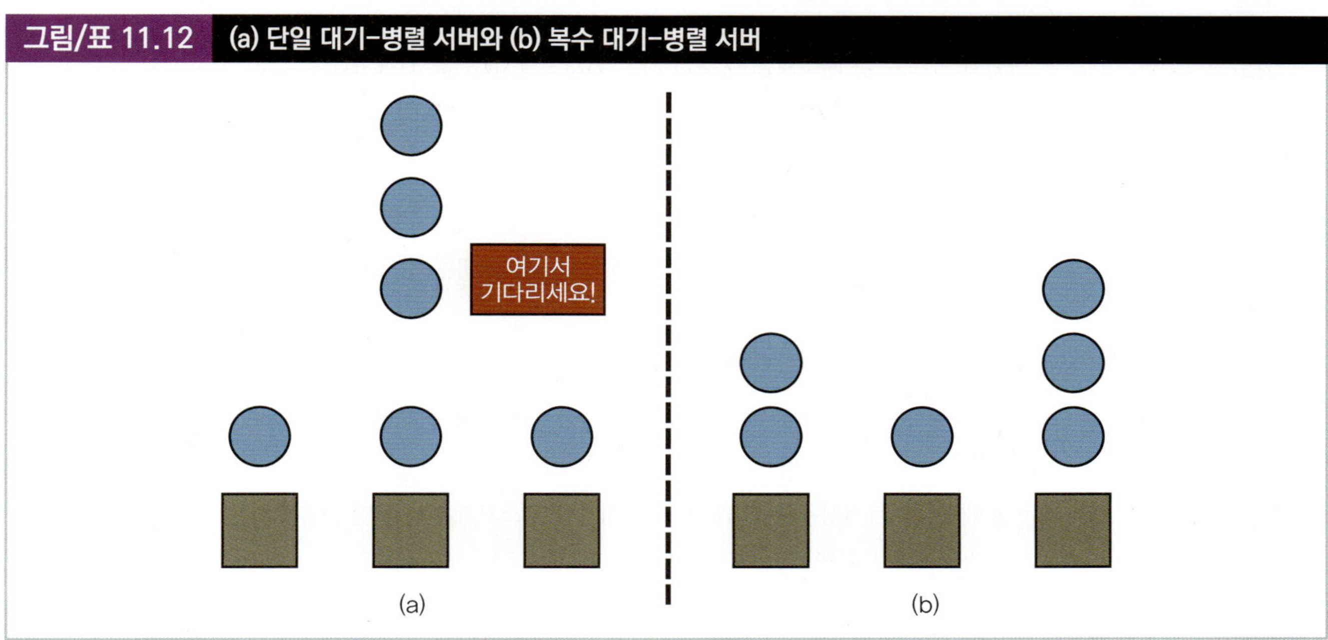

그림/표 11.13 투표소에서의 직렬 대기행렬의 조합

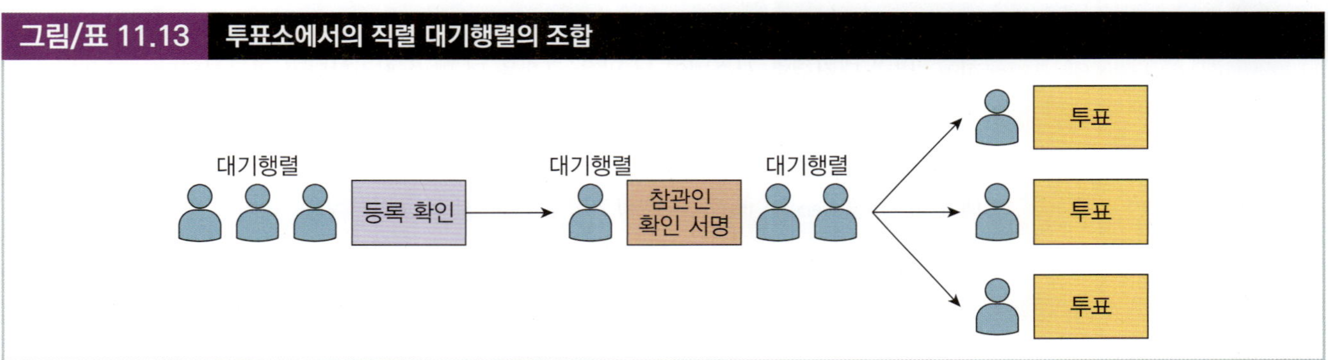

줄이 눈에 띄지 않거나, 물리적으로 특정 위치에 존재하지 않을 수도 있다.

대기행렬 시스템의 고객, 서버 및 대기행렬은 다양한 방식으로 배열할 수 있다. 세 가지 일반적인 대기행렬 구성은 다음과 같다.

1. 단일 대기열-병렬 서버parallel servers (그림/표 11.12a참조, 고객은 원으로 표시되고 서버는 사각형으로 표시됨). 주로 은행과 항공권 카운터에서 보이는 일반적인 구성이다.
2. 복수 대기열-복수 서버 (그림/표 11.12b 참조). 대부분의 슈퍼마켓과 할인 판매점에서는 이러한 유형의 시스템을 사용한다.
3. 연속적 직렬 대기열. 이 구조는 제조시설 및 다수의 서비스 시스템과 같이 여러 처리작업이 존재할 때 일반적으로 사용한다. 예를 들면, 조립라인은 직렬구조serial structure로 배열된 작업장의 집합이다. 한 작업장의 산출물이 다른 작업장에서는 투입물이 된다. 또 다른 예로는 드라이브 스루drive through를 들 수 있다. 픽업창pickup window에는 자동차 대기줄이 생긴다. 그림/표 11.13은 일반적인 투표 시설에 대한 대기행렬의 예를 보여준다.

프로세스 설계 시 적합한 대기행렬 시스템 구성이 중요하다. 예를 들면, 복수 대기행렬 구조에서의 고객은 옆 대기줄의 고객이 먼저 서비스를 받을 때 실망감을 느낀다. 사람들은 공정한 대우를 받기를 기대하기 때문에, 대기상황에서 "선착순first-come, first-served"(FCFS)으로 서비스 받는 것을 공정하다고 생각한다.

1960년대 중반, 뉴욕의 한 대형은행이 처음으로 고객 서비스에 구불구불한 단일 대기줄serpentine line을 도입하였다. 이전까지는 은행들이 복수의 병렬 대기줄을 사용했었다. 아메리칸 항공American Airlines은 새로운 대기줄 형태를 공항 카운터에 적용했으며, 미국 우편국U.S. Postal Service 등 다른 회사들도 대개행렬을 이 방식으로 전환하였다. 연구에 따르면 고객은 평행선이 아닌 구불구불한serpentine 단일 대기줄에서 기다릴 때 더 행복함을 느끼는 것으로 나타났다.

웬디스Wendy's 및 버거킹Burger King 등의 패스트푸드 프랜차이즈는 오랜 동안 단일 대기줄을 사용해 왔다. 버거킹은 여러 개의 병렬 대기줄이 스트레스와 불안을 유발하는 반면 하나의 통합 대기라인을 사용하면 고객은 주문하고 싶은 것에 집중할 수 있고, 어느 대기줄이 더 짧은지에 대한 고민을 할 필요가 없음을 발견하였다. 그러나 맥도날드McDonald's 등의 기업들은 복수의 대기줄을 유지함과 동시에 셀프 주문을 위한 자동화 키오스크automated kiosks를 추가했다. 맥도날드의 경영진 일부는 구불구불한 단일 대기줄이 서비스 프로세스 속도를 높인다고 입증되었음에도 불구하고, 병렬 대기행렬 시스템이 더 많은 고객을 더 빨리 처리한다고 판단하였다. 그러나 긴 단일 대기줄은 고객을 서비스 프로세스로부터 이탈하게 할 수도 있는데, 이는 고객이 어떻게 인식하는지에 달렸다.

대기행렬 이론queueing theory은 *대기행렬에 대한 분석적 연구이다*. 대기행렬 이론을 사용하여 계산 가능한 성과지표는 일반적으로 다음과 같다.

1. 시스템이 유휴상태일 확률 (즉, 대기행렬과 서버 모두에서 서비스를 기다리는 서비스단위 혹은 개체 수가 0일 확률).
2. 대기행렬에서 서비스를 기다리는 평균 개체 수
3. 시스템의 평균 개체 수 (대기행렬과 서버의 개별 평균 개체 수)
4. 개체가 서비스를 기다리는 데 소비하는 평균시간 (대기중인 시간time in queue)
5. 개체가 시스템에서 머무르는 평균시간 (대기시간waiting time과 서비스 시간service time의 합).
6. 서비스를 받기 위해 도착하는 개체가 서비스 차례를 기다려야 하는 확률
7. 시스템 (대기행렬과 서버)에 n개의 개체가 있을 확률

이러한 성과측정은 프로세스 설계를 개선하는데 도움을 준다. 예를 들면, 관리자가 대기행렬의 특성으로 인해, 고객의 관점에서 허용되지 않는 대기행렬의 발생확률을 예측할 수 있는 경우, 고객에게 서비스를 제고하기 위해 자원을 추가하기로 결정할 수 있다. 그러나 대기시간을 줄이기 위해 프로세스를 설계하려면, 서비스 공급자 입장에서 많은 비용이 들 수 있다. 관리자는 프로세스 설계 결정시 이러한 비용과 대기시간 단축의 이점을 비교해야 한다. 대기행렬을 이해하고 관리하는 것은 고객 서비스 수준을 높이고, 장기적인 수익성을 달성하는데 없어서는 안 된다.

참고자료 F는 분석적 대기행렬 모형과 이들 성과측정을 계산하는 엑셀 템플릿에 대해서 자세

히 설명하고 있다. 다음 내용을 진행하기 전에 참고자료를 살펴보길 바란다. 참고자료는 이러한 모형과 엑셀 템플릿을 OM 실무에 적용하는 방법을 설명하고 있다.

11-4b 대기행렬 이론을 활용한 프로세스 분석 Using Queueing Theory for Process Analysis

대기행렬 시스템 분석은 분석모형 또는 시뮬레이션 모형을 사용하여 수행할 수 있다. 분석모형은 사용하기가 간단하며, 대기행렬 시스템의 장기간의 평균 성과에 대한 적절한 추정치를 제공한다.

가장 간단한 단일서버 대기행렬 모형은 다음과 같은 특징과 가정사항들을 가지고 있다.

1. 대기줄에는 한 단위의 서버가 있다.
2. 도착유형은 포아송 확률분포Poisson probability distribution를 따른다.
3. 서비스 시간은 지수 확률분포exponential probability distribution를 따른다.
4. 대기행렬 규칙은 선착순(FCFS)이다.
5. 도착고객은 대기행렬에 합류하여야 하며, 대기하는 동안에는 이탈할 수 없다.

문제풀이 11.9는 단일서버 모형을 보여준다. 평균 도착량 λ (단위 기간 동안의 평균 도착 수)는 포아송 확률분포이며, 평균 서비스 속도 μ (단위시간 동안 서비스를 제공할 수 있는 평균 단위)를 알고 있을 때, 참고자료 F의 수식 또는 마인드탭MindTap에서 사용할 수 있는 단일서버 대기행렬single server queue 스프레드시트 템플릿을 활용하여 앞서 나열된 성과측정 값을 계산할 수 있다.

대기행렬 모형을 사용하면 작업 및 프로세스 설계와 적절한 인력 수준을 평가할 수 있다. 문제

문제풀이 11.9 : 단일서버 대기행렬 모형

대형 도서관의 안내 데스크는 시간당 평균 10건의 문의요청을 접수하며, 데스크의 평균 서비스양은 시간당 12건이다.

a. 안내 데스크가 유휴idle 상태일 확률을 구하라.
b. 서비스를 기다리는 평균 요청 건수는 몇 건인가?
c. 시스템의 평균 요청 건수는 몇 건인가?
d. 문의요청에 대한 평균 대기시간을 구하라.
e. 고객이 도서관에서 보내는 평균시간을 구하라.
f. 도착한 고객이 서비스를 기다려야 할 확률을 구하라.
g. 세 명의 고객이 동시에 안내 데스크에서 대기 중이거나 서비스 중일 확률을 구하라.

해답:

참고자료 F의 단일 서버 대기행렬 모형 식 F.1-F.7을 사용하여 다음을 계산한다.

a. $P_0 = 1 - \frac{\lambda}{\mu} = 1 - \frac{10}{12} = 0.167$ [F.1]

b. $L_q = \frac{\lambda^2}{\mu(\mu - \lambda)} = \frac{10^2}{12(12 - 10)} = 4.1667$ (요청수) [F.2]

c. $L = L_q + \frac{\lambda}{\mu} = 4.1667 + \frac{10}{12} = 5.000$ (요청수) [F.3]

d. $W_q = \frac{L_q}{\lambda} = \frac{4.1667}{10} = 0.417$ 시간 또는 약 25분 [F.4]

e. $W = W_q = \frac{1}{\mu} = 0.4167$ 시간 + 1/12 시간
$= 0.5$ 시간 또는 30 [F.5]

f. $P_w = \frac{\lambda}{\mu} = 0.83333$ [F.6]

g. 식 F.7을 사용하면,

$$P_3 = (\lambda/\mu)^3 P_0 = (10/12)^3(0.167) = 0.096$$

그림/표 11.14는 마인드탭에서 이용가능한 단일서버 대기행렬 모형의 엑셀 템플릿을 보여준다.

그림/표 11.14 문제풀이에 대한 단일서버 대기행렬 모형 엑셀 템플릿 계산결과

	A	B	C	D	E
1	Single Server Queueing Model	Copyright © 2017 Cengage Learning			
2	Enter the data only in the yellow cells.	Not for commercial use.			
3					
4	Lambda	10			
5	Mu	12			
6					
7	Probability system is empty	0.167			
8	Average number waiting for service in the queue	4.167			
9	Average number in system (queue and in service)	5.000			
10	Average time waiting for service (time in queue)	0.417			
11	\verage waiting time in system (waiting time plus service time)	0.500			
12	Probability arrival has to wait	0.833			
13	n =	3			
14	Probability of n units in the system (queue and in service)	0.096			

풀이 11.10은 이에 해당하는 예이다. 그림/표 11.12a에 표시된 것과 같이 실제로 다수의 상황은 여러 개의 복수서버가 있는 가운데 고객이 단일 대기열에서 대기하다가 사용가능한 다음 서버로 이동하는 형태이다.

복수서버 대기행렬 모형multiple server queueing model은 다음의 대기행렬 시스템 구조를 적절하

문제풀이 11.10 : 대기행렬 모형을 활용한 작업 및 직원 충원율 평가

패스트푸드 프랜차이즈는 드라이브업 창구drive-up window (편집자주: 드라이브스루drive-through 서비스에서는 주문한 음식을 받기 위해 고객의 차가 드라이브스루 창구로 이동해야 하지만 드라이브업 서비스에서는 주문한 음식을 주차장으로 가져온다.)를 운영한다. 주문은 주차장 뒤편에 위치한 인터콤intercom 스테이션에서 이루어진다. 창구에 있는 직원이 주문을 받아 취합하여 결제를 처리하고 주문한 음식을 주차하고 기다리고 있는 고객에게 가져다 준다. 주문을 한 후 고객은 드라이브업 창구에 차를 주차하고 먼저 온 차들이 서비스를 받을 때까지 줄을 서서 기다린다. 매장 관리자는 주문처리를 도와줄 직원을 추가로 고용하여 서비스를 개선하고자 한다. 직원이 한 명이 서비스를 제공하는 경우 드라이브업 서비스 제공에 소요되는 시간은 평균 2분이다. 두 명의 직원이 함께 서비스를 제공하면 드라이브업 서비스 소요시간이 평균 1분 15초로 줄어든다. 한 번에 한 대만 서비스를 제공받기 때문에 창구에서의 이 작업은 단일서버 대기행렬이다. 자동차(고객)는 시간당 평균 24대가 도착한다.

a. 드라이브업 창구에 직원 한 명이 근무할 때 평균 대기시간을 구하여라. 근무시간 중 직원이 고객을 응대하고 있지 않을 시간을 백분율로 구하라.
b. 드라이브업 창구에 직원 두 명이 근무할 때 평균 대기시간을 구하여라. 근무시간 중 직원 두 명이 모두 고객을 응대하고 있지 않은 시간을 백분율로 구하라.
c. 드라이브업 창구에 근무할 두 번째 직원을 고용하는 것이 적절한 결정인지 설명하라.

해답:

a. 단일서버 대기행렬 모형을 사용하는 경우 도착 및 서버 속도는 모두 특정기간 단위를 기준으로 측정하여야 한다. 주문한 고객 한 명에 대한 평균 서비스 시간은 2분이므로, 평균 서비스율average service rate은 시간당 60/2 = 30 (차량)대이다. 그림/표 11.15는 엑셀 단일서버 대기행렬 템플릿을 사용한 결과를 보여준다. 평균 대기시간은 0.133 시간 (약 8분)이다. 시스템이 비어 있을 확률은 0.200이다. 따라서 서버는 20%의 시간 동안 유휴상태가 된다.
b. 두 명의 직원이 근무하는 경우에도 여전히 단일서버 모형이다. "서버"는 직원이 아니라 드라이브업 창구이다. 직원

이 두 명인 경우 평균 서비스 시간은 1분 15초 또는 1.2분이다. 따라서 평균 서비스율은 시간당 60/1.25 = 48대(차량)이다. 그림/표 11.16은 엑셀 단일서버 모형을 사용한 결과를 보여준다. 평균 대기시간은 0.021시간(1.26분)으로 줄어든다. 두 명의 직원이 서비스를 제공하면 서비스 속도가 훨씬 빠르기 때문에 시스템이 비어 있을 확률이 0.500으로 증가한다. 이는 두 직원이 근무시간 중에 유휴상태로 있을 확률이 50%에 달한다는 것을 의미한다.

c. 직원 유휴시간은 50%로 증가하고, 인건비는 두 배로 증가하지만, 고객 대기시간은 8분에서 1.26분으로 감소한다. 또한 평균 서비스 대기 단위가 3.2에서 0.5로 감소하고 도착한 고객이 기다려야 할 확률도 0.8에서 0.5로 감소한다. 이러한 개선사항들 훨씬 더 나은 고객 서비스를 제공하고 더 높은 수익으로 이어질 수 있으며 추가 인건비를 상쇄할 수 있다.

그림/표 11.15 한 명의 직원을 고용한 경우의 대기행렬 성과

	A	B	C	D	E
1	Single Server Queueing Model	Copyright © 2017 Cengage Learning			
2	Enter the data only in the yellow cells.	Not for commercial use.			
3					
4	Lambda	24			
5	Mu	30			
6					
7	Probability system is empty	0.200			
8	Average number waiting for service in the queue	3.200			
9	Average number in system (queue and in service)	4.000			
10	Average time waiting for service (time in queue)	0.133			
11	Average waiting time in system (waiting time plus service time)	0.167			
12	Probability arrival has to wait	0.800			
13	n =	3			
14	Probability of n units in the system (queue and in service)	0.102			

그림/표 11.16 두 명의 직원을 고용한 경우의 대기행렬 성과

	A	B	C	D	E
1	Single Server Queueing Model	Copyright © 2017 Cengage Learning			
2	Enter the data only in the yellow cells.	Not for commercial use.			
3					
4	Lambda	24			
5	Mu	48			
6					
7	Probability system is empty	0.500			
8	Average number waiting for service in the queue	0.500			
9	Average number in system (queue and in service)	1.000			
10	Average time waiting for service (time in queue)	0.021			
11	Average waiting time in system (waiting time plus service time)	0.042			
12	Probability arrival has to wait	0.500			
13	n =	3			
14	Probability of n units in the system (queue and in service)	0.063			

게 평가할 수 있다. 그림/표 11.12b에서 각 서버에는 고속도로 통행료 징수창구, 은행 창구, 또는 슈퍼마켓 계산대와 같은 고유한 대기행렬이 있다. 그림/표 11.12b의 경우, 분석 모형을 사용하여 쉽게 처리하기 어려운데, 본 장에서는 이런 류의 상황은 다루지 않는다.

복수서버 모형에서는 다음 사항들을 가정한다.

1. 단일 대기행렬로부터 유입되는 고객에게 서비스를 제공하는 두 명(개) 이상의 동일한 서버가 존재한다.
2. 도착(하는 고객)은 평균 도착률이 λ인 포아송 확률분포를 따른다.
3. 서비스 시간은 지수분포exponential distribution를 따른다.
4. 평균 서비스율 μ는 각 서버가 동일하다.
5. 도착(하는 고객)은 단일 대기줄에서 기다린 다음 서비스를 받기 위해 다음 가용한 서버에게로 이동한다.
6. 대기행렬 규칙은 선착순(FCFS)이다.
7. 도착하는 고객은 대기행렬에 합류해야 하며, 기다리는 동안은 이탈할 수 없다.

참고자료 F는 성과를 측정하는데 사용한 식을 설명하고, MindTap에서 사용할 수 있는 복수서버 대기행렬 엑셀 템플릿의 사용을 보여주고 있다. 문제풀이 11.11은 복수서버 모형의 한 예를 보여준다.

고객이 기다려야 하는 확률은 0.833에서 0.245로 감소한다. 두 명 이상의 사서가 근무하는

문제풀이 11.11 : 복수서버 대기행렬 모형

문제풀이 11.9에서는 대형 도서관에서 안내 데스크의 성과를 분석했다. 평균 고객 대기시간은 25분으로 평균 4.167명의 고객이 서비스를 기다리고 있다. 고객이 기다려야 할 확률은 0.833이다. 서비스 수준이 좋지 않다고 볼 수 있다.

도서관은 더 나은 서비스를 제공하기 위해 추가로 참고담당 사서를 고용하고 안내 데스크를 추가로 설치하는 것을 고려할 수 있다. 따라서 복수서버 대기행렬 모형 사용이 적절하며 이는 그림/표 11.12b와 같다. 평균 도착률은 여전히 시간당 10건의 도움요청이며, 각 안내 사서의 서비스 속도는 시간당 12건의 요청으로 동일하다고 가정한다. 도서관은 사서를 추가로 고용해야 하는가? 그렇다면 몇 명의 사서를 추가로 고용해야 하는가?

해답:

그림/표 11.17은 복수서버 대기행렬 엑셀 템플릿을 사용한 결과를 보여준다. 그림/표 11.13과 결과를 비교하면 두 명의 사서를 고용하는 경우, 서비스를 기다리는 평균 고객수가 4.167에서 0.175로 감소하고, 평균 대기시간이 0.417에서 0.018시간 또는 25분에서 1분으로 감소하는 것을 볼 수 있다.

그림/표 11.17 복수서버 대기행렬 결과

	A	B	C	D	E	F	G	H
1	Multiple Server Queueing Model			Copyright © 2017 Cengage Learning				
2	Enter the data only in the yellow cells.			Not for commercial use.				
3								
4	Lambda	10						
5	Mu	12						
6								
7	Number of servers	2	3	4	5	6	7	8
8	Probability system is empty	0.412	0.432	0.434	0.435	0.435	0.435	0.435
9	Average number waiting for service in the queue	0.175	0.022	0.003	0.000	0.000	0.000	0.000
10	Average number in system (queue and in service)	1.008	0.856	0.836	0.834	0.833	0.833	0.833
11	Average time waiting for service (time in queue)	0.018	0.002	0.000	0.000	0.000	0.000	0.000
12	Average waiting time in system (waiting time plus service time)	0.101	0.086	0.084	0.083	0.083	0.083	0.083
13	Probability arrival has to wait	0.245	0.058	0.011	0.002	0.000	0.000	0.000

문제풀이 11.12 : 대기행렬 대안 결정을 위한 경제성 분석모형 활용

문제풀이 11.9와 11.11에서 다룬 도서관의 예를 살펴보자. C_W가 시간당 \$20 또는 분당 \$0.33로 추정된다. 사서는 시간당 \$30 또는 분당 \$0.50를 받는다. 식 11.4를 사용하면 분당 총비용은 다음과 같다.

$$TC_W = C_s k + C_W L = 0.50K + 0.33L$$

문제풀이 11.9와 11.11의 데이터를 사용하여 다음과 같이 1명, 2명 또는 3명의 사서를 고용하는 경우의 비용을 비교할 수 있다.

비용이 가장 낮은 시스템은 두 개의 서버를 갖는 시스템이다. 따라서 최선의 결정은 사서를 추가로 한 명 더 고용하는 것이다.

시스템	K	분당 서버비용	L	분당 대기비용	분당 총비용
단일서버	1	\$0.50(1) = \$0.50	5	\$0.33(5) = \$1.65	\$2.15
2명의 서버	2	\$0.50(2) = \$1.00	1.008	\$0.33(1.008) = \$0.33	\$1.33
3명의 서버	3	\$0.50(3) = \$1.50	0.856	\$0.33(0.856) = \$0.28	\$1.78

경우 결과가 크게 향상되지는 않으며 더 많은 비용이 소요될 뿐이다. 분석에 의하면 두 명의 사서 서버가 고객 서비스를 크게 향상시키고 있다.

11-4c 대기행렬 대안 경제성 분석 Economic Analysis of Queueing Alternatives

운영관리자는 대기행렬 시스템을 설계할 때 서버의 수를 결정해야 한다. 문제풀이 11.11에서 이 결정은 대기행렬 모형의 성과측정에 기반을 두었지만 비용은 고려하지 않았다. 그러나 비용은 많은 경우 중요한 고려사항이다.

시스템 내 평균 고객수는 물론 서버수의 함수로 총 서비스 대기비용(TC_W)에 대한 간단한 모형을 개발할 수 있다.

$$TC_W = C_s k + C_W L \qquad [11.4]$$

C_W = 고객 한 명의 시간 당 대기비용, C_s = 각 서버의 시간당 비용, L = 서비스 시스템 내 머무는 평균 고객수 (대기행렬과 서버 모두 포함), K = 서버의 수이다.

확실한 것은 대기시간 비용을 정확하게 결정할 수는 없다는 것이다. 관리자는 미래 수익의 잠재적 손실 또는 고객 불만족을 적절히 반영할 수 있는 합리적인 가치를 추정해야 한다. 이것을 대기부가비용imputed cost of waiting (대기로 인해 발생하는 추가비용)이라고 한다. 식 11.4를 사용하여 대안을 비교하고 가장 좋은 것을 선택할 수 있다.

11-5 대기행렬 프로세스 분석을 위한 시뮬레이션 모형 Simulation Models for Analyzing Queueing Processes

대기행렬 분석모형은 수학적 가정에 바탕을 두고 있어 사용상 애로사항이 많다. 참고자료 F에서 설명한 것처럼 분석적 대기행렬 모형은 도착률 및 서비스 시간에 대해 확실한 가정을 하고 있다. 도착(수요)에 대해서는 포아송 확률분포를, 서비스 시간(요율)에 대해서는 지수분포를 가정한다. 그러나 실제 도착패턴은 포아송 분포 또는 그 문제에 대한 일반적인 확률분포와 일치하지 않을 수 있다. 실제 서비스 시간도 지수분포가 아닐 수 있다.

시뮬레이션은 분석적으로는 잘 평가할 수 없는 프로세스를 분석하는 데 사용할 수 있다. 수요 및 서비스율 모두에 대해 실제 확률분포 (경험적 분포empirical distributions라고 함)를 사용할 수 있다. 또한 시뮬레이션 모형은 시간이 지남에 따라 대기열의 동적 동작dynamic behaviors을 포착하는 데 더 적합하다. 분석적 모형과 시뮬레이션 모형을 동시에 사용하는 경우도 많다. 분석적 모형을 사용하여 첫 번째 운영 체제 성능 추정치를 얻은 다음 시뮬레이션은 더 많은 기간에 대한 자세한 분석을 제공한다.

참고자료 C는 시뮬레이션의 기본 개념에 대한 설명과 함께 스프레드시트에서 시뮬레이션 모형을 구현하는 방법을 제공한다. 참고자료를 살펴본 후 본 절을 계속 읽기를 바란다. 본 절에서는 대기행렬 프로세스를 분석하기 위해 시뮬레이션을 사용하는 간단한 예를 보여준다.

링컨저축은행Lincoln Savings Bank은 고객에게 더 나은 서비스를 제공하기 위해, 특히 피크시간에 드라이브업drive-up 창구 (편집자 주: 은행 건물 내에 위치한 은행원과 드라이브업 창고에 정차한 고객 사이에는 진공튜브를 이용해 서류/돈을 주고받는다)를 추가하는 것을 고려하고 있다. 프로세스는 간단하다. 그림/표 11.18은 시스템의 작동을 보여준다. 운전자가 시스템에 진입하여 드라이브업 창구에 접근한다. 차가 이미 창구에 있는 경우, 새로 도착한 고객은 먼저 온 운전자가 서비스를 받을 때까지 대기줄에서 기다려야 한다. 운전자는 창구로 가서 자신의 거래를 처리하고 떠난다.

이 시스템을 모형화 할 때, 도착 횟수를 세고 1분 간격으로 고객이 서비스를 제공받고 있는지 여부를 결정한다. 그리고 그 다음 1분 동안 어떤 상황이 발생하는지 살펴본다. 이와 같이 *고정된*

그림/표 11.18 링컨저축은행 드라이브업 시스템 운영

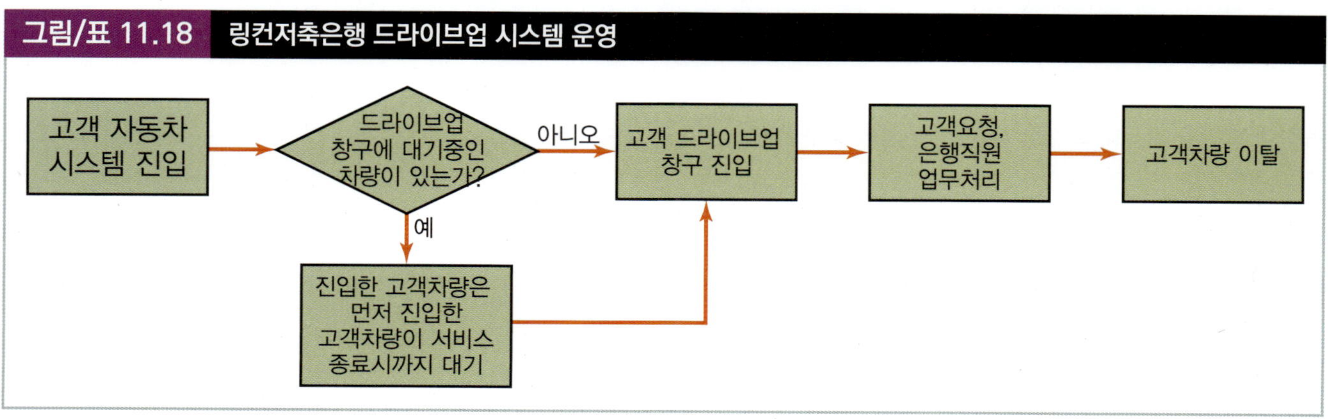

*간격*interval*으로 시간을 증가시키는 시뮬레이션 모형을* **고정기간 시뮬레이션 모형**fixed time simulation model이라고 한다. 이 과정에서 대기중인 차량 수, 도착(한 고객)수, 창구 혼잡여부 및 서비스 완료시기와 같은 정보를 추적한다. 이러한 통계는 지점 관리자가 분석할 시뮬레이션 결과의 기초가 된다.

은행은 고객수에 대한 연구를 통해 가장 많은 고객이 몰리는 토요일 오전 중 고객 도착 확률분포를 그림/표 11.19와 같이 추정했다. 데이터에서 알 수 있듯이 주어진 1분 동안 고객이 시스템에 진입(도착)하지 않을 확률은 0.55, 고객이 도착할 확률은 0.25이다. 과거 데이터는 고객 서비스시간이 1~4분이라는 것을 보여준다. 은행은 이 데이터를 사용하여 서비스 시간의 확률분포를 추정했으며, 이 역시 그림/표 11.19에 나타나 있다.

도착 및 서비스 시간에 대한 이산 확률분포discrete probability distributions를 사용하여, 단일서버 대기행렬 모형을 시뮬레이션하기 위한 엑셀 템플릿인 대기행렬 시뮬레이션Queue Simulation은 마인드탭에서 찾을 수 있다. 참고자료 G는 이산확률 분포에서 스프레드시트에 임의값random values을 생성하는 방법을 설명하며, 분석 전에 데이터를 올바르게 입력하기 위해 이 부분을 살펴보아야 한다. 템플릿은 100개의 기간을 시뮬레이션 한다. 그림/표 11.20은 링컨저축은행 문제에 대한 엑셀 템플릿의 사용방법을 보여준다.

스프레드시트 모형의 논리는 다소 복잡하지만 이해하기는 쉽다. 기본적으로 이 모형은 도착분포arrival distribution를 사용하여 각 기간의 도착(한 고객)수를 결정하고, 이전 고객이 아직도 대기하고 있는지 또는 서비스를 받고 있는지 여부에 따라 해당 기간에 서버를 사용할 수 있는지 여부를 결정한다. 서버가 유휴상태인 경우, 모형은 임의의 서비스 시간을 생성하고 대기중인 다른 고객 수와 해당 기간이 끝날 때 서비스가 완료되었는지 여부를 계산한다. 예를 들면, 기간 1에는 도착이 발생하지 않았다. 기간 2에서 한 명의 고객이 도착하였다. 서버를 사용할 수 있으므로 첫 번째 도착은 즉시 서비스에 들어가고 다른 서버는 대기한다. 서비스 시간은 3분이므로 첫번째 고객의 거래는 기간 4가 끝날 때 완료된다. 기간 3에는 두 명의 추가 고객이 도착한다. 서버가 서비스 중이므로 두 고객 모두 기다려야 한다. 기간 4에는 한 고객이 도착하여 대기한다. 기간 5가 시작될 때, 기간 2의 첫 번째 대기 고객이 서비스를 받기 시작하고 서비스 시간은 1분이다. 기간 5가 끝날 때 이 고객에 대한 서비스가 완료되고, 다음 대기 고객은 기간 6이 시작될 때 서비스를 제공받게 된다. 이러한 방식에 근거하여 논리적으로 계속 추적할 수 있어야한다.

그림/표 11.21은 100분 동안 1회의 시뮬레이션 실행one simulation run (복제replication이라고 함)에서 대기중인 고객의 수를 차트로 보여준다. 대기하는 고객의 수는 처음 1시간 동안은 비교

그림/표 11.19 도착량과 서비스시간의 확률분포

도착하는 고객 수	확률	서비스 시간 (분)	확률
0	0.55	1	0.50
1	0.25	2	0.30
2	0.10	3	0.15
3	0.10	4	0.05
	1.00		1.00

그림/표 11.20 대기행렬 시뮬레이션 엑셀 템플릿 결과 일부

	A	B	C	D	E	F	G	H
1	Single Server Queueing Simulation				Copyright © 2017 Cengage Learning			
2	Enter the data only in the yellow cells.				Not for commercial use.			
3	This template is designed to allow up to 8 random number intervals							
4	for the arrival and service time distributions.							
5								
6	Arrival Distribution				Service Time Distribution			
7	Random Number		Number of		Random Number		Service	
8	Interval		Arrivals		Interval		Time	
9	0	0.55	0		0	0.5	1	
10	0.55	0.8	1		0.5	0.8	2	
11	0.8	0.9	2		0.8	0.95	3	
12	0.9	1	3		0.95	1	4	
13								
14								
15								
16								
17								
18		Random	Number of	Server	Random	Service	Number	Service
19	Time Period	Number	Arrivals	Available?	Number	Time	Waiting	Completion?
20							0	
21	1	0.348	0	YES			0	NO
22	2	0.783	1	YES	0.924	3	0	NO
23	3	0.849	2	NO			2	NO
24	4	0.667	1	NO			3	YES
25	5	0.991	3	YES	0.094	1	5	YES
26	6	0.257	0	YES	0.638	2	4	NO
27	7	0.580	1	NO			5	YES
28	8	0.645	1	YES	0.599	2	5	NO
29	9	0.941	3	NO			8	YES
30	10	0.443	0	YES	0.656	2	7	NO

그림/표 11.21 100분동안 대기중인 고객수

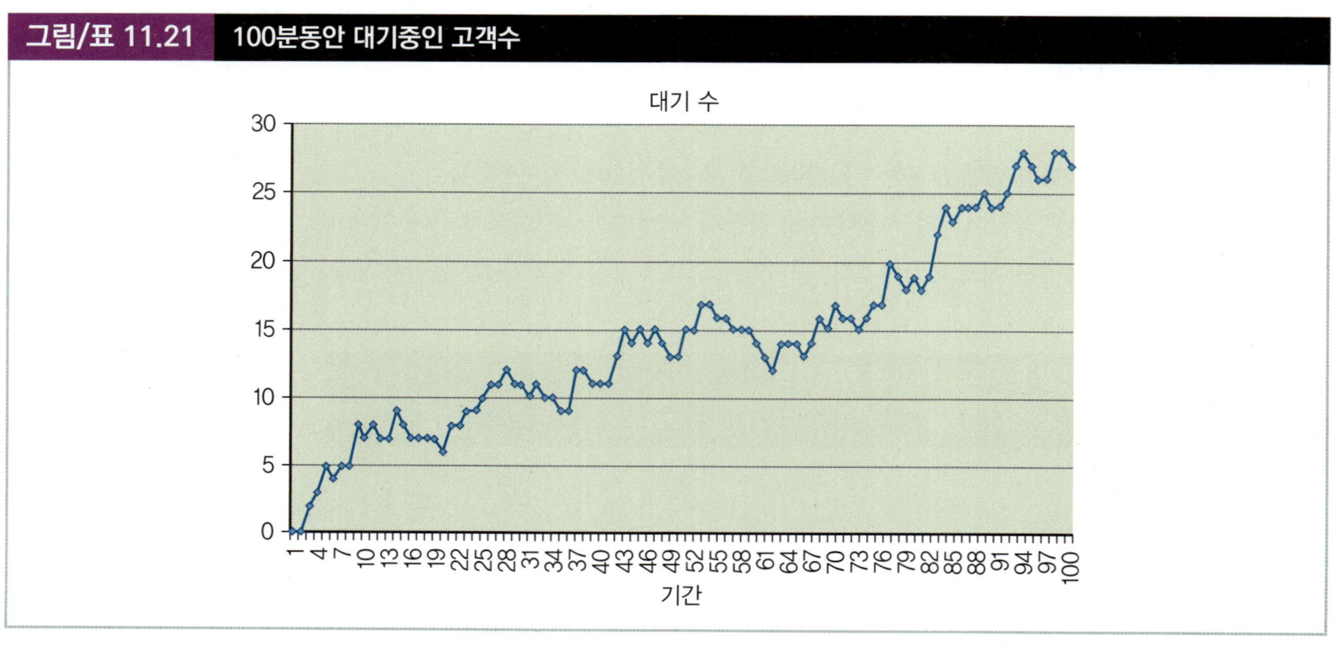

그림/표 11.22 대기행렬 시뮬레이션 실행 결과

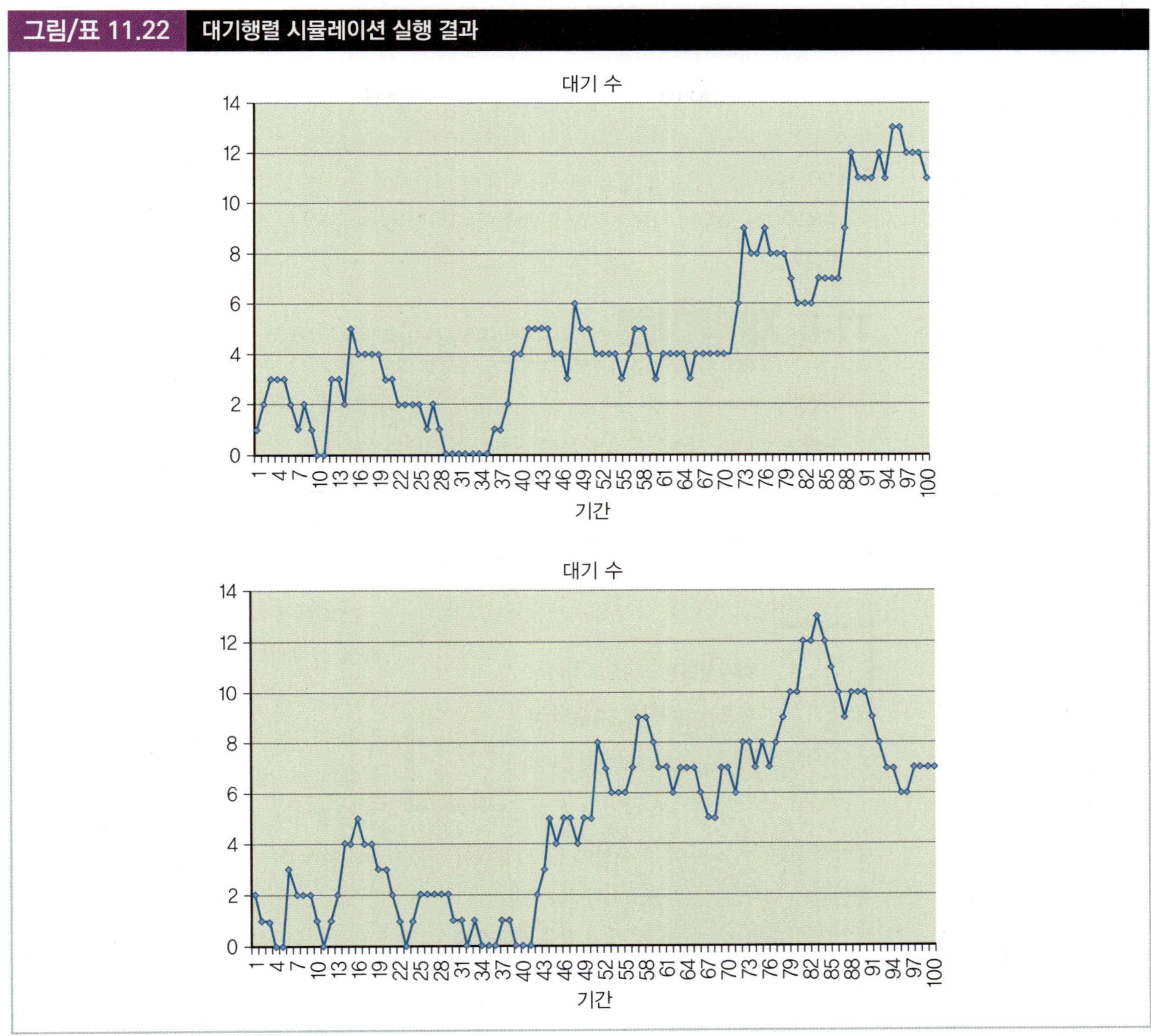

적 안정적이지만 이후 크게 증가하기 시작한다. 이러한 패턴은 방정식 11.2 또는 11.3 또는 분석적 대기행렬 모형을 사용하여 예측할 수 없다. 그림/표 11.22는 두 번의 추가 시뮬레이션 실행 결과를 보여준다 (간단히 스프레드시트를 다시 계산한다). 시간이 지남에 따라 대기하는 숫자에 변동이 있지만 대기행렬에 대기 고객은 결국 누적된다. 시스템의 동작을 완전히 이해하기 위해서는 일반적으로 여러 번의 시뮬레이션이 필요하다.

시뮬레이션 결과를 살펴 보면, 하나의 드라이브업 창구로는 피크기간 동안 예상되는 업무량을 처리할 수 없으므로 관리자는 두번째 드라이브업 창구를 추가하는 경우의 효과를 살펴볼 필요가 있다. 시뮬레이션은 프로세스 구축에 재원을 쓰기 전에 대안을 검토하는 경우에 이상적인 방법이다. 그러나 스프레드시트에서 이런 류의 상황에 대한 시뮬레이션 모형을 구축하는 것은 단일 서버의 경우보다 더 어렵다. 상용 시뮬레이션 모델링 소프트웨어는 이러한 상황을 쉽게 처리할 수 있다.

시뮬레이션의 주요 목적은 실제 시스템의 동작을 설명하는 것임을 기억해야 한다. 이러한 결과가 은행 관리자가 실제로 관찰하는 것과 일치하는가? 아마도 그러할 것이다. 실제 시스템에서 고객은 차를 주차하고 은행 내부에서 거래를 하거나 다른 은행으로 이동할 것이다. 또는 대기줄이 너무 길면 일단 은행 지점을 떠났다가 다른 시간대에 돌아올 것이다. 모든 시뮬레이션 연구에서 시뮬레이션 모형이 실제 시스템을 정확히 구현하는지 타당성을 검증하는 것이 중요하다.

11-6 제약이론 The Theory of Constraints

제약이론theory of constraints (TOC)은 *모든 병목이 되는 작업활동들과 작업장의 활용도를 극대화하여 전체 프로세스 처리량을 늘리는데 집중하는 일련의 원칙들의 집합이다.* TOC는 엘리야후 골드렛Eliyahu M. Goldratt 박사의 소설 '더골The Goal'에서 소개되었다. TOC의 철학과 원칙은 수요관리와 능력 관리를 이해하는 데 중요하다. 처리량에 대한 전통적인 OM의 정의는 프로세스에 의해 기간 당 완료된 평균 상품 또는 서비스 수이다.

> 대부분의 비즈니스 조직에서 목표는 처리량을 최대화하여 현금흐름을 최대화하는 것이다.

TOC에서 **제약**constraint*이란 목표를 향해 나아가거나 목표를 달성하는 것을 제한하는 조직 내 모든 요소이다.* 특정 자원의 능력에 한계가 있으면, 이것이 전체 설비의 처리량을 제약하기 때문에 붙여진 이름이다. 제약에는 물리적 요인과 비물리적 요인 두 가지 기본 유형이 있다. **물리적 제약**physical constraints은 *기계, 직원, 작업장 등의 자원의 능력과 관련된 요소이다.* 물리적 제약은 프로세스에서 병목현상을 유발한다. 병목현상이 발생한다는 것은 투입량이 능력을 초과한다는 의미다. 병목활동의 능력이 전체 처리량을 결정한다. **비병목 작업활동**non-bottleneck work activity은 *유휴 능력이 존재하는 활동이다.* **비물리적 제약**nonphysical constraints은 *낮은 수요 또는 비효율적인 관리정책, 비효율적 절차와 같이 외부 환경적 제약이나 조직 내부의 제약 요소이다.* 경직된 업무규칙, 부적절한 인적 기술, 열악한 관리는 모두 비물리적 제약에 속한다. 비물리적 제약을 제거하는 것은 쉽지 않다.

일반적으로 제약이 되는 요인들의 수가 적다. 그러므로, TOC는 다음 사항에 집중한다: (1) 제약요인들을 식별하고, (2) 병목과 비병목 작업활동을 신중하게 관리하며, (3) 적절한 제품믹스product mix를 제공하기 위해, 이들 병목 및 비병목 작업활동을 시장점유율 등의 성과지표나 현금흐름과 같은 재무적 지표와 연결하여 관리하며, (4) 병목 작업활동의 일정관리를 통해 처리량을 높인다. TOC 원칙은 그림/표 11.23에 요약되어 있다. 제약이론은 처리량을 전통적인 방식과 다르게 파악하는데, '실제 판매를 통해 이루어진 기간단위 금액the amount of money generated per time period through actual sales으로 정의한다. 즉 TOC에서 처리량은 수량quantity 개념이 아니라 금액으로 파악하는데, 이는 수익으로 연결되지 않는 처리량의 증가는 무의미하다고 보기 때문이다. 대부분의 기업들에게 경영목표는 처리량을 극대화함으로써 매출revenue, 현금흐름cash flow,

그림/표 11.23 제약이론의 기본원칙

비병목지점 관리원칙	병목지점 관리원칙
작업이 병목 작업장bottleneck workstation에 도달할 때까지 가능한 한 빨리 비병목 작업장에서의 작업을 완료하고 이동시킨다.	병목 작업장만이 프로세스 및 공장 목표를 달성하는 데 중요하므로 일정계획시 먼저 고려되어야 한다.
비병목 작업장에서 수행할 작업이 없는 경우에 유휴시간을 허용하므로 자원활용률이 낮을 수 있다.	병목 작업장에서의 1시간 작업 손실은 전체 프로세스 또는 공장 산출물 생산에 필요한 1시간 손실을 의미한다.
비병목 작업장에서는 1회 생산량(로트 또는 이송배치transfer batch라고도 함)을 소량으로 하여 작업 결과가 병목 작업장, 그리고 궁극적으로는 판매가 일어나는 시장으로 흐르도록 하여야 한다.	병목 작업장의 자원활용을 극대화하기 위해 재공품 안전재고WIP buffer를 병목 작업장 앞에 준비해 두어야 한다. 병목 작업장의 자원활용률을 극대화하기 위해 1회 생산량을 늘림으로써 준비시간setup time을 최소화하여야 한다.
비병목 작업장에서의 1시간 작업 손실은 프로세스 또는 공장 생산량에 영향을 미치지 않으며 실제 비용이 발생하지 않는다.	매출을 통한 현금창출과 회사 목표 달성을 위해서는 병목 작업장을 중단없이 가동함으로써 처리량과 자원활용률을 극대화하여야 한다.

공헌이익contribution to profit and overhead, 특정 제품 · 제품믹스의 총이익gross profit 극대화를 꾀하는 것이다. 그러므로 TOC에 따르면 초과재고는 낭비waste다. 즉 어떤 제품이나 서비스가 팔리지도 않는데 재고로 보유하는 것은 낭비라는 의미다.

제약이론은 관리자가 수요, 용량 및 자원활용률resource utilization 간의 관계를 이해하는 데 도움이 된다. 그림/표 11.24에 표시된 세 가지 프로세스 구조를 생각해 보자.

그림/표 11.24(a)에서는 병목 작업장이 비병목 작업장으로 자원 또는 결과물 (원재료, 부품, 구성품 등)을 공급하는 경우를 보여준다. 비병목 작업장의 능력 160단위는 병목 작업장의 능력 80단위 보다 크기 때문에 병목 작업장에서 완료한 작업은 빠르게 비병목 작업장을 통과하여 판매되어 수요를 충족시킨다. 비병목 작업장 앞에는 재공품 재고가 쌓이지 않는다. 병목 작업장의 자원활용률은 수식 11.1을 사용하여 구한다. 비병목 작업장의 활용률은 필요한 만큼만 생산하는 경우에 50% (80/160) 밖에 되지 않는다.

활용률 utilization = 사용된 자원resources used / 가용 자원 resources available

= 80 units/80units = 1.0 또는 100%

제약이론의 논리를 사용하면, 병목 작업장에서 처리량과 활용률 최대화에 집중하게 되고, 그 결과 비병목 작업장은 유휴상태idle에 있을 수 있다. 이는 모든 작업장의 활용률을 극대화하려는 기존의 통념에서 벗어난 급진적radical인 사고의 변환을 요구한다. 제약이론이 등장하기 전까지, 운영관리자들의 전통적 사고는 모든 직원들이 항상 바삐 움직이며 최선을 다하여야 한다는 것이었다. 직원이 유휴상태에 있으면 뭔가 잘못된 것이라고 믿었다. 제약이론은 비병목 작업장의 자원활용률을 극대화함으로써 수요가 부족하여 판매할 수도 없는 초과재고만 쌓을 수 있음을 보여주었다. 또한 비병목 작업장의 활용률 제고는 운영

> 병목 작업장에서의 1시간 작업 손실은 전체 프로세스 또는 공장 산출물 생산에 필요한 1시간 손실을 의미한다.

그림/표 11.24 상이한 프로세스 구조에 따른 TOC 적용

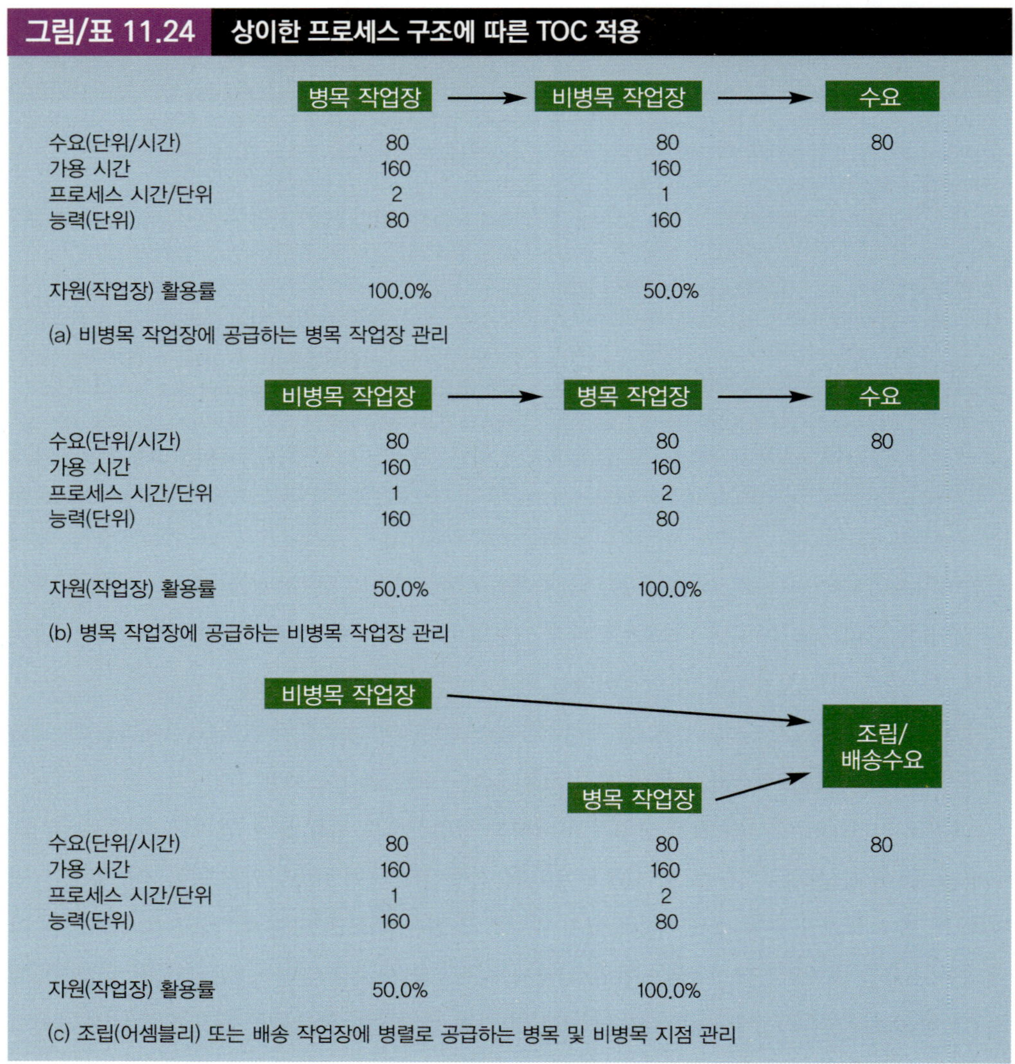

	병목 작업장 →	비병목 작업장 →	수요
수요(단위/시간)	80	80	80
가용 시간	160	160	
프로세스 시간/단위	2	1	
능력(단위)	80	160	
자원(작업장) 활용률	100.0%	50.0%	

(a) 비병목 작업장에 공급하는 병목 작업장 관리

	비병목 작업장 →	병목 작업장 →	수요
수요(단위/시간)	80	80	80
가용 시간	160	160	
프로세스 시간/단위	1	2	
능력(단위)	160	80	
자원(작업장) 활용률	50.0%	100.0%	

(b) 병목 작업장에 공급하는 비병목 작업장 관리

	비병목 작업장	병목 작업장	조립/배송수요
수요(단위/시간)	80	80	80
가용 시간	160	160	
프로세스 시간/단위	1	2	
능력(단위)	160	80	
자원(작업장) 활용률	50.0%	100.0%	

(c) 조립(어셈블리) 또는 배송 작업장에 병렬로 공급하는 병목 및 비병목 지점 관리

비용과 구매비용의 증가만을 초래할 수 있다.

그림/표 11.24(b)의 프로세스 구조에서는 비병목 작업장에서 병목 작업장으로 작업 결과물이 이동한다. 비병목 작업장은 최대 생산능력(즉, 100 % 활용률)으로 160단위를 생산한다. 그러나 병목 작업장은 80단위만 생산할 수 있으므로 80단위가 재공품(WIP) 재고로 병목 작업장 앞에 쌓이게 된다. 그러므로 비병목 작업장이 80개를 초과하여 생산할 필요가 없다. 그러나 불확실성에 대한 안전능력을 확보하기 위해 목표 활용률은 50%이거나 그보다는 약간 더 높아야 한다.

그림/표 11.24(c)의 세번째 프로세스 구조는 병렬로 연결되어 있다. 병목 및 비병목 작업장에서 작업 결과물들이 각각 조립assembly 또는 배송 작업장으로 이동한다. 다시 말하지만, 비병목 작업장에서 80단위 이상을 생산할 필요가 없으므로 앞에서 설명한대로 활용률은 약 50%를 목표로 해야 한다.

제약이론은 많은 기업들이 채택하여 성공을 거두었다. 제약이론이 진화함에 따라 제조 뿐만 아니라 유통, 마케팅, 인적자원 관리와 같은 다른 영역에도 적용되었다. 크레욜라Crayola 크레용

문제풀이 11.13 : 제약이론 활용

투싼 일렉트릭Tucson Electric은 여러 생산셀production cell을 사용하여 전기모터의 전기자electric motor armatures를 제조한다. 2개의 생산셀이 그림/표 11.25에 나타나있다. 기계공machinist A와 연마공polisher A는 대형 전기자 제조 프로세스에 필요하다. 기계공 B와 연마공 B는 소형 전기자를 만드는 작업을 한다. 그림/표 11.26은 완성된 두 전기자의 판매가격과 이익 및 간접비에 대한 순공헌이익net contribution을 보여준다.

그림/표 11.25 기계공장의 프로세스별 배치

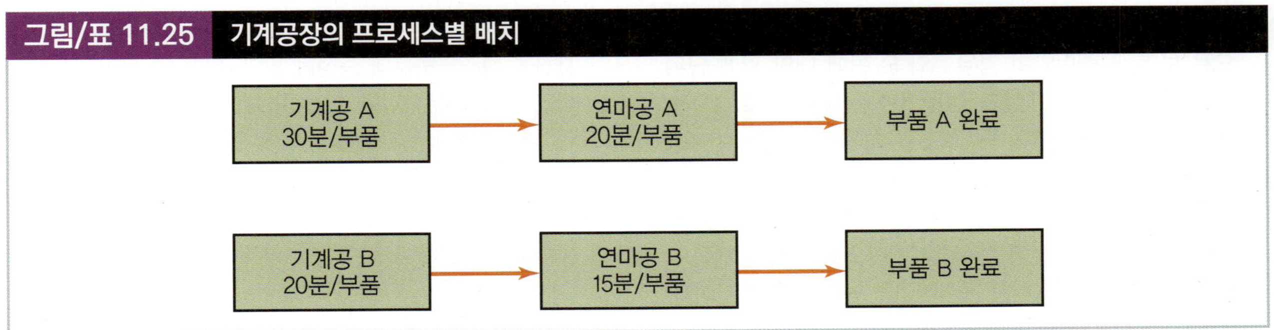

그림/표 11.26 두 전기자의 판매가격과 이익 및 간접비에 대한 순공헌이익

완제품	A	B
판매가격	$26	$17
부가가치 생산비용	$16	$12
이익 및 간접비에 대한 순공헌이익	$10	$5

a. 이 과정에서 병목지점은 어디인가? 그림/표 11.22의 TOC 원칙 중 하나를 적용하여 그 이유의 설명하라.
b. 그림/표 11.24의 어떤 작업장이 가장 많은 유휴시간(즉, 가장 낮은 작업장 활용률)을 가질 것으로 예상하는가?
c. 제약이론을 문제에 적용하여 각 전기자의 총수익total revenue과 시간당 공헌이익을 계산하라.
d. 문제 (c)에 대한 답변을 바탕으로, 시간당 총수익과 시간당 공헌이익 측면에서 어떤 전기자를 판매하는 것이 좋을지 설명하라.
e. 마케팅 및 운영 부서는 제약이론에 따른 의사결정에 대해 어떻게 반응해야 하는가?

해답:

a. 프로세스 A와 B 모두 기계공이 병목지점이다. 기계공 작업장은 이어지는 연마공 작업을 제약할 것이다.

기계공 A = 60분/시간 나누기 30분/프레임
= 2.0프레임/시간

연마공 A = 60분/시간 나누기 20분/프레임
= 3.0프레임/시간

기계공 B = 60분/시간 나누기 20분/프레임
= 3.0프레임/시간

연마공B = 60분/시간 나누기 15분/프레임
= 4.0프레임/시간

그림/표 11.22에서 "병목지점(이 경우 기계공)에서 1시간 손실은 전체 프로세스 또는 공장 산출물 생산에 필요한 1시간 손실이다."라는 TOC 원칙에 주목하여야 한다.

b. 식 11.1 사용한 활용률 개산:

활용률utilization = 사용된 자원resources used /가용한 자원resources available [11.1]

연마공 A의 활용률 = 20/30 = 0.666 또는 66.7 %
연마공 A는 할 수 있는 작업이 부족하여 가용시간의 33.3 %가 유휴상태이다.

연마공 B의 경우 활용률 = 15/20 = 0.75 또는 75.0%

연마공 B는 할 수 있는 작업이 부족하여 가용시간의 25%가 유휴상태이다.

c.

완제품	병목지점	병목지점 산출율	단위당 순공헌이익	시간당 총수익	시간당 총공헌이익
A	기계공 A	2단위/시간	$10	2*$26 = $52/시간	2*$10 = $20
B	기계공 B	3단위/시간	$5	3*$17 = $51/시간	3*$5 = $15

d. 시간당 총수익의 경우제품 A 또는 B를 판매하는 대안 사이에는 단위당 $ 1 차이만 존재한다. 그러나 재무적 기준으로 보면, 공헌이익의 경우 A와 B 판매 대안 간에 단위당 $5의 차이가 존재한다. 이들 차이는 모두 프로세스 병목으로 인해 발생한다. 즉, 희소한 자원의 가치는 기계공 A와 B의 시간이다. 투싼 일렉트릭의 판매 수수료 구조에서 제품 A와 B 판매에 동일한 가중치를 부여할 수도 있다. 그러나 제약이론 및 병목분석을 기반으로 회사는 제품 B가 아닌 A를 판매하여 총 공헌이익을 높이려고 할 것이다.

e. 전통적으로 마케팅 부서는 판매수익과 시장점유율을 높이는데 중점을 두는 반면, 운영 · 물류 관리자는 비용과 자원을 최소화하는데 중점을 둔다. 판매 인센티브와 전반적인 회사 재무성과를 개선하려면 두 기능 영역 모두 제약이론 관점에서 교육을 받아야 한다. 많은 기업이 마케팅, 운영, 엔지니어링 및 재무와 같은 여러 기능영역에서 제약이론 관점에서 관리자를 교육한다. 교육 이후 측정 시스템과 업무방식을 더 잘 이해하고 조정하게 된다.

제조사인 비니앤 스미스Binney and Smith (B&S)와 프록터 앤드 갬블Procter & Gamble은 유통업무에 제약이론을 적용하였다. B&S는 재고수준은 높음에도 고객서비스가 열악했다. 제약이론을 사용하여 유통재고의 배치를 변화시켜 재고를 줄이고 고객서비스를 개선할 수 있었다. P&G는 제약이론을 통한 재고 감소 또는 제거를 통해 6억 달러의 비용을 절감했다고 밝혔다. 펜실베니아Pennsylvania 주의 노동통계자료를 발간하는 한 정부기관은 제약이론을 사용하여 근로자에게 더 적합한 작업을 부여하여 유휴노동 및 초과근무를 줄이고 처리량, 작업 안정성 및 수익성을 높였다.

> 뛰어난 고객서비스는 우연히 이뤄지지 않는다. 이는 잘 설계된 직무job, 프로세스process, 공급사슬supply chain 설계와 개선의 결합fabric을 통해 가능하다.

크라이슬러 매뉴팩쳐링의 제약이론 활용사례 Kreisler Manufacturing Corportation: Using the TOC

Ulrich Baumgarten/Getty Images

크라이슬러 매뉴팩쳐링(KMC)은 항공기용 금속부품을 만드는 소규모 가족기업이다. 고객으로는 프랫 앤드 휘트니Pratt & Whitney, 제너럴 일렉트릭General Electric, 롤스로이스Rolls Royce, 미쯔비시Mitsubishi가 있다. 제약이론을 공부한 경영자는 공장 내부 뿐만 아니라 공급업체 배송까지 여러 영역에서 병목지점으로 식별하고, 이들 병목지점에서 처리량을 극대화하는 데 집중하기 시작했다. 문제점을 정확하게 파악하기 위해 준비작업setups을 비디오로 녹화했다. 준비작업을 완료하는 데 걸리는 시간의 60%는 작업자가 재료와 도구를 찾는 노력과 관련이 있음을 발견하였다. 발견한 제약조건을 제거하기 위해 회사는 준비작업에 필요한 모든 재료와 도구를 사전에 패키지로 "키트kit"에 담아 미리 준비해 놓는 방식으로 준비시간을 60%나 단축했다.

KMC는 또한 모든 시스템에 빨간색, 노란색, 녹색 조명을 설치하여 "시각적 공장"으로 전환했다. 작업장에서 더 이상 작업이 없거나 생산이 중단되면 작업자는 빨간색 표시등을 켠다. 병목 작업장에 작업이 거의 완료되어 후속 작업이 부족할 가능성이 있는 경우나 잠재적인 위기가 있을 경우 작업자는 노란색 불을 켠다. 모든 것이 원활하게 실행되면 녹색 표시등을 켠다. 작업자에게 이러한 신호에 대한 제어권을 부여함으로써 프로세스에 대한 주인의식ownership을 갖도록 했고 공장내 모든 임직원의 관심을 끌게 만들었다. 제약이론을 구현하는 초기단계에는 빨간색 표시등이 켜져 있는 경우가 많았다. 현재 회사의 시스템에는 녹색불이 켜져 있다. 제약이론을 적용함으로써 정시납품 비율이 65%에서 97%로 높아졌고, 공장의 "숨겨진 능력" 15%가 드러나서 이를 활용할 수 있었다. 또한 재공품 재고WIP는 20% 감소했으며, 추가로 50%가 더 감소할 것으로 예상하고 있다.

11장 학습목표 요약 Learning Objective Summaries

11.1 **자원활용률resource utilization을 계산하고 실제 사례에서 식을 사용하는 설명하라.** 활용률utilization은 작업장 또는 개인이 장기간 평균적으로 실제 자원을 사용중인 시간의 비율이다. 자원활용률 계산의 두가지 방법은 다음과 같다.

활용률utilization = 사용된 자원resources used / 가용한 자원resources available [11.1]

활용률utilization = 수요율demand rate /(서비스율service rate × 서버의 수number of servers) [11.2]

방정식 11.1은 사용가능한 자원 중 사용된 자원의 비율로 활용률을 계산한다. 식 11.2는 서비스율과 서버의 수를 기반으로 유효 서비스 능력에 대한 수요율로 활용률을 계산한다. 관리자가 식 11.1의 세 변수 중 두개 또는 식 11.2의 네 변수 중 세 개를 알고 있으면 나머지 변수를 찾을 수 있다. 두 식 모두 분모와 분자가 같은 단위(시간, 양 등)이므로 무차원dimensionless의 수이다.

11.2 **프로세스 병목bottlenecks을 식별하고 처리량throughput을 계산하라.** 병목은 전체 프로세스의 처리량을 실질적으로 제한하는 작업활동이다. 프로세스에서 단위 시간당 완료되는 단위 또는 작업 수를 처리량이라고 한다. 처리량은 상황에 따라 일 당 부품 생산량, 분당 거래량 또는 시간당 고객으로 측정될 수 있다. 처리량이 가장 적은 작업활동이 병목지점이다. 프로세스 병목을 식별하고 해결하는 것은 프로세스를 설계하거나 개선하는 데 매우 중요하다. 프로세스 속도를 높이고, 대기 및 재공품 재고WIP를 줄이며, 고객서비스를 향상시키고, 자원을 보다 효율적으로 사용할 수 있도록 한다.

11.3 **프로세스 분석에 리틀의 법칙Little's law을 적용하는 방법을 설명하라.** 흐름시간(사이클시간)은 프로세스의 한 사이클을 완료하는 데 소요되는 평균시간이다. 흐름시간은 필요한 과업을 수행하는 데 걸리는 실제 시간 뿐만 아니라 얼마나 많이 재공품(WIP) 단계에 있는지에 따라 달라진다. 리틀의 법칙Little's law는 흐름시간(T), 처리량(R) 및 재공품(프로세스 진행중인 개체수, WIP)간의 관계를 설명하는 간단한 방정식이다.

재공품work-in-process = 처리량throughput ×흐름시간flow time

또는

$$WIP = R \times T \quad [11.3]$$

11.4 **대기열 관리 및 대기행렬 모형의 주요 개념과 계산방법을 이해한다.** 대기행렬queue은 대기줄waiting line이다. 대기행렬을 이해하면 현재 및 대체 프로세스 설계를 분석하여 해당 동작을 이해하고, 프로세스 성능을 예측하고, 자원을 더 잘 할당할 수 있다. 대기행렬 모형을 활용하면 관리자가 대기시간, 대기행렬의 길이, 시스템 또는 서버의 유휴시간과 같은 주요 성과를 측정 및 이해하는데 도움이 된다. 그 결과로서 자원을 보다 효과적으로 관리하고 고객만족도를 높일 수 있다. 대기행렬 시스템은 서비스를 받기 위해 도착하는 고객, 서비스를 제공하는 한 단위 이상의 서버server, 서버가 사용 중일 때 서비스를 기다리는 개체entities의 대기행렬로 구성된다.대기행렬 이론은 대기열에 대한 분석적 연구analytical study이다. 대기행렬 이론을 사용하여 계산 가능한 성과지표는 일반적으로 다음과 같다.

1. 시스템이 유휴상태일 확률 (즉, 대기행렬과 서버 모두에서 서비스를 기다리는 서비스단위 혹은 개체 수가 0일 확률).
2. 대기행렬에서 서비스를 기다리는 평균 개체 수
3. 시스템의 평균 개체 수 (대기행렬과 서버의 개별 평균 개체 수)
4. 개체가 서비스를 기다리는 데 소비하는 평균시간 (대기중인 시간time in queue)
5. 개체가 시스템에서 머무르는 평균시간 (대기시간waiting time과 서비스 시간service time의 합).
6. 서비스를 받기 위해 도착하는 개체가 서비스 차례를 기다려야 하는 확률
7. 시스템 (대기행렬과 서버)에 n개의 개체가 있을 확률

참고자료 F의 모형식 F.1-F.7을 사용하여 앞서 제시한 단일서버 대기행렬의 성과치들을 계산할 수 있다.

11.5 **시뮬레이션을 사용하여 대기행렬 모형화하고 성과를 평가하는 방법을 활용한다.** 시뮬레이션은 분석적analytical으로 잘 평가할 수 없는 프로세스를 분석하는 데 사용할 수 있다. 수요 및 서비스량 모두에 대해 실제 확률분포를 사용할 수 있다(경험적 분포라고 함). 또한 시뮬레이션 모형은 시간이 지남에 따라 대기행렬의 동적 특성을 캡처하는 데 더 적합하다. 분석모형과 시뮬레이션 모형이 혼합되어 사용되기도 한다. 분석모형을 사용하여 운영성과를 추정하고, 시뮬레이션을 통해 더 많은 기간에 대한 자세히 분석한다.

11.6 **제약이론**Theory of Constraints(TOC)**의 원리와 개념을 설명한다.** 제약이론은 모든 병목이 되는 작업활동들과 작업장의 활용도를 극대화하여 전체 프로세스 처리량을 늘리는 데 집중하는 일련의 원칙들의 집합이다. 제약이론에서 제약이란 목표를 향해 나아가거나 목표를 달성하는 것을 제한하는 조직 내 모든 요소이다. 시설 전체의 처리량이 제약요소의 능력에 의해 제한된다. 제약에는 물리적 요인과 비물리적 요인, 두 가지 기본 유형이 있다. 물리적 제약은 기계, 직원, 작업장 등의 자원의 능력과 관련된 요소이다. **물리적 제약**은 프로세스에서 병목현상을 유발한다. 병목현상이 발생한다는 것은 투입량이 능력을 초과한다는 의미다. 병목활동의 능력이 전체 처리량을 결정한다. **비병목 작업활동**은 유휴 능력이 존재하는 활동이다. **비물리적 제약**은 낮은 수요 또는 비효율적인 관리정책, 비효율적 절차와 같이 외부 환경적 제약이나 조직 내부의 제약 요소이다. 경직된 업무규칙, 부적절한 인적 기술, 열악한 관리는 모두 비물리적 제약에 속한다. 비물리적 제약을 제거하는 것은 쉽지 않다.

일반적으로 제약이 되는 요인들의 수가 적다. 그러므로, TOC는 다음 사항에 집중한다: (1) 제약요인들을 식별하고, (2) 병목과 비병목 작업활동을 신중하게 관리하며, (3) 적절한 제품믹스product mix를 제공하기 위해, 이들 병목 및 비병목 작업활동을 시장점유율 등의 성과지표나 현금흐름과 같은 재무적 지표와 연결하여 관리하며, (4) 병목 작업활동의 일정관리를 통해 처리량을 높인다. TOC 원칙은 그림/표 11.23에 요약되어 있다.

주요용어 KEY TERMS

- 병목 Bottleneck
- 리틀의 법칙 Little's Law
- 물리적 제약 Physical Constraint
- 제약이론 Theory of Constraints
- 제약 Constraint
- 비병목 활동 Non-bottleneck work activity
- 대기행렬 Queue
- 처리량 Throughput
- 고정기간 시뮬레이션 모형 Fixed time simulation
- 비물리적 제약 Nonphysical Constraint
- 대기행렬 이론 Queueing Theory
- 활용률 Utilization
- 흐름시간(사이클시간) Flow Time(cycle time)
- 대기행렬 시스템 Queueing System

복습 질문 Review Questions

11.1 1. 활용률을 정의하고 자원활용률을 계산하는 두 가지 방법을 설명하라.

11.2 2. 처리량이란 무엇이며 어떻게 측정할 수 있는가?

11.2 3. 병목은 무엇인가? 병목을 식별하는 것이 왜 중요한지 설명하라.

11.2 4. 프로세스에서 처리량을 개선하는 방법은 무엇인가?

11.2 5. 흐름시간을 설명하라.

11.3 6. 리틀의 법칙은 무엇인가? 계산 사례를 통해 설명하라.

11.4 7. 대기행렬이란 무엇이며, 이를 이해하는 것이 왜 중요한가?

11.4 8. 대기행렬 시스템은 어떤 요소들로 구성되는가?

11.4 9. 일반적인 대기행렬의 특징을 설명하라.

11.4 10. 대기행렬 이론은 무엇인가? 대기행렬 모형의 성과를 측정하는 방법을 요약하여 설명하라.

11.4 11. 단일서버 대기행렬 모형의 특징과 가정을 설명하라.

11.4 12. 복수서버 대기행렬 모형의 특징과 가정을 설명하라.

11.4 13. 대기행렬 설계 과정에서 경제성 분석을 어떻게 활용할 수 있는가?

11.5 14. 대기행렬 모형 분석에서 시뮬레이션 분석의 장점은 무엇인가?

11.6 15. 제약이론이 제시하는 기본원칙은 무엇인가? 이러한 원칙들은 비용에 어떠한 영향을 주는가?

토론용 질문 및 체험학습 DISCUSSION QUESTIONS AND EXPEROEMTAIL ACTIVITIES

11.1 16. 서비스 및 제조업 분야에서 자원활용률이 매우 낮은 경우와 매우 높은 사례를 찾아보라. 자원활용률이 기업의 역량에 미치는 영향에 대해서 간단하게 서술하라.

11.2 17. 서비스 프로세스를 하나 선정하고 10개 이하의 프로세스 단계로 업무흐름도를 작성하라. 회계나 인적자원관리 등 학습자가 경험한 업무 프로세스, 또는 자동차 오일 교환, 자동차 구매, 집이나 아파트에 전화 설치, 피자 주문, 인터넷 사용 등과 같이 학습자에게 익숙한 프로세스를 선택해도 좋다 (시설 배치가 이 전체 서비스 설계를 설명하는 데 도움이 되는 경우, 배치를 포함하여 설명하라.) 병목현상이 발생할 가능성이 있는 지점에 대해 논의하라. 활용할 데이터가 있다면 프로세스 처리량을 계산하라.

11.3,4 18. 리틀의 법칙Little's Law과 단일서버 대기행렬 모형의 유사점은 무엇인가?

11.4 19. 어떤 대기행렬의 상황에 대해 분석적 모형 혹은 시뮬레이션 기법만을 적용할 수 있는가? 실제 상황에서 두 가지 모형을 모두 적용할 수 있을지 의견을 제시하고 그 이유를 설명하라

11.4 20. 관심있는 대기행렬 시스템을 찾아서 설명하라. 시스템의 프로세스를 도식화하라.

11.6 21. 자동차 오일 교환 퀵서비스 프로세스에 제약이론을 어떻게 적용할 수 있는지 설명하라.

11.6 22. 조직에서 제약이론을 어떻게 적용할 수 있는지 간단히 서술하라.

11.6 23. 비병목지점에서 실제 자원활용률이 40% 정도에 불과할 수 있는지 제약이론을 활용하여 설명하라.

계산연습문제 Computational Problems and Exercises

본 장에서 설명한 공식과 방법을 적용하여 다음 연습문제를 직접 계산해서 풀어보라.

11.1 24. 30,000석 규모의 대학 미식축구 경기장은 경기, 콘서트 및 졸업식에 18회 사용된다. 각 이벤트는 평균 6시간이며, 각 이벤트마다 경기장이 만석인 것으로 가정한다. 경기장은 오전 6시부터 자정까지 1년 365일 이용할 수 있다. 좌석 활용률은 얼마인가? 자원활용률이 축구 경기장만큼이나 낮은 다른 경우들이 있는가?

11.1 25. 레스토랑의 매니저로서 토요일 저녁 식사 메뉴를 서비스하기 위해서 몇 명의 서버가 필요한지 파악하기 위해서는 다음의 정보를 고려하여야 한다.

- 수요(저녁 식사) = 100 식사/시간
- 서버 목표 활용률 = 85 %
- 서버 당 서비스율 = 16 식사 /시간

서버 당 서비스율의 의미를 설명하라.

11.1 26. 자동차 배기가스 검사센터는 시간당 50대의 자동차를 테스트한다. 각 검사원은 4분마다 한 대의 자동차를 검사할 수 있다. 센터에서 목표 활용률을 90%로 정했다면 몇 명의 검사원이 필요한가?

11.1 27. 대도시에 위치한 한 자동차 오일 교환업소는 복수의 작업장에서 시간당 20대의 자동차를 처리할 수 있다. 각 정비사는 30분마다 한 대씩 오일 교환과 기타 관련 작업을 수행할 수 있다. 오일 교환업소가 목표 직원 활용률을 90%로 정했다면 몇 명의 정비사가 필요한가?

11.1 28. 한 대형 은행의 개인대출부서는 하루에 최대 200건의 대출신청을 처리하기 위해서 몇 명의 직원이 필요한지를 파악하려고 한다. 각 대출 담당자는 약 20분 안에 대출 신청을 처리할 수 있을 것으로 추정했다. 대출 담당자의 활용률이 0.8(80%)이고 각 대출 담당자가 하루에 7시간 일한다면, 몇 명의 대출 담당자가 필요한가?

11.1 29. 한 공장에서 A, B, C 세 가지 제품을 생산한다. 각 제품은 모두 한 번씩 드릴 프레스drill press공정을 거쳐야 한다. 드릴 프레스 기술자는 75% 활용률로 작업하고, 프레스 기계는 95% 활용률로 운용하고 있다. 이 공장은 한 달에 20일, 8시간 교대로 운영한다. 각 제품의 프레스 가공시간은 다음과 같다.

제품	A	B	C
가공시간(분/제품당)	5.0	1.85	7.0

한 달에 10,000개의 제품을 생산하는 데 필요한 드릴 프레스의 수와 기술자 수를 결정하라.

11.1 30. 한 도시 병원의 중환자실 수요는 월요일에 시간당 9명이며, 중환자실 간호사는 시간당 4명의 환자를 담당할 수 있다. 5명의 중환자실 간호사가 월요일 근무 예정인 경우, 간호사 활용률을 계산하라. 환자와 경영진의 관점에서 월요일을 위한 자원 일정계획resource schedule의 장점과 단점은 무엇인가?

11.1 31. 한 콜센터telephone call center는 오전 8시 30분부터 오전 9시까지 3명의 고객 서비스 담당자customer service representatives를 고용하였다. 표준 서비스율은 3분이며, 이는 한 명의 담당자가 한 통화를 서비스에 소요하는 시간이다. 목표 직원 활용률이 80%라고 가정할 때, 3명의 고객 서비스 담당자가 30분간 처리할 수 있는 통화 수를 구하라.

11.1 32. 시간당 26명의 고객 수요가 발생하고, 두 명의 은행 창구직원이 근무 중일 때, 직원 활용률이 90%인 경우 은행창구 서비스율을 구하라.

11.1 33. 고객 수요가 시간당 36명이고, 서비스 카운터에 직원 2명이 근무한다고 가정하면 직원 활용률이 90%인 경우 공항 자동차 렌탈 카운터에서 서비스 직원 1인당 서비스율을 구하라.

11.1 34. 어느 대형 호텔 체인에 입사 후 2년이 지나면 콜센터 관리자로 승진한다. 예상 서비스율은 고객서비스 담당자 1인당 전화통화 당 3분이다. 오전 6시30분부터 오전 7시까지 3명의 전화 고객서비스 담당자가 근무하고 있으며, 90% 활용률을 목표로 할 때, 이 3명의 담당자가 30분 기간 동안 얼마나 많은 전화 통화를 처리할 수 있는가?

11.1 35. 그림 11.27의 생산 프로세스는 5단계로 구성되어 있다. 괄호 안의 숫자는 다음 단계로 이동하기 전에 한 단위를 완료하는 데 소요되는 시간(분)이다. 수요는 시간당 36단위이다.

a. 경영진이 최소한 90%의 활용률 달성을 원할 경우 각 단계에서 몇 명의 작업자가 필요한가?

b. 각 단계의 작업자 수가 다음과 같다고 가정한다.

단계stage	작업자 수 Number of Workers
A	3
B	3
C	5
D	2
E	4

각 단계의 산출률output rate을 계산하라.

c. 이 프로세스에서 병목지점을 특정하라.

11.1.2 36. 마리온 헬스 클리닉Marion Health Clinic은 워크인walk-in 방식으로만 환자를 진료한다. 시간당 평균 10명의 환자가 병원에 도착한다. 모든 환자는 등록 창구에서 등록 담당자registration clerk(RC)를 통해 등록하는데, 등록에 3분 정도 시간이 소요된다. 등록 후 임상 간호사nurse practitioner(NP) (편집자 주: 테스트 결과 판독, 간단한 진료와 처치, 약처방전 발행이 가능하도록 훈련된 간호사로 각 주마다 수행할 수 있는 처치가 상이함)가 검토하기 전까지 등록기록담당자registration records clerk(RRC)가 의무기록실에서 환자의 기록을 찾아서 가져오는데 6분이 소요된다. 각 환자의 진료 차례가 되면 NP가 환자의 체중, 체온, 혈압을 측정하기 위해 5분을 소요한다. NP는 환자가 의사medical doctor (MD)로부터 진료를 받아야 할지, 보조의사physician's assistant (PA) (편집자 주: 가정의학과 의사와 유사한 진료행위를 할 수 있는 의료인으로 정규 대학 학위 취득 후 약 3년 과정의 PA 프로그램 수료 후 정부자격시험을 통과하여야 함)의 진료를 받아야 할지 판단한다. 현재 시스템에는 MD 한 명, PA 한 명, NP 한 명, RRC 한 명, BC 한 명, RC 한 명이 근무한다.

현재 NP는 환자의 40%를 PA에게, 60%를 MD에게 진료받도록 하고 있다. PA는 환자 당 평균 6분, MD는 평균 15분 진료한다. 환자가 PA 또는 MD에게 진료를 받은 후 환자는 의료비청구 담당자billing clerk(BC)를 통해 의료비를 지급하거나 보험사에게 의료비를 청구한다. 이 업무는 5분이 소요된다. 이후 환자 진료 프로세스는 종

그림/표 11.27 문제 35 풀이를 위한 프로세스 흐름도

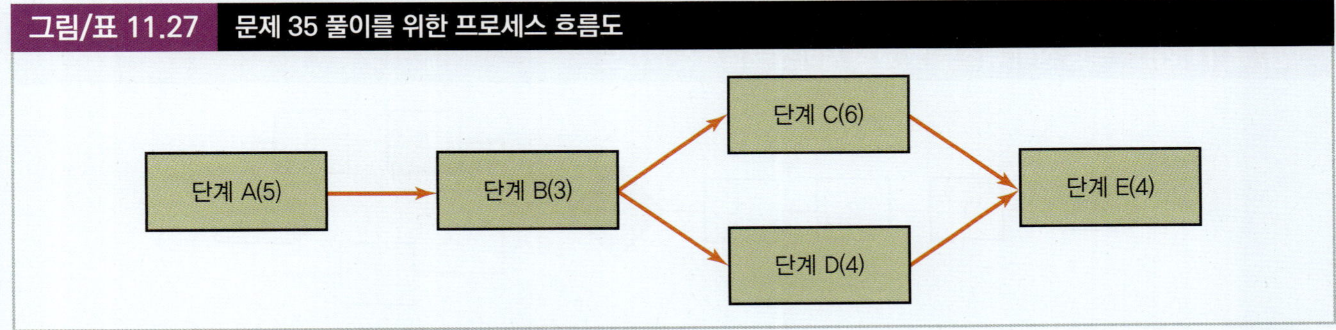

료한다.

a. 프로세스 흐름도를 작성하고 작업명과 문제에 주어진 소요시간과 백분율을 흐름도에 기입하라.

b. 프로세스 각 단계에서 시간당 환자의 진료건수(처리량)를 구하라.

c. MD, NP, PA, BC, RRC 및 RC의 활용률을 구하고 각 값들이 적절한지 설명하라. 만약 적절하지 않다면, 병목지점을 특정하고 프로세스 재설계 방안을 제안하라.

d. PA는 환자를 진찰한 후 상황에 따라 환자를 MD에게 보내는데, 최초 PA의 진찰을 받은 환자 중 50%가 MD의 진찰을 받게 된다. 이 새로운 정보가 앞선 질문들에 대한 답변에 어떤 영향을 미치는가?

11.1.2 **37.** 주요 공항에 위치한 한 렌터카 회사는 하루 평균 회사가 보유한 200대의 차량 중 70%를 대여한다. 차량 대여기간은 평균 4일이다. 하루에 평균 몇 건의 대여가 이루어 지는가?

11.1.2 **38.** 주정부 예산의 삭감으로 아처 카운티Archer County 법원에는 이제 2명의 사무원과 2명의 타이피스트typists만 근무하는데, 시간당 40건의 운전면허증 발급업무를 처리할 것으로 예상한다 (문제풀이 11.3 참조). 각 업무유형별 활용률은 얼마이며, 3단계 프로세스에서 병목지점은 어디인가? 분석결과가 고객 서비스에 미치는 영향을 설명하라. 작업 및 프로세스 설계의 개선방안을 제시하라.

11.2 **39.** 아처 카운티Archer County 법원에서의 운전면허증 발급 관련 문제풀이 11.3에서, 매시간 40 건의 업무를 처리해야하는 경우 목표 활용률을 90%로 가정하여 필요한 사무원과 타이피스트 인원 수를 구하라.

11.2 **40.** 문제 35의 (b)에서 프로세스 처리량을 어떻게 향상시킬 수 있는가? 17명의 작업자 전원이 각 단계에서 작업을 수행할 능력이 있으며, 작업자를 추가로 고용할 수 없다고 가정하고 개선 방안을 마련하라.

11.2 **41.** 그림/표 11.28은 한 의료장비 테스트 및 교정 서비스의 업무 흐름도이다. 일반적으로 고객이 장비를 서비스센터로 가져온다. 서비스 프로세스에서는 각 기술자에게 # 1에서 # 3까지 세가지 단계를 수행하도록 규정되어 있다. 각 기술자는 교차교육cross-training을 받았으므로 세 단계 중 한 단계를 수행할 수 있다. 검사관은 4단계만 수행한다. 4단계 이후 두 개의 병렬 작업활동이 수행된다. 즉, 배송 담당자가 작업 결과물을 포장하고 (7단계), 동시에 청구담당자가 송장invoice을 작성하고(5단계), 고객에게 작업이 끝난 장비를 픽업하도록 전화로 알린다(6단계). 평균 처리량은 시간당 3대의 장비이다.

아래 표는 프로세스 각 단계의 작업 내용, 단위 당 활동시간 (분), 공유 및 비공유 작업 활동, 필요한 자원을 보여준다. 현재 근무중인 인원은 서비스 기술자 3명, 검사담당자 1명, 청구담당자 1명, 배송 담당자 1명이다.

작업활동	작업시간(분)	작업자
시작		
1	8	서비스 기술자
2	17	서비스 기술자
3	25	서비스 기술자
4	12	검사 담당자
5	3	청구 담당자
6	7	청구 담당자
7	25	배송 담당자
종료		

a. 서비스 기술자의 서비스율을 구하라.

b. 청구담당자 활용률(%)을 구하라.

c. 서비스 기술자 활용률(%)을 구하라.

d. 이 프로세스의 병목지점을 특정한 후 설명하라.

11.3 **42.** 한 회계법인accounting firm은 하루에 20건의 간편세금보고EZ forms 업무를 처리할 수 있으며, 법인은 평균 64건의 요청을 보유하고 있다. EZ 세금보고 업무 당 평균 처리시간을 구하라.

11.3 **43.** 한 샌드위치 레스토랑이 샌드위치 요리를 위해 하루 46봉지의 빵을 사용하고, 평균 150 봉지를 재고로 보관한

그림/표 11.28 의료 장비 테스트 및 교정 서비스 프로세스 흐름도

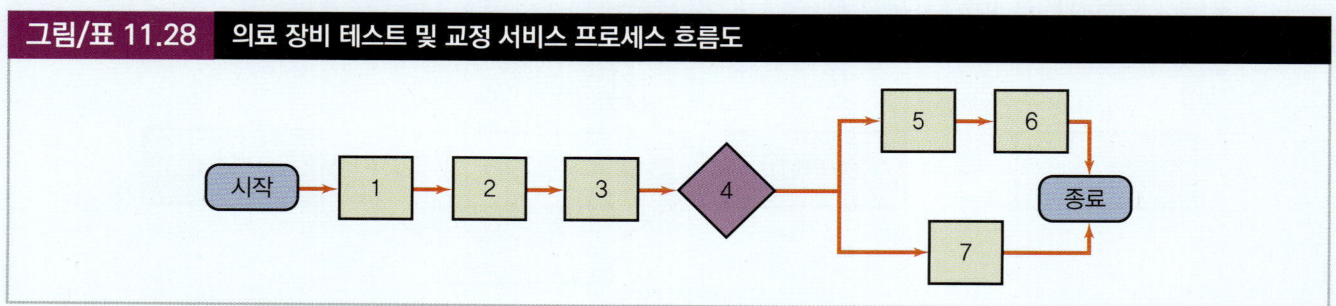

다면 빵 한 봉지가 샌드위치 가게에 재고로 머무는 평균시간을 구하라.

11.3 **44.** 한 대학의 윌콕스 학생 건강센터Wilcox Student Health Center는 최근에 "효율성 개선"을 목적으로 새로운 컴퓨터 시스템과 서비스 프로세스의 설치를 완료했다. 프로세스 흐름도 및 분석 방식도 그림을 통해 확인할 수 있다. 구내약국 책임자는 학생들을 고려하지 못한 대기시간의 잠재적 악영향을 우려하고 있다. 모든 처방전은 그림/표 11.29에 표시한 프로세스를 따른다.

분당 2명의 학생이 일정한 속도로 처방전을 구내약국에 접수시키며, 학생당 평균 처방전 접수 건수는 1건이라고 가정하자. 각 작업 지점에서 서비스를 제공받고 있는 평균 학생수 (대기하거나 서비스를 제공받고 있다고 가정)는 처방전 제출창구에 5명, 처방약 픽업pick up 창구에 3명, 계산창구에 6명이다.

조제(Rx) 작업장에는 보통 평균 40건의 처방전이 대기 또는 조제중이다. 오랜 대기시간으로 인해 95%의 학생들이 나중에 다시 방문하여 약을 픽업하기로 결정하는데, 평균 3시간 후에 다시 방문한다. 학생들이 센터 구내에서 대기하기로 결정하는 경우 처방약 조제가 완료된 즉시 학생 이름을 호출하고 학생은 픽업줄에 들어간다. 시스템은 안정된 상태로 운영 중이라고 가정하자.

사람과 처방전 정보의 흐름에서는 학생 당 1건의 처방전을 가정한다. 수요(도착) 또는 처리량은 처방전 당 2분이다.

a. 학생이 처방약을 조제 받기 위해 센터 구내에서 대기하는 경우, 학생 당 구내약국에서 보내는 평균시간을 구하라. 아래 표를 참고하라.

그림/표 11.29 약국 프로세스

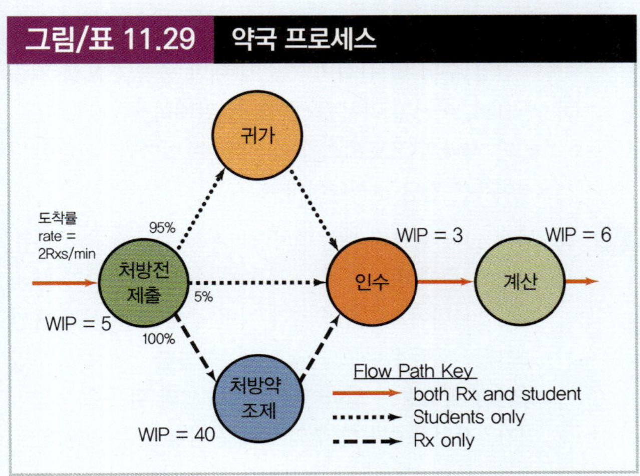

WIP = R × T	처방전 제출	처방전 조제	픽업	지불	합계
WIP					
처리량(R)					
흐름시간(T)					

b. 학생이 3시간 후에 처방약을 수령한다면 (즉, 학생이 처방전을 제출하고 귀가했다가 다시 방문하는 경우라면) 구내약국에서 몇 분을 머무는가?

c. 모든 학생들이 구내약국에서 보내는 평균시간은 몇 분인가?

d. 처방전이 프로세스에서 머무는 평균시간 (분)은 얼마인가? 처방전 제출부터 결제완료까지의 시간을 계산하라.

11.3 **45.** 한 에어컨 압축기air conditioner compressor 제조업체는 가치사슬에 너무 많은 돈이 묶여 있다고 우려한다. 평균 원자재재고는 5천만 달러이고, 재공품(WIP)재고는 2천만 달러이다. 판매는 주당 2천만 달러이고, 완제품 재고는 평균 3천만 달러이다. 평균 외상매출금accounts receivable은 6천만 달러이다. 1년은 50주로 가정한다. 가치사슬은 다음과 같다.

a. 흐름시간을 구하라. (WIP = $R \times T$ 및 문제 44에 표시된 시트 형식을 사용하여 답을 구하라.)

원자재 → 재공품 재고 → 완제품 → 미수금

b. 가치사슬에서 평균재고(단위: 달러)는 얼마인가?

c. 원자재, WIP, 완제품 또는 외상매출금과 같은 주요 단계 중 에어컨 제조업체의 비용을 절감하기 위한 가장 적합한 작업은 무엇인가?

d. 경영진이 외상매출금 프로세스 개선을 통해, 미수금 시간을 절반으로 줄일 수 있는 경우, 평균 미수금 재고의 목표수준은 얼마인가?

e. 흐름시간 분석에서 추가로 어떠한 정보를 확인할 수 있는가?

11.4 **46.** 한 공항 리무진 서비스에서는 한 명의 직원이 공항 카운터에서 근무한다. 고객은 평균 3분에 한 명 도착하며 서비스를 처리하는 데 평균 2분이 걸린다.

a. 시스템이 비어 있을 확률을 구하라.

b. 고객이 서비스를 기다려야 할 확률을 구하라.

c. 대기행렬에서 서비스를 기다리는 평균 고객수를 구하라.

d. 대기행렬에서 평균 대기시간을 구하라.

e. 시스템(대기행렬과 서버)에 5명의 고객이 머무르고

그림/표 11.30 제퍼슨 매뉴팩처링 작업셀 프로세스 1

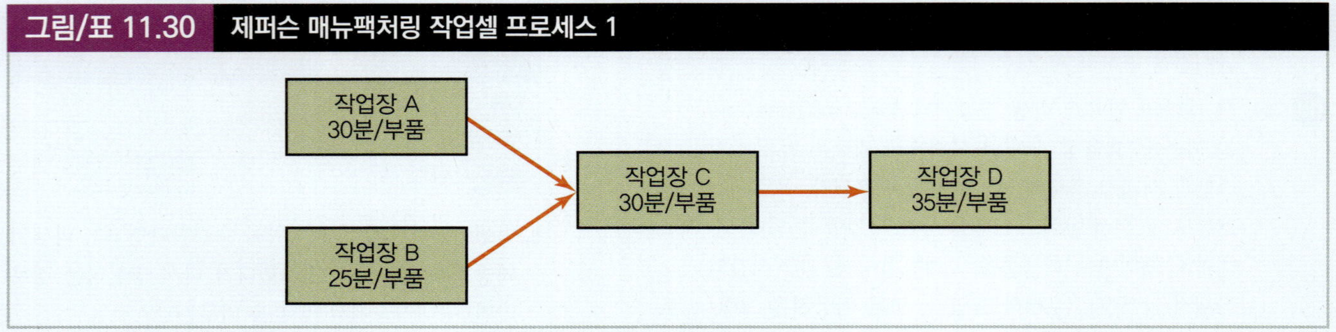

있을 확률을 구하라.

11.6 **47.** 제퍼슨 매뉴팩처링Jefferson Manufacturing은 공기 압축기air compressor 조립용 부품을 가공한다. 프로세스는 그림/표 11.30에 나와 있다.

a. 병목지점은 어디인가? 그림/표 11.22의 TOC 원칙 하나를 인용하여 설명하라.

b. 전체 작업에서 장 긴 소요시간을 구하라.

c. 제퍼슨 매뉴팩처링이 주 40시간 근무한다면 이 생산 셀cell이 주당 80개의 부품 수요를 충족할 수 있는가? 그림/표 11.23의 제약이론 원칙 하나를 인용하라.

d. 운영관리자는 프로세스 개선을 어느 지점에 집중해야 하는가?

11.6 **48.** 문제 47의 제퍼슨 매뉴팩처링Jefferson Manufacturing에 그림/표 11.31에 표시된 또 다른 생산 셀 배치와 프로세스가 있다.

a. 병목지점은 어디인가? 그림/표 11.23의 제약이론 원칙 하나를 인용하여 설명하라.

b. 관리자는 제약이론에 따라 추가 재고를 어디에 배치해야 하는가?

c. 제퍼슨 매뉴팩처링이 주당 45시간 근무하는 경우, 이 생산 셀이 주당 몇 개의 부품을 생산할 수 있는가? 그림/표 11.23의 제약이론 원칙 하나를 인용하라.

그림/표 11.31 제퍼슨 매뉴팩처링 작업셀 프로세스 2

작업장 A
8분/부품

작업장 B
9분/부품

작업장 C
10분/부품

작업장 D
10분/부품

11.6 **49.** 램블러 매뉴팩처링Rambler Manufacturing은 오하이오Ohio주 콜럼버스Columbus에 있는 공장에서 소형 자동차용 클러치 플레이트clutch plates 3종류를 생산한다. 그림/표 11.32에 표시된 세 가지 프로세스는 클러치 플레이트를 제조하기 위한 공통 및 상이한 작업활동으로 구성된다. 그림/표 11.33은 각 클러치 플레이트의 판매가격, 부가가치 제조 비용, 단위당 순이익과 간접비에 대한 정보를 제공한다. 부가가치 비용은 원자재, 구매자재, 클러치 플레이트에 대한 장비 및 노동 작업 비용의 합계이다.

a. 각 클러치 플레이트 프로세스에서 병목지점은 어디에 있으며 프로세스로부터 무엇을 기대할 수 있는가? 그림/표 11.23의 제약이론 원칙 하나를 인용하여 설명하라.

b. 가장 긴 유휴시간(즉, 가장 낮은 작업장 활용률)을 예상되는 작업장은 무엇인가? 그림/표 11.23의 제약이론 원칙 하나를 인용하라.

c. 제약이론 원칙을 문제에 적용하는 경우, 각 클러치 플레이트의 시간당 수익 및 간접비에 대한 총 수익과 공헌도는 얼마인가?

d. 문제 (c)에 대한 답을 고려하여, 시간당 총 수익과 시간당 수익 및 간접비 기준에 대한 총 공헌도를 기준으로, 어떤 클러치 플레이트를 판매하겠는가?

e. 단 하나의 프로세스를 개선할 수 있다면 무엇인가? 이유를 간단히 설명하라.

11.6 **50.** 문제 49의 램블러 매뉴팩처링Rambler Manufacturing의 경우, 클러치 플레이트 1, 2, 3의 판매량이 주당 각각 180, 300, 200대이고 작업장 C가 이번 주에 총 90시간 동안 2교대로 근무한다고 가정한다. 작업장 C에서 일주일 동안의 작업량은 얼마이며 작업장 C의 활용률은 얼마인가? 작업장 C가 한 주의 판매를 감당할 수 있는가?

그림/표 11.32 램블러Rambler에서 제조하는 클러치 플레이트의 세 가지 프로세스 흐름도 (생산 라인)

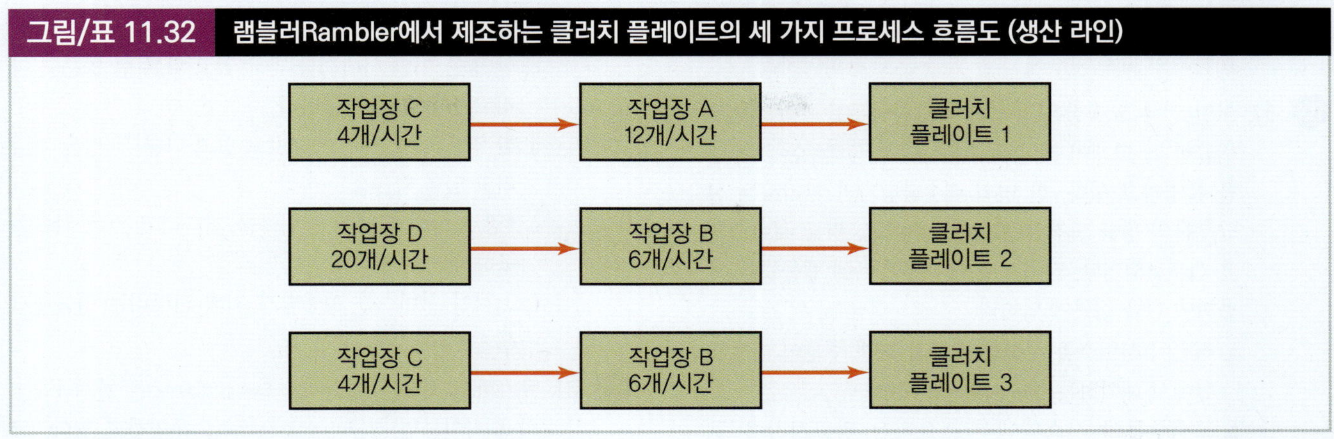

그림/표 11.33 세 가지 클러치 플레이트의 이익 및 간접비에 대한 순공헌도

클러치 플레이트	1	2	3
판매가격	$100	$135	$175
부가가치 제조 비용	$48	$98	$110
이익 및 간접비에 대한 순기여	$52	$38	$65

11.6 **51.** 램블러 매뉴팩처링Rambler Manufacturing과 관련한 문제 49와 문제 50에서 동일한 금액을 투자하여 작업장 B 또는 C의 처리속도를 두 배로 늘리겠는가? 답에 대한 이유를 설명하라.

엑셀기반 연습문제 EXCEL-BASED PROBLEMS

문제 풀이를 위해 엑셀Excel이나 마인드탭MindTap에 있는 스프레드시트 템플릿을 사용할 수 있다.

11.3 **52.** 부품 # 2934에 대한 제조업체의 평균 재공품 재고(WIP)는 995개이다. 해당 작업장에서는 하루 225개의 부품을 생산한다. 리틀의 법칙을 적용한 엑셀 템플릿을 활용하여 부품이 이 작업장에서 머무르는 평균시간을 구하라.

11.3 **53.** 한 식료품 소매점의 익스프레스 체크아웃check out 계산대에서는 고객 주문을 확인하는 데 평균 3분 정도 소요한다. 평균 6명의 고객이 계산대 대기줄에 있다. 리틀의 법칙을 적용한 엑셀 템플릿을 활용하여 계산대에서 서비스를 제공받는 시간당 평균 고객수를 구하라.

11.3 **54.** 어떤 외상매출금 관리자accounts receivable manager는 하루에 평균 (수금까지의)처리기간이 15일인 수표를 200건 처리한다. 리틀의 법칙을 적용한 엑셀 템플릿을 활용하여 사무실에서 처리하는 평균 미수금 수표 건수를 계산하라. 정보기술을 통해 처리기간을 15일에서 10일로 5일 단축시키면 어떠한 변화가 생기는가? 미수금 관련 업무에 정보기술을 적용하는 장점과 단점은 무엇인지 설명하라.

11.4 **55.** 어떤 단일서버 하역장을 사용하는 트럭의 평균 도착량은 하루 12대이다. 상하차속도는 하루 18회이다. 단일서버 대기행렬 엑셀 템플릿을 사용하여 다음 질문에 답하라.

a. 하역장이 유휴상태일 확률을 구하라.
b. 서비스를 기다리는 트럭의 평균 댓수를 구하라.
c. 트럭이 화물 상하차 서비스를 위해 대기하는 평균시간을 구하라.
d. 새로운 트럭이 도착하여 대기해야 할 확률을 구하라.
e. 트럭 세 대가 서비스를 위해 대기할 확률을 구하라.

11.4 **56.** 단일서버 대기행렬에서 도착은 분당 평균 3회의 속도

로 발생한다. 적절한 엑셀 기능을 활용하여 $x = 0$에서 10까지의 도착 횟수에 대한 확률 분포를 파악하라.

11.4 **57.** 어떤 전문 묘목장은 유럽의 너도밤나무를 전문적으로 취급한다. 고객이 메일로 주문하면 배송해주는 시스템을 운영하고 있다. 한 명의 배송담당자가 처리하는 신규주문의 평균 도착량은 하루 6회이고, 평균 서비스율은 하루 8회이다. 단일서버 대기행렬 엑셀 템플릿을 사용하여 다음 질문에 답하라.

a. 직원이 서비스를 시작할 때까지 고객 주문이 대기행렬에서 대기하는 평균시간을 구하라.
b. 고객주문이 시스템에서 소요하는 평균시간을 구하라.
c. 평균적으로 몇 개의 고객주문이 대기행렬queue과 시스템에 있는가?

11.4 **58.** 피츠 마켓Pete's Market은 계산대 한 개소만을 설치한 소규모 식료품점이다. 시간당 평균 15명의 고객이 계산대에 도착하며, 계산대 도착시부터 결재시까지 평균 3분이 소요된다. 사장인 피츠씨가 고객의 평균 서비스 대기시간이 5분을 초과하지 않도록 하고 싶다면, 컨설턴트로서 현재 시스템을 개선할 방법을 제안하라. 단일서버 대기행렬 엑셀 템플릿을 사용하여 이 질문에 답하라.

11.4 **59.** 단일서버 대기행렬 형태의 하역장에서 화물 상하차를 위해 도착하는 트럭들의 평균 도착률은 시간당 4대이고, 평균 서비스율은 시간당 5대이다. 단일서버 대기행렬 엑셀 템플릿을 사용하여 다음 질문에 답하라.

a. 하역장이 유휴상태일 확률을 구하라.
b. 대기행렬에 대기중인 평균 트럭 대수를 구하라.
c. 시스템에 머무르고 있는 평균 트럭 대수를 구하라.
d. 트럭이 서비스를 제공받기 전까지 대기줄에서 보내는 평균시간을 구하라.
e. 트럭이 시스템에 머무르는 평균시간을 구하라.
f. 새로 도착한 트럭이 대기해야 할 확률을 구하라.
g. 두 대 이상의 트럭이 서비스를 위해 대기할 확률을 구하라.

11.4 **60.** 마티즈 이발소Marty's Barber Shop에는 한 명의 이발사가 근무한다. 시간당 2.2명의 고객이 이발소에 도착하고, 이발 서비스는 시간당 평균 5명에게 제공할 수 있다. 단일서버 대기행렬 엑셀 템플릿을 사용하여 다음 질문에 답하라.

a. 이발사가 유휴상태일 확률을 구하라.
b. 고객이 기다리지 않고 이발서비스를 받을 확률을 구하라.
c. 한 명은 이발 서비스를 받고 있고 다른 한 명은 기다리고 있을 확률을 구하라.
d. 한 명은 이발 서비스를 받고 있고 다른 두 명은 기다리고 있을 확률을 구하라.
e. 3명 이상의 고객이 서비스를 기다리고 있을 확률을 구하라.
f. 고객이 서비스를 제공받기 위해 기다리는 평균시간을 구하라.

11.4 **61.** 큐카파크 저축은행Keuka Park Savings and Loan은 현재 1개소의 드라이브업 창구drive-up window를 운영하고 있다. 고객의 자동차는 드라이브업 창구에 시간당 평균 10대 도착한다. 평균 서비스율은 시간당 12대이다. 단일서버 대기행렬 엑셀 템플릿을 사용하여 다음 질문에 답하라.

a. 드라이브업 창구가 유휴상태일 확률을 구하라.
b. 어떤 고객이 운전하여 창구로 진입할 때, 예상할 수 있는 대기중 혹은 서비스를 받고 있을 차량의 대수를 구하라.
c. 평균 서비스 대기 시간을 구하라.
d. 도착한 차량이 대기해야 할 확률을 구하라.
e. 4대 이상의 차량이 서비스를 제공받기 위해 대기할 확률을 구하라.
f. 큐카파크 은행이 제공하는 서비스 시스템의 잠재고객으로서 현재의 대기행렬 특성에 만족할 수 있는다? 현재 시스템에 대한 고객의 만족도를 관리자는 어떻게 평가할 것이라고 생각하는가?

11.4 **62.** 포 앤 애프트 마리나Fore and Aft Marina (FAAM)는 인디애나주 매디슨Madison, Indiana 근처의 오하이오 강Ohio river가에 건설할 새 선착장이다. FAAM은 접안시설을 1개소 건설하기로 결정하였다. 새 선착장에 시간당 평균 5대의 보트가 도착하고, 평균적으로 시간당 보트 10대에게 서비스를 제공할 수 있다고 가정하자. 단일서버 대기행렬 엑셀 템플릿을 사용하여 다음 질문에 답하라.

a. 선착장이 유휴상태일 확률을 구하라.
b. 서비스를 기다리는 평균 보트 수를 구하라.
c. 보트가 대기하는 평균시간을 구하라.
d. 보트가 선착장에서 보내는 평균시간을 구하라.
e. 두 척 이상의 보트가 서비스를 제공받기 위해 대기하고 있을 확률을 구하라.
f. 보트 선주라면 이 서비스수준에 만족하겠는가?

11.4 **63.** 병원에서 CAT 스캔 서비스를 기다리는 환자가 긴 대기줄을 이루고 있다. 환자는 시간당 1.8명의 속도로 도

착한다. CAT 서비스의 평균 처리시간은 환자 당 27분이다. 운영관리자는 병목지점을 분석하는 과정에서 현재 상황을 평가에 단일서버 대기행렬 모형이 도움이 될 것이라고 생각한다. 단일서버 대기행렬 엑셀 템플릿을 사용하여 다음 질문에 답하라.

a. 시스템이 유휴상태일 확률을 구하라.
b. 환자가 서비스를 제공받기 위해 대기해야 할 확률을 구하라.
c. 대기행렬에서 서비스를 기다리는 평균 환자 수를 구하라.
d. 대기행렬에서의 평균 대기시간을 구하라.
e. 환자가 시스템에서 보내는 평균시간을 구하라.
f. 지금까지의 분석 결과를 고려하여 프로세스 개선 방안을 제안하라.

11.4 **64.** 씨티 베버리지 드라이브스루City Beverage Drive-Thru는 드라이브스루 창구를 통해 술을 판매하고 있는데, 두 명의 서버 시스템 구성을 고려하고 있다. 고객 차량은 시간당 평균 6대의 속도로 매장에 도착한다. 각 서버의 서비스율은 시간당 10대이다. 복수서버 대기행렬 엑셀 템플릿을 사용하여 다음 질문에 답하라.

a. 두 명의 서버가 모두 유휴상태일 확률을 구하라.
b. 서비스를 위해 대기하는 평균 차량 대수를 구하라.
c. 서비스를 기다리는 평균시간을 구하라.
d. 시스템의 평균 시간을 구하라.
e. 서비스를 제공받기 위해 대기할 확률을 구하라.

11.4 **65.** 빅 알즈 세차장Big Al's Car Wash에는 두 개의 세차기계를 보유하고 있다. 각 세차기계은 시간당 15대의 자동차를 세차할 수 있다. 시간당 평균 15대의 차량이 세차장에 도착하여 대기행렬에 합류한 후, 가용한 세차기계로 진입한다. 복수서버 대기행렬 엑셀 템플릿을 사용하여 다음 질문에 답하라.

a. 세차기계에 진입하기 위해 대기하는 평균시간을 구하라.
b. 고객이 대기할 확률을 구하라.
c. 빅 알즈의 시스템은 고객에게 편의성을 제공하는가? 빅알즈의 사장은 세차장의 서비스 수준을 어떻게 평가할 것인가?

11.4 **66.** 한 패스트푸드 체인점의 지역총괄 관리자는 주문 접수 후 서비스를 제공받기 위해 카운터에서 너무 오래 기다린다는 내용의 고객불만을 많이 듣고 감사에 착수했다. 지역총괄을 포함한 감사팀은 매장이 가장 붐비는 시간에 고객이 1분에 평균 1명 방문한다는 사실을 파악했다. 서비스 시간은 고객 당 2.5분이었다. 감사기간 동안 매장은 3곳의 계산대 (서비스 채널)를 열었으나 가용한 계산대는 총 4곳이었다 (즉 1곳의 계산대는 유휴상태였다.). 네번째 계산대는 매장관리자가 그날 근무하는 직원 중 한 명을 추가적으로 배정하지 않아서 열리지 않았다. 복수서버 대기행렬 엑셀 템플릿을 사용하여 다음 질문에 답하라.

a. 시스템이 유휴상태일 확률을 구하라.
b. 고객이 서비스를 제공받기 위해 대기할 확률을 구하라.
c. 대기행렬에서 서비스를 기다리는 평균 고객 수를 구하라.
d. 대기행렬에서의 평균 대기시간을 구하라.
e. 네번째 계산대를 열었을 때 고객서비스에 미치는 영향을 설명하라.

11.4 **67.** 쿠렐리스 인테리어 디자인Kurelis Interior Design사는 가정 및 사무실 인테리어 서비스를 제공한다. 정규 업무시간 중에 시간당 평균 2.5명의 고객이 도착한다. 한 명의 설계 컨설턴트가 고객 질문에 답하고 관련 제품을 추천할 수 있다. 컨설턴트는 각 고객에게 평균 10분의 서비스를 제공한다. 단일서버 대기행렬 또는 복수서버 대기행렬 엑셀 템플릿을 사용하여 다음 질문에 답하라.

a. 고객 대기행렬의 성과를 평가하라.
b. 회사의 서비스 목표는 고객을 평균 5분이상 기다리지 않도록 하는 것이다. 이 목표는 달성되었는가? 목표 달성을 위해서는 어떤 조치가 필요한가?
c. 두 번째 컨설턴트를 추가로 고용해야 하는가?
d. 컨설턴트가 고객 서비스 시간을 평균 8분으로 줄일 수 있다면 서비스 목표를 달성할 수 있는가?

11.4 **68.** 큐카파크 저축은행Keuka Park Savings and Loan은 현재 1개소의 드라이브업 창구drive-up window를 운영하고 있다. 자동차는 시간당 평균 10대 시스템에 도착한다. 평균 서비스율은 시간당 12대이다. 고객서비스를 개선하기 위해 큐카파크 저축은행은 두번째 드라이브업 창구 개설 시 얻을 수 있는 효과를 연구하려고 한다. 두번째 창구를 추가 시 시스템에 어떤 영향을 주는가? 두 개의 드라이브업 창구 시스템 제안을 받아들여야 하는가? 단일서버 대기행렬 또는 복수서버 대기행렬 모형 엑셀 템플릿을 사용하여 질문에 답하라.

11.4 **69.** 트로스퍼 타이어사Trosper Tire Company는 새 타이어를 주문하는 고객을 위해 모든 종류의 타이어를 교체할 수 있는 새 정비사를 고용하기로 결정했다. 다음의 두 가지 대안을 고려할 수 있다. 첫번째 대안으로, 한 정비사는 경력기간이 짧아서 시간당 $22 지불하면 고용할 수 있

다. 이 정비사는 시간당 평균 3명의 고객에게 서비스를 제공할 수 있을 것으로 예상된다. 두번째 대안으로, 또 다른 정비사는 다년간의 경험을 보유하고 있으며 시간당 평균 4명의 고객에게 서비스를 제공할 수 있지만 시간당 $30를 지불해야 한다. 시간당 2명의 고객이 트로스퍼사 정비소에 도착한다고 가정한다. 단일서버 대기행렬 엑셀 템플릿을 사용하여 다음 질문에 답하라.

a. 각 정비사의 고용에 따른 대기행렬 성과를 계산하라.

b. 이 회사에서 고객 대기비용을 시간 당 $20으로 할당할 경우 경력이 짧은 정비사를 고용하는 데 드는 총 비용은 얼마인가? 어떠한 대안을 추천하겠는가?

11.4 70. 쿠렐리스 인테리어 디자인Kurelis Interior Design사(문제 67 참조)는 가정 및 사무실 인테리어 서비스를 제공한다. 고급스러운 사양을 선호하는 고객은 평균적으로 인테리어 디자인에 평균 $36,000을 지출하고, 가구 구매에 $186,000을 지출한다. 정규 업무 시간에 시간당 평균 2.5명의 고객이 도착(방문)한다. 한 명의 설계 컨설턴트가 고객 질문에 답하고 관련한 제품을 추천한다. 컨설턴트는 각 고객에게 평균 10분 간 서비스를 제공한다. 다음 정보를 바탕으로 현재처럼 한 명의 컨설턴트만으로 서비스를 제공할 때(옵션 1)와 두번째 컨설턴트를 추가로 고용했을 때(옵션 2)의 경제성을 비교하라. 고급스러운 사양을 선호하는 고객은 대기하는 것을 좋아하지 않으므로 고객 대기시간은 분당 $5.00이다. 컨설턴트는 시간당 $25를 받는다. 단일서버 대기행렬 또는 복수서버 대기행렬 모형 엑셀 템플릿을 사용하여 다음 질문에 답하라.

11.4 71. 공항리무진 서비스에서는 한 명의 직원이 공항 카운터에서 근무하게 한다. 고객은 평균 3분에 한 명씩 카운터에 도착하며 거래를 처리하는 데 평균 2분이 걸린다. 단일서버 대기행렬 엑셀 템플릿을 사용하여 다음 질문에 답하라.

a. 고객이 서비스를 제공받기 위해 대기해야 할 확률을 구하라.

b. 고객이 대기줄에서 대기하는 평균시간을 구하라.

c. 리무진 서비스의 목표 서비스표준target service standard은 고객의 대기 확률을 10%미만으로 유지하는 것이다. 이 목표 서비스 수준service level을 충족하기 위해 몇 명의 직원이 근무해야 하는가?

d. 문제 (c)의 답으로 직원수를 늘려 경쟁사로부터 시간당 10명의 고객을 더 확보한다면 이 대기행렬 시스템의 성과를 계산하라. 고객 대기확률을 목표 서비스표준인 10% 미만보다 낮출 수 있는가?

11.4 72. 어떤 의원medical clinic의 백오피스에는 보험청구를 처리하는 두 명의 관리자가 있다. 관리자 A는 개인보험 청구 및 처리를 진행하고 관리자 B는 메디케어Medicare 청구만을 처리한다. 개인보험 또는 메디케어 청구를 처리하는 데 평균적으로 동일한 시간(15분)이 소요된다. 메디케어 환자는 시간당 3명이 접수 창구에 도착하고, 개인보험 환자는 시간당 2명 도착한다. 단일서버 대기행렬 또는 복수서버 대기행렬 모형 엑셀 템플릿을 사용하여 다음 질문에 답하라.

a. 현재 직무설계job design에서 각 환자(청구)의 평균 대기시간을 구하라.

b. 각 관리자가 모든 유형의 청구를 처리할 수 있는 경우의 평균 대기시간을 구하라.

c. 보험청구 처리 및 직업 설계에 관한 개선안을 제안하고 설명하라.

대학 도서관의 희귀도서 관리 프로세스 The University Rare Book Library Process

영국 잉글랜드 대학University of England의 희귀도서 도서관은 초판first edition(FE), 원고original manuscript(OM) 및 저자 일지author's journal(AJ)를 소장하고 있다. 이 희귀도서 중 일부는 수십만 달러의 가치가 있으며 대부분은 5,000달러 이상의 가치가 있다. 전 세계 사람들이 도서관을 방문하여 독특한 희귀도서 컬렉션을 활용하고 있지만, 책을 외부로 반출하는 경우는 거의 없다. 인증된 사서librarian만이 요청된 책과 원고를 서가에서 빼 올 수 있는데, 이는 대부분 소장품이 손상되기 매우 쉽기 때문이다.

희귀도서관리 프로세스는 다음과 같은 가치를 창출한다: 프로세스의 속도와 신뢰성(시간 가치time utility)에 기반한 가치창출, 인류지식의 안전한 보관(장소 및 정보 가치place and information utility), 고서보존(형태 가치form utility) 그리고 희귀도서 전문가들에게는 다양한 연령대의 사람들의 생각을 보고 읽는 즐거움(엔터테인먼트 활용entertainment utility)이 포함되어 있다. 프로세스의 산출물 또는 결과물은 무형intangible인데, 물리적인 상품을 생산하는 것이 아닌 정보, 엔터테인먼트, 역사연구, 지식전달의 형태를 보인다.

사서의 목표는 희귀도서의 보안을 보장하면서도 전문서비스 접점 서비스professional service encounter를 제공하기 위해 여러 사항들을 반영한 프로세스를 설계하는 것이다. 도서관에서 희귀도서를 검토하는 프로세스 흐름도는 그림/표 11.34에 나와 있다. 프론트오피스front-office 활동과 백오피스back-office 활동을 구분하는 가시선line of visibility에 유의하여야 한다. 여기서 도서관 이용자는 서비스전달 시스템service delivery system을 통해 미리 정의된 경로predefined pathways를 따라야한다. 고객은 표준경로standard pathways 및 서비스 접점 활동순서service encounter activity sequences에서 벗어난 서비스를 제공받을 자율권이 없다. 이 프로세스는 매우 반복적이며 강도높게 통제되고 있다.

그림/표 11.34에서 시간당 40명의 이용자에게 서비스를 제공할 수 있다고 가정한다. 모든 도서관 방문객은 수석head librarian이 방문객 등록을 완료할 때까지 방문객 구역에 남아 있어야한다. 평균적으로 방문객 구역에는 10명이 대기하고 있다. 수석사서는 방문객이 도서관 이용이 가능한 계정을 가지고 있는지 확인한다. 이 활동은 평균 3분이 소요된다. 등록 후 방문객은 문헌 대기장소로 이동한다. 평균적으로 12명이 이 두 번째 대기장소에서 서비스를 받기 위해 기다리고 있다.

Evgeny Litvinov/Shutterstock.com

다음 순서로 특별사서special librarian가 방문객의 요청을 받아 초판, 원고 및 저자 저널별로 마련한 대기장소로 안내한다. 이 첫번째 특별사서의 서비스는 평균 4분이며, 특별사서가 수행하는 두 가지 활동 중 첫번째 활동이다. 한 명의 특별사서가 한 번에 한 명의 방문객을 응대한다. 평균적으로 방문객의 50%는 초판(FE)을 요청하고 40%는 원본원고(OM)를 요청하며, 10%는 저자일지(AJ)를 요청한다. 방문객이 세 개의 작은 대기장소 중 한 곳에 도착하면 특별사서가 두번째 활동(문헌을 확인하고 인출하는 활동)을 수행할 때까지 기다린다. 도서관 직원의 추정으로는 평균적으로 초판(FE)을 위해서는 5명, 원본원고(OM)를 위해서는

그림/표 11.34 대학교 희귀도서 도서관 프로세스 흐름도

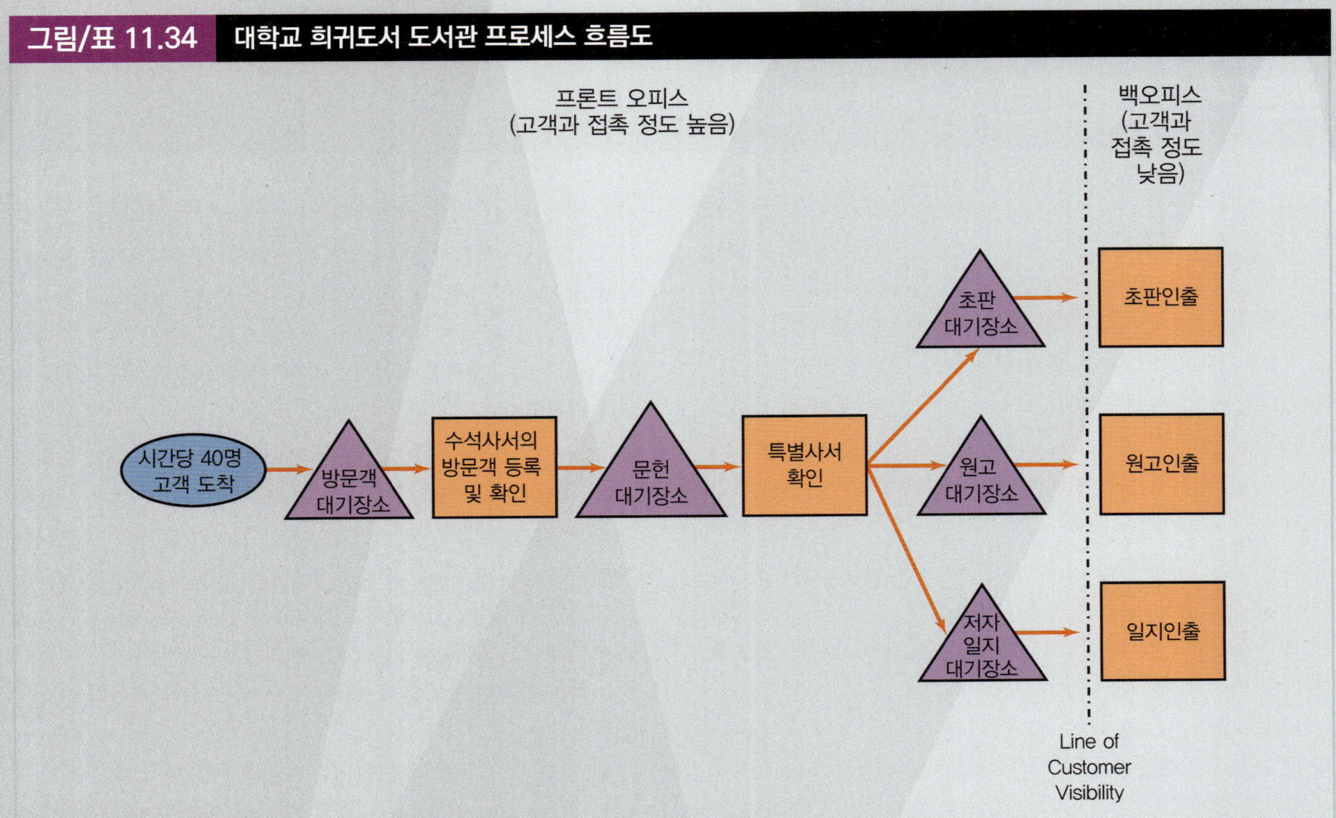

그림/표 11.35 리틀의 법칙을 활용한 대학교 희귀도서 도서관 분석 위한 워크시트

I=R*T	방문객 대기실	수석 사서 등록 확인 및 승인	문헌 대기 장소	특별 사서 확인	초판 대기 장소	초판인출	원고 대기 장소	원고인출	저널 대기 장소	일지인출
I										
R										
T										

3명, 저널(AJ)을 위해서는 1명의 이용자가 대기하고 있다. 특별 사서는 초판도서(FE) 인출에 평균 4분, 원본원고(OM) 또는 저널(AJ) 인출에 6분을 소요한다. 그림/표 11.35는 프로세스에 대한 질문에 답하는 데 도움을 준다.

토론을 위한 사례 질문

1. 초판(FE) 방문객이 도서관에 입장할 때 요청한 책을 서고에서 인출해 오는데 평균 몇 분이 소요되는가? (모든 가정을 설명하고 계산하라)
2. 도서관 방문객이 도서관에 입장할 때부터 요청한 책을 인출해 오는데 평균 몇 분이 걸리는가? (모든 가정을 설명하고 계산하라.)
3. 전체 도서관 서비스 제공 시스템에는 평균적으로 몇 명의 방문객이 머물고 있는가? (모든 가정을 설명하고 계산하라.)
4. 다음 인원만큼의 직원이 각 활동에서 근무하는 경우 각 작업 활동에 대한 직원 활용률은 얼마인가?
   수석사서: 직원 2명, 서비스당 3분;
   특별사서 (체크인): 직원 3명, 서비스당 4분;
   초판검색: 직원 2명, 서비스당 4분;
   원고검색: 직원 2명, 서비스당 6분
   저자 일지 검색: 직원 1명, 서비스당 6분.
5. 어떤 인적자원이 병목 상태인가?
6. 병목지점을 해소하기 위한 아이디어를 제안하고 설명하라.

버본 카운티 법원 Bourbon County Court

카운티 소속 변호사인 모리스H.C. Morris는 대기줄에서 서서 불평을 하고 있다: "왜 그들은 사무실에서 사용할 복사기를 새로 구입하지 않지요? 이 복사기 대기줄에서 멍하니 차례를 기다리느라 소송 준비에 써야 할 내 귀중한 시간을 낭비해야 해요." 셀프서비스 복사기는 법정 입구 바로 바깥쪽 작은 방에 설치되어 있다. 그는 종종 다른 변호사들처럼 소송기록과 업무를 기밀로 유지할 용도로 서류를 복사하곤 한다. 그는 이를 통해 고객의 프라이버시와 사건에 대한 그의 전문가로서의 의견과 개인적 생각을 보호하려고 한다.

모리스 변호사는 비서, 법원 서기, 다른 변호사, 경찰관 및 보안관, 건축물 검사관, 안내견 관리인과 함께 대기줄에 서서 차례를 기다리면서 종종 어색함을 느꼈다. 복사기의 대기줄은 상황에 따라 법원의 복도까지 이어졌다.

모리스 변호사는 복사기 대기줄의 문제점에 대해 햄릿Hamlet 판사, 여름방학 동안 인턴으로 근무하고 있는 닷 기포드Dot Gifford에게 언급했다. 기포드는 주요 대학에서 MBA-JD 복수학위 프로그램에 재학중인데 방학기간 부모님 댁에 머물고 있다.

"변호사님, 복사기 한 대로 복사 수요를 감당하기에 충분한지 알아낼 방법이 있어요. 제가 상황분석을 할 수 있도록 판사님께 허락을 받아 주시면 제가 도울 수 있을 것 같아요. 제가 재학중인 법학전문대학원(로스쿨)과 경영전문대학원(비즈니스스쿨)의 컴퓨터실에서도 비슷한 문제가 있거든요."

모리스 변호사와 기포드 인턴 사이에 복사기에 대한 대화가 있은 그 다음 주 햄릿 판사는 기포드에게 복사기 문제를 해결해 보라고 지시하였다. 판사는 그녀에게 복사기 문제해결을 위한 제안사항이 담긴 관리보고서를 작성하여 버본 카운티 감독관 회의에 제출하여 승인을 받도록 지시했다. 버본 카운티는 작년 회계연도에 적자 지출을 기록했기 때문에 새로운 서비스를 정당화하려면 명확한 효익분석 결과를 감독관 회의에 제출할 필요가 있다.

현재 재학중인 전문대학원에서 유사한 문제를 분석한 경험이 있는 기포드 인턴은 어떤 유형의 정보와 데이터가 필요한지 알

그림/표 11.36 버본 카운티 법원_시간당 고객 도착 (이 데이터는 MindTap의 워크 시트 Bourbon 카운티 법원 케이스 데이터에 있다.)

	시간당 고객도착		시간당 고객도착		시간당 고객도착		시간당 고객도착		시간당 고객도착
1	5	11	10	21	3	31	11	41	14
2	9	12	17	22	9	32	8	42	7
3	7	13	18	23	11	33	9	43	4
4	13	14	14	24	10	34	8	44	7
5	7	15	11	25	12	35	6	45	7
6	7	16	16	26	4	36	8	46	2
7	7	17	5	27	8	37	14	47	4
8	11	18	6	28	9	38	12	48	7
9	8	19	8	29	9	39	11	49	2
10	6	20	13	30	9	40	15	50	8

그림/표 11.37 프로세스 유형별 특성

관찰	복사 1건당 시간	관찰	복사 1건당 시간
1	0.0700	26	0.0752
2	0.1253	27	0.0752
3	0.0752	28	0.1002
4	0.2508	29	0.0388
5	0.0226	30	0.0978
6	0.1504	31	0.0752
7	0.0501	32	0.1002
8	0.0250	33	0.0250
9	0.0150	34	0.0752
10	0.2005	35	0.0501
11	0.1253	36	0.0301
12	0.1754	37	0.0752
13	0.0301	38	0.0501
14	0.1002	39	0.0075
15	0.0752	40	0.0602
16	0.3009	41	0.2005
17	0.0752	42	0.0501
18	0.0376	43	0.0150
19	0.0501	44	0.0501
20	0.0226	45	0.0527
21	0.1754	46	0.1203
22	0.0700	47	0.1253
23	0.1253	48	0.1053
24	0.0752	49	0.1253
25	0.2508	50	0.0301

그림/표 11.38 버본 카운티 법원 – 비용과 고객 구성

자원항목	대기줄의 고객 구성 비율	운영비용 또는 시간당 평균임금
복사기 대여 및 유지 관련 연간비용 (1년 = 250일)		$18,600
시간당 복사기 운영 변동비		$5/시간
비서	50%	$18.75
법원 서기	20%	$22.50
건축물검사관 및 안내견 관리인	10%	$28.40
경찰관 및 보안관	10%	$30.80
변호사	10%	$100.00

고 있다. 이 프로젝트를 위해 몇 주 동안 작업한 후 그녀는 그림/표 11.36 ~ 11.38을 포함하여 정보 보고서를 개발하였다.

기포드 인턴은 상황을 정확히 평가하기가 쉽지 않았는데, 카운티 법원의 이용자의 구성과 관련 인건비가 상당히 불확실하다고 생각했기 때문이다. 로스쿨에서는 비서만이 서류작업을 위해 컴퓨터를 사용했다. 비즈니스스쿨에서는 컴퓨터실의 긴 대기줄에 대해 불평하는 사람은 학생들이었다. 또한 과거 두 전문대학원에 대한 두 프로젝트를 지도한 교수는 한 프로젝트에는 대기행렬 모형을 사용하고 다른 프로젝트에는 시뮬레이션을 사용할 것을 권고하였다. 기포드 인턴은 어떤 분석 방법을 선택하여야 할지 확신할 수 없어서 현재 버본 카운티 법원의 복사기 상황 분석에 어떤 방법론을 사용해야 할지 고심하고 있다. 생각을 정리하기 위해 기포트 인턴은 다음의 질문을 작성해 보았다.

1. 도착(사용자)은 포아송분포, 서비스시간은 지수분포를 가정하고 대기행렬 모형을 이 사례에 적용하고 그 결과를 평가하라.
2. 대기행렬 모형 분석을 사용하는 경우 현 상황의 경제성 분석 결과는 어떤가?
3. 대기행렬 모형 분석결과에 따른 가장 바람직한 대안은 무엇인가?
4. 사례에서의 경험적(실제) 도착분포 및 서비스분포가 대기행렬 모형에서 가정한 이론적 분포와 일치하는가?

통합 사례 연구: 허드슨 쥬얼러스 Integrative Case: Hudson Jewelers

본서 마인드탭MindTap은 허드슨 쥬얼러스Hudson Jewelers 사례연구 관련 각 장에 있는 학습자료를 통합하여 제공한다.

토론을 위한 사례 질문

1. 두 명의 직원이 매장에 근무하는 경우, 활동 B (CAD 시범과 쥬얼리 컨셉설정)에서 서비스를 받을 수 있는 시간당 평균 고객수는 몇 명인가? 각 직원이 100% 활용률로 근무한다고 가정한다.
2. 마인드탭에서 제공하는 엑셀 파일Hudson Jeweler Demand Case Data에 기록된 허드슨쥬얼러스 수요의 계절적 특성을 감안할 때, 대기행렬 모형에 사용할 금요일의 평균도착(고객 수) 및 서비스율을 어떻게 추정하겠는가? 대기행렬 분석을 통해 무엇을 알 수 있는가? 수요(고객 도착)율의 히스토그램을 작성했을 때 수요가 대기행렬 모형에서 가정한 포아송분포와 일치하는가?

공급사슬에서의 재고관리

Managing Inventories in Supply Chain

12

"렌트더런웨이"사는 유명 디자이너와의 우호적 관계를 바탕으로 고객(사)들에게 가장 인기가 높은 품목들을 확실하게 제공한다.

FashionStock.com/Shutterstock.com

학습목표

12장을 학습한 후 다음 과제를 수행할 수 있어야 한다.

12-1 재고의 중요성, 재고 유형, 핵심 의사결정과 주요 비용에 대해 설명한다.

12-2 재고 의사결정에 영향을 미치는 주요 특성을 기술한다.

12-3 ABC재고 분석 방법에 대해 설명한다.

12-4 고정주문량 재고시스템의 운영방법, 경제적 주문량economic order quantity (EOQ), 수량할인quantity discount, 안전재고safety stock 모형에 대해 설명한다.

12-5 고정주문기간fixed period 재고시스템의 운영 방법을 설명한다.

12-6 단일기간single-period 재고모형의 적용 방법을 설명한다.

12-7 엑셀 재고 시뮬레이션 템플릿Excel Inventory Simulation Template을 사용하여 불확실한 수요와 불확실한 리드타임을 가지는 고정주문량fixed-order-quantity 시스템 모형을 만들고 분석한다.

"우리는 패션 사업을 하고 있지는 않아요. 우리는 패션fashion-테크놀러지technology-공학engineering-공급사슬supply chain-운영operations-역물류reverse logistics-세탁dry cleaning-애널리틱스analytics 사업을 합니다."

렌트더런웨이Rent the Runway (RTR)사가 자사를 규정하는 특성들이다. 이 회사는 기업 또는 개인 고객들에게 최신 드레스를 4일에서 8일 정도 임대한다. 드레스 임차 비용rental cost은 소매가격의 10퍼센트 정도이다. RTR은 유명 디자이너와의 관계를 구축하고 이를 바탕으로 매 시즌별로 가장 잘 팔리는 아름다운 드레스를 보유한다. RTR 웹사이트에는 드레스와 액세서리 6만 5천점이 전시되어 있다. 고객들은 웹사이트를 통해 임차할 드레스를 선택한다. 이때 고객은 RTR로부터 스타일이나 사이즈에 대한 조언을 받을 수 있다. RTR은 드레스는 고객에게 배송하고, 고객은 RTR에 드레스를 우편으로 반납한다. 이 기업은 15만 제곱피트에 달하는 풀필먼트센터(주문이행센터)fulfillment center를 운영하고 있다. RTR은 자체적으로 신속 역물류 시스템을 보유하고 있는데, 반납에 평균 하루가 걸린다. 한 고객은 "지구상 어떤 기업도 RTR처럼 빠른 회전이 가능한 인프라를 가지고 있지는 않지요"라고 말한다. 마지막으로 이 회사는 매시간 쌓이는 광대한 양의 데이터를 분석한다. 이를 통해 RTR은 보다 빨리, 보다 스마트하게, 보다 쉽게, 보다 민첩하게 서비스를 제공하는 방법을 모색한다.

어떻게 생각하는가? What Do you Think?

소매상에서 재고가 부족하여 고객 불만족을 초래한 경우를 떠올릴 수 있는가?

재고는 미래에 사용하거나 판매하기 위해 보유하고 있는 모든 형태의 자산asset이다. "렌트더런웨이(RTR)"와 같은 특이한 사업모형business model은 대단히 효과적인 재고시스템이 없으면 실현할 수 없다. RTR이 시즌 별 재고를 몇 벌 구비할 것인지에 대한 의사결정은 시즌 전 열리는 패션쇼가 끝나고 난 후 아주 짧은 기간 안에 이루어져야 한다. 그리고 이러한 재고 결정은 임대가 주로 이루어지는 시기보다 몇 개월은 앞서서 이루어져야 한다. RTR은 재고 과다로 인한 위험, 재고 부족으로 인한 위험, 보유할 재고의 스타일을 잘못 선정했을 경우의 위험을 모두 감수해야 한다. 잘못된 재고 의사결정은 수익성에 상당히 큰 영향을 미친다. 재고의 이용가능성availability 또한 기업의 명성reputation, 고객 유지customer retention에 영향을 미친다. 그리고 전 시즌에 대여한 드레스가 망가졌다면 이번 시즌에는 임대할 수 없을 가능성이 높은데, 수선 등 부가적 작업을 거쳐야 하기 때문이다. 따라서 재고관리는 반드시 공급사슬관리와 운영관리 관련 기능부서들과 함께 수행해야 한다. 예를 들면 RTR은 빠른 회전시간을 핵심역량 core competency으로 삼고 있는데, 따라서 세탁기능도 사내에서 수행한다.

> 최고경영자는 기업의 재무적 성과financial performance, 운영 효율성operational efficiency, 고객 만족customer satisfaction이라는 세 가지 측면에서 재고의 역할을 이해해야 한다. 이를 바탕으로 전략적 목표strategic objectives에 부합하는 재고의 적절한 균형점proper balance을 찾아야 한다.

많은 제조업체들이 대규모 재고를 보유하고 있는데, 이로 인해 많은 비용이 낭비를 만든다. 과거에는 완제품finished goods 재고를 회사의 능력 범위 안에서 되도록 많이 보유한다는 개념이 우세했지만, 현재는 고객에게 배송하기 직전까지 완제품을 되도록 쌓아 놓지 않는다는 개념이 지배적이다. 특히 발전하는 정보기술과 분석 도구의 활용하여 재고 감소가 현격하게 이루어졌다.

재고와 관련된 비용은 전체 사업비용에서 상당한 부분을 차지한다. 이제 경영자들은 수요를 충족시킬 수 있는 재고 양을 유지하면서, 동시에 가능한 비용을 절약하는 두 가지 목표를 달성해야 한다.

재고관리는 획득acquisition, 저장storage, 취급handling, 이동movement, 배송distribution의 계획planning, 조정coordinating, 통제controlling 활동을 포함하고, 원자재raw materials, 구성품component part이나 부분조립품sub-assemblies의 판매가능성 향상에도 영향을 미치며, 지속적인 고객 욕구needs와 필요needs 충족에 필요한 정기보급품supplies, 도구tools, 교체부품replacement parts, 기타 자산other assets 등의 관리 활동도 포함한다.

12-1 재고의 이해 Understanding Inventory

일반적으로 재고는 운영에 필요한 물리적 제품physical goods을 의미하는데, 원자재raw materials, 부품parts, 부분조립품subassemblies, 정기보급품supplies, 도구tools, 장비equipment, 정비 및 수리 품목maintenance and repair items 등을 포함한다. 예를 들면 소규모 피자 레스토랑은 반죽dough, 토핑topping, 소스sauce, 치즈 등을 재고로 가지고 있어야 한다. 또한 포장용 박스와 냅킨 등도 가지고 있어야 한다. 병원은 혈액blood과 소모성consumable 품목들을 재고로 보유해야 하고, 전자제품 양판점인 베스트바이Best Buy는 완제품(텔레비전, 컴퓨터 등)을 재고로 가지고 있어야 한다. 한편, 일부 서비스 조직의 재고는 물리적인 제품이 아니라, 고객에게 서비스를 제공하는 능력capacity — 호텔 객실hotel rooms, 여객기 좌석airline seats — 이다.

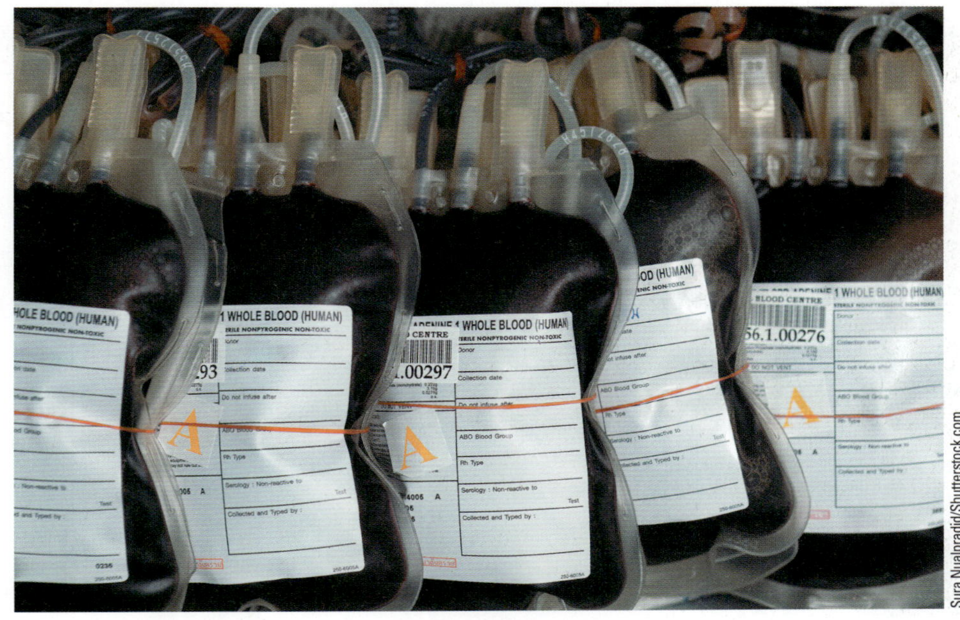

Sura Nualpradid/Shutterstock.com

재고관리의 어려움 중 하나는 기업 내 모든 기능부서들이 대부분 재고의 목적을 달리 파악하고 있다는 점이다. 마케팅marketing과 운영operations 기능은 높은 재고 수준inventory level을 선호한다. 이는 재고가 많아야 높은 수준의 고객 서비스와 효율적인 프로세스 관리가 가능하다고 생각하기 때문이다. 반면에 재무finance 기능은 재고 투자를 최소화 하기 위해 되도록 낮은 수준의 재고를 선호한다. 최고경영자는 기업의 재무적 성과, 운영 효율성, 고객 만족이라는 세 가지 측면에서 재고의 역할을 이해해야 한다. 이를 바탕으로 전략적 목표에 부합하는 재고의 적절한 균형점을 찾아야 한다.

12-1a 주요 정의와 개념 Key Definition and Concept

기업은 가치사슬value chain 전 과정에서 다양한 유형의 재고를 보유하고 있다. 생산 프로세스를 중심으로 생산전before, 생산중 during, 생산후 after 재고로 구분하기도 한다. 이들 재고는 고객 수요를 충족시키고 운영관리를 돕는다(그림/표 12.1 참조). 원자재, 구성품, 부분조립품, 보급품 등은 생산과 서비스제공 과정의 투입input에 해당된다. 재공품 work-in-process (WIP)은 특정 프

그림/표 12.1 가치사슬에서 재고의 역할

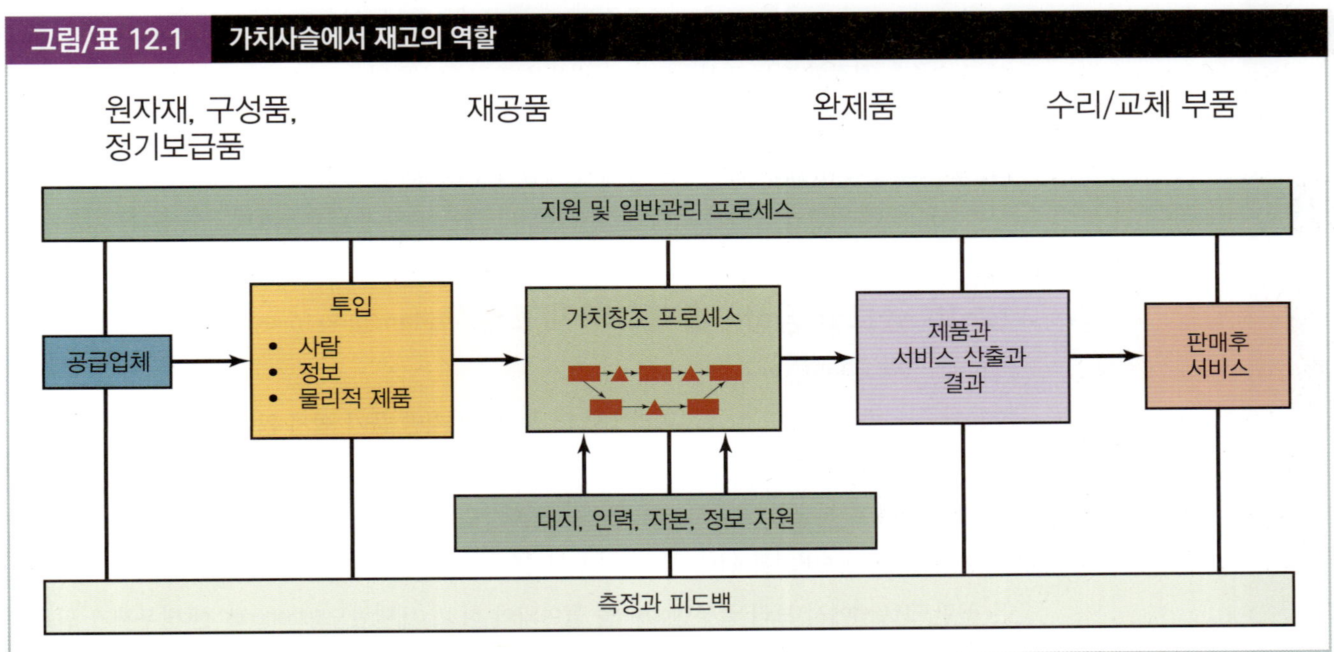

TheCrimsonMonkey/E+/Getty Images

로세스를 거쳐 부분적으로 완성된 품목으로 다음 프로세스에서의 처리를 위해 대기하는 재고이다. 예를 들면, 피자 레스토랑은 다수의 피자 반죽, 치즈, 소스, 다양한 토핑 등(이들 품목이 재공품이다)을 준비해두고 고객 주문을 기다린다. 재공품은 플로우샵flow shop이나 잡샵job shop 방식의 생산프로세스에서 작업장과 작업장 사이의 완충buffer역할을 한다. 구체적으로, 전 단계 작업장 혹은 공급업체에서 생산이 지연되더라도 재공품이 있다면 이를 활용하여 후 단계 작업장에서 일정 기간 생산을 지속할 수 있다. 완제품finished-goods은 배송이나 고객판매를 기다리는 완성품completed products을 말한다. 완제품 재고는 창고warehouse에 보관하거나 소매점포 retail stores에 쌓아 놓을 수 있다. 완제품 재고가 있으면, 고객수요가 발생하였을 때 생산이나 공급활동을 거치지 않고 즉시 수요에 대응할 수 있다.

재공품과 완제품의 재고 수준을 높이는 것은 바람직하지 않다. 대규모 재공품을 보유하면 잦은 기계 고장unreliable machines, 공급업체의 배송지연late supplier shipments, 부품하자defective parts로 발생할 수 있는 문제들을 발견할 수 없다. 이렇게 재고가 문제를 숨기면 문제의 원인을 알 수 없어서 프로세스를 개선할 수 없다. 완제품을 많이 보유하고 있는 기업은 시장에서 테크놀러지 변화, 신제품 출시 등이 일어나면 완제품 판매에 어려움을 겪을 수밖에 없다. 따라서 완제품의 재고 수준을 결정할 때는 진부화obsolete 비용을 고려해야 한다.

고객 수요는 변동성이 커서 결과적으로 불확실하다. 재고가 부족하면 생산라인이 멈출 수 있고, 고객들이 불만족을 느껴 다른 곳에서 제품이나 서비스를 구매할 수도 있다. 기업들은 재고 부족으로 인한 위험을 줄이기 위해 정상 수준보다 많은 양의 재고를 보유하기도 한다.

12-1b 글로벌 공급사슬에서의 재고관리 Managing Inventories in Global Supply Chain

오늘날 글로벌 공급사슬은 재고관리에서 매우 중요하지만 풀기 쉽지 않은 문제에 직면해 있다. 거의 모든 제품에서 제품 생산에 필요한 구성품이나 원자재들이 지구를 한 바퀴 돌아 공급될 뿐만 아니라 매우 복잡한 공급사슬을 통해야 한다. 쉽게 상하는perishable 제품의 경우 문제가 더욱 복잡하다. 치즈버거를 판매하는 패스트푸드fast-food 레스토랑을 예로 들어보자. 이 레스토랑은 폴란드Poland에서 보리 글루텐gluten을 들여와야 하고, 네덜란드Netherlands 산 방부제가 필요하다. 또한 남아메리카Latin America 산 토마토, 멕시코Mexico나 뉴질랜드New Zealand 산 상추, 캐나다Canada 산 겨자, 이탈리아Italy 산 식초, 호주Australia산 마늘이 필요하다. 소고기는 50마리분이 필요한데, 이 소들은 한 국가가 아닌 여러 국가로부터 수입해야 한다. 글로벌 시장에서 들여오는 다양한 제품에 대한 구매, 추적, 관리를 위해서는 특히 우수한 정보기술이 필수적이다. 예를 들면, 현재 산업별 재고 정확도 평균이 65퍼센트 정도에 머물고 있는데, RFID(radio-frequency identification) 기술은 재고 정확도를 98퍼센트 이상으로 향상시켰으며, RFID 기술 덕분에 수입 제품을 적재하고 이동중인 개별 컨테이너까지 추적할 수 있다. 수천 가지 제품이나 원자재, 수백개의 공급업체, 셀 수 없을 정도로 들어오는 주문이나 배송업체들을 관리하기 위해서는 정확도가 높은 정보시스템 없이는 불가능하다. SAP이나 오라클Oracle등의 기업들이 판매하는 ERP(enterprise resource planning) 시스템은 모든 재고 관련 정보를 효과적으로 관리할 수 있는 기반을 제공하였다. ERP 시스템은 클라우드 컴퓨팅cloud computing을 활용함으로써 데이터 관리를 단순화시켰고, 데이터의 이용가능성과 접근성accessibility을 향상시켰다. 또한 클라우드 컴퓨팅은 기업 간 정보 공유를 가능하게 한다.

구매나 획득purchasing or procurement 기능은 원자재, 구성품, 각종 도구의 필요 재고를 외부 공급업체로부터 획득한다. 과거 구매 기능은 낮은 구매가격에 초점을 두었다. 하지만 오늘날에는 글로벌 소싱global sourcing과 총 시스템 비용total system cost에 초점을 두고 있다. 따라서 공급업체나 신제품 발굴 과정에서 품질quality, 배송 능력delivery performance, 기술 지원technical support에 주의를 기울여야 한다. 뿐만 아니라 공급업체나 신제품의 잠재력까지 평가해야 한다. 따라서 구매 담당자들은 글로벌 공급업체들과 관계를 지속적으로 유지하면서 의사소통을 활발히 해야 한다. 사전에 예산을 편성하는 회계accounting나 재무 부서와의 관계와 의사소통에도 관심을 가져야 한다. 필요한 원자재를 결정하는 제품 디자인 부서, 엔지니어링engineering 부서와의 관계 또한 중요하다. 적절한 시간에 배송하기 위해서는 생산production 부서와의 관계도 등한시할 수 없다. 구매 계약을 검토하는 법률 부서와의 관계도 중요하다.

사용자 뿐만 아니라 많은 기업들이 **친환경 구매**environmentally preferable purchasing (EPP)에 참여하고 있다. EPP는 **그린구매**green purchasing라고도 하는데, 생산, 수송, 사용, 재활용recycle 혹은 폐기disposal하는 모든 과정에서 환경에 미치는 영향을 최소화하는 제품이나 서비스를 우선 선택하거나 구매하는 관행을 의미한다. 또한 친환경 구매는 에너지 · 물 보전에 기여하는 제품 · 서비스를 우선 구매하고, 쓰레기 · 오염물질의 발생을 최소화하는 관행도 포함한다. 재활용recycle 혹은 재이용reuse한 자재로 만든 제품 또는 바이오 원료, 태양열, 풍력과 같은 재생가능한 에너지를 사용하여 생산한 제품의 구매, 대체 연료 기반 수송 수단 활용, 위험물질이나 독성 화학물질, 방사능재료, 생물학적 유해물질의 대체 등도 친환경 구매의 구체적인 예이다. 그린구매를 통해 자원과 환경을 보호할 뿐만 아니라 안전성을 개선하고, 재활용한 자원에 대한 신시장을 개척할 수도 있으며, 잠재적 비용절감을 이룰 수도 있다.

12-1c 재고관리 의사결정과 비용 Inventory Management Decision and Costs

재고관리자는 다음 두가지의 기본적인 의사결정을 하여야 한다.

1. 언제 공급업체에게 주문을 낼 것인가? 자체 생산하는 경우에는 언제 생산을 시작할 것인가?
2. 주문 1회 당 얼마나 주문을 낼 것인가? 자체 생산의 경우, 얼마나 생산할 것인가?

재고관리자는 이 두가지 의사결정과 관련된 비용 간의 상쇄관계trade-offs를 관리하여야 한다.

재고관련 비용은 다음의 4가지 범주로 나눌 수 있다.

1. 주문비용ordering cost 또는 준비비용setup cost
2. 재고유지비용inventory holding cost
3. 재고부족비용shortage cost
4. 저장단위stock keeping unit (SKU)의 단위당 비용unit cost

주문비용은 공급업체에게 주문을 내는 일련의 작업과 관련한 비용이며, 준비비용은 공장 내에서 어떤 한 품목을 생산하기 위해 도구, 장비, 기계 등을 설정하는 데 소요되는 비용이다. 주문비용과 준비비용은 주문량/생산량과는 무관하고, 주문 횟수/생산 횟수에 따라 결정된다.

재고유지비용inventory holding cost or inventory carrying cost은 재고를 보관 및 유지하는 데 드는 비용이다. 재고유지비용은 일반적으로 단위시간 당 (일반적으로 1년) 재고의 화폐가치에 대한 비율로 측정한다. 재고유지비용은 보관 시설의 유지비용, 가스 · 전기 사용료, 세금, 보험료 등을 포함한다. 또한 보관 시설 안에서 재고를 이동시키는 작업에 필요한 인력과 장비의 운영비용도 포함한다. 마지막으로 재고유지비용은 재고의 구입, 보관에 자금을 사용함으로써 그 자금을 다른 용도로 사용할 수 없어 발생하는 기회비용opportunity cost도 포함하여야 한다. 재고유지비용은 일반적으로 1년 간 필요비용으로 측정한다. 재고에 다수의 저장단위(SKU)가 존재하는 경우 각 SKU에 대한 비용 할당 문제가 발생한다. 회계적 관점에서 SKU별로 총유지비용의 일부를 할당하는 작업이 쉽지 않기 때문이다. 근본적으로 재고유지비용은 다른 부문에 투자하여 얻을 수 있는 수익을 재고 유지를 위해 지출한다는 측면에서 기회비용의 일종이다.

재고부족비용shortage cost (stockout cost)은 고객 수요를 충족시키는데 필요한 충분한 재고가 없을 때 발생하는 비용이다. 재고부족비용에는 다양한 비용이 포함된다. 미납주문비용, 판매상실lost sale비용이 해당된다. 미납주문backorder (이월주문이라고도 하며)은 재고부족으로 인해 고객에게 아직 납품하지 못한 주문을 말하며, 미납이 발생한 후 추가 비용이 들더라도 생산 · 조달하여 신속하게 배송해 주어야 하는 경우 계산한다. 재고부족이 판매상실로 이어지는 경우도 있다. 판매상실lost sale에는 외부고객에 대한 비용뿐만 아니라, 생산이나 조립을 담당하는 내부고객에 대하여 발생한 비용도 포함되어야 한다. **단가**unit cost는 제품 1단위 구매가격 또는 단위 당 생산비용이다. 단가는 수량할인이 있는 경우나, 학습곡선learning curve에 의해 변할 수 있음을 주지할 필요가 있다. 한 번에 구매하는 수량이 많으면 단가가 할인되는 경우가 있다. 구매수량 증가에 따른 재고유지비용 상승분보다 단가할인에 따른 비용감소분이 더 클 수 있다. 생산단가를 정할 때에도 변동성이 있다. 생산량이 늘면 학습곡선 등에 의해 단위당 비용이 줄어들기 때문이다.

재고관리를 지원하는 스마트 피팅룸 Smart Fitting Rooms Help Inventory Management

메이시즈 백화점 체인Macy's Inc.의 블루밍데일스Bloomingdale's 백화점 사업부는 의류 소매 사업의 고비용 문제를 해결하기 위해 최신 기술을 사용하고 있다. 의류소매 사업에서는 소비자들이 적절한 옷을 찾는 데 시간이 걸려 구매를 포기하는 경우가 있었고, 이들 소비자들의 불만이 컸다. 블루밍데일스는 애플Apple의 아이패드iPad를 이용하여 스마트 피팅룸 (스마트 탈의실)을 디자인하였다. 스마트 피팅룸은 수백만 가지 품목을 관리하는 복잡한 재고관리 시스템과 연동되어 있다. 고객과 의류매장 직원은 아이패드에서 작동하는 스마트 피팅룸 앱app을 이용하여 원하는 색상과 크기의 의류가 재고에 있는지 확인할 수 있음은 물론, 그 품목에 대한 다른 고객들의 평가나 의견도 읽어 볼 수 있다. 또한 고객이 선택한 품목과 어울리는 다른 품목 (보완재)을 추천해서 함께 착용했을 때의 모습을 앱이나 피팅룸의 터치식 화면으로 구성된 거울에 보여줄 수도 있다. 고객은 앱이나 화면에 있는 탭을 눌러서 관련 직원을 호출해서 도움을 청할 수도 있다.

스마트 피팅룸은 메이시즈 주도로 개발되었다. 메이시즈는 체인 내 많은 의류 매장들이 판매되지 않은 재고를 많이 보유하면 시즌 막바지에 재고소진을 위해 할인판매를 할 수밖에 없는 문제에 직면해 있었다. 회사는 할인판매를 통한 과잉재고 소진보다는 그 재고품목을 필요로 하는 다른 지점에 보내서 제 값에 판매하는 방식이 경쟁력을 확보함은 물론 이익을 높이는 방법이라고 판단했다. 스마트 피팅룸을 사용하면, 고객이 방문한 지점이 자신이 원하는 품목의 재고가 없더라도, 과잉재고를 보유한 다른 지점으로부터 온라인으로 주문할 수 있다.

ambrozinio/Shutterstock.com

12-2 재고의 특성 Inventory Characteristics

다양한 재고상황이 있을 수 있다. 예를 들면, 셀프 서비스self-service 주유소는 제한된 종류의 기름만을 재고로 유지한다. 반면에 가전제품 판매점appliance store은 수백 가지의 품목을 재고로 유지한다. 또한 주유소의 가솔린 수요는 비교적 안정적이지만, 가전제품 판매점의 에어컨air conditioners 수요는 계절성seasonal이 강하며, 매우 변동적이다. 한 주유소의 가솔린이 품절되면, 소비자는 다른 주유소로 갈 것이다. 가전제품 판매점에서는 특정 품목이 품절된 경우, 소비자는 주문 후 배송되기를 기다리거나 다른 판매점으로 갈 것이다. 주유소와 가전제품 판매점의 수요와 재고는 그 특성이 확연히 다르기 때문에 재고통제에 각각 다른 방법을 사용하여야 한다.

재고 문제 분석을 위한 첫번째 단계 과업 중 하나는 시장환경특성과 이에 적합한 재고시스템을 기술하는 것이다.

Evgeny Litvinov/Shutterstock.com

품목 수 Number of Items:
대부분의 기업들은 상당히 많은 수의 품목을 재고로 유지하고, 종종 복수의 지역에 재고를 보관한다. 개별 품목을 관리 및 통제하려면 SKU별 고유번호나 품명으로 자세히 살펴야 한다. SKU는 특정 장소에 저장하는 특정한 단일 품목이나 단일 자산을 말한다. 예를 들면 백화점에서 판매하는 남성용 드레스셔츠dress shirt의 경우 색깔과 사이즈에 따라 각각 다른 SKU가 주어진다. 식료품점에서 판매하는 우유의 경우(지방분을 제거하지 않은) 전유whole milk, 2퍼센트 지방을 함유한 2% 우유, 1퍼센트 지방함유 1% 우유 등으로 구분하는데, 이들 각각에 대해 SKU가 주어진다.

수요의 본질 Nature of Demand:
수요를 종속수요dependent와 독립수요independent로 구분하기도 하고, 확정적(상시)constant수요와 확률적(변동)uncertain 수요로도 구분한다. 때로는 동적dynamic 수요와 정적static 수요로도 구분한다. 독립수요는 다른 SKU의 수요에 영향을 받지 않는 특정 SKU의 수요로서 고객이나 시장 수요로부터만 직접적으로 영향을 받는다. 독립수요의 재고관리는 수요예측을 기반으로 한다. 예를 들면, 치약, 선풍기와 같은 완제품 재고는 독립수요 특성을 가진다.

어떤 SKU의 수요는 다른 SKU의 수요로부터 직접적으로 영향을 받는데, 이를 종속수요라고 부른다. 예를 들면, 어떤 샹들리에chandeliers 제품은 하나의 프레임과 6개의 전구소켓으로 구성되어 있다. 이때 샹들리에 수요는 독립수요이고 소켓은 종속수요가 된다. 즉 샹들리에 수요가 없으면 샹들리에의 구성품인 소켓에 대한 수요도 없다. 종속수요에 대해서는 예측할 필요없이 계산하면 된다. 즉 샹들리에 수요를 예측할 수 있으면, 그 예측치에 따라 소켓의 필요량을 계산할 수 있다.

수요는 일정 기간 동안 확정적일 수도 있다. 만약 수요가 일정한 값을 보이지 않으면 불확실하다고 할 수 있다. 때로는 수요가 상수constant라고 가정하기도 하는데, 상수로 가정하면 문제 해결이나 분석이 보다 쉬워진다. 상수 설정에는 과거 데이터의 상수를 사용하기도 하고, 때로는 예측을 통해 나온 결과값을 사용하기도 한다. 수요가 확정적이라는 가정이 현실적으로 부적절한 경우에는 수요에 확률분포probability distribution를 사용하여 특성을 부여한다. 예를 들면 우유의 1일 수요를 100 갤론gallon이라고 가정할 수도 있고, 평균mean 100, 표준편차standard deviation 10인 정규분포normal distribution를 가지는 수요로 가정할 수도 있다. 불확실성이 반영된 (예를 들면 정규분포) 수요 모형을 만들거나, 그 결과를 분석하는 작업은 확정적 수요에 대한 작업보다는 어렵다.

수요는 또한 시간이 흐름에 따라 급등락fluctuate할 수도 있고, 안정적stable일 수도 있다. 안정적인 수요는 정적수요static demand라고도 하고, 시간에 따라 변하는 수요를 동적수요dynamic demand라고도 한다. 예를 들면, 우유 수요가 매일 90갤론에서 100갤론 정도이고 시간에 따라 확률분포가 달라지지 않으면 이를 정적 수요라고 할 수 있다. 이와 대조적으로 디즈니월드Disney World가

위치한 플로리다주의 올랜도Orland, Florida행 비행기 좌석 수요는 계절의 변화에 따라 평균과 분산이 변한다. 추수감사절Thanksgiving, 크리스마스Christmas, 봄방학 spring break, 여름철 휴가summer vacation 기간에는 피크 수요peak demand를 보이는데, 이는 동적수요의 좋은 예이다.

수요주기의 수와 지속시간 Number and Duration of Time Period:

판매시즌이 비교적 짧아 팔리고 남은 잔여재고leftover items가 발생하더라도 물리적physically이나 경제적economically인 이유로 다음 판매시즌까지 보관하기 어려운 경우가 있다. 예를 들면 크리스마스 트리trees용 생나무는 다음 해 크리스마스까지 저장할 수 없다. 계절성seasonal 품목의 경우 저장 공간이 부족해서 더 큰 손실을 감수하고 판매하기도 하는데, 이는 다음 시즌까지의 저장하는 것이 경제적으로 더 손실을 가져오기 때문이다. 어떤 기업들은 특정 기간에 대한 재고 요구량inventory requirements을 계획하기도 한다. 예를 들면 1년 중 특정 달에 대해 수요를 결정한다. 이런 경우 특정한 1개월 혹은 2개월의 기간 동안만 재고를 유지하기도 한다. 이런 접근법은 단일기간single-period 재고 분석에 활용할 수 있다. 이 접근법은 다중기간multiple period 재고 상황에 대한 접근법과는 다르다.

리드타임 Lead Time:

판매상실은 기회비용과 관련이 있다.
고객의 호의를 잃고 잠재적 미래 수익을 상실한 데
따른 비용이기 때문이다.

주문을 낸 후 재고를 수령할 때까지 소요되는 시간을 의미한다. 이 리드타임은 배송 방식, 구매자의 주문빈도order frequency, 주문크기order size, 공급업체의 생산일정production schedule 등에 영향을 받는다. 리드타임은 상수일 수 있고 확률값을 가질 수도 있다. 리드타임이 확률적인 경우에는 확률분포로 표현하기도 한다.

재고부족 Stockout:

재고부족은 특정 품목의 수요를 만족시키지 못하는 상황을 의미한다. 재고부족이 발생하면, 해당 품목은 미납주문 상태에 있거나 판매상실 상태가 된다. **미납주문**backorder은 고객이 해당 품목에 대해 기꺼이 기다려주는 상황일 때이며, 판매상실은 고객이 기다려주지 않고 다른 판매처로부터 구매하는 경우다. 미납주문은 고객의 불만족을 해소하거나 막기 위해 급행 배송 수단을 활용하거나 다른 공급업체로부터 높은 가격에 원재료 혹은 완제품을 구매하여 고객에게 납품하여 추가비용이 발생할 수 있다. 판매상실은 일종의 기회비용이다. 고객의 호감이나 미래의 잠재수익 상실과 관련된 비용이기 때문이다.

재고부족은 심각한 문제이다 Stockouts Matter

미국 Food Marketing Institute (FMI)와 Grocery Manufacturers of America (GMA)에 따르면 빠르게 변하는 소비재 부분에서의 재고부족은 8.3퍼센트 이상이며, 판촉promotion 제품의 경우에는 더 높다고 한다. 재고부족은 소매점 매출의 4퍼센트 정도를 감소시킨다고 한다. 소비자들은 해당 품목을 다른 소매점에서 사거나, 다른 브랜드의 대체재를 구매하기도 하지만 해당 소매점에서 재고부족이 일어났었다는 사실을 잊지 않기 때문이라고 한다.

12-3 ABC 재고분석 ABC Inventory Analysis (ABC 분석)

재고가치inventory value를 결정하는 유용한 방법 중의 하나가 ABC 분석이다. 이 분석은 파레토 원칙Pareto principle을 적용한 것으로, 이 원칙은 이탈리아Italy의 경제학자인 파레토Pareto의 이름을 딴 것이다. 파레토는 1800년대 밀라노Milan지역 부의 분포wealth distribution를 연구하였다. 그는 소수vital few가 그 지역 부의 많은 부분을 보유하고 있음을 발견하였다. ABC 분석은 연간 사용금액을 기준으로 SKU들을 크게 3개의 그룹으로 나눈다.

1. A 품목들은 전체 품목 중 상대적으로 작은 비율vital few을 차지하지만 높은 사용량을 보인다.
2. C 품목들은 전체 품목 중 상대적으로 높은 비율trivial many을 차지하지만 낮은 사용량을 보인다.
3. B 품목들은 A와 C 사이에 위치한다.

일반적으로 A품목들은 전체 사용금액으로는 6~80퍼센트를 차지하지만 품목 수로는 10~30퍼센트이다. 반면에 C 품목들은 전체 사용금액 기준 5~15퍼센트를 차지하지만, 전체 품목 수로는 50% 정도이다. ABC를 나누는 정해진 규칙은 없다. 따라서 본서에서 제시하는 각 그룹별 비율은 일종의 가이드라인이다. 총 사용금액이나 가치는 품목의 사용량 곱하기 단가unit cost로 계산한다. 따라서 A품목의 경우 수량은 적지만 금액이 높거나, 단가는 낮지만 많은 수량을 가질 수도 있다.

ABC분석은 각 카테고리category의 재고를 통제하는 최적의 방법을 규명하는데 유용한 정보를 제공한다. A 품목은 운영관리자가 면밀히 통제를 해야 한다. 그러나 C 품목은 면밀한 통제가 필요하지 않아서 자동화된 컴퓨터 시스템을 활용하여 관리한다. B 품목은 A와 C의 중간적 특성을 보인다. 문제풀이 12.1은 엑셀 템플릿을 사용한 ABC 재고분석의 예를 보여준다.

문제풀이 12.1 : ABC 재고분석

다음은 어떤 소규모 기업이 재고로 보유한 20개 품목에 대한 데이터이다. A열에서 C열까지는 마인드탭MindTap의 ABC 엑셀 템플릿에서 찾을 수 있다 (그림/표 12.2). 이 자료를 바탕으로 ABC 재고분석을 실시하라.

해답:

각 품목별로 예상 연간 사용량(또는 예측치)과 단가를 입력하라. 예상 연간 사용금액은 D열에 있으며, 예상 연간 사용량 곱하기 단가이다. 주어진 스프레드시트의 바로 옆에 누적 사용금액, 총 사용금액 대비 누적비율, 품목 수의 누적비율을 계산하라. 파레토 원칙을 적용하기 위해, A열에서 D열까지 예상 연간 사용금액을 기준으로 내림차순으로 정렬하라. 이를 위해 D열에 있는 어떠한 숫자이든지 지정한 후 커서를 위치하여 오른쪽 버튼을 클릭하라. 이때 총합을 구한 행은 사용하지 말라. 그리고 정렬(sort) → 내림차순을 메뉴에 나타난 순서대로 클릭하라. 그 결과는 그림/표 12.3에 나타난 바와 같다. 그림/표 12.3을 분석해보면, 상위 5개 품목이 전체 예상 연간 사용량의 70%를 차지함을 알 수 있다. 이는 전체 품목 수의 25%에 해당한다. 또한 하위 50%의 품목이 예상 연간 사용량의 5%임을 보여준다. 그림/표 12.4는 ABC 재고분석을 통해 구한 결과값을 히스토그램histogram으로 나타낸 것이다.

그림/표 12.2 정렬전 엑셀 ABC 템플릿

ABC Inventory Analysis

Enter data only in yellow cells; the template is designed for up to 20 items.
After entering the data, right click on any value in column D; choose Sort > Sort Largest to Smallest.

Item Number	Projected Usage Annual	Unit Cost	Projected Dollar Usage Annual	Cumulative Dollar Usage	Cumulative Percent of Total	Cumulative Percent of Items
1	15000	$5.00	$75,000.00	$75,000	2.80%	5%
2	6450	$20.00	$129,000.00	$204,000	7.61%	10%
3	5000	$45.00	$225,000.00	$429,000	16.00%	15%
4	200	$12.50	$2,500.00	$431,500	16.10%	20%
5	20000	$35.00	$700,000.00	$1,131,500	42.21%	25%
6	84	$250.00	$21,000.00	$1,152,500	43.00%	30%
7	800	$80.00	$64,000.00	$1,216,500	45.38%	35%
8	300	$5.00	$1,500.00	$1,218,000	45.44%	40%
9	10000	$35.00	$350,000.00	$1,568,000	58.50%	45%
10	2000	$65.00	$130,000.00	$1,698,000	63.35%	50%
11	5000	$25.00	$125,000.00	$1,823,000	68.01%	55%
12	3250	$125.00	$406,250.00	$2,229,250	83.17%	60%
13	9000	$0.50	$4,500.00	$2,233,750	83.33%	65%
14	2900	$10.00	$29,000.00	$2,262,750	84.42%	70%
15	800	$15.00	$12,000.00	$2,274,750	84.86%	75%
16	675	$200.00	$135,000.00	$2,409,750	89.90%	80%
17	1470	$100.00	$147,000.00	$2,556,750	95.39%	85%
18	8200	$15.00	$123,000.00	$2,679,750	99.97%	90%
19	1250	$0.16	$200.00	$2,679,950	99.98%	95%
20	2500	$0.20	$500.00	$2,680,450	100.00%	100%
		Total	$2,680,450.00			

그림/표 12.3 정렬 후 엑셀 ABC 템플릿

ABC Inventory Analysis

Enter data only in yellow cells; the template is designed for up to 20 items.
After entering the data, right click on any value in column D; choose Sort > Sort Largest to Smallest.

Item Number	Projected Usage Annual	Unit Cost	Projected Dollar Usage Annual	Cumulative Dollar Usage	Cumulative Percent of Total	Cumulative Percent of Items
5	20000	$35.00	$700,000.00	$700,000	26.12%	5%
12	3250	$125.00	$406,250.00	$1,106,250	41.27%	10%
9	10000	$35.00	$350,000.00	$1,456,250	54.33%	15%
3	5000	$45.00	$225,000.00	$1,681,250	62.72%	20%
17	1470	$100.00	$147,000.00	$1,828,250	68.21%	25%
16	675	$200.00	$135,000.00	$1,963,250	73.24%	30%
10	2000	$65.00	$130,000.00	$2,093,250	78.09%	35%
2	6450	$20.00	$129,000.00	$2,222,250	82.91%	40%
11	5000	$25.00	$125,000.00	$2,347,250	87.57%	45%
18	8200	$15.00	$123,000.00	$2,470,250	92.16%	50%
1	15000	$5.00	$75,000.00	$2,545,250	94.96%	55%
7	800	$80.00	$64,000.00	$2,609,250	97.34%	60%
14	2900	$10.00	$29,000.00	$2,638,250	98.43%	65%
6	84	$250.00	$21,000.00	$2,659,250	99.21%	70%
15	800	$15.00	$12,000.00	$2,671,250	99.66%	75%
13	9000	$0.50	$4,500.00	$2,675,750	99.82%	80%
4	200	$12.50	$2,500.00	$2,678,250	99.92%	85%
8	300	$5.00	$1,500.00	$2,679,750	99.97%	90%
20	2500	$0.20	$500.00	$2,680,250	99.99%	95%
19	1250	$0.16	$200.00	$2,680,450	100.00%	100%
		Total	$2,680,450.00			

그림/표 12.4 그림/표 12.3의 결과에 대한 ABC 히스토그램

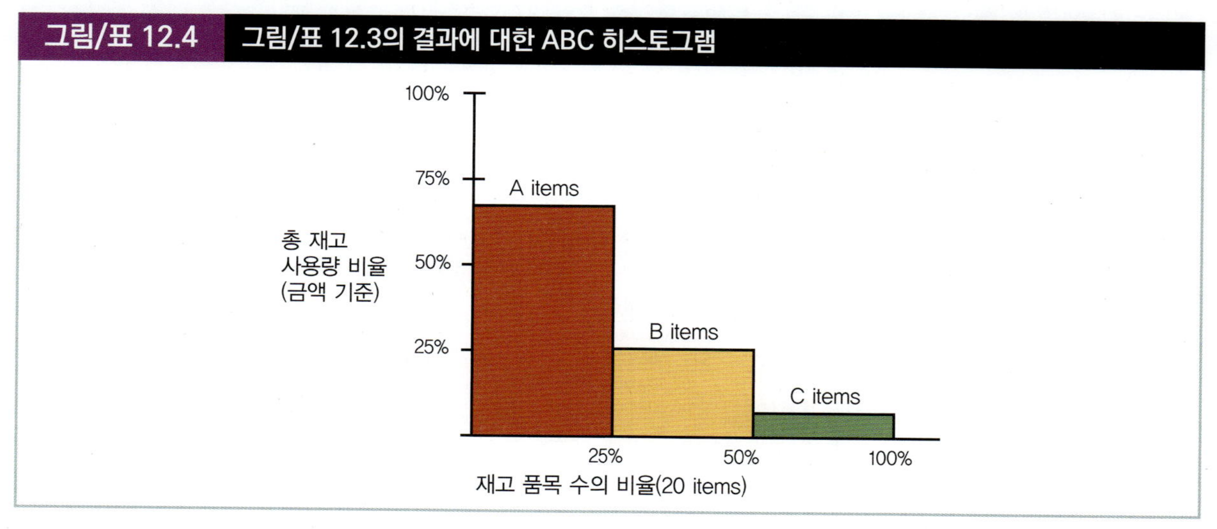

12-4 고정주문량 재고시스템 관리 Managing Fixed-Quantity Inventory System

고정주문량 시스템 Fixed-Quantity System (FQS)에서 주문량이나 로트 lot (일회 처리량)의 크기는 일정하다. 고정주문량 재고시스템을 사용하면 매번 Q만큼의 물량을 주문한다. 고정주문량(Q)은 공급업체가 임의로 정하거나 배송표준shipping standard(박스, 팔레트, 컨테이너 등)에 의해 결정될 수도 있고 경제적으로 결정될 수도 있다. 경제적으로 결정되는 경우에 대해서는 다음 절에서 다룰 것이다. 고정주문량 시스템은 소매업에서 매우 많이 사용한다. 예를 들면 대부분의 백화점에서는 금전등록기cash register를 사용하는데, 이는 컴퓨터에 연동되어 있다. 담당 점원이 SKU 번호를 금전등록기에 입력하면, 컴퓨터는 그 품목이 판매되었다고 인식한다. 그리고 재고상태 inventory position을 다시 계산한 후 재고 보충을 위해 주문을 낼 지 여부를 결정한다. 컴퓨터를 사용하지 않는 시스템에서는 여러가지 형태의 수기 시스템manual system을 사용한다. 이러한 시스템은 적절한 양식에 입력하기 위해서는 직원들의 노력과 집중력이 요구되는데 이 때문에 실수가 많이 발생한다. 따라서 이러한 방식은 되도록 피하는 것이 좋다.

고정주문량 시스템 관리를 위한 보다 적절한 방법은 지속적으로 **재고상태**inventory position (IP)를 추적 관찰하고, 그 수준이 임계치에 도달했을 때 주문하는 것이다. 주문은 재고상태를 기반으로 한다. 재고상태는 현재 재고on-hand inventory에 예정입고scheduled receipt를 더하고 미납주문 backorder을 뺀 것이다. 예정입고는 주문하였으나 아직 받지 못한 수량이다.

$$IP = OH + SR - BO \quad [12.1]$$

재고상태가 재주문점(r) 이하가 되면 주문이 일어난다. **재주문점**reorder point은 새로운 주문을 유

그림/표 12.5	고정주문량 재고시스템 요약
주문량 결정 규칙 Ordering decision rule	특정 품목에 대한 재고상태가 재주문점 이하가 되면 새로운 주문이 발생한다. 각 주문의 주문량은 Q이다.
핵심 특성 Key Characteristics	주문량은 항상 고정되어 있다. 주문간 시간간격은 수요가 안정적일 때 일정하다. 수요가 변동적일 때 주문간 시간간격은 변동적이다.

발하는 재고상태의 값이다. 왜 재주문점은 실제 가지고 있는 재고on-hand inventory를 기반으로 하지 않을까? 그 대답은 간단하다. 주문은 하였으나 아직 도착하지 않았다면, 물리적physical인 재고 수준은 주문한 값이 도착하기까지는 계속해서 재주문점 아래에 있을 것이다. 컴퓨터 기반 주문시스템을 사용하는 경우, 물리적인 재고 수준이 재주문점 아래에 있게 되면, 계속해서 구매주문서purchase order를 발행할 것이다. 그 결과 리드타임 동안에 중복해서 주문이 계속 발생한다. 그러나 주문이 발생했을 때 예정입고가 재고상태에 포함된다면 재고상태가 재주문점 이상으로 기록되고, 중복 주문double order을 막을 수 있다. 주문한 수량이 도착하게 되면, 재고상태에서 예정입고는 제외된다. 이 때의 재고상태는 물리적인 재고량과 동일하다. 미납주문 또한 재고상태에는 반영되어 있다. 미납주문의 경우 이미 판매가 되었으나 재고부족으로 납품하지 못하여 주문한 수량이 도착하는 대로 고객에게 배송되는 물량이므로 차감하는 것이 맞다.

고정주문량 시스템에 대한 요약은 그림/표 12.5에 나타나 있다. 그림/표 12.6과 그림/표 12.7은 각각 수요가 안정적일 때와 매우 변동적일 때 정량시스템이 어떻게 작동되는지 보여주고 있다. 그림/표에서 어두운 선이 실제재고수준을 나타낸다. 그림/표 12.6에서 주문간 시간간격time between orders (TBO)이 일정한 것을 볼 수 있다. 수요가 안정적이기 때문에 주문 사이클 또

그림/표 12.6 안정적 수요 조건의 고정주문량 시스템

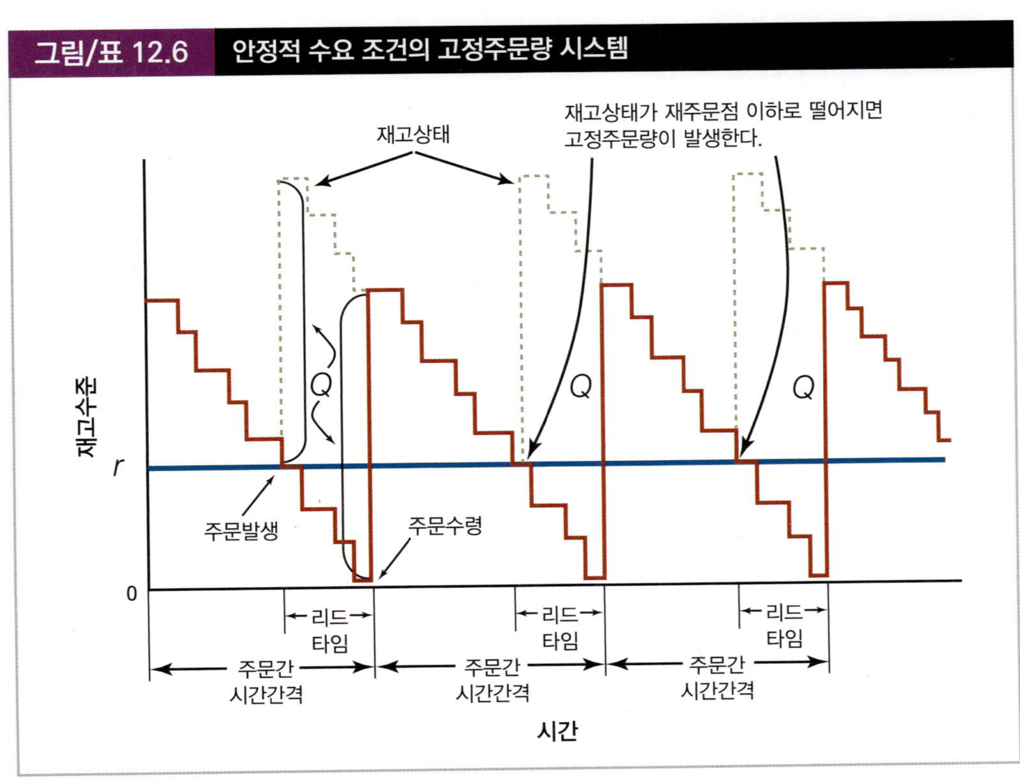

그림/표 12.7 높은 변동성 수요 하에서의 고정주문량 시스템

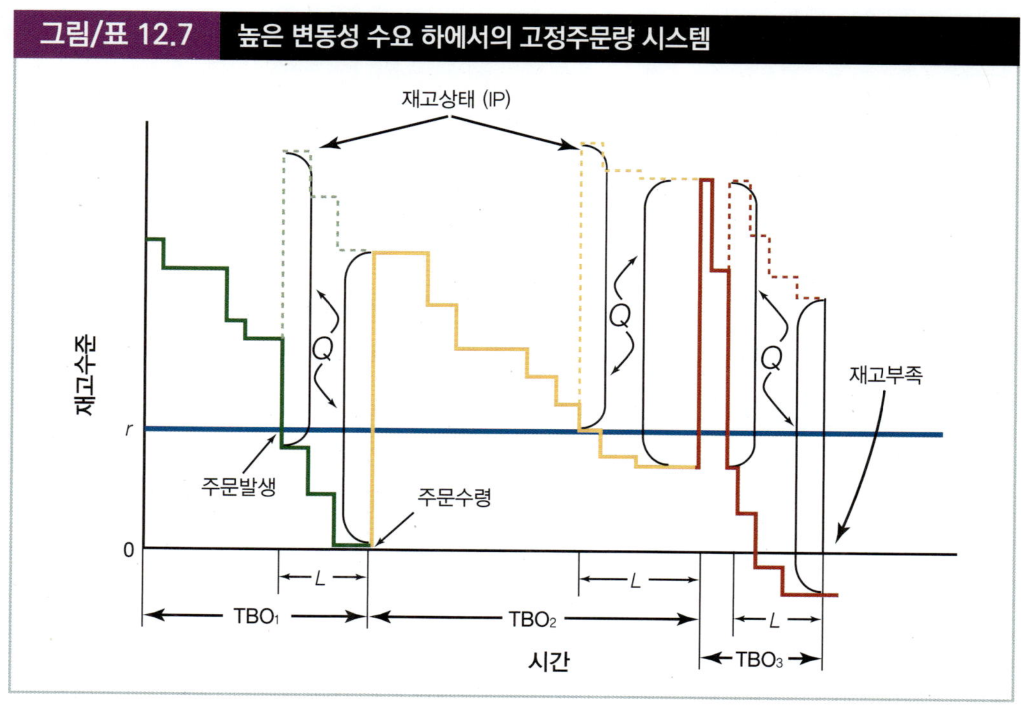

한 정확하게 반복된다. 여기서 주문간 시간간격은 상수이다. 앞에서 재주문점은 실제 보유한 재고수준이 아닌 재고상태를 기반으로 해야 하는 이유를 설명했다. 그림/표 12.6에서 재고상태는 주문이 발생하면 Q만큼 바로 상승한다. 수요량이 변동적이면, 주문간 시간간격은 일정하지 않지만 주문량은 일정하다.

12-4a 경제적주문량 모형 The EOQ Model

경제적주문량 Economic Order Quantity (EOQ) 모형은 전통적인 경제적 모형으로 1900년대 초기에 개발되었다. 총비용은 재고유지비용inventory-holding cost과 주문비용ordering cost의 합이며, 경제적주문량은 총비용을 최소화하는 주문량이다. 우리가 개발하려는 계량모형quantitative model은 다음의 몇 가지 가정을 전제로 하고 있다.

- 오직 하나의 품목 SKU 만을 고려한다.
- 주문한 재고 총량은 일시에 도착한다.
- 오직 두가지 비용만 발생한다: 주문비용(준비비용)과 재고유지비용
- 재고부족은 허락되지 않는다.
- 수요는 일정constant하며 지속적이다.
- 리드타임은 일정constant하다.

EOQ 모형의 가정 사항들을 바탕으로 순환재고cycle inventory (**주문재고**order inventory, **로트 크기 재고**lot size inventory, 운전재고working inventory라고 하는데, 특정 기간(운영주기) 고객의 일상적인 수요를 충족시키기 위해 보유하는 재고량)는 그림/표 12.8에 나타나 있다. 처음에는 Q 양만큼의

재고를 보유하고 있다고 가정한다. 해당 품목의 수요는 상수로 발생하기 때문에 재고는 0이 될 때까지 (재고 보유량이) 선형linear으로 떨어진다. 재고부족이 허락되지 않으므로 새로운 주문은 재고 보유량이 0이 되는 시점에 도착하도록 계획하여야 한다. 재고는 Q만큼 일시에 보충된다. 이러한 순환적 패턴은 계속된다. 따라서 주문량(Q)의 함수로 총비용을 계산할 수 있다.

순환재고는 일반적으로 한 운영주기를 위해 보유하므로 일시에 사용하거나 판매할 수량보다 큰 수량을 구매 · 생산하여 보관한다. 수요가 일정하다는 가정을 기반으로 평균 순환재고average cycle inventory는 쉽게 계산할 수 있는데, 최대 재고수준maximum inventory level과 최소 재고수준minimum inventory level의 평균치이다.

$$\text{평균 순환재고} = (\text{최대 재고수준} + \text{최소 재고수준})/2$$
$$= (Q+0)/2 = Q/2 \qquad [12.2]$$

평균순환재고가 $Q/2$이면, 운영주기cycle의 어떤 지점에서도 평균 재고수준인 $Q/2$만큼 재고를 보유하게 된다.

재고유지비용은 평균 재고에 단위unit당 재고유지비용을 곱해서 구한다 (식 [12.5]참조). 이 모형에서의 주기는 사용자가 정하기 나름인데, 하루가 될 수도 있고, 1주, 1개월, 1년이 될 수도 있다. 일반적으로 재고유지비용을 연간 비용이나 연간 비율로 나타내기 때문에 대다수 재고모형은 연간 비용을 기준으로 개발되었다 (식 [12.4] 참조).

I = 연간 재고유지비용annual inventory holding cost (단가의 비율로 표현)

C = 단가(재고 품목이나 저장유지단위)

연간 재고유지비용에는 두가지 유형의 비용이 포함된다. 자본비용cost of capital, 재고저장storage cost과 재고처리inventory-handling 비용이다. 두 항목 모두 단가의 비율로 표현한다. 한 단위를 저장하는 데 들어가는 비용은 연간 비용이며 C_h로 표현된다.

$$C_h = I \times C \qquad [12.3]$$

따라서 연간 재고유지비용은 다음의 식과 같다.

$$\text{연간 재고유지비용} = (\text{평균재고})(\text{단위당 연간 유지비용})$$
$$= \frac{1}{2}QC_h \qquad [12.4]$$

총비용의 두번째 요소는 주문비용ordering cost이다. 재고유지비용을 연간 단위로 계산하듯이 주문비용 또한 연간 단위로 계산한다. 연간 수요가 D이고, 1회 주문 당 Q만큼 주문한다고 할 때, D/Q가 주문횟수가 된다. C_0를 1회 주문할 때마다 발생하는 주문비용이라고 할 때 연간 주문비용은 식 [12.5]와 같다.

$$\text{연간 주문비용} = (\text{1년 동안의 주문 횟수}) \times (\text{주문비용}) \qquad [12.5]$$

그림/표 12.8 경제적주문량 모형에서의 순환재고 패턴

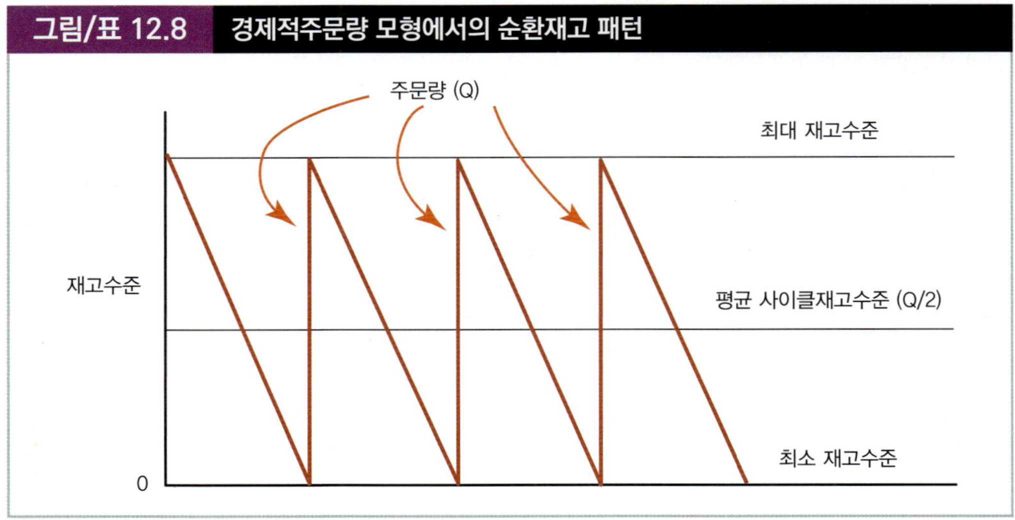

연간 총비용은 재고유지비용([12.4])과 주문비용([12.5])의 합이다.

$$TC = \frac{1}{2}QC_h + \frac{D}{Q}C_0 \qquad [12.6]$$

다음은 주문량 Q를 정해야 하는데, 미분방정식을 사용하여 구한 총비용을 최소로 할 때의 주문량 Q가 경제적주문량 (Q^*)라고 한다. 이 값에 대한 공식은 다음과 같다.

$$Q^* = \sqrt{\frac{2DC_0}{C_h}} \qquad [12.7]$$

마지막으로 경제적 주문량에 대해 언제 주문을 낼 것인지 결정한다. 재주문점(r)은 리드타임 lead time (L)과 수요량에 따라 결정된다. 경제적주문량 모형에서 수요는 상수라고 가정하였기 때문에 재주문점은 고정된 수요량과 리드타임의 곱으로 구해진다. 연간수요를 일간 수요나 주간 수요로 바꾸는 작업은 쉽다. 수요량과 리드타임을 곱할 때 단위 설정에 주의하여야 한다. 연간 수요량에 일day 단위로 표현된 리드타임을 곱하면 안 된다. 재주문점의 공식은 다음과 같다.

$$\begin{aligned} r &= \text{리드타임 동안의 수요} \\ &= \text{수요량} \times \text{리드타임} \\ &= d \times L \end{aligned} \qquad [12.8]$$

식 [12.6]에 나온 총비용 모형에서 주문량(Q)에 따라 연간 재고유지비용과 연간 주문비용이 모두 크게 영향을 받는다. 총 재고비용에 영향을 미치는 어떠한 고정비의 경우(즉 Q에 따라 값이 변하지 않는 비용)에는 경제적 주문량에 영향을 미치지 않는다. 예를 들면 연간 구매비용($C \times D$)의 경우 총 재고비용에는 영향을 미치지만 Q에 따라 변하는 값이 아니어서 경제적 주문량에는 영향을 미치지 않는다. D는 수요를 C는 단위당 구매비용이다. 문제풀이 12.2는 경제적주문량 모형 적용에 관한 예제이다.

문제풀이 12.2 : 경제적주문량 계산하기

머클 파마시즈Merkle Pharmacies의 구강청결제 매출은 6개월간 평균 2,000개였다. 이 값은 현재의 주문량이다. 머클은 이 구강청결제를 12달러의 비용을 들여 만들고 있다. 자본비용cost of capital은 12퍼센트로 추정한다. 보험료, 세금, 파손, 취급handling, 도난 등으로 발생하는 비용은 단가의 약 6퍼센트로 추정한다. 따라서 연간 재고유지비용은 단가의 18%로 추정한다. 구강청결제 단가가 12달러이므로, 연간재고유지비용은 식 [12.4]를 이용해 계산할 수 있다.

$$C_h = I \times C = 0.18 \times 12.00 = 2.16$$

이 값은 1년에 구강청결제 1개 당 비용이다.

주문비용은 1회 주문 당 38달러 정도로 추정한다. 주문량이 늘 때 단위당 주문비용이 늘지는 않는다. 이상에서 다음의 정보를 얻을 수 있다.

$$D = 24{,}000\text{개}/1\text{년}$$
$$C_o = \$38/1\text{회주문}$$
$$C = \$12/\text{개}$$
$$C_h = IC = \$2.16$$

경제적주문량을 구할 수 있고, 경제적주문량일 때의 총재고비용을 구할 수 있다. 이것을 현재의 구매정책인 2,000개를 구매할 때와 비교하라. 이때 재주문점을 구하라.

해답:

경제적주문량은 식 [12.7]을 이용하여 구할 수 있다.

$$\text{EOQ} = \sqrt{\frac{2(24{,}000)(38)}{2.16}} = 919 \text{ (소수점 이하 반올림)}$$

총 재고비용은 식 [12.6]을 사용하며 다음과 같다.

$$\text{TC} = 1/2\ Q(\$2.16) + 24{,}000/Q(\$38.00)$$
$$= \$1.08Q + 912{,}000/Q$$

여기에 경제적주문량인 919개를 넣으면 총 비용은 다음과 같다.

$$(1.08)(919) + (24{,}000/919)(\$38) = \$1{,}984.90$$

현재의 구매정책인 2,000개를 주문할 때의 연간 총 비용은 다음과 같다.

$$TC = 1.08(2{,}000) + 912{,}000/2{,}000$$
$$= \$2{,}616.00$$

따라서 경제적주문량 분석을 통해 631.1(2,616 − 1984.9)달러를 절감할 수 있다. 이는 24.1퍼센트의 비용절감을 뜻한다. 총 주문비용($992)과 총 재고유지비용이 같을 때의 주문량이 경제적주문량이다. 미분방정식을 사용하지 않고도 구할 수 있다.

그림/표 12.9는 엑셀 경제적주문량 템플릿Excel EOQ Model Template인데, 마인드MindTap에서 찾을 수 있다. 이 템플릿을 이용하여 경제적주문량, 최적 비용, 비용함수에 대한 차트를 구할 수 있다. 총 비용 함수는 곡선으로 나타나는데, 그래프에서 총 비용이 최저값을 보이는 지점 근처는 곡선이 편평해 보임을 확인할 수 있다. 민감도 분석을 사용하여 경제적주문량과 다른 주문량을 비교할 수도 있다.

재주문점을 구하기 위해 리드타임이 3일이라고 가정하자. 휴일 등을 제외하면 머클은 1년에 250일 운영한다. 연간 수요인 24,000개를 일간 수요로 변환시키면 $d = 24{,}000/250 = 96$개/일이 된다. 따라서 식 [12.8]을 사용하여 $r = d \times L = 96 \times 3 = 288$개가 리드타임인 3일 동안의 수요이다. 따라서 머클은 구강청결제의 재고수준이 288개가 되면 다시 주문을 내야 한다. 이럴 경우 $D/Q = 24{,}000/919 = 26.12$번, 대략적으로 26회 주문하게 된다. 1년에 250일 일하기 때문에 9.6(=250/26.1)일이라는 주문간 시간간격(TBO)를 구할 수 있다. 이를 위해 식 [12.6]을 사용한다.

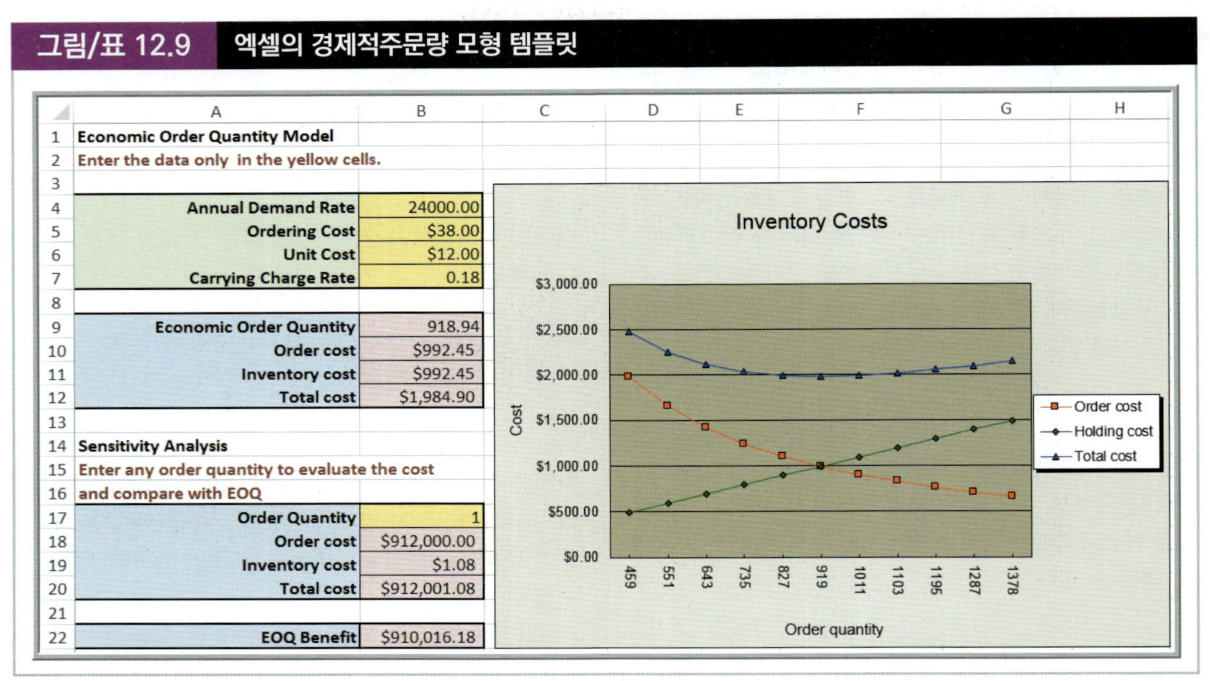

	A	B
1	**Economic Order Quantity Model**	
2	Enter the data only in the yellow cells.	
3		
4	Annual Demand Rate	24000.00
5	Ordering Cost	$38.00
6	Unit Cost	$12.00
7	Carrying Charge Rate	0.18
8		
9	Economic Order Quantity	918.94
10	Order cost	$992.45
11	Inventory cost	$992.45
12	Total cost	$1,984.90
13		
14	**Sensitivity Analysis**	
15	Enter any order quantity to evaluate the cost	
16	and compare with EOQ	
17	Order Quantity	1
18	Order cost	$912,000.00
19	Inventory cost	$1.08
20	Total cost	$912,001.08
21		
22	EOQ Benefit	$910,016.18

그림/표 12.9 엑셀의 경제적주문량 모형 템플릿

12-4b 수량할인 모형 Quantity Discount Model

대다수 공급업체들은 고객이 제품 · 서비스를 대량으로 구매하면 할인을 해준다. 예를 들면, 아마존Amazon 등 온라인에서 책을 구매할 때, 두 권을 샀더니 세번째 권에 대해서 할인discount bundle을 받은 경험이 있을 것이다. 서비스 영역에서도 수량할인은 늘 있다. 차량을 렌트한 횟수가 많아지든지, 웹사이트를 방문한 횟수가 많아지든지, 아니면 클라우드의 저장 공간을 많이 사용하는지에 따라 인센티브(할인)가 주어진다. 공급업체가 규모의 경제economies of scale가 발생할 수도 있고, 배송차량에 한번에 더 많은 재고를 적재할 수 있어서 운송비를 절감할 수도 있고, 제품을 소분break apart하여 박스에 담는 작업을 생략하여 시간과 비용을 절감할 수 있기 때문이다. 때로는 공급업체가 단지 총매출 증대을 위한 인센티브로써 수량할인을 제공하기도 한다.

수량할인을 기본적인 경제적주문량 모형에 반영하기 위해서는 총비용에 구매비용을 포함시켜야 한다. 앞에서 경제적주문량을 계산할 때에는 구매비용purchase cost을 포함시키지 않았다. 왜냐하면 구매비용은 최적 주문량에 영향을 미치지 않기 때문이다. 연간 수요가 상수constant값을 보이면, 총 연간 구매비용은 개별 주문량이 얼마가 되든 상관없이 구매비용은 상수가 되기 때문이다. 수량할인의 경우에는 주문량에 따라 단가가 달라지므로 이를 모형에 반영해야 한다. 구간별 할인 정책discount categories을 시행하는 한 기업의 예를 들어보자. 이 회사는 1,000개까지의 주문에 대해서는 동일한 가격을 적용한다. 그러나 고객이 1,001–2,000개 사이의 수량을 주문하면 가격의 2%를 할인해주고, 2,001개 이상을 주문하면 가격의 4%를 할인해준다고 하자. 이 시나리오에서는 경제적주문량 공식을 그대로 사용할 수는 없다. 왜냐하면 구매비용이 달라지면 재고유지비용이 달라지기 때문이다. 기본적인 공식에 따라 계산된 경제적주문량이 적절한 할인

구간에 존재하지 않을 수 있기 때문이다. 최적 주문량을 계산하려면 다음의 3단계 프로세스를 거쳐야 한다.

1단계: 각 할인 구간에서의 단가를 바탕으로 공식을 이용하여 경제적주문량(Q^*)을 계산하라.

2단계: 경제적주문량(Q^*)가 너무 적어서 할인가격을 적용 받지 못하는 경우에는 주문량을 늘려야 한다. 할인가격이 적용되는 주문량 중에서 가장 적은 값을 선택해야 한다. 계산된 경제적주문량이 이미 할인이 제공되는 수량보다 많은 경우에는 할인가격을 더 이상 고려할 필요가 없다. 할인 가격이 최적값을 이끌어내지 못하기 때문이다.

3단계: 1단계와 2단계에서 도출된 각 주문량에 대해 총 연간비용을 구하라. 이 때 단가는 구간별로 달라야 하고, 총 연간비용은 단가를 포함하여야 한다. 구매비용은 연간수요(D) 곱하기 단가(C)이다. 재고유지비용과 주문비용은 기존과 동일하다. 총 연간비용을 계산하는 공식은 다음과 같다.

$$TC = \frac{Q}{2}C_h + \frac{D}{Q}C_0 + DC \qquad [12.9]$$

최소 연간 총비용을 이끌어내는 주문량이 최적의 주문량이다. 문제풀이 12.3은 문제풀이 12.2의 예제를 이용하여 계산과정의 예시를 보여준다.

문제풀이 12.3 : 수량할인이 있는 경우의 최적 주문량 찾기

문제풀이 12.2에서 보았던 머클 파마시즈Merkel Pharmacies는 생산업체로부터 구강청결제의 주문량에 따른 할인 자료를 받았다. 할인가격을 적용 받는 주문량은 경제적주문량보다 높은 값이었다.

할인 구간	주문 크기	할인	단가
1	0에서 3,999	0	$12.00
2	4,000에서 11,999	3%	$11.64
3	12,000개 이상	5%	$11.40

연간 수요는 24,000개이다. 연간 재고유지비용은 단가의 18%이고 1회 주문비용은 $38이다. 재고비용과 구매비용의 합을 최소화하는 최적주문량은 얼마인가?

해답:

5퍼센트의 할인율은 매우 매력적이다. 그러나 12,000개는 매우 많은 수량이다. 재고비용만을 고려한 경제적주문량은 겨우 919개였다. 너무 많은 양을 구매하면 재고유지비용이 증가한다. 3단계 접근법을 사용하여 다음의 작업을 순서대로 진행한다.

1단계: 식 [12.9]와 각 할인 구간별 단가를 고려하여 경제적주문량을 구한다.

할인 구간	경제적주문량
1	919
2	933
3	943

2단계: 할인 구간에 맞추어 주문량을 조정하라. 2와 3 할인구간에서는 최소 주문량을 선택해야 한다. 1단계에서 나온 경제적주문량이 최소값보다 작기 때문이다.

할인 구간	조정된 주문량
1	919
2	4,000
3	12,000

3단계: 식 [12.9]를 사용하여 총 연간비용을 계산하라. 각 할인구간별 다른 단가가 적용된다. 재고유지비용 또한 단가에 따라 달라지므로 구간별로 다르게 계산되어야 한다.

$$TC = \frac{Q}{2}C_h + \frac{D}{Q}C_0 + DC$$

할인 구간	조정된 주문량	재고유지비용	주문비용	구매비용	총 비용
1	919	999.52	992.38	288,000	289,984.90
2	4,000	4,190.40	228.00	279,360	283,778.40
3	12,000	12,571.20	76.00	273,600	286,247.20

총비용이 최소가 지점은 구간 2에 위치한다. 따라서 최적의 주문량은 4,000개이며 이 때 할인율은 3퍼센트가 적용된다. 따라서 재고비용과 주문비용을 계산할 때는 4,000개의 주문량을 적용하여야 한다: 4,190.40 + 228 = 4,418.40이 된다. 이 부분만 따지면 919개를 주문할 때의 비용 1,984.90보다 높다. 3퍼센트 할인율을 적용한 할인액이 높은 금액이므로 높은 재고수준으로 인한 재고유지비용의 증가를 기꺼이 받아들일 수 있다. 재고 보관 장소가 존재한다면 대규모의 재고를 유지하더라도 수량할인을 받는 것이 경제적이다. 그림/표 12.10에 있는 엑셀 수량할인 템플릿Excel Quantity Discount template은 필요한 계산을 도와주는데, 마인드MindTap에서 찾을 수 있다.

그림/표 12.11은 주문 크기에 따른 총 재고비용에 대한 차트이다. 구간별로 톱니 모양을 확인할 수 있다.

그림/표 12.10 엑셀 수량할인 템플릿

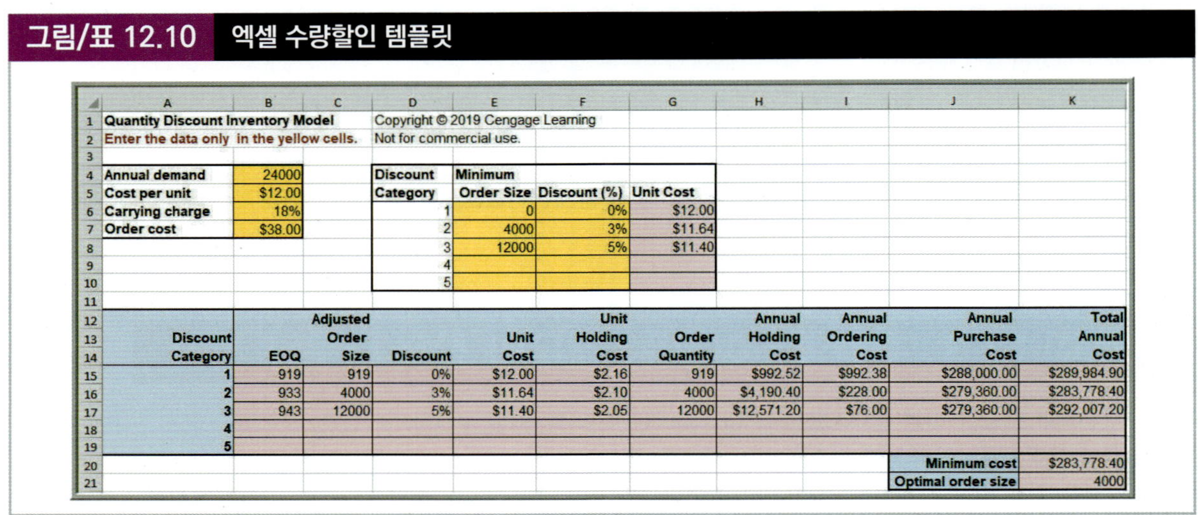

	A	B	C	D	E	F	G	H	I	J	K
1	Quantity Discount Inventory Model			Copyright © 2019 Cengage Learning							
2	Enter the data only in the yellow cells.			Not for commercial use.							
3											
4	Annual demand	24000		Discount	Minimum						
5	Cost per unit	$12.00		Category	Order Size	Discount (%)	Unit Cost				
6	Carrying charge	18%		1	0	0%	$12.00				
7	Order cost	$38.00		2	4000	3%	$11.64				
8				3	12000	5%	$11.40				
9				4							
10				5							
11											
12			Adjusted			Unit		Annual	Annual	Annual	Total
13	Discount		Order		Unit	Holding	Order	Holding	Ordering	Purchase	Annual
14	Category	EOQ	Size	Discount	Cost	Cost	Quantity	Cost	Cost	Cost	Cost
15	1	919	919	0%	$12.00	$2.16	919	$992.52	$992.38	$288,000.00	$289,984.90
16	2	933	4000	3%	$11.64	$2.10	4000	$4,190.40	$228.00	$279,360.00	$283,778.40
17	3	943	12000	5%	$11.40	$2.05	12000	$12,571.20	$76.00	$279,360.00	$292,007.20
18	4										
19	5										
20										Minimum cost	$283,778.40
21										Optimal order size	4000

그림/표 12.11 할인 구간별 재고비용에 대한 차트

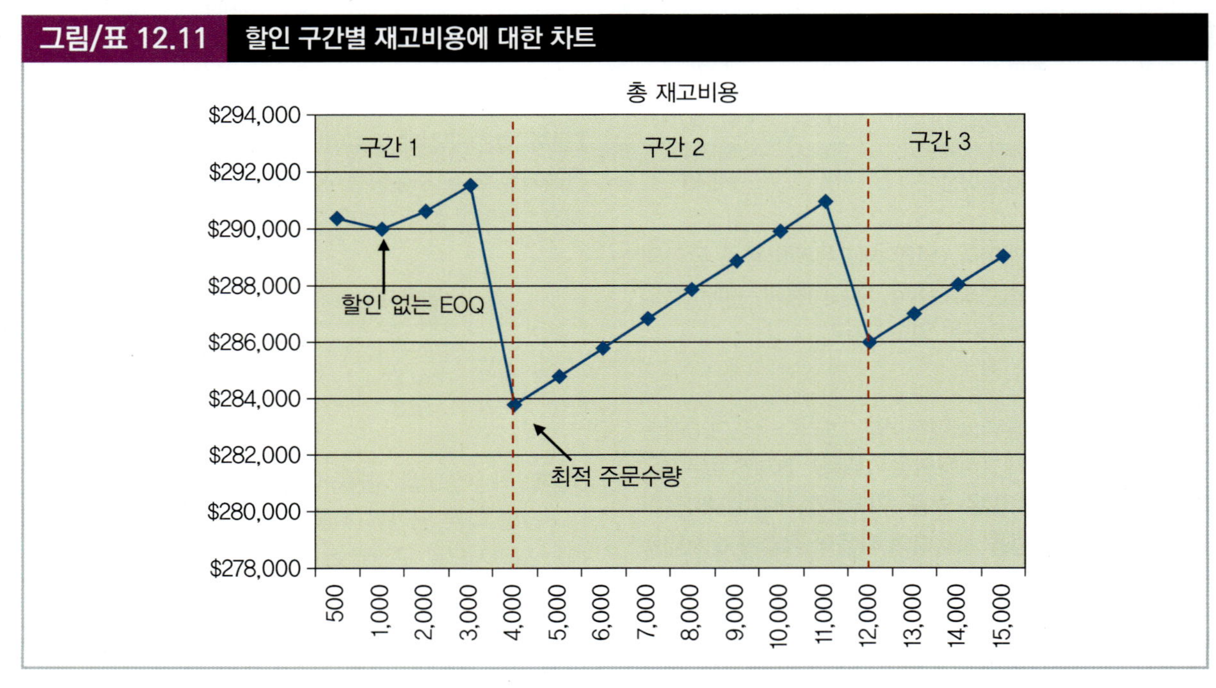

12-4c 고정주문량 시스템에서의 불확실한 수요와 안전재고 Safety Stock and Uncertain Demand in a Fixed-Order-Quantity System

리드타임 동안의 수요가 재주문점의 수량보다 많으면 재고부족이 발생한다. 수요가 불확실한 상황에서 경제적주문량 모형이 수요의 평균을 적용하는 경제적주문량EOQ 모형을 사용하면 재고부족이 일어날 확률이 높다. 이러한 위험을 회피하기 위해서는 재주문점에 일정수량의 재고를 추가하는 것이 하나의 방법이다. 이 때 추가하는 재고를 **안전재고**safety stock라고 한다. 안전재고는 재고부족 위험을 줄이기 위해 버퍼buffer로 보유하는 계획된planned, 추가적인additional, 물리적 재고on-hand inventory다.

적절한 재주문점을 정하기 위해서는 먼저 리드타임 동안의 수요가 가지는 확률분포를 파악할 필요가 있는데, 일반적으로 정규분포를 가정한다. 적절한 재주문점은 경영진이 감수해야 할 재고부족의 발생 위험에 따라 결정된다. **서비스수준**service level은 리드타임 동안 재고부족stockout이 발생하지 않을 확률로 정의할 수 있다. 예를 들면 95%의 재고수준은 리드타임 동안 재고부족이 일어날 확률이 5%(즉 0.05)이다. 서비스수준을 결정하는 것은 경영진의 정책적 결정이다.

수요가 불확실할 때의 재주문점은 리드타임 동안의 평균 수요(μ_L)에 안전재고를 더한 값이다. 리드타임 동안의 평균 수요는 리드타임과 기간별 평균 수요를 곱하면 된다. 여기서 기간은 동일하게 설정되어야 한다. 리드타임 수요에 정규분포가 적절하다면, 일반적으로 재주문점은 다음과 같다.

휴렛패커드(HP)의 재고와 서비스 균형잡기 Hewlett-Packard: Balancing Inventory and Service

Ken Wolter/Shutterstock.com

HP의 공급사슬은 매우 복잡하다. 밴쿠버Vancouver에 위치한 공장은 인기제품인 프린터를 생산한 후, 제품을 미국, 동아시아Far East, 유럽Europe의 물류센터distribution center로 보낸다. 프린터 시장은 경쟁이 매우 치열해서 HP의 영업사원들은 가능한 적은 수량의 프린터를 보유하면서도 되도록 빨리 고객에게 배송하기를 원한다. 재고저장 위치inventory stocking point로서의 물류센터들이 영업부서가 요구하는 높은 서비스 수준의 달성을 위해서는 재고를 이용한 높은 주문이행률fill rate 목표를 달성할 수 밖에 없고 따라서 많은 수량의 안전재고를 보유하여야 한다. HP는 비용효율적인cost effective 목표 재고수준을 계산하기 위한 계량 모형을 개발하였다. 이 목표 수준은 주문이행률을 달성하기 위한 안전재고 수량을 포함하고 있다. 이 모형 덕분에 재고 투자금액을 20% 이상 감소시킬 수 있었다. HP의 재무책임자의 입장에서 이러한 결과를 어떻게 받아들일 것인지 생각해 보라.

$$r = \mu_L + z\sigma_L \quad [12.10]$$

여기서 μ_L = 리드타임 동안의 평균수요
σ_L = 리드타임 동안 수요의 표준편차
z = 서비스 수준을 달성하는 데 필요한 표준편차의 수
$z\sigma_L$ = 안전재고량

특정 서비스 수준(X%)에 따른 z값은 부록 A에 있는 표준 정규분포표에서 찾을 수 있다. 정규분포 X/100값 이하에 해당되는 z값을 찾으면 된다. 95%의 서비스 수준이면 0.95에 가장 가까운 값을 찾아야 한다. 부록 A의 표에서 찾으면 1.64와 1.65의 사이의 값인데, 실제 z값은 1.645이다. 이때 엑셀에 들어있는 함수를 사용하면 편리하다. =NORM.S.INV(X/100)을 입력하고 엔터enter를 누르면 1.645를 알려준다. 문제풀이 12.3은 재주문점에 대해 식 [12.9]를 이용한 예를 다루고 있다.

문제풀이 12.4 : 불확실 수요의 고정주문량 시스템을 위한 재주문점 계산

서던오피스 서플라이즈Southern Office Supplies (SOS)사는 미국 남서부 지역의 고객들에게 사무기기를 판매한다. 인기 품목 중 하나가 레이저프린터 용지이다. 1회 주문당 주문비용은 $45.00이다. 500장으로 구성된 제품의 단가는 $3.80이다. SOS는 연간 재고유지비용의 비율을 20%로 추정한다. 따라서 재고유지비용은 한 단위당 1년에 $0.76(0.20×3.80)이다. 연평균 수요는 15,000단위이다. 이를 주단위로 환산하면 288.5(15,000/52)단위/주이다. 과거 자료를 바탕으로 주별 수요의 표준편차는 약 71로 추정한다. 생산업체에게 주문을 낸 후 배송 받는데 소요되는 시간인 리드타임은 2주이다. 안전재고를 얼마나 유지하여야 하는가?

해답:

재주문점을 계산하기 위해서는 먼저 식 [12.11]과 [12.12]를 사용해야 한다. 리드타임 동안의 수요는 577(288.5×2) 단위이다. 리드타임 동안 발생하는 수요의 표준편차(μ_L)는 약 100($71 \times \sqrt{2}$)단위이다. 부록 A에 있는 정규분포표를 이용하거나 엑셀 함수(=NORM.S.INV(0.95))를 이용하여 표준정규 z값 1.645를 구할 수 있다. 따라서 안전재고를 포함한 재주문점 식 [12.10]을 이용하면 재주문점(r)은 다음과 같다.

$$r = \mu_L + z\sigma_L = 577 + 1.645(100)$$
$$= 742 \text{ 단위}$$

만약 평균 연간 수요를 사용하는 경제적주문량EOQ을 적용한다면, 최적 주문량은 다음과 같다.

$$Q^* = \sqrt{\frac{2DC_0}{C_h}} = \sqrt{\frac{2(15,000)(45)}{0.75}} = 1,333$$

경제적주문량 모형을 사용하면, SOS는 1년에 대략 11(D/Q = 15,000/1,333)번 주문을 한다. 식 [12.7]을 사용하면 연간 총비용은 $1,012.92이다. 안전재고량은 165(742−577)단위다.

추가적인 안전재고가 없는 재주문점은 577(288.5×2)단위다. 이는 식 [12.8]을 이용하면서 쉽게 구할 수 있다. 안전재고가 있는 경우에는, 재고상태inventory position가 재주문점(742)에 도달했을 때 1,333단위를 주문하면 된다. 이를 통해 재고 비용을 최소화하면서 리드타임 동안 재고부족이 생길 확률을 5% 이내에서 관리할 수 있다. 그림/표 12.12는 엑셀 고정주문량 안전재고 템플릿을 사용하여 문제풀이 12.4를 계산한 내용을 보여주고 있다. 이때 사용한 템플릿은 마인드탭에서 찾을 수 있다.

그림/표 12.12 엑셀 고정주문량 안전재고 템플릿

	A	B	C	D	E
1	Fixed Order Quantity Inventory System				
2	with Uncertain Demand				
3	Enter the data only in the yellow cells.				
4					
5	Average Annual Demand	15000.00			
6	Ordering Cost	$45.00			
7	Unit Cost	$3.80			
8	Carrying Charge Rate	0.20			
9	Lead time (weeks)	2.00			
10	Standard deviation of weekly demand	71.00			
11	Service level	0.95			
12					
13	Economic Order Quantity	1332.78			
14	Order cost	$506.46			
15	Inventory cost	$506.46			
16	Total cost	$1,012.92			
17					
18	Average demand during lead time	576.92			
19	Standard deviation during lead time	100.41			
20	z-value	1.64			
21	Safety stock	165			
22	Reorder point	742			

리드타임 동안의 수요 평균과 표준편차는 모르지만 특정 기간 동안의 수요에 대한 평균과 표준편차를 추정할 수 있는 경우가 있다. 특정 기간(t)에서의 수요 평균과 수요 표준편차를 각각 μ와 σ라고 하고 리드타임을 L이라고 하자. 이때 리드타임과 특정 기간(t)은 단위시간이 같다(1일, 1주 등). 각 기간의 수요는 서로 독립적으로 발생한다고 가정하면, μL과 σL은 아래와 같은 식을 통해 추정할 수 있다.

$$\mu_L = \mu_t L \qquad [12.11]$$

$$\sigma_L = \sigma_t \sqrt{L} \qquad [12.12]$$

12-5 고정주문주기 재고시스템 관리

Managing Fixed-Period Inventory System

재고관리를 위한 고정주문량 시스템의 대안으로 **고정주문주기 시스템**이 있다. 고정주문주기 시스템은 주기적 검토 시스템periodic review system이라고도 한다. 고정주문주기 시스템에서는 고정된 시간 간격fixed interval으로 재고상태를 검토하는데, 연속적으로 하지는 않는다. 재고검토 시점에서 충분한 수량의 재고 즉, 재고상태가 미리 정해진 재고수준에 도달할 수 있는 수량을 주문한다. 재고검토 시간간격이나 주문간격을 T라고 하고, 미리 정해진 재고수준inventory level을 M이라고 하자. 이 때 M을 보충수준replenishment level이나 주문목표수준order-up-to level이라고 한다.

고정주문주기 시스템에는 두가지 근본적인 의사결정이 필요하다.

1. 검토 시점간 시간 간격(이하 주기로 통일)
2. 보충수준

주기는 품목의 중요성이나 검토의 편의성에 따라 결정된다. 예를 들면 중요도가 낮은 품목 재고는 월month 단위로 검토할 것이고, 중요도가 높은 품목의 재고는 주week 단위로 검토할 것이다. 경제적주문량 모형을 사용할 경우 경제적인 접근이 가능하다.

경제적주문량EOQ 모형은 최상의 경제적 주기the best economic time interval를 제공한다. 이는 고정주문주기 모형이 가지는 여러 가정 하에서 최상이다. 주기는 다음과 같이 정해진다.

$$T = Q^*/D \qquad [12.13]$$

여기서 Q^*는 경제적주문량이다. 안전재고를 포함하지 않는 보충수준은 다음 공식을 이용해서 정한다.

$$M = d(T + L) \qquad [12.14]$$

위 공식에서 d는 단위시간(일, 주, 월 등) 당 평균수요이고 L은 리드타임인데, d와 L의 단위는 동일하다. M은 리드타임과 검토 주기review period 동안의 평균수요이다. 만약 수요가 불확실하다면, 보충수준은 안전재고를 더함으로써 목표로 하는 서비스 수준을 보장하는 값이어야 한다.

그림/표 12.13은 고정주문주기 시스템의 요약이다. 그림/표 12.14는 고정주문주기 시스템의 작동방식을 그래프로 표현한 것이다.

그림/표 12.14의 첫번째 재고검토가 이루어지는 시점을 보면 상당히 많은 양이 재고로 남아 있다. 따라서 주문량(Q_1)는 비교적 적다. 리드타임 동안의 수요가 적고, 주문한 양이 도착했을 때 많은 양의 재고가 쌓여 있다. 세번째 검토주기review cycle에서는 재고 수준이 0에 가깝다. 수요량이 갑자기 늘었기 때문이다. 이에 따라 주문량(Q_3)는 비교적 큰 값이다. 리드타임 동안의 수요가 여전히 높아서 재고부족이 발생하였다. 주문을 내는 시점(T)에서는 $T+L$기간 동안 주문한 양이 도착하지 않는다는 점에 유의해야 한다. 고정주문주기 시스템을 활용할 때에는 이 점 때

그림/표 12.13 고정주문주기 재고시스템에 대한 요약

관리 의사결정	주기(T)와 보충수준(M)
주문 의사결정 규칙 Ordering decision rule	매 T기간마다 다시 주문하며, 주문량은 $Q_t = M - IP_t$이다. IP_t는 검토시점(t)에서의 재고상태이다.
핵심 특성 Key characteristics	주기(T)는 상수다. 시간에 따라 주문이 일어난다. 매번 주문량(Q)는 변한다. 보충수준(M)은 리드타임과 검토주기 동안의 수요와 안전재고의 합이다. 수요가 불확실할 때 재고부족이 발생할 수 있다. $T+L$기간 동안의 예상수요에 대한 안전재고를 추가하여 재고부족에 대응한다.

그림/표 12.14 고정주문주기 시스템의 운영

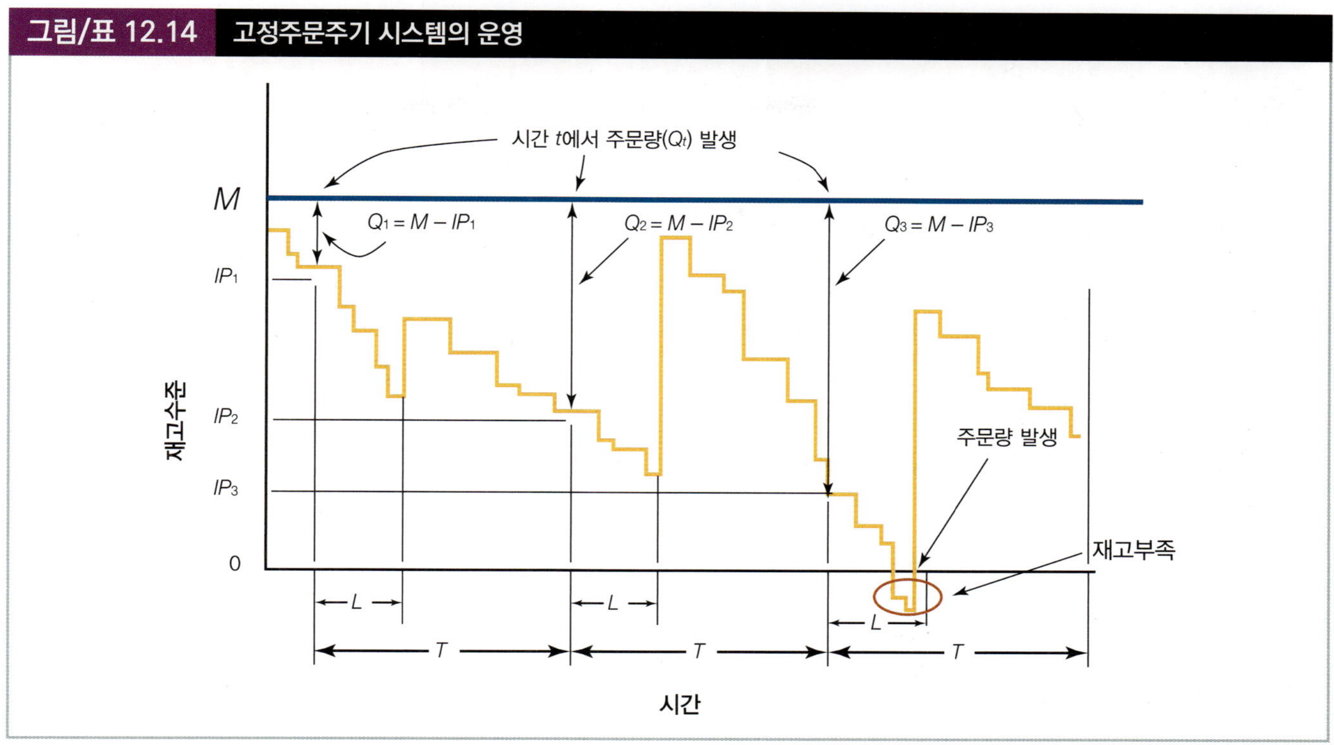

문에 $T+L$기간 동안에 발생할 수 있는 재고부족 위험을 관리해야 하므로 결과적으로 보다 많은 재고를 쌓게 된다.

안전재고를 보충수준(T)에 포함하는 과정에도 고정주문량 시스템에 안전재고를 포함시킬 때 사용한 통계적 원칙statistical principles을 그대로 적용한다. 먼저 $T+L$기간 동안의 안전재고를 계산한다. 이에 따라 보충수준은 다음과 같다.

$$M = \mu_{T+L} + z\sigma_{T+L} \quad [12.15]$$

$$\mu_{T+L} = \mu_t(T+L) \quad [12.16]$$

$$\sigma_{T+L} = \sigma_t\sqrt{T+L} \quad [12.17]$$

문제풀이 12.5는 고정주문주기 재고시스템에 위의 공식을 적용하는 예를 보여주고 있다.

고정주문량 시스템(FQS)나 고정주문주기 시스템(FPS) 중에서 어떤 시스템을 사용할 것인지를 결정하기 위해서는 다양한 요인들을 고려해야 한다: 검토해야 하는 품목이나 재고저장단위의 수, 기술이나 인력의 이용가능성, ABC 특성의 존재 여부, 기업전략의 초점 등을 고려하여야 한다. 기업전략을 예로 들면, 고객서비스나 비용절감 중 어디에 초점을 두는지에 따라 시스템의 선택이 다를 수 있다. 따라서 궁극적인 의사결정은 기술적 전문성과 경영상의 주관적 판단을 함께 고려하여 이루어진다. FQS나 FPS 이외에도 보다 발전된 형태의 재고모형이 가능하다 ("현실에서는 다양한 재고모형들이 있다" 글상자 참조). 그럼에도 불구하고 FQS와 FPS는 재고모형 개발의 토대를 제공한다.

문제풀이 12.5 : 고정주문주기 시스템에 대한 보충수준과 안전재고 계산하기

문제풀이 12.4에 등장하는 서던오피스 서플라이즈 Southern Office Supplies (SOS)사의 사례를 다시 사용한다. 주문비용은 주문당 $45.00이고, 연간 단위당 재고유지비용은 $1.76이다. 연간 평균수요는 15,000단위이다. 경제적주문량, 운영주기, 안전재고가 없는 최적의 보충수준, 안전재고, 보충수준을 계산하라.

해답:

연간 평균수요를 사용하는 EOQ모형을 이용하여 최적의 주문량을 구할 수 있다.

$$Q^* = \sqrt{\frac{2DC}{C_h}} = \sqrt{\frac{2(15,00)(45)}{0.76}} = 1,333 \text{ 단위}$$

SOS가 생산업체로부터 새로 용지를 공급받는 데는 통상 2주(L = 2주)가 소요된다.

식 [12.13]을 사용하여 주문주기를 다음과 같이 구할 수 있다.

$$T = Q^*/D = 1,333/15,000 = .0889 \text{ 년(year)}$$

1년을 52주라고 가정하면 T는 4.6(=52/.0889)주가 되는데, 대략 5주의 시간이다. 소수점 아래 숫자를 올림을 할지, 내림을 할지에 대해서는 경영자의 판단이 필요하다. 연간 평균수요는 15,000 단위이기 때문에 주별 평균수요는 288.46(=15,000/52) 단위이다. 식 12.14를 이용하여 안전재고가 없는 최적의 보충수준은 다음과 같다.

$$M = d(T+L) = 288.46(5+2) = 2,019.22 \text{ 단위}$$

따라서 5주에 한번 재고상태를 검토하고 주문을 낸다. 주문량은 보충수준(M)인 2,019 단위에서 재고상태를 뺀 값이다.

보충수준에 안전재고를 더하려면, 기간 $T+L$ 기간 동안의 수요 표준편차를 구해야 한다. 이는 식 12.15에서 식 12.17에 나와 있다. 주별 수요의 표준편차인 71단위의 $T+L$기간 동안의 표준편차는 다음과 같다.

$$\sigma_{T+L} = 71\sqrt{5+2} = 187.8 \text{ 단위}$$

95퍼센트의 서비스 수준을 가지는 안전재고는 다음과 같다.

$$z\sigma_{T+L} = 1.645(187.8) = 309 \text{ 단위}$$

서비스 수준이 95퍼센트인 안전재고를 가지는 보충수준(M)은 2,328(2,019+309) 단위다. 그림/표 12.15는 엑셀 고정주문주기 재고시스템 안전재고 템플릿을 사용하여 지금까지의 계산 과정을 수행한 것을 보여주고 있다. 이 템플릿은 마인드탭에서 찾을 수 있다.

그림/표 12.15 엑셀 고정주문주기 재고시스템(FPS) 안전재고 템플릿

	A	B	C	D	E
1	Fixed Period Inventory System with Uncertain Demand				
2	Enter the data only in the yellow cells.				
3					
4	Average Annual Demand	15000.00			
5	Ordering Cost	$45.00			
6	Unit Cost	$3.80			
7	Carrying Charge Rate	0.20			
8	Lead time (weeks)	2.00			
9	Standard deviation of weekly demand	71.00			
10	Service level	0.95			
11					
12	Economic Order Quantity	1332.78			
13	Order cost	$506.46			
14	Inventory cost	$506.46			
15	Total cost	$1,012.92			
16					
17	Review period (weeks, rounded up)	5			
18	Optimal replenishment level without safety stock	2019.23			
19	Standard deviation of demand during T+L	187.85			
20	z-value	1.64			
21	Safety stock	309			
22	M-Level	2328			

현실에서는 다양한 재고 모형들이 있다 There's More to Inventory Modeling

Kevin_Hsieh/Shutterstock.com

지금까지 논의한 재고모형들은 재고관리의 기초가 되는 모형들이다. 각 상황에 맞춘 다양한 모형이 개발되어 경영자들을 지원하고 있다. 예를 들면 재고부족을 일부러 계획하고 허용하는 것이 경제적인 관점에서 바람직한 경우가 있을 수 있는데, 주로 재고 가치가 매우 높을 때이다. 이 때는 재고유지비용 또한 매우 높다. 예를 들면 신차new car 딜러의 재고를 생각해 보자. 신차가 막 출고된 시기에는 대부분의 고객은 자신이 원하는 특정 차량을 재고에서 찾을 수 없다. 그러나 고객들이 기꺼이 기다리려고 하기 때문에 고객 주문을 미납주문으로 처리할 수 있다. 또 다른 예로 다수의 품목item들간 상호작용을 고려해야 하는 경우이다. 그리고 물류창고의 능력에 한계가 있어서 저장수량을 제한해야 하는 경우도 한 예가 될 수 있다. 이런 경우에는 경제적주문량이 적절하지 않다. 또 다른 상황은 경영자가 재고투자를 제한하려고 할 때다. 이런 다양한 경우에 최적의 재고주문 정책을 찾는 계량 모형들이 개발되었다.

12-6 단일기간 재고모형 Single-Period Inventory Model

단일기간 재고모형은 미래 판매 시즌을 예상하여 1회만 주문을 하는 경우다. 따라서 수요는 매우 불확실하다. 판매 시즌의 말기에 이르면, 재고가 소진되든지, 아니면 안 팔리고 남은 재고는 잔존가치salvage cost로 판매한다. 단일기간 모형은 계절성이 강한 제품이나 짧은 기간 안에 팔아야만 하는 제품 등에 적용한다. 재고로 유지되기 힘들거나 다음 시즌에 판매하기 힘든 제품이다.

의류는 단일기간 재고를 가지는 좋은 예이다. 의류판매점들은 판매 시즌 6개월 정도 전에 재고를 주문한다. 또 다른 예로 피자 레스토랑의 반죽을 생각할 수 있다. 피자 반죽은 3일 동안만 신선도를 유지한다. 크리스마스 트리도 좋은 예이다. 단일기간 재고를 가져야 하는 경우에는 주문수량의 결정이 유일한 의사결정 사항이다. 신문의 경우도 단일기간 재고 상황의 전형적인 예이므로, 이를 바탕으로 단일기간 재고모형을 뉴스벤더 모형(문제) newsvendor model이라고 한다.

뉴스벤더 문제는 한계경제성 분석marginal economic analysis을 사용하여 해결할 수 있다. 한계경제성 분석은 재고 한 단위를 더 보유하여 발생하는 비용과 보유하지 않아 발생하는 비용을 비교한다. 이들 비용에 대한 정의는 다음과 같다.

C_s = 수요를 과대계상 overestimate하여 생기는 품목 1단위의 비용(잔존비용) salvage cost ; 주문을 수요보다 한 단위를 더함으로써 발생하는 비용이다. 판매하지 못한 품목의 처리 비용이라고 할 수 있다.

C_u = 수요를 과소계상 underestimate하여 발생하는 품목 1단위의 비용(부족비용) shortage cost; 한 단위를 더 주문하지 않아 생기는 기회손실opportunity loss이다. 수요가 있으나 재고부족으로 판매하지 못한 경우이다.

최적 주문량(Q^*)는 식 [12.18]을 만족시킨다.

$$P(\text{demand} \le Q^*) = \frac{c_u}{c_u + c_s} \qquad [12.18]$$

이 공식은 수요의 모든 확률분포에 적용할 수 있다. 즉 일양분포uniform distribution이든지 정규분포normal distribution이든지 상관없이 적용 가능하다. 문제풀이 12.6과 문제풀이 12.7은 일양분포와 정규분포가정에서의 최적 주문량을 결정하는 과정을 보여준다.

문제풀이 12.6 : 일양분포 수요에 대한 단일기간 재고모형

어떤 백화점의 구매담당자는 유행에 민감한 수영복 주문을 여름 시즌 시작 6개월 전에 낸다. 이 백화점은 매년 8월에 7월 31일까지 판매되지 않은 제품에 대해 시즌마감세일clearance sale 계획한다. 수영복은 한 벌 당per pair 40달러에 구매하여 60달러에 판매하지만, 8월 시즌마감세일 기간에는 한 벌 당 30달러에 판매한다. 수요는 350에서 650벌 사이의 일양분포를 가정한다(그림/표 12.16). 예상 수요는 500벌이다. 최적 주문량을 결정하라.

해답:

이 백화점이 수영복을 과다하게 주문하면 7월이 끝난 후 낮은 가격에 판매해야 하므로 잔존비용이 발생한다. 잔존비용은 구매비용purchase cost에서 8월에 판매하는 비용을 뺀 값이다. 즉 $C_s = 40 - 30 = \$10$이다. 달리 말하면 수요보다 더 많이 주문하면 한 벌에 10달러를 잃게 된다. 수요 과소계상 비용은 수요가 있었지만 재고부족으로 팔지 못해서 발생한 기회비용opportunity cost이다. 정규 판매가격에서 구매 원가를 차감한 값이다. 즉 $C_u = 60 - 40 = \$20$이다. 최적의 주문크기($Q$)는 다음의 식을 만족시킨다.

$$P(\text{수요} \le Q^*) = \frac{C_u}{C_u + C_s} = \frac{20}{20 + 10} = \frac{20}{30} = \frac{2}{3}$$

그림/표 12.16 단일기간 모형에서의 확률 분포

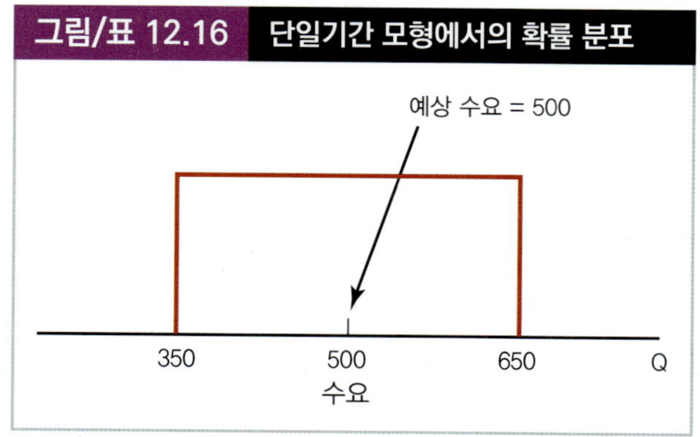

수요분포가 일양분포이기 때문에, Q^*는 네모 상자에서 350으로부터 650까지 구간 중 2/3에 해당하는 550벌이다. 잔존비용이 부족비용보다 높을 때에는 최적 주문량은 수요 평균 이하가 된다. 이럴 경우 재고부족이 나타날 위험은 더욱 높아진다. 그러나 부족비용이 잔존비용보다 높을 때에는 최적 주문량은 과잉재고의 위험을 높인다. 즉 과다재고가 발생할 가능성이 높아진다.

그림/표 12.17은 엑셀의 단일기간 재고 템플릿을 보여준다. 이는 마인드탭에서 찾을 수 있다.

그림/표 12.17 일양분포를 사용한 엑셀 단일기간 재고 템플릿

	A	B
1	Single Period Inventory Model	
2	Enter the data only in the yellow cells.	
3		
4	Item cost	$40.00
5	Selling price	$60.00
6	Sale price	$30.00
7		
8	Cs	$10.00
9	Cu	$20.00
10	P(demand <= Q*)	0.67
11		
12	Uniform Distribution	
13	Minimum	350.00
14	Maximum	650.00
15	Optimal order quantity Q*	550.00
16		
17	Normal Distribution	
18	Mean	
19	Standard deviation	
20	Optimal order quantity Q*	

문제풀이 12.7 : 정규분포 수요의 단일기간 재고모형

문제풀이 12.6과 동일한 시나리오에 대한 문제이지만, 수요는 평균 = 500, 표준편차 = 50인 정규분포를 가정한다. 최적 주문량을 결정하라.

해답:

어떤 수요분포인지 상관없이 동일한 절차를 따른다. 식 [12.18]을 만족시키는 최적 주문량을 찾는다. 이 경우 최적 주문량은 $P(\text{수요} \le Q^*) = 2/3$ 를 만족시켜야 한다. 그림/표 12.18은 이 상황에서의 정규분포를 보여주고 있다. 참고자료 A를 통해 노란색 영역의 오른쪽 값(0.67)에 대응하는 z값은 0.44이다. 따라서 Q^*는 다음과 같다.

$$Q^* = \mu + 0.44\sigma = 500 + 0.44(50) = 522$$

Q^*는 엑셀에서 제공하는 함수(=NORM.INV(probability, mean, standard deviation)를 사용하여 구할 수 있다. = NORM.INV(0.67, 500, 50)를 입력하면 522를 구할 수 있다. 그림/표 12.19는 본 예제를 엑셀 단일기간 재고 템플릿을 이용하여 푼 것이다.

그림/표 12.18 최적 주문량을 위한 정규 분포

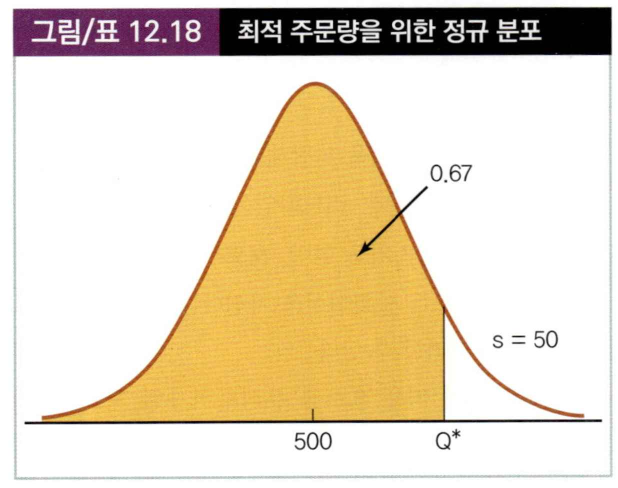

그림/표 12.19 일양분포를 사용한 엑셀 단일기간 재고 템플릿

	A	B
1	Single Period Inventory Model	
2	Enter the data only in the yellow cells.	
3		
4	Item cost	$40.00
5	Selling price	$60.00
6	Sale price	$30.00
7		
8	Cs	$10.00
9	Cu	$20.00
10	P(demand <= Q*)	0.67
11		
12	Uniform Distribution	
13	Minimum	
14	Maximum	
15	Optimal order quantity Q*	
16		
17	Normal Distribution	
18	Mean	500.00
19	Standard deviation	50.00
20	Optimal order quantity Q*	521.54

12-7 재고시스템의 시뮬레이션 모형 Simulation Modeling of Inventory System

시뮬레이션은 프로세스 흐름process flow과 공급사슬supply chain 효과성effectiveness 개선에 폭넓게 쓰인다. 여기서는 단순한 재고 정책 의사결정에 대한 시뮬레이션을 보여준다. 구체적으로, 미납 주문이 발생한 고정주문량(FOQ) 시스템의 시뮬레이션 논리에 대해 엑셀 재고 시뮬레이션 템플릿을 사용하여 설명하려고 한다. 이 템플릿은 마인드탭에서 찾을 수 있다. 참고자료 G는 시뮬레이션에 대한 기본적인 개념의 개요를 설명한다. 여기서는 시뮬레이션 모형이 어떻게 스프레드시트에서 실행되는지를 설명한다. 참고자료를 먼저 공부하기를 추천한다.

스캇 오디오 시스템즈 (SAS)는 고품질 오디오 장비를 판매하는 소매기업이다. 한 제품의 수

그림/표 12.20 스캇 오디오 시스템의 과거 수요자료

판매량	일수	상대적 빈도
0	150	0.50
1	75	0.25
2	45	0.15
3	15	0.05
4	15	0.05

그림/표 12.21 구매 리드타임

리드타임(일)	빈도	상대적 빈도
1	6	0.20
2	3	0.10
3	12	0.40
4	6	0.20
5	3	0.10

요는 변동적이다. 그리고 수요는 과거 데이터를 통해서만 추정할 수 있다. 그림/표 12.20은 300일 동안의 판매 빈도를 보여준다.

생산업체로부터의 리드타임이 불규칙하여 재고문제가 더욱 복잡해졌다. 지난 30회 주문에 대한 과거 리드타임 자료는 그림/표 12.21에 나타나 있는데, 리드타임은 1일에서 5일까지였다. 리드타임의 변동성 때문에 SAS는 재고부족 상황에 빠지기도 한다. 재고부족 상황이 되면 미납주문이 발생한다. 이 사례에서는 수요와 리드타임 모두 불확실성을 가진다는 점에 주목해야 한다. 시뮬레이션은 이러한 불확실성들을 한꺼번에 고려할 수 있다.

SAS는 이자율, 보험 등 재고유지비용과 관련된 비용 요소를 분석하여 1일 재고유지비용inventory holding cost이 단위당 $0.20임을 파악하였다. 주문비용order cost은 1회 주문당 40달러이다. 마지막으로 재고 부족으로 인한 부족비용은 단위당 100달러로 추정한다. 총비용은 주문비용, 재고유지비용, 부족비용의 합이라고 가정한다.

이 사례에서는 미납주문이 있는 고정주문량(FOQ) 재고시스템을 다룬다. 특정일에 대한 시뮬레이션 모형의 논리는 그림/표 12.22에 나타나 있다. 재주문점과 주문량이 결정되어 있다고 가정하자. 어떤 날을 시작할 때, 주문이 도착했는지를 체크한다. 만약 그렇다면 실제재고량on-hand inventory는 받은 양만큼 증가한다. 어떤 날을 시작하는 시점에 주문은 도착하였고, 실제재고는 업데이트 되었다고 가정한다.

그림/표 12.20에 나와 있는 상대적 빈도 분포relative frequency distribution를 사용하여 1일 수요를 발생시킨다. 실제재고가 일일 수요에 충분히 대응할 수 있다면, 재고수준은 1일치 수요만큼 감소한다. 재고상태 (현재 보유재고 + 예정입고 − 미납주문) 역시 1일치 수요만큼 감소한다. 그러나 실제재고가 1일치 수요를 충분히 커버하지 못하는 경우, 일단은 실제재고량을 이용하여 되도록 많은 수요를 충족시킨다. 미충족된 수요는 미납주문으로 등록한다. 그리고 발생된 미납주문에 따라 부족비용을 계산한다.

그림/표 12.22 1일 운영에 대한 시뮬레이션 논리

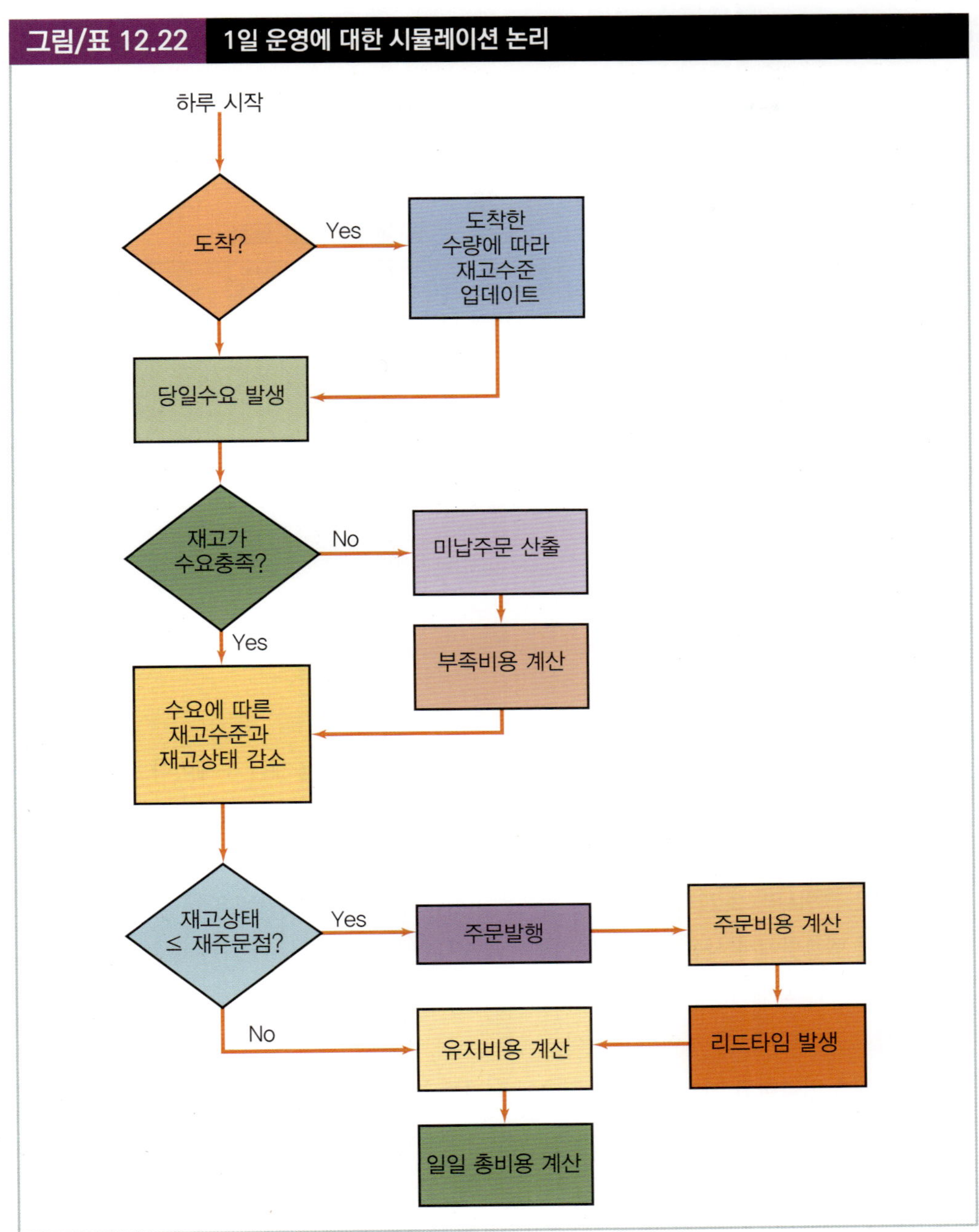

1일 수요에 대해 대응한 다음에는 재고상태가 재주문점에 도달하였는지 검토한다. 재주문점에 도달하였다면 다시 주문을 낸다. 주문을 내면 주문비용이 발생한다. 주문발생에서 입고까지의 리드타임에 대해서는 난수random가 적용되어야 한다. 마지막으로 하루를 마감할 때에는 남은 실제재고에 대해 재고유지비용(단위 당 20센트)을 부과한다. 하루에 발생하는 총 비용은 부족비용, 주문비용, 재고유지비용의 합이다. 1일 평균비용은 T열에 있는 총비용을 일수로 평균하여 구한다.

시뮬레이션 과정은 그 특성상 매우 동적이므로 시간에 따라 발생하는 각종 사건들을 모형화하고 충분한 날짜에 대해 의미 있는 결과를 얻을 때까지 여러가지 계산과정을 수행해볼 필요가 있

그림/표 12.23 엑셀 재고 시뮬레이션 템플릿

Inventory Simulation

Enter the data only in the yellow cells.

This template is designed to allow up to 8 random number intervals for the demand and lead time distributions.

Copyright © 2017 Cengage Learning

Not for commercial use.

Demand Distribution		
Random Number Interval		Demand
0	0.5	0
0.5	0.75	1
0.75	0.9	2
0.9	0.95	3
0.95	1	4

Lead Time Distribution		
Random Number Interval		Lead Time
0	0.2	1
0.2	0.3	2
0.3	0.7	3
0.7	0.9	4
0.9	1	5

Order Quantity	5
Reorder Point	3
Initial Inventory	5

Order Cost	$40.00
Holding Cost	$0.20
Back Order Cost	$100.00

Average cost/day	$10.28

Day	Beg Inv	Order Rec'd	Units Rec'd	Random Number	Dmd	End Inv	Back Order	Order Placed?	Inv Pos	Random Number	Lead time	Hold Cost	Order Cost	Short Cost	Total Cost
1	5		0	0.225	0	5	0	NO	5			$1.00	$0.00	$0.00	$1.00
2	5		0	0.431	0	5	0	NO	5			$1.00	$0.00	$0.00	$1.00
3	5		0	0.867	2	3	0	YES	8	0.747	4	$0.60	$40.00	$0.00	$40.60
4	3		0	0.169	0	3	0	NO	8			$0.60	$0.00	$0.00	$0.60
5	3		0	0.697	1	2	0	NO	7			$0.40	$0.00	$0.00	$0.40
6	2		0	0.898	2	0	0	NO	5			$0.00	$0.00	$0.00	$0.00
7	0	YES	5	0.661	1	4	0	NO	4			$0.80	$0.00	$0.00	$0.80
8	4		0	0.057	0	4	0	NO	4			$0.80	$0.00	$0.00	$0.80
9	4		0	0.332	0	4	0	NO	4			$0.80	$0.00	$0.00	$0.80
10	4		0	0.041	0	4	0	NO	4			$0.80	$0.00	$0.00	$0.80
11	4		0	0.877	2	2	0	YES	7	0.821	4	$0.40	$40.00	$0.00	$40.40
12	2		0	0.447	0	2	0	NO	7			$0.40	$0.00	$0.00	$0.40
13	2		0	0.538	1	1	0	NO	6			$0.20	$0.00	$0.00	$0.20
14	1		0	0.048	0	1	0	NO	6			$0.20	$0.00	$0.00	$0.20
15	1	YES	5	0.531	1	5	0	NO	5			$1.00	$0.00	$0.00	$1.00
16	5		0	0.231	0	5	0	NO	5			$1.00	$0.00	$0.00	$1.00
17	5		0	0.979	4	1	0	YES	6	0.918	5	$0.20	$40.00	$0.00	$40.20
18	1		0	0.618	1	0	0	NO	5			$0.00	$0.00	$0.00	$0.00
19	0		0	0.337	0	0	0	NO	5			$0.00	$0.00	$0.00	$0.00
20	0		0	0.008	0	0	0	NO	5			$0.00	$0.00	$0.00	$0.00

다. 얼마나 오랜 기간에 대해 시뮬레이션을 실행시켜야 하는지는 통계적 문제이다. 이는 신뢰구간confidence interval 확보를 위한 표본의 크기sample size를 결정하는 과정과 유사하다. 시뮬레이션을 보다 오랜 기간에 대해 실행하면, 결과에서의 변동성variability은 줄어든다. 엑셀 재고 시뮬레이션 템플릿은 그림/표 12.22에서 설명한 논리를 실행한 것이다. 이 템플릿은 마인드탭에서 찾을 수 있다. 이 템플릿에서 사용된 수요와 리드타임에 대한 난수random number를 발생 논리는 참고자료 G에 잘 기술되어 있다. 실행 시간은 50일이다. 그림/표 12.23은 첫 20일 동안의 시뮬레이션에 대한 스프레드시트를 보여주고 있다.

다음의 예를 따라하면 시뮬레이션에 사용된 논리를 보다 잘 이해할 수 있다. 1일째 시작할 때 5개가 재고를 보유하고 있었고 주문한 물량은 아직 도착하지 않았다. 따라서 재고상태 또한 5개이다. 수요분포표에서 도출한 난수(0.225)가 발생하였는데, 이 경우 1일의 수요는 0이 된다. 재고 5개를 유지하는 비용은 0.20에 5를 곱하면 된다. 둘째날과 셋째날에도 난수가 수요를 발생시킨다. 각각 0과 2이다. 셋째 날에 재고상태가 재주문점에 도달하였기 때문에 새로운 주문을 발행한다. 재고상태는 바로 주문량만큼 증가한다. 3일이 끝나는 시점에서 남은 재고 3개와 주문량 5개의 합이다. 0.747이라는 난수가 리드타임에 주어졌다. 이에 따라 주문한 수량은 4일 후에 도착할 것이다. 이 때 주문비용은 3일의 총비용에 더해져야 한다. 7일째 되는 날 3일에 발행한 주문이 도착한다. 실제재고량이 4개만큼 상승한다. 7일째 수요 1개가 차감된 다음에 도착한 주문량이 더해진다. 이와 같은 방식으로 나머지 날들에 대해서도 이해할 수 있을 것이다. 이 사례에 사용한 스프레드시트 템플릿을 다운로드하면, 템플릿에 이미 저장되어 있는 숫자들은 다른 값을 보일 것이다. 이는 스프레드시트가 작동될 때마다 다른 난수가 발생하기 때문이다.

시뮬레이션을 통해 특정 주문량과 재주문점을 가지는 경우의 일별 총비용을 구할 수 있다.

R4셀은 시뮬레이션 되는 50일에 대한 일별 평균비용을 나타낸다. 그림/표 12.23의 결과를 보면, 일별 평균비용은 10.28달러이다. 난수가 모형에 따라 달리 적용되므로, 스프레드시트에 나타나는 값은 매번 다른 결과를 보여줄 것이다. 그러나 시뮬레이션을 여러 번 반복하게 되면 참고자료 G에 나타난 것과 같은 표를 얻을 수 있다. 그리고 일별 비용에 대한 분포를 얻을 수 있다. 그림/표 12.24는 20일간 시뮬레이션해서 얻은 결과를 바탕으로 작성한 표이다. 시뮬레이션마다 상당한 차이가 발생하지만, 전체 평균 1일 비용은 19.17 달러였다.

시뮬레이션의 목적은 가능한 가장 작은 평균비용을 보이는 주문량과 재주문점의 조합을 발견하는 것이다. 이 장의 뒷부분에 위치한 연습문제를 통해 이러한 조합을 찾는 연습을 해보자.

그림/표 12.24 제약이론의 기본원칙

자료표 반복	
1	$25.97
2	$14.63
3	$14.32
4	$ 8.43
5	$10.49
6	$ 7.70
7	$28.11
8	$21.13
9	$20.68
10	$15.04
11	$20.67
12	$25.39
13	$ 6.96
14	$ 5.69
15	$15.86
16	$34.13
17	$39.37
18	$32.54
19	$21.14
20	$15.10
평균	$19.17

12장 학습목표 요약 Learning Objective Summaries

12.1 **재고의 중요성, 재고의 유형, 그리고 재고에 관한 주요 의사결정과 이 때 고려해야 할 비용에 대해 설명하라.** 재고는 운영에 필요한 물리적인 제품일 수 있는데, 원자재raw materials, 부품parts, 부분조립품subassemblies, 저장품supplies, 도구tools, 장비equipment와 수리부속품maintenance 등을 포함한다. 호텔, 항공사 등의 서비스 기업의 재고는 물리적인 제품은 아니라 고객에게 서비스를 제공하는데 필요한 이용가능한 능력available capacity이다. 재고관리자는 재고에 관한 두가지 기본적인 의사결정을 내려야 한다.

1. 언제 공급업체에게 주문을 낼 것인가? 자체 생산하는 경우에는 언제 생산을 시작할 것인가?
2. 주문 1회 당 주문수량을 얼마로 할 것인가? 자체 생산의 경우, 생산수량을 얼마로 할 것인가? 재고관리자는 다양한 재고 관련 비용들 간에 발생하는 상쇄관계trade-off를 고려해야 한다. 재고비용에는 4가지 유형이 있다 — 주문비용/준비비용, 재고유지비용, 부족비용, 재고저장단위(SKU)별 단가를 포함한다.

12.2 **재고관련 의사결정에 영향을 미치는 주요 특성들을 기술하라.** 재고문제를 살펴볼 때 처음 수행할 과제 중에 하나는 시장환경과 재고 시스템의 본원적인 특성을 기술하는 것이다.

1. 품목의 수. 재고관리를 위해 각 품목에는 고유 번호나 기호unique identifier를 부여하여야 하는데, 재고유지단위(SKU)별로 구분하는 작업을 의미한다.
2. 수요의 특성. 수요는 독립수요나 종속수요, 확정적 수요나 확률적 수요, 동적수요나 정적 수요로 구분할 수 있다.
3. 시간간격에 대한 수나 크기. 단일기간single-period 재고문제를 분석하는 데 사용하는 접근법은 다중기간multiple period 접근법과는 다르다.
4. 리드타임. 리드타임은 배송 방식, 구매업체의 주문빈도, 주문크기, 공급업체의 생산일정 등에 영향을 받는다. 리드타임은 상수일 수 있고 다양한 확률분포를 보일 수도 있다.
5. 재고부족stockout. 미납주문이 발생하면 추가 비용이 발생할 수 있다: 배송, 신속처리expediting 관련 비용, 또는 다른 공급업체로부터 높은 가격에 원재료 혹은 완제품을 구매하는 경우 발생하는 비용 등이 있다. 판매상실은 기회비용이다. 고객의 호감이나 미래의 잠재수익 상실과 관련된 비용이기 때문이다.

12.3 **ABC 재고분석의 실행방법을 설명하라.** ABC분석은 재고저장단위(SKU)들을 3개의 그룹으로 분류한다. 일반적으로 연간 사용금액을 분류 기준으로 사용한다.

1. A 품목들은 전체 품목 중 상대적으로 작은 비율을 차지하지만 높은 사용량을 보인다.
2. C 품목들은 전체 품목 중 상대적으로 높은 비율을 차지하지만 낮은 사용량을 보인다.
3. B 품목들은 A와 C 사이에 위치한다.

운영 관리자들은 A품목을 면밀하게 통제한다. C품목에 대해서는 면밀한 통제보다는 자동화된 컴퓨터 시스템을 활용하여 통제한다. B품목들에 대해서는 A와 C의 중간 정도의 통제를 행한다.

12.4 **고정주문량fixed-order-quantity 재고시스템의 작동 방법을 설명하라.** 경제적주문량(EOQ), 수량할인, 안전재고의 사용 방법을 설명하라. 고정주문량 시스템(FQS)에서는 재고를 지속적으로 추적 관찰하다가 재고상태가 재주문점이라고 하는 특정 값(r) 이하로 떨어지면, 정해진 수량에 대해 주문을 낸다 (식 12.5와 12.6 참조).

경제적주문량 모형에서의 총 연간비용은 다음과 같다.

$$TC = \frac{1}{2}QC_h + \frac{D}{Q}C_0 \qquad [12.6]$$

총비용을 최소화하는 주문량(Q^*)은 다음과 같다.

$$Q^* = \sqrt{\frac{2DC_0}{C_h}} \qquad [12.7]$$

재주문점은 리드타임과 수요량으로 결정한다. 재주문점을 계산하는 첫번째 방법은 리드타임 동안의 평균수요(μL)를 사용하는 것이다. 만약 단위시간(일, 주 등)당 수요를 d라 하고, 같은 단위시간으로 표현되는 리드타임을 L이라고 할 때, 리드타임 동안의 수요는 $r = dL$로 계산한다.

기본 EOQ모형에 수량할인을 고려할 때는 구매비용이 총비용 공식에 추가된다. 최적 주문량을 계산하기 위해서는 다음의 3단계를 거친다.

1단계: 각 할인 구간에서의 단가를 바탕으로 경제적주문량(Q^*)을 계산한다. 이때 EOQ공식을 사용한다.

2단계: Q^*가 너무 적어서 약속된 할인가격을 적용 받지 못하는 경우, 주문량을 약속된 가격을 적용 받을 수 있는 최소 수량으로 조정한다. 계산된 Q^*가 할인이 약속된 최대량보다 많을 때는 할인가격을 고려할 필요가 없다. 이런 경우에는 최적해에 이를 수 없다.

3단계: 1단계와 2단계에서 도출된 각 주문량에 대해 총 연간비용을 구한다. 이 때 단가는 구간별로 달라야 하고, 총 연간비용은 구매비용을 포함하여야 한다. 구매비용은 연간수요(D) 곱하기 단가(C)이다. 총비용은 다음 공식과 같이 재고유지비용, 주문비용과 단가의 합이다.

$$TC = \frac{Q}{2}C_h + \frac{D}{Q}C_0 + DC \qquad [12.9]$$

수요가 불확실할 때, 추가적인 재고를 보유하여 재고부족으로 인한 위험을 줄일 수 있는데, 이를 안전재고라고 한다. 재주문점은 안전재고와 리드타임 동안의 수요의 합으로 계산한다. 안전재고의 수량은 경영자가 재고부족으로 발생하는 위험을 어느 수준까지 감수할 것인지 (서비스수준)에 따라 정해진다. 서비스수준은 리드타임 동안 재고부족을 경험하지 않을 확률이다. 재주문점은 $r = \mu_L + z\sigma_L$이다. 여기서 μ_L은 리드타임 동안의 평균 수요이고, σ_L은 리드타임 동안 수요의 표준편차이다. z는 서비스수준을 달성하기에 필요한 표준편차의 수이다.

12.5 **고정주문주기 재고시스템**fixed-period inventory system**의 작동 방법을 설명하라.** 고정주문주기 재고시스템에서는 재고 검토 시점에서 새로운 주문을 낸다. 이때 주문량은 현재의 재고상태inventory position를 사전에 정한 최대 재고수준(M)까지 끌어올리는데 필요한 수량이다. M은 보충수준replenishment level으로 주문목표수준order-up-to level이라고도 한다. 재고 검토 주기는 품목의 중요성과 검토의 편리성을 기준으로 결정한다. 경제적주문량(EOQ)모형이 경제적주기economic time interval를 결정해 준다. 이 때의 경제적주기는 여러 가정하에 고정주문주기 시스템이 최적점에 이르렀을 때의 주기다. 경제적주기(T)는 이다. 최적의 보충수준 $M = d(T + L)$으로 계산한다. 이 때 d는 단위기간의 수요이고, L은 리드타임, M은 리드타임과 주기 동안의 수요이다.

12.6 **단일기간**single-period **재고모형의 적용 방법을 기술하라.** 단일기간 재고모형은 수요가 불확실하고, 미래 판매 시즌에 대해 한 번 주문할 수 있는 상황에서 사용된다. 판매시즌 말에 이르면 재고가 모두 소진되었거나 잉여재고가 존재할 수 있는데, 잉여재고는 잔존가치에 판매해야 한다.

단일기간 재고모형은 수요가 불확실하고 미래 판매 시즌을 위하여 1회만 주문을 하는 경우에 사용한다. 판매시즌의 말기에 이르면, 재고가 소진되거나 안 팔린 재고는 판매가격을 잔존가치로 설정하여 판매한다.

뉴스벤더 문제는 한계 경제성 분석을 사용하여 해결할 수 있다. 한계 경제성 분석은 재고 한 단위를 더 보유하여 발생하는 비용과, 한 단위를 덜 보유하여 발생하는 비용을 비교한다.

- C_s = 수요를 과대계상하여 생기는 품목 1단위당 비용(잔존비용); 주문을 수요보다 한 단위를 더함으로써 발생하는 비용이다. 판매하지 못한 품목의 처리 비용이라고 할 수 있다.
- C_u = 수요를 과소계상하여 발생하는 품목 1단위당비용 (부족비용); 한 단위를 더 주문하지 않아 생기는 기회손실이다. 수요가 있으나 재고부족으로 판매하지 못한 경우이다.

최적 주문량은 다음을 만족시키는 값이다.

$$P(\text{demand} \leq Q^*) = \frac{c_u}{c_u + c_s} \qquad [12.18]$$

12.7 **수요와 리드타임이 불확실한 경우의 고정주문량 시스템 대한 시뮬레이션 모형을 세우고 분석하라.** 엑셀 재고 시뮬레이션 템플릿을 사용하라.

고정주문량 시뮬레이션 모형을 그림/표 12.22에 나와 있는 논리를 바탕으로 스프레드시트에 만들 수 있다. 재고 시뮬레이션 엑셀 템플릿은 주문량, 재주문점, 초기재고, 재고비용, 수요와 리드타임의 이산확률분포(그림/표 12.23)를 입력하면 작동된다. 데이터 표(참고자료 G)를 이용하여 시뮬레이션을 반복하여 일자 별 평균비용의 분포를 찾아라. 다른 주문량과 재주문점을 가지고 실험해보면 가장 낮을 것 같은 재고비용을 찾을 수 있다. 시뮬레이션을 통해 최적값을 찾기는 힘들다.

주요용어 KEY TERMS

- 미납주문 Backorder
- 사이클재고 또는 주문재고(로트 크기) cycle inventory or order (lot size) inventory
- 종속수요 dependent demand
- 동적수요 dynamic demand
- 경제적주문량 economic order quantity (EOQ)
- 친환경구매 또는 그린구매 environmentally preferable purchasing (EPP) or green purchasing
- 완제품재고 Finished-goods
- 고정주문주기 시스템 fixed-period system (FPS)
- 정량시스템 fixed-quantity system (FQS)
- 독립수요 independent demand
- 재고 inventory
- 재고관리 inventory management
- 재고상태(IP) inventory position
- 재고유지비용 inventory-holding or inventory-carrying cost
- 리드타임 lead time
- 판매상실 lost sale

- 주문비용 또는 준비비용 ordering costs or setup costs
- 원자재raw materials, 구성품components parts, 부분조립품sub-assemblies, 정기정기보급품supplies
- 재주문점reorder point
- 안전재고safety stock
- 서비스수준service level
- 재고부족비용shortage or stockout costs
- 정적수요static demand
- 재고저장단위stock-keeping unit (SKU)
- 재고부족stockout
- 단가unit cost
- 재공품work-in-process inventory

복습 질문 Review Questions

12.1 1. 재고가 무엇인지 정의하고 그 예를 들어 보라.

12.1 2. 재고의 중요성, 재고의 유형, 핵심 의사결정, 주요 재고관련 비용들을 설명하라.

12.1 3. 재고가 어떻게 기업의 재무성과에 영향을 미치는지 설명하라.

12.1 4. 친환경구매environmentally preferable purchasing 또는 그린구매green purchasing에 대해 설명하라.

12.1 5. 경영자가 재고보충 의사결정을 할 때 반드시 고려해야 하는 재고비용의 유형들을 각각 정의하고 간단히 설명하라. 실제로 이런 비용들은 어떻게 결정되는가?

12.1 6. 주문비용order cost과 준비비용setup cost의 차이점을 설명하라.

12.2 7. 재고저장단위(SKU)를 정의하고 제품과 서비스에서의 SKU를 예를 들어 설명하라.

12.2 8. 독립수요와 종속수요, 확정적 수요와 확률적 수요, 정적 수요와 동적 수요의 차이를 각각 설명하라. 이들 수요 유형의 예를 제시하라.

12.2 9. 리드타임을 정의하고, 리드타임에 영향을 미치는 요인들을 기술하라.

12.2 10. 기업들이 종종 직면하는 두 가지 유형의 재고부족 상황에 대해 기술하라. 재고부족을 방지하기 위한 조치를 설명하라.

12.2 11. 재고 의사결정에 영향을 미치는 주요 특성들을 기술하라.

12.3 12. ABC 재고분석 방법을 설명하라. ABC분석은 연간 사용금액을 기준으로 재고 품목이나 SKU를 3가지로 구분한다.

12.4 13. 재고상태를 정의하라. FQS에서 실제 재고수준이 아닌 재고상태에 따라 주문을 낸다. 그 이유를 설명하라.

12.4 14. 사이클재고를 정의하고, 그 계산 방법을 설명하라.

12.4 15. EOQ모형을 기술하라. EOQ모형을 적용할 때의 가정들을 서술하고, 이들 가정들이 사이클재고의 그래프 패턴을 어떻게 변화시키는지 설명하라.

12.4 16. EOQ모형에서 총 연간 재고비용을 어떻게 표현하는지 설명하라.

12.4 17. EOQ모형에서 모수parameter의 변화에 따른 최적값의 민감도에 대해서 생각해 보고, 그 중요성을 설명하라.

12.4 18. 수량할인 모형에서 최적 로트 크기를 계산하는 방법을 설명하라.

12.4 19. 서비스 수준을 정의하라. 100퍼센트 서비스 수준을 달성할 수 있는 시도는 필요한지 혹은 필요하지 않는지 생각해 보고, 그 이유를 설명하라.

12.4 20. 고정주문량 재고시스템(FQS)의 운영방법을 설명하라. 또한 FQS에서 EOQ와 안전재고 모형을 사용하는 방법을 설명하라.

12.5 21. 고정주문주기 재고시스템(FPS)의 운영 방법을 설명하라.

12.6 22. 단일기간 재고모형의 적용 방법을 기술하라.

12.6 23. 실제 단일기간 모형을 적용하는 예를 3가지 제시하라.

토론용 질문 및 체험학습 DISCUSSION QUESTIONS AND EXPEROEMTAIL ACTIVITIES

12.1 24. 학습자 혹은 학습자의 가족이 재고로 보유하고 있는 제품들의 리스트를 작성하라. 리스트에 있는 제품의 재고관리 방법을 생각해 보자. 예를 들면, 우유 재고가 떨어졌을 때 재고 보충하기 위해 식품점으로 뛰어간 경험이 있는가? 상한 우유를 대량으로 버린 적이 있는가? 이번 장에서 다룬 아이디어들이 작성한 리스트에 있는 SKU들의 관리방법을 어떻게 바꿀 수 있는지 적어보라.

12.1 25. 한 작은 피자 레스토랑이 재고관리에서 직면해야 하는 문제들에 대해 토론하라. 신선한 반죽을 유지하기 위해 고정주문량 시스템이나 고정주문주기 시스템을 사용해야 할지 토론해 보라. 이 레스토랑은 피자 반죽을 한 공급업체와 계약하여 구매하고 있다. 이 상황에서 두가지 시스템의 장단점은 무엇인가?

12.1 26. SKU를 모니터링하고 통제하는 데 RFID를 사용하는 두 가지 예를 찾아보고, RFID 기술을 적용하였을 때의 장점과 단점을 설명하라.

12.1 27. 지역사회에 위치한 기업의 관리자와 재고관리나 자재관리 시스템에 대해 인터뷰한 후 그 기업의 재고관리에 대한 요약 보고서를 준비하라. 그 기업의 시스템은 공식화된 모형을 포함하고 있는지 밝히고, 모형이 있는 경우 또는 모형이 없는 이유를 설명하라. 해당 기업의 관리자가 재고관련 비용을 결정하는 방식을 설명하라.

12.1 28. 부패 가능성perishable이 있는 재고의 예들을 제시하라. 신선 과일과 콘서트 좌석 모두 부패하지만 두 품목 사이에는 차이점이 있다. 그 차이점을 설명하라.

12.1 29. 콜센터, 레스토랑, 공장, 소매업체, 호텔, 학교, 병원 사무실 등 근무한 경험이 있거나 익숙한 기업 한 곳을 선택하여 그 기업의 공급사슬을 조사하여 기술하고 그림으로 그려보라. 다음으로 그 기업은 어떤 유형의 재고들을 보유하고 있는지 기술하라. 가능한 범위 안에서 각 재고의 목적, 추적 · 관찰방법, 통제방법을 기술하라.

12.4 30. 준비비용 (또는 주문비용)은 고정비fixed cost, 준변동비semi-variable cost, 변동비variable cost를 포함하고 있고, 재고유지비용은 변동비만 포함하고 있다면, EOQ가 증가 또는 감소하는지 설명하라. 반대로, 재고유지비용은 모두 비용을 포함하고, 준비비용은 변동비만 포함한다면 EOQ가 증가 또는 감소하는지 설명하라. 앞선 두 질문에 대한 답변을 바탕으로 그 의미를 설명하라.

12.4 31. 렘마Lemma 사는 10가지 제품을 생산 및 판매한다. 최고경영자는 준비비용과 재고유지비용을 절반으로 절감하는 방법을 찾았다고 가정하자. 각 제품의 EOQ에 어떠한 영향을 미칠지 토론해 보라.

12.4 32. 공급업체들이 수량할인을 제공하는 이유를 설명하라. 수량할인이 고객의 재고 의사결정에 미치는 영향을 설명하라.

12.5 33. 고정주문량 시스템은 오직 L기간에 대해서만 안전재고나 재주문점을 설정하는데, 왜 고정주문주기 모형은 $T+L$기간에 대해 안전재고나 보충수준을 결정하는지 설명하고, 왜 이것이 중요한지 토론해 보라.

12.7 34. 재고시스템 분석에 시뮬레이션이 유용한 경우를 예를 들어 설명해 보라.

계산연습문제 Computational Problems and Exercises

본 장에서 설명한 공식과 방법을 사용하여 직접 풀어보라.

12.4 35. 실제재고량on-hand inventory이 462개이고, 예정입고가 200개이며, 미납주문이 130개일 때 재고상태를 계산하라.

12.4 36. 주문량이 220개, 재고유지비용이 연간 24%, 재고단가가 $18일 때 평균 사이클재고를 계산하라. 또한 사이클재고의 연간 유지 비용을 구하라.

12.4 37. 서비스 수준이 각각 80, 85, 90, 95, 99퍼센트일 때의 z값은 얼마인가? 수요는 정규분포라고 가정한다.

12.4 38. 라팔로 스니커즈Rapallo Sneakers 제화회사는 품명이 LG인 피트니스화 한 켤레를 $40에 판매한다. 최근 피트니스가 유행하면서 제품에 대한 수요가 증가하여 일주일에 45켤레가 판매된다. 주문 당 주문비용은 $40이고, 연간 유지비용은 판매가격의 20%이다. 이 회사가 1년에 50주를 영업한다고 가정할 때 현재의 주문량인 250켤레의 적합성을 평가하라.

12.4 39. 38번 문제에서 제공한 라팔로 스니커즈사 정보를 사용하여, 회사가 재고 주문 시 EOQ를 주문할 때의 비용 절감분을 설명하라.

12.4 **40.** 앨리스Alice는 쇼핑몰에 수족관 용품점을 개업했다. 현재 앨리스의 사업은 번창하고 있으나 최근 고객이 원하는 핵심 품목에 대해 재고부족 현상을 겪고 있다. 앨리스는 재고통제 방법을 실험해보기로 결심했다. 앨리스가 고려중인 재고통제 방법에는 고정주문량 시스템(FQS)이나 고정주문주기(FPS) 시스템이 포함된다.

인기 제품 중 하나인 FLUVAL 303 펌프는 마진이 높고 수익성도 좋지만 재고부족이 자주 일어난다. 앨리스는 이 펌프 제품의 매출과 관련하여 다음의 자료를 수집했다.

수요 = 5개/주	가게 운영 50주/1년
주문비용 = $40/주문	리드타임 = 3주
단가 = $80/펌프	주별 수요의 표준편차 = 6
재고유지비용 = 15%/년	서비스수준 = 96%

a. 연간 재고유지비용은 얼마인가?
b. 경제적주문량(EOQ)은 얼마인가?
c. EOQ를 사용하면 1년에 몇 번 주문하는가?
d. 안전재고를 보유하지 않은 경우 재주문점을 구하라.
e. 안전재고량은 얼마인가?
f. 안전재고를 보유한 경우 재주문점을 구하라.
g. 현재 앨리스는 주문 당 20개를 주문하고 있다. 만약 EOQ 주문정책을 따른다면 비용을 얼마나 절약할 수 있는가?

12.4 **41.** EOQ = 80단위, 연간수요 = 500단위이고 1년에 50주 영업한다고 가정하고 고정주문주기 시스템에서의 고정주문주기를 구하라.

12.4 **42.** 신씨아 베이커Cynthia Baker는 대형 의료용품 공급업체의 운영관리자이다. 이 회사는 1주 일에 6일, 1년에 50주 영업한다. 이 회사는 A품목들에 대해 고정주문주기 재고시스템을 사용해왔다. A품목들 중 한 제품의 특징은 다음과 있다.

수요 = 10,000 단위/년
주문비용 = $50/주문
유지비용 = $4/단위/년

이 회사가 총비용을 최소화하려고 할 때 (EOQ를 이용할 때), 검토주기(주문과 주문 사이의 작업일수)를 계산하라.

12.4 **43.** 브렌다Brenda는 수영/스파용품점을 번화한 쇼핑몰에 개업했다. 사업은 번창했지만 고객이 좋아하는 인기 품목들이 종종 재고부족을 일으켰다. 브렌다는 연속검토(고정주문량)와 주기검토(고정주문주기)시스템에 대해 실험을 해보기로 결정한다. 28온스짜리 병으로 판매하는 SA 제품은 매우 마진에 높은 SKU인데, 자주 재고부족이 발생한다. 그녀는 160마일 떨어진 공급업체에게 상자 단위로 주문하고 있는데, SA제품은 1상자에 10병이 담겨 납품된다. 브렌다는 가게를 운영하느라 바빠서 재고를 검토할 시간이 거의 없다. 따라서 적절한 수량을 적절한 시간에 주문하는지 검토할 시간도 부족하다. 브렌다는 다음의 데이터를 수집했다.

수요 = 10박스/주	가게 운영 48주/1년
주문비용 = $40/주문	리드타임 = 4주
단가 = $80/박스	주별 수요의 표준편차 = 6
재고유지비용 = 15%/년	서비스수준 = 90%

a. EOQ를 계산하라. 이 때 소수점 이하는 올림하라.
b. 안전재고를 보유한 경우 SA 제품의 재주문점을 구하라.
c. EOQ를 사용할 경우 1년에 평균 몇 번을 주문하는가?

12.4 **45.** TV 걸로어Galore는 TV와 관련제품, 비디오 게임을 판매하는 전자제품 전문점이다. 현재 신제품 게임기를 400달러에 판매한다. 게임기 시장은 제품 수명주기가 짧아서 일종의 부패성 제품이다. 재고유지비용은 높아서 SKU 가격의 25퍼센트이다. 주문비용은 주문당 80달러다. 내년에 이 제품이 900개 팔릴 것으로 예측한다. 일별 수요의 표준편차는 7개이고, 목표 서비스수준은 95%, 리드타임은 5주이다. 1년은 52주라고 가정한다.

a. 고정주문량시스템을 가정하고 EOQ, 안전재고 보유시 재주문점, 총주문비용과 재고유지비용을 계산하라.
b. 고정주문주기 시스템을 가정하고, 주기(T), 안전재고 보유 시 보충수준(M)을 계산하라. 주기를 계산할 때 소수점 이하를 올림하라.
c. FQS대신 FPS를 사용하면 FQS 대비 재고유지비용이 얼마나 증가하는가? 안전재고량을 dL만 보유하는 경우와 $d(T+L)$을 보유하는 경우를 비교하면, 안전재고가 인 경우와 인 경우를 비교하면 답을 구할 수 있다.

12.4 **46.** 1년 후 직장에서 대리로 승진한다고 가정하자. 현재 회사의 재고관리는 시스템화되지 않아서 일부 SKU의 재고는 지나치게 많이 보유하고 있고, 다른 SKU의 재고는 지나치게 적게 보유하고 있다. 회사는 1년에 52주 영업한다. 회사가 재고로 보유하고 있는 SKU는 최고급 핸드폰이다. 회사의 현재 주문량은 주문 당 250대이다. 대리 승진 예정자로서 고정주문량 시스템을 도입하여 상사들에게 좋은 인상을 주고 싶어서 취급하는 핸드폰에 대해 다음의 정보를 수집하였다.

수요	12.5대/주
리드타임	4주
주문비용	$20/주문
유지비용	$1.20/대/년
사이클 서비스수준	95%
주별 수요의 표준편차	6대

현재 보유하고 있는 재고는 35대이고, 예정입고는 20대이며 미납주문은 없다.

a. EOQ를 계산하라

b. 안전재고를 보유하는 경우 재주문점을 계산하라.

c. FQS 정보를 바탕으로 주문이 이루어져야 한다고 생각하는가? 그렇다면 얼마를 주문하면 되는가?

d. 수집한 정보를 바탕으로 계산한 EOQ를 사용하는 경우와 현재 기업의 주문정책인 250대를 주문하는 경우를 비교하여 연간 총비용 절감액을 계산하라.

e. 만약 고정주문주기 시스템(FPS)을 도입한다면 주기(T)는 얼마인가? 모든 정보는 동일하다.

f. FPS에서 안전재고를 보유하는 경우 보충수준(M)을 계산하라.

12.4 **47.** JAZ 의료용품 공급업체는 새로운 EOQ 재고통제 시스템을 실행하고 있다. 주문서purchase order(PO)를 작성하기 위해서 정확한 비용 추정이 필요하다. PO 1건을 작성에 4시간이 소요된다. 하나의 PO에 SKU는 평균 4가지가 포함된다. 구매부서 근무자들의 평균 임금은 시간당 $22이고, 복리수행비가 시간당 $3이다. 구매부서의 고정비용은 연간 $300,000이다. 직원 1명이 1년에 2,000시간을 일한다고 가정한다. EOQ모형을 사용할 경우 1개의 SKU에 대한 주문비용(C_o)을 추정하라.

12.4 **48.** 비숍Bishop 제조회사는 새로운 EOQ 재고통제 시스템을 실행하고 있다. 주문서를 작성하기 위해서 정확한 비용 추정이 필요하다. PO 1건 작성에 5시간이 소요된다. 하나의 PO에 SKU는 평균 2.2가지가 포함된다. 구매부서 근무자들의 평균 임금은 시간당 $22이고 간접적인 혜택이 시간당 $3이다. 구매부서의 고정비용은 연간 $250,000이다. 직원 1명이 1년에 2,000시간을 일한다고 가정한다. EOQ모형을 사용할 경우 SKU 하나에 대한 주문비용(C_o)을 추정하라.

12.4 **49.** 어떤 기업의 주별 수요 데이터는 그림/표 12.25에 있다. 고정주문량 시스템을 운영하고 있으며, 재주문점은 75개이다. 한번에 100개를 주문하며, 시작 재고는 125이고 리드타임은 1주이다. 식 [12.1]을 사용하여 평균재고량과 재고부족 횟수를 계산하라.

그림/표 12.25 49번 문제의 수요 데이터

주	수요
1	25
2	30
3	20
4	40
5	40
6	25
7	50
8	35
9	30
10	40
11	20
12	25

12.4 **50.** 그림/표 12.26은 오일필터 제품의 일별 수요량이다. Q=40, R=15, 그리고 리드타임이 3일인 경우, 고정주

그림/표 12.26 50번 문제의 오일필터의 수요 데이터

일	수요
1	6
2	8
3	5
4	4
5	5
6	6
7	1
8	1
9	3
10	8
11	8
12	6
13	7
14	0
15	2
16	4
17	7
18	3
19	5
20	9
21	3
22	6
23	1
24	9
25	1

문량 시스템의 재고수준을 그래프로 나타내라. 이때, x축을 시간으로 설정하라. 첫 날의 초기재고는 30개이다. 주문 발행은 하루 영업을 마치는 시점이며, 주문 입고는 하루 영업 개시 시점이다. 만약 5일째 영업이 끝나는 시점에 주문을 내면, 9일째 영업 개시 시점에 재고가 입고된다. 식 [12.1]을 사용하여 주문을 발행할 때의 재고상태를 계산하라.

12.4 **51.** 재주문점은 어떤 품목에 대한 리드타임 동안의 수요로 정의된다. 리드타임이 긴 경우 리드타임 수요와 재주문점은 경제적 주문량을 능가할 수도 있다. 이럴 경우 주문을 낼 때 재고상태는 실제 보유한 재고 수량과 다르다. 또한 재주문점은 재고상태나 실제재고 둘 중 하나로 표현될 수도 있다. 이 질문에서는 수요가 5,000개이고 주문비용이 $32, 재고유지비용이 $2, 1년에 250일 운영하는 기업을 생각하자. 이 기업이 EOQ를 사용한다고 가정하고 재고상태를 이용하여 재주문점을 정하라. 다음으로 실제재고량을 이용하여 재주문점을 정하라. 이때, 다음의 각 리드타임을 적용하여 계산해 보라.

a. 5일
b. 15일
c. 25일
d. 45일

12.4 **52.** XYZ사는 자동차 발전기generator용 부품을 구매한다. XYZ사의 발전기 생산량은 일정하며 한 달에 1,200개의 부품을 필요로 한다. 1회 주문당 주문비용은 $25이며, 단가는 개당 $2, 연간 재고유지비용은 20%이다. XYZ사의 공장은 1년에 250일 가동하며, 리드타임은 5일이다.

a. EOQ, 총 연간 재고유지비용, 연간 주문비용, 재주문점을 계산하라.
b. XYZ의 운영관리자는 한 달에 1회 1,200개의 주문을 내는 것이 효율적이라 생각하고 있다. 이런 주문방식은 EOQ에 기반한 주문방식 대비 얼마나 더 많은 비용이 소요되는가? 1,200개씩 주문하는 것을 추천할 것인지 밝히고 이유를 설명하라. 만약 1,200개씩 주문하는 방식도 수용할 수 있다면, 재주문점을 구하라.

12.4 **53.** 산부인과의 분만병동에서는 신생아용 담요를 제공한다. 다음은 신생아용 담요재고와 관련된 정보이다.

수요 = 80개/주
주별 수요의 표준편차 = 7개
목표 서비스수준 = 96%
배송 리드타임(L) = 2주(인바운드 리드타임)
연간 유지비용 = $2.00
주문비용 = $8.00/주문
단가 = $6.00
운영시간 = 52주/년

a. 새로 부임한 분만병동 관리자로서 현재의 주문방식을 개선하기로 결정하였다고 가정하고, 담요의 EOQ를 계산하라.
b. 현재 담요는 주문 당 200개씩 주문하고 있다. EOQ 방식으로 전환할 경우 연간비용 절감액을 계산하라.
c. 담요에 고정주문량 시스템을 사용하려고 결정하였다면, 이 시스템 운영에 필요한 사항을 기술하고 이 과정에서 필요한 것을 계산하라.

12.4 **54.** 내이션와이드 버스Nation-Wide Bus Lines (NWBL) 사는 6주간 진행하는 운전자 교육 프로그램을 자부심을 가지고 운영하고 있다. NWBL은 전국의 모든 신규 버스 기사들을 대상으로 프로그램을 운영한다. 이 프로그램의 비용은 $22이며, 수강료, 장비사용료가 포함되어 있다. 이 비용은 수강생 숫자와는 무관하다. 수강생이 35명 이하인 경우에는 단일분반으로 진행하지만 35명을 초과하면 두 개 이상으로 분반한다. 이 프로그램은 한 달에 대략 5명의 수료생을 배출한다. 프로그램을 수료한 신규 기사는 한 달에 $1,800을 지급받는다. 그러나 풀타임 기사 자리가 날 때까지는 근무 없이 대기한다. NWBL은 신규기사에게 지급하는 1,800달러를 일종의 유지비용으로 보는데, 즉각적인 서비스를 위한 대기로 간주하기 때문이다. 신규 기사를 재고 (SKU)로 간주할 때, 회사의 총비용을 최소로 하는 수업 인원은 몇 명인가? 총비용에는 훈련비용과 신규 기사가 대기 중 받는 급여도 포함된다. 매년 NWBL은 몇 회의 교육프로그램을 운영해야 하는가? 본 질문의 답에서 도출한 추천에 따를 경우 회사의 총 연간비용을 계산하라.

12.4 **55.** 연간 수요가 1,000개인 한 제품의 재고관련 비용은 다음과 같다: C_o = $30, C_h = $8. 이 제품의 수요는 변동성을 보이는데, 리드타임 동안의 수요는 정규분포를 가지며, 평균이 25, 표준편차가 5이다.

a. 주문량을 몇 개로 할 것인가?
b. 서비스 수준을 재고부족이 발생할 확률 = 2%로 정했을 때의 재주문점과 안전재고량을 구하라.
c. 운영관리자가 재주문점을 30개로 설정한 경우, 재고부족이 발생할 확률을 구하라. 1년 동안 재고부족이

몇 번 발생할 것으로 예상하는가? 이때, 재주문점은 문제 (b)에서 구한 값을 사용하라.

12.4 **56.** 버몬트 주 베닝턴Bennington, Vermont에 위치한 B&S 기념품점은 관광객들을 대상으로 수제기념품들을 판매한다. 특히, 식민지 시대 병사 미니어처를 개당 20달러씩에 매년 300개씩 판매한다. 그러나 수요는 불확실하다. 이 제품의 연간 재고유지비용은 15%이며, 주문비용은 주문당 5달러이다. 리드타임 동안의 수요는 정규분포를 가지며, 평균은 15, 표준편차는 6이다.

a. 주문량은 몇 개로 할지 정하라.

b. B&S가 1년에 2번 정도의 재고부족 상황을 받아들일 수 있다고 한다면, 재주문점을 몇 개로 정하겠는가? 1회 주문 사이클 동안 B&S가 재고부족을 겪을 확률을 계산하라.

c. 이 제품에 적합한 안전재고 수준과 연간 안전재고 비용은 얼마인가?

12.4 **57.** 수량할인 상황에서 EOQ를 적용한다고 가정하자. 계산에 필요한 데이터는 다음과 같다.

할인 구간	주문 크기	할인	단가
1	0에서 99	0%	$10.00
2	100이상	3%	$9.70

연간 수요는 500개, 주문비용은 40달러, 재고유지비용은 20%일 때, 주문량을 몇개로 할지 정하라.

12.4 **58.** 앨런 제화점Allen's shoe store은 기본적인 검은색 남성용 구두를 매 3개월 동안 500켤레를 판매한다. 앨런의 현재 구매정책은 1회 당 500켤레 구매인데, 이때 적용되는 단가는 한 켤레 당 28달러이다. 주문비용은 30달러, 연간 재고유지비용은 20%이다. 공급업체는 다음과 같이 수량할인을 제공한다.

주문량	켤레당 가격
0–99	36달러
100–199	32달러
200–299	30달러
300이상	28달러

관련 비용을 최소로 하는 주문량을 구하라. 비용을 최소화하는 새로운 주문정책을 채택하면 현행 주문정책 대비 얼마를 절감할 수 있나?

12.5 **59.** 50번 문제에 있는 그림/표 12.26의 데이터를 사용하여, 고정주문주기 재고시스템 (FPS)을 사용하는 경우 어떻게 작동하는지 설명하라. FPS의 보충수준(M)은 40이고, 주기는 5일, 리드타임은 3일이다. 계산을 위해 식 [12.1]을 사용하라. 주문 발행은 영업일 종료 시점에, 재고 입고는 영업일 시작하는 시점에 이루어진다. 따라서 5일차 영업종료 시점에 주문한 재고는 9일차 영업시작 시점에 입고된다. 주기마다 주문량은 달라지며 리드타임은 일정하다. 계산을 위해 스프레드시트에 날짜, 시작 재고, 수요, 종료 재고, 주문발행, 재고상태, 주문입고에 대한 열을 따로 설정하여야 함에 주의하라.

12.5 **60.** 크루사커슈즈Crew Soccer Shoes(CSS) 사는 축구화에 대한 현행 재고통제 시스템을 바꾸려고 한다. 축구화에 대한 자료는 다음과 같다.

수요 = 100켤레/주
리드타임 = 3주
주문비용 = 35달러/주문
유지비용 = 2.00달러/켤레/년
서비스수준 = 95%
주별 수요의 표준편차 = 50켤레
운영 = 52주/년

a. CSS가 고정주문량 시스템(FQS)을 사용한다고 가정할 때 재주문점과 EOQ를 구하라.

b. 자재 관리자인 루크 토마스Luke Thomas는 FQS를 통해 이번 주 초에 300켤레의 재고를 보유하고 있음을 확인했다. 예정입고나 미납주문은 없다. 재주문을 내야 할지 여부를 판단한 후, 그 이유를 설명하라.

c. 만약 CSS가 2주 간격으로 재고를 추적 · 확인하는 고정주문주기 시스템(FPS)로 전환한다면($T = 2$), 안전재고는 몇 켤레가 필요한가?

12.5 **61.** 와일드캣 툴스Wildcat Tools는 전기장치 등을 공급하고 있다. 회사의 운영관리자는 소켓 렌치 재고관리 방법을 개선할 필요가 있다고 판단했다. 렌치 관련 정보는 아래와 같다.

수요 = 50렌치/월
리드타임 = 1개월
주문비용 = 30달러/주문
유지비용 = 2.40달러/렌치/년
미납주문 비용 = 15달러/미납주문
서비스수준 = 90%
월별 수요의 표준편차 = 20렌치
실제재고량 = 20렌치, 예정입고와 미납주문은 없음

a. 이 회사는 연속 재고실사 시스템을 사용하기로 결정했다. 재주문점, 안전재고, EOQ를 각각 구하라.

b. (a)에서 나온 계산결과를 바탕으로 주문을 내야 할지 여부를 판단하라. 만약 재주문해야 한다면, 주문량을 결정하라.

c. 운영관리자가 고정주문주기 시스템 채택을 원하고 있으며, 한 달에 두 번 재고를 확인하려고 한다 (P = 2주, 또는 0.5개월). 이 때 필요한 안전재고는 몇 개인가?

12.5 62. 튠풋볼헬멧Tune Football Helmets(TFH)사는 현재 미식축구용 헬멧에 사용중인 재고통제 시스템을 변경하려고 한다. 헬멧 관련 자료는 아래와 같다.

수요 = 200개/주
리드타임 = 2주
주문비용 = 60달러/주문
유지비용 = 1.50달러/개/년
서비스수준 = 95%
주별 수요의 표준편차 = 60개
1년 = 52주

a. TFH는 최근 고정주문주기 시스템(FPS)을 사용하기로 결정하고 2주에 한번 재고를 확인하려고 한다. 자재관리자인 존스D. J.Jones가 현재 재고수준을 확인했더니 450개였다. 예정입고나 미납주문은 없다. 몇 개의 헬멧을 주문해야 하는가?

b. FPS로 변경하는 경우, 재주문점과 경제적주문량을 구하라.

엑셀기반 연습문제 EXCEL-BASED PROBLEMS

문제 풀이를 위해 엑셀Excel이나 마인드탭MindTap에 있는 스프레드시트 템플릿을 사용할 수 있다.

12.3 63. 웰시Welsh 사의 한 공장에서는 13개의 핵심부품을 사용하고 있다. 필요한 데이터는 마인드탭의 엑셀 P63 워크시트 C12에 있다. 마인드탭의 ABC 템플릿을 사용하여 ABC분석을 수행한 후 재고 의사결정과 함께 그 근거를 제시하라.

12.3 64. 마인드탭의 엑셀 ABC 템플릿을 사용하여 워크시트 C12 엑셀 P64 데이터를 분석하라. 재고를 A, B, C로 구분한 근거를 명확히 제시하라.

12.3 65. 마인드탭의 엑셀 ABC 템플릿을 사용하여 워크시트 C12 엑셀 P65 데이터를 분석하라. 재고를 A, B, C로 구분한 근거를 명확히 제시하라.

12.4 66. A&M사는 소형 산업용 공구의 부품을 구매하고 있다. 지금까지는 재고를 엄격히 통제하지 못하였는데, 운영관리자는 재고관련 비용을 획기적으로 절감할 수 있을 것으로 기대하고 있다. 부품에 대한 정보는 마인드탭의 워크시트 C12 엑셀 P66에서 찾을 수 있다. 이 자료는 특정 제품라인의 재고들이다. 엑셀의 ABC템플릿을 사용하여 이들 재고에 대한 ABC분석을 수행하라.

12.4 67. 맘마미아Mama Mia 피자는 피자 배송용 상자를 구매하고 있다. 맘마미아는 한 달 평균 225판의 피자를 배송한다 (수요는 상수라고 가정). 상자 가격은 1개 당 43센트, 주문비용은 1회에 12.50달러이다. 저장 공간이 협소하여 운영관리자는 재고유지비용을 25%로 책정하고 있다. 리드타임은 7일이다. 맘마미아는 한 달에 30일, 1년에 360일 영업한다. 마인드탭의 EOQ모형 엑셀 템플릿을 사용하여 경제적주문량, 안전재고를 보유하지 않는 경우의 재주문점, 연간 주문횟수, 총 연간비용을 계산하라.

12.4 68. 67번 문제와 배경은 동일하다. 현재 맘마미아 운영관리자가 설정한 주문량은 400상자이다. 1회 400개의 주문 대신 EOQ를 적용한다고 가정하면 비용절감액은 얼마인가? 마인드탭의 EOQ 엑셀 템플릿을 사용하여 답을 구하라.

12.4 69. 슈퍼K베버리지Super K Beverage(SKB)사는 청량음료 한 품목을 공급하고 있다. 연간 수요는 상수인데 4,600상자이다. 한 상자에는 12팩이 들어간다. 한 상자의 비용은 2.25달러이다. 주문비용은 주문 당 20달러이고 재고유지비용은 25%이다. 1년의 영업일수는 250일이며 리드타임은 4일이다. 마인드탭의 EOQ 엑셀 템플릿을 사용하여 경제적주문량, 연간 총비용, 재주문점을 구하라.

12.4 70. EOQ모형에 환경 요인, 자재 망실, 물 폐기량 등을 포함하면 재고 관련 의사결정을 개선시킬 수 있다. 어떤 화공약품 제품의 연간 수요는 1,200파운드이고 단가는 $5/파운드이다. 주문비용은 40달러이며, 재고유지비용은 15%이다. 마인드탭의 EOQ 엑셀 템플릿을 사용하

여 다음의 질문에 답하라.

a. 폐기되는 제품이 없다고 가정할 때 EOQ와 총비용을 계산하라.

b. 제품의 8%가 사용되지 않고 폐기되고 있으며, 폐기비용은 0.75달러/파운드라고 가정하다. 폐기비용이 포함될 때의 EOQ와 총 비용을 구하라 (힌트: 재고유지비용에 폐기비용 곱하기 폐기하는 양의 비율을 추가하라. 직접 손으로 계산해야 한다).

c. 기업의 지속가능성과 관련하여 이 문제는 어떤 시사점을 주는가?

12.4 71. 온라인 판매회사인 하이테크High Tech.사는 창고에 다양한 핸드폰을 저장하고 있다. 고객이 제품을 주문하면, 제품을 창고에서 찾아 포장한 후 고객에게 배송한다. 이 회사는 고정주문량 시스템(FQS)을 사용하여 SKU별로 재고를 검토 및 통제하고 있다. 핸드폰 한 품목에 관한 정보는 다음과 같다.

평균 수요	12.5대/주
리드타임	3주
주문비용	$20/주문
단가	$8.00
유지비용	0.25
연간 주수	52주
주별 수요의 표준편차	3.75대
SKU 서비스수준	95%
실제재고량on-hand inventory	35대
예정입고	20대
미납주문	2대

마인드탭의 EOQ 템플릿이나 FQS 안전재고 템플릿을 사용하여 다음에 답하라.

a. EOQ를 구하라.

b. EOQ에 대한 연간 주문비용과 연간 재고유지비용의 합은 얼마인가?

c. 안전재고를 보유하지 않는 경우 재주문점을 구하라.

d. 안전재고를 보유하는 경우 재주문점을 구하라.

e. 지금까지의 정보를 바탕으로, 고정주문량 fixed-order quantity을 주문하여야 하는가? 만약 그렇다면 그 값은 얼마인가?

12.4 72. 베르타Berta사는 축구화에 대한 현행 재고통제 시스템을 변경하려고 한다. 축구화에 대한 정보는 아래와 같다.

평균수요 = 250켤레/주
리드타임 = 3주
주문비용 = $75/주문
단가 = $21.50
재고유지비용 = 0.20
목표 서비스수준 = 95%
주별 수요의 표준편차 = 40켤레
1년 = 52주

이 회사가 고정주문량 시스템(FQS)을 사용하기로 결정했다고 가정하고, 마인드탭의 엑셀 FQS 안전재고 템플릿을 사용하여 EOQ, 95% 서비스수준을 충족하는 재주문점을 구하라. 이 시스템의 작동방법을 설명하라.

12.4 73. 핸디맨 하드웨어Handyman Hardware사는 미국 중서부에 위치한 대형 제조업체로부터 전동 제초기를 구매하고 있다. 다음은 21인치 자동제초기에 대한 수량할인 정보이다.

주문 크기	할인율	단가
0–199	0	$180
200–499	5%	$171
500이상	8%	$165.60

연간수요가 1,000대, 주문비용은 주문 당 20달러, 연간 재고유지비용은 10%라고 가정하고, 마인드탭의 수량할인 엑셀 템플릿을 사용하여 최적의 주문량을 결정하라.

12.4 74. 한 생산업체가 구매하는 구성품의 연간수요는 120,000개, 단가는 6달러, 재고유지비용은 10%, 주문비용은 200달러이다. 1만개에서 3만개 미만까지 주문할 때에는 3퍼센트의 수량할인이 적용된다. 3만개 이상에 대해서는 5%의 수량할인이 적용된다. 마인드탭의 수량할인 엑셀 템플릿을 사용하여 최적의 주문수량을 구하라.

12.4 75. 한 업체의 연간수요가 10,000개이고, 단가는 3달러, 재고유지비용은 20%, 주문비용은 32%이다. 주문수량이 100~1,999개 사이인 경우 2퍼센트 수량할인이, 2,000개 이상인 경우 3%의 수량할인이 적용된다. 마인드탭의 수량할인 엑셀 템플릿을 사용하여 최적의 주문량을 구하라. 할인 구간별 주문 크기를 조정하는 방법을 설명하라.

12.5 76. 그레이하운드Greyhound사는 현행 전자액자에 대한 재고통제 시스템을 변경하려고 한다. 전자액자의 특정 SKU에 대한 정보는 아래와 같다.

수요 = 200대/주
리드타임 = 3주
주문비용 = $60/주문
단가 = $80
재고유지비용 = 0.075
목표 서비스수준 = 90%
재고상태(IP) = 450
주별 수요의 표준편차 = 40eo
1년 = 52주

마인드탭에 있는 FPS 안전재고 엑셀 템플릿을 사용하여 안전재고를 보유하지 않는 고정주문주기 재고 시스템 모형에 대해 T와 M을 구하고, 이 시스템의 작동방식을 설명하라.

12.6 **77.** 수지의 스윗샵Suzie's Sweetshop은 발렌타인데이용 초컬릿용 선물세트를 준비하고 있다. 1 상자당 원가는 자재비와 인건비를 포함하여 15달러이며, 판매가는 30달러이다. 발렌타인데이가 지나면 잉여재고는 상자 당 10달러에 할인판매된다. 과거 통계를 보면, 발렌타인데이 때 50에서 100상자의 선물세트가 판매되었다. 마인드탭의 단일기간재고 엑셀 템플릿을 사용하여 최적 상자수를 결정하라. 남은 상자를 5달러에 모두 팔 수 있다면, 수지의 의사결정은 바뀌는가?

12.6 **78.** 77번 문제의 수지의 스윗샵에서 수요가 평균 75, 표준편차 8인 정규분포라고 가정한다. 그녀의 최적 주문량은 바뀌는가? 마인드탭의 단일기간재고 엑셀 템플릿을 사용하여 답을 구하라.

12.6 **79.** J&B 카드숍은 미국의 식민지 시대 풍경을 담은 달력을 판매하고 있다. 1년에 한번 주문이 이루어지는데, 달력은 9월에 입고된다. 과거 경험으로 볼 때, 9월에서 12월까지의 달력 수요는 정규분포를 가진다. 평균이 300이고 표준편차는 20이다. 달력 1세트의 원가는 6.5달러이고, 판매가는 15달러이다. 마인드탭의 단일기간재고 엑셀 템플릿을 사용하여 다음에 답하라.

a. J&B가 1월말에 안 팔리고 남은 달력을 모두 폐기처분한다면, 몇 세트의 달력을 주문해야 하는가?

b. 만약 J&B가 1월말에 안 팔리고 남은 달력을 모두 1달러에 판매한다면 (모두 1달러에 팔 수 있다고 가정), 몇 세트의 달력을 주문해야 하는가?

12.7 **80.** 마인드탭의 재고 시뮬레이션 엑셀 템플릿을 12-7절에 있는 스캇 오디오 시스템의 예에 적용해보라. 그리고 주문량과 재주문량의 최적 조합을 결정하라. 최적의 조합은 일자별 평균 비용을 최소화하는 것이다. 재주문점은 5, 7, 9에 대해, 주문량은 10, 20, 30에 대해 시뮬레이션해보라. 어떤 조합이 최적인가? 시뮬레이션 과정에서 입력변수만을 변경하여야 하며, 시뮬레이션 과정의 오차를 평균하여 제거하기average out 위해 각 조합에 대해 10번씩 재계산한다. 일단 데이터 표를 준비하면, 입력변수가 변할 때마다 자동적으로 업데이트된다.

12.7 **81.** 다니엘Daniel은 영세 자동차부품 도매업체를 운영하면서 자동차 애프터서비스 품목들을 공급한다. 다니엘은 어떤 특정 부품에 대해 일별 수요에 대한 과거 자료를 분석하여 아래와 같은 자료를 얻었다.

일별 수요	확률
0	0.1770
1	0.0770
2	0.3850
3	0.2731
4	0.0879

해당 부품에 대해 주문을 낼 때, 리드타임은 아래와 같다. 리드타임이 3이면, 주문 후 3일 후에 도착함을 의미한다.

리드타임(일)	확률
3	0.10
4	0.75
5	0.10
6	0.05

기타 정보는 다음과 같다.

1. 주문비용은 25달러/주문
2. 미납주문 비용은 10달러/미납주문
3. 재고유지비용은 0.75달러/일

마인드탭의 재고 시뮬레이션 엑셀 템플릿을 사용하여 최적의 재주문점을 구하라. 데이터 표를 사용하여 일별 평균비용이 최소가 되는 재주문 수준reorder level을 구하라. 최적의 모수(파라미터)를 찾기 위해서는 여러 번의 시행착오를 거쳐야 한다. 재주문점은 5에서 10 사이에서, 주문량은 10에서 20 사이에서 시작하라.

마게이트 병원 Margate Hospital

병원 운영관리자들에게 비용억제를 위한 노력이 매우 중요해졌다. 헬스케어 분야 환급 정책reimbursement policies의 변경과 영리분야의 마케팅 활동이 급속히 증가하였기 때문이다. 잘못된 재고통제 정책poor inventory control policies이 효과적이지 않은 자산 활용으로 이어진다는 인식이 퍼지면서 많은 병원 경영자들은 보다 시스템적인 접근법으로 재고관리를 수행하기를 원해왔다.

마게이트 병원의 분석가들은 폐질환pulmonary 치료에 쓰이는 1회용품 20품목 (SKU)에 대한 데이터를 수집했다 (그림/표 12.27). 이 데이터는 마인드탭의 워크시트 마게이트 병원 사례 데이터Margate Hospital Case Data에서 찾을 수 있다. SKU중 3가지는 환자 치료에 필수적인 핵심품목이다. 이 병원의 운영관리자는 개선된 재고관리 정책을 개발하려고 한다.

토론을 위한 사례 질문

1. 주어진 자료를 이용하여 ABC 분석을 실시하라. 각 카테고리에 속한 품목들을 어떻게 관리되어야 할지 명확히 설명하라 (마인드탭의 ABC 엑셀 템플릿을 사용하라).
2. ABC 품목과 핵심품목을 어떻게 관리할지 방법을 추천해보라.
3. 헬스케어 분야 이외에 일부 SKU가 중요하게 다루어지는 재고관리 시스템을 생각해볼 수 있을까?

그림/표 12.27 마게이트 병원에 대한 사례 데이터

SKU	총 연간 사용량	평균 단가($)	
1	212	24	
2	210	2	
3	117	50	
4	77	28	
5	60	28	
6	48	55	
7	33	73	
8	27	210	핵심
9	19	74	
10	18	45	핵심
11	12	33	
12	7	65	
13	4	41	
14	4	20	
15	3	72	핵심
16	3	61	
17	3	8	
18	2	134	
19	1	34	
20	1	29	

하디 병원 Hardy hospital

캐롤라인 하이그로브Caroline Highgrove는 하디 대학병원의 구매 부서장이다. 캐롤라인은 자신의 책상에 어지럽게 널려 있는 서류들을 얼핏 보면서 일주일을 정신없이 바쁘게 보냈음을 깨달았다. 지난 월요일에 대학 운영 책임자인 드루 패리스Drew Paris는 캐롤라인에게 '대학에서 현재 비용절감에 대해 심한 압박을 느끼는 상황에서도 병원의 재고관리가 제대로 되지 않고 있다'고 언급하면서 병원의 구매와 공급 시스템에 대해 잘 검토하라고 지시했다. 구체적으로 현행 자재관리 시스템을 평가한 후, 비용절감 방안을 마련한 후 최종 활동계획을 수립해 보라고 지시를 내렸다.

캐롤라인은 자신이 쓴 노트를 확인하고는 깜짝 놀랐다. 병원이 구매하는 SKU들에 대한 주문의 크기와 빈도에 변동성이 너무 컸기 때문이다. 어떤 SKU의 경우, 주문이 입고되기도 전에 재고가 소진되었고, 다른 SKU의 경우는 재고 과잉 상태였다. 대학과 병원의 전산화된 자재관리 시스템은 10년이 넘도록 잘 작동되고 있는 듯했다. 그러나 직원들이 핵심 정보를 업데이트하지 않는 경우도 있어서 정보시스템에 저장된 데이터는 많은 오류noise를 포함하고 있었다.

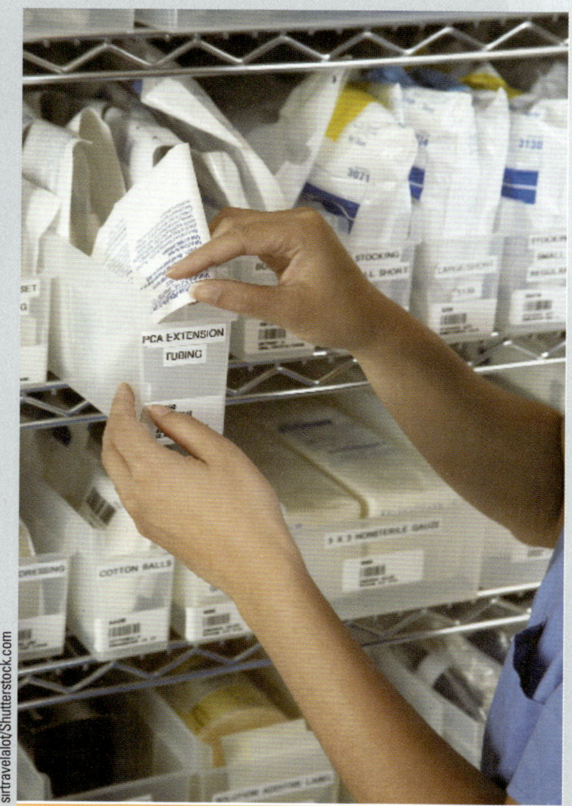

sirtravelalot/Shutterstock.com

일반재고품은 병원 전체에서 지속적으로 또는 빈번히 사용하는 품목이다.

대학과 병원의 재고 주문은 일반재고품regular stock과 특별주문품special order으로 나누어 이루어졌다. 특별주문품은 대부분 병원에서 발행했다. 일반재고품은 침대 시트, 유니폼, 주사기 등의 지속적으로 또는 빈번히 사용하는 품목이다. 일반재고품은 병원과 대학에서 두루 쓰여서 진부화 위험risk of obsolescence이 낮았다. 일반재고품에 대해서는 필요한 부서가 직접 주문(또는 재고 보충을 요청)했다. 해당 품목의 보유 재고가 있는 경우, 다음 배송일에 주문(요청)한 부서로 배송됐다.

대학이 특정 품목의 재고를 정상적으로 보유하지 않는 경우, 병원의 각 부서가 그 품목에 대해 특별주문을 실행할 수 있었다. 특별주문품은 시험적으로 사용해 보려는 품목이거나 환자 치료에 중요한 물품으로 빈번히 사용하지 않는 품목이었다. 병원 각 부서에서 특별주문을 실행할 때에는 대학 구매 시스템을 우회하였다. 일단 특별주문을 실행한 후에는 대학 구매부서에 주문을 통보하여, 최종적으로 공급업체가 발행한 청구서invoice에 대해 대금지불 승인을 받을 수 있도록 하였다. 병원 각 부서의 코디네이터coordinator, 의사, 수간호사는 특별주문의 발행과 승인을 책임진다. 특별주문 과정은 그들이 본연의 업무를 못할 정도로 과다한 업무량을 동반하므로 수간호사들은 특별주문을 꺼린다. 대학 구매부서에서는 병원의 특별주문에 관한 정보는 물론 진료실, 이동식 카트와 같은 215개소에 이르는 병원의 보조적인 재고저장소에 관한 정보를 보관하지 않는다.

한 수간호사는 많은 부서들이 일반재고품 부족 상황을 염려하는데, 대학 구매부서는 병원의 재고 특성을 전혀 이해하지 못하여 너무 느리게 대응한다고 하였다. 또한 일반재고품 목록에 등재된 제품임에도 불구하고 구매에 수개월을 소요하는 대학의 구매 프로세스에 문제가 많다고 지적했다. 일례로 대학 구매부서가 승인한 공급업체에게 주문해도 리드타임이 긴 경우가 많다고 했다.

주립대학의 특성상 일반재고품과 특별주문품의 구매 모두 예외 없이 입찰에 부치고 그 결과에 따라 구매하는 프로세스를 거쳐야 한다. 예를 들면 2천 달러 이상의 주문에 대해서는 최소 3건의 입찰서류가 접수되어야만 입찰을 진행할 수 있다. 입찰을 통한 구매에는 2개월이 소요되기도 한다. 800달러에서 1,999달러 품목의 구매는 전화로 최소 3건이 접수되어야 한다. 낙찰은 주로 최저가를 선정하는 방식이 적용된다. 800달러 이하이거나 주정부에서 정한 계약 리스트에 있는 품목에 대해서는 입찰 없이 전화로 구매할 수 있다. 주정부 계약목록에 포함된 품목들은 주정부기관 수요를 모두 하나로 합하여 규모가 큰 하나의 계약

그림/표 12.28 하디 병원 스트라이크 소독제 자료*

		케이스 크기		케이스당 비용	주문 리드타임
스트라이크 소독제**		4 갤론		$84.20	2주
SKU 초기재고	96	주	1		
입고	200	주	7		
SKU 기말재고	110	주	16		

*재고 잔고 데이터는 병원의 중앙재고실에 관한 것이다. 입고양은 현재 주문량에 기반한 합리적 추정치이다.
** 갤론 단위이며 케이스 단위가 아님.

을 통해 구매한다.

캐롤라인은 병원에서 필요한 재고의 주문비용과 재고유지비용에 대한 정보를 수집했다. 캐롤라인이 추정한 바에 따르면, 구매 담당, 미지급금account payables 담당, 입고receiving담당 직원들이 한 건의 구매주문서purchase order (PO)를 처리하는데 평균 3시간을 소요했다. 한 건의 PO에는 보통 4개의 SKU를 포함하는데, 각 SKU는 라인 품목line item이라고 부른다. 병원 재고실storage room 직원의 평균 임금은 시간당 18.50달러였다. 간접비를 합하면 직원 1인의 시간당 임금은 24달러에 달했다.

재고유지비용의 경우, 대학 창고 내 병원 재고실 공간은 36,750 평방 피트였다. 대학 창고에는 평균 4백 15만 달러의 병원용 재고가 저장되어 있었다. 연간 변동비와 준변동비semivariable cost를 더하면 올해 재고유지비용은 1평방피트당 4.6달러였다. 대학 창고와 병원 재고실에는 총 5명의 인원이 병원 물품들을 취급하는데, 1인당 평균 연봉은 3만 2천 달러였다. 복리후생비용benefits과 간접비overhead costs 등의 비율은 다른 직종의 직원과 마찬가지로 20%정도였다. 진부화 비용과 세금을 포함하는 기타 창고비용은 1년에 대략 40만 달러였다. 이 대학병원은 1년에 52주 운영한다. 주정부에서는 최근 8.9퍼센트의 이자율로 채권 발행을 제안하였다. 캐롤라인은 채권발행 관련 정보가 재고에 투입된 금액의 재무비용을 추정하는데 도움이 될 것이라고 생각했다. 그러나 그녀는 재고유지비용에 어떤 항목을 추가로 포함시켜야 할지에 대해서는 확신이 서지 않았다.

캐롤라인은 병원 자재관리 상황에 대한 노트를 검토한 후, 일부 일반재고품에 대해 면밀히 살펴보기로 했다. 책상 위에 있는 서류들을 분류한 결과, 캐롤라인은 30개 SKU을 관심있게 검토하기로 했다. 이들 품목들을 모두 분석하고 싶었지만, 우선 병원에서 널리 사용하는 스트라이크 브랜드 소독제Strike Disinfectant부터 분석하기로 했다. 이 SKU에 대한 자료는 그림/표 12.28과 그림/표 12.29에서 찾을 수 있다.

토론을 위한 사례 질문

1. 주문비용과 재고유지비용의 추정치를 계산하라 (모든 가정 사항을 밝히고, 모든 계산과정을 보여라.)
2. 1번 질문에 대한 답변을 바탕으로 스트라이크 소독제의 EOQ, 안전재고를 가지는 경우의 재주문점을 계산하라.
3. 고정주문량 시스템(FQS)의 총비용, 재고유지비용을 계산한 후, 현재의 주문량에 대한 비용과 비교하라. FQS를 적용하여 비용을 절감할 수 있을지 설명하라.
4. 일반재고품, 특별주문품, 주state의 입찰 시스템, 대학의 자재관리 시스템의 전반적인 재고통제와 관련하여 개선책을 제시하고, 그 이유를 설명하라.

그림/표 12.29 병원의 재고보충 요청을 추정하여 얻은 하디 병원의 스트라이크 소독제의 주별 총수요

주	스트라이크(갤론)
1	31
2	27
3	1
4	12
5	11
6	8
7	4
8	15
9	15
10	16
11	10
12	9
13	8
14	5
15	10
16	4
합계	186
평균	11.63
표준편차	8.02
서비스수준	97%

*Strike Disinfectant demand is quoted in gallons.

통합 사례 연구: 허드슨 쥬얼러스 Integrative Case: Hudson Jewelers

본서 마인드탭MindTap은 허드슨 쥬얼러스Hudson Jewelers 사례 연구 관련 각 장에 있는 학습자료를 통합하여 제공한다.

토론을 위한 사례질문

1. 다이아몬드diamond에 대한 글로벌 공급과 수요에 대해 알아보고, 공급과 수요가 어떻게 가격에 영향을 미치는지 조사하라. 다이아몬드 재고는 가격 결정에 어떤 역할을 하는가? 다이아몬드에 대한 수요와 공급 곡선을 그려보라.
2. 이 사례에서 재고유지비용의 구체적인 구성요소들을 기술하라. 재고유지비용에 영향을 미치는 다른 요소들이 있다면 설명하라. 예를 들면 보안 비용, 진부화 비용 등을 생각할 수 있다. 단가에 대한 비율로 표현한 재고유지비용의 추정치를 계산하고, 계산에 사용한 논리를 설명하라.

공급사슬관리와 물류 | 13

Supply Chain Management and Logistics

사람과 사물을 연결하는 테크놀러지의 글로벌 리더인 노키아Nokia가 테크 행사tech event에서 새로운 가상현실 카메라인 오조Ozo를 시연하고 있다. 이 회사는 공급업체 및 고객과의 정보흐름을 촉진하고 공급업체와의 협력 관계를 발전시켜 공급사슬을 개선한다.

ANTTI AIMO-KOIVISTO/AFP/Getty Images

학습목표

13장을 학습한 후 다음 과제를 수행할 수 있어야 한다:

13-1 공급사슬관리supply chain management의 기본 개념을 설명한다.

13-2 물류logistics와 관련된 활동을 기술한다.

13-3 공급사슬supply chain이 직면한 위험유형과 이를 완화하는 방법을 기술한다.

13-4 전자상거래e-commerce가 공급사슬의 역할을 어떻게 변화시켰는지 기술한다.

13-5 공급사슬성과supply chain performance를 측정하는 데 사용되는 중요한 지표를 나열 및 설명하고, 총 공급사슬비용과 현금전환주기를 평가한다.

13-6 조직이 공급사슬관리에 지속가능성sustainability 문제를 통합하는 방법을 기술하고 제조 제품회수 및 역물류reverse logistics가 작동하는 방식을 설명한다.

핀란드 회사인 노키아 기업Nokia Corp은 1865년에 제지공장으로 설립되었다. 노키아는 1982년부터 휴대폰을 생산하였다. 이러한 전략적 결정을 통해 노키아는 1998년부터 통신 분야의 글로벌 리더가 되었다. 업계 전문가들은 거의 150년 동안 공급사슬을 관리하고 조정하는 노키아의 능력에 매료되었다. 1995년부터 노키아의 공급사슬관리 접근방식은 최상의 솔루션을 제공하고 고객의 기대를 충족시키기 위해 가장 효율적인 공급업체 네트워크를 구축하는 것이었다. 회사 성공의 주요 요인들은 다음과 같다.

- 사실에 기반한 정보로 지원되는 공급업체와의 가치기반 파트너십value-based partnerships 구축
- 리더십leadership
- 유연성flexibility
- 신뢰trust

물류 및 공급사슬관리 분야의 국제학술지인 International Journal of Physical Distribution & Logistics Management에 게재된 연구 논문에 따르면 노키아는 공급업체 및 고객과의 정보흐름 촉진, 공급업체와의 협력관계 개발, 지연postponement 설계, 저렴하지만 핵심 구성요소의 비축을 유지함으로써 완충재고 구축, 신뢰할 수 있는 물류시스템 또는 파트너 관계를 갖추고 있으며 비상계획을 작성하고 위기관리팀을 운영하였다. 오늘날 노키아는 사람과 사물을 연결하는 기술분야의 글로벌 리더이다.

어떻게 생각하는가? What Do you Think?

공급사슬은 개인 생활과 어떤 관련이 있는가? 예시를 들어보고 설명하라.

6장에서는 공급사슬의 구조와 설계에 중점을 두었다. 이 장에서는 공급사슬 관리자가 제품을 만들고 고객에게 제공하는 목적을 달성할 수 있도록 공급사슬 관리자가 처리해야하는 일상적인 문제를 다룬다. **공급사슬관리**supply chain management(SCM)는 합리적인 비용으로 고객만족을 달성하기 위해 제조된 제품의 고객 주문이행order fulfillment을 촉진하는 모든 활동의 관리이다. 경쟁력을 유지하기 위해 "소매업체는 배송shipping을 재조정하고 재고inventory를 재조정하며 새로운 요구에 즉시 대응할 수 있도록 항상 물건이 어디에 있는지 알아야한다."

시작부분의 노키아에 대한 논의에서 알 수 있듯이 효과적인 공급사슬관리는 회사의 성공과 고객요구를 충족시키는데 매우 중요한 능력이다 AMR리서치AMR Research, Inc.의 보고서에 따르면 공급사슬 운영이 뛰어난 기업은 다른 재무적 척도에서도 더 좋은 성과를 낸다. AMR리서치의 한 임원은 다음과 같이 말했다. "가치사슬value chain 성과는 생산성productivity과 시장점유율market share 리더십으로 이어집니다. ... 공급사슬 리더십은 단순히 낮은 비용과 효율성 이상을 의미합니다. 공급사슬 리더십은 혁신적인 제품과 서비스로 수요 변화를 형성하고 대응할 수 있는 우수한 능력을 필요로 합니다."

13-1 공급사슬관리 Managing Supply Chains

공급사슬을 관리하려면 공급업체와의 긴밀한 협력, 구매purchasing, 운송transportation, 재고관리inventory management, 공급사슬 내 활동을 방해할 수 있는 위험관리, 공급사슬 성과측정, 지속가능성 보장 등 다양한 운영활동이 필요하다.

공급사슬관리의 중요한 구성요소는 물류이다. **물류**logistics는 *합리적인 비용으로 적절한 고객서비스를 보장하기 위해 공급사슬 내에서 운송활동 및 자재흐름을 관리하는 것이다.* 물류기능은 운송업체 선택, 회사소유의 차량 · 물류센터distribution center · 창고관리, 공급사슬 내에서 자재 및 제품의 효율적인 공장간 이동에 대한 통제, 제품이 고객에게 전달되도록 보장하는 역할을 한다. 물류는 대외적으로 중요한 역할을 한다. 외부적으로 물류 기능은 고객의 요구와 기대를 충족시키는 데 매우 중요하다. 내부적으로는 공급사슬 성과의 효율성으로 이어져 회사가 재고 수준

감탄할 만한 공급사슬 Supply Chains to Admire

공급사슬 인사이트(www.supplychaininsights.com)는 공급사슬 리더에게 기업 성과에 가장 큰 차이를 만드는 실행과 기술에 대한 전문적인 조언을 제공한다. 이 회사는 공급사슬 우수성을 더 잘 이해하기 위해 감탄할 만한 공급사슬Supply Chains to Admire (TM) 연구방법론을 개발했다. 영업마진과 투자 자본 수익률이 더 우수하며 뛰어난 공급사슬성과로 인정받은 일부 조직으로는 나이키Nike, 홀푸드Whole Foods, 에스티 로더Estee Lauder, 제너럴 밀스General Mills, 아우디Audi, 인텔Intel 및 삼성Samsung이 있다. 그들의 웹사이트에는 이러한 회사에서 공급사슬 리더십이 어떻게 실행되는지와 그들이 달성한 결과를 설명하는 수많은 영상이 게시되어 있다.

과 비용을 낮추고 고객 서비스를 개선할 수 있다. 많은 공급사슬이 글로벌화 되어있기 때문에 대부분의 물류 관리자는 복잡한 규정, 무역법, 관세 및 여러 운송 수단을 처리해야한다. 전통적으로 구매는 독립적인 기능이었지만 구매와 물류는 통합되는 경우가 많다. 이들 관리자는 글로벌 조달관리자/전문가 global sourcing manager/specialist, 유통관리자 distribution manager, 원자재관리자 commodity manager, 온라인 조달관리자virtual sourcing manager, 운송관리자 transportation manager, 물류담당 부사장VIP of logistics 등의 직함을 가질 수 있다.

13-1a SCOR 모델 The SCOR Model

공급사슬 운영을 위한 레퍼런스 모델 The Supply Chain Operations Reference (SCOR) model은 *공급사슬관리에 수반된 5가지 기본 기능인 계획* plan, *조달* source, *생산* make, *배송* deliver *및 반품* return*을 기반을 하는 공급사슬관리의 범위를 이해하기 위한 사고체계로서(SCOR 모델 상자 참조) 고객에게 가치를 창출하는 핵심 프로세스다.* 이러한 프로세스에는 측정, 전략, 예측, (공급)능력관리, 재고관리 등 이미 논의한 많은 운영관리 기능과 일정 및 품질관리 등과 같은 후속 장에 논의될 기능을 포함한다. SCOR의 고유한 특징은 관리자가 일반적으로 구매, 제조 및 유통 프로세스 범위 내의 활동에 초점을 맞추는 반면 SCOR은 시스템의 모든 부분 간의 상호작용에 대한 명확한 이해가 필요하다는 것이다. 예를 들면, 공급사슬 관리자는 예측 및 정보 기술을 사용하여 생산수준을 수요와 더 잘 일치시키고 비용을 줄이거나, 디자인, 개발, 생산, 배송 및 마케팅을 긴밀하게 통합하거나 점점 까다로워지는 고객을 충족시키기 위해 더 많은 고객맞춤형을 제공한다. SCOR 사고체계는 또한 관리자가 프로세스를 관리하고 모니터링하기 위해 중요한 성과 척도를 식별하는 데도 도움이 될 수 있다.

공급사슬은 다양한 참여자들 간의 많은 조정과 협력이 필요한 프로세스 통합시스템이다. 모든 회사는 고객과 공급업체의 긴 사슬 (사실상 많고 긴 사슬)의 일부이다. 각 회사는 공급업체의 고객이고 고객에게는 공급업체이므로 회사를 하나 또는 다른 것으로 생각하는 것은 의미가 없다. 이는 조직을 공급사슬의 다른 요소와 분리된 것으로 보는 대신 공급사슬에 대한 시스템적 관점을 촉진한다. 그림/표 13.1은 SCOR 모델이 고객-공급자 관계 사슬에서 어떻게 사용될 수 있는지를 보여준다. 각 주요 참여자(회사, 공급업체, 고객, 공급업체의 공급업체 및 고객의 고객)는 일반적으로 SCOR 사고체계를 사용하여 자체 공급사슬을 관리한다. 본질적으로 이러한 기능은 더 넓은 공급사슬 내에서 연결된다.

SCOR 모델 The SCOR Model

SCOR모델은 공급사슬관리와 관련된 5가지 기본 기능인 계획, 조달, 생산, 운송 및 반품을 기반으로 하는 공급사슬관리의 범위를 이해하기위한 사고체계다.

1. **계획** Plan – 자원과 요구 사항의 균형을 맞추고 전체 공급사슬에 대한 계획을 수립하고 전달하는 전략의 개발. 여기에는 관리 정책과 공급사슬계획을 재무계획에 맞추는 것이 포함된다.
2. **조달** Source – 계획 또는 실제 수요를 충족하기위한 제품 및 서비스 조달. 여기에는 공급업체 찾기 및 선택, 배송 일정 수립, 지불 승인 및 재고 관리가 포함된다.
3. **생산** Make – 수요를 충족하기 위해 제품과 서비스를 완성된 상태로 전환한다. 여기에는 생산 일정관리, 재공품work-in-process 관리, 제조, 테스트, 패키징 및 제품 출시가 포함된다.
4. **배송** Deliver – 제품 및 서비스를 제공하기 위해 주문, 운송 및 유통을 관리한다. 여기에는 고객 주문 처리에서 배송 경로 지정, 물류 센터에서 제품 관리, 고객 송장 발행에 이르는 모든 주문관리 활동이 수반된다.
5. **반품** Return – 고객 반품 처리, 유지 보수 및 점검 제공, 과잉 제품 취급. 여기에는 반품승인, 수신, 확인, 처리 및 교체 또는 신용이 포함된다.

그림/표 13.1 공급사슬에 대한 APICS* 공급사슬위원회의 SCOR 모형

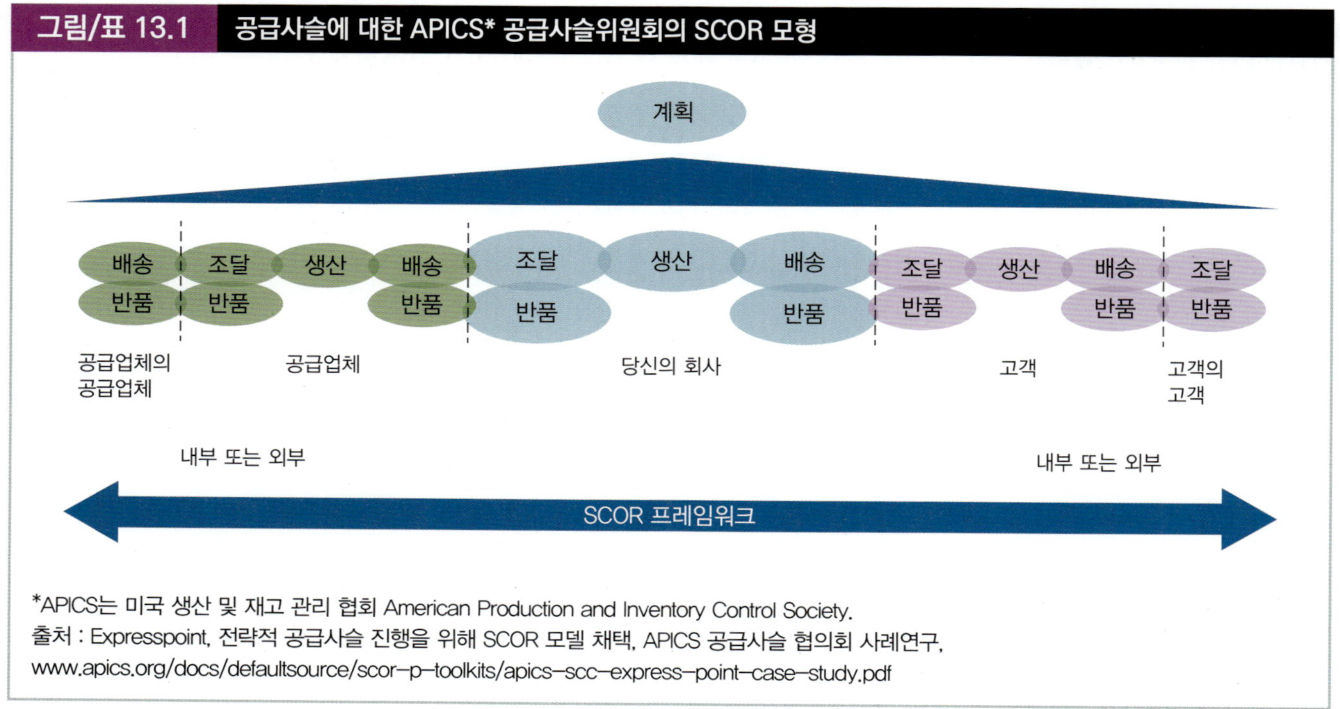

*APICS는 미국 생산 및 재고 관리 협회 American Production and Inventory Control Society.
출처 : Expresspoint, 전략적 공급사슬 진행을 위해 SCOR 모델 채택, APICS 공급사슬 협의회 사례연구.
www.apics.org/docs/defaultsource/scor-p-toolkits/apics-scc-express-point-case-study.pdf

13-1b 조달과 구매 Sourcing and Purchasing

공급업체는 궁극적으로 고객 요구를 충족하기 위해 생산에 필요한 재료와 구성요소를 제공하기 때문에 공급사슬에서 매우 중요하다. 이것이 제시간에, 적절한 수량과 적절한 수준의 품질로, 배달되지 않으면 전체 공급사슬이 무너질 수 있다. 제조의 경우 공급사슬 관리자가 가장 먼저 파악해야 하는 것은 원자재, 제조된 구성 요소 및 하위 조립품을 어디서 구할 것("조달 source")인가이다. 서비스의 조달옵션에는 고용 기관, 장비 유지 관리 및 수리 회사, 정보 시스템 제공업체, 제 3자 물류회사, 엔지니어링 서비스, 의료 서비스 및 퇴직 관리 서비스 업체가 포함될 수 있다.

최고의 기업은 조달결정sourcing decisions을 비즈니스 전략에 연결하고 비즈니스 분석도구를 사용하며 단순히 구매비용이 아닌 "총 소유비용total cost of ownership"에 집중한다. 1장에서 언급했듯이 오늘날의 비즈니스 환경에서 조달결정은 전 세계적으로 이루어진다. 예를 들면, 기업은 다양한 국가와 지역에서 얻은 제품과 서비스에 의존하며 제조 작업은 종종 전 세계에 분산되어 있다. 글로벌 조달은 구매 비용, 운송 비용, 세금 및 관세와 같은 다양한 경제적 요소와 배송 성과 및 품질 요구사항의 균형을 맞추려고 한다.

구매purchasing(procurement)는 *외부 공급업체로부터 필요한 원자재, 구성 부품, 도구, 서비스 및 기타 품목을 획득하는 기능이다.* 구매는 총 공급사슬 비용total supply chain costs에 상당한 영향을 미칠 수 있다. 예를 들면, 질레트Gillette 는 각 부서에서 판지, 알루미늄, 강철 및 플라스틱과 같은 소모품을 독립적으로 구매한다. 사실 회사가 전 세계적으로 얼마나 많은 비용을 지출했는지 정확히 아는 사람은 없다. 부서에서 독립적으로 구매하는 물량을 조정함으로써 회사는 수억 달러를 절약하였다.

자재는 모든 제조 회사의 가장 큰 현금지출원 중 하나이기 때문에 자재를 구입하려면 신중한

관리가 필요하다. 제품 생산회사의 경우 구매부서는 공급업체와 생산기능 간의 접점 역할을 한다. 호텔, 교육, 항공사, 건강 관리와 같은 서비스 회사의 경우 구매는 서비스를 수행하는 데 필요한 제품을 구입한다. 덧붙여 구매는 임시고용 기관, 보험 및 금융회사, 세탁업 및 조경업laundry and landscape business, 보안회사, 정보기술 기업, 외부 교육 및 훈련 제공업체와 같은 조직으로부터 서비스를 구입 한다.

구매의 주요 목표는 주요 내부 고객을 지원하는 것이다. 따라서 구매는 제시된 품목 구매 가격에 따라 구매하는 것 이상을 수행해야 한다. 구매는 품질, 납품 실적, 저렴한 비용 및 기술 지원을 보장해야 한다. 또한 구매는 지속적으로 새로운 공급업체와 제품을 찾아야 하며 회사에 대한 전략적, 시장 및 경제적 잠재력을 평가할 수 있어야 한다.

구매부서의 책임에는 조직의 자재 요구사항 학습, 주문집계, 적격 공급업체 선택, 가격 및 계약협상, 운송수단 및 결합 선택, 배송보장, 신속처리, 지불승인, 전 세계 "공급업체별by supplier" 비용 · 품질 · 운송 성과 모니터링이 포함된다. 따라서 구매 대리인은 예산이 준비된 회계 및 재무, 재료사양이 설정된 제품 설계 및 엔지니어링, 적시 납품이 필수적인 생산, 계약을 검토하는 법무부서와 같은 다른 내부부서와 좋은 관계 및 커뮤니케이션을 유지해야 한다. 마찬가지로 구매는 외부 공급업체, 제 3자 물류 제공업체 및 모든 유형의 운송 서비스와 좋은 관계를 유지해야 한다.

13-1c 공급업체 관계관리 Managing Supplier Relationships

공급업체와 협력하기 위한 세 가지 원칙은 다음과 같다.

1. 총 소유비용total cost of ownership 최소화와 같은 비즈니스 목표를 달성하는 데 있어 전략적 중요성을 인식한다.
2. 적대관계adversaries가 아닌 장기적 파트너십partnerships을 통해 상생 관계win-win relationship를 발전시킨다.
3. 개방성openness과 정직함honesty으로 신뢰trust를 쌓아 상호 이익으로 이끈다.

예를 들면, 델Dell은 수천 개의 부품을 납품하는 글로벌 공급업체와 강력한 파트너십을 맺고 있다. 키보드는 멕시코에서, 사운드 카드는 프랑스에서, 전원 공급 장치, 디스크 드라이브 및 칩은 아시아에서 공급받는다. 공급업체 선택은 비용, 품질, 서비스 속도 및 유연성을 기반으로 한다. 성과는 공급업체 "성적표report card"를 사용하여 추적된다. 1년 동안 52개국 17,525개 공급업체에 360억 달러를 지출한 보잉Boeing 은 공급업체 성과측정 프로세스 및 도구 개선을 목표로 매월 공급업체 담당자와 만나는 포럼을 만들었다.

긴밀한 관계가 형성되면 동일한 제품에 대해 공급업체간 경쟁이 필요하지 않기 때문에 전체 공급업체 수를 줄일 수 있다. 대규모 계약을 통해 공급업체는 규모의 경제로부터 혜택을 받고 고객은 대량할인 혜택을 받는다. 공급업체가 초기 제품 설계 단계에 참여하면 종종 고객이 경쟁사보다 먼저 새로운 재료, 부품 및 기술에 대해 알아볼 수 있다. 또한 장기 계약을 통해 공급업체는 프로세스 및 시스템 개선에 더 기꺼이 투자한다. 많은 고객이 이러한 개선 작업을 지원하기도 하며, 그 대가로 그들은 더 나은 제품과 서비스를 받는다.

13-1d 공급 및 가치사슬 통합 Supply and Value Chain Integration

공급사슬 통합supply chain integration은 *자재의 물리적 흐름을 조정하여 제조 및 조립 공장과 같은 공급사슬의 다양한 단계에서 올바른 부품을 사용할 수 있도록 하는 프로세스다.* 월마트Walmart와 같은 일부 회사는 공급사슬 통합을 자체적으로 관리한다. 다른 회사는 엑셀Exel (www.exel.com)과 같은 제 3자 시스템통합업체third party system integrator를 고용하여 프로세스를 관리한다. 엑셀은 산업 및 지역 전반의 공급사슬활동을 관리하여 비용을 절감하고 제품 이동을 가속화하며 제조업체와 소매업체가 핵심 비즈니스에 집중할 수 있도록 한다. 엑셀은 컨설팅, 전자상거래, 운송, 글로벌화물, 창고 보관, 가정 배달, 라벨링 및 공동 포장과 같은 서비스 및 솔루션을 지역, 지방 또는 글로벌 기반으로 제공할 수 있다.

더 넓은 관점에서 1장의 가치사슬 개념을 바탕으로 **가치사슬 통합**value chain integration은 *정보, 물리적 제품 및 서비스를 관리하여 적절한 장소, 시간, 비용, 수량에 대한 가용성과 품질에 대한 최고의 주의를 보장하는 프로세스라고 정의할 수 있다.* 제품 생산회사의 경우 공급업체, 공장, 유통업체 및 고객 간의 정보 시스템의 통합, 공급사슬관리 및 공장 일정관리, 기술을 사용하는 새로운 방법에 대한 연구가 필요하다. 가치사슬 통합에는 공급업체, 제조업체, 유통업체 및 고객을 연결하는 외부 프로세스는 물론 고객을 위한 내부 프로세스 개선이 포함된다. 다른 이점으로는 고객에 대한 총 가치사슬비용 감소, 재고 노후화 감소, 모든 당사자 간의 글로벌 커뮤니케이션 개선, 신기술 접근성 및 고객 서비스 개선 등이 있다.

가치가 저렴한 가격, 편의성, 특별하고 시간에 민감한 거래 및 여행 패키지에 대한 접근 등으로 나타나는 서비스의 가치사슬 통합은 다양한 형태를 취한다. 예를 들면, 레저 및 여행산업 가치사슬의 제 3자 통합업체에는 오비츠Orbitz, 익스피디아Expedia, 프라이스라인Priceline 및 트래블로시티Travelocity가 포함된다. 이들은 이러한 가치사슬을 보다 효율적으로 만들고 고객을 위한 가치를 창출하기 위해 정보를 관리한다. 많은 금융업체들은 AT&T, 스프린트Sprint, IBM 및 버라이존Verizon과 같은 제 3자 정보기술 통합업체 third-party information technology integrators들이 제공하는 정보 네트워크를 사용하여 가치사슬을 조정한다. 또한 병원은 환자 청구서 및 병원재고 관리와 같은 정보 및 물리적 제품 모두에 대해 제 3자 시스템 통합업체를 사용한다.

전자문서교환electronic data interchange (EDI) 및 인터넷 링크는 글로벌 고객과 공급업체 간의 정보흐름을 끊김없게 streamline 하고 공급사슬의 속도를 높인다. 현재 많은 기업이 공급사슬의 재고를 관리하고 마케팅 및 공급사슬 기능을 동기화하기 위해 클라우드 기반 소프트웨어를 사용한다. 트럭 운송회사는 전국을 이동할 때 글로벌 위치 시스템global positioning system (GPS) 기술을 통해 트럭을 추적하며 많은 사람들이 차량 내 네비게이션 시스템을 사용한다.

매트라이프MetLife, 메리어트 호텔Marriott Hotels, 제너럴 일렉트릭General Electric, 페덱스FedEx, 다우케미칼Dow Chemical, 엔터프라이즈 렌트어카Enterprise Rent-A-Car 및 뱅크오브아메리카Bank of America와 같은 기업은 공급사슬관리 활동에서 테크놀러지를 효과적으로 활용했다. 전자상거래 기능을 통해 많은 상황에서 공급사슬의 모든 부분이 수요와 공급의 변화를 즉시 파악하고 대응할 수 있다. 이를 위해서는 공급사슬의 많은 구성 요소를 보다 긴밀하게 통합해야 한다. 경우에 따라 기술은 전통적인 공급사슬 구조의 일부를 제거하고 운영을 원활하게streamline 할 수 있는 능력을 제공하기도 한다.

13-2 물류 Logistics

물류관리자는 두 가지 주요 책임이 있다.

1. 운송서비스 구매 Purchasing transportation services
   - 적절한 배송 수단 및 특정 운송업체의 조합 선택
   - 국내 및 글로벌 운송 서비스를 위해 공급업체와 계약
   - 운임, 운송, 보험 및 책임계약에 대한 협상
   - 국제 무역협정, 관세법 및 수출입 수수료 관리
   - 비즈니스 분석을 사용하여 다양한 운송 옵션 평가
2. 재고관리 및 공급사슬을 통한 자재 및 제품 이동 Managing inventories and the movement of materials and goods through the supply chain
   - 창고를 통해 제품의 흐름을 관리하고 때로는 소매점 및 고객에게 직접 운송
   - 운송중인 화물을 추적하고 필요할 때 신속하게 처리
   - 공항, 철도 야드 및 항구 부두에 대한 선적 편성
   - 운임청구서 발행 및 감사 freight bills
   - 손상된 물품에 대한 클레임 제기

13-2a 운송 서비스 Transportation Services

> 재화가 공급사슬을 이동함에 따라 운송비는 최대 총비용의 10%정도를 차지할 수 있다.

운송서비스 선택은 철도, 트럭, 항공, 해상, 파이프라인pipeline 등 다양한 서비스를 이용할 수 있기 때문에 복잡한 결정이다. 각각은 화물의 부피volume, 크기size, 무게weight에 따라 장점과 단점이 있다. 재화가 공급사슬을 이동함에 따라 운송비는 최대 총비용의 10%정도를 차지할 수 있다. 철도 운송은 비용, 배달 속도, 운송능력tonnage capacity 및 환경 지속가능성 사이의 균형을 잘 유지한다. 일반적으로 화물열차 1편성에 총 10,000톤의 화물을 운송할 수 있다. 장거리, 악천후시 가장 좋으며, 차량정체에 큰 영향을 받지 않는다. 철도운송은 일반적으로 느리고 주로 장거리에 걸쳐, 상대적으로 가치가 낮은 물품을, 대량으로 운송하는 데 사용된다. 그러나 철도차량은 종종 길게 지연되고 다른 교통수단보다 신뢰성이 떨어진다. 또한 경로변경이 어려우며 도어투도어door-to-door 서비스를 제공하지 않는다.

트럭은 도어투도어 픽업 및 배송 기능을 갖춘 모든 운송수단 중에서 가장 유연하다. 과일, 꽃과 같이 부패하기 쉬운 제품을 구매자에게 신속하게 이동할 수 있다. 운송비는 철도보다 높으며 단거리 및 소규모 배송에 가장 자주 사용된다. 무게와 크기 제약으로 인해 특정 화물을 운반할 수 있는 트럭의 능력이 제한되지만 정기운송 서비스scheduled service는 철도보다 활용을 잘 할 수 있다. 그러나 날씨, 교통 혼잡 및 운전자 오류로 인해 그 사용이 제한될 수 있다. 만

캘리포니아 오클랜드Oakland, California에 정박한 벤자민 프랭클린Benjamin Franklin과 같은 초대형선은 18,000개의 컨테이너를 운반할 수 있다.

차 full-truckload(FTL) 또는 부분적재less than-full truckload(LTL) 사용여부에 따라 적재당 이익이 결정된다. **백홀**backhaul은 *트럭이 화물을 목적지로 운반하고 돌아오는 길에 공차로 오지 않고 화물을 운반하는 것이다.* 백홀 물량이 없으면 트럭의 능력 활용률capacity utilization이 낮고 수익이 발생하지 않는다.

국제운송은 항공과 해상운송에 의존한다. 항공운송은 장거리 운송 속도가 매우 빠르다. 그러나 운송비용이 운송 모드 중 가장 높고, 1회 적재 중량에 제한이 있다. 747 화물기freighter는 최대 100톤metric tons을 운반할 수 있다. 항공화물은 꽃, 심장 판막, 해산물, 전자제품 및 소형 제조부품과 같은 고가품목을 운송하는 데 주로 사용한다. 항공운송은 항공운송의 경로는 공항과 공항 간으로 제한되어 있으므로 고객에게 제품을 배송하기 위해서는 다른 운송수단과 함께 사용해야 한다.

선박과 바지선barges은 일반적으로 부피가 큰 품목(석탄, 철 등의 원자재)의 대량운송에 국한되어 있었지만, 최근에는 가구 및 기타 제품의 국제운송에 사용한다. 예를 들면, 40피트feets 컨테이너에는 최대 1,600개의 자전거, 3,000개의 가구조립용 키트flat-packed furniture, 130,000장의 티셔츠 또는 15,000개의 소형 자동차부품을 담을 수 있다. 오늘날 우리는 수백만 갤런의 석유 또는 7,000개 이상의 선적 컨테이너를 적재할 수 있는 유조선 및 화물선인 "초대형선megaships"을 볼 수 있다. 예를 들면, CMA CGM의 벤자민 프랭클린Benjamin Franklin은 18,000개의 20피트 컨테이너를 운반할 수 있다. 벤자민 프랭클린을 사용하면 아시아에서 미국으로 티셔츠 한 장을 배송하는 데 약 2센트의 비용이 든다.

해상운송은 속도가 느리고 날씨에 영향을 받지만 단위당 운송비는 매우 저렴하다. 한편 해상운송은 높은 초기 투자를 필요로 한다. 또한 항공운송과 마찬가지로 화물을 고객에게 배송하려면 다른 운송수단과 함께 사용해야 한다.

파이프라인은 물, 석유, 천연 가스 및 때로는 광물 슬러리slurry와 원자재commodities를 운반하는 데 사용한다. 파이프라인은 사용 및 접근성이 제한되어 있어서 주로 석유 및 천연가스와 같은 제품에 사용된다. 초기 투자비용은 높지만 일단 운영되면 마일 당 운송 비용이 매우 낮다. 파이프라인은 예방적 유지보수 preventive maintenance로 인해 운영비가 증가하지만 파이프라인을 사용하면 배송물품의 포장비는 전혀 들지 않아 운송비 절감이 가능하다. 파이프라인 관리에서 중요한

택배배송의 라스트마일 The Last Mile of Package Delivery

쿼드로봇Quadrobot의 U1 사륜전기자동차는 회색 토스트 기계처럼 보인다. 중국우정China Postal Service은 U1 약 2,000대를 택배배송에 사용할 예정이다. U1은 다양한 수준의 자율주행 기능을 갖추고 있으며, 필요시 사람이 운전할 수도 있다. 이 차량은 우체국 인근/도심지역에서 우편물과 소포를 배달하도록 설계되었다. "라스트마일"에서의 선적 및 배송 프로세스에 노동집약적인 트럭을 이용하면 문제가 발생할 수 있다. 교통 혼잡, 부정확한 주소, 좁은 도로, 비포장도로 등으로 인해 지역배송은 시간과 비용이 많이 드는 프로세스다.

자율배송 차량의 목표는 무인 배송작업이다. 자율운전 차량에 탑승한 배달원의 임무는 고객의 집 현관에서 우편물/소포를 싣거나 내리면 된다. U1은 고속도로 주행이나 대형화물 배송에는 적합하지 않다. 모듈식으로 설계한 U1은 전기모터, 스티어링, 배터리 및 기어가 두꺼운 매트리스처럼 포장되어 차량 하부에 위치하고 있다. U1은 간단한 볼트와 접착제로 모듈을 교체할 수 있다. 따라서 U1은 최종조립이 저렴하고 간단하다. 현재 쿼드로봇은 U1을 동네 또는 도심에서 식품판매 차량으로 활용하기 위한 연구도 진행하고 있다.

목표는 환경(즉, 환경 지속가능성 environmental sustainability)에 해를 끼치지 않도록 하는 것이다.

국내시장에서 대부분의 소비재는 철도, 트럭 및 항공을 통해 배송된다. 교통 수단을 선택할 때 중요한 요소는 (1) 속도 speed, (2) 접근성 accessibility, (3) 비용 cost, (4) 능력 capability이다. 공급사슬 관리자는 글로벌 공급사슬 운송을 위해 복합운송 intermodal transportation을 이용하는데, 복합운송은 화물을 벌크(대형 포장단위) break로 벌크선bulk ships 또는 컨테이너선container ships을 이용하여 항구로 운송한 후 다시 화물열차로 대형 "브레이크 벌크 break bulk"창고(대형 포장단위를 소분하는 기능을 수행하는 창고)로 운송한 후, 화물을 트럭으로 소매점에 배송하는 방식으로 여러 운송모드를 결합하는 방식이다. 최근에는 혁신기술 또는 획기적인 방식을 사용하는 운송혁신이 일어나고 있다. 예를 들면, 아마존 Amazon은 개인용 차량을 활용한 배송 서비스를 도입했고, 드론drones을 활용한 배송도 실험하고 있다. ("택배배송의 라스트 마일" 상자 참조).

13-2b 공급사슬에서의 재고관리 Managing Inventories in Supply Chains

재고는 생산에서 고객에게 이르기까지 공급사슬의 모든 단계에서 필요한 장소와 시기에 자재와 제품을 제공함으로써 공급사슬을 지원한다. 재고는 생산현장에서 작업 간에 완충작용을 하여 작업이 중단없이 실행되도록 한다. 재고는 또한 공급 중단과 갑작스럽고 예측할 수 없는 수요 급증으로부터 공급사슬을 보호한다. 신중한 재고관리는 공급사슬이 고객에게 효과적으로 대응하는 등의 시간기반 성과 time-based performance 달성에 매우 중요하다.

많은 기업들이 공급사슬의 재고관리를 위해 공급업체에 의존한다. **공급자재고관리** vendor-man-

그림/표 13.2 휴렛 패커드(Hewlett Packard) 잉크젯 프린터의 주문증폭

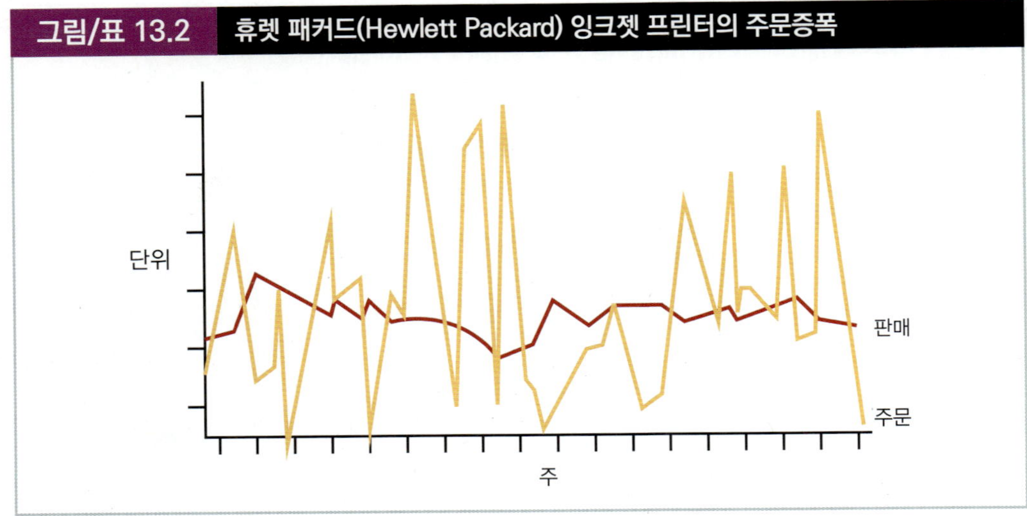

aged inventory(VMI)는 *공급업체가 고객의 재고를 모니터링*monitoring*하고 관리하는 것이다.* VMI는 기본적으로 공급사슬의 재고관리 기능을 공급업체에 아웃소싱하는 것이다. 예를 들면, 소비재 제조업체와 같은 공급업체는 식료품점의 재고를 관리할 수 있다. VMI를 통해 공급업체는 고객의 관점에서 재고 요구사항을 파악한 후 자체 생산활동을 최적화하고, 재고 및 능력을 더 잘 제어하여 총 공급사슬비용을 줄일 수 있다. VMI가 시행되면 공급업체는 하류downstream 고객수요 자료를 바탕으로 수요 충족에 적합한 생산결정 (품목, 수량 등)을 내릴 수 있다. VMI의 한 가지 단점은 경쟁업체가 고객사에 공급하는 대체재 재고를 고려하지 않아서 종종 필요량 이상의 고객 재고를 보유하게 된다는 점이다.

공급사슬의 성과는 종종 재고가 급격히 상승 및 하락하는 채찍효과로 알려진 현상으로 인해 하락하게 된다. 채찍효과는 대부분의 산업에서 관찰되었으며 비용을 증가시키고 고객 서비스의 하락을 가져온다. 채찍효과는 공급사슬의 주문 증폭으로 인해 발생한다. **주문증폭**order amplification은 *공급사슬의 각 구성원이 자신의 재고 부족을 우려하여 "주문량을 확대할 때" 발생하는 현상이다.* 유통업체의 경우 추가 완제품 주문을 의미할 수 있으며, 제조업체의 경우 추가 원자재 또는 부품 주문을 의미할 수 있다. 주문량 확대는 그림/표 13.2에서 볼 수 있는데, 13.2는 HP 잉크젯 프린터의 판매량과 비교한 주문량을 보여준다. 시간 경과에 따른 판매의 진폭은 주문량 변동폭보다 적다. 이 경우 유통업체는 배송 불확실성 또는 갑작스러운 수요급증과 같은 기타 요인에 대한 대비책으로 추가수량을 주문한 결과이다.

많은 기업들이 공급사슬 인프라와 운영프로세스를 수정하여 채찍 현상에 대응하기위한 조치를 취하고 있다. 예를 들면, 공급사슬의 각 구성원은 재고 주문 시 자신의 직접 고객 단계에서 관찰한 수요변동치(이 관찰치는 직접 고객의 하류 단계에서 증폭됨)를 기반으로 주문하지 말고 최종 고객과 가장 가까운 지점에서 수집한 수요 데이터를 공유한 후, 이 공통데이터를 바탕으로 주문하여야 한다. 판매시점 관리point-of-sale (POS) 데이터 수집, EDI 및 RFID칩과 같은 최신 기술은 공통 고객수요 데이터 공유에 도움이 될 수 있다. 다른 전략으로는 적은 주문량 사용, 가격변동 안정화, 공급사슬 구성원 간의 판매 · 용량 · 재고 데이터에 대한 정보 공유를 생각할 수 있다.

주문증폭은 공급사슬 내에서 소매고객으로부터 공급사슬 상류쪽으로 멀리 이동할수록 증가한다. 예를 들면, 고객의 수요가 조금만 증가해도 물류센터의 재고가 증가한다. 이는 다시 소매업체의 제조업체에 대한 주문 횟수와 주문량 증가로 이어진다. 이는 또 다시 제조업체가 공급업

프록터 앤드 갬블에서의 주문증폭 Order Amplification at Procter & Gamble

프록터 앤드 갬블Procter & Gamble (P & G)은 잦은 프로모션(판촉)promotions으로 인해 비용이 급증하는 것을 경험했다. 한때 회사는 약 80 개의 브랜드에 대해 매일 55회의 가격을 변경하여 3회 주문 당 1회꼴로 가격변경 작업을 해야 했다. 종종 특수 포장 및 주문물량 운송 및 보관이 필요했다. 유통업체가 대량의 제품을 비축하면서 (선구매forward buying라고 함) 프로모션 기간 동안 주문이 최고조에 달했으며, 이로 인해 공장에서 과도한 초과 근무가 발생하고 낮은 가동률로 이어졌다. 공장은 생산량이 크게 변동하면서 정격효율의 55 ~ 60%로 운영되었다. 이러한 변동은 유통시스템에도 부담을 주었고, 비수기slow period에는 창고가 꽉 차고, 성수기peak period에는 운송시스템을 과도하게 사용했다. P&G는 가격을 안정화하여 수요율을 훨씬 더 매끄럽게 했다. 소매업체는 제품이 판매되는 추이에 따라 재고를 자동 주문한다. 예를 들면, 치어 브랜드 세제Cheer detergent 100상자가 매장 창고에서 출고되면, 100상자를 더 주문한다. 이 방식으로 P&G와 소매업체 모두 비용을 절감했다. 공장 효율성은 회사 전체에서 80% 이상으로 증가했다. 동시에 북미지역North America 재고는 10% 감소했다.

Keith Homan/Shutterstock.com

체로부터 구매하는 자재 및 부품의 증가를 가져올 것이다. 공급사슬의 각 요소 간의 주문 및 배송 리드타임으로 인해, 증가된 재고 공급량이 물류센터에 도달할 때까지 고객수요가 평상시 수준으로 안정화되거나 심지어 감소하여 공급과잉oversupply으로 이어질 수 있다. 이는 공급사슬 상류 전반에 걸쳐 주문 감소를 유발하여 향후 공급부족을 초래한다. 근본적으로, 공급사슬 참여기업들이 각자의 관점에서 운영함에 따라 정보 및 자재 흐름에서 시간 지연time lags이 발생하고 이는 실제 고객수요와 이를 충족시킬 수 있는 공급사슬의 능력 간에 불일치를 초래한다. 이는 공급사슬 네트워크에서 채찍효과라고 불리는 재고의 큰 변동을 초래한다.

13-3 공급사슬의 위험관리 Risk Management in Supply Chains

기업은 공급사슬을 관리하는데 있어 수많은 위험에 직면해 있다. 국내 공급사슬의 위험은 종종 미미하다. 그러나 글로벌 공급사슬의 위험은 훨씬 더 크다. 여기에는 자재 부족, 노동 파업, 예기치 않은 운송 지연, 세관 검사 또는 항만 운영 지연, 외국의 정치 불안정, 자연 재해, 심지어 테러 등이 포함되는데, 이들 위험 요소는 공급업체의 생산활동을 위협한다. 능숙한 공급사슬 관리자는 공급사슬이 전 세계에서 제품과 서비스를 만들고 제공할 수 있도록 이러한 위험을 예상하고 영향을 최소화해야 한다. 일단 문제가 발생하면 그 여파를 관리하고 공급사슬을 재가동하기위한 조치를 취해야 한다. 예를 들면, 사이버 보안망은 글로벌 공급사슬을 두절시킬 수 있다. 공급사

일본 지진으로 인한 글로벌 공급사슬 두절 Japanese Earthquake Disrupts Global Supply Chains

pryzmat/Shutterstock.com

2011년 3월 11일, 일본에서 발생한 파괴적인 지진과 쓰나미는 특히 자동차 산업에서 글로벌 공급사슬에 파문을 일으켰다. 일본은 자동차 부품, 그래픽칩 및 기타 첨단 부품의 중요한 공급원이기 때문에 재난으로 인해 제너럴 모터스General Motors는 픽업 트럭을 생산하는 루이지애나Louisiana 공장을 폐쇄했다. 북미 도요타Toyota 공장은 150가지 주요 부품이 부족하여 가동률이 정상 능력의 30% 수준으로 떨어졌다. 기업들은 중국, 대만, 한국과 같은 다른 국가에서 공급업체를 찾기 위해 재빨리 움직였다. 한 컨설턴트는 "조립공장만 가동해야 하는 것은 아닙니다. 1차(직접) 공급업체1st tier suppliers만이 아닙니다. 강판 공급업체를 파악하는 것은 당연하고, 2차 2nd tier, 3차 3rd tier, 4차 4th tier는 물론 n차 공급업체들까지 잘 파악해야 합니다. 전에는 그렇게 할 필요가 없었습니다." 그 후 도요타는 유사한 재난 발생시 2주 이내에 복구할 수 있는 강건한 공급사슬을 구축하기 위해 노력하고 있다고 발표했다.

슬 관리자는 공급사슬을 효과적으로 운영하기 위해 예비계획과 여러가지 정보교환 수단을 가지고 있어야 한다.

공급사슬 두절supply chain disruption의 결과는 상당할 수 있다. 한 연구조사에서 1989년과 2000년 사이에 발생한 800건 이상의 공급사슬 두절을 분석한 결과 주요 공급사슬 두절을 경험한 기업은 3년 동안 매출 93% 감소, 주주수익률 33~40% 감소, 주가변동성 13.5% 증가, 영업 수입이 107% 감소하고, ROA가 114% 감소했다.

> 주요 공급사슬 두절을 경험한 기업은 3년 동안 매출 93% 감소, 주주수익률 33~40% 감소, 주가변동성 13.5% 증가, 영업수입이 107% 감소하고, ROA가 114% 감소했다.

위험관리risk management는 발생할 수 있는 위험 파악, 발생할 가능성 평가, 회사 및 고객에 대한 영향 결정, 영향을 최소화하는 방안 시행 단계 파악을 포함한다. 공급사슬이 직면할 수 있는 단기 및 장기 위험의 예시와 이를 완화시킬 수 있는 방법은 그림/표 13.3 및 13.4에 요약되어 있다. 전술적 위험은 일상적인 운영 관리에 영향을 미치는 위험이며 전략적 위험은 전체 공급사슬의 설계에 영향을 미칠 수 있다. 하급 및 중급 관리자와 일선 직원은 종종 전술적 위험을 해결할 수 있다. 그러나 전략적 위험은 최고경영진이 해결해야 한다. 그림/표 13.3 및 13.4에서 제시하는 위험을 완화하는 방법은 간단하고 효과적인 운영관리 관행으로서 본서 전반에 걸쳐 다루고 있다. 이들 운영 및 공급사슬 관리방법은 성능을 개선하고 공급사슬 위험을 완화하는 데 사용된다.

그림/표 13.3 전술적 공급사슬 위험 및 가능한 관리 조치

전술적 위험	전술적 위험을 완화하기 위한 방법
재고위험 – 재고 및 창고 품절 – 재고 미납주문 – 공장(공정) 간의 불균형	– 안전재고 추가 – 주문수량 변경 – 리드타임 감소 – 추가능력 유지 – 단계간 완충재고 추가 (재공품)
능력 위험 – 장비 부족 – 생산 능력 부족 – 과잉 생산 – 장비 고장 – 직원 부족, 파업 및 정리해고	– 추가 장비 임대/공유 – 초과근무 일정수립 – 다수의 공급업체 – 일정 준수 – 빈번한 예방 유지관리 – 임시 및 백업float pool 작업자 투입
물류 및 일정 위험 – 공급업체 품질문제 – 공급업체 배송문제 – 주문주기의 긴 리드타임 – 국가별 운송 인프라 부족	– 안전재고 추가 – 주문수량 변경 – 리드타임 증가 – 지역 창고공간 추가 – 품질관리 검사 증가 – 신규 및/또는 다수의 계약 제조업체 및 공급업체 고용 – 지역 운송회사와의 파트너십 – 대체 선적업체를 통해 항공, 트럭, 선박 또는 철도로 운송하는 비상 및/또는 백업 계획

그림/표 13.4 전략적 공급사슬위험 및 가능한 관리 조치

전략적 위험	전략적 위험을 완화하기 위한 방법
글로벌 경제 위험 – 국가별 인구 및 부wealth 예측 – 통화 환율 및 시장 규모 – 지방정부 별 규정, 세금 및 관세법 – 지진, 쓰나미, 화산, 허리케인 및 가뭄과 같은 자연재해 – 인력 기술, 급여 및 가용성	– 프랜차이즈 및 회사 소유 매장 혼성 – 가상 및 직접 판매 채널 혼성 – 시설 위치 (본부, R & D, 공장, 창고, 서비스 센터, 유통허브, 콜센터 등) – 재해 및 비상 계획 및 자원의 사전 배치 – 다국가 공급업체 조달 – 진출국에서 사회적 지속가능성 캠페인
정부 위험 – 지적 / 특허권 및 보호 – 전쟁, 화학 물질 유출, 교통 사고, 정치 혁명, 정부 불안정, 테러공격과 같은 인위적인 재난 – 정부 관세	– (특허권 등의)침해를 방어하는 글로벌 법무 팀 – 시설 위치 (본부, R & D, 공장, 창고, 서비스 센터, 유통 허브, 콜센터 등) – 재해 및 비상계획과 자원 사전배치 – 다국가에서 계약생산업체 및 공급업체에 아웃소싱
제품 위험 – 문화적 차이로 인한 제품 수정 – 국가별 제품별 주요 예측 오차 – 만성적인 재고 및/또는 능력부족 – 제품 및 서비스 (제품) 노후화	– 더 나은 전략 계획 및 수요 예측 역량 (예 : 전문가 고용, 소셜 네트워크 포함 소프트웨어 및 하드웨어 데이터 마이닝 기술 업그레이드) – 자원공유를 위한 협력 계획 – 더 많은 계약생산업체 및 공급업체 고용(아웃소싱) – 재고 헤징hedging
보안 위험 • 전자 상거래 시스템 정지시간 • 사이버 보안 • 국가별 도난, 사기 및 보상 실행	– 기술 technology 업그레이드 및 백업 시스템 및 사이트 – 임직원 고용기준 – 기업가치 및 사명 선언문

13-4 전자상거래의 공급사슬 Supply Chains in E-Commerce

전자상거래는 공급사슬의 설계 및 관리에 큰 영향을 미쳤다. 공급사슬에는 B2Cbusiness to customer 이외의 많은 유형이 있다. 다른 주요 전자상거래 관계 및 공급사슬 구조에는 B2B (기업 대 기업), C2C (고객 대 고객), G2C (정부 대 고객), G2G (정부 대 정부) 그리고 G2B (정부 대 기업)가 포함된다. 예를 들면, GE 플라스틱스GE Plastics (www.geplastics.com)은 인터넷을 사용하여 B2B 고객을 위해 플라스틱을 설계, 주문, 조사 및 제공하는 방법을 완전히 변경했다. 전체 GE 플라스틱스 웹사이트는 제품(화학, 플라스틱, 수지, 폴리머 등)의 판매를 촉진하는 부가가치의 정보 집약적인 서비스 세트(e-서비스)를 나타낸다. GE폴리머랜드GE Polymerland (www.gepolymerland.com)는 GE 외 다른 회사들도 다양한 유형의 화학물질 및 플라스틱에 대한 글로벌 경매 서비스에서 구매, 설계, 상호작용, 연구 등에 참여할 수 있도록 한다. "구매buy "버튼은 주문방법, 주문상태, 배송추적, 가격 및 재고 가용성과 같은 많은 부가가치 서비스를 표시한다.

연방, 주 및 지방 정부의 가치사슬(즉, G2C, G2G 및 G2B)은 전자상거래를 사용하여 시민에게 더 나은 서비스를 제공하고 낭비 및 사기를 방지하며 비용을 최소화한다. 전자 세금 신고 및 월별 직접 입금 사회 보장 수표Direct-Deposit Monthly Social Security Checks 등 두 가지 예를 들 수 있다. 식품 구매권food stamp은 이제 전자 신용카드 형태이며 학자금 대출 신청서는 전자적으로 제출해야 한다.

공급사슬의 전자상거래 관점은 그림/표 13.5에 나와 있다. **중개업체**intermediary는 *구매자와 판매자 간에 정보를 조정하고 공유하는 실제 또는 가상의 모든 독립체이다.* 제너럴 일렉트릭, 월마트 및 프록터 앤드 갬블과 같은 일부 기업들은 전자상거래를 통해 공급업체 및 소매업체와 직접 소통하므로 전통적인 오프라인 중개업체를 통하지 않아도 된다. **반품 처리업체**return facilitators는 *고객이 배송된 제품 또는 서비스를 반품하고 환불을 요청하고, 제조된 제품을 수리하고 고객에*

그림/표 13.5 공급사슬의 전자상거래 관점

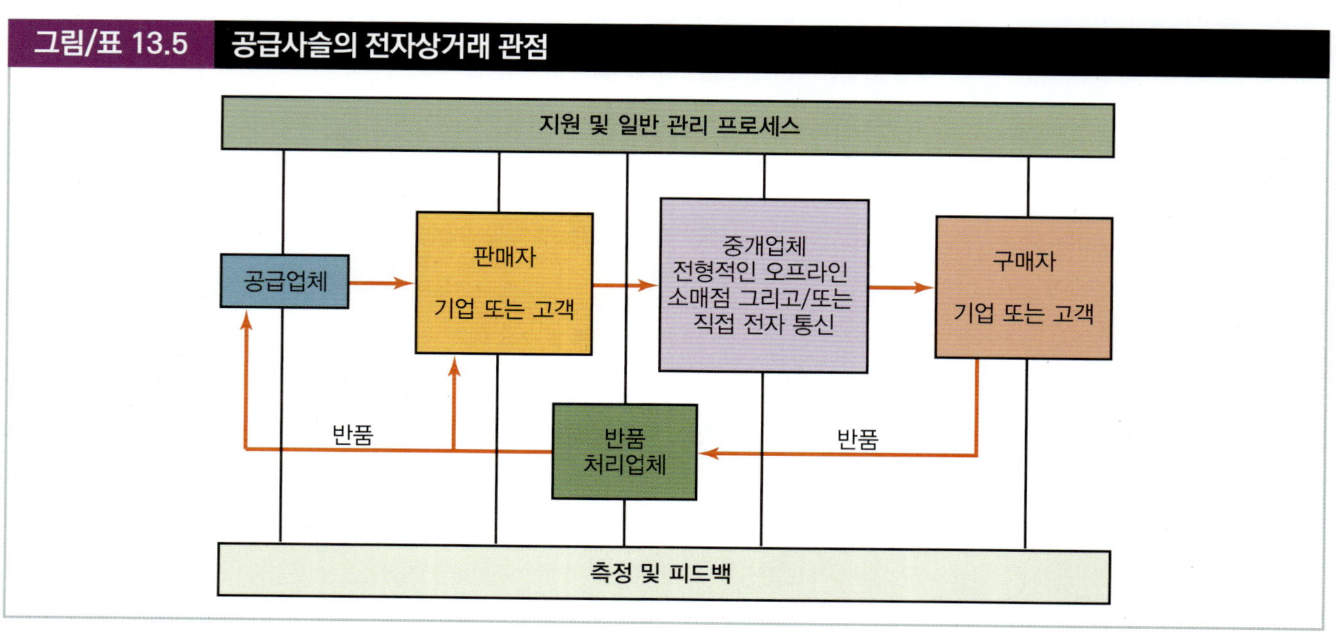

게 반환하거나 서비스 보증을 적용하는 모든 측면을 전문적으로 처리한다. 거대 배송회사인 유나이티드 파슬 서비스United Parcel Service (UPS)의 자회사인 UPS 서플라이체인 솔루션스UPS Supply Chain Solutions(SCS)는 반품 처리업체 역할을 할 수 있는 제 3자 물류 제공업체이다. UPS-SCS는 주문처리, 배송, 결함이 있거나 손상된 제품의 수리, 고객서비스 전화센터 직원배치를 포함하여 공급사슬의 모든 측면에 중점을 둔다.

예를 들면, 자포스Zapos는 고객에게 신발 및 기타 의류 품목을 판매하는 가상 플랫폼을 제공하는 회사이다. 그들의 회사 사명은 "서비스와 함께하는 감탄 WOW 고객"이다. 따라서 품질이 좋지 않은 제품이나 고객 배송이 늦어지는 것은 허용되지 않는다. 자포스의 공급사슬은 공급업체, 가상 주문 플랫폼, 판매자 및 반품 촉진자로 구성된 그림/표 13.5와 유사하다. 그들은 공장을 소유하지도 않고 실제 제품을 생산하지도 않고 실제 제품의 100%를 아시아의 위탁생산업체에 아웃소싱한다. 자포스의 글로벌 소싱 에이전트의 성과는 성공에 매우 중요하다. 그들의 칭기즈 글로벌 공급사슬 정보시스템Genghis global supply chain information system은 공급사슬과 공급업체를 관리하는 데 도움이 된다. 반품 프로세스에는 고객이 자포스로 무료 배송, 반품배송 포장분해 및 검사, 고객의 재무 계정에 입금, 제품 재구매 또는 폐기, 창고에 품목 재입고 등이 포함된다. UPS 및 페더럴 익스프레스Federal Express는 반품 처리업체라 할 수 있다.

13-5 공급사슬성과 측정 Measuring Supply Chain Performance

공급사슬 관리자는 다양한 지표metrics를 사용하여 성과를 평가하고 공급사슬의 설계 및 운영에

그림/표 13.6 공급사슬 성과측정에 사용되는 공통 지표

지표 범주	지표	정의
배송 신뢰성Delivery reliability	완벽한 주문이행 Perfect order fulfillment	완벽한 주문 수를 총 주문 수로 나눈 값
	주문이행 리드타임 Order fulfillment lead time	고객의 주문을 처리하는 시간
반응성Responsiveness	완벽한 배송이행 Perfect delivery fulfillment	배송이 완료되었을 뿐만 아니라 정시에 배송 된 배송 비율
고객관련Customer-related	고객만족 Customer satisfaction	편리한 배송 시간, 제품 및 서비스 품질, 유용한 매뉴얼, 판매 후 지원과 같은 무형 자산뿐만 아니라 고객이 필요할 때 필요한 것을 받는지 여부에 대한 고객 인식
공급사슬 효율성Supply chain efficiency	평균 재고가치 Average inventory value	재고로 보관된 모든 품목 및 자재의 총 평균 가치
	재고 회전율 Inventory turnover	제품이 공급사슬을 통해 얼마나 빨리 이동하고 있는가?
	재고 공급일수 Inventory days' supply	공급사슬 또는 공급사슬의 일부에 며칠분의 재고가 있는가?
지속가능성Sustainability	이산화탄소 배출 Carbon dioxide emissions	제조된 제품 또는 서비스 프로세스 당 발생하는 CO_2 배출량
	에너지 절감 Energy reduction	제품, 시설, 장비, 프로세스 또는 가치사슬을 변경하기 전이나 후에 얼마나 많은 kWh가 필요한가?
재무적Financial	총 공급사슬비용 Total supply chain costs	주문이행, 구매, 재고유지, 유통, 기술지원 및 생산의 총 비용
	보증/반품 처리비용 Warranty/returns processing costs	반품된 제품의 수리 또는 재입고와 관련된 비용
	현금 전환주기 Cash-to-cash conversion cycle	원자재 획득에 소요된 1달러를 완제품을 위해 모은 1달러로 전환하는 평균 시간

대한 개선 사항을 식별한다. 비즈니스 분석business analytics은 공급사슬 관리자가 이러한 척도 간의 관계에 대한 통찰력을 얻을 수 있도록 시각적 대시보드dashboard를 생성하는데 사용된다. 공급사슬 지표는 일반적으로 고객 요구사항과 내부 공급사슬 효율성의 균형을 맞추며 그림/표 13.6에 요약된 바와 같이 여러 범주에 속한다.

- **배송 신뢰성** delivery reliability 은 종종 완벽한 주문이행perfect order fulfillment 으로 측정된다. "완벽한 주문 perfect order"은 배송 날짜, 제품 상태, 품목의 정확성 및 정확한 송장 invoice과 같은 모든 고객 요구 사항을 충족하는 배송완료된 주문으로 정의된다.
- **반응성** responsiveness 은 종종 주문이행 리드타임 order fulfillment lead time 또는 완벽한 배송이행 perfect delivery fulfillment으로 측정된다. 오늘날 고객은 신속한 주문이행 rapid fulfillment of orders 과 약속된 납기일promised delivery dates에 배송되기를 기대한다.
- **고객관련 측정** customer-related measure 는 고객이 원하는 바와 욕구를 충족하는 공급사슬의 능력ability of the supply chain에 중점을 둔다. 고객 만족도customer satisfaction는 종종 "매우 불만족"에서 "매우 만족"까지 인식 척도perception scale 의 다양한 속성attributes 으로 측정된다..
- **공급사슬 효율성 측정**supply chain efficiency measures에는 평균 재고가치average inventory value, 재고회전율inventory turnover(IT) 및 재고공급일수inventory days' supply가 포함된다. 평균 재고가치는 기업의 자산이 재고에 얼마나 묶여 있는지 관리자에게 알려준다. 재고 회전율은 매출원가를 평균 재고가치로 나눈 비율이다. 재고회전율은 다음 식 중 하나를 사용하여 계산된다.

$$\text{재고회전율Inventory turnover } (IT) = \text{판매량 Sales } / \text{평균재고Average inventory} \quad [13.1]$$

$$\text{재고회전율Inventory turnover } (IT) = \text{매출원가Cost of goods sold } / \text{평균 재고가치 Average inventory value} \quad [13.2]$$

문제풀이 13.1 : 재고회전율 계산

소매업체는 매달 4,000개의 제품을 판매한다. 매달 평균재고는 500개이다.

a. 재고회전율은 얼마인가? 평균 실제재고 average on-hand inventory가 8,000 개인 경우 재고회전율은 얼마인가?

b. 한 제조업체의 제품 판매비용이 $ 10,600,000이고 평균 재고가치가 $ 3,600,000이다. 재고회전율은 얼마인가?

해답:

a. 식 13.1을 사용하여,

$$\begin{aligned}\text{재고회전율} &= \text{판매량/평균 재고}\\ &= 4{,}000/500\\ &= 8\end{aligned}$$

한달을 4주라고 가정하면 소매업체가 한달에 8번 또는 매주 2번 재고를 판매하고 교체함을 의미한다. 마찬가지로 반주half a week에 500개를 판매한다.

평균 실제재고가 8,000개이면 IT = 4,000 / 8,000 = 0.5이다. 이 경우 재고를 회전시키는데 2개월이 걸리고 재고유지비용inventory holding cost이 훨씬 더 높아진다.

b. 식 13.2를 사용하여

$$\begin{aligned}\text{재고회전율} &= \text{매출원가/평균 재고가치}\\ &= \$10{,}600{,}000/\$3{,}600{,}000\\ &= \text{연간 } 2.94\text{회}\end{aligned}$$

이는 제조업체가 매년 재고를 약 3회 판매하고 교체한다는 것을 의미한다.
마찬가지로, 365/2.945 = 124일 동안 3,600,000달러 어치의 재고를 팔아야 한다.

식 [13.1]은 재고의 물리적 단위를 기반으로 하는 반면 식 [13.2]는 달러가치dollar valuation를 사용한다. 재고회전율은 월, 분기 또는 연도와 같은 모든 기간에 대해 계산할 수 있다. 매출원가cost of goods sold는 제품과 서비스를 생산하는데 들어가는 원가이며 일반적으로 판매, 일반, 관리, 연구, 엔지니어링 및 개발 비용은 포함되지 않는다. 문제풀이 13.1은 이 두 식을 사용하여 재고 회전율을 계산하는 예를 제공한다.

재고회전율의 "적합한 good"값은 산업industry, 생산 프로세스의 유형 type of production process 및 생산량 volume · 고객화 정도degree of customization · 테크놀로지 비율 amount of technology과 같은 제품 특성 product characteristics 에 따라 다르다. 예를 들면, 슈퍼마켓의 재고회전율은 1년에 100회 이상이지만, 맞춤형 의료 검사장비의 재고회전율은 2~3회에 불과하다. 대부분의 기업은 재고를 연간 5~10회 회전시킨다. 식 [13.2]를 주의 깊게 살펴보면 이러한 높은 재고 회전율을 달성하려면 평균 재고가치가 매우 낮아야 한다는 것을 알 수 있으며, 이는 많은 기업에게 중요한 목표이다. 이는 또한 재고에 대한 자금 조달 필요성을 줄이고 재고 노후화 가능성을 줄인다.

재고공급일수는 다음과 같이 계산된다.

재고공급일수Inventory days' supply (IDS) = 평균 총재고Average total inventory /
일일 매출원가Cost of goods sold per day [13.3]

일일 매출원가cost of goods sold per day는 다음과 같이 계산된다.

일일 매출원가 Cost of goods sold per day = 연간 매출원가 Annual cost of goods sold/
연간 운영일Operating days per year [13.4]

문제풀이 13.2는 예를 보여준다.

- **지속가능성 측정** sustainability measures은 공급사슬 성과가 환경에 미치는 영향을 보여준다. 여기에는 재활용 대 원래 제품 제조 비용, 배수 품질, 이산화탄소 배출 및 에너지 절감이 포함될 수 있다. 목표는 탄소 중립적인 공급사슬이다.
- **재무적 측정** financial measure은 공급사슬 성과가 최종 결산 결과 bottom line에 미치는 영향을 보여준다. 여기에는 총 공급사슬비용, 반품 및 보증 처리 비용, 현금전환 주기가 포함될 수 있다.

이러한 측정을 추적하고 그 결과를 활용하여 공급사슬 성과를 더 잘 통제하고 개선함으로써

문제풀이 13.2 : 재고 공급일수 계산

어느 기업의 연간 매출원가가 $10,600,000이고 평균 재고가치가 $3,600,000이고 연간 250일을 운영한다고 가정한다. 그런 다음 식 13.3 및 13.4를 사용하여 다음을 얻을 수 있다.

일일 매출원가 = $10,600,000/250
= $42,400

IDS = $3,600,000/$42,400
= 84.9 공급일수

이는 너무 많은 비용이 드는 재고가 유지되고 있음을 의미한다. 이러한 계산에 사용되는 기간은 일반적으로 며칠이지만, 최신 기술을 통해 재고 공급시간 측면에서 이 척도를 평가할 수 있으며 일부 공급사슬 관리자가 이를 수행하고 있다.

관세 - 장점과 단점은? Tariffs - Pros and Cons?

수입품에 부과하는 관세는 1790년부터 1860년까지 미국 연방 수익revenue의 90%를 차지했다. 이후 관세는 대부분 사라져 총 연방 수익의 1%미만을 차지하고 있다. 관세는 미국 내 300개 이상의 입국 항에서 세관 및 국경 보호국에 의해 징수된다. 관세는 수입품을 더 비싸게 만들어 수입을 억제하는 기능을 한다. 수입관세import tariffs의 몇 가지 장점은 국내산업을 보호하고, 외국과의 경쟁으로부터 일자리를 보호하고, 수익을 늘리고, 연방 적자를 줄이며, 저가제품을 국내 경제에 덤핑하는 것을 방지하는 것이다. 또 다른 장점은 수출국의 국제무역 관행과 행동에 영향을 주는 것이다. 수출국의 국제무역 관련 행동에 영향을 주는 예를 들면, 새로운 테크놀러지가 수입국 시장 점유율을 높일 수 있도록 수입국 시장에 대한 접근권을 허가하도록 하는 것이다. 관세의 단점은 더 비싼 제품과 서비스, 국내기업의 제품개선에 대한 경쟁력 감소, 타 국가의 잠재적인 보복, 외국인 투자의 억제, 국가 관계에 대한 부정적인 영향, 장기적으로 관세를 부과하는 국가의 경제를 덜 효율적으로 만드는 것이다. 공급사슬 관리자는 글로벌 공급사슬을 재설계하고 일상적인 운영 및 물류를 관리할 때 이러한 비용과 위험을 분석에 포함해야 한다.

자산수익률, 매출원가, 수익, 현금 흐름 등과 같은 주요 조직의 재무적 측정이 영향을 받을 수 있다. 예를 들면, 평균 재고가치가 감소하면 자산수익률이 향상되고, 공급업체의 실적이 개선되면 매출원가가 감소하며, 고객 만족도가 향상되면 수익이 증가하며, 리드타임 감소는 현금흐름에 긍정적인 영향을 미칠 수 있다. 따라서 고위 관리자senior managers들은 우수한 공급사슬 설계 및 관리의 가치를 인식하고 이를 개선하기 위한 자원을 제공해야 한다.

13-5a 총 공급사슬 비용 Total Supply Chain Costs

그림/표 13.6에서 공급사슬 성과에 대한 가장 중요한 재무적 측정은 아마도 총 공급사슬 비용일 것이다. 공급사슬 관리자는 직접 조달비용 뿐만 아니라 운송비용, 관세 및 수수료, 재고 및 관리감독 비용도 고려해야 한다. 관세 및 수수료는 공급사슬을 따라 제품의 생성 및 배송에 관여하는 국가에서 부과할 수 있으며 전 세계적으로 아웃소싱 비용을 추가할 수 있다. 멕시코, 캐나다, 미국이 1994년에 체결한 북미자유무역협정The North American Free Trade Agreement (NAFTA)은 관세와 같은 무역장벽을 제거하고 있으며 아시아의 다른 국가들도 이를 제거하고자 한다. 2018년 미국, 멕시코, 캐나다는 이를 새로운 미국-멕시코-캐나다 합의United States, Mexico, and Canada agreement로 대체하기로 합의했으며, 비준 시 NAFTA를 대체할 것이다. 관리감독 비용management oversight costs에는 계약을 협상하는 비용, 배송 및 품질 감사audits 수행 비용, 배송 모니터링 비용, 공급업체 시설로의 이동 비용, 문제해결 비용 및 B2B 판매 관계 비용이 포함된다..

공급사슬 관리자는 총 시스템 비용total system cost을 최적화하려고 한다. 여기에는 일반적으로 분석적 모델링 analytic modeling 및 분석연구analysis가 포함된다. 다음을 사용하여 총 공급사슬 비용을 계산할 수 있다.

총 공급사슬 비용Total Supply Chain Cost(TSCC) = 조달비용Procurement cost + 감독비용Oversight cost
+ 운송비용Transportation cost
+ 주문 사이클 재고비용 Order cycle inventory cost
+ 파이프라인 재고비용Pipeline inventory cost

또는

$$TSCC = P \times D + O \times D + C_t \times (D/Q) + (Q/2) \times C_h + d \times L \times C_h$$

용어를 결합하여 다음과 같이 표현할 수 있다.

$$TSCC = D \times (P + O + C_t) + C_o \times (D/Q) + (Q/2) \times C_h + d \times L \times C_h \quad [13.5]$$

P = 조달 단가 Unit price of procurement

O = 단위당 관리감독 비용Management oversight costs per unit

C_t = 수입 및 수출 관세 및 수수료를 포함한 운송단위당 비용Cost per unit for transportation including import and export tariffs and fees

D = 연간 수요예측(단위) Annual demand forecast (units)

Q = 주문수량 (단위) Order quantity (units)

C_o = 주문당 주문비용Order cost per order

C_h = 단위당 연간 재고유지비용Annual inventory holding cost per unit

L = 리드타임(일) Lead time (days)

d = 평균 일일 수요 (단위/일) Average daily demand (units/day)

이 식에서 $P \times D$는 품목을 조달하는 연간 총 비용total annual cost을 나타내고, $O \times D$는 연간 총 관리감독 비용total annual cost of management oversight, $C_t \times D$는 관세 및 수수료를 포함한 연간 총 운송비용total annual transportation cost이다. 12장에서 학습한 바와 같이, 연간 주문비용 annual order cost은 식 12.5에서 $C_o \times (D/Q)$로 표현되고 식 12.4의 연간 재고유지비용 annual inventory holding costs은 $(Q/2) \times C_h$이다. 마지막으로 평균 연간 파이프라인 재고비용 average annual pipeline inventory은 $d \times L \times C_h$이다.

파이프라인 재고 pipeline inventory는 *주문이 이루어진 후 운송중인 재고라고 할 수 있다.* $d \times L$은 운송중인 평균 단위의 개수average number of units in transit이다. 따라서 $(dL)\,C_h$가 재고의 평균

문제풀이 13.3 : 총 공급사슬 비용 계산

델타 오토모티브Delta Automotive의 글로벌 조달 관리자는 세 개의 서로 다른 글로벌 공급업체로부터 구매한 자동차 부품의 다양한 주문 크기order size에 대한 총 공급사슬 비용을 계산하려고 한다. 이 문제에 대한 데이터는 그림/표 13.7에 나와 있으며 연간 수요 D는 400,000개이다. 공급업체 가격과 운송 비용은 주문수량 40,000개를 기준으로 한다(주의할 것은 EOQ가 아니라는 것이다). 규모의 경제를 반영하는 대량 주문수량에 대해 단가 할인이 제공된다. 가장 낮은 총 공급사슬 비용을 제공하는 공급업체 및 주문수량은 무엇인가? 부품은 멕시코에서 트럭, 일본과 중국에서 선박과 트럭을 결합하여 미국으로 운송되며 연간 250일 근무한다고 가정한다.

해답:

그림 13.8은 마인드탭MindTap에서 사용할 수 있는 *총 공급사슬 비용* 엑셀 양식을 사용하여 40,000개 주문 수량에 대해 각 공급업체에 대해 식 13.5를 사용하여 총 공급사슬 비용을 계산한 것을 보여준다. 결과를 보면 멕시코 공급업체에 비용이 가장 낮다. 할인된 가격과 100,000개 주문수량에 대해 모델을 평가하면 세 공급업체 모두 총 비용이 더 적다는 것을 알 수 있다. 그러나 이들 중 중국 공급업체의 총 비용이 가장 낮다는 것을 알 수 있다. 이것은 아래 표에 요약되어 있다.

총 공급사슬 비용	주문수량(Q)	
	40,000 개	100,000 개
일본 공급업체	$3,682,850	$3,579,600
멕시코 공급업체	$3,568,200	$3,526,300
중국 공급업체	$3,894,700	$3,490,100

해답:

멕시코 공급업체는 Q = 40,000에 비해 Q = 100,000일 때 단가[($7.60 − $7.40)/$7.60]에서 단 2.6% 할인을 제공한다. 그러나 단위운송 비용이 훨씬 더 높다는 사실에도 불구하고 중국 공급업체는 Q = 100,000에 대해 15.7% 조달 할인[($7.00 − $5.90)/$7.00]을 제공한다. 엄격한 총 공급사슬 비용 최소화를 기반으로 할 때 델타 오토모티브는 Q = 100,000개를 중국 공급업체에 아웃소싱해야 한다. 이때, 델타 오토모티브는 $78,100 ($3,568,200 − $3,490,100)를 절약할 수 있다. 실제로 최종 결정은 총 공급사슬 비용뿐만 아니라 식 13.3 및 13.4에 명시된 위험도 고려한다.

그림/표 13.7 연간 총 수요(D = 400,000개)에 대한 글로벌 공급업체 및 주문수량 선택을 위한 비용 상수

글로벌 공급업체	Q = 40,000일 때의 단위당 가격(P)	Q = 100,000일때의 단위당 가격(P)	단위당 관리 감독 비용(O)	단위당 운송 및 관세 비용(C_t)	주문 당 주문비용(C_o)	연간 보유비용 /단위(C_h)	리드타임 (일)
일본 공급업체	7.65	7.30	0.55	0.60	625	1.35	60
멕시코 공급업체	7.60	7.40	0.65	0.35	400	1.35	45
중국 공급업체	7.00	5.90	1.25	0.75	850	1.35	120

그림/표 13.8 Q = 40,000에 대한 총 공급사슬 비용 엑셀 양식

	A	B	C	D	E	F
1	Total Supply Chain Cost Analysis	Copyright © 2017 Cengage Learning				
2	Enter the data only in the yellow cells.	Not for commercial use.				
3	The template is designed for up to five suppliers.					
4						
5	Supplier	Japanese	Mexican	Chinese		
6	Procurement cost/unit, P	$7.65	$7.60	$7.00		
7	Management oversight cost/unit, O	$0.55	$0.65	$1.25		
8	Unit transportation cost Ct	$0.60	$0.35	$0.75		
9	Order cost/order, C_o	$625.00	$400.00	$850.00		
10	Holding cost per unit, C_h	$1.35	$1.35	$1.35		
11	Lead time, L	60	45	120		
12						
13	Annual Demand, D	400000				
14	Order Quantity, Q	40000				
15	Average number of orders/year (D/Q)	10.00				
16	Average daily demand (D/250)	1600.00				
17						
18						
19	Total procurement cost	$3,060,000.00	$3,040,000.00	$2,800,000.00		
20	Total management oversight cost	$220,000.00	$260,000.00	$500,000.00		
21	Total annual transportation cost	$240,000.00	$140,000.00	$300,000.00		
22	Annual order cost	$6,250.00	$4,000.00	$8,500.00		
23	Annual holding cost	$27,000.00	$27,000.00	$27,000.00		
24	Average annual pipeline inventory cost	$129,600.00	$97,200.00	$259,200.00		
25	Total supply chain costs	$3,682,850.00	$3,568,200.00	$3,894,700.00		

연간 재고유지비용이다. 예를 들면, 컴퓨터 제조업체가 매주 평균 10,000개의 키보드를 주문하고 아시아의 한 공장에서 미국으로 배송하는 데 4주가 걸린다고 가정해 보자. 평균 일일 수요는 10,000/7이고 리드타임은 28일이다. 따라서 파이프라인 재고는 (10,000/7) (28) = 40,000개이다. 파이프라인 재고는 사용자나 고객이 물리적으로 사용할 수 없지만, 생산과 미래의 보충 주문을 계획하려면 이를 고려해야한다.

13-5b 현금 전환주기 The Cash-to-Cash Conversion Cycle

공급사슬 성과를 평가하는데 더 유용한 재무적 지표financial metrics 중 하나는 비용이 발생하는 시점 (예: 원자재 재고raw material inventory)에서 지급 시점(매출채권 accounts receivable)까지의 현금 흐름을 식별하는 현금 전환주기cash-to-cash conversion cycle이다. 주기는 재고 공급일수Inventory Days' Supply (IDS)와 매출채권 공급일수Accounts Receivable Days' Supply(ARDS)에서 매입채무 공급일수 Accounts Payable Days' Supply(APDS)를 뺀 값으로 계산된다. 다음 식이 사용된다.

재고 공급일수Inventory days' supply (IDS) = 평균 총 재고Average total inventory / 일일 매출원가Cost of goods sold per day (식 13.3 및 13.4에서 정의됨)

$$ARDS = \text{매출채권 가치 Accounts receivable value / 일일수익 Revenue per day} \quad [13.6]$$

$$APDS = \text{매입채무 가치 Accounts payable value / 일일수익 Revenue per day} \quad [13.7]$$

$$\text{일일 수익 Revenue per day } (R/D) = \text{총 수익 Total revenue / 연간 운영일 Operating days per year} \quad [13.8]$$

문제풀이 13.4 : 현금 전환주기 평가

어떤 회사의 연간 매출이 350만 달러, 연간 매출 원가가 280만 달러, 연간 영업일이 250 일, 총 평균 보유재고가 46만 달러이며 매출채권이 $ 625,000, 매입채무가 $ 900,100이다. 회사의 운영 실행에 대해 어떤 결론을 내릴 수 있는가?

해답:

식 13.3, 13.4 및 13.6~13.9를 사용하여 다음을 계산한다.

$$CGS/D = \frac{\text{연간 매출원가}}{\text{연간 운영일}} = \frac{\$2,800,000}{250}$$

$$= 11,200 \text{ \$/일}$$

$$R/D = \frac{\text{총 수익 (매출)}}{\text{연간 운영일}} = \frac{\$3,500,000}{250}$$

$$= 14,000 \text{ \$/일}$$

$$IDS = \frac{\text{평균 총 재고}}{\text{일일 매출원가}} = \frac{\$460,000}{\$11,200}$$

$$= 41.1 \text{ 일}$$

$$ARDS = \frac{\text{매출채권 가치}}{\text{일일 수익}} = \frac{\$625,000}{\$14,000}$$

$$= 44.6 \text{ 일}$$

$$APDS = \frac{\text{매입채무 가치}}{\text{일일 수익}} = \frac{\$900,100}{\$14,000}$$

$$= 64.3 \text{ 일}$$

현금 전환주기 = $IDS + ARDS - APDS$ = 41.1 + 44.6 − 64.3 = 21.4 이것은 다음 그림에 설명되어 있다. 이 분석에서 회사는 재고를 조달하기 위해 자금을 빌려야 한다. 재고 및 매출채권 주기의 합은 최대 85.7일이지만 평균적으로 64.3일 이내에 청구서를 지불해야 한다. 회사는 공급업체에 청구서를 지불(매입채무)해야 하는 날로부터 평균적으로 21.4일 후에 고객이 지불(매출채권)하기 때문에 재고 조달을 위해서는 자금을 빌려야 한다. 재고 및/또는 매출채권 시스템과 실행을 개선하여 회사가 85.7일을 64.3일로 단축할 수 있다면 이론적으로 재고 수준을 지원하기 위해 자금을 빌릴 필요가 없다. 이 모든 수치는 업계 및 경쟁 업체 성과 표준과 비교되어야 한다.

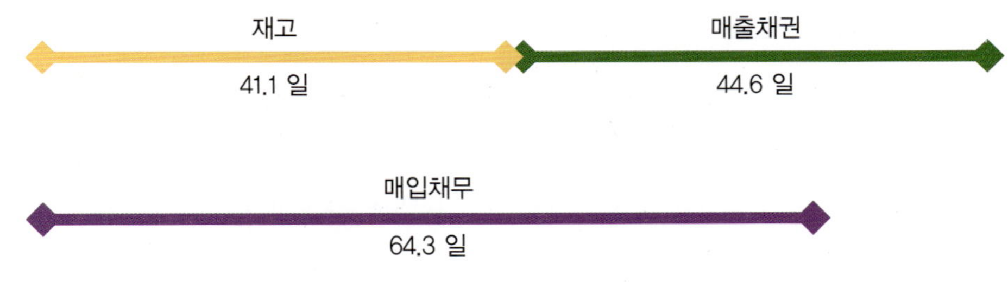

마지막으로 현금 전환주기는 다음과 같이 계산된다.

$$\text{현금 전환주기}_{\text{Cash-to-cash conversion cycle}} = IDS + ARDS - APDS \quad [13.9]$$

문제풀이 13.4는 현금 전환주기 계산을 보여준다.

13-5c 공급업체 평가 및 인증 Supplier Evaluation and Certification

공급사슬관리에서 공급업체 성과를 평가하고 측정하는 것은 중요한 역할이다. 예를 들면, 보잉은 공급업체 성과 측정 프로세스 및 도구를 개선하기 위해 격월로 공급업체 담당자와 만나는 포럼을 만들었다. 많은 기업이 공급업체를 비즈니스에 대한 중요성에 따라 카테고리로 분류하고 그에 따라 관리한다. 코닝Corning에서 원자재, 케이스 및 하드웨어를 제공하는 레벨 1 공급업체는 비즈니스 성공에 중요한 것으로 간주되며 엔지니어링, 자재 관리, 구매 및 공급업체의 대표를 포함하는 팀에 의해 관리된다. 레벨 2 공급업체는 특수 재료, 장비 및 서비스를 제공하며 내부 고객에 의해 관리된다. 레벨 3 공급업체는 제품 품목을 제공하고 구매를 통해 중앙에서 관리된다.

또한 많은 기업에서 공급업체 인증 프로세스를 사용한다. 이러한 프로세스는 비용 효율적이고 납기일에 맞춰 양질의 자재를 제공하는 공급업체를 평가하고 인증하도록 설계되어 있다. 예를 들면, 제약 제조업체 협회는 광범위한 조사 결과, *접수된 각 로트에 대한 일상적인 테스트가 불필요 할 정도로 양질의 자재를 공급하는 공급업체를* **인증 공급업체** certified supplier로 정의한다. 인증은 고품질 공급업체에 대한 인정recognition을 제공하여 지속적으로 개선하고 더 많은 비즈니스를 유치하도록 동기를 부여한다. 예를 들면, 타겟Target은 전 세계 3,000개 이상의 공장에서 제품을 구매한다. 모든 공장은 글로벌 사회 규정 준수 요구 사항을 충족해야 하며 미고지 감사unannounced audits를 통과해야 한다. 타겟은 제조되는 제품의 품질과 공장의 문서화, 기능 및 능력을 평가한다. 공장은 시정 조치 권장 사항이나 공급업체로 인한 위험을 처리해야 한다.

공급업체 인증은 성과 측정 및 평가 프로세스를 통해 이루어진다. 예를 들면, 보잉에서 공급업체는 배송(12개월 동안 보잉에 정시에 납품한 부품의 비율), 일반 성과(보잉 전문가가 관리, 일정계획, 기술적 이슈, 비용, 품질 분야에서 공급업체 성과를 평가하는 공급업체 비즈니스 관리 성과supplier's business management performance 의 종합적인 평가), 품질(12개월 동안 수락된 부품의 비율, 12개월 동안 받은 제품가격에서 제품 부적합 비용을 뺀 비용, 보잉과 공급업체가 공동으로 선택한 품질 지표의 스코어카드 기준)에 대한 평가를 받는다. 이러한 등급은 금색, 은색, 청동색, 노란색 및 빨간색의 다섯 가지 성과 범주 중 하나로 바뀐다. 공급업체는 전체 성과년도 동안 은색 또는 금색 성과 등급을 획득하면 보잉 성과 우수상 Boeing Performance Excellence Award을 받을 수 있다.

13-6 공급사슬의 지속가능성 Sustainability in Supply Chains

과거에는 공급사슬 성과로 비용cost, 시간time, 품질quality에 중점을 두었다면, 오늘날 공급사슬 핵심목표 중 하나는 지속가능성sustainability이다("공급업체가 린하고 지속가능한 상태가 되도록"

공급업체가 린하고 지속가능하도록 Getting Suppliers to Become Lean and Sustainable

프록터 앤드 갬블과 의료 대기업 카이저 퍼머넌트Kaiser Permanente는 에너지 및 물 사용, 재활용품, 폐기물 및 온실 가스에 대해 공급업체를 평가하고 이러한 "점수표"를 사용하여 어떤 공급업체를 사용할지 결정을 내린다. 예를 들면, 카이저 퍼머넌트는 구매하는 모든 의료 제품에서 사용 후 폐기물의 비율을 알고 싶어한다. 이러한 기업들이 공급업체에 대해 묻는 몇 가지 질문은 다음과 같다.

Olivier Le Moal/Shutterstock.com

- 소비되는 에너지의 몇 퍼센트가 재생 가능 자원에서 생성되는가? (카이저 퍼머넌트)
- 얼마나 많은 메트릭 톤의 유해 및 비유해 폐기물이 생성되는가? (프록터 앤드 갬블)

카이저 퍼머넌트의 최고 조달 책임자는 "우리는 공급업체에 메시지를 크고 정확하게 보내고 있습니다."라고 말했다.

상자 참고). 다량의 유해한 배출물과 오염 물질이 공급사슬에서 발생한다. 연구에 따르면 기업의 탄소 발자국 중 60~70 % 이상이 공급사슬을 따라 발견된다. 따라서 오늘날 공급사슬 관리자의 업무 중 일부는 환경 성과를 측정, 모니터링하고 지속적으로 개선하는 것이다.

13-6a 친환경 지속가능 공급사슬 Green Sustainable Supply Chains

친환경 지속가능 공급사슬green sustainable supply chain은 *환경 친화적인 투입물inputs을 사용하고 기존 환경 내에서 부산물byproducts이 개선되거나 재활용될 수 있는 변화요인change agents을 통해 이러한 투입물을 변환하는 공급사슬이다.* 그 결과 수명주기가 끝날 때 재생 및 재사용 할 수 있는 산출물이 생성되어 지속가능한 공급사슬이 만들어진다. "스마트 패키지smart packages"를 설계하여 종이상자 또는 충전재의 양을 줄이는 것과 같은 간단한 방법은 회사의 비용을 절감하고 매립 폐기물과 에너지 사용을 줄인다.

예를 들면, 공급업체를 선택할 때 공급사슬 관리자는 공급업체가 연간 지속가능성 보고서를 발행하는지 여부, 어떻게 공급업체가 자신들의 프로세스가 환경에 유해한 오염물질이 없는지를 보장하는지, 공급업체가 수명주기 마지막에 제품 구성 요소를 회수할 계획이 있는지, 공급업체가 효율적인 재활용 프로그램을 가지고 있는지 여부를 고려한다.

> 연구에 따르면 기업의 탄소 발자국 중 60 ~ 70 % 이상이 공급사슬에서 발견된다.

예를 들면, 애플Apple은 재생 가능한 에너지로만 완전히 구동하는 것을 목표로 하고 있다. 또한 공급사슬을 위해 100 % 재생가능 에너지 사용을 목표로 하고, 중국에서 태양광 발전 운영을 시작하고, 제품 포장에 종이 재료를 공급하는 삼림을 위해 삼림훼손을 하지 않는 제로네트 디포레스트레이

지속가능한 공급사슬 관행 Sustainable Supply Chain Practices

유피에스UPS 및 페덱스FedEx와 같은 회사는 트럭, 비행기 및 기차를 사용하여 다양한 제품을 이동한다. 이 회사들은 많은 연료를 사용하므로 높은 에너지 비용의 절약뿐만 아니라 탄소 발자국을 줄이는 데 어려움을 겪고 있다. 오늘날의 고객은 환경에 미치는 영향에 더 민감하고 거래하는 회사에 더 나은 관리를 요구하고 있다. 예를 들면, UPS는 1966년부터 저공해 철도 운송을 사용해 왔으며 고객 배송을 위해 탄소가 가장 적은 경로를 선택했다. 또한 고객의 공급사슬을 환경 영향에 대해 평가하고 운송, 재고 관리에 대한 개선 사항과 배송에 대한 의사결정을 제안한다. 페덱스는 공급업체와 협력하여 사용하는 자재가 환경에 미치는 영향을 이해하고 이러한 영향을 줄이기 위해 노력한다. UPS와 페덱스는 종종 고객과 협력하여 공급사슬을 분석하고 개선하여 효율성을 높이고 고객의 환경발자국을 줄인다. 이 회사들은 또한 비즈니스 분석을 활용하여 차량 경로를 개선하여 연료 소비를 줄이고 차량에 하이브리드 및 전기 차량을 도입했다.

션net-zero deforestation (훼손된 삼림만큼 조림하여 삼림훼손이 0이 되도록 조치)을 목표로 삼고 있다. 2014년 애플은 100 % 재생가능 에너지로 미국 내 사무실, 소매점, 데이터 센터 등을 운영한다는 목표를 달성했다. 전 세계적으로 회사 시설의 87%가 태양열, 풍력, 바이오 가스, 연료 전지, 지열 및 수력을 사용하여 재생 가능한 전력을 공급받았다. 애플은 모든 종이가 지속가능하게 관리되는 숲에서 나왔는지 확인하는 것과 같이 전력뿐만 아니라 숲에서 나오는 탄소발자국 footprint을 없애고자 한다. 이를 위한 가장 좋은 방법은 외부 공급업체로부터 펄프나 종이를 구매하는 대신 산림과 공급사슬을 소유(진정한 공급사슬 통합)하는 조치이다.

뛰어난 사회적 지속가능성 성과 및 실행의 예는 2005년 설립된 베가 컴퍼니Vega Company (www.veja-store.com)이다. 베가의 비즈니스 모델은 공급업체에서 시작하여 생산 및 유통을 거쳐 고객과 함께 끝난다. 베가는 주로 브라질의 면화, 고무 및 가죽 공급업체와 협력하여 수익을 창출하면서 환경에 대한 영향을 최소화한다. 지속가능한 비즈니스 모델의 사례로는 브라질 목화 농부들에게 살충제 없이 유기농 목화를 재배하는 방법을 가르치는 것, 크롬과 같은 독성 금속 대신 식물성 추출물로 에코태닝 방법을 사용하는 가죽 구매, 창고 및 유통 중개업체를 건너뛰고 농부로부터 직접 구매, 아마존 숲을 보존하기 위해 나무에서 천연 고무 생산을 지원하고 이러한 일을 하는 농부들에게 더 높은 임금을 지불하고 더 나은 근무 조건과 가족 및 지역 사회 서비스를 창출하는 것들이 있다. 기타 지속가능한 실행방법은 지속가능한 공급사슬 실행 상자에 설명되어 있다.

13-6b 제품 회수 및 역물류 Manufactured Goods Recovery and Reverse Logistics

많은 회사가 폐기되거나 다른 방법으로 사용할 수 없는 제조 제품을 복구하는 옵션을 개발하고 있다. 이를 종종 *제품 회수*manufactured goods recovery라고 하며 다음 중 하나 이상으로 구성된다.

- **재사용 또는 재판매** Reuse or resell 원래의 제조된 제품이 폐기되면 장비 및 다양한 구성 부품을 고객에게 직접 재사용하거나 재판매한다. 재사용 및 재판매 회수 옵션의 예로는 가구, 가전제품 및 의류가 있다.
- **수리** Repair 고장난 부품을 교체하여 제품을 수리하여 필요에 따라 작동하도록 한다. 수리할

수 있는 물리적 제품의 예로는 개인 컴퓨터, 차량 부품 및 신발이 있다.

- **리퍼** Refurbish 제품의 외관 및/또는 구성요소(예: 청소, 페인팅 또는 고장에 가까운 부품 교체)를 업데이트하여 제조된 제품을 재가공한다. 제품에는 장치의 성능에 영향을 주지 않는 긁힘, 움푹 들어간 곳 또는 기타 형태의 '외관 손상'이 있을 수 있다. 리퍼된 제품은 미국에서 새제품으로 판매할 수 없으므로 새제품이라도 리퍼 제품 또는 리프레시 제품으로 라벨이 다시 지정된다. 종종 장비는 제조업체로 반환되어 장치를 수정 및 인증하고 할인된 가격에 판매한다.
- **재제조** Remanufacture 제품을 완전히 분해하고 낡거나 노후된 구성 요소 및 모듈을 수리 또는 교체하여 재제조한다. 예를 들면, 혼다 Honda는 새 부품과 동일한 보증이 적용되는 딜러가 승인한 교체 부품으로 판매용 차량 조종 제어 장치를 재제조한다.
- **폐부품 활용 수리** Carnibalize 자동차, 기관차, 비행기 등 같은 종류의 다른 장비를 사용하고 수리하기 위해 폐부품을 이용해서 수리한다. 폐부품을 이용해서 수리하는 것은 일반적으로 자동차 및 비행기와 같이 교체 가능한 부품을 사용하는 장비에서 사용할 수 있다.
- **재활용** Recycle 제품을 분해하여 부품 또는 스크랩을 다른 공급업체에 판매하여 재활용한다. 예를 들면, 알루미늄 소다 캔은 종종 녹아 새로운 알루미늄 시트와 캔으로 성형된다.
- **소각 또는 매립** Incineration or landfill disposal 수리, 리퍼, 재제조 또는 재활용이 경제적이지 않은 제품을 소각하거나 매립하는 행위를 말한다.

가치가 충분히 높은 제품의 경우 일반적으로 제품을 재제조하거나 재단장refurbish하고 손상된 재고를 판매 가능한 제품으로 전환하여 처분 시 손실될 제품의 가치를 되찾는 것이 일반적으로 더 비용효율적이다. 또한, 제품 회수와 관련된 효율성은 향상된 공공 및 지속 가능한 이미지를 통해 고객 충성도 및 유지율을 높일 수 있으며, 수익을 증대시키고, 운영 비용을 절감하고, 일반적으로 완전히 새로운 부품보다 저렴한 가격으로 고객에게 교체 가능한 부품을 제공하며, 신규 고객의 가동 시간을 개선하는 결과를 낸다.

역물류 reverse logistics는 *재사용, 재판매 또는 폐기를 목적으로 고객으로부터 공급업체, 유통업체 또는 제조업체로 사용할 수 없거나 폐기될 수 있는 완제품, 자재 또는 구성품의 흐름을 관리하는 것을 말한다.* 이 역흐름은 원자재와 부품이 완제품으로 조립된 다음 도매업체, 소매업체 그리고 궁극적으로 고객에게 배송되는 정상적인 운영 공급사슬과는 반대이다. 결과적으로 역물류는 공급사슬에서 "루프를 닫고closes the loop" 전방 공급사슬과 결합되어 종종 폐쇄된 루프 시스템closed loop system이라고 한다. 많은 기업에서 전방 공급사슬은 역물류 활동과 독립적으로 운영되며 때로는 소유자 및 참가자가 다르다.

역물류에는 다음 활동이 포함된다.

- **물류**Logistics: 반품, 수령, 분류, 테스트, 리퍼, 폐부품 수리, 수리, 재제조, 재활용, 재입고, 재배송 및 자재 폐기 승인
- **마케팅/영업**Marketing/sales : 회수된 제품을 재사용 또는 재판매를 위해 도매업체나 소매업체에게 재마케팅 및 판매
- **회계/금융**Accounting/finance: 보증 수리 승인, 역물류 수익 및 비용 추적, 청구, 적절한 공급업

그림/표 13.9 제품 회수(역물류) 공급사슬의 예

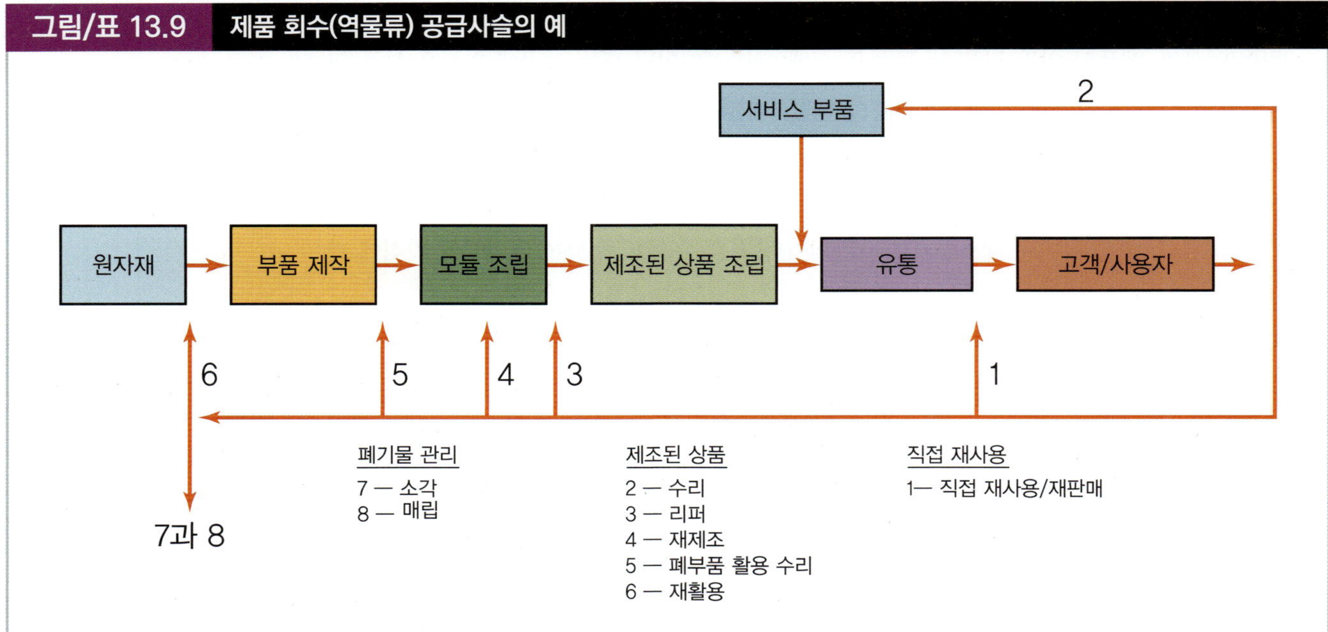

Source: Adapted from "Example of a Manufactured Goods Recovery (Reverse Logistics) Supply Chain," in Martijn Thierry et al., "Strategic Issues in product Recovery Management," in California Management Review vol. 37, no. 2 (Winter 1995), pp. 114–135. Published the Regents of the University of California, 1995.

체 및 제 3자 공급업체 지불

- **콜센터 서비스**Call center service: 자원회복을 위해 다양한 출처에서의 폐자재 수집 등의 활동을 조율하기 위해 공급사슬 전체에서 서비스 센터 전화내역 관리
- **법률/규제 준수**Legal/regulatory compliance: 지역, 주, 연방 및 국가 법률, 환경 및 서비스 계약을 포함한 수출입 규정 준수를 지속적으로 모니터링

역물류 공급사슬 내에서 제조된 제품 회수의 예는 그림/표 13.9에 나와 있다. 베스트바이Best

무료 반품 및 배송은 무료가 아니다 Free Returns and Shipping Are Not Free

온라인 쇼핑이 급증함에 따라 타겟 및 아마존과 같은 매장에서 무료배송 및 반품을 약속하고 있다. 타겟은 제품을 반품하는 쇼핑객을 위해 별도의 입구를 만들어 매장을 재설계하고 있다. 노드스트롬Nordstrom은 현재 일부 도시 상점에서 온라인으로 구매한 품목을 반품하기 위한 '드롭 앤 샵'서비스를 제공한다. 온라인 신발 소매업체 자포스는 고객이 원치 않는 품목을 반품해야 하는 시기에 제한이 없다. 역물류 기업 해피 리턴즈Happy Returns는 쇼핑센터와 쇼핑몰에 리턴바네트워크network of return bars를 구축하고 있다. 또한 많은 온라인 소매 업체와 파트너십을 구축할 계획이다.

반품의 핵심 아이디어는 온라인으로 제품을 구매할 때 소비자의 위험을 줄이는 것이다. 대부분 공급사슬에서 제품을 후방으로 이동하는 것이 신제품을 공급사슬 전방으로 이동하는 것보다 더 많은 비용이 든다. 반품된 품목은 새 제품, 리퍼된 제품, 수리 또는 재활용품으로 재판매 할 수 있다. 반품비용은 판매된 제품비용의 평균 7~10%이며 증가하고 있다. 많은 회사가 무료배송을 제공하지만 배송비용은 수익에 영향을 미치며 종종 소비자 가격에 포함된다. 아마존의 일부 제품은 무료배송을 제공하지 않는 다른 소매업체보다 가격이 높지만 배송비가 포함된 경우 가격은 비슷하다. 따라서 무료 반품 및 배송은 무료가 아니다.

공급사슬관리 트렌드 Trends in Supply Chain Management

공급사슬관리는 역동적인 분야이다. 공급사슬 관리자는 다음을 인지해야 한다.

- 제품 수명주기가 짧아지면서 공급사슬을 더욱 유연하게 만들어야 한다.
- 서비스 가치 사슬은 물리적인 좋은 공급사슬보다 더 중요해지고 있다.
- 소셜 미디어는 수요 관리 및 가변적인 가격 책정, 광고 및 고객 피드백과 같은 결정에서 점점 더 많은 역할을 하고 있다.
- 지속가능성은 제품과 서비스, 그리고 이를 창출하고 배송하는 공급사슬을 디자인하고 관리하는데 있어 점점 더 중요해지고 있다.
- 공인된 공급사슬 관리자는 오늘날 공인된 공인 회계사 및 엔지니어와 마찬가지로 표준이 될 것이다.

이러한 추세는 공급사슬관리의 미래가 밝음을 시사한다.

Buy, 시어스Sears 및 타겟은 모두 역물류를 사용하여 매립지로 향할 수 있었던 결함 있는 제품, 파손된 제품 또는 반품 제품에 대한 구매자를 찾았다. KPMG 조사에 따르면 기업은 우수한 역물류 시스템으로 연간 매출의 0.3%를 회복할 수 있다. 예를 들면, 베스트 바이는 0.3% 비율로 1억 달러를 추가로 벌 수 있다. 또 다른 예로, 파타고니아Patagonia는 고객이 낡은 옷을 물류센터에 버리거나 우편으로 보내면 아웃도어 옷과 경쟁사의 옷에서 모든 섬유를 회수한다. 이 재활용 섬유의 90%는 새 옷으로 만들어지며 나머지는 시멘트 첨가제 회사에 판매된다.

공급사슬 관리자는 특정 물리적 재화에 대해 서로 다른 회수 옵션을 채택하는 것 사이의 상충관계를 평가해야 한다. 예를 들면, 재제조의 총 비용은 부품이나 하위부품을 폐부품을 이용하여 수리하는 것과 비교할 때 어떠한가? 또한 관리자는 제품 회수의 최종 분석에서 사회적 및 환경적 지속가능성 기준과 문제를 고려해야한다.

13장 학습목표 요약 Learning Objective Summaries

13.1 **공급사슬관리의 기본 개념을 설명하라.** 공급사슬의 기본 목적은 고객 가치를 극대화하기 위해 공급사슬의 요소 사이에서 재료, 서비스 및 정보의 흐름을 조정하는 것이다. 주요 기능에는 일반적으로 판매 및 주문 처리, 운송 및 유통, 운영, 재고 및 자재 관리, 재무 및 고객 서비스가 포함된다. 제품 생산 공급사슬은 일반적으로 공급업체, 제조업체, 유통업체, 소매업체 및 고객으로 구성된다. 원자재와 구성품은 공급자로부터 주문되며 생산 및 완제품으로 조립하기 위해 제조 시설로 운송되어야 한다. 완제품은 물류센터를 운영하는 유통업체로 배송된다.

13.2 **물류와 관련된 활동을 설명하라.** 물류 관리자의 주요 책임은 다음과 같다.

1. 운송 서비스 구매
2. 공급사슬을 통한 자재 및 물품 운송 관리
3. 재고관리

제품이 공급사슬을 통해 이동함에 따라 운송비는 제품의 총 비용에 최대 10 %까지 추가될 수 있다. 철도, 트럭, 항공, 선박 및 바지선, 파이프라인은 모두 운송 수단이다. 고객에게 효과적으로 대응하기 위한 시간 기반 공급사슬 성과에는 주의 깊은 재고관리가 중요하다.

13.3 **공급사슬이 직면한 위험 유형과 이를 완화하는 방법을 설명하라.** 국내 공급사슬의 위험은 종종 미미하다. 그러나 글로벌 공급사슬의 위험은 훨씬 더 크다. 여기에는 자재 부족을 야기하는 공급업체의 생산 문제, 노동 파업, 예기치 않은 운송 지연, 세관 검사 또는 항만 운영 지연, 해외의 정치적 불안정, 자연 재해, 심지어 테러가 포함된다. 공급사슬이 직면할 수 있는 단기 및 장기 위험의 예와 이를 완화할 수 있는 방법은 그림/표 13.3 및 13.4에 요약되어 있다. 전술적 위험은 일상적인 운영 관리에 영향을 미치는 위험이며 전략적 위험은 전체 공급사슬의 설계에 영향을 미칠 수 있다. 하급 및 중급 관리자와 일선 직원은 종종 전술적 위험을 해결할 수 있다. 그러나 전략적 위험은 최상위 관리자가 해결해야 한다.

13.4 **전자상거래가 공급사슬의 역할을 어떻게 변화시켰는지 설명하라.** 공급사슬에 대한 전자상거래 관점은 그림/표 13.5에 나와 있다. 중개업체는 구매자와 판매자 사이에서 정보를 조정하고 공유하는 모든 실체(실제 또는 가상)이다. 제너럴 일렉트릭, 월마트 및 프록터 앤드 갬블과 같은 일부 기업은 전자상거래를 사용하여 공급업체 및 소매점과 직접 통신하므로 기존 오프라인 중개업체를 건너뛴다. 반품 처리업체는 고객이 제조된 제품 또는 배송된 서비스를 반품하고 환불을 요청하고, 제조된 제품을 수리하여 고객에게 반환하거나 서비스 보증을 요청하는 모든 측면을 전문적으로 처리한다.

13.5 **공급사슬 성과를 측정하는데 사용되는 중요한 지표를 나열하고 서술하며, 총 공급사슬 비용과 현금 전환 주기를 평가하라.** 공급사슬 관리자는 성과를 평가하고 공급사슬 설계 및 운영 개선 사항을 식별하기 위해 수많은 지표를 사용한다. 여기에는 배송 신뢰성, 반응성, 고객 관련 측정, 공급사슬 효율성 및 재무적 측정이 포함된다.

총 공급사슬 비용 (TSCC) = 조달비용 + 감독비용 + 운송비용 + 주문주기 재고비용 + 파이프라인 재고비용 또는

$$TSCC = D \times (P + O + C_t) + C_o \times (D/Q) + (Q/2) \times C_h + d \times L \times C_h \quad [13.5]$$

여기서

P = 조달 단가
O = 단위당 관리감독 비용
C_t = 수입 및 수출 관세 및 수수료를 포함한 운송단위당 비용
D = 연간 수요 예측 (단위)
Q = 주문수량 (단위)
C_o = 주문당 주문비용
C_h = 단위당 연간 재고보유 비용
L = 리드타임 (일)
d = 평균 일일 수요 (단위 / 일)

현금 전환주기는 재고공급일수과 매출채권 공급일수에서 매입채무 공급일수를 뺀 값으로 계산된다. 다음 식들이 사용된다.

재고공급일수 = 평균 총 재고 / 일일 매출원가 [13.3]
일일 매출원가 = 연간 매출원가 /연간 운영일 [13.4]
$ARDS$ = 매출채권 가치 / 일일 수익 [13.6]
$APDS$ = 매입채무 가치 / 일일 수익 [13.7]
일일 수익 = 총 수익 / 연간 운영일 [13.8]
마지막으로, 현금 전환주기는 다음과 같이 계산된다.
현금 전환주기 = $IDS + ARDS = APDS$ [13.9]

13.6 **조직이 공급사슬관리에 지속가능성 문제를 통합하는 방법을 서술하고, 제품 회수 및 역물류 작동 방식을 설명하라.** 기업은 트럭, 비행기 및 기차를 사용하여 제품을 이동시킨다. 그들은 높은 에너지 비용을 방지하고, 탄소 발자국을 줄이는 데 어려움을 겪고 있다. 많은 기업들이 효율성을 높이고 고객의 환경 발자국을 줄이기 위해 공급사슬을 분석하고 개선하기 위해 노력하고 있으며, 이들 기업은 또한 비즈니스 분석을 활용하여 차량 경로를 개선하여 연료 소비를 줄이고 차량에 하이브리드 및 전기 자동차를 도입했다.

제품 회수는 다음 중 하나 이상으로 구성된다.

- 장비 및 다양한 구성 부품의 재사용 또는 재판매
- 제조된 제품은 파손된 부품을 교체하여 수리하여 필요에 따라 작동시킴
- 외관 및/또는 구성요소를 업데이트하여 제조된 제품을 리퍼
- 제품을 완전히 분해하고 낡거나 노후된 구성품 및 모듈을 수리 또는 교체하여 재제조
- 자동차, 기관차 및 비행기와 같은 종류의 다른 장비의 사용 및 수리를 위해 부품을 떼어냄

주요용어 KEY TERMS

- 백홀 Backhaul
- 파이프라인 재고 Pipeline inventory
- 공급사슬관리 Supply chain management (SCM)
- 인증된 공급업체 Certified supplier
- 구매(조달) Purchasing (procurement)
- 공급사슬 운영 레퍼런스 모델 Supply Chain Operations Reference model (SCOR model)
- 친환경 지속가능 공급사슬 Green sustainable supply chain
- 반품 처리업체 Return facilitators
- 가치사슬 통합 Value chain integration
- 중개업체 Intermediary
- 역물류 Reverse logistics
- 공급자재고관리 Vendor-Managed Inventory (VMI)
- 물류 Logistics
- 위험관리 Risk management
- 주문 증폭 Order amplification
- 공급사슬통합 Supply chain integration

복습 질문 Review Questions

13.1 1. 공급사슬관리란 무엇인가? 물류와 어떻게 다른가?

13.1 2. SCOR 모델을 설명하라. SCOR 모델이 공급사슬을 관리하는 데 유용한 이유는 무엇인가?

13.1 3. 구매 기능의 역할을 설명하라.

13.1 4. 공급업체와 협력할 때 사용해야하는 세 가지 핵심 원칙은 무엇인가?

13.1 5. 공급사슬 및 가치사슬 통합을 설명하라.

13.2 6. 물류와 관련된 활동을 나열하라.

13.2 7. 항공, 철도, 트럭, 선박 및 바지선, 파이프라인의 각 운송 수단의 장점과 단점을 한 가지씩 설명하라.

13.2 8. 공급자재고관리VMI란 무엇인가?

13.2 9. 공급사슬에서 채찍효과를 설명하라.

13.3 10. 공급사슬이 직면한 위험의 유형과 이를 완화하는 방법을 서술하라.

13.4 11. 전자상거래가 공급사슬의 역할을 어떻게 변화시켰는지 서술하라.

13.5 12. 공급사슬 성과에 사용되는 중요 지표를 나열 및 기술하고 총 공급사슬 비용을 평가하라.

13.5 13. 현금 전환주기 분석의 구성 요소를 설명하라. 긍정적인 현금 흐름과 부정적인 현금 흐름의 의미는 무엇인가?

13.5 14. 인증된 공급업체란 무엇인가? 공급업체 인증이 중요한 이유는 무엇인가?

13.6 15. 조직이 공급사슬관리에 지속가능성 문제를 어떻게 통합하고 있는지 서술하고 제품 회수 및 역물류가 작동하는 방식을 설명하라.

토론용 질문 및 체험학습 DISCUSSION QUESTIONS AND EXPEROEMTAIL ACTIVITIES

13.1 16. 근무한 적이 있거나 경험이 있는 비즈니스에 대해 SCOR 모델을 사용하여 그림/표 13.1과 유사한 공급사슬 흐름도를 그려보라. 공급사슬이 어떻게 작동하는지 설명하라. 업무 경험이 거의 또는 전혀 없는 경우 자주 방문하는 식당이나 사업장에 대한 과제를 수행하라(최대 2 페이지).

13.1 17. 글로벌 조달 관리자의 업무를 조사하고 직무, 출장 요구사항 및 스킬skill 세트를 서술하라(최대 2페이지).

13.3 18. 세 가지 유형의 공급사슬위험을 선택하고 공급사슬 관리자가 이러한 위험을 완화하는 데 어떻게 도움을 줄 수 있는지 심층적으로 설명하라. 즉, 이러한 위험을 완화하기 위한 실행 계획을 개발하라(최대 2페이지).

13.6 19. "반품 처리업체"를 조사하고 찾아라. 그들이 하는 일과 돈을 버는 방법을 서술하라 (최대 2페이지).

13.6 20. 탄소 발자국을 정량화 할 수 있는 제품 또는 서비스 공급사슬을 조사하고 찾아라. 주제에 대한 짧은 보고서(최대 2페이지)을 작성하고 가능하면 탄소 발자국을 계산하는 방법을 작성하라. 출처를 인용하라.

13.6 21. 생분해성 또는 탄소 중립적인 물리적 제품을 조사하고 찾아라. 2~5분 분량의 토론을 통해 학습자의 결과를 발표할 준비를 하라.

13.6 22. 귀하의 시, 군 또는 주정부가 지원하는 역물류 프로그램 유형을 조사하고 작동 방식을 설명하는 간단한 보고서(가능한 경우 간단한 흐름도)를 작성하라. 전체 폐기물의 몇 퍼센트가 매립지에 버려지는가? (최대 2 페이지)

계산연습문제 Computational Problems and Exercises

본 장에서 설명한 공식과 방법을 적용하여 다음 연습문제를 직접 계산해서 풀어 보라.

13.5 23. 케토 식료품점Keto Grocery Store은 매달 400갤런의 우유를 판매한다. 평균 실제재고는 50갤런이다. 재고회전율은 얼마인가? 이것은 무슨 의미인가?

13.5 24. 지난 1년 동안 케토 식료품점의 제품 판매 비용은 $ 24,500,000이고 평균 재고가치는 $ 1,100,500이었다. 재고회전율은 얼마인가? 이것은 무슨 의미인가?

13.5 25. 한 대형 전자제품 매장에서 한 해 동안 65 인치 TV 250대를 판매한다. 상점은 평균 5개 단위의 재고를 유지한다. 재고회전율은 얼마인가? 재고 관리에 이것은 어떤 의미가 있는가?

13.5 26. 대형 산업용 전기 모터 제조업체의 매출원가는 $ 111,690,000이고 평균 재고가치는 $ 14,609,300이다. 재고회전율은 얼마인가? 이것은 무슨 의미인가?

13.5 27. 존슨 앤드 선스Johnson & Sons의 자재 관리자인 브래그 존슨Bragg Johnson은 특정 제품의 재고 회전율이 작년에 3.8회였으며, 연간 판매량(원가 기준)이 $ 975,000이라고 했다. 작년에 이 제품의 평균 재고가치는 얼마인가? 재고 회전율을 6.0으로 늘릴 수 있다면 평균 재고 수준은 얼마인가?

13.5 28. 앤드류 제조업체Andrew Manufacturing는 작년에 평균 110만 달러의 재고 (원자재, 재공품, 완제품)를 보유했다. 매출은 800만 달러였고, 매출원가는 580만 달러였다. 이 회사는 1년에 260일을 운영한다. 재고 공급일수는 얼마인가? 향후 2년 동안 20일 및 10일 재고 공급일수에 도달하려면 어떤 목표 재고 수준이 필요한가?

13.5 29. 다음 정보에 따르면 회사가 보유하고 있는 재고 공급일수는 몇 일인가 (연간 250일 운영한다고 가정)? 만약 업계 평균 재고 공급일수가 30일이라면 답을 해석해 보아라.

매출	8,300,000
매출원가	7,200,000
총이익	1,100,000
간접비	600,000
순이익	500,000
총 재고	2,600,000
고정 자산	3,000,000
장기 부채	2,700,000

13.5 30. 클레이켄 주식회사Claiken Incorporated는 경트럭용 차축 공급업체이다. 그들은 작년에 평균 160만 달러의 차축 재고를 보유했고, 매출원가는 2100만 달러였다. 차축의 재고 회전율은 얼마인가? 고객은 더 나은 재고 및 운영

실행을 구현하여 재고 회전율을 20으로 높이기를 원한다. 이 20회 목표를 달성하기 위해 필요한 평균 차축 재고 수준은 얼마인가?

13.5 **31.** 연간 수요가 1,000,000개이고 구매 가격이 $ 2.42이고 태평양 횡단 배송을 모니터링하고 신속하게 처리하기 위한 관리감독비용이 개당 $ 0.16인 경우 총 구매 및 감독 비용은 얼마인가?

13.5 **32.** 일일 평균 수요가 82개이고 리드타임이 20일이고 연간 재고운반비용이 $ 12인 경우 파이프라인 재고가치는 얼마인가?

13.5 **33.** 연간 수요가 8,000개이고 주문 수량이 1,000개이고 연간 주문비용이 $ 97인 경우 주문 주기 비용order cycle costs은 얼마인가? 주문 크기가 500단위 또는 8,000단위로 변경되면 어떻게 되는가?

13.5 **34.** 연간 수요가 240,000개이고 환적하는 비용이 단위당 $ 0.80인 경우 연간 운송비용은 얼마인가?

13.5 **35.** 그림/표 13.10의 정보를 바탕으로 공급업체 엔티티 주식회사Entity, Inc에서 구매한 에어컨 코일에 대한 조달, 감독, 운송, 주문 사이클 재고, 파이프라인 재고 비용 및 총 공급사슬 비용을 계산한다. 주문 크기는 Q = 5,000 단위이며, 공급사슬은 1년에 365일 운영된다.

13.5 **36.** 그림/표 13.11의 정보를 고려할 때 조달, 감독, 운송, 주문 사이클 재고, 파이프라인 재고 비용 및 공급업체 이버트Ebert, Inc.를 사용하기 위한 총 공급사슬 비용은 무엇인가? 이버트는 필리핀에 있는 공장에서 소형 스피커를 제조한다. 주문 규모는 Q = 10,000개이며 공급사슬은 연간 300일 운영된다.

13.5 **37.** 모듈러 컴퓨터 주식회사Modular Computers, Inc (MCI)에 대한 다음 성능 데이터를 고려하라. 매출액 3,400만 달러, 매출원가 5,300만 달러, 총 평균 재고 428,000달러, 매출채권 2,100,000달러, 매입채무 2,900,000달러, 연간 365일 운영. 현금 전환주기를 계산하라. 이것이 의미하는 바는 무엇인가?

13.5 **38.** 운영 관리 컨설턴트로서 당신은 다음 가정 하에 가구 제조업체의 현금 전환주기를 평가하도록 요청받았다: 매출 2,350만 달러, 매출원가 2,080만 달러, 연간 50주 운영, 총 평균 보유재고 $ 2,150,000, 미수금 2,455,000달러 및 미지급금 3,695,000달러. 당신은 어떻게 결론을 내릴 것인가? 성능 향상을 위해 어떤 권장 사항을 제시할 수 있는가?

13.5 **39.** 문제 38의 데이터를 사용하여 운영 관리자가 더 나은 운영 및 공급사슬 방법을 사용하여 총 평균 보유재고를 21 % 줄였다고 가정하자. 수정된 현금 전환주기는 몇 주인가? 현금 전환주기의 이러한 변화는 무엇을 의미하는가?

그림/표 13.10 모델 78CDV2 에어컨 코일

인증된 공급업체	연간 수요 (D)	단위당 가격 (P)	단위당 감독비용 (O)	단위당 운송비용 (C_t)	주문비용 (C_o)	단위당 연간 재고유지비용(C_h)	주문 리드타임 (일) (L)
엔티티 주식회사	80,000	$11.80	$1.05	$4.90	$255	$5.00	45

그림/표 13.11 이버트의 자동차 스피커

인증된 공급업체	연간 수요 (D)	단위당 가격 (P)	단위당 감독비용 (O)	단위당 운송비용 (C_t)	주문비용 (C_o)	단위당 연간 재고유지비용 (C_h)	주문 리드타임 (일) (L)
이버트 주식회사	300,000	$9.48	$0.25	$2.12	$400	$6.40	45

엑셀기반 연습문제 EXCEL-BASED PROBLEMS

문제 풀이를 위해 엑셀Excel이나 마인드탭MindTap에 있는 스프레드시트 템플릿을 사용할 수 있다.

13.5 **40.** 에드윈 회사Edwin Company에 대한 그림/표 13.12의 정보가 주어지면 *총 공급사슬 비용* 엑셀 양식을 사용하여 공급사슬과 관련된 비용을 찾는다. 주문 규모는 Q = 2,500개이며 공급사슬은 연간 250일 운영된다.

13.5 **41.** 록랜드 주식회사Rockland, Inc.에 대한 그림/표 13.13의 정보가 주어지면 *총 공급사슬 비용* 엑셀 양식을 사용

그림/표 13.12 에드윈 회사의 공급사슬 비용 데이터

연간 수요 (D)	단위당 가격 (P)	단위당 감독비용 (O)	단위당 운송비용 (C_t)	주문비용 (C_o)	단위당 연간 재고 유지비용 (C_h)	주문 리드타임 (일) (L)
580,000	$9.60	$0.85	$6.70	$225	$15.00	30

하여 공급사슬과 관련된 비용을 계산한다. 주문 수량은 20,000개이며 공급사슬은 연간 250일 운영된다. 공급업체가 2%의 가격 할인을 위해 주문 수량을 Q = 50,000으로 늘리도록 요청하면 새로운 거래를 수락하겠는가? 설명하라.

13.5 **42.** 켄터키Kentucky의 조지타운Georgetown에 위치한 한 주요 자동차 제조업체는 그림/표 13.14에 표시된 정보로 브레이크 패드를 생산하는 두 개의 인증된 공급업체를 보유하고 있다. 뉴올버니 제조업체New Albany Manufacturing는 오하이오 주 콜럼버스에 있으며 라플레이아 제조업체LaPlaya Manufacturing는 멕시코 몬테레이에 있다. 자동차 조립 공장은 연간 250일 가동되는 것으로 추정된다.

a. 연간 수요가 1,000,000개의 브레이크 패드인 경우 총 *공급사슬 비용* 엑셀 템플릿을 사용하여 각 공급업체와 관련된 공급사슬 비용을 계산한다.

b. 총 비용을 기준으로 어떤 공급자 및 주문 수량을 권장하는가?

c. 최종 공급업체 결정을 내리는데 사용할 수 있는 다른 기준을 나열하라.

d. 브레이크 패드 주문을 받지 못한 공급업체에게 무엇을 말할 것인가?

13.5 **43.** 그림/표 13.15의 정보와 $ 5,000,000의 예산을 고려할 때 로욜라 머쉬닝Loyola Machining이 하나의 제조 단위에 대해 지불할 수 있는 최대 금액은 얼마인가? 1년은 영업일 기준 250일이고 주문 크기는 6,500개라고 가정한다. 분석을 위해 총 *공급사슬 비용* 엑셀 템플릿을 사용하라.

13.5 **44.** 팬즈 앤 모어 주식회사Fans-and-More, Inc.는 천장 팬용 컨트롤러를 조립한다. 그림/표 13.16은 공급업체인 바이애넌 주식회사Byannan, Inc.에서 생산한 팬 적외선 컨트롤러를 위한 플라스틱 케이스에 대한 정보를 제공한다. 플라스틱 케이스는 사출 성형기를 사용하여 만들어진

그림/표 13.13 록랜드 주식회사의 공급사슬 데이터

연간 수요 (D)	단위당 가격 (P)	단위당 감독비용 (O)	단위당 운송비용 (C_t)	주문비용 (C_o)	단위당 연간 재고 유지비용(C_h)	주문 리드타임 (일) (L)
250,000	$6.41	$0.35	$3.27	$200	$8.20	20

그림/표 13.14 자동차 제조업체의 두 인증 공급업체 결정

인증된 공급업체	주문 크기 (Q)	단위당 가격 (P)	단위당 감독비용 (O)	단위당 운송비용 (C_t)	주문비용 (C_o)	단위당 연간 재고 유지비용 (C_h)	주문 리드타임 (일) (L)
뉴알바니생산 New Albany Mfg.	50,000	$11.80	$0.00	$0.90	$155	$1.45	45
라플라야 생산 LaPlaya Mfg.	100,000	$10.85	$0.46	$1.25	$195	$1.10	100

그림/표 13.15 로욜라 머쉬닝의 공급사슬 비용

연간 수요 (D)	단위당 가격 (P)	단위당 감독비용 (O)	단위당 운송비용 (C_t)	주문비용 (C_o)	단위당 연간 재고 유지비용 (C_h)	주문 리드타임 (일) (L)
650,000	?	$0.11	$3.25	$300	$9.00	20

그림/표 13.16 팬즈 앤 모어의 공급사슬 비용

연간 수요 (D)	단위당 가격 (P)	단위당 감독비용 (O)	단위당 운송비용 (C_t)	주문비용 (C_o)	단위당 연간 재고 유지비용 (C_h)	주문 리드타임 (일) (L)
1,500,000	$0.86	$0.06	$0.11	$315	$0.32	120

다. 바이애넌은 최소 주문수량 100,000개가 필요하다. 공급사슬은 연간 250일 운영되는 것으로 가정한다.

a. *총 공급사슬 비용* 엑셀 템플릿을 사용하여 총 공급사슬 비용을 찾는다.

b. 바이애넌 고국의 정치 및 하역장 불안으로 팬 판매를 지원하기 위해 주문 크기를 늘리고 더 많은 재고를 보유할지 여부를 결정해야 한다. 컨트롤러가 없는 팬은 판매 가능한 재고저장단위stock-keeping-unit가 아니다. 어떤 주문 크기가 가장 좋은가? 팬즈 앤 모어에게 당신은 무엇을 권장하겠는가?

LCC 의료기 제조 주식회사 LCC Medical Manufacturing, Inc.

플로리다주 푼타 고다Punta Gorda, Florida에 위치한 LCC 의료기 제조(주) LCC Medical Manufacturing는 사람의 무릎, 엉덩이, 팔꿈치 교체 부품 및 수술 도구를 포함한 정형외과 수술용 의료 기기를 생산하고 있다. LCC가 아웃소싱하는 한 구성요소는 금속 경골 구성요소이다. 이 부분에는 경골 아래 다리 뼈에 삽입되는 금속 줄기가 있다. LCC는 특정 크기의 구성 부품을 제조하기 위해 3개의 1차Tier 1 공급업체를 평가하고 있다. 이 재고저장단위stock-keeping-unit (SKU)의 연간 수요는 20,000개이며 연간 250일 근무일을 가정한다. 기타 정보는 그림/표 13.17 및 13.18에 나와 있다.

토론을 위한 사례 질문

1. Q = 5,000, Q = 10,000, Q = 20,000인 경우 각 공급업체의 총 공급사슬 및 물류 비용은 얼마인가?
2. 총 공급사슬 비용을 기준으로 어떤 공급업체 및 주문 수량을 권장하는가?
3. 자신의 설계에 대한 가중 점수 모델을 사용하여 그림/표 13.18의 총 공급사슬 비용 분석과 정성적 기준을 고려할 때 각 공급업체에 대한 요약 점수는 얼마인가? (각 기준을 확장하는 방법, 각 기준의 가중치 및 비용 포함 여부를 결정할 수 있다.)
4. 당신의 최종 권장 사항은 무엇인가?

그림/표 13.17 LCC의 수술 키트를 위한 경제적 아웃소싱 정보

(1차 공급업체)	단위당 가격 (P) @Q=5,000	단위당 가격 (P) @Q=10,000	단위당 가격 (P) @Q=20,000	단위당 관리감독비용 (O)	단위당 운송비용 (C_t)	주문비용 (C_o)	단위당 연간 재고유지비용 (C_h)	주문 리드타임 (일) (L)
시징 Xiajing	$1.25	$0.95	$0.70	$0.35	$0.25	$655	$0.90	120
메딕USA MedicUSA	$1.70	$1.60	$1.55	$0.15	$0.15	$260	$0.80	90
베르크제우그 Werkzeug	$1.60	$1.35	$1.30	$0.20	$0.20	$3500	$0.70	120

그림/표 13.18 LCC의 수술 키트를 위한 질적 조달 기준

공급업체 선택 기준	순위 (1-매우 나쁨, 5-매우 좋음) 시아징	메딕USA	베르크제우그
납품 신뢰성 delivery reliability	3	5	4
제품 품질 product quality	3	4	5
단일 공급업체 위험(단일 조달) single supplier risks (sole sourcing)	높음	보통	보통
제품 및 통관 불확실성(노후화, 수수료, 업무 중단 등) product and customs uncertainty (obsolescence, fees, work stoppages, etc.)	3	5	4
지속가능성 실행(친환경 공급업체) sustainability practices (green supplier)	2	3	5

J&L 포장 주식회사 : 현금 전환주기 J&L Packaging, Inc.: Cash-to-Cash Conversion Cycle

제이크Jake와 릴리 길포드Lilly Gifford는 신시내티 대학교University of Cincinnati를 졸업한 후 1995년에 J&L 포장 주식회사 J&L Packaging, Inc.(J&LP)를 설립했다. 제이크는 로봇 공학 및 기계 공학 학위를 받았으며 릴리는 컴퓨터 과학 학위를 받았다. 그들은 대학에서 정보 시스템 과정 프로젝트를 진행하면서 만났고 졸업 직후 결혼했다. 그들의 개인 회사는 개인용 컴퓨터, 키보드, 교체용 하드 드라이브, 서버 등과 같은 컴퓨터 장치들을 위한 판지 포장과 상자를 제조했다. 대부분의 패키지는 광택 마감 처리가 되어 있고 상자에 회사 로고가 있는 고급 상자였다. 작년 J&LP의 매출은 1억 6백만 달러였다.

J&LP는 박스 및 포장 디자인 엔지니어링 및 컨설팅, 엠보싱 및 호일 안내, 바코드 조언, 쉽게 보관할 수 있도록 접을 수 있는 상자, 다양한 색상 및 박스 강도와 같은 다양한 서비스를 제품에 제공했다. 2010년 J&LP는 역물류 공급사슬에서 상자에 대한 지속가능성 문제를 연구하기 시작했다. 그들의 연구는 미국 공장 두 곳의 지붕에 최대 100 % 재활용 섬유 함량과 태양 전지판을 수용할 수 있는 생산 기술의 변화로 이어졌다. 또한 엔지니어를 고용하여 "그린 사이클Green Cycle"인증 제조업체가 되기 위한 회사의 노력을 이끌었다.

J&LP는 최근 광범위한 무결점 품질 관리 시스템을 갖춘 최첨단 4색 고속 플렉소 박스flexo box 기계 ISOWA FALCON을 구입하여 설치했다. 이 상자 절단 및 제조 기계는 ISOWA 기업 ISOWA Corporation (www.isowa.com)에 의해 일본 카스가이Kasugai에서 제조되었다. 작동중인 이 자동화 기계에 대한 동영상은 유튜브에서 찾을 수 있다. (예 : https://www.youtube.com/watch?=XofTns666Aw).

J&LP의 작년 재무정보는 다음과 같다. 사업은 연간 300일 운영되는 것으로 가정한다. J&LP 재무제표의 한 메모에 따르면 4,906,000달러의 재고는 초과, 취소된 주문 및 진부화된 재고자산에 대한 재고충당금 886,000달러가 포함되어 있지 않다고 명시하고 있다. 이 메모는 계속해서 이렇게 말한다. "우리는 경쟁력 있는 리드타임을 보장하기 위해 전략적 재고수준을 유지해야 하는 필요성과 변화하는 기술 및 고객 요구사항으로 인한 재고 진부화 위험의 균형을 맞추기 때문에 재고관리는 여전히 초점을 두고 있는 영역입니다. 박스 및 포장 비즈니스는 고객 요구사항, 예측 변경사항, 제품기능 및 옵션에 대한 연구개발에서 얻은 새로운 결과를 신속하게 수용해야 하는 역동적인 산업입니다." 다음의 데이터 (단위: 1,000달러)가 제공된다.

매출	
• 제품	$87,475
• 서비스	$18,619
• 총액	$106,094
매출원가	
• 제품	$25,818
• 서비스	$5,907
• 총액	$31,725
운영비용	
• 연구 및 개발	$17,619
• 판매 및 마케팅	$23,132
• 기타	$6,182
• 총액	$46,933
진부화된 재고	$886
재고	$4,906
매출채권	$7,593
매입채무	$9,338

토론을 위한 사례 질문

1. 현금 전환주기 계산에서 서비스를 고려해야 하는가?
2. 진부화된 재고에 있는 $ 886,000을 어떻게 처리할 것인가?
3. J&L 포장 주식회사의 작년 총 현금 전환주기는 얼마인가?
4. 결론과 최종 권장사항은 무엇인가?

통합 사례 연구: 허드슨 쥬얼러스 Integrative Case: Hudson Jewelers

본서 마인드탭MindTap은 허드슨 쥬얼러스Hudson Jewelers 사례 연구 관련 각 장에 있는 학습자료를 통합하여 제공한다.

토론을 위한 사례 질문

1. 글로벌 다이아몬드 공급사슬에서 장단기 위험을 연구하고 이러한 위험을 정의하고 주요 다이아몬드 생산 기업에 의해 완화되는 방법을 설명하는 짧은 보고서(최대 3페이지)를 작성하라.
2. 드비어스DeBeers, 알로사ALOSA, 리오틴토Rio Tinto, 비에이치피 빌리턴BHP Billiton 등 주요 다이아몬드 생산업체의 연례보고서를 입수하여 해당 사업의 현금 전환주기 분석을 실시하라. 어떤 결론에 도달하였는가? 분석결과가 회사에 미치는 영향을 설명하라.

14 자원관리
Resource Management

학습목표

14장을 학습한 후 다음 과제를 수행할 수 있어야 한다:

14-1 제품 생산 및 서비스 조직 모두에서 자원계획resource management 방법의 체계를 기술한다.

14-2 총괄계획aggregate planning 옵션을 설명한다.

14-3 총괄계획을 위한 세 가지 기본 전략을 설명한다.

14-4 자원계획에 선형 최적화 모형을 적용하여 기술한다.

14-5 주생산일정계획master production scheduling 및 자재소요계획material requirement planning을 사용하여 총괄계획을 분할하는 방법을 기술한다.

14-6 생산능력소요계획capacity requirement planning의 개념과 적용 방법을 설명한다.

매요 클리닉Mayo Clinic은 자원을 효과적으로 할당하기 위해 매주 방문하는 환자에 대해 연간 수요를 예측할 필요가 있다.

895Studio/Shutterstock.com

미네소타주 로체스터에 있는 매요 클리닉Mayo Clinic은 지역, 국가 및 전세계 환자에게 의료 서비스를 제공한다. 클리닉의 목표는 대부분의 환자에게 1주일 이내로 필요한 의료 서비스를 제공하는 것이다. 이를 위해서 자원관리에 세심한 주의가 필요하다. 임상 자원을 효율적이고 효과적으로 할당하기 위해 매요 클리닉은 외래 환자 수요에 대한 연간 예측부터 시작한다. 관리자는 이러한 예측을 사용하여 환자 예약 수요, 직원 수용능력, 일정 및 예산을 결정한다. 외래 진료소에서 가장 비싼 자원은 일반적으로 의사이다. 개별 의사의 일정표가 외래진료 예약환자를 진료할 수 있는 시간을 결정한다. 개별 의사의 일정표에 대한 대략적인 계획을 세우기 전에 관리자는 특정 주간에 필요한 총 의사의 진료 시간을 추정한다. 환자들이 사전에 진료를 예약하고, 내원 계획을 세울 수 있도록 의사의 일정표 작성은 12주전에 시작한다. 의사가 일정한 간격으로 일정표를 공개하므로 진료일정 담당자는 환자의 다음 예약 일정을 설정할 수 있다.

어떻게 생각하는가? What Do you Think?

파티 또는 학생 관련 행사를 계획한다고 가정해보자. 이를 실현하는데 어떤 자원들이 필요하며, 모든 자원들을 적시에 적절한 수량으로 확보하기 위해 어떻게 계획할 수 있는가?

매요 클리닉 사례에서는 가치 있지만 활용에 제한이 있는 자원을 다룰 때 관리자가 직면하는 문제를 보여준다. 모든 산업(서비스 및 제조) 분야에서 변화하고 불확실한 수요에 대비하여 자원을 신중하게 관리해야 한다. **자원관리**resource management는 *제품을 생산하거나 가치 사슬에서 서비스를 제공하는 데 사용되는 모든 자원의 계획, 실행 및 통제를 다룬다.* 자원은 재료, 장비, 시설, 정보, 기술 지식 및 기술은 물론 사람을 포함한다. 자원관리의 일반적인 목표는 다음과 같다. (1) 수익과 고객 만족 극대화 (2) 비용 최소화 또는 (3) 정부 및 교회와 같은 비영리 단체의 경우 이해 관계자의 이익 극대화

> 자원은 재료, 장비, 시설, 정보, 기술 지식 및 기술은 물론 사람을 포함한다.

14-1 제품 및 서비스를 위한 자원계획 체계

Resource Planning Framework for Goods and Services

자원계획을 위한 일반적인 체계는 그림/표 14.1에 나와 있다. 이 체계는 세 가지 기본 수준으로 나뉜다. 레벨 1은 총괄계획을 나타낸다. **총괄계획**aggregate planning은 *모든 제품을 총괄해서 장기간의 생산수준과 자원에 대한 계획을 수립하는 것이다.* 총괄계획은 일반적으로 월별 또는 분기별 기간을 단위로 1~2년의 계획 기간의 생산 수준을 정의한다. 일반적으로 개별 제품이나 특정 생산능력 할당보다는 제품군 또는 총 생산능력소요에 중점을 둔다. 총괄계획은 예산 할당 및 관련 자원소요사항, 총생산능력소요를을 정의하는데도 도움을 준다.

총괄계획은 수요예측에서 시작한다. 총괄적으로 제품군의 특성을 반영하기 위해 높은 수준의 예측방법들을 개발하는 경우가 많다 (네슬레Nestlé 글상자 참조). 예를 들어, 프록터 앤드 갬블Procter & Gamble과 같은 소비재 회사는 다양한 크기의 세탁 비누를 생산할 수 있다. 그러나 제품 크기에 관계없이 미래의 일정 기간 동안 비누에 대한 총 수요를 달러로 예측할 수 있다. 그런 다음에 총괄계획은 이러한 예측을 월별 또는 분기별 생산 계획으로 변환한다.

그림/표 14.1에서 레벨 2 계획은 분할이다. **분할** disaggregation*이란 총괄계획을 주별 및 일일 일정과 세부적인 자원요구 사항에 대한 기초 제공을 위한 단기 운영계획으로 전환하는 프로세스이다.* 분할한다는 것은 더 세밀한 부분으로 나누거나 분리하는 것을 의미한다. 분할은 개별 제품 및 서비스 생산 또는 특정 기간에 대한 생산능력 할당에 대한 보다 자세한 계획을 구체화한다. 제품을 생산하는 회사의 경우, 분할은 레벨 1의 총괄계획을 기반으로 개별 하위 조립프로세스 및 자원에 대한 주문 크기 및 일정과 같은 세부 사항을 주별 및 일별로 세분화한다.

총괄계획과 분할을 설명하기 위해 장기예측을 활용하여 향후 2년동안 분기별로 생산할 총 아이스크림 생산량(갤런)을 계획중인 아이스크림 제조회사를 살펴보자. 장기 예측 자료는 계획에

그림/표 14.1 제품 및 서비스에 대한 자원관리 계획 체계

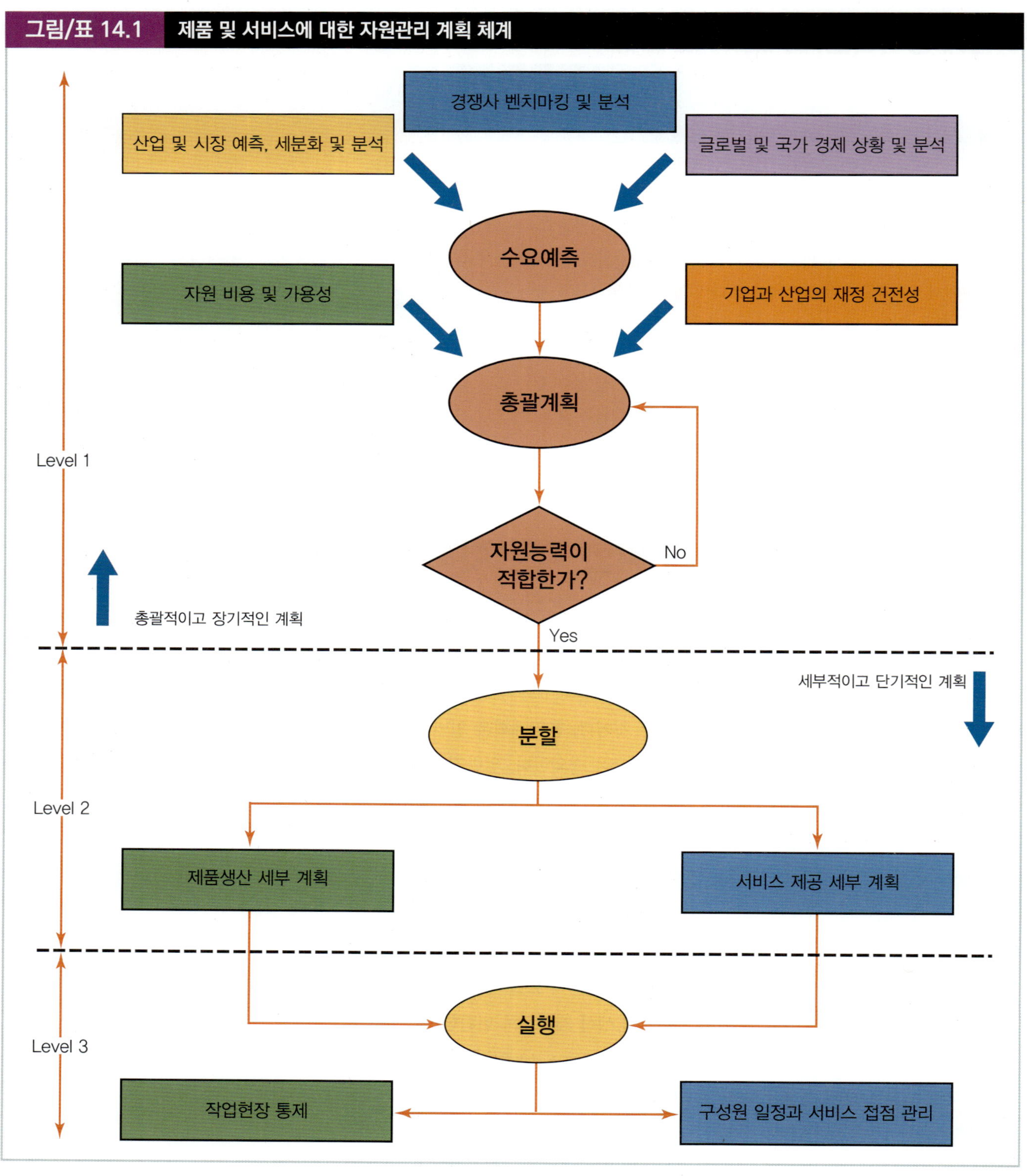

따라 일년 내내 얼마나 많은 직원과 배달트럭과 같은 기타 자원들을 필요로 하는지 결정하는데 기초정보를 제공한다. 총괄계획 분할은 아이스크림 맛별 생산량(갤런)의 목표 수립(각 분기에 대한 총괄계획으로 합산될 수 있음), 크림, 초콜릿 및 기타 재료 소요에 따른 구매, 작업일정 및 초과 근무계획 수립 등을 포함한다.

네슬레: 초콜릿 제조 총괄계획 Néstlé: Aggregate Planning for Candy Manufacturing

네슬레Néstlé가 인수한 회사의 총괄계획은 품질, 인력, 자본 및 고객 서비스 목표에 초점을 맞추고 있다. 계절적 수요가 높은 주요 브랜드 품목 중 하나는 박스형 초콜릿이다. 박스형 초콜릿은 3가지 유형으로 생산하며 최종적으로 총 9개의 품목이 있다; 블랙매직Black Magic, 2lb, 1½lb, 1lb 및 ½lb 상자; 랑데뷰Rendezvous, 14oz 상자; 블랙매직과 동일한 4가지 크기의 Dairy Box. 수요예측은 1년을 각각 4주씩 13개의 기간으로 나누어 시행한다. 판매계획은 전체 13개 기간동안 기간별 품목 예측을 제공한다. 이 추정치는 사용 가능한 재고에 대한 최신 정보와 향후 13개 기간동안 예상 판매량을 반영하여 4주마다 업데이트한다.

총괄계획은 먼저 모든 항목을 파운드 수치로 변환하여 수행한다. 계획 작업은 품질, 인력, 자본 및 고객 서비스 제약조건을 가장 잘 충족하는 생산 수준을 산정하는 것이다. 안정적으로 인력을 유지하는 것은 회사 정책 및 방침이다. 초과 근무 또는 시간제 직원을 통해 단기적으로 생산능력을 증대할 수 있다. 재고에 대한 투자금액이 주요 관심사가 되었으며, 자본 투자의 제약조건들을 충족하려면 재고 수준을 낮게 유지해야한다.

또 다른 예로, 항공사는 장기간 동안의 승객 수요예측을 통하여 매달 여객 마일passenger miles 기반으로 월별 총괄계획을 수립할 수 있다. 이 총괄계획은 또한 총 항공사 능력, 승무원 등의 측면에서 자원소요사항을 구체화한다. 분할은 상세한 도시 간의 비행 일정, 승무원 근무 일정배정, 식자재 구매 계획, 항공기 유지관리 일정 및 기타 자원소요사항을 생성한다.

레벨 3은 레벨 2에서 작성된 세부계획을 실행하는데 중점을 두고 자세한 자원관리 일정과 작업 순서를 정의한다. **실행**execution은 *한 작업장에서 다른 작업장으로 작업을 이동하고, 작업에 직원을 할당하고, 작업 우선순위를 설정하고, 장비사용 일정을 정하고, 프로세스를 제어하는 것을 의미한다.* 제조에서 레벨 3의 계획 및 실행을 작업현장통제shop floor control 라고 하며 다음 장에서 더 자세히 설명하도록 한다.

14-1a 서비스 조직에서의 자원계획 Resource Planning in Service Organizations

일반적으로 대부분의 서비스업 조직을 위한 자원관리는 일부 제조업과 마찬가지로 중간수준의 계획이 필요하지 않다. 이는 그림/표 14.2에서 설명하고 있다. 서비스업 조직은 때로 총괄계획을 세부적인 일선 직원 및 자원관리 일정, 작업 순서, 서비스 접점의 운영에 이르기까지의 실행 수준으로 세분화한다. 예를 들어 매요 클리닉에서 의료진 가용능력, 일정표 및 일정은 그림/표 14.2와 유사한 두 단계의 자원계획 프로세스를 사용한다.

- 대부분의 제품은 개별적이며 원자재, 구성 부품 및 하위 조립품의 다양한 수준으로부터 "조립 built up"된다. 그러나 신용카드 승인, 전화 통화, 영화 또는 은행창구 도착과 같은 많은 서비스는 즉각적이거나 연속적이며 개별적이지 않다. 따라서 일부 서비스에 대해 여러 수준의 계획이 필요하지 않다.

그림/표 14.2 서비스업 조직 두 레벨로 분할하기

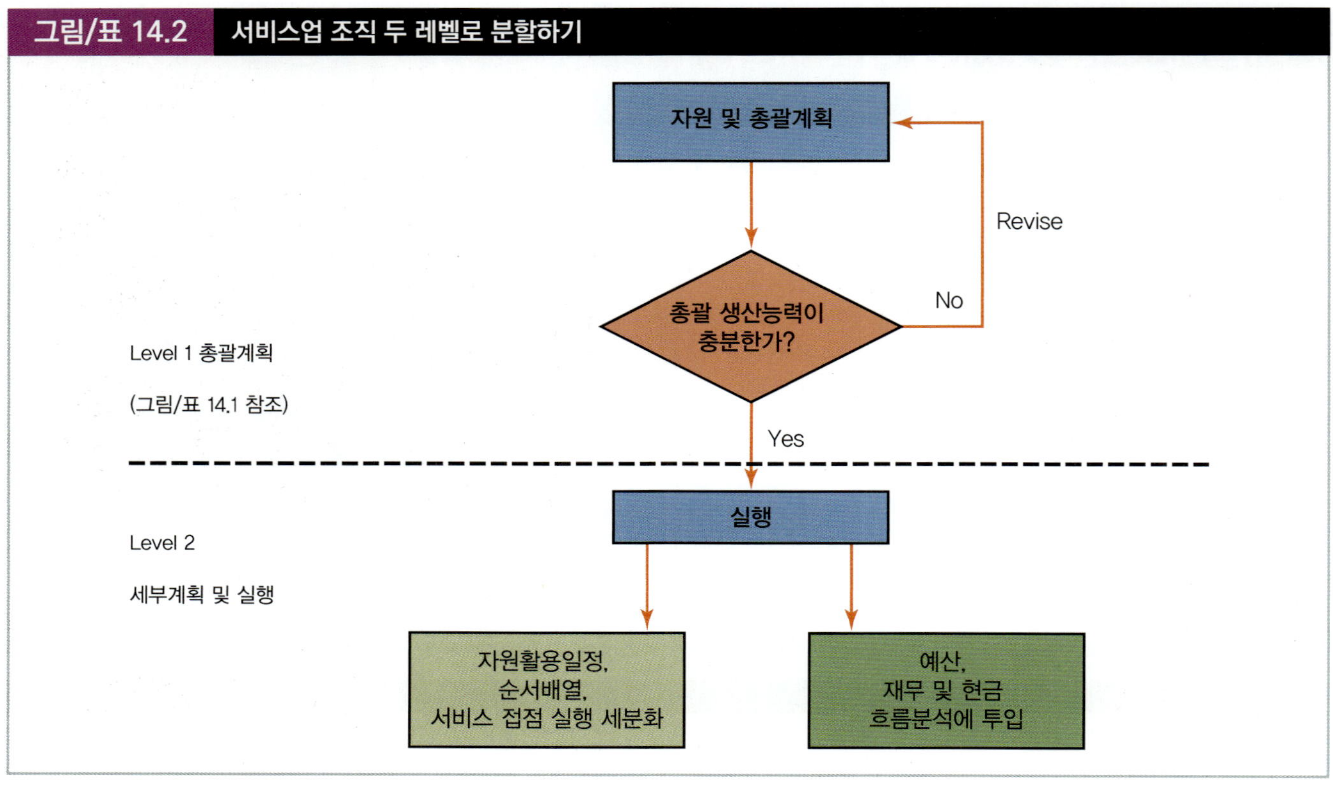

- 서비스는 수요와 공급의 불확실성을 완화하기 위한 물리적 재고확보의 이점이 없으므로 적시에 필요한 지점에서 충분한 서비스 능력을 갖추어야 하기 때문에 단기간의 수요예측 및 자원 일정관리가 절대적으로 중요하다.

그러나 일부 서비스업에서는 제조업 기업과 유사한 세 단계 수준의 계획을 사용한다. 예를 들어, 패스트푸드 식당과 같은 다수의 서비스 시설은 고객에게 근접해야 하기 때문에 여러 지역에 고루 분포해야 한다. 이 경우에 회사는 기업 수준에서 총괄계획을 수립하고 그 다음에 지방과 지역별로 세분화한다. 이는 제조업 분야의 레벨 2 중간계획과 유사하다. 지역 및 지방 지점에서는 중간 수준의 예산과 자원 제약을 고려하여 이러한 계획과 예산을 더 세분화한다. 레벨 3의 자원계획 및 실행은 매장 수준에서 발생하며, 현지 예측, 식품 및 기타 공급 주문, 직원 근무 교대 및 일정, 서비스 접점을 포함한다.

14-1b 전사적 자원계획 Enterprise Resource Planning

ERP Enterprise Resource Planning는 가치사슬 전반에서 자원을 관리하기위해 중요한 정보 시스템 도구이다. **ERP 시스템**은 *회계, 고객관계 관리, 공급망 관리, 제조, 판매, 인적자원 등 비즈니스의 모든 측면을 정보 시스템으로 통합하고 판매, 고객, 재고, 제조, 인력자원 및 자원 및 회계 데이터에 대한 분석 및 보고서를 적시에 제공한다.* 전통적으로 재무, 인사 및 생산제조 부서에는 해당 부서의 요구에 최적화된 개별 정보 시스템이 있다. 예를 들어 영업 부서에서 고객의 주문상태를 알고 싶다면 일반적으로 제조 또는 배송부서에 연락을 해야 했다. ERP는 각 부서의 정보를 공통 데이터베이스가 있는 단일 통합 시스템으로 결합하여 부서가 정보를 쉽게 공유하고 서로 소통할 수 있도록 한다.

nasirkhan/Shutterstock.com

일반적으로 ERP 시스템은 개별적으로 실행할 수 있는 여러 모듈로 구성되어 있어서 각 부서가 여전히 자율성을 갖지만, 동시에 통합된 운영체제로 결합한다. 예를 들어, 고객의 주문이 판매로 입력되면 주문을 이행하는 데 필요한 모든 정보가 ERP 시스템에 저장된다. 재무 모듈에는 고객의 주문 내역과 신용 등급이 있다. 창고 모듈에는 현재 재고 수준이 있다. 공급망 모듈에는 유통 및 배송 정보가 있다. 영업부서가 제품 가용성 및 배송 날짜에 대한 정확한 정보를 제공할 수 있을 뿐만 아니라 주문은 더 빨리 처리되고 오류와 지연이 줄어든다.

하루 전체 거래가 야간에 일괄적으로 처리되는 배치 또는 일괄처리 시스템batch processing system인 거래 처리 시스템과 달리, 고객주문, 재고관리 및 생산일정과 같은 ERP 시스템의 대부분 하위 시스템은 실시간 처리 시스템real time processing system이다. 실시간 처리에서는 정보가 지속적으로 업데이트되어 ERP 시스템의 다른 모든 영역에 즉시 반영될 수 있다. 그러나 주간 급여, 월간 회계 보고서 및 청구와 같은 일부 비즈니스 프로세스에는 실시간 처리가 필요하지 않다.

ERP 소프트웨어의 주요 공급업체는 SAP (www.sap.com)와 Oracle (www.oracle.com)이다.

14-2 총괄계획 옵션 Aggregate Planning Options

관리자는 수요의 변동성에 대비하여 총괄계획을 개발하는데 인력 변경, 재고 평활화, 시설, 장비 및 운송 조정 등 다양한 옵션을 고려한다. 이는 그림/표 14.3에 요약되어 있다. 전략의 선택은 기업 정책, 실질적 제약조건 및 비용 요소에 따라 달라진다.

수요관리 demand management

마케팅 전략은 수요에 영향을 미치고 보다 실현 가능한 총괄계획을 수립하는데 사용할 수 있다. 예를 들어 가격 책정 및 판촉은 수요를 늘리거나 줄이거나 다른 기간으로 이동시킬 수 있다. 서비스에서 수요는 시간에 따라 다르며 서비스를 저장할 수 없음을 고려해야한다. 예를 들어, 호텔 관리자는 단기 수익과 이익 및 간접비에 대한 기여도를 높이기 위해 저가의 주말 숙박료를 지역 시장에 광고할 수 있다. 따라서 수요관리 전략은 적합한 총괄계획 수립과 생산능력의 활용을 위해 매우 중요하다.

> 관리자는 수요의 변동성에 대비하여 총괄계획을 개발하는데 다양한 옵션을 고려한다.

생산율 조정 production rate changes

기존 자원을 변경하지 않고 생산율을 높이는 한 가지 방법은 초과근무를 계획하여 활용하는 것이다. 또는 단축근무를 계

그림/표 14.3 총괄계획 변수 예시 및 수익/비용 측면 시사점

총괄계획 결정 옵션	수익/비용 시사점
수요관리	
• 가격 전략	• 수익증대 및 단위비용 절감
• 프로모션 및 광고	• 규모의 경제
생산율	
• 초과시간	• 인건비 및 보험료 증가
• 언더타임 (업무 외 일을 수행하기 위해 근무 하지 않는 시간)	• 유휴시간비용/기회비용
• 하도급	• 간접비용/일부부품 통제 어려움
인력	
• 고용	• 인사 및 교육 비용
• 해고	• 퇴직관련 비용
• 정규직, 시간제 근로자 혼합	• 인건비 및 생산성 변화
재고	
• 예측(구축)재고	• 재고 운반비용
• 과소재고stockout 허용	• 판매 손실 (수익) 및 고객 충성도 비용
• 이월주문 계획	• 이월주문비용 및 고객대기 비용
시설, 장비 및 운송	
• 운영/종료 시설 및 시간	• 변동 및 고정 비용
• 자원 활용	• 서비스와 배송 속도 및 신뢰도
• 탄소배출	• 활용도의 높고 낮음에 따른 단위비용 변화
• 운송수단(트럭, 기차, 배, 비행기)	• 운송수단별 인바운드 및 아웃바운드 비용
• 처리능력 및 자원 활용도	• 완전 또는 부분 적재 수

획하여 수요가 적은 기간에 근무시간을 줄일 수 있다. 그러나 초과근무 수당 감소 또는 유휴 상태로 대기하는 것은 직원의 사기에 심각한 영향을 미칠 수 있다. 수요가 가장 많은 기간에 하청을 주면 생산율이 변화할 수 있다. 이는 일부 회사에서는 실현 가능한 대안이 아닐 수 있지만 공작 기계 산업과 같이 자체 부품의 상당 부분을 제조하는 산업에서는 효과적이다. 사업이 활발할 때는 부품 생산을 하도급 줄 수 있다. 사업이 활발하지 않을 때는 회사는 생산능력 한계 범위에서 다른 산업의 하청업체 역할을 할 수 있다. 이런 방법으로 안정적인 인력을 유지할 수 있다.

인력 규모 조정 workforce changes

인력 규모 조정은 일반적으로 고용 및 해고를 통해 이루어진다. 이 둘 모두 단점이 있다. 추가 인력을 고용하면 일반적으로 인사부서 및 교육 비용이 높아진다. 해고를 하면 퇴직금과 추가 실업 보험 비용을 지불해야 하고, 직원들의 사기도 떨어진다.

다수의 산업에서 인력 규모 조정은 쉽게 실행 가능한 대안은 아니다. 그러나 주로 기술 요구사항이 낮은 직무로 구성된 회사에서는 비용적 측면에서 효율적일 수 있다. 장난감 산업이 대표적인 예이다. 도매기업wholesalers이 연말 휴가철을 대비해 주문을 내기 전까지는 (보통 일년의 중

Evgeny Litvinov/Shutterstock.com

간 무렵) 연말 휴가철에 대한 정확한 수요예측이 불가능하다. 장난감 회사는 연말 성수기 시즌에 생산량을 증가시키기 전에는 최소한의 직원을 유지한다. 이후 성수기에 장난감 회사는 생산능력을 증대하기 위해서 다수의 시간제 근로자를 고용한다.

재고 조정 inventory changes

수요변동에 대한 계획에서 재고는 일반적으로 성수기를 위해 비성수기에 축적되고 보유된다. 그러나 이로 인해 운반 비용이 증가하고 더 많은 창고 공간이 필요할 수 있다. 이 전략은 이월주문 backorder을 고려하거나 성수기에 판매 손실을 허용한다. 그러나 이윤이 낮거나 경쟁이 치열한 경우에는 고려하기 어렵다.

시설, 장비 및 운송 facilities, equipment, and transportation

시설, 장비 및 운송은 일반적으로 장기 자본투자를 의미한다. 시설 및 장비의 단기간 내 변경은 관련된 자본 비용으로 인해 전통적인 총괄계획 방법에서는 거의 고려하지 않는다. 그러나 경우에 따라 산업용 지게차, 소형 기계, 트럭 또는 창고 공간과 같은 추가 장비를 임대하여 수요가 많은 기간에 대응할 수 있다.

14-3 총괄생산계획 전략 Strategies for Aggregate Production

총괄계획을 수립하기 위해서 일반적으로 분기 또는 연간 단위 등 일정 기간에 대한 수요예측부터 시작한다. **총괄생산계획**aggregate production planning은 *주간 또는 월간 단위의 기간에 대한 생산 수준을 구체화한다.*

n개의 기간을 계획하고 있다고 가정해보자. 그 경우

$P_t = t$ 기간동안의 생산량

$D_t = t$ 기간동안의 수요

$I_t = t$ 기간의 기말 재고수준

각 기간의 생산, 재고 및 수요 간의 관계를 정의하는 식은 다음과 같다.

$t-1$ 기간의 기말 재고수준 + t 기간동안의 생산량 − t 기간동안의 수요 =
t 기간의 기말 재고수준

또는

$$I_{t-1} + P_t - D_t = I_t \quad [14.1]$$

$t-1$ 기간의 기말 재고는 t 기간의 시작부터 사용할 수 있다. 따라서 각 기간의 생산과 수요를 알면 기말 재고를 쉽게 결정할 수 있다.

근본적인 질문은 최소비용으로 예상 수요를 충족하기 위해 각 기간에 얼마나 많이 생산해야 하는지 결정하는 것이다. 세 가지 옵션은 다음과 같다.

1. **생산 평준화 전략** level production strategy: **생산 평준화 전략**은 *각 기간에 동일한 생산율을 계획한다*. 평준화 전략은 생산율 변경을 방지하고 정상적인 생산능력 범위 내에서 운영한다. 노동 및 장비 일정 운영이 안정적이고 반복적이므로 계획을 보다 쉽게 실행할 수 있다. 마인드탭MindTap의 Agg Plan — Level 엑셀 양식은 1년 및 월간 단위의 레벨 생산 전략을 구현하기 위한 스프레드시트를 제공한다.
2. **수요추종 생산전략** chase demand production strategy: **수요추종 생산전략** chase demand production strategy은 *생산율을 각 기간의 수요와 동일하게 설정한다*. 재고가 줄어들고 판매 손실이 제거되지만 잦은 생산율 변경으로 인해 자원수준 (직원 수, 기계 수 등)이 크게 변화한다. 마인드탭의 Agg Plan — Chase 엑셀 양식은 1년 및 월간 단위의 수요 추적 생산 전략을 구현하기위한 스프레드시트를 제공한다.
3. **최소비용 전략** minimum cost strategy: **최소비용 전략** minimum cost strategy은 *총비용을 최소화하는 각 기간에 대한 생산수준을 결정하는 것이다*. 단순히 예상된 판매 수준(수요 추적 전략)으로 생산하는 것이 분명해 보일 수 있지만, 생산 비용이 낮을 수 있는 초기 기간에 필요한 것 보다 더 많이 생산하고 초과생산을 재고로 저장하여 사용하는 것이 유리할 수 있다. 이에 따라 생산비용을 낮추어 재고유지비용을 상쇄할 수 있다. 최적화 방법을 통해 최소비용 전략을 수립할 수 있다. 부록 D는 모형을 공식화하고 엑셀 해찾기Excel Solver를 사용하여 해를 구하는 것을 포함한 선형계획모형의 최적화 자료를 제공한다.

문제 14.1은 생산 평준화 및 수요 추적 전략을 보여준다. 문제 14.2에서는 선형모형 최적화를 사용하여 최소비용 전략을 찾는 방법을 보여준다.

문제풀이 14.1 : 생산 평준화 및 수요추종 생산전략 평가

에프 앤드 제이 엔터프라이즈 F & J Enterprises는 향후 3개월 동안 총괄계획을 수립해야 한다. 수요 예측은 다음과 같다.

Month1: 250
Month2: 350
Month3: 150

단위당 생산비용은 공급 업체와의 계약으로 인해 매달 다르다. Month1은 $10, Month2는 $13, Month3은 $11.50이다. 월말 재고의 각 단위의 비용은 $0.80이다. 회사의 고객 서비스 보증 방침으로 인해 품절은 허용되지 않는다. Month1의 초기 재고는 0개이다.

a. 재고부족을 방지하기 위한 평준화 전략을 수립하라.
b. 수요 추적 전략을 수립하라.

해답:

a. 식 14.1을 활용한다.

Month1: $0 + P_1 - 250 = I_1$
Month2: $I_1 + P_2 - 350 = I_2$
Month3: $I_2 + P_3 - 150 = I_3$

총비용 = $(10P_1 + 13P_2 + 11.5P_3) + 0.80(I_1 + I_2 + I3)$

재고부족을 피하는 한 가지 방법은 매월 최대 수요 (350단위)를 생산하는 것이다.

Month1: $I_1 = 0 + 350 - 250 = 100$
Month2: $I_2 = 100 + 350 - 350 = 100$
Month3: $I_3 = 100 + 350 - 150 = 300$

총비용 = ($10 × 350 + $13 × 350 + 11.5 × 350) + 0.80(100 + 100 + 300) = $12,075 + $400 = $12,475

그러나 더 적절한 평준화 전략은 한 달에 300개를 생산하는 것이다.

Month1: $I_1 = 0 + 300 - 250 = 50$
Month2: $I_2 = 50 + 3 - 300 - 350 = 0$
Month3: $I_3 = 0 + 300 - 150 = 150$

$$\text{총비용} = (\$10 \times 300 + \$13 \times 300 + 11.5 \times 300) + 0.80(50 + 0 + 150) = \$10,350 + \$160 = \$10,510$$

b. 수요 추적 전략을 수립하기 위해 다음과 같은 계산과정이 필요하다.

$P_1 = 250$
$P_2 = 350$
$P_3 = 150$

Month1: $I_1 = 0 + 250 - 250 = 0$
Month2: $I_2 = 0 + 350 - 350 = 0$
Month3: $I_3 = 0 + 150 - 150 = 0$

$$\text{총비용} = (\$10 \times 250 + \$13 \times 350 + 11.5 \times 150) + 0.80(0 + 0 + 0) = \$8,775$$

문제풀이 14.2 : 최적화를 활용한 최소비용 전략 수립

선형 최적화 모형을 세우고 최적해를 구하여 에프 앤드 제이 엔터프라이즈(문제 14.1)의 대한 최소비용 전략을 수립하시오.

해답:

선형 최적화 모형은 총비용의 최소화를 목적으로 식 14.1을 매월 만족하면서 모든 변수가 음이 아닌 경우를 조건으로 세울 수 있다. 목적 함수는

$$\text{Minimize Total cost} = (10P_1 + 13P_2 + 11.5P_3) + 0.80(I_1 + I_2 + I_3)$$

순 생산량이 다음과 같이 매월 수요와 같아야 한다는 제약조건을 작성한다.

$$P_1 - I_1 = 250$$
$$I_1 + P_2 - I_2 = 350$$
$$I_2 + P_3 - I_3 = 150$$

$P_t, I_t \geq 0$ for $t = 1,2,3$

그림/표 14.4는 엑셀 해 찾기를 사용하여 풀 수 있는 엑셀 모형을 보여준다. 결정변수는 B12 : D13 셀에 있다. 15행에서는 매월 순 생산량을 계산한다. 예를 들어, 셀 B15는 $P_1 - I_1$이고 셀 C15는 $I_1 + P_2 - I_2$이다. 해 찾기Solver 모형에서 이 값들은 매월 수요와 같아야 한다.

그림/표 14.5는 $8,005의 최소비용 최적해를 보여준다. 낮은 생산비용이 추가 재고유지비용보다 크기 때문에 Month 1의 생산은 수요를 초과함을 볼 수 있다.

그림/표 14.4 에프 앤드 제이 엔터프라이즈를 위한 엑셀 모형 및 해찾기

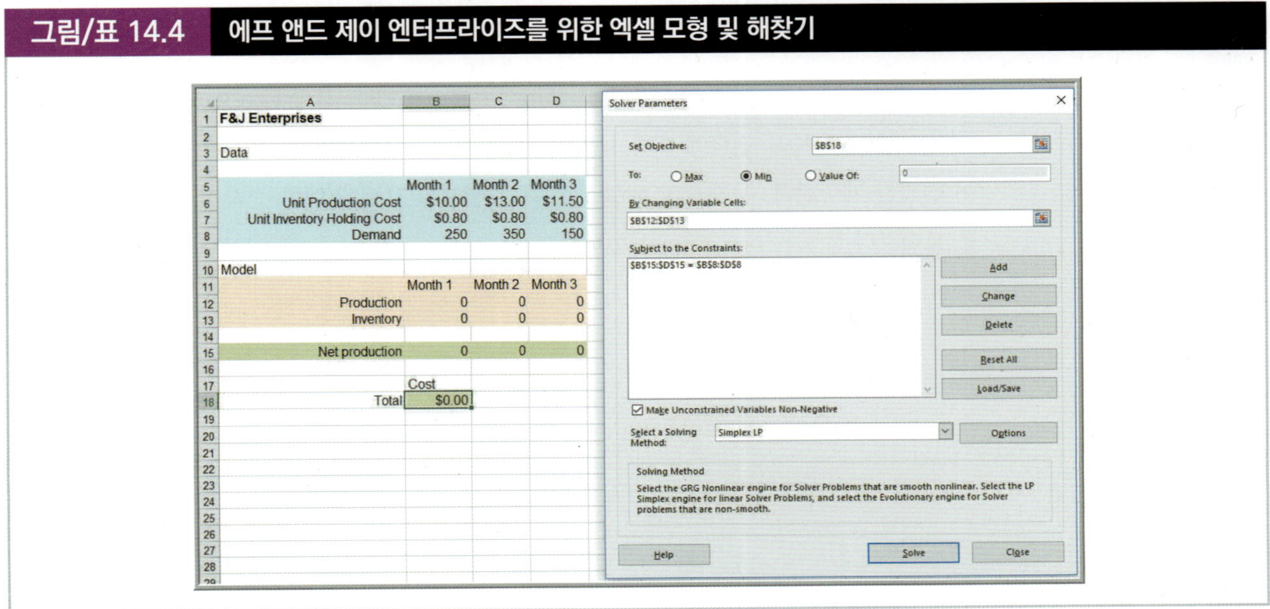

그림/표 14.5 해 찾기 최적해

	A	B	C	D
1	**F&J Enterprises**			
2				
3	Data			
4				
5		Month 1	Month 2	Month 3
6	Unit Production Cost	$10.00	$13.00	$11.50
7	Unit Inventory Holding Cost	$0.80	$0.80	$0.80
8	Demand	250	350	150
9				
10	Model			
11		Month 1	Month 2	Month 3
12	Production	600	0	150
13	Inventory	350	0	0
14				
15	Net production	250	350	150
16				
17		Cost		
18	Total	$8,005.00		

14-3a 총괄계획을 위한 엑셀 양식

총괄계획 문제가 다수의 의사 결정 변수와 생산, 재고, 판매 손실, 초과근무, 언더타임 및 생산율 변경의 비용 등을 포함하는 경우 최적화 모형이 매우 복잡해지고 수식화 하기 어려워질 수 있다. 스프레드시트를 사용하는 시행착오 접근trial and error approaches를 통해 적절한 솔루션을 찾을 수 있다. 마인드탭의 Agg Plan — Level, Agg Plan — Chase 및 Aggregate Planning 엑셀 템플릿은 세 가지 주요 전략에 대한 1년 및 월간 단위의 총괄계획 옵션의 시행착오 평가를 수행하여 결과를 제공한다. 문제풀이 해설 14.3은 총괄계획 문제에 대한 전략 및 엑셀 템플릿의 활용을 보여준다.

문제풀이 14.3 : 총괄계획 수립

골든 베버리지스Golden Beverages의 공장 중 하나에서는 올드 패션Old Fashioned과 포미딜라이트Foamy Delite라는 두 종류의 루트 맥주를 생산한다. 골든 베버리지스는 연속흐름 방식으로 공장을 운영하며, 여름과 겨울 휴가철에 계절적 성수기를 맞으며 1년동안 상당히 변동하는 수요예측을 감안하여 향후 생산을 계획해야 한다. 그림/표 14.6은 다음해 월별 총 수요예측을 보여준다. 수요는 두 제품의 집계 단위인 월별 배럴로 나타낸다. 골든 베버리지스의 정상적인 생산능력은 월 2,200배럴이며 현재 재고는 1,000배럴이다. 생산비용은 배럴당 $70, 재고유지비용은 배럴당 $1.40, 판매손실 비용은 배럴당 $90, 초과 근무 비용은 배럴당 $6.50, 언더타임 비용은 배럴당 $3, 월이 바뀔 때 생산율을 변경하면 배럴당 $5의 비용이 든다. 골든 베버리지스는 이러한 변동하는 수요에 직면하여 향후 12개월 동안 전체 생산을 어떻게 계획해야 하는가? 생산 평준화 및 수요 추적 전략을 비교하고 최소비용 전략을 수립하라.

그림/표 14.6 골든 베버리지스의 월별 수요

월	수요
January	1,500
February	1,000
March	1,900
April	2,600
May	2,800
June	3,100
July	3,200
August	3,000
September	2,000
October	1,000
November	1,800
December	2,200

해답:

Agg Plan—level 엑셀 템플릿에서 모든 데이터는 B열에 입력한다. B12셀에 평준화 생산율을 입력한다. 그림/표 14.7은 월 2,200배럴의 평준화 생산율(셀 B12에 입력)를 사용한 레벨 생산 전략을 보여준다. 매월 기말 재고를 계산하기 위해 식 14.1을 사용한다.

기말재고 = 기초재고 + 생산량 − 수요

예를 들어 1월의 기말재고는 1,000 + 2,200 − 1,500 = 1,700이고 2월의 기말재고는 1,700 + 2,200 − 1,000 = 2,900이다.

그러나 이 솔루션의 경우 기말재고가 3월에 최대 3,200배럴까지 쌓여 높은 재고 보유비용이 발생한다. 엑셀 템플릿은 또한 누적 수요 및 누적 제품 가능력cumulative product availability 차트를 보여준다(그림/표 14.8). 누적 제품 가용성이 적어도 누적 수요보다 크면 생산 일정이 수요를 충족시킬 수 있다. 그러나 8월에는 누적 수요가 누적 제품 가용성을 초과하고 재고 부족으로 인해 500배럴의 판매 손실이 발생하는 것을 볼 수 있다. 이 계획의 총 비용은 $1,920,440이다.

그림/표 14.8은 월 2,300배럴 평준화 생산율에 대한 생산 전략을 나타낸다. 레벨 생산율이 셀 B10의 정상 생산율을 초과하면 초과근무가 발생한다. 정상 생산율보다 낮으면 언더타임이 발생한다. 차트에서 판매 손실이 더 이상 발생하지 않음을 알 수 있으나, 초과 근무 비용은 $7,800이다. 높은 재고비용으로 인해 총비용은 생산율이 2,200단위일 때 보다 높다. 비용, 재고 수준, 판매 손실 등의 상충관계를 이해하기 위해 비율을 탐구해볼 수 있다.

Agg Plan—Chase 템플릿을 사용한 골든 비버리지스의 수요 추적 전략은 그림/표 14.9에 총 비용이 $1,835,050로 나와 있다. 엑셀 템플릿은 수요를 기반으로 기초 재고에 맞춰 조정된 매달 생산량을 셀 D16:D27에 할당한다 따라서 1월의 경우 전년 12월에서 이월된 초기 재고가 1000개이기 때문에 생산량이 500개에 불과하다. 생산 평준화 전략에 비해 수요 추적 전략의 비용은 적다. 재고유지 또는 판매비용 손실이 발생하지 않지만 상당한 초과근무, 미달근무 및 생산율 변경 비용을 필요로 한다. 그러나 이는 재고비용을 상쇄한다. 누적 수요가 매월 누적 제품 가용성과 같기 때문에 누적 제품 가용성 그래프에 누적 수요 그래프는 가려진다.

마지막으로 최소비용 전략을 찾기 위해 총괄계획 엑셀 템플릿을 사용하여 D16: D27 셀에서 매달 생산수준을 선택할 수 있다. 몇 번의 시행 착오 끝에 그림/표 14.10에 나와있는 솔루션을 개발했다. 이 솔루션은 판매 손실을 제거하고 재고를 낮은 수준으로 유지한다. 이 계획의 총 비용은 $1,822,464로 세 가지 전략 중 가장 낮은 비용지만, 최소 비용은 아닐 수 있다.

그림/표 14.7 생산 평준화 전략 (생산율 = 2,200)

Aggregate Planning - Level Production Strategy

Enter the data only in the yellow cells.

Production cost ($/unit)	$70.00
Inventory holding cost ($/unit/month)	$1.40
Lost sales cost ($/unit)	$90.00
Overtime cost ($/unit)	$6.50
Undertime cost ($/unit)	$3.00
Rate change cost ($/unit)	$5.00
Normal production rate (units)	2200
Ending inventory (previous Dec.)	1000
Level Production Rate	2200

Month	Demand	Cumulative Demand	Production	Cumulative Product Availability	Ending Inventory	Lost Sales
January	1500	1,500	2,200	3,200	1,700	0
February	1000	2,500	2,200	5,400	2,900	0
March	1900	4,400	2,200	7,600	3,200	0
April	2600	7,000	2,200	9,800	2,800	0
May	2800	9,800	2,200	12,000	2,200	0
June	3100	12,900	2,200	14,200	1,300	0
July	3200	16,100	2,200	16,400	300	0
August	3000	19,100	2,200	18,600	0	500
September	2000	21,100	2,200	21,300	200	0
October	1000	22,100	2,200	23,500	1,400	0
November	1800	23,900	2,200	25,700	1,800	0
December	2200	26,100	2,200	27,900	1,800	0
Average	2,175.00			Maximum	3,200	

Month	Production Cost	Inventory Cost	Lost Sales Cost	Overtime Cost	Undertime Cost	Rate Change Cost
January	$154,000.00	$2,380.00	$0.00	$0.00	$0.00	$0.00
February	$154,000.00	$4,060.00	$0.00	$0.00	$0.00	$0.00
March	$154,000.00	$4,480.00	$0.00	$0.00	$0.00	$0.00
April	$154,000.00	$3,920.00	$0.00	$0.00	$0.00	$0.00
May	$154,000.00	$3,080.00	$0.00	$0.00	$0.00	$0.00
June	$154,000.00	$1,820.00	$0.00	$0.00	$0.00	$0.00
July	$154,000.00	$420.00	$0.00	$0.00	$0.00	$0.00
August	$154,000.00	$0.00	$45,000.00	$0.00	$0.00	$0.00
September	$154,000.00	$280.00	$0.00	$0.00	$0.00	$0.00
October	$154,000.00	$1,960.00	$0.00	$0.00	$0.00	$0.00
November	$154,000.00	$2,520.00	$0.00	$0.00	$0.00	$0.00
December	$154,000.00	$2,520.00	$0.00	$0.00	$0.00	$0.00
Totals	$1,848,000.00	$27,440.00	$45,000.00	$0.00	$0.00	$0.00

Total cost	$1,920,440.00

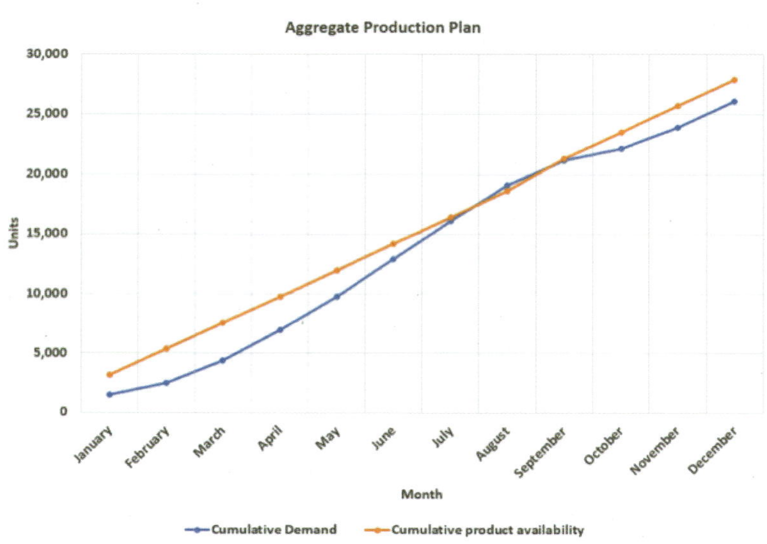

그림/표 14.8 생산 평준화 전략 (생산율 = 2,300)

	A	B	C	D	E	F	G
1	Aggregate Planning - Level Production Strategy		Copyright © Cengage Learning				
2	Enter the data only in the yellow cells.		Not for commercial use.				
3							
4	Production cost ($/unit)	$70.00					
5	Inventory holding cost ($/unit/month)	$1.40					
6	Lost sales cost ($/unit)	$90.00					
7	Overtime cost ($/unit)	$6.50					
8	Undertime cost ($/unit)	$3.00					
9	Rate change cost ($/unit)	$5.00					
10	Normal production rate (units)	2200					
11	Ending inventory (previous Dec.)	1000					
12	Level Production Rate	2300					
13							
14					Cumulative		
15			Cumulative		Product	Ending	Lost
16	Month	Demand	Demand	Production	Availability	Inventory	Sales
17	January	1500	1,500	2,300	3,300	1,800	0
18	February	1000	2,500	2,300	5,600	3,100	0
19	March	1900	4,400	2,300	7,900	3,500	0
20	April	2600	7,000	2,300	10,200	3,200	0
21	May	2800	9,800	2,300	12,500	2,700	0
22	June	3100	12,900	2,300	14,800	1,900	0
23	July	3200	16,100	2,300	17,100	1,000	0
24	August	3000	19,100	2,300	19,400	300	0
25	September	2000	21,100	2,300	21,700	600	0
26	October	1000	22,100	2,300	24,000	1,900	0
27	November	1800	23,900	2,300	26,300	2,400	0
28	December	2200	26,100	2,300	28,600	2,500	0
29	Average	2,175.00			Maximum	3,500	
30							
31		Production	Inventory	Lost Sales	Overtime	Undertime	Rate Change
32	Month	Cost	Cost	Cost	Cost	Cost	Cost
33	January	$161,000.00	$2,520.00	$0.00	$650.00	$0.00	$500.00
34	February	$161,000.00	$4,340.00	$0.00	$650.00	$0.00	$0.00
35	March	$161,000.00	$4,900.00	$0.00	$650.00	$0.00	$0.00
36	April	$161,000.00	$4,480.00	$0.00	$650.00	$0.00	$0.00
37	May	$161,000.00	$3,780.00	$0.00	$650.00	$0.00	$0.00
38	June	$161,000.00	$2,660.00	$0.00	$650.00	$0.00	$0.00
39	July	$161,000.00	$1,400.00	$0.00	$650.00	$0.00	$0.00
40	August	$161,000.00	$420.00	$0.00	$650.00	$0.00	$0.00
41	September	$161,000.00	$840.00	$0.00	$650.00	$0.00	$0.00
42	October	$161,000.00	$2,660.00	$0.00	$650.00	$0.00	$0.00
43	November	$161,000.00	$3,360.00	$0.00	$650.00	$0.00	$0.00
44	December	$161,000.00	$3,500.00	$0.00	$650.00	$0.00	$0.00
45	Totals	$1,932,000.00	$34,860.00	$0.00	$7,800.00	$0.00	$500.00
46							
47	Total cost	$1,975,160.00					

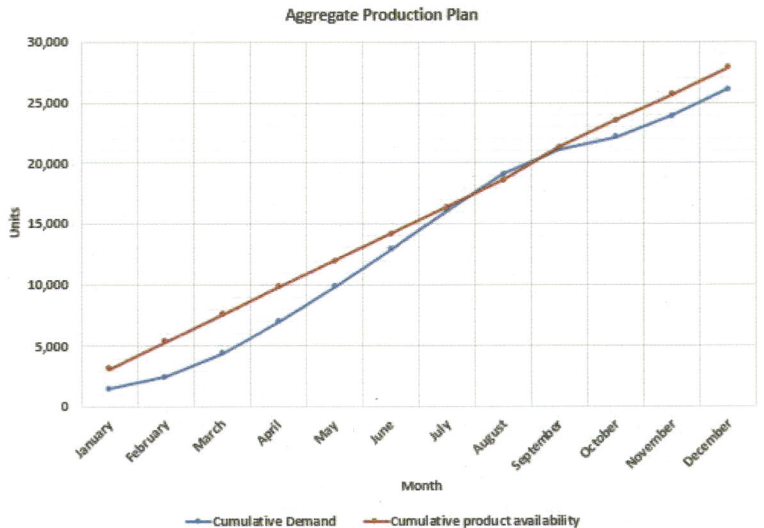

그림/표 14.9 골든 베버리지스의 수요추종 생산전략

Aggregate Planning - Chase Demand Strategy		Copyright © Cengage Learning
Enter the data only in the yellow cells.		Not for commercial use.

Production cost ($/unit)	$70.00
Inventory holding cost ($/unit/month)	$1.40
Lost sales cost ($/unit)	$90.00
Overtime cost ($/unit)	$6.50
Undertime cost ($/unit)	$3.00
Rate change cost ($/unit)	$5.00
Normal production rate (units)	2200
Ending inventory (previous Dec.)	1000

Month	Demand	Cumulative Demand	Production	Cumulative Product Availability	Ending Inventory	Lost Sales
January	1500	1,500	500	1,500	0	0
February	1000	2,500	1,000	2,500	0	0
March	1900	4,400	1,900	4,400	0	0
April	2600	7,000	2,600	7,000	0	0
May	2800	9,800	2,800	9,800	0	0
June	3100	12,900	3,100	12,900	0	0
July	3200	16,100	3,200	16,100	0	0
August	3000	19,100	3,000	19,100	0	0
September	2000	21,100	2,000	21,100	0	0
October	1000	22,100	1,000	22,100	0	0
November	1800	23,900	1,800	23,900	0	0
December	2200	26,100	2,200	26,100	0	0
Average	2,175.00			Maximum	0	

Month	Production Cost	Inventory Cost	Lost Sales Cost	Overtime Cost	Undertime Cost	Rate Change Cost
January	$35,000.00	$0.00	$0.00	$0.00	$5,100.00	$8,500.00
February	$70,000.00	$0.00	$0.00	$0.00	$3,600.00	$2,500.00
March	$133,000.00	$0.00	$0.00	$0.00	$900.00	$4,500.00
April	$182,000.00	$0.00	$0.00	$2,600.00	$0.00	$3,500.00
May	$196,000.00	$0.00	$0.00	$3,900.00	$0.00	$1,000.00
June	$217,000.00	$0.00	$0.00	$5,850.00	$0.00	$1,500.00
July	$224,000.00	$0.00	$0.00	$6,500.00	$0.00	$500.00
August	$210,000.00	$0.00	$0.00	$5,200.00	$0.00	$1,000.00
September	$140,000.00	$0.00	$0.00	$0.00	$600.00	$5,000.00
October	$70,000.00	$0.00	$0.00	$0.00	$3,600.00	$5,000.00
November	$126,000.00	$0.00	$0.00	$0.00	$1,200.00	$4,000.00
December	$154,000.00	$0.00	$0.00	$0.00	$0.00	$2,000.00
Totals	$1,757,000.00	$0.00	$0.00	$24,050.00	$15,000.00	$39,000.00

Total cost	$1,835,050.00

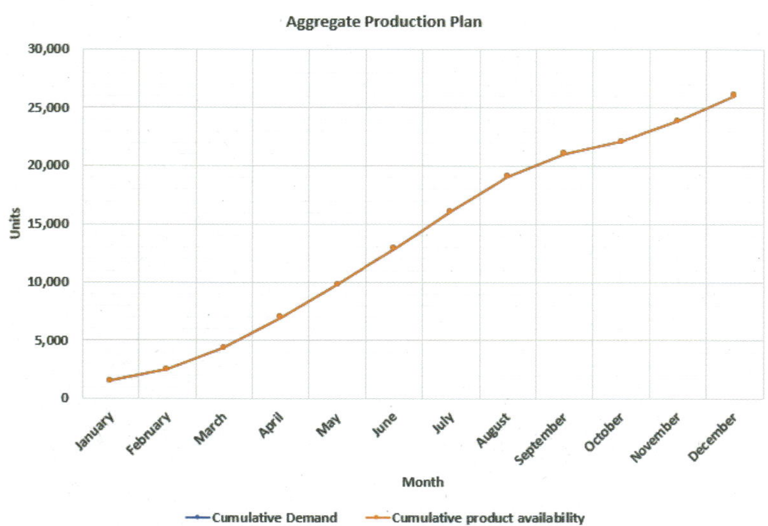

그림/표 14.10 최소비용 전략 수립을 위한 총괄계획 엑셀 템플릿

	A	B	C	D	E	F	G
1	Aggregate Planning		Copyright © 2019 Cengage Learning		Not for commercial use.		
2	Enter the data only in the yellow cells. This template is designed so that you can experiment with production levels in column D to identify good solutions.						
3							
4	Production cost ($/unit)	$70.00					
5	Inventory holding cost ($/unit/month)	$1.40					
6	Lost sales cost ($/unit)	$90.00					
7	Overtime cost ($/unit)	$6.50					
8	Undertime cost ($/unit)	$3.00					
9	Rate change cost ($/unit)	$5.00					
10	Normal production rate (units)	2200					
11	Ending inventory (previous Dec.)	1000					
12							
13–15	Month	Demand	Cumulative Demand	Production	Cumulative Product Availability	Ending Inventory	Lost Sales
16	January	1500	1,500	750	1,750	250	0
17	February	1000	2,500	750	2,500	0	0
18	March	1900	4,400	2249	4,749	349	0
19	April	2600	7,000	2251	7,000	0	0
20	May	2800	9,800	2800	9,800	0	0
21	June	3100	12,900	3150	12,950	50	0
22	July	3200	16,100	3150	16,100	0	0
23	August	3000	19,100	3000	19,100	0	0
24	September	2000	21,100	2000	21,100	0	0
25	October	1000	22,100	1667	22,767	667	0
26	November	1800	23,900	1666	24,433	533	0
27	December	2200	26,100	1667	26,100	0	0
28	Average	2,175			Maximum	667	
29							
30–31	Month	Production Cost	Inventory Cost	Lost Sales Cost	Overtime Cost	Undertime Cost	Rate Change Cost
32	January	$52,500.00	$350.00	$0.00	$0.00	$4,350.00	$7,250.00
33	February	$52,500.00	$0.00	$0.00	$0.00	$4,350.00	$0.00
34	March	$157,430.00	$488.60	$0.00	$318.50	$0.00	$7,495.00
35	April	$157,570.00	$0.00	$0.00	$331.50	$0.00	$10.00
36	May	$196,000.00	$0.00	$0.00	$3,900.00	$0.00	$2,745.00
37	June	$220,500.00	$70.00	$0.00	$6,175.00	$0.00	$1,750.00
38	July	$220,500.00	$0.00	$0.00	$6,175.00	$0.00	$0.00
39	August	$210,000.00	$0.00	$0.00	$5,200.00	$0.00	$750.00
40	September	$140,000.00	$0.00	$0.00	$0.00	$600.00	$5,000.00
41	October	$116,690.00	$933.80	$0.00	$0.00	$1,599.00	$1,665.00
42	November	$116,620.00	$746.20	$0.00	$0.00	$1,602.00	$5.00
43	December	$116,690.00	$0.00	$0.00	$0.00	$1,599.00	$5.00
44	Totals	$1,757,000.00	$2,588.60	$0.00	$22,100.00	$14,100.00	$26,675.00
45							
46	Total cost	$1,822,463.60					

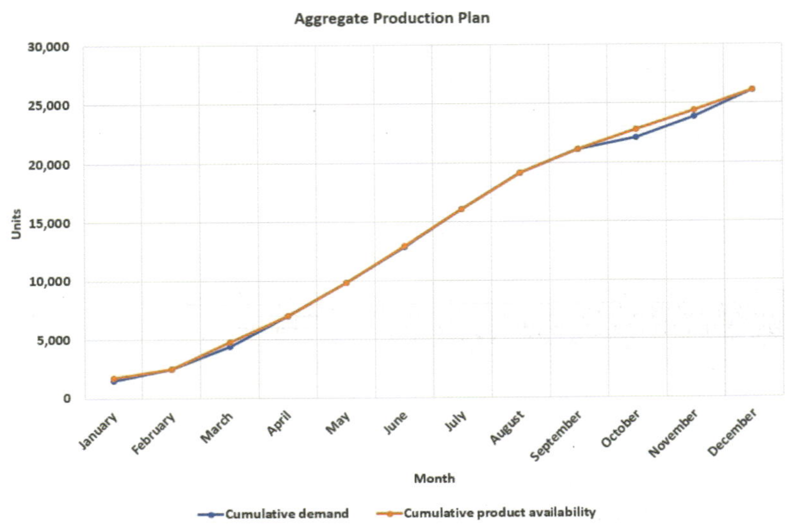

어떻게 테니스 클럽의 총괄계획을 수립할 수 있는가? How Can We Use Aggregate Planning for a Tennis Club?

서비스업이 자원을 계획하고 관리할 때 제조기업이 겪는 것과 유사한 많은 문제에 직면한다. 대기업이 소유하고 운영중인 사우스캐롤라이나주 머틀비치Myrtle Beach, 사우스 캐롤라이나South Carolina에 위치한 145에이커 규모의 해변 리조트를 생각해보자. 테니스 클럽과 4개의 코트는 스포츠 및 헬스 클럽 옆에 위치한다. 모든 코트는 야간 플레이를 위한 조명이 사용 가능하며 추가적으로 테니스 코트를 지을 공간은 더 이상 없다. 테니스 레슨에 대한 수요는 매우 계절적이며 6월, 7월, 8월에 수요가 가장 많다. 98~100% 리조트 객실이 점유율을 보이는 여름철에는 레슨 시간에 대한 요청이 수용 인원을 훨씬 초과하여 운영자 및 호텔 투숙객의 불만이 급증한다. 헬스클럽의 관리자는 2명의 기본 정규직원과 그 외 필요에 따라 일년 내내 시간제 직원을 고용하는 수요추종 생산전략을 고려할 수 있다. 또는 4명의 정규 직원을 고용하고 시간제 직원은 고용하지 않는 레벨 전략을 고려할 수도 있다.

14-4 자원관리 최적화 모형 활용 Using Optimization Models for Resource Management

총괄계획을 위해 선형 최적화 모형을 개발하는 방법을 살펴봤었다. 제품 혼합 결정, 프로세스 선택, 여러 제품에 대한 총괄계획 및 기타 여러 시나리오에 초점을 맞춘 생산계획을 위한 선형 최적화의 다른 응용 프로그램들이 있다. 관련한 문제들의 스프레드시트 모형은 마인드탭에서 사용 가능하다.

14-4a 제품 혼합 모형 Product Mix Model

제품 혼합 모형은 이익을 극대화하기 위해 생산 및 판매할 다양한 제품의 수량을 결정한다. 제약 조건에는 생산 시간, 노동 가용성 및 자재 가용성과 같은 자원 제한과 생산할 최소 및 최대 양과 같은 마케팅 요구 사항이 포함될 수 있다.

문제풀이 14.4 : 제품 혼합 최적화 모형

비치 범 서프보드Beach Bum Surfboards는 일반용과 전문가용 두 가지 유형의 서핑보드를 제조한다. 제조 프로세스는 제작, 도장 및 마감의 두 부서에서 수행한다. 제작 부서에는 8명의 숙련공이 있으며 각 인력은 하루에 7시간씩 근무한다. 도장 및 마감 부서에는 4명의 직원이 있으며 역시 7시간씩 근무한다. 각 일반용 모형은 제작 부서에서 4시간의 노동력과 도장 및 마감에서 1.5시간의 노동력을 필요로 한다. 프로형 모형은 제작에 5시간, 도장 및 마감에 3시간이 소요된다. 이 회사는 일반용모형에서 $75, 프로형 모형에서 $100의 순이익을 얻는다. 하와이와 로스앤젤레스에 있는 상점에서 생산한 므든 제품을 전부 판매할 수 있다. 과거 데이터를 기반으로 일반용 모형을 프로형 모형보다 최소 3배이상 더 많이 판매될 것으로 예상한다. 회사는 수익을 극대화하기 위해 매일 각 모형의 생산수준을 결정하려고 한다. 선형 최적화 모형을 세우고 최적해를 구하라.

해답:

결정변수를 아래와 같이 정의한다.

S = 일반용 서핑보드의 일일 생산량
P = 전문가용 서핑보드의 일일 생산량

목적 함수는 생산된 단위 수에 단위당 이익을 곱한 이익을 최대화하는 것이다.

Maximize 75$/단위 × S 단위 + 100 $/단위 × p 단위 = 75S + 100P

제약조건은 각 부서의 제한된 노동력과 회사가 판매할 것으로 예상하는 프로형 모형에 대한 일반용 모형의 비율을 반영한다.

제작부서:

4시간/단위 × S 단위 + 5시간/단위 × P 단위 ≤ 8근로자/교대 × 7시간/교대 또는 $4S + 5P \le 56$

도장 및 마감 부서:

1.5시간/단위 × S 단위 + 3시간/단위 × P 단위 ≤ 4근로자/교대 × 7시간/교대 또는 $1.5S + 3P \le 28$

마케팅 믹스 – 일반용 모형의 생산량은 프로형 모형 생산량의 3배 이상이어야 한다:

$$S \ge 3P, \text{ 또는 } S - 3P \ge 0$$

비음성nonnegativity:

$$S, P \ge 0$$

그림/표 14.11은 엑셀 스프레드시트 및 해찾기 모형 (Beach Bum Surfboards 엑셀 워크시트, 마인드탭에서 사용 가능)을 보여준다. 최적해는 하루에 9.88개의 일반용 모형과 3.29개의 프로형 모형을 생산하는 것으로 $1070.59의 수익을 얻을 수 있다. 선형 최적화는 의사결정변수에 분수 값이 허용된다고 가정하므로 실제 적용을 위해서는 최적해를 수정해야 한다. 예를 들어, 해를 반올림하여 10개의 일반용 모형과 3개의 프로형 모형을 생산할 수 있다. 그러나 반올림하는 것은 실행 불가능한 해가 될 수 있으며, 이 경우 해찾기를 사용할 때 변수를 정수로 제한해야 한다. 반올림한 값으로 제약조건을 확인하면 다음과 같다.

제작 부서:

$= 4 \times 10 + 5 \times 3 = 55 \le 56$

도장 및 마감 부서:

$= 1.5 \times 10 + 3 \times 3 = 24 \le 28$

마케팅 믹스 – 일반용 모형의 생산량은 프로형 모형 생산량의 3배 이상이어야 한다:

$$10 - 3 \times 3 = 1 \ge 0$$

이 경우 모든 제약 조건이 충족된다. 대량 생산과 관련한 대부분의 실제 문제의 경우 반올림은 거의 영향을 미치지 않는다.

그림/표 14.11 비치 범 서프보드 문제 해찾기 모형 및 최적해

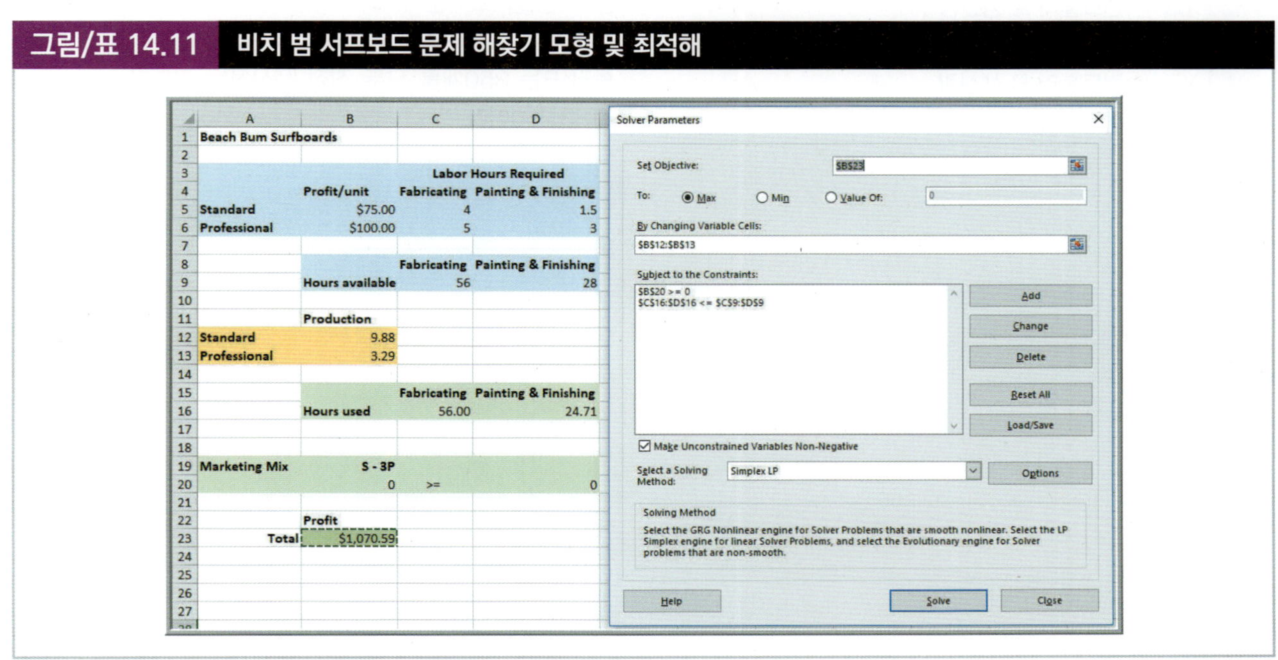

14-4b 프로세스 선택 모형 Process Selection Models

프로세스 선택 모형은 사내 제조 또는 공급 업체로부터 구매, 다른 수준의 능력capacity을 가진 기계 사용과 같은 대체 프로세스를 사용하여 만들 제품의 수량을 결정한다. 목표는 일반적으로 비용을 최소화하는 것이며 일반적인 제약조건은 수요 요구사항 및 자원 제한조건을 충족하는 것이다. 문제풀이 14.5는 예를 보여준다.

문제풀이 14.5 : 직접생산 또는 구매 결정 최적화 모형

공작 기계 제조업체는 제품에 두 가지 유형의 전자 컨트롤러를 사용한다. 이들은 사내에서 생산할 수 있는 능력이 있지만 자원이 제한되어 있다. 따라서 수요를 충족하기 위해 일부를 외부 공급 업체로부터 구매할 수 있다. 컨트롤러 A를 만드는 데 드는 비용은 $225이고 공급자로부터 $300에 구입할 수 있다. 컨트롤러 B를 만드는 데 드는 비용은 $195이고 구매 비용은 $250이다. 이 회사는 다음 달에 최소 400개의 컨트롤러 A와 350 개의 컨트롤러 B가 필요하다. 컨트롤러에는 배선과 최종 조립의 두 가지 프로세스가 필요하다. 컨트롤러 A는 배선하는데 30분, 조립하는데 18분, 컨트롤러 B는 배선하는데 20분, 조립하는데 15분이 걸린다. 이 회사는 배선 작업에 9000분, 조립 작업에 7500분을 사용할 수 있다고 결정했다. 비용을 최소화하기 위해 사내에서 몇 개의 컨트롤러를 생산해야 하며 공급 업체로부터 몇 개를 구매해야 하는가?

해답:

X_{AM} = 컨트롤러 A 생산량
X_{AP} = 컨트롤러 A 구매량
X_{BM} = 컨트롤러 B 생산량
X_{BP} = 컨트롤러 B 구매량

목적함수는 비용을 최소화하는 것이다:

$$\text{Minimize } 225\,X_{AM} + 300\,X_{AP} + 195\,X_{BM} + 250\,X_{BP}$$

수요제약조건:

$$X_{AM} + X_{AP} \geq 400$$
$$X_{BM} + X_{BP} \geq 350$$

노동 제약조건:

$$30\,X_{AM} + 20\,X_{BM} \leq 9{,}000\text{분}$$
$$18\,X_{AM} + 15\,X_{BM} \leq 7{,}500\text{분}$$

비음성:

$$\text{모든 결정변수} \geq 0$$

그림/표 14.12는 엑셀 스프레드시트 및 해찾기 모형 (엑셀 워크시트 Make-or-Buy 해찾기 모형, 마인드탭에서 사용 가능)을 보여준다. 최적해는 컨트롤러 A는 66.67개를 직접 생산 및 공급 업체로부터 333.33개를 구입하고 컨트롤러 B는 350개를 모두 직접 생산하는 것이다. 총 비용은 $183,250이다.

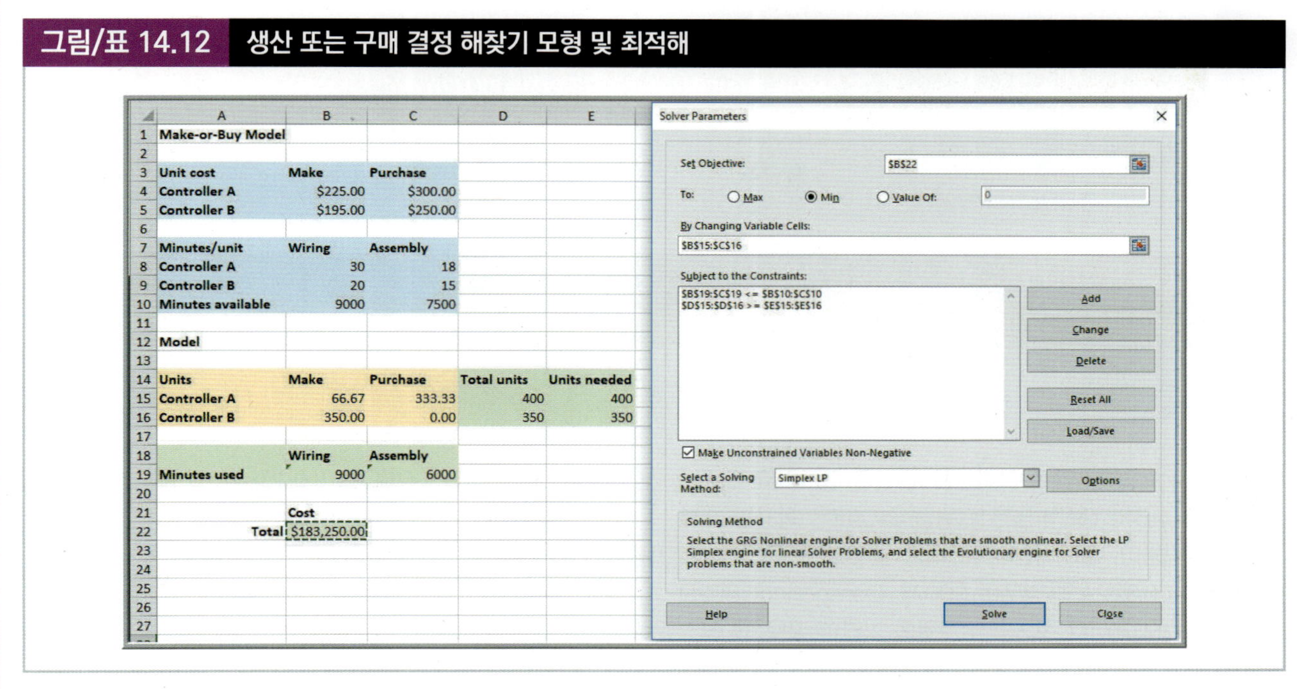

	A	B	C	D	E
1	Make-or-Buy Model				
2					
3	Unit cost	Make	Purchase		
4	Controller A	$225.00	$300.00		
5	Controller B	$195.00	$250.00		
6					
7	Minutes/unit	Wiring	Assembly		
8	Controller A	30	18		
9	Controller B	20	15		
10	Minutes available	9000	7500		
11					
12	Model				
13					
14	Units	Make	Purchase	Total units	Units needed
15	Controller A	66.67	333.33	400	400
16	Controller B	350.00	0.00	350	350
17					
18		Wiring	Assembly		
19	Minutes used	9000	6000		
20					
21		Cost			
22	Total	$183,250.00			
23					
24					
25					
26					
27					

그림/표 14.12 생산 또는 구매 결정 해찾기 모형 및 최적해

14-4c 다중 제품 생산으로 생산능력이 제한된 생산 계획 Capacity Constrained Production Planning With Multiple Product

자재 밸런스 제약조건material balance constraints이 있는 단일 제품 총괄계획 문제에 대한 선형 최적화 모형을 개발하는 방법을 살펴보았다(식 14.1). 그러나 실제로 많은 경우에 다수의 제품들과 다양한 생산능력 제약조건을 고려해야한다. 문제풀이 14.6은 이러한 상황에 대한 예를 보여 준다.

문제풀이 14.6 : 다중 제품 생산계획 최적화 모형

로마드 일렉트로닉스Romard Electronics는 항공기 엔진 제조업체를 위해 두 가지 전자 부품을 생산한다. 그림/표 14.13에 나타난 주문은 향후 3개월의 접수된 주문이다. 사용 가능한 생산, 노동력 및 보관 능력에 대한 추가 정보는 그림/표 14.14에 나와 있다. 생산 및 보관공간 요구량은 그림/표 14.15에 제시되어 있다.

그림/표 14.13 로마드 일렉트로닉스의 향후 3개월 수요

	4월	5월	6월
Component 322A	1,000	3,000	5,000
Component 802B	1,000	500	3,000

그림/표 14.14 생산, 노동력, 보관 능력

	생산능력(시간)	인적능력(시간)	보관능력(square feet)
4월	400	300	10,000
5월	500	300	10,000
6월	600	300	10,000

그림/표 14.15 생산 및 보관 공간 요구량

	생산능력(시간/단위)	인적능력(시간/단위)	보관능력(square feet/단위)
Component 322A	0.10	0.05	2
Component 802B	0.08	0.07	3

Component 322A의 생산비용은 단위당 \$20이고 Component 802B의 생산비용은 단위당 \$10이다. 회사는 월별 재고 보유비용이 제조 비용의 8%라고 결정했다. 초기재고는 Component 322A의 경우는 500개, Component 802B의 경우는 200개이다. 회사는 3개월의 기간이 끝날 때 최소 재고 수준을 Component 322A는 400개 이상, Component 802B는 200개 이상으로 보장하고자 한다. 총 비용을 최소화하기 위한 선형 최적화 모형을 개발하고 최적해를 구하라.

해답:

결정변수:

$$X_{im} = \text{제품 } i \text{ 의 } m\text{월 생산량}$$
$$I_{im} = \text{제품 } i \text{ 의 } m\text{월말 재고수준}$$

i = 1인 경우는 Component 322A를, i = 2인 경우는 Component 802B를, m = 1인 경우는 4월을, m = 2은 5월을, m = 3은 6월을 의미한다.

목적함수:
목적함수식에서 생산비용 부분은 다음과 같다.

$$20X_{11} + 20X_{12} + 20X_{13} + 10X_{21} + 10X_{22} + 10X_{23}$$

이 문제에서 단위당 생산 비용은 매월 동일하므로 목적함수에 생산비용을 포함할 필요가 없다. 즉, 어떤 생산 일정을 선택하더라도 총 생산 비용은 동일하게 유지된다. 그러나 목적함수 값에 문제와 관련된 모든 비용정보가 포함되도록 이를 포함한다.

Component 322A의 재고비용은 0.015×\$20 = \$0.30/단위이고, Component 802B이 재고비용은 0.015×\$10 = \$0.15/단위이다. 그리고 목적함수식의 재고유지비용 부분은 다음과 같이 정리할 수 있다.

$$0.30I_{11} + 0.30I_{12} + 0.30I_{13} + 0.15I_{21} + 0.15I_{22} + 0.15I_{23}$$

따라서 목적함수식은 다음과 같다.

$$\text{Minimize } 20X_{11} + 20X_{12} + 20X_{13} + 10X_{21} + 10X_{22} + 10X_{23} + 0.30I_{11} + 0.30I_{12} + 0.30I_{13} + 0.15I_{21} + 0.15I_{22} + 0.15I_{23}$$

제약조건:
첫째, 매월 고객의 요구에 부응할 수 있는 충분한 제품을 확보해야 한다. 이 장의 앞부분에서 소개한 식 14.1을 사용할 수 있다.

t − 1 기간의 기말 재고수준 + t 기간 동안의 생산량 − t기간 동안의 수요 = t 기간의 기말 재고수준

4월의 경우

$$500 + X_{11} - I_{11} = 1{,}000$$

그리고,

$$200 + X_{21} - I_{21} = 1{,}000$$

다음과 같이 다시 정리할 수 있다.

$$X_{11} - I_{11} = 500$$

그리고,

$$X_{21} - I_{21} = 800$$

동일한 방법으로 5월과 6월에 적용할 수 있다.

$$\text{Month 2: } I_{11} + X_{12} - I_{12} = 3{,}000$$
$$I_{21} + X_{22} - I_{22} = 500$$

$$\text{Month 3: } I_{12} + X_{13} - I_{13} = 5{,}000$$
$$I_{22} + X_{23} - I_{23} = 3{,}000$$

Month3의 최소수준 이상의 기말재고 보유 제약조건은 다음과 같다.

$$I_{13} \geq 400 \text{ 그리고 } I_{23} \geq 200$$

생산능력, 인적능력, 보관능력에 대한 제약조건은 다음과 같다.

생산능력:

$$0.10X_{11} + 0.08X_{21} \leq 400 \text{ (month1)}$$
$$0.10X_{12} + 0.08X_{22} \leq 500 \text{ (month2)}$$
$$0.10X_{13} + 0.08X_{23} \leq 600 \text{ (month3)}$$

노동능력:

$$0.05X_{11} + 0.07X_{21} \leq 300 \text{ (month1)}$$
$$0.05X_{12} + 0.07X_{22} \leq 300 \text{ (month2)}$$
$$0.05X_{13} + 0.07X_{23} \leq 300 \text{ (month3)}$$

보관능력:

$$2I_{11} + 3I_{21} \leq 10{,}000 \text{ (month1)}$$
$$2I_{12} + 3I_{22} \leq 10{,}000 \text{ (month2)}$$
$$2I_{13} + 3I_{23} \leq 10{,}000 \text{ (month3)}$$

마지막으로 모든 결정변수는 0이상의 값을 가져야한다.

그림/표 14.16은 엑셀 스프레드시트 및 해찾기 모형(Romard Electronics 엑셀 워크시트 마인드탭에서 확인)을 보여준다. 최적해는 Component 322A의 경우 4월에 500개, 5월에 3000개, 6월에 5400개를 생산하고 6월말의 최소 재고 요구량을 제외하고는 재고를 보유하지 않아야 한다. Component 802B는 4월에 1928.6개, 5월에는 2142.9개, 6월에는 428.6개를을 생산해야 한다. 능력 제한으로 인해 회사는 4월과 5월에 Component 802B의 수요보다 더 많이 생산하고 재고를 보유해야 한다. 최소 총비용은 $226,920이며, 이 중 $223,000는 생산비용이고 $3,920은 재고비용이다.

그림/표 14.16 로마드 일렉트로닉스 Romard Electronics 문제 해찾기 모형 및 최적해

	A	B	C	D	E	F	G	H	I
1	Romard Electronics								
2									
3	Data					Model			
4									
5	Demand	April	May	June		Units produced	April	May	June
6	Component 322A	1000	3000	5000		Component 322A	500.0	3000.0	5400.0
7	Component 802B	1000	500	3000		Component 802B	1928.6	2142.9	428.6
8									
9	Capacities	Machine hours	Labor hours	Square feet of storage		Ending inventories	April	May	June
10	April	400	300	10000		Component 322A	0.0	0.0	400.0
11	May	500	300	10000		Component 802B	1128.6	2771.4	200.0
12	June	600	300	10000					
13						Net Production	April	May	June
14	Requirements	machine hours/unit	Labor hours/unit	Storage (sq. ft./unit)		Component 322A	1000	3000	5000
15	Component 322A	0.1	0.05	2		Component 802B	1000	500	3000
16	Component 802B	0.08	0.07	3					
17						Capacity usage	Machine hours	Labor hours	Square feet of storage
18	Costs	Component 322A	Component 802B			April	204.3	160.0	3385.7
19	Unit production cost	$20.00	$10.00			May	471.4	300.0	8314.3
20	Carrying charge	8%	8%			June	574.3	300.0	1400.0
21	nventory holding/unit	$1.60	$0.80						
22									
23	Inventory Data	Initial inventory April	Min. required June				Cost	Production	Inventory
24	Component 322A	500	400			Total	$226,920.00	$223,000.00	$3,920.00
25	Component 802B	200	200						

Solver Parameters

Set Objective: $G$24

To: Max / Min (selected) / Value Of: 0

By Changing Variable Cells:

$G$6:$I$7,$G$10:$I$11

Subject to the Constraints:

$G$14:$I$15 = $B$6:$D$7

$G$18:$I$20 <= $B$10:$D$12

$I$10:$I$11 >= $C$24:$C$25

Add / Change / Delete / Reset All / Load/Save

☑ Make Unconstrained Variables Non-Negative

Select a Solving Method: Simplex LP — Options

Solving Method

Select the GRG Nonlinear engine for Solver Problems that are smooth nonlinear. Select the LP Simplex engine for linear Solver Problems, and select the Evolutionary engine for Solver problems that are non-smooth.

Help / Solve / Close

14-5 제조업에서의 분할 Disaggregation in Manufacturing

제조업의 경우에는 그림/표 14.17처럼 총괄계획을 실행 가능한 운영 계획으로 분할하는 전형적인 시스템을 운영한다. 이 프로세스에서 세 가지 중요한 방법은 주생산일정계획Master Production Scheduling, MPS, 자재소요계획Material Requirement Planning, MRP 및 생산능력소요 계획Capacity Requirement Planning, CRP이다.

14-5a 주생산일정계획 Master Production Scheduling

주생산일정계획Master Production Scheduling(MPS)은 생산해야 하는 완제품 수량과 생산일정에 대한 계획이다. 8주 계획 기간이 있는 MPS의 일부 예시가 그림/표 14.18에 나와있다. 일반적으로 주일정계획master schedule은 6개월에서 12개월 동안의 주간 단위로 수립한다. 주일정의 목적은 총괄계획을 개별 완제품에 대한 별도의 계획으로 변환하는 것이다. 또한 생산능력 측면에서 대체 일정을 평가하는 수단을 제공하고 MRP 시스템에 입력 정보를 제공하며 관리자가 개별 품목 생산에 대한 기한을 설정하여 일정에 대한 우선 순위를 생성하도록 도와준다.

주문제작형make-to-order 산업에서 주문 백로그backlog는 필요한 고객 수요 정보를 제공한다. 따라서 알려진 고객주문(확정 주문이라고 함)이 MPS를 결정한다. 다양한 최종 제품을 생산하기 위해 몇 가지 기본 하위 조립품과 구성 요소가 다양한 조합으로 조립되는 일부 산업의 경우, MPS는 일반적으로 최종 완제품이 아닌 기본 하위 조립품basic subassemblies을 위해 수립된다. 따

그림/표 14.17 제조업 분야 생산과 일정계획의 분할 체계

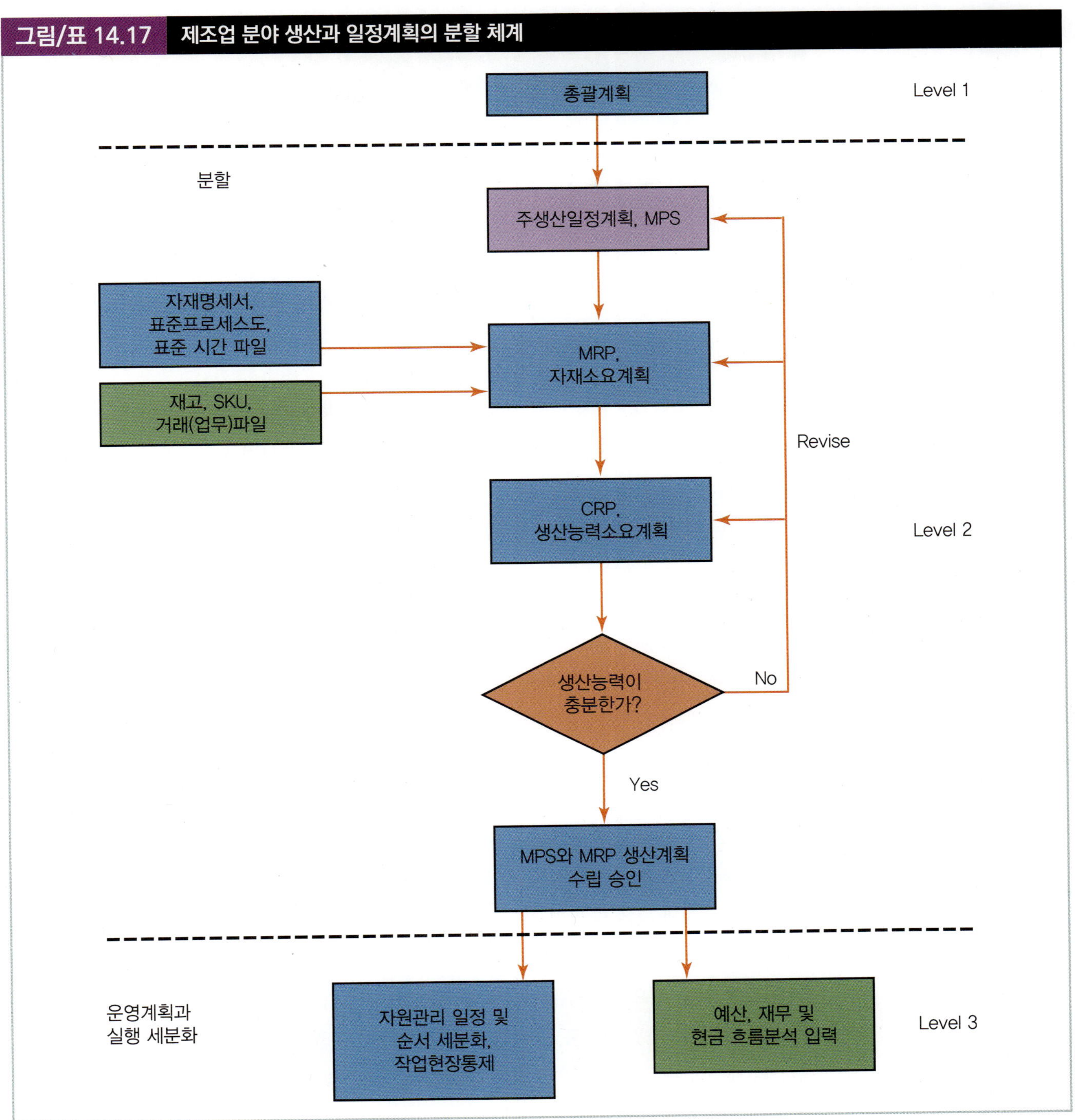

라서 최종 완제품을 조립하려면 다른 계획과 일정이 필요하다.

최종 조립 일정 Final Assembly Schedule(FAS)은 하위 조립품과 구성 부품을 최종 완제품으로의 조립을 위한 수량과 시기를 정의한다.

그림/표 14.18 8주간의 주생산계획 예시

		Week							
		1	2	3	4	5	6	7	8
	Model A		200		200		350		
	Model B	150	100		190			120	
	•	•	•	•	•	•	•	•	•
	•	•	•	•	•	•	•	•	•
Totals	•	•	•	•	•	•	•	•	•
총괄생산	X			75		75	75		60
계획 (단위)	500	800	350	600	280	750	420	300	

MPS
계획된 수량

14-5b **자재소요계획** Materials Requirement Planning

완제품을 생산하려면 많은 개별 부품 또는 하위 조립품을 제조하거나 구매한 다음 함께 조립해야 한다. 고정주문량 및 고정기간재고 시스템 (12장 참조)은 오래 전부터 제조 환경에서 자재를 계획하는 데 활용되었다. 그러나 이러한 시스템은 완제품에 대한 수요와 원자재, 구성품 및 하위 조립품 간의 종속 관계를 파악하지 못했다. 이는 자재소요계획의 개발로 이어졌다.

자재소요계획 Materials Requirement Planning(MRP)은 *불필요한 재고를 최소화하고 비용을 줄이기 위해 제조 제품의 생산을 계획하고 자재 및 구성품을 주문하는 미래 지향적이고 수요 중심적인 접근 방식이다.* MRP는 MPS에 의해 구체화된 완제품에 대한 수요를 기반으로 개별 부품 또는 하위 조립품에 대한 요구 사항을 계획한다. MRP 시스템의 시간경과에 따른 보고서들의 주요 내용은 (1) 구매 부서에는 원자재 및 구매 부품을 확보하기 위한 일정을 제공하고, (2) 생산 관리자에게는 제품을 제조하고 생산재고를 관리하기위한 세부 일정을 제공하고, (3) 회계 및 재무부서에는 현금 흐름, 예산 및 재정 필요사항들을 제공한다.

MRP에서는 (1) 종속 수요 개념, (2) 시간별 개념, (3) 규모의 경제를 얻기 위한 입고단위(로트 크기)의 조정과 같은 세 가지 기본 개념을 이해하는 것이 중요하다.

종속수요 dependent demand는 *다른 SKU의 수요와 직접 관련된 수요이며 예측할 필요없이 계산할 수 있다.* 종속 수요의 개념은 자재명세서를 검토하면 가장 잘 이해할 수 있다. 자재명세서 Bill of Materials(BOM)은 하위 조립품, 구매한 부품 및 제조한 부품과 같이 완성품을 구성하는 모든 품목 간의 계층적 관계를 정의한다. 일부 회사에서는 자재 명세서를 제품 구조라고 한다. BOM은 각 품목에 대한 표준 시간 및 대체 작업경로를 정의할 수도 있다.

노동 집약적인 서비스의 경우 BOM에 해당하는 것은 노동 명세서이다. **노동명세서** Bill of Labor(BOL)는 *제품 또는 서비스를 생성하는 데 필요한 노동을 정의하며 BOM과 유사한 계층적 자료이다.* 예를 들어, 수술의 경우 BOL에는 의사와 지원 수술 기술자 및 간호사가 포함된다. 더 넓은 개념은 자원명세서 Bill of Resources (BOR)로, 노동, 정보 (예: X-레이, 혈액 검사 결과), 장비, 기구 및 부품이 각 특정 유형의 수술을 지원하기 위해 BOM 형식으로 정의된다. 그림/표 14.19는 일반적인 BOM의 구조를 보여준다.

그림/표 14.19 BOM과 종속수요 예시

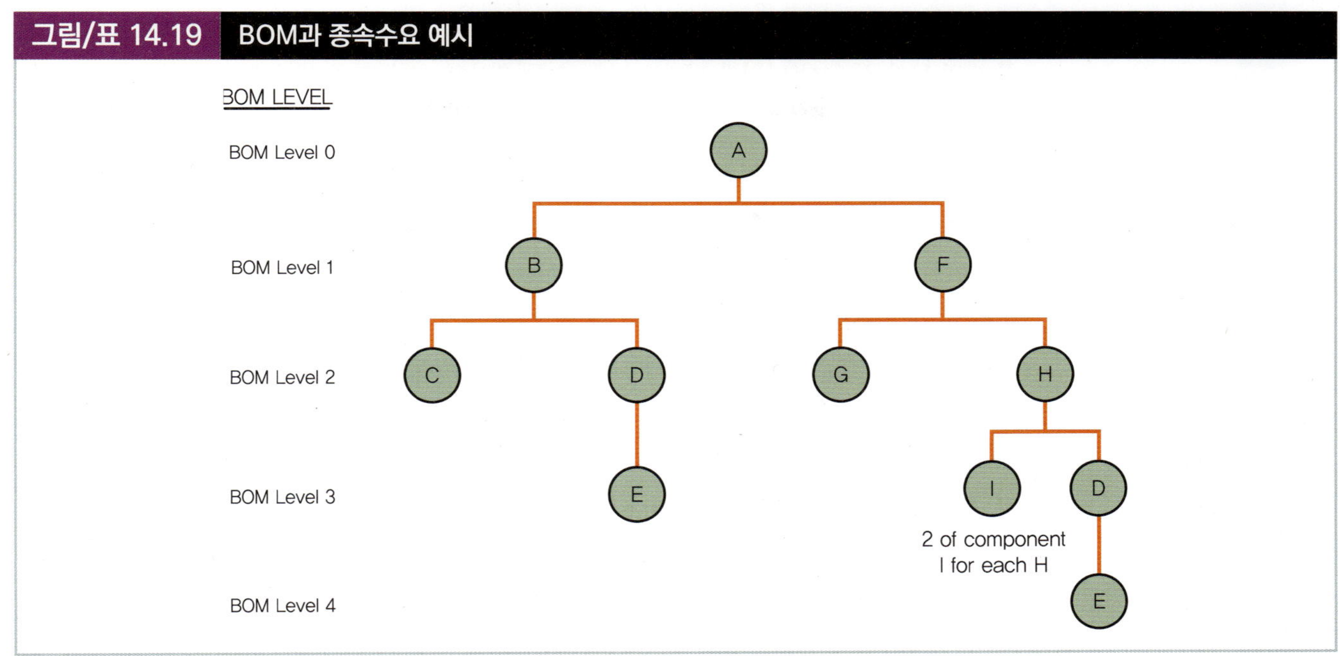

최종 품목 end item은 *예측한 MPS 또는 FAS에 일정이 계획되어 있는 완제품을 의미한다.* 최종 품목은 BOM의 레벨 0에있는 항목이다. 예를 들어, 그림/표 14.19의 품목 A는 최종 품목이다. **상위 품목** parent item은 *하나 이상의 구성품으로 제조된다.* 그림/표 14.19에서 품목 A, B, D, F 및 H는 상위 품목이다. 최종 품목은 부품들과 하위 조립품으로 구성된다. **부품** component은 *가장 높은 레벨의 상위 품목인 최종 품목을 제외한 모든 품목 (원자재, 제조 부품, 구매 부품)이다.* 그림/표 14.19의 BOM에서 품목 B, C, D, E, F, G, H 및 I는 모두 부품이다. **하위 조립품** subassemblies에는 *항상 직계 상위 부품이 하나 이상 있으며, 직계 하위 부품도 하나 이상 있다.* 하위 조립품 (중간 품목이라고도 함)은 BOM 중간에 있다. 그림/표 14.19의 품목 B, D, F 및 H는 하위 조립품이다. 간단한 조립이 필요한 경우 BOM은 2~3개의 레벨만을 포함하여 단순하지만, 더 복잡한 조립이 필요한 경우에 BOM은 최대 15개의 레벨을 가질 수 있다.

> MRP에서는 (1) 종속 수요 개념, (2) 시간별 개념, (3) 규모의 경제를 얻기 위한 입고단위(로트 크기)의 조정과 같은 세 가지 기본 개념을 이해하는 것이 중요하다.

종속 수요의 특성을 이해하기 위해 그림/표 14.19에서의 최종 품목 A를 100단위로 생산한다고 가정하자. 그림/표 14.20은 현재 재고량on-hand inventory을 고려하여 BOM의 각 품목에 대한 계산을 보여준다. 한 단위의 A를 위해 품목 B와 F가 한 단위씩 필요하다. 부분 조립품 B를 33개 단위 보유하고 있으므로 품목 B는 100−33−67개 생산해야 한다. 동일하게 품목 F는 20개 단위 가지고 있다. 따라서 추가로 100−20=80 단위가 필요하다. 다음으로 BOM의 레벨 2에

그림/표 14.20 종속수요 계산

품목	현 재고 보유량	종속수요 계산
A	0	100 − 0 = 100
B	33	100 − 33 = 67
C	12	67 − 12 = 55
D	47	67 + 50 − 47 = 70
E	10	70 − 10 = 60
F	20	100 − 20 = 80
G	15	80 − 15 = 65
H	30	80 − 30 = 50
I	7	50 × 2 − 7 = 93

서 한 단위의 B를 위해 부품 C와 D가 각각 한 단위씩 필요하다. 또한 F 한 단위 조립을 위해 부품 G와 H가 각각 한 단위씩 필요로 하다. B를 추가로 67개 단위 생산해야 할 때, 부품 C의 경우 현재 12개 단위를 보유하고 있으므로 추가로 67 − 12 − 55 개 단위를 생산해야 한다.

그림/표 14.20에서 나머지 계산을 확인할 수 있다. 품목 D는 부분 조립품 B와 H 모두에서 사용하는 공통 부분 조립품이다. 따라서 품목 D의 생산량을 계산할 때 품목 B(67단위) 및 품목 H(50단위)의 요구사항을 포함해야 한다. 67 + 50 − 47 = 70 단위

종속수요는 서비스업에도 있지만 이를 인식하는 관리자는 거의 없다. 레스토랑 및 소매점과 같은 다수의 서비스 조직은 반복 가능하고 고도로 구조화된 서비스를 제공하며 50% 이상의 높은 비율로 제품(제품)들과 결합되어 있다. 따라서 종속 수요의 논리를 사용하여 고객효익패키지의 제품 내용 부분을 계획할 수 있다. 예를 들어 식당에서의 식사는 최종 품목으로 생각할 수 있다. 주문을 조립하는 데 필요한 서비스는 자재명세서 및 리드타임을 기준으로 정의할 수 있다.

14-5c MRP에서의 시간별 계획 및 로트 크기 결정 Time Phasing and Lot Sizing in MRP

이전에 설명한 종속수요 계산은 자재명세서BOM에 필요한 구성품 또는 부분 조립품의 수를 제공하지만 주문시기 또는 주문량을 지정하지 않는다. BOM의 계층 구조로 인해 상위 품목을 생산해야 할 때까지 주문할 필요가 없다. 따라서 모든 종속수요 요구사항을 동시에 주문할 필요가 없으며, 필요에 따라 시간 단계별로 실행한다. 또한 주문의 규모의 경제성을 활용하기 위해 주문을 통합할 수 있다. 이를 로트 사이징lot sizing이라 한다. **MRP 전개**MRP explosion는 *종속수요 방법을 사용하여 최종 품목의 생산에 필요한 모든 하위 조립품 및 구성품에 대한 주문 수량과 시기를 계산하는 프로세스이다.* 이번에는 시간 단계 프로세스를 설명한다.

시간 버킷(시간 단위)time bucket은 *MRP 전개 프로세스에 사용되는 기간의 크기이며 일반적으로 1주일이다.* 하루와 같이 작은 버킷은 단기간의 생산일정을 세우는데 적합하지만 장기간의 계획에는 너무 정밀한 작업일 수 있다. 따라서 계획 기간이 길어짐에 따라 월별 단위와 같은 더 큰 버킷을 자주 사용한다. 본 장의 모든 시간 버킷의 길이는 일주일이라고 가정한다.

MRP 기록은 다음 항목으로 구성된다.

- **총 소요량** gross Requirement (GR)은 *모든 상위 품목에서 파생된 품목에 대한 총 수요이다.* 이는 다음 조립 단계에서 생산에 필요한 구성 부품의 수량이다. 총소요량에는 종속수요 요구 사항에 추가되는 유지 보수, 수리 및 예비 부품 구성 요소도 포함될 수 있다.
- **입고 또는 계획된 예정량** scheduled or planned receipts (S/PR)은 *입고 예정된 계획 주문량이다.* 입고 예정량scheduled receipt은 주문이 이전 기간에 공급업체 또는 내부 부품 생산부서에 전달되었으며, 예약된 입고로 표시한다. (일부 예에서는 단순화를 위해 모든 예약된 입고가 0이라고 가정한다.) 계획된 예정량planned receipt은 나중에 정의될 것이다. 외부 공급 업체에게 발주한 경우 구매 주문이다. 주문에 따라 내부에서 자체 생산하는 경우 현장 또는 제조 주문이다.
- **계획주문 입고량** planned order receipts (PORec)은 *주문에서 받을 수량과 시기를 미리 계획한다.*

수술실에서의 생산계획 응용 사례 Using Production Planning Concepts in the Operating Room

9개 수술실을 포함한 374병상 규모의 텍사스주 휴스턴에 있는 한 병원에서는 한 주의 수술과 수술키트에 대한 계획을 수립하기 위해 자재명세서와 주생산일정계획 기법을 활용한다. 자재명세서BOM는 다양한 수술과정에 필요한 재료, 기구, 용품 등을 포함하고 있다. 이 경우 최종 품목들end items은 다양한 수술들 중 각각의 개별적인 수술들이다. 종속수요dependent demand의 개념 역시 이러한 수술실 운영과정에서 매우 명백하다.

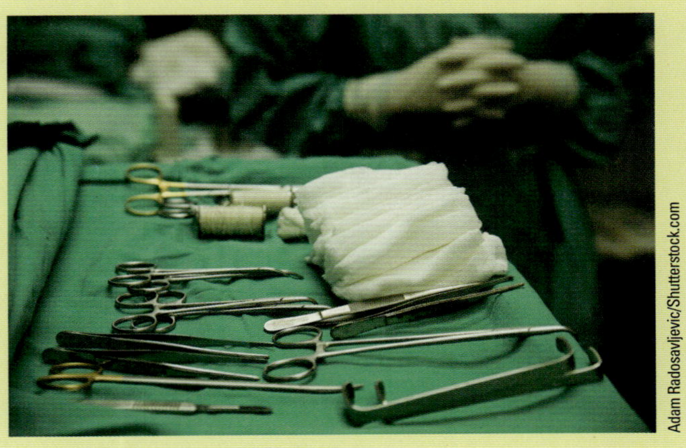

주문이 도착하면 기록되고 재고에 반영하여 사용할 수 있다. 기간 초에 사용할 수 있다고 가정한다.

- **계획주문 발주량** planned order release (PORel)은 *공장 또는 공급 업체에 발주할 주문의 수량과 시기를 계획하고 지정한다.* 품목의 리드타임 이후 발주량만큼 입고된다. 계획된 발주량은 MRP 로직의 모든 부품에 대한 총 소요량을 생성한다.
- **예정된 재고보유량** projected on hand inventory (POH)는 *이전 기간의 재고량과 예정된 입고량 또는 계획주문 입고량에서 총 소요량을 뺀 값을 고려한 기간 시작 시점의 예상 보유재고 수준이다.* 예정된 보유재고는 식 14.2와 같이 계산한다.

$$t\text{시점 예정된 보유재고량}(POH_t) = t-1\text{시점 재고보유량}(OH_{t-1}) + t\text{시점 입고 또는 계획된 예정량}(S/PR_t) - t\text{시점 총수요}(GR_t)$$

$$POH_t = OH_{t-1} + S/PR_t - GR_t \qquad [14.2]$$

로트 사이징lot sizing은 *비용을 줄이기 위해 주문의 적절한 양과 시기를 결정하는 프로세스이다.* 새로운 생산 실행을 설정하거나 각 시간 버킷에서 수요에 대한 구매 주문을 하는 것은 비경제적 일 수 있다. 대신 일반적으로 주문을 집계하여 규모의 경제를 달성하는 것이 바람직하다. 로트 사이징 규칙은 매우 다양하다. 일부 규칙은 단순히 경험적 규칙이지만 다른 규칙들은 생산 관련한 설정 비용과 재고유지비용 사이에서 최상의 경제적 절충안을 찾는다. MRP에 대한 세 가지 일반적인 로트 사이징 방법으로 로트별 로트 lot-for-lot (LFL), 고정주문량 Fixed Order Quantity (FOQ) 및 정기주문량 Periodic Order Quantity (POQ)이 있다.

이를 설명하기 위해 그림/표 14.21 및 14.22에서 BOM 및 재고 기록이 제시된 간단한 제품(A)의 생산을 살펴본다. 품목 B는 품목 A와 C 모두에 대한 공통 부품이다. 따라서 품목 A와 C에 대한 계획된 주문 발주량이 결정될 때까지 품목 B에 대한 총 소요량을 계산할 수 없다.

MPS가 4 주차에 제품 A 150단위, 5주차에 300단위, 6주차에 50단위, 7주차에 200단위가 완성되길 요구한다고 가정한다. 리드타임은 1주일이다. 그림/표 14.23의 MPS는 제품 A에 대한 수요를 보여준다. 계획된 주문 발주량은 리드 타임을 고려하여 일주일 후에 재고수준에 반영된다.

먼저 품목 C를 살펴보자. MRP 전개는 그림/표 14.24에 나와 있다. 그림/표 14.21의 BOM에서 최종 품목 A의 한 단위를 생산하려면 품목 C 두 단위가 필요하다는 것을 알 수 있다. 따라서 그림/표 14.24의 품목 C의 총 소요량은 그림/표 14.23의 MPS의 계획주문 발주량에서 직접 파생된다. (3주차의 경우 150×2 = 300 , 4주차의 경우 300×2 = 600)

로트별 로트(LFL) 규칙 Lot-for-Lot Rule

매주 총 소요량을 다루는 주문 일정을 **로트별 로트** lot-for-lot(LFL) 이라고 한다. 즉, 재고부족을 방지하기 위한 충분한 재고를 확보하기 위해 매주 주문을 한다. LFL이 모든 종속 품목에 사용되는 경우 종속 수요의 특성을 명확하게 보여준다. LFL에는 4번의 계획 주문이 필요하며, 이 계획 기간 동안 평균 재고는 단위/주이다. LFL 규칙은 보유해야 하는 재고량을 최소화한다. 그러나 구

그림/표 14.21 자재명세서(BOM)

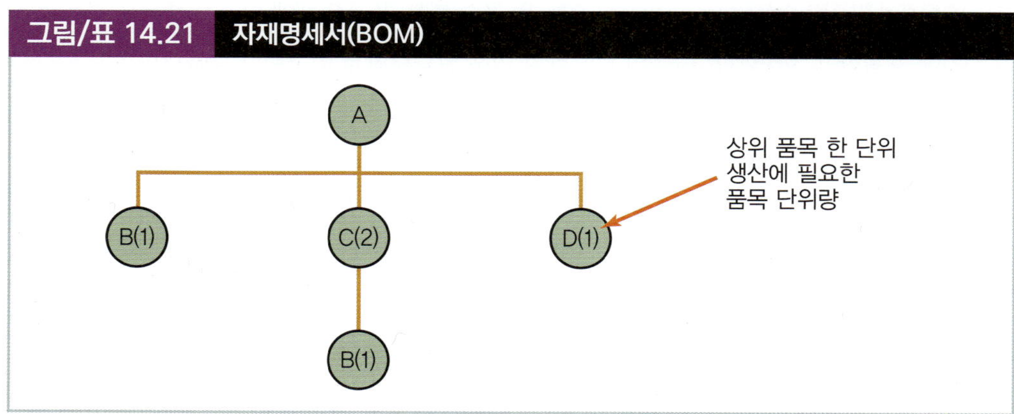

그림/표 14.22 품목 재고 파일

	품목	품목	품목
품목 카테고리	B	C	D
리드타임(주)	1	2	1
기초 재고보유수준	100	10	40
입고 예정량		200(week2)	50(week3)

그림/표 14.23 MPS 예시

MPS	리드타임 = 1주						
주차	1	2	3	4	5	6	7
제품 A–최종 품목	0	0	0	150	300	50	200
계획주문 발주량	0	0	150	300	50	200	0

매 주문 또는 생산 설정과 관련된 비용은 무시한다. 따라서 이 규칙은 재고 유지 비용이 높고 설정/주문 비용이 낮을 때 가장 적합하다.

예정된 재고 보유량은 입고 또는 계획된 예정량(S/PRt)의 입고를 가정하고 식 14.2를 사용하여 계산한다. LFL은 항상 재고 수준을 0으로 하려 노력한다. 품목 B에 대해 동일한 작업을 수행하려면 먼저 품목 C에 대한 계획주문 발주량을 계산해야 한다.

식 14.2를 사용하여 계산하면 다음과 같다.

$$
\begin{aligned}
POH_1 &= OH_0 + S/PR_1 - GR_1 = 10 + 0 - 0 = 10 \\
POH_2 &= OH_1 + S/PR_2 - GR_2 = 10 + 200 - 0 = 210 \\
POH_3 &= OH_2 + S/PR_3 - GR_3 = 210 + 90 - 300 = 0 \\
POH_4 &= OH_3 + S/PR_4 - GR_4 = 0 + 600 - 600 = 0 \\
POH_5 &= OH_4 + S/PR_5 - GR_5 = 0 + 100 - 100 = 0 \\
POH_6 &= OH_5 + S/PR_6 - GR_6 = 0 + 400 - 400 = 0 \\
POH_7 &= OH_6 + S/PR_7 - GR_7 = 0 + 0 - 0 = 0
\end{aligned}
$$

그림/표 14.24에서 계획주문 발주량이 계획되었지만 아직 발주되지 않았다. 작업 버킷action bucket은 현재 기간이다. 계획주문 발주량이 작업 버킷에 도달하면 분석가는 상황을 평가하고 해당 공급자 (공급 업체 또는 사내 작업 센터)에 발주한다. 예를 들어 그림/표 14.24에서 현재 기간인 1주차에 대한 작업 버킷에는 품목 C의 90 단위 계획 주문만 있다. 따라서 계획된 주문은 1주차에 발주 되어야 하며 다음 주에는 입고 예정량으로 표시된다. 많은 구성 부품이 있는 다중 제품 상황에서 MRP 계산의 총 횟수는 매우 많으므로 컴퓨터가 필수적이다. 조치 사항들은 일반적으로 컴퓨터에서 생성되며 다양한 정보를 제공하여 재고 계획자가 예정된 입고를 지연시키거나 당기는 것이 필요한 주문 발주에 대한 의사결정을 내리는 데 도움을 준다.

고정 주문 수량 규칙 Fixed Order Quantity Rule

고정 주문 수량fixed order quantity FOQ) *규칙은 모든 주문 또는 생산 실행에 대해 고정 주문 크기를 사용한다.* 이는 독립 수요 품목에 대한 고정주문량 접근 방식과 유사하다. FOQ는 표준 크기의 컨테이너 또는 팔레트의 적재량이 될 수 있으며, 12장의 경제적 주문량(EOQ)공식을 사용하여 경제적으로 결정할 수 있다. 드물게 FOQ가 총 소요량을 충족하지 못하는 경우 주문 크기는 소

그림/표 14.24 로트별 로트(LFL) 규칙에 기반한 품목 C의 MRP 기록

품목 C (A품목 한 단위를 위해 C 품목 두 단위가 필요함)

로트 사이즈: LFL
리드타임: 2주

주차		1	2	3	4	5	6	7
총소요량		0	0	300	600	100	400	0
입고 예정량			200					
예정된 재고보유량	**10**	10	210	0	0	0	0	0
계획주문 입고량		0	0	90	600	100	400	0
계획주문 발주량		**90**	**600**	**100**	**400**			

요량을 충족하기 위해 더 커져야 하며 FOQ는 LFL이 된다.

FOQ 접근 방식의 이론적 근거는 로트 크기가 크면 주문 및 설정이 줄어들어 주문 및 설정과 관련 비용이 절감된다는 것이다. 이를 통해 회사는 공급업체로부터 가격할인과 생산에 있어 규모의 경제를 누릴 수 있으며 부분적재 트럭 선적less than truckload shipment을 피할 수 있다 (일반적으로 완전적재 트럭 선적full truckload 보다 더 비싸다). 그러나 이로 인해 비용을 들여 보유해야 하는 평균 재고 수준이 더 커지고 하위 수준 부품에 대한 실제 종속수요 총소요량이 왜곡될 수 있다. 따라서 FOQ 모형은 재고 유지 비용이 낮고 설정/주문 비용이 높을 때 가장 적합하다.

그림/표 14.21의 품목 B가 이 규칙을 잘 보여주고 있다. 그림/표 14.25는 MRP 전개를 설명한다. 구성 부품의 공통성은 총소요량 행의 종속수요 소요량을 증가시킨다. 예를 들어 4주차의 총소요량은 700 (단위) 인데 이는 MPS에서 4 주차에 품목 A에대해서 계획된 주문 발주량이 300단위이고 (그림/표 14.23 참조), 상위 품목 C에 대해서 계획주문 발주량이 400단위이기 때문이다 (그림/표 14.24 참조).

EOQ를 사용하여 FOQ를 정한다고 가정하자. EOQ는 $\sqrt{(2 \times 10{,}000\text{단위} \times 864/\$1)}$ = $\sqrt{640{,}000}$ = 800단위이다. 식 14.2를 사용하여 각 기간에 대한 예상 재고 보유량을 계산할 수 있다.

$$
\begin{aligned}
POH_1 &= OH_0 + S/PR_1 - GR_1 = 100 + 0 - 90 = 10 \\
POH_2 &= OH_1 + S/PR_2 - GR_2 = 10 + 800 - 600 = 210 \\
POH_3 &= OH_2 + S/PR_3 - GR_3 = 210 + 800 - 250 = 760 \\
POH_4 &= OH_3 + S/PR_4 - GR_4 = 760 + 0 - 700 = 60 \\
POH_5 &= OH_4 + S/PR_5 - GR_5 = 60 + 0 - 50 = 10 \\
POH_6 &= OH_5 + S/PR_6 - GR_6 = 10 + 800 - 200 = 610 \\
POH_7 &= OH_6 + S/PR_7 - GR_7 = 610 + 0 - 0 = 610
\end{aligned}
$$

FOQ 결과 3회의 계획 주문이 생성되고 평균 재고는 10 + 210 + 760 + 60 + 10 + 610 + 610 = 2,270/7 = 324.3 단위/주이다. LFL과의 차이점을 이해하기위해 이러한 결과를 LFL 접근 방식과 비교하는 것을 추천한다.

그림/표 14.25 FOQ (Fixed Order Quantity) 규칙에 기반한 품목 B의 로트 사이징과 MRP 기록

품목D

로트 사이즈: POQ = 2주
리드타임: 1주

주차		1	2	3	4	5	6	7
총소요량				150	300	50	200	
입고 예정량				50				
예정된 재고보유량	**40**	40	40	300	0	200	0	0
계획주문 입고량		0	0	360	0	250	0	0
계획주문 발주량			**360**		**250**			

정기주문량 규칙 Periodic Order Quantity Rule

> 자원은 재료, 장비, 시설, 정보, 기술 지식 및 기술은 물론 사람을 포함한다.

정기주문량 periodic order quantity (POQ)은 *주문주기에 따라 미리 정해진 기간의 총소요량에서 이전 기간의 예정된 재고보유량을 뺀 수량과 동일한 수량을 주문한다*. 예를 들어, 2주 주기의 POQ는 2주 기간동안 수요를 감당할 만큼 정확하게 주문하므로 주문 주기마다 수량이 다를 수 있다. POQ는 상황에 따라 판단하여 선택하거나 (예: "10 일마다 주문") 경제적 주문주기economic time interval (EOQ를 연간 수요 (D)로 나눈 값)를 사용하여 결정할 수 있다. 예를 들어, EOQ/D = 0.1년이고 연간 영업일 250일을 가정하면 POQ = 25일 또는 약 5주가 경제적 주문 주기이다. 1주일 주기의 POQ는 LFL과 동일하다. 이 규칙을 사용하면 예정된 재고보유량은 POQ 주기간 간격이 끝나는 시점에 0이 된다.

POQ의 주문주기를 2주로하고, 품목 D에 이 규칙을 적용해보자. 결과는 그림/표 14.26에 나와 있다.

식 14.2를 사용하여 계산하면 다음과 같다.

$$
\begin{aligned}
POH_1 &= OH_0 + S/PR_1 - GR_1 = 40 + 0 - 0 = 40\\
POH_2 &= OH_1 + S/PR_2 - GR_2 = 40 + 0 - 0 = 40\\
POH_3 &= OH_2 + S/PR_3 - GR_3 = 40 + 50 + 360 - 150 = 300\\
POH_4 &= OH_3 + S/PR_4 - GR_4 = 300 + 0 - 300 = 0\\
POH_5 &= OH_4 + S/PR_5 - GR_5 = 0 + 250 - 50 = 200\\
POH_6 &= OH_5 + S/PR_6 - GR_6 = 200 + 0 - 200 = 0\\
POH_7 &= OH_6 + S/PR_7 - GR_7 = 0 + 0 - 0 = 0
\end{aligned}
$$

POH가 계획주문 입고량이 "없이"without 음수가 되는 첫 기간은 3주차이다 (40 + 50 − 150 = −60). 따라서 3 주차 소요량을 처리하기 위해 60개를 주문하고 4주차 요구량을 처리하기 위해 300개를 주문하는 경우에 주문량은 360개이다. POH가 계획주문 입고량 "없이"without 음수가 되는 다음 기간은 5주차이다(0 + 0 − 50 = −50). 5 주차의 요구량을 처리하기 위해 50개를 주문하고 6주차의 요구량을 처리하기 위해 200개를 주문해야 한다. 이 예에서 POQ는 360 및 250 단위의 두 개의 계획 주문을 생성한다. 평균재고는 40 + 40 + 300 + 0 + 200 + 0 +0 = 580/7 = 82.9단위/주이다.

POQ 접근 방식은 주문 수량을 시간 버킷에 일치시키기 때문에 FOQ에 비해 평균 재고 수준이 보통이다. 또한 고정된 일정에 따라 재고 수준을 검토할 수 있기 때문에 실행하기 쉽다. 그러나 POQ는 POQ주기가 너무 길어지면 높은 평균 재고 수준을 생성하고 하위 수준 부품에 대한 실제 종속수요 총소요량을 왜곡할 수 있다. 경제성 기반 POQ 모형은 재고유지 비용과 설정/주문 비용이 보통일 때 가장 적합하다.

Steve Cukrov/Shutterstock.com

로트 크기 사이징은 고려중인 특정 품목의 계획주문 발주량 뿐만 아니라 모든

그림/표 14.26 POQ 규칙에 기반한 품목 D의 로트 사이징과 MRP 기록

품목D

로트 사이즈: POQ = 2주
리드타임: 1주

주차		1	2	3	4	5	6	7
총소요량				150	300	50	200	
입고 예정량				50				
예정된 재고보유량	**40**	40	40	300	0	200	0	0
계획주문 입고량		0	0	360	0	250	0	0
계획주문 발주량			**360**		**250**			

그림/표 14.27 그림 14.21의 BOM에 대한 MRP 전개 요약

MPS

리드타임 = 1주

주차		1	2	3	4	5	6	7
제품 A-최종 품목		0	0	0	150	300	50	200
계획주문 발주량		0	0	150	300	50	200	0

품목C (품목A 한 단위를 위해 품목C 두 단위가 필요함)

로트 사이즈: LFL
리드타임: 2주

주차		1	2	3	4	5	6	7
총소요량		0	0	300	600	100	400	0
입고 예정량			200					
예정된 재고보유량	**10**	10	210	0	0	0	0	0
계획주문 입고량		0	0	90	600	100	400	0
계획주문 발주량		**90**	**600**	**100**	**400**			

품목B

로트 사이즈: 800단위
리드타임: 1주

주차		1	2	3	4	5	6	7
총소요량		90	600	250	700	50	200	0
입고 예정량								
예정된 재고보유량	**100**	10	210	760	60	10	610	610
계획주문 입고량		0	**800**	**800**	0	0	**800**	0
계획주문 발주량		**800**	**800**			**800**		

품목D

로트 사이즈: POQ = 2주
리드타임: 1주

주차		1	2	3	4	5	6	7
총소요량				150	300	50	200	
입고 예정량				50				
예정된 재고보유량	**40**	40	40	300	0	200	0	0
계획주문 입고량		0	0	360	0	250	0	0
계획주문 발주량			**360**		**250**			

하위 수준 부품 품목의 총소요량에도 영향을 미친다. 일부 MRP 사용자는 단순 LFL 규칙만을 적용한다. 또 다른 일부는 규모의 경제를 활용하고 비용을 줄이기 위해 다른 로트 사이징 접근법을 적용한다. 그림/표 14.27은 그림/표 14.21의 BOM에 대한 MRP 전개를 요약한 것이다.

14-6 생산능력소요계획 Capacity Requirement Planning

생산능력소요계획 Capacity Requirement Planning (CRP)은 *자재 계획의 모든 구성 부품 및 최종 품목을 고려하여 보다 세부적인 수준에서 생산 작업을 수행하는 데 필요한 인력 및 기계 자원의 양을 결정하는 프로세스이다.* 예를 들어, 슈퍼볼 일요일에 피자에 대한 높은 수요가 예상될 때, 예상 수요를 감당하기 위해서는 반죽 만들기, 피자 준비 및 배달을 위한 충분한 능력을 확보해야 한다.

생산능력소요는은 작업장에서 생산 예정인 단위 수에 단위 자원 소요량을 곱한 다음 설정시간을 더하여 계산한다. 그 다음 이러한 요구 사항을 기간 및 작업장별로 요약한다. CRP 계산을 설명하기 위해 부품에 대한 계획주문 발주량이 다음과 같다고 가정한다.

기간	1	2	3	4
계획주문 발주량	30	20	40	40

부품을 위해 작업장 D에서 단위당 1.10시간의 노동력과 1.5시간의 설정시간이 필요하다고 가정한다. 11장의 식 11.2를 사용하여 작업 센터 D에 필요한 총 시간(*작업 센터 부하* work center load 라고 함)을 계산할 수 있다.

$$생산능력\ 소요량(C_i) = 설정시간(S_i) + 처리시간(P_i) \times 주문량(Q_1)$$

기간 1의 생산능력소요는은 1.5시간 + (1.10시간/단위) (30단위) = 34.5시간이다. 마찬가지로 기간 2에는 1.5시간 + (1.10시간/단위) (20단위) = 23.5시간이며, 기간 3과 4에는 1.5시간 + (1.10시간/단위) (40단위) = 45.5시간이다. 작업장 D의 총 부하는 4주 동안 149시간이고 평균적으로 주당 37.25시간이다.

이러한 정보는 일반적으로 그림/표 14.28의 예시와 같은 **작업장 부하 보고서** work center load report로 제공된다. 충분한 생산능력을 사용할 수 없는 경우 초과근무, 부서 간 인력 이동, 하도급 등에 대한 결정을 내려야한다. 특정 최종 품목을 다른 기간으로 이동하거나 주문량을 변경하여 가용 능력을 충족하도록 주생산일정 계획을 수정해야 할 수도 있다. 예를 들어, 그림/표 14.28의 기간 3과 4의 작업량을 기간 2로 할당하여 유휴 시간을 채우고 기간 3과 4의 초과근무를 방지할 수 있다. 그러나 추가 재고유지 비용이 발생한다. 따라서 이처럼 작업장 부하를 평준화하려면 많은 비용 항목 간 절충이 불가피하다. 이러한 폐쇄 루프 closed loop 반복 프로세스는 주일정을 작업 현장에 현실적으로 전개하도록 한다.

그림/표 14.28 작업장 D 부하 보고서 예시

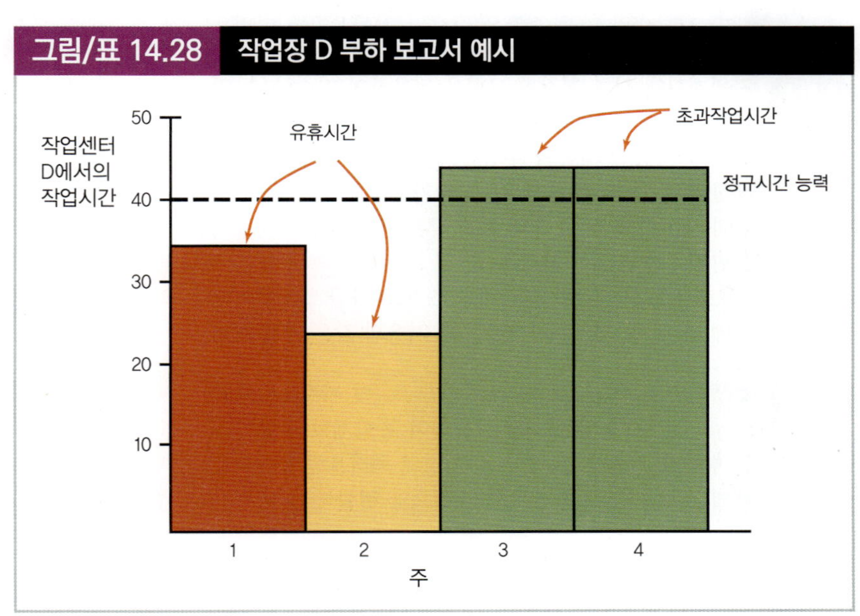

14장 학습목표 요약 Learning Objective Summaries

14.1 **제품 생산 및 서비스 제공 조직 모두에서 자원계획 방법의 체계를 기술할 수 있다.** 레벨 1은 총괄계획 aggregate planning을 나타낸다. 총괄계획aggregate planning은 모든 제품을 총괄해서 장기간의 생산수준과 자원에 대한 계획을 수립하는 것이다. 총괄계획은 일반적으로 월별 또는 분기별 기간을 단위로 1~2년의 계획 기간의 생산 수준을 정의한다. 일반적으로 개별 제품이나 특정 생산능력 할당보다는 제품군 또는 총 생산능력소요에 중점을 둔다. 총괄계획은 예산 할당 및 관련 자원소요사항을 정의하는 데도 도움을 준다.

레벨 2계획은 분할disaggregation이다. 분할disaggregation이란 총괄계획을 주별 및 일일 일정과 세부적인 자원 요구사항에 대한 기초 제공을 위한 단기 운영계획으로 전환하는 프로세스이다. 분할한다는 것은 더 세밀한 부분으로 나누거나 분리하는 것을 의미한다. 분할은 개별 제품 및 서비스 생산 또는 특정 기간에 대한 생산능력 할당에 대한 보다 자세한 계획을 구체화한다. 제품을 생산하는 회사의 경우, 분할은 레벨 1의 총괄계획을 기반으로 개별 하위 조립프로세스 및 자원에 대한 주문 크기 및 일정과 같은 세부 사항을 주별 및 일별로 세분화한다.

레벨 3는 레벨 2에서 작성된 세부계획을 실행하는데 중점을 두고 자세한 자원관리 일정과 작업 순서를 정의한다. 실행 execution은 한 작업장에서 다른 작업장으로 작업을 이동하고, 작업에 직원을 할당하고, 작업 우선순위를 설정하고, 장비사용 일정을 정하고, 프로세스를 제어하는 것을 의미한다. 제조에서 레벨 3의 계획 및 실행을 작업현장통제라고 한다. 일반적으로 대부분의 서비스업 조직을 위한 자원관리는 일부 제조업과 마찬가지로 중간수준의 계획이 필요하지 않다.

14.2 **총괄계획 옵션을 설명할 수 있다.** 관리자는 수요의 변동성에 대비하여 총괄계획을 개발하는데 인력 변경, 재고 평활화, 시설, 장비 및 운송 조정 등 다양한 옵션을 고려한다.

- 수요관리demand management: 마케팅 전략은 수요에 영향을 미치고 보다 실현 가능한 총괄계획을 수립하는데 사용할 수 있다.
- 생산율 조정production rate changes: 기존 자원을 변경하지 않고 생산율을 높이는 한 가지 방법은 초과근무를 계획하여 활용하는 것이다. 또는 언더타임을 계획하여 수요가 적은 기간에 근무시간을 줄일 수 있다.
- 인력 조정workforce changes: 인력 규모 조정은 일반적으로 고용 및 해고를 통해 이루어진다.
- 재고 조정inventory changes: 수요변동에 대한 계획에서 재고는 일반적으로 성수기를 위해 비성수기에 축적되고 보유된다. 이 전략은 이월주문을 고려하거나 성수기에는 판매 손실을 허용한다.
- 시설, 장비 및 운송facilities, equipment, and transportation: 시설, 장비 및 운송은 일반적으로 장기 자본투자를 의미한다. 시설 및 장비의 단기간 내 변경은 관련된 자본 비용으로 인해 전통적인 총괄계획 방법에서는 거의 고려하지 않는다.

14.3 **총괄계획을 위한 세 가지 기본 전략을 설명할 수 있다.** 생산 평준화 전략level production strategy은 생산율 변경을 방지하고 정상적인 생산능력 범위 내에서 운영한다. 노동 및 장비 일정 운영이 안정적이고 반복적이므로 계획을 보다 쉽게 실행할 수 있다. 레벨 생산 전략의 다른 대안으로 매월 생산 수준을 수요와 일치시키는 방법을 고려할 수 있다 (수요추종 생산전략 chase demand production strategy). 재고가 줄어들고 판매 손실은 제거되지만 빈번한 생산율 변경으로 인해 자원 수준 (직원 수, 기계 수 등)이 크게 변화한다. 마지막으로 총 비용을 최소화하는 각 기간의 생산수준을 결정하는 최소비용 전략 minimum cost strategy이 있다. 이 모든 방법들은 스프레드시트를 활용하여 분석할 수 있다.

14.4 **자원계획에 선형 최적화 모형을 적용하여 기술할 수 있다.** 제품 혼합 모형은 이익을 극대화하기 위해 생산 및 판매할 다양한 제품의 수량을 결정한다. 제약조건에는 생산 시간, 노동 가용성 및 자재 가용성과 같은 자원 제한과 생산할 최소 및 최대 양과 같은 마케팅 요구 사항이 포함될 수 있다.

프로세스 선택 모형은 사내 제조 또는 공급 업체로부터 구매 또는 다른 기능을 가진 기계 사용과 같은 대체 프로세스를 사용하여 만들 제품의 수량을 결정한다. 목표는 일반적으로 비용을 최소화하는 것이며 일반적인 제약조건은 수요 요구사항 및 자원 제약조건을 충족하는 것이다.

부품 구성의 균형 제약조건이 있는 간단한 단일 제품 총괄계획 문제들은 선형 최적화 모형으로 최적해를 구할 수 있다. 실제로 많은 경우에 다수의 제품들과 다양한 생산능력 제약조건을 고려해야 하기 때문에 최적화 모형은 매우 복잡하다.

14.5 **주생산일정계획master production scheduling 및 자재소요계획 material requirement planning을 사용하여 총괄계획을 분할하는 방법을 기술할 수 있다.** 주일정의 목적은 총괄계획을 개별 완제품에 대한 별도의 계획으로 변환하는 것이다. 또한 생산능력 측면에서 대체 일정을 평가하는 수단을 제공하고 MRP 시스템에 입력 정보를 제공하며 관리자가 개별 품목 생산에 대한 기한을 설정하여 일정에 대한 우선 순위를 생성하도록 도와준다.

MRP는 MPS에 의해 구체화된 완제품에 대한 수요를 기반으로 개별 부품 또는 하위 조립품에 대한 요구량을 계획한다. MRP 시스템의 시간경과에 따른 보고서들의 주요 내용은 (1) 구매 부서에는 원자재 및 구매 부품을 확보하기위한 일정을 제공하고, (2) 생산 관리자에게는 제품을 제조하고 생산재고를 관리하기위한 세부 일정을 제공하고, (3) 회계 및 재무부서에는 현금 흐름, 예산 및 재정 필요사항들을 제공한다. MRP에서는 (1) 종속 수요 개념, (2) 시간별 개념, (3) 규모의 경제를 얻기 위한 입고단위(로트 크기)의 조정과 같은 세 가지 기본 개념을 이해하는 것이 중요하다.

종속수요의 개념은 BOM을 검토하면 가장 잘 이해할 수 있다. BOM의 계층 구조로 인해 상위 품목을 생산해야 할 때까지 주문할 필요가 없다. 따라서 모든 종속수요 요구사항을 동시에 주문할 필요가 없으며, 필요에 따라 시간 단계별로 실행한다. (LFL MRP 시간 단계 기록 예시 참조). 또한 주문의 규모의 경제성을 활용하기 위해 주문을 통합할 수 있다. 이를 로트 사이징이라고 한다. MRP기록은 (예: 그림/표 14.24) 다음 항목으로 구성된다.

- Gross requirements (GR) 총소요량
- Scheduled or planned receipts (S/PR) 입고 또는 계획된 예정량
- Projected on-hand inventory (POH) 예정된 재고보유량
- Planned order receipt (PORec) 계획주문 입고량
- Planned order release (PORel) 계획주문 발주량

MRP에는 로트 별 로트 (LFL), 고정 주문 수량 (FOQ) 및 정기적 주문량 (POQ)와 같은 세 가지 일반적인 로트 사이징 방법이 있다. 로트 사이징 규칙은 고려중인 특정 품목의 계획주문 발주량 뿐만 아니라 모든 하위 수준 부품 품목의 총 소요량에도 영향을 미친다. 일부 MRP 사용자는 단순 LFL 규칙만을 적용한다. 또 다른 일부는 규모의 경제를 활용하고 비용을 줄이기 위해 다른 로트 사이징 접근법을 적용한다.

14.6 **생산능력소요계획**capacity requirement planning**의 개념과 적용 방법을 설명할 수 있다.** 생산능력소요계획은 작업장에서 생산 예정인 단위 수에 단위 자원 소요량을 곱한 다음 설정시간을 더하여 계산한다. 그 다음 이러한 소요량은 기간 및 작업장별로 요약한다. 이러한 정보는 일반적으로 작업장 부하 보고서로 제공된다. 충분한 생산능력을 사용할 수 없는 경우 초과근무, 부서 간 인력 이동, 하도급 등에 대한 결정을 내려야한다. 특정 최종 품목을 다른 기간으로 이동하거나 주문량을 변경하여 가용 능력을 충족하도록 주생산일정계획을 수정해야 할 수도 있다.

주요용어 KEY TERMS

- 액션 버킷 Action Bucket
- 총괄계획 Aggregate Planning
- 총괄생산계획 Aggregate Production Plan
- 노동 명세서 Bill of Labor (BOL)
- 생산능력소요계획 Capacity requirements planning (CRP)
- 수요추종 생산전략 Chase demand production strategy
- 부품 Components
- 종속수요 Dependent demand
- 분할 Disaggregation
- 최종품목 End item
- 전사적 자원관리 시스템 ERP systems
- 실행 Execution
- 최종 조립 일정 Final assembly schedule (FAS)
- 고정주문량 Fixed-order quantity (FOQ)
- 총소요량 Gross requirements (GR)
- 생산 평준화 전략 Level production strategy
- 로트 사이징 Lot sizing
- 로트별 로트 Lot-for-lot (LFL)
- 주생산일정계획 Master production schedule (MPS)
- 자재소요계획 Materials requirements planning (MRP)
- 전개 MRP explosion MRP
- 상위품목 Parent item
- 정기적주문량 Periodic-order quantity (POQ)
- 계획주문 입고량 Planned order receipt (PORec)
- 계획주문 발주량 Planned order release (PORel)
- 예정된 재고보유량 Projected on-hand inventory (POH)
- 자원관리 Resource management
- 입고 또는 계획된 예정량 Scheduled or planned receipts (S/PR)
- 하위 조립품 Subassembly
- 타임 버킷 Time buckets

복습 질문 Review Questions

14.1 1. 자원관리를 정의하고 그 목표와 부적합한 자원 관리가 가치사슬에 미치는 영향을 설명하라.

14.1 2. 총괄계획이란 무엇인가? 왜 필요한가?

14.1 3. 제조업 및 서비스업에서 자원 계획을 위한 전체적인 체계를 설명하라.

14.1 4. 총괄계획 옵션을 설명하라.

14.3 5. 총괄계획을 위해 생산 평준화 전략 및 수요추종 생산전략을 어떻게 활용하는지 설명하라.

14.4 6. 자원관리를 위한 최적화 모형의 실제 적용사례들을 설명하라.

14.5 7. 주생산일정계획은 무엇인가? 최종 조립 일정과 어게 다른가? 계획 별로 구성요소를 설명하라.

14.5 8. 자재소요계획이란 무엇인가? 이를 통해 조직은 어떠한 효용을 얻을 수 있는가?

14.5 9. 종속수요의 개념을 설명하라.

14.5 10. BOM이란 무엇인가? 예를 들어 설명하라. 서비스업에서 BOM은 무엇과 유사한가?

14.5 11. 최종품목, 상위품목, 구성부품 및 하위 조립품에 대해서 설명하라. BOM에서 이러한 품목들을 구분하라.

14.5 12. MRP의 시간단계별 적용과 전개에 대해서 설명하라.

14.5 13. 주생산일정 획과 자재소요계획을 활용하여 총괄계획을 어떻게 분할하는지 설명하라.

14.5 14. LFL, FOQ, 그리고 POQ 로트 사이징의 장점과 단점을 설명하라.

14.6 15. 생산능력소요계획의 개념과 적용 방법에 대해서 설명하라.

토론용 질문 및 체험학습 DISCUSSION QUESTIONS AND EXPEROEMTAIL ACTIVITIES

14.1 16. 자원계획 전략으로서 수요관리 방법을 활용한 실제 사례들에 대해서 설명하라.

14.1 17. 제조업과 서비스업을 구분하여 그림/표 14.3에 설명된 변수를 사용하여 총괄계획 수립하는 방법에 논의하라.

14.2 18. 조직이 그림/표 14.3에서 총괄계획 옵션을 어떻게 사용하는지 간단히 조사하여 설명하라.

14.3 19. 주요 항공사 콜 센터에 대한 수요추종 생산전략 채택의 장단점을 설명하라.

14.3 20. 인근의 제조업 회사의 생산 관리자를 인터뷰하여 회사가 변동하는 수요에 대응하기 위해 어떻게 생산계획을 수립하는지 조사하라. 회사는 어떠한 방식을 사용하는가?

14.5 21. 다음 요구 사항을 고려하여 자동차에 대한 간단한 BOMBill-of-Materials을 작성하라. (a) 최종 품목과 각 구성부품에 대해서 명확하게 레이블을 지정하고, (b) BOM은 10개 이하의 품목을 포함해야 하며, (c) BOM은 최소 3개의 레벨을 포함한다. (최종 품목의 레벨은 0으로 할 수 있음).

14.5 22. 최종품목으로 필수과목과 선택과목 등을 고려하여 대학교 교과과정의 BOM을 작성하라. MRP 개념은 어떻게 적용할 수 있는가?

14.5 23. 주생산 일정 계획 및 자재 소요량 계획의 개념이 서비스업에서는 어떻게 적용되는가? 예를 들어 설명하라.

14.5 24. 관리자는 적절한 로트 사이징 방법을 어떻게 선택해야 하는가? 경제성 또는 여러 무형의 요소를 고려해야 하는가? 이유를 설명하라.

계산연습문제 Computational Problems and Exercises

본 장에서 설명한 공식과 방법을 적용하여 다음 연습문제를 직접 계산해서 풀어보라.

14.3 **25.** 향후 4개월 동안 퍼지(사탕)에 대한 예측 수요는 120, 160, 20, 70 파운드이다.

a. 이월 주문이나 재고 부족 없이 평준화 전략을 채택한 경우 권장되는 생산율은 얼마인가? 이 계획에서 4개월차의 기말 재고는 얼마인가?

b. 4개월차에 기말 재고가 없는 경우 평준화 전략의 생산율은 얼마인가?

14.3 **26.** 라팔로 코퍼레이션Rapallo Corporation은 다음과 같이 향후 5주 동안의 판매량을 예상하여 산업용 진공 청소기를 제조한다: 1주 = 2,000대, 2주 = 2,500, 3주 = 3,000, 4주 = 3,000, 5주 = 3,500. 초기 재고는 13,000개이며 회사는 5주차 기말에 이 재고수준을 유지하려고 한다.

a. 주간 생산율은 얼마인가?

b. a의 답변을 사용하면 시간 경과에 따른 최종 재고수준은 얼마인가?

c. CFO가 너무 많은 재고를 유지하는데 드는 비용에 대해 염려하고 있기 때문에 경영진은 5주차 기말까지 재고수준을 3,000개로 낮추려고 한다. 생산계획 및 생산율은 어떻게 변화하는가?

14.3 **27.** 모바일 인코퍼레이티드Mobile Incorporated은 제트 스키와 스노우 모빌을 조립한다. 두 최종품목 모두 동일한 소형 엔진을 사용하기 때문에 엔진 조립품에 대한 수요를 총괄할 수 있다. 분기별 평준화 생산 전략과 그에 따른 총괄 계획을 수립하라. 총 비용은 얼마인가? 판매하지 못한 경우 판매가 이월 주문되어 다음 분기에 채워진다고 가정한다. 계산하여 계획, 비용 및 결과를 요약하라.

기초 재고	1,000 단위
정규시간	$15
손실판매 비용 /단위당	$24
재고유지비용 / 단위당	$3

14.4 **28.** 메탈 패브리케이터 주식회사Metal Fabricators, Inc.는 4개의 OEMOriginal Equipment Manufacturer 업체에 공급하는 가스 그릴 탱크 모형 #1420을 제조한다. 수요는 1분기는 2,800개 탱크, 2분기는 3,400개, 3분기는 3,600개, 4분기는 2,900개로 예측한다. 강판 헤징 프로그램과 국제 관세 인상으로 인해 분기당 생산 비용은 다음과 같이 상이하다. 1분기는 탱크 당 $23.50, 2분기는 $28.00, 3분기는 $25.90 및 4분기는 $29.00이다. OEM과의 생산 계약으로 인해 재고부족은 허용되지 않는다. 1/4 분기의 시작 재고는 탱크 300개이다. 각 분기 말에 재고유지비용은 탱크 당 $4.25이다. 이에 대한 선형 최적화 모형을 수립하라(최적해는 구하지 않으며, 부록D를 참고하라).

14.4 **29.** 잔디 의자 회사인 레저 가구는 두 가지 유형의 데크와 베란다 리클라이닝 의자를 제조한다. 모형 A 의자의 수익 및 간접비는 $35, 모형 B 의자의 경우 $26이다. 첫 번째 독립적인 프로세스는 내후성 직물을 절단하고 재봉하는 것이다. 두 번째 프로세스는 금속 튜브 프레임을 구부리고 용접하는 것이다. 직물 프로세스는 모형 A의 경우 2.2시간, 모형 B의 경우 3.1시간이 필요하며 300시간의 생산 시간을 사용할 수 있다. 금속 프레임 프로세스는 각 모형 A에 대해 1.8시간, 모형 B에 대해 1.3시간이 필요하며 250시간의의 생산 시간을 사용할 수 있다. 저장 공간은 제한되어 있으며 의자에는 많은 공간이 필요하다. 모형 A 의자 하나에는 12입방 피트의 저장 공간이 필요하고 모형 B의자에는 10 입방 피트의 저장 공간이 필요하다. 공장에 인접한 창고에는 완성된 의자를 15만 입방 피트까지 보관할 수 있는 공간이 있다. 이에 대한 선형 최적화 모형을 수립하라(최적해는 구하지 않으며, 부록D를 참고하라).

14.4 **30.** 실버 스타 바이시클 컴퍼니Silver Star Bicycle Company는 앞으로 2개월 동안 자사의 이지 페달Easy-Pedal 10단 자전거의 남녀 모형을 생산할 예정이며, 회사는 매월 생산해야 하는 각 모형의 자전거 생산량을 나타내는 생산 일정을 수립해야 한다. 현재 수요 예측에 따르면 첫 달에

분기	1	2	3	4	Total	기초재고
제트스키엔진	10,000	15,000	16,000	3,000	44,000	600
스노모빌 엔진	9,000	7,000	19,000	10,000	45,000	400
총 엔진	19,000	22,000	35,000	13,000	89,000	1,000
평균수요/분기			2,2000단위			
정규시간 생산율			2,2000단위			

그림/표 14.29 실버 스타 바이시클 컴퍼니 문제 자료

모형	생산비용	제조시간(시간)	조립시간(시간)	현재고
남성용	$40	10	3	20
여성용	$30	8	2	30

는 남성용 150개, 여성용 모형 125개, 두 번째 달에는 남성용 200개, 여성용 모형 150개를 배송할 예정이다. 추가 데이터는 그림/표 14.29에 나와 있다.

매달 3,000시간의 제조 노동시간과 1,000시간의 조립 노동시간이 주어진다. 회사는 월말 재고 수준에 따라 생산 비용의 2%를 월별로 유지비용으로 지불한다. 실버 스타는 두 달 말에 각 모형의 재고를 최소 25개 이상 보유하려고 한다. 이에 대한 선형 최적화 모형을 수립하라(최적해는 구하지 않으며, 부록D를 참고하라).

14.5 31. 그림/표 14.30은 프린터 카트리지 (A)에 대한 BOM이다. A의 총소요량은 200단위, 최종품목 A의 재고보유량 80단위이며, 모든 품목 A, B, C, D 및 E에 대해 리드타임이 없다고 가정하고 각 품목에 대한 순소요량을 계산하라. 품목 B, C, D 및 E의 모든 현재 재고보유량은 0이라고 가정한다.

14.5 32. 문제 31 및 그림 14.30의 프린터 카트리지에 대한 BOM과 현재 재고보유량에 따라 각 품목에 대한 순소요량을 계산하시오. A의 총소요량은 200 단위이다.

품목	재고보유량
A	40
B	50
C	100
D	70
E	25

그림/표 14.30 문제 31, 32, 33의 BOM

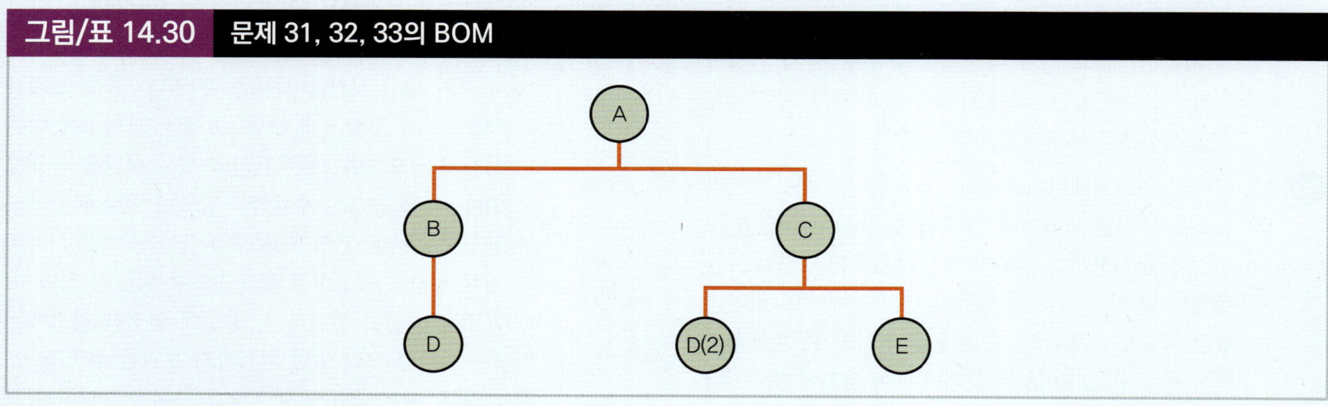

그림/표 14.31 문제34 BOM

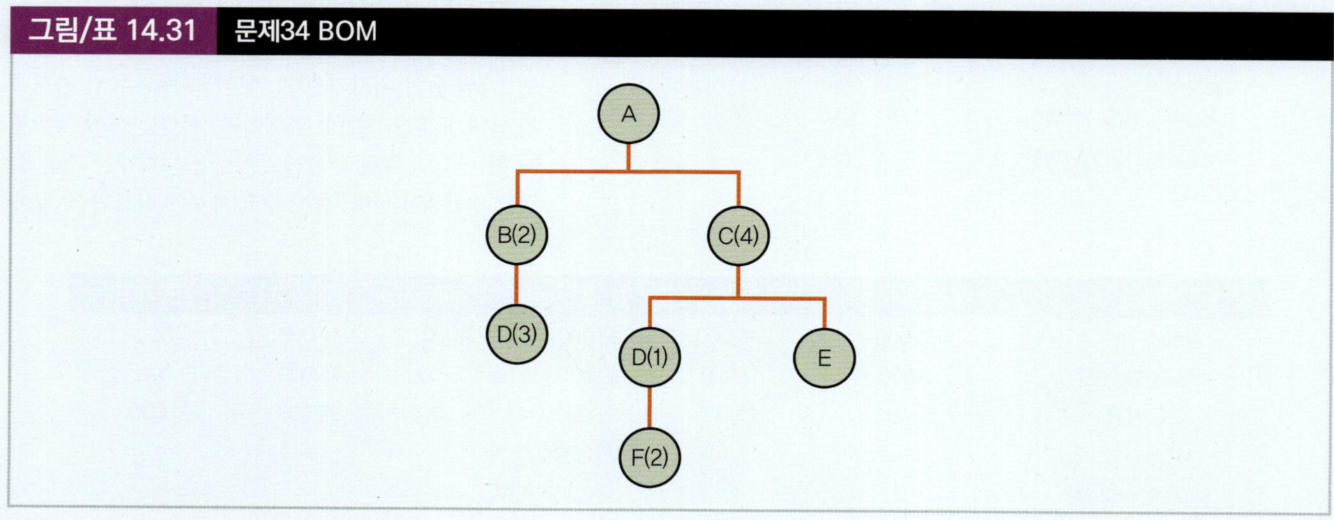

14.5 **33.** 그림 14.30의 동일한 BOM과 문제 31의 현재 재고보유량을 사용하라. 각 A에 품목 B가 2개 필요하고 A에 대한 총소요량이 220 단위라고 가정한다. 리드타임이 없다고 가정하고 각 품목의 순소요량을 계산하라.

14.5 **34.** 그림 14.31의 BOM을 고려하여 총소요량이 250 개 단위이고 A의 현재 재고보유량이 40개단위일 때, 모든 품목들의 순소요량은 얼마인가? 품목 D를 현재 200단위 보유가고 있는 것을 제외하고 모든 구성 부품의 현재 재고보유량은 0이다. 리 타임은 모두 0으로 가정한다.

주차	1	2	3	4	5	6	7	8
총소요량	20	0	60	0	100	80	0	60
입고 예정량		100						
예정된 재고보유량								
계획주문 입고량								
계획 주문 발주량								

14.5 **35.** 주어진 정보에 따라 MRP 기록을 완성하고 재고 분석가가 고려해야 할 사항들을 설명하라.

14.5 **36.** 각 은행 창구 작업장은 금요일에 400건의 거래 (최종품목)를 처리할 것으로 예상한다. 은행은 오전 9시부터 오후 7시까지 영업하고 금요일에 점심과 휴식 시간으로 90분이 주어진다. 금요일에는 세 개의 창구를 운영한다. 실무 연구 분석에 따르면 거래 형태 분류는 예금 40%, 인출 45%, 계좌 간 이체 15%이다. 각 거래 유형에 대해 다른 양식이 사용되므로 입금 당 1개의 입금 전표, 인출 당 1개의 인출 전표, 이체 당 2개의 이체 전표가 사용된다.

금요일에 8.5시간 동안 세 개의 창구에서 400건의 고객 거래를 처리할 수 있을 것으로 예측하고 있다. 입금, 인출 및 이체 전표는 최종품목 (고객 거래)의 예측에 "종속적"이다.

a. 금요일에 몇 장의 이체 전표가 필요한가?
b. 금요일에 출금 전표가 몇 장 필요한가?
c. 입금 전표는 격일로 배달된다. 이 은행에서 예금 전표의 재고보유량이 50 인 경우, 몇 개의 예금 전표를 주문해야 하는가?
d. 이 은행 사례에서 최종품목 및 구성 부품은 무엇인가?
e. 입금, 출금 및 이체 전표가 너무 많거나 적으면 어떤 상황이 되는가? 설명하라.

14.5 **37.** 아이린Irene의 키친 앤드 케이터링 서비스Kitchen & Catering Service는 싱글, 더블, 트리플 레이어의 세 종류의 케이크를 판매한다. 제품 혼합는 30%는 싱글 레이어, 50%는 더블 레이어 및 20%는 트리플 레이어이다. BOM은 다음과 같다.

싱글 레이어	더블 레이어	트리플 레이어
케이크 믹스 1.16lbs	케이크 믹스 1.75lbs	케이크 믹스 3.65lbs
버터 0.5컵	버터 0.75컵	버터 1컵
계란 3개	계란 4개	계란 5개

a. 향후 3개월 동안 케이크에 대한 아이린의 예측은 하루에 40개 또는 2,880개의 케이크 (40개/일 × 24 근무일/월 × 3개월)이다. 그녀는 얼마나 많은 케이크 믹스가 필요한가?
b. 버터는 얼마나 필요한가?
c. 계란은 얼마나 필요한가?

14.5 **38.** 제품 A의 BOM은 그림14.32에 있고 재고 기록 데이터는 표에 표시 제시되어 있다. 제품 A에 대한 주생산 일정에서 MPS 수량 행 (완료 날짜 표시)은 8주차에 250개 단위를 요구한다. A 생산의 리드타임은 2주이다. 품목 B, C 및 D에 대한 향후 8주 동안의 재료 요구 사항 계획을 수립하라.

항목	B	C	D
로트사이징	P=2	FOQ=1,000	LFL
리드타임	2주	1주	2주
입고 예정량	100(1주차)	0	0
초기 재고보유량	0	100	0

MPS 제품A 리드타임=2주							
1주차	2	3	4	5	6	7	8
품목A							250
계획주문 발주량					250		

그림/표 14.32 문제38의 BOM

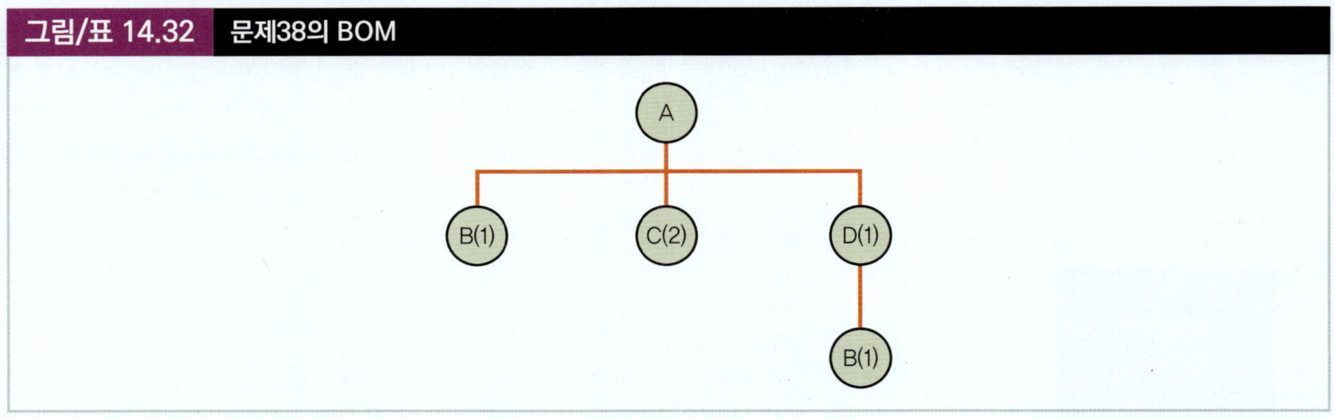

14.5 39. 정형 외과 의사는 고관절, 엉덩이, 무릎 및 발목 관절의 세 가지 유형의 수술을 전문으로 한다. 수술 조합은 고관절 40%, 무릎 50%, 발목 10%이다. 각 수술 유형에 대한 부분 BOM은 다음과 같다.

고관절	무릎	발목
수술키트 #203 & #428	수술키트 #203	수술키트 #108
고관절 부품패키지 #A	무릎 부품패키지 #V	발목 부품패키지 #P
혈액 6파인트	혈액 4파인트	혈액 3파인트

a. 다음 주에 고관절 5회, 무릎 3회, 발목 1회를 수술할 예정이다. 다음 주에 병원에서 각 유형의 수술 키트와 부품 패키지를 몇 개나 확보해야 하는가?
b. 다음 주에는 총 몇 파인트의 혈액이 필요한가?
c. 각 환자가 올바른 혈액형을 수혈할 수 있도록 "실수 방지" 시스템을 설계하라.
d. 수술 몇 시간 전에 발견 된 수술 키트 또는 부품 패키지의 부족 (재고 없음)의 의미는 무엇인가? 수술이 시작하고 나서야 부품 패키지가 부족한 것을 알게 된 경우 어떻게 해야 하는가?

14.5 40. 주생산일정계획에 대해서 그림/표 14.33에 표시된 BOM 및 아래에 표시된 재고 데이터를 고려하여 MPS 및 MRP 전개를 완료하고 이 요구 사항 계획에 따른 조치들을 파악하라.

MPS 주차	1	2	3	4	5	6	7	8
A의 고객수요		5		8			10	
B의 고객수요						5		10
A의 리드타임 = 1주								
B의 리드타임 = 2주								

그림/표 14.33 문제40의 BOM

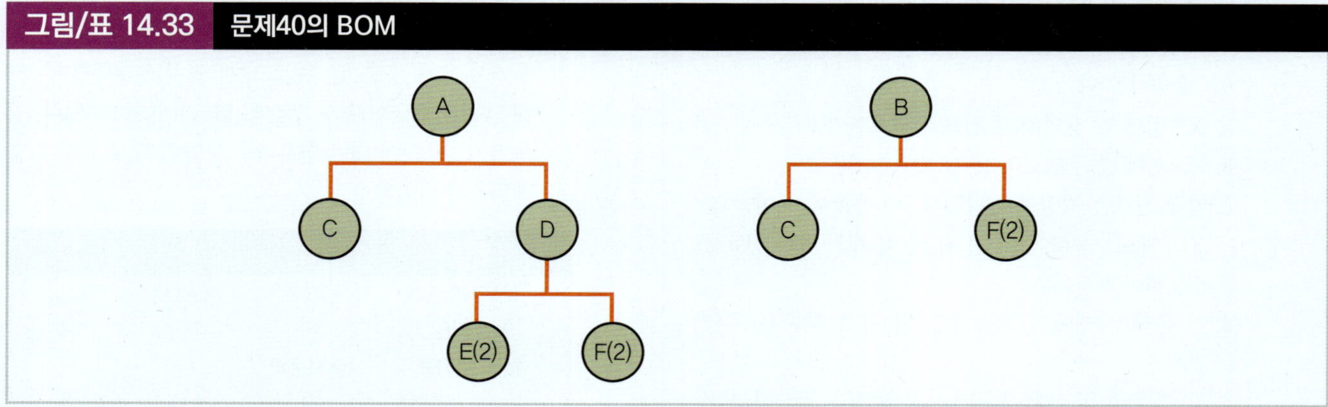

품목파일

	C	D	E	F
로트 사이징	LFL	LFL	FOQ(25)	POQ(P=2)
리드 타임(주)	3	1	3	1
초기 재고보유량	5	8	19	3
입고예정량	8(1주차)		25(3주차)	20(1주차)

a. 품목 B 및 C에 대한 향후 7주 동안의 자재소요계획(MRP)을 수립하라.

b. 계획대로 운영하는데 주의할 사항이 있는가? 그렇다면 무엇이며 그 이유는 무엇인가?

14.5 **41.** 제품 A에 대한 MPS는 4주차에 100개를 완료하고 7주차에 200개를 완료하도록 요구한다. (리드타임은 1주일). 품목 B의 예비 부품 수요는 주당 10개이다. 제품 A의 BOM은 그림 14.34에 나와 있으며 재고 기록은 아래에 나와 있다.

	품목	품목
항목	B	C
로트 사이징	FOQ=500	LFL
리드타임(주)	2	3
초기 재고보유량	100	10
입고 예정량		200(2주차)

그림/표 14.34 문제 41의 BOM

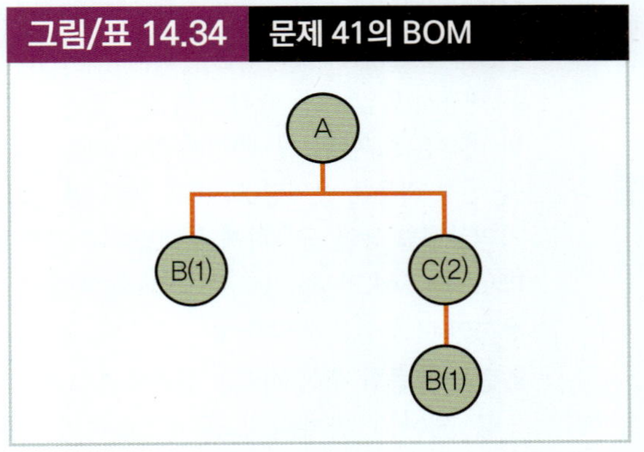

a. 품목 B 및 C에 대한 향후 7주 동안의 자재 소요량 계획을 수립하라.

b. 계획대로 운영하는데 주의할 사항이 있는가? 그렇다면 무엇이며 그 이유는?

14.5 **42.** 가든 매뉴팩처링Garden Manufacturing은 사우스 캐롤라이나 주 플로렌스에 위치한 소규모 가족 소유의 정원 도구 제조업체이다. 정원 도구 모형 A 및 B에 대한 BOM은 그림/표 14.35에 나와 있으며 기타 추가 구성 요소 정보도 확인할 수 있다. BOM에 나타난 것처럼 이 두 모형 간에는 상당수의 공통적으로 사용하는 부품이 있다.

MPS는 5주차에 도구 A를 100단위를 생산 완료하고, 7주차에 도구 A를 200단위를 완료하도록 요구한다. 최종품목 A의 리드타임은 2주이다. MPS는 7주차에 300단위의 도구 B를 생산 완료하도록 요구한다. 최종품목 B의 리드타임은 1주일이다. 이 두 가지 정원 도구를 만드는 데 필요한 모든 항목에 대해 MRP 전개를 수행하라. 즉시 취해야 할 조치는 무엇이며 다른 잠재적인 문제는 무엇인가?

	품목			
항목	C	D	E	F
로트 사이징	FOQ=400	LFL	POQ=4	LFL
리드타임	1주	2주	2주	1주
입고 예정량	450(1주차)	50(1주차)		
재고보유량	100	70	50	900

그림/표 14.35 문제 42의 BOM

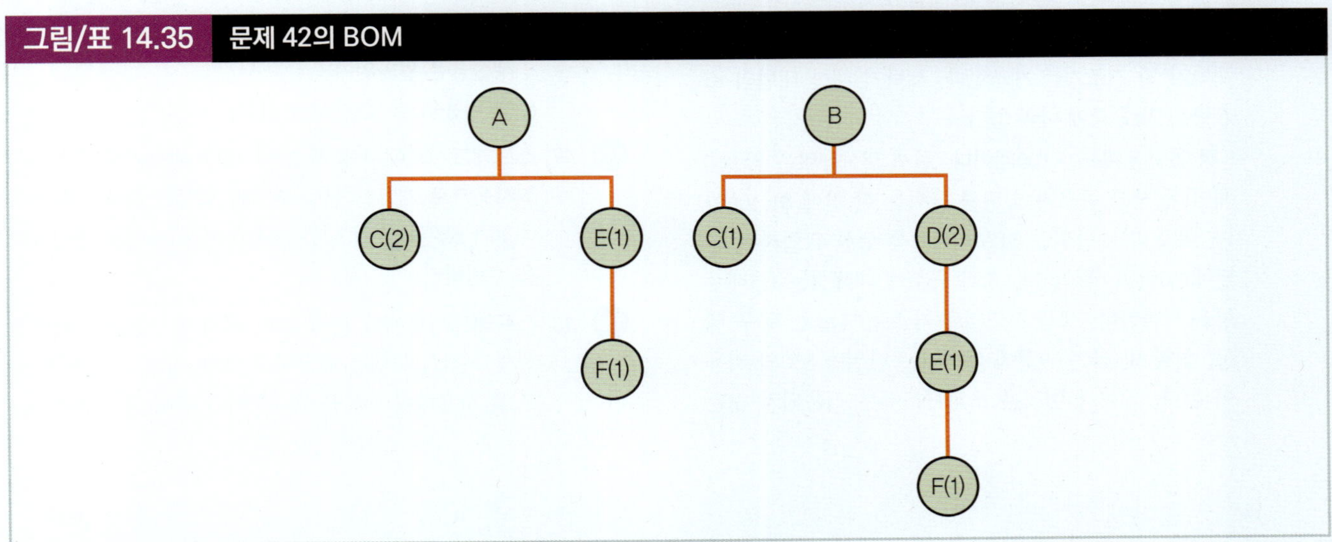

엑셀기반 연습문제 EXCEL-BASED PROBLEMS

문제 풀이를 위해 엑셀Excel이나 마인드탭MindTap에 있는 스프레드시트 템플릿을 사용할 수 있다.

14.3 **43.** 대형 의약품 제조업체인 채프만 제약회사Chapman Pharmaceuticals는 액체 감기약에 대한 총괄수요예측(단위: 1000리터)을 다음과 같이 하였다.

월	수요
1	200
2	120
3	75
4	40
5	15
6	7
7	5
8	10
9	30
10	70
11	120
12	180

이 회사의 정상적인 생산속도는 월 9만 리터이고 초기 재고는 10만 리터이다. 재고유지비용은 매월 1,000리터당 $30이고, 정규생산 비용은 1,000리터당 $400이다. 초과근무 비용은 추가로 20%, 유휴시간 비용은 추가 12%이다. 매출 손실이나 생산율 변경 비용은 없다고 가정한다. Agg Plan – Level 및 Agg Plan – Chase 엑셀 템플릿을 사용하여 월 9만 리터의 레벨 생산율과 수요추종 생산계획의 비용을 계산하라.

14.3 **44.** 웨스터벡 컴퍼니Westerbeck Company는 여러 모형의 자동 세탁기 및 건조기를 제조한다. 세탁기 대한 내년의 소요량은 아래 표에 나와 있다.

현재 보유재고는 100개이다. 현재 생산능력은 월 960개이다. 생산 근로자의 평균 급여는 한 달에 $1,300이다. 재료비는 단위당 $120이다. 각 생산 작업자는 한 달에 30단위 생산한다. 초과 근무에 대해서는 1.5배수당을 지불한다. 생산 속도의 증가 또는 감소는 공구 세공, 설정 및 라인 변경에 대해서는 단위당 $50의 비용이 든다. 그러나 이것은 초과근무에는 적용되지 않는다. 재고유지비용은 매월 단위당 $25이다. 판매 손실은 단위당 $75이다. Agg Plan – Level 및 Agg Plan – Chase 엑셀 양식을 사용하여 레벨 및 수요추종 생산계획의 비용을 비교하라. 레벨 전략의 경우, 월 960대 단위 생산율과 평균 월간 수요를 정수로 반올림한 경우와 비교하라.

월	1	2	3	4	5	6	7	8	9	10	11	12
요구량	800	1,030	810	900	950	1,340	1,100	1,210	600	580	890	1,000

14.3 **45.** 엑셀 템플릿Aggregate Planning을 사용하여 총 비용을 최소화하기 위해 문제 44에서 웨스터벡 컴퍼니Westerbeck Company를 위한 최상의 생산 전략을 제시하라. 평준화 전략과 수요추종 생산계획을 얼마나 향상시킬 수 있는가?

14.3 **46.** 킹스 어플라이언스 매뉴팩처러Kings Appliance Manufacturers는 토스터를 만들고 수요추종 생산계획과 레벨 수준 전략을 비교 평가하려고 한다. 분기 별 수요 예측은 Q1은 12,000, Q2는 15,000, Q3는 18,000, Q4는 33,000이다. 초기 완제품 재고 수준은 3,000개이다. 이월 주문은 허용하지 않는다. 단위당 평균 비용은 $200, 재고운반 비용은 $2/단위/월, 손실된 판매 비용은 $300, 생산율 변경 비용은 단위당 $6이다. 분기 별 수요가 각 분기의 3개월 동안 균등하게 분배된다고 가정한다. Agg Plan – Level 및 Agg Plan – Chase 엑셀 템플릿을 사용하여 다음 질문에 답하라.

a. 만약 평준화 생산 전략을 선택하면, 12월 말에 수요를 충족하고 완제품 재고를 0으로 하기 위한 월간 생산율은 얼마인가? 힌트: 초기 재고에 맞게 수정한 연간 수요를 충족하기 위한 월간 생산량을 계산한다.

b. 만약 수요 추적 생산 전략을 선택하면, 12월 말에 수요를 충족하고 완제품 재고를 0으로 하기 위한 월간 생산율은 얼마인가?

c. 총 비용이 더 낮은 생산 전략은 무엇인가?

14.4 **47.** 스프레드시트에서 문제 28의 메탈 패브리케이터 주식회사용으로 개발한 선형 최적화 모형을 활용하고 엑셀 해찾기 (부록 D 참조)를 사용하여 최소비용 총괄계획을 수립하라.

14.4 **48.** 스프레드시트에서 문제 29의 레저 가구용으로 개발한 선형 최적화 모형을 활용하고 엑셀 해찾기 (부록 D 참조)를 사용하여 수익을 극대화하기 위해 생산해야 하는

각 의자 유형별 최적 생산 수량을 결정하라.

14.4 49. 문제 30의 실버 스타 바이시클 컴퍼니Silver Star Bicycle Company를 위해 개발한 선형 최적화 모형을 스프레드 시트에 실행하고 엑셀 해찾기 (부록 D 참조)를 사용하여 생산 및 재고 비용을 최소화하고, 노동 평준화, 수요 및 재고 요구사항을 충족하는 생산계획을 수립하라. 어떠한 재고들이 유지되며 제조 및 조립에 매달 얼마나 많은 노동력이 사용되는가?

로커 인더스트리즈 (A) Rocker Industries (A)

로커 인더스트리즈Rocker Industries (RI)는 레크리에이션 인라인 스케이트를 생산한다. (그림/표 14.36 참조). 수요는 계절적이며 여름철에 정점을 찍고 12월에는 수요가 적다. 일부 디자인 업그레이드한 인기있는 모형 중 하나에 대해서 RI는 스케이트 제품에 대한 내년 수요를 다음과 같이 예측했다 (데이터는 마인드탭의 Rocker Industries Case Data 워크 시트에서 찾을 수 있음).

월	
1	300
2	550
3	900
4	1,500
5	2,500
6	3,000
7	1,400
8	1,000
9	600
10	400
11	700
12	1,800

그림/표 14.36 인라인 스케이트

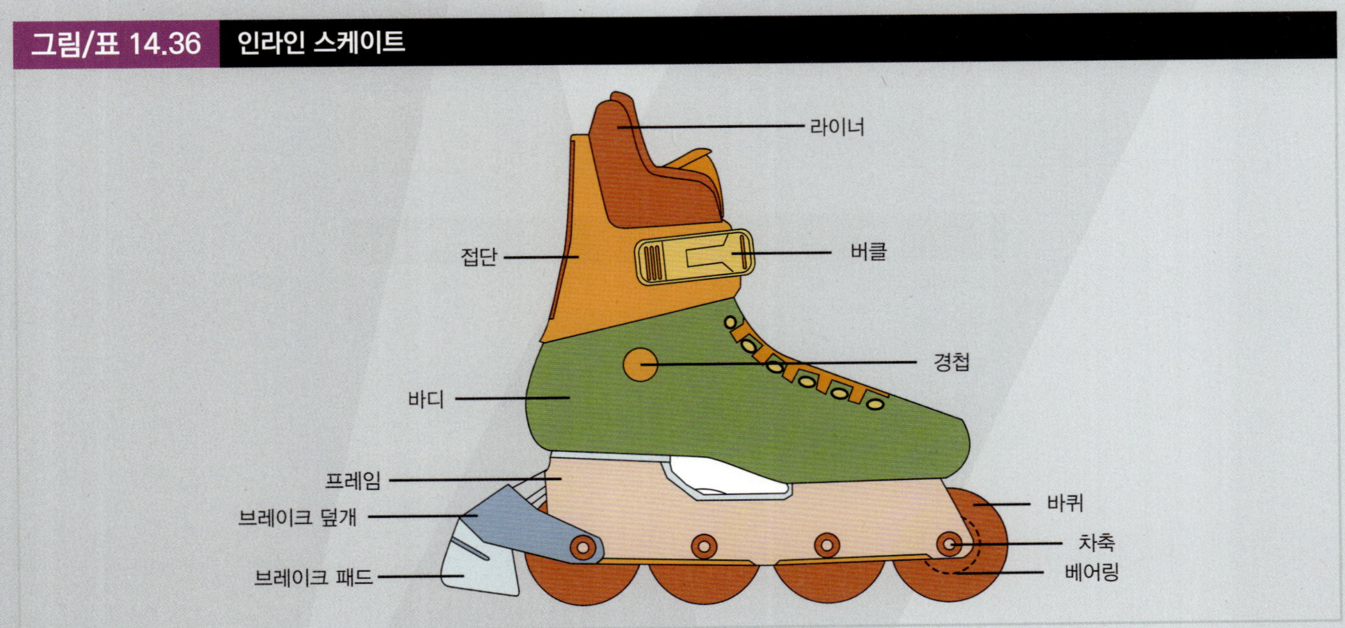

제조비용은 재료 및 직접 인건비를 포함하여 스케이트 한 켤레 당 $80이다. 재고유지비용은 매월 제조 비용의 20%이다. 이것은 "주문형" 제품이기 때문에 고객은 구매할 없는 경우 다른 모형을 구매할 가능성이 높으므로 손실된 판매 비용은 한계 이익이며 이는 제조비용의 100% 또는 $80로 제조업체에게 부가된다. 정상적인 생산율은 한 달에 1,000쌍이다. 그러나 생산율을 변경하려면 관리 비용이 필요하며 단위당 $1로 계산한다. 초과 근무는 스케이트 한 쌍당 $10 비용이다. 초기 재고는 0으로 가정한다. 로커 인더스트리는 다양한 다른 제품을 생산하기 때문에 노동력을 다른 작업으로 전환할 수 있으므로 유휴시간 비용은 고려하지 않는다.

토론을 위한 사례 질문

1. 로커 인더스트리는 평준화 생산 전략과 수요 추적 전략을 비교하여 평가하려고 한다. 재무적 영향뿐만 아니라 전략의 잠재적인 운영 및 관리적 측면을 고려하여 보고서를 작성하라.
2. 로커 인더스트리는 총괄계획 옵션 중 최저 비용이 드는 방법을 살펴보려 한다. Aggregate Planning 엑셀 템플릿을 사용하여 최적해를 구하라.

로커 인더스트리즈 (B) Rocker Industries (B)

로커 인더스트리즈 (A) 사례의 인라인 스케이트에 대한 BOM, 현재 재고 및 리드 타임(월)은 그림 14.37에 나와 있다. 수요 추적 전략을 기반으로 로커 인더스트리즈 (A)의 사례에서 로트별 로트lot-for-lot(LFL)를 사용하여 1분기 (1~3월)의 생산

그림/표 14.37 인라인 스케이트 BOM 및 관련 정보

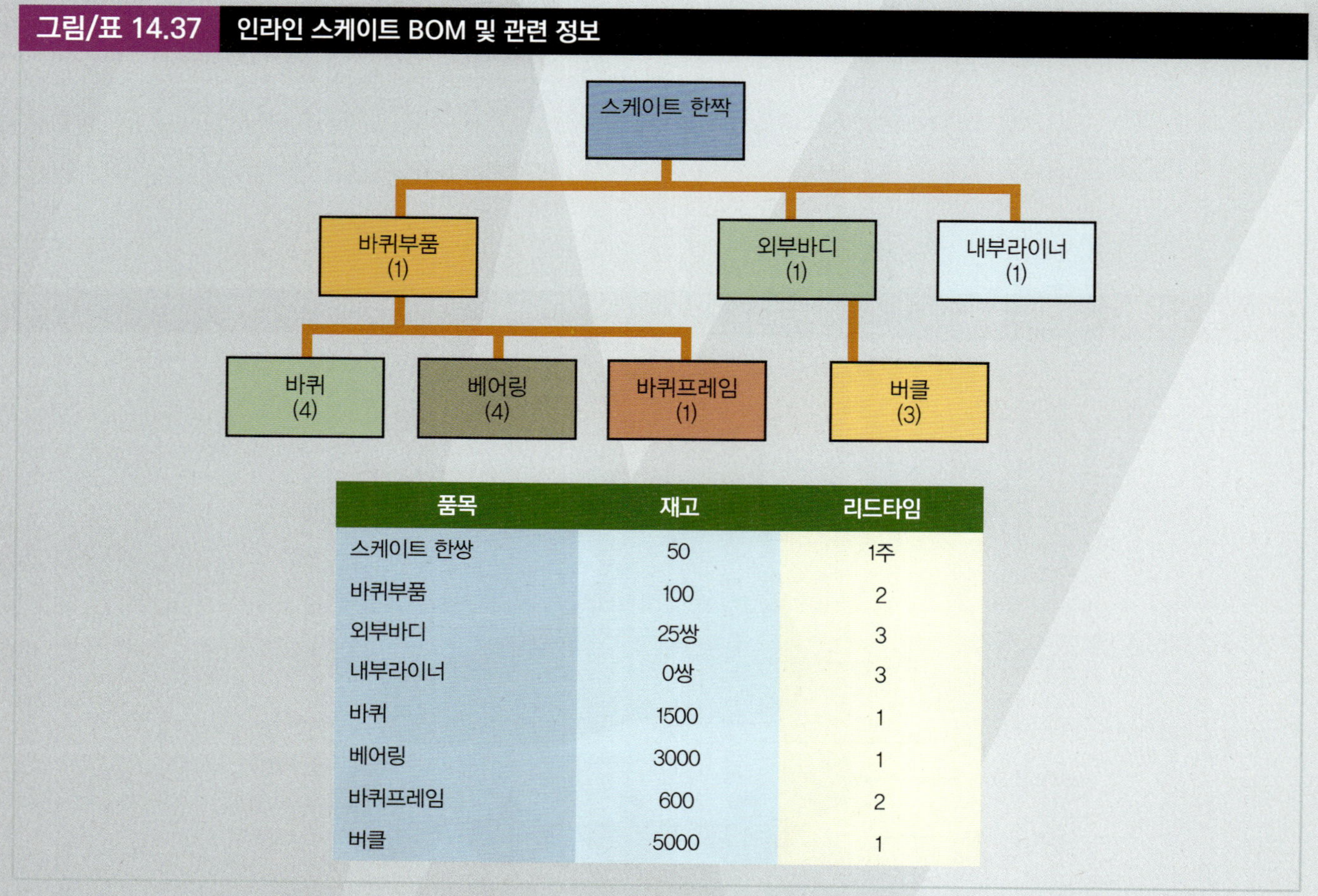

품목	재고	리드타임
스케이트 한쌍	50	1주
바퀴부품	100	2
외부바디	25쌍	3
내부라이너	0쌍	3
바퀴	1500	1
베어링	3000	1
바퀴프레임	600	2
버클	5000	1

요구 사항을 충족하는 전체 MRP 주별 일정을 수립하였다. 한 달에 4주가 있다고 가정한다.

토론을 위한 사례 질문

MRP 일정을 사용하여 다음 질문에 답하시오.

1. 3개월 간의 수요를 충족시키기 위해 인라인 스케이트를 주문하고 생산하는 프로세스는 언제 시작해야 하는가?
2. 계획주문 발주량이 비용 및 생산능력에 미치는 영향은 무엇인가?
3. 추적 전략 대신 평준화 생산 총괄계획을 사용한 경우에 계획주문 발주량에 어떤 영향이 있는가? (MRP 전개를 다시 할 필요 없음. 그 영향을 간단히 설명하라.)
4. 부품의 리드타임을 절반으로 줄이면 장단점은 무엇인가?
5. 배치 주문 수량에 로트 크기 사이징을 고려할 수 있는가? 하나를 선택하여 설명하라.
6. 다른 관리 측면의 시사점이 있는가? 계획주문 발주량이 적절한가?

블루 노트 모기지 Blue Note Mortgage

Brian A Jackson/Shutterstock.com

주택이나 콘도에 대한 대출mortgage을 받는 과정은 대부분의 사람들이 생각하는 것보다 매우 복잡하다. 대출 기관이 필요로 하는 차용자에 대한 모든 관련 정보가 포함하는 응용 프로그램으로부터 시작한다. 그런 다음 은행 또는 모기지 회사는 대출 결정으로 이어지는 프로세스를 시작한다. 여기에서 차용자에 대한 주요 정보는 제3자 제공업체에서 제공한다. 이 정보에는 신용 보고서, 소득 확인, 자산 확인, 고용 확인 및 재산 평가 등이 포함된다. 이러한 프로세스의 처리 결과는 대출하는 데 필요한 모든 정보와 담보보증을 위한 문서를 포함한 완전한 대출관련 문서이며, 이는 프로세스의 다음 단계로 이어진다.

보증은 대출 신청의 위험을 평가하는 단계이다. 채권인수인은 차용인이 제 시간에 지불할 수 있는지, 대출금을 갚을 여유가 있는지, 그리고 대출을 뒷받침할 충분한 담보가 있는지 평가한다. 차용인이 대출을 불이행하는 경우 대출 기관은 대출 금액을 회수하기 위해 부동산을 판매할 수 있다. 그러나 대출 금액이 재산 가치보다 크면 대출 기관은 돈을 회수할 수 없다. 인수 과정에서 차용자가 신용을 증명할 수 있고 대출을 상환할 수 있는 능력이 있으며 해당 부동산의 가치가 대출 금액보다 크다고 판단되면 대출이 승인되고 마감 단계로 이동한다. 마감은 차용자가 대출 조건에 동의하는 모든 서류에 서명하는 단계이다.

대출 처리 부서의 관리자인 비베리 프리단Beverly Frydann은 업무 능력을 더 잘 계획할 수 있도록 월별로 특정한 수의 대출 파일을 처리하기 위해 향후 몇 개월 동안 몇 명의 직원이 필요한지 분석해야 한다. 인력 조정은 비용과 시간이 많이 소요된다. 따라서 직원 요구 사항을 미리 이해하는 것이 매우 중요하다. 대부분의 경우 신입 사원을 고용하고 교육하는 데 걸리는 시간은 90~180일이므로 인력 요구사항의 변화에 항상 신속하게 대응할 수 있는 것은 아니다. 따라서 비베리가 초과 근무 또는 근무시간 단축에 대해 올바른 결정을 내리거나 임시 또는 정규 직원을 추가하거나 줄일 수 있도록 사전에 계획하는 것이 필수적이다.

여러 유형의 대출제품이 있다고 가정한다. 대출제품은 30년 고정 금리 모기지, 7/1 ARM, FHA 대출 또는 건설 대출이다. 이러한 대출 유형은 세부적으로 상이하고 문서 수준이 다르기 때문에 완료하는데 소요시간이 다르다. 관리자는 5월에 750건, 6월에 825건, 7월에 900건, 8월에 775건의 대출 신청을 예측한다. 각 직원은 매일 7시간동안 생산적으로 일하며 5월에는 22일, 6월에는 20일, 7월에는 22일, 8월에는 22일동안 근무한다. 비베리는 또한 과거 대출 데이터를 기반으로 각 대출제품 유형의 비율과 각 유형의 대출을 처리하는 데 걸리는 시간을 알고 있다. 이 데이터는 그림/표 14.38에 나와 있다.

비베리는 모든 대출이 처리될 수 있도록 매월 필요한 정규직(Full time equivalent, FTE) 직원 수를 예측하고자 한다. 모든

그림/표 14.38 대출 처리 데이터

대출제품	제품비율(%)	건당 처리시간
Product1	22	3.60
Product2	17	2.00
Product3	13	1.70
Product4	12	5.50
Product5	10	4.00
Product6	9	3.00
Product7	7	2.00
Product8	5	2.00
Product9	3	1.40
Product10	2	4.00
합계	100	

생산 요구 사항을 충족하는 데 충분한 자원을 제공하기 위해 필요한 FTE를 계산하는 방법을 결정하라.

토론을 위한 사례 질문

1. 비베리가 작업일 수가 상이한 월별로 대출제품을 혼합을 쉽게 업데이트할 수 있는 스프레드 시트 모형을 개발하라.
2. 모형을 사용하여 5월부터 8월까지 필요한 FTE 직원 수를 결정하라.
3. 이 상황에서 비베리는 어떠한 총괄계획 전략을 사용할 수 있는가?

통합 사례 연구: 허드슨 쥬얼러스 Integrative Case: Hudson Jewelers

본서 마인드탭MindTap은 허드슨 쥬얼러스Hudson Jewelers 사례 연구 관련 각 장에 있는 학습자료를 통합하여 제공한다.

토론을 위한 사례 질문

1. 허드슨 쥬얼러스의 고객 수요 (주간 방문)는 마인드탭의 Hudson Jeweler 수요 사례 데이터 워크시트에 나타난 것처럼 매우 계절적이다 (이 데이터는 수요예측을 위해 9장에서 사용됨). 총괄계획 옵션 (14.2 및 부록 14.2)의 맥락에서 이 서비스 비즈니스는 자원관리를 위해 어떤 결정을 내려야 하는가? 이 문제에 대해 간단히 서술하라.

운영 일정계획과 순서화 15
Operations Scheduling and Sequencing

간호사의 업무는 서비스업 중에서 복잡한 일정계획이 요구된다.

Monkey Business Images/Shutterstock.com

학습목표

15장을 학습한 후 다음 과제를 수행할 수 있어야 한다:

15-1 일정계획scheduling과 순서화sequencing의 개념에 대해 설명한다.

15-2 직원의 업무일정계획과 예약시스템을 기술한다.

15-3 순서화의 성과측정 지표와 단일공정에서 순서화 법칙을 설명한다.

15-4 배정dispatching과 우선순위를 정하는 프로세스를 설명한다.

15-5 두개의 작업resource의 순서를 정하는 것을 기술한다.

15-6 일정계획을 간트차트Gantt charts를 이용하여 추적 관찰하는 것을 설명한다.

15-7 클라크-라이트Clarke-Wright 방법을 사용하여 자동차 경로와 일정계획을 작성하는 방법을 기술한다.

간호사들은 업무 일정계획에 대한 불만이 있으며 동시에 현장 감독자들은 직원 배치에 문제가 있다고 생각한다. 두 집단에서는 해당 문제를 임상 코디네이터인 진 로우캠프Jean Rowecamp에게 호소하였다. 간호사들은 매달 교대근무 일정계획이 너무 바뀐다는 것에 불만을 가지고 있다. 그러나 현장 감독자들은 낮에는 간호사가 너무 많고 밤과 주말에는 충분하지 않다는 점을 지적하고 있다. 로우캠프는 어떻게 결정을 내리더라도 양측 모두를 만족시킬 수 없을 것 같았다. 간호사들은 노동조합에 가입했기 때문에 7일 이상 연속근무 일정을 잡을 수 없고, 간호사들은 교대근무 사이에 최소 16시간이 필요하다는 제약조건이 있다. 동시에 간호사들은 교대근무와 휴가에 대해 협의 하에 이루어졌음에도 불구하고 개인personal 휴가에 대한 "특별 요청special request"을 지속적으로 하고 있다.

어떻게 생각하는가? What Do you Think?

학생으로서 과제, 학교 프로젝트, 학업 활동에 대해 어떻게 일정계획을 수립하는가? 일정계획 수립시에 어떠한 기준들을 사용하는가?

앞에서 나온 간호사의 예에서 볼 수 있듯이, 일정계획scheduling을 만드는 것은 복잡하다. 예를 들어 노동조합에서 제시하는 규칙이나 특수 요구들로 이러한 작업 일정 계획은 더욱 복잡해진다. 그리고 제조업과 달리 서비스산업에서는 하루 또는 일주일 동안 수요의 변동성이 크다. 이 또한 일정계획의 복잡성을 높이는 요인이라 할 것이다. 그럼에도 불구하고 높은 수준의 치료 서비스를 제공하며, 동시에 비용을 최소화하려면 적합한 일정계획을 개발/운영해야 한다.

일정계획은 운영관리자가 매일 수행하는 일반적인 활동이며, 이는 이전 장에서 설명한 세가지 수준의 통합계획aggregation plan과 분할계획disaggregation plan의 토대가 된다. 작업일정계획을 잘 수립하면 제조 및 서비스 계획을 효율적으로 실행할 수 있고, 더 나은 고객 서비스로 이어진다. 기업이 훌륭한 고객서비스의 제공을 약속하는 것과 실제로 이를 달성하는 것은 다른 것이라 할 수 있다. 예를 들어 콜센터의 직원수를 시간에 따라 적절하게 배치하면 고객이 오래 기다릴 필요가 없게 된다. 공장에서도 일정계획을 잘 수립하면 약속한대로 소비자들이 제품을 구매할 수 있게 한다. 동시에 생산성과 효율성도 높일 수 있다.

15-1 일정계획과 순서화의 이해 Understanding Scheduling and Sequencing

일정계획 Scheduling은 *특정 작업, 사람 또는 장비의 시작 및 완료시간을 지정하는 것을 말한다.* 예를 들어 각 패스트푸드 식당, 병원 및 콜센터는 직원의 교대근무 일정계획을 세워야 한다. 또한 의사, 치과의사 및 주식중개인은 환자나 고객서비스 시간을 예약을 통해 관리한다. 항공사는 파일럿과 승무원의 근무시간을 관리하며, 스포츠팀은 팀원과 임원의 일정계획을 관리한다. 법원은 청문회 및 재판일정을 조율하며, 공장관리자는 기계작업과 유지보수 작업일정을 계획한다. 영업담당자는 고객에게 배송하는 시간을 관리하며 잠재적인 고객영업을 위한 방문시간을 계획한다. 소매점 직원 혹은 공장직원 같은 경우 해당 업무가 장기간에 걸쳐 반복적으로 일어나는 반면, 콜센터 직원, 간호사 또는 영업 사원의 경우에는 월별, 주별 또는 매일 업무일정이 변경되기도 한다.

일정계획은 순서화 sequencing 개념과 연계되어 있다. **순서화** sequencing는 *작업 처리 순서를 결정하는 것을 말한다.* 예를 들어 수간호사는 응급환자의 치료순서를 결정하고 호텔의 청소부는 청소하는 방의 순서를 정한다. 자동차 조립공장의 운영관리자는 복수의 모델의 생산순서를 결정하며, 관제사는 활주로에서 이륙하는 항공편의 순서를 정한다. 이러한 모든 의사결정은 제한된 공통자원을 활용한다는 것이 특징이다. 따라서 자원을 적절히 배치하여 고객 수요충족이라는 궁극적인 목적을 달성하는 것이 순서화의 목적이라 할 수 있다. 일반적으로 순서화를 통해 일정 순서계획을 구체화한다. 이러한 일정계획과 관련된 예시를 본 장에서 다룰 예정이다.

백오피스back-office나 고객과의 접촉이 적은 low-contact 서비스의 경우 사용하는 순서화는 제조업 일정계획과 비슷하다. 즉 제조업에서 사용되는 기법을 적용하는 것이 유용하다.

생산시설은 수백 개의 작업장 work station 또는 작업센터 machine center가 수천 개의 부품을 처

심판 일정수립 Telling Umpires Where to Go

저자 중 한 명은 미국 야구리그의 심판들의 연간 일정계획을 수립하였다. 일정계획 수립시에 가능한 같은 팀과의 연속경기에 동일 심판조가 배정되지 않도록 하는 것이 중요했다. 또한 팀당 심판들에게 비슷한 횟수의 경기가 배정되며, 이동일정 및 순서가 합리적으로 구성되어야 했다. 이러한 일정계획 수립에는 다양한 제약조건들이 수반된다. 예를 들어 전날 야간게임에 배정된 심판은 다음날 다른 도시의 주간 경기에는 배정되지 못하며, 할당된 게임 사이에 휴식을 취하고 이동할 시간이 보장되어야 한다. 또한 장거리가 아닌 근거리로 이동경로를 수립하는 것이 필요하다.

ambrozinio/Shutterstock.com

리한다. 또한 제조업에서의 공급사슬 관리자, 영업 및 마케팅 담당자, 고객은 이러한 정보에 대해 매일 또는 매시간 업데이트되기를 원한다. 마찬가지로 서비스 관리자는 수십명의 시간제 근무자의 다양한 근무시간(대학근처의 패스트푸드 식당 관리자)이나 요구근무량이나 수요에 따라 지속적으로 바뀌는 (병원 간호사 관리자) 업무를 관리해야 한다. 영업사원이 고객의 주문상태를 확인하거나 배송날짜를 계획할 수 있도록 일정계획을 만들어야 한다. 복잡하고, 시시각각 변화는 정보를 검색하기 위한 시스템을 전산화할 필요가 있다. 따라서 작업일정계획 시스템을 구축하기 위해서는 정보기술 지원이 잘 이루어져야 한다.

15-2 일정계획의 적용과 접근법 Scheduling Applications and Approaches

일정계획은 공장에서의 주문의 계획 및 발주, 직원의 교대근무 결정, 고객에게 배송 등 가치사슬의 모든 측면에 적용된다. 직원 일정계획과 같은 문제는 대부분의 조직에 비슷하게 적용된다. 그러나 심판의 일정을 정하거나 대학에서 강의시간표를 정하는 것과 같은 특수한 상황의 해결을 위해서는 그에 맞는 접근이 필요하다. 많은 조직에서는 이러한 일정계획을 위해 스프레드시트 spreadsheet, 데스크톱 소프트웨어패키지 또는 웹 기반 도구를 사용한다. 맞춤형 일정계획은 마이크로소프트 엑셀 Microsoft Excel과 같은 이미 개발된 것을 사용할 수도 있지만 개발비용이 많이 발생할 수 있다. 상업용으로 개발된 템플

> 일정계획은 공장에서의 주문의 계획 및 발주, 직원의 교대근무 결정, 고객에게 배송 등 가치사슬의 모든 측면에 적용된다.

수시 일정계획을 위한 소프트웨어 Software to Schedule Anywhere

한 중소 소프트웨어 제공업체는 스케줄에니웨어 Schedule Anywhere (ScheduleAnywhere.com)라는 온라인 직원일정 업무계획 시스템을 제공한다. 이 서비스를 통해 관리자는 직장, 집 또는 이동중에 인터넷을 통해 직원 업무관리가 가능하다. 업무장소, 부서, 위치 등 다양한 기능으로 일정을 계획할 수 있으며, 1일, 7일, 14일 또는 28일 단위로 일정을 볼 수 있다. 또한 인력 요구사항을 입력하고 가용한 인력과 배정된 인력을 살펴볼 수 있어, 자동으로 업무스케줄을 바꾸거나 복사할 수 있다. 이를 통해 업무계획의 충돌을 피하며, 직원들에게 업무계획을 조회할 수 있게 한다.

Alexander Chaikin/Shutterstock.com

릿을 사용하는 것이 일반적으로 간단하며 저렴하다.

데스크탑 및 웹 기반 소프트웨어 모두 성능이 개선되고 최적화기능을 갖추고 있다. 일반적인 기능으로는 정규직 및 파트타임 직원의 업무일과 휴무일의 업무일정을 계획하고 비용 비교를 위한 대안일정 생성, 여러 교대근무 처리 등이 있다.

콜센터call center, 법률집행law enforcement, 병원health care과 같은 특정 산업을 위해 많은 소프트웨어 패키지가 개발되었다. 각 산업은 그 산업에 해당하는 특유의 의사결정 변수가 존재한다. 예를 들어 콘체로Concerro(과거에 비드쉬프트BidShift라고 함)는 간호사 업무계획을 위해 만들어진 웹기반 소프트웨어이다. 170개가 넘는 병원에서 이 시스템을 사용하고 있으며, 매년 1-4백만 달러를 절약할 뿐 아니라, 이를 통해 직원 동기부여와 환자들에 대한 치료수준을 높이고 있다. 본 절에서는 운영관리operations management에서 많이 활용되고 있는 두 가지의 작업일정계획 기법을 다룬다.

15-2a 직원 일정계획 Staff Scheduling

서비스 조직은 그 특성상 수요의 변동성이 높다. 이로 인해 직원들의 업무 작업일정 계획이 중요하다. 콜센터 담당자, 호텔 청소부, 요금소 담당자, 간호사, 항공사 예약 업무 담당자, 경찰관, 패스트푸드 식당 직원 등을 예로 들 수 있다.

직원들의 일정계획은 조직이 필요한 상황에 맞게 아래와 같은 요인을 고려하여 직원을 정확하게 배치하는 것을 뜻한다.

1. 수요를 정확히 예측하여 이를 처리할 작업의 양과 시점으로 변환
2. 기간별로 작업을 수행하는 데 필요한 인력 결정

3. 가용인력 및 전일제 및 시간제를 어떻게 활용할 것인지 결정
4. 수요요구량과 능력을 일치시켜 서비스를 최대화하고 비용을 최소화하는 일정계획을 개발

이를 위해 우선 수요를 능력척도capacity measure, 즉 처리할 수 있는 직원수로 변환하는 것이 필요하다. 예를 들어 $ 400의 매출을 위해 한 명의 추가적인 정규직원이 필요한 것으로 계산할 수 있다. 두번째 단계에서는 처리할 작업의 양과 시점을 구체적으로 정하는 것이 필요하다. 이는 “시hour”가 단위가 되거나 5-10 분과 같이 세분화된 간격이 단위가 된다. 필요한 인력을 결정하려면 작업자 생산성, 개인 수당, 질병, 휴가, 결근 등을 고려하여 일정계획이 이뤄져야 한다.

4단계는 수요와 처리량을 일치시키는 과정으로 일정계획에 필수적인 부분이다. 제약조건이 다르기 때문에 각 상황별 접근법이 필요하다. 호텔 청소부와 같이 서비스 수요의 변동성이 적은 경우 표준 주간업무계획을 세울 수 있다. 콜센터 담당자와 같이 업무량이 교대근무 시간내에서 크게 다르면, 이러한 변동성에 대응하는 것이 교대업무의 주요한 이슈라 할 수 있다.

15-2b 연속적인 휴무에 대한 일정계획 Scheduling Consecutive Days Off

많은 조직에서는 일정기간(일반적으로 1 주일) 동안의 수요변화에 대응하기 위해 직원들의 일정계획을 세운다. 일정계획에서 2일 연속휴무가 있는 1주일의 일정을 잡는 비교적 일반적인 문제를 설명할 것이다.

일정계획 절차는 아래와 같다.

1. 하루에 필요한 최소 직원수를 나열한다.
2. 필요 직원수가 가장 작은 날을 포함하는 이틀(2일)을 찾는다. 이를 위해 가장 작은 수의 날의 앞뒤로 가능한지 보고, 그 다음 작은 수가 있는 날을 기준으로 앞뒤로 맞춰본다. 연속적으로 2일을 넣을 수 있을 때까지 반복한다.
3. 앞뒤로 붙은 2일들에 대해 동그라미로 표기한다. 만약 대안이 여러 개라면, 우선 두 날의 총 요구 직원수가 가장 작은 것을 선택한다. 만약 대안들간에 차이가 발생하지 않는다면 업무일정계획상 합리적인 것을 선택한다.
4. 직원 1을 표기되지 않은 모든 요일에 배정하고 배정된 날에서 업무량 1을 제한다.
5. 모든 요구 사항이 0이 될 때까지 이 과정을 반복한다.

문제풀이 15.1 : 직원 일정계획 세우기

T.R. 회계법인T. R. Accounting Service은 3주간의 직원 일정계획을 만들기 위해 수요를 예측하여, 이를 아래와 같이 요일별 최소직원 요구량으로 변환하였다.

요일	월	화	수	목	금	토	일
필요량	8	6	6	6	9	5	3

이는 월말 재무재표, 세금기록, 연방, 주 및 지방 세금납부와 같은 회계업무를 수행하는 정규 회계사의 일정계획에 대한 것이다. 회계법인의 대표인 T.R.은 각 회계사에게 연속 이틀의 휴무일을 제공하면서 수요를 처리할 수 있도록 직원 일정계획을 세우려고 한다.

해답:

이전에 설명된 방법과 같이, 우선 일단 가장 요구량이 적은 이틀을 찾아야 한다. 예를 들어 토요일과 일요일은 각각 3, 5로 요구량이 적다. 그런 다음 이틀연속 필요량에 동그라미를 표시한다. 그 후에 1번째 회계사를 배정한다.

	월	화	수	목	금	토	일
요구량	8	6	6	6	9	⑤	③

첫번째 회계사를 동그라미 표기가 되지 않은 나머지 날 즉, 월요일부터 금요일에 배정한다. 그런 다음 회계사가 일할 매일의 필요량에서 1을 제한다. 이를 통해 다음과 같은 필요량이 남게 된다.

	월	화	수	목	금	토	일
요구량	7	⑤	⑤	⑤	8	⑤	③

두번째 회계사를 배정하기 위해 위와 같은 절차를 반복한다.

	월	화	수	목	금	토	일
요구량	7	5	5	5	8	5	3

이번에는 다양한 선택이 있으나, 이번에도 토요일 일요일을 휴일(2일의 업무량의 합이 8로 가장 적기 때문)로 선택해서 두 번째 회계사를 배정한다.

	월	화	수	목	금	토	일
요구량	6	④	④	④	7	5	③

3번째 회계사 배정을 위해 적어도 연속이틀을 얻을 때까지 가장 적은 요구량에 동그라미 표시를 한다.

	월	화	수	목	금	토	일
요구량	6	4	4	4	7	5	3

이 경우에는 가장 업무량이 적은 일요일은 화, 수, 목과 붙어있지 않다. 따라서 화요일과 수요일로 선택하여 위와 같은 작업을 반복하며, 나머지 요구량은 아래와 같다.

	월	화	수	목	금	토	일
요구량	5	4	4	4	6	4	3

이러한 작업을 반복하여 그림/표 15.1(동그라미 표기가 된 숫자는 선택된 최저 요구량을 나타냄)과 같은 결과를 도출한다. 최종적인 회계사 업무일정은 그림/표 15.2와 같이 배정되며 목요일 같은 경우 6명의 회계사가 필요하지만 8명이 배정되었으나 결과적으로 가장 적은 회계사를 배정하는 업무일정계획이다.

그림/표 15.1 T.R. 회계법인의 일정계획 절차

직원수	월	화	수	목	금	토	일
4	5	4	4	3	6	④	②
5	4	3	③	②	5	4	2
6	3	2	3	2	4	③	①
7	②	①	2	1	3	3	1
8	2	1	①	⓪	2	2	0
9	①	⓪	1	0	1	1	0
10	1	⓪	⓪	0	0	0	0

그림/표 15.2 최종 일정계획

직원번호	월	화	수	목	금	토	일
1	X	X	X	X	X		
2	X	X	X	X	X		
3	X			X	X	X	X
4	X	X	X	X	X		
5	X	X			X	X	X
6	X	X	X	X	X		
7			X	X	X	X	X
8	X	X			X	X	X
9			x	X	X	X	X
10	x			X	x	X	X
합	8	6	6	8	10	6	6

순환 근무교대rotating shift를 하게 되면 보다 복잡한 문제가 된다. 모든 직원들이 이틀연속의 휴무를 받지 못할 수도 있다. 분기quarter와 같이 보다 긴 기간에 대해 이 방법을 적용하면 순환 근무교대를 하는 모든 직원들에게 공정한 근무스케줄을 제공할 수 있다. 그러나 이는 본 교재의 범위를 벗어난다.

직원 일정계획을 위해 활용가능한 다양한 소프트웨어가 있으나 각 기업이 가지고 있는 독특한 조직문화나 특성에 따라 수정이 필요하다. 또한 기존 일정계획 소프트웨어를 선택할 때, 데이터를 정확하게 입력하고 소프트웨어를 통해 어떻게 일정계획을 개발하는지에 대한 이해도 중요한 점이라 할 수 있다.

15-2c 직원 일정계획 최적화 모형 Optimization Models for Staff Scheduling

직원들의 일정계획을 위해 최적화 모형을 사용한다. 이를 위해서 참고자료 D supplement D, 선형 최적화모형linear optimization, 참고자료 E, 운송transportation 및 지정 문제assignment problem를 사전에 검토하는 것이 좋다. 이를 바탕으로 간단한 직원 일정계획을 위해 최적화모형을 개발하는 것을 다루도록 하겠다.

콜센터, 병원, 퀵 서비스 음식점과 같은 곳에서는 하루 단위의 짧은 범위의 일정업무 계획을 하며, 일반적으로 매시간 필요한 직원 수가 다르다. 예를 들어 오전 7:00부터 자정까지 운영되는 퀵서비스 음식점은 일반적으로 아침, 점심, 저녁 식사 시간에 하루 중 다른 시간보다 더 많은 직원이 필요하다. 간단히 살펴보면 직원들은 8시간 교대 근무를 하면서 각각 다른 시간에 근무를 시작한다. 예를 들어 근무 1조는 오전 7:00부터 시작하여 오후 3:00에 끝나며, 근무 2조는 오전 10:00에 시작하여 오후 6:00에 끝나며, 근무 3조는 오후 3시에 시작하여 오후 11:00에 끝난다. 그리고 마지막으로 교대 4조는 오후 5:00에 시작하여 자정까지 근무한다. 이러한 교대근무 업무계획은 일정부분 겹치도록 구성한다. 예를 들어 오전10:00시부터 오후 3:00시까지는 근무 1조와 근무 2조가 겹치며, 오후 1시부터 오후6:00시에는 근무2조와 근무3조의 직원들이 겹친다. 오후4:00부터 9:00시에는 3조와 4조가 같이 근무하게 된다. 전체적으로 필요한 직원수를 최소화하면서 각 근무조의 인원을 정하는 것은 중요한 결정이라 할 수 있다.

위와 같은 문제는 단순정수 최적화문제simple integer optimization problem으로 계산할 수 있다. 단순정수 최적화모형은 일부 또는 모든 변수가 정수whole number이어야 하는 반면 선형최적화 모델linear optimization model에서는 연속continuous변수가 사용된다. X_1, X_2, X_3 및 X_4를 각각 1, 2, 3, 4조에 근무할 수 있는 직원수로 정의한다. 사람수이기 때문에 직원의 수를 분수로 표기할 수 없으며 정수로 계산해야 하며, 엑셀 해찾기solver로 쉽게 해결할 수 있다.

각 시간대별로 필요한 직원수를 오전 7:00−8:00 은 R (오전7), 오전 8:00−9:00은 R (오전 8)와 같이 표기하여 오후 11시부터 자정까지의 각 시간까지 필요한 직원의 수를 구하며, 목적objective은 총직원수를 최소화하는 것이다.

$$\text{Min } X_1 + X_2 + X_3 + X_4$$

매 시간별로 요구되는 최소의 직원보다는 많은 수가 지정되게 하여 위의 문제를 풀어야 한다. 예를 들어 7시에 시작하는 직원의 경우 7시, 8시, 9시의 최소 직원요구량을 충족시켜야 한다. 제약조건은 아래와 같다.

$$X_1 \geq R(\text{오전 7시})$$
$$X_1 \geq R(\text{오전 8시})$$
$$X_1 \geq R(\text{오전 9시})$$

오전 10시부터 오후1시는 첫번째와 두번째 교대조shifts가 같이 일하게 되므로 아래와 같이 표기 가능하다.

$$X_1 + X_2 \geq R(\text{오전 10시})$$
$$X_1 + X_2 \geq R(\text{오전 11시})$$
$$X_1 + X_2 \geq R(\text{오후 12시})$$

오후 1시부터 오후 4시는 2번째와 3번째 교대조가 같이 근무하므로 아래와 같이 표기 가능하다.

$$X_2 + X_3 \geq R(\text{오후 1시})$$
$$X_2 + X_3 \geq R(\text{오후 2시})$$
$$X_2 + X_3 \geq R(\text{오후 3시})$$

오후 4시부터 오후 9시의 경우 3번째와 4번째 교대조가 같이 근무한다. 따라서 아래와 같이 정리할 수 있다.

$$X_3 + X_4 \geq R(\text{오후 4시})$$

$$X_3 + X_4 \geq R(\text{오후 5시})$$
$$X_3 + X_4 \geq R(\text{오후 6시})$$
$$X_3 + X_4 \geq R(\text{오후 7시})$$
$$X_3 + X_4 \geq R(\text{오후 8시})$$

오후 9시부터 자정까지는 4번째 교대조만 근무하므로 아래와 같이 정리할 수 있다.

$$X_4 \geq R(\text{오후 9시})$$
$$X_4 \geq R(\text{오후 10시})$$
$$X_4 \geq R(\text{오후 11시})$$

모든 수는 정수이어야 하며, 엑셀 해찾기solver를 통해 풀 수 있다 문제 풀이 15.2에서 예시를 보여주고 있다.

문제풀이 15.2 : 직원 일정계획을 위한 최적화 모형

대학 병원의 가용 가능한 최소한의 간호사의 수를 파악할 수 있다. 응급실은 24시간 동안 매일 운영되며, 간호사는 아래 표기된 4시간의 교대 근무 시간 중 하나의 근무 시간에 근무를 시작하여 8시간 동안 근무한다 (#1근무조에 시작하면 #2 근무조까지 근무함). 매 근무조에 몇 명을 배치해야 최소한의 간호사가 근무하게 될지 계산하라.

근무조	시간	필요 간호사 수
1	오전00:00 부터 오전 4:00까지	4
2	오전 4:00 부터 오전 8:00까지	6
3	오전 8:00 부터 오후12:00까지	12
4	오후 12:00 부터 오후 4:00까지	9
5	오후 4:00 부터 오후 8:00까지	7
6	오후 8:00 부터 오전00:00까지	5

해답:

$X_1, \cdots, X_6$를 각각 매 교대조의 간호사 수로 정의하면, 아래와 같은 목적함수를 가진다.

$$\text{Min } X_1 + X_2 + X_3 + X_4 + X_5 + X_6$$

아래와 같은 제약조건을 추가하여 각 시간대별로 필요한 최소량을 만족하도록 한다.

$$X_6 + X_1 \geq 4$$
$$X_1 + X_2 \geq 6$$
$$X_2 + X_3 \geq 12$$
$$X_3 + X_4 \geq 9$$
$$X_4 + X_5 \geq 7$$
$$X_5 + X_6 \geq 5$$

X_1부터 X_6는 모두 정수이다.

그림/표 15.3과15.4에 엑셀모형과 식이 나타나 있다. 이 문제풀이 15.2의 스프레드시트는 마인드탭MindTap에서 찾을 수 있으며 그림/표15.5에서는 최적값을 찾는 해찾기 모형을 보여주고 있다. 의사결정변수는 B4부터 B9에 표기되며 B10에 결과값이 계산된다. 제약조건은 C4부터 C9에 표기되며 이 값들은 E4부터 E9까지의 제약값보다 커야 한다. 해찾기에서는 이러한 제약조건은 $B$4:$B$9 ≥ $E$4:$E$9로 표기된다. 모든 변수가 정수가 되도록 추가 Add 버튼을 선택하여 제약창Add Constraint dialog에서 모든 변수가 정수가 되도록 선택한다. 추가 제약조건을 통해 의사결정 변수를 참조셀Cell Reference로 선택하고 정수integer를 드랍다운dropdown에서 선택한다(그림/표 15.6). 그리고 그림/표 15.3과 같이 문제를 푼다.

그림/표 15.3 문제풀이 15.2를 위한 엑셀모형

	A	B	C	D	E	F
1	**Solved Problem 15.2**					
2						
3	Shift	Nurses Starting In This Shift	Total Nurses During Shift		Nurses Required	Excess
4	1	4	4	>=	4	0
5	2	5	9	>=	6	3
6	3	7	12	>=	12	0
7	4	2	9	>=	9	0
8	5	5	7	>=	7	0
9	6	0	5	>=	5	0
10	Total	23				

그림/표 15.4 문제풀이 15.2 를 위한 엑셀 공식

	A	B	C	D	E	F
1	**Solved Problem 15.2**					
2						
3	Shift	Nurses Starting In This Shift	Total Nurses During Shift		Nurses Required	Excess
4	1	4	=B4+B9	>=	4	=C4-E4
5	2	5	=B5+B4	>=	6	=C5-E5
6	3	7	=B6+B5	>=	12	=C6-E6
7	4	2	=B7+B6	>=	9	=C7-E7
8	5	5	=B8+B7	>=	7	=C8-E8
9	6	0	=B9+B8	>=	5	=C9-E9
10	Total	=SUM(B4:B9)				

그림/표 15.5 문제풀이 15.2를 위한 해찾기 모형

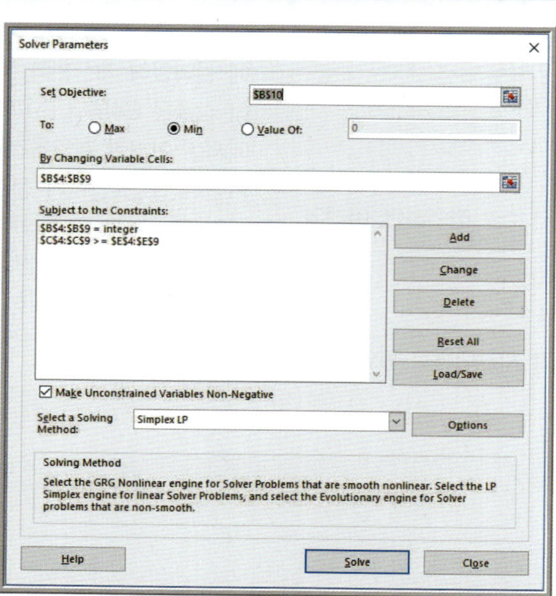

그림/표 15.6 정수변수 추가를 위한 해찾기 정수 제약조건 추가 박스

Add Constraint		
Cell Reference:		Constraint:
Model!$B$4:$B$9	int	integer
Add	Cancel	OK

직원 일정계획을 위한 최적화모형의 또 다른 응용은 직원을 작업, 프로젝트 또는 이벤트에 지정하는 것이다. 많은 응용에서 참고자료 E. 운송 및 지정문제 The Transportation and Assignment Problems에서 논의하는 지정모형 assignment model을 사용할 수 있다. 문제풀이 15.3은 이에 대한 예시를 제공한다.

문제풀이 15.3 : 업무지정 최적화 모형

한 국제적인 컨설팅 회사에는 4명의 컨설턴트가 있으며, 모두 훌륭하게 업무를 수행해 왔다. 수년에 걸쳐 각 컨설턴트는 자신이 배정된 컨설팅 업무의 성공률, 업무의 품질, 업무의 고객평가에 의해 평가되어왔다. 각 컨설턴트별로 업무성격에 따른 업적평가가 아래 표와 같이 정리되어 있다. 이 표를 바탕으로 했을 경우 어떠한 조합이 품질점수의 합계를 최대화 할 수 있을까?

	컨설팅 번호			
컨설턴트	1	2	3	4
메리Mary	75	95	80	65
루크Luke	80	90	75	60
앨리스Alice	85	75	70	75
톰Tom	85	80	70	55

해답:

이 문제를 해결하기 위해서 참고자료 E에서와 같이 배정모형을 개발하였다. 일단 X_{ij} = 1로 (컨설턴트=i), 이 때 매리 = 1, 루크 = 2, 앨리스 = 3 톰 = 4 로 배정하며 컨설팅 종류는 j 로 배정한다.

이 경우 최적화 모형은

최대 품질 점수 $= 75X_{11} + 80X_{21} + 85X_{31} + 85X_{41}$

$$+ 95X_{12} + 90X_{22} + 75X_{32} + 80X_{42}$$
$$+ 80X_{13} + 75X_{23} + 70X_{33} + 70X_{43}$$
$$+ 65X_{14} + 60X_{24} + 75X_{34} + 55X_{44}$$

공급(컨설턴트) 제약 조건:

$$X_{11} + X_{12} + X_{13} + X_{14} \leq 1$$
$$X_{21} + X_{22} + X_{23} + X_{24} \leq 1$$
$$X_{31} + X_{32} + X_{33} + X_{34} \leq 1$$
$$X_{41} + X_{42} + X_{43} + X_{44} \leq 1$$

수요(업무) 제약 조건 :

$$X_{11} + X_{21} + X_{31} + X_{41} = 1$$
$$X_{12} + X_{22} + X_{32} + X_{42} = 1$$
$$X_{13} + X_{23} + X_{33} + X_{43} = 1$$
$$X_{14} + X_{24} + X_{34} + X_{44} = 1$$

양수 제약조건:

$$X_{ij} \geq 0 \text{ for } i = 1, \cdots, 4 \text{ and } j = 1, \cdots, 4$$

그림/표 15.7은 스프레드시트모형과 결과를 보여주며 이것은 마인드탭MindTap에서 찾을 수 있다. 매리는 3번 업무, 루크는 2 앨리스는 4번, 톰은 1번에 배정되면 330점으로 품질점수가 최대화된다.

그림/표 15.7 문제풀이 15.3을 위한 스프레드시트 모형과 해답

	A	B	C	D	E	F
1	**Solved Problem 15.3**					
2						
3				Job		
4	Consultant	1	2	3	4	Supply
5	Mary	75	95	80	65	1
6	Luke	80	90	75	60	1
7	Alice	85	75	70	75	1
8	Tom	85	80	70	55	1
9	Demand	1	1	1	1	
10						
11	Model					
12				Job		
13	Consultant	1	2	3	4	
14	Mary	0	0	1	0	
15	Luke	0	1	0	0	
16	Alice	0	0	0	1	
17	Tom	1	0	0	0	
18						
19	Consultant Constrain	Mary	Luke	Alice	Tom	
20	Job assigned	1	1	1	1	
21						
22	Job Constraints	1	2	3	4	
23	Consultant assigned	1	1	1	1	
24						
25		Cost				
26	Total	330				

15-2d 예약 시스템 Appointment Systems

예약은 서비스시간과 처리능력을 미리 정하는 것이라 볼 수 있다. 예약을 활용해 시간에 따른 서비스능력을 극대화하고 노쇼no show의 위험을 줄일 수 있다. 예약시스템은 컨설팅, 세무 준비, 음악 교육, 의료, 치과 및 수의사 등에서 많이 사용된다. 예약시스템을 활용해 서비스자원이 활용되지 못하는 시간을 최소화하여, 서비스 제공 비용을 줄인다. 예약시스템을 사용하면 나타나지 않는 고객이나 시간이 많이 필요한 다루기 어려운 고객 행동패턴을 예측하여 관리할 수 있다. 예약시스템 설계와 관련하여 내려야 할 네가지 의사결정은 다음과 같다.

1. *예약시간 간격*time interval*을 결정한다.* 1시간 간격이나 15분 간격으로 할 것인지 등을 결정해야 한다. 치과의사나 의사와 같은 일부 전문서비스는 보다 짧은 간격을 사용한다. 환자가 필요로 하는 시술유형에 따라 복수의 시간간격을 적용한다.
2. 매일 고객구성을 분석하여 *업무시간과 휴식시간을 정한다.* 연간 근무일과 휴무일이 정해지면(연간 서비스능력), 고객의 구성과 초과 예약비율을 가정하여 (3단계 참조) 연간매출을 예측할 수 있다.
3. *초과예약을 어떻게 처리할지 정한다.* 고객은 종종 예약된 시간에 나타나지 않는다. 만약 노쇼 비율이 낮은 경우 (예 : 2 %) 초과예약을 받을 필요가 없다. 그러나 노쇼 비율이 10 % 이상에 도달하면 매출을 극대화하고 다시 활용할 수 없는 값비싼 시간을 효과적으로 사용하기 위해 초과예약이 받을 필요가 있다.
4. *고객만족을 극대화하는 고객 예약규칙을 개발한다.* 예를 들어 일부 서비스 제공 업체는 각 근무일이 끝날 때 예약시간을 하나 남겨둔다. 일부 서비스업체들은 점심시간으로 60분을 두지만, 필요한 경우 점심시간을 이용하여 한 명의 고객을 더 받을 수 있다. 전화 및 약속 미리알림 서비스를 하는 것은 서비스활용을 극대화하기 위한 방안이다.

15-3 순서화 Sequencing

복수의 제품이나 서비스를 처리해야 하는 잡샵job shop에서 순서화는 복잡할 수 있다. 하지만 어떤 경우special cases가 단순해법simple solution을 제공할 수도 있다. 이런 경우가 보다 복잡한 순서화 문제를 푸는 단초를 제공하기도 한다. 여러 활동들이 하나의 공통자원을 사용하는 경우 순서화가 필요하다. 여기서 공통자원은 기계, 고객 서비스 제공자 또는 배달 트럭 등이 될 수 있다. 각 경우에 일종의 일정계획이 만들어진다. 예를 들어 학생이 오후 7시에 숙제를 시작할 계획이라면 생산운영관리OM 과제를 완료하는 데 60분, 심리학 챕터를 읽는 데 45분, 통계학 숙제를 하는 데 40분이 걸릴 것으로 추정하고, 가장 좋아하는 것부터 (생산관리, 심리학, 통계학) 작업순서를 정하면 아래 시간표와 같다.

배당 업무	시작 시간	종료시간
생산운영관리	7:00	8:00
심리학	8:00	8:45
통계학	8:45	9:25

15-3a 단일공정에서 직무 순서화 Sequencing Jobs on a Single Processor

가장 간단한 순서화 문제는 단일공정에서 일련의 작업을 처리하는 것이다. 예를 들어 일련의 제조 프로세스에서 병목 작업장은 전체 프로세스의 산출량을 통제한다. 따라서 병목장비를 효율적으로 운영하는 것이 중요하다. 화학 플랜트와 같은 경우에는 전체 플랜트를 단일공정으로 볼 수 있다. 서비스에서의 단일공정으로는 X-레이 또는 컴퓨터축단층촬영CAT 스캔 기계를 통한 환자 처리, 하역도크를 통한 트럭, 제어 작업장control workstation을 통한 금융거래가 예라 할 수 있다.

가장 적절한 순서를 정하기 위해 먼저 일정을 아래와 같은 기준으로 평가해야 한다. 이러한 기준은 종종 세 가지 범주로 분류된다.

항공사의 탑승 순서 배정의 어려움 Airlines Struggle with Boarding Sequencing

라이트 형제Orville and Wilbur Wright 시대부터 현재까지 탑승 시스템boarding system은 크게 개선되지 않았다. 당시에는 누가 먼저 복엽기biplane에 탑승할 것인지 결정하기 위해 동전을 던져서 결정하였다. 탑승이 늦어지면, 연결 지연, 고객 불만족 및 추가 비용이 발생한다. 노던일리노이Northern Illinois 대학의 연구원들은 비행기가 게이트에서 대기 상태를 유지하는 매 1분마다 30달러의 비용이 발생하는 것을 밝혔다. 미국 항공편 4개 중 1개가 최소 15분 지연된다. 매일 운영되는 수천 개의 운행되는 비행을 해당 값에 곱하면 산업에서 발생하는 비용은 크게 증가한다. 많은 사람들이 문제 해결을 위해 많은 접근법을 제안했지만 완전히 해결하지는 못했다. 대부분의 항공사는 일등석 및 기타 엘리트 고객이 먼저 탑승하도록 한다. 또 다른 항공사들은 뒷줄 승객부터 탑승시키고 앞 줄 승객을 탑승시키며 창가 좌석을 먼저 채우고 통로 좌석을 그후에 탑승시키는 항공사들도 있다. 일부는 둘의 조합을 사용한다. 항공사는 기내수하물이 없는 승객을 먼저 탑승시키도 하였다. 최신 아이디어 중 델타에서 활용했던 것은 기내수하물을 항공사 승무원이 기내 선반에 넣도록 하는 것이다. 델타의 실험은 약간의 개선을 보였다. 항공기 탑승을 개선할 다른 방법을 생각할 수 있는가?

1. 프로세스중심 성과기준 process-focused performance criteria
2. 고객중심의 마감시간 기준 customer-focused due-date criteria
3. 비용기반의 기준 cost-based criteria

이러한 기준의 적용법은 자료의 가용성에 따라 달라진다. 이러한 성과지표가 어떻게 순서를 정하는 데 활용되는지 살펴볼 예정이다.

프로세스중심 성과기준은 작업의 시작시간과 종료시간에 대한 정보에만 적용되며 장비활용률 및 공정중재고 work-in-process(WIP)와 같은 작업장 성능에 중점을 둔다. 흐름시간flowtime과 작업시간이 일반적으로 활용되는 지표이다. **흐름시간** flow time은 작업이 공정에서 작업되는 시간이고, 짧을 수록 공정중재고가 적어진다. 흐름시간은 식15.1을 사용하여 계산된다.

$$F_i = S_i + P_i \qquad [15.1]$$

F_i = 작업 i의 흐름시간

S_i = 작업 i의 시작 시간

P_i = 작업 i의 공정시간

작업시간 makespan은 *주어진 작업을 처리하는데 걸리는 시간이다.* 이 시간이 짧을수록 장비 효율성이 좋고 작업을 빨리 처리할 수 있다.

작업시간은 15.2와 같은 식으로 계산된다.

$$M = C_L - S_F \qquad [15.2]$$

M = 직무그룹의 작업시간

C_l = 해당 그룹에서 마지막 직무job가 끝나는 시간

S_F = 해당 그룹에서 첫번째 직무가 시작하는 시간

작업은 순서대로 도착한다고(1,2,3…의 순서) 가정하며 모든 직무는 0시에 시작한다. 직무가 비연속적으로 이루어진다면, 해당 문제는 더욱 복잡해진다.

문제풀이 15.4 : 흐름시간과 작업시간의 계산

보험을 평가하는 작업에는 5가지 직무가 있으며 각 공정시간은 아래와 같다.

직무	공정시간
1	4 시간
2	7 시간
3	2 시간
4	6 시간
5	3 시간

선입선출 first-come-first served (FCFS) 방식으로 순서가 배정된다면, 1–2–3–4–5의 흐름시간, 지연시간 tardiness, 오차시간 lateness, 작업시간 makespan을 계산하라

해답:

식 15.1, 15.3, 15.4을 이용해서 계산하면 아래표와 같다.

업무 순서(i)	시작시간 (S_i)	공정시간 (P_i)	흐름시간 ($S_i + P_i$)
1	0	4	0 + 4 = 4
2	4	7	4 + 7 = 11
3	11	2	11 + 2 = 13
4	13	6	13 + 6 = 19
5	19	3	19 + 3 = 22

모든 직무는 0시에 시작하므로, 어떤 순서를 선택해도 총작업시간은 같다. 모든 직무의 공정시간 합은 공정시간의 합과 같다. 이 예의 경우에는 22시간이다.

마감시간 due-date 기준은 고객의 요구기한 또는 내부적으로 결정된 선적 날짜와 관련되어 있다. 일반적인 성과측정 기준은 오차시간 lateness 및 지연시간 tardiness, 또는 오차 또는 초과 작업수이다. **오차시간** Latenss은 *실제 완료한 시간과 마감시간 (양수 또는 음수)의 차이이다*. **지연시간** tardiness은 *완료시간이 마감시간을 초과하는 시간이다* (작업이 기한 이전에 완료되면 0값을 갖는다. 따라서 직무를 조기에 완료한 것은 해당되지 않는다.) 프로세스중심의 성과기준과 달리 이러한 측정은 외부적으로 고객만족과 서비스에 중점을 둔다. 식 15.3 및 15.4를 사용하여 계산된다.

$$L_t = F_t - D_t \quad [15.3]$$

$$T_i = \text{Max}(0, L_i) \quad [15.4]$$

L_t = 작업 i의 오차시간

D_t = 작업 i의 마감시간

T_i = 작업 i의 지연시간

문제풀이 15.5 : 오차시간과 지연시간의 계산

문제풀이 15.4에서 본 예시에서 직무들이 아래와 같은 완료시간을 가지고 있다고 하자.

직무	공정시간 processing time	마감시간 due date
1	4 시간	15
2	7 시간	16
3	2 시간	8
4	6 시간	21
5	3 시간	9

직무순서가 1–2–3–4–5일 경우 오차시간과 지연시간을 계산하라

해답:

각 직무의 흐름시간, 지연시간, 오차시간은 아래 표에 표시된 것처럼 식 15.1, 15.3, 15.4를 사용하여 계산된다.

직무	마감시간(D_i)	흐름시간(F_i)	오차시간($L_i = F_i - D_i$)	지연시간[max(0, L_i)]
1	15	4	4 – 15 = –11	0
2	16	11	11 – 16 = –5	0
3	8	13	13 – 8 = 5	5
4	21	19	19 – 21 = –2	0
5	9	22	22 – 9 = 13	13

계산 결과, 1,2,4는 마감시간 전에 일이 끝나고, 3,5는 마감시간 전에 끝내지 못함을 알 수 있다. 특히 직무 5 같은 경우는 13시간이나 늦어져서 하루 8시간을 기준으로 했을 때 이틀이 늦어지는 것을 알 수 있다.

세번째 성과기준은 비용기준이다. 비용에는 재고inventory, 전환changeover, 준비setup, 처리processing or 운영run 비용, 재고유지material handling비용이 있다. 이러한 비용 접근법은 가장 명확한 방법이나 관련된 비용이나 가치를 추정하여 각 부품이나 서비스의 비용을 산정하기가 쉽지는 않다. 따라서 대부분의 경우에 비용은 프로세스 성과나 마감시간 기준에서 암묵적implicitly으로 판단된다.

15-3b 순서화 규칙 Sequencing Rules

순서화 규칙 중 단일공정인 경우에 아래 3가지가 많이 쓰인다.

1. 선입선출 first come, first served (FCFS)
2. 최소공정시간 shortest processing time (SPT)
3. 최단납기일 earliest due date (EDD)

> 순서화 규칙이 다르면
> 결과와 성과가 달라진다.

이러한 규칙은 작업의 순서를 정할 때 활용되며, 규칙 중 하나를 선택해서 업무의 순서를 선택하게 된다. 순서화 규칙

문제풀이 15.6 : 최소공정시간 순서화 규칙

위에서 살펴봤던 보험회사 문제를 최소공정시간(SPT) 규칙을 활용해 해결해 보고자 한다.

작업	작업시간
1	4
2	7
3	2
4	6
5	3

최소공정시간 규칙을 사용해서 평균 흐름시간을 도출하고, 1-2-3-4-5 순서의 경우와 흐름시간을 비교하라

해답:

작업순서	시작시간	공정시간	흐름시간
3	0	2	0 + 2 = 2
5	2	3	2 + 3 = 5
1	5	4	5 + 4 = 9
4	9	6	9 + 6 = 15
2	15	7	15 + 7 = 22

최소공정시간 규칙을 사용하면 평균 흐름시간은 (2 + 5 + 9 + 15 + 22) / 5 = 10.6 시간이며, 1-2-3-4-5의 순서로 계산하였을 경우에(문제풀이 15.4 참조) 평균 흐름시간은 (4 + 11 + 13 + 19 + 22) / 5 = 13.8 시간이다. 따라서 최소공정시간 규칙으로 하였을 때 실제로 더 작은 평균 흐름시간을 도출할 수 있었다.

에 따라 그 결과와 성과가 매우 다르게 된다. 선입선출FCFS 규칙은 서비스제공 시스템에서 많이 사용된다. 공정시간이나 납기와 같은 성과기준을 고려하지 않는다. 문제풀이15.5에서 선입선출 규칙을 활용하여 문제를 풀었다. 단일공정single processor의 순서화 문제에 최소공정시간 규칙을 적용하면 최소 평균흐름시간minimum average flow time을 가지는 순서를 도출할 수 있다. 문제풀이 15.6에 해당 예제가 있다.

최단납기일EDD 규칙은 초과업무의 수를 최소화하나, 평균흐름 시간, 공정중재고, 설비 효율성에 있어서는 좋은 성과를 내지 못한다. 최단납기일 규칙을 적용하기 위해서는, 문제풀이 15.7에 있는 것처럼 납기일이 가장 빠른 것부터 배정해야 한다.

문제풀이 15.7 : 최단납기일 규칙으로 순서화

문제풀이 15.5의 예제에서의 정보를 활용해서 흐름시간, 오차시간, 지연시간, 평균 흐름시간을 계산한다.

해답:

직무 Job	공정시간 Processing Time (P_i)	마감시간 Due Date(D_i)
1	4	15
2	7	16
3	2	8
4	6	21
5	3	9

직무	마감시간(D_i)	공정시간(P_i)	흐름시간(F_i)	오차시간($L_i = F_i - D_i$)	지연시간 tardiness [max(0, L_i)]
3	8	2	0 + 2 = 2	−6	0
5	9	3	2 + 3 = 5	−4	0
1	15	4	5 + 4 = 9	−6	0
2	16	7	9 + 7 = 16	0	0
4	21	6	16 + 6 = 22	1	1

평균 흐름시간은 작업당 (2 + 5 + 9 + 16 + 22)/5 = 10.8시간이다. 3개 작업은 마감시간보다 빨리 완료하였고 한 개의 작업은 지연되었다.

15-3c 엑셀을 이용한 순서화 An Excel Template for Sequencing

엑셀Excel 템플릿template인 순서화 sequencing는 마인드탭MindTap에서 찾을 수 있으며, 이를 통해 단일공정single processor의 순서화 규칙을 평가할 수 있다. 10개의 직무에 대한 공정시간, 마감기한 및 순서를 입력할 수 있다. 엑셀의 순서화를 이용해 평균 흐름시간, 오차시간 및 지연시간뿐만 아니라 시간이 초과된 작업의 수와 최대 초과 시간값을 계산할 수 있다. 이를 활용해 문제를 해결할 수 있을 뿐 아니라, 서로 다른 순서화의 값을 비교평가할 수 있다. 문제풀이 15.8은 하나의 예라 할 수 있다.

문제풀이 15.8 : 문제풀이 엑셀 순서화 템플릿을 이용한 예제

T.R. 회계 서비스에서 마르타Martha는 5개의 세금분석작업을 처리해야 한다. 엑셀을 사용해 선입선출(FCFS), 최소공정시간(SPT), 최단납기일(EDD)를 규칙을 평가하여 가장 좋은 방법을 도출하려 한다. 어떤 규칙을 권장하는가, 그리고 그 이유는 무엇인가?

직무	공정시간(일)	마감일
1	7	11
2	3	10
3	5	8
4	2	5
5	6	17

해답:

그림/표 15.8~15.10은 엑셀 템플릿을 사용한 선입선출(FCFS), 최소공정시간(SPT), 최단납기일(EDD) 순서화의 결과를 보여준다. 각 기준에 가장 적합한 값은 색상을 입혀 아래 표에 요약되어 있다.

평가 기준	선입선출(FCFS)	최소공정시간(SPT)	최단납기일(EDD)
평균흐름시간	15.4	11.2	11.8
평균오차시간	4.2	1	1.6
평균 지연시간	5.0	2.8	2.4
지연직무수	3	2	2
최대 지연일	12.0	12.0	6

그림/표 15.8 선입선출 순서화를 계산하기 위한 엑셀 순서화 템플릿

	A	B	C	D	E	F	G	H	I	J	K
1	Sequencing	Copyright © Cengage Learning									
2		Not for commercial use.									
3	Enter data only in yellow-shaded cells. Up to 10 jobs may be sequenced.						Average	Average	Average	Number of	Maximum
4							Flowtime	Lateness	Tardiness	Tardy Jobs	Tardiness
5	Number of Jobs	5					14.40	4.20	5.00	3	12.00
6											
7	Job	Processing Time	Due Date		Sequence	Processing Time	Due Date	Flowtime	Lateness	Tardiness	
8	1	7	11		1	7	11	7	-4	0	
9	2	3	10		2	3	10	10	0	0	
10	3	5	8		3	5	8	15	7	7	
11	4	2	5		4	2	5	17	12	12	
12	5	6	17		5	6	17	23	6	6	
13	6										
14	7										
15	8										
16	9										
17	10										

그림/표 15.9 최소공정시간 순서화를 계산하기 위한 엑셀 순서화 템플릿

	A	B	C	D	E	F	G	H	I	J	K
1	Sequencing	Copyright © Cengage Learning									
2		Not for commercial use.									
3	Enter data only in yellow-shaded cells. Up to 10 jobs may be sequenced.						Average	Average	Average	Number of	Maximum
4							Flowtime	Lateness	Tardiness	Tardy Jobs	Tardiness
5	Number of Jobs	5					11.20	1.00	2.80	2	12.00
6											
7	Job	Processing Time	Due Date		Sequence	Processing Time	Due Date	Flowtime	Lateness	Tardiness	
8	1	7	11		4	2	5	2	-3	0	
9	2	3	10		2	3	10	5	-5	0	
10	3	5	8		3	5	8	10	2	2	
11	4	2	5		5	6	17	16	-1	0	
12	5	6	17		1	7	11	23	12	12	
13	6										
14	7										
15	8										
16	9										
17	10										

그림/표 15.10 최단납기일 순서화를 계산하기 위한 엑셀 순서화 템플릿

	A	B	C	D	E	F	G	H	I	J	K
1	**Sequencing**	Copyright © Cengage Learning									
2		Not for commercial use.									
3	Enter data only in yellow-shaded cells. Up to 10 jobs may be sequenced.						Average	Average	Average	Number of	Maximum
4							Flowtime	Lateness	Tardiness	Tardy Jobs	Tardiness
5	Number of Jobs	5					11.80	1.60	2.40	2	6.00
6											
7	Job	Processing Time	Due Date		Sequence	Processing Time	Due Date	Flowtime	Lateness	Tardiness	
8	1	7	11		4	2	5	2	-3	0	
9	2	3	10		3	5	8	7	-1	0	
10	3	5	8		2	3	10	10	0	0	
11	4	2	5		1	7	11	17	6	6	
12	5	6	17		5	6	17	23	6	6	
13	6										
14	7										
15	8										
16	9										
17	10										

위의 결과를 바탕으로, 최상의 규칙을 선택하는 것은 쉽지 않은 결정이라 할 수 있다. 선입선출규칙은 일반적으로 다른 두 규칙에 비해 장점이 없다. 최소공정시간 규칙은 평균 흐름시간과 평균 오차시간을 최소화하나(조기완료 작업도 측정), 작업 1과 같이 12일이라는 매우 큰 지연직무가 나오게 된다. 최단납기일 규칙은 최대 지연시간과 평균 지연시간을 최소화하나, 직무 1과 5는 6일이 지연된다. 최소공정시간 및 최단납기일 규칙을 사용하면 지연시간이 발생하는 업무가 최소화된다. 따라서 직무의 지연시간이 주요 관심사인 경우 최단납기일을 사용하는 것이 좋지만, 흐름시간과 오차시간이 더 중요한 경우 최소공정시간 방법이 좋다. 선입선출 방법은 일반적으로 잘 활용되지 않으나 제조업이나 서비스업에서 작업을 처리할 때 활용된다.

15-4 잡샵 일정계획을 위한 배정 규칙 Dispatching Rules for Job Shop Scheduling

잡샵job shops에서의 실제 일정계획 문제는 그 범위가 크고 복잡한 경우가 있다. 가장 일반적인 잡샵 상황에서 m개의 기계에 n개의 직무의 순서를 정해야 하며, 각 직무는 고유한 동선이 있다. 이 경우에 가능한 일정은 최대 $(n!)^m$이다. 예를 들어 5개의 작업이 있고 4개의 기계가 있는 경우에 2 억개 이상의 순서조합이 가능하다. 이렇게 복잡한 경우 합리적인 방법으로, 경험적으로 정해야 한다.

또한 실제 생산환경에서 새로운 작업들이 계속 생겨나기도 하고, 없어지기도 하고, 동시에 변경되기도 하고, 기계고장과 같이 불확실한 일들이 발생하기도 하기 때문에 일정계획은 매우 동적으로 변한다. 그래서 초기에 정립한 것이 무용지물이 되기도 한다. 따라서 순서를 정하는 것은 지속적으로 이뤄져야 한다. **배정** dispatching은 *처리할 직무를 선택하고 수행할 작업에 정당성* authorizing을 *부여하는 과정이다.*

제품생산에서 배정은 "작업장 관리shop floor control"의 일부이다. 서비스 산업에서 프론트front오피스 또는 백back오피스에서도 배정이 요구된다. 프론트오피스의 배정 업무는 서비스 대상 우선 고객을 정하는 것이다. 백오피스에서는 고객의 요구사항과 현재 배송 상황에 대한 실시간 업데

이트를 기반으로 배송 트럭의 경로를 정하는 것이다. 예를 들어 모빌 석유기업Mobil Oil Corporation과 같은 회사는 가솔린에 대한 고객주문을 발송하고 처리하기 위한 컴퓨터 기반 시스템을 보유하고 있다. 모빌 석유기업에서의 터미널과 배송트럭에 주문을 지정하는데 있어서, 트럭의 구조에 맞게 주문수량을 조정하고, 트럭 최대중량에 맞게 적재하고, 트럭의 경로를 정하는 것이 필요하다. 이때 근무시간이나 법적 적재능력 등을 준수하면서 배송비용을 최소화할 수 있게 순서를 정한다.

패션산업에서는 일정한 주기로 새로운 직무가 도착한다. 이 경우 필요한 직무들의 순서를 정하는 작업이 지속적으로 변경되게 된다. 특정 시간에 가능한 직무를 배정하고, 새로운 작무에도 우선순위를 정해서 배정해야 한다. 이러한 환경에서 최소공정시간 규칙을 적용한다면, 공정시간이 긴 직무는 배정되지 못할 수 있다. 이러한 문제를 방지하려면 예외 규칙 (예 : "작업이 40 시간 이상 대기하는 경우 다음 일정")을 사용해야 한다. 일반적으로 사용되는 우선순위 배정규칙은 다음과 같다.

- 최소잔업수 fewest number of operations remaining(FNO)
- 최소잔업시간 least work remaining(LWR) — 아직 수행되지 않은 직무에 대한 모든 공정시간의 합계

문제풀이 15.9에서 볼 수 있듯이 시간이 변함에 따라 각 기계 및 직무의 상태 정보를 지속적으로 업데이트해야 한다. 이는 직무배정을 매우 복잡하게 만드는데 이를 해결하기 위해 적절한 소프트웨어를 활용할 수 있으며 시뮬레이션을 통해서도 문제를 풀 수 있다.

문제풀이 15.9 : 최소잔업수 FNO 사용

린우드제조Lynwood Manufacturing는 선반lathe (L), 드릴프레스 drill press (D), 밀링머신milling machine (M) 및 그라인더grinder (G)를 갖춘 소규모 작업장이다. 고객이 주문을 하면 작무가 시작된다. 다음과 같은 특성을 가진 세 가지 직무가 있다고 가정한다.

작업	도착시간	공정순서 (공정시간 (분))
1	0	L(10), D(20), G(35)
2	15	D(25), G(30), L(20), M(15)
3	20	D(10), M(25)

최소잔업수FNO 규칙을 사용하여 일정을 어떻게 결정해야 하는가?

해답:

시간 0에서 직무 1은 바로 선반에 배정되고 시간 10에 선반에서 완료된다. 이때 드릴 프레스(D)로 이동하여 시간 10에 작업을 시작하고, 시간 10 + 20 = 30에 완료된다. 직무 2는 시간 15에 도착하고 첫 번째 작업은 드릴 프레스(D)에서 이뤄진다. 이때 직무 1이 아직 드릴 프레스에 있으므로 직무 2는 기다려야 한다. 직무 3은 시간 20에 드릴프레스에 도착해서 기다려야한다. 직무 1이 시간 30에 완료되고, 그라인더(G)로 이동하면 배정자는 대기중인 직무(직무 2 또는 직무 3) 중 드릴프레스에서 다음에 처리할 작업을 결정해야 한다. 최소잔업수FNO 규칙을 선택한 경우 직무 3에는 잔업 2개가 남아있는 반면 직무 2에는 4개가 있으므로 작업 3이 선택된다.

15-5 두자원의 순서화 문제 Two-Resource Sequencing Problem

이 섹션에서는 2개의 자원resource 혹은 작업장workstation을 다룬다. 각각의 직무는 일단 #1기계에서 처리 후 #2 기계에서 처리하는 것을 가정한다. 각각의 공정시간은 아래 표와 같다. 예시를 보자.

허취Hirsch공장은 절단(기계 1) 후에 압력천공(기계 2)이 필요한 고객화된 제품을 생산한다. 허취의 현재 5개의 직무의 정보는 아래와 같다.

직무	절단 (일)	압력천공(일)
1	4	5
2	4	1
3	10	4
4	6	10
5	2	3

직무순서는 정해진 것이 없지만 절단이 먼저 진행되어야 한다. 따라서 절단작업이 항상 먼저 이루어지고 이후 압력천공이 진행된다.

직무순서가 1-2-3-4-5 순이라고 가정하고, 이 순서는 시간축(수평축)을 따라 각 기계의 직무에 대해 예약된 시간을 보여주는 간트Gantt 차트로 나타낼 수 있다(그림/표 15.11 참조). 예를 들어 직무1이 처음 4일 동안 절단작업을 하고 직무2가 다음 4일 동안 절단 작업을 하고 연속적으로 다음 직무가 처리됨을 보여준다. 첫번째 기계(절단)에서 가능한 한 빨리 첫번째 직무를 마치고 주어진 일정계획에 대한 간트Gantt 차트를 만든다. 그런 다음 작업완료 즉시 진행중인 다른 직무가 없는 경우 압력천공 작업을 할 수 있다. 첫째, 모든 직무는 절단기계에서 시작한다. 그러나 각각의 공정시간의 차이로 인해 두번째 작업인 압력천공은 유휴시간이 발생한다. 이때 작업시간 makespan은 37일이고 흐름시간flow time은 아래 표와 같다.

직무	1	2	3	4	5
흐름시간(일)	9	10	22	34	37

단일자원의 순서화 작업과 다르게 두개의 자원에서 작업시간은 각 순서화에 따라 다를 수 있다. 따라서 두 자원에서의 순서화 문제는 가장 작은 작업시간makespan을 찾는 과정이라 할 수 있다.

그림/표 15.11 허취 제품의 순서(1-2-3-4-5)를 위한 간트 직무순서도

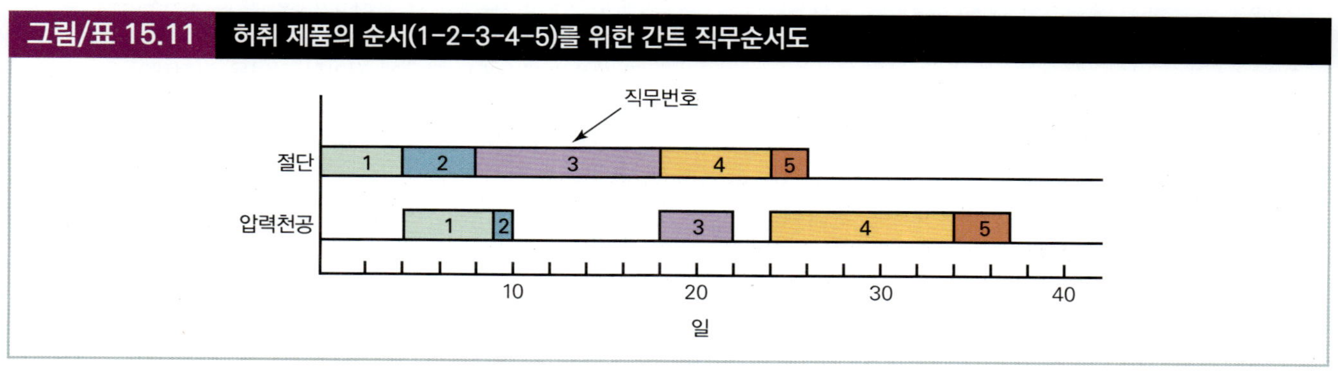

에스엠 존슨S.M. Johnson은 두개의 자원에서 가장 작은 작업시간을 찾기 위해 아래와 같은 알고리즘(존슨의 법칙Johnson's Rule)을 개발하였다.

1. 자원 1, 2에서의 직무와 공정시간 목록
2. 각 자원에서 공정시간이 가장 짧은 직무 도출
3. 만약 이 시간에 자원 1이 해당되면 1을 먼저 배정하고 자원 2가 해당되면 가장 나중에 배정함
4. 다음으로 가장 짧은 공정시간을 사용하고 모든 직무가 처리될 때까지 순서의 양쪽 끝에서 안쪽으로 작업하면서 2단계와 3단계를 반복한다.

문제풀이 15.10을 통해 허취Hirsch사의 사례를 다룬다.

문제풀이 15.10 : 존슨의 법칙 적용

허취 사례에 존슨의 법칙을 적용해 최소 작업시간의 순서를 찾아보자

해답:

우선 존슨의 두번째 법칙인 가장 짧은 공정시간을 찾는다. 아래에 표시된 바와 같이 이는 압력천공 작업 2이다.

직무	절단(일)	압력천공(일)
1	4	5
2	4	①
3	10	4
4	6	10
5	2	3

존슨의 세번째 법칙에 따라, 직무2에서 가장 짧은 시간이 두번째 기계에 있기 때문에 가장 마지막에 배정한다.

___ ___ ___ ___ 2

다음으로 짧은 것을 찾아보면 2일이 걸리는 직무 5는 기계 #1에 있으므로 가장 먼저 배치한다.

5 ___ ___ ___ 2

다음으로, 절단의 직무 1과 압력천공의 직무 3은 공정시간 4일로 같다. 이 경우에 무작위 선택이 가능하며, 본 풀이에서는 작업 1을 택한다.

5 1 ___ ___ 2

계속 반복해서 처리하게 되면 아래와 같다.

5 1 ___ 3 2

5 1 4 3 2

이를 간트차트로 그리면 그림/표 15.12와 같다. 기존 순서인 1–2–3–4–5에 비해 작업시간이 37일에서 27일로 감소하였으며, 평균 흐름시간은 22.4에서 18.2일로 감소하였다. 전체 유휴시간은 압력천공 공정에서 4일이 발생하여, 효율성은 23/27 또는 85.2 퍼센트이다. 이를 통해 10일의 여유시간을 벌었다. 만약 순서화문제 구조가 존슨의 법칙의 가정에 적합하면 강력한 알고리즘이 된다. 상식적인 일정계획이 존슨의 법칙만큼 좋지는 않다.

그림/표 15.12 허취 제품의 순서(5–1–4–3–2)를 위한 간트차트 순서도

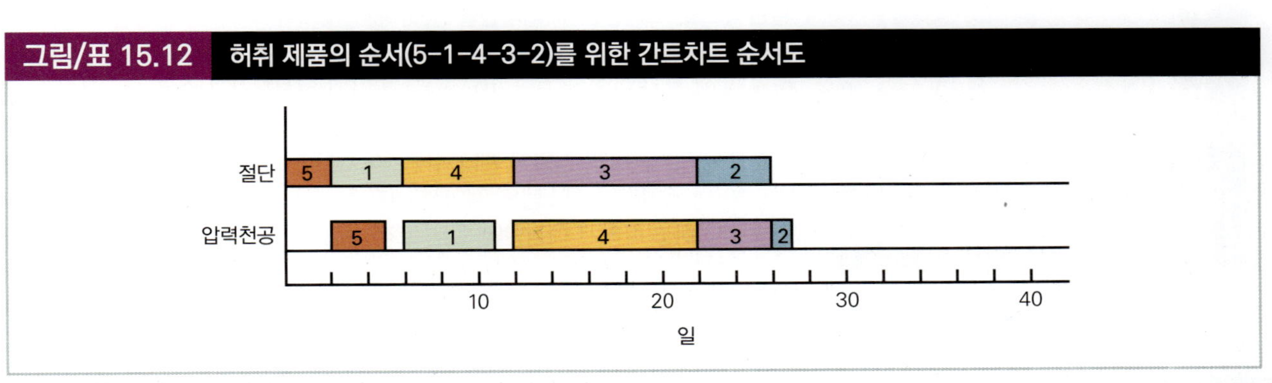

15-6 일정계획 모니터링과 통제 Schedule Monitoring and Control

빠르게 변화하는 일정계획 환경에서, 조직은 필요에 따라 일정을 면밀히 모니터링monitoring하고 통제할 수 있어야 한다. 예를 들어 항공산업에서 한 공항의 날씨지연 또는 항공편취소는 전체 시스템에 큰 피해를 줄 수 있다. 일정계획을 세우는 사람은 승객에게 미치는 영향을 최소화하고, 비용을 최소화하기 위해 신속하게 스케줄을 변경하고 비행기와 승무원을 다시 배치할 수 있어야 한다. 이러한 목적을 달성하기 위해 정교한 소프트웨어를 사용한다.

이러한 일정계획 전략을 적용할 수 있는 또 다른 예로는 식료품점과 백화점이 있다. 계산대에서 고객대기가 증가하면 고객중심의 조직은 수요를 충족시키기 위해 현장에 있는 다른 작업을 하는 직원으로 새로운 계산대를 열어 고객들의 계산을 처리한다. 아래에 있는 크로거Kroger 예시에는 이러한 상황을 관리하는 데 사용하는 몇 가지 흥미로운 기술이 설명되어 있다.

제조업에서도 이와 같은 일이 발생할 수 있다. 자재부족, 장비고장으로 개별 작업장에서 처리지연, 재고의 배송지연, 품목결함과 같은 경우가 발생한다. 이러한 일들이 발생할 경우, 일정계획을 변경해야 한다. 따라서 일정변경은 일정계획에서 늘 발생한다.

단기능력 변동 또한 일정계획 변경을 필요로 한다. 단기능력의 변화에 영향을 미치는 요인에는 결근, 노동력 차이, 장비고장, 도구문제, 노동회전율 및 재료부족이 포함된다. 이러한 요인들 역시 항상 발생한다. 능력부족에 대응하기 위해 운영관리자가 사용할 수 있는 몇 가지 대안은 이전 장에서 설명한대로 초과근무, 단기하청, 대체 프로세스 라우팅 및 인력재할당 등이 있다.

간트Gantt 차트는 계획된 일정을 감시하는 데 유용한 도구이다(그림/표 15.13). 어두운 음영 영역은 완료된 작업을 나타낸다. 예를 들어 이 차트는 직무4가 아직 시스템 2에서 시작되지 않았고, 직무1이 현재 시스템3에서 일정보다 늦어지고, 직무2와 5가 일정보다 앞서 있는 것을 보여준다. 이는 직무4에 필요한 자재가 아직 공급되지 않았거나 기계3이 제대로 작동하지 않아서일 수 있다. 어떤 경우에도 일정을 수정하거나 일정이 뒤처진 직무를 신속하게 처리하는 것은 생

크로거Kroger: 일정계획 테크놀러지를 통한 대기행렬 관리
Managing Queues using scheduling technology

Sean Pavone/Shutterstock.com

일반적으로 고객들은 대기시간을 좋아하지 않으며 특히 앞에 있는 고객이 가득한 바구니를 가지고 있을 경우에는 더욱 그러하다. 오하이오Ohio 주 신시내티Cincinnati에 본사가 있는 크로거Kroger는 몇 가지 혁신적인 기술을 사용하여 이 문제를 해결한 전국적인 식료품 체인이다. 크로거는 기술을 사용하여 수요를 예측하므로 관리자는 대기행렬이 지나치게 길어지기 전에 수요를 예측할 수 있다. 큐비전Que Vision이라는 시스템은 적외선 센서를 사용하여 들어오고 나가는 고객의 수를 계산하고(따라서 매장안에 있는 고객수를 계산), 분석모델을 사용하여 필요한 계산대 수를 결정한다. 통상 30분 뒤의 수요를 예측한다. 이 정보는 고객 대기시간의 균형을 맞추기 위해, 필요에 따라 계산대를 열거나 닫는 데 사용된다. 이 시스템 도입 후 대기시간이 평균 4분 감소하여 30분 미만이 되었다.

그림/표 15.13 일정 진행상황 모니터링을 위한 간트차트 예

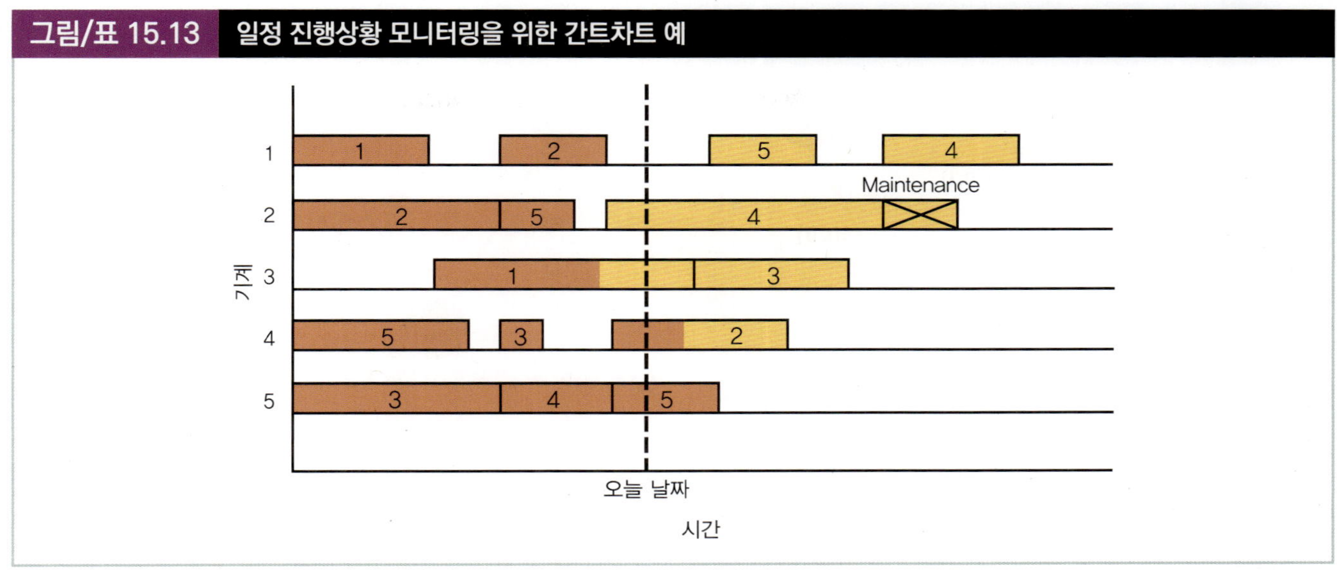

산-통제 담당자production-control personnel에게 달려있다. 이외에도 다른 많은 유형의 그래픽 보조 도구가 사용되고 있으며, 상업적인 도구도 활용 가능하다.

15-7 차량 경로와 일정계획 Vehicle Routing and Scheduling

물류의 일반적인 일정계획 문제는 허브창고에서 고객에게 배송되는 경로를 결정하는 것이다. 예를 들어 청량음료 케이스를 편의점에 배달하거나 유피에스UPS 또는 페덱스FedEx가 택배를 배달하는 것이다. 일반적으로 시간(예 : 제한된 근무시간) 또는 차량 능력 제한으로 창고에서 고객에게 한가지 경로만으로 배송할 수 없다.

총배송시간 또는 이동거리를 최소화함으로써 회사는 운영비용 절감(예 : 연료, 유지보수, 차량수)과 온실가스 배출량을 줄인다. 환경 지속가능성(그림/표 1.12에 설명됨)에는 대기질, 에너지 및 운송최적화가 포함된다. 구글Google 지도 및 GPS와 같은 애플리케이션application을 사용하여 차량배정 및 경로를 계획할 수 있다.

자동차 경로관리 소프트웨어 Vehicle Routing Software

차량별 고객지정 문제와 서비스를 제공하는 최적순서나 일정을 찾는 소프트웨어를 활용하여 고객들에게 언제 어디로 방문할 것인지와 적재가능한 화물과 어떤 경로로 배송할지를 고려하여 운송비용을 최소화하고자 한다. 경로를 찾아주는 소프트웨어는 센터에서의 배송, 화주로부터의 픽업, 서비스차량 경로, 버스 및 택시 일정까지 계획하는 데 사용된다. 최신 소프트웨어는 이제 클라우드 기반 솔루션을 사용하므로 고객이 데이터를 더 잘 관리하여, 더 좋은 결과를 도출할 수 있다. 또한 많은 회사에서 텔레매틱스telematics시스템을 사용하여 스마트폰 및 태블릿에서 실행되는 앱을 사용하여 운전자가 활용할 수 있게 한다.

그림/표 15.14 고객i와 j를 같은 경로로 배송

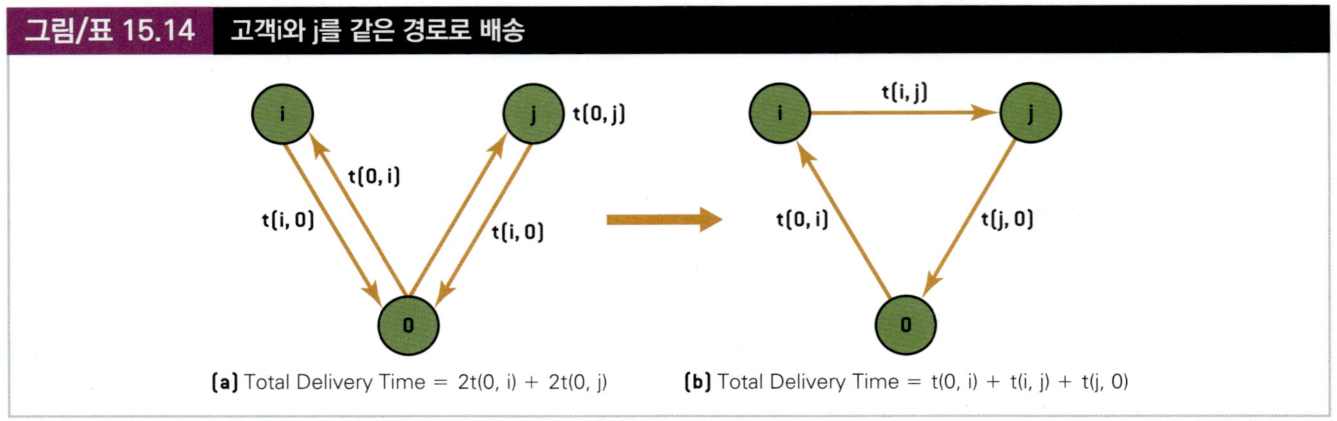

Evgeny Litvinov/Shutterstock.com

배송지점(고객)이 추가됨에 따라 경로의 수는 빠르게 증가한다. 예를 들어 한 대의 차량이 n개의 배송지점을 거치는 경우 $(n-1)!/2$개의 가능한 경로가 있다. 트럭 한 대를 가지고 하루에 12고객을 방문하는 주거용 수영장 residential pool 유지관리 회사의 예를 생각해 볼 수 있다. 고객 A에서 B로의 경로가 고객 B에서 A로의 경로와 동일하다고 가정하면, $(12-1)!/2 = 19,958,400$개의 가능한 경로가 나오게 된다. 플로리다 Florida 남서부에 있는 수영장 유지관리 회사는 7,000개 이상의 수영장을 관리한다. 이 회사의 본사에는 서비스 지역지도와 모든 트럭위치가 GPS로 식별되는 대형 화면이 있다. IBM 차량배차와 경로 소프트웨어는 각 트럭의 일일경로를 계획한다. 모든 가능한 경로의 완전한 나열은 불가능하다. 선형최적화(참고자료 supplement D 참조)를 사용하여 좋은 경로계획을 찾을 수 있지만 모델은 매우 복잡하다. 휴리스틱 방법은 분석가가 문제를 해결하는 데 도움이 되는 규칙과 방법을 사용하여 가능한 모든 옵션이 계산되는 것보다 더 빨리 문제를 해결하여 보다 좋은 해답(반드시 최적의 해답은 아님)을 제공하려고 한다.

15-7b 경로분석을 위한 클라크라이트 Clarkwright 방법 The Clarke-Wright Method for Vehicle Routing

간단한 차량경로 문제에 대한 좋은 솔루션을 찾는 방법 중 하나는 클라크라이트 Clarke-Wright 방법이다. 이 절차는 각 고객이 창고에서 개별적으로 서비스를 받는다고 가정하고, 고객을 더 긴 경로로 결합하여 총 이동시간을 줄이고 가용 범위내에서 운영하고자 한다.

이 방법의 기본 생각은 다음과 같다. $t(i, j)$가 고객 i와 j 사이의 이동시간이라고 가정하고, "0"은 중앙창고를 나타낸다. $t(i, j)$와 $t(j, i)$는 같다고 가정한다. 이는 우리가 각 고객에게 서비스 센터에서 각각 별도로 배송하는 경우의 총배송시간은 $2t(0, i) + 2t(0, j)$이다. 그러나 한 번 배송으로 고객 i와 j를 모두 서비스하면 총 시간은 $t(0, i) + t(i, j) + t(j, 0)$이다. 이는 그림/표 15.14에 나와 있다. 아래 조건을 만족하면 개별경로보다는 통합된 경로가 유리하다.

$$t(0, i) + t(i, j) + t(j, 0) < 2t(0, i) + 2t(0, j)$$
$$0 < 2t(0, i) - t(0, i) + 2t(0, j) - t(0, j) - t(i, j)$$

혹은

$$0 < t(0, i) + \mathrm{t}(0, j) - t(i, j) = s(i, j)$$

$s(i, j)$는 고객들을 하나의 경로로 배송함으로써 줄일 수 있는 부분을 뜻한다. 만약 이 값이 양수의 값이면서 시간이나 차량능력의 제약조건을 충족한다면 경로를 통합해서 배송하는 것이 유리하다.

클라크라이트Clarke-Wright 방법은 아래 방법을 따른다.

1. 모든 고객 i 및 j 쌍에 대한 감소분 $s(i, j)$를 계산한다.
2. 감소분이 가장 큰 고객의 쌍을 찾고, 이러한 고객을 연결하는데 시간이나 차량능력과 같은 자원이 충분한지 확인한다. 그렇다면 추가해서 새로운 경로를 만들고 그렇지 않다면 그 다음으로 감소분이 큰 쌍을 찾는다.
3. 다음으로 큰 감소분이 양수이면 2단계를 계속 적용하고 모든 양수값들이 다 찾아질 때까지 반복한다.

문제풀이 15.11은 이 절차를 사용할 수 있는 방법을 보여준다.

문제풀이 15.11 : 클라크라이트 방법의 적용

어떤 편의점 체인은 한 도시에 5개 지점이 있다. 매주 청량음료 박스는 중앙창고에서 지점으로 배달된다. 아래 표는 위치간 이동시간과 중앙창고 ("0")를 오가는 이동시간을 분 단위로 보여준다. 배송차량이 하나만 있고 최대 80개의 박스를 적재할 수 있다고 가정한다.

	배송시간						수요
i/j	**0**	**1**	**2**	**3**	**4**	**5**	
0		20	51	50	15	90	
1			10	55	30	53	46
2				50	60	38	33
3					60	10	30
4						12	75
5							30

각 지점쌍 $s(I, j)$의 감소분을 계산하면 아래와 같다.

$s(1,2) = t(0,1) + t(0,2) - t(1,2) = 20 + 51 - 10 = 61$
$s(1,3) = t(0,1) + t(0,3) - t(1,3) = 20 + 50 - 55 = 15$
$s(1,4) = t(0,1) + t(0,4) - t(1,4) = 20 + 15 - 30 = 5$
$s(1,5) = t(0,5) + t(0,5) - t(1,5) = 20 + 90 - 53 = 57$
$s(2,3) = t(0,2) + t(0,3) - t(2,3) = 51 + 50 - 50 = 51$
$s(2,4) = t(0,2) + t(0,4) - t(2,4) = 51 + 15 - 60 = 6$
$s(2,4) = t(0,2) + t(0,5) - t(2,5) = 51 + 90 - 38 = 103$
$s(2,4) = t(0,3) + t(0,4) - t(3,4) = 50 + 15 - 60 = 5$
$s(2,4) = t(0,3) + t(0,5) - t(3,5) = 50 + 90 - 10 = 130$
$s(2,4) = t(0,4) + t(0,5) - t(4,5) = 15 + 90 - 12 = 93$

감소분은 아래 표에 요약되어 있다.

i/j	1	2	3	4	5
1	—	61	15	5	57
2		—	51	6	103
3			—	5	130
4				—	93

초기 해답은 창고에서 개별적으로 모든 지점에게 서비스를 제공하는 것이다.

경로	운행 시간	박스 수	이용가능 능력
0–1–0	40	46	80 - 46 = 34
0–2–0	102	33	80 - 33 = 47
0–4–0	30	75	80 - 75 = 5
0–3–5–0	150	60	80 - 60 = 20
합계	322		

지점3과 5의 페어가 130으로 가장 감소분이 크다. 두 지점을 한번에 처리한다면 그 박스의 수는 30 + 30 = 60으로 이용가능 능력 80보다 작다. 따라서, 0–3–5–0이라는 경로가 도출된다. 이때 총 거리는 50+10+90=150이다.

해답:

경로	운행 시간	박스수	이용가능한 능력
0–1–2–0	81	79	80 – 79 = 1
0–4–0	30	75	80 – 75 = 5
0–3–5–0	150	60	80 – 60 = 20
Total	261		

총 운행시간은 452 – 322 = 130으로 감소분만큼 줄었다.

다음으로 큰 감소분은 103으로 지점2와 5사이이다. 그러나, 소비자 2를 0–3–5–0의 경로에 추가하면 이용가능 능력 33을 초과하게 된다. 따라서 지점2는 추가하지 않는다. 마찬가지로 다음에 감소분이 큰 지점4와 지점5사이의 값은 이용가능 능력을 초과한다. 따라서 다음 큰 감소분은 61로 지점1과2 사이의 값이다. 이를 결합하여 휴리스틱의 세 번째 반복을 실행한다.

경로	운행 시간	박스수	이용가능한 능력
0–1–0	40	46	80 – 46 = 34
0–2–0	102	33	80 – 33 = 47
0–3–0	100	30	80 – 30 = 50
0–4–0	30	75	80 – 75 =
0–5–0	180	30	80 – 30 = 50
Total	452		

이제 지점4는 어디에도 추가할 수가 없다. 따라서 0–1–2–0, 0–4–0, 0–3–5–0 이렇게 3개의 경로가 도출된다. 한 대의 배송트럭이 배송을 다 담당하는 것을 가정한다. 총배송시간이 42.3% 단축되었다 [(452–261) / 452]. 이산화탄소 배출 감소로 지속가능성도 향상되었다. 각 경로가 동시에 출발하는 다른 배송 차량으로 서비스할 수 있다고 가정하면 모든 배송은 가장 긴 경로에 해당하는 시간까지 완료된다(150시간). 물론 이것은 여러 차량의 자본 및 운영비용을 고려하지 않은 결과이다. 이것은 클라크라이트Clarke – Wright 휴리스틱의 논리를 넘어서지만 재무분석을 위해 스프레드시트 모델에 통합될 수 있다.

15장 학습목표 요약 Learning Objective Summaries

15.1 **일정계획**Scheduling **및 순서화**sequencing **개념을 설명한다.** 일정계획 및 순서화는 운영관리자가 매일 수행하는 일반적인 활동이다. 이는 이전 장에서 설명한 세가지 수준의 통합 및 분할 계획의 기본이라 할 수 있다. 좋은 일정계획과 순서화는 제조 및 서비스 계획의 효율적인 실행으로 이어진다. 일정계획의 예로는 패스트푸드 식당, 병원, 콜센터 등을 들 수 있다. 병원에 근무하는 의사, 치과 의사 및 주식중개인들은 그들의 고객이나 환자를 배정해야 하며, 항공사는 승무원과 파일럿들의 일정계획을 수립해야 한다. 스포츠 조직은 팀과 직원의 근무일정계획을 짜야 한다. 법원시스템은 청문회 및 재판 일정을 정해야 한다. 공장 관리자는 작업이나 예방적 유지보수 작업을 기계에 맞게 배정해야 한다. 영업사원은 고객배송 및 잠재고객 방문의 일정을 계획해야 한다. 순서화의 몇 가지 예로는 다음과 같다. 수간호사는 응급환자가 치료되는 순서를 정하며, 호텔청소부는 청소할 방의 순서를 정해야 한다. 자동차 조립 라인을 운영하는 운영관리자는 다양한 모델의 차량의 생산순서를 결정해야 하며, 공항관제사는 활주로에서 이륙하는 비행기의 순서를 정해야 한다.

15.2 **직원 일정계획 및 약속시스템 결정을 설명한다.** 직원 일정계획 문제는 고객 수요의 높은 변동성으로 서비스조직에서 많이 발생한다. 직원 일정계획은 다음과 같은 방법으로 가용인력을 조직의 필요와 일치시키려고 시도한다.

1. 수요를 정확하게 예측하고 이를 수행할 작업의 양과 시기로 변환
2. 기간별로 작업을 수행하는 데 필요한 직원을 결정
3. 가용인원과 풀타임 및 파트타임 혼합 결정
4. 수요 요구에 대응하는 능력과 서비스를 극대화하고 비용을 최소화하는 작업일정 개발

요구사항 변동에 따라 연속휴무consecutive days off 를 책정하는 간단한 문제는 손으로 쉽게 해결할 수 있다. 문제풀이 15.1은 예를 제공한다.

예약은 서비스시간과 서비스능력을 미리 할당하는 것으로 볼 수 있다. 예약을 사용하면 시간에 따른 서비스능력의 사용을 극대화하고, 고객이 나타나지 않는 노쇼no show위험을 줄일 수 있다. 예약시스템은 고객이 나타나지 않는 비율이나 더 많은 공정시간을 요구하는 어려운 고객을 관리하고, 그들의 행동을 예측가능하게 한다. 예약 시스템 설계와 관련하여 내려야 할 4 가지 결정은 다음과 같다 :

1. 예약시간 간격interval을 결정
2. 각 근무일의 길이와 근무시간 결정
3. 초과예약 처리방법 결정
4. 고객만족을 극대화하는 고객 약속규칙 개발

15.3 **단일 공정의 순서화의 성과기준과 규칙을 설명한다.** 순서화 기준은 종종 세 가지 범주로 분류된다.

1. 프로세스중심 성과기준process-focused performance criteria은 작업의 시작 및 종료 시점의 정보만을 다루며 장비 활용 및 공정중재고와 같은 작업장 성과에 중점을 둔다. 두 가지 일반적인 측정값은 흐름시간flowtime과 작업시간makespan이다.
2. 마감시간기준due date criteria은 고객의 필수기한 또는 내부적으로 결정된 배송 날짜의 정보를 다루며, 성과측정은 오차시간이나 지연시간, 또는 오차가 발생하거나 시간초과된 작업수이다
3. 비용기반 성과기준Cost-based performance criteria에는 재고비용inventory cost, 전환비용changeover cost, 준비비용setup cost, 처리비용processing cost와 실행비용run cost, 자재취급비용material-handling cost이 포함된다. 대부분의 경우 비용은 공정성과process performance 및 기한기준due-date criteria에 따라 암묵적implicitly으로 평가된다.

작업 우선순위를 지정하는 데 가장 많이 사용되는 세 가지 순서지정 규칙은 다음과 같다.

- 선입선출 First come, first served (FCFS)
- 최소공정시간 Shortest processing time (SPT)
- 최단납기일 Earliest due date (EDD)

최소공정시간 규칙은 평균 흐름시간과 공정중재고를 최소화하고 자원효율을 최대화한다. 최단납기일 규칙은 기한이 지난 작업의 최대 수를 최소화하지만, 평균 흐름시간, 공정중재고 또는 자원활용률은 최소화하지 못한다. 선입선출 규칙은 많은 서비스 제공 시스템에서 사용되며, 직무나 고객을 기준으로 고려하지 않는다. 선입선출은 고객 또는 직무의 도착시간에만 중점을 둔다.

15.4 **배정과정과 우선순위 규칙을 설명한다.** 배정은 할 작업을 선택하고 수행할 작업을 승인하는 과정이다. 새 작업이 불규칙적으로 도착하여 순서화의 조합이 지속적으로 변경되면 배정규칙은 특정 시간에 사용가능한 직무에 우선순위를 준 다음, 새 작업이 도착하면 우선 순위를 다시 정한다. 사용되는 일반적인 배정규칙에는

- 최소잔업수 fewest number of operations remaining (FNO)
- 최소잔업시간 least work remaining (LWR) — 아직 수행되지 않은 직무에 대한 모든 공정시간의 합계

15.5 **두 자원의 순서를 정하는 방법을 설명한다.** 에스엠 존슨S.M. Johnson은 두 자원의 순서를 정하는 문제에 대한 최소 작업시간makespan을 찾기 위한 알고리즘을 개발했다

1. 자원#1과 자원#2에 대한 직무와 공정시간에 대한 목록list을 작성한다.
2. (두 자원에서) 공정시간이 가장 짧은 직무를 찾는다.
3. 해당 시간이 자원#1에 해당하는 경우 먼저 배정하고, 자원#2에 해당하는 경우 직무를 마지막으로 배정한다.
4. 다음으로 가장 짧은 공정시간의 직무를 처리한다. 모든 직무를 배정할 때까지 양쪽 끝에서 가운데로 작업하여 2단계와 3단계를 반복한다.

15.6 **간트Gantt 차트를 사용하여 일정계획의 모니터링의 필요성을 설명한다.** 항공사, 식료품점, 제조시설과 같이 일정이 빠르게 변화하는 환경에서, 조직은 필요에 따라 일정계획을 면밀히 감시하고 조정할 수 있어야 하며, 단기적인 능력변동에 따른 일정계획 변경도 해야 한다. 단기 능력에 미치는 영향요인에는 결근, 노동 성과performance, 장비고장, 도구문제, 노동회전율 및 재료부족 등이 있다. 이러한 요인들은 불가피하고 피할 수가 없다. 간트차트는 일정계획을 모니터링 하는데 유용한 도구이다.

15.7 **차량 경로지정과 예약을 위해 클라크라이트Clarke-Wright 방법을 설명한다.** 이 절차에서는 우선 창고에서 각 고객에게 개별적으로 배송한다고 가정한 후에, 고객들을 결합하여 총이동시간을 줄인다. 모든 고객i와 j에 대한 감소분 s(i, j)를 계산한다. 감소분이 가장 큰 고객 쌍을 찾고, 이들을 연결할 수 있는지 확인한다. 허용범위 안에 들어가면 해당 경로를 사용하고, 그렇지 않은 경우 그 다음 감소분을 찾는다. 감소분이 0이하가 될 때까지 계속한다(장에서 문제해결 15.11을 참조)

주요용어 KEY TERMS

- 배정 Dispatching
- 작업시간 Makespan
- 지연시간 Tardiness
- 흐름시간 Flow time
- 일정계획 Scheduling
- 오차시간 Lateness
- 순서화 Sequencing

복습 질문 Review Questions

15.1 1. 일정계획 및 순서화를 일상의 예를 통해 설명하라.

15.1 2. 일정계획이 고객서비스 및 비용에 미치는 영향을 예를 들어 설명하라.

15.2 3. 직원 일정계획에서 4가지 주요 의사결정은 무엇인가?

15.2 4. 예약시스템이 사용되는 이유는 무엇이며, 예약시스템을 설계하려면 무엇이 필요한가?

15.3 5. 단일공정 순서화 문제를 실제 예로 설명하라.

15.3 6. 흐름시간flow time, 작업시간makespan, 지연시간tardiness 및 오차시간lateness을 정의하고 계산 방법을 설명하라.

15.3 7. 최소공정시간 및 최단납기일 순서화의 장점과 단점은 무엇인가?

15.4 8. 배정이란 무엇이며, 우선 배정규칙 및 활용법을 설명하라.

15.5 9. 두 자원 순서화(존슨의 순서화 규칙Johnson's Sequencing Rule)에 사용되는 절차 (단계)를 요약하라.

15.6 10. 간트Gantt 차트란 무엇이며 왜 중요한가?

15.6 11. 왜 일정계획을 면밀히 모니터링하고 수정해야 하는가?

15.6 12. 차량 경로지정 및 일정계획의 목적은 무엇인가?

토론용 질문 및 체험학습 DISCUSSION QUESTIONS AND EXPEROEMTAIL ACTIVITIES

15.1 13. 학교에서의 과제해결 일정을 어떻게 결정했는지 토론하라. 학습자들이 결정한 방식이 본 장에서 설명한 규칙과 일치하는가?

15.1 14. 대학에서 수업일정을 어떻게 정하는가? 사용되는 기준은 무엇인가?

15.1 15. 쓰레기 수거, 스쿨버스 노선 또는 눈 치우기와 같은 공공 서비스의 일정계획 및 순서지정 문제에 대해 토론하라. 어떤 유형의 기준과 접근방식을 사용할 수 있나?

15.1 16. 인근 제조 또는 서비스 회사의 운영관리자나 물류관리자를 인터뷰하여 회사가 직면한 일정계획 문제와 해결방법에 대해 알아보라.

15.2 17. 수요를 충족시키기 위해 시간제 직원을 사용할 때의 장단점은 무엇인가? 한 페이지로 작성하라.

15.2 18. 많은 전문 서비스에 예약시스템이 필요한 이유를 설명하라(힌트: 1장에 설명 된 대로 서비스는 제품과 어떻게 다른가?). 예약시스템을 설계할 때 해결해야하는 몇 가지 주요 문제와 결정을 나열하고 설명하라.

15.2 19. 서비스 환경에서 직원 일정계획을 세우기가 어려운 이유는 무엇인가? 직원 일정이 효과적이고 효율적인지 확인하기 위해 관리자는 무엇을 할 수 있나?

15.2 20. 직원 일정계획을 정하기 위해 조직에서 사용할 수 있는 소프트웨어를 조사하라. 이러한 유형의 소프트웨어에는 어떤 기능이 있는가? 한 페이지 보고서로 작성하라.

15.7 21. 최신 차량경로와 배정 소프트웨어 및 시스템이 지속가능성 목표를 지원할 수 있는 방법을 설명하라.

15.7 22. “차량경로 소프트웨어” 및 “차량경로”에 대한 인터넷 검색을 하라. 이러한 차량 라우팅 및 배정시스템의 기능, 장점 및 단점에 대한 두 페이지의 보고서를 작성하라. 이러한 시스템의 실제 적용사례와 이점을 한두 가지 설명하라.

계산연습문제 Computational Problems and Exercises

본 장에서 설명한 공식과 방법을 적용하여 다음 연습문제를 직접 계산해서 풀어보라.

15.2 23. 어떤 병원 응급실에는 다음의 간호사 수가 필요하다.

요일	월	화	수	목	금	토	일
최소 요구량	4	3	2	4	7	8	5

각 간호사는 이틀의 휴무가 필요하다. 총 몇 명의 풀타임 간호사가 필요하며 어떻게 일정계획을 수립해야 하겠는가?

15.2 24. 한 슈퍼마켓에는 주중에 다음과 같은 최소인원 요구사항이 있다. 각 직원은 연속 이틀의 휴일을 가져야한다. 정규직은 몇 명이 필요하고, 좋은 일정계획은 무엇인가?

요일	월	화	수	목	금	토	일
최소 요구량	3	4	5	3	5	6	5

15.3 25. 하나의 시스템에서 5개의 작업이 처리된다. 작업이 선입선출 순서인 1–2–3–4–5로 처리되는 경우 각 작업의 시작시간과 흐름시간을 계산하라.

작업	1	2	3	4	5
공정시간	8	3	5	9	4

15.3 26. 단일기계에 6개의 직무가 배정된다.

작업	1	2	3	4	5	6
공정시간(분)	100	130	210	90	150	80

a. 작업이 선입선출 순서로 처리된다고 가정하라. 작업시간, 각 직무의 흐름시간 및 전체 평균 흐름시간을 계산하라.

b. 최소공정시간 규칙을 사용한다면 직무의 순서는 무엇인가? 각 직무가 완료된 후 평균 흐름시간을 계산하라. 이 답변을 a에 대한 답변과 비교하라.

15.3 27. 화요일 오전 8시에 한 IT 분석가가 밤새 받은 편지함에서 4개의 프로젝트 “티켓”을 발견했다. 프로젝트 완료 예상시간과 요청 마감시간은 다음과 같다. 프로젝트가 선입선출 순서(1–2–3–4)로 처리되는 경우, 각 프로젝트의 흐름시간, 지연시간 및 오차시간을 계산하라. 마감시간은 오전 8시 이후의 분으로 변환하여 계산하라.

프로젝트	1	2	3	4
공정시간(분)	45	20	90	60
마감시간	오전 10시	오전 9시	정오	오전 9시 30분

15.3 **28.** 5명의 환자가 방사선과에 도착하여 엑스레이 검사를 기다리고 있다.

환자	1	2	3	4	5
공정시간(분)	25	20	30	40	15

최소공정시간 방식을 사용해서 일정계획을 수립하라. 각 환자의 시작시간과 흐름시간을 구하라.

15.3 **29.** 한 작업장work station에는 고장난 기계를 수리하는 유지관리 기계가 있다. 해당 기계를 프로세스(희소자원)로 생각하고, 수리를 기다리는 기계를 직무로 생각할 수 있다. 6대의 기계가 고장났을 경우 수리시간은 아래 표와 같으며 추가고장은 없다고 가정한다.

직무(고장 기계 #)	1	2	3	4	5	6
공정시간(시간)	10	3	7	2	9	6

선입선출과 최소공정시간 방법을 활용해서 흐름시간을 계산해보고 평균 흐름시간을 비교해 보라.

15.3 **30.** 다섯 명의 고객이 수리할 컴퓨터를 작은 상점에 가져왔다. 예상 수리시간(일) 및 약속날짜는 다음과 같다. 마감시간은 활용가능한 기술자에 따라 설정되었다. 그러나 한 기술자가 응급상황이 발생하여 최소 2주 동안 업무를 할 수가 없게 되어 공정시간이 조정되었다.

직무	1	2	3	4	5
공정시간(일)	4	5	1	7	3
마감시간(일)	3	5	2	10	6

최단납기일 방식을 활용하여, 시작시간, 완료시간, 흐름시간, 오차시간, 지연시간을 구하라

15.4 **31.** 린우드제조Lynwood Manufacturing사에서(문제풀이 15.9 참조), 업무를 배정하는 사람이 최소잔업수FNO 대신 최소잔업시간LWR 규칙을 사용한다고 가정하자. 시간 30에 드릴프레스 다음에 예약될 직무(직무2 또는 직무3)은 무엇인가?

15.5 **32.** 가공된 구성요소를 포함하는 제조프로세스는 두 개의 다른 기계에서 수행되는 두 가지 작업으로 구성된다. 특정 주week가 시작될 때의 대기행렬 상태는 다음과 같다.

직무번호	부품 수	기계1에서 계획된 시간(분/개수)	기계2에서 계획된 시간(분/개수)
101	200	2.5	2.5
176	150	1.5	0.5
184	250	1.0	2.0
185	125	2.5	1.0
201	100	1.2	2.4
213	100	1.2	2.2

기계1을 항상 기계2보다 먼저 처리한다. 작업시간makespan이 최소화되는 직무 일정계획을 도출하라. 도출한 일정계획을 막대차트bar chart로 설명하라

15.5 **33.** 월요일 아침에 백스터 공업Baxter industries은 두개의 부서(절삭과 드릴)에서 아래의 업무를 순서대로 처리해야 한다.

직무 번호	요구시간(시간) 절삭	드릴
216	4	7
327	8	10
462	10	3
519	5	6
258	9	12
617	2	7

a. 존슨Johnson의 규칙을 사용하여 최소 작업시간을 가지는 일정계획을 도출하라.

b. 최소 작업시간을 가지는 일정계획에 대한 간트Gantt 차트를 작성하라.

15.5 **34.** 댄 자동차수리Dan's Auto Detailing 사업은 외부청소 및 내부작업이라는 두 가지 업무를 한다. 차량의 크기와 상태에 따라 월요일 아침 6대의 차량 예상시간은 아래 표와 같다.

	차량 번호 1	2	3	4	5	6
외부	50	35	90	65	45	80
내부	30	40	20	45	25	55

a. 모든 외부디테일링이 먼저 완료되고, 총 완료시간이 최소화되도록 자동차 순서를 지정한다.

b. 간트Gantt 차트를 그리고 유휴 시간을 평가한다.

15.7 35. 네이플신문The Naples Newspaper는 오전 5시까지 발행을 완료한다. 트럭이 신문이 실린 팔레트를 픽업하여 5개의 인근지점으로 배달한다. 이곳에서 운송업체는 개별 경로에 대해 분류한다. 거리는 다음 표에 나와 있다. 현재 트럭이 공장에서 각 지점이 필요로 하는 팔레트의 수를 배송하고, 다음 고객의 신문을 싣기 위해 공장으로 돌아간다 (예 : 현재 경로 0–1–0–2–0–3–0–4–0). 트럭은 항상 스캇빌Scottsville로 돌아가며 이동할 때 디젤연료를 사용하여 갤런당 10마일의 연료를 사용한다. 트럭은 최대 16개의 팔레트를 운반할 수 있다. 디젤 연료 1 갤런은 $ 3.00이다. 신문은 연중무휴로 운영된다.

a. 트럭이 현재 경로를 사용하여 매일 몇 마일을 이동하는가? 연간 운행하는 총 마일 수는 얼마인가?

b. 클라크라이트Clarke-Wright 방법을 사용하여 보다 효율적인 경로를 찾으라.

c. 현재 경로와 비교하여 클라크라이트 방법을 사용해 찾은 더 짧은 경로는 연간 몇 마일, 몇 갤런 및 달러를 절약할 수 있는가?

d. 현재 트럭경로에 비해 가장 짧은 트럭경로를 사용하여 연간 몇 파운드의 가스가 대기 중으로 배출되고 절약되는가? 1갤런의 가스가 1파운드의 이산화탄소와 기타 지구온난화 가스를 생성한다고 가정한다.

	공장(0)	스캇빌(1)	허드슨(2)	보니타(3)	워커(4)	팔레트 수요(5)
공장 (0)	—	20	11	4	7	
스캇빌 (1)		—	10	5	12	10
허드슨 (2)			—	9	3	6
보니타 (3)				—	14	4
워커 (4)					—	8

엑셀기반 연습문제 EXCEL-BASED PROBLEMS

문제 풀이를 위해 엑셀Excel이나 마인드탭MindTap에 있는 스프레드시트 템플릿을 사용할 수 있다.

15.2 36. 15.2c의 시나리오에서 각 시간별로 필요한 종업원의 수가 다음과 같을 때, 스프레드시트에서 최적화모형을 개발 및 해결하고, 엑셀의 해찾기solver 사용하여 전체 종업원수를 최소화하기 위해 4개의 교대근무에 지정할 종업원 수를 찾아라.

시간	필요한 종업원 수
오전 7시	8
오전 8시	10
오전 9시	10
오전 10시	7
오전 11시	5
오후 12시	4
오후 1시	6
오후 2시	6
오후 3시	5
오후 4시	8
오후 5시	8
오후 6시	12
오후 7시	15
오후 8시	10
오후 9시	9
오후 10시	7
오후 11시	4

15.2 37. 한 퀵서비스 레스토랑에 필요한 최소 시간제 직원수는 다음 표에 나와 있다. 시간 블록block은 2시간 단위로 구성되어 있다.

시간	필요한 최소 수
1: 오전7–9	12
2: 오전9–11	6
3: 오전11–1	15
4: 오후1–3	10
5: 오후 3–5	5
6: 오후 5–7	13
7: 오후 7–9	9
8: 오후9–11	6

파트타임 대학생은 4시간 교대로 일한다(예 : 오전 7–11시, 오전 9시에서 오후 1시 등, 각 2시간 블록에서 시작하며 마지막 교대는 오후 7시에서 오후 11시). 전체 직원수를 최소화하고, 스프레드시트에 구현하고, 엑셀 해찾기Excel Solver를 사용하여 최적의 솔루션을 찾기 위한 각 교대조에 필요한 직원수를 결정하는 최적화 모형을 만들어라.

15.2 **38.** 데이비드 크리스David Chris는 유스부스터Youth Boosters의 농구 최종 토너먼트를 운영하고 있다. 그는 매 경기마다 심판진의 일정계획을 수립한다. 다음 표는 심판진이 각 팀별로 심판에 참여한 횟수를 보여준다. 데이비드는 심판진이 과거에 참여한 팀에는 다시 배치되지 않도록 하려한다. 엑셀 해찾기Excel Solver를 사용하여 일정계획 모형을 개발하여 각 심판이 같은 팀에 두 번 이상 참여하는 횟수의 합이 최소화되는 일정을 도출하라.

	심판 번호					
팀	1	2	3	4	5	6
A	2	2	0	3	2	1
B	3	1	2	1	1	0
C	0	1	2	1	0	2
D	2	0	0	2	1	3
E	0	2	1	1	1	2
F	1	2	1	0	0	3

15.3 **39.** 이 기계는 5개의 직무가 있으며, 가능한 빨리 끝내야 한다. 선입선출을 이용하여 1–2–3–4–5로 순서를 설계하거나, 최소공정시간 법칙으로 작업을 순서화하라. 엑셀 순서화 템플릿을 사용하여 각 방법의 성과를 비교하고 우수한 것을 찾아라.

작업	1	2	3	4	5
공정시간 (시간)	10	8	16	25	20

15.3 **40.** 마이크 레이놀드Mike Reynolds는 내일이 기한인 4개의 과제가 있으며, 수업시간은 아래와 같다.

수업	시간
마케팅Marketing 304	오전 8시
운영관리OM 385	오전 10시
재무Finance 216	오후 1시
심리학Psychology 200	오후 3시 30분

각 수업은 1시간이며, 마이크는 다른 수업은 없다. 지금 시각이 자정일 때, 재무, 운영관리, 마케팅, 심리학 과제가 각각 6시간, 3시간, 4시간, 2시간 걸린다고 판단하였다. 엑셀의 순서화 템플릿을 사용하여서 어떻게 과제의 순서를 계획해야 할지 구하라. 마이크는 숙제를 끝낼 수 있을까?

15.3 **41.** 토니스 세무서비스Tony's Income Tax Service 직원은 다음 표준시간을 사용하여 고객의 세금 환급업무를 완료하는데 필요한 시간을 추정할 수 있다.

세금 양식	표준 시간(분)
1040 short	10
1040 long	15
Schedule A	15
Schedule B	5
Schedule G	10
Schedule C	15
Schedule SE	5
Form 2106	10

어느 날 아래와 같은 서비스를 위해 5명의 고객이 기다리고 있으며 그들은 A,B,C,D,E의 순으로 도착하였다.

고객	양식
A	1040 long, schedule A,B
B	1040 long, schedule A,B,SE,2106
C	1040 short
D	1040 long, schedule A,B,G
E	1040 long, schedule A,B,C,2106

엑셀의 순서화 템플릿을 사용하여 아래 문제에 답하라

a. 선입선출을 따른다면, 각각의 흐름시간과 평균흐름시간은 어떻게 되는가?

b. 최소업무시간 기준을 따른다면 각각의 흐름시간과 평균흐름시간은 어떻게 되는가?

15.3 **42.** 4개의 혈액 샘플이 실험실에 도착하였으며 관련 정보는 아래와 같다.

직무	공정시간(분)	마감시간
1	7	18
2	3	7
3	5	12
4	2	9

엑셀의 순서화 템플릿을 사용하여 아래 문제에 답하라

a. 최소공정시간을 활용해 순서를 찾아라

b. 최단납기일을 이용해 순서를 찾아라

c. 평균 흐름시간, 평균과 최대지연시간, 평균과 최대 지연시간, 작업시간을 각각의 경우 (a,b)에 따라 구하고 결과를 비교하라.

15.3 43. 은행의 대출관리 부서는 고객만족도를 극대화하기 위해 다음 여섯가지 직무를 처리한다. 어떤 순서규칙을 사용해야 하는가? 선택한 규칙에 대해 엑셀 순서화 템플릿을 사용하여 최적의 순서를 찾아라.

대출(직무)	공정시간 (일)	마감시간(일)
1	17	50
2	9	17
3	20	71
4	12	25
5	22	37
6	19	60

15.3 44. 한 제조회사에서 사람의 무릎, 엉덩이와 어깨 교체용 맞춤정형 외과부품을 제조한다. 예정된 수술 날짜 이전에 맞춤형 부품을 배송하는 것이 필수적이므로 최소공정시간 및 최단납기일 규칙을 비교하고 이 상황에 가장 적합한 순서화 규칙을 찾아라. 엑셀 순서화 템플릿을 사용하여 각 규칙을 평가하라.

고객	공정시간(일)	마감시간(일)
1	6	20
2	8	17
3	11	30
4	12	25

15.3 45. 보험 청구작업 영역에는 다음과 같이 처리 대기중인 5개의 청구가 있다.

청구	공정시간	마감시간
1	22	35
2	18	40
3	20	32
4	15	28
5	17	30

엑셀 순서화 템플릿을 이용해서 최소공정시간, 최단납기일기준, 순서2-1-5-3-4를 이용해서 각각의 평균 흐름시간, 평균과 최대 지연시간, 평균 오차시간을 계산하고 비교 평가하라. 어떤 기준이 가장 적합하고 그 이유는 무엇인가?

15.3 46. 8개의 다음 작업들이 다음과 같은 순서로 이뤄진다.

작업	공정시간	마감시간
1	7	21
2	3	7
3	5	8
4	2	5
5	6	17
6	9	16
7	14	38
8	4	12

엑셀 순서화 템플릿을 사용하여 다음 규칙에 대해 성과를 도출하고 비교 평가하라.

a. 선입선출

b. 최소공정시간

c. 납기일

15.3 47. 이 장에서 최단납기일 규칙이 최대 지연시간과 오차시간을 최소화하는 반면 최소공정시간 규칙은 평균 흐름시간을 최소화한다는 것을 알았다. 그러나 이러한 규칙 중 어느 것도 평균 지연시간이나 또는 평균 오차시간을 최소화하지는 않았다. 엑셀 순서화 템플릿을 사용하여 아래 표에 있는 값을 이용하여 다음에 답하라.

a. 평균 오차시간을 최소화하는 순서화 규칙을 찾으라.

b. 평균 지연시간을 최소화하는 순서화 규칙을 찾으라.

c. 대부분의 경우를 만족하는 일반화 규칙이나 절차를 찾을 수 있는가?

직무	공정시간	마감시간
1	7	21
2	3	7
3	5	8
4	2	5
5	6	17
6	9	16
7	14	38
8	4	12

15.3 48. 변호사 사무실에는 한 개의 복사기가 있으며, 아래 표와 같은 직무들을 처리해야 한다. 모든 업무는 오전 9시 전에 끝나 고객에게 배포되어야 하며, 현재는 오전 7시 30분이다.

직무	작업 내용
1	500 일반 용지 250 리갈legal 용지
2	100 일반 용지 400 리갈 용지
3	1,000 리갈 용지
4	1,500 리갈 용지
5	1,200 일반 용지 300 리갈 용지

일반크기 용지는 완료하는 데 페이지 당 평균 1.0 초가 걸리고 리갈크기 용지는 페이지 당 1.2 초가 걸린다. 이 시간에는 스테이플링, 묶음bundling, 이동 및 전환시간이 모두 포함된다. 각 직무의 마감시간은 지금부터 90분 또는 5,400초이다. 선입선출 (1-2-3-4-5) 및 최소공정시간 규칙을 사용하여 이 작업그룹에 대한 평균 흐름시간, 지연시간, 오차시간을 계산하라. 모든 작업을 오전 9시까지 완료할 수 있는가? 엑셀 순서화 템플릿을 사용하여 분석하라.

루크스 풍선 전문점 Luke's Balloon shop

루크 스테피Luke Steffie는 풍선전문점을 소유하고 있으며 풍선을 헬륨으로 채우고 6개의 파티를 위해 풍선을 특정 구성으로 조립해야 한다. 그의 6개의 작업은 모두 동일한 헬륨 탱크(즉, 단일 자원 프로세서)를 사용한다. 각 작업은 최대 100개의 풍선으로 구성된다. 루크는 이러한 작업을 순서화하는 가장 좋은 방법을 찾고자 한다. 고객(직무) 5번은 가장 중요한 고객이다. 루크의 매장 부관리자인 신디 체셔Cindy Cheshire는 순서대로 처리하려 한다(예 : 1, 2, 3, 4, 5, 6). 풍선은 공기가 빨리 빠지기 때문에 회사는 파티가 열릴 때까지 기다려야 한다. 그래서 업무가 바쁘다. 매년 사업은 약 15%씩 성장하고 있다. 직무별 공정시간 예상은 다음과 같다.

토론을 위한 사례 질문

1. 체셔Ms. Cheshire의 기존 작업순서인 1(첫 번째), 2, 3, 4, 5, 6(마지막)을 사용하여 이 작업그룹에 대한 평균 흐름시간, 지연시간, 오차시간을 계산하라.
2. 최소공정시간 순서를 적용할 경우 순서는 어떻게 되는가? 그리고 평균 흐름시간, 지연시간, 오차시간을 계산하라.
3. 질문 1과 2를 비교하라.
4. 이 6개 직무세트에 대한 단기 추천방법은 무엇인가? 이유를 설명하라.
5. 루크스 Luke's store의 직무순서와 관련하여 장기적인 권장 사항은 무엇인가? 근거를 바탕으로 설명하라.

직무	1	2	3	4	5	6
공정시간(분)	240	130	210	90	170	165
마감시간(오전6시부터 자정까지 분)	240	360	480	240	720	780

미드웨스트 상용고객 콜센터 대행 서비스 Midwest Frequent Flyer Call Center

ESB Professional/Shutterstock.com

"저는 운영전문가가 아니라 회계를 전공했습니다."라고 방금 승진한 미드웨스트 상용고객관리 콜센터 사업부Midwest Frequent Flyer Call Center의 부사장인 밥 바스트로Bob Barthrow가 고위 경영진 회의에서 소리쳤다. "밥Bob, 호라이젠탈 항공사Horizon Airlines (HA)에게 더 좋은 콜센터 서비스를 제공하지 않으면 우리와의 거래를 중단할 것입니다. 서비스를 극대화하고 비용을 최소화해야 합니다! 따라서 호라이젠탈 항공사의 서비스 문제에 대한 해결책을 찾거나 그렇지 않으면 거래가 끊길 것입니다."라고 미드웨스트 콜센터 대행서비스Midwest Call Center Services (MCCS)의 대표CEO인 아담 비숍Adam Bishop이 말했다.

밥Bob은 사무실로 들어갔다. 그는 의자에 앉아 훌륭한 고객서비스를 위한 많은 회의를 되세기면서 달성하지 못한 이유를 생각하였다. 그는 훌륭한 고객서비스를 제공하려면 먼저 처리가능 능력을 분석하고 좋은 직무일정을 계획하는 방법을 알아야 한다는 결론에 도달했다. 그는 오래된 대학 운영관리 교과서를 꺼내서 읽기 시작했다. 또한 구글Google에서 검색하고, 전자 스프레드시트 분석을 구축할 계획을 세웠다.

중소 항공사는 청구 및 신용카드 관리, 수하물 및 고객 항공편 청구관리, 예약, 로열티 프로그램, 콜센터 등 다양한 주변 서비스를 MCCS에 아웃소싱 했다.

이 중 HA 항공사는 MCCS 수익의 9%를 차지한다. HA 항공사의 고객은 상용 고객프로그램이 MCCS에 아웃소싱 된다는 사실을 모른다. MCCS는 여러 항공사에 대해 별도의 콜센터를 관리했으며, 각 항공사에는 전용직원과 사무실 공간이 있다. HA 콜센터에서 근무한 MCCS 고객서비스 담당자(CSR)는 MCCS와 HA의 개별 교육을 받았다. MCCS는 모든 고객서비스 담당자에게 서비스관리 교육 및 멘토를 제공하고 고객 서비스교육 성과를 전자적으로 모니터링했다. HA는 고객서비스 교육을 통해 항공사 문화, 특히 상용 고객프로그램을 알 수 있도록 항공사 투어와 무료비행을 포함하여 서비스 교육을 실시했다. HA 고객서비스 부분은 고객들로 항의를 받을 만한 20개의 내용에 대해 교육을 받았다.

항공사와 고객서비스 사업부에서는 통화를 다음과 같이 네 가지 범주로 분류했다.

1. 포인트 사용: 다음 항공권 구입에 상용계정 포인트를 사용하기를 원한다.
2. 문제해결: 고객이 포인트 및 적립금, 항공편, 개인정보 등을 수정하기를 원한다.
3. 계정관리: 고객이 상용고객 계정을 분할, 결합, 양도, 삭제, 이름변경 및 업데이트하기를 원함
4. 여행정보 : 고객이 여행 정보를 요청한다. MCCS와 HA는 "제한된 여행컨설팅 서비스 및 정보"를 제공한다. MCCS 상용고객관리 콜센터는 친절하면서도 전체 여행서비스를 제공하지 않는다고 고객에게 알리고 고객을 다른 여행사로 안내한다.

HA 상용고객 상담전화에 대한 평균 표준시간은 그림/표 15.15에 나와 있다. 밥은 다른 항공사에 사용된 것과 동일한 측정단위로 표준 서비스요금을 받고 싶었다. 즉, 30분 단위로, 고객 호출 단위로 받고 싶었다. 지난 10번의 월요일에 발생한, 반올림한 평균 콜센터 수요는 그림/표 15.16에 나와 있다.

그림/표 15.15 미드웨스트 상용고객 상담전화

통화 타입	통화시간(초)	통화비중(%)
환불	115	61%
문제해결	175	25%
계정관리	240	8%
여행관련	180	6%

그림/표 15.16 미드웨스트 상용고객 상담전화 수요자료는 마인드탭의 엑셀 워크시트 MCCS 케이스 데이터에서 찾을 수 있다.

시간	통화 횟수	고객종료 통화	통화 중 수신불가 통화	전체 통화
6:30	15	0	0	15
7:00	16	0	0	16
7:30	45	4	0	49
8:00	60	5	0	65
8:30	62	6	2	70
9:00	71	4	1	76
9:30	77	5	0	82
10:00	84	11	4	99
10:30	75	8	3	86
11:00	81	4	3	88
11:30	69	6	1	76
12:00	79	2	0	81
12:30	66	3	2	71
1:00	80	4	3	87
1:30	76	8	6	90
2:00	92	6	7	105
2:30	85	7	5	97
3:00	73	4	3	80
3:30	78	2	3	83
4:00	67	4	4	75
4:30	62	2	0	64
5:00	54	1	0	55
5:30	51	1	1	53
6:00	37	0	0	37
6:30	48	3	2	53
7:00	42	0	0	42
7:30	32	0	0	32
8:00	26	2	0	28
8:30	22	1	0	23
9:00	19	0	0	19
합계	1,744	103	50	1,897
평균	58.1	3.4	1.7	63.2
표준편차	22.9	2.8	2.0	26.6
최저	15	0	0	15
최대	92	11	7	105

*고객종료 통화는 고객이 MCCS 콜센터 시스템에 접속 후 알 수 없는 이유로 전화가 끊긴 경우를 의미한다. 모든 상담원이 통화중이어서 통화 중 신호를 받은 고객은 MCCS 시스템에 접속할 수 없어 전화를 끊는다.

그림/표 15.17 미드웨스트의 현재 고객담당 직원 일정(이 표는 마인드탭에 있는 엑셀 워크시트 MCCS의 현재 직원 일정에서 찾을 수 있다)

Service Rep	6:30	7:00	7:30	8:00	8:30	9:00	9:30	10:00	10:30	11:00	11:30	12:00	12:30 PM	1:00	1:30	2:00
1	X--------	---------	---------	---------	---------	(----)----	---------	---------	(Lunch)	(Lunch)	---------	---------	---------	----(----)	---------	---------
2	X--------	---------	---------	---------	---------	----(----)	---------	---------	---------	(Lunch)	(Lunch)	---------	---------	---------	(----)----	---------
3			X--------	---------	---------	---------	(----)----	---------	---------	---------	(Lunch)	(Lunch)	---------	---------	(----)----	---------
4				X--------	---------	---------	----(----)	---------	---------	---------	---------	(Lunch)	(Lunch)	---------	----(----)	---------
5				X--------	---------	---------	---------	---------	---------	---------	(----)----	---------	(Lunch)	(Lunch)	---------	(----)----
6						X--------	---------	---------	---------	---------	----(----)	---------	(Lunch)	(Lunch)	---------	----(----)
7									X--------	---------	---------	(----)----	---------	(Lunch)	(Lunch)	---------
8									X--------	---------	---------	----(----)	---------	---------	(Lunch)	(Lunch)
9										X--------	---------	---------	---------	(----)----	(Lunch)	(Lunch)
10																
11																
12																
13																
Avail CSR (Min)	60	60	90	150	150	150	150	180	210	210	180	180	180	150	135	180
Current # CSRs	2	2	3	5	5	5	5	6	7	7	6	6	6	5	4.5	6
Target # CSRs																
Short/Excess (-/+)																

Service Rep	2:30	3:00	3:30	4:00	4:30	5:00	5:30	6:00	6:30	7:00	7:30	8:00	8:30	9:00	Totals
1															
2															
3	---------	---------													
4	---------	---------	---------												
5	---------	---------	---------												
6	---------	---------	---------	---------	---------										
7	----(----)	---------	---------	---------	---------	---------	---------	---------							
8	---------	---------	---------	---------	(----)----	---------	---------	---------	---------						
9	---------	---------	---------	---------	----(----)	---------	---------	---------	---------						
10	X--------	---------	---------	---------	---------	(Dinner)	(Dinner)	---------	---------	---------	(----)----	---------	---------	---------	
11	X--------	---------	---------	(----)----	---------	(Dinner)	(Dinner)	---------	---------	---------	----(----)	---------	---------	---------	
12	X--------	---------	---------	----(----)	---------	---------	---------	(Dinner)	(Dinner)	---------	---------	---------	---------	---------	
13	X--------	---------	---------	---------	---------	(----)----	---------	(Dinner)	(Dinner)	---------	---------	---------	---------	---------	
Avail CSR (Min)	315	330	300	210	210	135	150	150	120	120	90	120	120	120	#REF!
Current # CSRs	10.5	11	10	7	7	4.5	5	5	4	4	3	4	4	4	#REF!
Target # CSRs															
Short/Excess (-/+)															

고객서비스 사업부의 90%는 적정한 안전능력을 제공한다. 현재 직원 일정계획은 그림/표 15.17에 나와 있다. 정규직 직원(FTE)은 하루에 7시간 이상 근무하고, 점심 또는 저녁에 1 시간, 근무일당 15 분 이상의 휴식을 취해야 한다. 정규직보다 적은 시간을 근무하는 직원은 파트타임고용(PTE)으로 간주된다.

4단계 분석 접근방식 중 첫번째 단계는 수요분석이다. 그림/표 15.16은 이러한 데이터를 제공한다. 2단계에서는 표준 서비스시간을 통화/고객서비스제공자/30분 단위로 설정한다. 3단계는 다음 방정식을 사용하여 자원 (즉, 직원) 능력을 분석한다.

$$\text{활용율}_{\text{utilizatoin}} = \frac{\text{수요율}_{\text{ demand rate}}}{\text{서비스율}_{\text{ service rate}} \times \text{서버의 수}_{\text{number of servers}}}$$

이 식은 11장에서 소개되었다. 4단계에서는 서비스량과 목표 활용률을 고려한 시간당 고객서비스 제공자 값을 도출하여 수요를 맞출 수 있도록 수정되고, 자세한 인력 일정계획을 세운다. 이 모든 과정을 다른 관리자나 직속 직원들과 공유하기 위해 보고서로 논리적으로 설명하고자 한다.

또한 밥Bob은 MCCS가 서비스를 제공하는 다른 항공사의 서비스 실패(고객이 알 수 없는 이유로 전화를 끊거나 상담원이 통화 중이어서 통화가 안된 경우) 비용에 대한 1년 전 연구보고서를 발견했다. 이 보고서는 서비스 실패 비용을 $21로 추정하였는데, 밥이 찾을 수 있는 최선의 추정치였다.

밥은 회계뿐 아니라 프로세스를 분석하고 성공적으로 관리할 수 있음을 입증해야 승진이 가능할 것이다. 밥이 보고서를 준비하는 데 도움이 되도록 다음 질문을 사용할 수 있다.

토론을 위한 사례 질문

1. 사례 데이터와 현재 일정을 분석하고 다음 "기본" 질문에 답한다. 현재 직원 배치 계획을 고려할 때 각 30분 동안의 노동 활용률은 얼마인가? 직원수 부족 또는 부적절한 일정 계획 또는 둘 다가 문제인가? 수치분석을 통해 답을 뒷받침할 수 있는가?
2. 일반적인 월요일에 받지 못하거나 통화중인 통화로 인한 비용은 얼마인가? 연간 얼마인가? (필요에 따라 가정을 작성하라.)
3. 필요한 경우 더 나은 고객서비스를 위한 직원 일정을 계획하고(그림/표 15.17의 엑셀의 현재 직원 일정 참조) 회사가 더 많은 고객서비스 직원을 고용할지 아니면 몇 명을 해고할지 결정하라. 시간제 직원을 고용하겠는가? 그렇다면 이유를 설명하라.
4. 최종 권장사항은 무엇인가?

통합 사례 연구: 허드슨 쥬얼러스 Integrative case: Hudson Jewelers

본서 마인드탭Mind Tap은 허드슨 쥬얼러스Hudson Jewelers 사례 연구 관련 각 장에 있는 학습자료를 통합하여 제공한다.

토론을 위한 사례 질문

1. 오전 9시에서 오후 8시 사이의 직원 일정계획을 수립하라. 8 주차에 587 회의 방문이 있었다(허드슨 쥬얼러스 수요 자료 Hudson Jeweler Demand Case Data in MindTap 워크 시트 참조). 최대 서비스량이 직원당 시간당 10명(고객)이라고 가정한다. 당신은 요일 및 특정 기간에 수요를 할당해야 한다. 마인드탭 MindTap에서 사용할 수 있는 엑설워크시트Hudson Jeweler Staffing Schedule Worksheet를 사용하거나 직접 만들 수 있다.
2. 1번의 점포 직원에 대한 일정계획의 장단점은 무엇인가?
3. 이 단일 매장에 가족외non-family 직원staff을 고용하겠는가? 당신의 추론을 설명하라.

품질관리 Quality Management 16

2014년 지엠GM 매장 직원은 안전리콜 대상이 되는 구형, 소형 자동차용 점화스위치, 점화실린더 및 키세트로 구성된 키트를 설치하기 위해 수천 건의 서비스 리콜을 수행했다.

Bloomberg/Getty Images

학습목표

16장을 학습한 후 다음 과제를 수행할 수 있어야 한다:

16-1 품질quality의 개념과 정의를 설명한다.

16-2 데밍Deming, 주란Juran 및 크로스비Crosby의 품질 철학과 원칙을 기술한다.

16-3 갭모형GAP model과 그 중요성을 설명한다.

16-4 ISO 9000의 개념과 철학을 기술한다.

16-5 식스시그마Six Sigma의 철학과 방법을 기술한다.

16-6 품질비용 측정범주categories of cost-of-quality measurement를 설명한다.

16-7 7가지 품질관리 도구Seven QC Tools를 적용하는 방법을 기술한다.

16-8 카이젠kaizen의 개념과 획기적 개선break-through improvement을 설명한다.

2014년 2월 제너럴 모터스General Motors (GM)는 차량 운행 중에 자동으로 엔진을 정지하고 에어백 전개도 막는 문제를 일으키는 점화스위치ignition switch 결함이 의심되는 수백만 대의 차량에 대해 전면 리콜 recall을 발표했다. 이 결함으로 인해 최소 100명이 사망하고 일부는 부상당했다. 결함은 2001년에 처음 발견되었고 2004년에 다시 나타났다. GM은 사내에서 제안한 해결책이 비용이 너무 많이 들고 시간이 오래 걸린다는 이유로 채택을 거부했다. 또한 한 엔지니어가 건의한 키헤드key head 재설계 방안도 받아들이지 않았다. GM은 점화스위치의 문제가 처음 발견된 후 약 10년 동안 리콜을 미룬 행위는 직원들의 잘못이라고 인정했다. 회사의 CEO는 철저한 조사를 통해 전사적으로 만연한 "무능과 방치의 패턴"을 발견한 후 지연delay을 "근본적인 실패"라고 했다. 궁극적으로 총 리콜비용은 40억 달러를 초과했다.

기업과 국가의 경제적 복지와 기업의 생존은 그들이 생산하는 상품과 서비스의 품질에 달려 있으며, 이는 결국 조직을 구성하는 임직원의 자질과 경영관행에 달려 있다. 높은 품질의 상품과 서비스는 회사에 경쟁우위를 가져다 주고, 반품·재작업·폐기·서비스 문제로 인한 비용을 절감하고, 생산성·이익·기타 성과 척도를 향상시킨다. 그리고 가장 중요한 것은 지속적인 재구매와 호의적인 구전으로 기업에 도움이 되는 만족하는 고객의 창출을 가능하게 한다. 그리고 본장 앞서 살펴본 것처럼 고품질은 모든 상품과 서비스의 안전에 매우 중요하다. 따라서 기업은 제품의 품질을 보장하고 품질이 좋지 않은 경우 적절한 조치를 취할 책임이 있다. 은행, 의료, 장난감, 휴대폰, 자동차 등 거의 모든 제품에 고품질이 요구된다.

어떻게 생각하는가? What Do you Think?

최근 직접 체험했거나 뉴스에서 접한 품질문제에는 어떤 것이 있나?

오늘날 개인 고객은 물론 기업 고객도 높은 품질의 상품과 서비스를 당연하게 여긴다. 품질은 공급업체에서 시작하여 운영 및 판매 후 서비스에 이르기까지 확장되는 가치사슬 전체에서 다루어야 한다. **품질관리**quality management*는 상품과 서비스가 고객의 요구에 맞는 적절한 수준의 품질로 생산될 수 있도록 하는 데 사용되는 체계적인 정책, 방법 및 절차를 의미한다.* 운영의 관점에서 품질관리는 고객의 기대에 부응하기 위해 상품 및 서비스를 설계, 생성 및 제공하는 방법과 관련된 주요 문제를 다룬다. 2장에 설명된 말콤 볼드리지 상 Malcolm Baldrige Award 기준은 조직 프로세스 및 실행에 품질을 구축하기 위한 포괄적인 사고체계a comprehensive framework를 보여준다.

품질은 공급업체에서 시작하여 운영 및 판매 후 서비스에 이르기까지 가치사슬 전체에서 다루어야 한다.

16-1 품질에 대한 이해 Understanding Quality

오늘날 품질이 그토록 강조되는 이유는 무엇인가? 최근의 역사를 살펴보는 것이 도움이 될 것이다. 산업혁명 동안 교체 가능한 부품을 사용하고 작업을 작은 과업으로 분리하려면 품질을 신중하게 관리해야 했으며, 결함을 식별 및 제거하고 품질에 대한 작업자의 역할을 줄이기 위해 검사에 의존하게 되었다. 제2차 세계 대전 후 미국 컨설턴트인 조셉 주란Joseph Juran 박사와 에드워드 데밍W. Edwards Deming 박사는 일본인의 재건 노력을 돕기 위해 통계적 품질관리 기법을 도입했다. 데밍박사는 1950년 일본의 한 기업가 모임(당시 참석자들은 국가 자본의 80%를 대표했다)에서 발표하면서 소비자와 공급업체의 중요성, 조직 프로세스의 상호 의존성, 소비자 연구의 유용성, 생산 시스템의 모든 요소에 대한 지속적인 개선 필요성을 강조했다.

일본에서 품질의 향상은 느리지만 꾸준했다. 일본 제품의 품질이 서구 제조업체를 능가하기까지 약 20년이 걸렸다. 1970년대에는 제품의 품질수준이 높아짐에 따라 일본 기업이 서구 시장에 본격적으로 진출했다. 대부분의 미국 주요 기업은 적합성(제조품질)conformance뿐만 아니라 설계품질design quality 향상에 초점을 맞춘 광범위한 품질 개선 캠페인을 실시하여 이러한 변화에 대응하였다.

많은 기업의 이사회들은 비즈니스 개선을 위한 고객중심적customer focused이며 결과지향적result oriented인 접근방식인 **식스시그마**Six Sigma 개념을 중심으로 품질에 관심을 가지게 되었다. 식스시그마는 수년에 걸쳐 테스트되고 검증된 많은 품질도구와 기술들이 통합되어 기업의 고위 관리자들의 관심을 끌었다.

품질이란 무엇을 의미하는가? 많은 조직에서 다음과 같은 간단한 정의를 사용한다. **품질**quality*은 고객의 기대를 충족meeting하거나 초과exceeding하는 것이다.* 고객customers이란 소비자

모토롤라: 설계 및 제조를 통한 품질 창출
Motorola: Creating Quality Through Design and Manufacturing

모토롤라는 제품 및 프로세스 설계 활동을 통해 결함을 줄임으로써 제조품질 향상에 상당한 중점을 두고 있다. 모토로라는 회사의 모든 프로세스에 대해 식스시그마 품질 (백만 기회 당 3.4개 이하의 결함을 나타내는 품질 수준)이라는 야심 찬 목표를 설정했다. 이 목표를 달성하기 위해 모토롤라는 제품을 제조하기 전 먼저 고객을 만족시킬 제품 특성 (마케팅의 역할)을 결정해야 한다는 것을 알고 있다. 다음으로 이러한 특성이 제품의 디자인, 제조 공정 또는 사용된 재료를 통해 달성될 수 있는지 여부를 결정한다. 이후 성공적인 제품 성능을 보장하는 설계 허용오차 design tolerances를 개발하고, 측정을 수행하여 기존 사양에서 공정 변동을 결정한다. 그런 다음 원하는 결과를 얻기 위해 제품 설계, 제조 프로세스 또는 둘 다를 정교화한다.

consumers, 기업고객, 또는 담당자의 업무보고를 받는 사람을 포괄하는 개념이다. 고객을 만족시키고 고객의 요구를 충족하는 상품과 서비스를 제공하는 것은 비즈니스 지속가능성sustainability에 필수적이다.

그러나 운영 관점에서 품질에 대한 가장 유용한 정의는 제조 또는 서비스 프로세스의 결과물이 디자인 명세를 얼마나 잘 준수하는지 여부이다. **적합성(제조품질)** quality of conformance은 *프로세스가 디자인 명세를 준수하는 결과물을 제공할 수 있는 정도이다.* **명세** specifications는 *제품 및 서비스 설계자가 결정한 목표값 및 허용오차(공차라고도 함)이다.* 목표는 생산이 노력하는 이상적인 가치이며, 허용오차는 허용가능한 변동이다. 물리적인 제품의 명세는 일반적으로 길이, 무게, 온도 또는 압력과 같은 일부 물리적 특성을 사용하여 측정된다. 예를 들어, 드릴 구멍의 지름에 대한 명세는 0.50±0.02cm일 수 있다. 이때, 목표값은 0.50cm이고 허용오차는 ±0.02cm이다. 즉, 구멍의 크기는 0.48~0.52cm 사이에서 변경될 수 있다. 이러한 품질관점은 품질을 측정하는 명확한 방법을 제공하여 관리자와 근로자에게 사실에 기반한 결정을 내릴 수 있는 능력을 제공한다.

우수한 서비스 품질은 명확하게 정의된 고객효익패키지customer benefit package, 많은 내부 및 외부 성과기준performance standard에 따라 정의한 관련 프로세스 및 서비스 접점service encounter을 고객에게 일관되게 전달함으로써 달성한다. 성과기준은 제조 사양과 유사하다. 예를 들어 비행기의 "정시 도착"은 예정된 도착 시간의 15분 이내로 정의할 수 있다. 목표값은 예약된 시간이며 허용오차는 15분으로 정의한다. **서비스 품질** service quality은 *모든 서비스 접점에서 지속적으로 고객 기대 (외부 초점) 및 서비스 제공 시스템 성과기준 (내부 초점)을 충족하거나 초과한다.*

서비스 품질에 대한 고객인식을 측정하기 위한 확립된 도구로 서브퀄SERVQUAL이 있다. 초기 측정도구는 다음과 같이 서비스 품질 성과의 10가지 차원의 품질을 측정했다. (1) 신뢰성reliability, (2) 대응성responsiveness, (3) 능력competence, (4) 접근성access, (5) 배려courtesy, (6) 의사소통 communication, (7) 신뢰성credibility, (8) 보안security, (9) 고객에 대한 이해/지식understanding/knowing the customer, (10) 유형성tangibles이다. 이후 추가 연구를 바탕으로 *유형성*tangibles, *신뢰성*reliability, *대응성*responsiveness, *보증성*assurance, *공감능력*empathy 등 5가지 차원으로 축소되었다.

유형성은 물리적 시설, 장비 및 서비스 직원의 모습과 같이 고객이 보는 것이다. 신뢰성은 약속한 서비스를 믿음직스럽고 정확하게 제공할 수 있는 능력이다. 대응성은 고객을 기꺼이 돕고 신속한 서비스를 제공하려는 의지이다. 보증성은 서비스 제공업체의 지식과 예의, 신뢰와 자신감을 전달하는 능력이다. 마지막으로, 공감능력은 회사가 고객에게 보이는 배려하는 자세와 고객 각자에 대한 개별화된 관심이다. 이러한 다섯가지 서비스 품질 차원은 일반적으로 예/아니오, 5점 또는 7점 리커트 척도 Likert scale와 같은 서열척도 ordinal scales가 있는 측정도구를 사용하여 측정한다. 일반적인 5점 리커트 척도는 1 = 매우 동의하지 않는다, 2 = 동의하지 않는다, 3 = 동의하거나 동의하지 않음, 4 = 동의한다, 5 = 매우 동의한다 로 구성되어 있다. 서브퀄은 모든 서비스 산업에 적용되도록 설계되었다. 그러나 특정 산업이나 비즈니스 또는 프로세스에 특화된 차원성을 사용하면 더 정확한 측정치를 얻을 수 있다.

품질은 단순히 상품과 서비스가 사양을 일관되게 준수하는지 확인하는 것 이상이다('품질 관리자는 무엇을 하는가?' 글상자 참조). 고품질 상품 및 서비스를 달성하려면 전체 가치사슬에 참여하는 모든 주체들의 헌신과 참여가 필요하다. 전사적 품질 total quality의 원칙은 간단하다.

1. 고객과 이해관계자에 집중
2. 지속적인 개선과 학습에 의해 지원되는 프로세스에 집중
3. 기업 내 모든 임직원의 참여와 팀워크

품질에 대한 투자(상품, 서비스 및 프로세스뿐만 아니라 관리 자체의 품질)가 수많은 이점을

품질 관리자는 어떤 업무를 하는가? What Do Quality Managers Do?

일반적인 구인 광고에는 좋은 품질 관리자가 갖춰야 할 기술과 역량을 기술해 놓은 경우가 많다. 몇 가지 핵심 기술은 다음과 같다.

- 조직의 목표와 전략을 달성하기 위해 회사의 다른 관리자와 협력한다.
- 모든 사양이 충족되도록 품질 관리 도구를 설계하고 구현한다.
- 제품 및 프로세스 실패의 근본 원인을 찾고 시정 조치를 개발한다.
- 회사의 모든 임직원이 고객 요구 사항을 알고 있는지 확인한다.
- 입고 receiving, 처리 중 in-process, 최종검사 final inspection 활동을 적절한 수행능력을 유지한다.
- 구매한 재료, 구성 요소 및 서비스에 대해 공급업체의 성능이 유지되는지 확인한다.
- 생산, 설계 엔지니어링, 제조, 공급사슬 및 영업기능과 성공적으로 소통한다.

ESB Professional/Shutterstock.com

- 제품 또는 공정 품질향상을 위한 실험을 지원한다.

품질 관리자는 또한 강력한 대인 관계, 의사소통, 컴퓨터, 리더십, 문제해결, 협상 및 의사결정 기술을 갖추어야 한다. 그리고 통계 및 설계도면 읽기와 같은 기술 분야에 능숙해야 한다. 이 모든 작업을 수행하려면 뛰어난 시간관리 기술이 필요하다.

가져온다는 상당한 증거가 있다. 볼드리지Baldrige 수상 기업이 달성한 구체적인 운영 및 재무결과는 다음과 같다.

- 네슬레 퓨리나 펫케어Nestlé Purina PetCare Co. (NPPC)는 고양이 배설용 상자에 까는 점토뿐만 아니라 반려동물 사료 및 반려견과 고양이를 위한 간식을 제조, 영업 및 유통한다. NPPC는 북미에서 애완동물 관리제품 시장 점유율 1위를 차지하고 있으며, 가장 가까운 경쟁업체보다 두배나 높은 시장점유율을 점유하고 있으며, 회사는 이 성숙산업mature industry에서 10년 동안 거의 10%까지 시장점유율을 늘렸다. 또한 뛰어난 안전성은 업계 최고로 인정받고 있다.
- 케이앤앤 매니지먼트 K&N Management는 텍사스주 오스틴에 본사를 두고 패스트 캐주얼 레스토랑 컨셉으로 영업중인 루디스 컨츄리 스토어 앤 바비큐 Rudy's "Country Store"& Bar-B-Q와 마이티 파인 버거, 프라이즈 앤 쉐이크Mighty Fine Burgers, Fries & Shakes를 운영하고 있다. 고객이 이 회사 음식의 품질, 접대, 청결 및 서비스 속도에 대한 만족도를 평가한다. 전체적인 고객 만족도는 업계 선두업체를 능가한다. 2010년에 이 회사는 "오스틴에서 일하기 가장 좋은 직장"으로 선정되었다.
- 애드보캣 굿 사마리아탄 병원Advocate Good Samaritan Hospital은 일리노이주 다우너스 그로브 Downers Grove, Illinois에 있는 응급의료센터이다. 외래, 응급, 외래 수술 및 비응급 외래에 대한 전반적인 환자 만족도는 전국적으로 상위 10%이내를 기록했다. 굿 사마리아탄 병원은 식스 시그마 방법론을 활용하여 심장마비 평가 및 진단부터 필요한 처치 제공까지 소요되는 시간을 측정하는 "도어-투-벌룬 시간door-to-balloon period"을 52분으로 단축하여 일리노이주에서 최소시간을 자랑하게 되었다.

16-2 품질관리의 영향력 있는 리더들 Influential Leaders in Modern Quality Management

많은 전문가들이 품질관리 사고와 적용에 상당한 기여를 했지만, 그 중 에드워드 데밍, 조셉 주란 및 필립 크로스비를 품질 혁명에서 "경영 그루management gurus"로 간주한다.

16-2a 에드워드 데밍 W. Edwards Deming

에드워드 데밍(1900~1993)보다 품질관리에 더 많은 영향을 미친 권위자는 없다. 다른 관리 전문가 및 컨설턴트와 달리 데밍(아래 사진 참조)은 품질을 정확하게 정의하거나 설명하지 않았다. 그의 마지막 저서에서 그는 "어떤 제품이나 서비스가 누군가에게 도움이 되고 시장에서 지속 가능하다면 그 제품/서비스는 좋은 품질을 가진 것이다" 라고 말했다. 데밍의 철학은 제품 및 서비스 디자인과 관련된 프로세스에서의 변동성을 줄임으로써 제품과 서비스의 품질을 개선하는 데 초점을 맞춘다는 것이다. 데밍은 품질이 높으면 생산성이 높아지고 비용이 낮아져 시장 점유율이 향상되고 장기적인 경쟁력이 높아진다고 공언했다. 젊은 시절의 현장 경험을 바탕으로 데밍은 조직 내에서 품질을 구축하기 위한 지침을 제공하는 품질관리의 14가지를 설파했다.

에드워드 데밍

여기에는 비전을 만들고 품질에 전념하는 최고경영진의 책임, 제품 및 프로세스의 지속적인 개선, 훈련 및 팀의 중요성, 두려움을 몰아내고 일에 대한 자부심을 키우는 환경 조성 등이 포함된다. 품질관리의 그루들은 그 당시(1960년대와 1970년대)의 지배적인 경영 사고와 관행을 벗어나 오늘날에도 여전히 유용한 혁신적인 사고와 지침을 제시하였다(힐러릭 & 브래즈비Hillarich & Bradsby의 상자 참조).

데밍은 또한 데밍주기Deming cycle로 알려진 개선 활동을 안내하고 동기를 부여하는 프로세스를 제안했다. 데밍주기는 *계획*plan, *실행*do, *연구*study 및 *행동*act (PDSA)의 네 단계로 구성된다. PDSA는 팀이 개선계획을 개발하고, 시도하고, 결과를 검토하고, 개선된 결과로 이어지는 변경사항을 도입한 다음 프로세스를 다시 반복하도록 지도한다.

16-2b 조셉 주란 Joseph Juran

데밍과 마찬가지로 주란은 1950년대에 일본 기업가들에게 품질원칙을 가르쳤으며 이는 일본 산업의 품질 개선에 주요 원동력을 제공했다. 주란은 품질을 "사용 적합성fitness for use"이라고 간단히 정의할 것을 제안했다. 그러나 데밍과 달리 주란은 조직의 중대한 문화적 변화를 추진하는 대신 관리자에게 익숙한 시스템 내에서 계획plan, 통제control 및 개선improve 프로세스를 실행하여 품질 개선을 하도록 제안했다. 그는 조직의 여러 계층에 있는 직원들이 자신의 "언어"를 사용한다고 주장했다. 주란은 최고경영진이 재무적 언어language of dollars로 의사소통하고, 노동자들은 사물의 언어language of things를 사용한다고 주장했다. 중간관리자들은 두 가지 언어를 모두 사용할 수 있어야 하고 재무적 언어와 사물의 언어 간 번역이 가능해야 한다고 했다. 최고관리자의 관심을 끌기 위해 품질문제를 그들이 이해하는 언어(재무적 언어)로 설명해야 한다. 따라서 주란은 품질문제에 주의를 끌기 위해서는 이 장의 뒷부분에서 논의할 품질비용 측정의 사용을 주장했다. 운영관리 측면에서, 주란은 통계도구를 이용한 분석을 바탕으로 결함을 제거하여 설계사양에의 일치성conformance to specifications(적합성)을 개선해야 한다고 제안했다. 따라서 그의 철학은 기존 관리시스템에 잘 적용할 수 있다.

16-2c 필립 크로스비 Philip B. Crosby

필립 크로스비는 여러권의 베스트셀러를 저술했다. 그의 첫번째 저서인 품질은 공짜다Quality Is Free는 1979년에 출판된 이래 약 1백만 부가 판매되었으며 미국 최고경영자들의 품질에 대한 관심을 불러일으키는 데 큰 역할을 했다. 크로스비의 품질철학의 본질은 "품질관리의 절대조건과 개선의 기본요소Absolutes of Quality Management and the Basic Elements of Improvement"에 잘 나타나 있다. 크로스비의 "품질관리의 절대조건Absolutes of Quality Management"의 몇 가지 핵심 사항은 다음과 같다.

- *품질은 우아한 외관이 아니라 적합성conformance to requirements을 의미한다.* 요구사항은 오해의 여지가 없게 명확하게 기술되어야 한다.
- *품질문제quality problems 같은 것은 없다.* 문제는 본질적으로 기능(부서)의 문제이다. 따라서

힐러릭 & 브래즈비 Hillerich & Bradsby

힐러릭과 브래즈비Hillerich & Bradsby Co. (H&B)는 115년 이상 루이빌 슬러거Louisville Slugger 브랜드의 야구배트를 생산해 왔다. 회사가 시장변화와 경쟁으로 인해 중대한 도전에 직면했을 때 CEO인 잭 힐러릭Jack Hillerich은 데밍의 14가지 핵심 원칙을 적용하여 회사를 바꾸기로 결정했다. 관리자와 노조 관계자들은 신뢰를 쌓고, "당신이 일하고 싶은 곳으로 만들기 위해" 시스템을 변경하는 것에 대해 논의했다. 첫 번째 변경 사항 중 하나는 시간당 급여와 관련있으며, 할당량 미달에 대한 경고 및 패널티가 있는 작업 할당량의 제거였다. 작업 할당량을 제거하는 대신 팀 기반 접근방식team-based approach이 시작되었다. 소수의 작업자가 변경 사항을 악용했지만 작업자가 작업에 자부심을 갖고 초기에 올바른 방식으로 물건을 생산했기 때문에 재작업이 감소함에 따라 전체 생산성이 실제로 향상되었다. 또한 H&B는 성과평가performance appraisals와 판매 수수료에 기반한 급여를 제거했다. 마지막으로 이 회사는 훈련과 교육에 노력을 집중하여 변화에 대한 개방성과 팀워크를 위한 역량을 확보했다. 오늘날 데밍 철학은 여전히 H&B의 기본 원칙의 핵심이다.

Thomas Kelley/Shutterstock.com

기업은 회계의 문제, 제조의 문제, 설계의 문제, 프론트데스크에서 발생한 문제 등을 경험하는 것이다.

- *품질의 경제학*economics of quality *같은 것은 없다.* 작업을 처음부터 올바르게 수행하는 것이 항상 저렴하다. 품질은 공짜다. 비용이 발생하는 이유는 처음부터 제대로 작업을 하지 않았기 때문이다.
- *유일한 성과측정치는 부적합성*non-conformance*으로 인해 발생한 품질비용*quality costs*이다.* 품질비용 데이터는 문제를 경영진에게 알리고, 가능한 시정조치 중 최선책을 선택하며, 시간의 경과에 따른 품질개선 추이를 추적하는 데 유용하다.
- *유일한 성과표준은 "무결점*zero defects(ZD)*"이다.* 이것은 단순히 상품과 서비스의 결함을 발견하고 고치는 것이 아닌 예방의 중요성을 강조하는 철학을 반영한다.

16-3 갭 모형 The Gap Model

많은 고객들은 제품과 서비스의 사양feature과 특성characteristics을 일련의 기대치set of expectations와 비교함으로써 품질을 평가한다. 고객의 기대는 품질을 고객 마음속 이미지 변수로 발전시키기 위한 마케팅 노력에 의해 생성될 수 있다. 갭모형GAP model은 제품과 서비스의 품질을 평가하고 디자인과 개선 노력을 집중할 위치를 발견하기 위한 사고체계이다.

갭 모형은 높은 수준의 품질관리를 불가능하게 하는 몇 가지 원인을 설명한다. 이러한 "갭gaps"

그림/표 16.1 품질의 갭모형

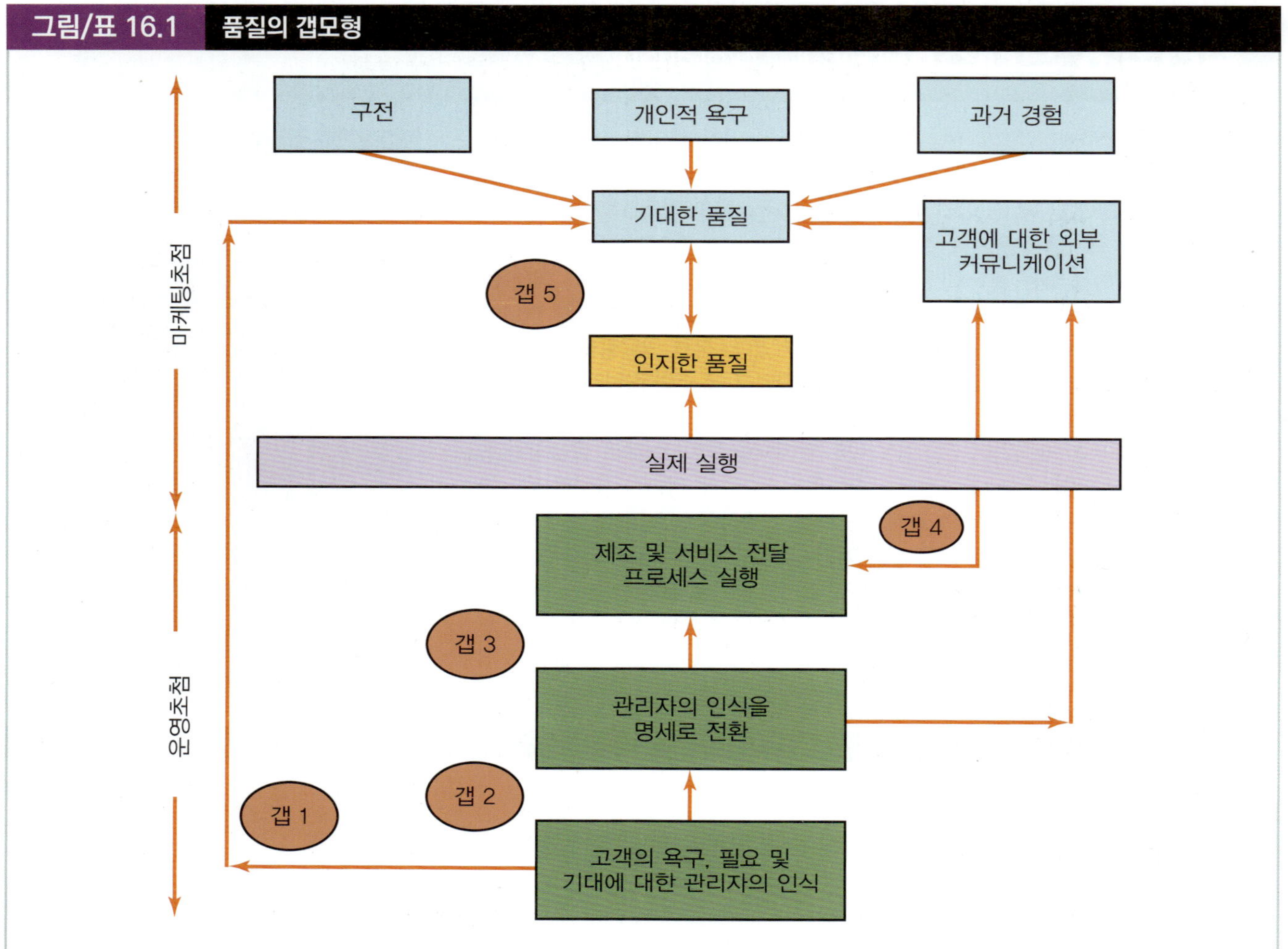

Source: Adapted from A. Parasuraman, V. A., Zeithaml, and L. L., Berry, "A Conceptual Model of Service Quality and Its Implications for Future Research," Journal of Marketing, 49 (Fall 1985), pp. 41–50.

은 그림/표 16.1의 모형에 표시되며 다음 목록에 설명되어 있다.

- **갭 1**gap 1은 *고객의 기대*customer expectations*와 그 기대에 대한 관리자의 인식*management perceptions*의 차이*discrepancy*를 나타낸다.* 경영진은 고객이 제품이나 서비스를 구매하는 이유를 이해한다고 생각할 수 있지만, 그렇지 못한 경우, 이후의 모든 디자인 및 전달 활동이 잘못 이용될 수 있다. 따라서 일부 조직에서는 고위 관리자가 매년 며칠 동안 프런트라인 업무frontline jobs를 수행하면서 고객 및 프런트라인 직원frontline employees들을 파악하는 역할을 요구한다.
- **갭 2**gap 2는 *관리자가 목표 품질 달성에 필요하다고 인식하는 사양*feature*을 디자인 명세*specifications*로 전환하는 과정에서 발생한다.* 이는 관리자가 인식하는 양질의 성능 발휘에 필요한 사양과 5장에서 논의한 실제 업무 및 프로세스 디자인 명세 간 부조화를 나타낸다.
- **갭 3**gap 3은 *운영 및 훈련 매뉴얼*operating and training manuals, *계획*plans*을 문서화한 품질 명세*quality specifications*와 실제 실행*implementations *간의 차이를 나타낸다.* 갭 3은 제조 및 서비스

전달 시스템이 사전에 작성된 품질명세와 같이 실행되어야 함을 보여준다. 실제 수행을 개선하는 한 가지 방법으로 훈련training이 있다.

- **갭 4**gap 4는 실제 제조 및 서비스전달 시스템의 성능과 고객에 대한 외부 커뮤니케이션 간의 차이를 나타낸다. 관리자는 전달 시스템이 목표 품질 수준을 달성하거나 초과할 수 없는 경우 고객에게 특정 품질 수준을 약속하지 않는 것이 바람직하다. 고객의 기대를 설정하는 데 영향을 주는 외부 커뮤니케이션 중 하나로 광고가 사용될 수 있으며, 직원 성과 기준employee performance standards을 설정하는 데 내부 훈련과 마케팅 자료가 사용될 수 있다.
- **갭 5**gap 5는 고객의 기대customer's expectations와 인식perceptions의 차이를 나타낸다. 갭 5는 고객이 품질을 판단하고 미래 구매결정을 내리는 곳이다. 갭 5는 다른 4개의 갭에 따라 달라지기 때문에 갭모형의 이론에 따르면 갭1~갭4의 차이를 최소화하면 고객만족도가 높아진다.

관리자는 갭 모형을 사용하여 제품, 서비스 및 이들을 생산하고 전달하는 프로세스를 분석할 수 있다. 또한 가장 큰 갭을 발견하고 이 차이를 줄여서 성능을 개선하는 데 사용할 수 있다.

16-4 ISO 9000

국제표준화기구International Organization for Standardization (ISO)는 공동시장common market 내 유럽 국가와 이들과 거래하고자 하는 국가를 위한 품질 요구사항quality requirements를 표준화하기 위해 1946년 설립되었다. ISO는 91개국 국가 표준 기관의 대표로, 1987년 ISO 9000 시리즈ISO 9000 family of standards 라고 하는 일련의 서면 품질 표준written quality standards을 품질관리를 위한 국제 규격으로 채택했다. ISO는 품질표준을 명명할 때 "ISO" 접두사를 채택하는 독특한 방식을 가지고 있다. "ISO"는 동일equal함을 의미하는 과학적 용어(기상도의 등온선을 의미하는 "isotherm" 용어는 동일한 온도를 나타냄)이다. 그래서 ISO 9000에 따라 인증받은 기업이 동종 기업과 동일한 품질수준이라는 것을 나타내는데 이 용어를 사용한다. ISO 9000은 1987년 제정 이후 1994년 1차 개정, 2000년 2차 개정되었으며, 2015년 또 한번 개정되었다. ISO 9000은 미국 표준협회American Society for Quality (ASQ)의 지지와 협력으로 미국 품질협회American National Standards Institute (ANSI)에 의해 미국에서 채택되었으며 이외에도 약 100여개의 국가에서 인정하고 있다.

Lutsenko_Oleksandr/Shutterstock.com

유럽연합 깃발이 브뤼셀의 유럽위원회 앞에서 날리고 있다. 1987년 ISO는 공동시장 내 유럽 국가의 품질 요구사항을 표준화했다.

ISO 9000은 관리실행의 일반적인 특성은 표준화가 가능하다는 믿음과 제대로 디자인, 실행되고 세심하게 관리된 품질 시스템은 결과물이 고객 기대expectations와 필요requirements에 부응할 것이라는 믿음을 바탕으로 *품질 시스템 표준*quality system standards을 정의한다.

ISO 9000은 품질에 영향을 미치는 모든 프로세스에 대한 문서화documentation를 권고하며, 감사auditing에 의한 규정 준수compliance가 지속적 개선을 이끌 것을 제안한다. ISO 9000 은 전자, 화학산업에서부터 의료, 은행 및 운송과 같은 서비스업에 이르기까지 모든 산업에 적용하려고 한다. 일부 해외 시장에서 기업은 국제 규격을 인증받지 못한 공급업체로부터 구매하지 않을 것이다. ISO 9000 은 다음의 7가지 원칙을 가지고 있다.

원칙 1-고객 중심 Customer Focus

원칙 2-리더십 Leadership

원칙 3-인원의 적극참여 Engagement of People

원칙 4-프로세스 접근법 Process Approach

원칙 5-개선 Improvement

원칙 6-증거기반 의사결정 Evidence-based Decision Making

원칙 7-관계관리/관계경영 Relationship Management

ISO 9000은 기본적인 품질관리 시스템을 시작하기 위한 기본 실행방법을 제공한다. 품질 프로그램 개발의 초기 단계에 있는 기업의 경우, ISO 9000은 지속적 개선을 추구하기에 앞서 필요한 통제에 관한 규율discipline of control을 시행한다. 명백히 규정된 품질 시스템은 기업에 단단히 자리 잡을 때까지 정기감사periodic audits의 요구사항requirements에 의해 강화된다. 많은 조직이 ISO 9000 인증을 받음으로써 상당한 이점을 얻을 수 있다. 예를 들어 듀퐁DuPont에서는 정시 배송on-time delivery이 70%에서 90%로 증가했고, 사이클타임이 15일에서 1.5일로 감소했으며, 첫번째 통과수율first-pass yields이 72%에서 92%로 증가했고, 테스트 절차 수를 1/3로 감소시켰다. ISO 9000에 대한 최신 정보는 ISO 웹 사이트(http://www.iso.org)에서 얻을 수 있다.

16-5 식스시그마 Six Sigma

식스시그마Six Sigma는 *고객에게 중요한 결과물에 집중하여 제조 및 서비스 프로세스에서 결함defects과 오류errors 원인을 찾아 제거하여, 조직에 뚜렷한 재정적 수익을 제공하는 비즈니스 개선 접근법business improvement approach이다.* "식스시그마"라는 용어는 백만 기회 당 최대 3.4 개의 오류 또는 결함에 해당하는 통계적 측정에서 유래되었다. 식스시그마 철학을 채택하는 모든 조직의 궁극적인 "확장된stretch" 목표는 경영의 기능적 영역functional areas에 관계없이 모든 중요한 프로세스를 식스시그마 수준의 역량(결함이 거의 없는 수준)으로 유지하는 것이다. 모토로라 전 CEO인 로버트 갈빈Robert Galvin은 1987년 이렇게 말했다. "궁극적인 목표는 단 하나입니다. 우리가 하는 모든 일에서 무결점zero defects입니다." 식스시그마는 개인과 팀 기반의 기본 및 고급 품질개선 도구 및 통제 도구의 사용을 통해 촉진된다. 이때 팀을 구성하는 멤버들은 사실에 기반한 의사결정 정보를 제공

문제풀이 16.1 : DPU 계산

은행이 고객의 당좌예금 명세서에 보고된 오류 수를 추적한다고 가정해 보자 1,000개의 문서statements에서 12개의 오류를 발견했다. DPU는 무엇인가?

해답:

식 16.1을 사용하면 DPU = 12/1000 = 0.012이다.

문제풀이 16.2 : : DPMO 계산

한 항공사가 수하물 처리시스템의 효과를 측정하려고 한다. 고객 당 분실된 수하물 수를 계산하여 단위당 부적합을 측정할 수 있다. 그러나 승객들의 가방 수는 다를 수 있기 때문에 오류에 대한 기회의 수는 승객마다 다르다. 승객 1인당 평균 수하물 개수가 1.6개이고, 항공사가 한 달 동안 승객 8,000명에 대해 수하물 3개를 분실했다고 가정해 보자. 백만 기회 당 결함(오류) 수를 계산한다.

해답:

승객 당 결함에 대한 기회의 수는 1.6이다. 따라서 결함에 대한 총 기회수는 8,000 × 1.6이다. 식 16.2를 사용하면 다음과 같은 결과를 얻는다.

$$\text{dpmo} = 3 / [(8{,}000)\ (1.6)] \times 1{,}000{,}000 = 234.375$$

하도록 훈련받는다.

식스시그마 용어에서 **결함** defect은 *고객에게 전달되는 모든 실수* mistake *또는 오류* error *이며* **작업단위** *unit of work는 프로세스 또는 개별 프로세스 단계의 결과물이다.* 단위당 결함 defects per unit (DPU) 으로 결과물의 품질을 측정할 수 있다.

$$\text{단위당 결함 Defects per unit} = \frac{\text{발견된 결함 수 Number of defects discovered}}{\text{생산된 단위 수 Number of units produced}} \qquad [16.1]$$

문제풀이 16.1는 이에 대한 예시를 제공한다.

식스시그마는 품질성능 quality performance을 백만 기회 당 결함 defects per million opportunities (dpmo) 으로 측정한다. dpmo는 다음과 같이 계산된다.

$$\text{dpmo} = (\text{발견된 결함 수 Number of defects discovered} / \text{결함발생 기회의 수 opportunities for error}) \times 1{,}000{,}000 \qquad [16.2]$$

(서비스에 적용할 때 우리는 종종 dpmo 대신에 *백만 기회 당 오류* errors per million opportunities (epmo) 라는 용어를 사용한다.)

문제풀이 16.3 : 시그마 수준 계산

고객주문을 이행하기 위한 dpmo는 35,256으로 결정된다. 이 프로세스의 시그마 수준은 얼마인가?

해답:

스프레드시트에서 엑셀 식 16.4를 사용하면 다음과 같다.

= NORM.S.INV(1−35256/1000000) + 1.5 = 3.31.

이것은 식스시그마 수준의 품질과는 거리가 멀다.

식스시그마 품질수준은 3.4 (일부 고급통계 계산에서 파생됨) dpmo에 해당하며 거의 완벽한 품질을 나타낸다. 문제풀이 16.2는 dpmo 계산의 예를 보여준다.

dpmo를 사용하면 품질을 대략적으로 정의할 수 있다. 항공사의 경우 항공권 발권부터 가방을 회수할 때까지 고객의 기대치를 충족하지 못할 수 있는 모든 기회를 의미하도록 개념을 확장할 수 있다.

우리는 앞서 식스시그마 프로세스의 dpmo는 3.4라는 것을 확인했다. dpmo의 모든 값은 스프레드 시트에서 아래 엑셀 식을 사용하여 "시그마 수준 sigma level"으로 변환할 수 있다. 문제풀이 16.3은 예시를 보여준다.

= NORM.S.INV(1−발견된 결함 수 Number of Defects/기회 수 Number of Opportunities) + 1.5 [16.3]

또는 이와 같게,

= NORM.S.INV(1−dpmo/1,000,000) + 1.5 [16.4]

이 식에서 1.5의 값은 식스시그마의 수학적 계산에서 비롯된다. 이 개념의 개발자는 프로세스를 완벽하게 통제할 수 없음을 인정하면서 평균에서 1.5표준편차만큼 프로세스를 이동할 수 있도록 허락한다. dpmo/1,000,000은 기회당 결함 defects per opportunity과 동일하다는 것에 주목하자. 문제풀이 16.3은 이 식의 사용을 설명하고 있다.

> 식스시그마는 모토롤라, 얼라이드시그널
> (현재 Honeywell의 일부),
> 텍사스 인스트루먼트 및 제너럴 일렉트릭과 같은
> 대기업에서 인정을 받았기 때문에
> 지난 10년 동안 상당한 신뢰를 얻었다.

식스시그마 프로세스의 dpmo는 3.4이지만 3시그마 프로세스의 dpmo는 66,807, 4시그마 프로세스의 dpmo는 6,201, 5시그마 프로세스의 dpmo는 233이다. 3시그마 수준에서 4시그마 수준으로 이동하려면 약 10배의 개선이 필요하고, 5시그마 수준에서 식스시그마 수준으로 이동하려면 거의 70배 향상되어야 한다는 것을 알 수 있다.

4시그마와 식스시그마 품질수준의 차이는 크다. 현실에서 예를 들어보자. 4시그마 수준에서

문제풀이 16.4 : EPMO 계산과 식스시그마 수준

문제풀이 16.2 항공사 예제의 경우 dpmo값과 이 프로세스가 작동하는 시그마 수준을 찾으시오.

해답:

그림/표 16.2는 식스시그마 엑셀 템플릿 결과를 보여준다. 항공사는 승객 8,000명 중 수하물 3개를 잃어버렸으며, 각 고객은 평균 1.6개의 가방을 가지고 있으며 이는 승객당 결함발생 기회의 수이다.

B8 셀의 단위(승객)당 결함 수는 3/8000 = 0.000375이다. 셀 B9의 총 결함발생 기회의 수는 8000 × 1.6 = 12,800이다. 셀 B10의 dpmo는 식 16.2를 사용하여 구하며 234.375와 같다. 이것은 B11 셀에서 엑셀 식 16.4를 사용하여 계산된 약 5의 시그마 수준에 해당한다.

그림/표 16.2 엑셀 식스시그마 템플릿

	A	B	C	D
1	Six Sigma Calculations			
2	Enter data only in yellow-shaded cells.			
3				
4	Number of defects discovered	3		
5	Number of units	8000		
6	Number of defect opportunities/unit	1.6		
7				
8	Defects per unit (DPU)	0.000375		
9	Total number of defect opportunities	12800		
10	Defects per million opportunities (dpmo)	234.375		
11	Sigma level	4.99800633		

는 휴대전화를 한달에 4시간 이상 서비스 받지 못하는 반면, 식스시그마 수준에서는 9초에 지나지 않는다. 4시그마 프로세스는 트럭 세 대 분량의 화물에서 하나의 불량품이 생성되는 반면, 식스시그마 프로세스는 트럭 5,000대 이상 분량의 화물에서 하나의 불량품만 나오는 것을 의미한다. 그리고 매년 100 라운드의 골프를 치면 식스시그마는 163년마다 퍼팅 하나만을 놓치는 수준이다. 식스시그마 품질수준에 도달하는 것은 그만큼 어렵다는 것을 보여준다.

식스시그마 계산을 수행하기 위해 마인드탭MindTap에서 엑셀 템플릿 식스시그마를 사용할 수 있다. 문제풀이 16.4는 그 사용법을 보여준다. 식스시그마는 제품 개발, 신규 비즈니스 인수, 고객 서비스, 회계 및 기타 여러 비즈니스 기능에 적용되고 있다.

16-5a 식스시그마 실행 Implementing Six Sigma

식스시그마는 단순히 품질을 측정하는 방법에서 전반적인 전략으로 발전하여 개선을 가속화하고 전례없는 성과수준을 달성했다. 이는 고객에게 중요한 특성characteristics에 집중하여 프로세스에 존재하는 오류나 결함의 원인을 발견하고 제거함으로써 가능했다. 식스시그마의 핵심 철학은 다음과 같은 몇 가지 주요개념을 기반으로 한다.

1. 제조, 엔지니어링, 관리, 소프트웨어 등 조직의 모든 부분에 적용할 수 있는 표준 지표로 dpmo 또는 epmo를 강조한다.
2. 수익성을 개선하고, 부가가치가 없는 활동을 줄이고, 사이클타임을 단축하기 위해 프로젝트 팀을 구성하고 폭넓은 훈련을 제공한다.
3. 사내 후견인이 변화에 대한 저항을 극복하고, 자원을 확보하며, 전반적인 전략적 목표에 집중할 수 있도록 팀 활동을 지원하는 책임을 지도록 한다.
4. 개선도구를 적용하고 팀을 이끌 수 있는 고도로 자격을 갖춘 프로세스 개선 전문가("그린벨트green belts", "블랙벨트black belts"및 "마스터 블랙벨트master black belts")를 만든다.
5. 프로세스 초기에 적절한 지표를 확립하고, 그들이 비즈니스 목표에 부합하도록 한다.
6. 개선을 위한 확장된 목표stretch objectives를 설정한다.

식스시그마를 잘 실행한 예가 바로 GE이다. GE의 식스시그마 문제 해결 접근법Six Sigma problem-solving approach (DMAIC)은 다음과 같은 5단계를 사용한다.

1. **정의** Define (D)
   - 고객과 고객의 우선 순위를 파악한다.
   - 비즈니스 목표는 물론 고객의 필요와 피드백을 바탕으로 식스시그마에 적합한 프로젝트를 파악한다.
   - 고객이 품질에 가장 큰 영향을 미친다고 생각하는 핵심품질특성critical-to-quality (CTQ) characteristics을 파악한다.
2. **측정** Measure (M)
   - 프로세스 측정 방법과 수행 방법을 결정한다.
   - CTQ에 영향을 미치는 주요 내부 프로세스를 식별하고 해당 프로세스와 관련하여 현재 발생하는 결함을 측정한다
3. **분석** Analyze (A)
   - 가장 가능성이 높은 결함의 원인을 결정한다.
   - 공정 변동process variation을 일으킬 가능성이 가장 큰 주요 변수를 파악하여 결함이 발생하는 이유를 이해한다.
4. **개선** Improve (I)
   - 결함의 원인을 제거하기 위한 수단을 규명한다.
   - 주요 변수를 확인하고 CTQ에 미치는 영향을 계량화한다.
   - 주요 변수의 최대 허용 범위와 변수의 편차를 측정하기 위한 시스템을 결정한다.
   - 허용되는 범위 내에서 작동하도록 프로세스를 수정한다.
5. **통제** Control (C)
   - 개선사항을 유지하는 방법을 결정한다.
   - 수정된 프로세스에서 주요 변수가 허용 가능한 최대 범위 내에 유지되도록 도구를 배치한다.

식스시그마를 공장 외에 적용하기 Taking Six Sigma out of the Factory

듀퐁에서는 직원의 장기 장애 수당 신청주기를 개선하기 위해 식스시그마 프로젝트를 적용했다. 식스시그마의 재무 적용 사례는 다음을 포함한다.

- 미수금 일수의 평균 및 변동 감소
- 장부 마감 시간 단축
- 감사 프로세스의 정확성 및 속도 향상
- 현금흐름의 변동 감소
- 저널항목의 정확도 향상(대부분의 기업은 오류율이 3~4%)
- 표준 재무보고서의 정확성과 주기시간 개선

DMAIC 접근방식과 같은 구조화된 프로세스를 사용하면 프로젝트 팀이 식스시그마를 효과적으로 실행하도록 할 수 있다(아메리칸 익스프레스 American Express 상자 참조).

모든 식스시그마 프로젝트에는 세 가지 주요 특성이 있다. 해결해야 할 문제, 문제가 존재하는 프로세스, 그리고 격차를 줄일 수 있도록 계량화하고 진행사항을 모니터하는데 사용할 수 있는 하나 이상의 측정도구가 그것이다. 이러한 특성은 모든 비즈니

스 프로세스에 존재한다. 따라서 식스시그마는 대기업과 중소기업 모두의 다양한 거래, 관리 및 서비스 영역에 쉽게 적용할 수 있다.

식스시그마에 사용된 개념과 방법은 오랫동안 사용되어 왔으며 다음과 같은 7가지 일반그룹으로 분류될 수 있다.

- **기본통계 도구** elementary statistical tools (기본 통계, 통계적 사고, 가설 검정, 상관 관계, 단순 회귀)
- **고급통계 도구** advanced statistical tools (실험 설계, 분산 분석, 다중 회귀)
- **제품디자인 및 신뢰성** product design and reliability (품질 기능 전개, 신뢰성 분석, 고장 유형 및 영향 분석)
- **측정** measurement (품질 비용, 공정 능력, 측정 시스템 분석)
- **프로세스 관리** product design and reliability (관리 계획, 통계적 프로세스 관리, 변동 감소)
- **프로세스 개선** process improvement (프로세스 개선 계획, 프로세스 매핑, 실수 방지)
- **실행 및 팀워크** implementation and teamwork (조직 효과성, 팀 평가, 촉진 도구, 팀 개발)

다른 과정에서 통계 및 팀워크와 같은 도구 중 일부를 다루었을 수 있으며, 품질 기능 전개 및 통계적 프로세스 관리와 같은 부분은 이 책의 다른 장에서 설명한다.

서비스에 식스시그마를 적용함에 있어서 다음과 같은 성과의 네 가지 주요 측정 기준이 있다. 정확한 재무 수치, 데이터 오류가 없는 정보의 완전성으로 측정한 정확성accuracy, 청구서 지불과 같은 작업을 수행하는 데 걸리는 시간을 측정하는 *사이클타임*cycle time, 프로세스 활동의 내부 *비용*cost (대부분의 경우 비용은 프로세스의 정확성과 사이클타임에 의해 대부분 결정된다. 즉, 시간이 오래 걸리고 수정해야하는 실수가 많을수록 비용이 높아진다.) 그리고 일반적으로 성공의 주요 척도인 *고객만족*customer satisfaction이다.

16-6 품질비용 측정 Cost-of-Quality Measurement

품질비용 Cost of quality은 *낮은 품질poor quality을 방지하는데 드는 비용과 낮은 품질의 결과로 발생한 비용을 나타낸다.* 품질 비용분석Cost-of quality analysis은 운영 관리자가 고위 관리자와 소통하고, 프로세스 개선을 위한 주요 기회를 파악하고 정당화하며, 운영에서의 품질과 개선의 중요성을 평가하는 데 도움이 될 수 있다.

품질비용은 예방비용, 평가비용, 내부 실패비용 및 외부 실패비용의 네 가지 주요 범주로 구성될 수 있다.

예방비용 prevention costs은 *부적합 제품 및 서비스가 생산되어 고객에게 도달하지 못하도록 하기위해 지출되는 비용이다.* 예방 비용은 다음을 포함한다.

- **품질계획 비용** quality planning costs – 예를 들면 품질 계획 및 문제 해결 팀, 새로운 절차 개발, 새로운 장비 디자인 및 신뢰성 연구와 관련된 개인의 급여
- **프로세스 관리 비용** process-control costs – 프로세스를 분석하고 프로세스 관리 계획을 실행하는데 사용하는 비용

- **정보시스템 비용** information-systems costs – 데이터 요구 사항 및 측정을 개발하는 데 사용
- **훈련 및 일반관리 비용** training and general management costs – 내부 및 외부 훈련 프로그램, 사무 직원 비용 및 기타 용품을 포함

평가비용 appraisal costs은 *문제를 발견하고 수정하기 위한 측정과 분석을 통해 품질 수준을 확인하는데 지출되는 비용이다.*

- **테스트 및 검사비용** test and inspection costs – 입고 자재, 재공품, 완제품에 관한 테스트 및 검사 비용, 장비 구입비용, 급여
- **기기 유지보수 비용** instrument maintenance costs – 측정 기기의 정비 및 수리와 관련된 비용
- **프로세스 측정 및 프로세스 관리 비용** process-measurement and process-control costs – 작업자가 품질 측정을 수집하고 분석하는데 소요되는 시간 포함

내부 실패비용 internal failure costs은 *고객에게 제품이나 서비스 전달 전에 발견되는 만족스럽지 않은 품질의 결과로 발생하는 비용이다.* 내부 실패비용의 예는 다음을 포함한다.

- **폐기 및 재작업 비용** scrap and rework costs – 자재비, 인건비 및 간접비를 포함
- **시정조치 비용** costs of corrective action – 실패 원인 파악 및 문제 해결에 소요되는 비용
- **등급하락 비용** downgrading costs – 예를 들면 명세를 충족하지 않은 제품이나 서비스를 더 낮은 가격으로 판매함으로 인한 수익 손실
- **프로세스 실패** process failures – 예를 들면 계획되지 않은 장비 고장시간, 서비스 장애 또는 계획되지 않은 장비 수리

외부 실패비용 external failure costs은 *낮은 품질의 제품이나 서비스가 고객에게 전달된 후 발생한다* (GM이 본 장의 시작 부분에서 설명한대로 점화 스위치 결함으로 인해 발생한 비용을 고려해보자). 여기에는 다음이 포함된다.

- **고객 불만 및 반품으로 인한 비용** costs due to customer complaints and returns – 반품 품목 재작업, 취소된 주문, 할인 쿠폰 및 운임 할증료 포함
- **제품 및 서비스 리콜 비용, 제품보증 및 서비스보증 청구** goods and services recall costs and warranty and service guarantee claims – 수리 또는 교체 비용 및 관련된 관리 비용 포함
- **제품책임 비용** product-liability costs – 법적 조치 및 합의로 인해 발생

이러한 비용을 수집하고 분석함으로써 관리자는 개선을 위한 가장 중요한 기회를 식별할 수 있다. 문제풀이 16.5는 이에 대한 예시를 제공한다.

식품 공급사슬Food supply chain은 글로벌 조달로 인해 품질 위험이 증가하고 있다. 운영관리에서 중요한 과제는 안전한 식품 공급을 보장하기 위해 소규모 농장과 같은 원산지에서 공장, 유통업체, 소매업체, 궁극적으로 소비자에게 전달되는 각 원료 및 성분의 흐름을 관리하는 것이다. 여기에는 식품 가공 및 저장 시설의 청결과 마찬가지로 박테리아, 살충제, 발암 물질 및 중금속의 오염 가능성에 대한 모니터링이 포함된다. IBM의 소비자 제품 책임자인 블리셋Blissett은 "그

문제풀이 16.5 : 품질비용 분석하기

D.B. 스미스 회사 D.B. Smith Company는 공작 기계를 생산한다. 이 회사는 품질 비용 연구를 수행한 결과 다음을 발견했다.

비용 범주	금액
품질 장비 설계	$ 25,000
폐기	330,000
검사 및 재시험	340,000
고객 반품	90,000
공급업체 품질 설문조사	8,000
수리	80,000

이러한 각 비용은 어떤 품질비용 범주와 연관되는가? 파레토 분석은 무엇을 보여주는가?

비용 범주	금액	품질비용 범주
장비 유지 보수	$ 25,000	예방비용
기계 고장시간	330,000	내부 실패비용
제품 검사	340,000	평가비용
고객 현장 수리	90,000	외부 실패비용
공급업체 품질 감사	8,000	예방비용
장비 수리	80,000	내부 실패비용

해답:

각 범주의 총 비용은 다음과 같다.

예방비용 : $ 25, 000 + $ 8, 000 = $ 33, 000
평가비용 : $ 340,000
내부 실패비용 : $ 330, 000 + $ 80,000 = $ 410, 000
외부 실패비용 : $ 90,000

그림/표 16.3은 엑셀 파레토Pareto 템플릿을 사용하는 파레토 차트Pareto chart (다음 섹션에서 설명하는 "7가지 품질관리 도구" 중 하나)를 보여준다. 이는 내부 실패 및 평가에 매우 많은 비용이 지출됨을 시사한다. 회사는 내부 실패방지에 중점을 둔 활동에 더 많은 투자를 하고 더 나은 품질의 프로세스를 통해 검사량을 줄이는 방법을 모색해야 한다.

그림/표 16.3 엑셀 파레토 템플릿을 이용한 품질비용 분석

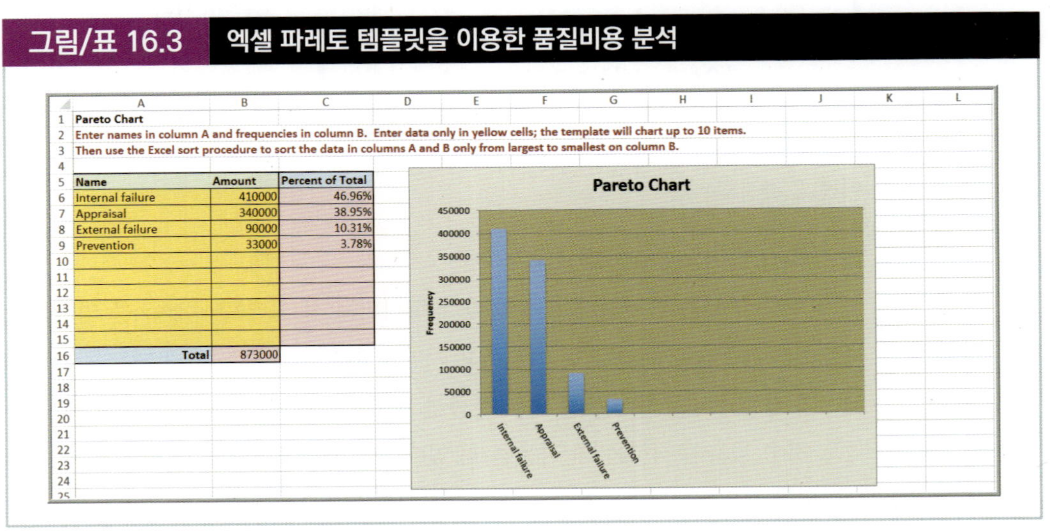

것은 글로벌 정보관리 문제입니다."라고 말했다.

예를 들어 치폴레Chipotle는 최근 미국에서 치폴레 음식을 먹은 후 대장균과 노로 바이러스로 인해 수백 명의 사람들이 병에 걸리기 전까지 오랫동안 두 자릿수 성장을 누렸다. 2015년 12월 매출은 30% 감소했다. 네 가지 유형의 품질비용이 각각 치폴레와 어떤 관련이 있는지 생각해보자. 오염된 식품이나 재료가 공급사슬에 들어가면 내부 및 외부 실패 비용이 크게 증가할 수 있

다. 모니터링은 더 많은 평가appraisal를 요구한다. 공급업체, 제조업체, 유통업체 및 소매업체는 공급사슬에 더 많은 검사원과 검사 지점을 추가하고 있다. 식품 생산 프로세스의 디자인과 관리를 통한 예방을 강화하면 이러한 비용을 줄일 수 있다.

16-7 "7가지 품질관리 도구" The "Seven QC Tools"

7가지 간단한 도구(순서도flowcharts, 체크시트checksheets, 히스토그램histograms, 파레토 다이어그램Pareto diagrams, 원인과 결과 다이어그램cause and effect diagrams, 산점도scatter diagrams 및 관리도control charts)는 일본인의 *7가지 품질관리 도구* Seven QC (quality control) Tools로 품질개선 문제 해결 노력을 지원한다. 7가지 품질관리 도구는 모든 수준의 작업자가 쉽게 사용할 수 있도록 단순하고 시각적으로 설계되었으며 그룹 문제 해결 노력에 특히 적합한 의사소통 수단을 제공한다.

순서도 flowcharts

프로세스를 이해하려면 먼저 프로세스의 작동 방식과 수행해야 할 작업을 결정해야 한다. 순서도 또는 프로세스 매핑process mapping 은 프로세스의 활동 순서 또는 자재 및 정보의 흐름을 파악한다. 순서도가 구성되면 품질 문제를 발견하고 생산성 향상을 위한 영역을 파악하는데 사용될 수 있다. 다음과 같은 질문은 프로세스를 평가하고 개선할 영역을 발견하는 데 도움이 된다. "어떤 작업 활동을 결합하고 단순화하고 제거할 수 있는가?", "프로세스 능력 계획이 잘 되어 있는가?" 및 "고객과 접촉하는 순간에서 품질은 어떻게 측정되는가?"

> **7가지 품질관리 도구는 모든 계층의 작업자가 쉽게 사용할 수 있도록 단순하고 시각적으로 설계되었다.**

런 차트와 관리도 run and control charts

런 차트run chart는 데이터가 시간에 따라 작성되는 선 그래프line graph를 의미한다. 런 차트에서 세로축은 측정값을 나타내고, 가로축은 시간척도를 나타낸다. 런 차트는 시간 경과에 따른 프로세스의 성능과 변동이나 품질 또는 생산성 지표를 보여준다. 런 차트는 생산량, 비용 및 고객 만족도 지수 등을 추적하는 데 사용될 수 있다. 런 차트는 이해와 해석하기 쉬운 그래픽 방식으로 데이터를 요약하고 시간 경과에 따른 프로세스 변경 및 추세를 파악하며 시정조치의 효과를 보여준다.

관리도control chart는 그림/표 16.4와 같이 관리한계control limits라고 하는 두 개의 수평선, 즉 *관리상한*upper control limit (UCL)*과 관리하한*lower control limit (LCL)이 추가된 단순한 런 차트이다. 관리한계는 통계적으로 계산되므로 프로세스가 관리상태에 있는 경우 점이 이러한 한계 사이에 속할 확률이 높다(일반적으로 0.99 이상). 관리한계를 사용하면 런 차트의 패턴을 더 쉽게 해석하고 관리상태에 대한 결론을 도출할 수 있다. 다음 장에서는 이 주제를 훨씬 더 자세히 다룬다.

그림/표 16.4 관리도의 구조

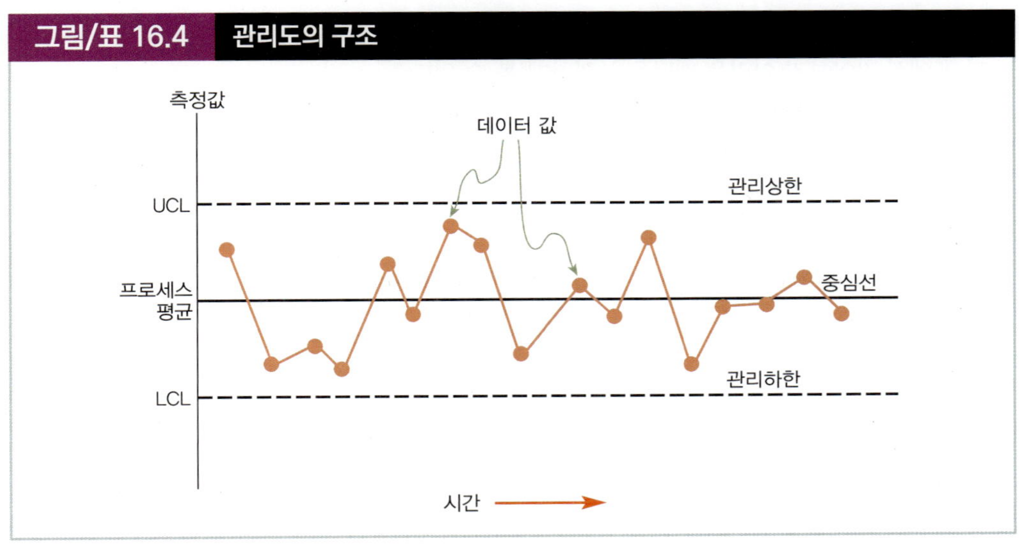

체크시트 checksheet

체크시트는 추가 처리없이 양식에서 직접 결과를 해석할 수 있는 특수한 유형의 데이터 수집양식이다. 예를 들어 그림/표 16.5의 체크시트에서 가장 빈번한 결함 원인을 쉽게 파악할 수 있다.

히스토그램 histograms

히스토그램은 특정 값 또는 특정 그룹 내에서 관찰 횟수 또는 빈도를 그래픽으로 보여주는 기본

그림/표 16.5 불량품 체크시트

체크시트

제품:

날짜:

공장:

섹션:

제조단계: 최종 검사

검사자 이름:

로트번호:

주문번호:

결함유형: 자국, 불완전, 비정상

총 검사 수: 2530

비고: 모든 품목 검사완료

유형	체크	소계
표면 흠집	𝍸 𝍸 𝍸 𝍸 𝍸 𝍸 //	32
갈라짐	𝍸 𝍸 𝍸 𝍸 ///	23
불완전	𝍸 𝍸 𝍸 𝍸 𝍸 𝍸 𝍸 𝍸 𝍸 ///	48
비정상	////	4
기타	𝍸 ///	8
	총계	115
총 불량품	𝍸 𝍸 𝍸 𝍸 𝍸 𝍸 𝍸 𝍸 𝍸 𝍸 𝍸 𝍸 𝍸 𝍸 𝍸 𝍸 𝍸 /	86

Source: Ishikawa, Kaoru. "Defective Item Checksheet," Guide to Quality Control. Asian Productivity Organization, 1982, p. 33. Reprinted with permission.

통계 도구이다. 히스토그램은 표본을 수집한 모집단의 특성에 대한 단서를 제공한다. 일반적인 숫자 표에서 찾아보기 어려운 패턴을 분명하게 볼 수 있다.

파레토 다이어그램 Pareto diagrams

파레토 원리 Pareto principle는 1950년 조셉 주란에 의해 관찰되었다. 주란은 대부분의 결과가 몇 가지 원인으로부터 발생한다는 것을 발견했다. 그는 이 원리의 이름을 이탈리아 경제학자 빌프레도 파레토Vilfredo Pareto(1848~1923)의 이름을 따서 명명했다. 그는 밀라노 부의 85%를 밀라노 인구의 15%만이 소유하고 있음을 확인했다. 파레토 분석은 중요한 소수vital few와 사소한 다수trivial many를 분리하고 개선할 프로젝트를 선택하는 방향을 제공한다. 그림/표 16.5의 체크시트에서 개발한 파레토 다이어그램의 예는 그림/표 16.6에 나와 있다. 이 다이어그램은 결함의 약 70 %가 불완전 및 표면 흠집의 상위 2개 범주에서 발생한다는 것을 보여준다. 파레토 분석은 이 장의 섹션 16-6에서 논의한 품질 비용 데이터를 분석하는 데 자주 사용된다. 문제풀이 16.2는 이것이 어떻게 적용될 수 있는지 보여준다.

원인과 결과 다이어그램 cause-and-effect diagrams

원인과 결과 다이어그램은 원인과 결과의 사슬을 제시하고 원인을 분류하고 변수 간의 관계를 구성하는 간단한 그래픽 방법이다. 그 구조 때문에 종종 어골도fishbone diagram 라고 불린다. 원인과 결과 다이어그램은 그림/표 16.7에 나타나 있는데, 먼저 수평선 끝에 문제가 작성된다. 주 줄기를 가리키는 각 가지는 가능한 원인을 나타낸다. 원인을 가리키는 잔가지는 이러한 원인을 제

그림/표 16.6 불량품의 파레토 다이어그램

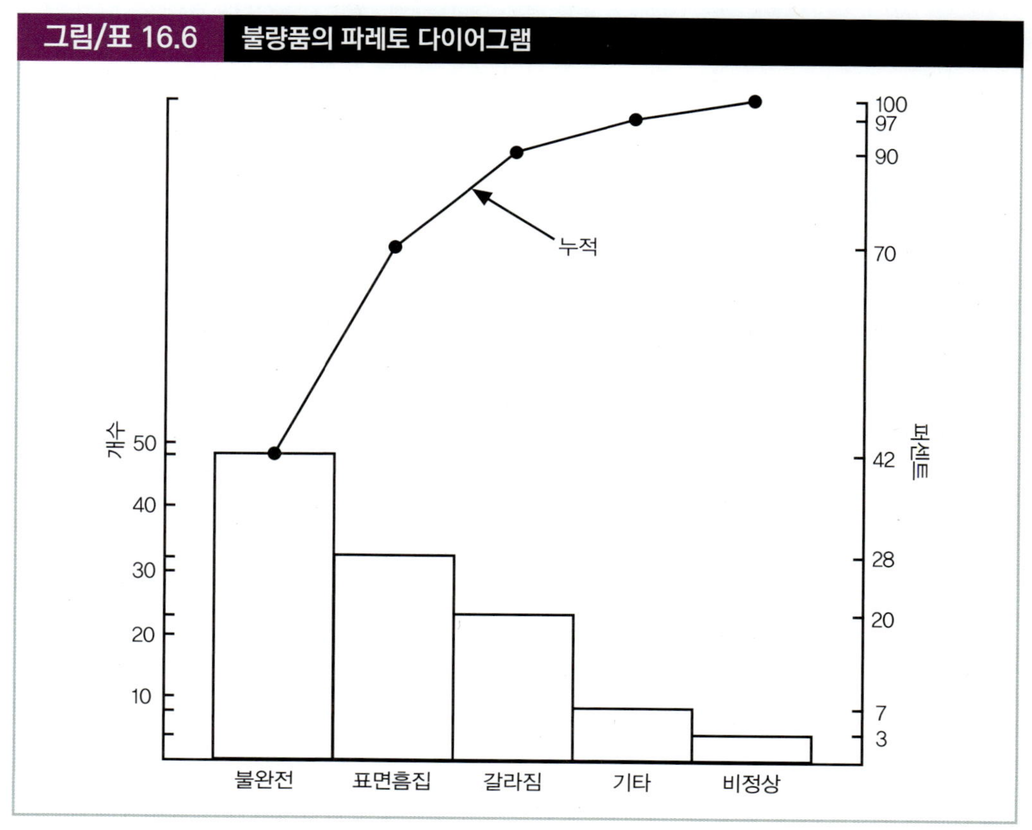

그림/표 16.7 병원 응급 입원을 위한 원인과 결과 다이어그램

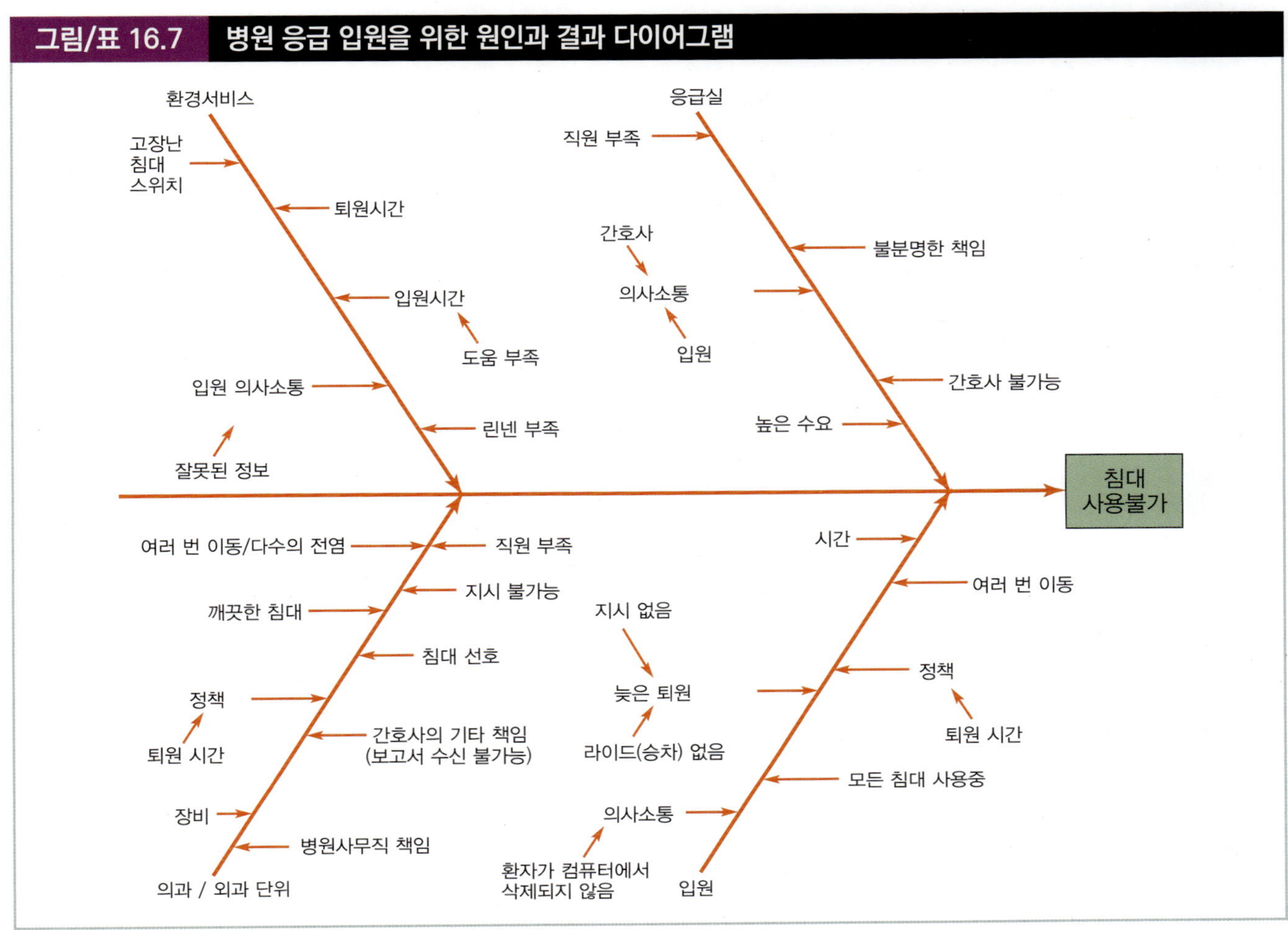

공한다. 다이어그램은 추가적인 데이터 수집 및 분석을 수행할 수 있도록 문제의 가장 가능성 있는 원인을 파악한다.

산점도 scatter diagram

산점도는 회귀분석의 그래픽 구성 요소이다. 엄격한 통계분석을 제공하지는 않지만 종종 합금의 성분 비율 및 합금의 경도와 같은 변수 간의 중요한 관계를 표현한다. 산점도는 종종 원인과 결과 다이어그램에서 얻을 수 있는 가능한 원인과 결과를 확인하는 데 사용된다.

16-7a 근본 원인 분석 Root Cause Analysis

근본 원인root cause 은 문제의 원천source을 지정하는 데 사용되는 용어이다. 의학적 비유를 사용한다면, 문제의 증상을 제거하는 것은 고통의 일시적인 완화만을 제공하지만, 근본 원인을 제거하면 장기적인 완화를 제공한다. 근본 원인을 확인하는 유용한 접근 방식은 5-왜 기법5-Why Technique이라고 한다. 이 접근 방식은 문제 설명을 원인과 결과의 사슬로 재정의하여 이유를 5회 이상 질문함으로써 증상의 원천을 발견하도록 한다. 도요타Toyota의 전형적인 예에서 보자면 퓨즈가 끊어져 기계가 고장났으면 퓨즈를 교체하는 것은 명백한 해결책이었을 것이다. 그러나 이

그림/표 16.8 근본원인 분석을 위한 파레토 다이어그램 사용

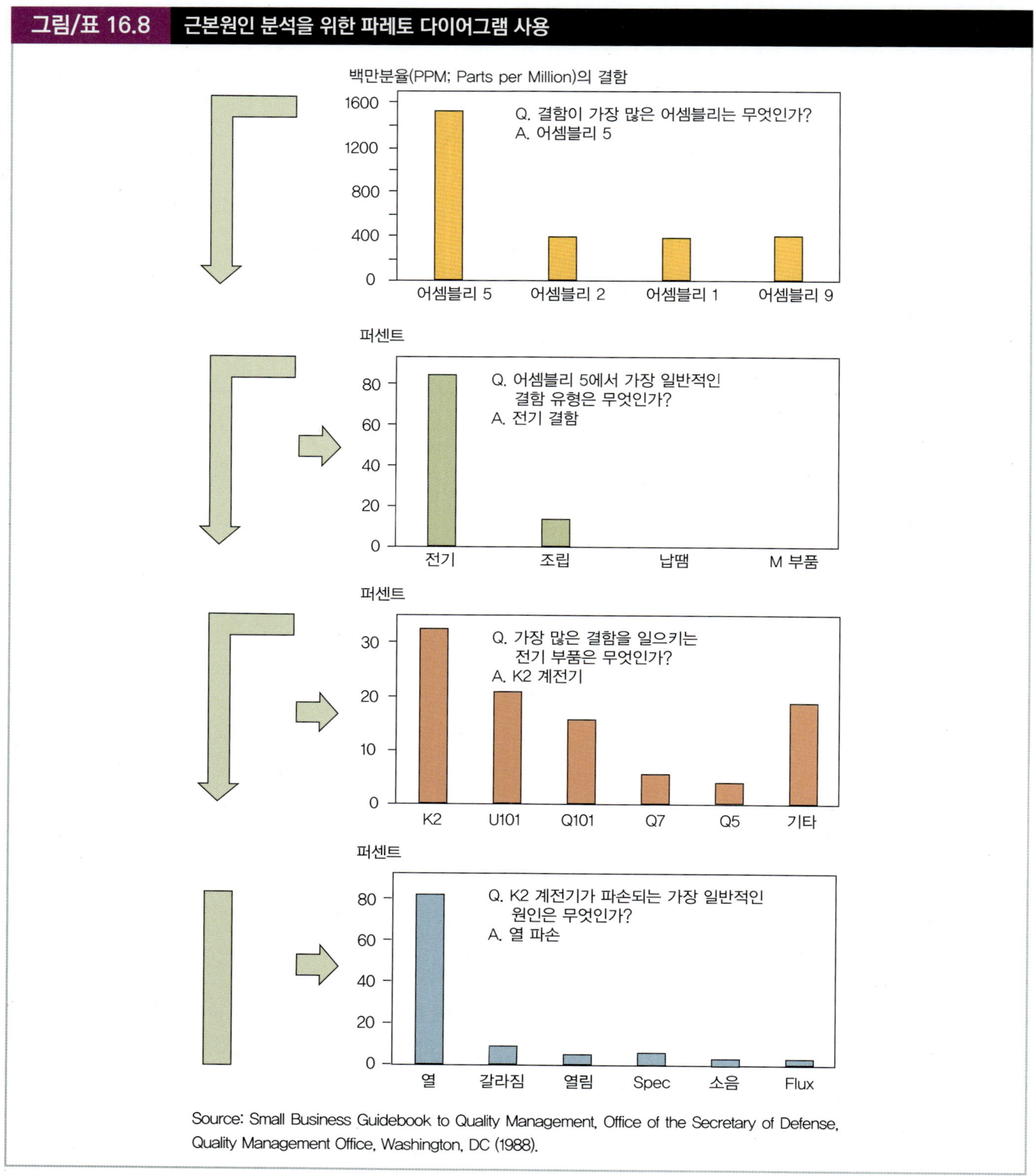

Source: Small Business Guidebook to Quality Management, Office of the Secretary of Defense, Quality Management Office, Washington, DC (1988).

조치는 실제 문제의 증상만 해결했을 것이다. 퓨즈가 끊어진 이유는 무엇인가? 베어링에 적절한 윤활이 없었기 때문이다. 왜? 윤활 펌프가 제대로 작동하지 않았기 때문이다. 왜? 펌프 축이 마모되었기 때문이다. 왜? 슬러지가 펌프 축으로 스며 든 것이 근본 원인으로 확인되었기 때문이다. 도요타는 슬러지를 제거하기 위해 윤활펌프에 스트레이너를 부착하여 기계 고장 문제를 수정했다. 근본 원인 분석은 종종 7가지 품질관리 도구를 사용한다. 예를 들어 파레토 다이어그램은 근본 원인에 집중하는데 점진적으로 도움이 될 수 있다. 그림/표 16.8은 한 가지 예를 보여준다. 각 단계에서 파레토 다이어그램은 데이터를 더 자세한 수준으로 계층화하고(또는 추가 데이터 수집이 필요할 수 있음) 결국 가장 중요한 문제를 분리한다.

16-8 기타 품질개선 전략 Other Quality Improvement Strategies

수년에 걸쳐 품질개선에 대한 많은 접근방식이 개발되고 다듬어졌다. 이 중 카이젠과 획기적 개선은 두 가지 강력한 접근방식이라고 할 수 있다.

16-8a 카이젠 Kaizen

데밍이 제시한 지속적 개선의 개념은 일본 기업에서 받아들여져 카이젠으로 알려진 접근 방식으로 이어졌다. **카이젠** kaizen은 *최소한의 재정적 투자와 조직 내 모든 사람의 참여를 바탕으로 장기간에 걸쳐 작고 점진적이며 빈번한 개선에 중점을 둔다.* 카이젠 철학에서 비용, 배송 일정, 직원 안전 및 기술 개발, 공급업체 관계, 신제품 개발, 생산성 등 모든 비즈니스 영역의 개선은 기업의 품질을 향상시키는 데 기여한다. 따라서 개선을 향한 모든 활동은 카이젠 개념 하에 속하며 카이젠 철학은 널리 채택되어 미국 및 전 세계의 많은 기업에서 사용되고 있다.

프린터, 복사기 및 팩스기 시장을 위한 정밀 금속 샤프트 및 롤러 어셈블리를 생산하는 뉴

도요타 조지타운 공장의 카이젠 Kaizen at Toyota Georgetown

도요타의 켄터키주 조지타운Georgetown, Kentucky 공장에서는 바이저와 안전 벨트를 설치하는 데 사용되는 8개의 부품 받침대로 구성되어 있는 작업장이 있다. 받침대는 작업장을 가득 채우고 있으며, 작업자는 가능한 모든 부품에 즉시 접근할 수 있다. 작업자는 라인에서 들어오는 차를 주시하고, 바이저와 안전 벨트에 다가가서 적합한 부품을 잡고 차로 달려간다. 그는 천천히 전진하는 자동차에 올라타고, 제자리에 볼트 벨트와 바이저를 장착하고, 공장 바닥으로 다시 발을 딛고 다시 작업을 수행한다. 이 모든 작업은 느리게 움직이는 각 자동차가 각 작업장에서 보내는 변하지 않는 시간인 55초 안에 이루어진다. 문제는 선바이저 12가지 조합과 9가지 안전 벨트 조합이 있다는 것이다. 그래서 어느 부분을 잡아야 할지 결정하는 것 자체가 일이 되었다. 모든 교대조마다 500대의 자동차가 받침대를 통과했으며 각 자동차에는 4개의 특정 부품, 즉 오류를 만들 수 있는 2,000개의 기회가 있었다. 99%의 완벽 함에도 불구하고 교대당 5대의 차량이 잘못된 선바이저나 안전벨트를 장착했다. 그래서 조립직원 팀이 해결책을 내놓았다. '작업자가 부품을 선택하도록 하지 말고, 작업자가 설치에 집중하도록 하라.' 즉, 사전에 분류된 선바이저 및 안전 벨트 키트를 제공한다. 각 키트에는 정확한 부품이 정확히 들어 있는 차량당 하나의 키트가 있다. 팀은 가장 단순한 기술인 러버메이드 캐디Rubbermaid Caddy 수납상자를 사용했다.

욕 제조업체인 ENBI기업ENBI Corporation에서 카이젠 프로젝트는 생산성을 48% 증가시키고, 주기시간을 30% 감소시켰으며, 재고를 73%를 감소시켰다. 카이젠은 브라질의 메르세데스 벤츠Mercedes-Benz 트럭공장에 성공적으로 적용되어 3년 동안 제조 공간 30%, 재고 45%, 리드타임 70%, 가동준비 시간 70%를 감소시켰다. 16명의 직원은 카이젠 활동에 대해 전임의 책임full-time responsibility이 있다.

지속적 개선을 위한 관련된 접근방식은 카이젠 이벤트이다. **카이젠 이벤트**Kaizen event는 *파트타임으로 수행되는 기존의 카이젠 응용 프로그램과 달리 팀 또는 부서가 모든 자원을 단기간에 개선 프로젝트에 투입하는 강력하고 빠른 개선 프로세스이다.* 카이젠 이벤트 팀은 일반적으로 프로세스에 관련된 모든 영역의 직원으로 구성되어 있으며 프로세스를 이해하고 즉각 변경 사항을 실행할 수 있다.

16-8b 획기적 개선 Breakthrough Improvement

획기적 개선breakthrough improvement은 *카이젠의 점진적이고 지속적인 개선 철학과는 달리 불연속적인 변화를 의미한다.* 획기적 개선은 혁신적이고 창의적인 사고의 결과이다. 종종 이들은 확장된 목표 또는 획기적 목표에 의해 동기부여된다. 확장된 목표는 조직이 근본적으로 다른 방식으로 생각하도록 강력하게 요구하고, 점진적 개선incremental improvements뿐만 아니라 주요한 개선major improvements을 장려하도록 한다. 10% 개선 목표가 설정되면 관리자 또는 엔지니어는 일반적으로 약간의 개선을 통해 목표를 달성할 수 있다. 그러나 목표가 1,000% 개선인 경우 직원은 창의적이어야 하며 "상자 밖"을 생각해야 한다. 불가능해 보이는 일이 종종 성취되어 극적인 향상을 가져오고 사기가 높아진다. 모토로라의 식스시그마 추진력은 제품 및 서비스 품질을 2년 내에 10배, 4년 이내에 최소 100배 개선한다는 목표에 의해 추진되었다.

개선 목표, 특히 확장된 목표의 개발 및 실현은 종종 벤치마킹 프로세스를 통해 지원된다. **벤치마킹**benchmarking은 *우수한 성과로 이어지는 업계 베스트 프랙티스를 검색하는 것이다.* **베스트 프랙티스**best practices*라는 용어는 탁월한 결과를 낳고 일반적으로 기술의 사용이나 인적자원의 활용 측면에서 혁신적이며 고객 또는 업계 전문가가 인정하는 접근 방식을 말한다.* GTE는 전화 운영의 8가지 핵심 프로세스를 개선할 때 다양한 산업 분야에 걸친 약 84개 기업의 베스트 사례를 조사했다. 외부의 베스트 사례를 연구함으로써 기업은 새로운 기술, 기량, 구조, 훈련 및 역량을 파악하고 가져올 수 있다.

벤치마킹의 개념은 새로운 것이 아니다. 헨리 포드Henry Ford는 시카고 도축장을 둘러보고 모노레일에 장착된 후크에 매달린 고기덩어리가 하나의 작업장에서 다른 작업장으로 이동하는 것을 보고 조립 라인을 만들었다. 도요타의 적시생산시스템just-in-time system은 미국 슈퍼마켓의 보충 방식의 영향을 받았다. 현대적인 벤치마킹은 제록스Xerox가 예비 부품 유통 시스템을 개선하면서 시작되었다. 제록스는 엘엘빈L. L. Bean의 창고 및 유통 실행을 베스트 프랙티스로 선정하고 그들의 방식을 적용했다.

16장 학습목표 요약 Learning Objective Summaries

16.1 **품질의 개념과 정의를 설명하라.** 품질은 고객의 기대를 충족하거나 초과하는 것을 말한다. 그러나 운영 관점에서 가장 유용한 정의는 제조 또는 서비스 프로세스의 결과물이 디자인명세를 얼마나 잘 준수하는지이다. 우수한 서비스 품질은 고객에게 명확하게 정의된 고객효익패키지와 많은 내부 및 외부 성과표준에 의해 정의된 관련 프로세스 및 서비스 접점을 일관되게 제공함으로써 달성된다.

서비스 품질에 대한 외부 고객의 인식을 측정하기 위해 확립된 도구는 유형성, 신뢰성, 대응성, 보증성 및 공감성의 5가지 주요 차원을 식별하는 SERVQUAL이다.

전사적 품질의 원칙은 간단하다.

- 고객과 이해관계자에 집중
- 지속적인 개선과 학습에 의해 지원되는 프로세스에 집중
- 기업 내 모든 임직원의 참여와 팀워크

16.2 **데밍, 주란 및 크로스비의 품질 철학과 원칙을 기술하라.** 데밍의 철학은 제품 및 서비스 디자인과 관련 프로세스의 변동성을 줄여 제품 및 서비스 품질을 개선하는 데 중점을 둔다. 데밍은 품질이 높으면 생산성이 높아지고 비용이 낮아져 시장 점유율이 향상되고 장기적인 경쟁력이 높아진다고 공언했다. 젊은 시절의 현장 경험을 바탕으로 데밍은 조직 내에서 품질을 구축하기위한 지침을 제공하는 14개의 핵심사항을 설파했다. 여기에는 비전을 만들고 품질에 전념하는 최고경영진의 책임, 제품 및 프로세스의 지속적인 개선, 훈련 및 팀의 중요성, 두려움을 몰아 내고 일에 대한 자부심을 키우는 환경 조성 등이 포함된다.

1960년대와 1970년대 당시, 그들은 경영적 사고와 실천에서 급격한 출발을 하였고 오늘날에도 모든 관리자에게 중요한 통찰력을 전달하고 있다. 주란은 품질을 "사용적합성"이라고 간단히 정의할 것을 제안했다. 그러나 데밍과 달리 주란은 조직의 중대한 문화적 변화를 추진하는 대신 관리자에게 익숙한 시스템 내에서 계획, 통제 및 개선 프로세스를 실행하여 품질 개선을 하도록 제안했다. 주란은 최고경영진이 재무적 언어로 말하고, 노동자들은 사물의 언어로 말하며, 중간관리자들은 두 가지 언어를 모두 사용할 수 있어야 하고 재무적 언어와 사물의 언어 간 번역이 가능해야 한다고 했다. 따라서 최고경영진의 관심을 끌기 위해 품질 문제를 그들이 이해하는 언어인 재무적 언어로 설명해야 한다. 크로스비의 "품질관리의 절대조건"에는 다음 사항이 포함된다.

- 품질은 우아한 외관이 아니라 요구사항에 대한 적합성을 의미한다.
- 품질문제 같은 것은 없다.
- 품질의 경제학 같은 것은 없다. 작업을 처음부터 올바르게 수행하는 것이 항상 저렴하다.
- 유일한 성과 측정치는 부적합성으로 인해 발생한 품질비용이다.
- 유일한 성과표준은 "무결점"이다.

16.3 **갭 모형과 그 중요성을 설명하라.** 갭 모형(그림/표 16.1 참조)은 높은 수준의 품질관리를 불가능하게 하는 몇 가지 원인을 설명한다.

- 갭 1은 고객의 기대와 그 기대에 대한 관리자의 인식의 차이를 나타낸다.
- 갭 2는 관리자가 목표 품질 달성에 필요하다고 인식하는 사양을 디자인명세로 전환하는 과정에서 발생한다.
- 갭 3은 운영 및 훈련 매뉴얼, 계획을 문서화한 품질 명세와 실제 실행 간의 차이를 나타낸다.
- 갭 4는 실제 제조 및 서비스전달 시스템의 성능과 고객에 대한 외부 커뮤니케이션간의 차이를 나타낸다.
- 갭 5는 고객의 기대와 인식의 차이를 나타낸다.

16.4 **ISO 9000의 개념과 철학을 기술하라.** ISO 9000은 품질 시스템 표준을 정의한다. ISO 9000: 표준은 다음 7가지 원칙에 의해 지원된다.

원칙 1 — 고객 중심
원칙 2 — 리더십
원칙 3 — 인원의 적극참여
원칙 4 — 프로세스 접근법
원칙 5 — 개선
원칙 6 — 증거기반 의사결정
원칙 7 — 관계관리/관계경영

16.5 **식스시그마의 철학과 방법을 기술하라.** 식스시그마라는 용어는 백만 기회당 최대 3.4개의 오류 또는 결함에 해당하는 통계적 측정에서 유래되었다.

식스시그마의 핵심 철학은 다음과 같은 몇 가지 주요개념을 기반으로 한다.

- dpmo 또는 epmo를 조직의 모든 부분 (제조, 엔지니어링, 관리, 소프트웨어 등)에 적용할 수 있는 표준 지표로 강조
- 수익성 개선, 비부가가치 활동 감소, 사이클타임 단축을 위해 프로젝트 팀을 구성하고 폭넓은 훈련 제공
- 변화에 대한 저항을 극복하고, 자원을 확보하며, 전반적인 전략적 목표에 집중할 수 있도록 팀 활동을 지원하는 사내 후견인의 책임 강조
- 개선 도구를 적용하고 팀을 이끌 수 있는 고도로 자격을 갖춘 프로세스 개선 전문가('그린 벨트', '블랙 벨트' 및 '마스터 블랙 벨트') 육성

- 프로세스 초기에 적절한 지표를 확립하고, 그들이 비즈니스 목표에 부합하도록 함
- 개선을 위한 확장된 목표 설정

식스시그마 문제해결 접근방식은 DMAIC (정의, 측정, 분석, 개선 및 통제)이다.

16.6 **품질비용 측정의 범주를 설명하라.** 품질비용은 예방비용, 평가비용, 내부 실패비용 및 외부 실패비용의 네 가지 주요 범주로 구성될 수 있다. 이러한 비용을 수집하고 분석함으로써 관리자는 개선을 위한 가장 중요한 기회를 발견할 수 있다.

16.7 **7가지 품질관리 도구를 적용하는 방법을 설명하라.** 7가지 간단한 도구(순서도, 체크시트, 히스토그램, 파레토 다이어그램, 원인과 결과 다이어그램, 산점도 및 관리도)는 일본인의 7가지 품질관리 도구라고 부르며 품질 개선 문제 해결 노력을 지원한다. 7가지 품질관리 도구는 모든 계층의 작업자가 쉽게 사용할 수 있도록 단순하고 시각적으로 설계되었으며 그룹 문제 해결 노력에 특히 적합한 의사소통 수단을 제공한다. 근본 원인 분석은 종종 7가지 품질관리 도구를 사용한다. 근본 원인은 문제의 원천을 지정하는데 사용되는 용어이다.

16.8 **카이젠의 개념과 획기적 개선을 설명하라.** 지속적 개선의 개념을 카이젠이라고 한다. 카이젠 철학에서 비용, 배송 일정, 직원 안전 및 기술 개발, 공급업체 관계, 신제품 개발, 생산성 등 모든 비즈니스 영역의 개선은 기업의 품질을 향상시키는데 기여한다. 획기적 개선은 카이젠의 점진적이고 지속적 개선 철학과는 반대로 불연속적인 변화를 의미한다. 획기적 개선은 혁신적이고 창의적인 사고에서 비롯된다. 종종 이들은 확장된 목표 또는 획기적 목표에 의해 동기부여 된다. 개선 목표, 특히 확장된 목표의 개발 및 실현은 종종 벤치마킹 프로세스를 통해 지원된다. 벤치마킹은 우수한 성과로 이어지는 업계 베스트 프랙티스를 검색하는 것이다. 베스트 프랙티스라는 용어는 탁월한 결과를 낳고 일반적으로 기술의 사용이나 인적자원의 활용 측면에서 혁신적이며 고객 또는 업계 전문가가 인정하는 접근 방식을 의미한다.

주요용어 KEY TERMS

- 평가비용 Appraisal costs
- 품질비용 Cost of quality
- 카이젠 Kaizen
- 적합성 (제조품질) Quality of conformance
- 벤치마킹 Benchmarking
- 결함 Defect
- 카이젠 이벤트 Kaizen event
- 서비스 품질 Service quality
- 베스트 프랙티스 Best practices
- 외부 실패비용 External failure costs
- 예방비용 Prevention costs
- 식스시그마 Six Sigma
- 획기적 개선 Breakthrough improvement
- 내부 실패비용 Internal failure costs
- 품질 Quality
- 명세 Specifications
- 품질관리 Quality management
- 작업단위 Unit of work

복습 질문 Review Questions

16.1 1. 품질관리를 정의하라. 모든 관리자가 품질관리를 이해하는 것이 왜 중요한가?

16.1 2. 품질관리의 역사는 오늘날의 관리자들에게 무엇을 시사하는가?

16.1 3. 고객 관점에서 품질은 어떻게 정의되는가?

16.1 4. 운영 관점에서 품질의 가장 유용한 정의는 무엇인가? 운영 관리자는 일상적인 결정을 내릴 때 이 정의를 어떻게 사용할 수 있는가?

16.1 5. 서비스 품질을 어떻게 정의하는가? 서비스 품질의 5가지 차원을 설명하라.

16.1 6. 전사적 품질의 세 가지 원칙을 나열하고 설명하라.

16.2 7. 데밍, 주란 및 크로스비의 품질 철학과 원칙을 설명하라.

16.3 8. 갭 모형의 5가지 갭을 설명하라. 관리자는 이러한 갭을 줄이기 위해 무엇을 할 수 있는가?

16.4 9. ISO 9000의 목적과 구조를 설명하라. 7가지 기본 원칙은 무엇인가?

16.5 10. 식스시그마란 무엇인가? 어떻게 측정하는가?

16.5 11. 식스시그마 품질 실행계획을 구현하는데 사용되는 주요 개념을 설명하라.

16.5 12. 문제 해결을 위한 DMAIC 프로세스를 요약하라.

16.5 13. 식스시그마 프로젝트에서 사용되는 도구와 방법은 무엇인가?

16.5 14. 식스시그마를 서비스에 어떻게 적용할 수 있는가?

16.6 15. "품질비용"이란 무엇인가? 그리고 왜 중요한가?

16.6 16. 품질비용의 분류를 설명하라. 패스트푸드점 운영 및 대학 운영에 대한 구체적인 예를 제시하라.

16.7 17. 품질 향상에 사용되는 7가지 품질관리 도구를 요약하고 각각의 예를 제시하라.

16.7 18. 근본 원인은 무엇인가? 근본 원인을 어떻게 파악할 수 있는가?

16.8 19. 카이젠의 개념을 설명하라. 카이젠 계획을 성공적으로 운영하기 위해 조직은 무엇을 해야 하는가?

16.8 20. 카이젠 이벤트란 무엇인가? 카이젠의 원래 개념과 어떻게 다른가?

16.8 21. 획기적 개선이란 무엇인가?

16.8 22. 벤치마킹 및 베스트 프랙티스는 어떻게 획기적 개선을 지원하는가?

토론용 질문 및 체험학습 DISCUSSION QUESTIONS AND EXPEROEMTAIL ACTIVITIES

16.1 23. 본 장의 소개 예제와 유사한 저품질의 경제적 결과를 설명하는 두 가지 예를 찾아보라.

16.1 24. 소비자로서 품질의 좋고 나쁨이 개인적으로 어떤 영향을 미치는지 논의하라. 예를 들어, 상품이나 서비스를 구매할 때 기대를 충족하거나, 초과하거나, 충족하지 못한 경험을 설명하라. 경험이 조직 및/또는 제품에 대한 관심을 변화시켰는가? 만약 그렇다면 어떻게 변화시켰는가?

16.1 25. 포드Ford의 최고경영자는 "우수한 품질이 아니면 대단한 가치를 가질 수 없다"라고 말했다. 이 말에 대해 견해를 밝혀 보아라. 이 의견에 대해 동의하는가? 그 이유는 무엇인가?

16.1 26. 익숙한 서비스 활동을 선택하라. 이 활동의 관리자라면 모니터링하는데 어떤 "명세 적합성conformance to specifications" 기준을 사용하겠는가?

16.1 27. 인터넷, 신문 및 잡지의 광고 포트폴리오를 개발하고 이러한 제품을 홍보하는 데 품질이 어떻게 사용되는지 설명하라.

16.1 28. 한 회사의 연간 보고서를 수년간 조사하라. 회사의 진술과 철학에서 품질이 논의되거나 암시되는 방식을 요약하라. 시간이 지남에 따라 품질 관점의 변화가 있는가?

16.1 29. 특정 국가 또는 글로벌 지역에 초점을 맞춘 품질 실행에 대한 연구를 수행하라. 2~3 페이지의 보고서로 결과를 요약하라.

16.1 30. 품질관리 개념이 지속가능성 노력을 지원할 수 있다고 생각하는가? 당신의 믿음을 뒷받침하는 몇 가지 출처나 예를 찾아보라.

16.2 31. 에드워드 데밍 기관W. Edwards Deming Institute, 주란 기관Juran Institute 및 필립 크로스비협회Philip Crosby Associates의 웹 사이트를 찾아보라. 그들은 어떤 서비스를 제공하는가? 이러한 조직은 이러한 품질 리더의 철학과 유산을 어떻게 유지하는가?

16.2 32. 데밍의 14가지 핵심사항 중 2가지는 '핵심사항 8: 작업장에서의 두려움 제거'와 '핵심사항 4: 순전히 비용을 기준으로 한 의사결정의 중단'이다. 오늘날의 비즈니스 환경에서 운영 관리자(및 모든 관리자)에게 그 철학들의 중요성에 대해 논의해보라.

16.4 33. ISO 9000 인증을 획득한 조직을 파악하고 조직이 ISO 9000을 사용하여 달성한 혜택과 결과를 요약하는 짧은 문서 (최대 1페이지)를 작성하라. 전통적인 제조업체가 아닌 서비스 조직을 찾을 수 있는지 확인하라.

16.5 34. 식스시그마 DMAIC 개선 접근 방식을 사용하는 조직을 파악하라. 이 조직이 DMAIC를 적용한 몇 가지 방법과 그 결과를 짧은 문서 (최대 2페이지)에 설명하라.

16.5 35. 다음에 나오는 기업이 식스시그마 이니셔티브 또는 품질의 일부로 어떤 유형의 결함 또는 오류를 측정하고 개선할 수 있는가?

a. 월마트Walmart 또는 메이시스Macy's와 같은 백화점

b. 월트 디즈니 월드Walt Disney World 또는 식스 플래그Six Flags와 같은 지역 놀이 공원

c. 대학college 또는 대학교university

16.6 36. 패스트푸드점 운영 또는 대학 운영의 품질 비용에 대한 구체적인 예를 제공하라. 비용을 이 장에서 설명한 네 가지 주요 범주로 분류해보아라.

16.7 37. 식스시그마 DMAIC 문제해결 접근방식의 5단계에서 7가지 품질관리 도구 각각이 어떻게 사용되는지 설명하라. 예를 들어 어떤 단계 (정의, 측정, 분석, 개선 또는 통제)에서 순서도, 체크시트 등을 사용할 것으로 예상하는가?

16.7 38. 7가지 품질관리 도구 중 다음 각 상황을 해결하는 데 가장 유용한 도구는 무엇인가? 당신의 추론을 설명하라. (하나 이상의 도구가 유용하다고 결정할 수 있다.)

a. 복사기는 용지 걸림이 자주 발생하며 사용자는 문제 해결 방법을 혼동하는 경우가 많다.

b. 엔지니어링 부서의 출판 팀은 사용자 문서의 정확성을 높이고 싶지만 문서에 오류가 없는 이유를 확신할 수 없다.

c. 은행은 특정 바쁜 위치에서 새 지점 은행에 필요한 출납원 위치, 드라이브스루 스테이션 및 ATM 기계의 수를 결정해야 한다. 이 정보에는 다른 유사한 시설에서 서비스를 제공하는 평균 고객 수와 유형은 물론 새 시설의 고객 트래픽 수준을 제안하는 인구통계학적 정보가 포함된다.

d. 계약 기관이 계약에 많은 변경 사항이 있는 이유를 조사하려고 한다. 회사는 변경 횟수가 원래 계약의 달러 가치 또는 제안 요청과 계약 체결 사이의 날짜와 관련이 있을 수 있다고 생각한다.

e. 한 여행사가 직원 배치 일정을 조정하기 위해 통화량이 연중 시간에 따라 어떻게 달라지는 지 더 잘 이해하고자 한다.

16.8 39. 7장의 그림/표 7.5에 있는 자동차 수리 흐름도를 참조하라. 잠재적으로 심각한 서비스 품질 오류가 발생할 수 있는 세가지 활동을 식별하고 그러한 오류를 줄이는 방법을 논의하라.

계산연습문제 Computational Problems and Exercises

본 장에서 설명한 공식과 방법을 적용하여 다음 연습문제를 직접 계산해서 풀어 보라.

16.5 40. 레더라이크 제조회사Leatherlike Manufacturing Company는 패션 액세서리 시장을 위해 인조 가죽과 유사한 제품을 만든다. 이 소재는 시트로 만들어졌으며 얇은 깔개 모양이다. 각 시트는 너비 36인치, 길이 100피트이며 롤에 감겨 있다. 품질 관리자는 200개의 롤을 검사하도록 요청했고 그 결과 26개의 부적합이 발견되었다. 단위당 부적합nonconformance per unit (NPU)을 계산하라.

16.5 41. 웰플레이스 보험회사Wellplace Insurance Company는 보험 정책 신청 50개를 하나의 묶음bath으로 처리한다. 어느 날 처리할 묶음이 10개 있었는데 검사 후 4개의 묶음이 부적합인 것으로 확인되었다. 한 묶음에는 3개의 부적합이 있었고 다른 묶음에는 각각 5개, 2개, 1개가 있었다. (a) 각 묶음에 대한 부적합 비율 및 (b) 10개 묶음에 대한 총 단위당 부적합은 무엇인가?

16.5 42. 나이트호크 항공사Nighthawk Airlines는 한달 동안 분실된 수하물 수를 측정 한 결과 10,000명 승객의 수하물 중 35개를 분실한 것으로 나타났다. 승객당 평균 수하물의 수가 1.2인 경우 백만 기회당 오류(epmo)는 몇 개인가? 2017년 SITA Société Interna-tionale de Télécommunications Aéronautiques가 보고한 전 세계 수하물 취급 부주의 비율은 승객 1,000명당 5.73이었다. 승객당 평균 위탁수하물 수를 1.3개로 가정하면 백만 기회당 오류(epmo)는 몇 개인가? 이것이 나이트호크의 오류율과 어떻게 비교되는가?

16.5 43. 보드워크 전자기술Boardwalk Electronics은 매달 300,000개의 회로 기판을 제조한다. 이 회사는 5가지 특성에 대해 매주 3,000개 보드의 무작위 샘플을 검사한다. 최근 한 주 동안 하나의 특성에 대해 3개의 결함이 발견되었고 나머지 4개의 특성에 대해 각각 2개의 결함이 발견되었다. 이러한 검사에서 모집단을 대표하는 결함 수가 생성된 경우 개별 특성에 대한 백만 기회당 결함(dpmo)은 무엇이며 보드의 전체 백만 기회당 결함(dpmo)은 얼마인가?

16.6 44. 아래 비용 데이터를 분석하라. 이 데이터가 관리자에게 시사하는 바는 무엇인가?

	제품		
	A	B	C
총 매출	$ 537,280	$233,600	$397,120
외부 실패	42%	20%	20%
내부 실패	45%	25%	45%
평가	12 %	52%	30%
예방	1%	3%	5%

참고 : 수치는 제품 별 품질 비용의 백분율을 나타낸다.

16.6 **45.** 아래 표의 비용 요소를 고려하여 네 가지 주요 품질비용 범주 각각의 총 비율을 결정하라.

비용 요소	금액($)
입고 검사 및 점검	7,500
스크랩	35,000
품질 훈련	0
점검	25,000
검사	5,000
불만 조정 비용	21,250
품질 감사	2,500
도구 및 작업대 유지관리	9,200
품질통제 관리	5,000
실험실 검사	1,250
품질 보증 장비 설계	1,250
자료 검사 및 점검	1,250
재작업	70,000
제품 엔지니어에 의한 품질 문제 해결	11,250
점검 장비 교정	2,500
작성 절차 및 지침	2,500
실험실 서비스	2,500
벤더 결함으로 인한 재작업	17,500
결함 수정	6,250
검사 및 점검을 위한 준비	10,750
벤더에 대한 공식 불만 사항	10,000

16.6 **46.** 임프레시브 프린팅 회사Impressive Printing Company에 대해 아래 표시된 비용 요소를 적절한 품질비용 범주로 분류하고 범주별 총 품질비용과 범주별 총 품질비용의 백분율을 찾아보라.

비용 요소	금액
고객 불만 리메이크	24,300
인쇄판 수정	25,200
품질개선 프로젝트	11,700
측정	90,000
기타 폐기물	34,200
오타 수정	189,000
교정	405,000
품질 계획	50,400
프레스 가동중지 시간	256,400
제본소 폐기물	45,900
확인 및 점검	37,800

16.6 **47.** 르쉽 솔루션 주식회사Reship Solutions, Inc.는 신시내티Cincinnati에 물류센터를 두고 있으며, 공급업체의 공장에서 대량 주문을 접수 및 분류하고 소매 고객에게 제품을 배송한다. 다양한 품질비용 요소가 아래 표에 나와 있다. 이를 적절한 품질비용 범주로 분류하고 각 범주에 대한 총 품질비용의 백분율을 계산해보라.

비용 요소	금액
유출박스 오류 확인	607,750
품질 계획	10,625
컨베이어/컴퓨터 문제로 인한 가동중지 시간	342,125
포장 폐기물	68,000
유입 제품 점검	51,000
고객불만 재작업	34,000
배송 전 잘못된 주문 수정	36,550
직원 품질 훈련	25,925
품질개선 프로젝트	17,425
기타 폐기물	36,125
오타 수정-티켓 선택	11,475

16.7 **48.** 다음 목록은 한 달 동안 매일 채취한 100개의 전자 어셈블리 중 30개 샘플에서 발견된 결함수를 나타낸다. 평균값(중심선)을 계산하여 이러한 데이터를 런 차트에 표시하라. 차트를 어떻게 해석할 것인가?

16.7 **49.** 다음 문제 중 하나에 대한 원인과 결과 다이어그램을 개발해 보라:

a. 시험 성적이 좋지 않음
b. 구직 제안이 없음
c. 과속 티켓이 너무 많음
d. 직장이나 학교에 늦음

엑셀기반 연습문제 EXCEL-BASED PROBLEMS

문제 풀이를 위해 엑셀Excel이나 마인드탭MindTap에 있는 스프레드시트 템플릿을 사용할 수 있다.

16.5 **50.** 나이트호크 항공사는 한달 동안 분실된 수하물 수를 측정한 결과 10,000명 승객의 수하물 중 35개를 분실한 것으로 나타났다. 승객당 평균 수하물 수가 1.2인 경우 식스시그마 엑셀 템플릿을 사용하여 항공사가 운항하는 시그마 수준을 찾아보시오.

16.5 **51.** 2017년 SITA Société Internationale de Télécommunications Aéronautiques가 보고한 전 세계 수하물 취급 부주의 비율은 승객 1,000명당 5.73이었다. 승객당 평균 위탁수하물 수를 1.3개로 가정하는 경우 식스시그마 엑셀 템플릿을 사용하여 이것이 나타내는 시그마 수준을 결정하라.

16.5 **52.** 한 은행에서 모기지 신청이 접수 후 8일 이내에 처리되는 표준을 설정했다. 1,000개의 신청 표본 중 75개가 이 요구 사항을 충족하지 못하는 경우 epmo 척도는 무엇이며 식스시그마 수준과 어떻게 비교되는가? 분석을 위해 식스시그마 엑셀 템플릿을 사용하라.

16.5 **53.** 작년 한 클리닉에서 1,200건의 주사가 놓여졌다. 품질은 정량과 정확한 약물로 측정된다. 9건의 경우 잘못된 양이 주어졌고 2건의 경우 잘못된 약물이 투여되었다. 식스시그마 엑셀 템플릿을 사용하여 epmo 지표의 값과 이에 해당하는 시그마 수준을 결정하라.

16.6 **54.** 전자상거래 소매업체의 고객불만 분석결과 다음과 같은 사실이 밝혀졌다.

1. 티클러 파일 준비prepare tickler file; 소유권, 보험, 두 번째 회의에 대한 검토 및 후속 조치: $ 155.75

결제 오류	1,421
배송 오류	845
전자 요금 오류	650
배송 지연	3,016
포장 오류	1,879

파레토Pareto 엑셀 템플릿을 사용하여 파레토 차트를 구성하고 그로부터 도출할 수 있는 결론에 대해 논의하라.

16.6 **55.** 다음 품질비용 데이터는 케니 은행Kenney Bank의 할부 대출 부서에서 수집되었다. 이러한 데이터를 적절한 품질비용 범주로 분류하고 파레토 차트로 결과를 분석하라 (파레토Pareto 엑셀 템플릿 사용). 당신은 경영진에게 어떤 제안을 하겠는가?

대출 처리

1. 신용조사 실행: $ 2,675.01
2. 문서 검토: $ 3,000.63
3. 문서수정, 추가정보 수집: $ 1,032.65
4. 모든 출력output 검토: $ 2,243.62
5. 올바른 거부 및 잘못된 출력: $ 425.00
6. 불완전한 담보 보고서 조정: $ 78.34
7. 딜러 문제 콜 처리, 관련 문제해결, 정보조사 및 전달: $ 2,500.00
8. 시스템 가동 중지 보상: $ 519.01
9. 훈련 수행: $ 1,500.00

대출 지불

1. 지불 수령, 점검 및 처리: $ 800.00
2. 지불에 대한 쿠폰이 제시되지 않은 경우 문의에 응답: $ 829.65

대출 상환

1. 상환 수령, 점검 및 처리와 서류 발급: $ 224.99
2. 상환문제 연구: $ 15.35

16.7 **56.** 한 업계 전문가는 오늘날 소프트웨어에는 코드 1,000줄당 6개의 오류가 있다고 말했다. 코드의 각 줄에 오류를 만들 수 있는 기회가 한 번 뿐이라고 가정할 때 코딩 처리가 작동하는 시그마 수준은 무엇인가? 8개의 오류가 발견되면 식스시그마 엑셀 템플릿을 사용하여 프로세스가 식스시그마 수준에 있어야하는 코드 줄 수를 결정하라.

16.7 **57.** 파레토 엑셀 템플릿을 사용하여 아래 표시된 제지 공장의 품질 손실을 조사하라. 어떤 결론에 도달하는가?

범주	연간 손실($)
가동 중지	38,000
검사 비용	20,000
거부된 용지	560,000
이상한 로트	79,000
초과 검수	28,000
고객 불만	125,000
높은 자재 비용	67,000

병원 운영담당 이사 보니 블레인 Bonnie Blaine, Director Of Hospital Operations

"아이는 거의 죽을 뻔했습니다! 그는 당뇨병 환자입니다! 그 환자가 어떻게 잘못된 음식 트레이를 받았습니까?" 병원 운영책임자인 보니 블레인Bonnie Blaine은 급식 서비스 책임자인 드류 오웬스보로Drew Owensboro에게 말했다. 50대 초반의 여성인 보니 블레인은 병원의 거의 모든 분야에서 일했다. 그녀는 3년 동안 저녁에 학교에 다니면서 경영학 석사 학위를 받았다. 오웬스보로는 병원에서 19년 동안 일했으며 고등학교 교육을 받았다.

"보니, 모르겠어요! 알아 내려고 노력하지만 불가능할 수도 있습니다. 급식 부서는 정말 매우 복잡한 작업이며 어떤 것도 감사audit 하거나 추적하기가 매우 어렵습니다." 오웬스보로는 좌절스러워하며 말했다. "드류, 저는 우리 측의 열악한 품질관리로 인한 환자 소송에 대해 걱정할 필요없이 병원 비용을 억제하는 데 충분한 양의 문제가 있습니다. 블레인은 계속했다. "아이의 가족과 가정의는 몹시 화가 나 있어요! 직원들은 모두 서로를 비난하고 있지만 아무도 그것에 대해 어떤 것도 하지 않아요. 지금 문제를 해결하지 않으면 다른 사람을 여기로 불러와야 할 수도 있습니다." 블레인은 전화를 받으려고 돌아서며 말했다.

병원 급식부 The Hospital's Dietary Department 급식부는 환자, 직원 및 방문객의 세 가지 기본 그룹에 음식 서비스를 제공한다. 음식 서비스에 대한 가장 큰 수요는 환자들에게서 나온다. 그리고 충족되어야 하는 다양한 식단 요구사항 때문에 이것은 다소 복잡할 수 있다. 매일 환자는 다음 날의 세 끼 식사 모두에 필요한 식이 메뉴를 작성하고 각 식품그룹 (앙트레, 야채, 과일, 디저트, 음료수)의 여러가지 식품 중에서 선택한다. 평균 입원 기간은 5일이므로 식이 부서에서는 2주 동안 매일 다른 메뉴를 제공한 다음 메뉴 선택을 반복한다.

그림/표 16.9에 표시된 대로 급식 부서는 2명의 시간제 직원이 1명의 정규직 직책과 같다고 가정하면 총 124명의 정규직 자격의 FTE full-time equivalent 직원이 있는 대규모 부서이다. 이 부서에는 10명의 관리인(즉, 이사, 감독자), 8명의 임상 영양사, 9명의 관리 영양사 (7명은 관리자이기도 함), 89명의 정규직 직원, 30명의 시간제 직원이 있다. 직접 정규직 직원 89명의 평균 교육 수준은 10.8년이다. 시간제 직원의 연평균 급여는 $15,000이고, 요리사를 제외한 정규직 식품 서비스 직원은 $28,000, 점원 직원은 $31,000를 받는다. 정규직 직원의 수당은 평균 연봉의 20%에 달한다.

환자 서비스에 대한 사무지원 Clerical Support in Patient Services 환자 서비스 영역의 8명의 정규직 직원이 각 환자의 식단, 내일의 식사 메뉴, 오늘의 식단 및 메뉴의 마지막 순간 변경 사항을 작성한다. 수술, 퇴원, 새로운 입원 또는 의사가 처방한 식단 변경때문에 매일 발생하는 무수한 변화로 인해 중앙 제어가 필요하다.

점원은 방과 층별로 식단을 정리하고 모든 메뉴가 제대로 채워졌는지 확인한다. 환자가 퇴원하면 점원은 층의 방 번호에서 환자의 급식 이력을 가져와 의료 기록과 함께 보관한다. 신규 입원에 대한 규정식은 현장 담당 임상 영양사가 확인해야 하지만, 응급 상황 발생시 점원이 현장에 전화를 걸어 어떤 종류의 식단을 제공해야 하는지 간호사와 이야기한다. 처방된 식이 요법의 정확성과 관련하여 명백하게 환자 건강 문제 외에도 환자와 의사는 급식 부서가 "오류 없이 적시에 깔끔한 식사를 제공"하기를 기대한다.

매 식사 전에 직원 사무실은 트레이 조립 및 생산에 대한 교대 감독자에게 각 환자의 병실에 대한 업데이트 된 메뉴 목록을 제공한다. 점원은 손쉬운 트레이 생산 및 배송을 위해 층별로 방 번호를 배열한다. 점원은 낮 동안 사무실에 남아서 전화와 식사 및 메뉴 변경에 대한 메시지를 받는다. 매 식사 후 점원 사무실은 실제로 제공되는 트레이에 대한 환자 식사량 조사를 실시한다. 그런 다음 식사를 위해 프로세스가 처음부터 다시 시작된다. 식사 사이의 시간이 짧기 때문에 일부 점원은 아침 식사를 작업하고 다른 직원은 점심 식사를 작업한다.

조리 Food Production 주방 및 환자 트레이 조립 라인은 병원 지하에 있다. 주방은 하루에 약 18시간 동안 활동하고 있는 벌집과 같다. 정기 요리사, 특별 식사 요리사, 주방 근로자, 영양사, 환자 서비스 직원이 환자 식사와 관련하여 주방을 지속적으로 방문하거나 전화를 건다. 한편 음식은 병원 구매부서 또는 병원의 식품 서비스 관리자로부터 주문한 하역장에 끊임없이 도착한다.

직원은 세 가지 기본 교대 중 하나에 배정된다. 즉, 오전 4시에 시작하는 아침 교대, 오전 6시부터 정오까지 시차를 두고 도착하는 점심교대 그리고 오후 3시 30분에 시작되는 저녁 교대가 있다. 정규직 직원이 없거나 수요가 많은 기간에는 시간제 직원이 도움을 준다.

구매 Purchasing 급식 부서는 여러 출처에서 음식과 공급품을 얻는다. 대량 품목은 병원의 중앙창고에 보관되며 일주일에 한 번 배달된다. 많은 냉동 품목은 주(state) 계약 창고에서 매주 배송된다. 냉장, 비냉장 또는 냉동 여부에 관계없이 나머지 공급품은 일주일 동안 다양한 빈도로 민간 공급업체에 의해 배달된다.

병원 식품 서비스 관리자는 유입되는 식품 및 공급 주문을 조정하기 위해 5명의 직원과 본인(그림/표 1.15 참조)이 있다. 식이 담당 직원은 상품 운송에 대한 책임이 없다. 그러나 그들은 고품질의 상품을 수령하고 수용하고 병원의 내부 저장을 통해

그림/표 16.9 급식 부서 조직도

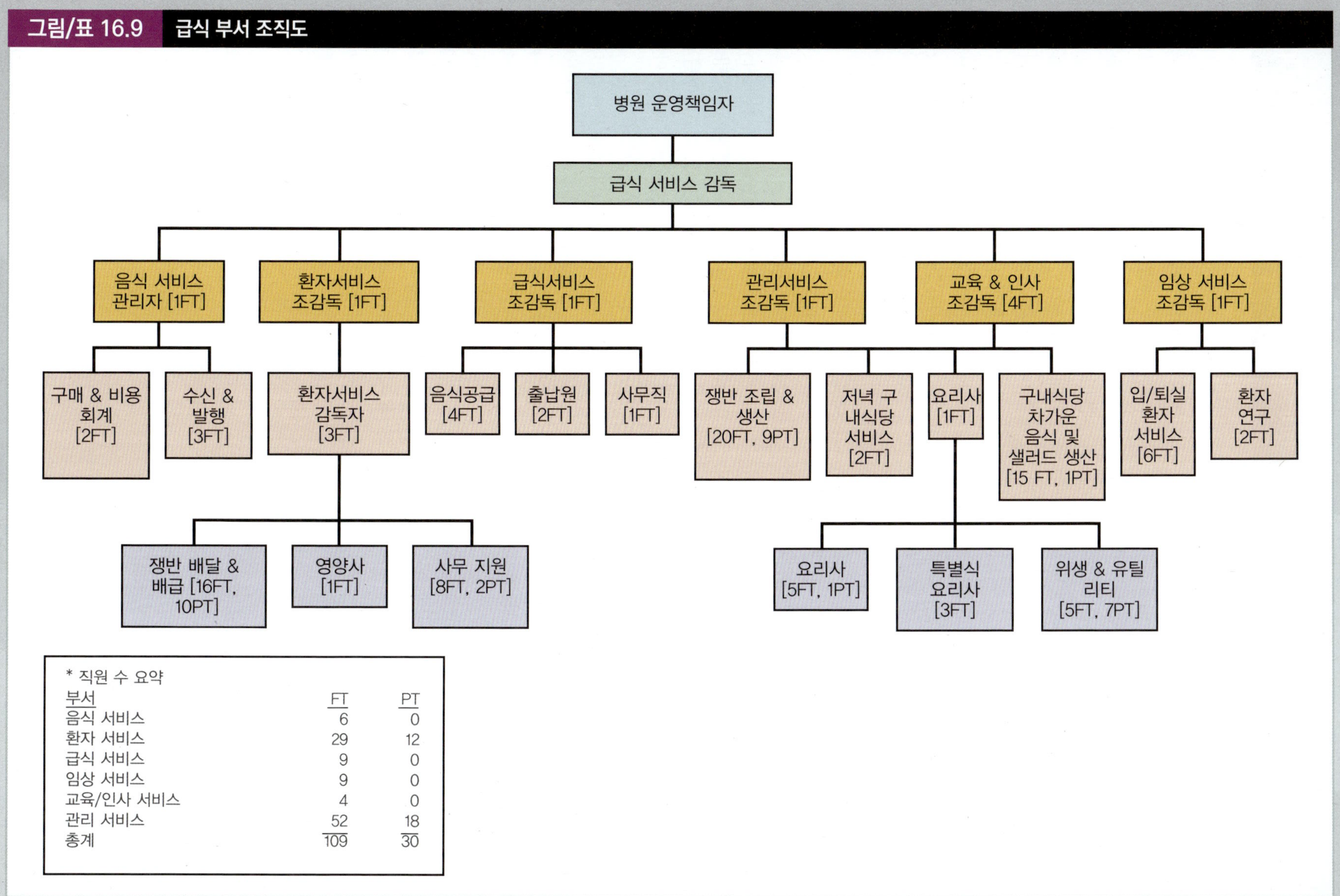

* 직원 수 요약

부서	FT	PT
음식 서비스	6	0
환자 서비스	29	12
급식 서비스	9	0
임상 서비스	9	0
교육/인사 서비스	4	0
관리 서비스	52	18
총계	109	30

그 품질을 유지할 책임이 있다.

환자 트레이 조립 Patient Tray Assembly 음식은 큰 회전 타원형 트랙의 각 환자 트레이에 조립된다. 12명의 직원이 트레이 조립 라인에 근무한다. 트레이 조립 라인의 첫 번째 포지션은 환자의 메뉴를 트레이에 놓고 필요한 양념과 함께 트레이를 캐리어에 놓는 "호출자"이다. 두 번째 포지션은 샐러드(뒤섞인 과일, 마카로니, 코티지 치즈, 참치, 감자, 닭고기, 콩, 요리사의 샐러드)와 주문한 샐러드 드레싱을 각 트레이에 넣는다. 세 번째 포지션은 빵 (흰색, 밀, 호밀)과 버터를 젤리와 함께 트레이에 놓는다. 네 번째 포지션은 주문한 차가운 음료(소프트 드링크, 우유, 버터 밀크, 오렌지 주스 등)를 담당한다.

다섯번째 포지션은 트레이에 디저트(파이, 과일 젤로 등)를 놓는다. 여섯 번째 포지션은 각 트레이의 앙트레와 탄수화물을 제공한다. 일곱 번째 포지션은 주문한 야채와 수프를 제공한다. 특별한 음식을 준비하고 제공하는 특별 식사 요리사가 여덟번째 포지션을 담당한다. 아홉 번째 포지션은 감독자가 주문한 음식이 적절한 환자 트레이에 있는지 확인하기 위해 각 메뉴를 확인하는 것이다. 열 번째 포지션인 "로더loader"는 트레이를 덮고 트레이를 적절한 카트에 싣고 이제 배송할 준비를 마친다. 두 명의 다른 작업자도 라인에서 작업하는 것으로 간주된다. 즉, 라인에서 바로 작업하는 커피 붓는 사람 pourer과 트레이 조립 라인을 계속 움직이기 위해 필요에 따라 특별한 품목을 가져오는 "러너 runner"이다.

환자 트레이 배달 Patient Tray Delivery 환자 서비스 담당 직원이 환자 메뉴 주문을 층 및 방 번호별로 순서를 정하고 완성된 환자 트레이 카트가 지하에 조립되면 트레이 전달 팀이 모든 환자 식사를 적시에 전달하고 픽업 할 책임이 있다. 이 특정 병원은 병원의 3개 동에 걸쳐 20개의 층을 가지고 있다.

네 명의 배달 보조원으로 구성된 세 팀이 각 식사에 대해 트레이를 배달한다. 카트가 적재되면 배달 팀은 카트와 적절히 뜨거운 음료를 올바른 층으로 가져간다. 카트가 올바른 바닥에 놓이면 팀 주장이 트레이를 "설치(set up)"한다. "설치"에는 트레이에 올바른 뜨거운 음료를 넣고, 병실 번호로 환자 이름을 확인하고, 트레이를 덮는 것이 포함된다. 이 절차는 다른 세 명의 배달 도우미가 단순히 방에서 방으로 트레이를 배달하므로 서비스를 신속하게 처리한다. 8개의 쟁반이 남았을 때 팀 주장은 보조원 중 한 명이 주방으로 돌아가 다음 카트를 가져와 팀이 담당하는 다음 층으로 가져 가도록 지시한다. 모든 트레이를 지정된 층에 전달한 후 팀은 초기 층으로 돌아가 빈 트레이를 집어 카트에 싣고 카트를 주방으로 돌려보낸다.

의료진 The Medical Staff 일반적으로 의사와 간호사는 메뉴 주문의 정확성, 적시 배달 및 트레이 픽업, 배달 보조원이 환자의 프라이버시를 정중하게 존중했는지 여부, 음식의 품질에 대한 불만을 가장 먼저 듣는다. 의료진은 환자 건강상의 이유로 처방된 식단의 정확성에 대해 가장 우려한다. 때때로 의사는 영양사에게 환자에게 제공되는 음식의 내용물을 확인하거나 테스트하도록 요청한다. 몇몇 병원에서는 간호사가 환자에게 트레이를 전달한다.

블레인의 결정 Blaine's Decision 전화 통화를 마친 블레인은 책상에서 천천히 일어나 비서에게 방해하지 말라고 말하고 문을 닫고 몇 개의 메모를 적기 시작했다. 답변이 필요한 몇 가지 주요 질문이 아래에 나열되어 있다.

토론을 위한 사례 질문

1. 병원의 급식서비스가 직면한 문제는 무엇인가?
2. 경미한 서비스 대비 주요 서비스 장애 또는 실패에 대한 병원의 비용은 얼마인가?
3. 가치사슬은 어떻게 생겼는가? 각 영역의 특징을 설명하라. 가치사슬의 각 단계에서 오류에 대한 기회의 예를 기술하라.
4. 품질 책임자는 누구인가?
5. 프로세스를 선택하고 실수를 증명하고 프로세스 성능을 향상시키는 방법을 논의하라.
6. 이 급식서비스를 어떻게 바꿀 수 있는가? 당신의 추천은 무엇인가?

선샤인 엔터프라이지즈 Sunshine Enterprises

마크 오터Mark Otter는 레스토랑 매니저인 브래드 글래디올러스Brad Gladiolus에게 "제가 신용 카드 영수증을 받고 서명한 후 웨이터가 선샤인 카페Sunshine Café 청구서에 추가로 25달러의 팁을 써넣었다고 생각합니다."라고 말했다. "오터씨, 식당 영수증 사본을 우편으로 보내 주시면 조사하겠습니다." 글래디올러스가 대답했다. 오터는 "영수증은 잃어버려서 없지만 월별 신용카드 명세서가 있습니다."라고 답했다. 글래디올러스 씨는 망설이다가 말했다. "오터씨, 당신의 주장을 조사할 방법이 없어서 제가 할 수 있는 일이 없습니다."

선샤인 레스토랑은 100건의 고객 커멘트 중 평균 1건의 고객불만을 접수한다.

Jochen Sand/Photodisc/Getty Images

글래디올러스는 책상에 앉아 이 서비스가 문제가 될 수 있는 원인을 다음과 같이 스케치했다.

- 고객은 청구서를 추가하고 올바르게 팁을 주고, 읽기 쉽게 작성하고, 두 번째 영수증을 보관하고, 책임감 있게 술을 마셔야 하는 책임이 있다.
- 직원은 계산대/컴퓨터에 청구서를 정확하게 입력하고 팁을 읽을 수 없는 경우 고객에게 다시 돌아가 정확한 금액을 확인하고 정직하게 책임 져야한다.
- 레스토랑 매니저는 가게의 영수증 내역을 조사하고 이 거래를 찾을 책임이 있으며, 잘못 입력한 소수점 또는 추가 0점 등 가능한 경우 오류 원인을 감사하며, 카드사와 고객에게 연락하여 문제를 해결할 책임이 있다.
- 이 가치사슬의 제3자 제공자인 신용카드 회사는 전자 거래의 기록을 제공하고, 문제 해결을 돕고, 필요한 경우 고객 및/또는 레스토랑에 직불 또는 신용장을 발행할 책임이 있다.

회사 정보 Company Background 애비 마틴Abby Martin의 부모는 1960년대에 시카고에서 플로리다로 왔다. 그녀의 부모는 케이프 코랄Cape Coral 지역의 토지를 구입했다. 이후에 이들 가족은 포트 마이어스 해변Fort Myers Beach에 호텔을 열었고 애비는 첫 직업으로 하우스키핑 부서 직원으로 일했다. 17살에 애비는 혼자서 호텔을 운영하고 있었다. 현재 그녀는 6개의 레스토랑과 해변 호텔을 소유 및 운영하고 있다. 레스토랑은 영화관, 소매점 그룹 및 기타 레스토랑 클러스터와 같은 교통량이 많은 시설 옆에 있는 쇼핑센터에 있다. 애비는 위치와 지역 시장, 인구 통계에 따라 이 6개 레스토랑에 대해 4가지 레스토랑 개념 (시설 장식, 크기 및 배치, 가격, 메뉴, 음악 및 밴드, 와인 목록, 라운지 공간 등)을 사용한다.

애비는 다른 투자를 하고 있지만 레스토랑 관리 관련한 도전을 좋아한다. "저는 필요를 찾고 충족시키는 데 큰 열정을 가지고 있습니다. 식당 성공의 비결은 비즈니스를 현지 요구에 맞게 맞춤화하고 매우 일관성을 유지하는 것입니다. 당신이 감당할 수 있는 가장 합리적인 가격으로 좋은 음식과 서비스를 제공하십시오. 그리고 그 모든 것을 제공하더라도 여전히 실패할 수 있음을 알고 있습니다. 고객 호스피탈리티hospitality 사업은 가장 어려운 사업입니다. 당신은 결코 편안하게 앉아서 설렁설렁할 수 없습니다."

여가시간에 그녀는 로날드 맥도날드 하우스Ronald McDonald House 건설, 병원 암 재단을 위한 기금 모금, 구세군 지역 이사회 의장을 지내는 등의 활동에 참여하는 저명한 커뮤니티 인물이다. 그녀는 기부금 1달러당 관리에 6센트만 지출하는 린lean 방식으로 운영하기 때문에 구세군을 좋아한다.

일일 서비스 관리 Day-to-Day Service Management 선샤인 레스토랑은 일반적으로 오전 11시부터 오후 10시까지 주 7일 영업한다. 점심 가격은 $10~$20이며 나무로 구운 햄버거, 해산물 샐러드 크루아상, 참깨 껍질을 벗긴 노란색 지느러미 참치와 같은 앙트레를 포함한다. 저녁식사 가격은 1인당 20달러에서 30달러이며 새우와 가리비 스캄피, 도미 피카타, 나무구이 필레미뇽과 같은 요리가 포함된다. 각 레스토랑은 케익브레드 샤르도네Cakebread Chardonnay와 같은 약 20~30개의 인기 와인을 보유하고 있다. 와인, 주류 및 일부 식품은 대량으로 주문되어 대량 할인 혜택을 누리고 공급업체에서 개별 레스토랑으로 직접 배송된다. 다른 모든 항목은 레스토랑 셰프와 각 레스토랑의 총괄 매니저가 주문한다.

애비는 대부분의 기업가와 마찬가지로 품질관리에 대한 자신만의 접근 방식을 가지고 있다. 그녀는 "저는 며칠에 한 번씩 레스토랑을 방문하고, 안으로 들어서면 곧바로 고객의 얼굴과 행동을 관찰하기 시작합니다. 저는 그들이 행복하고, 말하고, 웃고, 음식과 주변 환경을 즐기는지 보려고 노력합니다. 저는 그들의 자세와 표정을 봅니다. 저는 종종 고객과 이야기를 나누며 모든 것이 마음에 드는지 물어봅니다. 직원들(웨이터, 바텐더, 주방 도우미, 관리자, 요리사)에게 문제나 서비스 중단이 발생했는지 물어봅니다. 저는 정돈되지 않은 바닥, 테이블, 화장실을 찾습니다. 부정적인 고객 의견이나 불만을 통해 배우려고 합니다. 직원들은 제가 문제를 해결하도록 도와줄 것임을 알고 있습니다. 그들은 저를 신뢰합니다. 저는 짧은 방문에 레스토랑의 맥박을 짚습니다. 저는 매주 레스토랑 주방장들과 만납니다. 저는 레스토랑의 모든 사람들과 관찰하고 긴밀한 접촉으로 품질을 관리합니다. 밤에는 재무 및 판매 데이터를 검토합니다."

전형적인 선샤인 레스토랑은 약 12명의 핵심 직원으로 구성되어 있으며, 관리자, 부장, 요리사, 부 주방장, 웨이터 4명, 바텐더 2명, 주방 도우미 2명으로 구성된다. 성수기에는 각 레스토랑에서 6~8명의 추가 직원을 고용한다. 수요가 가장 많은 시기는 11월부터 4월까지 플로리다 남서부에 스노우버드snow-bird가 도착하는 시기이다. 수요가 가장 많은 시기에 리Lee 및 콜리어Collier 카운티의 인구는 거의 2백만 명으로 두 배가 된다.

비즈니스 관리에 대한 애비의 기업가적 접근 방식은 100개의 고객 댓글 당 약 1건의 부정적인 고객 불만을 초래한다. 불만은 음식 또는 서비스 품질에 집중하는 데 있어서 거의 동일하다. 레스토랑당 수익 및 간접비에 대한 기여도contributions는 35%이다. 일반적인 고객은 평균 2개월에 한 번 방문하고 고객 이탈률은 5~10% 범위이지만 비즈니스의 계절적 특성을 고려할 때 추정하기 어렵다.

장기전략 문제 Long-Term Strategic Issues 애비 마틴은 플로리다 남서부에서 레스토랑의 우수한 서비스와 음식 품질로 명성을 쌓았다. 그녀는 전문 지식을 활용하고 가족을 위한 비즈니스를 성장시키기 위해 레스토랑을 탬파Tampa 및 올란도Orlando 지역으로 확장하는 것을 고려하고 있었다. 그녀는 더 많은 레스토랑에서 적절한 재정 및 품질 관리를 유지할 수 있는지, 프랜차이즈를 할지 여부를 궁금해했다. 2007~2009년 신용 경색과 높은 압류율로 인해 레스토랑을 위한 좋은 위치에 많은 상업용 부동산이 있었고 가격은 사상 최저 수준이었다. 애비는 플로리다 서부 해안을 위아래로 확장하는 측면에서 지금은 아니라고 생각했다. 그녀는 향후 5년 동안 20개의 선샤인 레스토랑을 구상했다.

결정 Decisions 애비는 이러한 문제를 분석할 시간이 언제 생기는지 궁금했다. 그녀의 사업을 따라가는 것은 쉽지 않았다. 그녀는 우수한 일상적 음식과 서비스 품질이 반복적인 비즈니스(고객 재방문 및 매출창출)를 결정한다는 것을 알고 있었기 때문에 미래를 계획하는 동안 $25 팁을 추가하는 웨이터에 대한 이 고객의 불만을 성공적으로 해결해야했다. 그녀는 우연히 호텔에 있었기 때문에 해변 의자에 앉아 멕시코만 너머로 펼쳐지는 화려한 일몰을 바라보았다. 그녀는 곧 대답해야 할 여러 질문을 적기 시작했다.

토론을 위한 사례 질문

1. $25 팁서비스 문제의 가능한 원인들에 대한 원인과 결과 다이어그램을 그려보라. 다이어그램에서 가능한 근본 원인을 하나 선택하고 이를 어떻게 조사하고 수정할 지에 대해 설명하라.
2. 애비의 레스토랑에서 충성도가 높은 고객(VLC)의 평균가치는 얼마인가 (2장, 섹션 2-2b 참조)? VLC 분석에서 수익을 늘리는 가장 좋은 방법은 무엇인가?
3. 현재의 "비공식" 품질 관리 시스템을 비판하라. 선샤인이 20개의 레스토랑으로 확장되면 어떤 변경 및 개선을 권장하는가?
4. 단기 및 장기 권장 사항은 무엇인가? 이러한 권장 사항에 대한 근거를 설명하라.

통합 사례 연구: 허드슨 쥬얼러스 Integrative Case: Hudson Jewelers

본서 마인드탭MindTap은 허드슨 쥬얼러스Hudson Jewelers 사례 연구 관련 각 장에 있는 학습자료를 통합하여 제공한다.

토론을 위한 사례 질문

1. 글로벌 다이아몬드 공급사슬(광업, 절단 및 광택 센터, 소매 보석상)의 다음 단계에서 분석에 포함될 수 있는 품질비용 기준(예: 예방, 평가, 내부 실패 및 외부 실패 비용)은 무엇인가? 예를 들어 설명하라.

17 품질통제 및 통계적 프로세스 관리

Quality Control and SPC

학습목표

17장을 학습한 후 다음 과제를 수행할 수 있어야 한다:

17-1 품질통제 시스템quality control systems과 제조 및 서비스의 주요 문제를 기술한다.

17-2 변동variation 유형과 통계적 프로세스 관리statistical process control (SPC)의 역할을 설명한다.

17-3 연속형 및 이산형 데이터 모두에 대한 간단한 관리도control charts를 구성하고 기술한다.

17-4 통계적 프로세스 관리를 실행하는 것의 실질적인 문제를 기술한다.

17-5 공정능력process capability과 공정능력지수process capability indexes를 계산하고 설명한다.

호텔과 모든 서비스 산업에서 품질통제는 매우 중요하다.

iced mocha/Shutterstock.com

메리어트Marriott는 매우 상세한 표준운영절차standard operating procedures(SOP)를 가지고 있는 것으로 인정 받고 있다. 여행자들은 일관되고 훌륭한 품질을 좋아하며, 단조롭고 획일적인 것을 싫어한다. "이 회사의 설명서는 많은 통제를 위한 운영 시스템과 절차가 작성되어 있는 것"으로 알려져 있다. "그리고 그들은 실제로 그것들을 따릅니다." 호텔 메이드들은 114개의 체크리스트를 가지고 작업한다. 하나의 표준운영절차로는 서비스 제공자가 세 번 노크하고, 노크 후 "룸 서비스!"라고 말하면서 즉시 자신을 분명한 목소리로 알려야 한다. 손님의 이름은 문 밖에서 말하지 않는다. 사람들은 이러한 표준운영절차에 대해 우스개소리를 하기도 하지만 이러한 철저함은 메리어트의 운영에 중요한 부분이며브랜드를 보호하도록 설계되었다. 최근 메리어트는 지점 소유권자에 대한 엄격한 지침을 일부 삭제하여, 세부사항에 대해 스스로 결정할 수 있는 권한을 부여하였다.

어떻게 생각하는가? What Do you Think?

대학에서 품질통제 또는 표준운영절차를 사용해서 개선할 수 있는 것은 무엇인가?(서점이나 식당도 생각해 볼 수 있다.)

품질통제는 일관된 서비스 경험을 보장하고, 메리어트 사례에서 알 수 있듯이, 고객만족도를 높이는데 중요한 역할을 한다. 체크리스트 및 표준운영절차와 같은 간단한 통제 매커니즘은 이를 수행하는 비용 효율적인 수단이다. 서비스에서 불만족한 경험을 한 고객을 회복시키기는 매우 어렵다. 이미 발생한 손상을 발견하고 서비스 복구를 위해 특별한 조치를 취하더라도 고객은 떠날 수 있다.

품질통제 quality control는 *상품 또는 서비스가 명세* specification*를 준수하고 고객 요구사항*requirements*을 충족하는지 확인하는 것이다.* 이를 위해 공정을 모니터링 및 측정하고 특정 수준의 성능을 유지하기 위해 필요한 조정adjustment을 한다. 효과적인 품질통제 시스템 및 절차의 부재로 인한 결과는 심각할 수 있으며, 잠재적으로 큰 재정적 손실을 초래하거나 회사의 평판에 영향을 미칠 수 있다. 의료는 효과적인 품질관리 시스템이 없는 것으로 비판을 받아온 산업 중 하나이다. 예를 들어 필라델피아Philadelphia의 한 병원은 검사오류로 인해 수십 명의 환자가 혈액 희석제를 과다복용하여 두 명의 환자가 사망한 것을 확인한 후, 실험실의 운영절차를 재설계하기로 하였다. 많은 의료조직은 이러한 오류를 최소화하기 위해 현대적인 생산 품질통제 방법과 식스시그마Six Sigma와 같은 기타 품질개선 접근법을 사용하고 있다.

17-1 품질통제 시스템 Quality Control Systems

모든 통제시스템에는 세 가지 구성요소가 있다.

1. 성과표준 performance standard 또는 목표 goal
2. 실제 성과측정 performance measure 수단 means
3. 실제와 표준 성과를 비교하여 시정조치corrective action의 기초 형성

서비스에서도 유사한 통제조치가 취해졌다(이전 장에서 서비스 품질메트릭스 소개). 예를 들어 패스트푸드 식당은 무선 인터콤시스템intercom system, 주변 주방소음kitchen noise을 줄이는 마이크, 고객주문을 표시하는 화면을 사용하여 높은 정확도와 빠른 응답시간을 위해 프로세스를 설계했다. 웬디스Wendy's의 타이머는 관리자가 성과관리와 문제 파악을 위해 주문 완료시간을 측정하고 있다.

좋은 통제시스템은 경제적으로도 합리적이다. 통제의 중요성은 종종 1 : 10 : 100 규칙으로 설명된다. 설계단계에서 결함 또는 서비스오류가 식별되고 수정되면, 수정하는 데 1달러가 들 수 있으나, 생산과정에서 발견되면 10달러, 고객에게 도달할 때까지 발견되지 않으면 수정하는 데 100달러 비용이 든다는 것이다.

물론 비용의 정확한 비율은 기업과 산업에 따라 다르다. 그러나 중요한 것은 결함과 오류가 가치사슬을 따라 이동함에 따라 수리 또는 서비스 복구비용이 크게 증가하는 것은 공통된다. 이 규칙은 "원천에서의" 품질구축을 통한 통제와 예방의 필요성을 명확하게 뒷받침한다. **원천에서의 품질** Quality at source은 *작업책임자가 결함이나 오류가 처음 인식되거나 발생했을 때 식별하고 수정하여 프로세스의 품질을 통제해야 함을 뜻한다.* 이를 위해서는 직원이 적절한 도구, 교육 및 관리지원 뿐만 아니라 우수한 데이터 수집, 관찰 및 분석기술이 있어야 한다.

골프장의 평탄화 작업 Leveling the Playing Field in Golf

antpkr/Shutterstock.com

골프공은 최소크기minimum size, 최대무게maximum weight, 구형의 대칭성spherical symmetry, 최대초속maximum initial velocity와 총거리overall distance와 같은 미국 프로골프연맹USPGA의 5가지 규칙을 맞춰야 한다. 이러한 품질특성은 자동화 혹은 수동으로 측정할 수 있다. 예를 들어 골프공은 금속링에 떨어트려 크기를 측정한다. 부합하는 볼은 링 위에 있게 되는 반면 부적합한 볼은 통과한다. 디지털 저울digital scale은 무게를 1/1000그램까지 측정한다. 그리고 초속은 정확히 6.28피트 떨어진 스크린까지 98mph로 타격한 공이 걸리는 시간을 측정한다.

17-1a 생산에서의 품질통제 실행 Quality Control Practices in Manufacturing

생산에서 통제는 일반적으로 공급사슬의 세 가지 핵심지점 (공급업체로부터 수령단계, 다양한 생산프로세스 중간단계, 완제품 단계)에서 이루어진다.

공급업체 품질인증 및 관리

만약 원재자가 품질이 좋지 않은 경우 최종제품의 품질이 좋을 수 없다. 공급업체는 요구되는 사양을 충족하고 있다는 문서 및 통계적 증거를 제출해야 한다. 공급업체의 문서가 제대로 작성되면 입고 품질검사는 생략될 수 있다. 많은 기업이 입고되는 자재의 품질보장을 위한 인증 프로그램formal supplier certification programs을 보유하고 있다.

공정중 통제

공정중 품질통제 시스템은 결함이 있는 제품이 공정에서 나가지 않도록 한다. 무엇보다 먼저 이를 방지하는 것이 필요하다. 조직은 탐지, 수리 또는 교체를 위한 명시적 비용과 생산 프로세스에서 문제를 지속적으로 발생시키는 암묵적 비용implicit cost간의 상충관계trade-off를 고려해야한다. 공정중 통제는 일반적으로 공정 일선에서 작업하는 사람들이 수행한다. 이것이 원천에서의 품질quality at the source의 예이다.

완제품 통제

완제품 통제는 종종 제품이 고객 요구사항을 만족하는지 확인하는 데 중점을 둔다. 많은 소비자 제품의 경우 기능검사를 통해 이뤄진다. 예를 들어 텔레비전 제조업체는 각 장치에 대해 간단한 검사를 통해 제대로 작동하는지 확인할 수 있다. 현대 기술을 통해 이러한 검사를 빠르고 비용 효율적으로 수행할 수 있다. 예를 들어 식품 포장 라인에 있는 스캐너는 이물질이 있는지 확실하게 확인한다.

17-1b 서비스 품질통제 실행 Quality Control Practices in Services

이전에 다룬 내용들 대부분이 은행업무 또는 의료보험 청구처리와 같은 백오피스back office 서비스 운영에 대한 품질관리에 적용될 수 있다. 프론트오피스front office의 경우 고객과의 접점customer contact이 많기 때문에 다르게 관리되어야 한다. 서비스를 제공하는 모든 조직에게 수천 건의 서비스 접점service encounter을 일상적으로 실행하는 것은 어려운 과제이다.

서비스 품질통제를 위해 포카요케poka-yoke 접근방식을 사용하는 방법은 처음부터 오류 및 실수의 원인을 방지하도록 해준다. 또 다른 방법은 품질통제에 대한 예방기반 접근 방식의 일환으로 서비스 제공업체를 고용하고 서비스 관리기술을 교육한다.

고객만족도를 측정하여 서비스에서 효과적인 통제시스템을 구축할 수 있다. 고객만족은 태도, 리드타임, 정시배송, 예외처리, 책임, 기술지원과 같은 서비스속성service attributes, 신뢰성, 가격과 같은 제품속성product attributes, 그리고 전반적인 만족도 측정overall satisfaction measures에 중점을 둔다. 페덱스FedEx에서 고객은 청구부터 배달원의 성과까지 평가한다. 패키지 상태, 택배 추적여부와 추적기능, 불만처리, 직원의 태도에 이르기까지 모든 것을 평가한다.

많은 조직이 고객만족satisfaction보다 고객충성도loyalty에 관심을 두고 있다. 단순히 만족하는 고객은 편의성, 판촉 또는 기타 요인으로 경쟁사 제품이나 서비스로 전환되는 경우가 많다. 반면 충성도가 높은 고객은 특정 조직의 제품이나 서비스를 구매하는 것에 우선순위를 두며, 이를 위해 웃돈premium까지 지출한다. 충성도가 높은 고객은 더 많은 비용을 지출하고, 더 높은 가격을 지불하고, 신규고객을 추천하기도 한다. 전반적으로 사업비용을 절감시키는 효과가 있다.

오늘날 많은 기업은 *순추천점수*net promoter score(NPS)라는 지표를 사용한다. 이는 프래드 리히헬드Fred Reichheld, 배인 앤 컴퍼니Bain & Company 및 새트메트릭스Satmetrix에서 만든 고객충성도 측정지표이다. 측정항목으로는 "우리를 추천할 가능성은 얼마인가?"라는 간단한 질문에서 시작한다. 0부터 10까지의 척도로 평가되며, 9점 또는 10점은 일반적으로 단골고객이 될 충성도 높은 고객이다("추천자promotors"). 7점 또는 8점은 만족하지만 경쟁사로 전환할 수 있는 고객("중립자passives"); 6점 이하는 부정적인 의견을 퍼뜨릴 수 있는 불만족스러운 고객("비방자detractors")을 나타낸다. "추천인"은 가격에 덜 민감하고 수익성이 높은 반면 "비방자" 고객은 가격에 보다 민감하고, 결함을 지적하는 경우가 많다. 결과적으로 수익성이 떨어진다. 순추천점수(NPS)는 "추천자"과 "비방자"의 비율차이the difference in the percentage이며 시장성장과 수익성장과 높은 상관관계를 가진다. 50%를 초과하는 점수는 좋은 것으로 간주되며 우수한 회사는 종종 70~90% 범위의 점수를 보인다. 문제 17.1은 순추천점수(NPS)를 계산하는 방법을 보여준다.

문제풀이 17.1 : 순추천점수의 계산

300명의 고객에게 "어느 정도로 추천하고 싶나요?"라고 질문했을 때 아래와 같은 답을 얻었다.

총 추천인promotor는 63 + 72 = 145명이며, 비방자detractors는 21 + 12 + 6 + 7 + 3 + 0 + 1 = 50명이다. 비율로 보면 각각 48.3 프로와 16.7 프로이다. 따라서 순추천점수는 48.3% − 16.7% = 31.6%이다.

점수	빈도수
10	63
9	82
8	64
7	41
6	21
5	12
4	6
3	7
2	3
1	0
0	1

17-2 변동과 통계적 프로세스 관리 Variation and Statistical Process Control

변동variation은 재료투입의 불일치, 환경조건의 변화(온도, 습도), 기계 유지보수 주기, 고객참여 및 셀프서비스, 도구마모, 피로와 같은 여러가지 이유로 발생한다. 식사 배달시간 또는 식당의 음식양의 불일치와 같은 변동은 분명히 나타난다. 반면 가공부품의 물리적 치수의 미세한 차이와 같은 변동은 거의 감지할 수 없지만 측정 프로세스의 일부 유형을 통해 확인할 수 있다.

> 변동은 재료투입의 불일치, 환경조건의 변화, 기계 유지보수 주기, 고객참여 및 셀프 서비스, 도구마모, 피로와 같은 여러가지 이유로 발생한다.

일반원인 변동common cause variation은 *재료, 도구, 기계, 정보, 작업자 및 환경 변동의 복잡한 상호작용의 결과로 나타난 것이다.* 이러한 변동은 기술 및 프로세스 설계의 자연스러운 부분이며 통제할 수 없다. 즉 프로세스의 각 개별 결과물에는 영향을 미칠 수 없다. 이러한 것은 무작위로 나타나며 개별 출처 또는 원인을 찾을 수 없다. 그러나 통합된 결과는 안정적이며 통계적으로 설명할 수 있다. 일반원인 변동은 일반적으로 공정에서 관찰된 변동의 약 80~95%를 차지한다. 이를 해결하기 위해서는 발전된 기술, 프로세스 설계 또는 교육이 필요하며 이는 경영진의 책임이다.

특수(또는 지정가능) 원인 변동special(assignable) cause variation은 *프로세스에 내재되어 있지 않은*

약 처방에 대한 품질통제 Quality Control for Medical Prescriptions

매년 최소 7,000명의 환자가 투약오류로 사망하는 것으로 추정된다. 프로세스 간소화, 프로세스의 모든 단계에 대한 품질검사 구축, 처방을 수기로 하는 것을 없애고 기술을 사용하는 것과 같은 더 나은 프로세스관리 및 품질통제는 이러한 오류를 최소화할 수 있다. 약물용기 스캔 및 올바른 약물, 강도 및 양에 대한 재확인과 같은 간단한 프로세스 변경으로 심각한 오류를 피할 수 있다. 수기식 처방전 작성은 투약오류의 주요 원인이다. 85%이상의 제약회사가 전자처방 기술을 보유하고 있음에도 불구하고 전국 처방자 중 1/3만이 이러한 시스템을 사용하고 있다. 그러나 한 연구에 따르면 약국에 있는 전자처방전의 12% 정도가 오류가 있다고 밝혔고, 이는 수기식 처방전 오류율과 일치한다.

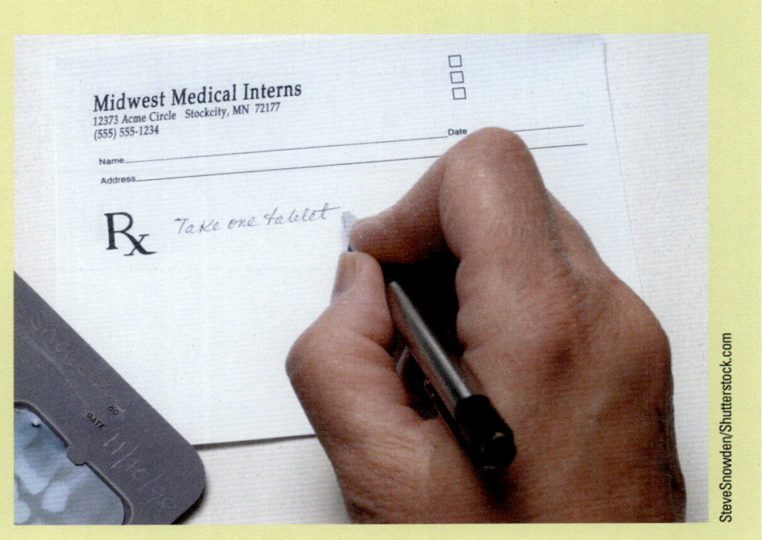

SteveSnowden/Shutterstock.com

외부원인으로 인해 산발적으로 나타나며 일반적인 원인으로 나타나는 무작위 패턴을 방해한다. 특수원인 변동은 산발적으로 발생하며 예방하거나 또는 적어도 설명하고 이해할 수 있다. 예를 들어 프로세스 단계 중에 도구가 손상되거나, 직원이 동료에 의해 산만해진다거나 또는 많은 관광객이 식당에 단체로 방문할 수(비정상적인 대기시간으로 이어짐) 있다. 특수원인 변동은 정상적인 측정패턴을 방해하기 때문에 통계적 방법을 사용하여 쉽게 감지할 수 있다. 특수원인이 확인되면 일반적으로 책임자(예: 기계 작업주주문 처리 작업자 등)가 단기 시정조치를 취해야 한다.

품질통제의 핵심은 특수원인 변동이 발생하지 않도록 하는 것이다. *특수원인이 공정의 결과물에 영향을 미치지 않으면 공정이* **통제 중** in control이라고 할 수 있으며 *특수원인이 발생하면 공정이* **통제불능** out of control이라고 말한다. 통제중인 공정은 변경이나 조정이 필요하지 않으나 통제불능 공정은 변경이 필요하다. 그러나 직원들은 공정을 통제하려고 할 때 종종 두 가지 기본적인 실수를 한다: 이미 통제중인 공정을 수정하거나 통제불능인 공정을 수정하는데 실패한다.

많은 작업자들은 공정 결과물이 목표를 벗어났을 때마다 약간의 조정이 필요하다고 잘못 생각한다. 실제로 통제중인 공정을 과도하게 조정하면 결과물의 변동이 증가한다. 따라서 작업자들은 변동을 최소화하기 위해 언제 공정을 그대로 두어야 하는지 알아야 한다.

17-2a 통계적 프로세스 관리 Statistical process control

통계적 프로세스 관리 Statistical process control (SPC)는 원치 않는 변동원인을 식별하고 제거하는 데 도움이 되도록 제조 및 서비스 제공 프로세스의 품질을 모니터링하는 방법이다. 많은 기업이 공급자에게 공정이 통제되고 있다는 통계적인 증거를 제공할 것을 요구한다. 따라서 통계적 프로

그림/표 17.1 관리도의 구조

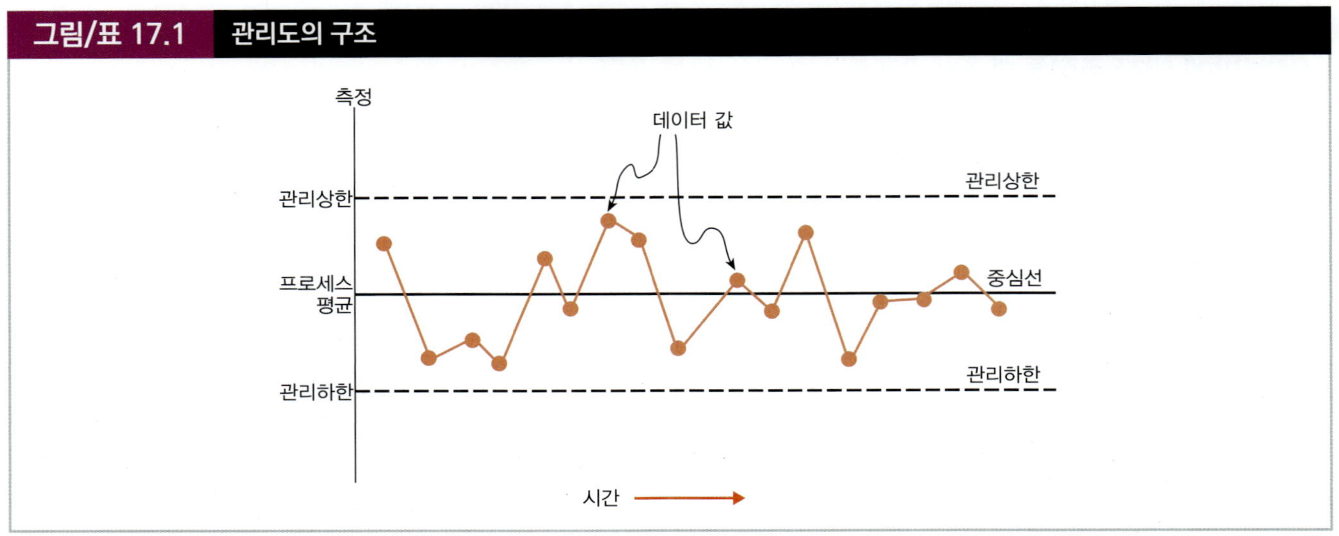

세스 관리는 기업간 경쟁이 치열한 오늘날의 시장에서 생존에 필요한 활동인 품질역량을 입증할 수 있는 수단이다. 통계적 프로세스 관리는 품질 보증quality assurance 초기단계에 있는 회사에 특히 효과적이다. 통계적 프로세스 관리는 작업자가 조치를 취해야 할 때, 그리고 더 중요한 것은 프로세스를 중단해야 할 때를 알 수 있게 해준다.

통계적 프로세스 관리는 **관리도** control chart*에 의존하며 관리도에는 관리상한* the upper control limit(UCL)*과 관리하한* lower control limit(LCL)*이라는 두개의 관리한계선이 있다*(그림/표 17.1).

점이 관리상한(UCL)과 관리하한(LCL) 사이에 있으면 높은 확률(일반적으로 0.99보다 큼)로 공정이 통제중이라고 할 수 있다. 관리한계를 사용해 런차트run chart의 패턴을 더 쉽게 해석하고 관리상태에 대한 결론을 도출할 수 있다. 특수원인이 있는 경우 관리도에 해당 원인이 표시되며, 신속하게 시정조치를 취할 수 있다. 이렇게 하면 부적합 제품을 생산할 가능성이 줄어 든다.

17-3 관리도 구성하기 Constructing Control Charts

관리도control charts는 20세기 초에 작업 현장자가 사용할 수 있도록 개발되었다(컴퓨터나 계산기 없이!). 기본적으로 주기적인 간격으로 가져온 공정의 산출물 표본을 통해 통제하려는 품질특성을 측정하고, 몇 가지 계산을 수행하고, 차트에 데이터를 표기하고, 결과를 해석하기 위해 관리도를 사용한다.

다음은 관리도를 개발하고 사용하기 위한 단계의 요약이다. 1-4단계는 초기 차트 설정에 중점을 두며, 5단계에서 차트는 지속적인 모니터링을 위해 사용된다. 마지막으로 6단계에서 데이터는 공정능력(프로세스 능력) 분석에 사용된다.

1. 준비
   a. 드릴구멍의 직경, 주문처리 시간, 고객 반품비율 등 모니터링 및 통제할 척도metric를 선택한다.

   b. 표본크기(각 표본의 관측값 수)와 표본추출빈도(연속표본 추출 사이의 시간)를 결정한다. 이 장의 뒷부분에서 이러한 결정과 관련된 몇 가지 실제 문제에 대해 논의할 것이다.
   c. 관리도를 설정한다. 이것은 한 장의 종이나 컴퓨터에서 스프레드시트나 상용 소프트웨어 패키지를 사용하여 보다 효율적으로 수행할 수 있다.
2. 데이터 수집
   a. 데이터를 기록한다.
   b. 평균, 범위, 비율 등 관련 통계를 계산한다.
   c. 차트에 통계치들을 표기한다.

   이러한 작업은 수작업이나 컴퓨터로 할 수 있다.
3. 실험 관리한계 결정
   a. 차트에 중심선 (프로세스 평균)을 그린다.
   b. 관리상한과 관리하한을 계산한다. 다시 말하지만 스프레드시트와 컴퓨터 소프트웨어는 이러한 작업을 자동화할 수 있다.
4. 분석 및 해석
   a. 통제부족에 대한 차트를 조사한다.
   b. 통제불능 값(점)을 제거한다.
   c. 필요한 경우 관리한계를 재계산한다.
5. 문제해결 도구로 사용
   a. 데이터 수집 및 표기를 계속한다.
   b. 통제불능 상황을 식별하고 시정조치를 취한다.
6. 관리도 데이터를 사용한 공정능력 결정

관리도에는 다양한 유형이 존재한다. 모두 구조는 비슷하지만 관리한계를 계산하는 데 사용되는 특정 공식이 다르다. 또한 다양한 유형의 척도에 대해 다양한 유형의 차트가 사용된다.

연속형척도 continuous metric는 *명세에 대한 일치 정도로 측정된 데이터에서 계산되는 측정항목이다.* 예로는 길이, 무게 및 시간이 있다. 고객대기 시간 및 주문 리드타임은 다른 예이다. 연속형척도에는 일반적으로 $\bar{x}$-("x-bar") 및 R-관리도가 필요하다.

이산척도 discrete metric는 *카운트된 데이터에서 계산되는 측정항목이다.* 가공부품의 치수가 허용치 내에 있거나 벗어났거나, 주문이 완전하거나 불완전하거나, 고객이 불만을 제기했거나 하지 않았거나와 같은 것들이 측정대상이다. 허용 오차범위 내에서 부품의 비율 또는 수, 완료된 주문의 비율 또는 수, 불만의 비율 또는 수를 셀 수 있다. 이들은 이산척도의 예이며, 일반적으로 p-관리도와 c-관리도가 필요하다.

관리도의 계산을 용이하게 하고 관리도를 그리거나 수동으로 엑셀표를 만드는 단순 작업을 피하기 위해 엑셀 템플릿을 만들었다. 이 장에서 논의된 관리도를 위한 엑셀 템플릿은 마인드탭 MindTap에서 찾을 수 있다. 이를 통해 통계 및 관리한계를 자동 계산하고 여기에는 관리도 자체(통합 문서의 별도 탭에 있음)가 포함된다.

17-3a $\bar{x}$ 및 R관리도 만들기 Constructing $\bar{x}$ and R-Charts

연속형척도의 경우 $\bar{x}$ 및 R 관리도를 사용한다. $\bar{x}$-chart는 *프로세스의 중심을 모니터링하는 데 사용되며,* R-chart는 *프로세스의 변동을 모니터링하는 데 사용된다.* 편의상 범위는 변동으로 측정되며, 특히 공장 현장의 작업자가 손으로 관리도를 계산할 수 있는 작은 표본에 적합하다.

$\bar{x}$ 및 R관리도를 개발하는 첫번째 단계는 데이터를 수집하는 것이다. 일반적으로 약 25~30개의 표본이 수집되며, 크기 3에서 10 사이의 표본이 일반적으로 사용되고 5가 가장 일반적이다. 표본수는 k로 표시되고 n은 표본크기를 나타낸다. 각 표본 i에 대해 평균($\bar{x}_i$로 표시)과 범위 R_i가 계산된다. 이러한 값은 각각의 관리도에 표시된다. 다음으로 전체 평균 및 평균 범위를 계산한다. 이러한 값은 각각 $\bar{x}$ 및 $\bar{R}$ 관리도의 된다. 전체 평균($\bar{\bar{x}}$로 표시)은 표본평균의 평균이다.

$$\bar{\bar{x}} = \frac{1}{k}\sum_{i=1}^{k}\bar{x}_i \qquad [17.1]$$

평균범위 $\bar{R}$은 다음 식을 사용하여 계산된다.

$$\bar{R} = \frac{1}{k}\sum_{i=1}^{k}R_i \qquad [17.2]$$

평균범위average range와 평균의 평균값average mean은 R- 및 $\bar{x}$관리도에 대한 관리상한 및 하한(UCL 및 LCL)을 계산하는 데 사용된다. 관리한계는 다음 식을 사용하여 쉽게 계산할 수 있다

$$\begin{aligned} \text{UCL}_R &= D_4\bar{R} & \text{UCL}_{\bar{x}} &= \bar{\bar{x}} + A_2\bar{R} \\ \text{LCL}_R &= D_3\bar{R} & \text{LCL}_{\bar{x}} &= \bar{\bar{x}} - A_2\bar{R} \end{aligned} \qquad [17.3]$$

여기서 상수 D_3, D_4 및 A_2는 표본 크기에 따라 다르다 (이 책의 끝에 있는 부록 B 참조). 문제풀이 17.2는 $\bar{x}$와 R-관리도 엑셀 템플릿의 사용을 보여준다.

관리한계는 공정이 통계적 관리상태에 있는 경우 모든 점이 포함될 것으로 예상되는 범위를

문제풀이 17.1 : $\bar{x}$ and R 관리도 만들기

한 타이어 제조업체는 시뮬레이션된 도로 조건에서 타이어의 마모를 주기적으로 테스트한다. 제조공정을 연구하고 관리하기 위해 회사는 $\bar{x}$ 및 R 관리도를 사용한다. 각각 3개의 타이어를 포함하는 20개의 표본이 며칠 동안 작동하면서 서로 다른 표본에서 채택되었다. 데이터는 그림/표 17.2의 $\bar{x}$-관리도와 R-관리도는 엑셀 템플릿에 나와 있다. N = 3이므로 R-관리도의 관리한계 요인은 D_3 = 0이며 D_4 = 2.57이다. 식 17.1과 17.2를 사용하면 $\bar{\bar{x}}$는 31.88이고, 평균 범위는 10.8이다. 관리한계는 식 17.3을 사용하여 계산된다.

$$\text{UCL}_R = D_4\bar{R} = 2.57(10.8) = 27.8$$
$$\text{UCL}_R = D3\bar{R} = 0$$

$\bar{x}$차트에서는 A_2 = 1.02이며 따라서 경계선은

$$\text{UCL}_{\bar{x}} = 31.88 + 1.02(10.8) = 42.9$$
$$\text{UCL}_{\bar{x}} = 31.88 - 1.02(10.8) = 20.8$$

그림/표 17.2에서 $\bar{x}$ 관리도 템플릿을 사용해서 각 관리한계를 계산하였고 관리도에 표기하였다. 이 차트의 해석방법은 17-3b에서 다루기로 한다.

그림/표 17.2 엑셀 $\bar{x}$-관리도와 R-관리도 템플릿

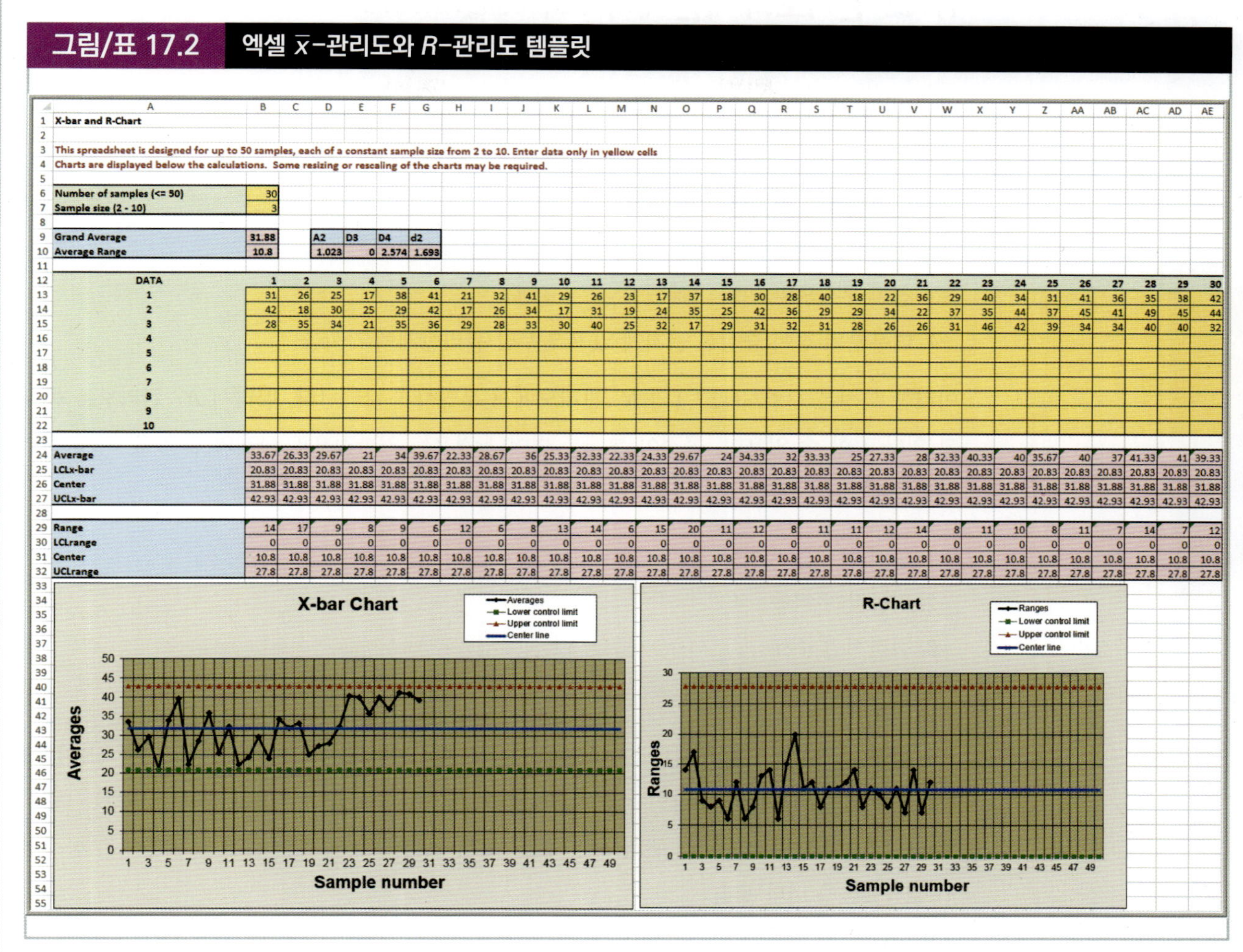

X-bar and R-Chart

This spreadsheet is designed for up to 50 samples, each of a constant sample size from 2 to 10. Enter data only in yellow cells

Charts are displayed below the calculations. Some resizing or rescaling of the charts may be required.

Number of samples (<= 50)	30
Sample size (2 - 10)	3

			A2	D3	D4	d2
Grand Average	31.88		1.023	0	2.574	1.693
Average Range	10.8					

DATA	1	2	3	4	5	6	7	8	9	10	11	12	13	14	15
1	31	26	25	17	38	41	21	32	41	29	26	23	17	37	18
2	42	18	30	25	29	42	17	26	34	17	31	19	24	35	25
3	28	35	34	21	35	36	29	28	33	30	40	25	32	17	29
4															
5															
6															
7															
8															
9															
10															
Average	33.67	26.33	29.67	21	34	39.67	22.33	28.67	36	25.33	32.33	22.33	24.33	29.67	24
LCLx-bar	20.83	20.83	20.83	20.83	20.83	20.83	20.83	20.83	20.83	20.83	20.83	20.83	20.83	20.83	20.83
Center	31.88	31.88	31.88	31.88	31.88	31.88	31.88	31.88	31.88	31.88	31.88	31.88	31.88	31.88	31.88
UCLx-bar	42.93	42.93	42.93	42.93	42.93	42.93	42.93	42.93	42.93	42.93	42.93	42.93	42.93	42.93	42.93
Range	14	17	9	8	9	6	12	6	8	13	14	6	15	20	11
LCLrange	0	0	0	0	0	0	0	0	0	0	0	0	0	0	0
Center	10.8	10.8	10.8	10.8	10.8	10.8	10.8	10.8	10.8	10.8	10.8	10.8	10.8	10.8	10.8
UCLrange	27.8	27.8	27.8	27.8	27.8	27.8	27.8	27.8	27.8	27.8	27.8	27.8	27.8	27.8	27.8

DATA	16	17	18	19	20	21	22	23	24	25	26	27	28	29	30
1	30	28	40	18	22	36	29	40	34	31	41	36	35	38	42
2	42	36	29	29	34	22	37	35	44	37	45	41	49	45	44
3	31	32	31	28	26	26	31	46	42	39	34	34	40	40	32
4															
5															
6															
7															
8															
9															
10															
Average	34.33	32	33.33	25	27.33	28	32.33	40.33	40	35.67	40	37	41.33	41	39.33
LCLx-bar	20.83	20.83	20.83	20.83	20.83	20.83	20.83	20.83	20.83	20.83	20.83	20.83	20.83	20.83	20.83
Center	31.88	31.88	31.88	31.88	31.88	31.88	31.88	31.88	31.88	31.88	31.88	31.88	31.88	31.88	31.88
UCLx-bar	42.93	42.93	42.93	42.93	42.93	42.93	42.93	42.93	42.93	42.93	42.93	42.93	42.93	42.93	42.93
Range	12	8	11	11	12	14	8	11	10	8	11	7	14	7	12
LCLrange	0	0	0	0	0	0	0	0	0	0	0	0	0	0	0
Center	10.8	10.8	10.8	10.8	10.8	10.8	10.8	10.8	10.8	10.8	10.8	10.8	10.8	10.8	10.8
UCLrange	27.8	27.8	27.8	27.8	27.8	27.8	27.8	27.8	27.8	27.8	27.8	27.8	27.8	27.8	27.8

나타낸다. 관리한계를 벗어나는 결과물이 있거나 비정상적인 패턴이 관찰되는 경우 일부 특수원인이 공정에 영향을 미쳤을 수 있다. 원인을 파악하기 위해서는 공정을 분석해야 한다. 특수원인이 있는 경우 통계적 관리의 실제 상태를 나타내지 않으며 중심선 및 관리한계의 계산이 편향된다. 해당 데이터 점을 제거하고 $\bar{x}$, R 및 관리한계에 대한 새로운 값을 계산해야 한다.

공정이 통계적 관리상태인지 여부를 결정할 때 R-관리도를 먼저 분석한다. $\bar{x}$- 관리도의 관리한계는 평균범위에 따라 다르기 때문에 R-관리도의 특수원인은 공정의 중심이 관리상태에 있는 경우에도 $\bar{x}$-관리도에서 비정상적인 패턴을 생성할 수 있다. 예를 들어 R-관리도의 하향 추세로 인해 $\bar{x}$-관리도의 데이터가 실제로 그렇지 않지만 통제불능 상태로 나타날 수 있다. R-관리도에 대한 통계적 통제가 설정되면 $\bar{x}$-관리도에 주의를 기울일 수 있다.

17-3b 관리도의 패턴 해석 Interpreting Patterns in Control Charts

관리도에서 위치 및 패턴이 관리도에 표기되면 공정이 통계적 통제에 있는지 여부를 오류가능성이 거의 없이 판단할 수 있다. 관리도가 다음과 같은 특성이 있으면 공정이 관리되고 있다고 할 수 있다.

1. 관리한계를 벗어난 점이 없음
2. 중심선 위와 아래에 있는 점의 수가 거의 같음
3. 점이 무작위로 위와 아래에 있는 것 같음
4. 대부분의 점이 중심선 근처에 있고 일부만 관리한계에 가까움

이러한 특성은 그림/표 17.1의 R−관리도에서 분명하게 나타난다. 따라서 R−관리도는 통제되고 있다고 할 수 있으며, 공정이 통제를 벗어난 경우는 일반적으로 아래와 같은 몇 가지 특이한 현상을 찾을 수 있다.

1. 관리 한계를 벗어난 점
2. 평균값의 이동
3. 점진적인 추세
4. 주기적 패턴

표기점이 관리한계를 벗어나면, 관리한계를 잘못 계산하였거나 점의 오기 가능성을 살펴보아야 한다. 만약 이런 오류가 없다면 공정의 평균값이 바뀌었다고 할 수 있다. 평균이 변하는 예는 그림/표 17.1에 나와 있다. $\bar{x}$−관리도의 마지막 8개 점이 모두 중심선 위에 있으며 이는 공정평균이 증가했음을 나타낸다.

이것은 최근 표본에서 무언가 과도한 마모를 유발하고 있음을 시사할 수 있다. 아마도 다른 원료배치 또는 타이어의 화학성분의 부적절한 혼합일 수 있다. 문제를 찾는 데 사용되는 몇 가지 일반적인 규칙은 다음과 같다.

- 8개 점이 연속으로 중심선 위 또는 아래에 있음
- 연속 11개 점 중 10개가 중심선 위 또는 아래에 있음
- 연속 14개 점 중 12개가 중심선 위 또는 아래에 있음
- 중심선과 하나의 관리한계 사이의 외부 1/3 영역에 있는 3개의 연속된 점 중 2개
- 중심선과 하나의 관리한계 사이의 외부 2/3 영역에 있는 연속된 5개 점 중 4개

이러한 규칙은 확률적으로 계산되는데, 통제중인 공정에서 발생할 가능성은 극히 적으므로 이러한 것이 발생하는 경우 특수한 원인으로 의심해볼 수 있다.

증가하거나 감소하는 경향은 종종 공구마모, 온도 또는 기타 환경조건의 변화, 일반적인 장비 성능 저하, 설비에 먼지 축적 또는 작업자의 피로로 인해 발생한다. 값이 증가하거나 감소하는 약 6~7개의 연속된 점은 일반적으로 점진적인 변화를 의미한다.

주기적 패턴도 비정상적이므로 주의해야 한다. 이는 자재배송, 온도변동, 유지 보수주기 또는 주기적인 작업자 교체의 계절적 영향의 결과일 수 있다. 관리도에서 비정상적인 패턴이 식별

될 때마다 문제가 식별되고 수정될 때까지 공정작업을 중지해야 한다. 예를 들어 드릴작업에서 $\overline{x}$-관리도에 드릴구멍의 직경이 증가하는 추세가 나타나면 기계공은 마모된 드릴부품을 교체해야 한다. 서비스 운영에서 R-관리도의 상향 이동은 성능의 변화가 증가했음을 나타내며 추가 교육이 필요할 수 있음을 나타낸다.

17-3c *p*-관리도 만들기 Constructing p-Charts

많은 품질특성은 양호 또는 불량, 합격 또는 실패와 같은 두 가지 값만 가정한다. **p-관리도** p-chart는 *전체에서 부적합 항목의 비율을 모니터링한다*. 흔히 부분 부적합fraction nonconforming 또는 부분 불량fraction defective관리도라고도 한다.

연속형 데이터와 마찬가지로 p-관리도는 먼저 측정되는 속성의 25~30개 표본을 수집하여 평가한다. 각 표본의 크기는 여러 부적합 항목을 포함할 수 있을만큼 커야 한다. 부적합 항목을 찾을 확률이 적다면 100개 이상의 표본이 필요하다. 식별된 특수원인을 조사할 수 있도록 일정 기간 동안 표본을 선택한다. 각 크기 n인 k개의 표본이 선택되었다고 가정해 보면 y_i가 표본 i의 부적합 개수를 나타내는 경우 부적합 비율은 $p_i = y_i/n$이다. k개 표본그룹에 대한 평균 부분부적합fraction nonconforming 비율은 다음과 같다.

$$\overline{p} = \frac{y_1 + y_2 + \cdots + y_k}{nk} \qquad [17.4]$$

즉, 모든 표본의 부적합 항목수를 더하고 총항목수인 $n \times k$로 나눈다. n과 k를 혼동하지 않도록 주의해야 한다(이 식은 모든 표본크기가 동일한 경우에만 적용된다.) 이 통계는 공정의 평균성과를 반영한다. 높은 비율의 표본이 $\overline{p}$의 3 표준편차 내에서 부적합 비율을 가지며, 표준편차의 추정치는 다음과 같다.

$$s_{\overline{p}} = \sqrt{\frac{\overline{p}(1-\overline{p})}{n}} \qquad [17.5]$$

따라서 관리상한 및 하한은 다음과 같이 지정된다.

$$\begin{aligned} \mathrm{UCL}_p &= \overline{p} + 3s_{\overline{p}} \\ \mathrm{LCL}_p &= \overline{p} - 3s_{\overline{p}} \end{aligned} \qquad [17.6]$$

LCL_p가 0보다 작으면 0으로 표기한다. p-관리도의 분석은 $\overline{x}$-관리도 또는 R-관리도의 분석과 유사하며. 관리한계를 벗어난 점은 통제불능out-of-control 상황을 나타낸다. 특수원인을 식별하기 위해 패턴과 추세도 찾아야 한다. 그러나 p-관리도의 관리하한 아래에 있는 점이나 중심선 아래에 추세가 나타나면 이상적인 목표인 불량률 0을 기준으로 공정이 개선되었음을 나타낼 수 있다. 계산에 오류가 있을 수 있으므로 이러한 결론을 내리기 전에 주의해야 한다. 문제풀이 17.3은 마인드탭MindTap에서 사용할 수 있는 엑셀 p-관리도 템플릿을 사용하여 p-관리도를 구성하는 것을 보여준다. 해당 관리도는 통제중in control으로 보인다.

문제풀이 17.3 : *p*–관리도 만들기

우체국의 자동분류 기계는 편지의 우편번호를 읽고 편지를 적절한 운송 업체로 전달한다. 한달 동안 n = 100개인 k = 25개 표본을 뽑아 오류를 측정하였다. 이 중 55개의 오류가 발견되었다. 이 경우 평균 불량비율 p는 55/(25×100) = 55/25000 = 0.0223이다. 표준편차는 식 17.5를 사용하여

$$s_{\bar{p}} = \sqrt{\frac{0.022(1-0.022)}{100}} = 0.1467$$

이후 식 17.6를 사용하여 UCL = 0.022 + 3×(0.01467)이 계산되며 LCL은 0.022 – 3(0.01467) = –0.022이다. LCL이 음수인데 불량비율이 0보다 작을 수 없기 때문에 LCL은 0으로 설정된다(그림/표 17.3 참조).

그림/표 17.3 Excel *p*–Chart Template

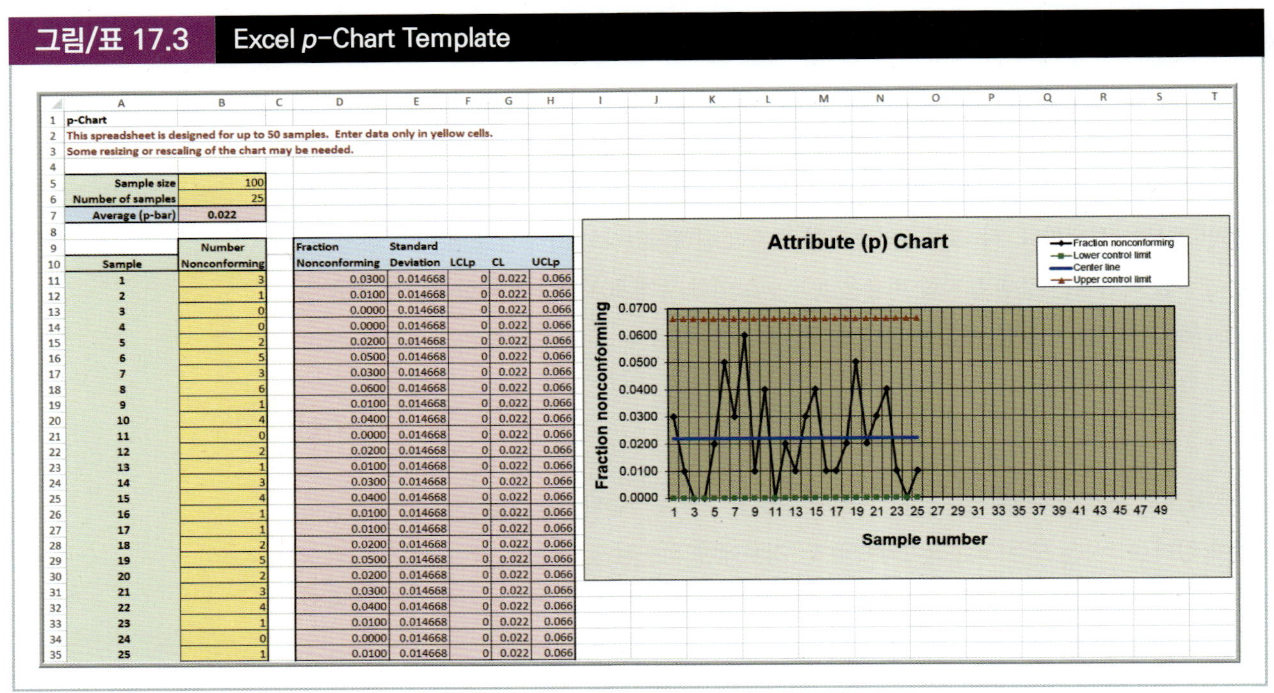

p-Chart
This spreadsheet is designed for up to 50 samples. Enter data only in yellow cells.
Some resizing or rescaling of the chart may be needed.

Sample size	100
Number of samples	25
Average (p-bar)	0.022

Sample	Number Nonconforming	Fraction Nonconforming	Standard Deviation	LCLp	CL	UCLp
1	3	0.0300	0.014668	0	0.022	0.066
2	1	0.0100	0.014668	0	0.022	0.066
3	0	0.0000	0.014668	0	0.022	0.066
4	0	0.0000	0.014668	0	0.022	0.066
5	2	0.0200	0.014668	0	0.022	0.066
6	5	0.0500	0.014668	0	0.022	0.066
7	3	0.0300	0.014668	0	0.022	0.066
8	6	0.0600	0.014668	0	0.022	0.066
9	1	0.0100	0.014668	0	0.022	0.066
10	4	0.0400	0.014668	0	0.022	0.066
11	0	0.0000	0.014668	0	0.022	0.066
12	2	0.0200	0.014668	0	0.022	0.066
13	1	0.0100	0.014668	0	0.022	0.066
14	3	0.0300	0.014668	0	0.022	0.066
15	4	0.0400	0.014668	0	0.022	0.066
16	1	0.0100	0.014668	0	0.022	0.066
17	1	0.0100	0.014668	0	0.022	0.066
18	2	0.0200	0.014668	0	0.022	0.066
19	5	0.0500	0.014668	0	0.022	0.066
20	2	0.0200	0.014668	0	0.022	0.066
21	3	0.0300	0.014668	0	0.022	0.066
22	4	0.0400	0.014668	0	0.022	0.066
23	1	0.0100	0.014668	0	0.022	0.066
24	0	0.0000	0.014668	0	0.022	0.066
25	1	0.0100	0.014668	0	0.022	0.066

17-3d *c*-관리도 만들기 Constructing *c*-Chart

p–관리도는 부적합 항목의 비율을 보여주지만 부적합 항목에는 하나 이상의 부적합이 있을 수 있다. 예를 들어 고객의 주문에는 잘못된 품목, 수량오류, 가격오류 등과 같은 여러 오류가 있을 수 있다. 단위당 부적합 개수를 판단하기 위해 c–관리도를 사용한다. 대부분의 서비스 공정관리자는 불만족한 고객의 비율뿐만 아니라 고객(또는 환자, 학생, 주문)당 발생하는 불량수에 관심이 있기 때문에 이러한 관리도는 서비스 응용 프로그램에서 광범위하게 사용된다. **c–관리도** c-chart는 *샘플링 단위의 크기 또는 오류기회 수가 일정할 때 단위당 총 부적합수를 모니터링한다*. 이를 위한 표본의 단위는 일day, 제품 단위, 직물의 면적 등이 될 수 있다. 따라서 c–관리도의 경우 각 표본의 크기는 1이다. p–관리도와는 다르게 각 표본에 대해 복수의 관측값이 없다.

c–관리도를 만들기 위해서는 단위당 평균 부적합수 c를 추정해야 한다. 이를 위해 최소 25개 단위의 표본으로 단위당 부적합수를 파악하고 총 부적합수를 총 단위수로 나누어 단위당 평균 부적합수를 구한다. 관리한계는 아래와 같다.

p-관리도와 c-관리도 중 선택하기 Choosing between p- and c-Charts

p-관리도와 c-관리도 사이에서의 선택은 어렵다. 이를 결정하는 데 도움이 되는 한 가지 지침은 관리도에 그릴 내용을 생각하는 것이다. p-관리도에서는 표본에서 부적합 단위의 비율을 표기한다. 여기서 표본은 동일한 크기의 n단위로 구성되고, 표본의 각 단위는 적합 혹은 부적합이다.

c-관리도에서 단위당 부적합(결함 또는 오류)의 수를 표기한다. 여기서 각 단위는 하나 이상의 부적합을 가질 수 있다. c-관리도의 경우 "단위"는 단일 물리적 상품일 수 있다. 고객주문과 같은 서비스 거래, 또는 일, 주 또는 월과 같은 시간차원, 또는 "단위"는 여러 항목의 동일한 수의 표본일 수 있으며, 각 항목에는 가능한 여러 유형의 부적합이 있을 수 있다. 예를 들어 단위는 매일 50개의 선적 샘플이 될 수 있다. c-관리도는 50개 배송당 부적합(잘못된 제품, 잘못된 수량, 잘못된 색상 등)의 수를 모니터링한다. 핵심은 단위가 무엇인지 정의하는 것이다!

$$\begin{aligned} \text{UCL}_c &= \bar{c} + 3\sqrt{\bar{c}} \\ \text{LCL}_c &= \bar{c} - 3\sqrt{\bar{c}} \end{aligned} \qquad [17.7]$$

문제풀이 17.4는 마인드탭에 있는 엑셀 c-관리도 템플릿을 활용해서 c-관리도를 만드는 것을 보여준다. c-관리도는 통제중인 것으로 보인다.

문제풀이 17.4 : c-관리도 만들기

공장에서는 매일 기계고장수를 파악하고 c-관리도에 하루 고장발생수를 표시하려 한다. 매일 여러 번의 기계고장(부적합)이 있을 수 있으므로 c-관리도가 적합하다. 데이터는 그림/표 17.4의 c-관리도 엑셀 템플릿에 나와 있다. 25일 동안의 총 시스템오류수는 45개이다. 따라서 하루 평균오류수는 다음과 같다.

$$\bar{c} = \frac{45}{25} = 1.8 \text{ 오류/일}$$

$$\text{UCL}_c = 1.8 + 3\sqrt{1.8} = 5.82$$
$$\text{LCL}_c = 1.8 - 3\sqrt{1.8} = -2.22 \text{ or } 0$$

그림/표 17.4 엑셀 c-관리도 템플릿

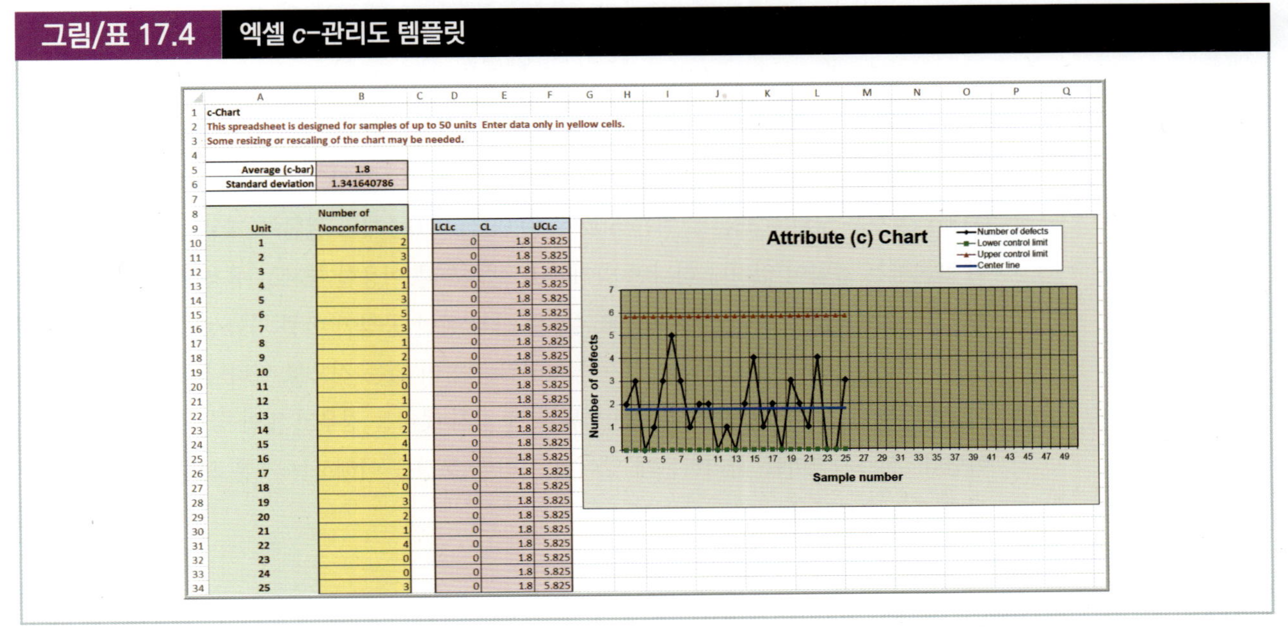

c-Chart

This spreadsheet is designed for samples of up to 50 units Enter data only in yellow cells.

Some resizing or rescaling of the chart may be needed.

Average (c-bar)	1.8
Standard deviation	1.341640786

Unit	Number of Nonconformances	LCLc	CL	UCLc
1	2	0	1.8	5.825
2	3	0	1.8	5.825
3	0	0	1.8	5.825
4	1	0	1.8	5.825
5	3	0	1.8	5.825
6	5	0	1.8	5.825
7	3	0	1.8	5.825
8	1	0	1.8	5.825
9	2	0	1.8	5.825
10	2	0	1.8	5.825
11	0	0	1.8	5.825
12	1	0	1.8	5.825
13	0	0	1.8	5.825
14	2	0	1.8	5.825
15	4	0	1.8	5.825
16	1	0	1.8	5.825
17	2	0	1.8	5.825
18	0	0	1.8	5.825
19	3	0	1.8	5.825
20	2	0	1.8	5.825
21	1	0	1.8	5.825
22	4	0	1.8	5.825
23	0	0	1.8	5.825
24	0	0	1.8	5.825
25	3	0	1.8	5.825

17-4 SPC 구현의 실제 문제 Practical Issues in SPC Implementation

관리도 설계에는 두 가지 주요 이슈가 포함된다.

1. 표본 크기sample size
2. 표본 빈도sample frequency

표본추출과 관련된 비용을 줄이려면 표본크기가 작은 것이 바람직하다. 반면에 표본크기가 크면 통제상태를 추정할 때 정확도를 높일 수 있다. 표본의 크기가 크면 공정특성(프로세스 특성)의 작은 변화를 더 높은 확률로 발견할 수 있다. 실제로 약 5개의 샘플samples이 2표준편차 이상의 공정이동을 감지하는데 잘 작동하는 것으로 밝혀졌다. 공정평균에서 더 작은 변화를 감지하려면 15~25개보다 더 큰 표본samples이 필요하다.

속성 데이터attribute data의 경우 표본크기가 너무 작으면 p-관리도가 의미가 없을 수 있다. "최소한 100개의 관측값 사용"과 같은 많은 지침이 제안되었다. 특히 부적합의 실제 부분이 적을수록 적절한 표본의 수를 찾는 것이 필요하다. p가 작으면 n은 충분히 커야 한다. 적어도 하나의 부적합을 발견할 수 있을 정도의 높은 확률값을 갖도록 해야 한다. 예를 들어 통계계산 결과 p = 0.01인 경우 표본크기가 300 이상이어야 최소 하나의 부적합을 찾을 확률이 95% 이상이다.

관리자는 표본추출 빈도도 고려해야한다. 많은 양의 표본을 자주 채취하는 것이 바람직하지만 경제적이지 않다. 표본추출 빈도에 대한 정확한 규칙은 없다. 표본을 통해 가능한 빨리 프로세스 특성의 변화를 감지하고 많은 양의 불량품을 만들 가능성을 줄일 수 있을 만큼 자주 해야 한다. 그러나 표본추출 비용이 너무 높아질 정도로 자주 해서는 안된다. 이 결정은 개별 애플리케이션individual application과 결과물의 양volume of output에 따라 달라진다.

17-4a 식스시그마 공정통제 Controlling Six Sigma Processes

SPC는 낮은 시그마 수준(3시그마 수준 이하)에서 작동하는 공정에 유용한 방법론이다. 그러나 결함비율이 매우 낮으면 표준관리도가 효과적이지 않다. 예를 들어 시그마수준이 높은 프로세스에 p-관리도를 사용하는 경우, 큰 표본크기에서도 결함이 거의 발견되지 않는다. 예를 들어 p = 0.001인 경우 500의 표본 크기는 500 × (0.001) = 0.5개의 결함이 예상된다. 따라서 대부분의 표본에는 결함이 없거나 하나만 있기에 p-관리도를 이용한 통제는 유용하지 않다. 표본크기가 크면 정보의 적시성이 지연되고 표본추출 간격 동안 공정이 바뀔 가능성이 높아진다. 표본크기가 작으면 공정에서의 결함을 찾기가 어려워 결함이 없는 것으로 나타나기 때문에 그 효용성이 적다. 또한 기존의 SPC 관리도는 오류를 잘 찾지 못하는 경우가 많아 공정개선을 평가하기가 어렵다. 식스시그마를 관리하는데 있어서 이러한 특징을 이해하는 것은 도구의 적절한 사용을 위해 매우 중요하다.

IBM: 통계적 프로세스(공정) 관리 IBM: Using statistical Process control (SPC)

한 IBM 지점에서 고용전preemployment 신체검사는 너무 오래 걸렸고, 이를 수행하도록 배정된 의료진에게 세금이 부과되었다. IBM이 직면한 과제는 검사 간의 대기시간을 찾아 줄이고, 검사에 필요한 시간을 줄이면서 검사의 품질을 유지하는 것이었다. 예비 관리도에 따르면 검사에 소요되는 평균시간은 74분이지만 범위range는 매우 컸다. 평균시간을 단축하기 위해 새로운 장비와 의료진의 추가 교육이 제안되었다. 초기 차트에서는 검사가 통제를 벗어났지만 지속적인 모니터링 및 공정개선으로 평균시간이 40분으로 줄어들었고, 평균과 범위는 $\bar{x}$ 및 R-관리도를 활용해 통계적으로 관리하였다.

www.BillionPhotos.com/Shutterstock.com

17-5 공정능력 Process Capability

공정능력process capability은 *하나의 프로세스(공정)에서 공통원인*common causes*으로 발생하는 공정의 자연적 변동*natural variation*을 표현한다.* 공정능력을 알면 얼마나 명세specificaion에 잘 부합될지 정량적으로 예측하고, 필요한 장비 요구사항과 통제수준을 정할 수 있다. 특수원인이 평균 또는 표준편차를 편향bias시키기 때문에 공정이 통계적 관리 상태에 있지 않으면 공정능력은 의미가 없다. 따라서 공정능력을 계산하기 전에 먼저 특수원인을 제거하기 위해 관리도를 사용해야 한다. **공정능력 연구**process capability study는 *지정된 작동조건에서 공정의 성능에 대한 특정 정보를 산출하도록 설계되었다.*

공정능력 연구에서 묻는 일반적인 질문은 다음과 같다.

- 프로세스의 중심이 어디에 있는가?
- 프로세스에 얼마나 많은 변동성variability이 존재하는가?
- 명세specifications 대비 성능performance이 수용 가능한가?
- 명세를 충족할 것으로 예상되는 산출 비율은 얼마인가?

정규 분포의 특성 중 하나는 관측치의 99.73%가 평균에서 3 표준편차 내에 속한다는 것이다. 따라서 통제중인 공정의 $\mu-3\sigma$와 $\mu+3\sigma$ 사이에 대부분의 결과물이 있게 된다. 여기서 μ는 공정 평균이다. 따라서 공정의 자연적 변동은 $\mu \pm 3\sigma$로 추정할 수 있으며, 이로부터 공정능력을 파악할 수 있다. 이 공식에서 표준편차를 계산하는 한 가지 방법은 데이터 표본을 통해 표본 표준편차 s를 계산한 다음 σ의 추정치로 사용하는 것이다. $\bar{x}$ 및 R-차트와 함께 자주 사용되는 두 번째

그림/표 17.5 공정능력 vs 디자인명세

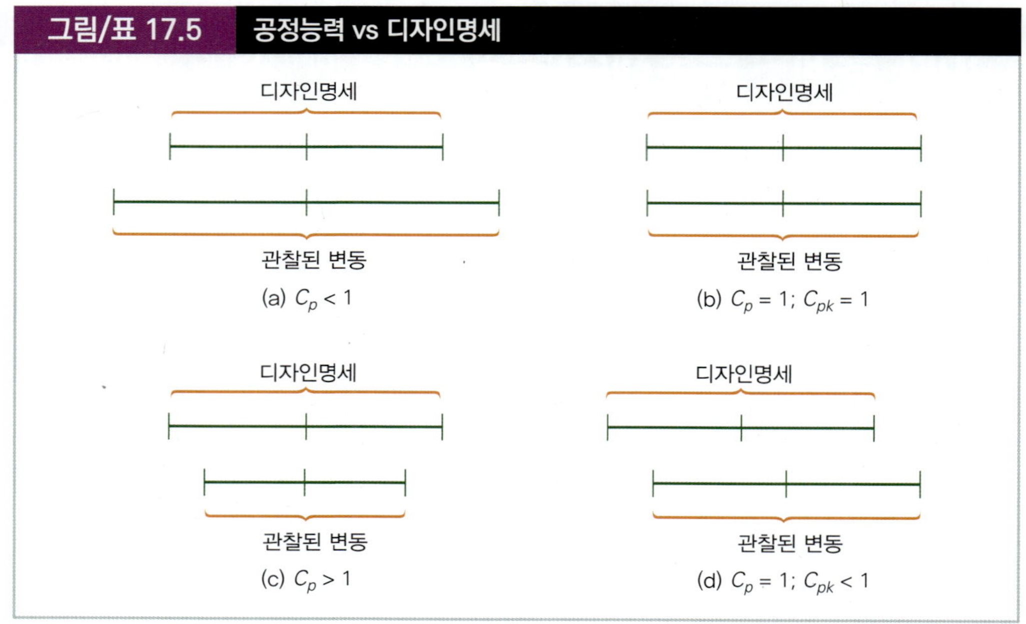

방법은 평균범위를 상수 2d로 나누어 σ를 추정하는 것이다. 이는 부록 B에서 찾을 수 있다. 즉,

$$\sigma = \frac{\bar{R}}{d_2} \qquad [17.8]$$

공정능력은 일반적으로 공정이 명세를 충족하는 능력을 나타낸다. 그림/표 17.5는 공정의 변동성을 디자인명세와 비교해 발생할 수 있는 네 가지 가능한 상황을 보여준다. (a)부분에서 공정변동의 범위가 디자인명세보다 크다. 따라서 프로세스가 대부분의 시간 동안 명세를 충족하는 것은 불가능하다. 관리자는 부적합 부품을 폐기하거나 재작업(100% 검사 필요)하거나, 변형이 적은 더 나은 프로세스에 투자하거나, 디자인명세를 변경할 수 있다. (b)부분에서 공정은 명세에 따라 생산할 수 있지만 해당 위치에 남아있는지 확인하려면 면밀한 모니터링이 필요하다. (c)부분에서 관찰된 변동이 주어진 명세보다 더 작다. 이것은 검사나 관리가 거의 필요하지 않기 때문에 품질관리 관점에서 이상적인 상황이다. 마지막으로 (d)부분에서 관찰된 변동은 디자인명세와 동일하지만 공정의 중심을 벗어난다. 따라서 일부 부적합 제품이 발생할 수 있다.

17-5a 공정능력 지수 Process Capability Index

자연적인 변동과 주어진 명세 간의 관계는 종종 **공정능력 지수** process capability index *라고하는 척도로 측정된다.* 공정능력 지수 C_p는 공정의 자연적인 변동과 디자인된 변동간의 비율로 정의된다. C_p는 공정의 자연변동를 디자인명세와 연관시킨 하나의 값이다. 식은 다음과 같다.

$$C_p = \frac{USL - LSL}{6\sigma} \qquad [17.9]$$

USL = 명세상한 upper specification limit

LSL= 명세하한 lower specification limit

σ = 공정에서의 표준편차standard deviation of the process (또는 표본 표준편차를 기반으로 한 추정치, s)

C_p가 1보다 작다는 것은 산출물(관찰된 변동)의 많은 부분이 디자인명세를 달성하지 못하는 것을 말한다(그림/표17.4a 참조). C_p = 1인 경우에는 관찰된 변동은 디자인명세 너비인 USL−LSL(그림/표 17.4b)과 같고, 1보다 크다는 것은 공정능력이 좋다는 것을 의미한다. 따라서 많은 기업들은 공급업체가 높은 C_p 값을 갖기를 원한다.

C_p 값은 공정의 평균값에 영향을 받지 않는다. 따라서 공정은 그림/표 17.4(d)에서와 같이 중심을 벗어났지만 여전히 허용가능한 C_p값을 가진다. 공정중심화process centering를 설명하기 위해 단측 공정능력 지수one-sided capability indexes 가 자주 사용된다.

$$C_{pu} = \frac{USL - \mu}{3\sigma} \text{(상위 단측 지수)} \qquad [17.10]$$

$$C_{pl} = \frac{\mu - LSL}{3\sigma} \text{(하위 단측 지수)} \qquad [17.11]$$

$$C_{pk} = \min(C_{pl}, C_{pu}) \qquad [17.12]$$

예를 들어 C_{pu}값이 높으면 공정이 명세상한을 충족할 수 있음을 나타낸다. C_{pk}는 "최악의 경우"이며 공정의 중심위치에 관계없이 명세상한 및 하한을 모두 충족할 수 있는지 여부를 나타낸다. 대부분의 관리자가 이 값에 집중한다.

공정능력process capability은 제품 설계자와 공정운영자 모두에게 중요하다. 제품디자인이 너무 자세하게 되어 있으면 생산이 어렵다. 이 경우 공정을 운영하는 입장에서는 공정을 조정하고 결

문제풀이 17.5 : 공정능력 지수 계산

통제된 프로세스에서 자동차 부품의 120개 값이 측정되었다. 그림/표 17.6은 마인드탭MindTap에서 사용할 수 있는 엑셀 공정능력Excel Process Capability 템플릿의 일부를 보여준다. 이 템플릿은 행 21과 22에 있는 데이터의 평균과 표준편차를 계산하고 G20 : H23 셀에 있는 공정능력 지수를 계산한다. 식 17.9를 사용하여 다음과 같이 C_p를 계산한다.

$$C_p = \frac{\text{USL} - \text{LSL}}{6\sigma} \qquad [17.9]$$

$$= \frac{10.9 - 10.5}{6 \times 0.0868}$$

$$C_{pu} = \frac{\text{USL} - \text{LSL}}{3\sigma} \text{(상위 단측 지수)} \qquad [17.10]$$

$$= \frac{(10.9 - 10.7979)\text{LSL}}{3 \times 0.0868} = 0.702$$

$$C_{pl} = \frac{\text{USL} - \text{LSL}}{3\sigma} \text{(하위 단측 지수)} \qquad [17.11]$$

$$= \frac{(10.7171 - 10.5)}{3 \times 0.0868} = 0.833$$

$$C_{pk} = \text{최소}\min(C_{pu}, C_{pl}) \qquad [17.12]$$

$$= \min(0.833, 0.702) = 0.702$$

C_p가 1보다 작기 때문에 공정이 디자인명세를 충족할 수 없다. C_p와 C_{pl} 분석은 C_{pl}과 C_{pu}가 동일하지 않기 때문에 공정이 중심화되어 있지 않으며 공정이 명세상한을 충족하기가 더 어렵다는 것을 나타낸다. 마지막으로 C_p = 0.702가 1보다 작다는 사실은 실제 공정능력(평균이 중심을 벗어나는 현상 포함)이 그다지 좋지 않다는 것을 말한다. 그림/표 17.7에는 엑셀 공정능력 템플릿에 표시된 히스토그램이 나와 있다. 실제로 일부 데이터만 명세한계를 벗어났지만 공정이 명목명세에서 벗어나면 더 많은 결함이 발생한다.

그림/표 17.6 엑셀 공정능력 템플릿의 일부

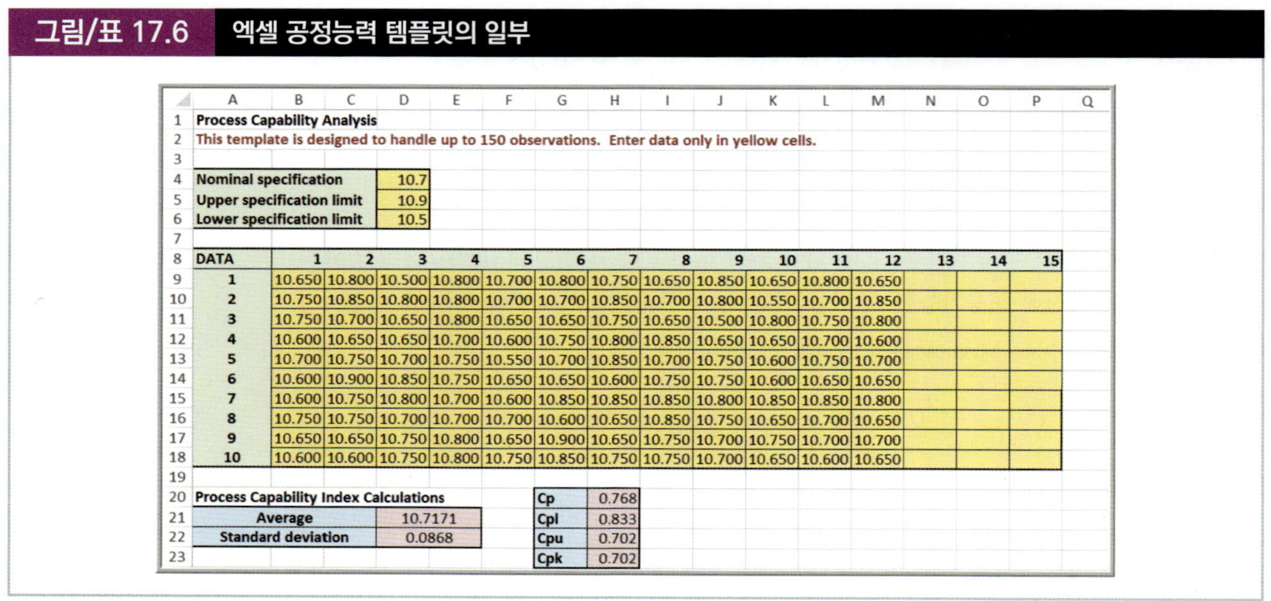

Process Capability Analysis

This template is designed to handle up to 150 observations. Enter data only in yellow cells.

Nominal specification	10.7
Upper specification limit	10.9
Lower specification limit	10.5

DATA	1	2	3	4	5	6	7	8	9	10	11	12	13	14	15
1	10.650	10.800	10.500	10.800	10.700	10.800	10.750	10.650	10.850	10.650	10.800	10.650			
2	10.750	10.850	10.800	10.800	10.700	10.700	10.850	10.700	10.800	10.550	10.700	10.850			
3	10.750	10.700	10.650	10.800	10.650	10.650	10.750	10.650	10.500	10.800	10.750	10.800			
4	10.600	10.650	10.650	10.700	10.600	10.750	10.800	10.850	10.650	10.650	10.700	10.600			
5	10.700	10.750	10.700	10.750	10.550	10.700	10.850	10.700	10.750	10.600	10.750	10.700			
6	10.600	10.900	10.850	10.750	10.650	10.650	10.600	10.750	10.750	10.600	10.650	10.650			
7	10.600	10.750	10.800	10.700	10.600	10.850	10.850	10.850	10.800	10.850	10.850	10.800			
8	10.750	10.750	10.700	10.700	10.700	10.600	10.650	10.850	10.750	10.650	10.700	10.650			
9	10.650	10.650	10.750	10.800	10.650	10.900	10.650	10.750	10.700	10.750	10.700	10.700			
10	10.600	10.600	10.750	10.800	10.750	10.850	10.750	10.750	10.700	10.650	10.600	10.650			

Process Capability Index Calculations

Average	10.7171
Standard deviation	0.0868

Cp	0.768
Cpl	0.833
Cpu	0.702
Cpk	0.702

그림/표 17.7 엑셀 공정능력 템플릿에 표시되는 히스토그램

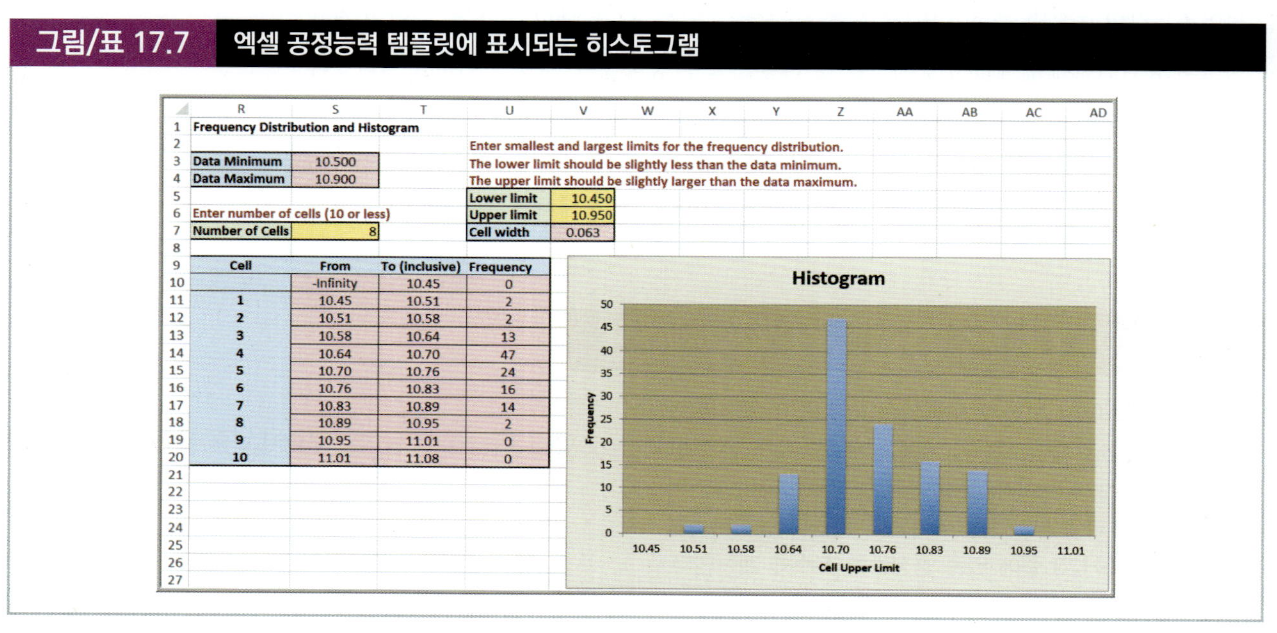

Frequency Distribution and Histogram

Data Minimum	10.500
Data Maximum	10.900

Enter number of cells (10 or less)

Number of Cells	8

Enter smallest and largest limits for the frequency distribution.
The lower limit should be slightly less than the data minimum.
The upper limit should be slightly larger than the data maximum.

Lower limit	10.450
Upper limit	10.950
Cell width	0.063

Cell	From	To (inclusive)	Frequency
	-Infinity	10.45	0
1	10.45	10.51	2
2	10.51	10.58	2
3	10.58	10.64	13
4	10.64	10.70	47
5	10.70	10.76	24
6	10.76	10.83	16
7	10.83	10.89	14
8	10.89	10.95	2
9	10.95	11.01	0
10	11.01	11.08	0

과물을 검사하는 데 많은 시간을 쓰게 될 것이다.

17장 학습목표 요약 Learning Objective Summaries

17.1 **생산과 서비스에서의 품질통제 시스템의 주요 문제를 설명한다.** 모든 품질통제 시스템에는 아래의 3가지 구성요소가 있다.

1. 성과표준performance standard 또는 목표goal
2. 실제 성과 측정 수단
3. 실제 성과와 성과표준의 비교를 통한 수정

통제의 중요성은 종종 다음과 같이 설명된다. 1:10:100 규칙이다. 이 규칙은 설계단계에서 결함 또는 서비스 오류가 식별되고 수정되면 수정하는 데 1 달러가 발생하는데, 생산 과정에서 처음 발견되면 10달러, 고객에게 도달할 때까지 발견되지 않으면 수정하는 데 100달러가 발생한다는 것이다. 제조과정에서 통제는 일반적으로 공급사슬의 세 가지 핵심 지점에서 적용된다. 공급업체로부터 수령 단계, 다양한 생산 프로세스 중일 때, 완제품단계이다. 서비스품질을 제어하는 한 가지 방법은 포카요케pokayoke 접근방식을 사용하여 처음부터 오류 및 실수의 원인을 방지하는 것이다. 또 다른 방법은 품질관리에 대한 예방기반 접근방식의 일환으로 서비스 관리 기술에 대한 서비스 제공 업체를 고용하고 교육하는 것이다.

17.2 **변동유형과 통계적 프로세스 관리(SPC)의 역할을 설명한다.** 재료 투입에서의 불일치 등 여러가지 이유로 변동이 발생한다. 환경조건의 변화(온도, 습도), 기계 유지보수 주기, 고객참여 및 셀프 서비스, 도구 마모 그리고 인간의 피로와 같은 변동성을 발생시키는 원인이 있다. 자연적인 변동은 경영진의 관리영역이지만 특수원인은 현장 직원의 영역이다.

17.3 **연속형 데이터와 이산형 데이터 모두에 대한 단순 관리도를 만들고 해석하는 방법을 설명한다.** 관리도를 개발하고 만드는 데 필요한 5단계는 (1) 모니터링할 측정항목을 선택하고, 표본 크기와 빈도를 결정하는 등의 준비, (2) 데이터 수집 및 기본통계 계산, (3) 시험trial 관리상한 및 하한과 중심선을 결정, (4) 관리도를 조사 및 해석하고, 통제불능 점을 제거하고, 관리한계를 재계산, (5) 문제해결 도구를 사용하고 시정조치이다.

$\bar{x}$-관리도와 R-관리도의 주요 식은 다음과 같습니다.

$$\bar{\bar{x}} = \frac{1}{k}\sum_{i=1}^{k}\bar{x}_i \qquad [17.1]$$

$$\bar{R} = \frac{1}{k}\sum_{i=1}^{k}R_i \qquad [17.2]$$

$$\begin{aligned} UCL_R &= D_4\bar{R} & UCL_{\bar{x}} &= \bar{\bar{x}} + A_2\bar{R} \\ LCL_R &= D_3\bar{R} & LCL_{\bar{x}} &= \bar{\bar{x}} - A_2\bar{R} \end{aligned} \qquad [17.3]$$

여기서 x가 i번째 표본sample의 평균일 때, p-관리도를 구하는 주요 식은 아래와 같다.

$$\bar{p} = \frac{y_1 + y_2 + \cdots + y_k}{nk} \qquad [17.4]$$

$$s_{\bar{p}} = \sqrt{\frac{\bar{p}(1-\bar{p})}{n}} \qquad [17.5]$$

$$\begin{aligned} UCL_p &= \bar{p} + 3s_{\bar{p}} \\ LCL_p &= \bar{p} - 3s_{\bar{p}} \end{aligned} \qquad [17.6]$$

여기서 y_i가 i번째 표본sample에서의 부적합 수이고, k가 표본의 수이고, n이 각 표본의 크기일 때, c-관리도를 구하는 주요 식은 아래와 같다.

$$\begin{aligned} UCL_c &= \bar{c} + 3\sqrt{\bar{c}} \\ LCL_c &= \bar{c} - 3\sqrt{\bar{c}} \end{aligned} \qquad [17.7]$$

여기서 $\bar{c}$는 단위당 평균 부적합 수이다. 관리도에 다음과 같은 특성이 있을 때 공정이 관리되고 있는 것이라 할 수 있다.

1. 관리 한계를 벗어난 점이 없음.
2. 중심선 위와 아래에 있는 점의 수가 거의 같음.
3. 점이 무작위로 위와 아래에 있음.
4. 전부는 아니지만 대부분의 점이 중심선 근처에 있으며 일부만 관리한계에 가까움

17.4 **통계적 프로세스 관리SPC 구현의 실제 문제를 설명하라.** 관리도를 설계하는 데는 두 가지 주요 문제가 있다.

1. 표본크기sample size
2. 표본수집 빈도sample frequency

표본수집과 관련된 비용을 낮추려면 표본크기가 작아야 한다. 반면에 표본크기가 크면 실제 상태를 파악할 때, 더 높은 정확도를 얻을 수 있다. 표본크기가 크면 작은 변화를 더 높은 확률로 찾아낼 수 있다. 실제로 약 5개의 샘플이 있을 때, 2표준편차 이상의 범위에서 발생하는 오차를 찾아낸다. 공정평균에서 더 작은 변동을 찾아내려면 15에서 25 사이의 큰 표본크기가 있어야 하며, 대량표본을 자주 수집하는 것은 바람직하기는 하지만 비용대비 효율적이지는 않다. 표본수집 빈도에 확실하고 명확한 규칙은 없다. 표본수집은 가능한한 빨리 공정특성의 변화를 감지하고 많은 양의 부적합 산출물을 찾을 수 있도록 자주 이뤄져야 한다. 그러나 너무 자주 수집하여 비용 효율성이 떨어지면 안 된다.

통계적 프로세스 관리SPC는 낮은 시그마 수준(예: 3-시그마 수준 이하)에서 작동하는 프로세스에 유용한 방법이다. 그러나 결함량rate of defects이 매우 낮으면 표준 관리도standard control chart가 효과적이지 않다.

17.5 **공정능력**process capability**을 설명하고 공정능력 지수를 계산한다.** 공정능력을 알면 공정이 명세 specification를 얼마나 잘 지키는지 정량적으로 예측하고, 필요한 장비 요구사항과 통제수준을 지정할 수 있다. 특수원인special causes이 평균이나 표준편차를 편향 bias시키기 때문에 공정이 통계적 관리상태에 있지 않으면 공정능력은 의미가 없다. 따라서 공정능력을 계산하기 전에 먼저 관리도를 사용하여 특수원인을 제거해야 한다. 공정 능력 관리의 관심사는 아래와 같다.

- 공정의 중심center은 어디인가?
- 공정에 얼마나 많은 변동variation이 있는가?
- 명세와 관련하여 성과를 받아들일 수준인가?
- 명세를 충족할 것으로 예상되는 산출output 비율은 어느 정도인가?

공정능력 지수 C_p는 공정의 자연허용 natural tolerance에 대한 명세 specification 폭 width의 비율로 정의된다.

$$C_p = \frac{USL - LSL}{6\sigma} \qquad [17.9]$$

1을 초과하는 C_p값은 우수한 능력을 나타낸다. 공정 중심화를 설명하기 위해 단측 one-sided 공정능력 지수가 종종 사용된다.

$$C_{pu} = \frac{USL - \mu}{3\sigma} \text{(상위 단측 지수)} \qquad [17.10]$$

$$C_{pl} = \frac{\mu - LSL}{3\sigma} \text{(하위 단측 지수)} \qquad [17.11]$$

$$C_{pk} = \min(C_{pl}, C_{pu}) \qquad [17.12]$$

주요용어 KEY TERMS

- C-관리도 c-chart
- 일반원인 변동 Common cause variation
- 연속형척도 Continuous metric
- 관리도 Control chart
- 이산형척도 Discrete metric
- 통제중 In control
- 통제불능 Out of control
- p-관리도 p-chart
- 공정능력 Process capability
- 공정능력 지수 Process capability index
- 공정능력 연구 Process capability study
- 원천에서의 품질 Quality at the source
- 품질통제 Quality control
- R-관리도 R-chart
- 특수원인 변동 Special(or assignable) cause variation
- 통계적 프로세스 관리 Statistical process control(SPC)
- $\bar{x}$-관리도 $\bar{x}$-chart

복습 질문 Review Questions

17.1 1. 품질통제quality control란 무엇인가? 모든 조직에서 왜 필요한가?

17.1 2. 통제 시스템의 세 가지 구성요소를 설명하고 교재와는 다른 예로 설명하라.

17.1 3. 1:10:100 규칙은 무엇인가? 왜 이 규칙이 중요한가?

17.1 4. 원천에서의 품질quality at source이란 무엇인가?

17.1 5. 제조업에 사용되는 기본적인 품질통제를 기술하라. 어떤 특성을 서비스에 적용할 수 있을까?

17.1 6. 고객과의 접점에서 이루어지는 서비스에서의 품질관리 실행은 일반적인 제조 품질관리 실행과 어떻게 다른가?

17.1 7. 고객만족도 측정이 서비스 통제에 어떤 유용한 정보를 제공하는가?

17.2 8. 일반원인common causes 변동과 특수원인special causes 변동 간의 차이는 무엇인가?

17.2 9. 프로세스가 "통제중 in control" 또는 "통제불능 out of control" 상태라고 말할 때 의미하는 것은 무엇인가?

17.2 10. 통계적 프로세스 관리SPC란 무엇인가?

17.3 11. 관리도란 무엇이며 관리도가 제공하는 장점은 무엇인가?

17.3 12. 이산형discrete척도와 연속형continuous척도의 차이점을 설

명하라. 교재와 다른 몇 가지 예로 설명하라.

17.3 13. 통계적 프로세스 관리를 적용하는 과정을 요약하라.

17.3 14. 다양한 유형의 관리도 및 관리도 응용방안을 기술하라.

17.3 15. 관리도 해석방법에 대해 설명하라. 어떤 패턴일 때 통제부족lack of control 상태를 나타내는가?

17.4 16. 통계적 프로세스 관리에 대한 적절한 표본크기sample size와 표본추출빈도sampling frequency를 결정하는 방법을 설명하라.

17.5 17. 공정능력이란 무엇이며 이것을 이해하는 것이 중요한 이유는 무엇인가?

17.5 18. 공정능력process capability 연구의 목적은 무엇인가?

17.5 19. 공정능력 지수란 무엇인가? 공정능력 지수를 계산하는 방법과 결과를 해석하는 방법을 설명하라.

토론용 질문 및 체험학습 DISCUSSION QUESTIONS AND EXPEROEMTAIL ACTIVITIES

17.1 20. "음식점, 항공사, 온라인 서비스를 추천할 가능성은 어느 정도 되는가?"라는 순추천점수net promoter score에 대해 생각해보자. 이 질문에 9점 또는 10점을 주게 하는 요인은 무엇인가? 당신이 경험한 특정 제품이나 서비스에 대해 답하라.

17.1.3 21. 레스토랑이나 호텔에서 사용한 고객만족도 설문조사 양식을 하나 구하라. 2장에서 소개한 서비스품질의 5가지 차원과 설문조사 질문은 어떤 관련이 있나? 설문조사 결과가 품질을 통제하는데 어떻게 사용될 수 있는지 토론하라. 어떤 유형의 품질통제 관리도를 사용할 수 있는가?

17.2 22. 경영현장이나 일상생활에서 통제되고 있는 프로세스의 예를 들어라. 또 프로세스가 잘못 조정되고 통제불능 프로세스가 무시되는 예를 들어라.

17.2 23. 변동variation의 일반적인 원인과 특수한 원인의 몇 가지 예를 주위에서 찾아서(학교 혹은 집) 논의하라.

17.2.3 24. 개인 생활에서 부적합noncomformances 사항을 집계하는 "개인 품질 체크리스트"를 개발하라 (직장이나 학교에 늦거나, 숙제를 제 시간에 완료하지 않거나, 충분한 운동을 하지 않는 것 등). 성과측정을 위해 어떤 유형의 관리도를 사용하겠는가?

17.3 25. 병원관리자는 응급실(ED)에서 환자의 대기시간을 이해하고 보다 잘 통제하기를 원했다. 이를 위해 각 근무조(오전 7시, 오후 3시, 오후 11시)에 대해 응급실에 입원한 첫 5명 환자의 대기시간을 표본수집하여 $\bar{x}$-관리도와 R-관리도를 구성하였다. 이 접근방식에 대해 어떻게 생각하는가? 병원관리자에게 필요한 정보를 제공한다고 생각하는가? 표본수집 프로세스를 어떻게 개선할 수 있으며 무엇을 추천하겠는가?

17.3 26. 콜센터에서 주문거래를 완료하는 데 걸리는 시간을 모니터링하고 있다고 가정하자 이 상황에서 추세, 평균의 이동 또는 $\bar{x}$-관리도의 주기와 같은 통제불능 상태를 유발할 수 있는 원인에 대해 논의하라.

계산연습문제 Computational Problems and Exercises

본 장에서 설명한 공식과 방법을 적용하여 다음 연습문제를 직접 계산해서 풀어 보라.

17.1 27. 빌앤베키 여행사 Bill & Becky Travel, Inc.는 풀 서비스full service 여행사이다. 마인드탭MindTap의 워크시트 C17 P27의 데이터에 있는 데이터는 일주일 동안 표본수집된 200명의 고객으로부터 "친구에게 우리를 추천하시겠습니까?"라는 질문에 대한 결과를 보여준다. 각 수준(1~10)에서 응답수를 계산하고 추천인promoter, 수동적passive, 비방자detraactor의 고객수와 비율을 찾아라.

17.3 28. 크기 3의 표본 30개는 전체 평균이 16.51이고 평균 범위는 1.30이다. $\bar{x}$-관리도와 R-관리도에 대한 관리한계를 계산하라.

17.3 29. 크기 5의 25개 표본은 전체 평균이 5.42이고 평균 범위는 20이다. $\bar{x}$-관리도와 R-관리도에 대한 관리한계를 계산하라.

17.3 30. 건강보험 회사의 콜센터에서 고객 대기시간에 대해 크기가 4인 30개의 표본은 전체 평균 14.7분, 평균 범위 0.9분이다. $\bar{x}$-관리도와 R-관리도에 대한 관리한계를

계산하라.

17.3 **31.** 은행에서 200개의 대출 신청 25개 표본에서 40개의 오류가 발견되었다. p−관리도의 관리한계를 계산하라.

17.3 **32.** 각각 100개 품목의 25개의 표본을 검사한 결과 68개가 결함이 있는 것으로 확인되었다. p−관리도에 대한 관리한계를 계산하라.

17.3 **33.** 한 피자 레스토랑에서 주당 30개의 피자를 20주간 연구한 결과 총 18개의 피자가 잘못 만들어진 것으로 나타났다. p−관리도의 관리한계를 계산하라.

17.3 **34.** 한 패스트푸드 프랜차이즈가 고객주문에서 발생한 오류수를 추적했다. 여기에는 잘못된 메뉴 항목, 잘못된 크기의 음료, 조미료 부족, 잘못된 총가격 등이 포함되었다. 일부 주문에는 둘 이상의 오류가 있을 수 있다. 일주일 동안 1,500개의 주문이 처리되었고 총 72개의 오류가 발견되었다. 주문당 오류수를 모니터링하기 위한 c−관리도의 관리한계를 찾아라. 주문의 정확성이 어떻다고 생각하는가?

17.3 **35.** $\bar{c} = 9$인 c−관리도의 관리한계를 구하라.

17.3 **36.** 소프트웨어 개발 프로젝트의 코드 1,000줄당 오류수를 보여주는 다음 데이터를 참고하여, 코드 1,000줄 당 오류를 모니터링 하기 위한 c−관리도의 관리한계를 구하라.

표본	1	2	3	4	5	6	7	8	9	10
오류의 수	4	15	13	20	17	22	26	17	20	22

17.3 **37.** 마인드탭MindTap의 워크시트 C17 P37 데이터는 관리도의 5가지 예를 제공한다. 각각의 패턴을 해석하고 프로세스가 통제중인지 확인하고, 그렇지 않은 경우 밝혀낸 통제 불능 유형(예 : 관리 한계를 벗어난 점, 이동, 추세 등)을 명시하라 .

17.5 **38.** 한 명세specification는 LTL = 2.0과 UTL = 6.0을 요구한다. 100개 부품 표본에서 $\mu = 4.5$ 및 $\sigma = 0.5$이다. C_p, C_{pl}, C_{pu} 및 C_{pk}를 계산하라. 이러한 결과를 보고 어떤 조치를 내려야 하는가?

17.5 **39.** 공작기계에 사용되는 스페이서 플레이트spacer plate의 명세에는 두께가 LSL = 0.05 및 USL = 0.10cm이다. 100개 부품 표본의 $\mu = 0.067$ 및 $\sigma = 0.021$이다. 공정능력지수를 계산하고 해석하라.

엑셀기반 연습문제 EXCEL-BASED PROBLEMS

문제 풀이를 위해 엑셀Excel이나 마인드탭MindTap에 있는 스프레드시트 템플릿을 사용할 수 있다.

17.3 **40.** 크기 3의 표본 30개는 15시간 동안 가공공정에서 가져온 것이다. 이 데이터는 마인드 탭의 워크시트 C17 엑셀 40데이터에서 찾을 수 있다. 엑셀 템플릿 $\bar{x}$−관리도와 R−관리도를 사용하여 관리도를 구성하라. 공식을 사용하여 엑셀로 관리한계를 구하라. 공정이 통계적으로 통제되고 있는가? 통제되는 이유 혹은 통제불능인 이유는 무엇인가?

17.3 **41.** 트라이스테이트 은행Tri-State Bank은 대출신청 처리시간을 조사한다. 표본은 4개의 지점에서 무작위로 25일 동안 수집되었다. 이 데이터는 마인드탭의 워크시트 C17 엑셀 P41 데이터에서 찾을 수 있다. 엑셀 템플릿 $\bar{x}$−관리도와 R−관리도를 사용하여 관리도를 구성하라. 공식을 사용하여 엑셀로 관리한계를 구하라. 공정이 통계적으로 통제되고 있는가? 통제되는 이유 혹은 통제불능인 이유는 무엇인가?

17.3 **42.** 80개의 보험청구 양식이 25일 근무일 동안 매일 검사되며, 오류가 있는 양식의 수는 마인드탭의 워크시트 C17 엑셀 P42 데이터에 기록된다. 엑셀 템플릿 p−관리도를 사용하여 p−관리도를 구성하라. 공식을 사용하여 엑셀로 관리한계를 구하라. 특수원인이 발견되면 데이터에서 이를 제거하고 수정된 관리도를 작성하라.

17.3 **43.** 한 인터넷서비스 공급자는 고객이 통화중 신호를 받을 가능성이 높은 피크기간의 비율을 측정한다. 30일 동안 500건의 표본에서 수신된 통화중 신호수에 대한 데이터는 마인드탭의 워크시트 C17 엑셀 P3 데이터에서 찾을 수 있다. 이러한 데이터에 대한 p−관리도를 구성하고 해석하라.

17.3 **44.** 소프트웨어 개발 프로젝트의 코드 1,000줄 당 오류수를 보여주는 데이터는 마인드탭의 워크시트 C17 엑셀 P44데이터에 나와 있다. c−관리도를 구성하고 결과를 해석하라.

17.3 **45.** 한 우편주문 처방약 공급업체가 물류센터에서 피킹되는 표준 주문당 오류수를 측정했다. 데이터는 마인드탭의 워크시트 C17 엑셀 P45 데이터에서 찾을 수 있다.

c-관리도를 구성하고 결과를 해석하라.

17.6 **46.** 문제 40의 데이터(마인드탭의 워크시트 C17 엑셀 P40 데이터)를 사용하여 명세가 3.75 ± 1.25라고 가정하고, C_p, C_{pl}, C_{pu} 및 C_{pk}를 계산하라. 이 프로세스의 관리자를 위한 결과를 해석하라.

17.6 **47.** 마인드탭의 워크시트 C17 엑셀 P47 데이터는 온라인 소매업체의 주문처리 및 배송에 대한 표본시간을 시간hour 단위로 제공한다. 소매업체는 주문접수 후 4시간 이내에 배송된다고 광고한다. 이 표준을 달성하기 위한 공정능력은 얼마인가?

에크하트 병원 Eckhardt hospital

의료기관 인증에 관한 공동위원회joint commission on accreditation of healthcare organizations (JCAHO)는 엄격한 기준과 지침에 따라 의료서비스 제공자를 관리하고 평가한다. 주요 관심사는 치료의 수준향상이다. 병원은 환자치료에 영향을 미치는 중요한 품질 지표를 식별 및 모니터링하고 문제에 대한 특별조사가 실시되어야 하는 수준인 평가 임계값thresholds for evaluation (TFE)을 설정한다. TFE는 비무작위오류 nonrandom errors (즉, 변동의 특수원인)에 주의를 집중하는 수단을 제공한다. TFE를 설정하는 논리적 방법은 관리도를 사용하는 것이다. 에크하르트 병원은 3년 동안 매달 200건의 수술표본에서 발생한 감염수에 대한 데이터를 수집했다. 이 데이터는 그림/표 17.8에 나와 있으며 마인드탭 의 에크하트 병원 사례 데이터 워크시트에서 확인할 수 있다. 병원 관리자는 많은 수의 감염(예 : 12개월)이 무작위성 이외의 요인으로 인해 발생하는지 우려한다.

토론을 위한 사례 질문

1. 그림/표 17.8의 데이터를 사용할 때, 감염의 평균 백분율은 얼마인가?
2. 적절한 관리도를 구성하고, 관리상한과 관리하한을 계산하고, 관리도에 데이터를 표기하고, 프로세스가 통계적 통제 상태인지 파악하라. 분석 결과에 따르면 경영진은 어떤 조치를 해야 하는가?
3. 경영진의 의사결정을 위한 향후 표본을 모니터링하기 위해 사용해야 할 평가임계값은 얼마인가?

그림/표 17.8 감염 건수에 대한 월별 데이터

월	수술 200건당 감염 건수
1	1
2	3
3	3
4	1
5	3
6	1
7	1
8	1
9	1
10	0
11	2
12	4
13	2
14	1
15	2
16	0
17	1
18	1
19	1
20	2
21	1
22	0
23	2
24	2
25	1
26	2
27	1
28	0
29	3
30	1
31	2
32	1
33	3
34	1
35	3
36	1

굿맨타이어사 Goodman tire and rubber company

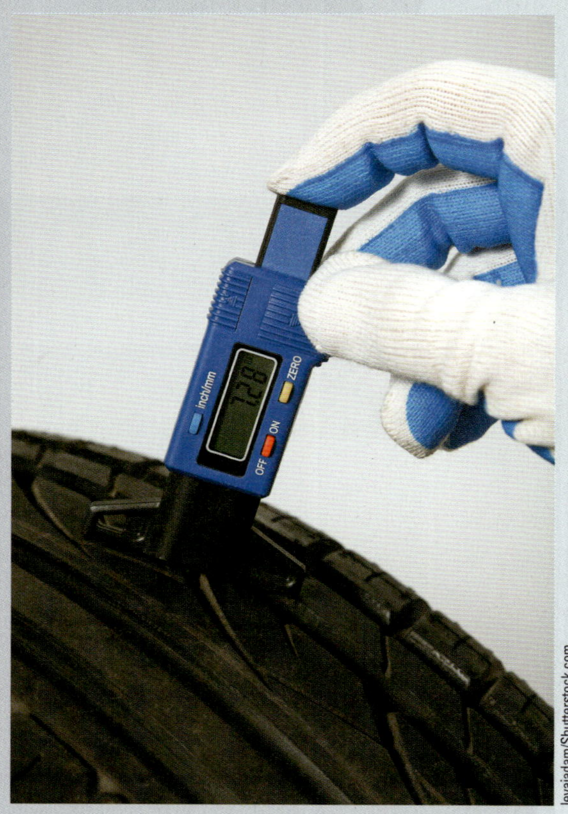

levaiadam/Shutterstock.com

미국 고속도로 교통안전국(NHTSA)에서 매년 2,400개 이상의 타이어 유형을 독립적으로 테스트한다. 2015년에는 900건이 넘는 리콜을 발행하여 전국적으로 5,100만 대의 차량에 영향을 미쳤다. 분명히 타이어고장은 사고, 부상 및 사망의 주요 원인이다. 열악한 품질로 인해 소송, 책임청구 및 문제해결을 위한 리콜비용으로 인해 타이어 제조업체에 수억 달러의 비용이 발생할 수 있다. 타이어 품질과 높은 성능으로 안전이 결정되기에 굿맨 타이어사는 시뮬레이션된 도로조건에서 타이어 마모를 주기적으로 테스트한다. 제조 프로세스를 연구하고 제어하기 위해 이 회사는 $\bar{x}$-관리도와 R-관리도를 사용한다. 각각 3개의 타이어가 포함된 25개의 표본이 추출되었다. 그림/표 17.7은 마모를 1/100밀리미터 단위로 세 번 관찰한 25개 표본에 대한 데이터를 보여준다(이 데이터는 마인드탭의 Goodman Tire Case Data 워크시트에서 확인할 수 있다). 그림/표 17.9의 값이 낮을수록 더 좋은 성능임을 뜻한다. 엔지니어들은 타이어가 60개월 동안 적절한 품질을 제공하기 위해서는 마모가 28±6 mm라 제안하였다.

그림/표 17.9 굿맨타이어사

표본	타이어 마모		
1	31	42	28
2	26	18	35
3	25	30	34
4	17	25	21
5	38	29	35
6	41	42	36
7	21	17	29
8	32	26	28
9	41	34	33
10	29	17	30
11	26	31	40
12	23	19	25
13	17	24	32
14	43	35	17
15	18	25	29
16	30	42	31
17	28	36	32
18	40	29	31
19	18	29	28
20	22	34	26
21	18	24	30
22	24	28	19
23	27	32	20
24	39	26	19
25	17	32	27

토론을 위한 사례 질문

1. 이러한 데이터의 히스토그램 그려보라. 마모 분포에 대해 어떤 결론을 내릴 수 있나?
2. 이러한 데이터에 대한 $\bar{x}$-관리도와 R-관리도를 구성하라. 생산공정이 통제되고 있는가?
3. 이 상황에 적용할 수 있는 4가지 주요 품질비용 범주(예 : 예방, 평가, 내부 및 외부 실패비용) 각각에 대한 두 가지 예를 들어라.
4. 공정능력 지수는 얼마인가? 이 프로세스가 디자인명세를 충족하기 위해 어떻게 해야 하는가?

통합 사례 연구: 허드슨 쥬얼러스 Integrative Case: Hudson Jewelers

본서 마인드탭MindTap은 허드슨 쥬얼러스Hudson Jewelers 사례 연구 관련 각 장에 있는 학습자료를 통합하여 제공한다.

토론을 위한 사례 질문

1. 다이아몬드 평가기준을 조사하고 객관성, 측정 및 전반적인 정확성 측면에서 해당 기준을 평가하라. 다이아몬드 품질기준이 부품(제조업체에서의)만큼 구체적이고 측정가능한가?
2. 허드슨 쥬얼러스 워크시트 및 마인드탭MindTap에 있는 자료는 다이아몬드 투명도 및 흠집 데이터에 대한 p-관리도를 보여준다. 이 데이터는 두 개의 다른 다이아몬드 광산 (공급업체)에서 나오는 "명확성 및 결함"에 대한 다이아몬드의 품질을 제시하고 있다. — 광산은 아시아에 하나 있고 아프리카에 하나 있다. 어떤 결론을 내릴 수 있나?

18 린 운영 시스템

Lean Operating System

학습목표

18장을 학습한 후 다음 과제를 수행할 수 있어야 한다:

18-1 린 운영 체제lean operating system의 네 가지 원칙과 일반적인 낭비 유형을 설명한다.

18-2 기본적인 린 도구lean tools 및 접근 방식을 기술한다.

18-3 린 식스 시그마Lean Six sigma의 개념과 이것이 운영 결과물 향상에 어떻게 적용되는지 설명한다.

18-4 제조 및 서비스 조직에서 린 원칙lean principles이 어떻게 사용되는지 설명한다.

18-5 적시생산just-in-time 운영 체제의 개념과 철학을 기술한다.

린 원칙은 병원 약국과 같이 많은 프로세스의 효율성을 향상시킨다.

BSIP/Universal Images Group/Getty Images

"우리 병원의 약 조제 프로세스는 통제 불능 상태입니다. 환자의 건강이 위태롭습니다" 미시간 병원 관리자는 말했다. 약국에 대한 연구에 따르면 약 조제과정에서 담당자가 제품을 찾는데 시간의 77.4%을 쓰고 있었고, 이로 인해 약물 오류가 많이 발생했다. 또한 현재 14단계로 구성된 프로세스에는 필요하지 않은 단계가 포함되어 있기 때문에 병원 처방전에 따라 약을 받는데 총 166분이 소요된다. "문서 촉진Paper Pushers" 및 "빠른 처방Zip Scripts"과 같은 이름을 가진 팀이 구성되어 린운영 방법 및 원칙에 대한 교육을 받았다. 이를 통해 린 원칙을 적용해 병원 환자들에게 약물을 안전하게 전달하고자 하였다. 시스템을 재설계하고 난 후 환자가 처방약을 받는데 걸리는 시간을 33% 절감시켰고, 부가가치가 없는 업무단계를 제거함으로써 14단계에서 9단계로 업무단계를 줄일 수 있었다. 이로 인해 제약 관련 약물 오류가 40% 감소했으며 심각한 사고도 감소하였다.

어떻게 생각하는가? What Do you Think?

직장이나 학교에서 사례와 비슷한 비효율성을 목격한 경험이 있는가?(기숙사 또는 침실은 어떠한가)?

린 사고lean thinking*는 모든 형태의 낭비를 제거하고 가치사슬 전반에 걸쳐 자재와 정보를 원활하고 효율적으로 흐름에 초점을 맞춘 접근 방식을 의미하며, 이를 통해 더 빠른 고객 대응, 더 높은 품질, 더 낮은 비용을 얻을 수 있다. 린 기업의 원칙을 종종* **린 운영 시스템**lean operating system*이라고 한다.* 린 개념은 처음에 도요타 자동차Toyota Motor Corporation에서 개발 및 구현했으며, 린 운영 체제는 종종 도요타 생산시스템Toyota Production System(TPS)와 함께 벤치마킹되고 있다.

18장 시작 부분에 나온 시나리오에서 린 팀은 병원 약국 프로세스를 크게 개선하고 환자 건강을 개선하며 병원에 대한 책임 위험을 줄였다. 예를 들면, 약국에서 처방전 라벨용 프린터가 한 대뿐인 경우 라벨이 항상 실제 상품과 동일한 순서로 인쇄되는 것은 아니다. 이로 인해 혼란이 생겼고 약국 담당자는 가끔 잘못된 병과 봉투에 라벨을 부착하였다. 린 사고와 방법을 적용한 후 처리 시간과 품질이 크게 향상되었다.

린 사고는 공급사슬을 보다 효율적으로 만들고 지속가능성을 위한 노력에 큰 역할을 한다. 린 사고는 낭비제거 문화를 구축하는데 도움이 된다. 상업용 카펫, 타일 및 인테리어 직물 제조업체인 조지아주 라그레인지LaGrange의 인터페이스 아메리카스Interface Americas는 우수제조협회Association for Manufacturing Excellence의 최근 컨퍼런스에서 3억 달러 이상의 비용 절감을 포함하여 린 사고로 인한 낭비 제거 활동의 수많은 사례를 인용했다. 예들 들면, 매립지로 보내지는 제조 폐기물의 70% 감소, 온실가스 배출량의 60% 감소, 매립지로부터 다시 획득한 1백만 파운드 이상의 카펫 등 정량적 효과를 얻을 수 있었다.

조직에 가치를 더하지 않는 모든 활동, 자재 또는 운영은 낭비로 간주된다.

18-1 린 운영 시스템의 원칙Principles of Lean Operating Systems

린 운영 시스템은 다음과 같은 4가지 기본 원칙을 가진다.

1. 낭비 제거 Elimination of waste
2. 속도와 반응 증가 Increased speed and respanse
3. 품질 향상 Improved quality
4. 비용 절감 Reduced cost

간단해 보이지만 조직은 이런 성과를 달성하기 위해 좋은 운영관리 도구와 접근방식에 대한 체계적인 사고와 적용이 필요하다.

낭비 제거

린lean은 용어의 특성상 작업을 완료하는데 필요한 작업만 수행함을 의미한다. 조직내에서 부가가치를 창출하지 않는 활동, 자재, 운영은 낭비라고 여겨진다. 전체 가치사슬의 모든 가치 창출 및 지원 프로세스에서 낭비를 없애는 것이 목표이다. 그림/표 18.1은 다양하고 자세한 사례를 보여준다. 도요타 자동차는 낭비를 주요 7가지 주요 범주로 분류하였다.

다다리오앤코 D'addario & co.의 린 사고 활용 D'addario & co. exploits Lean thinking

다다리오앤코 D'addario & co.는 첼로에서 일렉트릭 기타에 이르기까지 모든 종류의 악기에 사용되는 현을 제조하였다. 이 회사는 더 적은 수의 작업자와 더 스마트한 생산으로 생산량을 높이는 린을 만드는 기술에 투자하였다. 이는 시장 축소에도 불구하고 부분적으로는 7만 평방피트 이상의 제조 및 창고 공간을 확보하고 기술 및 자동화에 투자하여 해외에서 일자리를 되찾을 수 있게 하여 성장을 이룩한 사례이다. "제조업체들은 더 적은 비용으로 더 많은 일을 할 수 있는 방법을 배웠다."라고 국가생산자협회 National Association of Manufacturers의 수석 이코노미스트가 언급했고, "일종의 반전으로 생산성을 높이기 위한 이러한 노력은 미국을 전 세계적으로 훨씬 더 매력적으로 만들었다. 기술과 혁신에 대한 이러한 투자는 제조 측면에서 미국의 생존 가능성을 높이는 데도 도움이 되었다" 라고 말했다.

1. **과잉 생산** overproduction: 예를 들면, 값 비싼 준비setup 비용을 피하기 위해 주문이 50개에 불과할 때 100개의 묶음으로 만들거나 또는 불합격을 고려해서 50개 대신 52개의 묶음으로 만든다. 과잉 생산은 생산 시설을 묶어 두고 그 결과 과도한 재고는 단순히 유휴 상태로 남는다.
2. **대기시간** waiting time: 예를 들면, 작업업무 사이에 대기열이 쌓이게 하여 리드 타임이 길어지고 재공품이 늘어난다.
3. **운송** transportation: 잘못된 레이아웃으로 인해 공장 내에서 제품을 이동하는 데 소요되는 시간과 노력
4. **처리** processing: 불량한 제품이나 공정 설계로 인해 종종 발생하는 낭비의 전통적인 개념
5. **재고** inventory: 유휴 재고 비용 및 유지에 필요한 추가 보관 및 처리 요구사항과 관련된 낭비
6. **움직임** motion: 비효율적인 작업장 설계 및 도구 및 자재의 위치로 인한 결과
7. **생산 결함** production defects: 처음에 올바르게 작업을 수행하지 않은 결과

그림/표 18.1 조직에서 낭비의 일반적인 사례

초과 용량	초과 재고	부패
부정확한 정보	긴 교대시간 및 준비시간 파편	과도한 에너지 사용
난잡함	재작업 및 수리	자재,인력,정보의 불필요한 이동
계획된 제품의 노후화	장시간의 비생산적 미팅	설비 고장
과도한 자재 취급	부족한 소통	지식 병목
과잉 생산	대기 시간	비부가가치 프로세스 단계
조기 생산	사고	잘못된 작업경로
장거리 운송	과다 공간	잘못된 운송모드
재교육 및 재학습의 시간과 비용		

속도와 반응 증가

린 운영 시스템은 상품과 서비스를 설계하고 시장에 출시하고, 고객 수요 및 배송 요구 사항에 따라 생산하고, 경쟁업체의 조치에 대응하고, 지불금을 수취하고, 고객 문의 또는 문제를 해결하는 데 있어 빠르고 효율적인 대응에 중점을 둔다. 속도와 응답을 높이는 가장 효과적인 방법은 전체 가치사슬을 동기화하는 것이다. 이것은 가치사슬의 모든 요소가 공통 목표에 초점을 맞추고 있을 뿐만 아니라 모든 물리적 자재와 정보의 전송은 높은 수준의 효율성을 달성하기 위해 조정되는 것을 의미한다. 린 방식의 챔피언은 "빠르거나 오래 유지"하고 "가치사슬 운영을 동기화한다"고 주장한다.

5S의 이점 The Benefits of 5S

산업 장비 제조업체인 레오나드 오토매틱Leonard Automatics사의 대표이사인 제프 프러쉬틱Jeff Frushtick는 컨설턴트를 통해 그의 팀이 노스캐롤라이나주 덴버에 있는 회사에서 누락된 도구를 찾기 위해 매주 몇 시간을 보냈다는 사실을 알았다. 대표이사는 "누군가의 공구 벨트 또는 다른 조립 작업의 작업용 양동이가 다른 조립 장소에서 발견되었다"라고 언급하였다. 각 작업을 위한 모든 도구를 자체 공간에 있는 자체 카트(예를 들면, 정리 및 순서대로 정돈)에 저장하고 다른 유사한 작업 문제를 해결함으로써 35명의 직원이 근무하는 회사에서 2013년 이래로 5배의 수익이 상승하였다.

품질 향상

만약 원자재가 좋지 않거나 처리 작업에 대해서 일관성이 부족하거나 자재와 도구가 올바른 위치에 있지 않거나 기계가 고장난다면 린 운영 시스템은 제대로 작동하지 않는다. 품질 불량은 작업 일정을 방해하고 수율을 감소시키고, 추가 재고, 처리 시간, 파편 및 부품 대기 공간을 확보한다. 이 모든 것이 낭비이며 고객의 비용을 증가시킨다. 가치사슬의 모든 프로세스에서 결함 및 오류의 원인을 제거하면 속도가 크게 향상되고 가변성이 감소하며 연속흐름 개념이 만들어진다. 제품 및 프로세스 설계 단순화, 근본 원인 분석, 실수 방지 및 통계적 프로세스 관리와 같은 품질 관리의 모든 개념과 방법이 품질향상에 사용된다.

비용 절감

비용 절감은 린 기업의 중요한 목표인 것은 확실하다. 낭비를 줄이고 품질을 향상시키기 위해 수행되는 모든 작업은 종종 동시에 비용을 절감한다. 더 효율적인 장비, 더 나은 예방 유지보수, 더 적은 재고는 제조 회사의 비용을 줄인다. 서비스 비즈니스는 패스트푸드 식당에서 셀프 서비스를 통해 고객 노동력을 사용하고, 현금 자동 입출금기를 사용하여 수표를 입금하고, 의료 서비스를 받기 전에 온라인으로 의료 양식을 작성하는 등의 프로세스를 단순화하는 것을 통해 더욱 린화leaner되고 비용을 절감한다.

18-2 린 도구와 접근 Lean Tools and Approaches

린 기업lean enterprise 목표를 달성하려면 프로세스를 설계하고 개선하기 위한 체계적인 접근방식이 필요하다. 조직은 여러 도구와 접 방식을 사용하여 린 조직을 만든다. 본 장에서 이들 중 일부를 설명하고자 한다.

18-2a The 5Ss

만약 직장이 지저분하고 체계적이지 않으면 근로자는 효율적일 수 없다. 효율적인 제조 공장은 깨끗하고 잘 조직되어 있다. 기업은 "5S"원칙을 사용하여 이러한 작업환경을 만든다. 5Ss는 일본어 용어에서 파생되었다: 세이리seiri (정리Sort), 세이톤seiton (순서대로 정돈set in order), 세이소seiso (광택shine), 세이케츄seiketsu (표준화standardize) 및 시수케shitsuke (지속sustain).

- 정리sort는 작업장의 각 항목이 적절한 위치에 있거나 불필요한 것으로 식별되어 제거되었는지 확인하는 것을 의미한다.
- 순서대로 정돈set in order한다는 것은 자재와 장비를 찾고 사용하기 쉽도록 배열하는 것을 의미한다.
- 광택shine은 깨끗한 작업공간을 의미한다. 이것은 안전을 위해 중요할 뿐만 아니라 작업영역이 청소됨에 따라 오일 누출과 같은 유지보수 문제를 일으키기 전에 식별할 수 있다.
- 표준화standardize는 일관성을 유지하고 모든 단계가 올바르게 수행되도록 하기 위해 절차와 관행을 공식화하는 것을 의미한다.
- 마지막으로 지속sustain은 교육, 의사소통 및 조직구조를 통해 프로세스를 유지하는 것을 의미한다.

18-2b 시각적 제어 Visual Controls

시각적 제어 Visual Controls는 *모든 직원이 작업 시스템의 상태와 성과를 빠르고 쉽게 이해할 수 있도록 모든 직원이 볼 수 있는 운영활동에 대한 지표이다.* 안돈Andon으로 알려진 시각적 신호 시스템은 개념이 처음 시작된 일본어 용어에서 유래한 것으로 알려져 있다. 예를 들면, 기계가 고장나거나 부품에 결함이 있거나 잘못 제조된 경우 표시등이 켜지거나 부저가 울려 즉각적인 조치를 취해야 함을 알려준다. 많은 회사에서는 관리자와 다른 작업자에게 문제가 발생했음을 알리는 코드들이 있다. 혼다Honda (제조 현장) 및 JP모건체이스JPMorgan Chase (콜센터)와 같은 일부 회사는 전자 "스코어보드"를 사용하여 일일 성과를 추적 관리한다. 이러한 스코어보드는 모든 사람이 볼 수 있고 수량, 품질 수준, 서비스 속도 등과 같은 주요 지표를 볼 수 있는 위치에 있다.

18-2c 급속작업대교환 Single Minute Exchange of Dies (SMED)

긴 준비시간은 제조자원을 낭비한다. 반면에 짧은 준비시간은 제조업체가 잦은 전환을 가능하게 하고 단일흐름으로 이동할 수 있게 하여 높은 유연성과 제품 다양성을 달성한다. 준비시간을 줄이면 생산능력을 높여 다른 제품을 생산하는 데에도 활용될 수 있다. **급속작업대교환**Single Minute Exchange of Dies (SMED)은 *동일한 장비에서 더 작은 묶음batch의 여러 제품을 생산할 수 있도록 공정에서 공구세팅 및 고정 장치의 빠른 설정 또는 전환을 의미한다.* SMED는 도요타 등 일본 제조업체에 의해 만들어졌으며 현재는 전세계적으로 많은 기업들이 채택하고 있다.

18-2d 배칭 (묶음처리)와 원피스 플로우Batching and Single-Piece Flow

제조 부품, 송장, 의료 청구 또는 주택 융자 모기지 승인과 같은 개별 부품의 제조 또는 서비스 처리에서 속도와 반응의 증가를 방해하는 관행 중 하나는 **묶음처리** batching이다. 즉, *다음 작업으로 이동하기 전에 대량의 제품을 그룹으로 먼저 생산하는 프로세스이다.* 일반적인 장비에 대한 다양한 요구사항이 있는 광범위한 제품 또는 서비스 조합을 생산할 때 묶음처리 작업이 종종 필요하다. 다양한 제품을 만들 때 제조업체는 종종 장비의 금형, 도구 및 고정 장치를 변경해야 하므로 많은 시간이 소요되는 단계와 분해가 발생한다.

보다 작은 묶음처리 또는 원피스 플로우를 사용하는 것이 더 나을 수 있다. 전체가 완료되기 전에 완료된 것의 일부를 이동하는 것을 전송묶음 transfer batch라고 한다. *전송묶음은 한 작업장에서 완료되고 다음 작업장으로 이동되는 로트* lot *크기라고 할 수 있다.* 원피스 플로우single piece flow는 묶음(묶음)가 하나이다. 즉, 하나의 작업장에서 작업이 완료되면 즉시 다음 작업장으로 이동한다. 그러나 이를 경제적으로 수행하려면 제품을 빠르고 저렴하게 변경할 수 있는 능력이 필요하다. 문제풀이 18.1은 묶음처리 및 원피스 플로우 논리의 수치 예제를 제공한다.

공통 장비에 대한 다양한 요구 사항이 있는 광범위한 제품 또는 서비스 조합을 생산할 때 묶음처리가 종종 필요하다. 다른 제품을 만들 때 제조업체는 종종 장비의 금형, 도구 및 고정 장치를 변경해야 하므로 비용과 시간이 많이 소요되는 설

> **원천에서의 품질quality at the source은 처음부터 올바르게 수행해야 하기 때문에 낭비의 기회를 제거한다.**

문제풀이 18.1 : 묶음처리 및 원피스 플로우

각 제품은 묶음처리 크기 100을 사용하여 세 개의 작업장에서 순차적으로 조립된다. 그림/표 18.2는 제품 당 처리시간과 각 작업장에서 묶음당 총 시간을 보여준다. 전체 로트크기lot size 100은 작업장 A에서 생산되고 작업장 B로 이동된다. 이것은 그림/표 18.3에서 도식화되어 있다. 따라서 세 개의 작업장을 통해 100개 제품의 묶음을 처리하는 데 걸리는 시간은 500 + 2,000 + 1,000 = 3,500초이다.

다음으로 20개의 전송묶음transfer batch을 고려하여, 작업장 A에서 20개 제품의 첫 번째 묶음을 처리하는데 20×5초 = 100초가 걸린다. 이 묶음은 작업장 B에서 100초에 처리를 시작하고 처리하는데 20×20초 = 400초가 걸리며 500초에 완료된다.

그런 다음 작업장 C로 이동하여 처리하는데 20×10초 = 200초가 걸리고 700초에 완료된다. 두 번째 묶음은 200초에 작업장 B에 도착하지만 처리를 시작하려면 500초 까지 기다려야 하며 900초에 완료된다. 작업장 C로 이동하면 첫 번째 묶음이 이미 완료되었기 때문에 즉시 처리를 시작하고, 1,100초에 완료된다. 작업장 B는 병목 자원이다. 묶음들이 B가 처리할 수 있는 것보다 빠르게 도착한다. 아래 표에는 20개 제품의 5개 묶음에 대한 각 작업장의 완료 시간이 요약되어 있다.

	작업장 완료 시간		
묶음	A	B	C
1	100	500	700
2	200	900	1,100
3	300	1,300	1,500
4	400	1,700	1,900
5	500	2,100	2,300

더 작은 묶음을 사용하면 100개 제품을 모두 처리하는 데 걸리는 시간이 3,500초에서 2,300초로 단축된다. 마지막으로 그림/표 18.4에 설명한 원피스 플로우를 고려하여 첫 번째 제품은 작업장 A에서 5초 내에 처리된 후 즉시 작업장 B로 이동한다(한 작업장에서 다른 작업장으로 이동하는데 지연 시간이 없다고 가정한다).

그림/표 18.2	묶음처리 대 원피스 플로우		
작업장	묶음 크기(Q)	제품당 처리시간	묶음당 전체 시간(초)
A	100	5초	500
B	100	20초	2,000
C	100	10초	1,000

그림/표 18.3 묶음처리

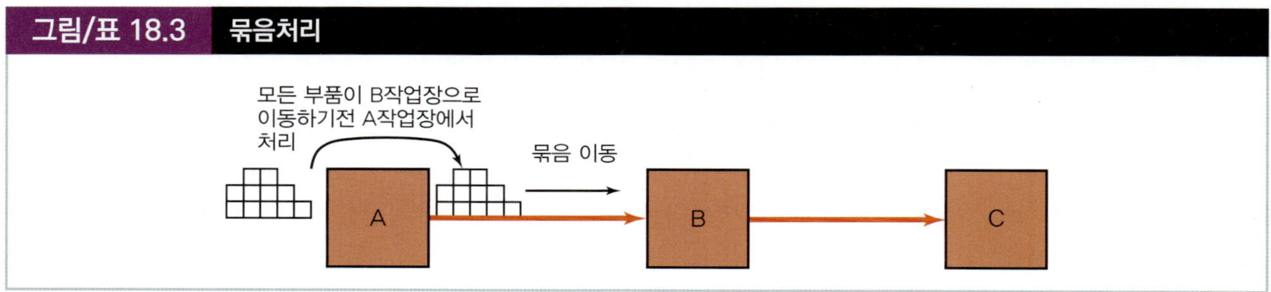

이때 두 번째 제품은 작업장A에서 처리를 시작하고 10초에 작업장 B로 이동한다. 그러나 첫 번째 제품은 작업장 B에서 처리하는 데 20초가 걸린다. 따라서 첫 번째 제품은 작업장 B에서 총 25초 동안 처리를 완료한다. 그런 다음 10초 동안 작업장 C로 이동한다. 총 35초 만에 완료된다. 아래 표는 각 작업장에서 처음 세 제품의 완료 시간을 보여준다.

	작업장 완료 시간		
제품	A	B	C
1	5	25	35
2	10	45	55
3	15	65	75

제품 1이 완료된 후 20초마다 작업장 C에서 제품 2, 3등이 완료되는 것을 볼 수 있다. 따라서 100개 제품을 완료하는 데 걸리는 총 시간은 35 + 99 × 20 = 2,015초이다. 원피스 플로우는 총 처리 시간을 3,500초에서 2,015초 (약 42%)로 줄인다.

그림/표 18.4 원피스 플로우

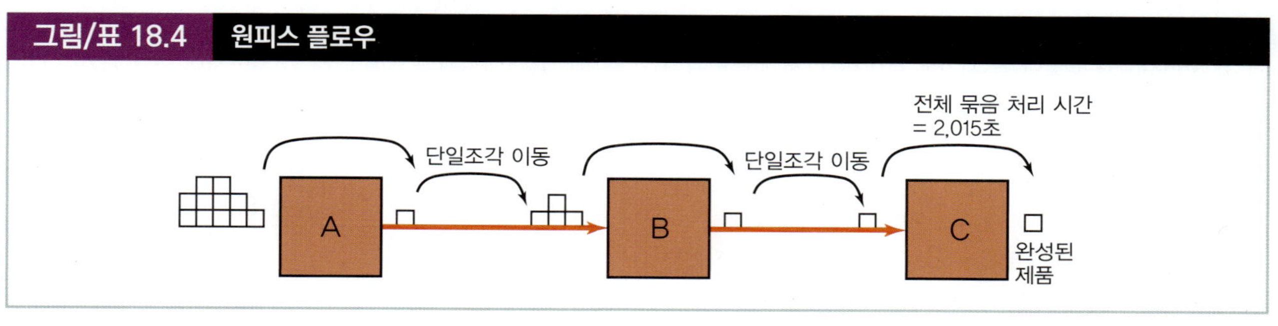

정 및 분해가 필요하다. 서비스의 경우 사전 인쇄된 양식 또는 소프트웨어를 변경하거나 수정해야 할 수 있다. 대규모로 묶는 경우 설정 및 해체가 줄어들어 규모의 경제 효과가 생긴다. 그러나 이는 특히 매우 역동적인 시장에서 시장 수요와 일치하지 않을 수 있는 재고를 발생시키는 단점을 가진다. 많은 회사가 준비시간을 단축하고 작업장 환경에서 소량 묶음 또는 원피스 플로우를 실현하는데 있어 놀라운 개선을 이루었다.

18-2e 품질 및 지속적인 개선 Quality and Continuous Improvement

원천에서의 품질quality at the source은 처음부터 올바르게 수행해야 하기 때문에 낭비의 기회를 제거한다. 직원은 자신의 작업을 검사, 분석 및 통제하여 다음 단계로 전달되는 상품 또는 서비스가 사양을 준수하는지 확인한다. 지속적 개선 계획continuous improvement initiatives은 모든 관리자와 직원 간의 팀워크와 마찬가지로 린 환경에서 매우 중요하다.

품질 향상과 린 사고 사이에는 중요한 시너지 효과가 있다. 조직이 지속적으로 프로세스를 개선함에 따라 재작업과 낭비가 제거되어 프로세스가 더 간결해진다. 더욱이 조직은 부가가치가 없는 활동을 제거하고 프로세스를 단순화하여 스스로를 더 효율적으로 만들려고 시도함에 따라 오류 가능성을 줄이고 품질을 향상시킨다.

18-2f 총 생산적 유지보수 Total Productive Maintenance

총 생산적 유지보수 total productive maintenance (TPM)는 *운영 체제가 의도한 기능을 안정적으로 수행하도록 하는 데 중점을 둔다.* TPM의 목표는 장비 고장 및 가동중지 시간을 방지하는 것이다. 이상적으로는 운영체제의 전체 수명주기에서 "사고 제로, 결함 제로 및 고장 제로"가 발생하는 것이다. TPM은 다음을 추구한다.

- 전체 장비 효율성을 극대화하고 계획되지 않은 가동중지 시간을 제거한다.
- 직원을 유지보수 활동에 참여시켜 장비에 대한 작업자 주인의식을 가지도록 한다.
- 직원 참여활동을 통해 장비운영 개선을 위한 지속적인 노력을 촉진한다.

유지 및 예방 비용은 문제풀이 18.2에 표시된 기본 통계를 사용하여 평가할 수 있다. 이산확률 분포의 예상값을 계산하는 방법을 이해하려면 참고자료 A : 확률 및 통계를 검토하는 것이 좋다.

린 사고의 중요성 때문에 TPM은 "린 유지보수"라고 불렸다. 린 유지보수는 장비 및 프로세스

9.2시간에서 9분으로 준비시간 단축 Setup Time Reduction from 9.2 Hours to 9 Minutes

많은 회사가 제품 준비시간을 단축하여 작업장 환경에서 소량 묶음 또는 원피스 플로우를 만들어 큰 개선 효과를 거두었다. 야마 디젤Yammar Diesel은 가공 라인 도구 준비를 9.2시간에서 9분으로 줄였다. 미국의 전기 톱 제조업체는 펀치프레스의 준비시간을 2시간 이상에서 3분으로 단축하였다. 중서부 제조업체는 60톤 프레스의 장비 설정시간을 45분에서 1분으로 단축하였다.

문제풀이 18.2 : 예방 유지보수의 경제적 평가

병원 실험실 장비는 실험실 테스트에서 오류를 방지하기 위해 자주 측정되어야 한다. 오류는 환자의 건강을 위협하고 재검사 및 재작업을 유발하고 검사 및 실험실 결과를 지연시키고 비용을 증가시킬 수 있다. 가스gas 크로마토그래피chromatography 장비는 가스 또는 액체 표본에서 화학물질의 혼합물을 분석한다. 혈액, 타액 및 소변의 환자 표본은 식품 첨가물에서 질병의 징후에 이르기까지 다양한 이유로 분석할 수 있다.

이 장비는 비싸고 1년 365일 사용되며, 이 병원에는 한 대만 있다. 장비 고장에 의한 비용은 장비가 수리될 때까지 의사와 환자가 기다려야 하기 때문에 하루에 $1,500이다. 예방 유지보수 비용(특정 필터 및 부품 교체를 포함하여 장비의 일일 재측정 및 테스트)은 하루에 $1,200이다. 예방 유지보수가 매일 수행되는 경우 장치가 고장날 확률은 0이다. 일일 가스 크로마토그래피 고장 확률은 다음과 같다.

24시간 근무당 고장 수	0	1	2	3
고장 확률	0.3	0.3	0.25	0.15

해당 상황에 있어서 경제성은 어떠한가? 어떤 것을 추천하겠는가?

해답:

사전 유지보수 없이 일일 기대 고장 수는 참고자료 A의 식 A.10을 사용하여 계산할 수 있다.

$$
\begin{aligned}
E[X] &= \sum_{i=1}^{\infty} x_i f(x_i) \\
&= (0 \times 0.3 + 1 \times 0.3 + 2 \times 0.25 + 3 \times 0.15) \\
&= 1.25\text{일}
\end{aligned}
$$

고장의 일일 기대비용은 1.25 × $ 1,500 = $ 1,875이다.

예방 유지보수 비용이 하루에 $1,200에 불과하기 때문에 병원은 예방적 유지보수 계획을 채택하여 하루에 $675 또는 연간 $246,375를 절약한다.

Dmitry Kalinovsky/Shutterstock.com

의 고장을 방지하는 것 이상이다. 이제는 인터넷 또는 무선 네트워크와 같은 소프트웨어 및 전자 네트워크 시스템을 위한 유지 관리 및 백업 시스템도 포함된다.

18-3 린 식스시그마 Lean Six Sigma

식스시그마Six Sigma는 린 생산에 대한 유용하고 보완적인 접근 방식이다. 예들 들면, 주기시간 단축 프로젝트는 두 가지 모두를 포함할 수 있다. 먼저 린 도구를 적용하여 주문입력 과정을 간소화할 수 있다. 린 생산으로 주소가 잘못 입력되거나, 고객번호 또는 배송비가 잘못 처리되어 발생하는 재작업으로 인한 처리 시간을 쉽게 찾게 된다. 그런 다음 식스시그마 도구를 사용하여 문제의 근본원인을 찾고 해결책을 찾을 수 있다. 이러한 유사성 때문에 많은 실무자들이 두 접근 방식의 모범사례를 활용하여 린 식스시그마에 집중하기 시작했다. 둘 다 고객요구 사항에 의해 주도되고 실제 비용 절감에 중점을 두고 있으며 조직에 상당한 재정적 영향을 미칠 수 있으며 비제조 환경에도 쉽게 사용할 수 있다. 둘 다 근본적인 원인, 프로세스 및 데이터 분석 기술을 사용하지만 린 생산과 식스시그마 간에는 분명한 차이가 있다.

첫째, 둘은 다른 형태의 문제를 다룬다. 린 생산은 공정에서 눈에 보이는 문제를 해결한다. 예들 들면, 재고, 자재 흐름 및 안전을 다룬다. 식스시그마는 성과의 변동성과 같은 덜 눈에 띄는 문제에 더 관심이 있다. 본질적으로 린은 낭비를 줄이고 공정흐름을 개선하여 효율성에 중점을 두는 반면, 식스시그마는 오류와 결함을 줄여 효과성에 중점을 둔다. 또 다른 차이점은 린은 직장의 모든 사람이 보다 직관적이고 쉽게 적용할 수 있는 반면, 많은 식스시그마 도구는 특히 통계 분석에서 일반적으로 블랙벨트Black Belts와 마스터 블랙벨트Master Black Belts로 불리는 전문가의 고급 교육과 전문 지식이 필요하다. 예들 들면, 대부분의 작업자는 5S의 개념을 쉽게 이해할 수 있지만 통계적 방법은 어렵다. 따라서 조직은 기본 린 원칙으로 시작하여 보다 정교한 식스시그마 접근 방식으로 발전하는 것이 좋다. 그러나 두 가지 접근방식을 공통 목표 (비즈니스 결과 향상)와 통합하는 것이 중요하다. 린 식스시그마는 종종 지속가능성을 기반으로 한 전략을 구현하는 데 중요한 부분이다.

Science and Society/Superstock

18-4 린 생산 및 서비스 Lean Manufacturing and Service Tours

린 생산 공장은 기존 공장과 크게 다르다. 깨끗하고 조직적이며, 길고 복잡한 생산 라인과 높은 수준의 재공품이 없고, 레이아웃과 작업 공간이 효율적으로 설계되어 있으며, 유지보수와 같은 직간접적인 작업을 수행하는 다기능 작업자를 사용하며, 입고 및 최종 검사소가 없다. 다음으로 제조회사를 살펴보고 4개의 주요 린 목표에 어떻게 초점을 맞추는지 알아보자.

18-4a 팀켄 기업 Timken Company

팀켄 기업(www.timken.com)은 산업, 자동차 및 철강의 세 가지 주요 시장을 대상으로 고도로 엔지니어링된 베어링 및 합금강과 관련 제품 및 서비스를 제공하는 글로벌 선두 제조업체이다. 팀켄은 50개가 넘는 공장과 전 세계에 있는 100개 이상의 판매, 설계 및 물류센터에서 약 18,000명의 직원을 고용하고 있다. 팀켄은 고객 요구사항에 대한 통합 엔지니어링 솔루션과 같은 사전 및 사후 생산 서비스에 점점 더 중점을 두고 있다.

팀켄은 대부분의 제조업체와 마찬가지로 치열하고 생존을 위협하는 글로벌 경쟁에 직면했다. 팀켄의 핵심 이니셔티브는 린 생산 운영원칙과 기술을 통해 생산성을 높이는 것이었다. 그 일부를 다음에서 설명한다.

낭비제거 Eliminate Waste

팀켄의 자동차 사업은 특정 공장이 여러 개선 기회를 파악하는 "부트 캠프boot camp"를 사용하고 있다. 다른 공장의 직원과 관리자들이 호스트 공장에서의 특정 문제를 해결하려고 노력한다. 여기서 문제는 종종 공정에서 부가가치가 없는 단계를 제거하고, 공정 및 장비 변동을 줄이고, 낭비를 제거하는 데 초점을 둔다. 부트 캠프 접근 방식을 통해 "신선한 시각"에 의한 개선 기회를 가질 수 있다.

속도 및 대응 향상 Increase Speed and Response

팀켄은 오류를 줄이면서 신제품 개발을 위한 총 주기시간을 단축하고, 고객 요청, 경쟁업체 역량 및 시장 변화에 보다 잘 대응하고자 하는 목표 아래 비제조 정보집약적 프로세스인 제품개발 공정을 개선하는 데 주력해 왔다. 팀켄은 장점을 결합하여 한 제품에서 다른 제품으로 신속하고 비용 효율적인 전환을 가능하게 하는 유연한 생산 시스템을 개발했다. 그러나 팀켄에서 린 생산의 가장 두드러진 특징은 작업 현장에서 사람들에게 부여한 권한과 책임이다. 작업 현장직원의 역량강화를 목표로 교육을 강화하고, 문제 해결 및 의사결정에 대한 팀 접근 방식의 광범위한 채택, 성과 및 보상 측정의 변경을 시도하였다.

품질 향상 Improve Quality

전사적 품질 및 지속적인 개선은 팀켄이 오랫동안 관심을 가져온 영역이다. 약진적 개선breakthrough 및 가속화된 지속적 개선accelerated continuous improvement과 같은 프로그램을 통해 수천 개의 개선 아이디어가 구현되어 수백만 달러를 절약했다. 품질 표준은 모든 제조 공정에 적용되어 전 세계 품질 감사를 통해 이러한 표준이 충족되고 있는지 확인한다. 각 공장은 ISO 9000 또는 기타 품질 인증을 받았다. 팀켄은 식스시그마 도구를 적용하여 공정 변동을 최소화했다. 개선 방향으로는 장비 작업자의 효율성을 개선하고 변동성을 줄이는 것이었다. 작업장 공정이 표준화되었고 기계 작업자의 보행 및 이동 시간이 단축되거나 없어졌다. 그 결과 품질이 향상되고 불량률이 감소했다.

비용 절감 Reduce Cost

팀켄은 1993년에 "고객과 주주들의 눈으로 본 세계 최고의 제조 회사"라는 사명 선언문mission statements을 재정의했다. 팀켄 공장, 공급업체 및 고객은 인터넷을 사용하여 정보를 공유한다. 구매, 주문이행, 생산전략 실행, 린 식스시그마 및 물류가 통합되어 "통합된 공급사슬 모델"이 만들어졌다. 이 모델의 목표는 자산 집약도를 줄이고, 고객 서비스 및 시스템 지원을 개선하고, 고객 요구에 더 빠르게 대응하고, 재고 수준을 더 잘 관리하는 것이다.

팀켄은 린 식스시그마를 사용하여 생산의 낭비와 변동을 줄였다. 모든 생산공정은 순서도로 작성되었으며 DMAIC 문제해결 사고체계 템플릿은 프로세스를 개선하기 위해 사용되었다. 자동차 사업은 린 식스시그마 프로젝트로 인해 1년 만에 700만 달러를 절감했다. 서비스 조직, 특히 백 오피스back office 운영에 린 원칙을 적용하여 상당한 이익을 얻을 수 있었다. 린 원칙은 높은 수준의 고객접촉이 요구되는 "프론트 오피스" 서비스에는 항상 적용할 수는 없다. 서비스 제공자와 회사는 서비스 생산에 대한 통제권이 부족하기 때문이다. 그러나 병원 실험실 테스트, 수표 처리 및 대학 지원 처리와 같은 백 오피스 서비스 공정은 많은 제조 프로세스와 거의 동일하다. 시간, 정확성 및 비용은 모두 성과에 중요하므로 린 원칙을 적용하면 분명히 이점을 얻을 수 있다. 다음 논의는 사우스웨스트 항공사Southwest Airlines에서 린 개념이 어떻게 사용되었는지 보여준다.

> 서비스 조직, 특히 백 오피스 운영에 린 원칙을 적용하여 상당한 이익을 얻을 수 있다.

18-4b 사우스웨스트 항공사 Southwest Airlines

사우스웨스트 항공사는 창립 이후 다른 주요 항공사와 비교할 때 린 성과lean performance를 보여왔다. 다른 항공사가 손해를 보는 시기에도 지속적으로 이익을 냈다. 항공사 비용의 대부분은 교통 서비스(13%), 항공기 서비스(7%), 비행 운영(47%), 예약 및 판매(10%), 승객 기내 서비스

(7%)에서 발생한다. 이 중 앞의 3개 영역은 고객과의 접촉이 적은 영역이고 고객 응대 및 예약이나 판매는 고객과의 접촉이 많은 영역이다. 따라서 모든 운영에 대해 린 접근방식을 취하는 것이 항공사 성과에 매우 중요하다. 사우스웨스트는 분명히 린 항공사이다. 다른 어떤 경쟁업체보다 적은 비용으로 더 많은 일을 한다. 몇 가지 이유를 살펴보자.

Chris Parypa Photography/Shutterstock.com

낭비 제거 Eliminate Waste

항공 산업에서 유휴시간은 가장 큰 낭비이다. 사우스웨스트는 비행기가 복잡하지 않은 공항을 사용하여 비행기 소요시간을 최소화한다. 보조 서비스가 줄어들면 낭비와 비효율성이 줄어든다. 또한 사우스웨스트는 경쟁사보다 직원 이직률이 훨씬 낮아 교육 비용이 낮다.

사우스웨스트의 모든 자원은 항공사의 수익 창출을 위해 사용되고 있으며 이는 전략의 주요한 요건이다. 항공기가 지상에서 더 많은 시간을 보낼수록 수익은 줄어든다. 이러한 운영은 동기부여된 직원, 고객중심의 문화, 이 전략을 달성하기 위한 팀워크로 인해 가능하다. 사우스웨스트 직원은 모든 주요 운영활동을 수행하기 위해 교차 교육을 받고 팀에 합류된다. 예들 들면,, 모든 직원은 정시에 이착륙 할 수 있도록 협력한다. 정시 이륙을 위해 조종사가 수하물을 싣는 것을 돕기도 한다. 이를 통해 원활한 일정을 유지하고 일정 변경 및 티켓 재조정 (둘 다 재작업의 한 형태)의 필요성을 줄인다. 예들 들면, 사우스웨스트는 15분 만에 승무원을 변경할 수 있으며, 137명의 승객을 탑승 및 내리게 할 수 있고, 97개의 가방, 1,000 파운드의 우편물, 25개의 화물을 내릴 수 있다. 또 123개의 가방과 600 파운드의 우편물을 적재하며 항공기에 4,500 파운드의 제트 연료를 주유할 수 있다.

속도 및 대응 향상 Increase Speed and Response

사우스웨스트는 경쟁사보다 훨씬 더 간단한 구조와 운영 시스템을 사용한다. 한 가지 유형의 항공기인 보잉Boeing 737만을 사용하므로 승무원을 보다 쉽게 묶을 수 있고 교육할 수 있다. 유지보수, 비행기 부품 재고관리, 탑승, 수하물 보관 및 검색, 객실 운영과 같은 활동을 표준화 할 수 있다. 예들 들면, 사우스웨스트가 평균적으로 최소 30분만에 비행기를 다시 이륙시킬 수 있는 반면 경쟁업체는 1시간이 걸린다. 이는 90분의 비행을 가정하면 비행기 당 하루에 약 1~2회의 비행 기회의 차이를 의미한다. 이것은 상당한 경제적 및 전략적 이점이 될 수 있다.

사우스웨스트는 티켓 없는 여행을 도입한 최초의 항공사이다. 고객은 단순히 확인 번호를 받고 정시에 도착한다. 상당수의 고객이 Southwest.com에서 직접 항공편을 예약한다. 고객이 항공편을 놓친 경우 벌금없이 이후 항공편에 티켓을 사용할 수 있다. 이를 통해 서류 작업이 줄어들어 운영 효율성이 향상된다.

품질 향상 Improve Quality

단순화된 프로세스는 고객 불만의 주요 원인인 비행 일정의 변동성을 줄여 고객의 품질 및 만족도에 대한 인식을 개선한다. 사우스웨스트는 기내 수하물을 권장하여 수하물 분실, 경로 오류 또는 손상 가능성이 적다. 사람 중심의 직원은 신중하게 선택되어 승객응대 등에 관한 권리 등을 부여받는다.

비용 절감 Reduce Cost

짧은 준비 및 회송 시간은 자산 활용도를 높이고 값비싼 항공기 재고의 필요성을 줄여준다. 사우스웨스트에는 좌석이 지정되어 있지 않다. 고객은 선착순으로 대기하고 구역에서 탑승하여 비용을 줄이고 소수의 직원만으로 승객 탑승을 관리한다. 또한, 사우스웨스트는 항공기 유지보수 및 수리에 드는 높은 간접비를 부담하는 대신 이러한 작업을 제 3자에게 아웃소싱 한다.

18-5 적시생산시스템 Just-in-Time Systems

적시생산시스템Just-in-Time(JIT)은 연속적인 생산활동을 조정하는 문제를 해결하기 위해 1950년대와 1960년대에 도요타Toyota에서 도입되었다. 자동차는 수천 개의 부품으로 구성된다. 따라서 생산공정 간에 자재 및 구성 요소를 이동하는 것은 매우 복잡하다. *기존의 공장은 판매예측을 통해 고객의 수요 전에 완제품 재고를 생산하는* **푸시 시스템** push system을 사용하였다. 부품 조립과정은 실제 고객수요가 발생하기 전에 미리 결정된 일정에 따라 "밀기(푸시)"가 된다. 푸시 시스템에서는 판매가 부진할 수 있는 제품이 미리 계획된 양으로 생산되어 재고로 보관되는 반면 수요가 많은 제품의 생산이 충분하지 않을 수 있다.

또 다른 문제는 전통적인 자동차 생산 시스템은 자동차 패널을 생산하기 위해 거대하고 값비싼 프레스 라인에 의존했다는 것이다. 프레스에 있는 작업대 무게는 무겁고 새 부품으로 교체하는 데 최대 하루가 필요했다. 이러한 긴 설치시간을 보완하기 위해 다른 기계를 설치하는 동안 기계 활용률을 높이기 위해 묶음 사이즈를 크게 하였다. 그 결과 재공품 재고가 많아지고 간접노동력과 간접비가 많이 발생하였다.

도요타는 매일 필요한 부품만을 생산하는 간단한 아이디어를 바탕으로 시스템을 만들었다. *이 개념은 필요한 만큼만 직원이 필요한 부품의 원천으로 이동하여 가져오거나 사용하는* **풀 시스템** pull system이다. 사용된 부품만큼 새로운 부품을 생산하거나 구매한다. 부품이 사용되면 그 물품을 보충하기 위해 이전 공정에 생산 지시가 전달된다. 완제품은 실제 수요와 같도록 생산하여 재고를 최소화하며 반응성을 극대화한다.

적시생산시스템은 푸시보다는 풀의 개념을 기반으로 한다. 적시생산시스템에서 주요 게이트웨이 작업장(예를 들면, 최종 조립품)은 수요만큼 부품을 사용하므로 이전 작업장이 생산할 양과 생산시기에 대한 실시간 정보를 제공한다. 전 과정의 각 작업장에서 부품을 공급받는 형태로 전체 제조 프로세스가 최종 조립일정과 동기화된다. JIT 운영시스템은 모든 공정 작업장에서 푸시 방식으로 재고를 다음 단계로 보내 작업이 유휴 상태가 되는 것을 금지한다.

적시생산시스템은 부하load를 평준화하고 운영시스템을 안정화하기 위해 작은 묶음 크기로 수요를 만족하기 위해 일정한 속도로 생산할 수 있다. 이는 생산공정 단계 사이에 필요한 재고를 크게 줄여 비용과 물리적 능력capacity 요구사항을 크게 줄인다.

많은 공급업체는 재고를 줄이기 위해 JIT 기반으로 자재를 공급한다. 입고 공급 부품은 생산라인으로 직접 보내진다. 이를 위해 공급업체는 종종 최종 조립공장과 가까운 곳에 부품창고를 운영한다. 공급사슬의 다른 쪽 끝의 물류센터와 소매점도 고객 가까이에 위치하여 배송속도를 높인다.

공급사슬에서 JIT 사용 Using JIT in a Supply Chain

전통적으로 도서의 공급사슬은 소비자에게 판매하기 위해 실제 상품을 생산하여 서점에 배달하는 "푸시"시스템이었다. 전자 책의 발간과 보더스Borders와 같은 전통적인 서점의 몰락에도 불구하고 많은 사람들은 여전히 페이지 넘기기를 좋아한다. 그러나 서점이 린lean해지면서 많은 책을 접하기가 어려워졌다. 예들 들면, 하퍼콜린스출판사HarperCollins Publishers는 서점의 크기 때문에 25~80%의 책을 서점에서 구할 수 없다고 추정한다. 그러나 출판사는 온디맨드북스On Demand Books LLC에서 운영하는 에스프레서 북기계Espresso Book Machine를 사용하여 JIT 개념을 활용하고 있다. 이것은 단 몇 분 만에 책을 맞춤 인쇄할 수 있는 책상 크기의 기계이다. 하퍼콜린스는 이 기술을 사용하여 서점에서 사용할 수 있는 약 5,000권의 종이 책을 만들고 있다.

18-5a JIT 시스템의 운영 Operation of a JIT System

적시생산시스템은 두 개의 프로세스 사이클(하나는 고객 용이고 다른 하나는 공급 프로세스 용)로 되어 있으며 단순하고 일반적인 JIT시스템은 그림/표 18.5와 같다. 이 때 고객은 내부 혹은 외부 고객이 될 수 있으며 그림/표 18.5에서와 같이 고객과 공급을 연결하여 보다 복잡한 생산 혹은 조립 순서를 구성한다. 이 과정에서 고객은 판매에 의해 필요한 시기에 인출한다. 공급은

그림/표 18.5 두 카드 칸반 JIT 운영 시스템

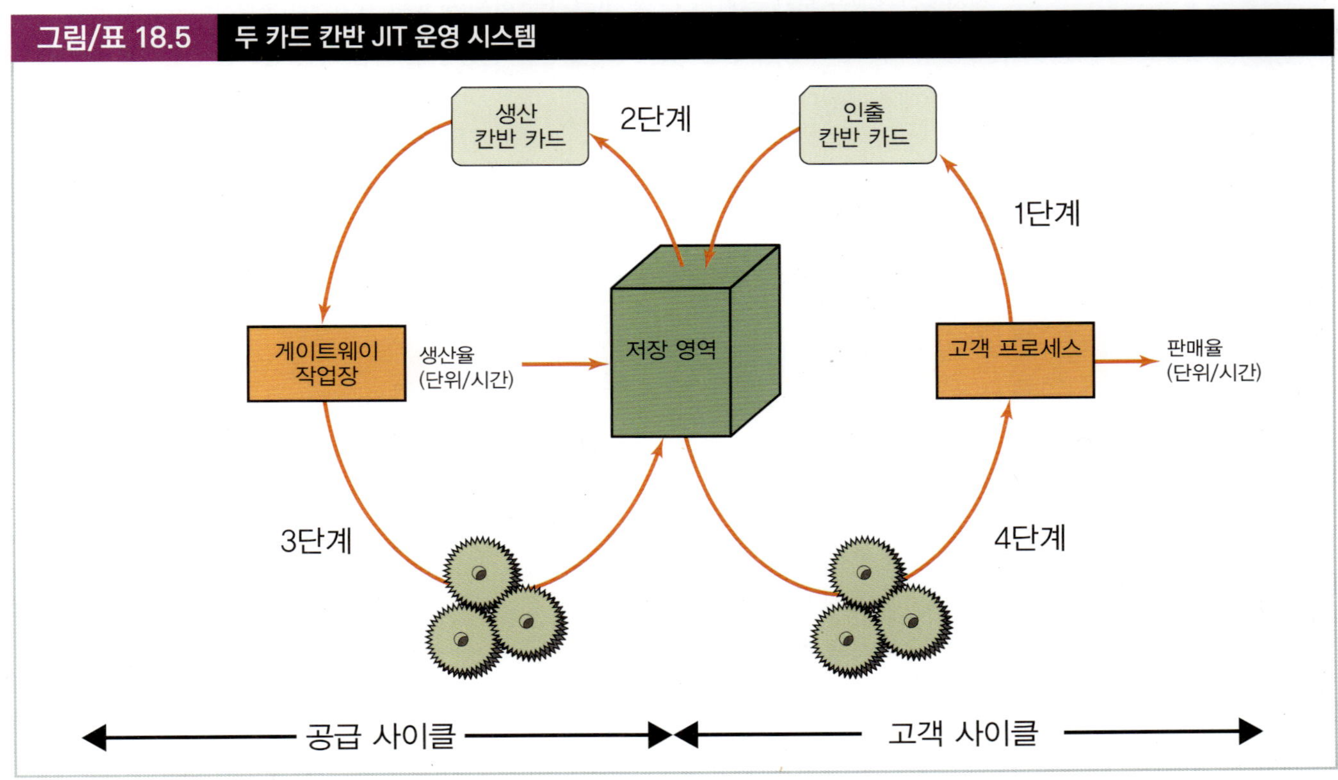

고객이 인출한 것만을 보충할 만큼 생산한다. 저장 영역은 고객과 공급 사이클 사이의 통제 지점이다.

칸반카드Kanban(칸반은 "시각적 기록" 또는 "카드"를 의미하는 일본어 단어)라고하는 전표가 시스템 내에서 순환되어 생산 프로세스를 통해 인출 및 생산을 시작한다. **칸반**은 *주문에 대한 모든 관련 정보(부품 번호, 설명, 사용된 프로세스 영역, 배송 시간, 사용 가능한 수량, 배송된 수량, 생산 수량 등)가 포함된다.* 이 때문에 적시생산시스템을 칸반 시스템이라고도 한다.

칸반시스템은 고객이 상품을 구매하거나 사용하고 난 빈 컨테이너가 생성될 때 시작된다. 인출칸반 withdraw Kanban(1단계)은 자재 담당자가 빈 용기를 저장영역으로 전송할 수 있는 권한을 부여한다. 인출칸반은 부품이동을 일으킨다. 자재 담당자는 빈 용기에 부착된 인출칸반을 분리하고 칸반카드를 저장 영역 또는 칸반 수신영역에 묶음하고 빈 용기는 남겨둔다(1단계). 공급 사이클에 대한 자재 담당자가 빈 용기에 생산 칸반 production Kanban을 붙이면 게이트웨이 작업장에서 부품 생산을 시작한다(2단계). 생산 칸반은 부품 생산이 시작되게 한다. 용기에는 작은 로트lot 크기의 부품이 들어 있다. 생산칸반의 승인이 없으면 게이트웨이 작업장과 다른 모든 작업장이 유휴 상태일 수 있다. 게이트웨이 작업장은 수요를 만족하도록 일정계획이 세워져야 하며 다른 모든 작업장에서 부품을 가져온다. 프로세스의 다른 작업장은 공급 프로세스에서 공급되는 생산 칸반에서 생산 주문을 받기 때문에 일정계획을 세울 필요가 없다. 공급 프로세스에서 생산칸반이 부착된 부품이 가득한 용기가 저장 영역으로 반환된다(3단계). 칸반 프로세스는 고객 프로세스의 자재 담당자가 가득찬 용기를 픽업하여 생산칸반 카드를 용기에서 떼어낼 때 완료된다. 일반적으로 자재 담당자는 부품으로 가득찬 용기를 픽업할 때 인출칸반을 내려놓고 용기를 비운다.

적시생산관행은 로트 크기 또는 용기 크기를 하루 수요의 약 5~20% 또는 20~90분 사이로 설정한다. 시스템의 용기 수는 평균 재고 수준을 결정한다. 다음 식은 필요한 칸반카드 수(K)를 계산하는데 사용된다.

$$k = \frac{\text{리드타임기간의 평균수요} + \text{안전재고}}{\text{컨테이너 수용 물량}}$$

$$k = \frac{d(p + w)(1 + \alpha)}{C} \qquad [18.1]$$

K = 칸반수

d = 주일정계획에 따는 일별 평균 생산량

w = 대기시간

p = 부품당 생산시간

C = 용기 당 수용 용량

α = 정책 변수로 작업장의 불확실성을 반영하여 안전재고를 가지게 하는 값으로 일반적으로 0부터 1사이의 값이다.

문제풀이 18.3 : 칸반 시스템 평가

바빗제조Babbitt Manufacturing는 칸반시스템을 사용하여 부품을 관리한다. 하루 수요는 800개 브래킷brackets이며 각 용기의 대기 및 처리 시간은 0.34일이다. 용기 크기는 50개 브래킷이고 안전 계수(α)는 9%이다.

a. 몇 개의 칸반카드 세트를 승인해야 하는가?
b. 브래킷 시스템에서 브래킷의 최대 재고는 얼마인가?
c. 대기 및 처리 시간이 25% 단축되면 (a) 및 (b)에 대한 답변은 무엇인가?
d. 용기의 절반이 비어 있고 주어진 시간에 절반이 꽉 찼다고 가정하면 원래 문제에 대한 시스템의 평균 재고는 얼마인가?

해답:

a. 식 18.1을 사용하면 다음과 같다.

$$K = \frac{d(p+w)(1+\alpha)}{C} = \frac{(800\,\text{units})(0.34)(1+0.09)}{50} = 5.93 \cong 6\,(\text{반올림})$$

따라서 6개의 용기와 6개의 칸반카드 세트가 일일 수요를 충족하는데 필요하다.

b. 승인된 최대 재고는 K×C = 6×50 = 300브래킷이다.

c.
$$K = \frac{d(p+w)(1+\alpha)}{C} = \frac{(800\,\text{units})(0.255)(1+0.09)}{50} = 4.45 \cong 5\,(\text{반올림})$$

따라서 5개의 용기와 5개의 Kanban 카드세트가 일일 수요를 충족하는 데 필요하다. 승인된 최대 재고는 이제 K×C = 5×50 = 250브래킷이다.

d. 이 가정 하에서 평균 재고는 300/2 = 150브래킷이다. JIT 시스템의 많은 변수가 이 가정이 유효한지 여부를 결정한다. 예들 들면, 일일 수요, 처리 및 대기 시간, 기타 프로세스 비효율성 및 불확실성의 조합에 대해서 더 많거나 적은 용기가 비어 있거나 가득차 있을 수 있다.

칸반카드 수는 재공품 재고의 양에 정비례한다. 관리자와 직원은 리드타임(p 또는 w) 감소, 값 낮추기 또는 기타 개선을 통해 시스템의 카드 수를 줄이기 위해 노력한다. 운영 체제에서 승인된 최대 재고는 $K \times C$이며 문제풀이 18.3에서 칸반 계산 및 관련 논리를 설명한다.

JIT 시스템은 판매율에 따라 생산한다. **택타임** Takt time은 *판매율을 기준으로 한 재화 또는 서비스의 생산율이다*. 택타임은 린 운영 시스템 및 가치흐름도 작성에서 널리 사용되는 용어이다. 택takt은 오케스트라 지휘자가 음악의 템포를 조절하는 데 사용하는 지휘봉에 대한 독일어 단어이다. 택타임은 프로세스와 작업장의 속도를 설정하며 종종 적시생산 및 린 운영 시스템의 "심장박동"이라고 한다.

택타임의 목표는 생산 및 판매율을 맞추는 것이다. 이상적으로 이 접근방식은 진행중인 재고가 없고 추가 완제품 재고가 없어야 한다. 린 시스템은 생산일정이 작업장에 균일한 부하를 생성할 때 가장 잘 작동한다. 택타임은 방정식 18.2를 사용하여 계산된다.

$$\text{택타임} = \frac{\text{기간당 사용가능시간}}{\text{기간당 시장 수요율}} \qquad [18.2]$$

예들 들면, 점심시간과 휴식시간을 포함하는 8시간 근무의 경우 근무 일당 25,200초 (7시간/일 33,600초/시간)가 있다. 판매율이 하루 400단위인 경우 택타임은 25,200초/일 × 400단위/일

문제풀이 18.4 : 택타임과 주기시간의 계산

TAC 제조회사TAC Manufacturing는 공장에서 린 아이디어와 방법을 구현하고 있다. 이전 작업장에서 부품을 가져오는 게이트웨이 조립 작업장을 기반으로 택타임을 계산하려고 한다. 조립 작업장은 하루 9시간, 점심 및 휴식 시간을 1시간 사용할 수 있으므로 하루 8시간 사용할 수 있다. 일일 수요는 1,000단위이다.

a. 택타임은 어떻게 되는가?

b. 조립라인 밸런싱을 위한 주기시간이 린에서 사용하는 택타임과 같다는 것을 보여라.

해답:

a.

$$\text{택타임} = \frac{\dfrac{8\text{시간}}{\text{일}} \times \dfrac{60\text{분}}{\text{시간}} \times \dfrac{60\text{초}}{\text{분}}}{\dfrac{1000\text{개}}{\text{일}}} = \frac{\dfrac{28{,}800\text{초}}{\text{일}}}{\dfrac{1000\text{개}}{\text{일}}}$$

= 28.8초/부품

b. 8장에서의 식 8.2를 활용하면, 주기시간은 산출율과 관련이 있다는 것을 알 수 있다.

$$CT = A/R$$

A = 생산 가능시간

R = 산출율

따라서 사이클타임 = 택타임 = 28.8초/부품이다.

= 63초/단위이다. 생산 프로세스가 단위당63초의 속도로 시스템을 통해 단위를 생산해 내면 생산속도가 판매속도와 일치한다.

택타임은 8장 및 방정식 8.2에서 설명한 것과 같이 조립라인 밸런싱을 위한 주기시간cycle time (CT)과 동일하다. 방정식 8.2는 $CT = A/R$이다. 여기서 A는 산출물을 생산하는 데 사용할 수 있는 시간이고 R은 수요 판매 예측량이다. 문제풀이 18.4는 택타임 및 주기시간 계산의 예를 제공한다.

18-5b 서비스 조직의 JIT JIT in Service Organizations

JIT는 제조업에 큰 영향을 주었지만 많은 서비스 조직에서 점점 더 많이 사용하고 있다. 예들 들면, 나슈아기업Nashua Corporation의 JIT 적용을 통해 주문 주기시간을 3일에서 1시간으로, 사무실 공간 요구사항을 40%, 오류를 95%, 생산성을 20% 향상시켰다. 일일 택배 서비스는 기존 재고 관리 기술을 사용하여 재고투자가 1,600만 달러에서 3,400만 달러로 증가했다. JIT를 적용해 재고 투자가 줄고 회사의 주요 목표는 99.9% 수준의 서비스를 제공하여 수익을 증가시키고자 하였다. JIT를 구현하기 전에 매주 처리 항목을 요구항목으로 나누어 계산한 서비스 수준은 79%였다. JIT 이후 해당 값은 99%였고 회사는 목표달성을 기대하고 있다. 박스터 인터내셔널Baxter International은 JIT 시스템의 이점을 경험한 또 다른 서비스 회사이다. 잘 설계된 JIT 시스템의 일부 특성은 그림/표18.6에 요약되어 있다.

그러나 스타벅스Starbucks가 발견한 바와 같이 린 원칙은 고객에게 미치는 영향을 고려하지 않고 서비스에서 맹목적으로 구현할 수 없다. 스타벅스는 관리자를 위한 린 훈련 프로그램에 사용되는 미스터 포테이토 헤드 장난감을 가지고 전국을 돌아다니는 "린 팀"을 시작했다. 관리자는

그림/표 18.6 JIT 특징과 사례 예시

• 준비 / 변경 시간 최소화	• 작은 반복 주문 / 로트 크기
• 우수한 예방 유지 보수	• 부품 / 품목 수 최소화
• 실수 방지 작업 및 프로세스 설계	• BOM 레벨 수 최소화
• 안정적이고 평준화되며 반복적인 마스터 생산 일정	• 연속 또는 단일 묶음 흐름을 지원하는 시설 레이아웃
• 리드타임이 없는 가상 BOM	• 이동 및 취급 거리 최소화
• 빠른 처리 시간	• 명확하게 정의된 성과 지표
• 깨끗하고 깔끔한 작업 공간	• 생산, 재고 및 회계 거래의 수 최소화
• 문제와 비효율성을 숨기기 위한 재고가 거의 없음	• 모든 게이지 및 테스트 장비의 올바른 교정
• 낭비되는 움직임없이 생산 셀 사용	• 품질 관리 개념 및 도구에 대해 교육받은 직원
• 주생산계획 일정master production schedule 동결 가능	• 우수한 직원 인정 및 보상 시스템
• 재사용 가능한 용기 사용	• 직원 교차 교육 및 다양한 기술
• 뛰어난 커뮤니케이션 및 정보 공유	• 권한을 부여하고 훈련된 직원
• 단순성 유지 및 시각적 제어 사용	
• 무결점에 가까운 고품질	

45초 이내에 장난감을 조립하는 방법을 배우고 학습한 내용을 매장 프로세스에 적용한다. 그러나 한 고객이 다음과 같이 말했듯이 고객 서비스가 어려울 수 있다. "고객들은 스타벅스에 들어와서 린이 없어야만 일어날 수 있는 일 — 바리스타와의 친근한 농담, 시식 커피 또는 패스트리 같은 것 — 을 기대한다. 인간 관계는 반복적으로 일정하게 발생하지 않고 매 관계에서 다른 특징을 보인다. 린은 이러한 인간관계 보다는 반복적인 제조업 형태에 적합하다."

18-6 식스시그마, 린, 제약이론 비교 Comparing Six Sigma, Lean, and the Theory of Constraints

린 사고, 품질관리(16장 및 17장) 및 제약이론(11장)은 개선에 초점을 맞추고 있다는 점에서 다소 유사하지만 각각 다른 이론, 방법, 사고방식을 사용한다. 이 섹션에서는 이러한 접근방식을 비교 분석한다. 그림/표 18.7은 세 가지 개선 전략의 주요 차이점을 요약한다.

이 장에서 논의했듯이 린 사고는 5S, 시각적 제어, 급속작업대 교환SMED, 묶음처리 및 원피스 플로우, 지속적인 개선, 총 생산적 유지보수 및 적시생산 시스템과 같은 도구를 사용하여 낭비를 줄이는 데 중점을 둔다. 린은 판매하는 제품만 생산하여 프로세스 흐름을 개선하고 변동을 줄이며 재고를 최소화한다. 품질관리는 ISO 9000, 식스시그마 및 DMAIC 문제 해결 접근 방식, 품질 비용 분석, 카이젠 및 통계적 프로세스 관리와 같은 도구 및 접근방식을 사용하여 편차를 줄이고 결함 및 오류를 제거하는 데 중점을 둔다.

제약이론Theory of Constraints은 공정의 처리량을 최대화하는 것을 목표로 한다. 이는 프로세스 및 가치흐름도, 재무 성과변수, 제약 조건 파악 및 병목활동 관리를 사용한다. 그 결과 공정흐름이 개선되고 낭비가 감소하며 품질이 향상된다. 각 접근 방식의 초점은 다르지만 목표와 그 장점은 매우 비슷하다. 따라서 이 방식들은 서로를 보완하게 된다. 예를 들면, 린 목표를 달성하려면 품질개선이 필요하다. 제약이론을 이용하면 품질을 개선해야 하는 공정 및 비용관련 문제를 더

그림/표 18.7 린, 식스시그마, 제약이론의 비교

개선 접근 방안	린 사고	품질관리	제약이론
목표	낭비 제거	변동감소와 오류 및 결함 제거	생산량과 현금흐름 극대화
방법	5Ss, 시각적 제어, 급속작업대 교환, 묶음 및 원피스 플로우, 지속적인 개선, TPM, JIT	ISO 9000, 식스시그마 및 DMAIC, 품질 비용, 카이젠, SPC	프로세스 및 가치 흐름 맵, 재무 메트릭스, 제약 파악, 병목 관리
목표	공정 흐름 개선, 변동 감소, 재고 요구 사항 감소, 생산성 향상	비용 절감, 수율 향상, 폐기물 저감, 생산성 향상, 고객 만족도 향상	공정 흐름 개선, 낭비 감소, 품질 개선, 생산성 향상

잘 파악할 수 있다. 린 접근방식은 제약이론을 더 효과적으로 만들 수 있게 프로세스 개선에 도움이 된다. 이러한 각 접근 방식에서 도구와 방법은 상호 시너지 효과가 있다. 즉, 도구와 방법이 함께 작동하여 개별 프로그램의 합보다 더 큰 이점을 제공한다. 일부 조직에서는 이러한 접근방식 중 하나만 사용할 수 있지만 시스템 관점에서 세 가지 모두가 함께 작동하는 방법을 이해하고 고려하는 것이 중요하다.

이러한 방식을 사용하려면 교육, 규율 및 조직문화의 변화가 필요한 것을 이해하는 것도 중요하다. 이들 모두가 모든 조직에 적합한 것은 아니며 항상 쉽게 구현할 수도 없다. 예를 들면, 식스시그마는 보다 분석적이고 측정 중심의 접근방식이 필요하다. 전통적인 품질관리는 소규모 팀과 개인이 카이젠 방식으로 구현할 수 있다. 반면 린 접근방식에는 종종 외부 컨설턴트 또는 내부 직원에 대한 추가 교육이 필요하다. 제약이론에는 프로세스 중심 조직이 필요하며, 이해하고 구현하기가 더 복잡하다. 이 장에서 언급했듯이 스타벅스Starbucks는 2009년에 린 사고를 적용하였다. 그러나 이러한 접근이 서비스의 속도와 효율성은 향상시켰지만 고객의 제품 및 서비스 경험에는 부정적인 영향을 주었다. 고객 혹은 프로세스 중심 조직의 경우 세 가지 접근 방식 모두 상당한 이점을 제공할 수 있다.

18장 학습목표 요약 Learning Objective Summaries

18.1 **린 운영 체제의 네 가지 원칙과 일반적인 낭비 유형을 설명하라:** 린 운영 체제는 4가지 기본 원칙을 가지고 있다.

1. 낭비 제거
2. 속도와 반응 증가
3. 품질 향상
4. 비용 감소

도요타 자동차는 낭비를 7가지 주요 범주로 분류하였다. :

1. **과잉 생산**: 예를 들면, 값 비싼 준비비용을 피하기 위해 주문이 50개에 불과할 때 100개의 묶음으로 만들거나 또는 불합격을 고려해서 50개 대신 52개의 묶음으로 만든다. 과잉 생산은 생산 시설을 묶어 두고 그 결과 과도한 재고는 단순히 유휴 상태로 남는다.
2. **대기 시간**: 예를 들면, 작업업무 사이에 대기열이 쌓이게 하여 리드타임이 길어지고 재공품이 늘어난다.
3. **운송** : 잘못된 레이아웃으로 인해 공장 내에서 제품을 이동하는 데 소요되는 시간과 노력의 낭비
4. **처리** : 불량한 제품 또는 공정 설계로 인해 종종 발생하는 파편scrap으로 낭비의 전통적인 개념
5. **재고**: 유휴 재고비용 및 유지에 필요한 추가 보관 및 처리 요구 사항과 관련된 낭비
6. **동작**: 비효율적인 작업장 설계 및 도구 및 자재의 위치로 인한 불필요한 움직임
7. **생산 결함**: 처음에 올바르게 작업을 수행하지 않은 결과

린 운영 시스템은 상품과 서비스를 설계하고 시장에 출시하고, 고객 수요 및 배송 요구 사항에 따라 생산하고, 경쟁업체의 조치에 대응하고, 지불금을 수취하고, 고객문의 또는 문제를 해결하는 데 있어 빠르고 효율적인 대응에 중점을 둔다.

18.2 **기본적인 린 도구 및 접근 방식을 설명하라.** 5S는 일본어 용어 인 세이리seiri(정리Sort), 세이톤seiton(순서대로 정돈set in order), 세이소seiso(광택shine), 세이케츄seiketsu (표준화standardize) 및 시수케shitsuke(지속sustain) 이다.

- 정리는 작업장의 각 항목이 적절한 위치에 있거나 불필요한 것으로 식별되어 제거되었는지 확인하는 것을 의미
- 순서대로 정돈이란 자재와 장비를 찾고 사용하기 쉽도록 배열하는 것을 의미
- 광택은 깨끗한 작업 공간을 의미. 이것은 안전을 위해 중요할 뿐만 아니라 작업 영역이 청소됨에 따라 오일 누출과 같은 유지 보수 문제가 문제를 일으키기 전에 식별 가능
- 표준화는 일관성을 유지하고 모든 단계가 올바르게 수행되도록 하기 위해 절차와 관행을 공식화하는 것을 의미
- 마지막으로 '지속'이란 교육, 의사소통, 조직 구조를 통해 프로세스를 유지하는 것을 의미

시각적 신호 시스템은 개념이 처음 시작된 일본어 용어에서 유래한 안돈으로 알려져 있다. 예들 들면, 기계가 고장나거나 부품에 결함이 있는 경우 표시등이 켜지거나 소리가 울려 즉각적인 조치를 취하도록 한다. 많은 회사에서 운영자가 당길 수 있는 줄이 있어 감독자와 다른 근로자에게 문제가 발생했음을 알린다. 도요타 및 기타 일본 제조업체가 개발한 급속작업대교환 Single Minute Exchange of Die은 준비시간을 줄이고 더 높은 유연성과 생산성을 달성하기 위해 공구 및 고정 장치를 빠르게 변경하는 것을 말한다. 일반적인 장비에 대한 다양한 요구 사항이 있는 광범위한 제품 또는 서비스 조합을 생산할 때 묶음 작업이 종종 필요하다. 대규모 묶음을 실행하면 준비 및 해체 시간이 줄고 규모의 경제 효과가 실현된다. 그러나 이는 특히 매우 변화가 심한 시장에서 시장 수요와 일치하지 않아 재고를 보유하는 경우가 많다. 더 나은 전략은 묶음을 작게 하거나 또는 원피스 플로우를 사용하는 것이다. 그러나 이를 경제적으로 수행하려면 제품을 빠르고 비용 효율적으로 변경할 수 있는 능력이 필요하다. 원천에서의 품질은 낭비의 기회를 없애고 린 사고의 근본적인 접근 방식이다. 유지보수의 목표는 장비 고장과 가동 중지시간을 방지하는 것이다. 이상적으로는 운영 시스템의 전체 수명주기에서 "사고 제로, 결함 제로 및 고장 제로"를 갖는다. 많은 회사가 부품을 적극적으로 회수하고 재활용하고 있다(녹색 제조라고도 함).

18.3 **린 식스시그마의 개념을 설명하고 이것이 운영 성능 향상에 어떻게 적용되는지 설명하라.** 식스식그마는 린 생산에 대한 유용한 보완 접근 방식이다. 린 식스시그마는 두 접근방식의 좋은 점을 벤치마킹하지만 서로 다른 유형의 문제를 다룬다. 린 생산은 재고, 자재 흐름 및 안전과 같은 프로세스의 가시적인 문제를 다루며, 식스시그마는 성능 변화와 같은 덜 눈에 띄는 문제를 다룬다.

18.4 **제조 및 서비스 조직에서 린 원칙이 어떻게 사용되는지 설명하라.** 린 생산공장은 기존 공장과 크게 다르다. 깨끗하고 조직적이며,길고 복잡한 생산라인과 재공품 재고가 적고 레이아웃과 작업 공간이 효율적으로 설계되어 있으며, 유지보수와 같은 직간접적인 작업을 수행하는 다기능 작업자를 사용하며, 입고 및 최종 검사소가 없다. 린 원칙은 고객과의 접점이 많은 프론트 오피스 서비스에 적용하기는 어렵다. 다양한 고객, 서비스 만남 상황, 고객 및 직원 행동으로 인해 서비스를 생성하고 제공하는 것이 공장 내에서 제품을 생산하는 것보다 훨씬 더 다양하고 불확실하다. 그러나 병원 실험실 테스트, 수표 처리 및 대학 지원 처리와 같은 백 오피스 서비스 프로세스는 생산 프로세스와 거의 동일하다.

18.5 **적시생산** Just-In-Time **운영 시스템의 개념과 철학을 기술하라.** JIT (Just-in-Time)는 연속적인 생산활동을 조정하는 문제를 해결하기 위해 1950년대와 1960년대에 도요타에서 도입되었다. 도요타는 매일 필요한 부품을 필요한만큼 생산한다는 간단한 아이디어를 바탕으로 시스템을 만들었다. 그런 다음 인출된 부품을 대신할 수 있을 만큼의 새 부품만 제조 또는 공급된다. 부품이 사용되면 그 물품을 보충하기 위해 이전 공정에 생산 지시가 전달된다. 완제품은 실제 수요와 같도록 생산하여 재고를 최소화하며 반응성을 극대화한다. JIT 시스템은 일정한 생산량을 생산하여 소량의 일관된 묶음 크기로 판매를 충족시켜 시스템을 안정화한다. 이는 생산 공정 재고를 크게 줄여 비용을 크게 줄인다. JIT 프로세스에서 고객 사이클은 판매에 따라 필요한 시간에 필요한 것을 인출한다. 공급 사이클은 고객이 발주한 것만 보충하기 위해 생산한다. 저장 영역은 고객과 공급 사이클 사이의 인터페이스이자 통제 구역이라 할 수 있다. 칸반카드 (Kanban은 "시각적 기록" 또는 "카드"를 의미하는 일본어 단어)라고 하는 전표를 통해 생산을 시작한다. 칸반카드의 수는 재공품 재고량에 정비례한다(식 18.1 참조). 그림/표 18.7은 JIT 시스템의 주요 특성과 우수 사례를 요약한 것으로, 택타임은 린 운영 시스템 및 가치흐름도 작성에서 널리 사용되는 용어이다. 택타임은 판매율을 기준으로 한 상품 또는 서비스의 생산율이며 다음과 같이 계산한다.

$$\text{택타임} = \frac{\text{기간당 사용가능시간}}{\text{기간당 시장 수요율}}$$

주요용어 KEY TERMS

- 5Ss
- 묶음처리 Batching
- 칸반 Kanban
- 린 운영시스템 Lean operating systems
- 린 사고 Lean thinking
- 풀 시스템 Pull system
- 푸시 시스템 Push system
- 급속작업대교환 Single Minute Exchange of Dies (SMED)
- 원피스 플로우 Single-piece flow
- 택타임 Takt time
- 총 생산적 유지보수 Total productive maintenance (TPM)
- 전송 묶음 Transfer batch
- 시각적 제어 Visual controls

복습 질문 Review Questions

18.1 1. 린 기업이란 무엇인가?

18.1 2. 린 운영 시스템의 4가지 기본 목표를 설명하라.

18.1 3. 린 운영 시스템을 채택하면 어떤 이점이 있는가?

18.2 4. "5S"란 무엇입니까? 린이 되는데 왜 중요한가?

18.2 5. 린 운영 시스템에 대한 시각적 제어의 이점은 무엇인가?

18.2 6. 린 환경에서 짧은 준비 시간의 중요성을 설명하라. 준비 시간을 줄이기 위해 어떤 접근 방식이 사용되는가?

18.2 7. 전송 묶음 및 원피스 플로우를 정의하고 중요성을 설명하라.

18.2 8. 품질 향상이 린 기업 달성에 어떻게 활용되는가?

18.2 9. 린 운영 시스템에서 전체 생산 유지 관리의 역할을 설명하라.

18.3 10. 린 식스시그마란 무엇인가? 린 및 식스시그마 개념이 상호 보완적인 이유는 무엇인가?

18.5 11. 푸시 및 풀 시스템의 차이점을 설명하라. 풀 시스템이 푸시 시스템에 비해 어떤 이점이 있는가?

18.5 12. 칸반이란 무엇인가? 칸반 시스템이 어떻게 작동하는지 설명하라.

18.5 13. 좋은 JIT 시스템의 주요 기능을 설명하라

18.5 14. JIT 시스템에서 공급자의 역할은 무엇인가?

18.5 15. 식 18.12에서 알파 값 (예 : $\alpha = 2$ 또는 3)이 높으면 칸반/적시생산 운영시스템의 장점이 없어지는가?

18.5 16. 택타임을 정의하고 왜 중요한지 설명하라.

토론용 질문 및 체험학습 DISCUSSION QUESTIONS AND EXPEROEMTAIL ACTIVITIES

18.1 17. 자동차 수리점이나 패스트푸드점과 같이 익숙한 조직에서 여러 종류의 낭비에 대해 몇 가지 예들 들면, 설명하라.

18.1 18. 일부 회사에서는 헤이준카heijunka를 사용한다. 이 기법을 통해 부품과 부속품의 개수를 가능한 한 전체 공정 속에서 일정하게 유지하게 한다. 이 기술과 린 원칙과의 관계에 대해 연구하고 짧은 보고서(최대 2페이지)를 작성하라. 이를 사용한 회사의 사례 연구를 설명하라.

18.2 19. 시각적 제어의 이미지를 인터넷에서 검색하라. 그 중 5개를 선택하고 린 운영 시스템의 4가지 원칙 중 하나를 달성하는 데 어떻게 기여하는지 설명하라

18.2 20. 직장이나 학교 활동에서 어떤 유형의 "준비"를 수행하는가? 준비시간을 어떻게 단축할 수 있는가?

18.2 21. 섹션 18-2에서 린 도구와 접근 방식 중 하나를 선택하고 조직이 도구를 사용하는 방법에 (최대 2페이지)를 조사하고 구체적인 예들 들라.

18.2 22. 카탈로그 주문 작성 공정은 다음과 같이 설명할 수 있다. 매일 12시간 동안 전화로 주문이 발생한다. 주문은 업무 종료시 통합되어 다음날 아침 부서의 감독자가 오류를 확인한다. 감독자는 오후 1시 이후에 데이터 처리 부서에 일일 주문을 일괄적으로 보낸다. 다음 단계로 데이터를 처리해 주문이 1일 단위로 발주된다. 그 후 인쇄하여 원래 주문과의 일치여부를 확인한다. 이 시점에서 주문이 신규 고객의 주문인 경우 고객 확인 및 신규고객 계정 설정을 수행한 사람에게 발송된다. 이 프로세스는 주문이 청구되기 전에 완료되어야 한다. 다음 단계인 청구서를 첨부하여 주문 확인 및 교정은 청구서 발행이 완료된 후 발생한다. 주문에 청구서를 첨부하여 모든 내용을 확인하는 사람에게 전달된다. 문제가 있는 경우 컴퓨터 또는 고객에게 전화로 확인한다. 마지막으로 완료된 주문은 인쇄소의 조판 부서로 전송된다.

a. 이 프로세스에 대한 순서도를 개발하라 (7장 참조) .

b. 린 원칙을 사용하여 프로세스를 개선 여부를 찾아라.

18.2 23. 병원에서 진단 CT 스캔을 수행하는 과정을 분석하였다. 현재 프로세스는 다음과 같이 설명할 수 있다.

CT 기술자는 다음 환자가 CT를 사용할 수 있을 때 컴퓨터에 "환자 보내기" 요청을 입력한다. 컴퓨터는 이송 요청서를 인쇄하여 다음 순서의 환자를 정한다. 담당자는 방사선과로 가서 요청서와 환자 정보를 받는다. 담당자는 환자의 병실로 가서 환자와 함께 담당 간호사를 찾아 환자의 차트를 얻는다. 환자를 병실로 데려가서 간호사가 환자를 이송할 때까지 기다린다. 환자는 이동식 침대로 옮겨진 다음 엘리베이터로 옮겨져 방사선과로 옮겨진다. 환자가 홀에서 기다리는 동안 차트가 CT 기술자에게 제공된다. CT가 준비되면 환자는 CT 기계로 이동하고 스캔이 수행된다. 환자를 입원실로 다시 데려 가기 위해 담당자가 다시 호출된다.

이 프로세스의 순서도를 그리고 부가가치 및 비부가가치 활동을 식별하고 린 사고lean thinking를 적용하여 수행하는 처리 시간을 단축하는 방법을 설명하라.

18.4 24. 사우스웨스트 항공사 Southwest Airlines의 린 서비스 시스템을 유나이티드 항공사United Airlines 또는 영국항공사British Airways와 같은 항공사와 비교하여 (a) 비행기 탑승 절차, (b) 객실 서비스, (c) 다른 사우스웨스트 항공편으로 티켓 환승, (d) 상용 고객 프로그램, (e) 수하물 처리, (f) 좌석 할당 시스템 및 (g) 서비스 접점에 대해 비교하라.

18.4 25. 식스시그마 및 린 원칙과 같은 운영 관리 개념 및 방법을 적용하면 미국 의료 비용을 줄일 수 있다고 생각하는가? 생산운영관리가 미국 의료산업 개선에 기여할 수 있는 방안을 예로 설명하라.

18.4 26. 병원과 같은 서비스 조직에서 5S 원칙을 적용할 수 있는 방안을(최대 2페이지) 작성하라. 가능하면 5S 원칙을 사용한 결과를 보여주는 그림을 추가하라.

18.4 27. 인터넷에서 이 장에서 소개된 바와 유사한 제조 또는 서비스 사례를 검색하라. 사례와 유사한 방식으로 4가지 린 원칙에 따라 그들의 관행을 분류하라 .

18.4 28. 서비스 조직에서 하나 또는 두 개의 린 계획을 조사하고 간략하게 설명한 다음 서비스 산업에 린 원칙 적용에 대해 찬반을 주장하라. 공장에서 린을 적용하는 것과 서비스 상황에서 다른 점은 무엇인가? (최대 2페이지)

18.5 29. JIT를 사용하는 현지 회사의 관리자를 인터뷰하고 실행 방법과 회사가 JIT를 실현한 장점을 설명하라.

18.5 30. JIT 관행과 이것이 구매에 미치는 영향을 조사하라. JIT 시스템이 구매 기능 및 관행에 어떤 영향을 미친다고 생각하는가? (최대 2페이지)

18.5 31. 글로벌 공급사슬이 JIT에 미치는 영향에 대해 조사하라.

계산연습문제 Computational Problems and Exercises

본 장에서 설명한 공식과 방법을 적용하여 다음 연습문제를 직접 계산해서 풀어 보라.

18.2 **32.** 에스플래이드내 마린 부품 주식회사Esplanade Marine Parts Inc.는 100개 부품을 일괄 생산하고자 한다. 각 부품은 작업장 A에서 B까지 순차적으로 처리되어야 한다.

작업장	묶음크기	부품당 처리시간
A	100	20초
B	100	15초

a. 묶음처리를 가정하여 묶음을 생성하는 데 몇 초가 소요되는가?

b. 원피스 플로우 처리의 가정하에 묶음을 생산하는 데 몇 초가 필요한가?

c. 절약된 시간과 중요하다고 생각하는 기타 문제 측면에서 두 가지 솔루션을 비교하라.

18.2 **33.** CDC 개별 제작업체Discrete Fabricators는 300개 부품의 묶음으로 부품을 생산하려고 한다. 각 부품은 작업장 A에서 B, C, D로 순차적으로 처리되어야 한다.

작업장	묶음크기	부품당 처리시간
A	300	20초
B	300	15초
C	300	10초
D	300	25초

a. 묶음처리를 가정하여 묶음을 생성하는 데 몇 초가 필요한가?

b. 원피스 플로우 처리를 가정하여 묶음을 생산하는 데 몇 초가 필요한가?

c. 절약된 시간과 중요하다고 생각하는 기타 문제 측면에서 두 가지 솔루션을 비하라

18.2 **34.** 상점 # 8302의 플로리다 복권 기계와 프린터는 1년에 360일 작동한다. 기계가 작동하지 않고 고장 나면 플로리다 복권위원회에 하루 $2,000의 비용이 든다. 매장 직원이 매일 기계에 대한 로컬 테스트를 수행하도록 교육을 받고 기계 수리 비용을 더한 경우 이러한 예방 유지관리 비용은 하루 평균 $670이다. 예방 유지보수가 매일 수행되는 경우 장비가 고장날 확률은 0이다. 매장 추첨기 고장 확률은 다음과 같다. 해당 상황에 대한 기대 수익은 어떻게 되는가? 어떤 방식을 추천하겠는가?

복권기계 고장 대수	0	1	2
확률	0.333	0.333	0.333

18.2 **35.** 플라스틱 사출 성형기는 1년에 348일 작동한다. 이는 플라스틱 수납 벽시계를 생산하는 과정에서 병목 현상이 발생하는 작업장이다. 해당 산업 엔지니어는 기계 고장 가능성, 예방 유지보수 비용 및 고장 비용에 대한 데이터를 수집했다.

사출 성형기 고장 수	0	1	2	3	4
확률	0.33	0.28	0.22	0.13	0.05

2명의 기계 전문가가 매일 오전 1시에서 4시 사이에 수행하므로 예방 유지보수 비용이 높다. 예방 유지보수 비용은 부품 교체, 청소 및 소프트웨어 업그레이드를 포함하여 하루에 $1,980이다. 다운스트림 작업장은 진행 중인 모든 재고가 완료될 때까지만 작동 할 수 있기 때문에 $1,850의 고장 비용도 높다. 그러면 전체 프로세스가 중지되어야 한다.

18.5 **36.** 브렛켓 제조사Bracket Manufacturing는 구성 요소에 대해 칸반 Kanban 시스템을 사용한다. 회사의 일일 수요는 1,000대이다. 각 용기의 대기 및 처리 시간은 .85일이다. 용기 크기가 70이고 알파값(α)이 13%인 경우 몇 개의 칸반카드 세트를 승인해야 하는가? 승인된 최대 재고량은 얼마인가?

18.5 **37.** 툴트론 제조사Tooltron Manufacturing는 구성 요소에 칸반 시스템을 사용한다. 일일 수요는 425대이다. 각 용기의 대기 및 처리 시간은 1.5일이다. 용기 크기가 35이고 알파값(α)이 12%인 경우 몇 개의 칸반카드 세트를 승인해야 하는가? 승인된 최대 재고량은 얼마인가?

18.5 **38.** 루스 제과점Lou's Bakery는 주방에서 칩이 녹을 가능성이 높기 때문에 초콜릿 칩에 JIT를 사용하기로 하였다. 평균 수요는 주당 150컵의 초콜릿 칩이다. 평균 초기 준비 및 처리 시간은 ¼일이다. 각 용기에는 정확히 두 개의 컵이 들어 있다. 현재 안전재고 계수는 5%이다. 제과점은 주당 6일 운영된다.

a. 제과점에는 몇 개의 칸반이 필요한가?

b. 최대 승인된 재고는 얼마인가?

c. 평균 초기 준비 시간 및 처리시간이 하루의 3/8로 늘어난 경우 위의 a, b 값은 어떻게 변하는가?

18.5 **39.** 기술의 급격 한 변화로 인해 한 통신 제조업체는 JIT방식을 사용하여 라우터를 생산하기로 결정했다. 라우터

에 대한 일일수요는 하루 17대이다. 라우터는 한 번에 4개로(즉, 용기 크기) 구축된다. 총 준비 및 대기 시간은 3.75일이다. 프로세스 관리자는 단 5%의 안전 계수를 원한다.

a. 몇 개의 칸반이 필요한가?

b. 최대 승인된 라우터 재고는 얼마인가?

c. 랙의 절반이 비어 있고 주어진 시간에 절반이 꽉 찼다고 가정하면 라우터의 평균 재고는 얼마인가?

d. 프로세스 개선으로 인해 총 처리 및 대기 시간이 3.75일에서 2.75일로 단축 된 경우 (a)에서 (c)까지의 답은 무엇인가?

18.5 **40.** 자동차 변속기 제조업체는 JIT 방식을 사용하여 변속기 재고를 보충할 것을 고려하고 있다. #230에 대한 일일 수요는 하루에 55개 전송이며 6개의 그룹으로 구성된다. 총 조립 및 대기 시간은 2일이다. 감독자가 1 또는 100 %의 알파값(α)을 사용하려고 한다.

a. 몇 개의 칸반이 필요한가?

b. 최대 승인된 재고는 얼마인가?

c. 높은 알파값(α)을 사용할 때의 장단점은 무엇인가?

18.5 **41.** 베개 조립라인은 5개의 단계가 직렬로 배열되어 있다. 첫번째 작업장은 필러 재료로 베개를 채운다. 두번째 작업장은 베개 케이스를 재봉하고 세번째 단계는 베개를 투명한 플라스틱 슬리브에 넣는다. 네번째 작업장에서는 배송을 위해 베개를 3개 상자에 넣고 상자를 밀봉한다. 다섯번째 작업장은 배송을 위해 상자에 라벨을 부착한다. 베개는 가치가 낮지만 부피가 커 재고보유 비용이 높다. 실제로 운영 관리자는 JIT린 조립라인을 사용하여 판매할 수 있는 것만 생산하려고 한다. 조립라인은 1일 2교대, 8시간/교대−1시간(휴식 및 음식), 연간 330일을 작업한다. 연간수요는 1,000,000개이다. 택타임은 몇 초인가? 이러한 값은 어떻게 활용되는가?

캠퍼 가구 Kempfer Furniture

퍼듀대학 Purdue University에서 산업 공학을 전공 한 마르타 톰킨스 Marta Tompkins는 기뻤다. 그녀는 사우스 캐롤라이나에서 캠퍼 가구의 운영 및 물류 관리자로 취업했다. 마르타는 오하이오 주 Marysville의 혼다 제조회사 Honda Manufacturing에서 린 운영 이사로 12년 동안 일했다. 그녀는 린 생산 및 식스시그마 전략 및 방법론에 대한 광범위한 경험을 하였으며 많은 개선을 통해 처리량을 늘리고 낭비 및 재고를 줄였다. 그녀는 또한 ISO 14000에 명시된 새로운 환경 품질표준에 대한 프로젝트를 이끌었다. 캠퍼는 그녀를 사우스 캐롤라이나 공장의 공장 관리자로 고용했다.

직장에서 처음 2주 동안 마르타는 일부 표준 및 일부 맞춤형 가구 주문을 생성하는 프로세스를 배웠다. 캠퍼는 주방 및 식당 테이블과 의자, 침대, 침실 옷장 및 나이트 스탠드와 같은 목재 가구를 제조한다. 체리와 레드 오크와 같은 특수 재질을 전문으로 한다. 이 회사는 저렴한 가격에서 중간 가격까지의 고품질 가구를 생산하는 것으로 유명했다. 그러나 리드타임이 문제였다.

캠퍼는 대부분의 가구가 아시아 공장에서 만들어지는 상황에서 미국에 기반을 둔 가구 제조업체 중 하나였다. 그러나 캠퍼는 2년 동안 수익이 없었다. 토마스 루크 Mr. Tomas Luke는 사업 수익성을 높이기 위해 오드본 Audubon을 고용했다. 156명의 공장 직원들에 대한 그의 임무는 향후 3년 동안 2년간 사업이 이익을 얻지 못하면 파산과정을 밟는 것이었다.

마르타는 그녀가 듣고 본 모든 것을 기록했다. 그녀의 노트 샘플은 그림/표 18.8에 나와 있다. 그녀는 작업 센터, 하역장 및 배송 관리자가 너무 바빠서 그녀와의 회의에 참석하지 못하는 경우가 많았다는 것도 기록했다.

토론을 위한 사례 질문

1. 캠퍼 가구에게 추천할 만한 린 도구3개를 찾아라. 각각 사용상의 장점을 설명하라.
2. 이 회사가 수익을 얻기 위해 데 도움이 될 세 가지 식스시그마 또는 제약이론 방법과 도구를 추천하라. 이들을 선택하는 이유를 설명하라.
3. 처음 6개월 동안 마르타 톰킨스가 완료하고 주도할 10 단계 개선 실행 계획을 개발하라. 사건의 사실에 근거하여 이 계획을 작성하라.
4. 처음 6개월 후에 달성할 3개의 장기 개선 이니셔티브를 추천하라. 각 이니셔티브를 세 문장(즉, 짧은 단락)으로 설명하라.

그림/표 18.8	공장 둘러보기 및 회의 중 마르타가 작성한 메모

1. 톱밥은 어디에나 있었고, 공장은 깨끗하지 않았다. 공기에서 먼지와 목재 마감 바니시 냄새가 났다. 바니시 스프레이 부스는 적절한 배기 시스템으로 완전히 둘러싸여 있지 않았다.
2. 공장 레이아웃은 잡샵 구조를 수용하기 위한 프로세스 레이아웃으로 설명된다.
3. 우리의 판매 가격은 우리의 제조 비용보다 20% 높다고 생각한다.
4. 공장의 현금흐름은 공장 및 임대 창고에 충분한 자금을 지원하기에 충분하지 않았다. 토마스 루크Thomas Luke는 운영자금을 조달하기 위해 지역 은행으로부터 약속어음을 발행했다.
5. 고객 주문은 1개부터 30개까지 다양했지만 공장 관행은 한 번에 1개씩 제작을 한다. 한 작업센터 관리자는 "우리는 단일 고객 주문에 대해 너무 많은 시간을 설정했습니다."라고 말했다.
6. 재고는 공장 곳곳에 흩어져 있었다. 일부 구성품 재고와 완제품은 외부의 무거운 캔버스 텐트에 보관되었다.
7. 3PL위탁 트럭 운전사는 주문이 준비되지 않았는데도 하역장에 자주 나타났다. 이는 전체의 15% 시간 동안 발생했으며 많은 트럭 운전사가 켐퍼가구를 위해 일하는 것을 피했다.
8. 한 작업장 감독은 "두 개의 오래된 대패 기계가 종종 고장났습니다"라고 말했다.
9. 고객 주문이 자주 변경되었지만 이러한 변경 사항이 1/3 정도는 공장 현장에 도착하지 않아 재 작업을 거쳐 새로 주문을 시작하게 되었다.
10. 나무 톱날은 무디고 좀처럼 날카롭게 갈지 않았다.
11. 모든 작업장, 직원 및 장비가 주 6일 내내 100% 활용되었다.
12. 작년에 공장에서 3건의 사고가 발생했다. 한 직원은 하역장의 차선에서 지게차에 치였고, 다른 직원은 고철에 걸려 손목이 부러졌고, 세 번째 직원은 바닥의 톱밥에 미끄러져 심한 뇌진탕을 입었다.
13. 인공 건조 용량은 전체 작업의 약 절반 정도를 지연시켰다.
14. 과잉 생산 또는 취소된 고객 주문으로 인해 판매되지 않은 300백만 달러의 완성된 가구는 공장에서 4마일 떨어진 임대 공공창고에 보관되었다.

커뮤니티 의료원 Community Medical Associates

커뮤니티 의료원Community Medical Associates(CMA)은 2개의 병원, 25개의 위성 의료 센터 및 56개의 외래 환자 클리닉이 있는 대규모 의료 시스템이다. CMA는 전년도에 150만 건의 외래 방문과 60,000건의 입원 환자를 받았다. 불과 몇 년 전만 해도 CMA의 의료 서비스 시스템은 치료품질에 심각한 문제가 있었다. 긴 환자 대기시간, 조정되지 않은 임상 및 환자 정보, 의료 오류 등의 문제가 많이 발생하였다. 교육 중인 의사, 간호사, 실험실 기술자, 관리자 및 의대생은 데이터베이스 및 통신 링크의 혼선으로 매우 어려움을 겪었다. 회계 및 청구 시스템의 혼선으로 인해 의료비 및 보험료를 지속적으로 수정하였으며, CMA 정보 및 통신 시스템은 매우 복잡했다.

시스템을 재설계하기 전에 의사들은 병원, 센터 및 클리닉에서 환자를 보기 위해 복잡한 일련의 약속과 일정에 직면해야 했다. 예를 들면, 어깨 통증이 있는 노인 환자는 클리닉에서 X-레이를 찍지만 병원에서 CAT 스캔 예약을 해야 한다. 또한 환자의 혈액은 외부 실험실로 보내졌고 의사 기록은 테이프 레코더에서

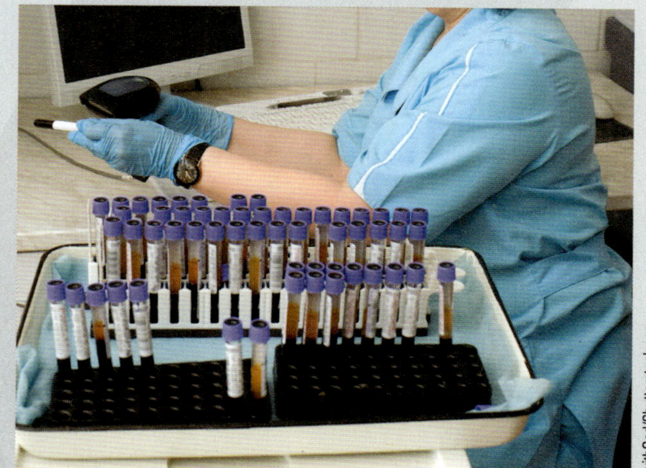
withGod/Shutterstock.com

현재 CMA는 50개 이상의 데이터베이스를 하나로 통합하는 통합 운영 체제를 사용한다.

기록되었다. 방사선과는 컨설턴트 보고서에서 X-레이와 신체 스캔을 읽고 해석한다. 과거와 현재의 약물 기록은 병원과 외부 약국에 기록되었다. 의사는 각 환자에 대해 종이 처방전을 작성한다. 청구 및 환자 보험 정보는 별도의 데이터베이스에 보관되었다. 환자의 의료 차트는 일부가 종이 기반이고 일부는 디지털 기반이었다. 종이 의료 파일은 병원, 센터 또는 클리닉에 보관할 수 있다. 간호사는 각 환자에 대해 메모를 작성했지만, 메모는 환자의 의료 기록이나 차트에 거의 입력되지 않았다.

"우리는 실험실 결과를 위해 하나의 데이터베이스에 액세스한 다음 방사선과를 접속하기 위해 해당 시스템에서 로그아웃한 후에 다른 시스템에 로그인해야 했다. 다시 CMA 약국 시스템에 액세스하여 환자의 건강을 통합적으로 파악해야 한다. 만약 5분 내로 환자의 기록을 찾을 수 없으면 조회를 중단하고 환자에게 기다리거나 다른 예약을 하라고 말해야 한다."라고 한 의사가 말했다. 의사는 "정확히 진단하고 도울 수 있는 환자로 이동해야 하기 때문에 기록을 찾을 수 없는 환자를 계속 볼 수 없습니다. 부정확하고 불완전한 정보로 환자를 진료할 수 없기 때문입니다. 따라서 모든 의료 정보가 빠르지 않으면 진료의 품질과 환자 만족도에 직접적인 영향을 미칩니다."

오늘날 CMA는 50개 이상의 CMA 데이터베이스를 하나로 통합하는 통합 운영 체제를 사용한다. CMA시스템의 의료서비스 제공자는 이제 7,000개의 컴퓨터 단말기를 통해 이러한 기록에 액세스할 수 있다. 여러 수준의 보안과 일부 제한된 데이터베이스를 사용하여 모든 환자 정보에 2분 이내에 액세스할 수 있다. 예를 들면, 정신병 및 AIDS 문제와 같은 민감한 범주의 환자 기록은 매우 제한된 데이터베이스에 보관되었다. 단일 환자의 종이 기반 의료 차트를 적절한 위치로 가져와서 이동하는 데 CMA $4.46의 비용이 들은 반면 보다 완전하고 신속하게 업데이트 된 전자 의료 기록은 $1.32의 비용이 든다. 환자의 의료 기록은 외래 서비스의 경우 평균 1.4회, 입원 환자의 경우 4.8회 조회된다. 또한 CMA는 데이터베이스 보안에 더 많은 비용이 들었지만 이에 대해 평가하기는 어렵다. 전자 보안감사 추적은 누가 로그온하고, 언제, 얼마나 오랫동안 특정 파일을 보았는지, 어떤 정보를 보았는지 보여준다.

2년 전에 언급한 동일한 의사는 지금 "시스템의 검색 속도에 만족해 하면서 환자를 위해 정보에 입각한 임상 결정을 내릴 수 있음에 만족해 합니다. 환자의 의료 기록을 파악하는 데 며칠, 때로는 몇 주가 걸렸지만 이제는 시스템에 48시간 이내에 찾을 수 있습니다. 종종 내 메모는 같은 날 시스템에 표시됩니다. 또한 예전 시스템에서 사용한 종이의 절반 정도를 사용합니다. 또한 데이터베이스에서 제가 스스로 오류를 편집하고 수정하고 있으므로 이제 더 정확합니다."

CMA 통합 시스템 개발의 다음 단계는 공급업체, 외부 실험실 및 약국, 다른 병원, 의사의 가정용 컴퓨터에 연결하는 것이다.

토론을 위한 사례 질문

1. CMA가 린 운영 체제의 4가지 원칙을 사용하여 성과를 개선한 방법을 설명하라.
2. 사례의 정보를 사용하여 원본의 종이 기반 가치사슬을 도식화하고 이를 현대의 전자 가치사슬과 비교하라. 두 시스템의 성과를 비교할 수 있는 방법을 설명하라.
3. 기존 (종이 기반) 시스템과 새로운 (전자) 시스템의 연간 총 기록 검색 비용 절감은 얼마인가?
4. CMA 개선 방법이 지속가능성에 영향을 미치는가? 그렇다면 어떻게 미치는가? 그렇지 않다면 그 이유는 무엇인가? 장단점은 무엇인가? 주장의 근거를 설명하라.
5. 린 원칙을 사용하여 속도와 품질을 동시에 향상시키면서 낭비와 비용을 줄일 수 있는가? 장단점은 무엇인가? 주장의 근거를 설명하라.

통합 사례 연구: 허드슨 쥬얼러스 Integrative Case: Hudson Jewelers

본서 마인드탭MindTap은 허드슨 쥬얼러스Hudson Jewelers 사례 연구 관련 각 장에 있는 학습자료를 통합하여 제공한다.

토론을 위한 사례 질문

1. 린 운영 체제의 4가지 원칙이 다이아몬드 채굴에 적용되는 방법에 대한 짧은 문서 (최대 2페이지)를 작성하라.
2. 린 운영 체제의 4가지 원칙(낭비 제거, 속도 및 반응 향상, 품질 향상, 비용 절감)만을 기반으로 보석상을 디자인한다면 어떤 모습이겠는가? 미션 및 전략, 경쟁 우선 순위, 프로세스 유형, 서비스 보장, 공급사슬 등과 같이 교과서 전체에서 사용된 OM 개념 및 방법을 토론에 적절하게 통합하라.

19 프로젝트 관리

Project Management

학습목표

19장을 학습한 후 다음 과제를 수행할 수 있어야 한다:

19-1 프로젝트 관리project management와 관련된 주요 문제를 설명한다.

19-2 주경로법 Critical Patch Method (CPM)을 적용하는 방법을 기술한다.

19-3 프로젝트에서 시간/비용 상쇄 결정을 내리는 방법을 설명한다

19-4 프로젝트 평가 및 검토 기법 Project Evaluation and Review Technique(PERT)를 사용하여 프로젝트 완료시간에 대한 확률을 계산하는 방법을 기술한다.

그리스 아테네Athens, Greece는 건설지연과 예산부족에도 불구하고 2004년 올림픽을 위한 시설을 완비하였다.

GERARD JULIEN/AFP/Getty Images

올림픽 대회는 2,500년 전부터 개최되어왔다. 그리스 아테네는 1997년에 2004년 올림픽 개최지로 선정됐지만, 올림픽 주최측은 올림픽 운영비용을 낮게 책정한 반면, 시설 건설과 올림픽 준비 일정을 맞출 수 있는 시의 능력을 과대평가했다. 주최측은 공사지연과 예산초과로 어려움을 겪으며 불과 4년 만에 7년치 작업을 완료해야 했다. 특히 올림픽 주경기장의 유리와 강철실의 운송지연으로 2004년 8월 13일 개막식 직전인 7월 말까지 전체 단지의 건설이 미뤄지게 되었다. 이러한 상황으로 국제올림픽위원회는 아테네 조직위에게 올림픽 개최를 취소하는 것을 고려하기도 했다. 또한 건설지연은 그리스의 올림픽 참가 선수에게도 영향을 주었으며, 그리스 선수들은 훈련센터에서 쫓겨날 수밖에 없는 상황에 이르렀다. 심지어 올림픽을 위해 복원되기로 한 파르테논 신전조차도 관광객들이 도착할 때까지 여전히 공개되지 않았다. 이러한 어려움에도 불구하고, 경기 시설은 준비가 완료되었으며, 올림픽 경기를 성공적으로 끝마치게 되었다.

어떻게 생각하는가? What Do you Think?

학생들이 참여하는 프로젝트를 생각해보아라. 어떤 이유로 프로젝트가 어렵게 혹은 쉽게 완성되는가?

프로젝트project는 *임시적이고 종종 맞춤화 된 계획으로, 예산범위 내에서 전체 계획을 완료하기 위해, 조정되고 완료되어야 하는 여러 작은 작업과 활동으로 구성 된다.* 한 중소기업이 설비확장을 고려하고 있다고 가정해보자. 확장 계획의 주요 업무로는 건축사 채용, 새로운 시설 설계, 시공사 선정, 시설 건설, 장비 구입 및 설치, 직원 채용 및 교육 등이 있을 것이다. 이러한 주요 작업은 수많은 하위작업으로 구성되어 있으며, 특정한 순서, 시간 및 예산에 따라 수행해야 한다. 따라서 이러한 활동을 종합하면 하나의 프로젝트가 된다.

많은 기업에서 이러한 프로젝트는 주요 가치창출 프로세스이며, 가치사슬의 주요활동은 프로젝트를 중심으로 이루어진다. 시장조사 연구, 건설, 영화제작, 소프트웨어 개발, 서적 출판, 결혼 계획 등이

> 많은 기업에서 프로젝트는 주요 가치창출 프로세스이며 가치사슬의 주요활동은 프로젝트를 중심으로 이루어진다. 시장조사 연구, 건설 및 영화제작과 같은 예가 있다.

주요활동의 예시가 될 수 있다. 다른 기업에서는 새로운 전략과 계획을 실행하여 가치사슬 설계 및 개선 활동을 지원하기 위해, 프로젝트를 간헐적으로 사용한다. 이러한 예시로는 연례 보고서 작성, 자동화 시스템 설치 또는 새로운 컴퓨터 지원 시스템에 대한 직원 교육 등이 있다. 심지어 미국 법원도 건설업 청구 소송 해결을 돕기 위해 프로젝트를 사용하기도 한다. 그림/표 19.1에는 다양한 비즈니스 기능 영역의 다양한 프로젝트 예시를 보여준다.

모든 프로젝트 상황에서 프로젝트는 체계적인 관리가 필요하다. **프로젝트 관리**Project management*에는 프로젝트 계획, 일정수립 및 통제와 관련된 모든 활동이 포함된다.* 2004년 올림픽은 프로젝트 관리의 중요성에 대한 예시를 제공한다. 2012 런던 올림픽 조직위원회는 프로젝트 관리를 포함한 다양한 직업 기회를 광고했고, blogspot.com의 한 포스트는 "프로젝트 관리 학생들은 런던 동부에 대한 안목을 훈련하고 무엇이 실질적인 사례연구가 될 것인지를 지켜봐야 하며 런던 올림픽은 우리의 눈앞에서 펼쳐질 프로젝트로, 적어도 우리 중 프로젝트 매니지먼트 괴짜들에게 올림픽 프로젝트관리가 게임 자체보다 훨씬 더 재미있고 유익할 것이다" 라고 언급했다. 이와 같이 4년마다 올림픽 개최로 다른 도시는 비슷한 프로젝트 관리 문제에 직면해 있다.

좋은 프로젝트 관리는 조직의 자원을 효율적이고 효과적으로 사용할 수 있도록 한다. 일반적으로 프로젝트는 조직 경계를 넘어 여러 부서와 기능, 때로는 기업의 조정이 필요하기 때문에 특히 중요하다. 또한 대부분의 프로젝트는 고유하므로 새로운 과제에 대한 사용자 정의 및 대응이 필요하다.

프로젝트관리협회The Project Management Institute는 효과적인 프로젝트 관리는 프로젝트 실패를 31% 줄이고, 예산을 기존보다 30%를 적게 사용하게 했으며, 사업을 예정보다 19%가량 앞당겼다고 언급했다.

프로젝트 관리는 환경, 사회 및 경제적 지속가능성을 달성하는 데 있어 더욱 중요해지고 있다. 이에 따라 환경 프로젝트 관리자, 보건안전 관리자, 환경 감사관, 지속가능성 준수 관리자 등의 새로운 일자리가 생기는 중이다. 지난 10년 동안 전 세계적으로 수백만 개의 프로젝트 관리자 일자리가 창출되었다. 미국 노동부 노동통계국The Bureau of Labor Statistics in the U.S. Department of labor은 이제 "프로젝트 관리자"를 직업군으로 인정하고 프로젝트 관리 전문직 종사자들의 경제적 기여도를 측정할 예정이다. 이러한 업종에는 프로젝트 관리 기술이 필수적이다. 한편 건설, 폐기물 관리, 조달, 재활용, 에너지 절약 프로젝트 등에서 녹색 활동이 보편화되고 있다. 또한 프로젝트 관리 기술은 성공적인 프로젝트 수행과 지속가능한 목표와 결과를 달성하기 위해, 여러 프로젝트 분야를 조정하는 데 필수적이다.

그림/표 19.1	가치사슬에 영향을 주는 다양한 기능에서의 프로젝트 예시
기능 영역	**프로젝트 예시**
마케팅 Marketing	판매시점 관리 시스템 설치 point of sales system installation 신제품 소개 New product introduction 시장 조사 Market research studies
회계 및 재무 Accounting and finance	회계 및 재무 시스템 감사 Auditing a firm's accounting and financial systems 상장계획 Planning a firm's initial public offering (IPO) 주식 거래 규칙 감사 Auditing a firm's procedures and stock trading rules for compliance with the Securities & exchange Commission
정보 시스템 Information system	소프트웨어 개발 Software development 소프트웨어 업그레이드 Software upgrades throughout a firm 하드웨어 설치 Hardware installation
인사관리 Human resource management	교육 프로그램 시작 및 조정 Launching and coordinating training programs 연차 업적평가 및 보상 검토 Annual performance and compensation review 새로운 보상 프로그램 실행 Implementing new benefits plans
개발 Engineering	새로운 부품 디자인 Designing new manufactured parts 새로운 컴퓨터 보조 디자인 시스템 도입 Implementing a new computer-aided design system 공장 자동화 설치 Installing factory automation
물류 Logistics	자동화 창고 도입 Installing an automated warehouse system 주문 추적 시스템 도입 Implementing an order-tracking system 운송 허브 구축 Building a transportation hub
운영 Operations	정유 시스템의 유지보수 Planning preventive maintenance for an oil refinery 전사적 자원관리 시스템 도입 Implementing enterprise resource planning (eRP) software and systems 수익관리 시스템 도입 Installing a revenue management system

19-1 프로젝트 관리 범위 The Scope of Project Management

대부분의 프로젝트는 시작부터 완료까지 유사한 단계를 거친다. 이 단계들은 프로젝트 수명주기를 특징짓고 효과적인 프로젝트 관리를 위한 기초를 형성한다.

1. **정의**: 프로젝트는 어느 정도의 요구를 충족시키기 위해 실행된다. 따라서 프로젝트 관리의 첫번째 단계는 목표, 책임 및 실행 결과, 그리고 달성해야 할 시기를 명확하게 정의하는 것이다. 이러한 정보를 포착하는 일반적인 방법은 구체적이고 측정가능한 작업 명세서를 사용하는 것이다. 예를 들어 회계감사의 목적은 다음과 같을 수 있다. "회사의 회계와 재무제표를 감사하고, 미국에서 일반적으로 인정되는 회계원칙에 따라, 재무제표의 정확성을 결정하는 보고서를 12월 1일까지 제출한다. 감사 수수료는 20만 달러를 초과할 수 없다."
2. **계획**: 이 단계에서는 프로젝트 수행에 필요한 단계를 정의하고, 누가 이 단계를 수행할지 결정하며, 시작일과 완료일을 정한다. 계획에는 프로젝트를 작은 활동으로 세분화하고 각 활동에 필요한 시간을 예측하여 프로젝트 마감일을 준수하도록 계획함으로써 프로젝트 일정을 수립하는 것을 포함한다.
3. **조직화**: 조직화에는 팀 구성, 자원 할당, 비용 계산, 위험 평가, 프로젝트 문서작성 및 원활

한 커뮤니케이션 보장과 같은 활동이 포함된다. 또한 프로젝트 목표를 달성하기 위한 리더십을 갖춘 프로젝트 관리자를 정해야 한다.

4. **통제**: 이 단계는 프로젝트가 목표와 목적을 얼마나 잘 충족하는지 평가하고 필요에 따라 조정한다. 통제활동에는 상태보고서 수집 및 평가, 기준선에 대한 변경관리, 프로젝트 참가자에게 부정적인 영향을 미칠 수 있는 상황에 대한 대응이 포함한다.
5. **종료**: 프로젝트 종료활동은 통계를 작성, 인력을 방출 혹은 재배정, "교훈" 목록 준비 등이 필요하다.

19-1a 프로젝트 관리자 및 팀 구성원의 역할 Roles of the Project Manager and Team Members

프로젝트 관리자는 중대한 책임을 진다. 효과적인 팀을 만들고, 동기를 부여하고, 조언과 지원을 하고, 프로젝트를 회사의 전략에 맞추고, 프로젝트의 실행을 처음부터 끝까지 지휘하고 감독하는 것이 관리자의 일이다. 프로젝트 관리 외에도 프로젝트 팀, 상위 조직 및 클라이언트 간의 관계를 관리해야 한다. 또한 프로젝트 관리자는 기능 전문가 간의 분쟁을 해결할 수 있는 충분한 기술적 전문지식을 갖추고 있어야 한다.

훌륭한 프로젝트 관리자는 사람간의 문제가 기술적인 문제만큼 중요하다는 것을 인지한다. 다음과 같은 몇 가지 원칙을 통해 프로젝트 관리자가 성공할 수 있다.

- 사람을 개별적으로, 프로젝트 팀으로서 관리한다.
- 프로젝트 팀에 대한 헌신과 흥미를 강화한다.
- 모든 사람에게 정보를 공유한다.
- 팀 간의 합의를 구축한다.
- 프로젝트 팀에게 권한을 부여한다.

19-1b 조직 구조 Organizational Structure

프로젝트가 기업의 조직구조에 적합한지 여부는 기업의 효과에 영향을 미친다. 일부 조직은 팀 구성원을 프로젝트에만 할당하고 프로젝트 관리자에게만 보고하는 "순수 프로젝트 조직" 구조를 사용한다. 이러한 접근방식은 적절한 기술을 통해 효율적인 프로젝트 팀을 설계할 수 있기 때문에 프로젝트를 더 쉽게 관리할 수 있게 한다. 하지만 이러한 조직은 조직 전체에 걸쳐 자원이 중복되어 비효율적인 결과를 초래할 수 있다. 예를 들어, 각 프로젝트마다 다른 정보 기술 지원 담당자를 두는 것이다.

순수기능 조직구조Pure Functional organizational structure는 제조나 연구개발과 같은 기능부서 내에서 독점적으로 프로젝트를 수행한다. 이 접근방식은 팀 구성원들이 여러 프로젝트를 동시에

잘못된 프로젝트관리로 인한 패널티 The Penalties of Poor Project Management

프로젝트를 목표한 시간에 완료하지 않으면 심각한 결과를 초래할 수 있다. 예를 들어 플로리다Florida의 마트라차 다리Matlacha Bridge 건설은 원래 프로젝트 일정보다 10개월 늦게 완료되었다. 계약 조항은 하루 지연에 $8,000 이상의 벌금을 요구한다! 이것은 계획, 실행 및 통제에 이르기까지 프로젝트, 예산 및 가능한 벌금을 정의하는 것부터 프로젝트 관리의 모든 단계가 얼마나 중요한지 보여준다.

커스텀 리서치사: 시장조사의 프로젝트 관리 Custom Research inc.: Project Management in Marketing Research

Nataliiap/Shutterstock.com

1974년에 설립되어 미니애폴리스Minneapolis에 본사를 둔 개인 소유의 커스텀 리서치사Custom Research Inc.(CRI)는 다양한 기업을 대상으로 설문조사를 한다. 대부분의 프로젝트는 소비자, 의료 및 서비스 비즈니스에서 신제품 개발 관련 조사를 한다. 시장조사 연구 프로젝트는 수많은 프로세스로 구성되며 각 프로젝트가 맞춤형으로 설계되었지만 모든 프로젝트에는 기본적으로 프로젝트 정의, 데이터 수집, 보고서 생성 등과 같은 동일한 프로세스가 필요하다. CRI는 각 단계에서 프로젝트 성과를 측정한다. CRI의 운영위원회는 각 조사 프로젝트에 대한 요구사항을 정확하고, 정시에, 예산에 따라, 고객 기대치를 충족하거나 초과하는 네 가지 필수 요소로 정리했다. 각 프로젝트가 끝날 때마다 고객의 기대에 따라 전체적인 만족도 등급을 요청하기 위해 고객을 대상으로 설문 조사를 실시한다. 매달 고객 피드백의 결과가 요약되어 모든 직원에게 배포된다. 내부적으로 CRI 지원팀과 주요 공급업체에 대한 프로젝트 종료를 평가한다.

수행할 수 있고 프로젝트를 위한 "홈home"를 제공하지만, 일반적인 기능조직에서 프로젝트는 조직경계를 초월한다는 중요한 현실을 간과할 수 있다. 즉, 기능 영역에만 프로젝트를 할당하면 조직 전체의 커뮤니케이션이 어려워지고 시스템 관점이 필요한 프로젝트의 효과를 제한할 수 있다.

이러한 딜레마에 대한 실질적인 해결책은 프로젝트에 자원을 "대여"하는 동시에 프로젝트에 대한 통제력을 유지하는 "매트릭스 조직구조"이다. 이 조직구조에서, 프로젝트 관리자는 기능 전반에 걸쳐 작업을 조정한다. 이러한 방식은 자원의 중복을 최소화하고 조직 간의 커뮤니케이션을 용이하게 하지만 자원에 대한 협상이 필요하다. 기능 관리자는 자원 제공을 꺼릴 수 있으며, 프로젝트에 배정된 직원은 일상적인 업무보다 프로젝트를 낮은 우선순위로 설정할 수 있으며, 이에 따라 프로젝트 관리자가 사업을 통제하기 어려울 수 있다.

> 일반적인 기능적 조직에서 프로젝트는 조직의 범위를 넘는다.

19-1c 성공적인 프로젝트의 요인 Factors for Successful Projects

프로젝트는 언제나 성공할 수 없다. 예를 들어 정보기술 프로젝트는 악명 높은 실패율을 가지고 있다. 미국의 한 연구에 따르면 30% 이상의 소프트웨어 프로젝트가 완료되기 전에 취소되고, 절반 이상의 비용이 원래 추정치의 거의 두 배인 것으로 나타났다. 그림/표 19.2에는 프로젝트 관리에 도움이 되거나 방해가 되는 주요 요소를 보여준다. 프로젝트의 성공을 보장하는 것은 명확한 목표와 목적, 명확한 보고 체계 및 커뮤니케이션 경로, 시간 및 기타 자원 추정하기 위한 절차, 모든 프로젝트 팀 구성원 간의 협력과 헌신, 실현가능한 기대, 효과적으로 충돌 해결 및 최고 경영진의 후원에 달려 있다.

19-2 프로젝트 계획, 일정수립 및 통제 기법

Techniques for Planning, Scheduling, and Controlling Projects

모든 프로젝트 관리 결정에는 시간, 자원과 비용의 세 가지 요소가 포함된다. 프로젝트를 계획하고, 일정을 잡고, 통제하는 데 도움을 주는 다양한 기법이 오랫동안 사용되어 왔다.
주요 단계는 다음과 같다.

1. **프로젝트 정의**: 완료해야 하는 활동과 이를 수행하는 데 필요한 순서를 확인한다.
2. **자원 계획**: 각 활동에 대해 인력, 시간, 자금, 장비, 자재 등의 필요한 자원을 결정한다.
3. **프로젝트 일정수립**: 각 활동의 완료에 대한 시간 일정을 지정한다.
4. **프로젝트 통제**: 계획일정에 문제가 발생할 것을 예상하여 진행상황 결정 및 대체계획 수립을 위한 적절한 관리방안을 수립한다.

프로젝트 관리자는 마이크로소프트 프로젝트Microsoft Project™와 같은 여러 소프트웨어 패키지를 사용하여 프로젝트를 계획하고 관리 가능하다. 본 장에서는 이러한 소프트웨어에 대해 자세히 논의하지는 않겠지만, 현대 프로젝트 관리 소프트웨어에 사용되는 기본 기술을 소개하고자 한다.

이러한 단계가 프로젝트 관리에 어떻게 적용되는지 설명하기 위해 간단한 예를 보여주고자 한다. 와일드캣 소프트웨어 컨설팅사Wildcat Software Consulting Inc.은 소프트웨어 통합 프로젝트를 구현할 수 있도록 지원하며, 라즈 야지시Raj Yazici는 새로운 소프트웨어 시스템의 설계 및 설치 조정을 담당하는 프로젝트 관리자로 임명되었다. 다음 섹션에서는 라즈 야지시가 프로젝트 관리자로써 직면할 프로젝트 정의, 자원 계획, 프로젝트 일정수립 및 프로젝트 통제와 관련된 다양한 작업에 대해 설명하려 한다.

19-2a 프로젝트 정의 Project Definition

첫 번째 단계는 프로젝트 목표와 산출물을 정의하는 것이다. 야지시와 그의 프로젝트 팀은 다음과 같이 결정했다.

- 프로젝트 목표: 기존 시스템과의 적절한 인터페이스를 제공하면서, 사전 결정된 예산 및 약속한 프로젝트 완료일과 같은 모든 시스템의 요구사항을 충족하며, 통합 소프트웨어 패키지를 개발하는 것
- 결과물: (1) 새로운 소프트웨어 패키지, (2) 성공적인 패키지 구현, (3) 영업 사원 및 PC 시스템 운영자의 사전 교육.

다음으로, 라즈 야지시는 프로젝트를 완료하는 데 필요한 구체적인 활동과 그 활동을 수행하는 순서를 파악해야 했다. **활동**Activities은 *자원과 시간을 소비하는 별개의 작업이다.* **선행활동**Immediate Predecessors은 *활동이 시작되기 직전에 완료되어야 하는 활동이다.* 우선순위 관계를 사용하면 작업이 배정될 때 적절한 순서로 수행할 수 있다. 소프트웨어 통합 프로젝트와 관련된 활동 및 우선순위 관계의 초기 목록은 그림/표 19.3에서 보여준다. 예를 들어 활동 A와 B는 선행

그림/표 19.3 프로젝트 활동 및 선행 관계

활동	활동 설명	선행 활동
A	소프트웨어 프로젝트 목표, 예산, 마감일 및 가능한 직원 정의	없음
B	신규와 기존 소프트웨어 인터페이스 및 기능 목록 만들기	없음
C	팀을 구성하고 작업을 할당	A, B
D	기존부터 신규 데이터베이스까지 코드 설계 및 개발	C
E	PC 네트워크용 코드 설계 및 개발	C
F	PC 네트워크 코드 테스트 및 오류 검출 후 제거	E
G	오프사이트 영업 인력을 위한 코드 설계 및 개발	C
H	새로운 완전한 시스템 테스트 및 오류 검출 후 제거	D,G,F
I	PC시스템 및 데이터베이스 운영자 교육	D,F
J	오프사이트 영업인력 교육	H
K	기존 백업 시스템이 포함된 새 시스템의 2주 베타 테스트	I,J

활동이 없기 때문에 언제든지 시작할 수 있다. 하지만 활동 A와 B가 모두 완료될 때까지는 활동 C를 시작할 수 없다. 이에 따라 야지시와 그의 팀은 프로젝트 정의에서 누락된 활동이 없는지 확인하기 위해 목록을 여러 번 검토하고 논의했다.

프로젝트의 활동목록은 종종 프로젝트를 관리 가능한 부분 또는 항목으로 세분하여, 프로젝트를 완료하는 데 필요한 모든 작업요소가 식별되도록 하는 작업 세부구조를 만드는 것으로 정의된다. **작업 세부구조** work breakdown structure는 프로젝트 팀이 프로젝트 중에 수행해야할 최종 항목의 계층적 나무tree를 말한다. 작업 세부구조는 프로젝트 팀이 활동을 적정 수준으로 정의함에 있어 도움을 준다. 예를 들어 활동 A는 목표 정의, 예산 개발, 만기일 결정과 직원 식별과 같이 개별작업으로 세분될 수 있다. 적절한 작업 세부구조를 결정하는 것은 업무수행에 대한 책임감과 사업예산에 따라 달라진다.

프로젝트의 활동과 순서는 프로젝트 네트워크를 사용하여 그래픽으로 표현될 수 있다. **프로젝트 네트워크** project network는 활동을 나타내는 **노드** Node라는 원 또는 상자 집합과 활동 사이의 우선 순위 관계를 정의하는 **아크** Arc라는 화살표 집합으로 구성된다. 이러한 네트워크를 AON (Activity-on-Node) 네트워크라고 말한다. 그림/표 19.4에서는 소프트웨어 통합 프로젝트의 프로젝트 네트워크를 보여준다. 이를 통해 그림/표 19.4의 네트워크와 그림/표 19.3의 정보를 일치시킬 수 있다.

그림/표 19.4 소프트웨어 통합 프로젝트를 위한 프로젝트 네트워크

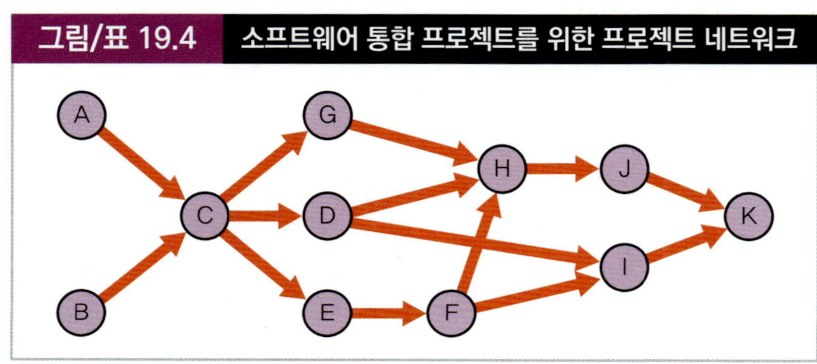

19-2b 자원계획 Resource Planning

자원계획에는 각 활동을 수행하기 위한 시간 추정치, 인력 및 장비와 같은 기타 자원 및 현실적인 예산안이 포함된다. 활동시간은 과거 유사한 업무 데이터 또는 업무를 수행하는 관리자와 직원의 판단과 경험에 의해 추정할 수 있다. 한편 비용관리는 프로젝트 관리의 필수

그림/표 19.5 와일드캣 소프트웨어 컨설팅사 프로젝트 작업활동 시간 및 비용

활동	활동 설명	선행 활동	정상시간 (주 단위)	정상비용 추정치 ($)
A	소프트웨어 프로젝트 목표, 예산, 마감일 및 가능한 직원 정의	없음	3	1,200
B	신규와 기존 소프트웨어 인터페이스 및 기능 목록 만들기	없음	5	2,500
C	팀을 구성하고 작업을 할당	A, B	2	500
D	기존부터 신규 데이터베이스까지 코드 설계 및 개발	C	6	300
E	PC 네트워크용 코드 설계 및 개발	C	5	6,000
F	PC 네트워크 코드 테스트 및 오류 검출 후 제거	E	3	9,000
G	오프사이트 영업 인력을 위한 코드 설계 및 개발	C	4	4,400
H	새로운 완전한 시스템 테스트 및 오류 검출 후 제거	D, G, F	3	3,000
I	PC시스템 및 데이터베이스 운영자 교육	D, F	4	4,000
J	오프사이트 영업인력 교육	H	2	3,200
K	기존 백업 시스템이 포함된 새 시스템의 2주 베타 테스트	I, J	2	1,800

적인 부분이다.

이를 위해서는 적절한 예산 편성이 필요하며, 먼저 각 활동을 완료하는 데 드는 비용을 추정해야 한다. 그림/표 19.5는 소프트웨어 통합 프로젝트의 활동에 대한 추정된 시간과 비용을 보여준다.

19-2c 주경로법 Project Scheduling with the Critical Path Method

주경로법 Critical Path Method은 프로젝트 활동의 일정을 계획하고 통제하는 접근방식이다. **주경로** critical path는 *총 프로젝트 완료시간을 정의하는 가장 오랜 시간이 걸리는 활동의 순서를 의미한다.* 주경로에서 작업이 지연되면 전체 프로젝트가 지연되기 때문에 관리에서 주경로를 이해하는 것이 프로젝트 관리에 매우 중요하다.

주경로법은 다음과 같이 가정한다.

- 프로젝트 네트워크는 기술과 작업흐름 측면에서 올바른 작업 순서를 정의한다.
- 활동은 시작일과 완료일이 명확하게 정의된 상태에서 서로 독립적이라고 가정한다.
- 활동시간 추정치가 정확하고 변하지 않는다.
- 활동이 시작되면 완료될 때까지 프로젝트는 중단없이 계속된다.

주경로법을 이해하려면 먼저 몇 가지 용어를 정의해야 한다. 그림/표 19.6에서는 프로젝트 네트워크의 단순한 원형 노드를 다른 유용한 정보를 제공하는 박스로 교체된 것을 볼 수 있다. 먼저 각 활동에 대해 어떤 우선 순위를 위반하지 않고, 활동을 시작하고 완료할 수 있는 가능한 가장 빠른 시간을 계산한다. 빠른시작(ES; Earliest start)과 빠른완료(EF; Earliest finish) 시간은 네트워크를 통해 시작에서 완료까지 전진 방향으로 프로젝

그림/표 19.6 노드에서의 활동 형식 및 정의

ES	N	EF
ST		ST
LS	T	LF

- 활동 [N]
- 활동을 완료하기위한 정상시간 [T]
- 빠른시작 [ES] 시간
- 빠른완료 [EF] 시간
- 늦은시작 [LS] 시간
- 늦은완료 [LF] 시간
- 여유 시간 [ST] – 전체 프로젝트의 완료 날짜에 영향을 주지 않고 활동이 지연될 수 있는 기간 (ST = LS – ES = LF – EF로 계산)

트 네트워크를 통해 이동하며 계산된다. 프로젝트 시작 시, 선행 노드가 없는 모든 노드에 빠른 시작시간인 0을 할당한다. 이 단계에서 ES 및 EF 계산을 안내하는 데 두 가지 규칙이 사용된다.

규칙 1: EF = ES + T로, 즉, 활동을 완료할 수 있는 가장 빠른 시간은 활동을 시작할 수 있는 가장 빠른 시간에 활동을 수행하는 시간을 더한 값과 같다.

규칙 2: 활동의 ES시간은 모든 선행 활동 중 가장 큰 EF시간과 같다는 것이다. 따라서 활동이 둘 이상의 선행활동이 선행될 때마다 규칙 1을 사용하여 선행활동의 EF시간을 먼저 계산해야 한다. 물론 활동에 선행 활동이 하나만 있는 경우, ES시간은 단순히 선행 활동의 EF 시간과 같다.

문제풀이 19.1은 와일드캣 소프트웨어 컨설팅 프로젝트의 각 활동에 대해 ES 및 EF를 계산하는 데 있어서 이러한 규칙을 사용하는 방법을 보여준다.

ES 및 EF 시간이 계산되면 각 활동에 대해 가능한 늦은시작 시간과 늦은완료 시간을 계산한다. 늦은시작(LS; Latest start)과 늦은완료(LF; Latest finish) 시간은 완료 프로젝트 활동 또는 활동들에서 시작하여 네트워크를 통해 역방향으로 계산된다. 먼저 모든 활동에 대한 LF시간을 프로젝트 완료시간으로 설정하고 다음 규칙을 사용한다.

규칙 3: LS = LF − T로, 활동의 LS시간은 LF시간에서 활동을 수행하는 시간을 뺀 값과 같다.

규칙 4: 활동의 LF 시간은 모든 후행활동 중 가장 작은 LS시간이다. 따라서 선행 노드로 이동하기 전에 모든 후행활동의 LS시간을 계산해야 한다. 활동에 단 하나의 후행 활동만 있다

문제풀이 19.1 : 빠른시작과 빠른완료 계산하기

와일드캣 소프트웨어 컨설팅 프로젝트의 빠른 시작(ES)과 빠른 완료(EF) 시간을 계산하라.

해답:

그림/표 19.7은 모든 ES 및 EF 시간이 계산된 후 소프트웨어 통합 프로젝트 네트워크를 보여준다. 프로세스를 따르려면 이 그림/표를 참고하라(문제풀이 19.2는 LS와 LF시간이 어떻게 계산되는지 보여준다).

먼저 활동 A와 B에는 선행 활동이 없으며 시간 0에서 시작할 수 있다. 따라서 ES시간은 0이다. 활동 A의 경우 규칙 1을 사용하여 EF시간을 다음과 같이 계산한다.

$$EF = ES + T = 0 + 3 = 3$$

활동 B의 EF시간은 다음과 같다.

$$EF = ES + T = 0 + 5 = 5$$

다음으로 A와 B가 모두 활동C의 선행 활동임을 알 수 있다. 따라서 규칙 2를 사용하여 활동 C의 ES시간을 활동 A와 B의 EF시간 중 가장 큰 값 또는 max (3, 5) = 5로 찾는다. 그런 다음 규칙 1을 사용하여 활동 C의 EF시간을 계산한다.

$$EF = ES + T = 5 + 2 = 7$$

다음으로 활동 G, D 및 E에는 바로 선행활동인 C가 하나만 있다. 따라서 활동 C의 EF시간인 7은 활동 G, D의 ES시간이 된다. 네트워크 구조에서 활동 F의 EF시간을 찾을 때까지 활동 H의 ES시간을 계산할 수 없다. 활동 E는 활동 F의 유일한 선행활동이므로 활동 F의 ES시간은 활동 E의 EF시간 또는 12이다. 이제 활동 H의 ES시간은 모든 선행활동 중 가장 큰 EF시간 또는 최대max (11, 13, 15) = 15이다.

이 과정을 확실히 이해하기 위해 ES 및 EF 시간에 대한 나머지 계산을 수행하는 것이 좋다. 마지막 활동의 EF시간은 전체 프로젝트를 완료할 수 있는 가장 빠른 시간을 지정한다. 본 예시에서는 22주이다. 프로젝트에 두 개 이상의 완료 활동이 있는 경우 가장 빠른 프로젝트 완료시간이 이러한 활동 중 가장 큰 EF시간이다.

면, LF시간은 단순히 그 후행 활동의 LS시간과 같다.

문제풀이 19.2는 와일드캣 소프트웨어 컨설팅 프로젝트에 대해 이러한 규칙을 사용하여 LS 및 LF를 계산하는 방법을 보여준다.

문제풀이 19.2 : 늦은시작과 늦은완료 시간 계산하기

와일드캣 소프트웨어 컨설팅 프로젝트의 늦은시작(LS)과 늦은완료(LF) 시간을 계산하라.

해답:

모든 활동에 대한 LS 및 LF 시간을 보여주는 그림/표 19.7을 참조하라. 역방향 절차를 설명하기 위해 마지막 활동인 K부터 시작한다. LF는 프로젝트 완료시간인 22로 설정한다. 활동 K의 LS 시간은 규칙 3을 사용하여 찾을 수 있다.

$$LS = LF - T = 22 - 2 = 20$$

활동 K는 활동 J와 I의 유일한 후행작업이므로 J와 I의 LF시간은 20으로 설정되고 규칙 3을 사용하여 LS시간이 계산된다. 따라서 활동 I에 대한 LS는 20 − 4 = 16이고, 활동 J의 LS는 20 − 2 = 18이다. 그러나 활동 F를 고려해보자. 활동 F에는 두 개의 후행작업인 H와 I이 있다. H의 LS시간은 15이고, I의 LS시간은 16이다. 규칙 4를 사용하여 활동 F에 대한 LF시간이 활동 H 및 I에 대한 LS시간 중 가장 작은 것 또는 min (15, 16) = 15이다. 그런 다음 규칙 3을 사용하여 활동 F에 대한 LS시간을 찾으면 다음과 같다.

$$15 - 3 = 12$$

이러한 규칙을 적용하는 방법을 더 잘 이해하려면 역방향 절차의 나머지 계산을 수행하는 것이 좋다.

그림/표 19.7 와일드캣 소프트웨어 컨설팅 활동-노드 프로젝트 네트워크

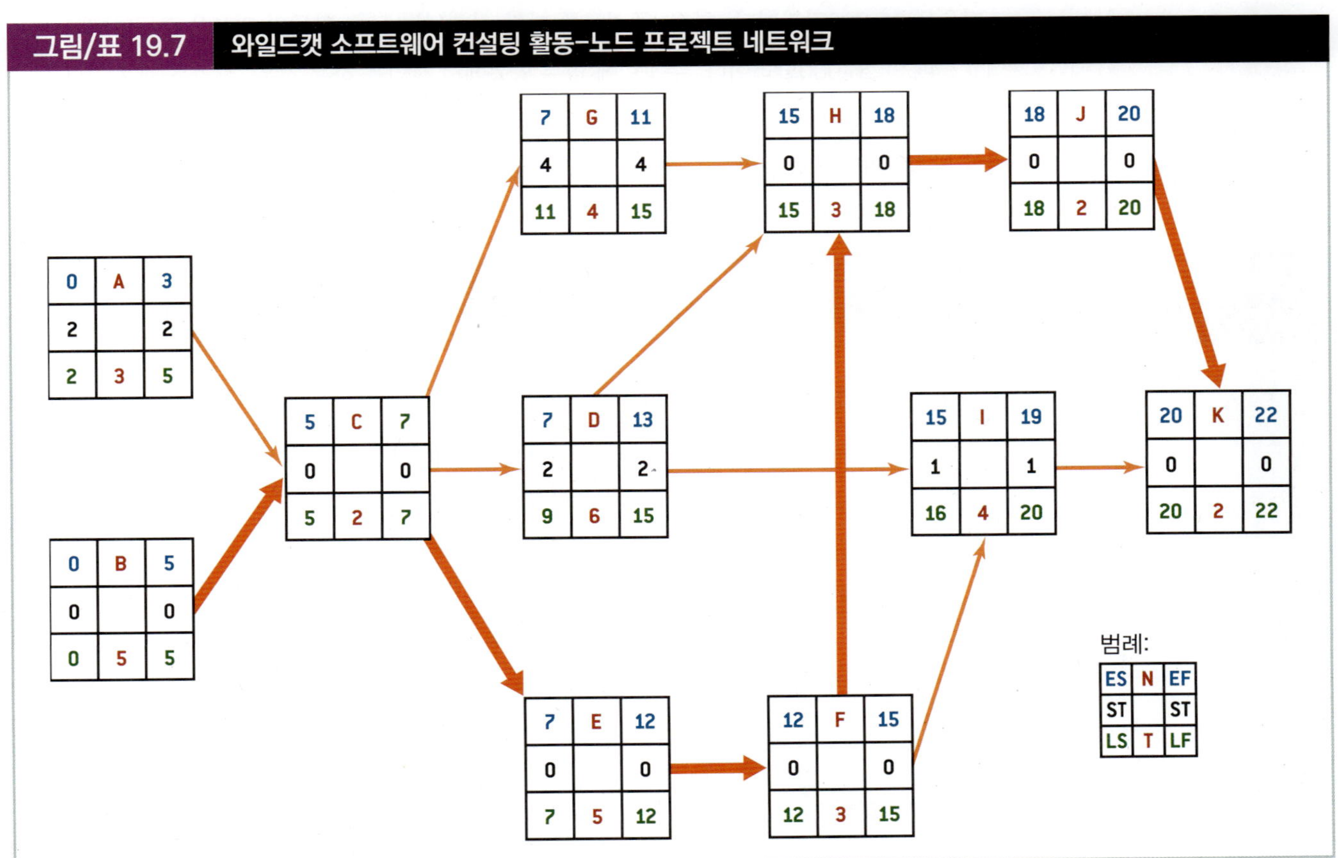

모든 프로젝트 활동의 모든 ES, EF, LS 및 LF 시간이 계산되면 각 활동에 대한 여유 시간ST; Slack time을 계산할 수 있다. 여유시간은 ST = LS − ES = LF − EF로 계산된다(둘 중 하나를 사용할 수 있다).

> 주경로에 있는 활동에서 작업을 하는 경우, 작업을 제 시간에 완료해야 하며, 그렇지 않으면 이 작업활동에 참여하는 팀은 원치 않는 주의를 받을 수 있다.

예를 들어 활동 A의 여유시간은 5−3 = 2−0 = 2이고 활동 B의 여유시간은 5−5 = 0−0 = 0이다. 활동 A의 ES는 0이지만 LS = 2이기 때문에 2시간까지 시작하지 않아도 전체 프로젝트의 완료를 지연시키지 않는다는 점을 주목할 필요가 있다. 그러나 활동 B는 0시에 정확히 스케줄에 맞춰 시작해야 하며 그렇지 않으면 프로젝트가 지연될 것이다.

모든 여유시간이 계산되고 나면, 주경로를 찾을 수 있다. 주경로(CP)는 프로젝트 네트워크를 통과하는 가장 긴 경로이다. 주경로에서의 활동은 0의 여유시간(ST = 0)을 가지며, 지연될 경우 전체 프로젝트가 전체가 지연된다. 소프트웨어 개발 프로젝트의 주경로는 B−C−E−F−H−J−K이며, 그림/표 19.7의 굵은 화살표로 표시되어 있다. 주경로를 따라 활동이 지연되면 총 프로젝트 기간이 22주보다 더 연장된다.

그림/표 19.7에는 정보를 표시하는 여러가지 방법을 보여준다. 그림/표 19.8에는 요약표가 제시되어 있다. 그림/표 19.5의 비용정보를 사용하면, 22주 내에 프로젝트를 완료하는 데 드는 총비용은 35,900달러이다. 한편, 주경로를 따라 진행되는 모든 활동의 비용은 총 프로젝트비용의 72.4%인 26,000달러이다. 주경로에 있는 활동에서 작업을 하는 경우, 작업을 제 시간에 완료해야 하며, 그렇지 않으면 이 작업활동에 참여하는 팀은 원치 않는 주의를 받을 수 있다. 하지만 만약 학습자가 게으르다면 어디에서 일하고 싶을까? 아마 4주간의 여유시간이 있는 G일 것이다!

그림/표 19.8 정상시간을 사용한 와일드캣 소프트웨어 컨설팅

활동	활동시간	빠른시작	빠른완료	늦은시작	늦은완료	여유(LS-ES)	주경로
A	3	0	3	2	5	2	아니오
B	5	0	5	0	5	0	예
C	2	5	7	5	7	0	예
D	6	7	13	9	15	2	아니오
E	5	7	12	7	12	0	예
F	3	12	15	12	15	0	예
G	4	7	11	11	15	4	아니오
H	3	15	18	15	18	0	예
I	4	15	19	16	20	1	아니오
J	2	18	20	18	20	0	예
K	2	20	22	20	22	0	예

프로젝트 완료시간 = 22주
프로젝트 총비용 = $35,900(주경로의 비용 = $26,000)
주경로의 수 = 1

19-2d 프로젝트 통제 Project Control

일정schedule은 *활동이 수행되는 시기를 지정한다.* 일정을 통해 관리자는 자원을 효과적으로 할당하고 진행 상황을 모니터링하고 필요한 경우 수정조치를 취할 수 있다. 작업 시간의 불확실성, 불가피한 지연 또는 기타 문제로 인해 프로젝트가 일정대로 진행되는 경우는 거의 없다. 따라서 관리자는 프로젝트의 성과를 모니터링하고 필요한 경우 수정 조치를 취해야 한다.

일정을 그래픽으로 묘사하는 데 유용한 도구는 과학적 관리의 선구자인 헨리 간트Henry L. Gantt의 이름을 딴 간트차트Gantt chart이다. 간트차트를 사용하면 프로젝트 관리자가 주어진 시간에 어떤 활동을 수행해야 하는지 알 수 있으며, 더 중요한 것은 필요한 경우 수정조치를 취할 수 있도록 프로젝트의 일일 진행 상황을 모니터링 할 수 있다.

간트차트를 구성하기 위해 세로 축에 활동을 나열하고 가로 축을 사용하여 시간을 나타낸다. 간트 차트에서 일반적으로 사용되는 기호는 다음과 같다.

기호	설명
┌	예정된 활동 시작시간
┐	예정된 활동 완료시간
▬	활동별 완료된 작업
⋈	예정된 지연 또는 유지보수
∨	진행 상황 검토를 위한 현재 날짜

문제풀이 19.3은 와일드캣 소프트웨어 컨설팅 프로젝트에 대한 간트차트를 구성하는 방법을 보여준다. 이 빠른시작 일정을 사용하여 프로젝트는 22 주 내에 완료될 예정이다. 주경로의 활동이 지연되면 어떻게 되는가? 예를 들어 활동 E가 5주가 아닌 6주가 걸린다고 가정하자. E는 F의 선행활동이고 F의 시작시간은 E의 완료시간과 동일하므로 F는 1 주일 후에 시작해야 한다. 이로 인해 주경로에 있는 활동 H가 지연되고, 결과적으로 활동 J와 K가 지연된다. 또한 활동 I도 1주일 지연된다. 이제 그림/표 19.11의 간트차트에서 볼 수 있듯이 프로젝트를 완료하는 데 23주가 걸린다.

간트차트는 읽기 및 시각화가 쉽고 프로젝트 활동 요약을 제공하기 때문에 소규모 프로젝트 및 대규모 프로젝트의 하위 집합에 사용하기 적합하다. 더 크고 복잡한 프로젝트의 경우 간트차트는 제한적이며 여러 활동간의 상호의존성 또는 활동여유 및 비용과 같은 기타 세부 정보를 명확하게 보여주지 않는다. 또한 활동간에 공유해야 하는 인력 및 장비와 같은 제한된 자원을 고려하지 않는다. 제한된 자원을 할당하는 방법을 결정하는 것은 종종 매우 어려운 작업이지만 다행히 Microsoft Project™와 같은 프로젝트 관리 소프트웨어 패키지는 이러한 기능을 제공한다.

무료 프로젝트 관리 소프트웨어
Free Project Management Software

프로젝트 관리 소프트웨어는 프로젝트를 쉽게 관리할 수 있는 방법을 제공한다. 라이크Wrike 및 프로덕티브Producteev와 같은 일부는 무료이다. 이 중 라이크는 온라인 및 앱 형식으로 제공된다. 이를 통해 프로젝트 상태를 추적하고, 업무량 보고서를 실행하고, 기한을 맞추고, 사용된 시간과 비용을 확인할 수 있다. 라이크는 아웃룩Outlook, 드롭박스Dropbox 및 구글 드라이브Google Drive와 같은 프로그램과 연결할 수도 있다. 프로덕티브는 조작하기 쉬우며 간단한 실시간 통신, 작업 목록 및 진행 상황 추적을 제공하지만 시간 추적 및 소프트웨어 청구서를 보내는 등의 몇 가지 기능은 사용할 수 없다. 만약 이러한 기능이 당신에게 필수적이지 않다면 프로덕티브는 훌륭한 옵션이라고 할 수 있다.

문제풀이 19.3 : 간트차트 구성

와일드캣 소프트웨어 컨설팅 프로젝트를 위한 간트차트를 구성하라.

해답:

각 활동은 빠른시작 시간에 일정이 잡힌다고 가정한다. 그림/표 19.9는 그림/표 19.8의 정보를 사용하여 와일드캣 소프트웨어 프로젝트의 빠른시작 일정에 대한 간트차트를 보여준다. 차트를 구성하려면 ES 시간부터 시작하여 각 활동의 EF 시간에 끝나는 막대를 배치하기만 하면 된다. 예를 들어 활동 A와 B는 0에서 시작할 수 있으며 각각 3주와 5주의 시간을 가질 수 있다. 따라서 0에서 시작하여 3주에서 끝나는 활동 A의 타임라인을 따라 막대를 배치하고 0에서 시작하여 5주에서 끝나는 활동 B의 타임라인에 다른 막대를 배치한다. 활동 C는 5주에서 시작하고 7주에서 끝나도록 일정을 잡는다. 결과는 "빠른시작" 또는 "왼쪽 이동" 일정이 된다.

그림/표 19.9의 간트차트를 그림/표 19.7의 프로젝트 네트워크와 비교하면 동일한 정보를 다른 형식으로 표현하는 것을 볼 수 있다. 마인드탭에서 사용할 수 있는 엑셀 템플릿인 간트차트는 빠른시작 일정을 위해 간트차트를 자동으로 구성한다. 이는 그림/표 19.10에 나와 있다.

그림/표 19.9 와일드캣 소프트웨어 프로젝트의 빠른시작 일정

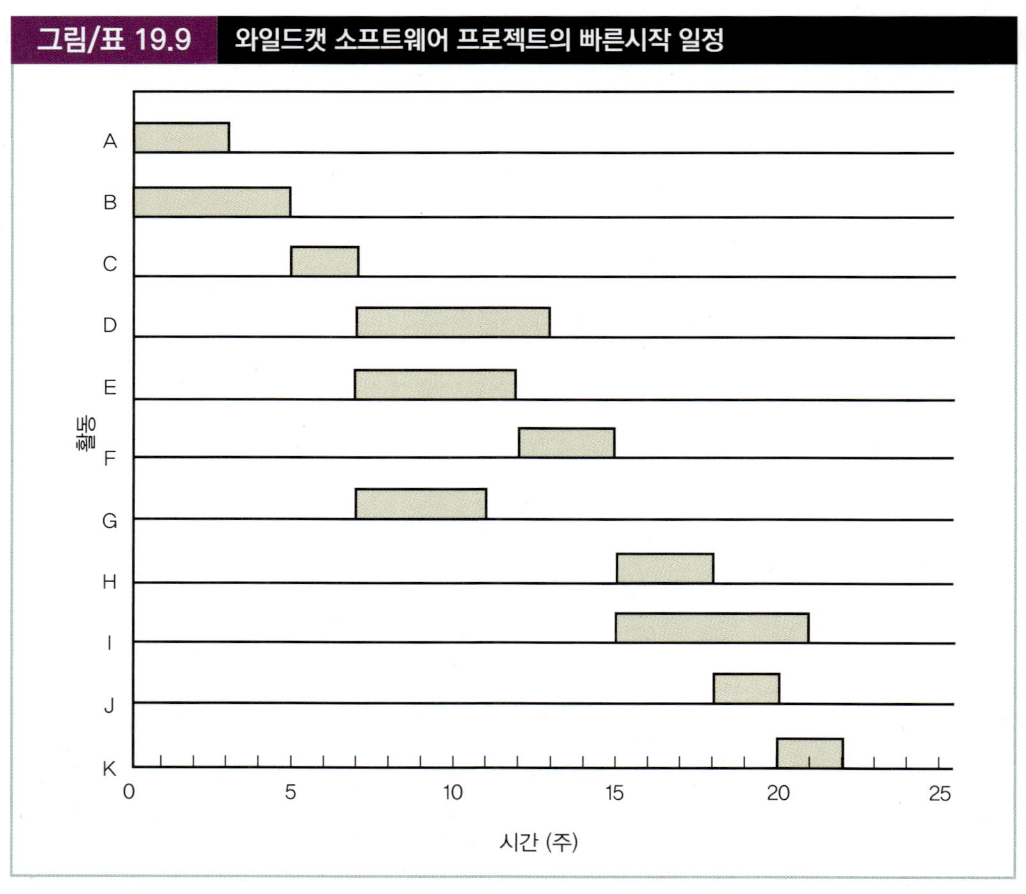

그림/표 19.10 빠른시작 간트차트 일정을 위한 스프레드시트 템플릿

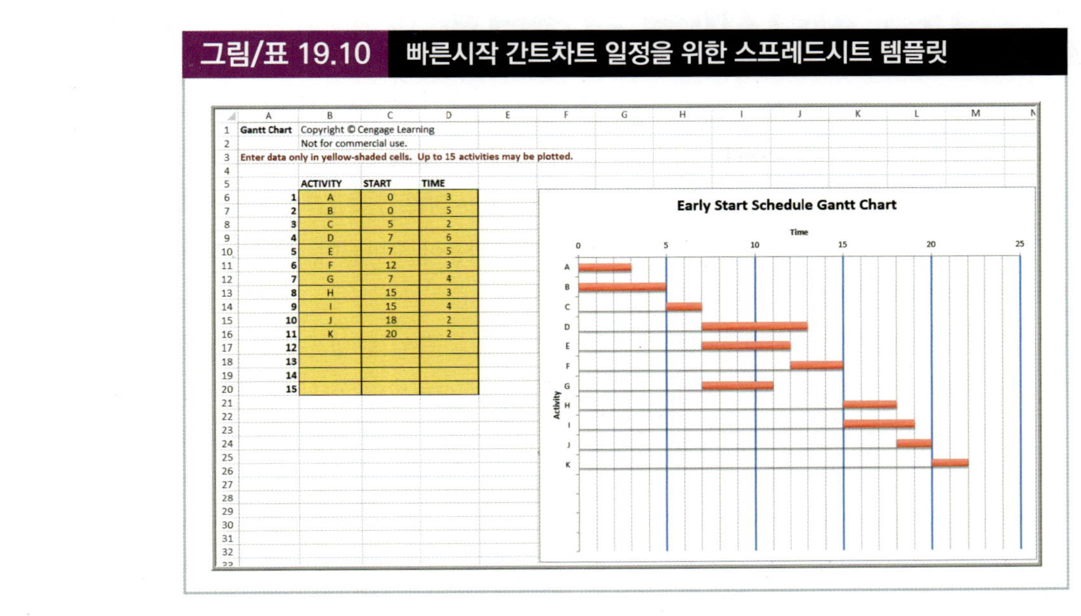

	ACTIVITY	START	TIME
1	A	0	3
2	B	0	5
3	C	5	2
4	D	7	6
5	E	7	5
6	F	12	3
7	G	7	4
8	H	15	3
9	I	15	4
10	J	18	2
11	K	20	2
12			
13			
14			
15			

그림/표 19.11 활동 E가 지연된 와일드캣 소프트웨어 간트차트의 예

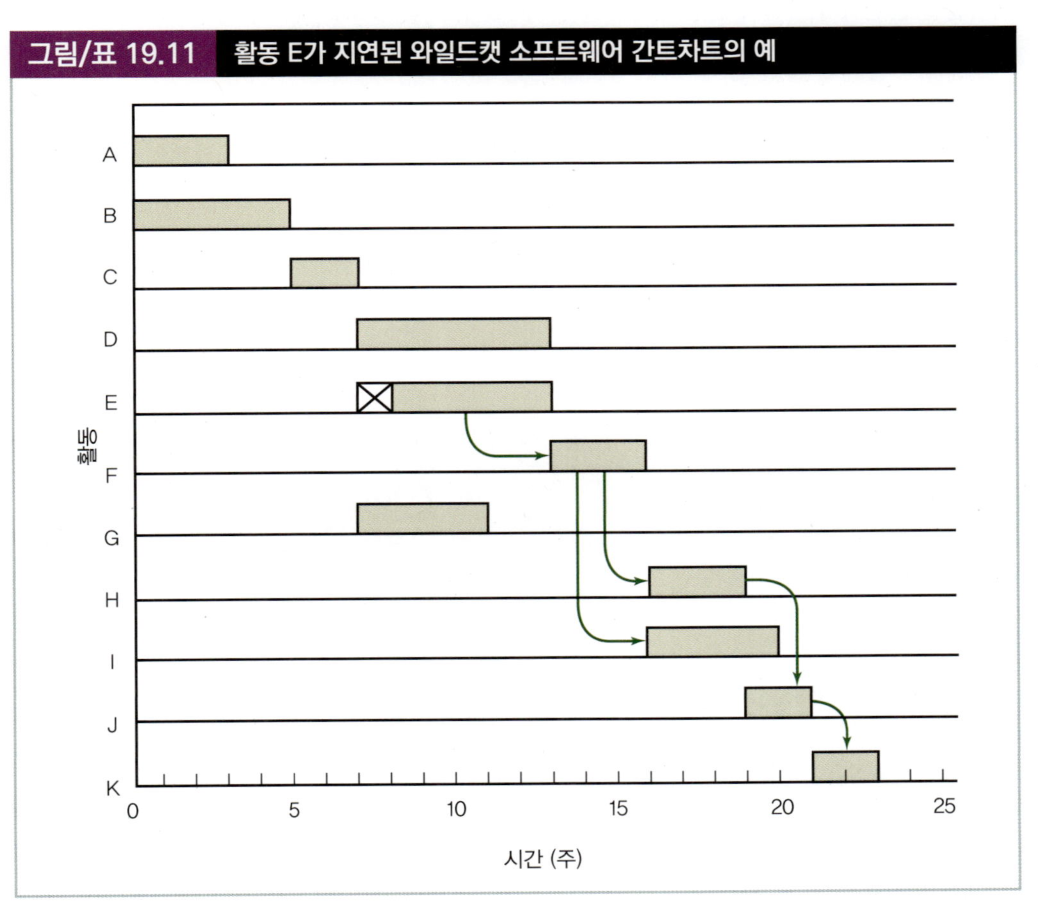

19-3 시간/비용 상쇄관계 Time/Cost Trade-Offs

주경로법의 이점 중 하나는 선택된 활동에 자원을 추가하여 활동시간 단축을 고려할 수 있다는 것이며, 이를 통해 전체 프로젝트 시간을 줄일 수 있다. 이를 "단축crashing"이라고 말한다. **프로젝트 단축** crashing a project은 *프로젝트를 완료하기 위한 총시간을 단축하여 수정된 기한에 맞추는 것을 말한다*. 프로젝트를 단축하는 방법에는 비용이 수반되며, 따라서 완료시간과 추가비용 사이의 절충을 평가할 필요가 있다.

첫번째 단계는 그림/표 19.12와 같이 각 활동을 줄일 수 있는 시간과 관련된 비용을 결정하는 것이다. **단축시간** crash time은 *활동이 현실적으로 완료될 수 있는 가능한 가장 짧은 시간이다*. **단축비용** crash cost은 *정상 시간이 아닌 단축시간에 활동을 완료할 시 발생되는 추가비용을 말한다*. 한편, 정상시간과 정상비용은 정상적인 작업조건과 작업관행을 기반으로 하므로 정확한 추정치라고 가정한다. 작업 특성상 일부 작업은 시간 단축이 불가능하다. 그림/표 19.12에서 정상시간과 단축시간, 정상비용과 단축비용이 동일한 경우를 보여준다. 예를 들어 활동 F, H, J, K는 단축할 수 없다. 이러한 활동의 내용을 살펴보면, H와 K 활동은 새로운 시스템 소프트웨어를 테스트하고 오류 검출 후 제거하는 것과 관련이 있고, I와 J는 이 새로운 소프트웨어를 사용하는 사람들을 훈련시키는 것과 관련이 있음을 알 수 있다. 따라서 프로젝트 관리자의 판단으로는 이러한 업무활동은 자원을 추가하여 시간을 단축할 수 없다는 것을 보여준다.

예를 들어 소프트웨어 개발 프로젝트에서 활동 A는 $1,200의 비용으로 3주의 정상시간 대신 $2,000의 비용으로 1주일 내에 완료될 수 있다. 단축에 대한 주요 가정은 비례적인 비용증가 시 단축시간의 특정 비율로 시간을 줄일 수 있다는 것이다. 즉, 시간과 비용 사이의 관계는 활동 A의 그림/표 19.13과 같이 선형적이다. 이 선의 기울기는 시간 단위당 단축비용이며 방정식 19.1로 계산된다.

그림/표 19.12 단축시간과 단축비용이 포함된 와일드캣 소프트웨어 프로젝트 데이터

활동	활동 설명	선행활동	정상시간 (주)	단축시간 (주)	정상비용추정치 ($)	단축비용 추정치 ($)
A	소프트웨어 프로젝트 목표, 예산, 마감일 및 가능한 직원 정의	없음	3	1	1,200	2,000
B	신규와 기존 소프트웨어 인터페이스 및 기능 목록 만들기	없음	5	3	2,500	3,500
C	팀을 구성하고 작업을 할당	A, B	2	1	500	750
D	기존부터 신규 데이터베이스까지 코드 설계 및 개발	C	6	3	300	450
E	PC 네트워크용 코드 설계 및 개발	C	5	3	6,000	8,400
F	PC 네트워크 코드 테스트 및 오류 검출 후 제거	E	3	3	9,000	9,000
G	오프사이트 영업 인력을 위한 코드 설계 및 개발	C	4	3	4,400	5,500
H	새로운 완전한 시스템 테스트 및 오류 검출 후 제거	D, G, F	3	3	3,000	3,000
I	PC시스템 및 데이터베이스 운영자 교육	D, F	4	2	4,000	6,000
J	오프사이트 영업인력 교육	H	2	2	3,200	3,200
K	기존 백업 시스템이 포함된 새 시스템의 2주 베타 테스트	I, J	2	2	1,800	1,800

그림/표 19.13 정상 대 단축 활동 분석

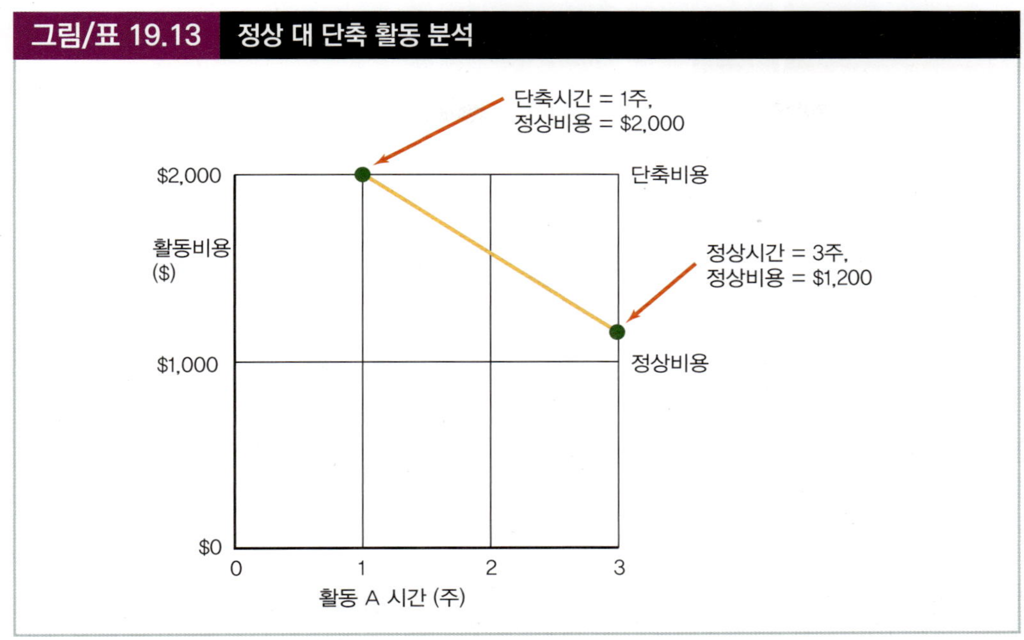

$$시간당\ 단축비용 = \frac{단축비용 - 정상비용}{정상시간 - 단축시간} \qquad [19.1]$$

활동단축crashing an activity은 *정상시간을 단축하는 것으로, 최대 단축 가능한 시간인 단축시간으로 줄이는 것을 말한다.* 예를 들어 활동 A는 정상시간인 3주에서 1주일 또는 그 사이의 아무 시간이나 단축시킬 수 있다. 활동 A의 시간 단위당 단축비용이 주당 (\$2,000 − \$1,200)/(3 − 1) = \$400이므로 활동을 3주에서 2주로 단축한다면 \$400의 추가비용이 발생한다. 마찬가지로, 3주에서 1주 반으로 단축한다면, 1.5 × (\$400) = \$600의 추가 비용이 발생하게 된다. 관리자는 프로젝트를 단축시키고 비용이 미치는 영향을 무시하거나, 프로젝트를 변경된 마감기한 내 마치기 위해, 최소비용이 들며 단축가능한 활동을 찾을 수 있다. 문제풀이 19.4는 와일드캣 소프트웨어 컨설팅 프로젝트를 위한 단축 결정을 내리는 방법을 보여준다. 문제풀이 19.5는 단축 결정에 대한 예시를 보여준다.

문제풀이 19.4 : 단축 결정하기

클라이언트가 첫번째, 와일드캣 소프트웨어 컨설팅에 먼저 현재 22주가 아닌 20주 내에 프로젝트를 완료하는 데 드는 비용과 두번째, 가능한 가장 빠른 시간에 프로젝트를 완료하는 데 드는 비용을 묻는다고 가정하자.

첫번째 질문을 해결하려면 식 19.1을 사용하여 각 활동에 대한 단위시간당 단축비용을 결정해야 한다. A—$ 400/주, B— $ 500/주, C— $ 250/주, D— $ 50/주, E— $ 1,200/주, G— $ 1,100/주, I— $ 1,000/주와 같다. 활동 F, H, J 및 K는 단축할 수 없다. 프로젝트 완료시간을 줄일 수 있는 유일한 방법은 주경로에서 활동을 단축하는 것이다. 그러나 이렇게 하면 네트워크의 다른 경로가 주경로가 될 수 있으므로 주의 깊게 관찰해야 한다.

이 예시에서는 20주 내에 프로젝트를 완료하기 위한 몇 가지 옵션이 있다.

단축옵션 #1

B를 1주 단축 = $500
C를 1주 단축 = $250
단축비용=$750

첫번째가 가장 저렴한 옵션이다. 주경로는 B-C-E-F-H-J-K와 같이 동일하게 유지된다. 그림/표 19.14는 이 옵션에 대한 결과를 요약하고 있다. 활동 D가 단축하는 데 주당 $50의 비용이 들지만 주경로에 있지 않기 때문에 단축이 완료시간에 영향을 주지 않는다는 사실을 기억하자.

그림/표 19.14 20주 완료시간을 위한 와일드캣 소프트웨어 컨설팅의 CPM표 분석

활동	주경로 여부	활동시간	빠른시작	빠른완료	늦은시작	늦은완료	여유(LS-ES)
A	아니오	3	0	3	1	4	1
B	예	4	0	4	0	4	0
C	예	1	4	5	4	5	0
D	아니오	6	5	11	7	13	2
E	예	5	5	10	5	10	0
F	예	3	10	13	10	13	0
G	아니오	4	5	9	9	13	4
H	예	3	13	16	13	16	0
I	아니오	4	13	17	14	18	1
J	예	2	16	18	16	18	0
K	예	2	18	20	18	20	0

프로젝트 완료시간 = 20주
총 프로젝트 비용 = $36,650 (주경로의 비용 = $26,750)
주경로 개수 = 1

두번째 질문은 프로젝트 완료시간을 최소화하는 단축일정을 찾는 것이다. 다시 한번 시행착오 접근법을 사용하여 이 문제를 해결해보자. 바로 앞의 20주의 단축 해결방법에서 프로젝트를 19주로 단축하는 두 가지 단축옵션을 찾을 수 있다.

단축옵션 #2

B를 2주 단축 = $1000
단축비용 = $1000

단축옵션 #3

C를 1주 단축 = $500
E를 1주 단축 = $1200
단축비용 = $1700

단축옵션 #4

B를 1주 단축 = $500
단축비용 = $500

단축옵션 #5

E를 1주 단축 = $1200
단축비용 = 1200

프로젝트 완료날짜를 19주로 달성하는 가장 저렴한 방법은 옵션 #4이다. 총 B를 2주, C를 1주 단축시키는 것이다. 19주 프로젝트 완료날짜의 주경로는 여전히 B-C-E-F-H-J-K이다. 총 프로젝트 비용은 이제 $ 37,150 ($ 35,900 + $ 1,000 + $ 250)이다. 이 때, 활동 B와 C가 단축시간 한계에 도달했다. 따라서 18주 완료날짜를 찾으려면 다른 활동을 검토해야 한다. 활동 B, C, F, H, J 및 K는 더 이상 단축할 수 없으므로 하나의 옵션만 사용할 수 있다.

단축옵션 #6

E를 1주 단축 = $1200
단축비용 = 1200

여기서 A–C–E–F–H–J–K 및 B–C–E–F–H–J–K의 두 가지 주경로가 생긴다. 네트워크를 통한 다른 모든 경로는 18주 미만이다. 총 프로젝트 비용은 현재 $ 38,350 ($ 35,900 + $ 1,000 + $ 250 + $ 1,200)이다.

다음으로 17주 프로젝트 완료시간을 달성하는 유일한 방법은 두번째 주에 활동 E를 단축하는 것이다. 17주 완료시간에 대한 총 프로젝트 비용은 이제 $ 39,550 ($ 35,900 + $ 1,000 + $ 250 + $ 1,200 + $ 1,200)이며 현재 4개의 주경로가 있다.

주경로 1: B–C–E–F–H–J–K
주경로 2: A–C–E–F–H–J–K
주경로 3: A–C–D–H–J–K
주경로 4: B–C–D–H–J–K

이외의 경로는 주경로가 아니다. 그림/표19.15는 이 17주 최소 단축비용 일정에 대한 결과를 요약한다. 프로젝트 완료시간을 더 줄이기 위해 다른 활동을 단축할 수 없다.

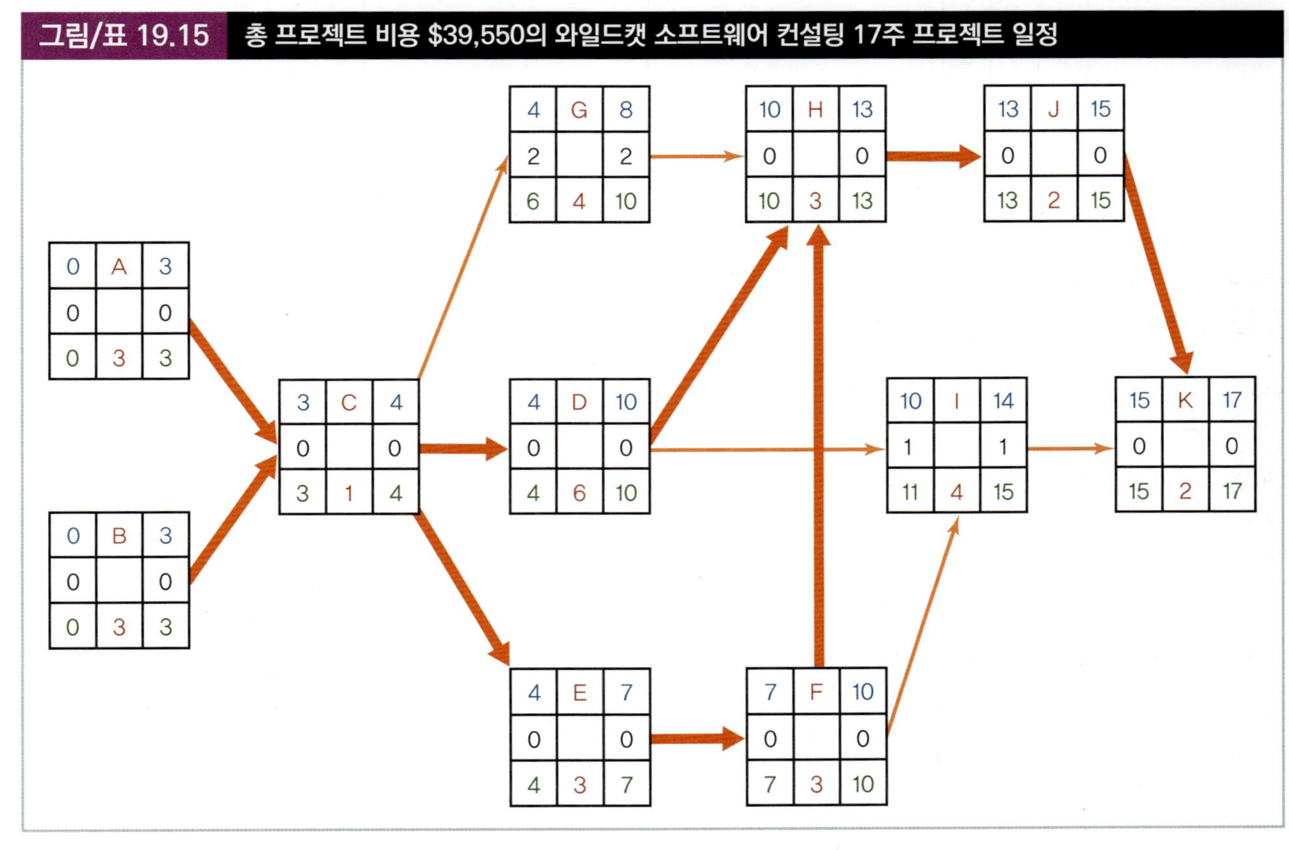

그림/표 19.15 총 프로젝트 비용 $39,550의 와일드캣 소프트웨어 컨설팅 17주 프로젝트 일정

문제풀이 19.5 : 단순 단축 문제

프로젝트 네트워크에 대한 주경로 계산은 아래 그림에 나와 있다. 아래 표의 정보를 사용하여 프로젝트 완료시간을 17주로 단축할 수 있는 최상의 단축옵션을 찾아라.

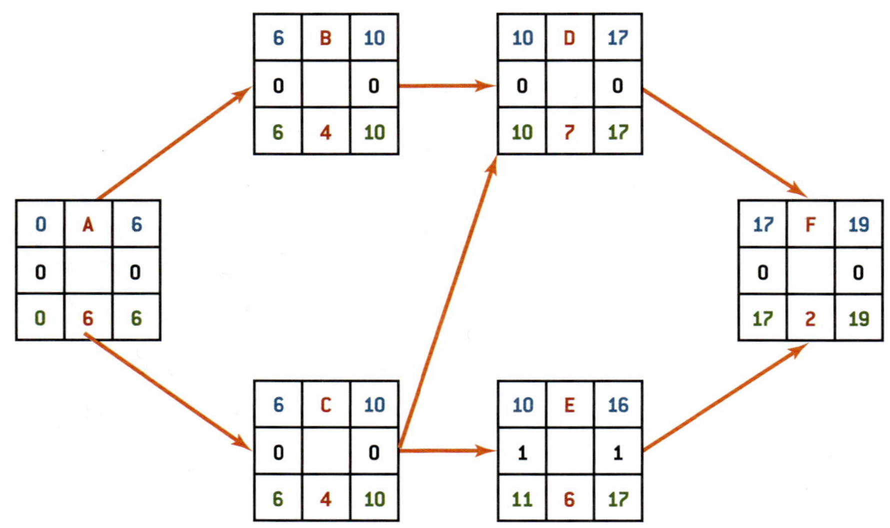

활동	정상기간	정상 비용	단축기간	총 단축비용	주당 단축비용
A	6	$500	4	$1,300	$400
B	4	300	2	1,000	350
C	4	900	3	1,200	300
D	7	1,600	5	2,000	200
E	6	200	4	300	50
F	2	400	1	900	500

첫번째 주 단축옵션

먼저 두 가지 주경로(A-B-D-F 및 A-C-D-F)에 공통적으로 들어있는 활동, 즉 A와 D를 살펴보고 각각을 개별적으로 단축하는 것을 고려해보자. 다른 옵션은 활동 B와 C를 함께 단축시키고 활동 F, A, D를 함께 단축시키는 것이다. 가장 저렴한 옵션은 $200의 비용으로 활동 D를 1주일 단축시키는 것이다. 이제 네트워크에서 세 가지 경로는 모두 총 18주 기간을 가지는 주경로이다.

단축옵션 #1

A를 1주 단축 = $400

단축옵션 #2

D를 1주 단축 = $200

단축옵션 #3

B를 1주 단축 = $350
C를 1주 단축 = $300
총 비용 = $650

단축옵션 #4

F를 1주 단축 = $500

단축옵션 #5

A를 1주 단축 = $400
D를 1주 단축 = $200
총비용 = $600

두번째 주 단축옵션

다른 모든 단축옵션은 옵션 #2보다 비용이 많이 든다. 따라서 총비용 $ 250에 D를 두번째 주에, E를 1 주 단축시키는 것이 좋다. 세 가지 네트워크 경로를 모두 완료하는 데 17주가 걸린다.

총 정상비용은 $ 3,900에 D를 2주 (+ $400), E를 1주(+ $50) 단축하는 비용이 더해지므로, 17주 프로젝트 완료 일정의 총비용은 $4,350이다.

단축옵션 #1

A를 1주 단축 = $400

단축옵션 #2

D를 1주 단축 = $200
E를 1주 단축 = $50
총비용 = $250

단축옵션 #3

B를 1주 단축 = $350
C를 1주 단축 = $300
총비용 = $650

단축옵션 #4

F를 1주 단축 = $500

19-4 프로젝트 관리의 불확실성 Uncertainty in Project Management

프로젝트 관리의 또 다른 접근방식은 PERT Project Evaluation and Review Technique로, 주경로법과 독립적으로 개발된 방식이다. PERT는 1950년대 후반에 폴라리스 Polaris 미사일 프로젝트의 계획, 스케줄링, 통제를 위해 도입되었다. 이러한 프로젝트와 관련된 많은 활동은 이전에 시도된 적이 없었기 때문에, 다양한 작업을 완료하는 데 필요한 시간을 예측하기가 어려웠다. PERT는 활동 완료시간의 불확실성을 처리하는 수단으로 개발되었다. 이와는 반대로, 주경로법은 활동시간이 일정하다고 가정한다. 왜냐하면, 주경로 활동의 변동은 프로젝트 완료날짜에 변동을 일으키기 때문이다. 또한 주경로에 있지 않는 활동이 모든 여유시간을 소비할 만큼 지연된다면, 해당 활동은 새로운 주경로의 일부가 될 것이며, 지연으로 인해 프로젝트 완료일이 연장될 것이다. PERT 절차는 중요한 경로활동의 분산을 사용하여, 프로젝트를 제시간에 완료하는 것과 관련된 위험을 파악한다.

> PERT는 활동 완료시간의 불확실성을 처리하는 수단으로 개발되었다. 이와는 반대로, 주경로법은 활동시간이 일정하다고 가정한다.

활동시간이 불확실할 때, 종종 관련된 확률분포를 갖는 랜덤변수로 처리한다. 일반적으로 각 활동에 대해 세가지 시간 추정치를 구한다:

1. **낙관적 시간** (a) — 모든 것이 이상적인 방식으로 진행될 경우 활동시간을 말한다.
2. **가장 가능성이 높은 시간** (m) — 정상 조건에서 가장 가능성이 높은 활동시간이다.
3. **비관적 시간** (b) — 고장 및/또는 지연이 발생하는 경우 활동시간이다.

그림/표 19.16은 와일드캣 프로젝트의 활동 B에 대해 가정된 확률분포를 보여준다. 이것은 양의 방향으로 치우친 분포이므로 활동시간이 길어질 가능성이 적다는 점을 보여준다. a, m과 b 값이 서로 다른 경우 활동시간의 확률분포에 대해 다른 모양을 보여준다. 엄밀히 말하면 이것은 베타확률분포 beta probability distribution의 특징이다. 베타분포는 일반적으로 이 세 가지 시간 추정치의 고유한 변동성을 설명하는 것으로 가정된다. 이러한 접근방식은 매우 실용적인데, 왜냐하면 관리자가 활동시간에 대한 최상의 사례, 최악의 사례 및 가장 가능성이 높은 사례를 식별할 수 있고, 시간분포를 대칭적인 정규확률분포 normal probability distribution로 가정하는 것과는 대조적으로 많은 유연성을 제공하기 때문이다. 그러나 현대의 소프트웨어를 사용하면 모든 유형의 확률분포를 사용할 수 있다.

기대시간은 다음 식을 사용하여 계산된다.

$$\text{기대시간} = \frac{(a + 4m + b)}{6} \qquad [19.2]$$

기대시간은 주경로법 예에서 사용한 정상시간과 일치한다. 또한 활동시간의 분산은 다음에 의해 주어진다는 것을 볼 수 있다.

그림/표 19.16 와일드캣 소프트웨어 프로젝트의 활동 B에 대한 활동시간 분포

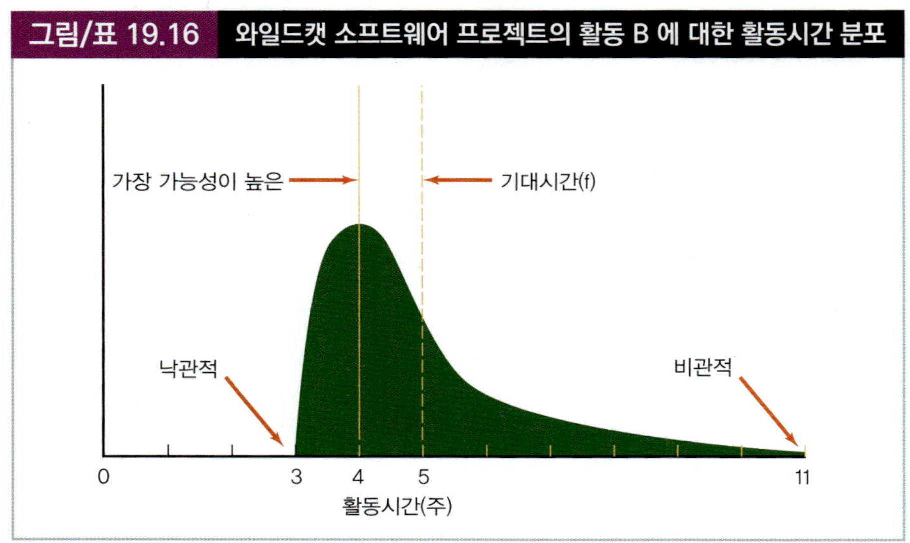

$$분산 = \frac{(b - a)^2}{36} \qquad [19.3]$$

주경로는 주경로법과 동일한 방식으로 기대시간을 사용하여 찾을 수 있다. PERT를 사용하면 활동시간의 불확실성이 프로젝트 완료시간에 미치는 영향을 조사할 수 있다. 기대 프로젝트 완료시간은 주경로의 활동별 기대시간을 합한 것이다. 한편, 프로젝트 완료시간의 분산은 주경로 활동의 분산 합계에 의해 결정된다. 이러한 식은 모든 활동시간이 독립적이라는 가정에 기초한다. 이러한 가정으로 프로젝트 완료시간의 분포가 정규분포라고 가정할 수도 있다(A: 정규확률분포의 검토에 대한 확률 및 통계 참조). 정규확률분포를 근사치로 사용하는 것은 독립 활동시간의 합이 활동 수가 커짐에 따라 정규분포를 따른다는 통계의 중심극한정리central limit theorem에 기초한다. 이 정보를 사용하여 지정된 완료 날짜를 충족할 확률을 계산할 수 있다. 문제풀이 19.6과 19.7은 활동시간이 불확실한 프로젝트 네트워크를 분석하기 위해 PERT의 사용을 설명한다.

문제풀이 19.6 : 프로젝트 완료시간의 확률 계산

와일드캣 소프트웨어 통합 프로젝트의 경우, 그림/표 19.17에 표시된 것처럼 프로젝트 관리자가 각 활동에 대한 낙관적, 가장 가능성이 높은, 비관적 시간에 대한 추정치를 개발했다고 가정하자. 식 19.2 및 19.3을 사용하여 기대시간과 분산이 표시되어 있다. 25주 이내에 프로젝트를 완료할 확률을 찾아라.

해답:

와일드캣 프로젝트의 경우 주경로는 B-C-E-F-H-J-K이다. 기대 완료시간은 주경로를 따른 기대시간의 합계 또는 22주이다. 프로젝트 기간의 분산(σ^2)은 주경로 활동의 분산 합계로 제공된다. 그림/표 19.17에서 이것은 2.77이다.

따라서 와일드캣 예제의 프로젝트 완료시간은 평균이 22주이고 표준 편차가 $\sqrt{2.77}$ = 1.66인 정상(분포)이라고 말할 수 있다. 활동시간의 불확실성으로 인해 프로젝트는 22주 내에 완료되지 않을 수 있다. 그림/표 19.18은 프로젝트 완료시간에 대한 정규분포를 보여준다. 음영 영역은 프로젝트가 25주까지 완료될 확률을 나타낸다. T = 25에서 정규분포에 대한 z값은 다음과 같다.

$$z = (25 - 22)/1.66 = 1.81$$

z = 1.81 및 표준정규분포표(부록 A 참조)를 사용하여 프로젝트가 25주 기한을 충족할 확률은 $P(z \leq 1.81) = P$(완료시간 ≤ 25) = 0.965이다. 이것은 또한 주어진 평균과 표준편차를 가진 정규분포에서 x의 왼쪽에 있는 확률을 찾는 엑셀Excel 함수 = NORM.DIST (x, mean, standard deviation, TRUE)를 사용하여 찾을 수 있다. 이는 = NORM.DIST (25, 22, 1.66, TRUE) = 0.965이다. 따라서 활동시간의 변동으로 인해 프로젝트가 예상되는 22주 기간을 초과할 수 있지만 25주 기한 전에 프로젝트가 완료될 가능성이 높다.

그림/표 19.17 와일드캣 소프트웨어 통합 프로젝트의 활동시간 추정치

활동	낙관적 시간 (a)	가장 가능성이 높은 시간 (m)	비관적 시간 (b)	기대시간	분산
A	2	3	4	3	0.11
B	3	4	11	5	1.78
C	1	2	3	2	0.11
D	4	5	12	6	1.78
E	3	5	7	5	0.44
F	2	3	4	3	0.11
G	2	3	10	4	1.78
H	2	3	4	3	0.11
I	2	3	10	4	1.78
J	1	2	3	2	0.11
K	1	2	3	2	0.11

그림/표 19.18 25주 이내에 와일드캣 소프트웨어 프로젝트를 완료할 확률

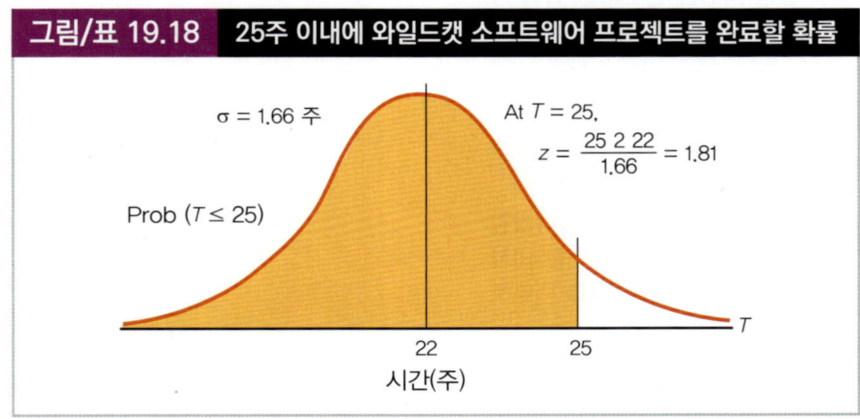

문제풀이 19.7 : 소규모 프로젝트에 PERT 적용

러스티 버켓Rusty Buckets 레스토랑의 주방을 리모델링하는데 사용된 다음과 같은 간단한 PERT 네트워크를 고려해보자.

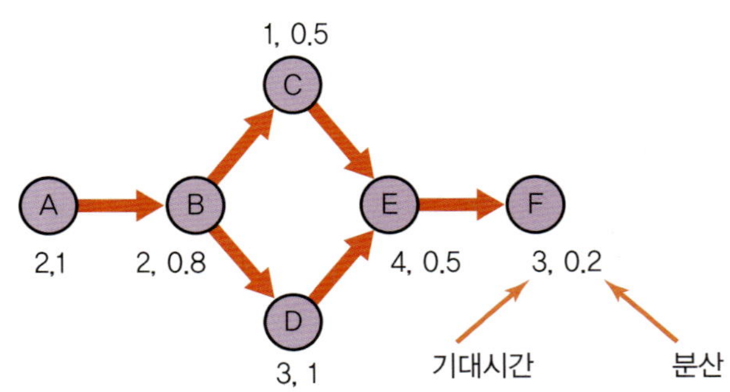

a. 프로젝트의 기대 완료시간과 분산은 얼마인가?

b. 프로젝트가 12일 마감일을 맞출 확률은 얼마인가? 15일 마감일에 대한 확률은 얼마인가?

해답:

a. 네트워크에는 두가지 경로가 있다. 기대 완료시간이 12일인 A-B-C-E-F와 기대 완료시간이 14일인 A-B-D-E-F이다. 주경로는 A-B-D-E-F이다. 프로젝트 시간의 분산은 주경로의 활동 분산의 합계 또는 1 + 0.8 + 1 + 0.5 + 0.2 = 3.5일이다.

b. 12일 마감일을 충족할 확률을 찾으려면 $z = (12-14) / \sqrt{3.5} = -2/1.871 = -1.07$을 계산하라. 부록 A에서 $-\infty$에서 z = −1.07까지의 확률은 $P(z \leq -1.07) =$

0.14231이다. 따라서 P(완료시간 ≤ 12) = 0.14231이다. 또한 14일의 기대 시간 (예 : z (14–14) /1.871 = 0 및 P (완료시간 ≤ 14일) 0.5000)) 내에 프로젝트를 완료할 확률은 50%에 불과하다.

15일 완료시간을 충족할 확률은 z = (15–14) /을 계산하여 구할 수 있다. 부록 A에서 −∞에서 z = 0.53 = $P(z \leq 0.53)$ = 0.70194 이며 따라서 P(완료시간 ≤ 15일) 0.70194이다(Excel 함수 = NORM.DIST(15, 14, 1.871, TRUE)를 사용하면, 부록 A에서 반올림으로 인한 차이가 있는 0.7035의 확률을 찾을 수 있다.).

프로젝트 관리자는 많은 기술이 필요하다 Project Managers Need Many Skills

성공하려면 프로젝트 관리자는 다음과 같은 많은 기술이 필요하다.

Sergey Nivens/Shutterstock.com

- 자원 및 예산 제약 하에 공통 목표를 달성하기 위해 광범위한 전문가와 원활하게 상호작용하기 위한 기술 지식 및 다분야 기술
- 전 세계적으로 흩어져 있을 수 있는 다양한 기능 분야의 사람들과 협력할 수 있는 리더십과 훌륭한 사람간 상호작용 기술
- 상충되는 마감일, 여러 프로젝트, 우선 순위 및 마감일 변경, 예산 제약, 모델링 실수, 자원 재할당에 대한 의사결정을 처리하여 시간과 예산 내에서 프로젝트를 완료하는 능력
- 갈등과 의견 차이를 해결하기 위해 다른 전문가의 말을 경청하고 사람들이 지속적인 개선 정신으로 다른 방식으로 일을 구성하거나 수행하도록 영향을 주는 능력

프로젝트 관리자로서 유능하다면 직업 보장, 높은 성과 및 높은 급여가 보상으로 주어진다. 프로젝트 관리자가 되기 위해 필요한 기술을 당신은 가지고 있는가?

19장 학습목표 요약 Learning Objective Summaries

19.1 **프로젝트 관리와 관련된 주요 문제를 설명하라.** 많은 기업에서 프로젝트는 주요 가치창출 프로세스이며 가치사슬의 주요 활동은 프로젝트를 중심으로 이루어진다. 다른 기업에서는 새로운 전략과 이니셔티브를 구현하거나 가치사슬 설계 및 개선 활동을 지원하기 위해 프로젝트가 간헐적으로 사용된다.

대부분의 프로젝트는 시작부터 완료까지 유사한 단계를 거친다:

1. **정의**: 프로젝트 관리의 첫 번째 단계는 프로젝트의 목표, 책임, 결과물 및 달성 시기를 명확하게 정의하는 것이다.
2. **계획**: 이 단계에서는 프로젝트 수행에 필요한 단계를 정의하고, 누가 이 단계를 수행할지 결정하며, 시작일과 완료일을 개발한다.
3. **조직화**: 조직화에는 프로젝트 관리자 찾기, 팀 구성, 자원 할당, 비용 계산, 위험 평가, 프로젝트 문서작성 및 원활한 커뮤니케이션 보장과 같은 활동이 포함된다.
4. **통제**: 이 단계는 프로젝트가 목표와 목적을 얼마나 잘 충족하는지 평가하고 필요에 따라 조정한다.
5. **종료**: 프로젝트를 마치려면 통계 작성, 인력 방출 또는 재배정, "교훈" 목록 준비 등이 필요하다.

프로젝트 관리자의 업무는 효과적인 팀을 만들고, 팀원들에게 동기를 부여하고, 조언과 지원을 하고, 프로젝트를 회사의 전략에 맞추고, 프로젝트의 실행을 처음부터 끝까지 지휘하고 감독하는 것이다. 또한 프로젝트 관리 외에도 프로젝트 팀, 상위조직 및 클라이언트 간의 관계를 관리해야 한다. 또한 프로젝트 관리자는 기능 전문가 간의 분쟁을 해결할 수 있는 충분한 기술적 전문지식을 갖추고 있어야 한다. 한편, 프로젝트에 대한 통제권을 유지하면서 자원을 "대여"하는 매트릭스 조직 구조는 프로젝트에 효과적인 구조다. 프로젝트 관리자는 기능 전반에 걸쳐 작업을 조정한다. 이렇게 하면 자원 중복을 최소화하고 조직 간의 커뮤니케이션을 용이하게 하지만 자원을 협상해야 한다. 프로젝트의 성공은 명확한 목표와 목표, 명확한 보고관계 및 커뮤니케이션 경로, 시간 및 기타 자원요구 사항을 추정하기 위한 우수한 절차, 모든 프로젝트 팀 구성원 간의 협력과 헌신, 현실적인 기대, 효과적인 갈등 해결 및 최고경영진의 후원을 확보하는 데 달려있다.

19.2 **주경로법**CPM; Critical Path Method**의 적용하는 방법을 설명하라.** 모든 프로젝트 관리 결정에는 시간, 자원과 비용의 세 가지 요소가 포함된다. 프로젝트를 계획하고, 일정을 잡고, 통제하는 데 도움을 주는 다양한 기법이 오랫동안 사용되어 왔다. 프로젝트 관련된 주요 단계는 다음과 같다. :

1. **프로젝트 정의**: 완료해야 하는 활동과 이를 수행하는 데 필요한 순서를 확인한다.
2. **자원 계획**: 각 활동에 대해 인력, 시간, 자금, 장비, 자재 등의 필요한 자원을 결정한다.
3. **자원 일정수립**: 각 활동의 완료에 대한 시간 일정을 지정한다.
4. **프로젝트 통제**: 계획일정에 문제가 발생할 것을 예상하여 진행상황 결정 및 대체계획 수립을 위한 적절한 관리방안 수립한다.

주경로법critical path method(CPM)은 프로젝트 활동의 일정을 수립하고 통제하는 접근 방식이다. 주경로법은 다음을 가정한다.

- 프로젝트 네트워크는 기술과 작업흐름 측면에서 올바른 작업 순서를 정의한다.
- 활동은 시작일과 완료일이 명확하게 정의된 상태에서 서로 독립적인 것으로 가정한다.
- 활동시간 추정치는 정확하고 안정적이다.
- 활동이 시작되면 완료될 때까지 중단없이 계속된다.

빠른시작(ES)과 빠른완료(EF) 시간은 네트워크를 통해 시작에서 완료로, 때로는 전진 통과라고 불리는 전진방향으로 프로젝트 네트워크를 통해 이동함으로써 계산된다.

규칙 1: 활동을 완료할 수 있는 가장 빠른 시간은 활동을 시작할 수 있는 가장 빠른 시간에 활동을 수행하는 시간을 더한 값과 같다.

규칙 2: 활동의 ES시간은 모든 선행 활동 중 가장 큰 EF시간과 같다. 늦은시작(LS)과 늦은종료(LF) 시간은 종료 프로젝트 활동 또는 활동들에서 시작하여 네트워크를 통해 역방향으로 계산된다.

규칙 3: 활동의 LS 시간은 LF시간에서 활동을 수행하는 시간을 뺀 값과 같다.

규칙 4: 활동의 LF시간은 모든 후행활동 중 가장 작은 LS 시간이다.

여유 시간은 ST = LS - ES 또는 LF - EF로 계산된다. 주경로(CP)는 프로젝트 네트워크를 통과하는 가장 긴 경로이다. 주경로에서의 활동은 여유 시간이 0(ST=0)이며, 지연될 경우 전체 프로젝트가 지연된다. 업무시간의 불확실성, 불가피한 지연 또는 기타 문제 때문에 프로젝트가 예정대로 진행되는 경우는 드물다. 따라서 관리자는 프로젝트의 성과를 모니터링하고 필요할 때 시정 조치를 취해야 한다. 간트차트는 이러한 목적으로 자주 사용된다.

19.3 **프로젝트에서 시간과 비용의 상쇄관계 결정을 내리는 방법을 설명하라.** 첫번째 단계는 각 활동을 단축시킬 수 있는 시간과 관련 비용을 결정하는 것이다. 그런 다음 각 활동에 대한 시간 단위당 단축비용을 결정하는 것이다. 프로젝트 완료시간을 최소화하는 단축일정을 찾으려면 시행착오 접근방식을 사용한다.

19.4 **PERT** Project Evaluation and Review Technique**를 사용하여 프로젝트 완료시간의 확률을 계산하는 방법을 설명하라.** PERT는 활동 완료시간의 불확실성을 처리하는 수단으로 개발되었다. PERT 절차는 주경로 활동의 분산을 사용하여 프로젝트를 제시간에 완료하는 것과 관련된 위험을 파악한다. 활동시간이 불확실할 때, 그것들은 종종 관련된 확률분포를 갖는 랜덤변수로 취급된다. 일반적으로 각 활동에 대해 세 가지 시간 추정치인 낙관적 시간, 가장 가능성이 높은 시간 및 비관적 시간이 있다. 기대 프로젝트 완료시간은 주경로의 활동에 대한 기대시간을 합한 것이다. 프로젝트 기간의 분산은 주경로 활동의 분산 합계에 의해 결정된다.

$$\text{기대 시간} = (a + 4m + b)/6 \qquad [19.2]$$

$$\text{분산} = (b - a)^2/36 \qquad [19.3]$$

이 정보를 사용하여 지정된 완료날짜를 충족할 확률을 계산할 수 있다.

주요용어 KEY TERMS

- 활동 Activities
- 아크 Arcs
- 단축비용 Crash cost
- 프로젝트 단축 Crashing a project
- 활동단축 Crashing an activity
- 단축시간 Crash time
- 주경로 Critical path
- 선행활동 Immediate predecessors
- 노드 Nodes
- 프로젝트 Project
- 프로젝트 관리 Project management
- 프로젝트 네트워크 Project network
- 스케줄 Schedule
- 작업 세부구조 Work breakdown structure

복습 질문 Review Questions

19.1 1. 프로젝트를 정의하고 제조업 또는 건설업이 아닌 프로젝트 사례를 제시하라.

19.1 2. 프로젝트 계획 프로세스의 세 가지 주요 요소에 대해 토론하라.

19.1 3. 프로젝트 계획 프로세스의 네 가지 주요 단계는 무엇인가?

19.1 4. 프로젝트 관리자의 역할을 설명하라. 관리자는 어떤 기술을 보유해야 하는가?

19.1 5. 프로젝트 성공의 세 가지 요인 및 장애 요인을 식별하고 논의하라.

19.2 6. 선행활동을 정의하고 예를 제시하라.

19.2 7. 프로젝트 네트워크에서 아크 및 노드는 무엇을 나타내는가?

19.2 8. 주경로 모델과 분석을 수행하기 위해 어떤 정보를 수집해야 하는가?

19.2 9. 주경로를 정의하고 주경로를 찾기 위한 절차를 직접 설명하라.

19.2 10. 정상시간, 단축시간, 빠른 시작시간, 빠른 완료시간, 늦은 시작시간, 늦은 완료시간이라는 용어를 정의하고 설명해보라.

19.2 11. 여유시간 및 계산 방법을 정의하고 프로젝트 일정 수립 시 어떻게 사용되며 중요한 이유는 무엇인가?

19.2 12. 프로젝트 통제 및 모니터링의 중요성에 대해 논의하라.

19.2 13. 프로젝트 관리자에게 간트 차트의 유용성에 대해 설명하라.

19.2 14 간트 차트를 어떻게 구성하는가?

19.3 15. 프로젝트 관리에서 단축 개념을 설명하고, 프로젝트 관리자가 단축 결정을 내릴 때 해결해야 할 문제는 무엇인가?

19.3 16. 시간 단위당 단축비용을 계산하는 방법에 대해 설명하라.

19.4 17. 총 프로젝트 완료시간에 대한 활동시간의 불확실성의 영향을 평가하는 방법을 설명하라.

19.4 18. 낙관적인 시간, 가장 가능성이 높은 시간과 비관적인 시간 추정의 PERT 개념을 설명해보라. 특정 활동에 대한 이 시간을 어떻게 추정하는가?

19.4 19. PERT를 사용하여 각 활동의 기대시간과 분산을 어떻게 계산하는가?

19.4 20. 프로젝트 완료 확률을 계산하는 논리를 설명하라.

토론용 질문 및 체험학습 DISCUSSION QUESTIONS AND EXPEROEMTAIL ACTIVITIES

19.1 21. 프로젝트 관리자의 신문 혹은 온라인 광고를 위한 직무 개요를 준비하라.

19.1 22. 본 장에서 언급되지 않은 프로젝트의 최소 5개의 추가 사례를 찾아보라.

19.1 23. 그림/표 19.2에는 프로젝트 성공에 대한 여러 가지 장애물이 나열되어 있다. 이러한 장애물을 어떻게 최소화하거나 제거할 수 있는가?

19.1 24. 성공적인 프로젝트 관리자가 되기 위해 필요한 기술에 대한 짧은 논문(최대 2페이지)을 작성하고 조사하라.

19.1 25. 프로젝트경영연구소 현지 지부는 전국 유명 연사와 만찬회동을 계획하고 있으며, 이를 조직할 책임은 당신에게 있다. 이 장에서 논의된 방법론이 당신에게 어떤 도움을 줄 수 있는가?

19.1 26. 프로젝트 관리를 위해 가장 잘 알려진 소프트웨어는 Microsoft Project™일 것이다. 이 소프트웨어의 기능을 조사하고 짧게(최대 2페이지) 작성하라.

19.2 27. 10개 이하의 활동으로 구성된 작은 사례를 개발하고 프로젝트 네트워크를 통과하는 전진forward 및 역방향backward의 아이디어, 규칙 및 메커니즘을 설명하여 주경로를 계산하라.

19.2 28. 자신의 삶에서 프로젝트 관리를 적용할 수 있는 예시를 찾아보아라 (예: 가정, 친목 모임 또는 비즈니스 조직). 프로젝트를 구성하는 활동과 이벤트를 나열하고 우선순위 네트워크를 그리고 이 일을 하면서 어떤 문제를 겪었는지 서술하라.

19.3 29. 주경로의 단축은 단축비용이 단축시간과 선형적으로 비례한다고 가정한다. 즉, 비용 증가 속도는 일정하다(그림/표 19.12 참조). 이것이 합리적인 가정인가? 또한 규모의 경제와 비경제적 개념이 이 문제를 해결하는데 어떻게 도움이 될 수 있는가?

19.4 30. PERT의 계산을 통해 프로젝트가 완료될 확률을 결정할 수 있다. 목표 마감일까지 프로젝트가 완료될 확률이 0.25에 불과하다고 가정해보자. 프로젝트 관리자라면 어떤 조치를 취할 수 있나? 확률이 0.75로 계산되면 결정이 달라지는가? 프로젝트를 제 시간에 완료하지 못할 경우 25%의 위험을 감수하겠는가?

계산연습문제 Computational Problems and Exercises

본 장에서 설명한 공식과 방법을 적용하여 다음 연습문제를 직접 계산해서 풀어 보라.

19.2 31. 지방county 당국은 당신이 살고 있는 거리를 개조하기로 결정하였으며, 거리를 차단할 계획이다. 이로 인해 당신과 이웃들이 상당한 불편을 겪게 될 것이다. 이 사업은 3개의 병행하는 경로가 있다.

(i) 22일이 소요되는 가로등 설치 및 전기배선을 위한 경로 A–B–C–H

(ii) 30일이 소요되는 장애 기능이 있는 인도를 설치하는 경로 A–D–E–H

(iii) 36일이 소요되는 빗물 배수관을 포함하여 도로 재포장을 위한 경로 A–F–G–H

이 때 주경로는 어느 경로 인가?

19.2 32. 모호크Mohwak 할인점 체인은 본사에서 개인들을 위한 경영교육 프로그램을 계획하고 있다. 회사는 교육생들이 가능한 한 빨리 프로그램을 완성할 수 있도록 프로그램을 설계하고 싶다. 이 프로그램의 업무나 활동 간에는 중요한 우선순위가 있다. 예를 들어 연습생은 신용부와 영업부 1개 이상의 경력이 있을 때까지 대리점 관리자로 근무할 수 없다. 아래 데이터는 각 교육생이 완료해야 하는 활동 과제를 보여준다.

활동	선행활동
A	–
B	–
C	A
D	A, B
E	A, B
F	C
G	D, F
H	E, G

이 문제에 대해서 AON 프로젝트 네트워크를 구성하라. 이후 다른 분석은 하지 않도록 한다.

19.2 33. 아래의 활동표를 참고하여 프로젝트 네트워크를 구성해보아라. 이후 다른 분석은 하지 않도록 한다.

활동	선행활동
A	–
B	–
C	A
D	A, B
E	C, D
F	C, D
G	E
H	F

19.2 34. 당신은 주요 은행의 나스닥 증권거래소에서 신규 기업 상장을 담당하고 있다. 다음의 특징을 참고하여 프로젝트를 정의하라. 이 프로젝트가 잘 진행된다면, 당신은 승진이 예상된다.

활동	선행활동	활동시간(주)
A	–	1
B	A	2
C	A	3
D	A, B	4
E	C, D	3
F	D,E	2

a. 프로젝트 네트워크를 그려라.
b. 프로젝트의 가장 빠른 완료시간은 언제인가?
c. 프로젝트내에서 가장 많은 여유시간을 가진 활동은 무엇인가? 왜 이 활동이 중요한가?

19.2 35. 플로리다Florida 주 포트 마이어스Fort Myers에서 봄훈련 시즌 동안 보스턴 레드삭스Boston Red Sox 야구팀의 광고 프로그램을 담당하고 있다. 광고 프로그램은 다음과 같은 특성을 가진 프로젝트로 정의되어 있다. 봄훈련 시즌 동안 모든 경기장 좌석을 채우는 것이 목표이며, 그렇지 않으면 당신은 내년에 일자리를 잃을 수 있다.

활동	선행활동	활동시간(주)
A	–	2
B	–	1
C	A	4
D	A, B	3
E	C, D	2
F	D, E	4

a. 프로젝트 네트워크를 그려라.
b. 프로젝트의 가장 빠른 완료시간은 언제인가?
c. 프로젝트내에서 가장 많은 여유시간을 가진 활동은 무엇인가? 그 활동의 여유시간은 몇 주인가?
d. 만약 활동D가 2주 지연되었다면, 프로젝트의 가장 빠른 완료시간은 어떻게 변경되겠는가?
e. 만약 활동C가 4주에서 2주로 단축되었다면, 주경로와 프로젝트 완료시간은 어떻게 변경되는가?

19.2 36. 메리Mary는 결혼식을 계획하고 있으며 세부 정보는 다음과 같다.

활동	선행활동	활동시간(주)
A (결혼 날짜 선정)	–	3주
B (결혼식장 선정)	–	4주
C (참가자 명단 작성)	A, B	4주
D (결혼식 프로그램 선정)	A	3주
E (뷔페 음식 선정)	A, C	2주
F (결혼식 당일)	D, E	0주

a. 프로젝트 네트워크를 그려라.
b. 주경로는 어느 것인가?
c. 프로젝트 완료시간은 언제인가?
d. 빠른시작일 간트차트를 구성하라.
e. 프로젝트 관리자로서 분석 결과를 고려할 때 당신은 어디에 주의를 집중할 것인가?

19.2 37. 컴퓨터 시스템 설치 프로젝트는 8개의 활동으로 구성된다. 선행 활동 및 몇 주 동안의 활동시간은 다음과 같다.

활동	선행활동	활동시간
A	–	3
B	–	6
C	A	2
D	B, C	5
E	D	4
F	B, C	3
G	B, C	9
H	F, G	3

a. 프로젝트 네트워크를 그려라.
b. 주경로는 어느 것인가?
c. 프로젝트 완료시간은 언제인가?
d. 빠른 시작일 간트 차트를 구성하라.
e. 프로젝트 관리자로서 분석 결과를 고려할 때 당신은 어디에 주의를 집중할 것인가?

19.2 **38.** 콜로니 주 칼리지Colony State College는 캠퍼스에 새로운 체육 단지를 짓는 것을 고려하고 있다. 그 단지는 대학 대항 농구 경기, 사무실 공간, 교실, 그리고 교내 시설을 위한 새로운 체육관을 제공예정이다. 공사를 시작하기 전에 완료해야 할 활동은 다음과 같다.

활동	내용	선행활동	활동시간
A	건축 예정지 조사	–	6
B	초기 설계도 작성	–	8
C	건축 허가 받기	A, B	12
D	건축 방식 선정	C	4
E	예산 산정	C	6
F	설계 마무리	D, E	15
G	자금 조달	E	12
H	계약자 채용	F, G	8

a. 프로젝트 네트워크를 그려라.
b. 주경로는 어느 것인가?
c. 빠른 시작일 간트 차트를 구성하라.
d. 프로젝트를 시작하기로 결정한 후 1년 후에 공사가 시작될 수 있다는 것이 타당한가? 프로젝트 완료시간은 어떻게 되는가?

19.2 **39.** 컴퓨터시스템 설치사업은 8개 활동으로 구성된다. 선행 활동과 활동시간은 다음과 같다.

활동	선행활동	활동시간
A	–	3
B	–	6
C	A	2
D	B, C	5
E	C,D	4
F	E	3
G	B	9
H	F, G	3

a. 프로젝트 네트워크를 그려라.
b. 주경로는 어느 것인가?
c. 프로젝트 완료시간은 언제인가?

19.2 **40.** 환경 재활용 회사는 주 환경정화 계약에 따라 대형 자동차 타이어 폐기물을 청소해야 한다. 작업, 기간(주 단위), 비용 및 선행 활동 관계는 다음과 같다.

활동	선행활동	활동시간
A	–	5
B	A	8
C	A	7
D		6
E	B, C,D	8
F	D	3
G	D	3
H	E	4
I	F,G,H	6

a. 프로젝트 네트워크를 그려라.
b. 주경로는 어느 것인가?
c. 프로젝트 완료시간은 언제인가?

19.2 **41.** 로잘레스사Rozales Manufacturing Co.는 새로운 유연한 제조 시스템을 설치할 계획이다. 수행해야 하는 활동, 선행 활동 및 활동시간 추정치는 다음과 같다. 프로젝트 네트워크를 그리고 빠른시작일과 늦은시작일, 빠른 완료일과 늦은완료일, 그리고 활동 여유시간을 찾아라.

활동	활동설명	선행활동	활동시간(일)
A	현재 성과 측정	–	4
B	목표 설정	A	2
C	현행 운영 조사	A	6
D	신규 시스템 능력 정의	B	7
E	현존 기술 조사	B	8
F	명세 확정	D	7
G	설비건설 분석	C,F	12
H	실행 정의	C	9
I	조직적 효과 결정	H	8
J	보고서 준비	E,G,I	2
K	감사 과정 수립	H	3
L	추가 완료 활동	J,K	0

19.2 **42.** 두 개의 국제 은행이 합병의 결과로 두 개의 금융 처리 소프트웨어 시스템을 통합하고 있다. 모든 관련 당사자들과의 예비 분석 및 인터뷰는 다음과 같은 프로젝트 정보를 수집하였다. 이 프로젝트의 "시스템 통합 팀"은 이 프로젝트를 두 가지 수준에서 정의하고 관리할 계획이다. 다음 활동은 통합된 활동을 나타내며, 각 활동 내에서 하위작업 및 프로젝트 네트워크가 정의된 보다 상세 업무가 있다.

a. 프로젝트 네트워크를 그려라.
b. 주경로는 어느 것인가?
c. 프로젝트의 완료시간과 총 프로젝트 완료비용을 계산하라.

활동	선행활동	활동시간
A	–	3
B	A	1
C	A	2
D	B,C	3
E	C	5
F	C	3
G	E	4
H	E,F	5
I	D,G,H	8

19.3 **43.** 당신은 첫번째 프로젝트를 맡았고, 일이 잘 되면 승진할 수 있다. CEO는 이 프로젝트를 잘 알고 있기 때문에 가시성을 높일 수 있는 기회가 있다. 첫 번째 과제는 프로젝트 활동 관리자와 회사의 친절하면서도 지루한 회계사를 인터뷰하여 작업 세부구조를 정의하여 프로젝트 활동시간과 비용에 대한 "좋은 추정치"를 얻는 것이다. 활동 중 하나는 정상시간이 5주, 단축시간이 2주, 정상비용이 7,560달러, 단축비용이 17,365달러이다. 주당 단축비용은 얼마인가?

19.3 **44.** 웹 페이지 설계 및 개발에 대해 진행 중인 프로젝트에 대한 정보를 다음 표에 수집했다. 시간은 주week로 나타낸다.

a. 이 프로젝트의 총 시간은 얼마인가?

b. 프로젝트의 총 정상비용은 얼마인가?

c. 프로젝트를 일주일 동안 중단해야 할 경우 프로젝트 비용을 최소화하기 위해 어떤 활동을 중단하겠는가? 그리고 수정된 완료시간은 얼마인가?

활동	선행활동	정상시간	단축시간	정상비용($)	단축비용($)
A	–	3	2	200	400
B	A	4	3	300	600
C	A	1	1	200	200
D	B,C	3	2	500	550
E	D	2	1	500	900

19.3 **45.** 당신은 마케팅 전공이고 지난 3년 동안 주요 소비자 제품 회사에서 일하고 있다. 오늘, 사장이 사무실로 와 다음과 같이 말했다. "폴리Polly, 당신이 '훌륭한 클린홈 시스템Perfect Clean Home System' 출시의 프로젝트 리더가 되길 바라요. 개발에 1억 달러 이상을 투자했으며 성공적으로 완료되길 기대합니다." 이후 한 시간 동안 프로젝트를 논의한 후, 당신의 상사는 방을 나갔다. 그 프로젝트에 대해 며칠 동안 생각한 후, 당신은 심적 압박을 받기 시작했다. 운영관리 과정, 특히 주경로법에 더 많은 신경을 써야하다는 것을 알았고, 모든 직장 동료들은 주경로법을 고려하지 않는다면, 프로젝트를 실패할 것이라고 말했다. 한편 당신은 이전 프로젝트 관리 자료를 검토하고 이 작업을 처리할 수 있다는 확신을 갖게 되었다. 기본 프로젝트 정보는 다음과 같다.

a. 프로젝트 네트워크를 그려라.

b. 프로젝트의 주경로는 어느 것인가? 또한 프로젝트의 기대 완료시간을 구하라

c. 가장 여유시간이 많은 활동은 어느 것인가?

d. 만약 활동D가 2주 지연된다면, 주경로는 어떻게 변경되는가?

e. 최소 단축비용으로 원래 프로젝트 완료시간을 2주 단축하기 위해 어떤 활동 또는 활동을 단축하겠는가?

f. 이전 질문에 대한 답변을 고려할 때, 총 프로젝트 비용(정상비용 + 단축비용)은 얼마인가?

활동	선행활동	정상시간(주)	단축시간(주)	정상비용($)	단축비용($)
A	–	3	2	14,000	16,500
B	–	6	6	5,500	5,500
C	–	2	1	6,000	8,000
D	A	5	3	7,500	14,500
E	C	2	1	9,000	10,500
F	A	7	6	15,000	18,000
G	B,D,E,F	4	3	8,400	10,000

19.3 **46.** 오피스 오토메이션 주식회사 Office Automation, Inc.는 특정 회사의 워드 프로세싱과 사무실 간 통신을 개선하는 새로운 컴퓨터 사무실 시스템을 도입하기 위한 제안서를 작성하고 있다. 제안서에는 새로운 사무 시스템 프로젝트를 완료하기 위해 수행해야 하는 활동목록이 포함되어 있다. 활동에 대한 정보는 다음과 같다.

a. 프로젝트 네트워크를 그려라.

b. 정상시간을 사용하여, 프로젝트 일정을 개발하라.

c. 주경로와 기대 프로젝트 완료시간은 계산하라

d. 회사는 26주 내에 프로젝트를 완료하기를 원한다. 최소한의 비용으로 완료 날짜를 준수하기 위해 어떤 결정을 내리는 것이 좋겠는가? 26주간의 완료시간을 맞추기 위해 추가된 프로젝트 비용은 얼마인가?

e. 빠른 시작시간과 늦은 시작시간, 빠른 완료시간과 늦은 완료시간 및 여유시간을 사용하여, 단축된 활동일정을 세워라.

활동	활동설명	선행활동	정상시간(주)	단축시간(주)	정상비용($)	단축비용($)
A	계획요구	–	10	8	30	70
B	주문 설비	A	8	6	120	150
C	설비구축	B	10	7	100	160
D	훈련원 셋업	A	7	6	40	50
E	훈련	D	10	8	50	75
F	평가 시스템	C,E	3	3	60	–

19.3 **47.** 당신은 주요 자동차 조립라인을 위한 30톤짜리 새 스탬프 기계의 구매, 설치 및 테스트를 담당하고 있다. 금속 펜더와 후드를 도장하기 전에 차량용 도장을 찍는다. 프로젝트의 목표는 예산 범위 내에서 제때에 완료하는 것이다. 그렇지 않으면 내년에 당신은 일자리를 잃을 수 있다. 다음 활동은 구입 가격이 아니라 기계를 설치하고 테스트하기 위한 가격이다.

활동	선행활동	정상시간(일)	단축시간(일)	정상비용($)	단축비용($)
A	–	2	2	15,000	15,000
B	–	1	1	12,000	12,000
C	A,B	5	3	18,000	24,000
D	A,B	4	2	12,000	16,000
E	C,D	2	1	22,000	12,500
F	D	4	3	32,000	36,000
G	E,F	3	2	19,000	20,000

a. 프로젝트 네트워크를 그려라.

b. 프로젝트의 빠른 완료시간은 언제인가?

c. 프로젝트내에서 여유시간이 가장 많은 활동은 무엇인가?

d. 프로젝트의 총 정상비용은 얼마인가?

e. 상사가 원래 완료시간을 단축하기 위해 $5,000를 줄 경우 단축비용을 먼저 어떤 활동에 사용하겠는가?

f. 총 단축비용을 최소화하기 위해 원래 프로젝트 완료시간으로부터 2주 일찍 프로젝트를 완료하기 위해 어떤 활동 또는 활동을 단축하겠는가?

19.3 **48.** 환경 재활용 회사 Environment Recycling, Inc. 프로젝트(문제 40)의 일부 활동이 중단될 수 있다고 가정해보자. 아래 표에는 원래(정상) 시간에 활동을 수행하는 것과 관련된 단축시간 및 비용이 나와 있다(모든 시간은 주 단위). 3주 먼저 프로젝트를 완료하기를 원하는 경우, 총 프로젝트 완료시간과 최저 비용 솔루션을 구하라.

활동	선행활동	정상시간	단축시간	정상비용($)	단축비용($)
A	–	5	4	400	$ 750
B	A	8	6	1,800	2,200
C	A	7	6	800	1,100
D	–	6	5	600	1,000
E	B,D,C	8	6	1,700	2,200
F	D	3	2	800	1,000
G	D	3	2	500	650
H	E	4	3	400	600
I	F,G,H	6	5	900	1,300

19.3 49. 다음 표는 국제 은행 시스템 통합 프로젝트의 단축시간 및 정상 및 단축비용을 보여준다. 은행이 2주 전에 프로젝트를 완료하기를 원하는 경우 총 프로젝트 완료시간과 최저 비용 솔루션을 구하라.

활동	선행활동	정상시간	단축시간	정상비용($)	단축비용($)
A	–	3	1	1,000	6,000
B	A	1	1	4,000	4,000
C	A	2	2	2,000	2,000
D	B,C	3	1	5,000	6,000
E	C	5	4	2,500	3,800
F	C	3	2	2,000	3,000
G	E	7	5	4,500	8,500
H	E,F	5	4	3,000	3,800
I	D,G,H	8	5	8,000	17,000

19.4 50. 프로젝트의 활동시간 추정치는 아래와 같으며, 주경로가 A–D–F–H 라고 가정하면, 프로젝트가 다음 기간내에 완료될 확률은 얼마인가?

활동	낙관적 시간	가장 가능성이 높은 시간	비관적 시간
A	4	3	6
B	2.5	3	3.5
C	6	7	8
D	5	5.5	9
E	5	7	9
F	2	3	4
G	8	10	12
H	6	7	14

a. 20주
b. 22주
c. 24주

19.4 51. 프로젝트의 활동시간 추정치는 아래와 같으며, 주경로가 A–C–E–F–G라고 가정하면, 프로젝트가 다음 기간내에 완료될 확률은 얼마인가?

a. 33주내
b. 30주내
c. 31주 이상
d. 32주

활동	낙관적 시간	가장 가능성이 높은 시간	비관적 시간
A	4	5	6
B	2.5	3	3.5
C	6	7	8
D	5	5.5	9
E	6	7	8
F	1	3	5
G	8	10	12

19.4 **52.** 시카고 시내에서 12층짜리 스마트 빌딩에 배선 작업을 담당한다. 프로젝트 네트워크와 기본 정보는 다음 표와 같다. 당신의 승진은 20주내 성공적으로 프로젝트를 완료하는데 달려있다.

a. 프로젝트 네트워크를 그리고, 각 활동의 기대시간과 분산을 계산하라.

b. 주경로와 기대 완료시간을 계산하라.

c. 어떤 활동이 가장 많은 여유시간을 가지고 있는가? 또한 얼마나 가지고 있나?

d. PERT를 이용하여, 20일내 프로젝트를 완료할 확률을 구하라.

활동	낙관적 시간	가장 가능성이 높은 시간	비관적 시간
A	4	5	6
B	2.5	3	3.5
C	6	7	8
D	5	5.5	9
E	6	7	8
F	1	3	5
G	8	10	12

19.4 **53.** 코자르 인터내셔널 주식회사Kozar International, Inc.의 한 경쟁업체가 새로운 즉석 개발 영화 프로젝트를 마케팅하기 시작했다. 코자르는사는 R&D 부서에서 연구중인 유사한 제품을 가지고 있었지만 아직 생산을 시작하지 못했다. 경쟁사의 조치로 인해 최고 경영자들은 코자르사가 가능한 한 빠른 시일 내에 즉석 필름을 제작하고 마케팅할 수 있도록 연구개발 활동의 속도를 높여줄 것을 요청했다. 선행 정보 및 월별 활동시간 추정치는 다음과 같다.

a. 프로젝트 네트워크를 그리고 각 활동의 기대시간과 분산을 계산하라.

b. 이 프로젝트의 활동 일정을 개발하고, 활동 여유 시간을 계산하며, 주경로에 있는 활동은 무엇인가?

c. 20주, 21주, 22주 안에 완성될 확률은 얼마나 되는가?

활동	선행활동	낙관적 시간	가장 가능성이 높은 시간	비관적 시간
A	–	1	1.5	5
B	A	3	4	5
C	A	1	2	3
D	B,C	3.5	5	6.5
E	B	4	5	12
F	C,D,E	6.5	7.5	11.5
G	E	5	9	13

19.4 54. LCD 소프트웨어는 다음 네트워크에서 정의한 프로젝트를 22주 내에 완료해야 한다. 기대시간과 활동 분산은 다음표와 같다.

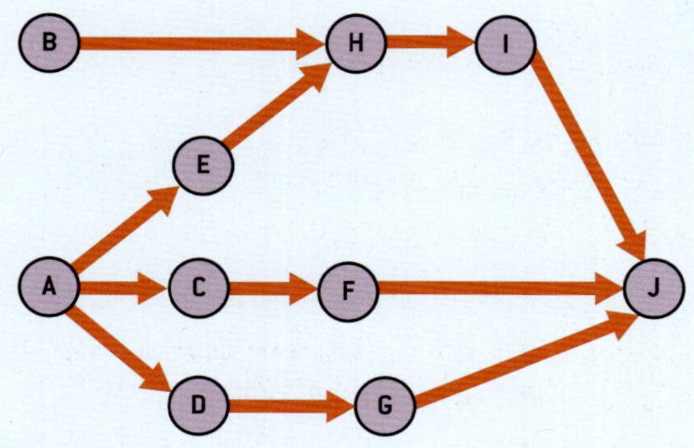

활동	기대시간	분산
A	7	1.78
B	3	0.44
C	3	0.11
D	8	1.78
E	3	0.11
F	3	0.03
G	4	0.25
H	6	0.69
I	2	0.11
J	2	0.11

a. 주경로를 찾아 18주까지 프로젝트를 완료할 확률을 계산하라.

b. 프로젝트에 대한 간트차트를 작성하라.

엑셀기반 연습문제 EXCEL-BASED PROBLEMS

문제 풀이를 위해 엑셀Excel이나 마인드탭MindTap에 있는 스프레드시트 템플릿을 사용할 수 있다.

19.2 55. 엑셀 템플릿의 간트차트를 사용하여 문제 36의 결혼 프로젝트의 빠른시작 일정에 대한 간트차트를 만들어라. 또한 프로젝트의 주경로를 설명하라.

19.2 56. 엑셀 템플릿의 간트차트를 사용하여 문제 39에 설명된 컴퓨터 시스템 설치 프로젝트에 대한 빠른시작 간트차트를 만들어라. 프로젝트 관리자로서 분석을 고려할 때 어디에 주의를 기울여야 하는가?

19.2 57. 엑셀 템플릿의 간트 차트를 사용하여 문제 41, 로잘레스 제조회사Rozales Manufacturing Co.에서 발견된 빠른시작 일정에 대한 간트차트를 만들어라. 또한 프로젝트의 주경로를 설명하라.

유니버시티 메디컬센터 University Medical Center

유니버시티 메디컬센터(UMC)는 현재의 위치에서 5마일 떨어진 곳에 있는 기존의 시설에서 새롭고 더 큰 시설로 옮겨야 한다. 그러나 공사 지연으로 인해 새 병원에 설치하도록 주문한 새 장비의 상당 부분이 옛 병원으로 옮겨져 사용되기 시작했다. 새로운 시설이 완공되고 있기 때문에, 이 모든 장비는 기존 시설에서 새 시설로 옮겨야 한다. 이를 위해서는 다음과 같은 여러가지 계획을 고려해야 한다. 주방위군 National Guard 차량과 사설 구급차 등이 환자를 이동하기로 계약되어 있고, 지역 상인들의 이동, 경찰 지원이 필요한 것을 고려하여야 한다. 그림/표 19.19는 활동, 선행 활동 및 활동시간 추정치를 보여준다.

토론을 위한 사례 질문

1. 이 프로젝트의 네트워크를 그려라.
2. 실제 구현을 위해 그림/표 19.19에 표시된 활동을 보다 상세하게 세분화할 필요가 있다. 예를 들어, "환자 이동" 활동의 경우, 관리자는 먼저 이동할 환자(예: 집중 치료)를 결정해야 하며, 각 환자 클래스를 지원하기 위해 갖춰야 할 장비 등을 결정해야 한다. 확장된 네트워크에서 수행해야 하는 하위활동의 유형을 논의해보자. 한편 확장된 네트워크를 그릴 필요는 없다.
3. 사례 정보를 사용하여 주경로와 프로젝트 완료시간을 찾을 수 있다. 병원 관리자를 위해 해당 결과를 요약하라.

그림/표 19.19 UMC 이전 프로젝트 정보

활동	설명	선행활동	기대시간 (주)
A	부서장과의 만남	–	3
B	이전 자문위원회 임명	–	2
C	홍보 활동 계획	–	5
D	경찰서와 만남	–	1
E	도시 교통 엔지니어와의 만남	A	2
F	예비 이전계획 개발	A	6
G	최종 이전계획 개발	E,F,N	2
H	이전 정책 수립	B	2
I	헌정식 계획	C	3
J	경찰 지원 계획 개발	D	2
K	계약자와 상담	G	1
L	이전일 결정	K	4
M	최종 이전 태그 준비	G	3
N	환자 양식 개발	H	4
O	계획 게시	L	2
P	계획 수정	O	5
Q	태그 장비	M	2
R	사전 이동 승인 정책 실행	N	2
S	헌정식dedication	I	1
T	환자이동 준비	P,O	1
U	환자 이동	R,S,T	1
V	노후 시설 보호	U,J	3

대체급수 프로젝트 Alternative Water Supply

플로리다주 사라토가시Saratoga, Florida의 관리자인 고든 리버스Gordon Rivers는 제이 앤드류스 Jay Andrews에게서 제안된 설계 일정을 다시 조정했다. 제이 앤드류스는 메이저 디자인 회사 Major Design Corporation (MDC)의 프로젝트 관리자이다. 사라토가시는 이 프로젝트를 위해 MDC를 사업 담당으로 선정했다. 제이는 프로젝트 관리자로서 프로젝트 완료, 예산 개발 및 추적, 일정수립 및 유지, 필요에 따른 자원 배분, 완료, 프로젝트 관리에 필요한 기술팀을 구성하는 것의 책임을 지고 있다.

"우리는 35주 내에 설계, 입찰 및 완료되는 흡기 및 변속기 메인 장치가 필요합니다. 사라토가시는 제 시간에 끝나게 되면, 계획에 따라 향후 2백만 달러의 연방 보조금을 받게 될 것입니다"라고 리버스가 말했다. 제이는 동의하며 고개를 끄덕였다. 리버스는 이어 "제이씨, 그 프로젝트는 예정대로 예산 범위 내에서 이루어져야 합니다. 이제 이 일정을 다시 가져가서 어떻게 해야 할지 생각해 보세요."라고 말했다.

배경 Background 메이저 디자인 회사는 연간 10억 달러 이상의 매출을 올리는 3,500명의 직원을 둔 회사이다. 이 회사는 5개의 글로벌 영업부서, 미국에 기반을 둔 엔지니어링/기술 서비스 부서, 그리고 건설 회사로 구분된다. MDC는 물, 환경, 교통, 에너지 및 시설 자원에 대한 "프로젝트 수명 주기project life cycle" 전반에 걸쳐 컨설팅, 엔지니어링, 건설 및 운영 등 모든 서비스를 제공한다.

MDC는 사라토가시에서 하루 1,000만 갤론gallon의 새로운 지표수 취수 및 송수 주관 설계사로 선정되었다. 이 취수구는 운하의 물을 빼내 도시의 폐수처리장까지 2마일 이상 이동시킨다. 그곳에서 운하수는 간척수(즉, 처리된 하수)와 혼합되어 관개 목적으로 사용자에게 다시 분배된다. 이 프로젝트는 상수원이 역사적으로 사용된 것이 아니기 때문에 "대체" 급수 공급 프로젝트로 선정되었다. 이 프로젝트는 도시의 상수원 포트폴리오를 다양화하고 물을 재활용하기 때문에 시의 장기적 지속가능성을 높일 것이다. 이 사업은 또한 도시 인구가 계속 증가함에 따라, 지난 10년 동안 생산성이 떨어지고 규제가 심해진 과거 상수원에 대한 추가적인 철수의 필요성을 최소화할 것이다. 이 프로젝트의 다른 친환경적인 이점으로는 과거 상수원에 대한 환경 영향의 감소와 탄소 배출의 감소가 있는데, 관개수는 도시의 다른 마실 수 있는 상수원보다 에너지 집약적인 처리를 덜 요구하기 때문이다.

프로젝트 설명 Project Description 프로젝트의 목표는 환경을 보호하며, 최소 30년간 지속되며 낮은 수명주기 비용(즉, 자본, 유지보수 및 에너지 소비)을 갖는 취수원을 설계하는 것이다. 이러한 유형의 프로젝트의 경우, 엔지니어링 설계비용이 총 프로젝트 비용의 20%를 차지한다. 설계 단계 또한 중요한데, 프로젝트의 수명주기 비용의 80% 이상을 설계단계에서 결정되기 때문이다. 그 결과 엔지니어는 프로젝트에 사용할 장비와 기능을 선택할 때 전체적인 접근 방식을 취한다. 예를 들어 초기 비용이 저렴한 장비의 경우 상당한 장기 유지 관리 비용이 발생할 수 있다.

다음은 AWS 프로젝트를 완료하는 데 필요한 주요활동을 설명한다. 그림/표 19.20은 프로젝트 작업 활동, 우선순위 관계 및 비용을 보여준다.

프로젝트는 컨셉 디자인(활동 A)의 개발로 시작된다. 컨셉 디자인 동안 엔지니어는 지속 가능성 기준을 포함한 해당 프로젝트 관련 규정과 법률을 확인하고, 대체 장비의 평가를 수행하며, 현장조건과 제약조건을 파악하며, 초기 설비 및 장비 배치를 개발할 것이다. 컨셉 디자인이 완료되고 MDC가 사라토가시로부터 이에 대한 피드백을 받으면, 예비설계(B)가 시작된다. 예비설계는 컨셉 디자인 중에 식별된 선호와 제약조건에 기초하여 설계를 확장한다. 예비설계 시 프로젝트 설계기준(예: 크기 조정, 운영 용량, 신뢰성 및 지속 가능성)을 확정하고 예비도면 및 서면규격에 통합한다(추가 지질기술 조사 및 환경조사 결과와 함께). 도면과 사양은 이 활동에서 나오는 주요 정보가 집약된 산물이다. 도면은 시공 시 프로젝트의 모습을 보여주고 있으며, 사양은 시공에 필요한 세부 지침과 기준을 제공한다.

이 프로젝트의 경우, 예비 설계를 완료하면 최종 설계(C), 환경허가 신청준비(D), 부동산 취득(H)의 세가지 다른 병렬 작업이 시작될 수 있다. 최종설계는 예비설계 단계의 연속이다. 최종설계에서는 추가정보가 사양에 추가된다. 환경허가 신청서 작성(D)은 예비 설계에서 특정 도면을 가져와, 프로젝트에 포함된 제어법을 환경적 영향을 최소화하기 위해 수정하는 것을 포함한다. 프로젝트 허가를 받기 위해, 기술자들은 프로젝트가 환경에 거의 또는 전혀 영향을 미치지 않고, 법에 따라 구성될 것이라는 것을 증명해야 한다. 엔지니어는 현장의 폭풍우에 따른 물 유출, 오염물질 배출, 장비로부터의 통제되지 않은 배출, 자연 서식지의 파괴, 그리고 멸종위기에 처한 종들의 이동 등과 같은 환경적 허가를 받으려고 노력한다. 환경허가 신청이 완료되면 규제기관에 제출해 심사를 받는다. 환경 허가 검토 및 승인(E)으로 식별된 이 활동은 MDC 엔지니어 측에서는 어떠한 업무도 하지 않고, 외부 기관이 이 활동을 실행하기 때문에 시간을 단축할 수 없다.

부동산 취득(H)은 프로젝트가 있거나 통과하는 모든 부동산을 식별하는 것으로 시작한다. 시에서 현재 소유하고 있지 않은 것으로 확인된 숙박시설의 경우, 시에서 해당 숙박시설의 사용권을 취득해야 한다. 도시가 이러한 권리를 획득할 수 있

그림/표 19.20 대체 급수

활동	내용	선행활동	정상시간 (주)	단축시간(주)	정상비용 추정치 ($)	단축비용 추정치 ($)
A	컨셉 디자인	–	4	3	30,000	33,500
B	예비 설계	A	12	10	52,000	58,000
C	최종 설계	B	19	16	59,000	76,000
D	환경 승인 지원 준비	B	8	5	48,000	58,200
E	환경 승인 검토 및 승인	D	4	4	38,000	38,000
F	승인 적용 준비	E	2	1	35,000	38,000
G	승인 제작 검토 및 승인	F	4	4	6,000	6,000
H	인수	B	20	18	90,000	115,000
I	입찰 프로젝트	C,H	4	4	6,000	6,000
J	건설 시작	G,J	0	0	0	0

MDC는 사라토가시에서 하루 1,000만 갤론gallon의 새로운 지표수 취수 및 송수 주관 설계를 위해 선정되었다.

는 두 가지 방법이 있다. 첫 번째는 기꺼이 팔려는 판매자를 찾는 것이다. 즉, 가격을 지불하고 특정 부동산 권리를 시에 양도하는 부동산 소유자를 찾는 것이다. 두번째는 컨뎀네이션 규정Condemnation Act를 통해서이다. 컨뎀네이션 규정은 이 사업이 공공의 이익을 위해 봉사하고 다른 실행 가능한 대안이 없다는 것을 법원에 증명함으로써 시가 소유주로부터 재산권을 빼앗을 수 있는 긴 법적 절차이다.

환경허가를 받으면, 건축허가 신청서 작성(F)을 시작할 수 있다. 이 작업에는 신청서 양식을 작성하고 프로젝트가 최신 지역, 주 및 연방 건축 법규로 구성될 것임을 설명하기 위해 도면 세트의 필요한 시트를 컴파일하는 작업이 포함된다. 신청이 완료되면 건축허가 심사 및 승인을 위해 해당 정부기관에 제출한다(G). 검토 중에 MDC의 엔지니어는 어떠한 작업도 할 필요가 없지만, 환경 허가와 마찬가지로 외부 당사자가 하기 때문에 검토를 더 빨리 진행할 수 없다.

최종설계가 완료되고 건축허가가 발행되면 시에서 프로젝트 입찰(I)을 할 수 있다. 프로젝트 입찰에는 지역 신문과 온라인에 그 프로젝트를 광고하는 것이 포함된다. 프로젝트 건설에 관심이 있는 계약자는 시로부터 프로젝트 도면 및 사양의 사본을 입수한다. 각 관심 계약자는 도면에서 본 내용과 명세를 해석하는 방법을 바탕으로 합리적인 수익을 얻으면서도 프로젝트를 수주할 수 있을 만큼 낮은 입찰가를 제시한다. MDC는 입찰 단계 중 시공사가 수주할 경우 조건을 보다 잘 이해할 수 있도록 시공자 질의 응답, 시공 가능성 있는 업체와의 사업 협의회(사전입찰회의) 개최, 실제 공사장 현장 방문 등을 통해 시가 지원할 예정이다. 작업. 입찰 기간이 끝나면, 계약자들은 그들의 입찰서를 밀봉된 봉투에 넣어 사라토가 시에 제출한다.

시는 입찰을 개시하고 제출물을 비교한다. 명백하게 낮은 입찰가는 검토를 위해 MDC로 보내질 것이다. MDC는 입찰의 달러 금액과 제출서에 포함된 다른 문서(예: 도면, 참고 자료, 보험, 사양서 및 채권)를 모두 검토한다. 낮은 입찰자가 다른 서류를 제대로 작성하지 않은 경우, 무응답으로 간주되어, 엔지니어는 다음으로 낮은 입찰에 대한 검토를 시작할 것이다. 이 과정은 가장 낮은 가격의 입찰자가 확인될 때까지 계속된다. MDC가 적합한 계약자를 추천하면, 입찰단계는 마무리된다.

입찰 단계 직후 건축 허가를 받은 공사는 시작할 수 있다(J). 이 활동의 활동시간은 0이다. 시공 시작은 프로젝트의 엔지니어링 설계 단계의 종료와 시공 단계(다른 프로젝트)의 시작을 지정하는 이정표이다.

Jay는 한 번에 약 6개의 엔지니어링 프로젝트를 관리하므로, 이 프로젝트를 35주 내에 완료할 수 있는 방법에 대해 당신에게 분석하도록 요청하였다. 제이는 내일 분석 결과를 의논하고 싶어한다.

토론을 위한 사례 질문

1. 주경로법을 사용하여 프로젝트 완료시간, 활동 여유시간, 주경로 및 총 프로젝트 비용(즉, 프로젝트 기준)을 결정하라.
2. 35주 내에 프로젝트를 완료할 수 있는 가장 좋은 방법을 결정하여 활동 여유시간, 주경로 및 총 프로젝트 비용을 수정해보자. 모든 단축 결정이 어떻게 이루어졌는지 추론하라.
3. 불확실성이 가장 큰 활동시간은 활동 D, E, H이다. 활동시간에서 이러한 불확실성을 모델링할 수 있는 방법을 개념적으로 설명하라 (실제로 이 작업을 수치적으로 수행하는 데 필요한 데이터가 없다.). 당신의 최종 추천 방법은 무엇인가?

통합 사례 연구: 허드슨 쥬얼러스 Integrative Case: Hudson Jewelers

본서 마인드탭MindTap은 허드슨 쥬얼러스Hudson Jewelers 사례 연구 관련 각 장에 있는 학습자료를 통합하여 제공한다.

토론을 위한 사례 질문

1. 그림/표 19.21은 컴퓨터 보조설계(CAD)를 이용한 맞춤형 주얼리 설계를 위한 프로젝트 작업활동을 보여주고 있다. 네트워크 다이어그램을 작성하고, 프로젝트 완료시간, 주경로, 활동 여유 시간, 프로젝트에 대한 간트 차트를 만들어라. 보다 포괄적인 작업 세부구조에 포함될 수 있는 다른 유형의 작업 활동은 무엇인가?

그림/표 19.21 허드슨 보석상 사례의 작업 세부구조

활동	선행활동	활동시간(일)
시작		
통합설계		
A.컨셉 디자인	–	3
B.예금 보증	–	2
C.보조 설계	A	2
D.CAM 절차	A	2
지불		
E.지불 잔액	B	3
제조		
F.Lost-Wax 주조 절차	C, D	6
G.핸드 메이드	D, E	2
H.광택 작업	G	2
배송		
I.품질 검사	F	3
J.포장	I	2
K.고객 배송	H, J	1

참고자료 A : 확률과 통계

Probability and Statistics

통계Statistics는 데이터의 수집, 구성, 분석, 해석 및 표현과 관련된 과학이다. 통계는 대량의 데이터에 대한 통찰력을 수치값과 시각적 그래프 또는 표로 얻고, 의사결정을 내리는 데 있어 불확실성과 위험을 이해하고, 매우 많은 모집단에서 얻은 표본 데이터로부터 결론을 도출하는 수단을 제공한다. 통계는 운영 및 공급사슬관리에 필수적이며 관리자가 데이터를 이해하고 제조 및 서비스 운영 및 공급사슬에서 관리하는 프로세스에 대한 더 나은 통찰력을 얻을 수 있도록 도와준다. 운영 관리자는 통계를 활용하여 생산 및 품질 성능을 측정함으로써 프로세스 및 설계 개선 사항을 결정한다. 확률probability은 통계의 기초이며 신뢰성reliability, 대기열queueing, 재고inventory 및 시뮬레이션simulation과 같은 운영 및 공급사슬관리의 많은 분석 방법에 필수적이다.

기술 통계 Descriptive Statistics

기술 통계descriptive statistics는 모집단 또는 표본의 수치적 특성을 요약한다. **모집단**population은 관심 대상의 완전한 세트 또는 모음이다. **표본**sample은 모집단에서 가져온 관심 대상의 하위 집합이다. 거의 모든 통계 응용 사례에서 우리는 표본 데이터를 다룬다. 가장 중요한 기술 통계 및 공식 유형이 아래에 요약되어 있다.

평균 Mean

n개의 관측치 $x_1, x_2, \cdots, x_n$로 이루어진 표본의 평균(값)은 $\bar{x}$(x 바) 로 표시되며 다음과 같이 계산한다.

$$\bar{x} = \frac{\sum_{i=1}^{n} x_i}{n} \tag{A.1}$$

엑셀Excel에서 AVERAGE(데이터 범위) 함수를 사용하여 평균을 계산할 수 있다.

중앙값 Median

중앙값 median은 데이터가 최소값에서 최대값으로 정렬될 때 중간 값 (또는 50번째 백분위 수)을 의미한다. 데이터의 절반은 중앙값 아래에 위치하고 나머지 절반은 그 위에 위치한다. 관측치 수가 홀수인 경우 중앙값은 정렬된 숫자의 중간이다. 관측치 수가 짝수인 경우 중앙값은 두 중간 숫자의 평균이다. 엑셀 함수 MEDIAN(데이터 범위)을 사용하여 중앙값을 구할 수 있다.

범위 Range

범위range는 데이터의 분산 정도dispersion 또는 변동 정도variation의 가장 간단한 측정값이며 데이터 집합의 최대값과 최소값 간의 차이로 계산된다. 엑셀은 범위에 대한 함수를 제공하지 않지만 = MAX(데이터 범위) – MIN(데이터 범위) 공식으로 쉽게 계산할 수 있다.

분산 Variance

분산variance은 데이터 분산 정도의 척도로서 데이터 세트의 모든 값에 따라 달라진다. 분산이 클수록 데이터가 평균에서 더 멀리 흩어지고, 관측값들에서 더 많은 변동성variability을 볼 수 있다. 표본 분산sample variance은 다음 공식을 사용하여 계산한다.

$$s^2 = \frac{\sum_{i=1}^{n}(x_i - \bar{x})^2}{n-1} \tag{A.2}$$

여기서 n은 표본의 항목 수number of items in the sample이고 x는 표본 평균sample mean이다. 엑셀 함수 VAR.S(데이터 범위)를 사용하여 표본 분산을 계산할 수 있다.

표준편차 Standard Deviation

표준편차standard deviation는 분산의 제곱근square root of the variance이다. 표본 표준편차를 구하는 공식은 다음과 같다.

$$\sigma = \sqrt{\frac{\sum_{i=1}^{N}(x_i - \mu)^2}{N}} \tag{A.3}$$

엑셀 함수 STDEV.S(데이터 범위)를 사용하여 이를 계산할 수 있다.

도수분포 및 히스토그램 Frequency Distributions and Histograms

도수분포frequency distribution는 상호 겹치지 않는 여러 그룹groups 또는 셀cell 각각의 관측치 갯수를 표시하는 표이다. 수치형 데이터numerical data에 대한 도수분포를 세로의 직사각형 모양인 그래픽으로 묘사한 것을 **히스토그램**histogram이라고 한다. 반복이 거의 없거나 연속된 여러 이산형 값discrete values을 갖는 수치형 데이터의 경우, 다음과 같이 명시함으로써 셀들을 정의한다.

1. 셀 수
2. 각 셀의 너비width
3. 각 셀의 상한upper limits 및 하한lower limits

각 값이 정확히 하나의 그룹에서 계산되도록 셀들이 겹치지 않도록 해야 한다.

데이터 범위를 조사한 후 셀을 정의해야 한다. 일반적으로 5 ~ 15개의 셀을 선택해야 하며 각

셀의 범위는 너비가 같아야 한다. 때로는 유용한 데이터 시각화를 제공하는 최상의 셀 수를 찾기 위해 실험해야 한다. 첫 번째 셀의 하한lower limit of the first cell (LL)을 최소 데이터 값보다 작은 정수로 선택하고 마지막 셀의 상한upper limit of the last cell (UL)을 최대 데이터 값보다 큰 정수로 선택한다. 일반적으로 반올림한 정수round whole numbers를 선택하는 것이 좋다. 그런 다음 셀 너비를 다음과 같이 계산할 수 있다.

$$\text{셀 너비}_{\text{cell width}} = (UL - LL) / \text{셀 수}_{\text{Number of cells}} \tag{A.4}$$

통계 분석을 위한 스프레드시트 템플릿

Spreadsheet Template for Statistical Analysis

마인드탭MindTap은 기본적인 기술 통계를 계산하고 최대 150개의 관측치에 대한 도수분포 및 히스토그램을 생성할 수 있는 *통계분석* 템플릿Statistical Analysis template을 제공한다.

예 : 제조 데이터에 대한 기술 통계 Descriptive Statistics for Manufacturing Data

그림/표 A.1은 제조 공정에서 관찰한 120개의 부품 치수를 포함한 통계분석 템플릿의 일부를 보여준다. 데이터 행렬data matrix에 관찰치를 입력하기만 하면 된다. M 및 N 열은 기본적인 기술통계 측정치(평균, 중앙값 및 표준편차)와 관측치 수, 최소값 및 최대값을 제공한다. 그림/표 A.2는 도수분포와 히스토그램을 찾기 위한 템플릿의 두 번째 부분을 보여준다. Q 열의 노란색 셀에 히스토그램의 계급 수와 하한 및 상한을 입력한다. 스프레드시트는 도수분포와 히스토그램을 자동으로 생성한다. 그림/표 A.3은 스프레드시트의 Q7에서 셀 수를 10개로 변경한 결과를 보여준다. 앞서 언급했듯이 좋은 시각적 히스토그램을 제공하려면 몇 번의 실험이 필요하다.

그림/표 A.1 통계 분석을 위한 스프레드시트 템플릿의 첫 번째 부분

	A	B	C	D	E	F	G	H	I	J	K	L	M	N	O
1	Statistical Analysis												Copyright © Cengage Learning		
2	This template is designed to handle up to 500 observations. Enter data only in yellow cells.												Not for commercial use.		
3															
4	DATA	1	2	3	4	5	6	7	8	9	10		Mean	10.717	
5	1	10.65	10.85	10.65	10.70	10.55	10.65	10.85	10.75	10.70	10.65		Median	10.700	
6	2	10.75	10.70	10.65	10.75	10.65	10.85	10.65	10.75	10.70	10.80		Standard Deviation	0.087	
7	3	10.75	10.65	10.70	10.75	10.60	10.60	10.65	10.85	10.65	10.70		Count	120	
8	4	10.60	10.75	10.85	10.70	10.70	10.90	10.75	10.85	10.55	10.75		Minimum	10.500	
9	5	10.70	10.90	10.80	10.70	10.65	10.85	10.65	10.80	10.80	10.70		Maximum	10.900	
10	6	10.60	10.75	10.70	10.80	10.75	10.75	10.70	10.50	10.65	10.75				
11	7	10.60	10.75	10.75	10.80	10.80	10.85	10.65	10.65	10.60	10.65				
12	8	10.75	10.65	10.75	10.70	10.70	10.75	10.85	10.75	10.60	10.85				
13	9	10.65	10.60	10.80	10.70	10.65	10.80	10.70	10.75	10.85	10.70				
14	10	10.60	10.50	10.80	10.65	10.75	10.85	10.75	10.80	10.65	10.70				
15	11	10.80	10.80	10.80	10.60	10.70	10.60	10.85	10.75	10.75	10.60				
16	12	10.65	10.85	10.80	10.60	10.70	10.65	10.80	10.65	10.70	10.65				

그림/표 A.2 5개 셀을 사용한 도수분포 및 히스토그램

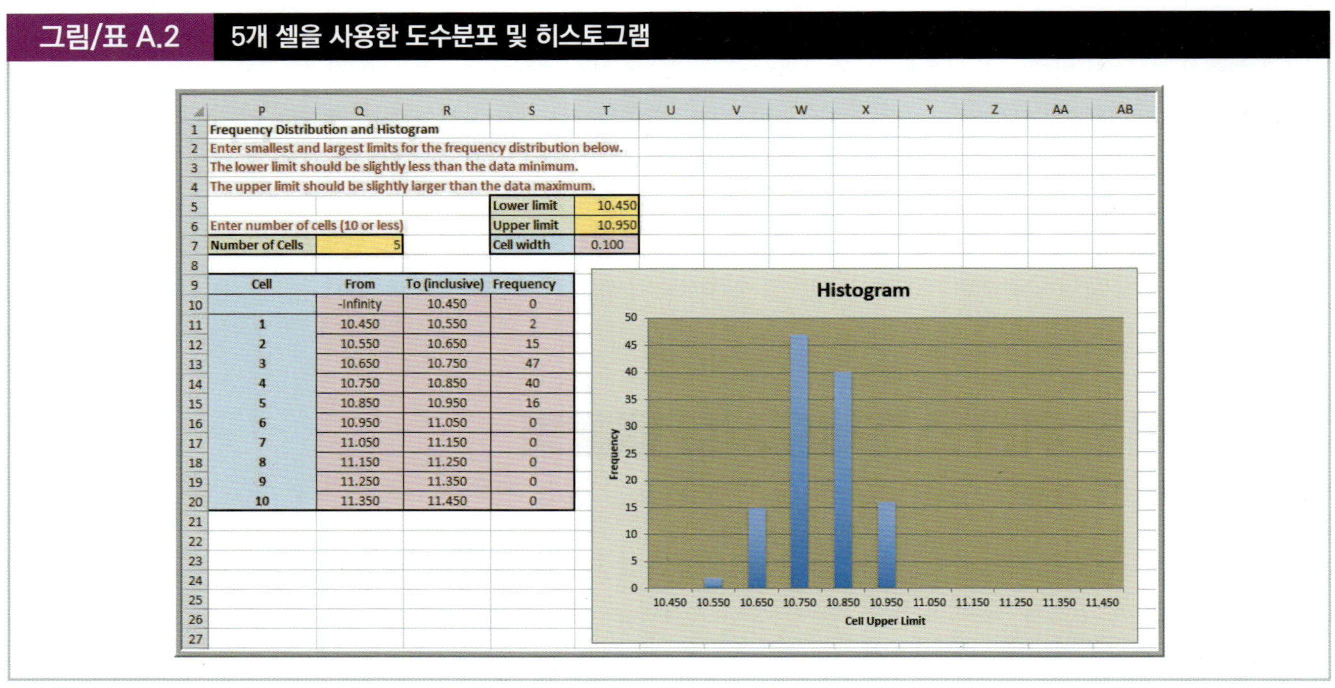

Frequency Distribution and Histogram
Enter smallest and largest limits for the frequency distribution below.
The lower limit should be slightly less than the data minimum.
The upper limit should be slightly larger than the data maximum.

Lower limit	10.450
Upper limit	10.950
Cell width	0.100

Enter number of cells (10 or less)

Number of Cells	5

Cell	From	To (inclusive)	Frequency
	-Infinity	10.450	0
1	10.450	10.550	2
2	10.550	10.650	15
3	10.650	10.750	47
4	10.750	10.850	40
5	10.850	10.950	16
6	10.950	11.050	0
7	11.050	11.150	0
8	11.150	11.250	0
9	11.250	11.350	0
10	11.350	11.450	0

그림/표 A.3 10개 셀을 사용한 도수분포 및 히스토그램

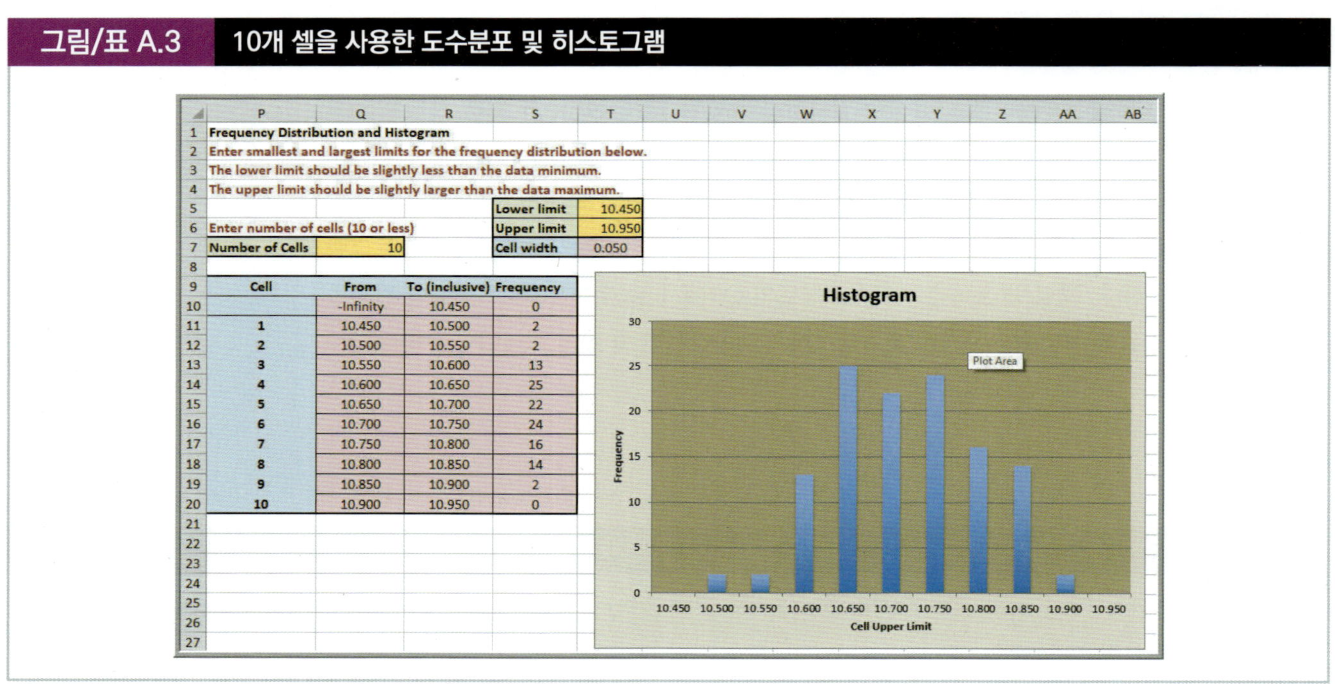

Frequency Distribution and Histogram
Enter smallest and largest limits for the frequency distribution below.
The lower limit should be slightly less than the data minimum.
The upper limit should be slightly larger than the data maximum.

Lower limit	10.450
Upper limit	10.950
Cell width	0.050

Enter number of cells (10 or less)

Number of Cells	10

Cell	From	To (inclusive)	Frequency
	-Infinity	10.450	0
1	10.450	10.500	2
2	10.500	10.550	2
3	10.550	10.600	13
4	10.600	10.650	25
5	10.650	10.700	22
6	10.700	10.750	24
7	10.750	10.800	16
8	10.800	10.850	14
9	10.850	10.900	2
10	10.900	10.950	0

엑셀의 데이터 분석 도구 Excel Data Analysis Tools

엑셀은 데이터 분석도구Data Analysis Toolpak에서 통계 계산을 수행할 수 있는 다양한 기능과 데이터 분석도구를 제공한다. 이는 엑셀의 데이터 탭Data tab에서 찾을 수 있다. 만약 데이터 탭을 찾을 수 없다면 탭을 쉽게 활성화할 수 있다. 윈도우Windows 환경에서는 파일File 탭을 클릭한 다음

왼쪽 열에서 옵션Options을 클릭한다. 다음으로 왼쪽 열에서 추가기능Add-Ins을 선택한다. 대화 상자 하단의 '관리 : 상자Manage: box'에서 분석도구Analysis Toolpak 및 분석도구VBA Analysis Toolpak VBA가 선택되어 있는지 확인하고 이동Go을 클릭한다. 추가 기능 대화 상자에서 선택되지 않은 경우 상자를 선택하고 확인OK을 클릭한다. 일단 활성화 한 후에는 엑셀을 실행할 때마다 이 절차를 반복할 필요는 없다. 맥Mac용 엑셀 2016에서는 도구 〉 엑셀 추가기능Tool > Excel Add-ins으로 이동하고 분석도구를 선택한다. 보다 유용한 데이터 분석도구에는 기술통계Descriptive Statistics, 상관관계Correlation, 히스토그램Histogram, 회귀분석Regression 및 여러 유형의 가설 테스트hypothesis tests가 포함된다.

표본 추출 및 표본 크기 Sampling and Sample Size

표본 데이터sample data는 작업활동에 대한 작업시간 추정과 같은 운영관리를 위한 많은 유용한 분석의 기초를 제공한다. 표본 데이터를 사용하여 평균mean 또는 비율proportion 과 같은 알려지지 않은 모수population parameter의 값을 추정하는 데 표본 추출sampling이 사용된다. 그러나 모든 표본은 오류가 발생하기 쉽고 이를 완전히 피할 수 없다.

표본추출 방법을 쓸 때 중요한 질문은 구성할 표본의 크기다. 사전에 정한 정밀도 수준level of precision에서 정밀도 수준 내에서 평균 또는 비율을 추정하는 데 필요한 적절한 표본 크기를 결정하는 것은 상대적으로 쉽다. 표본의 평균을 추정하기 위한 적절한 표본 크기를 찾기 위해 다음 식을 사용한다.

$$n = (z_{\alpha/2})^2 s^2/E^2 \tag{A.5}$$

여기서 $z_{\alpha/2}$는 상단 꼬리에 $\alpha/2$의 면적을 갖는 표준 정규분포standard normal distribution의 값이고, s는 표준편차의 추정치이며, E는 허용오차desired sampling error이다. 표본 크기sample size (n)는 다음의 정수값으로 반올림하여야 한다.

예 : 평균 추정을 위한 표본크기 찾기 Finding a Sample Size for Estimating a Mean

생산감독이 작업자가 조립작업을 수행하는데 걸리는 시간을 추정하고 싶어한다. 이 때, 그는 표본 평균값이 0.01분 이하의 표본오차sampling error를 가질 확률을 90%로 설정하기를 원한다고 가정하자. 예비 표본의 작업시간의 표준편차를 0.019로 추정했다. 따라서 $\alpha = 0.10$, $z_{.05} = 1.645$, $E = 0.01$이다. 공식 A.5를 사용하여 다음과 같이 계산할 수 있다.

$$n = (1.645)^2(0.019)^2/(0.01)^2 = 9.8$$

생산감독은 정확한 분석을 위한 표본크기를 위에서 구한 값을 반올림한 10으로 설정해야 한다.

표본에서 비율을 추정하기 위한 적절한 표본크기를 찾기 위해 다음 공식을 사용한다.

$$n = (z_{\alpha/2})^2 \pi(1 - \pi)/E^2 \tag{A.6}$$

여기서 π는 실제 모집단 비율이다. 물론 우리는 이것을 알지 못할 것이므로 가장 보수적인 추정치는 $\pi = 0.5$로 설정하는 것이다. 그러면 실제 비율이 무엇이든 정확한 분석을 위한 표본 크기를 찾을 수 있다.

예: 비율을 추정하기 위한 표본크기 찾기 Finding a Sample Size for Estimating a Proportion

사무직 직원이 예산 편성에 소비하는 시간의 비율을 95% 확률로 ±5% 이내로 추정한다고 가정해보자. $E = 0.05$, $z_{\alpha/2} = 1.96$, $\pi = 0.5$와 함께 식 A.6을 사용한다. 그런 다음 필요한 표본크기는 다음과 같다.

$$n = (1.96)^2 0.5(1 - 0.5)/0.05^2 = 384.16$$

따라서 최소한 385개의 관찰이 이루어져야 한다.

확률 Probability

확률probability은 특정한 결과가 발생할 가능성이다. 통계 용어에서 **실험**experiment은 특정한 결과를 얻는 과정이다. 실험의 두 가지 예를 들어보면, 생산공정에서 10개의 부품 표본을 취하거나 전구가 고장날 때까지 계속 작동시켜보는 것이다. 실험 결과는 관찰한 결과로서, 표본의 결함 부품 수 또는 전구가 실패할 때까지의 시간일 수 있다.

확률변수random variable는 실험 결과에 대한 수치적 설명numerical description이다. 예를 들면 실험이 10개의 부품을 표본으로 추출하여 결함 수를 세는 것으로 구성되어 있다고 가정하자. 확률 변수 X를 표본의 결함 부품 수로 정의할 수 있다. 실험이 최종 조립 후 제품 테스트로 구성된 경우 결과는 합격 또는 불합격이다. 테스트 결과가 합격이면 확률 변수 Y를 1로, 결과가 실패하면 0으로 정의할 수 있다. 확률 변수는 가정할 수 있는 특정 수치에 따라 이산형discrete 또는 연속형continuous일 수 있다.

확률 분포probability distribution는 확률 변수가 가정할 수 있는 가능한 값과 확률 변수가 그 값을 가질 수 있는 확률의 속성을 보여준다. 확률 변수 X의 경우 X의 확률분포는 수학 함수 $f(x)$로 표시된다. 확률분포는 모형화하는 확률변수의 특성에 따라 이산형 또는 연속형일 수 있다.

이산 확률 분포 Discrete Probability Distributions

이산분포discrete distribution의 경우 기호 x_i는 확률 변수 X의 i 번째 값을 나타내며 확률은 $f(x_i)$이다. **누적분포함수**cumulative distribution function $F(x)$는 확률 변수 X가 지정된 값 x보다 작거나 같은 값을 가정할 확률을 명시한다. 이것은 또한 $P(X \le x)$로 표시되며 "무작위 변수 X가 x보다 작거나 같을 확률"로 읽는다.

예: 이산 확률 분포 A Discrete Probability Distribution

과거 데이터를 기반으로 제품에 대한 시간당 수요 (확률 변수 X)는 다음과 같은 확률로 0에서 3 단위까지 다양하다.

수요, x	확률, f(x)	누적 확률, P(X)
0	0.12	0.12
1	0.23	0.35
2	0.38	0.73
3	0.27	1.00

따라서 $f(0) = 0.12$, $f(1) = 0.23$, $f(2) = 0.38$, $f(3) = 0.27$이다. 수요가 2 이하일 확률은 $P(X \leq 2) = f(2) = f(0) + f(1) + f(2) = 0.73$이다.

연속 확률 분포 Continuous Probability Distributions

연속확률변수continuous random variable는 하나 이상의 실수 구간intervals of real numbers에 대해 정의되며 가능한 결과가 무한하다. 연속확률변수의 결과의 특징을 보여주는 곡선을 **확률밀도함수**probability density function라고 하며, (1) x의 모든 값에 대해 $f(x) \geq 0$, (2) 밀도 함수 아래의 총 면적은 1.0인 두 가지 속성을 갖는 수학 함수 $f(x)$로 설명한다. 연속확률변수의 경우 가능한 결과치가 무한하기 때문에 x의 특정 값에 대한 확률을 정의하는 것은 수학적으로 의미가 없다. 따라서 확률은 구간에 대해서만 정의된다. 그러므로 두 숫자 a와 b, $P(a \leq X \leq b)$ 또는 숫자 c의 왼쪽 또는 오른쪽 (예 : $P(X \leq c)$ 또는 $P(X \geq c)$ 사이의 확률을 계산할 수 있다. P $(a \leq X \leq b)$는 a와 b 사이의 밀도 함수 아래 면적이다.

연속확률변수에 대한 누적분포함수는 이산확률변수discrete random variables $F(x)$와 동일한 방식으로 표시되며, 확률 변수 X가 x, $P(X \leq x)$보다 작거나 같을 확률을 나타낸다. $F(x)$는 x의 왼쪽에 있는 밀도 함수 아래 면적을 나타낸다. $F(x)$를 알면 연속 분포에 대한 구간들에 대한 확률을 쉽게 계산할 수 있다. X가 a와 b 사이에 있을 확률 $P(a \leq X \leq b)$는 이 두 지점에서 평가된 누적분포함수의 차이와 같다.

$$P(a \leqslant X \leqslant b) = P(X \leqslant b) - P(X \leqslant a) = F(b) - F(a) \tag{A.7}$$

균등분포 The Uniform Distribution

가장 간단한 연속분포continuous distribution는 균등분포uniform distribution이다. 균일 분포는 일부 최소값 a와 최대값 b 사이의 모든 결과가 똑같이 발생할 가능성이 있는 연속확률변수를 특징을 나타낸다. 균일 분포는 최소값과 최대값에 대한 합리적인 추정치 외에 확률 변수에 대해 거의 알려지지 않은 경우 응용 프로그램에서 자주 사용한다. 모수parameters a와 b는 확률 변수의 범위에 대한 모형을 세운 통계 전문가의 최선의 추측을 반영하기 위해 판단에 따라 선택한다.

확률밀도함수는 다음과 같다.

그림/표 A.4 a=1과 b=10에서의 균등분포

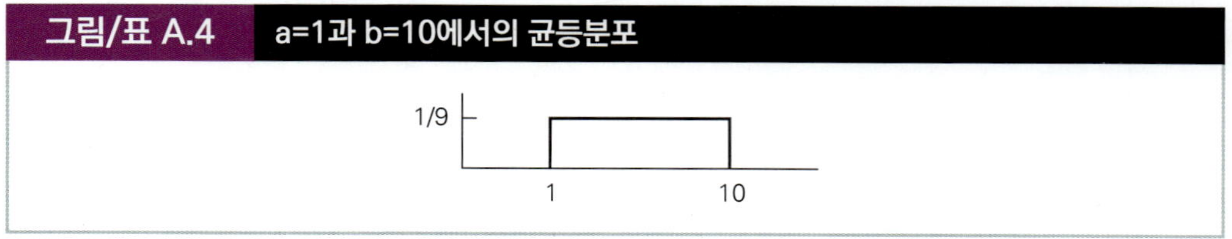

$$f(x) = \begin{cases} \dfrac{1}{b-a}, & \text{for } a \le x \le b \\ 0, & \text{otherwise} \end{cases} \quad (A.8)$$

그림/표 A.4는 $a = 1$ 및 $b = 10$에 대한 균일밀도함수uniform density function를 보여준다.

누적분포함수는 다음과 같다.

$$F(x) = \begin{cases} 0, & \text{if } x < a \\ \dfrac{x-a}{b-a}, & \text{if } a \le x \le b \\ 1, & \text{if } b < x \end{cases} \quad (A.9)$$

엑셀은 균일한 확률을 계산하는 기능을 제공하지 않는다. 그러나 간단한 스프레드시트에 적용할 수 있다.

예: 균등분포 A Uniform Distribution

프로젝트 작업을 완료하는데 걸리는 시간은 $a = 5 \sim b = 12$일 정도이다. 그런 다음 5와 12 사이의 x 값에 대해 $F(x) = (x-5)/(12-5) = (x-5)/7$. 공식 (A.7)을 사용하여 5일과 8일 사이에 프로젝트 작업이 완료될 확률은 다음과 같다.

$$P(5 \le X \le 8) = P(X \le 8) - P(X \le 5) = F(8) - F(5) = (8-5)/7 - (5-5)/7 = 3/7, \text{ or } 0.43$$

기댓값 Expected Value

확률변수expected value의 기댓값은 표본에 대한 평균 또는 평균의 개념에 해당한다. 이산확률변수discrete random variable X의 경우 $E[X]$로 표시된 기댓값은 가능한 모든 결과의 가중 평균weighted average이며 가중치weights는 확률probabilities이다.

$$E[X] = \sum_{i=1}^{\infty} x_i f(x_i) \quad (A.10)$$

예: 기댓값 계산 Computing an Expected Value

과거 데이터를 기반으로 제품에 대한 시간당 수요 (확률변수 X)는 다음과 같은 확률로 0에서 3 단위까지 변동한다.

수요, x	확률, f(x)
0	0.12
1	0.23
2	0.38
3	0.27

기댓값은 $E[X] = 0(0.12) + 1(0.23) + 2(0.38) + 3(0.27) = 1.8$이다. 이는 시간당 평균 1.8 단위의 수요를 기대할 수 있음을 의미한다.

연속확률변수에 대한 기댓값의 정의는 이산확률변수에 대한 정의와 유사하다. 그러나 이를 이해하기 위해서는 여기서 다루지 않은 미적분학의 개념을 알아야 한다.

유용한 확률 분포 Useful Probability Distributions

확률 분포에는 여러가지가 있다. 번사에서 사용한 가장 유용한 분포들을 검토해보자.

포아송 분포 Poisson Distribution

포아송 분포Poisson distribution는 대기열waiting line(queuing) 모형에서 자주 사용하는 이산분포이다. 포아송 확률분포Poisson probability distribution는 다음과 같다.

$$f(x) = \frac{e^{-\lambda}\lambda^{x}}{x!} \qquad (A.11)$$

여기서 λ = 기댓값expected value 또는 평균 발생 횟수mean number of occurrences, $x = 0, 1, 2, 3, \cdots$, $e = 2.71828$, 상수constant를 나타낸다. 그림/표 A.5는 $\lambda = 12$인 포아송 분포를 보여준다.

포아송 확률Poisson probabilities은 손으로 계산하기가 까다롭다. 엑셀에서 POISSON.DIST(x, mean, cumulative) 함수를 사용하여 확률을 쉽게 계산할 수 있다. 누적이 참TRUE으로 설정되면 이 함수는 누적확률함수cumulative probability function $F(x) = P(X \le x)$이고, 그렇지 않으면 기본값은 거짓FALSE이고 확률질량함수probability mass function $f(x) = P(X = x)$의 값을 제공한다.

예: 포아송 분포 사용 Using the Poisson Distribution

어떤 레스토랑에는 점심식사 시간에 고객이 시간당 20명 비율로 방문한다. 한 시간 동안 정확히 15명의 고객이 방문할 확률은 $f(15)$이며 엑셀에서 POISSON.DIST(15, 20, FALSE) = 0.052 함수를 사용하여 구할 수 있다. 15명을 초과하는 고객이 도착할 확률은 $1 - F(15)$이다. 15명 이하의 고객이 도착할 확률인 $F(15)$는 엑셀 함수 POISSON.DIST(15, 20, TRUE) = 0.157을 사용하여 찾을 수 있다. 따라서 15명을 초과하는 고객이 방문할 확률은 $1 - 0.157 = 0.843$이다.

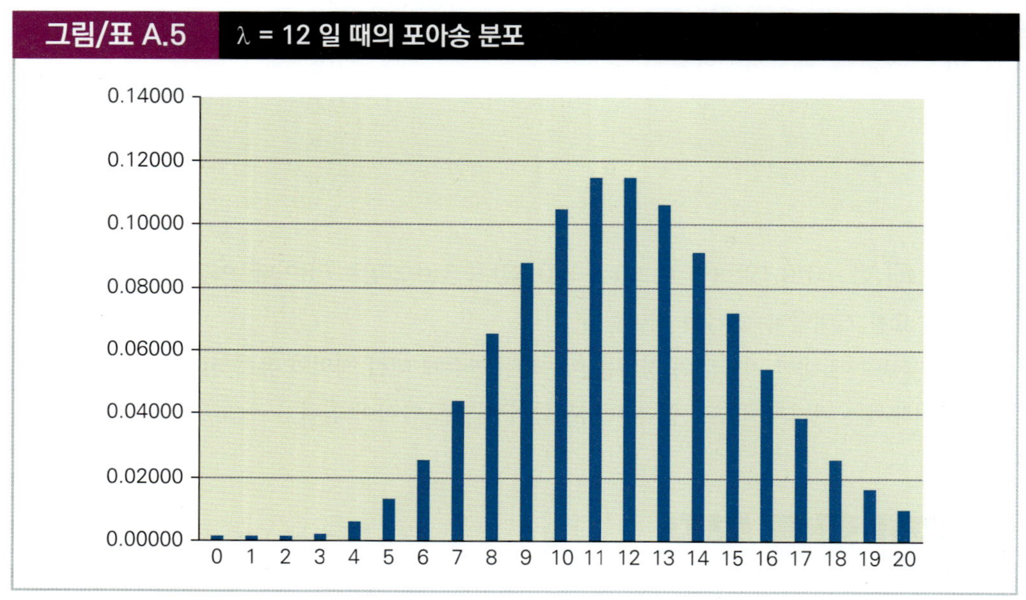

그림/표 A.5 λ = 12 일 때의 포아송 분포

정규분포 Normal Distribution

정규분포normal distribution의 확률밀도함수는 익숙한 종 모양의 곡선으로 표시되며 평균과 표준편차로 정의된다. 그림/표 A.6은 다양한 평균 및 표준편차에 대한 몇 가지 예를 보여준다. 그러나 모든 대칭적 단봉형 곡선이 정규분포가 아니며 표본의 모든 데이터가 정규분포에 적합하다고 가정할 수도 없다. 그러나 데이터는 특정 계산을 단순화하기 위해 종종 정규 분포를 따르는 것으로 간주된다. 대부분의 경우 이 가정은 결과에 거의 차이가 없지만 이론적 관점에서는 중요하다.

정규분포의 확률밀도함수는 다음과 같다.

$$f(x) = \frac{1}{\sqrt{2\pi\sigma^2}} e^{-(x-\mu)^2/2\sigma^2} \quad \text{for} \quad -\infty < x < \infty \tag{A.12}$$

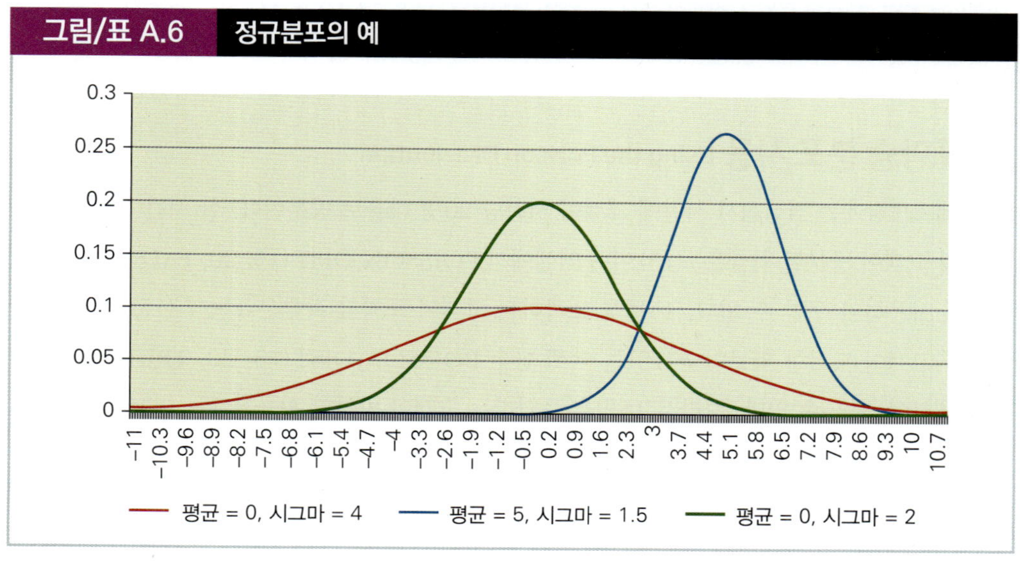

그림/표 A.6 정규분포의 예

μ = 확률변수 x의 평균

σ^2 = x의 분산

$e = 2.71828\cdots$

$\pi = 3.14159\cdots$

정규확률변수의 평균이 $\mu = 0$이고 표준편차가 $\sigma = 1$이면 이를 **표준정규분포**standard normal distribution 라고 한다. 문자 z는 일반적으로 이 특정 확률변수를 나타내는데 사용된다. 다행스럽게도 x가 평균 μ 및 표준 편차 σ 인 정규분포의 값인 경우 다음 공식을 사용하여 표준정규분포의 z 값으로 쉽게 변환할 수 있다.

$$z = \frac{x - \mu}{\sigma} \tag{A.13}$$

엑셀 함수 NORM.DIST(x, 평균, 표준편차, TRUE)는 지정된 평균 및 표준편차에 대한 누적 확률 $F(x) = P(X \le x)$를 계산한다. 엑셀 함수 NORM.S.DIST(z)는 표준정규분포의 z 값에 대한 누적 확률을 계산한다.

예: 정규분포의 적용 Applying the Normal Distribution

의료 진단에 사용되는 MRI 스캐너 제조업체는 장비 오작동 사이의 평균 일수(μ)가 1020일이고 표준편차는 σ = 20일이라는 데이터를 가지고 있다. 정규분포를 가정할 때 정비 간격이number of days가 1,044일 미만일 확률은 얼마인가? 980일 이상일 확률은 얼마인가? 980일에서 1,044일 사이에 위치할 확률은 얼마인가?

정비 간격 일수가 1,044일 미만이 될 확률은 엑셀 함수 NORM.DIST(1044,1020,20, TRUE) = 0.885를 사용하여 직접 찾을 수 있다. X가 980일을 초과할 확률을 찾기 위해 엑셀 공식 = 1 − NORM.DIST (980,1020,20, TRUE) = 1 − 0.0228 = 0.9772 를 사용하여 $P(X > 980) = 1 - P(X \le 980)$를 찾는다. 마지막으로 X가 1,044일에서 980일 사이일 확률을 찾기 위해 공식 (A.5)을 사용한다.

$$\begin{aligned} P(980 \le X \le 1044) &= P(X \le 1044) - P(X \le 980) \\ &= F(1044) - F(980) \\ &= 0.88493 - 0.02275 \\ &= 0.86218. \end{aligned}$$

지수분포 Exponential Distribution

지수분포exponential distribution는 서비스 시스템에 고객이 도착하는 시간, 제조 시스템의 작업간 시간 간격, 기계 또는 전기 구성 요소의 고장간 시간 간격과 같이 무작위로 발생하는 이벤트 사이의 시간을 모형화한다. 지수분포는 포아송 분포와 관련이 있다. 이벤트 사이의 시간 분포가 지수 분포의 형태이면 시간 간격 동안 발생하는 이벤트 수는 포아송 분포의 형태를 가진다. 예를 들어, 기계 고장 사이의 평균 시간이 평균 500시간으로 지수 분포의 형태라면 시간당 평균

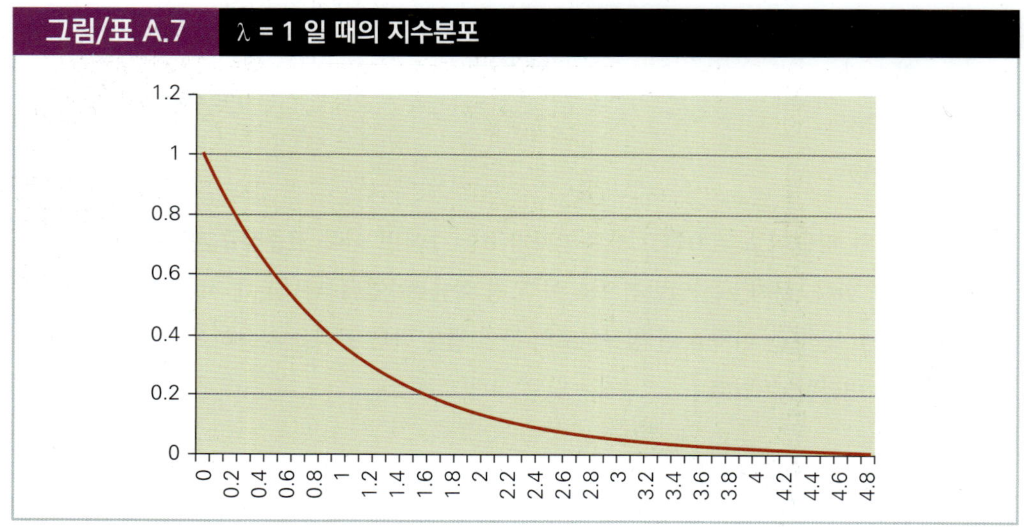

그림/표 A.7 λ = 1 일 때의 지수분포

고장 수는 평균 1/500 회 고장/시간의 포아송 분포의 형태이다. 지수밀도함수exponential density function는 그림/표 A.7에 표시된 것처럼 "감쇠decay"곡선의 모양을 갖는다. 확률밀도함수는 다음과 같다.

$$f(x) = \lambda e^{-\lambda x} \qquad \text{for } x \geqslant 0 \tag{A.14}$$

$1/\lambda$ = 지수 분포의 평균 (λ는 해당 포아송 분포의 평균임)
x = 변수가 확장되는 시간 또는 거리
e = 2.71828 ⋯ (자연로그의 밑)

누적분포함수는 다음과 같다.

$$F(x) = 1 - e^{-\lambda x} \tag{A.15}$$

지수분포는 0에서 아래로 제한되는 속성을 가지며 0에서 가장 큰 밀도를 가지며 x가 증가함에 따라 밀도가 감소한다. 엑셀 함수 EXPON.DIST (x, lambda, TRUE)는 누적지수확률cumulative exponential probabilities을 계산하는 데 사용할 수 있다.

예: 지수분포 적용 Applying the Exponential Distribution

이 회사는 태블릿 기기용 전자 부품을 제조한다. 많은 수의 이러한 구성 요소를 테스트 한 결과 고장날 때 까지의 평균 사용시간은 λ = 1/4,000시간이다. 구성요소가 4,000시간 내에 고장날 확률은 얼마인가? 평균 고장률은 $1/\lambda$ = 1/4,000 = 0.00025 고장/시간이다. 따라서 4,000시간 내 고장 확률은 다음과 같다.

$$F(4000) = 1 - e^{-(0.00025)(4000)} = 0.6321$$

엑셀 함수 EXPON.DIST(500, 0.00025, TRUE)를 사용하여 찾을 수도 있다. 4,000시간은

고장날 때 까지의 평균 사용시간이다. 그러나 4,000시간 전에 고장날 확률은 0.5가 아니며, 이는 일반적으로 잘 못 알고 있는 것이다. 이 예에서 명확하게 알 수 있듯이 평균은 중앙값과 동일하지 않다.

회귀분석과 상관관계 Regression and Correlation

회귀분석regression analysis은 수치형인 단일 종속변수와 하나 이상의 독립변수 간의 관계의 특징을 나타내는 통계 모형을 구축하기위한 도구이다. 단일 독립변수를 포함하는 회귀모형을 단순회귀simple regression고 한다. 여러 독립변수를 포함하는 회귀모형을 다중회귀분석multiple regression이라고 한다. 독립변수와 종속변수 간의 선형관계를 가정하는 선형회귀모형linear regression은 가장 일반적인 응용 프로그램이다. 선형성linearity을 확인하려면 먼저 산포도scatter plot에 데이터를 표시하여 선형회귀모형을 적용할 수 있는지 확인하는 것이 좋다.

상관관계correlation는 X와 Y라는 두 변수 간의 선형관계를 측정한 것으로 (모집단) 상관계수로 측정된다. 상관계수의 범위는 −1에서 +1까지이다. 상관관계가 0이면 두 변수가 서로 선형관계가 없음을 나타낸다. 따라서 선형방정식을 사용하더라도 한 변수가 변동할 때 다른 변수가 변동하는지 여부를 합리적으로 예측할 수 없다(그러나 잘 정의된 비선형 관계를 가질 수 있음). 상관계수 +1은 완전한 양(+)의 선형관계를 나타낸다. 즉, 한 변수가 증가하면 다른 변수도 증가한다. 상관계수 −1은 하나의 변수가 증가함에 따라 다른 변수가 감소한다는 점을 제외하고는 완벽한 선형 관계를 보여준다. 상관 계수의 제곱인 R^2는 **결정계수**coefficient of determination라고 하며 독립변수로 설명되는 종속변수의 변동 비율을 측정하는 값이다.

회귀분석은 복잡한 주제이며 학습자가 기본 개념과 이론에 대해 사전에 잘 알고 있다고 가정한다. 마이크로소프트 엑셀에는 단순 또는 다중선형회기분석을 수행하기위한 데이터 분석 도구가 있다. 우리는 운영 관리의 간단한 응용법을 설명하고자 한다.

예 : 시간 추정을 위한 회귀분석 사용 Using Regression Analysis for Time Estimation

회귀분석을 특정 작업 또는 작업 활동을 수행하는 데 필요한 시간을 추정하는 데 사용할 수 있다. 회귀분석을 사용하여 표준 시간을 추정하는 것은 항상 성립할 수 없는 '추가작업 시간' 가정을 하지 않기 때문에 유리할 수 있다. 또한 통계적으로 유의한 변수를 결정할 수 있으며, 예측에 대한 신뢰 구간을 개발할 수 있고, 마지막으로, 세부 작업 연구보다 비용이 적게들 수 있다.

전력회사가 송전선 설치를 위한 표준시간 추정 공식을 결정하려고 한다. 적합한 회귀식은 그들이 능력과 인력 요구를 계획하는 데 도움이 될 것이다. 다음은 전력회사가 수집한 데이터이다.

총 시간 (시간)	기둥의 개수	와이어 (100 피트)	크로스암의 개수	절연처리용 자재 개수	당김줄 개수
8.0	1	4	1	2	1
14.0	2	10	2	4	0
17.5	3	6	3	6	1
7.0	1	2.5	2	3	0
16.0	2	10	4	6	0
37.5	4	24	8	12	2
39.5	4	33	7	11	1
10.5	1	3	2	4	2
17.0	2	8	4	8	1
23.5	3	12	6	12	0
16.5	2	12	2	4	1
22.0	3	18	3	6	0
8.5	1	5	2	3	0
28.5	4	12	8	12	0

그림/표 A.8은 엑셀의 데이터 분석 회귀 도구Data Analysis Regression tool를 사용한 결과를 보여준다(데이터 및 회귀 출력은 마인드탭에서 얻을 수 있다). 이 분석에서 얻은 모형은 다음과 같다.

$$시간 = 0.237 + 2.804 \times 기둥 + 0.514 \times 와이어 + 1.09 \times 크로스암 + 0.170 \times 절연처리용\ 자재 + 1.50 \times 당김줄\ 개수$$

회귀분석은 높은 R^2 값을 보여주며 데이터에 대한 강한 적합성을 보여준다. 또한 회귀 계수에 대한 p 값이 중요한데, 이는 각 변수가 시간 예측에 기여한다는 것이다. 전력회사가 기둥 4개, 와이어 1500피트, 7개의 크로스암, 12개의 절연처리용 자재, 0개의 당김줄 설치를 추정하는 상황에 직면하면 작업에 대한 예상 시간은 다음과 같다.

$$시간 = 0.237 + 2.804 \times 4 + 0.514 \times 1500 + 1.09 \times 7 + 0.170 \times 12 + 1.50 \times 0$$
$$= 792,123\ 시간$$

그림/표 A.8 송전선 설치 회귀분석 결과

	A	B	C	D	E	F	G	H	I
1	SUMMARY OUTPUT								
2									
3	*Regression Statistics*								
4	Multiple R	0.999883766							
5	R Square	0.999767546							
6	Adjusted R Square	0.999622263							
7	Standard Error	0.199955077							
8	Observations	14							
9									
10	ANOVA								
11		*df*	*SS*	*MS*	*F*	*Significance F*			
12	Regression	5	1375.680144	275.1360287	6881.491748	2.63388E-14			
13	Residual	8	0.319856262	0.039982033					
14	Total	13	1376						
15									
16		*Coefficients*	*Standard Error*	*t Stat*	*P-value*	*Lower 95%*	*Upper 95%*	*Lower 95.0%*	*Upper 95.0%*
17	Intercept	0.237091444	0.142812253	1.660161786	0.135462338	-0.092234414	0.566417302	-0.092234414	0.566417302
18	Poles	2.804085742	0.128023003	21.90298367	1.99219E-08	2.508863977	3.099307507	2.508863977	3.099307507
19	Wire	0.513567216	0.011168094	45.98521515	5.52546E-11	0.487813528	0.539320904	0.487813528	0.539320904
20	Cross Arms	1.090405281	0.096996889	11.24165209	3.52015E-06	0.866729909	1.314080653	0.866729909	1.314080653
21	Insulators	0.170334993	0.065023566	2.619588596	0.030670058	0.020390283	0.320279703	0.020390283	0.320279703
22	Guy Wires	1.500986653	0.076361055	19.65644214	4.66801E-08	1.324897632	1.677075675	1.324897632	1.677075675

참고자료 B : 의사결정 분석

Decision analysis

의사결정 분석decision analysis은 *특히 불확실한 정보에 직면했을 때 경영자들이 의사결정을 내리는 방법에 대한 공식적인 연구이며 의사결정 문제 분석을 지원하는 기법의 집합이다*. 예를 들어, 새로운 스타일 또는 계절 의류라인의 제조업체는 소비자 수용성, 결과적으로 제품에 대한 수요가 높을 경우 대량의 제품을 생산하려고 한다. 불행히도 계절 의류 품목은 실제 수요가 알려지기 전에 제조업체가 생산 수량을 결정해야 한다. 비즈니스와 개인 생활에서 직면하는 대부분의 결정은 불확실한 미래에 직면하는 선택을 필요로 한다. 의사결정 분석은 제품 선택, 시설 용량 확장 및 위치, 재고 분석, 기술 및 프로세스 선택, 기타 운영관리 영역에서 많이 응용되고 있다.

의사결정 분석도구가 모든 의사결정 상황에서 전부 사용가능한 것은 아니다. 의사결정 분석 기법이 적용되는 경영 의사결정의 특성은 다음과 같이 요약할 수 있다.

- 의사결정 분석기법을 적용하는 경영 의사결정은 중요 사안을 다루어야 한다. 의사결정 분석 기법은 잘못된 의사결정의 파급이 적은 사소한 의사결정 상황에는 적합하지 않다. 주요 시설 건설과 같은 사안에 대한 의사결정의 결과는 즉각적으로 나타나지 않지만 오랜 기간동안 영향을 줄 수 있다.
- 의사결정 분석기법을 적용하는 경영 의사결정은 독특한 것이어야 한다. 반복되는 결정은 프로그래밍 한 자동으로 처리할 수도 있다. 그러나 비정상적이고 한 번만 발생할 수 있는 독특한 의사결정 사항은 프로그래밍 방식으로 처리할 수 없다.
- 의사결정 분석기법을 적용하는 경영 의사결정은 학습 시간이 요구된다. 따라서 의사결정 분석 기법은 응급실에서 긴급한 의사결정을 내리거나 이륙 중에 제트 전투기가 폭발하는 상황 등에서의 의사결정에는 유용하지 않다.
- 의사결정 분석기법을 적용하는 경영 의사결정은 복잡하다. 실용적인 의사결정 문제는 여러 목표를 수반하므로 목표 간의 상충관계trade-offs를 평가해야 한다. 예를 들어, 제안된 파이프라인의 경로를 평가할 때 의사결정자는 환경 영향을 최소화하고, 건강 및 안전 위험을 최소화하며, 경제적 이익을 극대화하고, 사회적 영향도 최대화하려고 한다. 이 의사결정에는 고객의 선의, 직원 사기 및 정부 규정과 같은 많은 무형 자산이 포함되며 여러 이해 관계자가 관여할 수 있다. 예를 들면, 새로운 지역에 공장을 짓기 위해 기업 경영진은 주주, 규제 기관, 지역 사회 구역위원회 및 법원의 승인이 필요할 수 있다. 마지막으로 대부분의 의사결정은 다른 의사결정과 밀접한 관련이 있다. 오늘날의 선택은 미래에 사용할 수 있는 대안은 물론 그 대안의 타당성에 모두 영향을 미친다. 따라서 종종 상호 연관된 일련의 의사결정들을 해야 한다.
- 의사결정 분석기법을 적용하는 경영 의사결정은 불확실성과 위험을 수반한다. 불확실성은 미래에 무슨 일이 일어날지를 모르는 것을 의미한다. 광고 캠페인이 실패하거나 저수지가 파손되거나 신제품 개발이 완전히 실패하는 경우도 있다. 활용 가능한 데이터가 거의 또는

전혀 없거나 일부 데이터가 획득하는 데 높은 비용이 들거나 시간이 많이 걸리는 경우 불확실성은 더욱 증대된다. 이러한 불확실성에 직면한 경영자들은 동일한 정보를 다른 방식으로 본다. 위험은 재정적 손실과 같은 바람직하지 않은 결과와 관련된 불확실성이다. 위험의 중요성을 이해하려면 제약 회사가 의약품을 시장에 출시하는 데 수억 달러와 약 10 년이 소요된다는 사실을 생각해보자. 10개 제품 중 7개가 회사의 자본 비용을 회수하지 못한다. 자본 투자와 긴 개발주기에 걸친 연구 지속과 관련된 결정은 전통적인 재무분석에 적합하지 않다.

의사결정문제 구조화 Structuring Decision Problems

의사결정 문제를 구조화하는 과정을 설명하기 위해, 중견 산업용 화학제품 생산업체 커먼웰스 화학회사 Commonwealth Chemicals Company의 생산능량 확장 production capacity expansion에 관한 의사결정 사례를 살펴보자. 이 회사는 최근 금속가공 산업의 기계가공 작업에 사용하는 공구 수명을 연장하는 새로운 합성 산업용 윤활유를 개발했다. 윤활유를 대량으로 생산하려면 새로운 공장이 필요하지만 기존 시설을 확장하면 소량으로도 생산할 수 있다.

경영자가 어떤 의사결정을 내릴지 불확실하다. 분명한 것은 최선의 의사결정은 미래의 수요에 달려 있다는 것이다. 제품에 대한 수요가 높으면 확장 대안이 모든 수요를 충족할 수 있는 충분한 생산능력을 제공하지 못하고 이익 창출 기회를 잃을 것이다. 수요가 적은데 새 공장을 짓는 경우 초과 능력으로 인해 투자수익율ROI 이 크게 감소한다. 경제가 불안정한 상황에서 제품에 대한 실제 수요를 예측하기는 어렵다.

의사결정 문제를 구조화하는 첫 번째 단계는 의사결정 대안decision alternatives을 정의하는 것이다. 의사결정 대안은 의사결정권자가 택할 수 있는 선택을 나타낸다. 이 경우 대안은 기존 공장을 확장할 것인지 아니면 새로운 공장을 건설할 것인지이다.

d_1 = 기존 공장 확장 결정

d_2 = 신규 공장 건설 결정

두 번째 단계는 의사결정을 한 후에 발생할 수 있는 사건을 정의하는 것이다. 사건은 의사결정 후 발생할 수 있고 의사결정권자의 통제를 받지 않는 미래의 결과를 나타낸다.

의사 결정 문제 구조화의 예 An Example of Structuring a Decision Problem

기존 공장을 확장하거나 새 공장을 건설하기로 결정할 때 커먼웰스화학은 제품에 대한 향후 수요를 고려해야 한다. 수요는 판매단위 또는 화폐 단위로 정량적으로 표현될 수 있다. 이 예에서 사건은 "높은 수요", "중간 수요" 및 "낮은 수요"로 지정될 수 있다. 또는 "수요는 15,000 단위로 추정됨", "수요는 10,000 단위로 추정됨" 및 "수요는 5,000 단위로 추정됨"으로 정량화 될 수 있다. 따라서 커먼웰스 화학회사는 의사결정 문제의 경우 사건을 다음과 같이 정의한다.

s_1 = 낮은 제품 수요

s_2 = 높은 제품 수요

그림/표 B.1 커먼웰스 화학회사의 보상 표

의사결정 대안	가능한 미래 사건 낮은 제품 수요(s_1)	높은 제품 수요(s_2)
기존 공장 확장(d_1)	$200,000	$300,000
새로운 공장 건설(d_2)	$100,000	$450,000

생산량 결정과 그에 따른 결과(후속사건subsequent event라고 부른다) 각 조합에 대해 보상payoff(또는 손익profit or loss)을 계산할 수 있다. 예를 들어, 제조업체가 10,000단위를 생산하기로 결정했지만 수요가 낮으면 제조업체는 10,000단위를 생산하는 비용을 부담하지만 판매량은 5,000단위에 불과하다. 나머지는 손실을 입고 폐기해야 한다. 반면 판매량이 중간 또는 높으면 10,000단위를 모두 판매하여 그 결과로 순이익net profit을 예상할 수 있다. 다음으로, 잠재적인 옵션을 평가하기 위해 잘 정의된 의사결정 기준이 필요하다. 의사결정 기준은 순이익, 고객 서비스, 비용, 사회적 혜택 또는 분석중인 특정 상황에 적합한 기타 산출물의 측정치일 수 있다. 어떤 사건과 결합된 의사결정과 관련된 숫자 값을 보상이라고 한다. 커멘웰스의 경영자는 사용 가능한 최상의 정보를 사용하여 그림/표 B.1에 기록한 것과 같이 보상(이 경우는 이익)을 추정했다. 이 형식의 표를 보상표payoff table라고 한다. 보상표의 항목에 사용하는 표기법은 $V(di, sj)$이며, 이는 의사결정 대안 di 및 후속사건 sj와 관련된 보상 V를 나타낸다. 이 표기법을 사용하면 $V(d2, s1) = \$ 100,000$임을 알 수 있다.

많은 의사결정 문제에서 사건의 확률은 과거 데이터 또는 경영상의 판단을 통해 추정할 수 있다. 사건 발생 가능성을 아는 것은 의사결정을 내릴 때 위험을 평가하는 데 도움이 된다. 그러나 경우에 따라 사건 확률을 평가할 수 없거나 적절하지 않을 수 있다. 다음 섹션에서는 두 상황의 예를 제공한다. 요약하면, 의사결정 문제의 요소는 (1) 의사결정 대안decision alternatives, (2) 사건events, (3) 의사결정 대안과 사건의 각 조합에 대한 추정 보상estimated payoffs, 그리고 가능하면 (4) 사건의 확률probabilities of the events 이다.

의사결정 대안 선택 Selecting Decision Alternatives

불확실한 미래 결과에 대한 의사결정을 내리는 것은 개인과 관리자 모두에게 불안감을 느끼게 한다. 관리자는 자신이 선택한 결정이 미래에 어떤 영향을 미칠지 파악하면 바람직하지 않은 결과를 초래할 위험을 감수한다. 의사결정 전략을 보는 관점에는 두 가지 주요 방법이 있으며 이는 의사결정 빈도에 따라 다르다. 일회성 의사결정의 경우 관리자는 잘못된 의사결정과 관련된 위험을 고려해야 한다. 그러나 계속적으로 반복되는 의사결정의 경우 관리자는 발생할 수 있는 보상의 추정치를 기반으로 의사결정을 선택할 수 있다.

사건 확률이 없는 일회성 의사결정 One Time Decisions Without Event Probabilities

커먼웰스 화학회사의 결정은 분명히 일회성 의사결정이다. 그렇다면 어떻게 대안을 하는가? 위험을 대하는 태도의 차이를 반영하기 위해 각각 다른 기준을 사용할 수 있는데, 그 결과 상이한 의사결정 권고안이 도출될 수 있다. 커먼웰스 화학회사 예제에서처럼 기대하는 보상이 이익이라면 의사결정의 세가지 공통 기준은 다음과 같다.

1. **최대이익-최대화** Maximax — 모든 사건에서 가능한 최대 수익을 극대화할 결정을 선택한다. 이것은 공격적이거나 위험을 감수하는 접근 방식이다.
2. **최소이익-최대화** Maximin — 모든 사건에서 가능한 최소 이익을 극대화할 결정을 선택한다. 이것은 보수적이거나 위험을 회피하는 접근 방식이다.
3. **최대기회손실-최소화** Minimax regret — 사건과 관련된 최대 기회손실을 최소화할 결정을 선택한다. 기회 손실은 의사결정자가 종종 최적이 아닌 결정을 내린 후 겪는 후회함을 나타낸다 (“몇 년 전에 그 주식을 구입 했어야 했다 ...”). 이 접근 방식은 공격적이거나 보수적이지 않지만 어느 방향으로든 큰 오류를 범하지 않는 데 중점을 둔다.

예 : 커먼웰스 화학회사 문제에 의사결정 기준 적용 Applying Decision Criteria to the Commonwealth Chemicals Problem

커먼웰스 화학회사 문제에 이 기준을 적용해 보자. 최대이익-최대화 기준maximax criterion 의 경우 d_1이 선택되면 최대 보상은 $ 300,000이고 s_2에 대해 발생한다. d_2를 선택하면 s_2에 대한 최대 보상은 $ 450,000이다. 의사결정자는 가능한 가장 큰 보상을 추정할 수 있기 때문에 d_2를 선택하여 새로운 공장을 건설해야 한다. 최소이익-최대화 기준maximin criterion의 경우, d_1을 선택하면 최소 보수는 $ 200,000이고, d_2를 선택하면 최소 보수는 $ 100,000이다. 따라서 최소 보상을 극대화하기 위해 의사결정자는 d_1을 선택하고 기존 공장을 확장해야 한다.

최대기회손실-최소화 기준minimax-regret criterion을 적용하려면 먼저 후회regret 또는 기회 손실 매트릭스opportunity-loss matrix를 구성해야 한다. 특정한 결정 d_i 및 자연 상태 s_j와 관련된 기회 손실은 의사 결정자가 s_j, $V(d^*, s_j)$에 해당하는 최적의 결정 d^*를 만들어 받을 수 있는 최상의 보상과 임의의 결정 d_i를 선택하고 s_j가 발생하는 데 대한 보상 $V(d_i, s_j)$ 간의 차이이다. 예를 들어, s_1이 발생할 것이라는 것을 알고 있다면, 최선의 결정은 $d^* = d_1$을 선택하고 $ 200,000의 보상을 받는 것이다. 의사결정자가 최선의 결정을 선택했기 때문에 기회 손실은 0이 될 것이다. d_2를 선택하면 $ 100,000만 받게 되며 $ 200,000 − $ 100,000 = $ 100,000를 받을 기회를 잃게 된다. 마찬가지로, s_2가 발생할 것이라는 것을 안다면 최선의 결정은 $d^* = d_2$이다. d_1을 선택하면 $ 450,000 − $ 300,000 = $ 150,000의 기회 손실이 발생한다.

그림/표 B.2는 이 상황에 대한 완전한 기회 손실 매트릭스를 보여준다. d_2에 대해 가장 작은 최대 기회 손실이 발생한다는 것을 알 수 있으므로 이 기준을 사용하여 커먼웰스는 새로운 공장을 건설해야 한다.

의사결정자는 다른 기준이 다른 결정을 내릴 수 있다는 것을 알아야 한다. 어떤 것을 사용하는 지는 순전히 의사 결정자의 판단이며 위험에 대한 회사와 의사결정자의 가치와 태도를 반영한다.

사건 확률이 있는 의사결정 Decisions with Event Probabilities

사건의 확률을 알고 있거나 추정할 수 있는 경우 기댓값을 사용하여 최상의 결정을 파악할 수 있다. 많은 상황에서 좋은 확률 추정치는 과거 데이터로부터 또는 의사결정자의 판단을 기반으로 얻을 수 있다. **기댓값 접근 방식** expected value (EV)은 각 결정에 대한 기대값을 계산하고 최상의 보상을 기대할 수 있는 의사결정 대안을 선택한다. 다음과 같이 표기하도록 하자.

$$P(s_j) = \text{사건 } s_j\text{에 대한 발생 확률}$$
$$N = \text{사건 수}$$

N개의 사건 중 하나만 발생할 수 있으므로 연관된 확률은 이 두 조건을 충족해야 한다.

$$P(s_j) \geq 0 \text{ for all } j$$
$$P(s_j) = P(s_1) + P(s_2) + \cdots + P(s_N) = 1$$

결정 대안 d_i에 대한 기댓값은 다음과 같다.

$$EV(d_i) = \Sigma_j P(s_j)V(d_i, s_j) \tag{B.1}$$

예 : 수익 관리에서의 기댓값 의사결정 Expected Value Decision-Making in Revenue Management

기댓값(EV) 기준은 수익 관리 응용분야에서 사용한다. 예를 들면, 대부분의 항공사는 항공권 사전 구매시 할인운임을 적용한다. 정상운임과 할인운임 두 가지만 사용할 수 있다고 가정하자. 항공사는 영업부가 요청한 다음 시즌 할인운임 판매 여부를 결정해야 한다. 영업부의 요청대로 할인운임을 제공하면 받는 수익이 할인운임이다. 영업부의 할인운임 판매요청을 거부하면 두 가지 결과가 가능하다. 첫째, 빈 좌석이 생기는 경우, 항공사는 추가 수익을 실현하지 못할 것이다. 둘째, 정상운임을 지불하는 승객의 수요가 좌석을 채우기에 충분하거나 할인운임을 찾던 고객이 할인운임이 판매되지 않음을 알고 정상운임에 항공권을 구입하기로 결정하면 정상운임 고객만으로 좌석을 채울 수 있다.

이 의사결정 상황은 그림/표 B.3의 예로 설명할 수 있다. 정상운임이 $560이고 할인운임이 $400이라고 가정하자. 의사결정은 할인운임을 제공하지 않을 때 잠재승객이 정상운임을 지불할 확률 p에 따라 달라진다. 할인운임 항공권 판매가 없을 경우의 기대 수익(EV)은 $560 × 0.75

그림/표 B.3 항공사 영업부의 할인운임 판매요청 의사결정

의사결정	사건: 정상운임 제공 티켓 판매	사건: 정상운임 미제공 티켓 미판매	기댓값
요청 거절(d_1)	$560	$0	$560 × 0.75 + $0 × 0.25 = $420
요청 수락(d_2)	$400	$400	$400 × 0.75 + $400 × 0.25 = $400
사건의 확률	0.75	0.25	

+ $ 0 × 0.25 = $ 420이다. 할인운임 항공권을 판매하는 경우의 기댓값은 $ 400 × 0.75 + $ 400 × 0.25 = $ 400이다. $d1$의 기댓값이 $d2$의 기댓값보다 높으므로 영업부의 할인운임 판매 요청을 거부해야 한다. 항공사는 매일 수백 또는 수천 건의 결정을 내리기 때문에 기댓값 의사결정 기준 사용이 적절한다.

EV 기준을 사용할 때 주의할 점도 있다. 개인 또는 기업이 동일한 의사결정 문제에 반복적으로 직면하면 장기적으로 기댓값을 기반으로 의사결정을 내릴 수 있다. 그러나 일회성 결정의 경우 기댓값이 결코 발생하지 않는다는 것을 인식해야 한다. 사건 중 하나와 관련된 보상만 얻을 수 있다.

완전정보의 기댓값 Expected Value of Perfect Information

완전정보란 어떤 자연 상태가 발생할지 미리 아는 것을 의미한다. 실제로 완전정보는 존재할 수 없지만 그러한 정보가 있다고 가정하고 의사결정의 가치를 얼마나 향상시킬 수 있는지 아는 것이 좋다. 이를 완벽한 정보의 기댓값 expected value of perfect information 또는 EVPI라고 한다. EVPI는 *완벽한 정보를 가지고 기대할 수 있는 보상과 완전정보가 없는 최적의 의사결정을 기반으로 한 기대 보상 간의 차이이다*. 다음 질문을 통해 EVPI를 계산한다. 각 사건이 발생하면 최선의 결정과 보상은 무엇인가? 그런 다음 사건과 관련된 확률로 이러한 보상에 가중치를 부여하여 완벽한 정보에서 예상되는 보상을 얻는다.

예 : 완전정보 기댓값(EVPI) 찾기 Finding the Expected Value of Perfect Information (EVPI)

앞의 예에서 항공사가 특정 고객에게 정상운임 항공권을 판매할 수 없다는 것을 미리 알고 있다고 가정하자 (인구통계학적 프로필과 과거 행동 분석을 기반으로 함). 그렇다면 분명히 가장 좋은 결정은 할인 항공권을 판매하여 $400의 수익을 얻는 것이다. 반면, 항공권을 정상운임에도 판매가 됨을 안다면 당연히 할인운임 제공을 거부하고 $560에 판매해야 한다. 그러나 평균적으로 할인항공권이 없는 경우 고객의 75%만이 정상가에 항공권을 구매하고 25%는 그렇지 않다는 것을 알고 있다. 따라서 완벽한 정보를 가질 때의 기댓값은 (0.75) (560) + (0.25) (400) = $520이다.

완전정보 없이는 최선의 의사결정은 항상 $ 420의 기댓값을 가진 d_1을 선택하는 것임을 상기하자. 특정 고객이 취할 수 있는 행동에 대한 완전정보를 확보함으로써 기대 보상의 가치를 다음과 같이 높일 수 있음을 알 수 있다.

$$\text{EVPI} = \$520 - \$420 = \$100$$

이 차액은 EVPI (완벽한 정보)의 기댓값인데, 사건 정보의 품질에 상관없이 정보를 얻기 위해 회사가 기꺼이 지불해야하는 최대 금액을 나타낸다. 또한 이 금액은 항공사가 정상가 항공권 구매를 꺼리는 고객에게 줄 수 있는 최대 인센티브로 해석할 수 있다.

EVPI를 계산하는 간단한 방법은 기댓값 의사결정과 관련된 기회 손실의 기댓값 expected value of the opportunity loss (EOL)을 찾는 것이다. 먼저 기회 손실 매트릭스를 구성한 다음 원래 기댓값 의

그림/표 B.4 항공사 영업부의 할인운임 판매요청 기회 손실 매트릭스

의사결정	사건 정상운임 제공 티켓 판매	 정상운임 미제공 티켓 미판매	 기댓값
요청 거절(d_1)	\$0	\$400	\$0 × 0.75 + \$400 × 0.25 = \$100
요청 수락(d_2)	\$160	\$0	\$160 × 0.75 + \$0 × 0.25 = \$120
사건의 확률	0.75	0.25	

사결정에 대한 기회 손실의 기댓값을 찾는다.

예 : 최대기회손실-최소화 기준을 사용하여 완전정보기댓값(EVPI) 찾기

Finding EVPI Using the Expected Opportunity Loss Criterion

그림/표 B.4는 항공사 수익 관리 예제에 대한 기회 손실 매트릭스를 보여준다. 기댓값은 마지막 열에서 계산한다. 최고의 기댓값 의사결정은 결정은 d_1을 선택하는 것이기 때문에 EVPI는 \$100이다.

의사결정 분석을 위한 엑셀 템플릿 Excel Template For Decision Analysis

마인드탭MindTap에는 의사결정 분석을 위한 템플릿이 포함되어 있다. 커먼웰스 화학회사 예제에 대한 완성된 의사결정 분석Decision Analysis 템플릿은 그림/표 B.5에 나와 있다. 노란색 셀에만 데이터를 입력하라. 실수로 수식을 변경할 수 없도록 다른 셀은 잠긴다. 사건 확률이 없는 의사결정은 23 ~ 25 행에 표시된다.

그림/표 B.5 커먼웰스 화학회사 예제에 대한 의사결정 분석 템플릿

	A	B	C	D	E	F	G	H	I
1	Decision Analysis					Copyright © Cengage Learning			
2	Enter the data only in the yellow cells.					Not for commercial use.			
3	This template is designed to allow up to 5 decision alternatives and future events.								
4	Enter names of decision alternatives and future events in the appropriate cells in column A or K and row 7. Probabilities are optional.								
5									
6	*Payoff Table*	Future Events							
7	Decision Alternative	Low Product Demand	High Product Demand				Maximum	Minimum	Expected Value
8	Expand existing plant	\$200,000.00	\$300,000.00				\$300,000.00	\$200,000.00	
9	Build new plant	\$100,000.00	\$450,000.00				\$450,000.00	\$100,000.00	
10									
11									
12									
13	Probability						Maximum Expected Value		\$0.00
14									
15	Opportunity Loss Matrix	Future Events							
16	Decision Alternative	Low Product Demand	High Product Demand				Maximum		
17	Expand existing plant	\$0.00	\$150,000.00				\$150,000.00		
18	Build new plant	\$100,000.00	\$0.00				\$100,000.00		
19									
20									
21									
22									
23	Maximax Decision	Build new plant							
24	Maximin Decision	Expand existing plant							
25	Opportunity Loss Decision	Build new plant							
26	Expected Value Decision	#N/A							
27	EVPI	#N/A							

그림/표 B.6 항공사 수익관리 예제를 위한 의사결정 분석 템플릿

	A	B	C	D	E	F	G	H	I
1	Decision Analysis					Copyright © Cengage Learning			
2	Enter the data only in the yellow cells.					Not for commercial use.			
3	This template is designed to allow up to 5 decision alternatives and future events.								
4	Enter names of decision alternatives and future events in the appropriate cells in column A or K and row 7. Probabilities are optional.								
5									
6	*Payoff Table*	Future Events							
7	Decision Alternative	Low Product Demand	High Product Demand				Maximum	Minimum	Expected Value
8	Expand existing plant	$560.00	$0.00				$560.00	$0.00	$420.00
9	Build new plant	$400.00	$400.00				$400.00	$400.00	$400.00
10									
11									
12									
13	Probability	0.75	0.25				Maximum Expected Value		$420.00
14									
15	Opportunity Loss Matrix	Future Events							
16	Decision Alternative	Low Product Demand	High Product Demand				Maximum		
17	Expand existing plant	$0.00	$400.00				$400.00		
18	Build new plant	$160.00	$0.00				$160.00		
19									
20									
21									
22									
23	Maximax Decision	Expand existing plant							
24	Maximin Decision	Build new plant							
25	Opportunity Loss Decision	Build new plant							
26	Expected Value Decision	Expand existing plant							
27	EVPI	$100.00							

사건 확률이 적용될 때 템플릿은 I 열의 각 결정에 대한 기댓값을 계산하고 26행과 27행에서 완벽한 정보의 기댓값 결정과 기댓값을 찾는다. 그림/표 B.6은 항공사 수익관리 예시를 위한 완성된 템플릿을 보여준다. C27 셀의 EVPI는 기대 기회 손실 기준을 사용하여 찾는다.

이 템플릿은 보상이 비용일 때도 사용할 수 있다. 그러나 음수 값으로 입력해야 한다.

참고자료 C : 손익분기점 분석

Break-Even Analysis

손익분기점 분석 break-even analysis (BEA)은 *손익을 분석하거나 거래량에 따라 달라지는 두 옵션 중에서 경제성을 기반으로 선택할 수 있는 간단한 접근 방식이다.* 운영 관리자는 BEA를 의사결정 지원도구로 사용한다. BEA는 다음과 같은 결정을 분석하는데 도움이 된다.

- 예상 판매량을 기준으로 상품 또는 서비스의 수익성 분석
- 제품의 자체생산 또는 공급업체로부터의 구매 (아웃소싱) 중 선택
- 상이한 비용구조를 가진 테크놀러지 대안 중 선택

이러한 각 유형의 결정에 적용하기 위해 손익분기점 분석을 사용하는 방법을 설명한다.

수익성 분석 Profitability Analysis

신규 또는 기존 상품 또는 서비스의 경우, 판매량 예측에 대한 순이익 또는 손실이 무엇인지 이해하거나 상품 생산 또는 서비스 제공과 관련된 비용을 회수하기 위해 판매해야 하는 단위 수를 결정하는 데 관심이 있다. 비용에는 일반적으로 고정비와 변동비가 모두 포함된다. **고정비** fixed cost는 *총비용 중 생산량에 따라 변하지 않는 부분이다.* **변동비** variable cost는 *총비용에서 생산량 또는 산출물 수준에 따라 달라지는 부분이다.* 따라서 변동비는 단위당 비용unit cost과 생산량production quantity을 곱한 것이다. 총비용total cost은 식 C.1로 계산할 수 있다.

$$\begin{aligned} \text{총비용 (TC)} &= \text{고정비(FC)} + \text{단가(C)} \times \text{생산량 (Q)} \\ &= FC + C \times Q \end{aligned} \tag{C.1}$$

총수익total revenue은 단순히 판매가price에 판매량sales quantity을 곱한 값이며 식 C.2를 사용하여 찾을 수 있다.

$$\begin{aligned} \text{총수익 Total revenue (R)} &= \text{가격(P)} \times \text{판매량(Q)} \\ &= P \times Q \end{aligned} \tag{C.2}$$

생산된 모든 단위가 판매될 수 있다고 가정하자. 따라서 판매량과 생산량은 동일하다. 계산에서 생산 수량과 동일하다. 마지막으로 식 C.3을 사용하여 순이익을 계산할 수 있다.

$$\begin{aligned} \text{순이익 Net Profit (NP)} &= \text{총 수익 (R)} - \text{총 비용 (TC)} \\ &= R - TC \end{aligned} \tag{C.3}$$

따라서 판매 예측 Q에 대해 회사가 이익을 얻을 것인지 손실을 입을 것인지 결정할 수 있다.

이와 관련된 질문은 손익분기점을 얻기 위해 생산 및 판매해야 하는 단위를 결정하는 것이다.

손익분기점은 순이익이 0인 매출액 또는 총 비용이 총 수익과 일치하는 지점이다. 총 수익을 총 비용과 동일하게 설정하고 (또는 순이익을 0으로 설정) Q를 풀면 손익분기점을 찾을 수 있다. Q* = 를 손익분기점의 수량이라고 하자. 식 C.1–C.3을 사용하여

$$\begin{aligned} \text{총 수익(R)} &= \text{총 비용(TC)} \\ P \times Q^* &= FC + C \times Q^* \\ P \times Q^* - C \times Q^* &= FC \\ Q^* \times (P - C) &= FC \end{aligned}$$

또는

$$\text{손익분기점 수량 break-even quantity} = Q^* = \frac{FC}{P - C} \tag{C.4}$$

예 : 수익성 분석 Profitability Analysis

한 산업용 전자기기 제조업체가 전기 부품을 제조하기 위해 생산시설 확장을 고려하고 있다. 새 장비 및 설치 비용은 $ 100,000이다. 완제품의 단위당 변동비는 $12이고 판매가는 $20이다. 현재 판매 예측치는 10,000개 단위이다. 이 수요예측을 고려할 때 생산시설 확장이 수익성이 있는가? 손익분기점을 맞추려면 몇 단위를 생산하고 판매해야 하는가?

10,000 단위가 생산 및 판매되는 경우 총 비용은 다음과 같다.

$$\begin{aligned} TC &= FC + C \times Q \\ &= \$100{,}000 + \$12(10{,}000) = \$220{,}000 \end{aligned}$$

10,000 단위 판매로 얻은 총수익은 다음과 같다.

$$\begin{aligned} R &= P \times Q \\ &= \$20(10{,}000) = \$200{,}000 \end{aligned}$$

이 판매 단위에서 순이익은 다음과 같다.

$$\begin{aligned} NP &= R - TC \\ &= \$200{,}000 - \$220{,}000 = -\$20{,}000 \end{aligned}$$

따라서 회사는 손실을 입을 것이다.

다음으로 손익분기점을 찾아보자. 총비용 및 총수익 공식은 다음과 같다.

$$\begin{aligned} TC &= \$100{,}000 + \$12 \times Q^* \\ R &= \$20 \times Q^* \end{aligned}$$

총비용을 총수익과 동일하게 설정하고 Q*를 계산하면 다음을 얻을 수 있다.

$$\begin{aligned} \$20 \times Q^* &= \$100{,}000 + \$12 \times Q^* \\ 8 \times Q^* &= \$100{,}000 \\ Q^* &= 12{,}500 \text{ units} \end{aligned}$$

또는 식 C.4를 사용하여 다음을 계산할 수 있다.

손익분기점 수량 Break-even quantity = Q* = FC/(P − C) = \$100,000/(\$20 − \$12) = 12,500 단위 (C.4)

판매량이 12,500 단위 미만이면 회사는 손실을 입게 된다. 매출이 12,500 단위를 넘으면 이익이 발생한다. 이러한 정보를 판매 예측과 결합하면 관리자가 확장할지 여부를 결정하는데 도움이 될 수 있다.

아웃소싱 의사결정 Outsourcing Decisions

손익분기점 분석의 두 번째 적용은 필요한 예측 수량을 기반으로 부품을 사내에서 생산할지 또는 공급업체에 아웃소싱할지 여부를 결정하는 것이다(종종 이를 *제조 또는 구매 의사결정*make-or-buy decision이라고 함). 회사가 부품을 자체 생산하기로 결정하면 일반적으로 장비 구매 또는 생산 라인 설정과 관련된 고정비와 단위당 변동비가 발생한다. 고정비는 생산량에 따라 변하지 않으며 종종 건물 비용, 장비 구입 또는 임대료, 관리비가 포함된다. 변동비는 생산량과 관련되어 있으며 인건비, 운임, 공과금 및 재료비가 포함될 수 있다. 그러나 작업의 일부를 외부 공급업체에 아웃소싱하면 일반적으로 단위당 비용이 더 많이 든다. 아웃소싱에 대한 고정비도 적용될 수 있다. 아웃소싱 결정은 서비스에도 적용될 수 있다. 서비스의 예는 사내에서 문서 복사 또는 페덱스 오피스FedEx Office와 같은 외부업체 활용,, 사내 재활용 프로세스 관리 또는 외부 재활용 업체 고용, 사내에서 입사지원서 심사 또는 전문인력관리 회사에 의뢰 등을 생각할 수 있다.

식 C.1 – C.3을 수정하여 유사한 방식으로 손익분기점 분석을 적용할 수 있다.

사내 총비용 Total cost in-house (TCI) = 사내 고정 비용 Fixed cost in-house (FCI)
+ 사내 단위당 비용 Unit cost in-house (CI) × 수량 Quantity (Q) (C.5)

총 아웃소싱 비용 Total cost to outsourcing (TCO) = 아웃소싱 고정 비용 Fixed cost outsourcing (FCO)
+ 아웃소싱 단위당 비용 Unit cost outsourcing (CO) × 수량 Quantity (Q) (C.6)

비용 차이 Cost difference (D) = 사내 총비용 (TCI) − 총 아웃소싱 비용 (TCO) (C.7)

비용 차이가 음수이면 TCI < TCO이며 직접 생산하는 것이 더 경제적이다. 비용 차이가 양수이면 TCI > TCO이며, 이 경우에는 아웃소싱하는 것이 더 경제적이다. 손익분기점은 TCI = TCO일 때의 수량을 의미하거나 또는 다음과 같다.

$$\begin{aligned} FCI + CI \times Q^* &= FCO + CO \times Q^\circ \\ (CI - CO) \times Q^* &= FCO - FCI \\ Q^* &= \frac{FCO - FCI}{CI - CO} \end{aligned} \qquad (C.8)$$

예 : 제조 또는 구매 의사결정 Make or Buy Decision

피셔 제조업체Fisher Manufacturing는 특별 고객 주문을 위해 맞춤형 알루미늄 하우징(덮개 부품)을 생산해야 한다. 현재 회사는 하우징 제작에 필요한 장비가 없기 때문에 $ 250,000의 고정 비용(프로젝트 완료 후 순잔존 가치 net of salvage value)으로 기계와 도구를 구입해야 한다. 생산비 중 변동비는 단위당 $ 20로 추정된다. 회사는 단위당 $ 35의 비용으로 하우징을 금형업체에게 아웃소싱 할 수 있다 (아웃소싱에 대한 고정 비용이 없음). 고객 주문은 12,000단위이다. 어떻게 해야 하는가? 손익분기점은 무엇인가?

식 C.5를 사용하면 사내 총 생산비용이 다음과 같다.

사내 총비용Total cost in-house $(TCI) = FCI + CI \times Q = \$250{,}000 + (\$20)(12{,}000) = \$490{,}000$

식 C.6을 사용하면 총 아웃소싱 비용은 다음과 같다.

$$TCO = FCO + CO \times Q = \$0 + (\$35)(12{,}000) = \$420{,}000$$

식 C.7에서 비용 차이 (사내에서 아웃소싱 비용을 뺀 값)는 다음과 같다.

$$D = TCI - TCO = \$490{,}000 - \$420{,}000 = \$70{,}000$$

따라서 아웃소싱은 비용이 적게 들고 회사는 $ 70,000를 절약한다.

식 C.8을 사용하여 손익분기점을 찾을 수 있다.

$$\text{손익분기점 Break-even quantity } (Q^*) = \frac{FCO - FCI}{CI - CO}$$
$$= (0 - \$250{,}000)/(\$20 - \$35) = 16{,}667 \text{ 단위}$$

따라서 주문 수량이 16,667 단위 이하일 때마다 아웃소싱하는 것이 더 경제적이다. 주문량이 16,667 단위를 넘으면 자체 생산하는 것이 더 경제적이다.

테크놀러지 선택 의사결정 Technology Choice Decisions

많은 의사결정은 두 가지 테크놀러지 옵션 (예 : 서로 다른 공급업체의 공작기계 또는 종이 파쇄 또는 사무실 관리와 같은 서비스 옵션) 중에서 선택하는 것이다. 손익분기점 분석 관점에서 보면 옵션 선택 의사결정은 아웃소싱 결정과 유사하다.

예 : 테크놀러지 선택 의사결정 A Technology Choice Decision

CDC 병원은 X-ray 장비에 대해 약간 다른 두 가지 유형의 테크롤러지와 공급업체 중에서 구매 의사결정을 해야 한다. 이 기계 중 하나에 대한 예상 X-ray 수요는 연간 11,000회이다. 공급업체 A는 일회성 비용 (또는 고정비용)이 $ 200,000이고 X-ray 당 변동비가 $ 18.60인 고정형 X-ray 기계를 제안하였다. 공급업체 B는 일회성 비용이 $ 100,000이고 X-ray 당 고정비가 $ 21.00인 모바일 X-ray 기계를 제안하였다.

식 C.1 및 C.7을 사용하여 각 공급업체의 총비용과 두 옵션 간의 비용 차이를 계산한다.

$$\text{총비용}(TC) = \text{고정비}(FC) + \text{단위당 비용}_{\text{Unit cost}}(C) \times \text{수량}_{\text{Quantity}}(Q) \qquad (C.9)$$

$$TCA = FCA + CA \times Q = \$200{,}000 + \$18.60(11{,}000) = \$404{,}600$$

$$TCB = FCB + CB \times Q = \$100{,}000 + \$21.00(11{,}000) = \$331{,}000$$

$$\text{비용 차이}_{\text{Cost difference}}(D) = \text{공급업체 A의 총비용}(TCA) - \text{공급 업체 B의 총비용}(TCB) \qquad (C.10)$$

$$D = TCA - TCB = \$404{,}600 - \$331{,}000 = \$73{,}600$$

X-ray 수요를 11,000회로 예측할 때, 공급업체 A의 총비용은 공급업체 B보다 $ 73,600이 더 높으므로 공급업체 B를 선택하는 것이 경제적인 결정이다. 이러한 유형의 분석은 두 공급업체와 협상하는 데 도움이 될 수 있다.

손익분기점을 찾으려면 TCA = TCB로 설정하고 Q*를 구해보자.

$$FCA + CA \times Q^* = FCB + CB \times Q^*$$
$$\$200{,}000 + \$18.60Q^* = \$100{,}000 + \$21.00Q^*$$
$$\$100{,}000 = \$2.40Q^*$$
$$Q^* = 41{,}667 \text{ X-rays}$$

식 C.8은 이것을 직접 찾을 수 있다.

$$Q^* = \frac{FCB - FCA}{CA - CB} = \frac{\$100{,}000 - \$200{,}000}{\$18.6 - \$21.00} = 41{,}667 \text{ X-rays} \qquad (C.11)$$

엑셀 손익분기점 템플릿 Excel Break-Even Template

마인드탭MindTap에는 수익성 분석profitability, 아웃소싱 의사결정outsourcing decisions 및 테크놀러지 선택 의사결정technology choice decisions에 사용할 수 있는 손익분기점 템플릿Break-Even Template이 포함되어 있다. 그림/표 C.1은 이 참고자료에서 설명한 세 가지 예에 대해 이 템플릿을 사용하는 것을 보여준다. 노란색 셀에 입력 값을 입력한다 (나머지 셀은 잠겨 있으므로 실수로 수식을 변경할 수 없다). 18행에서 템플릿은 결과를 보여준다 (수익성 분석의 경우 이익, 손실 또는 손익분기점, 아웃소싱 결정의 경우 사내, 아웃소싱 또는 손익분기점, 기술선택 결정의 경우 옵션 A, 옵션 B 또는 손익분기점)을 보여준다.

엑셀 목표값 찾기 도구를 사용하여 손익분기점 찾기 Using the Excel Goal Seek Tool to Find the Break-Even Point

엑셀 목표값 찾기Excel Goal Seek 도구를 사용하여 손익분기점을 찾을 수 있다. 수익성 분석 예제를 사용한다. B5 셀의 수량 값을 사용할 수 있다. 손익분기점의 경우 B17 셀에서 순이익이 0이 되는 B5 셀의 수량을 찾으려고 한다.

그림/표 C.1 엑셀 손익분기점 템플릿

	A	B	C	D	E	F	G	H
1	Break-Even Analysis	Copyright © Cengage Learning. Not for commercial use.						
2	Enter data only in yellow cells.							
3								
4	Profitability Analysis			Outsourcing Decision			Technology Choice Decision	
5	Quantity	10,000		Quantity	12,000		Quantity	11,000
6								
7	Cost			Produce In-House			Option A	
8	Fixed cost	$100,000.00		Fixed cost	$250,000.00		Fixed cost	$200,000.00
9	Unit cost	$12.00		Unit cost	$20.00		Unit cost	$18.60
10								
11				Outsource			Option B	
12	Revenue			Fixed cost			Fixed cost	$100,000.00
13	Unit revenue	$20.00		Unit cost	$35.00		Unit cost	$21.00
14								
15	Total Cost	$220,000.00		Total In-House Production Cost	$490,000.00		Total Cost Option A	$404,600.00
16	Total Revenue	$200,000.00		Total Outsourced Cost	$420,000.00		Total Cost Option B	$331,000.00
17	Net Profit	-$20,000.00		Cost difference (In-House - Outsourced)	$70,000.00		Cost difference (Option A - Option B)	$73,600.00
18	Profit or Loss	Loss		Economical Decision	Outsource		Economical Decision	Option B

그림/표 C.2 목표값 찾기 대화 상자

Goal Seek ? ×

Set cell: $B$17

To value: 0

By changing cell: $B$5

OK Cancel

그림/표 C.3 목표값 찾기 도구를 사용하여 손익분기점을 찾은 결과

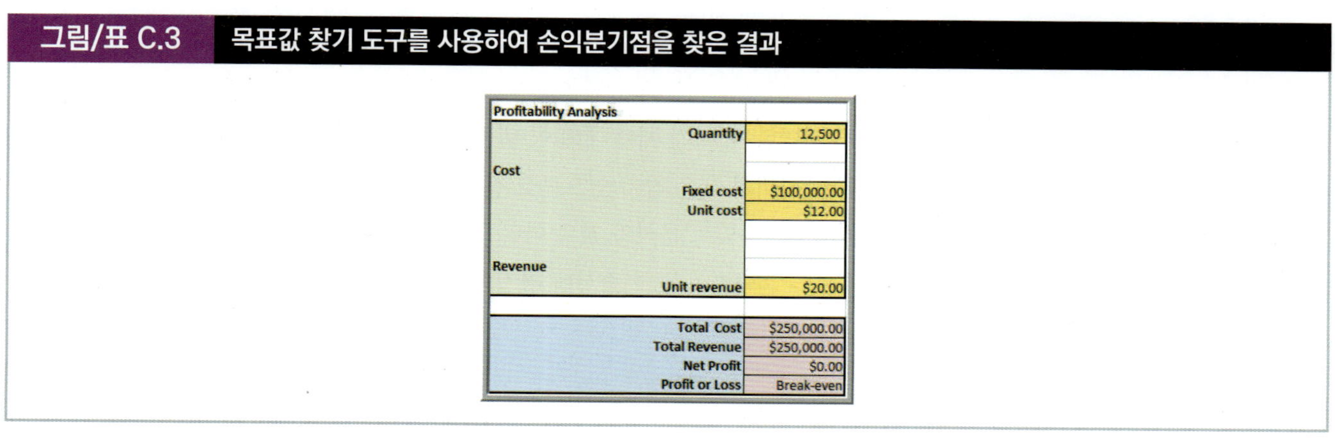

Profitability Analysis	
Quantity	12,500
Cost	
Fixed cost	$100,000.00
Unit cost	$12.00
Revenue	
Unit revenue	$20.00
Total Cost	$250,000.00
Total Revenue	$250,000.00
Net Profit	$0.00
Profit or Loss	Break-even

1. 엑셀 데이터Data 탭의 가상 분석What-If Analysis 메뉴에서 목표값 찾기Goal Seek를 선택한다. 작은 대화 상자가 나타난다. 그림/표 C.2를 참조하라.
2. "수식 셀Set Cell" 필드에 B17을 입력하거나 간단히 이 셀을 클릭한다. 이것은 목표값 찾기 도구가 찾으려는 출력 셀이다. "찾는 값To Value" 필드에 0을 입력한다. 이것이 우리가 추구하는 순이익의 가치이다. 마지막으로 "값을 바꿀 셀By changing cell" 필드에 B5를 입력하거나 다시 셀을 클릭한다. 이것은 목표값 찾기가 변경하여 순이익이 0이되는 셀이다.
3. 확인 OK를 클릭하면 엑셀은 그림/표 C.3에 표시된 대로 셀 B17의 순이익에 대해 비용 차이가 0인 셀 B5의 손익분기점 수량을 찾는다.

참고자료 D : 선형 최적화
Linear Optimization

일련의 제약조건을 만족시키면서 일부 목적 함수를 최대화하거나 최소화하려는 분석 모형을 **최적화 모형**optimization models 이라고 한다. 최적화 모형의 중요한 범주는 **선형 최적화**linear optimization (종종 선형 프로그래밍linear programming (LP) 라고 함) 모형으로, 경쟁 대안 간에 제한된 자원을 할당하는 것과 관련된 여러 유형의 운영 설계 및 계획 문제에 널리 사용된다. 또한 많은 유통 및 공급사슬관리 설계 및 운영에 사용된다.

선형 최적화 모형에는 두 가지 기본 속성이 있다.

1. 모든 수학적 관계는 선형함수이다. 선형 함수는 단순히 항의 합계sum of terms 이며, 각 항은 $10x + 3y$와 같이 상수constant 에 변수variable 를 곱한 값이다. $5x^2$, $1/x$ 등과 같은 용어는 선형 함수가 아니며 선형 최적화에 허용되지 않는다.
2. 모든 변수는 연속변량이므로 실제값 real value (일반적으로 음이 아닌 값, 즉 0보다 크거나 같음)을 가정할 수 있다. 물론, 이 가정은 실제적인 비즈니스 문제에 대해 현실적이지 않을 수 있다(TV를 0.5대를 생산할 수 없음). 그러나 이 가정은 솔루션 방법 및 분석을 단순화하며 솔루션이 심각하게 영향을 받지 않는 많은 상황에서 종종 적용한다.

먼저 최적화 모형화의 기본 개념을 소개한 다음 LP의 OM 응용 프로그램을 소개하고 마지막으로 해찾기Excel Solver 를 사용하여 LP 모형을 해결하는 방법에 대해 논의한다. 이 책의 다양한 장에서 운영 및 공급사슬관리에서 사용되는 선형 최적화 모형의 여러 응용을 볼 수 있다.

선형 최적화 모형 개발 Developing Linear Optimization Models

모든 최적화 모형에는 세 가지 요소가 있다.

1. 결정 변수 Decision variables
2. 최대화 또는 최소화를 위한 목표 objective
3. 제약조건 Constraints

결정 변수 decision variables는 *모형이 결정하려고 하는 알려지지 않은 값이다.* 적용에 따라 의사결정 변수는 생산할 여러 제품의 수량, 창고에서 고객에게 배송할 수량, 여러 제조 프로세스에 생산량 할당 등이 될 수 있다. **목적 함수** objective function는 *최소화 또는 최대화하려는 수량이다.* 예를 들어, 수익revenue 또는 이익profit을 최대화하거나 비용을 최소화하고자 할 수 있다.

제약조건Constraints은 *실제적 또는 기술적 고려 사항이나 관리 정책에 따라 해에 부과되는 한계, 요구사항 또는 기타 제약사항이다.* 모든 제약조건을 충족하는 의사결정 변수 값을 **실행 가능**

한 해easible solutions *이라고 하며 목적 함수를 최소화하거나 최대화하는 실행 가능한 솔루션을* **최적해**optimal solution*이라고 한다.*

다음과 같은 방식으로 최적화 모형에 접근한다.

1. 의사 결정 변수, 목표 및 모든 적절한 제약조건을 식별한다.
2. 목표와 제약조건을 수학적 표현으로 작성하여 문제의 수학적 모형을 만든다.
3. 스프레드시트에 수학적 모형을 구현하고 엑셀 해 찾기Solver를 사용하여 최적해를 찾는다.

예 : 생산 계획 문제 Example: A Production Planning Problem

플로리다 케미컬 서플라이Florida Chemical Supply (FCS)는 정수 및 연수purifying and softening water에 사용되는 다양한 제품을 제조 및 판매한다. 그 제품 중 하나는 40 파운드와 80 파운드 포장으로 생산 및 판매하는 알갱이 모양의 활성탄이다. 일반적인 생산 라인은 두 제품을 모두 포장하지만 80 파운드 포대의 경우 충전 속도가 느리다. FCS는 현재 생산 일정을 계획하고 있으며 생산 계획 노력을 지원할 선형 최적화 모형을 개발하려고 한다.

회사는 다음 주에 20,000파운드의 주문을 받았다. 현재 재고가 4,000파운드이다. 따라서 최소 16,000파운드의 생산을 계획해야 한다. FCS는 이러한 수요를 충족할 수 있는 충분한 활성탄 재고를 보유하고 있지만 사용 가능한 포장재의 양과 포장 라인의 시간이 제한되어 있다. FCS는 6,000평방 피트feets의 포장재를 보유하고 있다. 각 40파운드 포대에는 6평방 피트의 포장재가 필요하고 각 80 파운드 포대에는 10평방 피트가 필요하다. 평상시에는 포장 라인이 1,500분 간 가동된다. 라인이 디자인된 40파운드 포대는 각각 1.2분의 포장 시간이 필요하다. 80파운드 포대는 포장 당 3분이 필요하다. FCS는 생산 및 판매된 40파운드 포대 당 $2, 생산 및 판매된 80 파운드 포대 당 $ 4를 정산한다. 문제는 포장 라인에서 제한된 재료와 시간을 감안할 때 수익을 극대화하기 위해 생산할 40 파운드 및 80 파운드 포대의 수를 결정하는 것이다.

결정변수 Decision Variables

FCS 문제의 경우 관리자는 생산할 40 파운드 및 80 파운드 포대의 수를 결정해야 한다. 우리는 이것을 각각 변수 x_1과 x_2로 표시하자.

$$x_1 = \text{생산할 40 파운드 포대 양}$$
$$x_2 = \text{생산할 80 파운드 포대 양}$$

이와 같이 첨자 변수를 사용하는 것은 수학적 모형을 개발할 때 유용하다. 그러나 Amount40 및 Amount80과 같이 보다 기술적인 변수명descriptive names을 사용하는 것이 스프레드시트에서 모형을 구현할 때 더 나은 경우가 많다.

목적함수 Objective Function

FCS의 목표는 수익을 극대화하는 것이다. 회사가 40파운드 포대를 생산할 때마다 $2의 이익을 얻으면 40파운드 x_1 포대를 생산하면 $2x_1$ 달러가 된다. 마찬가지로 80파운드 포대를 생산할 때

마다 $4의 이익을 창출하고, 80파운드 x_2 포대를 생산하면 $4x_2$ 달러가 된다. 그러므로

$$총이익 = 2x_1 + 4x_2$$

목적 함수의 상수 항을 목적 함수 계수라고 하는데, 이 예에서 목적 함수 계수는 $ 2 (x_1과 관련) 및 $ 4 (x_2와 관련)이다. FCS는 가능한 가장 높은 수익 가치를 산출할 변수 x_1 및 x_2의 값을 결정해야 한다. 따라서 목적 함수는 다음과 같다.

$$총이익\ 극대화\ \text{Maximize Total Profit} = 2x_1 + 4x_2$$

FCS가 40파운드 200 포대와 80파운드 300 포대를 생산하기로 결정했다고 가정해 보자. 그러면 총이익은 다음과 같다.

$$\begin{aligned} 총이익 &= 2(200) + 4(300) \\ &= 400 + 1,200 \\ &= \$1,600 \end{aligned}$$

또는 40파운드 400 포대와 80파운드 400 포대를 생산하는 경우 이익은 다음과 같이 증가한다.

$$\begin{aligned} 총이익 &= 2(400) + 4(400) \\ &= 800 + 1,600 \\ &= \$2,400 \end{aligned}$$

그러나 FCS가 그렇게 많은 수량의 제품을 생산하는 것은 불가능할 수 있다. 예를 들어, 포장 라인에 해당 수량을 생산할 수 있는 재료나 시간이 충분하지 않을 수 있으므로 먼저 문제의 모든 제약조건을 식별해야 한다.

제약조건Constraints

40파운드 1 포대 당 포장 라인에서 1.2분, 80파운드 1 포대 당 3분이 소요되므로, x_1개의 40파운드 포장과 x_2개의 80파운드 포장 생산에 사용되는 총 포장 시간은 다음과 같다.

$$사용된\ 총\ 포장\ 시간 = 1.2x_1 + 3x_2$$

1,500분의 포장 시간만 사용할 수 있으므로 우리가 선택한 생산 조합이 제약조건을 충족해야 한다.

$$사용된\ 총\ 포장\ 시간 = 1.2x_1 + 3x_2 \le 1,500분$$

이 제약조건은 사용된 총 포장 시간이 사용 가능한 양을 초과할 수 없음을 나타낸다. 마찬가지로 사용되는 포장재의 양은 사용 가능한 양을 초과할 수 없으므로 포장재 제한에 대한 제약은 다음과 같다.

$$사용된\ 총\ 포장재\ 양 = 6x_1 + 10x_2 \le 6,000\ 평방\ 피트$$

다음으로, 매주 연수용 활성탄의 총 생산량이 최소 16,000파운드가 되도록 해야한다. 다음의

제약조건이 있다.

$$총생산량\text{Aggregate production} = 40x_1 + 80x_2 \geq 16{,}000파운드$$

마지막으로, 의사 결정 변수 x_1과 x_2가 음수 값을 가지지 않도록 해야한다. 따라서 다음과 같은 두 가지 제약이 추가되어야 한다.

$$x_1 \geq 0 \text{ 그리고 } x_2 \geq 0$$

이러한 제약조건을 음이 아닌(비음수) 제약조건nonnegativity constrains이라고 한다. 음이 아닌 제약조건은 모든 선형 최적화 문제의 일반적인 특징이며 다음과 같이 약식으로 표현한다.

$$x_1, x_2 \geq 0$$

FCS 최적화 모형FCS Optimization Model FCS 문제에 대한 완전한 수학적 모형은 다음과 같다.

$$총이익\ 극대화 = 2x_1 + 4x_2$$

다음과 같은 제약조건에 따라:

$$\begin{aligned}
&1.2x_1 + 3x_2 \leqslant 1{,}500 && (포장\ 라인)\\
&6x_1 + 10x_2 \leqslant 6{,}000 && (재료\ 가용량)\\
&40x_1 + 80x_2 \geqslant 16{,}000 && (총생산\ )\\
&x_1, x_2 \geqslant 0\ (비음수)
\end{aligned}$$

이제 우리의 임무는 모든 제약조건을 충족하고 동시에 다른 실행 가능한 해가 제공하는 값보다 크거나 같은 목적 함수 값을 창출하는 제품믹스product mix (즉, x_1과 x_2의 조합)를 구하는 것이다. 이 작업을 완료하면 문제에 대한 최적의 해답을 찾을 수 있다.

엑셀 해 찾기로 선형 최적화 모형 풀기
Solving Linear Optimization Models with Excel Solver

이 섹션에서는 엑셀 해 찾기Excel Solver를 사용하여 선형 최적화 모형을 해결하는 방법을 설명한다. 프론트라인 시스템즈 주식회사Frontline Systems, Inc. (www.solver.com)에서 개발한 해 찾기는 엑셀에 탑재된 추가기능add-in function 다양한 유형의 최적화 문제를 해결하는데 사용할 수 있다. 해 찾기는 엑셀의 데이터 탭data tab에서 찾을 수 있다. 만약 데이터탭에서 찾을 수 없더라도 해찾기 기능을 쉽게 활성화할 수 있다. 윈도우 Windows에서는 파일 탭file tab을 클릭한 다음 왼쪽 열에서 옵션Option을 클릭한다. 왼쪽 열에서 추가기능add-ins을 선택한다. 대화 상자 하단의 관리 : 상자 Manage : box에서 엑셀 추가 기능Excel Add-ins 이 선택되어 있는지 확인하고 이동Go을 클릭한다. 추가 기능 대화 상자에서 해 찾기 추가기능Solver Add-in이 선택되어 있지 않으면 상자를 선택하고 확인OK을 클릭하면 된다. 나중에 엑셀을 실행할 때마다 이 절차를 반복할 필요는 없다. 맥 Mac

용 엑셀 2016에서는 Tools 〉 Excel 추가 기능으로 이동하고 해 찾기를 선택한다.

FCS 예제를 사용하여 해 찾기를 설명해보자. 첫 번째 단계는 그림/표 D.1 (마인드탭MindTap에서 FCS 스프레드시트 모형으로 사용 가능)에 표시된 것과 같은 문제에 대한 스프레드시트 모형을 구성하는 것이다. 예제 데이터는 수학적 모형을 작성하는 것과 동일한 방식으로 A4 : E8 셀 범위에 제공된다. 셀 B12 및 C12는 의사결정 변수의 값을 제공한다. B16 : B18 셀은 제한조건의 왼쪽 값을 제공한다(제약함수constraint functions라고 함). 예를 들어 B16 셀의 포장 제약조건 왼쪽에 대한 공식은 = B6 * B12 + C6 * C12이다. 목적함수 값 = B5 * B12 + C5 * C12는 B20 셀에 입력한다.

스프레드시트 모형은 해찾기 기능이 출력 보고서에 셀이름을 생성하는 방식을 활용하도록 설계되었다. 해 찾기는 셀 왼쪽에 있는 텍스트를 포함하는 첫 번째 셀의 텍스트를 그 위에 있는 텍스트를 포함하는 첫 번째 셀과 연결(결합)하여 목표, 결정 변수 및 제약 함수 셀에 이름을 할당한다. 예를 들면, FCS 모형에서 목적 셀의 이름은 B19와 같다. B20 왼쪽의 텍스트를 포함하는 첫 번째 셀은 A20 셀의 "Profit"이고 B20 위의 텍스트를 포함하는 첫 번째 셀은 B19 셀의 "Total"이다. 이러한 텍스트 문자열을 연결하면 해찾기 보고서에 있는 목표 셀 이름 "Profit Total"이 생성된다. 제약 함수는 B16 ~ B18 셀에서 계산된다. 이러한 셀에 할당된 이름은 "포장 라인 양", "재료양" 및 "총 생산량"이다. 마지막으로, B12 및 C12의 결정 변수 셀에는 "40파운드 포대 생산량Amount Produced 40-lb bag" 및 "80파운드 포대 생산량Amount Produced 80-lb bag"이라는 이름이 있다.

해 찾기는 엑셀의 데이터 탭에서 찾을 수 있다. 해 찾기를 선택하면 해 찾기 매개 변수Solver Parameters 대화 상자가 나타난다. 이 대화 상자를 사용하여 해 찾기 내의 스프레드시트 모형에서 목적, 결정 변수 및 제약조건을 정의한다. 그림/표 D.2는 FCS 모형에 대해 완성된 해 찾기 매개 변수 대화 상자를 보여준다. 목표 설정Set Objective 셀은 목적 함수 값을 포함하는 셀이다. 목적

그림/표 D.1 FCS 문제에 대한 엑셀 모형

	A	B	C	D	E	F
1	**Florida Chemical Supply**					
2						
3	*Problem Data*					
4	**Product**	**40-lb bag**	**80-lb bag**			
5	**Profit/unit**	$2.00	$4.00		**Limitations**	
6	**Packaging line**	1.2	3	<=	1,500	minutes
7	**Materials availability**	6	10	<=	6,000	square feet
8	**Aggregate production**	40	80	>=	16,000	pounds
9						
10	*Decision Variables*					
11	**Product**	**40-lb bag**	**80-lb bag**			
12	**Amount produced**	0	0			
13						
14	*Constraints*					
15		**Amount used**				
16	**Packaging line**	0				
17	**Materials availability**	0				
18	**Aggregate production**	0				
19						
20		**Total**				
21	**Profit**	$0.00				

그림/표 D.2 완료된 해 찾기 매개변수 대화 상자

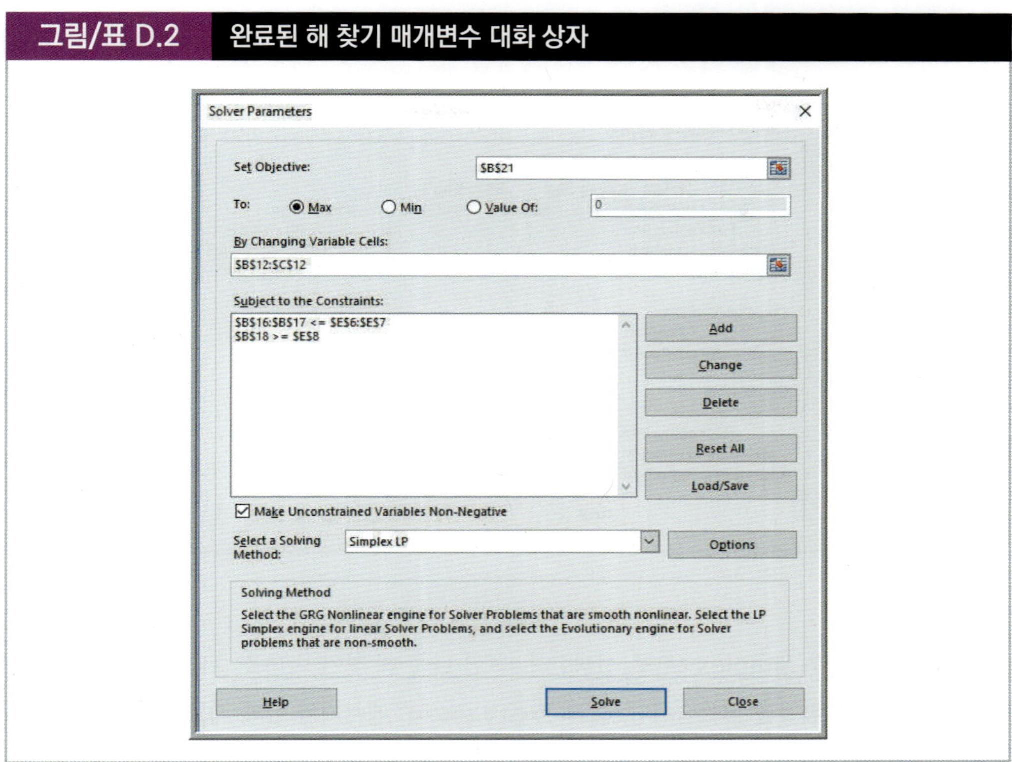

(최대 또는 최소)에 해당하는 셀의 버튼을 클릭한다. 변수 셀 변경Changing Variable Cells은 의사결정 변수를 포함하는 셀이다. 제약조건은 제약조건 상자에서 구성하거나 추가Add, 변경Change 또는 삭제Delete 버튼을 사용하여 편집한다. 제약조건을 입력하려면 추가 버튼을 클릭한다. 새 대화 상자인 제한 사항 추가Add Constraint가 나타난다(그림/표 D.3 참조). 왼쪽 필드인 셀 참조Cell Reference에 제약조건의 왼쪽을 포함하는 셀을 입력한다. 예를 들어 제약조건의 왼쪽은 B16에서 B18까지의 셀에 있다. 대화 상자 중간에 있는 드롭다운 상자drop-down box에서 올바른 유형의 제약조건(<=, = 또는 >=)을 선택한다. 오른쪽의 제한 사항 상자에 제약조건의 오른쪽에 대한 셀 참조를 입력한다. 이 예에서 제약조건의 오른쪽은 E6부터 E8까지의 셀에 있다. 모두 동일한 대수 형식 (모두 >=, 모두 =, 또는 모두 <=)을 갖는 제약 그룹을 정의하고 이들 제약조건을 모두 범위range에 함께 입력 할 수 있다. 예를 들어, 포장 라인과 재료 가용량 제약조건은 모두 <= 유형이다. 그림/표 D.3에서 이를 $B$16:$B$17 <= $E$6:$E$7로 함께 입력했다.

엑셀은 비음수nonnegativity를 *가정하지 않는다. 따라서 제약이 없는 변수를 음이 아닌 변수로 만들기*Make Unconstrained Variables Non-Negative 확인란을 선택하여 모형에 추가해야 한다. 해 찾기는 문제를 해결하기 위한 알고리즘 방법을 선택하기 위해 해법 선택Select a Solving Method 필드에 세 가지 옵션을 제공한다.

1. GRG Nonlinear – 비선형 최적화 문제 해결에 사용
2. Simplex LP – 선형 및 선형 정수 최적화 문제 해결에 사용
3. Evolutionary – 복잡한 비선형 및 비선형 정수 문제를 해결하는 데 사용

그림/표 D.3 제한사항 추가 대화 상자

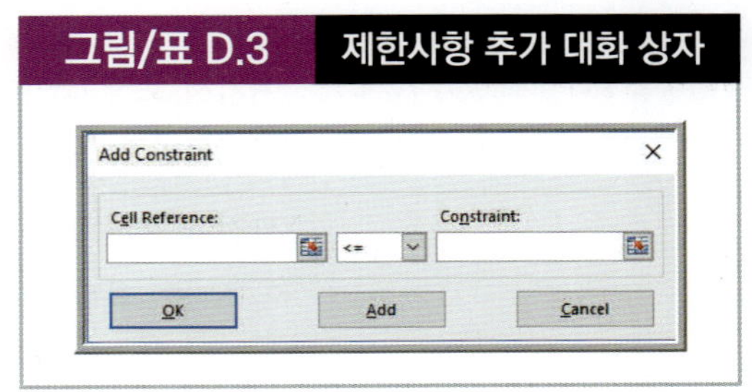

그림/표 D.4　FCS 용 해 찾기 해답(솔루션)

	A	B	C	D	E	F
1	**Florida Chemical Supply**					
2						
3	*Problem Data*					
4	**Product**	**40-lb bag**	**80-lb bag**			
5	**Profit/unit**	$2.00	$4.00		**Limitations**	
6	**Packaging line**	1.2	3	<=	1,500	minutes
7	**Materials availability**	6	10	<=	6,000	square feet
8	**Aggregate production**	40	80	>=	16,000	pounds
9						
10	*Decision Variables*					
11	**Product**	**40-lb bag**	**80-lb bag**			
12	**Amount produced**	500	300			
13						
14	*Constraints*					
15		**Amount used**				
16	**Packaging line**	1500				
17	**Materials availability**	6000				
18	**Aggregate production**	44000				
19						
20		**Total**				
21	**Profit**	$2,200.00				

선형 최적화의 경우 Simplex LP를 선택한다. 그런 다음 해 찾기 버튼을 클릭하여 문제를 해결한다. "해 찾기가 해답을 찾았습니다. Solver found a solution" 메시지와 함께 해 찾기 결과Solver Results 대화 상자가 나타난다. 확인OK을 클릭하여 스프레드시트에 해답을 저장한다. 그림/표 D.4는 스프레드시트의 최종 결과를 보여준다. 해답을 찾을 수 없는 경우 해 찾기는 이를 메시지로 알려준다. 이것은 일반적으로 모형에 오류가 있거나 해답이 만족할 수 없는 상충되는 제약조건을 포함했음을 의미한다. 이러한 경우 모형을 재검토해야 한다.

해답을 찾은 후 해 찾기를 사용하면 해 찾기 결과 대화 상자에서 답변 보고서Answer Report, 민감도 보고서Sensitivity Report 및 한계 보고서Limits Report의 세 가지 보고서를 생성할 수 있다. 확인OK을 클릭하기 전에 원하는 항목을 클릭하여야 한다. (보고서 개요Outline Reports 확인란을 선택하면 안된다. 이것은 "개요 형식outlined format"으로 보고서를 생성하는 엑셀 기능이다.) 이러한 보고서는 엑셀 통합 문서의 별도 시트에 배치된다. 답변 보고서 (그림/표 D.5)는 해답에 대한 기본 정보를 제공한다. (앞에서 설명한 사용된 이름에 유의하라.) 제한 섹션Constraints section에는 추가 설명이 필요하다. "셀 값Cell Value"은 결정 변수의 최적값을 대체하는 경우 제약조건의 왼쪽에 나타낸다.

$$\text{포장 라인: } 1.2(500) + 3(300) = 1{,}500 \text{ 분}$$
$$\text{재료: } 6(500) + 10(300) = 6{,}000 \text{ 평방 피트}$$
$$\text{생산: } 40(500) + 80(300) = 44{,}000 \text{ 파운드}$$

여기서 포장 라인에서 사용되는 시간과 사용되는 재료의 양이 한계에 있음을 알 수 있다. 이러한 제약조건을 바인딩binding이라고 한다. 그러나 총 생산량은 $44{,}000 - 16{,}000 = 28{,}000$ 파운드까지 요구 사항을 초과했다. 이 차이를 제약조건의 슬랙slack이라고 한다. 일반적으로 슬랙은 제약조건의 좌항과 우항 사이의 절대적인 차이이다.

그림/표 D.5　FCS에 대한 해 찾기 답변 보고서

	A	B	C	D	E	F	G
14	Objective Cell (Max)						
15		Cell	Name	Original Value	Final Value		
16		$B$21	Profit Total	$0.00	$2,200.00		
17							
18							
19	Variable Cells						
20		Cell	Name	Original Value	Final Value	Integer	
21		$B$12	Amount produced 40-lb bag	0	500	Contin	
22		$C$12	Amount produced 80-lb bag	0	300	Contin	
23							
24							
25	Constraints						
26		Cell	Name	Cell Value	Formula	Status	Slack
27		$B$16	Packaging line Amount used	1500	$B$16<=$E$6	Binding	0
28		$B$17	Materials availability Amount used	6000	$B$17<=$E$7	Binding	0
29		$B$18	Aggregate production Amount used	44000	$B$18>=$E$8	Not Binding	28000

민감도 보고서 (그림/표 D.6)의 변수 셀Variable Cells 부분은 결정변수의 최적값을 변경하지 않고 목적함수 계수coefficients가 얼마나 변할 수 있는지 알려준다. "허용 증가Allowable Increase" 및 "허용 감소Allowable Decrease"열에 제공된다. 따라서 40파운드 포대의 이익 계수는 최적의 제품 믹스를 변경하지 않고 2 − 0.4 = 1.6과 2 + 0.4 = 2.4 사이에서 달라질 수 있다. 계수가 이 범위를 넘어 변하면 문제를 해결해야 한다. 제약조건 섹션은 제약조건의 오른쪽 값 변경에 대한 정보를 제공한다. **잠재 가격**shadow price은 *제약의 오른쪽이 한 단위 증가함에 따른 목적함수 값의 변화이다*. 따라서 포장 라인 제약조건의 경우 포장 라인 가용성이 1분 증가하면 이익이 67% 향상될 수 있다. 마찬가지로 라인 가용성이 1분 미만이면 이익이 약 67센트 감소한다. 이것은 마지막 두 열의 허용 범위 내에서 증가 또는 감소를 유지한다. 제약조건의 오른쪽 변경이 이러한 제한을 초과하면 문제를 해결해야 한다. 예를 들면, 포장 라인 제약조건은 300 (허용 증가) 또는 300 (허용 감소) 감소할 수 있으며, 이익은 각 단위에 대해 약 67센트씩 변경된다. 포장 제약조건이 100분에서 1,600분으로 증가하면 이익이 $0.6667 (100) = $66.67만큼 증가한다. 포장 제약조건이 50 ~ 1,450분 감소하면 이익이 $0.6667 (50) = $33.34만큼 감소한다.

한계값의 보고서Limits report는 일반적으로 다수의 유용한 정보를 포함하지 않으므로 논의하지 않도록 한다.

그림/표 D.6　FCS에 대한 해 찾기 민감도 보고서

	A	B	C	D	E	F	G	H
6	Variable Cells							
7				Final	Reduced	Objective	Allowable	Allowable
8		Cell	Name	Value	Cost	Coefficient	Increase	Decrease
9		$B$12	Amount produced 40-lb bag	500	0	2	0.4	0.4
10		$C$12	Amount produced 80-lb bag	300	0	4	1	0.666666667
11								
12	Constraints							
13				Final	Shadow	Constraint	Allowable	Allowable
14		Cell	Name	Value	Price	R.H. Side	Increase	Decrease
15		$B$16	Packaging line Amount used	1500	0.666666667	1500	300	300
16		$B$17	Materials availability Amount used	6000	0.2	6000	1500	1000
17		$B$18	Aggregate production Amount used	44000	0	16000	28000	1E+30

참고자료 E : 운송 및 할당 문제

Transportation and Assignment Problems

운송 문제 transportation problem 는 여러 공급 지점(공장, 창고 등)에서 여러 수요 위치(창고, 고객, 창고 등) 로의 상품 및 서비스 분배를 계획 할 때 발생하는 특수한 유형의 선형 최적화 문제이다(참고자료 D : 선형 최적화 참조). 여기에는 최소 비용으로 공급 지점에서 수요 위치로 배송 할 금액을 결정하는 것이 포함된다. 운송 문제는 광범위하게 사용되는 공급사슬관리에서 고급 최적화 모형의 기초이다. 운송 문제의 특별한 경우는 할당 문제assignment problem 이다. 이 참고자료에서는 운송 및 할당 문제를 모형화하고 스프레드시트에 구현하고 엑셀 해 찾기Excel Solver를 사용하여 해결하는 방법을 보여준다.

운송 문제 모형화 Modeling the Transportation Problem

선형 최적화 모형을 개발하기 위해 먼저 결정변수decision variables를 각 공급 지점과 수요 위치 사이에 배송 할 양으로 정의한다. m개의 공급 지점과 n개의 수요 위치가 있다고 가정한다. 수학적 모형의 경우 공식을 단순화하기 위해 이중 첨자 변수를 사용한다. X_{ij}를 공급 지점 i에서 수요 위치 j로 선적된 수량으로 정의한다. 따라서 우리는 $m \times n$ 변수, X_{11}, $X12$, ..., Xmn을 가지고 있다. C_{ij}를 공급 지점 i에서 수요 위치 j로 한 단위를 배송하는 데 드는 비용을 정의한다. 따라서 $C_{ij}\ X_{ij}$는 공급 지점 i에서 수요 위치 j까지의 총 운송 비용이다. 모든 공급 지점과 수요 위치에 대해 이러한 용어를 합산하면 최소화하려는 목적 함수가 있다.

$$\text{총비용 최소화} = C_{11}X_{11} + C_{12}X_{12} + \cdots + C_{mn}X_{mn} \tag{E.1}$$

일반적으로 각 공급 지점에서 사용할 수 있는 상품의 수량이 제한되어 있으며, 각 수요 위치에서 특정한 수량의 상품이 필요하다. 공급 지점 i에서 사용 가능한 공급을 S_i로, 수요 위치 j에서 필요한 수요를 D_j로 지정하자. 따라서 모형의 제약조건은 각 공급 지점에서 사용 가능한 양보다 더 많이 배송할 수 없고 공급 지점에서 각 수요 위치로 필요한 양을 배송할 수 있도록 해야 한다. 수학적으로, 각 공급 지점에 대한 공급 제약과 각 수요 위치에 대한 수요 제약이 있다.

공급 제약조건

$$\begin{aligned} X_{11} + X_{12} + \cdots + X_{1n} &\le S_1 \\ X_{21} + X_{22} + \cdots + X_{2n} &\le S_2 \\ &\cdots \\ X_{m1} + X_{m2} + \cdots + X_{mn} &\le S_m \end{aligned} \tag{E.2}$$

수요 제약조건

$$\begin{aligned} X_{11} + X_{21} + \cdots + X_{m1} &= D_1 \\ X_{12} + X_{22} + \cdots + X_{m2} &= D_2 \\ &\cdots \\ X_{1n} + X_{2n} + \cdots + X_{mn} &= D_n \end{aligned} \tag{E.3}$$

마지막으로 모든 변수는 음수가 아니어야 한다.

$$X_{ij} \geqslant 0 \text{ for } i = 1,\ldots,m \text{ and } j = 1,\ldots,n$$

운송 모형 예 Transportation Model Example

상용 발전기를 생산하는 포스터 제조업체 주식회사Foster Manufacturing, Inc.가 직면한 문제를 고려해 보자. 현재 포스터는 오하이오주 클리블랜드Cleveland, Ohio, 인디애나 주 배드포드Bedford, Indiana, 펜실바니아주 요크York Ohio에 각각 1개소씩 총 3개의 공장을 가지고 있다. 공장(공급 지점)에서 생산된 발전기는 보스턴Boston, 시카고Chicago, 세인트루이스St. Louis 및 켄터키주 렉싱턴Lexington, Kentucky에 있는 유통 센터(수요 위치)로 배송된다. 문제는 최소 비용으로 물류센터에 생산품들을 가장 잘 할당하는 방법을 찾는 것이다.

일반적인 1개월 계획 기간을 사용하여 3개 공장의 생산 능력이 그림/표 E.1에 나와 있다.

그림/표 E.1 포스터 제조업체 생산 능력

출발지	공장	생산 능력(단위)
1	클리브랜드	5,000
2	베드포드	6,000
3	요크	2,500
	총	13,500

그림/표 E.2 포스터 제조업체 월간 예측

출발지	유통 센터	수요 예측(단위)
1	보스턴	6,000
2	시카고	4,000
3	세인트 루이스	2,000
4	렉싱턴	1,500
	총	13,500

그림/표 E.3 포스터 제조업체 단위당 운송비

	목적지			
출발지	보스턴	시카고	세인트 루이스	렉싱턴
클리브랜드	$3	$2	$7	$6
베드포드	7	5	2	3
요크	2	5	4	5

그림/표 E.4 포스터 제조업체 운송 테이블

공장	유통센터 1. 보스턴	2. 시카고	3. 세인트 루이스	4. 렉싱턴	출발지 공급
1. 클리브랜드	3 X_{11}	2 X_{12}	7 X_{13}	6 X_{14}	5,000
2. 베드포드	7 X_{21}	5 X_{22}	2 X_{23}	3 X_{24}	6,000
3. 요크	2 X_{31}	5 X_{32}	4 X_{33}	5 X_{34}	2,500
목적지 수요	6,000	4,000	2,000	1,500	13,500

보스턴으로의 배송량에 해당하는 셀

총공급 및 총수요

4개 유통 센터의 월별 수요 예측치는 그림/표 E.2에 나와 있다. 각 경로의 단위당 운송비는 그림/표 E.3에 나와 있다.

운송 문제 데이터를 요약하는 편리한 방법은 그림/표 E.4에 표시된 것과 같은 표를 사용하는 것이다. 표의 12개 셀은 3개 공장에서 4개 유통 센터로의 12개 가능한 배송 경로에 해당한다. 테이블 오른쪽 열의 항목은 각 공장에서 사용 가능한 공급을 나타내고 하단의 항목은 각 물류센터에서 필요한 수요를 나타낸다. 문제가 실현되기 위해서는 총공급이 적어도 총수요만큼 커야한다. 이 예제에서는 총공급과 총수요가 동일하다. 각 셀의 오른쪽 상단 모서리에 있는 항목은 해당 경로를 통한 배송의 단위당 비용을 나타낸다.

클리블랜드에서 보스턴으로 X_{11}개를 배송하는 경우 총 운송비는 $3X_{11}$이다. 각 배송 경로와 관련된 비용을 합산하여 최소화하려는 총비용을 얻는다.

$$\text{총비용} = 3X_{11} + 2X_{12} + 7X_{13} + 6X_{14} + 7X_{21} + 5X_{22} + 2X_{23} \\ + 3X_{24} + 2X_{31} + 5X_{32} + 4X_{33} + 5X_{34}.$$

이 표의 첫 번째 행을 살펴보면 클리블랜드에서 모든 목적지로 배송되는 양이 5,000 또는 $X_{11} + X_{12} + X_{13} + X_{14} \le 5{,}000$을 초과하지 않아야 한다. 마찬가지로 베드포드에서 도든 목적지로 배송되는 양은 6,000 또는 $X_{21} + X_{22} + X_{23} + X_{24} \le 6{,}000$을 초과해서는 안된다. 마지막으로 요크에서 모든 목적지로 배송되는 양은 2,500 또는 $X_{31} + X_{32} + X_{33} + X_{34} \le 2{,}500$을 초과하지 않아야 한다.

또한 각 목적지가 필요한 수요를 충족하는 수량을 받도록 해야 한다. 따라서 모든 출발지에서 보스턴으로 배송되는 양은 6,000 또는 $X_{11} + X_{21} + X_{31} = 6{,}000$이어야 한다. 시카고, 세인트루이스, 렉싱턴의 경우 유사한 제약조건이 적용된다.

그림/표 E.5　포스터 제조업체 운송 문제에 대한 스프레드시트 모형

	A	B	C	D	E	F
1	**Foster Manufacturing**					
2						
3	*Data*	**Boston**	**Chicago**	**St. Louis**	**Lexington**	**Supply**
4	**Cleveland**	$3.00	$2.00	$7.00	$6.00	5000
5	**Bedford**	$7.00	$5.00	$2.00	$3.00	6000
6	**York**	$2.00	$5.00	$4.00	$5.00	2500
7	**Demand**	6000	4000	2000	1500	
8						
9	*Model*					
10						
11	**Decision variables**	**Boston**	**Chicago**	**St. Louis**	**Lexington**	
12	**Cleveland**	0	0	0	0	
13	**Bedford**	0	0	0	0	
14	**York**	0	0	0	0	
15						
16	*Supply Constraints*	**Cleveland**	**Bedford**	**York**		
17	**Amount Shipped From**	0	0	0		
18						
19	*Demand Constraints*	**Boston**	**Chicago**	**St. Louis**	**Lexington**	
20	**Amount Shipped To**	0	0	0	0	
21						
22		**Cost**				
23	**Total**	$0.00				

Chicago: $X_{12} + X_{22} + X_{32} = 4,000$
St. Louis: $X_{13} + X_{23} + X_{33} = 2,000$
Lexington: $X_{14} + X_{24} + X_{34} = 1,500$

모든 변수에 대해 음이 아닌 제약, $x_{ij} \geq 0$을 포함함으로써 선형 최적화 모형을 갖게 된다.

운송 문제 해결 Solving the Transportation Problem

그림/표 E.5는 포스터 제조업체 운송 문제의 스프레드시트 모형이다(마인드탭MindTap에서 포스트사Foster Manufacturing 사용 가능). A3 : F7 범위의 셀은 모형의 데이터를 제공한다. 그림/표 E.5에서 범위 B12 : E14는 문제의 결정변수(배송된 금액)에 해당한다. B17 : D17 셀의 각 공급지점(클리블랜드, 베드포드 및 요크)이 해당 공급지점에 대한 결정변수의 합계인 경우 배송된 금액이다. 예를 들어 B17 셀의 수식은 = SUM (B12 : E12)이다. 이러한 값은 셀 F4 : F6의 공급 수량을 초과 할 수 없다. 물류센터(보스턴, 시카고, 세인트루이스 및 렉싱턴)의 경우 각각에 배송수량은 해당 물류센터(셀 B20 : E20)에 대한 결정변수 셀의 합계이다. 예를 들어 B20 셀의 수식은 =SUM(B12 : B14)이다. 이러한 값은 B7 : E7 셀의 요구 사항과 같아야 한다. 최소화할 목표는 총 비용이며, B23 셀에서 =SUMPRODUCT(B4 : E6, B12 : E14)로 계산된다. 해 찾기 모형은 그림/표 E.6에 나와 있으며 운송 문제에 대한 해답은 그림/표 E.7에 나와 있다 그림/표 E.8은 해답에 대한 요약을 제공한다. 운송 모형의 유용한 속성 중 하나는 모든 공급과 수요가 정수이면 의사결정 변수의 최적값도 정수라는 것이다.

그림/표 E.6 해 찾기 매개변수 대화 상자

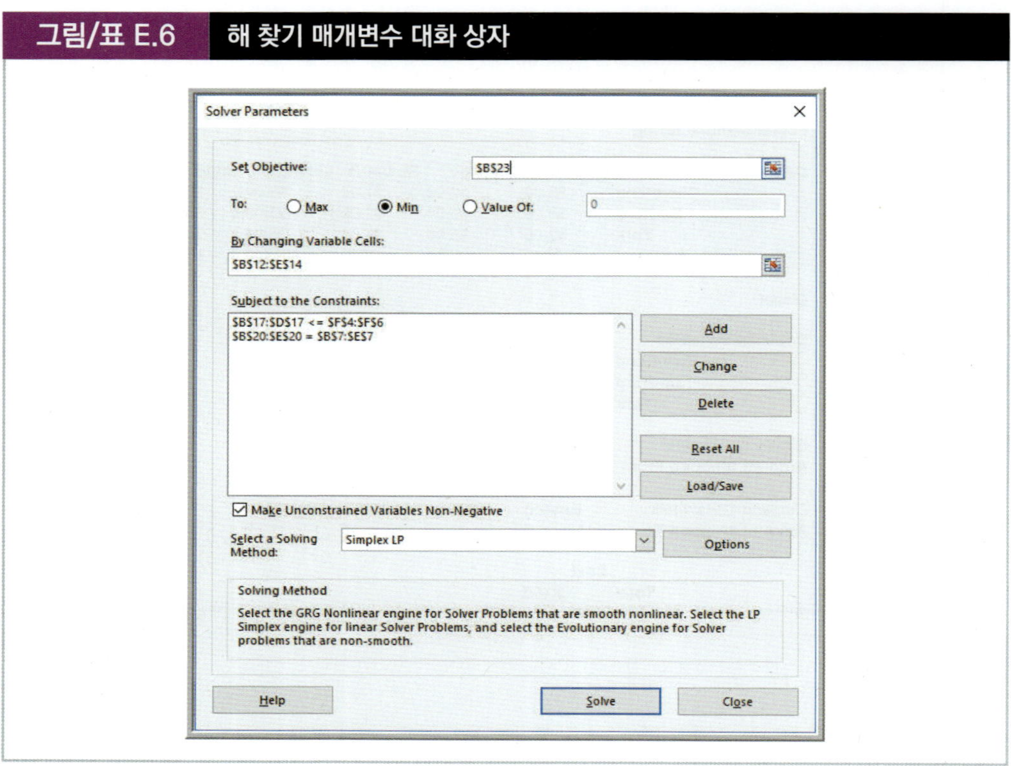

그림/표 E.7 포스터사 운송문제에 대한 최적 해답

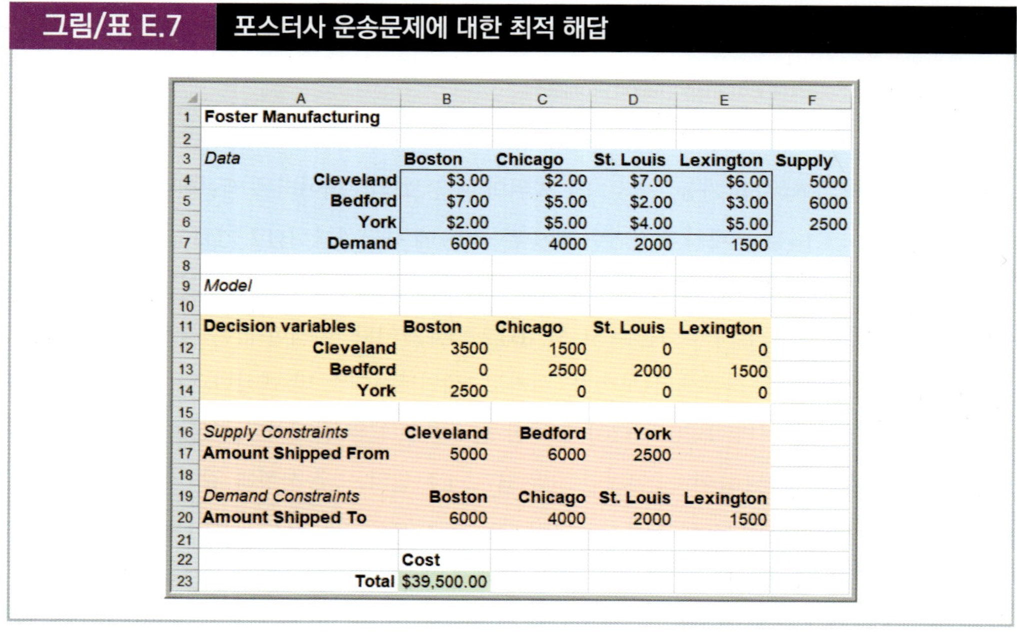

	A	B	C	D	E	F
1	**Foster Manufacturing**					
2						
3	*Data*	**Boston**	**Chicago**	**St. Louis**	**Lexington**	**Supply**
4	**Cleveland**	$3.00	$2.00	$7.00	$6.00	5000
5	**Bedford**	$7.00	$5.00	$2.00	$3.00	6000
6	**York**	$2.00	$5.00	$4.00	$5.00	2500
7	**Demand**	6000	4000	2000	1500	
8						
9	*Model*					
10						
11	**Decision variables**	**Boston**	**Chicago**	**St. Louis**	**Lexington**	
12	**Cleveland**	3500	1500	0	0	
13	**Bedford**	0	2500	2000	1500	
14	**York**	2500	0	0	0	
15						
16	*Supply Constraints*	**Cleveland**	**Bedford**	**York**		
17	**Amount Shipped From**	5000	6000	2500		
18						
19	*Demand Constraints*	**Boston**	**Chicago**	**St. Louis**	**Lexington**	
20	**Amount Shipped To**	6000	4000	2000	1500	
21						
22		**Cost**				
23	**Total**	$39,500.00				

그림/표 E.8 포스터사 솔루션 요약

루트				
…부터	…까지	선적된 단위	단위 비용($)	총 비용($)
클리브랜드	보스턴	3,500	3	10,500
클리브랜드	시카고	1,500	2	3,000
베드포드	시카고	2,500	5	12,500
베드포드	세인트 루이스	2,000	2	4,000
베드포드	렉싱턴	1,500	3	4,500
요크	보스턴	2,500	2	5,000
				총 39,500

할당 문제 모형화 Modeling the Assignment Problem

할당 문제 assignment problem 는 모든 공급 및 수요가 1과 같을 때 운송 문제의 예외적인 경우이다. 이 모형은 엔지니어, 세무사, 건축가, 의사 또는 컨설턴트 등의 전문가들을 일련의 작업 또는 프로젝트에 할당하려는 경우에 사용된다. 각 개인을 작업 프로젝트에 할당하는 점수는 이전 작업의 품질 등급, 작업 당 시간, 비용 또는 각 프로젝트에 대한 각 직원의 만족도 등급일 수 있다. 일부 응용 프로그램은 작업 일정에 대한 14장과 프로젝트 관리에 대한 18장에서 설명한다.

n개의 작업에 m명의 인원을 할당한다고 가정하자. 실현 가능하려면 m이 n보다 크거나 같아야한다. 사람 i가 작업 j에 할당된 경우 $X_{ij} = 1$로 정의한다. 수학적으로 모형은 공급과 수요가 모두 1이라는 점을 제외하면 운송 문제와 거의 동일하다. 목표는 총비용을 최소화하거나 총 이익을 극대화하는 것이다.

총비용 최소화 Minimize Total Cost (또는 총이익 최대화 Maximize Total Benefit)

$$= C_{11} X_{11} + C_{12} X_{12} + \cdots + C_{mn} X_{mn} \tag{E.4}$$

C_{ij} = 사람 i를 작업 j에 할당하는 비용 cost 또는 이익 benefit

제약조건은 운송 모형의 형식과 동일하다. 첫째, 각 인원은 최대 하나의 작업에 할당되어야 한다.

공급 (사람) 제약조건

$$\begin{aligned} X_{11} + X_{12} + \cdots + X_{1n} &\leq 1 \\ X_{21} + X_{22} + \cdots + X_{2n} &\leq 1 \\ &\cdots \\ X_{m1} + X_{m2} + \cdots + X_{mn} &\leq 1 \end{aligned} \tag{E.5}$$

둘째, 각 작업에는 한 사람이 할당되어야 한다.

수요 (작업) 제약조건

$$
\begin{aligned}
X_{11} + X_{21} + \cdots + X_{m1} &= 1 \\
X_{12} + X_{22} + \cdots + X_{m2} &= 1 \\
\cdots \\
X_{1n} + X_{2n} + \cdots + X_{mn} &= 1
\end{aligned} \qquad \text{(E.6)}
$$

마지막으로 모든 변수는 음수가 아니어야 한다.

$$X_{ij} \geqslant 0,\ \ i = 1, \ldots, m \text{ 그리고 } j = 1, \ldots, n$$

운송 모형과 마찬가지로 할당 모형의 속성은 일반 선형 최적화를 사용하여 모형을 풀면 모든 변수가 정수 값을 갖게 된다는 것이다.

예 : 건물 미화원 작업 지정 Assigning Janitorial Crews to Buildings

에스플레네이드 미화서비스Esplanade Janitorial Service는 6명의 직원으로 매일 사무실 건물 6개를 청소한다. 각 건물에는 유사한 청소 요구 사항이 있지만 미화원 능력 및 건물 면적과 같은 차이로 인해 그림/표 E.9에 표시된 대로 각 미화원의 인건비가 다르다. 업체의 목표는 일일 총비용 최소화를 목표로 건물에 미화원을 배정하는 것이다.

각 미화원은 최대 한 건물에 배정될 수 있으며 각 건물에는 정확히 한 명의 미화원이 할당되어야 한다. 이 예에서는 6개의 건물과 6명의 미화원이 있으므로 모든 미화원이 배정된다. 그러나 다른 문제에서는 건물 수보다 미화원 수가 더 많을 수 있으며 따라서 일부 미화원이 할당되지 않는다.

미화원이 i가 건물 j에 할당되면 $X_{ij} = 1$을 정의하고 그렇지 않으면 0을 정의한다. 36개의 의사 결정 변수가 있는 것을 유의하라. 공식 (E.4) – (E.6)에서 개발된 모형을 사용하여 다음을 얻을 수 있다.

$$
\begin{aligned}
\text{총비용 최소화 Maximize Total Cost} = 7210X_{1A} + 7060X_{2A} + 6510X_{3A} + \cdots + 6340X_{4F} \\
+ 6700X_{5F} + 5820X_{6F}
\end{aligned}
$$

그림/표 E.9 각 건물 청소 비용

	미화원					
건물	1	2	3	4	5	6
A	$7,210	$7,060	$6,510	$7,740	$5,970	$5,390
B	$5,970	$6,030	$6,300	$7,810	$5,690	$6,990
C	$5,280	$7,440	$6,290	$7,710	$7,380	$6,480
D	$6,310	$7,220	$6,390	$6,820	$7,360	$6,880
E	$5,340	$5,610	$5,790	$5,880	$5,680	$5,050
F	$6,440	$5,820	$7,620	$6,340	$6,700	$5,820

공급(미화원) 제약조건

$$X_{1A} + X_{1B} + X_{1C} + X_{1D} + X_{1E} + X_{1F} \leqslant 1$$
$$X_{2A} + X_{2B} + X_{2C} + X_{2D} + X_{2E} + X_{2F} \leqslant 1$$
$$X_{3A} + X_{3B} + X_{3C} + X_{3D} + X_{3E} + X_{3F} \leqslant 1$$
$$X_{4A} + X_{4B} + X_{4C} + X_{4D} + X_{4E} + X_{4F} \leqslant 1$$
$$X_{5A} + X_{5B} + X_{5C} + X_{5D} + X_{5E} + X_{5F} \leqslant 1$$
$$X_{5A} + X_{5B} + X_{5C} + X_{5D} + X_{5E} + X_{5F} \leqslant 1$$

수요(건물) 제약조건

$$X_{1A} + X_{2A} + X_{3A} + X_{4A} + X_{5A} + X_{6A} = 1$$
$$X_{1B} + X_{2B} + X_{3B} + X_{4B} + X_{5B} + X_{6B} = 1$$
$$X_{1C} + X_{2C} + X_{3C} + X_{4C} + X_{5C} + X_{6C} = 1$$
$$X_{1D} + X_{2D} + X_{3D} + X_{4D} + X_{5D} + X_{6D} = 1$$
$$X_{1E} + X_{2E} + X_{3E} + X_{4E} + X_{5E} + X_{6E} = 1$$
$$X_{1F} + X_{2F} + X_{3F} + X_{4F} + X_{5F} + X_{6F} = 1$$

비음수 제약조건 Nonnegativity

$$X_{ij} \geqslant 0 \text{ for } i = 1, \ldots, 6 \text{ and } j = A, \ldots, F$$

그림/표 E.10은 스프레드시트 모형과 해 찾기 해답(마인드탭의 에스플레네이드 미화서비스)을 보여준다. 최소 비용 솔루션은 건물 A를 미화원 6에, 건물 B를 미화원 5에, 건물 C를 미화원 1에, 건물 D를 미화원 3에, 건물 E를 미화원 4에, 건물 F를 미화원 2에게 총 34,450 달러로 할당하는 것이다.

그림/표 E.10 에스플레네이드 미화서비스 할당 문제에 대한 스프레드시트 모형 및 해 찾기 해답

	A	B	C	D	E	F	G	H
1	Assignment Model							
2								
3				Building				
4	Crew	A	B	C	D	E	F	Supply
5	1	$7,210	$5,970	$5,280	$6,310	$5,340	$6,440	1
6	2	$7,060	$6,030	$7,440	$7,220	$5,610	$5,820	1
7	3	$6,510	$6,300	$6,290	$6,390	$5,790	$7,620	1
8	4	$7,740	$7,810	$7,710	$6,820	$5,880	$6,340	1
9	5	$5,970	$5,690	$7,380	$7,360	$5,680	$6,700	1
10	6	$5,390	$6,990	$6,480	$6,880	$5,050	$5,820	1
11	Demand	1	1	1	1	1	1	
12								
13	*Model*							
14								
15	Decision variables	A	B	C	D	E	F	
16	1	0	0	1	0	0	0	
17	2	0	0	0	0	0	1	
18	3	0	0	0	1	0	0	
19	4	0	0	0	0	1	0	
20	5	0	1	0	0	0	0	
21	6	1	0	0	0	0	0	
22								
23	Crew Constraints	1	2	3	4	5	6	
24	Building assigned	1	1	1	1	1	1	
25								
26	Building Constraint	A	B	C	D	E	F	
27	Crew assigned	1	1	1	1	1	1	
28								
29		Cost						
30	Total	$34,450.00						

참고자료 F : 대기행렬 모형

Queuing Models

이 참고자료에서는 제조 및 서비스 조직에 광범위하게 적용할 수 있는 대기행렬 모형의 기본 개념과 방법을 소개한다. 본서는 단순한 대기행렬 모형의 설명에 집중하고, 더 복잡한 모형들에 대한 설명은 경영과학 교과서를 참고하기를 추천한다.

대기행렬 시스템 Queuing System

대기행렬 시스템queuing system은 서비스를 받기 위해 도착하는 고객 (예 : 사람, 수리할 기계, 처리할 작업 등), 서비스를 제공하는 하나 이상의 서버 (예 : 식료품점 계산대, 수리기사, 기계), 그리고 만약 서버가 바쁘다면 서비스를 받기 위해 기다리는 고객 대기행렬로 구성된다.

고객 특성 Customer Characteristics

고객은 일정 도착 절차에 따라 시스템에 도착한다. 도착 프로세스는 확정적이거나 확률적일 수 있다. 확정적 도착deterministic arrivals 예로는 자동화 기계에서 조립 라인으로 부품을 공급하거나 지정된 시간에 의료 시설에 도착하는 환자를 생각할 수 있다. 슈퍼마켓에 도착하는 고객들과 같은 대부분의 도착 프로세스는 무작위이다. 특정 기간 동안의 도착 수를 나타내는 확률 분포 또는 성공적인 도착 사이의 시간을 나타내는 분포로 고객 행동을 모형화 할 수 있다.

도착량arrival rate은 일정하거나 시간에 따라 달라질 수 있다. 예를 들어, 퀵 서비스 레스토랑의 서비스 수요는 오전 중반과 오후 중반에는 낮지만 아침, 점심 및 저녁 식사 시간에 최고조에 달한다. 개별 고객은 단독으로 또는 독립적으로(우편판매 회사에 주문 전화) 또는 그룹(공작기계에 가공을 위해 도착하는 팔레트 단위pallet-load 부품 또는 영화관의 단체 관람객)으로 시스템에 도착할 수 있다.

전화를 하는 고객의 모집단은 모두 잠재고객이다. 많은 대기행렬 문제에서 전화를 거는 모집단은 무한하다고 가정한다. 즉, 무한의 잠재고객이 시스템에 연결될 수 있다. 이것은 우편판매회사 또는 슈퍼마켓에 잠재고객이 전화를 거는 경우이다. 다른 상황에서는 전화를 거는 모집단이 한정되어 있다. 한 예로 고장난 기계의 수리 서비스를 기다리는 공장을 들 수 있다.

서비스 특성 Service Characteristics

서비스는 일부 서비스 프로세스에 따라 발생한다. 고객에게 서비스를 제공하는 데 걸리는 시간은 확정적이거나 확률적일 수 있다. 확률적 사례에서 서비스 시간은 일부 확률 분포로 설명할 수 있다. 평균 서비스 시간은 하루 중에서도 서빙하는 식사 종류에 따라 다를 수 있다(고객 주문부터 식사 제공까지의 소요시간은 아침 식사 시간보다 저녁 식사 시간에 더 길 수 있다.). 서비스 시간은 고객 유형에 따라 다를 수 있다. 서비스 프로세스에는 하나 또는 여러 서버가 있을 수 있다. 복수의 서버가 제공하는 서비스 특성은 동일하거나 다를 수 있다. 일부 시스템에서는 특정 서버가 특정 유형의 고객에게만 서비스를 제공할 수 있다. 레스토랑 및 백화점과 같은 많은 시스템에서 관리자는 붐비는 시간 또는 한가한 시간(슬랙타임slack time) 서버 수를 다양하게 조정한다.

대기행렬 특성 Queue Characteristics

고객에게 서비스를 제공하는 순서는 대기행렬 규칙queue discipline에 의해 정해진다. 가장 일반적인 대기행렬의 규칙은 선착순(선입선출이라고도 함) first-come, first-served (FCFS)이다. 어떤 상황에서는 대기행렬이 역선착순(후입선출이락고도 함) last-come, first-served (LCFS)으로 결정될 수 있는데, 사무직원 책상에 놓인 우편물 더미의 제일 위에는 가장 늦게 배달된 우편물이 놓여 있는 경우가 바로 LDFS의 예이다. 그러나 많은 상황에서는 큰 폭풍 후 전력선 복구와 같이 중요도에 따라 작업의 우선 순위가 지정된다.

시스템 배열 System Configuration

대기행렬 시스템의 고객, 서버 및 대기줄(대기열)은 다양한 방식으로 배열할 수 있다. 세 가지 일반적인 대기열 구성은 다음과 같다.

1. *단일 대기열–병렬 서버*. 이것은 웬디즈Wendy's와 같은 패스트푸드 레스토랑 뿐만 아니라 많은 은행과 항공권 카운터에서도 사용하는 일반적인 배열이다.
2. *복수 대기열–복수 서버*. 대부분의 슈퍼마켓 및 할인 판매점에서는 이러한 유형의 시스템을 사용한다.
3. *연속적 직렬 대기열*. 이 배열은 제조 시설이나 병원과 같이 일련의 여러 처리 작업이 순차적으로 연결되어 있을 때 만들어진다. 예를 들면, 투표소에서 유권자는 먼저 등록절차(직렬 대기열)를 거친 후 투표소에 입장하여 투표절차(직렬 대기열)를 진행한다.

대기행렬 규칙 Queue Discipline

대기행렬 규칙queue discipline은 *서비스를 위해 새로운 도착 주문 우선 순위를 지정하는 방식이다.* 공항 문제 및 일반적으로 대부분의 고객 대기열의 경우 대기 단위는 선착순 대기행렬 규칙이라 고하는 선착순 기준으로 주문을 처리한다. 다른 유형의 대기행렬 규칙도 널리 사용된다. 다음과 같은 규칙들이 있다.

- **최단 처리 시간** shortest processing time (SPT)은 14장에서 설명한다. SPT는 처리수를 최대화하려고 하지만 처리 시간이 긴 단위는 오랜 시간을 기다려야 한다.
- **무작위 대기행렬 규칙** random queue discipline은 서비스를 받는 단위(개별 대상) 서비스를 위해 도착한 순서에 관계없이 무작위로 서비스를 받는다. 일부 문화권에서는 서비스 제공 시 FCFS 규칙 대신 무작위 대기행렬 규칙을 사용한다.
- **중증도분류** triage는 병원 응급실에서 도착한 환자의 부상 정도에 따라 사용된다. 즉, 목이 부러진 환자가 손가락이 잘린 다른 환자보다 우선 순위가 높다.

- **선점** preemption은 신규 도착자가 현재 대기열의 구성원을 대체하고 서비스를 가장 먼저 받을 수 있는 기준을 사용하는 것이다. 이 기준은 재산 상태, 사회적 지위, 연령, 공무원 신분 여부 등이 될 수 있다. '중증도분류'는 환자의 의학적 필요 정도와 심각도를 기반으로 한 '선점' 방식의 한 형태이다.
- **예약 및 약속** reservation and appointments은 특정 고객 또는 처리 단위processing unit에 대해 특정 시간에 특정 용량을 할당한다. 예를 들어 법률 및 의료 서비스는 예약 대기행렬 규칙을 사용하여 하루를 예약한다.

대기행렬 모형은 이러한 여러 상황을 나타낼 수 있지만 복잡한 시스템, 서버 및 고객 행동을 분석하려면 종종 시뮬레이션이 필요하다.

대기행렬 행동 Queuing Behavior

대기줄 및 서비스 접점에서 사람들의 행동은 종종 예측할 수 없다. **이탈** Reneging은 *고객이 대기를 시작하였지만 대기열과 서비스 제공 시스템을 떠나기로 결정하는 프로세스이다.* **대기줄 미참가** Balking는 *고객이 대기줄과 서비스 제공 시스템을 평가한 후 대기에서 기다리지 않기로 결정하는 프로세스이다.* 두 경우 모두 고객이 시스템을 떠나고 돌아올 수 없으며 현재 판매 또는 향후 판매가 모두 손실될 수 있다. 대부분의 분석 모형은 고객의 행동이 인내심이 있고 꾸준하며 이탈하거나 주저함이 없다고 가정한다. 이러한 상황은 시뮬레이션 없이 모형화하기가 어렵다.

대기행렬 모형 성과지표 Queuing Model Performance Metrics

대기행렬 모형은 고객, 서비스 및 대기행렬 특성을 시스템 성과 측정으로 변환한다. 따라서 대기행렬 모형은 본질적으로 실제 상황을 보여주는 설명모형descriptive model이다. 대기행렬 시스템의 성과를 평가하는 두 가지 기본 측정 값은 다음과 같다.

1. 고객에게 제공되는 서비스의 품질.
2. 서비스 운영의 효율성 및 서비스 제공 비용

고객에게 제공되는 서비스의 품질을 평가하기 위해 다양한 성능 수치 측정을 사용할 수 있다. 여기에는 다음이 포함된다.

- 대기줄 대기 시간
- 시스템 대기 시간 (대기 시간 + 서비스 시간)
- 기한까지 완료

서비스 운영의 효율성은 다음과 같은 측정을 계산하여 평가할 수 있다.

- 평균 대기줄 길이
- 시스템의 평균 고객 수 (대기열 및 서비스 중)
- 처리량 — 고객에게 서비스를 제공하는 비율

그림/표 F.1 대기행렬 시스템 성과 측정

측정항목	기호
시스템의 평균 고객 수 (대기열 및 서비스 중)	L
대기행렬에서의 평균 고객 수	L_q
시스템 내에서의 평균 대기 시간 (대기열에서의 시간과 서비스를 제공받는 시간)	W
대기행렬에서의 평균 시간	W_q
시스템이 비어있을 확률 (서버가 유휴상태)	P_0

- 서버 활용도 — 서버가 사용중인 시간 비율
- 대기줄에 합류하지 않거나 이탈하는 고객 비율

일반적으로 대안 시스템 배열을 비교하기 위해 이러한 측정을 사용하여 운영 비용을 계산할 수 있다.

대기 시스템 성능에 대한 가장 일반적인 측정과 이를 나타내는 데 사용되는 기호는 그림/표 F.1에 나와 있다. 이러한 측정을 대기행렬 시스템의 운영 특성operating characteristics이라고 한다.

도착의 특성, 서비스 시간 및 시스템의 기타 측면에 대한 고유한 가정을 기반으로 하는 다양한 대기열 모형이 존재한다. 가장 간단하고 일반적인 모형은 포아송Poisson 도착 및 지수 서비스 시간이 있는 단일 또는 다중 채널 대기행렬이다.

단일서버 대기행렬 모형 Single Server Queuing Model

본 섹션에 제시된 대기열 모형은 다음 가정 또는 조건을 충족하는 대기 라인 상황에 적용할 수 있다.

1. 대기줄에는 단일서버만 존재한다.
2. 도착 패턴은 평균 도착률 λ를 갖는 포아송 확률 분포를 따른다. 이것은 각 기간에 도착하는 평균 고객 수이다.
3. 서비스 시간은 평균 서비스율 μ와 함께 지수 확률 분포를 따른다. 이는 각 기간에 서비스를 받는 평균 고객 수이다.
4. 대기행렬 규칙은 선착순 FCFS이다.
5. 도착고객은 대기줄에 합류하여야 하며, 대기하는 동안에는 이탈할 수 없다.

포아송 도착 및 지수 서비스 시간의 가정을 사용하여 분석가는 단일 채널 대기줄의 운영 특성을 정의하기 위해 다음 식을 개발했다.

1. 시스템이 비어있을 확률(즉, 대기열과 서비스 모두에 0개 단위가 존재할 확률) :

$$P_0 = (1 - \lambda/\mu) \tag{F.1}$$

2. 대기행렬에서 서비스를 기다리는 평균 고객 수 :

$$L_q = \frac{\lambda^2}{\mu(\mu - \lambda)} \tag{F.2}$$

3. 시스템의 평균 고객 수(대기줄이 있으며 서비스가 진행 중) :

$$L = L_q + \lambda/\mu \tag{F.3}$$

4. 고객이 서비스를 기다리는 데 소요되는 평균 시간(대기줄에서의 시간) :

$$W_q = L_q/\lambda \tag{F.4}$$

5. 고객이 시스템에서 보내는 평균 시간(대기시간과 서비스 시간) :

$$W = W_q + 1/\mu \tag{F.5}$$

6. 도착 고객이 서비스를 기다려야 할 확률 :

$$P_w = \lambda/\mu \tag{F.6}$$

7. 시스템에서 n명의 고객이 있을 확률(대기줄이 있으며 서비스가 진행 중) :

$$P_n = (\lambda/\mu)^n P_0 \tag{F.7}$$

평균 도착률 λ 및 평균 서비스 속도 μ의 값은 이 공식에서 분명히 중요한 구성 요소이다. 공식 F.7에서 이 두 값의 비율인 λ/μ는 단순히 서버가 사용 중이기 때문에 도착하는 단위가 기다려야 할 확률이라는 것을 알 수 있다. 따라서 λ/μ는 종종 대기줄에 대한 효율성 요인utilization factor라고 한다. 단일서버 대기열의 운영 특성을 결정하는 공식은 대한 효율성 요인 λ/μ이 1미만인 경우에만 적용 가능하다. 이 조건은 평균 서비스 속도 μ가 평균 도착률 λ보다 클 때 즉, 서비스가 모든 도착을 처리하거나 서비스율이 충분할 때 발생한다.

예 : 공항 체크인 프로세스를 위한 대기행렬 모형 A Queuing Model For An Airport Check-In Process

공항에서 승객을 위한 자동 체크인 키오스크 설계 문제를 고려해보자. 대부분의 주요 항공사는 이제 자동 키오스크를 사용하여 전자 항공권으로 탑승권을 인쇄하는 과정을 가속화하고 있다. 승객은 확인 번호를 입력하거나 전자 항공권을 스캔하여 탑승권을 인쇄한다. 시스템의 대기열 분석은 시스템이 공항 승객에게 적절한 서비스를 제공하는지 여부를 분석하는데 도움이 된다.

대기행렬 모형을 개발하려면 먼저 도착 및 서비스 시간 특성을 수량화해야 한다.

도착 분포 Arrival Distribution

대기줄의 도착 분포를 정의하는 것은 주어진 기간에 서비스를 받기 위해 도착하는 고객 수를 결정하는 것으로 구성된다. 예를 들면 체크인 키오스크에 1분, 10분 또는 60분의 간격 동안 도착하는 승객 수를 말한다. 매분 도착하는 승객 수가 일정하지 않기 때문에 승객의 도착을 설명할 확률분포를 정의해야 한다. 동일한 기간이 일관되게 적용되는 이상 기간 선택은 임의적이며 종종 도착률과 데이터 수집 용이성에 따라 결정된다. 일반적으로 도착 속도가 느릴수록 선택한 기간이 길어진다.

많은 대기줄에서 주어진 기간에 일어나는 도착은 무작위 패턴을 보인다. 즉, 총 예상 도착 수를 잘 추정할 수 있지만 각 도착은 다른 도착과 독립적이며 언제 발생할지 예측할 수 없다. 이러한 경우 도착 패턴은 포아송 확률분포로 잘 설명할 수 있다.

$$P(x) = \frac{\lambda^x e^{-\lambda}}{x!} \quad \text{for } x = 0, 1, 2, \ldots \tag{F.8}$$

x = 특정 기간의 도착 횟수

λ = 특정 기간 평균 도착 횟수

$e \approx 2.71828$

포아송 분포에 대한 자세한 내용은 참고자료 A : 확률 및 통계를 참조하라.

공항의 기획담당자들은 연중 승객수를 예상했으며 승객이 피크 운영기간 동안 10분당 평균 9명의 승객이 도착할 것으로 예상한다. 기간 선택은 임의적이라는 것을 유의하라. 이 분석을 위해 동일한 기간을 일관되게 사용하였다면, 시간 당 승객 54명 또는 분당 0.9명의 승객에 해당하는 비율을 사용할 수도 있다. 따라서 포아송 분포에서 평균 도착률은 9이다. 식 F.8을 사용하여 10분 동안 승객이 x명 도착할 확률을 계산할 수 있다.

$$P(x) = \frac{9^x e^{-9}}{x!} \quad \text{for } x = 0, 1, 2, \ldots$$

1 분 동안 x = 0, 5 및 10명의 승객 도착에 대한 샘플 계산은 다음과 같다.

$$P(0) = \frac{9^0 e^{-9}}{0!} = 0.0001$$

$$P(5) = \frac{9^5 e^{-9}}{5!} = 0.0607$$

$$P(10) = \frac{9^{10} e^{-9}}{10!} = 0.1186$$

포아송 확률 분포를 사용하면 $P(0)$ = 0.0001이기 때문에 승객 ($x = 0$)이 검사를 위해 도착하지 않는 10분이 매우 드물다. 5명의 승객 도착은 $P(5)$ = 0.0607 확률로 발생하고 10명은 $P(10)$ = 0.1186 확률로 발생한다. 다른 수의 승객 도착 확률도 계산할 수 있다.

서비스 시간 분포 Service Time Distribution

키오스크에서 승객을 체크인하는 데 걸리는 시간을 설명하려면 서비스 시간 확률 분포가 필요하다. 이 시간을 승객의 서비스 시간이라고 한다. 많은 승객이 비교적 짧은 시간에 체크인 절차를 완료하지만 다른 승객은 키오스크 운영, 발권 문제, 항공편 변경 등에 익숙하지 않아 시간이 더 오래 걸릴 수 있다. 따라서 서비스 시간은 승객마다 다를 수 있다. 대기행렬 모형의 개발에서 운영 연구원은 지수 확률 분포가 서비스 시간 분포를 설명하는 데 종종 사용될 수 있음을 발견했다. 식 F.9는 지수 확률 분포를 정의한다.

$$f(t) = \mu e^{-\mu t} \qquad \text{for } t \geq 0 \tag{F.9}$$

여기서

t = 서비스 시간 (기간 수로 표시)

μ = 서비스 시설이 특정 기간 동안 처리할 수 있는 평균 고객 수

e = 2.71828.

지수 분포에 대한 자세한 내용은 참고자료 A : 확률 및 통계를 참조하라.

평균 서비스량average service rate을 정의할 때 도착을 정의하는 데 사용되는 동일한 기간을 사용하는 것이 중요하다! 지수 서비스 시간 분포를 사용하는 경우 t 기간 내에 서비스가 완료될 확률은 다음과 같이 제공된다.

$$P(\text{서비스 시간} \leq t \text{ 기간}) = 1 - e^{-\mu t} \tag{F.10}$$

다른 공항에서 운영중인 유사한 체크인 시스템의 서비스 시간에 대한 데이터를 수집하여 시스템이 10분당 평균 10명의 승객을 처리할 수 있음을 확인했다. 공식 F.10에서 10분당 10명의 고객 즉, 명의 평균 서비스율을 사용하여 체크인 서비스가 t 10분 기간 내에 완료될 확률은 다음과 같다.

$$P(\text{서비스 시간} \leqslant t \text{ 10분 기간}) = 1 - e^{-10t}$$

이제 승객이 지정된 시간 t 내에 서비스를 완료할 확률을 계산할 수 있다. 예를 들어 1분 동안 t = 0.1 (10 분의 일부)을 설정한다. 몇 가지 계산 예는 다음과 같다.

$$P(\text{서비스 시간} \leqslant 1\text{분}) = 1 - e^{-10(0.1)} = 1 - e^{-1} = 0.6321$$
$$P(\text{서비스 시간} \leqslant 2.5\text{분}) = 1 - e^{-10(0.25)} = 1 - e^{-2.5} = 0.9179$$

따라서 지수 분포를 사용하면 승객의 63.21%가 1분 이내에 서비스를 받을 수 있고 91.79%가 2.5분 이내에 서비스를 받을 것으로 예상한다.

단일서버 대기행렬 모형 적용 Applying the Single Server Queuing Model

10분당 평균 도착률 λ = 9와 10분당 평균 서비스율 μ = 10명 일 때, 식 (F.1)에서 (F.6)까지를 사용하여 항공사 체크인 프로세스의 운영 특성을 결정할 수 있다.

1. 시스템이 비어있을 확률 :

$$P_0 = (1 - \lambda/\mu) = (1 - 9/10) = 0.10$$

2. 서비스를 기다리는 평균 고객 수 :

$$L_q = \frac{\lambda^2}{\mu(\mu - \lambda)} = \frac{9^2}{10(10 - 9)} = \frac{81}{10} = 8.1\text{명}$$

3. 시스템의 평균 고객 수 :

$$L = L_q + \lambda/\mu = 8.1 + 9/10 = 9.0\text{명}$$

4. 고객이 서비스를 기다리는 데 소요되는 평균 시간 :

$$W_q = L_q/\lambda = 8.1/9 = 0.9 \text{ 10분 간 또는 9분/명}$$

5. 고객이 시스템에서 소요하는 평균 시간 :

$$\begin{aligned} W &= W_q + 1/\mu \\ &= 0.9 \text{ 10분 기간 } + 0.1 \text{ 10분 기간} \\ &= 1 \text{ 10분 기간, 또는 10분/명} \end{aligned}$$

6. 도착한 고객이 서비스를 기다려야 할 확률 :

$$P_w = \lambda/\mu = 9/10 = 0.9$$

7. 시스템 (대기열과 서비스 중)에서 n 명이 있을 확률: 식 E.7을 사용하여 시스템에서 n 명의 고객의 확률을 표로 만들 수 있다 (그러나 엑셀 템플릿을 사용하는 것이 훨씬 더 쉽다). 예를 들면 :

$$\begin{aligned} P_1 &= (\lambda/\mu)^n P_0 = (9/10)^1(0.1) = 0.0900 \\ P_2 &= (\lambda/\mu)^n P_0 = (9/10)^2(0.1) = 0.0810 \\ P_3 &= (\lambda/\mu)^n P_0 = (9/10)^3(0.1) = 0.0729 \\ P_4 &= (\lambda/\mu)^n P_0 = (9/10)^4(0.1) = 0.0656 \end{aligned}$$

이 정보를 사용하여 체크인 작업에 대한 몇 가지 중요한 사항을 배울 수 있다. 특히 승객들은 키오스크에서 평균 9분 동안(W_q = 9분)기다린다. 이것을 평균이라고 한다면 많은 승객이 더 오래 기다린다는 것을 알 수 있다. 서둘러 연결편 비행기에 탑승해야 하는 승객이 많은 공항에서는 이 대기시간이 바람직하지 않게 높은 것으로 판단될 수 있다. 또한, 줄을 서서 기다리는 승객의 평균 수가 8.1 (L_q = 8.1)이고 도착하는 승객의 90%가 체크인을 기다려야 한다는 사실은 운영 관리자에게 프로세스의 효율성을 높이기 위한 조치를 취해야 한다고 제안할 수 있다.

단일서버 대기행렬을 위한 엑셀 템플릿 Excel Template for Single Server Queuing

마인드탭MindTap의 엑셀 템플릿에는 그림/표 F.2에서 보이는 바와 같이 항공사 키오스크 예제를 사용하여 단일서버 대기행렬 모형용 단일서버 대기열Single Server Queue이 포함된다.

이 템플릿을 사용하여 가상 시나리오what-if scenarios를 검토할 수 있다. 예를 들어, 10분 당 도착률이 9이고 서비스율이 10이라고 가정하자. 이 수치는 공항 기획자의 추정치에 근거한 것이므로 예측 오차가 있을 수 있다. 기간 당 승객 7명에서 10명으로 평균 도착률 변화의 영향을 조사할 수 있다. 이러한 요약은 그림/표 F.3에 나와 있다. 학습자용 변경금지 템플릿에서는 이 작업을 수행할 수 없다.

그림/표 F.2 단일서버 대기열 엑셀 템플릿

	A	B
1	Single Server Queueing Model	
2	Enter the data only in the yellow cells.	
3		
4	Lambda	9
5	Mu	10
6		
7	Probability system is empty	0.100
8	Average number waiting for service in the queue	8.100
9	Average number in system (queue and in service)	9.000
10	Average time waiting for service (time in queue)	0.900
11	Average waiting time in system (waiting time plus service time)	1.000
12	Probability arrival has to wait	0.900
13	n =	3
14	Probability of n units in the system (queue and in service)	0.073

그림/표 F.3 도착률 변경에 대한 가상 분석

Lambda	7	8	9	10
Mu	10	10	10	10
Probability system is empty	0.300	0.200	0.100	0.000
Average number waiting for service in the queue	1.633	3.200	8.100	#DIV/0!
Average number in system (queue and in service)	2.333	4.000	9.000	#DIV/0!
Average time waiting for service (time in queue)	0.233	0.400	0.900	#DIV/0!
Average waiting time in system (waiting time plus service time)	0.333	0.500	1.000	#DIV/0!
Probability arrival has to wait	0.700	0.800	0.900	1.000

이 결과는 평균 도착률이 기간 당 7명의 승객인 경우 시스템이 정상적으로 작동함을 보여준다. 평균적으로 1.63명의 승객 만이 대기하고 있으며 평균 대기시간은 0.23 (10분) = 2.3분인 것으로 보인다. 그러나 기간당 승객 9명의 평균 도착률은 바람직하지 않은 대기 특성을 제공하며, 비율이 편당 승객 10명으로 증가하면 제안된 시스템은 완전히 부적절하다. $\lambda = \mu$일 때는 운영 특성이 정의되지 않아 승객 수가 무한히 증가한다 (즉, $\lambda = \mu \rightarrow \infty$일 때). 이러한 결과는 공항기획 담당자가 체크인 프로세스의 효율성을 향상시킬 수 있는 설계 수정을 고려해야 함을 보여준다.

승객 서비스율을 높이는 새로운 프로세스를 설계할 수 있다면 시스템 성능이 향상될 것이다. 한 가지 방법은 10분 내에 더 많은 고객에게 서비스를 제공 할 수 있도록 기술을 개선하는 것이다 (예 : 평균 서비스율인, μ를 10분당 승객 10명에서 11명 또는 12명으로 증가). 더 실용적인 옵션은 키오스크를 추가하는 것이다. 하나 이상의 서버를 보유함으로써 체크인 프로세스를 획기적으로 개선할 수 있다.

다중서버 대기행렬 모형 Multiple Server Queuing Model

다중서버 대기열 모형에서 고객은 그림/표 F.4에 설명된 대로 한 줄에서 대기하고 사용 가능한 다음 서버로 이동한다. 이는 고속도로 요금소, 은행 창구 또는 슈퍼마켓 계산대와 같이 각 서버

그림/표 F.4 복수 서버 대기열 시스템

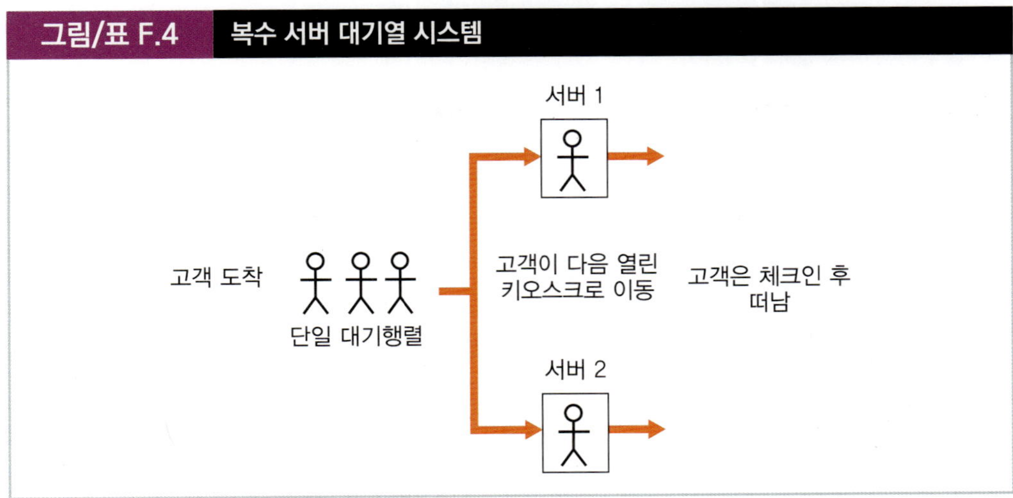

에 고유한 대기열이 있는 것과는 다른 상황이다.

이 섹션에서는 다중서버 대기열(대기줄) 라인에 대한 다양한 운영 특성을 계산하는 데 사용할 수 있는 공식을 제시한다. 우리가 사용할 모형은 다음 가정을 충족하는 상황에 적용될 수 있다.

1. 대기줄에 동일한 서버가 두 개 이상 있다.
2. 도착은 평균 도착량이 λ인 포아송 확률 분포를 따른다.
3. 서비스 시간은 지수 분포를 따른다.
4. 평균 서비스율 μ는 각 서버에 대해 동일하다.
5. 도착자는 한 줄로 대기한 다음 서비스를 위해 첫 번째 개방된 서버로 이동한다.
6. 대기행렬 규칙은 선착순(FCFS)이다.
7. 도착고객은 대기열에 합류하여야 하며, 대기하는 동안에는 이탈할 수 없다.

이러한 가정을 사용하여 다중서버 대기열의 운영 특성을 수학적으로 결정할 수 있다.

k = 서버의 수

λ = 시스템에 대한 평균 도착률

μ = 각 서버에 대한 평균 서비스율

다음 방정식은 전체 평균 서비스 속도 $(k\mu)$가 평균 도착 속도 (λ)보다 큰 다중서버 대기 라인에 적용된다. 이 경우 서비스율은 모든 도착을 처리하기에 충분하다.

1. 모든 k 서비스 채널이 유휴 상태 일 확률 (즉, 시스템에서 고객이 0일 확률) :

$$P_0 = \frac{1}{\left[\sum_{n=0}^{k-1} \frac{(\lambda/\mu)^n}{n!}\right] + \frac{(\lambda/\mu)^k}{(k-1)!}\frac{\mu}{k\mu - \lambda}} \tag{F.11}$$

2. 시스템에 n명이 있을 확률 :

$$P_n = \frac{(\lambda/\mu)^n}{k!k^{n-k}} P_0 \quad \text{for } n > k$$
$$P_n = \frac{(\lambda/\mu)^n}{n!} P_0 \quad \text{for } 0 \le n \le k \qquad (F.12)$$

3. 서비스를 기다리는 평균 고객의 수:

$$L_q = \frac{(\lambda/\mu)^k \lambda\mu}{(k-1)!(k\mu-\lambda)^2} P_0 \qquad (F.13)$$

4. 시스템의 평균 고객 수 :

$$L = L_q + \lambda/\mu \qquad (F.14)$$

5. 고객이 서비스를 기다리는데 소요되는 평균 시간:

$$W_q = L_q/\lambda \qquad (F.15)$$

6. 고객이 시스템에서 보내는 평균 시간 (대기 시간과 서비스 시간) :

$$W = W_q + 1/\mu \qquad (F.16)$$

7. 도착 고객이 서비스를 기다려야 할 확률 :

$$P_w = \frac{1}{k!}\left(\frac{\lambda}{\mu}\right)^k \frac{k\mu}{k\mu-\lambda} P_0 \qquad (F.17)$$

포아송 도착 및 지수 서비스 시간이 있는 다중서버 대기행렬 모형의 운영 특성을 설명하는 식은 단일서버 식보다 다소 복잡하지만 동일한 정보를 제공하며 단일 채널 모형의 결과를 사용한 것과 동일하게 사용된다. 이들 계산은 스프레드세트를 이용하면 잘 수행할 수 있다.

다중서버 대기행렬을 위한 엑셀 템플릿 Excel Template for Multiple Server Queuing

그림/표 F.5는 마인드탭의 *다중서버 대기열*Multiple Server Queue 템플릿을 보여준다. 이 템플릿은 항공사 키오스크 예시의 도착 및 서비스율을 사용하여 다중서버 대기행렬 모형에서 최대 8대의 서버에 대한 운영 특성을 계산하도록 설계되었다.

추가 키오스크가 추가됨에 따라 시스템의 성능이 향상된다. 세 대의 서버를 사용하면 운영 특성에서 두 대의 서버에 비해 상당한 개선이 이루어진다. 이를 넘어서는 개선은 미미하다. 단일서버 대기행렬 모형에서 일 때 대기열이 무기한 증가한다고 언급했지만 (그림/표 F.3 참조), 승객의 평균 도착률이 시간당 예상 승객 9명을 초과하더라도 스프레드시트를 사용하여 표시할 수 있다.

그림/표 F.5 다중서버 대기행렬 엑셀 템플릿

	A	B	C	D	E	F	G	H
1	**Multiple Server Queueing Model**			Copyright © Cengage Learning				
2	Enter the data only in the yellow cells.			Not for commercial use.				
3								
4	**Lambda**	9						
5	**Mu**	10						
6								
7	**Number of servers**	**2**	**3**	**4**	**5**	**6**	**7**	**8**
8	**Probability system is empty**	0.379	0.403	0.406	0.407	0.407	0.407	0.407
9	**Average number waiting for service in the queue**	0.229	0.030	0.004	0.001	0.000	0.000	0.000
10	**Average number in system (queue and in service)**	1.129	0.930	0.904	0.901	0.900	0.900	0.900
11	**Average time waiting for service (time in queue)**	0.025	0.003	0.000	0.000	0.000	0.000	0.000
12	**\verage waiting time in system (waiting time plus service time)**	0.125	0.103	0.100	0.100	0.100	0.100	0.100
13	**Probability arrival has to wait**	0.279	0.070	0.014	0.002	0.000	0.000	0.000

참고자료 G : 시뮬레이션

Simulation

실제의 많은 문제는 너무 복잡하여 성과 측정을 분석적으로 계산하거나 불확실성을 포함하기가 어렵다. 시뮬레이션 모형화는 이러한 많은 어려움을 극복할 수 있다. **시뮬레이션**simulation은 *시스템, 프로세스 또는 관리 결정의 논리 모형을 개발 및 분석하고, 시스템의 행동 또는 결정과 관련된 결과를 묘사, 설명 및 예측하기 위해 모형을 사용하여 컴퓨터 기반 실험을 수행하는 프로세스이다.* 이 보충 자료에서는 컴퓨터 시뮬레이션의 기본 개념을 소개한다.

시뮬레이션에는 많은 장점이 있다. 한 가지 장점은 시뮬레이션 모형이 편리한 실험실을 제공한다는 것이다. 시뮬레이션 모형을 사용하면 일반적으로 실제 시스템에서 관찰할 수 있는 것과 유사한 임의의 연속적인 사건을 사용하여 시스템 모형의 동작을 연구하여 실제 시스템의 동작에 대한 결론을 도출할 수 있다. 분석가는 "가상 What if"연구를 수행할 수 있다. 즉, 실제 시스템을 변경하지 않고 그 영향을 결정하기 위해 설계 특성 또는 운영 규칙을 변경할 수 있다. 예를 들어, 제조 공정에 들어가는 작업의 수를 변경하여 더 많은 수요가 대기 시간에 미치는 영향을 알 수 있다. 또 다른 장점은 모형화 작업자가 대체 장비, 재료 및 정보 흐름, 의사결정 규칙 및 구성을 검토하기 위해 현재 프로세스를 방해할 필요가 없다는 것이다.

그러나 단점도 있다. 여기에는 실제 시스템 및 성능 관계 모형화의 어려움, 적절한 입력 데이터 수집, 불확실성을 모형화하기 위한 올바른 확률 분포 선택 및 출력의 정확성이 포함된다. 시뮬레이션의 또 다른 문제는 다양한 시나리오에서 통계적으로 유의한 차이와 의사결정 변수의 변화를 테스트하는 좋은 실험을 설계하는 것이다. 시뮬레이션 모형을 프로그래밍하고 구조화할 때 실수하기 쉽다. 마지막으로, 시뮬레이션 결과를 추적할 수 없는 경우가 있어 원인과 결과를 명확하게 파악하기가 어렵다.

몬테카를로 시뮬레이션 모형Monte-Carlo simulation models이라고 하는 일부 시뮬레이션 모형은 스프레드시트에 있는 불확실한 입력의 반복적인 샘플링을 기반으로 하며 관리 결정의 위험을 평가하는데 사용한다 이러한 모형은 종종 금융 및 마케팅 애플리케이션에서 적용한다. 동적dynamic 또는 시스템 시뮬레이션 모형system simulation models은 운영 관리에서 더 널리 사용한다. 동적 시스템은 시간이 지남에 따라 발생하는 상호작용 사건으로 구성된 프로세스를 포함한다. 예를 들어, 거의 모든 사람들이 슈퍼마켓, 은행, 톨게이트, 전화 콜센터, 레스토랑, 놀이 공원에서 대기줄이나 줄을 서는 경험을 한다.

다른 다수의 대기열 시스템에는 통신 시스템의 메시지, 창고에서 하역 대기중인 트럭, 제조 공장의 작업 진행 중, 작업중인 기술자의 수리를 기다리는 복사기 등 사람 이외의 "고객"이 포함된다. 이러한 시스템에서 고객은 임의의 시간에 도착하며 서비스 시간은 거의 예측할 수 없다. 이러한 시스템의 관리자는 고객이 대기해야 하는 시간, 대기 라인 길이, 서버 효율성 및 기타 성능 측정에 관심이 있을 것이다. 동적 시스템의 또 다른 예는 재고 관리 시스템이다. 관리자는 재고 수준, 발생한 판매 손실 또는 미납주문backorder수 및 시스템 운영 비용을 알고 싶어한다. 보다 복잡한 동적 시스템의 예로는 대기 라인과 재고 시스템, 자재 이동, 정보 흐름 등의 측면을 통합할 수 있는 전체 생산 시스템이 있다.

시뮬레이션은 거의 모든 현실적인 가정을 포함할 수 있다는 장점이 있으므로 동적 시스템을 처리하는데 가장 유연한 도구이다. 동적 시뮬레이션 모형은 시간이 지남에 따라 단계별 방식으로 시스템에서 발생하는 세부 논리 또는 동작을 추적한다. 모형은 일반적으로 수행되는 단계의 순서를 자세히 설명하는 논리적 순서도로 설명된다.

예를 들어, 제조 프로세스를 시뮬레이션 할 때 프로그램은 한 작업장에서 다른 작업장으로 이동할 때 각 작업을 추적하고 작업이 처리를 위해 대기한 시간과 작업을 완료하는 데 걸린 총 시간에 대한 통계를 유지한다. 확률 분포는 시스템을 통한 처리 또는 전송 시간의 불확실성을 특성화하는 데 사용되며, 이러한 분포의 모형 샘플은 시스템 동작의 임의성을 생성하여 실제 조건에서 발생할 수 있는 시스템 성능의 변화를 보여준다. 장비 고장 또는 지연과 같은 다른 요소를 시뮬레이션에 포함하여 모형에 사실감을 더할 수 있다. 실제로는 강력한 상용 소프트웨어를 사용하여 동적 시스템을 시뮬레이션하는 것이 가장 좋다. 그러나 우리는 간단한 응용을 위해 엑셀을 사용하여 개념을 설명할 수 있다.

시뮬레이션에서 확률 분포 사용 Using Probability Distributions in Simulation

시뮬레이션에서는 확률 분포를 사용하여 불확실성을 모형화한다. (확률 분포에 대한 검토는 참고자료 A를 참조하라) 적절한 확률 분포를 결정하는 것은 좋은 시뮬레이션 모형을 구축하는 데 중요하다. 많은 경우, 불확실성을 특징 짓는 과거 데이터를 사용할 수 있다. 예를 들어, 유지 보수 기록은 기계 고장률 및 수리 시간에 대한 데이터를 제공하거나 관찰자가 은행 또는 우체국에서 서비스 시간에 대한 데이터를 수집할 수 있다. 이는 입력 변수를 모형화하기 위해 적절한 확률 분포를 선택하기위한 사실적 근거를 제공한다. 잘 알려진 확률 분포의 속성을 활용하여 대표 분포를 선택할 수 있다. 예를 들어, 정규 분포는 대칭이며 중간에 분포가 몰려 있다. 지수 데이터는 음수 값 없이 매우 양으로 치우쳐 있다. 따라서 데이터의 히스토그램이 공통 확률 분포의 모양과 유사하다면 시뮬레이션에서 해당 분포를 사용할 수 있다. 데이터가 공통 분포에 해당하지 않는 것 같으면 데이터의 빈도 분포 (즉, 종종 경험적 분포라고 함)를 사용할 수 있다. 과거 데이터를 사용할 수 없을 때 우리는 단순히 판단과 경험을 사용하여 분포를 선택하면 된다. 예를 들어, 불확실한 변수가 가정할 수 있는 가장 작은 값과 가장 큰 값을 알고있는 경우 균등분포를 사용할 수 있다.

난수와 무작위 변량 Random Numbers and Random Variates

시뮬레이션의 기초가 되는 확률 분포에서 난수 표본을 생성하는 기본은 난수 개념이다. 시뮬레이션의 맥락에서 **난수** random number는 *0과 1 사이에 균일하게 분포된 숫자다.* 기술적으로 말하면 컴퓨터는 예측 가능한 알고리즘을 사용해야하기 때문에 진정한 난수를 생성할 수 없다. 그러나 알고리즘은 무작위로 보이는 일련의 숫자를 생성하도록 설계되었다. 엑셀에서 RAND ( ) 함수를 사용하여 모든 셀 내에서 0보다 크거나 같고 1보다 작은 난수를 생성 할 수 있다. 이 함수에는 인수가 없다. 따라서 괄호 안에는 표시되지 않아야 한다(그러나 괄호는 필수). 자동 재계산 기능이 억제되지 않는 한 스프레드시트의 셀이 수정 될 때마다 RAND ( ) 함수를 포함하는 모든 셀의 값이 변경된다는 점에 유의해야 한다. 엑셀의 수식Formulas 탭에서 계산 옵션Calculation Options을 선택하여 자동 재계산을 수동으로 변경할 수 있다. 수동 재계산 모드에서 워크 시트는 F9 키 (윈도우용 엑셀)를 누르거나 수식 탭의 지금 계산Calculate Now 단추를 클릭한 경우에만 재계산 된다.

지정된 확률 분포에서 무작위로 생성된 값을 **무작위 변량**random variate이라고 한다. 무작위 변량을 생성하는 대부분의 기술에는 확률 분포에서 난수를 결과로 변환하는 것이 포함된다. 일부 공통 확률 분포에 대해 엑셀 함수와 공식을 사용하여 이를 수행할 수 있다. 예를 들어 a와 b 사이의 균일 분포uniform distribution에서 무작위 변량을 생성하려면 다음 식을 고려하라.

$$U = a + (b - a) * \text{RAND}( ) \tag{G.1}$$

RAND ( ) = 0이면 U=a이고 RAND ( ) = 1이면 U = b이다. RAND ( )는 0과 1 사이에서 다양하므로 U는 a와 b 사이에서 달라진다. a와 b 사이의 균등 분포 (**이산 균일 분포**discrete uniform distribution라고 함)에서 정수를 생성하려면 엑셀 기능 RANDBETWEEN (a, b)을 사용한다. 지수 무작위 변량exponential random variates은 엑셀 공식 = −(1.λ) * LN (RAND ( ))를 사용하여 쉽게 생성 할 수 있다. 여기서 $1/\lambda = \mu$는 지수 분포의 평균이고 LN은 자연 로그에 대한 엑셀 함수이다.

역함수inverse functions를 사용하여 엑셀에서 일반 무작위 변량을 생성할 수 있다. 역함수는 지정된 누적 확률을 가진 분포 값을 찾는다. 정규 분포의 경우 NORM.INV (probability, mean, standard_deviation) 함수를 사용할 수 있다. 이 함수를 사용하여 무작위 변량을 생성하려면 함수에서 확률 대신 RAND ( )를 입력하면 된다. 따라서 NORM.INV (RAND ( ), mean, standard_deviation)는 지정된 평균 및 표준 편차를 사용하여 정규 분포에서 임의의 변량을 생성한다. 이 함수는 셀 수식에 포함될 수 있으며 워크 시트가 다시 계산될 대마다 새 값을 생성한다.

이산 확률 분포 discrete probability distribution에서 무작위 변량을 생성하는 것은 매우 쉽다. 다음 빈도 분포에서 시뮬레이션 모형에서 임의의 수요 값을 생성한다고 가정하자.

수요	빈도
5	12
10	23
15	38
20	27

각 빈도를 합계 (100)로 나누어 빈도를 확률로 변환한 다음 누적 확률을 찾는다.

수요	확률	누적 확률
5	0.12	0.12
10	0.23	0.35
15	0.38	0.73
20	0.27	1.00

누적 확률 값은 0에서 1까지의 간격을 수요 확률에 해당하는 더 작은 간격으로 나눈다. 예를 들어, 0에서 0.12까지의 간격은 0.12 − 0 = 0.12의 확률을 가지며 5의 수요에 해당한다. 0.12에서 0.35까지의 간격은 0.35 − 0.12 = 0.23의 확률을 가지며 10의 수요에 해당하며 아래에 요약되어 있다.

난수 간격	수요
≥ 0 and < 0.12	5
≥ 0.12 and < 0.35	10
≥ 0.35 and < 0.73	15
≥ 0.73 and < 1.0	20

이제 난수를 생성하면 이 간격 중 하나에 속해야 한다. 해당 수요 값을 선택하면 시뮬레이션 모형에서 수요의 무작위 결과가 제공된다.

우리는 이것을 엑셀에서 VLOOKUP 함수를 사용하여 쉽게 구현할 수 있다. 그림/표 G.1은 이를 수행하는 스프레드시트를 보여준다. 난수 간격 및 수요 결과는 A8 : C11 범위에서 지정된다. E 열에서 10개의 난수를 생성했다. F2 셀에 =VLOOKUP (E2, $A$8 : $C$11, 3) 수식을 입력하고 열 아래로 복사한다. 이 함수는 E2 셀의 난수 값을 가져 와서 테이블 범위의 첫 번째 열 ($A$8 : $C$11)에서 난수보다 작은 마지막 숫자를 찾은 다음 테이블 범위의 세 번째 열에 있는 값을 반환한다. 예를 들어, 첫 번째 난수는 0.45로 0.35에서 0.73 사이이다. 따라서 해당 수요는 15이다. 수요가 생성된 방법을 이해하려면 다른 몇 가지를 확인해야 한다. 이러한 방식으로 결과를 생성하는 또 다른 방법은 VLOOKUP 함수 내에 RAND ()를 포함하는 것이다 (예 : = VLOOKUP (RAND (), $A$8 : $C$11, 3)). 이는 스프레드시트 모형 내에서 불확실한 입력을 생성해야 할 때 유용하다. 이는 다음 예제에서 사용한다.

그림/표 G.1 이산 확률 분포에서 결과 생성

	A	B	C	D	E	F
1	Demand	Probability	Cumulative Probability		Random Number	Demand
2	5	0.12	0.12		0.924958157	20
3	10	0.23	0.35		0.147980113	10
4	15	0.38	0.73		0.996568244	20
5	20	0.27	1		0.706102893	15
6					0.698783497	15
7	Random Number Interval		Demand		0.105473195	5
8	0	0.12	5		0.744952461	20
9	0.12	0.35	10		0.000172984	5
10	0.35	0.73	15		0.199649326	10
11	0.73	1	20		0.657179804	15

예 : 생산-재고 결정을 위한 시뮬레이션 모형 A Simulation Model For A Production-Inventory Decision

힐 제조업체Hill Manufacturing는 다양한 엔진 부품을 적시에 오토바이 제조업체에 공급한다. 하나의 구성품에 대해 계획된 생산 능력은 교대조 당 100개이며 공장은 하루에 한 교대조를 운영한다. 그러나 고객의 조립 작업의 변동으로 인해 수요는 변동하며 역사적으로 하루에 80 ~ 130대 사이이다. 적시생산시스템Just-In-Time (JIT) 약속을 충족할 수 있는 충분한 재고를 유지하기 위해 운영 관리자는 하루가 끝날 때(일일 수요가 확인된 후) 재고가 50이하로 떨어질 경우 다음 날 두 번째 교대조를 실행하는 정책을 고려하고 있다. 연간 예산 계획 과정에서 그는 몇 번의 추가 교대가 필요한지 알아야 한다.

이 과정을 매일 통제하는 기본 방정식은 다음과 같다.

종료 재고 Ending Inventory = 시작 재고 Beginning Inventory + 생산 Production − 수요 Demand (G.2)

그림/표 G.2는 260일(1년)을 시뮬레이션하고 필요한 추가 교대 수를 계산하는 스프레드시트 모형(엑셀 파일 힐 제조업체)의 일부를 보여준다. 1일차에 초기 재고 및 생산량이 100개라고 가정하자. Excel 함수 = RANDBETWEEN (80, 130)은 C 열에서 수요에 대한 불연속적인 균일 무작위 변량을 생성하는 데 사용된다. D열에서 IF 함수를 사용하여 B열의 시작 재고를 기반으로 추가 생산 이동이 계획되는지 여부를 결정한다. 예를 들어, D6 셀의 공식은 =100+IF (B650, 100)이다. 그런 다음 E 열에서 최종 재고는 식 (G.1)을 사용하여 계산한다. 이것은 다음 날의 시작 재고에 복사된다. 차트는 매일 최종 재고 및 생산을 보여준다. 생산 시리즈의 급증은 추가 교대가 예정된 시기를 보여준다. 만약 당신이 스프레드시트를 다시 계산하면 결과가 변경된다.

그림/표 G.2에 표시된 모형은 1년의 시뮬레이션을 나타낸다. 스프레드시트를 다시 계산하여 시뮬레이션을 반복하면 평균 종료 재고 및 추가 교대 횟수와 같은 결과가 변경된다. 합리적인 결

그림/표 G.2 힐 제조업체 문제의 엑셀 시뮬레이션의 일부

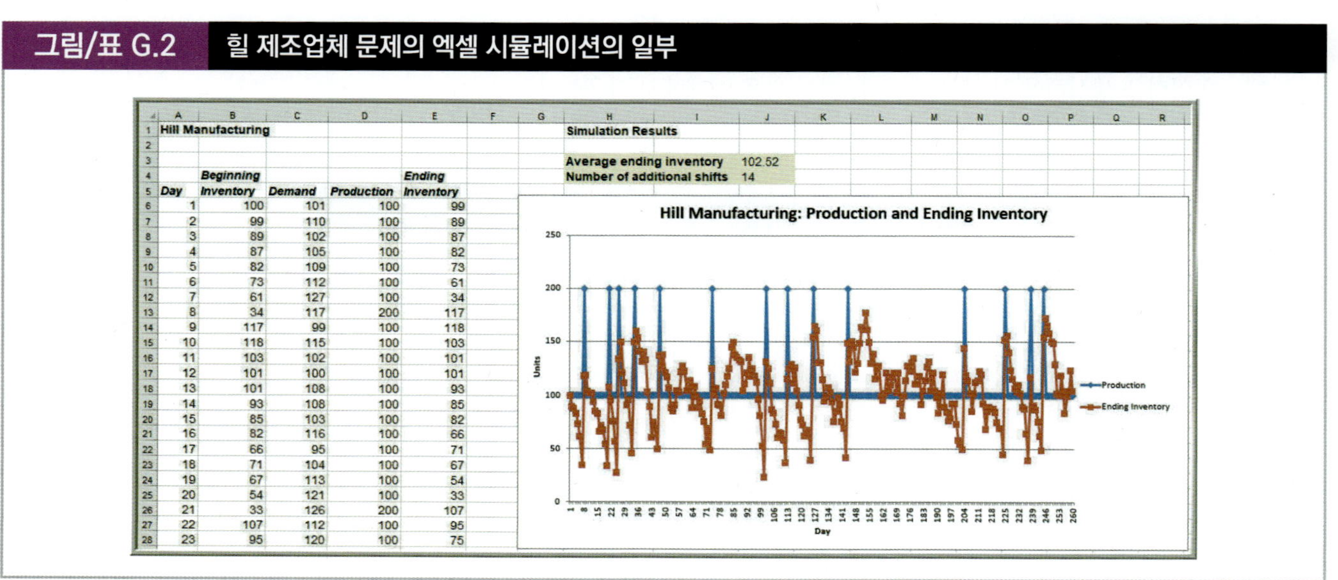

Hill Manufacturing

Day	Beginning Inventory	Demand	Production	Ending Inventory
1	100	101	100	99
2	99	110	100	89
3	89	102	100	87
4	87	105	100	82
5	82	109	100	73
6	73	112	100	61
7	61	127	100	34
8	34	117	200	117
9	117	99	100	118
10	118	115	100	103
11	103	102	100	101
12	101	100	100	101
13	101	108	100	93
14	93	108	100	85
15	85	103	100	82
16	82	116	100	66
17	66	95	100	71
18	71	104	100	67
19	67	113	100	54
20	54	121	100	33
21	33	126	200	107
22	107	112	100	95
23	95	120	100	75

Simulation Results

Average ending inventory	102.52
Number of additional shifts	14

그림/표 G.3 힐 제조업체 시뮬레이션 모형의 데이터 테이블 복제

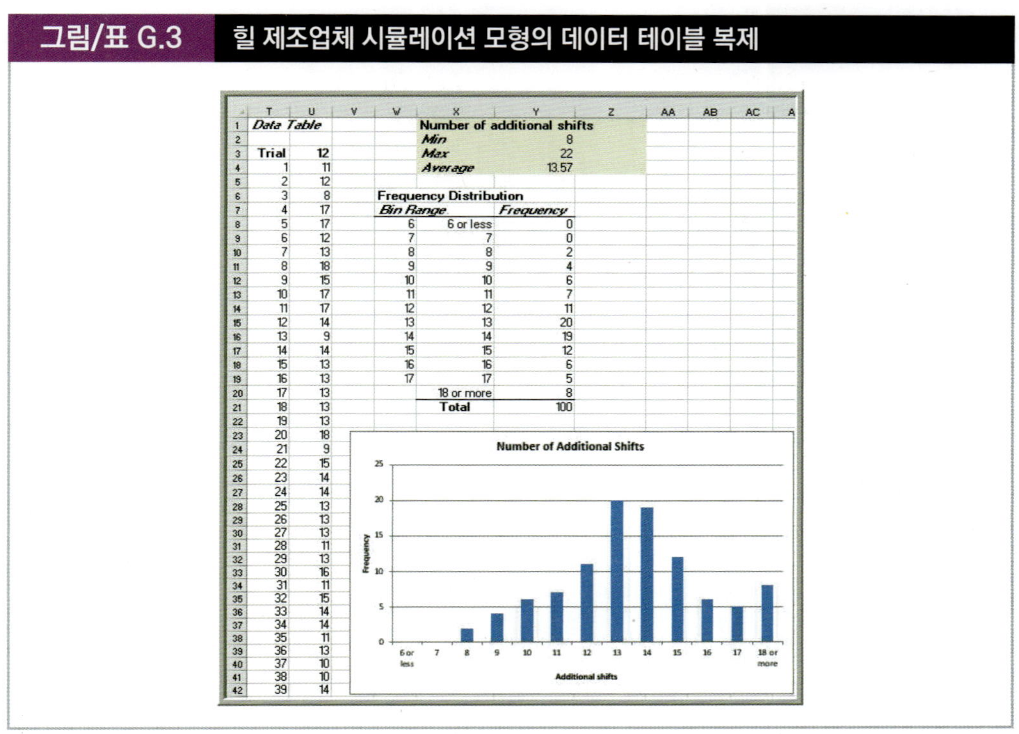

	T	U	V	W	X	Y
1	*Data Table*				Number of additional shifts	
2					*Min*	8
3	Trial	12			*Max*	22
4	1	11			*Average*	13.57
5	2	12				
6	3	8		Frequency Distribution		
7	4	17		*Bin Range*		*Frequency*
8	5	17		6	6 or less	0
9	6	12		7	7	0
10	7	13		8	8	2
11	8	18		9	9	4
12	9	15		10	10	6
13	10	17		11	11	7
14	11	17		12	12	11
15	12	14		13	13	20
16	13	9		14	14	19
17	14	14		15	15	12
18	15	13		16	16	6
19	16	13		17	17	5
20	17	13			18 or more	8
21	18	13			**Total**	100
22	19	13				
23	20	18				
24	21	9				
25	22	15				
26	23	14				
27	24	14				
28	25	13				
29	26	13				
30	27	13				
31	28	11				
32	29	13				
33	30	16				
34	31	11				
35	32	15				
36	33	14				
37	34	14				
38	35	11				
39	36	13				
40	37	10				
41	38	10				
42	39	14				

정을 내리기 위해 힐 제조업체의 운영 관리자는 모형의 불확실성으로 인해 가능한 교대 횟수의 변동성을 이해해야 한다. 물론 스프레드시트를 여러 번 다시 계산하고 결과를 기록할 수 있다. 그러나 엑셀에서 데이터 표를 사용하여 자동으로 이 작업을 수행하는 훨씬 더 쉬운 방법이 있다. 먼저, 열 아래의 시행 횟수를 나열하고 목록의 위와 오른쪽에 있는 셀(셀 U3)의 이동 횟수 (셀 J4)와 관련된 셀을 참조하여 단방향 데이터 테이블을 구성한다. 이것은 그림/표 G.3에 나와 있으며, 우리는 셀 T4에서 셀 T103까지 100번의 실행을 했다. 테이블 범위(T4 : U103)를 선택한 다음 엑셀의 데이터Data 탭에서 가상분석What-If Analysis 메뉴 아래의 데이터 테이블Data Table을 선택한다. 데이터 테이블 대화 상자(그림/표 G.4 참조)에서 스프레드시트의 빈blank 셀을 열 입력 셀Column Input Cell 필드에 입력한다(여기에 트릭이 있다). 이것이 사용하지 않을 것인지 확인해야 한다. 데이터 테이블 대화 상자에서 확인 K을 클릭하면 U열의 값이 추가 시프트 수에 대한 시뮬레이션 결과를 표시한다.

왜 이것이 작동하는가? 데이터 테이블을 생성할 때 열 입력 셀은 일반적으로 모형의 일부 매개 변수를 참조한다. 데이터 테이블은 이러한 값을 가져와 모형에서 대체한 다음 출력을 표시한다. 열 입력 셀에 빈 셀을 사용했기 때문에 시행 번호는 모형에 영향을 주지 않는다. 그러나 각 시도에 대해 스프레드시트가 다시 계산된다. RAND 함수를 사용하여 무작위 변량을 생성했기 때문에 각 재계산은 불확실한 입력에 대해 서로 다른 값을 사용한다. 후속 분석을 위해 결과를 저장하고 싶을 수 있으므로 공식Formulas 탭의 계산 옵션Calculations Options을 데이터 테이블을 제외하고 자동 Automatic Except for Data Tables으로 설정하는 것이 좋다.

시뮬레이션 프로세스의 마지막 단계는 요약 통계, 백분위 수, 신뢰 구간, 빈도 분포 및 히스토그램과 같은 다양한 통계 도구를 사용하여 결과를 분석하는 것이다. 스프레드시트를 다시 계산

그림/표 G.4 데이터 테이블 대화상자

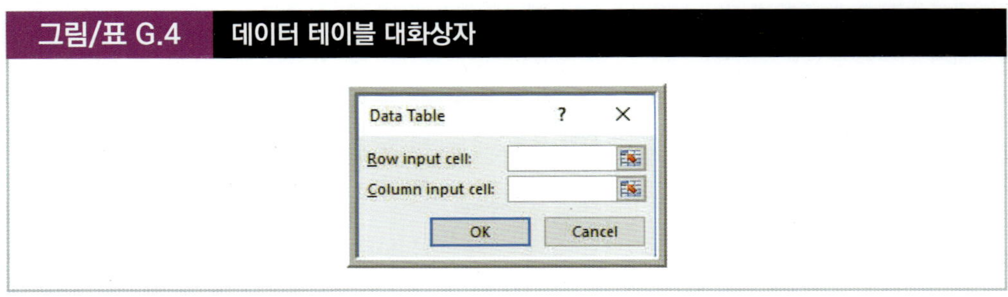

하고 새 시뮬레이션을 실행하려는 경우 결과가 업데이트되지 않으므로 엑셀 데이터 분석 도구Excel Data Analysis tools를 사용하지 않는 것이 좋다. 대신 엑셀 함수를 사용하도록 한다. 빈도 분포frequency distribution를 계산하는 쉬운 방법은 엑셀 함수 FREQUENCY (데이터 배열, 빈 배열)를 사용하는 것이다. 이것은 "배열array" 함수이며 셀 범위의 값을 배열한다. 배열 수식을 입력할 때 먼저 결과를 배치할 범위를 선택해야 한다. 그런 다음 수식을 입력한 후 윈도우Windows에서는 Ctrl + Shift + Enter를, 맥Mac에서는 Command + Shift + Enter를 동시에 눌러야 한다. 예를 들어 그림/표 G.3에서는 Y8 : Y20 범위를 선택한 다음 = FREQUENCY (U4 : U103, W8W20)를 입력하고 Ctrl (또는 Command) + Shift + Enter를 누른다. Y 열에 추가 이동 횟수의 빈도를 입력한다. 그런 다음 엑셀 세로 막대 차트에서 빈도를 차트로 표시하여 히스토그램을 만든다.

그림/표 G.3에서 평균 추가 교대 횟수는 약 13 또는 14이지만 시뮬레이션 실행 간에 상당한 변동이 있음을 알 수 있다. 히스토그램은 최소 6에서 18 이상까지 다양 할 수 있음을 보여준다. 안전을 위해 예산은 평균보다 많은 교대조를 계획해야 한다.

시뮬레이션 모형은 구축 및 유지관리 비용이 많이 들고 생성하는데 오랜 시간이 걸린다. 전문가 및 프로그래머 팀은 일부 공급사슬 시뮬레이션 모형에 대해 수년간 작업할 수 있다. 예를 들어 나이키Nike는 SAP의 전사적자원관리Enterprise Resource Planning소프트웨어와 라마소프트 주식회사Llamasoft, Inc. 물류 시스템의 도움으로 글로벌 공급사슬 시스템을 개발하는데 수십 년 동안 5억 달러 이상을 지출했다. 나이키는 전 세계에 수백개의 계약 제조업체가 다양한 신발, 의류 및 스포츠 의류를 생산하고 있다. 그들의 제품은 수백개의 물류센터와 140,000개의 소매점을 사용하여 290개 이상의 국가에서 판매된다. 분석모형과 결합된 시뮬레이션은 나이키 글로벌 공급사슬의 규모와 복잡성을 진정으로 파악할 수 있는 유일한 방법이다. 궁극적으로 시뮬레이션은 더 나은 관리 의사결정을 지원하는 또 다른 도구이다.

ENDNOTES

1

1. T. Wailbum, "Study: Apple, Nokia, Dell Tops Among Global Supply Chains," May 29, 2008, http://www.cio.com/article/373563/Study_Apple_Nokia_Dell_Tops_Among_Global_Supply_Chains; A. Satariano and P. Burrows, "Apple's Supply-Chain Secret? Hoard Lasers," Business-*Week Technology, November* 3, 2011, http://www.businessweek.com/magazine/apples-supplychain-secret-hoard-lasers-11032011.html.

2. D. A. Collier, *The Service/Quality Solution: Using Service Management to Gain Competitive Advantage*, Milwaukee, WI: ASQC Quality Press and Burr Ridge, IL: Irwin Professional Publishing, 1994, pp. 16, 63–64, 167.

3. These differences between goods and services were first defined by W. E. Sasser, R. P. Olsen, and D. D. Wyckoff, *Management of Service Operations*, Boston: Allyn and Bacon, 1978, pp. 8–21, and later improved and expanded by J. A. Fitzsimmons and R. S. Sullivan, *Service Operations Management*, New York: McGraw-Hill, 1982; D. A. Collier, "Managing a Service Firm: A Different Management Game," *National Productivity Review* (Winter 1983–1984), pp. 36–45.

4. D. A. Collier, "New Orleans Hilton & Hilton Towers," *Service Management: Operating Decisions*, Englewood Cliffs, NJ: Prentice Hall, Inc., 1987, p. 120.

5. Jan Carlzon, CEO of Scandinavian Airlines Systems, first defined a moment of trust or truth. See T. J. Peters and N. Austin, *A Passion for Excellence: The Leadership Difference*, New York: Warner Books, 1985, pp. 58, 78.

6. Reprinted from Business Horizons, "Using 'biztainment' to gain competitive advantage," by Mi Kyong Newsom, David A. Collier, and Eric O. Olsen, 52:2, 167–176, 2009 with permission from Elsevier.

7. D. A. Collier, *The Service/Quality Solution: Using Service Management to Gain Competitive Advantage*, Milwaukee, WI: ASQC Quality Press and Burr Ridge, IL: Irwin Professional Publishing, 1994, pp. 63–96.

8. K. O'Sullivan and D. Durfee, "Offshoring by the Numbers," *CFO Magazine*, June 2004, p. 53.

9. *AT&T's Total Quality Approach*, AT&T Corporate Quality Office, 1992, p. 6.

10. H. Forcinio, "Supply Chain Mastery: HP," *Managing Automation*, November 3, 2006, http://www.managingautomation.com/maonline/magazine/read/view/Supply_Chain_Mastery_HP_2588698.

11. M. J. Liberatore and W. Luo, "The Analytics Movement: Implications for Operations Research," *Interfaces*, 40, 4 (July–August 2010), pp. 313–324.

12. James Manyika, Michael Chui, Brad Brown, Jacques Bughin, Richard Dobbs, Charles Roxburgh, and Angela Hung Byers, "Big Data: The Next Frontier for Innovation, Competition, and Productivity," McKinsey & Company, May 2011.

13. Geoff Colvin, "Every Aspect of Your Business Is About to Change," *Fortune.com*, November 1, 2015, pp. 103–112.

14. Facts in this case adapted from J. M. O'Brien, "Zappos Knows How to Kick It," *Fortune*, January 15, 2009, http://www.fortune.com; and "Zappos," *Fast Company*, March 2009, pp. 75–76.

2

1. Malcolm Baldrige National Quality Award, Profiles of Winners, National Institute of Standards and Technology, Department of Commerce, http://www.nist.gov/baldrige/award_recipients/index.cfm.

2. Private communication from Stephen D. Webb, manager of quality control, ground operations, American Airlines.

3. Adapted from A. Lashinsky, "Meg and the Machine," *Fortune*, September 1, 2003, pp. 68–78.

4. A. Parasuraman, V. A. Zeithaml, and L. L. Berry, "SERVQUAL: A Multiple-Item Scale for Measuring Consumer Perceptions of Service Quality," *Journal of Retailing*, 64, Spring 1988, pp. 12–40; S. Davis, *Future Perfect*, New York: Addison-Wesley, 1987, p. 108.

5. "Are You Built for Speed?," *Fast Company*, June 2003, p. 85.

6. D. A. Collier, *The Service/Quality Solution*, Milwaukee, WI: ASQC Quality Press, and Burr Ridge, IL: Irwin Professional Publishing, pp. 235–260. Also, see, for example, D. A. Collier, "A Service Quality Process Map for Credit Card Processing," *Decision Sciences*, 22, 2, 1991, pp. 406–420; or D. D. Wilson and D. A. Collier, "The Role of Automation and Labor in Determining Customer Satisfaction in a Telephone Repair Service," *Decision Sciences*, 28, 3, 1997, pp. 1–21.

7. S. Hoisington and E. Naumann, "The Loyalty Elephant," *Quality Progress*, February 2003, pp. 33–41.

8. R. S. Kaplan and D. P. Norton, *The Balanced Scorecard*, Boston, MA: Harvard Business School Press, 1996, p. 1.

9. 2007 Malcolm Baldrige Application Summary.

10. J. L. Heskett, T. O. Jones, et al., "Putting the Service-Profit Chain to Work," *Harvard Business Review*, 72, 1994, pp. 164–174.

3

1. V. A. Zeithaml, "How Consumer Evaluation Processes Differ Between Goods and Services," in J. H. Donnelly and W. R. George, eds., *Marketing in Services*, Chicago, IL: American Marketing Association, 1981, pp. 186–199.

2. D. H. Pink, "Out of the Box," *Fast Company*, October 2003, pp. 104–106; P. Sellers, "Gap's New Guy Upstairs," Fortune, April 14, 2003, pp. 110–116; and "How to Listen to Consumers," Fortune, January 11, 1993, p. 77.

3. "Southwest Sets Standards on Costs," *The Wall Street Journal*, October 9, 2002, p. A2.

4. *The PIMS Letter on Business Strategy*, Cambridge, MA: The Strategic Planning Institute, Number 4, 1986.

5. G. B. Lafamore, "The Burden of Choice," APICS—*The Performance Advantage*, January 2001, pp. 40–43.

6. B. Horovitz, "Drive-thru Times Slow to a Crawl," http://www.usatoday.com/story/money/business/2014/10/06/fast-food-drive-thru-time-srestaurants-mcdonalds-taco-bellwendys/16644673/.

7. J. B. Quinn, *Strategies for Change: Logical Incrementalism*, Homewood IL: Richard D. Irwin, 1980.

8. Beth Kowitt, "The World According to WalMart," *Fortune*. 10/1/2018, Vol. 178 Issue 4, 70–76.

9. Adapted in part from R. Kauffeld, A. Malhotra, and S. Higgins, "Green Is a Strategy: Five Steps to 'Differentiated' Sustainability for a Full Embrace of Environmentalism," *Strategy + Business*, December 21, 2009, http://www.strategy-business.com/article/00013?pg=all.

10. T. Laseter, A. Ovchinnikov, and G. Raz, "Reduce, Reuse, Recycle . . . or Rethink," *Strategy + Business*, 61, Winter 2010, pp. 30–34.

11. T. Hill, *Manufacturing Strategy*: Text and Cases, 2nd ed., Burr Ridge, IL: Irwin Publishers, 1994.

12. http://www.mcdonalds.com/corporate/info/vision/ index.html. This example is the book author's interpretation of McDonald's public information with the objective of illustrating Professor Terry Hill's generic strategy development framework. It may or may not be perfectly accurate and it is only partially complete due to space limitations.

4

1. S. Amyx, "6 Ways Analytics and 'The Internet of Things' Will Transform Business," November 17, 2015, http://readwrite.com/2015/11/17/analytics-ibm-insight; J. Wiecaner, "The New Geek Squad (That's Fixing Best Buy)," *Fortune*, November 1, 2015, pp. 143–148; McKinsey Quarterly, "The Internet of Things," http://www.mckinsey.com/insights/high_tech_telecoms_internet/the_internet_of_things; and L. S. Gould, "The Internet of Things," *Automotive Design and Production*, May 1, 2015, http://www.autofieldguide.com/articles/the-internet-of-things(2).

2. *Award, The Newsletter of Baldrigeplus*, May 7, 2000, http://www.baldrigeplus.com.

3. M. Dusharme, "RFID Tunes into Supply Chain Management," *Quality Digest*, October 18, 2007, http://www.qualitydigest.com.

4. *Bloomberg Businessweek*, June 26, 2017, "500,000 Tons of Steel. 14 Jobs," Thomas Biesheuvel, p. 16–17.

5. *BusinessWeek*, Online Extra: "The Quickening at Nissan," March 27, 2006.

6. L. Braverman, "Kroger Testing Faster Self-Checkout Machine," *The Cincinnati Enquirer*, September 30, 2010, pp. B1, B2.

7. B. Geier, "Using 3-D Printing to Make Jet Engines," http://fortune.com/2014/11/13/3-d-printing-jet-engines-alcoa/.

8. "Great Examples of New Manufacturing Technology," http://www.nebraskamanufacturing.com/2013/07/4-great-examples-of-americanmanufacturing-technology/.

9. "Sweeping Manufacturing Technology Trends to Change Paradigms Forever," http://cerasis.com/2015/01/13/manufacturing-technology/.

10. M. Garry, "Stop & Shop Completes Rollout of Portable EasyShop Shopping Device," *Supermarket News*, December 12, 2007, http://supermarketnews.com/technology_logistics/stopshop_easyshop/.

11. N. McManus, "Robots at Your Service," *Wired*, January 2003, pp. 58–59.

12. "Honda All Set to Grow," *The Columbus Dispatch*, September 18, 2002, pp. B1–B2.

13. T. H. Davenport and J. G. Harris, *Competing on Analytics: The New Science of Winning*, Boston, MA: Harvard Business School Press, 2007.

14. M. V. Copeland, "Reed Hastings: Leader of the Pack," *Fortune*, December 6, 2010, pp. 121–130; Netflix Consumer Press Kit; Netflix Investor Press Kit.

15. T. Omer, "From Business Intelligence to Analytics," *Analytics*, January/February, 2011, p. 20, analyticsmagazine.com.

16. "Florida Courses on Leading Edge of Water Conservation Technology," http://www.visitflorida.com/experts/golf/action.blog/id.1977, April 26, 2010.

17. "Advancing Global Sustainability Through Technology," Intel White Paper, 2007.

18. T. Gaskill, "Turning the Tables," *Quality Progress*, August 2015, pp. 10–12.

5

1. Adapted and reprinted with permission from "Building Cars by Design" by Vikas Sehgal, Robert Reppa, and Kazutoshi Tominaga from the strategy+business website, published by Booz & Company, Inc. (http://www.strategy-business.com/article/li00107?gko=7b465). Copyright © 2009. All rights reserved.

2. Charles Fishman, "To The Moon! (In a Minivan)," *Fast Company*, December 2007/January 2008.

3. Eric Fish, "Rapid Prototyping: How It's Done at GM," *Automotive Design and Production*, 123(5), September/October 2011, pp. 46–47.

4. Douglas Daetz, "The Effect of Product Design on Product Quality and Product Cost," *Quality Progress*, June 1987, pp. 63–67.

5. "Venza Revealed," *Automotive Design and Production*, December 2008, pp. 30–32.

6. *BusinessWeek: Quality* 1991 (special issue), October 25, 1991, p. 73.

7. Early discussions of this topic can be found in Bruce Nussbaum and John Templeton, "Built to Last—Until It's Time to Take It Apart," *Business-Week*, September 17, 1990, pp. 102–106. A more recent reference is Michael Lenox, Andrew King, and John Ehrenfeld, "An Assessment of Designfor-Environment Practices in Leading US Electronics Firms," *Interfaces* 30, 3, May–June 2000, pp. 83–94.

8. "Pepsi Makes Bottles from Plants," USA Today, Money, March 16, 2011, p. 1B; "Pepsi Bottles: No More Plastic," *The Christian Science Monitor*, http://www.csmonitor.com/Business/Latest-News-Wires/2011/0315/Pepsi-bottles-no-more-plastic.

9. M. J. Bitner, "Servicescapes: The Impact of Physical Surroundings on Customers and Employees," *Journal of Marketing*, 56, 2, 1994, pp. 57–71; M. J. Bitner, "Managing the Evidence of Service," in F. F. Scheuing and W. F. Christopher, eds., *The Service Quality Handbook*, New York: American Management Association (AMACOM), 1993, pp. 358–370.

10. Ibid.

11. Ibid.

12. Sarah Anne Wright, "Putting Fast-Food to the Test," *The Cincinnati Enquirer*, July 9, 2000, pp. F1, 2.

13. http://www.emirates.com/us/english/flying/cabin_features/first_class/first_class.aspx.

14. R. B. Chase, "Where Does the Customer Fit in a Service Operation?" *Harvard Business Review*, November–December 1978, pp. 137–142.

15. R. B. Chase, 1983, op. cit., pp. 1037–1050. "The Customer Contact Model for Organizational Design," *Management Science*, 29, 9, 1983, pp. 1037–1050.

16. The Disney Institute, *Be Our Guest*, Disney Enterprises, Inc., 2001, p. 86.

17. http://www.llbean.com/customerService/aboutLLBean/guarantee.html, accessed June 6, 2010.

18. D. A. Collier and T. K. Baker, "The Economic Payout Model for Service Guarantees," *Decision Science*, 36, 2, 2005, pp. 197–220. Also, see D. A. Collier, "Process Moments of Trust: Analysis and Strategy," *The Service Industry Journal*, 9, 2, April 1989, pp. 205–222.

19. http://www.lenscrafter.com/al_mission.html, accessed December 2, 2002.

6

1. http://www.gapinc.com.

2. Deborah Abrams Kaplan, How Johnson & Johnson overhauled its baby care supply chain, SUPPLYCHAINDIVE, September 25, 2018.

3. Bernard Marr, "How Blockchain Will Transform The Supply Chain And Logistics Industry," March 23, 2018, https://www.forbes.com/sites/bernardmarr/2018/03/23/how-blockchain-will-transform-thesupply-chain-and-logistics-industry/#d3fa1555fecd

4. Wal-Mart using tech for food safety," *The Naples Daily News*, Naples, Florida, November 19, 2016, pp. B1–B2.

5. "Is Your Job Next?" *BusinessWeek*, February 3, 2003, pp. 50–60.

6. "The UPS Green Dream," *Fortune*, December 27, 2010, pp. 44–51.

7. "A Key Link in the Supply Chain," advertisement in *Fortune* magazine, September 6, 2010, http://www.fortune.com/adsections.

8. "It's All About the Shoes," *Fast Company*, 2004, p. 85, http://pf.fastcompany.com/magazine/86/stollenwerk.html.

9. Read about the company history at http://www.allenedmonds.com.

10. B. Kane, "Outsourced Manufacturing Coming Back?," hartfordbusiness.com, October 3, 2011.

11. C. Giammona, "Homemade Cotton Cloth," *Fortune*, January 13, 2014, pp. 11–12.

12. Boris Ladwig, Lessons in reshoring; The turnaround at GE's Appliance Park, Insider Louisville, Feb. 27, 2019, https://insiderlouisville.com/economy/reshoring-turnaround-ge-appliance-park/.

13. J. L. Graham and N. M. Lam, "The Chinese Negotiation," *Harvard Business Review*, October, 2003, pp. 19–28. We highly recommend reading this article.

14. http://www.inditex.com/en/downloads/annual_report_2012.pdf.

15. Jen A. Miller, Why Amazon picked Nashville, Tennessee. SUPPLYCHAINDIVE, Nov 20, 2018. https://www.supplychaindive.com/news/why-Amazon-Nashville-supply-chain-operations/542621/.

16. T. Stank, Ph.D., M. Burnette, and P. Dittmann, Ph.D. University of Tennessee Knoxville Global Supply Chain Institute, Global Supply Chains, November 2014.

7

1. Chris Woodyard, "Ford Focuses on Flexibility at Its Factories," http://www.usatoday.com/cleanprint/?1298911481142; "Flexibility, Quality in Focus at New Ford Plant," *Targeted News Service*, March 18, 2011, http://asq.org/qualitynews/qnt/execute/displaySetup?newsIDv10869. Copyright ©2005–2008 American Society for Quality.

2. This discussion is adapted from Charles A. Horne, "Product Strategy and the Competitive Advantage," P&IM Review with *APICS News*, 7, 12, December 1987, pp. 38–41.

3. Alfa Laval Business Principles Progress Report, 2009, published March 31, 2010, p. 4, http://www.alfalaval.com/about-us/sustainability/reports/Documents/Progress_report_2009.pdf.

4. A. Phillips, "Boeing Rolls Out 'Toyota-style' Lean Production Methodology for Aeroplanes," *Lean*, April 29, 2015, http://www.manufacturingglobal.com/lean/436/Boeing-rolls-out-Toyotastyle-lean productionmethodology-for-aeroplanes; E. A. Carlson, "Boeing Gets Lessons in Lean form Toyota and UK," http://bizlex.com/2012/03/boeing-gets-lessons-in-lean-fromtoyota-and-uk/2/.

5. R. H. Hayes and S. C. Wheelwright, "Linking Manufacturing Process and Product Life Cycles," *Harvard Business Review* 57, 1, 1979, pp. 133–140; R. H. Hayes and S. C. Wheelwright, "The Dynamics of Process-Product Life Cycles," *Harvard Business Review* 57, 2, 1979, pp. 127–136; and R. H. Hayes and S. C. Wheelwright, *Restoring Our Competitive Edge*, New York: John Wiley & Sons, 1984.

6. H. Noori, *Managing the Dynamics of New Technology: Issues in Manufacturing Management*, Englewood Cliffs, NJ: Prentice Hall, 1989.

7. D. A. Collier and S. M. Meyer, "A Service Positioning Matrix," *International Journal of Production and Operations Management*, 18, 12, 1998, pp. 1123–1244.

8. D. A. Collier and S. Meyer, "An Empirical Comparison of Service Matrices," *International Journal of Operations and Production Management*, 20, 5–6, 2000, pp. 705–729.

9. Prince McLean, "Apple Details New MacBook Manufacturing Process, *AppleInsider*, October 14, 2008, http://www.appleinsider.com/articles/08/10/14/.

10. Alaska Airlines, "Our Baggage Guarantee," http://www.alaskaair.com/content/travel-info/baggage/baggage-service-guarantee/20-minutes-or-less.aspx; USA TODAY, "Delta tests 20-minute 'guarantee' for checked bags," February 23, 2015, http://www.usatoday.com/story/todayinthesky/2015/02/19/delta-rolls-out-20-minute-guarantee-for-checkedbags/23699575/.

11. http://www.autofieldguide.com.

12. Richard B. Chase and Douglas M. Stewart, "Make Your Service Fail-Safe," *Sloan Management Review* 35, no. 3 (Spring 1994), 35–44.

13. Michael A. Prospero, "Top Scalpel," *Fast Company*, April 2006, 31.

14. Michael Hammer and James Champy, *Reengineering the Corporation*, New York: HarperBusiness, 1993, pp. 177–178.

15. Michael Hammer and James Champy, *Reengineering the Corporation*, New York: Harper Business, 1993.

16. Patricia Houghton, "Improving Pharmacy Service," *Quality Digest*, October 18, 2007.

8

1. P. C. Bell and J. Van Brenk, "Vytec Corporation: Warehouse Layout Planning," *The European Case Clearing House*, England, Case # 9B03E013. (http://www.ecch.cranfield.ac.uk.)

2. Marty Lariviere, "Lean Operations for Luxury Bags," The Operations Room, June 28, 2011, http://operationsroom.wordpress.com/2011/06/28/lean-operation; "At Vuitton, Growth in Small Batches," *The Wall Street Journal*, June 27, 2011.

3. "GM Plans to Lay Off 1,600 Workers," *The News-Press*, Fort Myers, FL, October 17, 2008, p. D2.

4. Profiles of Winners, Malcolm Baldrige National Quality Award, and Sunny Fresh Foods Baldrige Application Summary, 1999.

5. P. Johnson, V. Heimann, and K. O'Neill, "The Wonderland of Virtual Teams," *Journal of Workplace Learning*, 13, 1, 2001, pp. 24–29.

6. "Dilbert Is Right, Says Gallup Study," *Gallup Management Journal*, April 13, 2006.

7. V. Harnish, "5 Ways to Tap Nature to Build a Better Business," *Fortune*, August 1, 2015, p. 40.

8. http://www.dnb.com/lc/supply managementeducation/ ethical-supply-chain.html.

9. http://www.ethicaltrade.org/eti-base-code/.

9

1. Pete Buczkowski and Hai Chu, "Corporate Profile: How analytics enhance the guest experience at Walt Disney World," *Analytics Magazine*, September/ October 2012.

2. Frank M. Bass, Kent Gordon, Teresa L. Ferguson, and Mary Lou Githens, "DIRECTV: Forecasting Diffusion of a New Technology Prior to Product Launch," *Interfaces*, 31, 3, Part 2 of 2, May–June 2001, pp. S82–S93.

3. Robert Fildes and Paul Goodwin, "Against Your Better Judgment? How Organizations Can Improve Their Use of Management Judgment in Forecasting," *Interfaces*, 37, 6, November–December 2007, pp. 570–576.

10

1. *Fortune*, April 19, 2011, http://money.cnn.com/2011/04/19/news/companies/jeff_smisek_united_continental.fortune/index.htm.

2. http://articles.baltimoresun.com/2000-07-14/news/0007140079_1_district-court-criminaljustice-system-indigent-defendants.

3. "Strategy: European Auto Union," *Bloomberg BusinessWeek*, April 19, 2010, p. 8.

4. Philip Walzer, "Analysts: Slumping Demand Why Franklin Paper Mill Closing," *The Virginian-Pilot*, April 11, 2010.

5. http://www.briggsandstratton.com.

6. "Disney Restaurant No-Shows Will Pay," *USA Today*, October 21, 2011, p. 4D.

7. http://www.usatoday.com/story/travel/hotels/2014/10/26/how-hotels-come-up-with-rates/17792537/.

8. W. Liberman, "Implementing Yield Management,"ORSA/TIMS National Meeting Presentation,San Francisco, November 1992.

9. M. Geraghty and M. Johnson, "Revenue Management Saves National Car Rental," *Interfaces*, 12, 7, 1997, pp. 107–127.

10. Eliyahu M. Goldratt and Jeff Cox, The Goal, 2nd rev. ed. Croton-on-Hudson, NY: North River Press, 1992; and Eliyahu M. Goldratt, *The Theory of Constraints*, Croton-on-Hudson, NY: North River Press, 1990.

11. Jeremy Pastore, Sekar Sundararajan, and Emory W. Zimmers, "Innovative Application," *APICS—The Performance Advantage*, 14, 3, March 2004, pp. 32–35.

12. http://www.goldratt.com/kreisler.htm.

11

1. Gregory Korte, "473 Steps," *The Cincinnati Enquirer*, October 30, 2002, A1, A10.

2. Goedert, J., "Hospital Realizes Benefits, ROI with Automated Patient Tracking," *Health Data Management*, November 2004, pp. 12, 18.

3. Gibson, Richard, "Merchants Mull the Long and the Short of Lines," *The Wall Street Journal*, September 3, 1998, p. B1.

4. Goldratt, Eliyahu M., and Cox, Jeff, *The Goal*, Second Revised Edition, Croton-on-Hudson, NY: North River Press, 1992; and Goldratt, Eliyahu M., *The Theory of Constraints*, Croton-on-Hudson, NY: North River Press, 1990.

5. http://www.goldratt.com/kreisler.htm.

12

1. https://www.renttherunway.com/pages/about.

2. V. W. Slaugh, B. Biller, and S. R. Tayur, "Managing Rentals with Usage-Based Loss," *Manufacturing & Service Operations Management* (accepted January 2016). We thank Dr. Slaugh for providing the inspiration and the information for this example.

3. http://orf.od.nih.gov/Environmental+Protection/Green1Purchasing/.

4. Fit for the future by Phil Wahba http://fortune.com/2014/10/09/bloomingdales-smart-dressing room/.

5. A more complete technical classification and survey of inventory problems is given in E. A. Silver, "Operations Research in Inventory Management," *Operations Research*, 29, 1981, pp. 628–645.

6. http://www.themanager.org/Strategy/Out-Of-Stock_Situations.htm.

7. Hau L. Lee, Corey Billington, and Brent Carter, "Hewlett-Packard Gains Control of Inventory and Service Through Design for Localization," *Interfaces*, 23, 4, July–August, 1993, pp. 1–11.

13

1. S. Fourtané, "Supply Chain Agility: Nokia's Supply Chain Management Success," June 4, 2014, http://www.ebnonline.com/author.asp?section_id=1364&doc_id=273562.

2. J. L. Schiff, "4 Ways Retailers Can Improve Supply Chain Management," CIO, June 18, 2015, http://www.cio.com/article/2932207/supply-chainmanagement/4-ways-retailers-can-improve-supplychain-management.html.

3. "Supply Chain Excellence," Special Advertising Section, *BusinessWeek*, April 25, 2005.

4. The Supply Chain Council was formed in 1996–1997 as a grassroots initiative by firms including AMR Research, Bayer, Compaq Computer, Pittiglio Rabin Todd & McGrath (PRTM), Procter & Gamble, Lockheed Martin, Nortel, Rockwell Semiconductor, and Texas Instruments. See http://www.supply-chain.org/ for information on the Supply Chain Council and development of the SCOR model.

5. *USA Today*, March 6, 2016 p. 6B.

6. Robot delivery trucks to test in Detroit, China," by Mark Phelan, Detroit Free Press and USA Today Network, The Naples Daily News, February 11, 2019, pp. 4B and 5B.

7. G. Callioni and C. Corey, "Effective Collaboration," *OR/MS Today*, 28, no. 5, October 2001, pp. 34–39.

8. Facts in this example were drawn from P. Gallagher, "*Value Pricing for Profits*," *Cincinnati Enquirer*, December 21, 1992, pp. D-1, D-6; "Procter & Gamble Hits Back," *BusinessWeek*, July 19, 1993, pp. 20–22; and B. Sapority, "Behind the Tumult at P&G," *Fortune*, March 7, 1994, pp. 75–82.

9. "Quake Stirs Unease About Global Supply Chain," Associated Press March 31, 2011; C-R. Kim, "Toyota Aims for Quake-Proof Supply Chain," baltimoresun.com, September 6, 2011.

10. Cited in T. Stank, M. Burnette, and P. Dittmann, University of Tennessee Knoxville Global Supply Chain Institute, Global Supply Chains, November 2014.

11. https://www.prosancons.com/tax/pros-constariffs/, June 4, 2019

12. L. Kishpaugh, "Process Management and Business Results," presentation at the 1996 Regional Malcolm Baldrige Award Conference, Boston, Massachusetts.

13. W. H. Murphy, "An Inside Look at How Target Ensures Quality in a Complex Supply Chain," *Quality Progress*, June 2010.

14. K. Parks and T. Connor, "An Inside Look at How Boeing's Supplier Rating System Keeps the Aviation Giant Focused on Continuous Improvement," *Quality Progress*, April 2011.

15. Charles Dominick, "Green Procurement: Let's Get Started," April 18, 2010, http://www.nextlevelpurchasing.com/articles/greenprocurement.html.

16. D. Joseph, "Score Two for Sustainability," *FastCompany*, November 2010, p. 54.

17. Patrick Penfield, "The Green Supply Chain: Sustainability Can Be a Competitive Advantage," August 7, 2007, http://www.mhia.org/news/industry/7056/the-green-supply-chain.

18. "Apple's Quest for a 100% Renewably Powered Supply Chain," GreenBiz, https://www.greenbiz.com/article/apples-quest-renewably-powered-supply-chain.

19. http://www.ups.com/content/us/en/bussol/browse/leadership-nvironment.html?srch_pos=1&srch_phr=environmental+impact.

20. http://about.van.fedex.com/conservation.

14

1. S. Delurgio, B. Denton, R. Cabanela, S. Bruggeman, N. Groves, A. Williams, S. Ward, and J. Osborn, "Planning and Forecasting Weekly Outpatient Demands for a Large Medical Center," *Production & Inventory Management*, 45, 2, 2009, pp. 35–46, 44–51.

2. Adapted from Martin S. Visagie, "Production Control on a Flow Production Plant," APICS 1975 *Conference Proceedings*, pp. 161–166.

3. E. Steinberg, B. Khumawala, and R. Scamell, "Requirements Planning Systems in the Healthcare Environment," *Journal of Operations Management* 2,4, 1982, pp. 251–259.

15

1. G. M. Campbell, "Overview of Workforce Scheduling Software," *Production and Inventory Management*, 45, 2, pp. 7–22.

2. http://www.abs-usa.com.

3. This approach is suggested in R. Tibrewala, D. Phillippe, and J. Browne, "Optimal Scheduling of Two Consecutive Idle Periods," *Management Science*, 19,1,September 1972, pp. 71–75.

4. http://www.cbsnews.com/news/airlines-try-to-savetime- with-speedier-boarding/.

5. S. M. Johnson, "Optimal Two- and Three-Stage Production Schedules with Setup Times Included," *Naval Research Logistics Quarterly*, 1, 1, March 1954,

pp. 61–68.

6. Randolpgh Hall and Janice Partyka, "Higher expectations drive transformation," Analytics-Magazine.org, March/April 2016, 66–72.

16

1. http://money.cnn.com/2015/05/12/autos/gmignition-switch-recall-100-deaths/index.html.

2. A. Parasuraman, V. Zeithaml, and L. Berry, "A Conceptual Model of Service Quality and Its Implications for Future Research," *Journal of Marketing*, 49, 4, 1985, pp. 41–50; A. Parasuraman, V. Zeithaml, and L. Berry, "SERVQUAL: A Multiple-Item Scale for Measuring Consumer Perceptions of Service Quality," *Journal of Retailing*, 64, 1, 1988, pp. 29–40; A. Parasuraman, V. A. Zeithaml, and L. L. Berry, "Refinement and Reassessment of the SERVQUAL instrument," *Journal of Retailing*, 67, 4, 1991, pp. 420–450.

3. W. Edwards Deming, *The New Economics for Industry, Government, Education*, Cambridge, MA: MIT Center for Advanced Engineering Study, 1993.

4. Adapted from March Laree Jacques, "Big League Quality," *Quality Progress*, August 2001, pp. 27–34.

5. A. Parasuraman, V. A. Zeithaml, and L. L. Berry, "A Conceptual Model of Service Quality and Its Implications for Future Research," *Journal of Marketing*, 49, Fall 1985, pp. 41–50.

6. Ronald D. Snee, "Why Should Statisticians Pay Attention to Six Sigma?" *Quality Progress*, September 1999, pp. 100–103.

7. Stanley A. Marash, "Six Sigma: Business Results Through Innovation," in *ASQ's 54th Annual Quality Congress Proceedings*, 2000, pp. 627–630.

8. Lisa Palser, "Cycle Time Improvement for a Human Resources Process," in *ASQ's 54th Annual Quality Congress Proceedings*, 2000 (CD-ROM).

9. Roger Hoerl, "An Inside Look at Six Sigma at GE," *Six Sigma Forum Magazine*, 1, 3, May 2002, pp. 35–44.

10. A. V. Roth, A. A. Tsay, M. E. Pullman, and J. V. Gray, "Unraveling the Food Supply Chain: Strategic Insights from China and the 2007 Recalls," *Journal of Supply Chain Management*, 44, 1, January 2008, pp. 22–39.

11. *Reports of Statistical Application Research, Japanese Union of Scientists and Engineers*, 33, 2, June 1986.

12. Lea A. P. Tonkin, "Kaizen BlitzSM 5: Bottleneck-Bashing Comes to Rochester, NY," *Target* 12, no. 4 (September–October 1996), 41–43; and Mark Oakeson, "Makes Dollars & Sense for Mercedes-Benz in Brazil," *IIE Solutions* (April 1997), 32–35.

13. Davis R. Bothe, "Improve Service and Administration," *Quality Progress*, September 2003, pp. 53–57.

17

1. Eryn Brown, "Heartbreak Hotel?" *Fortune*, November 26, 2001, pp. 161–165.

2. "Hospital to Revise Lab Procedures After Faulty Tests Kill 2," *The Columbus Dispatch*, Columbus, OH, August 16, 2001, p. A2.

3. "Testing for Conformity: An Inside Job," *Golf Journal*, May 1998, pp. 20–25.

4. http://www.kevinmd.com/blog/2010/12/medical-errors-involve-handwritten-prescriptions.html and http://www.pharmalot.com/2011/07/eprescribing-handwritten-error-rates-are-similar/.

5. W. J. McCabe, "Improving Quality and Cutting Costs in a Service Organization," *Quality Progress*, June 1985, pp. 85–89.

18

1. P. Houghton, "Improving Pharmacy Service," *Quality Digest*, October 18, 2007.

2. "Lean + Sustainability = Good Business," http://leaninsider.productivitypress.com/2007/12/leansustainability-good-business.html.

3. K. G. Hall, "'Lean' Manufacturing Bringing Industry Back from Depths," http://www.mcclatchydc.com/news/nation-world/national/economy/article24760876.html.

4. V. Harnish, "5 Ways to Tone Your Operations," October 9, 2014, Fortune.com, http://fortune.com/2014/10/09/5-ways-to-tone-your-operations/.

5. S. Nakajima, "Explanation of New TPM Definition," *Plant Engineer*, 16, 1, pp. 33–40.

6. R. Ellis and K. Hankins, "The Timken Journey for Excellence," presentation for the Center of Excellence in Manufacturing Management, Fisher College of Business, The Ohio State University, Columbus, OH, August 22, 2003. Also see Timken's 2003 Annual Report and "From Missouri to Mars—A Century of Leadership in Manufacturing," http://www.timken.com.

7. "Lean and Pharmacies," *Quality Digest*, October 2006, http://www.qualitydigest.com.

8. P. E. Dickinson, E. C. Dodge, and C. S. Marshall, "Administrative Functions in a Just-in-Time Setting," *Target*, Fall 1988, pp. 12–17.

9. R. Inman and S. Mehra, "JIT Implementation Within a Service Industry: A Case Study," *International Journal of Service Industry* Management, 1, 3, 1990, pp. 53–61.

10. http://www.qualitydigest.com/print/8704, August 11, 2009.

11. Modeled after an example in Soren Bisgaard and Johannes Freiesleben. "Six Sigma and the Bottom Line," *Quality Progress*, Vol. 37, No. 9, September 2004, 57–62.

19

1. http://sportsillustrated.cnn.com/2004/olympics/2004/06/28/bc.oly.athensnotebook.ap/index.html.

2. http://ijourneys.blogspot.com/2008/01londonolympics-is-live-project.html.

3. W. Alan Randolph and Barry Z. Posner, "What Every Manager Needs to Know About Project Management," *Sloan Management Review*, Summer 1988, pp. 65-73.

4. Baldrige Award Recipient Profile, Custom Research Inc., National Institute of Standards and Technology, 1996, http://baldrige.nist.gov/Custom_Research_96.htm.

5. Jack Gido and James P. Clements, *Successful Project Management*, 2nd ed., Mason, OH: Thomson South-Western, 2003, p. 103.

6. D. Hendricks, "How Technology Has Revitalized Project Management," Tech.Co, March 25, 2015, http://tech.co/technology-revitalized-projectmanagement-2015-03.

ㄱ

ㄴ

ㄷ

ㄹ

ㅁ

ㅂ

ㅇ

ㅈ

ㅋ

ㅌ

ㅍ

영문

번호